# Curso de DIREITO ADMINISTRATIVO

O GEN | Grupo Editorial Nacional – maior plataforma editorial brasileira no segmento científico, técnico e profissional – publica conteúdos nas áreas de concursos, ciências jurídicas, humanas, exatas, da saúde e sociais aplicadas, além de prover serviços direcionados à educação continuada.

As editoras que integram o GEN, das mais respeitadas no mercado editorial, construíram catálogos inigualáveis, com obras decisivas para a formação acadêmica e o aperfeiçoamento de várias gerações de profissionais e estudantes, tendo se tornado sinônimo de qualidade e seriedade.

A missão do GEN e dos núcleos de conteúdo que o compõem é prover a melhor informação científica e distribuí-la de maneira flexível e conveniente, a preços justos, gerando benefícios e servindo a autores, docentes, livreiros, funcionários, colaboradores e acionistas.

Nosso comportamento ético incondicional e nossa responsabilidade social e ambiental são reforçados pela natureza educacional de nossa atividade e dão sustentabilidade ao crescimento contínuo e à rentabilidade do grupo.

RAFAEL CARVALHO REZENDE OLIVEIRA

# Curso de DIREITO ADMINISTRATIVO

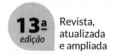

**13.ª edição** Revista, atualizada e ampliada

- O autor deste livro e a editora empenharam seus melhores esforços para assegurar que as informações e os procedimentos apresentados no texto estejam em acordo com os padrões aceitos à época da publicação, e todos os dados foram atualizados pelo autor até a data de fechamento do livro. Entretanto, tendo em conta a evolução das ciências, as atualizações legislativas, as mudanças regulamentares governamentais e o constante fluxo de novas informações sobre os temas que constam do livro, recomendamos enfaticamente que os leitores consultem sempre outras fontes fidedignas, de modo a se certificarem de que as informações contidas no texto estão corretas e de que não houve alterações nas recomendações ou na legislação regulamentadora.

- Fechamento desta edição: 02.01.2025

- O autor e a editora se empenharam para citar adequadamente e dar o devido crédito a todos os detentores de direitos autorais de qualquer material utilizado neste livro, dispondo-se a possíveis acertos posteriores caso, inadvertida e involuntariamente, a identificação de algum deles tenha sido omitida.

- Atendimento ao cliente: (11) 5080-0751 | faleconosco@grupogen.com.br

- Direitos exclusivos para a língua portuguesa
  Copyright © 2025 by
  **Editora Forense Ltda.**
  Uma editora integrante do GEN | Grupo Editorial Nacional
  Travessa do Ouvidor, 11 – Térreo e 6º andar
  Rio de Janeiro – RJ – 20040-040
  www.grupogen.com.br

- Reservados todos os direitos. É proibida a duplicação ou reprodução deste volume, no todo ou em parte, em quaisquer formas ou por quaisquer meios (eletrônico, mecânico, gravação, fotocópia, distribuição pela Internet ou outros), sem permissão, por escrito, da Editora Forense Ltda.

- Capa: Aurélio Corrêa

- **CIP-BRASIL. CATALOGAÇÃO NA PUBLICAÇÃO**
  **SINDICATO NACIONAL DOS EDITORES DE LIVROS, RJ**

  O51c
  13. ed.

  Oliveira, Rafael Carvalho Rezende
  Curso de direito administrativo / Rafael Carvalho Rezende Oliveira. - 13. ed., rev., atual. e ampl. - [2. Reimp.] - Rio de Janeiro : Método, 2025.
  1008 p. ; 24 cm.

  Inclui bibliografia
  ISBN 978-85-3099-584-3

  1. Direito administrativo - Brasil. I. Título.

  24-95067
  CDU: 342.9(81)

  Gabriela Faray Ferreira Lopes - Bibliotecária - CRB-7/6643

*Para meus pais, Celso Rezende Oliveira e Cleonice Carvalho Rezende Oliveira, meus ídolos.*
*Para minha mulher, Alessandra Bordeaux, minha alma gêmea.*
*Para meus filhos, Lucca Bordeaux Oliveira e Isabela Bordeaux Oliveira,*
*razões da minha felicidade plena.*
*Para minha irmã, Renata Oliveira, e minha sobrinha, Karina Oliveira, meus amores.*

"Ela está no horizonte (...). Me aproximo dois passos, ela se afasta dois passos. Caminho dez passos e o horizonte corre dez passos. Por mais que eu caminhe, jamais a alcançarei. Para que serve a utopia? Serve para isso: para caminhar."
(Eduardo Galeano)


"Se as coisas são intangíveis... ora!
Não é motivo para não querê-las...
Que tristes os caminhos, se não fora
A mágica presença das estrelas."
(Mario Quintana)

# SOBRE O AUTOR

*Visiting Foreign Scholar* pela Fordham University School of Law (New York). Pós-doutor em Direito pela Universidade do Estado do Rio de Janeiro (UERJ). Doutor em Direito pela UVA/RJ. Mestre em Teoria do Estado e Direito Constitucional pela PUC/RJ. Especialista em Direito do Estado pela UERJ.

Professor titular de Direito Administrativo do IBMEC. Professor do programa de pós-graduação *stricto sensu* em Direito do PPGD/UVA. Professor do Mestrado Acadêmico em Direito da Universidade Candido Mendes. Professor de Direito Administrativo da Escola da Magistratura do Estado do Rio de Janeiro (EMERJ).

Membro do Instituto de Direito Administrativo do Estado do Rio de Janeiro – IDAERJ.

Presidente do Conselho editorial interno da *Revista Brasileira de Alternative Dispute Resolution – RBADR*.

Procurador do Município do Rio de Janeiro. Ex-Defensor Público federal.

Advogado, árbitro e consultor jurídico. Sócio-fundador do escritório Rafael Oliveira Advogados Associados.

Site: www.professorrafaeloliveira.com.br
Site: www.roaa.adv.br
Facebook: @ProfessorRafaelOliveira
Twitter: @RafaelDirAdm
YouTube: @professorrafaeloliveira
GENJURIDICO.com.br/rafaeloliveira/

# NOTA À 13.ª EDIÇÃO

A 13.ª edição do *Curso de Direito Administrativo* apresenta, em síntese, as seguintes novidades:

a) atualização doutrinária e jurisprudencial, com menção às recentes decisões proferidas pelo STF e STJ;
b) referências às principais decisões do TCU e Orientações Normativas da AGU;
c) atualização legislativa, com destaque para os seguintes diplomas normativos: c.1) EC 135/2024: altera os arts. 37, 163, 165, 212-A e 239 da CRFB e o ADCT; c.2) Lei 14.981/2024: dispõe sobre as medidas excepcionais para contratação de bens, obras e serviços, inclusive de engenharia, destinados ao enfrentamento de impactos decorrentes de estado de calamidade pública; c.3) Lei 14.965/2024 (Lei Geral dos Concursos Públicos): dispõe sobre as normas gerais relativas a concursos públicos; c.4) Lei 14.905/2024: altera o Código Civil para dispor sobre atualização monetária e juros; c.5) Lei 14.903/2024: estabelece o marco regulatório do fomento à cultura, no âmbito da administração pública da União, dos Estados, do DF e dos Municípios. e c.6) Decreto 12.343/2024: atualiza os valores da Lei 14.133/2021 (Lei de Licitações e Contratos Administrativos).

Agradeço o carinho dos meus alunos e leitores com o livro.

Dedico a 13.ª edição à minha mulher, Alessandra Simões Bordeaux Oliveira, e aos meus filhos, Lucca Bordeaux Oliveira e Isabela Bordeaux Oliveira, meus amores de ontem, hoje e sempre.

Boa leitura!

Dezembro de 2024
*O Autor*

# APRESENTAÇÃO

Este livro tem por objetivo apresentar ao leitor um curso completo, atual e didático de Direito Administrativo, com a demonstração das bases teóricas, doutrinárias e jurisprudenciais necessárias à compreensão crítica desse ramo do Direito.

O texto possui linguagem clara e objetiva, bem como indica as opiniões doutrinárias e o entendimento jurisprudencial dos tribunais superiores, sempre acompanhados da opinião fundamentada do autor, o que viabiliza a compreensão sobre os principais argumentos suscitados em importantes debates doutrinários e jurisprudenciais, proporcionando ao leitor formar o seu próprio juízo.

Com o intuito de diferenciar este *Curso de Direito Administrativo* dos outros cursos e manuais similares existentes no mercado, o autor utilizou linguagem acessível, quadros didáticos e metodologia própria, apresentando as controvérsias com a indicação dos entendimentos e dos respectivos doutrinadores.

Além das opiniões dos autores relevantes do Direito Administrativo, o livro apresenta a jurisprudência atualizada do STF e do STJ, com menção aos respectivos *Informativos*.

Nos capítulos relacionados aos temas licitações e contratos, são apontadas as principais decisões proferidas pelo TCU, órgão de controle que tem papel fundamental na interpretação e na aplicação da legislação sobre o tema.

Outra peculiaridade do livro é o estudo aprofundado da intervenção do Estado na ordem econômica, tema normalmente aprofundado apenas em trabalhos monográficos. O leitor contará com análise de questões atuais e relevantes sobre planejamento, disciplina, regulação (Estado Regulador), fomento, repressão ao abuso do poder econômico (Direito da Concorrência ou Antitruste) e exploração direta, concorrencial e monopolista, da atividade econômica (Estado Empresário).

A obra é resultado da experiência do autor como professor nos cursos de graduação, pós-graduação e cursos preparatórios para concursos públicos durante mais de dez anos, bem como da sua atuação profissional como Procurador do Município do Rio de Janeiro, advogado liberal e consultor jurídico, o que permite estabelecer o diálogo entre a teoria e a prática do Direito Administrativo.

A combinação da experiência com a base teórica permitiu a elaboração de uma obra que servirá como ferramenta de consulta para os operadores do Direito e os estudantes em geral.

O público-alvo da obra são os estudantes, especialmente aqueles que buscam aprovação em concursos públicos, advogados, juízes, promotores de Justiça, defensores públicos, procuradores e todos os estudiosos do Direito Administrativo.

A elaboração desta obra contou com o apoio inestimável do amor da minha vida, Alessandra Simões Bordeaux Oliveira, compreensiva, incentivadora e interlocutora paciente, que auxiliou inclusive na revisão final do texto.

Agradeço a Deus e aos meus pais, Celso Rezende Oliveira e Cleonice Carvalho Rezende Oliveira, minhas referências de vida e maiores amigos.

Por fim, desejo sucesso aos alunos e aos leitores, com a esperança de que a obra sirva de importante instrumento para o estudo e a atuação profissional.

Boa leitura!

*O Autor*

# SUMÁRIO

**ABREVIATURAS** ................................................................................................. XLV

**CAPÍTULO 1 – DIREITO ADMINISTRATIVO: GÊNESE E EVOLUÇÃO DO DIREITO ADMINISTRATIVO** ......................................................................... 1

1.1 Origem do direito administrativo ................................................................ 1
1.2 Conceito de Direito Administrativo ............................................................ 3
1.3 Sistemas administrativos: sistema de jurisdição una (sistema inglês) e sistema do contencioso administrativo ou dualidade de jurisdição (sistema francês) ............ 4
1.4 Direito Administrativo comparado e brasileiro ......................................... 4
    1.4.1 França ................................................................................................... 4
    1.4.2 Alemanha ............................................................................................. 5
    1.4.3 Itália ..................................................................................................... 5
    1.4.4 Espanha ................................................................................................ 5
    1.4.5 Portugal ................................................................................................ 5
    1.4.6 Argentina .............................................................................................. 6
    1.4.7 Inglaterra e Estados Unidos ................................................................. 6
    1.4.8 Direito Administrativo comunitário e Direito Administrativo global ..... 7
    1.4.9 Brasil .................................................................................................... 7
1.5 Ausência de codificação do direito administrativo e pluralidade de fontes ........... 8
1.6 Taxinomia do direito administrativo: relações com outros ramos do direito ........ 9
1.7 Evolução do estado e do direito administrativo ........................................ 10
1.8 A constitucionalização do direito administrativo e a valorização dos princípios constitucionais ............................................................................................... 12
1.9 Mutações e tendências do direito administrativo ..................................... 14
1.10 Resumo do capítulo ................................................................................... 16

**CAPÍTULO 2 – FONTES, INTERPRETAÇÃO E INTEGRAÇÃO DO DIREITO ADMINISTRATIVO** ......................................................................... 19

2.1 Fontes do direito administrativo ................................................................ 19

| | | |
|---|---|---|
| 2.1.1 | Lei (juridicidade) | 20 |
| 2.1.2 | Doutrina | 21 |
| 2.1.3 | Jurisprudência | 21 |
| 2.1.4 | Costumes | 22 |
| 2.1.5 | Precedentes administrativos e praxes administrativas | 23 |
| 2.2 | Interpretação do direito administrativo | 25 |
| 2.3 | Integração do direito administrativo | 28 |
| 2.4 | Resumo do capítulo | 29 |

## CAPÍTULO 3 – PRINCÍPIOS DO DIREITO ADMINISTRATIVO ... 31

| | | |
|---|---|---|
| 3.1 | A força normativa dos princípios no pós-positivismo: distinção entre princípios e regras | 31 |
| 3.2 | Princípios do direito administrativo em espécie | 34 |
| 3.2.1 | Princípio da legalidade (juridicidade) | 34 |
| 3.2.2 | Princípio da impessoalidade | 36 |
| 3.2.3 | Princípio da moralidade | 36 |
| 3.2.4 | Princípio da publicidade | 37 |
| 3.2.5 | Princípio da eficiência | 41 |
| 3.2.6 | Princípios da razoabilidade e da proporcionalidade | 43 |
| 3.2.7 | Princípio da supremacia do interesse público sobre o interesse privado (princípio da finalidade pública) | 44 |
| 3.2.8 | Princípio da continuidade | 47 |
| 3.2.9 | Princípio da autotutela | 48 |
| 3.2.10 | Princípios da consensualidade e da participação | 49 |
| 3.2.11 | Princípios da segurança jurídica, da confiança legítima e da boa-fé | 52 |
| 3.3 | Resumo do capítulo | 58 |

## CAPÍTULO 4 – ORGANIZAÇÃO ADMINISTRATIVA: ADMINISTRAÇÃO PÚBLICA, CONCESSÕES E TERCEIRO SETOR ... 63

| | | |
|---|---|---|
| 4.1 | Transformações do Estado e nova organização administrativa | 63 |
| 4.2 | Federação e o princípio da separação de poderes: o exercício da função administrativa | 66 |
| 4.3 | Desconcentração e descentralização administrativa | 68 |
| 4.4 | A organização administrativa em setores: 1.º setor (Estado), 2.º setor (mercado) e 3.º setor (sociedade civil) | 70 |
| 4.5 | Administração pública e seus sentidos: subjetivo e objetivo | 71 |
| 4.6 | Administração pública e governo | 71 |
| 4.7 | Administração pública direta e indireta | 72 |
| 4.8 | Entidades da administração pública indireta | 73 |

| | | | |
|---|---|---|---|
| 4.9 | Características comuns das entidades administrativas | | 74 |
| | 4.9.1 | Reserva legal | 74 |
| | 4.9.2 | Controle ou vinculação | 75 |
| 4.10 | Resumo do capítulo | | 77 |

## CAPÍTULO 5 – ÓRGÃOS PÚBLICOS ... 81

| | | | |
|---|---|---|---|
| 5.1 | Conceito | | 81 |
| 5.2 | Teorias dos órgãos públicos | | 82 |
| 5.3 | Criação e extinção | | 83 |
| 5.4 | Capacidade processual ou judiciária | | 83 |
| 5.5 | Capacidade contratual e o contrato de gestão (ou de desempenho) | | 85 |
| 5.6 | Classificações | | 87 |
| 5.7 | Resumo do capítulo | | 89 |

## CAPÍTULO 6 – AUTARQUIAS ... 91

| | | | |
|---|---|---|---|
| 6.1 | Conceito | | 91 |
| 6.2 | Criação | | 91 |
| 6.3 | Objeto | | 91 |
| 6.4 | Regime de pessoal | | 92 |
| 6.5 | Patrimônio | | 92 |
| 6.6 | Atos e contratos | | 94 |
| 6.7 | Foro processual | | 94 |
| 6.8 | Responsabilidade civil | | 94 |
| 6.9 | Prerrogativas especiais | | 95 |
| 6.10 | Classificações | | 95 |
| 6.11 | Autarquias e qualificações especiais: agências executivas, agências reguladoras e associações públicas | | 97 |
| 6.12 | Resumo do capítulo | | 98 |

## CAPÍTULO 7 – AGÊNCIAS REGULADORAS ... 101

| | | | | |
|---|---|---|---|---|
| 7.1 | Origem, fontes normativas e fundamentos | | | 101 |
| 7.2 | Atividade regulatória | | | 103 |
| 7.3 | Classificações das agências reguladoras | | | 103 |
| 7.4 | Regime jurídico especial | | | 104 |
| | 7.4.1 | Poder normativo e deslegalização | | 104 |
| | | 7.4.1.1 | Lei e superveniência de ato regulatório: revogação diferida | 106 |
| | | 7.4.1.2 | Atos regulatórios x atos regulamentares | 107 |
| | 7.4.2 | Autonomia administrativa | | 108 |

|  |  | 7.4.2.1 | Estabilidade reforçada dos dirigentes | 108 |
|---|---|---|---|---|
|  |  | 7.4.2.2 | Impossibilidade de recurso hierárquico impróprio | 109 |
|  | 7.4.3 | | Autonomia financeira e as taxas regulatórias | 111 |
| 7.5 | Governança regulatória e controle das agências reguladoras | | | 111 |
| 7.6 | O risco da teoria da captura e a legitimidade das agências reguladoras | | | 113 |
| 7.7 | Resumo do capítulo | | | 114 |

## CAPÍTULO 8 – EMPRESAS ESTATAIS: EMPRESAS PÚBLICAS E SOCIEDADES DE ECONOMIA MISTA ............... 117

| 8.1 | Conceito e estatuto jurídico (Lei 13.303/2016) | | 117 |
|---|---|---|---|
| 8.2 | Empresas públicas x sociedades de economia mista | | 120 |
|  | 8.2.1 | Composição | 120 |
|  | 8.2.2 | Forma societária | 121 |
|  | 8.2.3 | Foro competente para julgamento dos litígios | 121 |
|  | 8.2.4 | Quadro comparativo | 122 |
| 8.3 | Criação | | 122 |
| 8.4 | Objeto | | 123 |
| 8.5 | Regime societário | | 126 |
| 8.6 | Regime de pessoal | | 130 |
| 8.7 | Patrimônio | | 131 |
|  | 8.7.1 | Penhora | 132 |
|  | 8.7.2 | Usucapião | 132 |
| 8.8 | Atos e contratos | | 133 |
| 8.9 | Responsabilidade civil | | 133 |
| 8.10 | Controle do tribunal de contas | | 134 |
| 8.11 | Imunidade tributária | | 136 |
| 8.12 | Falência | | 137 |
| 8.13 | Resumo do capítulo | | 138 |

## CAPÍTULO 9 – FUNDAÇÕES ESTATAIS ............... 141

| 9.1 | Conceito e espécies | 141 |
|---|---|---|
| 9.2 | Criação | 142 |
| 9.3 | Objeto | 143 |
| 9.4 | Regime de pessoal | 144 |
| 9.5 | Patrimônio | 144 |
| 9.6 | Atos e contratos | 144 |
| 9.7 | Foro processual | 145 |
| 9.8 | Responsabilidade civil | 145 |

| | | |
|---|---|---|
| 9.9 | Prerrogativas especiais | 145 |
| 9.10 | Controle | 145 |
| 9.11 | Resumo do capítulo | 146 |

## CAPÍTULO 10 – CONSÓRCIOS PÚBLICOS ............................................. 149

| | | | |
|---|---|---|---|
| 10.1 | Conceito e fontes normativas | | 149 |
| 10.2 | Características principais dos consórcios públicos antes e depois da Lei 11.107/2005 | | 151 |
| | 10.2.1 | Consórcios públicos antes da Lei 11.107/2005 | 151 |
| | 10.2.2 | Consórcios públicos após a Lei 11.107/2005 | 152 |
| 10.3 | Constitucionalidade das normas gerais sobre consórcios | | 153 |
| 10.4 | Partícipes do consórcio público | | 154 |
| 10.5 | Procedimento para instituição do consórcio público | | 155 |
| | 10.5.1 | Protocolo de intenções | 155 |
| | 10.5.2 | Autorização legislativa | 156 |
| | 10.5.3 | Contrato de consórcio | 156 |
| | 10.5.4 | Personificação do consórcio | 156 |
| | 10.5.5 | Contrato de rateio | 156 |
| | 10.5.6 | Contrato de programa | 157 |
| 10.6 | Consórcio público de direito público: associação pública | | 158 |
| | 10.6.1 | Natureza jurídica: autarquia interfederativa | 158 |
| | 10.6.2 | Criação | 161 |
| | 10.6.3 | Objeto | 161 |
| | 10.6.4 | Regime de pessoal | 161 |
| | 10.6.5 | Patrimônio | 162 |
| | 10.6.6 | Atos e contratos | 163 |
| | 10.6.7 | Foro processual | 163 |
| | 10.6.8 | Responsabilidade civil | 163 |
| | 10.6.9 | Controle do Tribunal de Contas | 164 |
| 10.7 | Consórcio público de direito privado | | 164 |
| | 10.7.1 | Natureza jurídica: fundação estatal de direito privado interfederativa | 164 |
| | 10.7.2 | Criação e extinção | 164 |
| | 10.7.3 | Objeto | 165 |
| | 10.7.4 | Regime de pessoal | 165 |
| | 10.7.5 | Patrimônio | 165 |
| | 10.7.6 | Atos e contratos | 166 |
| | 10.7.7 | Foro processual | 166 |
| | 10.7.8 | Responsabilidade civil | 166 |

10.7.9 Controle do Tribunal de Contas.................................................................. 166
10.8 Resumo do capítulo........................................................................................... 166

## CAPÍTULO 11 - CONCESSÃO E PERMISSÃO DE SERVIÇOS PÚBLICOS............ 169

11.1 Modalidades de concessão de serviço público ............................................ 169
11.2 Concessão comum de serviços públicos ....................................................... 169
    11.2.1 Conceito, fontes normativas e modalidades................................. 169
    11.2.2 Concessão de serviço público e autorização legislativa ............. 170
    11.2.3 Concessão x permissão de serviço público.................................... 171
    11.2.4 Remuneração do concessionário: tarifas e outras receitas........ 173
    11.2.5 Licitação: peculiaridades................................................................... 174
        11.2.5.1 Projeto básico, projeto executivo e Procedimento de Manifestação de Interesse (PMI): elaboração por entidades privadas e participação na licitação para contratação de concessão comum de serviços públicos................................................................ 175
        11.2.5.2 Modalidades de licitação ...................................................... 177
        11.2.5.3 Tipos de licitação ................................................................... 177
        11.2.5.4 Contratação direta: dispensa e inexigibilidade................. 178
    11.2.6 Contrato de concessão comum: peculiaridades............................ 179
        11.2.6.1 Cláusulas essenciais............................................................... 179
        11.2.6.2 Prazo........................................................................................ 179
        11.2.6.3 Prorrogação............................................................................ 179
        11.2.6.4 Subcontratação, subconcessão e transferência da concessão ou do controle acionário................................................. 180
        11.2.6.5 Alteração contratual.............................................................. 182
        11.2.6.6 Encargos do poder concedente e da concessionária ................. 183
        11.2.6.7 Direitos e obrigações dos usuários ..................................... 184
    11.2.7 Interrupção do serviço público por inadimplemento do usuário ............ 185
    11.2.8 Gratuidade do serviço público e o contrato de concessão: limites e possibilidades................................................................................................. 187
    11.2.9 Extinção da concessão ....................................................................... 189
    11.2.10 Reversão dos bens ............................................................................. 191
    11.2.11 Responsabilidade civil ...................................................................... 192
11.3 Concessão especial de serviços públicos (Parcerias Público-Privadas – PPPs) ..... 192
    11.3.1 Origem, fontes normativas e fundamentos ................................... 192
    11.3.2 PPP patrocinada x PPP administrativa .......................................... 194
    11.3.3 Características das PPPs.................................................................... 196
        11.3.3.1 Remuneração do concessionário......................................... 197
        11.3.3.2 Repartição objetiva de riscos................................................ 198

|  |  | 11.3.3.3 | Valor mínimo do contrato........................................................ | 200 |
|---|---|---|---|---|
|  |  | 11.3.3.4 | Prazo contratual..................................................................... | 201 |
|  |  | 11.3.3.5 | Objeto complexo..................................................................... | 201 |
|  |  | 11.3.3.6 | Concessão comum x concessão especial (PPP)....................... | 201 |
|  | 11.3.4 | Licitação: peculiaridades....................................................................... | | 202 |
|  |  | 11.3.4.1 | Projeto básico, projeto executivo e Procedimento de Manifestação de Interesse (PMI): elaboração por entidades privadas e participação na licitação para contratação de concessão especial de serviços públicos (PPPs).......................................................... | 202 |
|  |  | 11.3.4.2 | Justificativa para formatação da PPP...................................... | 203 |
|  |  | 11.3.4.3 | PPP e responsabilidade fiscal.................................................. | 203 |
|  |  | 11.3.4.4 | Edital e consulta pública......................................................... | 205 |
|  |  | 11.3.4.5 | Licenciamento ambiental........................................................ | 205 |
|  |  | 11.3.4.6 | Necessidade de autorização legislativa em determinados casos........................................................................................ | 206 |
|  |  | 11.3.4.7 | Modalidade de licitação: concorrência, lances de viva voz e inversão de fases..................................................................... | 206 |
|  |  | 11.3.4.8 | Qualificação técnica e tipos de licitação.................................. | 206 |
|  |  | 11.3.4.9 | Saneamento de falhas............................................................. | 206 |
|  | 11.3.5 | Sociedade de Propósito Específico (SPE)............................................. | | 207 |
|  | 11.3.6 | Garantias diferenciadas e o Fundo Garantidor de Parcerias (FGP)...... | | 208 |
|  | 11.3.7 | Responsabilidade civil nas PPPs........................................................... | | 210 |
| 11.4 | Autorização de serviço público: polêmicas......................................................... | | | 210 |
| 11.5 | Resumo do capítulo.............................................................................................. | | | 212 |

## CAPÍTULO 12 – TERCEIRO SETOR.................................................................. 217

| 12.1 | Conceito e fundamentos do Terceiro Setor......................................................... | | 217 |
|---|---|---|---|
| 12.2 | Características do Terceiro Setor......................................................................... | | 218 |
| 12.3 | Entidades ou qualificações jurídicas no Terceiro Setor...................................... | | 219 |
|  | 12.3.1 | Serviços Sociais Autônomos (Sistema S)............................................ | 220 |
|  | 12.3.2 | Organizações Sociais (OS).................................................................. | 221 |
|  | 12.3.3 | Organizações da Sociedade Civil de Interesse Público (OSCIPs)........ | 222 |
|  | 12.3.4 | OS x OSCIPs: quadro sinótico.............................................................. | 225 |
|  | 12.3.5 | Fundações de apoio............................................................................. | 226 |
|  | 12.3.6 | Organizações da Sociedade Civil (OSC).............................................. | 228 |
| 12.4 | Aspectos relevantes e controvertidos no Terceiro Setor.................................... | | 235 |
|  | 12.4.1 | Foro processual competente para as causas do Terceiro Setor........... | 235 |
|  | 12.4.2 | Controle................................................................................................ | 236 |
|  | 12.4.3 | Regime de pessoal............................................................................... | 236 |

12.4.4 Patrimônio ... 237
12.4.5 Licitação no Terceiro Setor: aspectos polêmicos ... 237
    12.4.5.1 Obrigatoriedade de processo objetivo de seleção para celebração dos instrumentos jurídicos com as entidades do Terceiro Setor ... 238
    12.4.5.2 A controvérsia a respeito da necessidade de licitação nas contratações com dinheiro público pelo Terceiro Setor ... 239
12.4.6 Responsabilidade civil ... 240
12.4.7 Imunidade tributária ... 242
12.5 Resumo do capítulo ... 243

## CAPÍTULO 13 – SERVIÇOS PÚBLICOS ... 247

13.1 Evolução e tendências do serviço público ... 247
13.2 Conceito do serviço público ... 250
13.3 Criação do serviço público (*publicatio*) ... 251
13.4 Princípios dos serviços públicos ... 252
    13.4.1 Princípio da continuidade ... 252
    13.4.2 Princípio da igualdade ou uniformidade ou neutralidade ... 253
    13.4.3 Princípio da mutabilidade ou atualidade ... 254
    13.4.4 Princípio da generalidade ou universalidade ... 254
    13.4.5 Princípio da modicidade ... 255
13.5 Classificação ... 255
    13.5.1 *Uti universi* e *uti singuli* ... 255
    13.5.2 Federais, estaduais, distritais, municipais e comuns ... 257
    13.5.3 Administrativos, comerciais (ou industriais) e sociais ... 257
    13.5.4 Essenciais e não essenciais ... 258
    13.5.5 Próprios e impróprios (virtuais) ... 258
    13.5.6 Inerentes e por opção legislativa ... 259
13.6 Modalidades de execução: direta e indireta ... 259
13.7 Serviço público e o CDC ... 259
13.8 Lei de participação, proteção e defesa dos direitos do usuário dos serviços públicos (Lei de Defesa do Usuário do Serviço Público) ... 263
13.9 Resumo do capítulo ... 268

## CAPÍTULO 14 – PODERES ADMINISTRATIVOS ... 269

14.1 Conceito ... 269
14.2 Excesso e desvio de poder ... 270
14.3 Espécies de poderes administrativos ... 270
    14.3.1 Poder normativo ou regulamentar ... 270

|  |  | 14.3.1.1 | Conceito e fundamentos............................................................. | 270 |
|  |  | 14.3.1.2 | Poder regulamentar x poder regulatório.................................. | 272 |
|  |  | 14.3.1.3 | Classificações............................................................................... | 272 |
|  |  |  | 14.3.1.3.1 Regulamento jurídico (ou normativo) e regulamento administrativo (ou de organização)........................... | 273 |
|  |  |  | 14.3.1.3.2 Regulamento executivo, regulamento autônomo, regulamento delegado e regulamento de necessidade.................................................................................. | 273 |
|  |  |  | 14.3.1.3.3 Regulamentos autônomos: controvérsias................. | 274 |
|  |  |  | 14.3.1.3.4 Visão crítica da dicotomia "regulamento autônomo" e "regulamento executivo": a atuação criativa do Executivo e a ideia de "bloco de legalidade"............. | 275 |
|  |  | 14.3.1.4 | Reserva de administração......................................................... | 276 |
|  |  | 14.3.1.5 | Deslegalização ou delegificação............................................... | 277 |
|  | 14.3.2 | Poder de polícia.......................................................................................... | | 278 |
|  |  | 14.3.2.1 | Conceito: sentidos amplo e restrito........................................ | 278 |
|  |  | 14.3.2.2 | Críticas à expressão "poder de polícia".................................. | 279 |
|  |  | 14.3.2.3 | Polícia administrativa x polícia judiciária............................... | 279 |
|  |  | 14.3.2.4 | Supremacia geral x supremacia especial: poder de polícia x poder disciplinar........................................................................ | 280 |
|  |  | 14.3.2.5 | Ciclo de polícia........................................................................... | 281 |
|  |  | 14.3.2.6 | Licenças x autorizações de polícia: relativização da distinção.... | 282 |
|  |  | 14.3.2.7 | Campos de atuação ou espécies de poder de polícia............. | 283 |
|  |  | 14.3.2.8 | Fundamentos e limites do poder de polícia............................ | 283 |
|  |  | 14.3.2.9 | Características............................................................................. | 284 |
|  |  |  | 14.3.2.9.1 Discricionariedade....................................................... | 284 |
|  |  |  | 14.3.2.9.2 Coercibilidade................................................................ | 285 |
|  |  |  | 14.3.2.9.3 Autoexecutoriedade..................................................... | 285 |
|  |  | 14.3.2.10 Obrigações positivas e negativas............................................. | | 287 |
|  |  | 14.3.2.11 Atividades comunicadas........................................................... | | 288 |
|  |  | 14.3.2.12 Delegação do poder de polícia: limites e possibilidades........... | | 289 |
|  |  | 14.3.2.13 Poder de polícia entre entes federados (interfederativo)......... | | 293 |
|  | 14.3.3 | Poder hierárquico...................................................................................... | | 293 |
|  |  | 14.3.3.1 | Conceito....................................................................................... | 293 |
|  |  | 14.3.3.2 | Prerrogativas e deveres hierárquicos....................................... | 294 |
|  |  | 14.3.3.3 | Subordinação x vinculação........................................................ | 294 |
|  | 14.3.4 | Poder disciplinar........................................................................................ | | 295 |
|  |  | 14.3.4.1 | Conceito....................................................................................... | 295 |
|  |  | 14.3.4.2 | Discricionariedade do poder disciplinar................................. | 296 |
| 14.4 | Resumo do capítulo................................................................................................. | | | 297 |

## CAPÍTULO 15 – ATO ADMINISTRATIVO ............... 299

15.1 Conceito ............... 299
15.2 Ato administrativo e o princípio da separação de poderes ............... 299
15.3 Ato administrativo e o ato privado da administração ............... 299
15.4 Ato administrativo e delegatários de atividades estatais ............... 300
15.5 Ato e fato administrativo ............... 300
15.6 Ato e processo administrativo ............... 301
15.7 Ato administrativo e ato de governo (político) ............... 301
15.8 Silêncio administrativo ............... 302
15.9 Elementos do ato administrativo (perfeição, validade e eficácia) ............... 303
    15.9.1 Agente público competente ............... 304
        15.9.1.1 Delegação e avocação de competência ............... 305
        15.9.1.2 Critérios de fixação da competência ............... 307
    15.9.2 Finalidade ............... 307
    15.9.3 Forma ............... 308
        15.9.3.1 Princípio da solenidade das formas ............... 308
        15.9.3.2 Princípio da simetria das formas ............... 309
        15.9.3.3 Formalidades essenciais x acidentais ............... 309
    15.9.4 Motivo ............... 310
        15.9.4.1 Motivo de fato (discricionário) x motivo de direito (vinculado) ............... 310
        15.9.4.2 Motivação dos atos administrativos ............... 310
        15.9.4.3 Teoria dos motivos determinantes ............... 312
        15.9.4.4 Móvel dos atos administrativos ............... 313
    15.9.5 Objeto ............... 314
        15.9.5.1 Objeto indeterminado (discricionário) e determinado (vinculado) ............... 314
15.10 Discricionariedade x vinculação ............... 314
    15.10.1 Mérito administrativo ............... 315
    15.10.2 Conceitos jurídicos indeterminados x discricionariedade ............... 315
    15.10.3 Controle judicial dos atos administrativos discricionários ............... 316
        15.10.3.1 Teoria do desvio de poder (*détournement de pouvoir*) ou desvio de finalidade ............... 317
        15.10.3.2 Teoria dos motivos determinantes ............... 317
        15.10.3.3 Teoria dos princípios jurídicos e o controle de juridicidade .... 317
15.11 Atributos dos atos administrativos ............... 318
    15.11.1 Presunção de legitimidade e de veracidade ............... 319
    15.11.2 Imperatividade ............... 320
    15.11.3 Autoexecutoriedade ............... 320

15.12 Classificações dos atos administrativos ............................................................. 321
    15.12.1 Critério da formação do ato: atos simples, compostos e complexos ........ 321
    15.12.2 Critério dos destinatários: atos individuais (concretos) e gerais (normativos) ................................................................................................................. 321
    15.12.3 Critério dos efeitos: atos constitutivos, declaratórios e enunciativos ....... 322
    15.12.4 Critério da imperatividade: atos de império e de gestão ............................. 322
    15.12.5 Critério do objeto: ato-regra, atos subjetivos e ato-condição .................... 322
    15.12.6 Critério da competência ou da liberdade do agente: atos vinculados (regrados) e discricionários ............................................................................... 323
    15.12.7 Critério do âmbito dos efeitos: atos externos e internos ............................. 323
    15.12.8 Critério da repercussão sobre a esfera jurídica do particular: atos ampliativos e restritivos ............................................................................................... 324
    15.12.9 Critério da validade: atos válidos e inválidos ................................................. 324
    15.12.10 Critério da retratabilidade: atos revogáveis (retratáveis) e irrevogáveis (irretratáveis) .......................................................................................................... 324
    15.12.11 Critério da executoriedade: atos executórios e não executórios ............... 324
    15.12.12 Critério da formação ou da exequibilidade: atos perfeitos, imperfeitos, pendentes e consumados ...................................................................................... 325
15.13 Espécies de atos administrativos ................................................................................ 325
    15.13.1 Atos administrativos normativos ..................................................................... 326
        15.13.1.1 Decretos ............................................................................................. 326
            15.13.1.1.1 Espécies de decretos quanto ao conteúdo: regulamentares (ou normativos) e individuais (ou concretos) .. 327
            15.13.1.1.2 Decreto x regulamento ................................................. 327
        15.13.1.2 Regimentos ........................................................................................ 327
            15.13.1.2.1 Regimento x decreto regulamentar ........................... 327
        15.13.1.3 Resoluções ......................................................................................... 327
        15.13.1.4 Deliberações ..................................................................................... 328
    15.13.2 Atos administrativos ordinatórios .................................................................... 328
        15.13.2.1 Instruções ........................................................................................... 328
        15.13.2.2 Circulares ........................................................................................... 328
        15.13.2.3 Avisos .................................................................................................. 328
        15.13.2.4 Portarias ............................................................................................. 328
        15.13.2.5 Ordens de serviço ........................................................................... 328
        15.13.2.6 Ofícios ................................................................................................. 329
        15.13.2.7 Despachos .......................................................................................... 329
    15.13.3 Atos administrativos negociais ou de consentimento .................................. 329
        15.13.3.1 Licença ................................................................................................. 329
        15.13.3.2 Permissão ........................................................................................... 329
        15.13.3.3 Autorização ....................................................................................... 330

        15.13.3.4 Admissão .................................................................. 331
   15.13.4 Atos administrativos enunciativos ............................................. 331
        15.13.4.1 Pareceres .................................................................. 331
        15.13.4.2 Certidões .................................................................. 332
        15.13.4.3 Atestados ................................................................. 332
        15.13.4.4 Apostilas ou apostilamento ..................................... 332
   15.13.5 Atos administrativos de controle ou de verificação ................... 332
        15.13.5.1 Aprovação ............................................................... 333
        15.13.5.2 Homologação .......................................................... 333
        15.13.5.3 Visto ......................................................................... 333
   15.13.6 Atos administrativos punitivos ou sancionatórios ..................... 333
        15.13.6.1 Multas ...................................................................... 334
        15.13.6.2 Interdições de atividades ....................................... 334
        15.13.6.3 Apreensão ou destruição de coisas ...................... 334
        15.13.6.4 Sanções disciplinares ............................................. 334
15.14 Extinção dos atos administrativos ...................................................... 334
   15.14.1 Extinção normal ou natural .......................................................... 335
   15.14.2 Extinção subjetiva .......................................................................... 335
   15.14.3 Extinção objetiva ........................................................................... 335
   15.14.4 Extinção por manifestação de vontade do particular: renúncia e recusa ... 335
        15.14.4.1 Renúncia .................................................................. 335
        15.14.4.2 Recusa ..................................................................... 336
   15.14.5 Extinção por manifestação de vontade da Administração: caducidade, cassação, anulação e revogação ................................................. 336
        15.14.5.1 Caducidade ............................................................. 336
        15.14.5.2 Cassação .................................................................. 337
                15.14.5.2.1 Ampla defesa e contraditório ................ 337
                15.14.5.2.2 Limitação temporal da sanção ............... 337
        15.14.5.3 Anulação .................................................................. 337
                15.14.5.3.1 Fundamento, competência para anulação e ampla defesa/contraditório ..................... 338
                15.14.5.3.2 Caráter vinculado .................................... 338
                15.14.5.3.3 Efeitos da anulação e a possibilidade de modulação 338
                15.14.5.3.4 Indenização .............................................. 339
        15.14.5.4 Revogação ............................................................... 339
                15.14.5.4.1 Fundamento, competência para revogação e ampla defesa/contraditório ..................... 339
                15.14.5.4.2 Caráter discricionário ............................. 340
                15.14.5.4.3 Efeitos da revogação ............................... 340
                15.14.5.4.4 Ausência de indenização e exceções .... 340

|  | 15.14.5.4.5 | Limites à revogação (atos irrevogáveis)....................... | 340 |
|---|---|---|---|
|  | 15.14.5.4.6 | Revogação e repristinação (revogação da revogação)................................................................................. | 342 |
|  | 15.14.5.4.7 | Contraposição ou derrubada................................ | 342 |

15.15 Convalidação ou sanatória ................................................................................. 342
    15.15.1 Atos nulos e anuláveis................................................................................. 343
    15.15.2 Vícios insanáveis e sanáveis ..................................................................... 344
    15.15.3 Espécies de convalidação ............................................................................ 345
        15.15.3.1 Convalidação voluntária: ratificação, reforma e conversão..... 345
        15.15.3.2 Convalidação involuntária: decadência administrativa .......... 346
    15.15.4 Convalidação: vinculação ou discricionariedade .................................... 346
15.16 Resumo do capítulo............................................................................................... 347

## CAPÍTULO 16 – PROCESSO ADMINISTRATIVO .......................................................... 351

16.1 Conceito e fontes normativas................................................................................ 351
16.2 Processo ou procedimento .................................................................................... 352
16.3 A processualização da atividade administrativa.............................................. 352
16.4 Classificações ........................................................................................................... 352
16.5 Princípios do processo administrativo ............................................................... 353
    16.5.1 Princípio do devido processo legal .............................................................. 354
    16.5.2 Princípio do contraditório ............................................................................. 354
    16.5.3 Princípio da ampla defesa ............................................................................. 354
    16.5.4 Princípio da oficialidade ................................................................................ 354
    16.5.5 Princípio do formalismo moderado (ou informalismo)........................... 354
    16.5.6 Princípio da verdade real ou material ....................................................... 355
    16.5.7 Princípio da publicidade................................................................................ 355
    16.5.8 Princípios da razoabilidade e da proporcionalidade............................... 355
    16.5.9 Princípio da duração razoável do processo .............................................. 355
    16.5.10 Princípio da motivação................................................................................ 355
    16.5.11 Princípio da gratuidade .............................................................................. 356
    16.5.12 Princípio da segurança jurídica, da confiança legítima e da boa-fé........ 356
    16.5.13 Princípio da participação ............................................................................ 356
    16.5.14 Outros princípios: autotutela, recorribilidade e eficiência ................... 356
16.6 Fases do processo administrativo ....................................................................... 357
    16.6.1 Fase introdutória ou inicial........................................................................... 357
    16.6.2 Fase preparatória ou instrutória .................................................................. 357
    16.6.3 Fase decisória e a decisão coordenada ...................................................... 358
16.7 Recurso administrativo.......................................................................................... 360
    16.7.1 Conceito e espécies ........................................................................................ 360

|  |  | 16.7.1.1 | Recurso hierárquico próprio | 360 |
|---|---|---|---|---|
|  |  | 16.7.1.2 | Recurso hierárquico impróprio | 360 |
|  |  | 16.7.1.3 | Pedido de reconsideração | 361 |
|  |  | 16.7.1.4 | Revisão | 361 |
|  | 16.7.2 | | Legitimidade, prazo e efeitos | 361 |
|  | 16.7.3 | | Recurso e garantias (depósito prévio) | 362 |
|  | 16.7.4 | | Recurso e *reformatio in pejus* | 363 |
| 16.8 | | | Decadência administrativa | 364 |
| 16.9 | | | Preclusão e "coisa julgada" | 365 |
| 16.10 | | | Processo Administrativo Disciplinar (PAD) | 366 |
|  | 16.10.1 | | Conceito | 366 |
|  | 16.10.2 | | Pluralidade normativa: competência legislativa dos entes federados | 366 |
|  | 16.10.3 | | Sindicância administrativa | 367 |
|  | 16.10.4 | | Inquérito administrativo | 368 |
|  | 16.10.5 | | Fases do Processo Administrativo Disciplinar (PAD) | 368 |
|  | 16.10.6 | | Defesa técnica no PAD e a Súmula Vinculante 5 do STF | 369 |
|  | 16.10.7 | | Parecer da Comissão não vincula a decisão da autoridade competente | 370 |
|  | 16.10.8 | | PAD: recurso, revisão e *reformatio in pejus* | 370 |
|  | 16.10.9 | | Meios sumários: sindicância, verdade sabida e termo de declaração | 371 |
|  | 16.10.10 | | Sanções disciplinares e prescrição | 372 |
|  | 16.10.11 | | Processo disciplinar e processo penal | 374 |
| 16.11 | | | Resumo do capítulo | 375 |

## CAPÍTULO 17 – LICITAÇÃO ... 379

| 17.1 | Conceito, objetivos e fontes normativas | 379 |
|---|---|---|
| 17.2 | Agente de contratação e comissão de contratação | 384 |
| 17.3 | Impedimentos para participação nas licitações e nos contratos | 388 |
| 17.4 | Princípios da licitação | 389 |
|  | 17.4.1 Princípio da competitividade | 390 |
|  | 17.4.2 Princípio da isonomia | 390 |
|  | 17.4.3 Princípio da vinculação ao edital | 391 |
|  | 17.4.4 Princípio do procedimento formal (formalismo moderado) | 391 |
|  | 17.4.5 Princípio do julgamento objetivo | 392 |
|  | 17.4.6 Princípio do planejamento | 392 |
|  | 17.4.7 Princípio do desenvolvimento nacional sustentável | 393 |
|  | 17.4.8 Princípio da publicidade e transparência | 394 |
|  | 17.4.9 Princípios da eficiência, celeridade e economicidade | 395 |
|  | 17.4.10 Princípio da segregação de funções | 396 |

| | | | |
|---|---|---|---|
| 17.5 | A função regulatória da licitação | | 396 |
| 17.6 | Objeto da licitação | | 397 |
| | 17.6.1 | Obras e serviços de engenharia | 397 |
| | 17.6.2 | Serviços | 399 |
| | | 17.6.2.1 Terceirização: a superação da distinção entre atividade-meio e atividade-fim | 401 |
| | | 17.6.2.2 Quarteirização | 402 |
| | | 17.6.2.3 Serviços de publicidade | 403 |
| | 17.6.3 | Compras | 404 |
| | 17.6.4 | Alienações | 408 |
| | 17.6.5 | Locação de imóveis | 408 |
| 17.7 | Procedimentos auxiliares das licitações e contratações | | 409 |
| | 17.7.1 | Credenciamento | 409 |
| | 17.7.2 | Pré-qualificação | 410 |
| | 17.7.3 | Procedimento de Manifestação de Interesse (PMI) | 411 |
| | 17.7.4 | Sistema de Registro de Preços (SRP) | 412 |
| | 17.7.5 | Registro cadastral | 418 |
| 17.8 | Destinatários da regra da licitação | | 419 |
| | 17.8.1 | Administração Pública direta, indireta e demais entidades controladas direta ou indiretamente pela Administração Pública | 419 |
| | 17.8.2 | Licitação nas empresas estatais (Lei 13.303/2016) | 420 |
| | | 17.8.2.1 Fontes normativas e objeto | 420 |
| | | 17.8.2.2 Características principais | 423 |
| 17.9 | Contratação direta na Lei 14.133/2021 | | 433 |
| | 17.9.1 | Inexigibilidade de licitação (art. 74 da Lei 14.133/2021) | 434 |
| | 17.9.2 | Dispensa de licitação (art. 75 da Lei 14.133/2021) | 439 |
| | 17.9.3 | Licitação dispensada para alienação de bens (art. 76 da Lei 14.133/2021) | 450 |
| | 17.9.4 | Quadro sinótico: contratação direta na Lei 14.133/2021 | 452 |
| 17.10 | Modalidades de licitação | | 452 |
| | 17.10.1 | Pregão | 453 |
| | 17.10.2 | Concorrência | 454 |
| | 17.10.3 | Concurso | 454 |
| | 17.10.4 | Leilão | 454 |
| | 17.10.5 | Diálogo competitivo | 455 |
| 17.11 | Procedimento | | 457 |
| | 17.11.1 | Fases do processo de licitação e a preferência pela forma eletrônica | 457 |
| | 17.11.2 | Fase interna ou preparatória | 458 |
| | 17.11.3 | Administração Pública Consensual e Gerencial: audiências públicas, consultas públicas e repartição de riscos | 461 |

|         | 17.11.4 Valor estimado da contratação | 462 |
|---|---|---|
|         | 17.11.5 Edital | 464 |
|         | 17.11.6 Margem de preferência | 468 |
|         | 17.11.7 Apresentação de propostas e lances | 469 |
|         | 17.11.8 Julgamento | 471 |
|         | 17.11.9 Habilitação | 473 |
|         | 17.11.10 Encerramento da licitação | 477 |
| 17.12   | Anulação e revogação da licitação | 478 |
| 17.13   | Recursos administrativos | 480 |
| 17.14   | Cooperativas nas licitações | 481 |
| 17.15   | Microempresas e empresas de pequeno porte (LC 123/2006) e o tratamento diferenciado nas licitações | 483 |
|         | 17.15.1 Saneamento de falhas na regularidade fiscal e trabalhista | 483 |
|         | 17.15.2 Empate ficto ou presumido | 484 |
|         | 17.15.3 Possibilidade de licitações diferenciadas | 485 |
|         | 17.15.4 Exigências para aplicação do tratamento diferenciado previsto na LC 123/2006 | 486 |
|         | 17.15.5 Cédula de crédito microempresarial | 487 |
|         | 17.15.6 ME e EPP na Lei 14.133/2021 | 487 |
| 17.16   | A participação de consórcios empresariais nas licitações | 488 |
| 17.17   | Licitações internacionais | 489 |
| 17.18   | Resumo do capítulo | 490 |

| **CAPÍTULO 18 – CONTRATOS ADMINISTRATIVOS** | | **495** |
|---|---|---|
| 18.1 | Conceito e espécies de contratos da administração pública: contrato administrativo x contrato privado | 495 |
| 18.2 | Fontes normativas e competência legislativa | 496 |
| 18.3 | Sujeitos do contrato | 497 |
| 18.4 | Características | 498 |
|      | 18.4.1 Formalismo moderado | 498 |
|      | 18.4.2 Bilateralidade | 499 |
|      | 18.4.3 Comutatividade | 500 |
|      | 18.4.4 Personalíssimo (*intuitu personae*) | 500 |
|      | 18.4.5 Desequilíbrio | 500 |
|      | 18.4.6 Instabilidade | 500 |
| 18.5 | Formalização do contrato, garantias e alocação de riscos | 501 |
|      | 18.5.1 Formalização dos contratos | 501 |
|      | 18.5.2 Garantias | 504 |
|      | 18.5.3 Alocação de riscos | 506 |

| | | | |
|---|---|---|---|
| 18.6 | Cláusulas exorbitantes | | 507 |
| 18.7 | Equilíbrio econômico-financeiro dos contratos | | 510 |
| | 18.7.1 | Reajuste | 511 |
| | 18.7.2 | Revisão | 512 |
| | 18.7.3 | Atualização monetária | 513 |
| | 18.7.4 | Repactuação | 513 |
| 18.8 | Duração dos contratos | | 515 |
| 18.9 | Inexecução contratual | | 522 |
| | 18.9.1 | Inexecução culposa | 522 |
| | | 18.9.1.1 Exceção de contrato não cumprido (*exceptio non adimpleti contractus*) | 522 |
| | 18.9.2 | Inexecução sem culpa | 523 |
| | | 18.9.2.1 Teoria da imprevisão | 524 |
| | | 18.9.2.2 Fato do príncipe | 524 |
| | | 18.9.2.3 Caso fortuito e força maior | 525 |
| 18.10 | Extinção dos contratos | | 525 |
| | 18.10.1 | Motivos para extinção dos contratos administrativos | 525 |
| | 18.10.2 | Extinção unilateral, consensual, judicial ou arbitral | 528 |
| | 18.10.3 | Meios alternativos de resolução de controvérsias: conciliação, mediação, comitê de resolução de disputas (*dispute boards*) e a arbitragem | 529 |
| 18.11 | Sanções administrativas | | 532 |
| 18.12 | Fiscalização e controle das licitações e dos contratos | | 539 |
| | 18.12.1 | Fiscalização dos contratos administrativos | 539 |
| | 18.12.2 | Controle das licitações e dos contratos | 543 |
| 18.13 | Responsabilidade civil nos contratos administrativos | | 549 |
| | 18.13.1 | Responsabilidade primária do contratado e responsabilidade subsidiária do Estado pela má execução do contrato | 549 |
| | 18.13.2 | Responsabilidade do Estado nas terceirizações pelos encargos trabalhistas e previdenciários | 550 |
| | 18.13.3 | Responsabilidade pessoal do parecerista nas licitações | 551 |
| 18.14 | Contratos das empresas estatais | | 552 |
| 18.15 | Convênios administrativos, termos de colaboração, termos de fomento e instrumentos congêneres | | 555 |
| 18.16 | Resumo do capítulo | | 557 |

## CAPÍTULO 19 – INTERVENÇÃO DO ESTADO NA ORDEM ECONÔMICA ...... 563

| | | |
|---|---|---|
| 19.1 | Estado e ordem econômica: estado liberal, estado social e estado regulador | 563 |
| 19.2 | Fundamentos e princípios da ordem econômica | 564 |
| 19.3 | Espécies de intervenção do estado na ordem econômica | 565 |

| | | |
|---|---|---|
| 19.4 | Planejamento | 566 |
| | 19.4.1 Conceito | 566 |
| | 19.4.2 Fundamentos | 567 |
| | 19.4.3 Instrumentos de planejamento | 567 |
| 19.5 | Regulação (Estado regulador) | 569 |
| | 19.5.1 Regulação: conceito | 569 |
| | 19.5.2 Regulação x regulamentação | 569 |
| | 19.5.3 Formas de regulação: regulação estatal, regulação pública não estatal e autorregulação | 570 |
| | 19.5.4 Evolução da regulação e o papel do Estado Regulador | 571 |
| | 19.5.5 Análise de Impacto Regulatório (AIR) | 573 |
| | 19.5.6 Regulação e promoção da concorrência | 579 |
| |     19.5.6.1 Liberdade de entrada | 579 |
| |     19.5.6.2 Liberdade relativa de preços | 580 |
| |     19.5.6.3 Fragmentação do serviço público (*unbundling*) | 580 |
| |     19.5.6.4 Compartilhamento compulsório das redes e infraestruturas (*essential facilities doctrine*) | 581 |
| | 19.5.7 Controle de preços | 583 |
| | 19.5.8 Regulação por incentivos ou por "empurrões" (*nudge*) | 584 |
| | 19.5.9 Acordos decisórios ou substitutivos na regulação | 585 |
| | 19.5.10 *Sandbox* regulatório | 587 |
| 19.6 | Fomento | 588 |
| | 19.6.1 Conceito | 588 |
| | 19.6.2 Características | 589 |
| | 19.6.3 Limites | 589 |
| | 19.6.4 Classificações de fomento | 590 |
| |     19.6.4.1 Quanto ao conteúdo: fomento positivo e negativo | 590 |
| |     19.6.4.2 Quanto ao destinatário: fomento econômico e social | 591 |
| |     19.6.4.3 Quanto aos meios: fomento honorífico, econômico e jurídico | 591 |
| | 19.6.5 Instrumentos de fomento | 591 |
| |     19.6.5.1 Benefícios ou incentivos fiscais | 591 |
| |     19.6.5.2 Benefícios ou incentivos creditícios | 592 |
| |     19.6.5.3 Outros instrumentos (rol exemplificativo) | 592 |
| 19.7 | Repressão ao abuso do poder econômico e proteção da concorrência (direito antitruste ou da concorrência) | 593 |
| | 19.7.1 Fundamentos do Direito Antitruste ou Direito da Concorrência | 593 |
| | 19.7.2 Sistema Brasileiro de Defesa da Concorrência (SBDC) | 593 |
| | 19.7.3 Condutas anticoncorrenciais | 595 |
| | 19.7.4 Infrações à ordem econômica: responsabilidades, sanções e prescrição | 596 |

| | 19.7.5 | Controle da concorrência nos setores regulados: CADE x agências reguladoras ................................................................ | 597 |
|---|---|---|---|
| 19.8 | | Exploração direta da atividade econômica (Estado empresário) ............ | 599 |
| | 19.8.1 | Estado empresário: requisitos ................................................... | 599 |
| | 19.8.2 | Intervenção concorrencial do Estado empresário ..................... | 599 |
| | 19.8.3 | Intervenção monopolista do Estado empresário ....................... | 600 |

        19.8.3.1   Estruturas de mercado: concorrência perfeita, concorrência imperfeita, oligopólio (e oligopsônio), monopólio (monopsônio) e monopólio bilateral ....................... 600

        19.8.3.2   Espécies de monopólio: de fato e de direito ................. 601

        19.8.3.3   Monopólios públicos ou estatais .................................. 602

19.9   Resumo do capítulo .................................................................................... 603

## CAPÍTULO 20 – INTERVENÇÃO DO ESTADO NA PROPRIEDADE ............ 609

| 20.1 | | Fundamentos da intervenção estatal na propriedade ............................. | 609 |
|---|---|---|---|
| 20.2 | | Modalidades: intervenções restritivas e supressivas ............................... | 610 |
| 20.3 | | Servidão administrativa ............................................................................ | 610 |
| | 20.3.1 | Conceito ..................................................................................... | 610 |
| | 20.3.2 | Fontes normativas ...................................................................... | 611 |
| | 20.3.3 | Objeto ......................................................................................... | 612 |
| | 20.3.4 | Instituição ................................................................................... | 612 |
| | 20.3.5 | Extinção ...................................................................................... | 613 |
| | 20.3.6 | Indenização ................................................................................ | 613 |
| 20.4 | | Requisição ................................................................................................. | 614 |
| | 20.4.1 | Conceito ..................................................................................... | 614 |
| | 20.4.2 | Fontes normativas ...................................................................... | 614 |
| | 20.4.3 | Objeto ......................................................................................... | 615 |
| | 20.4.4 | Instituição e extinção ................................................................. | 616 |
| | 20.4.5 | Indenização ................................................................................ | 617 |
| 20.5 | | Ocupação temporária ................................................................................ | 617 |
| | 20.5.1 | Conceito ..................................................................................... | 617 |
| | 20.5.2 | Fontes normativas ...................................................................... | 618 |
| | 20.5.3 | Objeto ......................................................................................... | 618 |
| | 20.5.4 | Instituição e extinção ................................................................. | 618 |
| | 20.5.5 | Indenização ................................................................................ | 619 |
| 20.6 | | Limitações administrativas ....................................................................... | 619 |
| | 20.6.1 | Conceito ..................................................................................... | 619 |
| | 20.6.2 | Fontes normativas ...................................................................... | 620 |
| | 20.6.3 | Objeto ......................................................................................... | 620 |

| | 20.6.4 | Instituição e extinção | 620 |
| | 20.6.5 | Indenização | 620 |
| 20.7 | Tombamento | | 621 |
| | 20.7.1 | Conceito | 621 |
| | 20.7.2 | Fontes normativas | 623 |
| | 20.7.3 | Objeto | 624 |
| | 20.7.4 | Tombamento x registro | 625 |
| | 20.7.5 | Classificações | 626 |
| | 20.7.6 | Instituição e cancelamento | 627 |
| | 20.7.7 | Efeitos | 628 |
| | 20.7.8 | Indenização | 630 |
| 20.8 | Resumo do capítulo | | 630 |

## CAPÍTULO 21 – DESAPROPRIAÇÃO .......... 635

| 21.1 | Conceito | | 635 |
| 21.2 | Modalidades e fontes normativas | | 637 |
| | 21.2.1 | Desapropriação por utilidade pública, necessidade pública ou interesse social | 637 |
| | 21.2.2 | Desapropriação urbanística | 637 |
| | 21.2.3 | Desapropriação rural | 639 |
| | 21.2.4 | Expropriação confiscatória | 640 |
| 21.3 | Objeto | | 641 |
| | 21.3.1 | Bens públicos | 643 |
| | 21.3.2 | Bens da Administração Indireta | 644 |
| 21.4 | Procedimento | | 646 |
| | 21.4.1 | Fase declaratória | 646 |
| | | 21.4.1.1 Competência declaratória | 646 |
| | | 21.4.1.2 Efeitos da declaração | 647 |
| | 21.4.2 | Fase executória | 648 |
| | | 21.4.2.1 Competência executória | 648 |
| 21.5 | Ação de desapropriação: aspectos relevantes | | 649 |
| | 21.5.1 | Imissão provisória na posse | 649 |
| | 21.5.2 | Defesa do réu e extensão do controle judicial | 651 |
| | 21.5.3 | Direito de extensão | 653 |
| | 21.5.4 | Indenização | 654 |
| | | 21.5.4.1 Juros moratórios | 655 |
| | | 21.5.4.2 Juros compensatórios | 657 |
| | | 21.5.4.3 Honorários advocatícios | 658 |

| | | | |
|---|---|---|---|
| | 21.5.5 | Desistência da ação de desapropriação: requisitos | 659 |
| | 21.5.6 | Intervenção do Ministério Público | 660 |
| 21.6 | Transferência da propriedade | | 661 |
| 21.7 | Desapropriação por zona | | 662 |
| 21.8 | Retrocessão | | 662 |
| | 21.8.1 | Conceito e natureza jurídica | 662 |
| | 21.8.2 | Tredestinação lícita x tredestinação ilícita | 663 |
| | 21.8.3 | Tredestinação e omissão | 664 |
| | 21.8.4 | Tredestinação, desdestinação e adestinação | 665 |
| | 21.8.5 | Prescrição | 666 |
| 21.9 | Desapropriação indireta | | 666 |
| | 21.9.1 | Conceito e natureza jurídica | 666 |
| | 21.9.2 | "Ação de desapropriação indireta": legitimidade, foro processual e prescrição | 667 |
| 21.10 | Resumo do capítulo | | 668 |

## CAPÍTULO 22 – BENS PÚBLICOS ............ 673

| | | | |
|---|---|---|---|
| 22.1 | Conceito | | 673 |
| 22.2 | Domínio eminente e domínio patrimonial | | 674 |
| 22.3 | Classificações | | 675 |
| | 22.3.1 | Critério da titularidade: bens públicos federais, estaduais, distritais, municipais e interfederativos | 675 |
| | 22.3.2 | Critério da afetação pública: bens públicos de uso comum do povo, de uso especial e dominicais | 676 |
| 22.4 | Afetação e desafetação | | 677 |
| 22.5 | Regime jurídico dos bens públicos | | 678 |
| | 22.5.1 | Alienação condicionada ou inalienabilidade relativa | 678 |
| | 22.5.2 | Impenhorabilidade | 680 |
| | 22.5.3 | Imprescritibilidade | 680 |
| | 22.5.4 | Não onerabilidade | 681 |
| 22.6 | Formas de uso do bem público: comum, especial e privativo | | 681 |
| 22.7 | Uso privativo do bem público | | 682 |
| | 22.7.1 | Autorização | 683 |
| | | 22.7.1.1 Autorização condicionada ou qualificada | 683 |
| | | 22.7.1.2 Autorização de uso urbanística | 684 |
| | 22.7.2 | Permissão | 684 |
| | | 22.7.2.1 Permissão condicionada ou qualificada | 685 |
| | 22.7.3 | Concessão | 686 |
| | | 22.7.3.1 Concessão de direito real de uso | 686 |

| | | | |
|---|---|---|---|
| | 22.7.3.2 | Concessão de uso especial para fins de moradia | 687 |
| | 22.7.3.3 | Concessão florestal | 688 |
| 22.7.4 | Cessão de uso | | 689 |
| 22.7.5 | Uso privativo de bem público por instrumentos de direito privado | | 690 |
| | 22.7.5.1 | Locação | 691 |
| | 22.7.5.2 | Comodato | 692 |
| | 22.7.5.3 | Enfiteuse ou aforamento | 692 |

22.8 Alienação e aquisição de bens públicos ............................................................ 692
    22.8.1 Alienação: exigências e espécies .......................................................... 692
    22.8.2 Aquisição por instrumentos de direito público e de direito privado ........ 694
    22.8.3 Aquisição originária e derivada ............................................................. 694
    22.8.4 Aquisição por ato *inter vivos* e por *causa mortis* ................................. 695

22.9 Principais espécies de bens públicos .................................................................. 695
    22.9.1 Terras devolutas .................................................................................... 695
    22.9.2 Terrenos de marinha e seus acrescidos ................................................ 696
    22.9.3 Terrenos marginais ou reservados ........................................................ 697
    22.9.4 Terras indígenas .................................................................................... 697
    22.9.5 Plataforma continental .......................................................................... 698
    22.9.6 Ilhas ...................................................................................................... 698
    22.9.7 Faixa de fronteiras ................................................................................ 699
    22.9.8 Minas e jazidas ...................................................................................... 699
    22.9.9 Domínio hídrico .................................................................................... 700
    22.9.10 Espaço aéreo ....................................................................................... 701

22.10 Resumo do capítulo ........................................................................................... 701

## CAPÍTULO 23 – AGENTES PÚBLICOS ............................................................. 707

23.1 Conceito .............................................................................................................. 707
23.2 Espécies .............................................................................................................. 707
    23.2.1 Agentes públicos de direito ................................................................... 708
        23.2.1.1 Agentes políticos .................................................................. 708
        23.2.1.2 Servidores públicos .............................................................. 709
        23.2.1.3 Particulares em colaboração ................................................ 709
    23.2.2 Agentes públicos de fato ....................................................................... 710

23.3 Servidores públicos ............................................................................................. 711
    23.3.1 Classificação ......................................................................................... 711
    23.3.2 Regimes jurídicos funcionais ................................................................. 711
        23.3.2.1 Regime estatutário ............................................................... 711
        23.3.2.2 Regime trabalhista (celetista) e regime do emprego público ... 713

|  |  | 23.3.2.3 | Regime especial | 715 |
| --- | --- | --- | --- | --- |
|  | 23.3.3 | Extinção da obrigatoriedade do Regime Jurídico Único (RJU) | | 716 |
| 23.4 | Cargos públicos | | | 719 |
|  | 23.4.1 | Cargo, emprego e função pública | | 719 |
|  | 23.4.2 | Classe, carreira, quadro e lotação | | 720 |
|  | 23.4.3 | Criação, transformação e extinção de cargos, empregos e funções | | 720 |
|  | 23.4.4 | Acessibilidade dos cargos, empregos e funções públicas | | 722 |
|  | 23.4.5 | Classificação dos cargos | | 723 |
|  | 23.4.6 | Cargo em comissão x função de confiança | | 724 |
|  | 23.4.7 | Provimento | | 725 |
|  |  | 23.4.7.1 | Provimento originário | 725 |
|  |  | 23.4.7.2 | Provimento derivado | 726 |
|  |  | 23.4.7.2.1 Promoção | | 727 |
|  |  | 23.4.7.2.2 Readaptação | | 727 |
|  |  | 23.4.7.2.3 Reversão | | 727 |
|  |  | 23.4.7.2.4 Aproveitamento | | 728 |
|  |  | 23.4.7.2.5 Reintegração | | 728 |
|  |  | 23.4.7.2.6 Recondução | | 729 |
|  | 23.4.8 | Investidura, posse e exercício | | 730 |
|  | 23.4.9 | Vacância | | 730 |
|  | 23.4.10 | Acumulação de cargos, empregos e funções | | 731 |
| 23.5 | Estabilidade | | | 734 |
|  | 23.5.1 | Alcance da estabilidade: servidores estatutários | | 734 |
|  | 23.5.2 | Estágio probatório: prazo de três anos | | 735 |
|  | 23.5.3 | Efetivo exercício | | 736 |
|  | 23.5.4 | Avaliação especial de desempenho | | 736 |
|  | 23.5.5 | Estabilidade no serviço, e não no cargo | | 737 |
|  | 23.5.6 | Estabilidade extraordinária ou estabilização constitucional | | 737 |
|  | 23.5.7 | Estabilidade x efetividade | | 738 |
|  | 23.5.8 | Hipóteses de demissão e exoneração do servidor estável | | 738 |
| 23.6 | Vitaliciedade | | | 740 |
|  | 23.6.1 | Alcance da vitaliciedade: servidores vitalícios | | 740 |
|  | 23.6.2 | Vitaliciedade automática e diferida | | 741 |
|  | 23.6.3 | Hipóteses de demissão e exoneração do servidor vitalício | | 741 |
| 23.7 | Concurso público | | | 742 |
|  | 23.7.1 | Conceito e alcance da regra do concurso | | 742 |
|  | 23.7.2 | Inexigibilidade | | 744 |
|  | 23.7.3 | Prazo de validade e prorrogação | | 744 |
|  | 23.7.4 | Requisitos de participação e de aprovação | | 746 |

| | | |
|---|---|---|
| 23.7.5 | Discriminações legítimas e ilegítimas: idade, sexo, altura etc. As cotas raciais em concursos públicos | 747 |
| 23.7.6 | Acesso da pessoa idosa aos cargos e empregos públicos | 751 |
| 23.7.7 | Reserva de vagas para pessoas com deficiência | 751 |
| 23.7.8 | Exame psicotécnico | 753 |
| 23.7.9 | Estágio experimental | 753 |
| 23.7.10 | Aprovação no concurso e o direito à nomeação | 753 |
| 23.7.11 | Direito à vista e à revisão das provas | 757 |
| 23.7.12 | Concursos públicos e nomeações em períodos eleitorais: limites e possibilidades | 758 |

23.8 Sistema remuneratório .................. 760
    23.8.1 Revisão da remuneração e vinculação .................. 763
23.9 Teto remuneratório .................. 765
23.10 Associação sindical .................. 769
23.11 Greve .................. 770
23.12 Regime previdenciário dos servidores públicos .................. 772
    23.12.1 Espécies de Regimes de Previdência .................. 772
    23.12.2 Aposentadoria .................. 773
        23.12.2.1 Conceito e natureza jurídica .................. 773
        23.12.2.2 Modalidades de aposentadoria .................. 774
        23.12.2.3 Proventos: fim da integralidade e da paridade .................. 777
        23.12.2.4 Acumulação de proventos .................. 777
    23.12.3 Abono de permanência .................. 778
    23.12.4 Pensões .................. 778
    23.12.5 Contribuições previdenciárias .................. 779
    23.12.6 Fundo previdenciário .................. 779
    23.12.7 Previdência complementar .................. 780
23.13 Resumo do capítulo .................. 780

## CAPÍTULO 24 – RESPONSABILIDADE CIVIL DO ESTADO .................. 785

24.1 Conceito .................. 785
24.2 Responsabilidade civil e sacrifício de direitos .................. 785
24.3 Evolução da responsabilidade civil do Estado .................. 786
    24.3.1 Fase da irresponsabilidade civil do Estado .................. 786
    24.3.2 Fase da responsabilidade subjetiva .................. 786
        24.3.2.1 Teoria da culpa individual (atos de império x atos de gestão) .................. 786
        24.3.2.2 Teoria da culpa anônima (culpa do serviço) .................. 787
    24.3.3 Fase da responsabilidade civil objetiva .................. 787
    24.3.4 A responsabilidade civil do Estado no ordenamento jurídico brasileiro .................. 787

| | | |
|---|---|---|
| 24.4 | Responsabilidade civil extracontratual e contratual | 788 |
| 24.5 | Responsabilidade civil objetiva: ato lícito e ilícito | 789 |
| 24.6 | Fundamentos da responsabilidade objetiva: teoria do risco administrativo e repartição dos encargos sociais | 790 |
| 24.7 | Pressupostos da responsabilidade civil do Estado | 791 |
| | 24.7.1 Conduta (fato administrativo) | 791 |
| | 24.7.2 Dano | 791 |
| | 24.7.3 Nexo de causalidade | 792 |
| 24.8 | Causas excludentes do nexo de causalidade | 793 |
| | 24.8.1 Fato exclusivo da vítima | 793 |
| | 24.8.2 Fato de terceiro | 794 |
| | 24.8.3 Caso fortuito e força maior | 794 |
| | 24.8.4 Causas excludentes e atenuantes | 794 |
| 24.9 | Pessoas responsáveis à luz do art. 37, § 6.º, da CRFB | 795 |
| | 24.9.1 Pessoas jurídicas de direito público | 795 |
| | 24.9.2 Pessoas jurídicas de direito privado prestadoras de serviços públicos | 795 |
| |     24.9.2.1 Responsabilidade das estatais: serviços públicos e atividade econômica | 795 |
| |     24.9.2.2 Responsabilidade das concessionárias e permissionárias de serviços públicos | 796 |
| |     24.9.2.3 Responsabilidade do Terceiro Setor | 796 |
| | 24.9.3 Responsabilidade primária e subsidiária | 797 |
| 24.10 | Responsabilidade civil do Estado por omissão | 798 |
| 24.11 | Agentes públicos e a responsabilidade civil do Estado | 800 |
| | 24.11.1 Dualidade de regimes de responsabilidade civil no art. 37, § 6.º, da CRFB: responsabilidade objetiva do Estado e responsabilidade subjetiva do agente público | 800 |
| | 24.11.2 O vocábulo "agentes" e seu alcance | 801 |
| | 24.11.3 Litisconsórcio facultativo x Teoria da dupla garantia | 801 |
| | 24.11.4 Reparação do dano e ação regressiva em face do agente público | 802 |
| | 24.11.5 Denunciação da lide | 804 |
| 24.12 | Prescrição | 805 |
| 24.13 | Responsabilidade civil por atos legislativos | 808 |
| | 24.13.1 Leis de efeitos concretos e danos desproporcionais | 809 |
| | 24.13.2 Leis inconstitucionais | 809 |
| | 24.13.3 Omissão legislativa | 810 |
| 24.14 | Responsabilidade civil por atos judiciais | 811 |
| | 24.14.1 Erro judiciário | 812 |
| | 24.14.2 Prisão além do tempo fixado na sentença | 814 |

| | | |
|---|---|---|
| 24.14.3 | Demora na prestação jurisdicional | 814 |
| 24.14.4 | Prisão cautelar e posterior absolvição | 815 |
| 24.14.5 | Responsabilidade pessoal do juiz | 816 |
| 24.15 | Responsabilidade do estado, dos notários e registradores | 816 |
| 24.16 | Responsabilidade civil por danos causados por obras públicas | 818 |
| 24.17 | Responsabilidade civil por atos de multidões (atos multitudinários) | 820 |
| 24.18 | Responsabilidade civil por danos ambientais | 820 |
| 24.19 | Resumo do capítulo | 821 |

## CAPÍTULO 25 – CONTROLE DA ADMINISTRAÇÃO PÚBLICA ............... 825

| | | | |
|---|---|---|---|
| 25.1 | Controle | | 825 |
| | 25.1.1 | Espécies de controle | 825 |
| | | 25.1.1.1 Autocontrole (controle interno), controle externo e controle social | 825 |
| | | 25.1.1.2 Controle prévio, concomitante e posterior | 826 |
| | | 25.1.1.3 Controle de legalidade e controle do mérito | 826 |
| | 25.1.2 | Controle e Direito Administrativo do medo | 827 |
| | 25.1.3 | Controle e Lei de Introdução às Normas do Direito Brasileiro – LINDB | 828 |
| 25.2 | Controle administrativo | | 829 |
| | 25.2.1 | Conceito | 829 |
| | 25.2.2 | Tutela e autotutela administrativa | 829 |
| | 25.2.3 | Meios de controle administrativo | 830 |
| 25.3 | Controle legislativo | | 831 |
| | 25.3.1 | Conceito | 831 |
| | 25.3.2 | Casos de controle | 831 |
| | | 25.3.2.1 Sustação de atos normativos | 831 |
| | | 25.3.2.2 Convocação de autoridades e requisição de informações | 831 |
| | | 25.3.2.3 Autorização e aprovação de ato administrativo | 831 |
| | | 25.3.2.4 Comissões Parlamentares de Inquérito (CPIs) | 831 |
| | | 25.3.2.5 Julgamento do chefe do Executivo: *impeachment* | 832 |
| | | 25.3.2.6 Controle financeiro | 832 |
| 25.4 | Controle do Tribunal de Contas | | 833 |
| | 25.4.1 | Conceito e visão geral | 833 |
| | 25.4.2 | Critérios do controle: legalidade, legitimidade e economicidade | 834 |
| | 25.4.3 | Atribuições dos Tribunais de Contas | 834 |
| | | 25.4.3.1 Consultiva | 834 |
| | | 25.4.3.2 Fiscalizadora | 835 |
| | | 25.4.3.3 Julgadora | 835 |

|  |  |  |  |
|---|---|---|---|
| | 25.4.3.4 | Registro | 835 |
| | 25.4.3.5 | Sancionadora | 835 |
| | 25.4.3.6 | Corretiva | 836 |
| | 25.4.3.7 | Ouvidoria | 836 |

25.5 Controle jurisdicional .................................................................................. 836
    25.5.1 Sistemas de controle jurisdicional ............................................ 836
    25.5.2 Limites e possibilidades do controle jurisdicional ................... 837
    25.5.3 Tendências do controle jurisdicional dos atos administrativos a partir de uma visão pragmática e institucional ......................... 837
    25.5.4 Fazenda Pública em juízo ........................................................... 841
    25.5.5 Instrumentos de controle judicial da Administração Pública .. 846
    25.5.6 *Habeas corpus* ............................................................................. 846
        25.5.6.1 Conceito e fontes normativas .................................... 846
        25.5.6.2 Espécies de *habeas corpus* ........................................ 847
        25.5.6.3 Legitimidade ............................................................... 847
            25.5.6.3.1 Legitimidade ativa ................................. 847
            25.5.6.3.2 Legitimidade passiva ............................. 847
        25.5.6.4 Objeto ........................................................................... 847
        25.5.6.5 Prazo ............................................................................ 848
        25.5.6.6 Competência ............................................................... 848
        25.5.6.7 Procedimento, decisão e coisa julgada .................... 849
    25.5.7 Mandado de segurança individual ............................................. 850
        25.5.7.1 Conceito e fontes normativas .................................... 850
        25.5.7.2 Espécies de mandado de segurança ......................... 850
        25.5.7.3 Legitimidade ............................................................... 850
            25.5.7.3.1 Legitimidade ativa ................................. 850
            25.5.7.3.2 Legitimidade passiva ............................. 851
        25.5.7.4 Autoridade coatora ..................................................... 852
        25.5.7.5 Objeto ........................................................................... 854
        25.5.7.6 Hipóteses de não cabimento do mandado de segurança ......... 855
        25.5.7.7 Prazo ............................................................................ 856
        25.5.7.8 Competência ............................................................... 858
        25.5.7.9 Decisão e coisa julgada .............................................. 859
    25.5.8 Mandado de segurança coletivo ................................................ 860
        25.5.8.1 Conceito e fontes normativas .................................... 860
        25.5.8.2 Legitimidade ............................................................... 861
        25.5.8.3 Objeto ........................................................................... 862
        25.5.8.4 Decisão e coisa julgada .............................................. 863
    25.5.9 Mandado de injunção .................................................................. 864

25.5.9.1 Conceito e fontes normativas.................................................. 864
25.5.9.2 Espécies de mandado de injunção............................................. 865
25.5.9.3 Legitimidade.................................................................... 865
    25.5.9.3.1 Legitimidade ativa..................................................... 865
    25.5.9.3.2 Legitimidade passiva................................................. 865
25.5.9.4 Objeto............................................................................ 866
25.5.9.5 Prazo.............................................................................. 867
25.5.9.6 Competência................................................................... 867
25.5.9.7 Procedimento, decisão e coisa julgada..................................... 868
25.5.9.8 Mandado de injunção x ação direta de inconstitucionalidade por omissão .................................................................... 871
25.5.10 *Habeas data*................................................................................ 872
  25.5.10.1 Conceito e fontes normativas................................................. 872
  25.5.10.2 Legitimidade.................................................................... 872
    25.5.10.2.1 Legitimidade ativa................................................... 872
    25.5.10.2.2 Legitimidade passiva............................................... 873
  25.5.10.3 Objeto............................................................................ 873
  25.5.10.4 Prazo.............................................................................. 874
  25.5.10.5 Competência................................................................... 874
  25.5.10.6 Procedimento, decisão e coisa julgada..................................... 875
25.5.11 Ação popular................................................................................ 876
  25.5.11.1 Conceito e fontes normativas................................................. 876
  25.5.11.2 Legitimidade.................................................................... 876
    25.5.11.2.1 Legitimidade ativa................................................... 876
    25.5.11.2.2 Legitimidade passiva............................................... 877
  25.5.11.3 Objeto............................................................................ 878
  25.5.11.4 Prazo.............................................................................. 878
  25.5.11.5 Competência................................................................... 879
  25.5.11.6 Procedimento, decisão e coisa julgada..................................... 879
25.5.12 Ação civil pública......................................................................... 880
  25.5.12.1 Conceito e fontes normativas................................................. 880
  25.5.12.2 Legitimidade.................................................................... 880
    25.5.12.2.1 Legitimidade ativa................................................... 880
    25.5.12.2.2 Legitimidade passiva............................................... 882
  25.5.12.3 Objeto............................................................................ 882
  25.5.12.4 Termo de Ajustamento de Conduta (TAC)................................ 883
  25.5.12.5 Inquérito civil................................................................... 884
  25.5.12.6 Prazo.............................................................................. 884
  25.5.12.7 Competência................................................................... 884

        25.5.12.8 Procedimento, decisão e coisa julgada ........................................ 885
    25.5.13 Ação de improbidade administrativa ......................................................... 886
        25.5.13.1 Conceito e fontes normativas ....................................................... 886
        25.5.13.2 Legitimidade ................................................................................. 888
                25.5.13.2.1 Legitimidade ativa ...................................................... 888
                25.5.13.2.2 Legitimidade passiva .................................................. 889
                        25.5.13.2.2.1 Agentes públicos ................................ 889
                        25.5.13.2.2.2 Agentes políticos e a Lei 8.429/1992.. 891
                        25.5.13.2.2.3 Membros da Magistratura, do Ministério Público e dos Tribunais de Contas: peculiaridades ................................................. 893
                        25.5.13.2.2.4 Terceiros ............................................. 895
        25.5.13.3 Objeto ............................................................................................ 896
        25.5.13.4 Atos de improbidade administrativa ........................................... 896
                25.5.13.4.1 Enriquecimento ilícito (art. 9.º da Lei 8.429/1992)... 897
                25.5.13.4.2 Danos ao erário (art. 10 da Lei 8.429/1992) .............. 900
                25.5.13.4.3 Violação aos princípios da Administração Pública (art. 11 da Lei 8.429/1992) ........................................... 904
                25.5.13.4.4 Ordem urbanística (art. 52 da Lei 10.257/2001 – Estatuto da Cidade) ....................................................... 907
        25.5.13.5 Prazo .............................................................................................. 907
        25.5.13.6 Competência ................................................................................. 911
        25.5.13.7 Procedimento, decisão e coisa julgada ........................................ 911
        25.5.13.8 Acordo de Não Persecução Civil (ANPC) .................................. 918
        25.5.13.9 Reforma da LIA pela Lei 14.230/2021 e retroatividade limitada da lei mais benéfica no Direito Administrativo Sancionador..... 921
    25.5.14 Sistema brasileiro de combate à corrupção e a Lei 12.846/2013 (Lei Anticorrupção) ............................................................................................ 924
25.6 Resumo do capítulo ................................................................................................ 932

**REFERÊNCIAS BIBLIOGRÁFICAS** ............................................................................ 935

# ABREVIATURAS

ADC: Ação Declaratória de Constitucionalidade
ADI: Ação Direta de Inconstitucionalidade
AGU: Advocacia-Geral da União
BDA: Boletim de Direito Administrativo
BLC: Boletim de Licitações e Contratos
CC: Código Civil
CDC: Código de Defesa do Consumidor
CGU: Controladoria-Geral da União
CPC: Código de Processo Civil
CRFB: Constituição da República Federativa do Brasil
CTN: Código Tributário Nacional
ECA: Estatuto da Criança e do Adolescente
FCGP: Fórum de Contratação e Gestão Pública
ILC: Informativo de Licitações e Contratos
IP: Interesse Público
LEF: Lei de Execução Fiscal
LINDB: Lei de Introdução às normas do Direito Brasileiro
MAP: Ministerio para las Administraciones Publicas
OS: Organizações Sociais
OSC: Organizações da Sociedade Civil
OSCIP: Organizações da Sociedade Civil de Interesse Público
RAP: *Revista de Administración Pública*
RDA: *Revista de Direito Administrativo*
RDE: *Revista de Direito do Estado*
RDP: *Revista de Direito Público*
RDPE: *Revista de Direito Público da Economia*
RE: Recurso Extraordinário

REDA: *Revista Española de Derecho Administrativo*
REDAE: *Revista Eletrônica de Direito Administrativo Econômico*
REDE: *Revista Eletrônica de Direito do Estado*
REsp: Recurso Especial
RT: *Revista dos Tribunais*
STF: Supremo Tribunal Federal
STJ: Superior Tribunal de Justiça
TCE: Tribunal de Contas do Estado
TCU: Tribunal de Contas da União
TJRJ: Tribunal de Justiça do Estado do Rio de Janeiro
TSE: Tribunal Superior Eleitoral

# CAPÍTULO 1

# DIREITO ADMINISTRATIVO: GÊNESE E EVOLUÇÃO DO DIREITO ADMINISTRATIVO

## 1.1 ORIGEM DO DIREITO ADMINISTRATIVO

O nascimento do Direito Administrativo relaciona-se diretamente com a consagração dos ideais da Revolução Francesa de 1789 e o surgimento do Estado de Direito. A partir dos ideais liberais revolucionários da burguesia (separação de poderes, princípio da legalidade e Declaração dos Direitos do Homem e do Cidadão), o poder estatal é limitado e o Direito Administrativo é concebido como ramo especial do Direito, ao lado do Direito Privado, regulador das relações envolvendo o Estado e o exercício das atividades administrativas.

As limitações ao poder estatal e a proteção dos cidadãos podem ser justificadas por três conquistas revolucionárias:[1]

a) princípio da legalidade: submissão do Estado à lei (Estado de Direito), deixando de lado a liberdade absoluta e arbitrária do Antigo regime, substituindo-se o governo dos homens pelo governo das leis;[2]

---

[1] É importante frisar que, em momento histórico precedente, já existiam documentos jurídicos de limitação do poder estatal, por exemplo, a Magna Carta de João Sem Terra de 1215. Não obstante, a sistematização dessas limitações estatais vai ser efetivada após a Revolução Francesa e a norte-americana. Neste sentido: TÁCITO, Caio. Poder de polícia e polícia do poder. *Temas de direito público (estudos e pareceres)*. Rio de Janeiro: Renovar, 1997. v. 1, p. 546.

[2] Norberto Bobbio demonstra sua predileção pelo "governo das leis", típico dos regimes democráticos, em detrimento do "governo dos homens" (BOBBIO, Norberto. *O futuro da democracia*. 9. ed. São Paulo: Paz e Terra, 2004. p. 185).

b) princípio da separação de poderes: mecanismo de limitação do exercício do poder estatal, uma vez que evitava a concentração de poderes nas mãos de um mesmo órgão;[3]

c) Declaração dos Direitos do Homem e do Cidadão: consagra direitos fundamentais que são oponíveis ao Estado.

No período anterior, não se concebia a existência de Direito Administrativo autônomo, uma vez que não havia limites impostos à atuação estatal. O Estado absoluto (Estado de Polícia – *Polizeirecht*),[4] vigente nos séculos XIV a XVIII, caracterizava-se pela centralização do poder nas mãos do monarca que possuía poderes ilimitados. A vontade do Rei era a própria vontade do Estado, a lei suprema (*l'Etat c'est moi*). Dessa forma, o Estado, por não se encontrar limitado pela ordem jurídica, não poderia ser responsabilizado pelos danos eventualmente causados a terceiros (*The king can do no wrong*).[5]

A origem do Direito Administrativo remonta ao célebre julgamento do caso Blanco (*arrêt Blanco*).[6] Nesse caso, datado de 1873, uma criança de cinco anos, Agnès Blanco, havia sido atropelada por uma vagonete pertencente à Companhia Nacional de Manufatura de Fumo. O Tribunal de Conflitos, ao apreciar uma espécie de conflito negativo de competência entre o Conselho de Estado e a Corte de Cassação, responsáveis, respectivamente, pela jurisdição administrativa e pela jurisdição comum, fixou a competência do Conselho de Estado para o julgamento da causa, tendo em vista a presença do serviço público naquele caso e a necessidade de aplicação de regras publicísticas, diferenciadas daquelas aplicáveis aos particulares.

No campo normativo, a lei do 28 *pluviose* do ano VIII de 1800 é apontada como a "certidão de nascimento" do Direito Administrativo, pois estabeleceu, de forma pioneira, normas de organização administrativa e de solução de litígios contra a Administração Pública.

Na célebre lição de Prosper Weil, o Direito Administrativo seria "fruto de milagre", pois o seu surgimento decorreu da decisão do próprio Estado de se autovincular ao Direito.[7]

---

[3] Em relação à necessidade de divisão de poderes, Montesquieu afirmava: "Tudo estaria perdido se o mesmo homem, ou o mesmo corpo dos principais, ou dos nobres, ou do povo, exercesse os três poderes". MONTESQUIEU, Charles de Secondat, Baron de. *O espírito das leis*. 3. ed. São Paulo: Martins Fontes, 2005. p. 168.

[4] Lembre-se de que o "Estado de polícia", concebido no século XIV, não se confunde com o "Estado Polícia" ou "Estado Guarda Noturno", surgido no século XIX e que fazia referência à atuação de polícia do Estado apenas para garantir a ordem e a tranquilidade pública. Vide: CANOTILHO, José Joaquim Gomes. *Direito constitucional e teoria da Constituição*. 7. ed. Coimbra: Almedina, 2003. p. 92.

[5] A ideia de um Estado irresponsável e ilimitado nas suas ações não teve caráter absoluto, especialmente com a consagração da teoria do Fisco e o estabelecimento da "dupla personalidade do Estado". Por essa teoria, o Estado se desdobrava entre o "Estado propriamente dito", dotado de soberania e que não respondia pelos seus atos, e o Estado enquanto "Fisco", entidade que estabelecia relações jurídicas com os particulares, sendo perante eles responsável (ESTORNINHO, Maria João. *A fuga para o direito privado*: contributo para o estudo da actividade de direito privado da Administração Pública. Coimbra: Almedina, 1999. p. 23 e ss.). Vide, ainda: AMARAL, Diogo Freitas do. *Curso de direito administrativo*. Coimbra: Almedina, 2004. v. II, p. 44; CANOTILHO, José Joaquim Gomes. *Direito constitucional e teoria da Constituição*. 7. ed. Coimbra: Almedina, 2003. p. 92.

[6] LONG, M.; WEIL, P.; BRAIBANT, G.; DEVOLVÉ, P.; GENEVOIS, B. *Les grands arrêts de la jurisprudence administrative*. 16. ed. Paris: Dalloz, 2007. p. 1-7.

[7] WEIL, Prosper. *Direito administrativo*. Coimbra: Almedina, 1977. p. 7.

Essa concepção parte da premissa de ruptura e de descontinuidade com o Antigo Regime, mas, em verdade, não é isenta de críticas.

Paulo Otero, em oposição à tese de ruptura, sustenta que haveria uma relação de continuidade entre a França pós-revolucionária e os ideais consagrados pelo período político anterior, servindo o Direito Administrativo, na verdade, como um mecanismo para legitimar e, ao mesmo tempo, imunizar o poder estatal contra o controle externo, especialmente a partir da instituição de uma justiça administrativa especializada (Conselho de Estado), integrante do Executivo.[8] A confusão das funções de executar e julgar nas mãos de um único "poder" (Executivo) é considerado como um "pecado original" do contencioso administrativo francês.[9]

Ao que parece, no entanto, o surgimento do Direito Administrativo não teria sido fruto de um milagre, tampouco representaria uma continuidade com o regime anterior. Não se pode afirmar uma origem exclusivamente milagrosa quando a força da Revolução impôs aos governantes a necessidade de estabelecerem regras especiais e limitadoras da ação estatal em um novo contexto sociopolítico. Induvidosamente, o surgimento do Direito Administrativo foi fruto da pressão social. De outra parte, não se teria efetivamente uma solução de continuidade com o Velho Regime, pois, ainda que existissem defeitos ou "pecados" importantes, a Administração deixava de ser totalmente arbitrária e passava a encontrar limites em normas legais, respondendo o Estado civilmente pelos seus atos.[10]

## 1.2 CONCEITO DE DIREITO ADMINISTRATIVO

O Direito Administrativo é o ramo do Direito Público que tem por objeto as regras e os princípios aplicáveis à atividade administrativa preordenada à satisfação dos direitos fundamentais.

Conforme será destacado no item 4.2, não é tarefa simples a conceituação da função administrativa e a sua diferenciação com as demais funções estatais (legislativa e judicial). Cada vez mais complexa, em razão da pluralidade de atividades que se inserem no seu conceito (poder de polícia, função regulamentar, fomento, serviços públicos, regulação etc.), a atividade administrativa tem sido caracterizada de forma residual para englobar, em princípio, todas as atividades não legislativas e não judiciais.

Há uma íntima relação entre a função administrativa e a atividade administrativa. Enquanto a função administrativa envolve o conjunto de prerrogativas e competências estatais, a atividade administrativa é o exercício concreto, por meio de ações ou omissões estatais, da função administrativa.

---

[8] OTERO, Paulo. *Legalidade e Administração Pública*: o sentido da vinculação administrativa à juridicidade. Coimbra: Almedina, 2003. p. 271; BINENBOJM, Gustavo. *Uma teoria do direito administrativo*. Rio de Janeiro: Renovar, 2006. p. 9-17.

[9] SILVA, Vasco Manuel Pascoal Dias Pereira da. *Em busca do acto administrativo perdido*. Coimbra: Almedina, 2003. p. 28 e ss.

[10] Em sentido semelhante, Odete Medauar vincula o surgimento do Direito Administrativo aos princípios da Revolução Francesa, ainda que isso tenha se dado sem o rompimento completo com algumas noções e práticas do Antigo Regime, acolhidas por esse ramo de direito em formação. MEDAUAR, Odete. *O direito administrativo em evolução*. 2. ed. São Paulo: RT, 2003. p. 21.

Quanto ao fundamento do Direito Administrativo, o tema sofreu mutações ao longo do tempo, especialmente pelas mudanças no perfil do Estado e da sociedade. Inicialmente concebido a partir da noção de **serviço público**, o Direito Administrativo foi alargado e encontrou fundamento na concepção tradicional do **interesse público**. Atualmente, influenciado pelo fenômeno da constitucionalização do ordenamento jurídico, parece adequado sustentar que o seu principal objetivo é a satisfação dos **direitos fundamentais**.

## 1.3 SISTEMAS ADMINISTRATIVOS: SISTEMA DE JURISDIÇÃO UNA (SISTEMA INGLÊS) E SISTEMA DO CONTENCIOSO ADMINISTRATIVO OU DUALIDADE DE JURISDIÇÃO (SISTEMA FRANCÊS)

Os sistemas administrativos compreendem os mecanismos utilizados pelos diversos países para o controle jurisdicional da atuação administrativa. Em síntese, é possível mencionar duas espécies de sistemas administrativos que podem ser encontrados no direito comparado:[11]

a) **sistema da dualidade de jurisdição (sistema do contencioso administrativo ou da jurisdição administrativa)**: adotado, inicialmente, na França e utilizado por diversos países (exs.: Alemanha, Portugal etc.), o sistema consagra duas ordens de jurisdição: a.1) ordinária ou comum: exercida pelo Judiciário sobre os atos dos particulares em geral; e a.2) administrativa: exercida por juízes e Tribunais administrativos, que tem na cúpula o denominado Conselho de Estado, dotado de forte independência em relação ao Poder Executivo. O Conselho de Estado exerce a função consultiva, com a expedição de recomendações (*avis*), e a função contenciosa por meio de decisões (*arrêts*) sobre conflitos envolvendo a juridicidade das atividades administrativas.

b) **sistema da jurisdição una (unidade de jurisdição)**: de origem inglesa e norte-americana, o sistema confere ao Poder Judiciário a prerrogativa de decidir de maneira definitiva sobre a juridicidade de todos os atos praticados por particulares ou pela Administração Pública. É o sistema adotado no Brasil por meio do princípio da inafastabilidade do controle do Poder Judiciário (art. 5.º, XXXV, da CRFB).

## 1.4 DIREITO ADMINISTRATIVO COMPARADO E BRASILEIRO

### 1.4.1 França

O Direito Administrativo, conforme mencionado no item 1.1, tem sua origem no Direito francês, com o julgamento do caso Blanco (arrêt Blanco), julgado em 1873, e a promulgação da lei do 28 pluviose do ano VIII de 1800, que reconheceram a autonomia científica desse ramo do Direito, dotado de institutos, métodos e princípios próprios que não se confundiam com o tradicional Direito Civil.

A partir de uma interpretação rígida do princípio da separação de poderes, da desconfiança em relação aos juízes do antigo regime e da dicotomia entre o público e o

---

[11] O tema será abordado no item 25.5.1.

privado, instituiu-se a dualidade de jurisdição: **a) Conselho de Estado**: responsável pela jurisdição administrativa (contencioso administrativo) e integrante do Poder Executivo, mas independente em relação ao chefe de Estado; e **b) Corte de Cassação**: incumbida da jurisdição comum e integrante do Poder Judiciário.

A evolução do Direito Administrativo francês pode ser atribuída, em grande parte, à evolução jurisprudencial do Conselho de Estado e à atividade doutrinária, com destaque para Joseph-Marie (Barão de Gérando), professor da cadeira pioneira de Direito Administrativo na Universidade de Paris, Henri Berthélémy, Maurice Hauriou, Leon Duguit, Gaston Jèze, Marcel Waline, André de Laubadère, Jean Rivero, Charles Debbasch, Georges Vedel, René Chapus, Pierre Devolvé, Jacqueline Morand-Deviller, François Burdeau, entre outros.

### 1.4.2 Alemanha

Ao contrário do Direito Administrativo francês, que teve origem e desenvolvimento a partir da jurisprudência administrativa e na análise casuística dos casos concretos, o Direito Administrativo alemão foi pautado pelo desenvolvimento sistemático, científico e abstrato a partir da doutrina, cabendo mencionar, exemplificativamente, alguns autores que influenciaram a doutrina brasileira: Paul Laband, Otto Mayer, Fritz Fleiner, Ernst Forsthoff, Otto Bachof, Harmut Maurer etc.

### 1.4.3 Itália

Não obstante a França seja o berço do Direito Administrativo, o primeiro livro da disciplina surge na Itália em 1814 (*Principii fondamentali di diritto amministrativo*, de Giandomenico Romagnosi).

O Direito Administrativo italiano sofreu influências do Direito alemão e francês, pois conciliou a metodologia científico-abstrata germânica e a casuística francesa.[12] Diversos autores italianos influenciaram a doutrina brasileira, com destaque para Vittorio Emmanuele Orlando, Santi Romano, Guido Zanobini, Renato Alessi, Massimo Severo Giannini, Sabino Cassese, entre outros.

### 1.4.4 Espanha

O Direito Administrativo espanhol, inspirado nas tradições francesa e italiana, tem se desenvolvido com bastante intensidade nos últimos anos, especialmente a partir de doutrinadores importantes, que têm inspirado, inclusive, a doutrina brasileira, tais como: Fernando Garrido Falla, Rafael Entrena Cuesta, Ramón Martín Mateo, Eduardo García de Enterría, Tomás Ramón Fernandez, Juan Alfonso Santamaría Pastor, José Bermejo Veras, Sebastiám Martín Retortillo, Luciano Parejo Alfonso etc.

### 1.4.5 Portugal

Em razão da proximidade da língua e dos laços históricos, a doutrina administrativista portuguesa tem influenciado o Direito Administrativo pátrio, com destaque para autores

---

[12] Nesse sentido: ORLANDO, Vittorio Emmanuele. Il sistema Del diritto amministrativo. In: *Primo Trattato completo di diritto amministrativo italiano*. Milão: Societá Editrice Libreria, 1900. p. 47.

importantes, tais como: Marcelo Caetano, Diogo Freitas do Amaral, Vital Moreira, Fausto de Quadros, Maria João Estorninho, Paulo Otero, Pedro Gonçalves, Vasco Manoel da Silva, José Manuel Sérvulo Correia, David Duarte, Luís S. Cabral de Moncada, Suzana Tavares da Silva, entre outros.

### 1.4.6 Argentina

Na Argentina, o Direito Administrativo, que também exerce forte influência no Brasil, tem avançado com imensa desenvoltura, especialmente no campo doutrinário, cabendo mencionar, exemplificativamente: Rafael Bielsa, Benjamin Villegas Basavilbaso, Augustín Gordillo, Juan Carlos Cassagne, Hector Jorge Escola, José Roberto Dromi etc.

### 1.4.7 Inglaterra e Estados Unidos

Ao contrário dos países de tradição romano-germânica, integrantes do sistema do *civil law* e marcados pelo culto à lei, Inglaterra e Estados Unidos pertencem ao sistema da *common law*, marcado pela força dos costumes, da equidade e dos precedentes judiciais.

O sistema da *common law*, em razão das suas características inerentes, sempre constituiu um obstáculo ao desenvolvimento do Direito Administrativo como ramo jurídico autônomo.[13] Entre outros fatores, autores, como Albert Venn Dicey, afirmavam que a ideia da *judicial supremacy*, que atribui ao Judiciário o poder de controle sobre qualquer ato do Poder Público, inexistindo uma jurisdição administrativa especializada nos moldes franceses, consubstanciava o principal fator pelo reconhecimento tardio da autonomia do Direito Administrativo.[14]

Na Inglaterra, o primeiro livro sobre o Direito Administrativo foi publicado em 1923, do autor F. T. Port, seguido de outros livros de William A. Robson, Greffith & Street, H. W. R. Wade, J. F. Garner, entre outros.

O Direito Administrativo norte-americano não pode ser considerado, ao contrário do francês, um Direito Administrativo revolucionário. O surgimento desse ramo do Direito nos Estados Unidos ocorre em virtude da necessidade de atuação crescente do Estado na área social e econômica, notadamente por intermédio das agências, cuja implementação foi incrementada a partir da década de 1930 com o New Deal. Costuma-se dizer, por isso, que o Direito Administrativo norte-americano é basicamente o "direito das agências".[15]

Nos Estados Unidos, após as obras seminais de Frank J. Goodnow, publicadas em 1893 e 1905, foram elaboradas importantes obras por outros autores, tais como: John A. Fairlie, John M. Mathews, J. Hart, Bernard Schwartz, John Adler etc.

---

13  Nesse sentido: CRETELLA JÚNIOR, José. *Direito Administrativo comparado*, São Paulo: Bushatsky, Editora da Universidade de São Paulo, 1972, p. 92.
14  TÁCITO, Caio. "Presença norte-americana no Direito Administrativo brasileiro". In: *Temas de Direito Público (estudos e pareceres)*, 1.º volume, Rio de Janeiro: Renovar, 1997, p. 15.
15  CARBONELL, Eloísa; MUGA, José Luis. *Agências y procedimiento administrativo em Estados Unidos de América*, Madrid: Marcial Pons, Ediciones Jurídicas y Sociales, 1996, p. 22. Antes das agências, a organização administrativa nos Estados Unidos era estudada no campo da ciência política, sendo considerada seara estranha ao Direito. RIVERO, Jean. *Curso de Direito Administrativo comparado*, São Paulo: Revista dos Tribunais, 1995, p. 39.

## 1.4.8 Direito Administrativo comunitário e Direito Administrativo global

O Direito Administrativo tradicional, vinculado à concepção da noção de Estado, vem passando por profundas transformações ao longo do tempo, destacando-se, por exemplo, o seu processo de internacionalização e crescente desvinculação aos limites dos Estados nacionais, em razão da globalização econômica e jurídica. Exemplo importante desse fenômeno é o surgimento do **Direito Administrativo comunitário** (também denominado **Direito Administrativo europeu**) no âmbito da União Europeia, distinto do Direito dos Estados nacionais, o que sugere a possibilidade de existência do "Direito Administrativo sem Estado".[16]

Por outro lado, o fenômeno da globalização do Direito Administrativo e a crescente importância da atuação regulatória de organizações, governamentais ou não governamentais, supranacionais (exs.: ONU, OCDE, Banco Mundial, FMI, a organização internacional não governamental para padronização de normas técnicas e de qualidade – ISO, Greenpeace etc.) sobre os Estados e os particulares, justificam a existência do denominado "**Direito Administrativo global**".[17]

## 1.4.9 Brasil

O Direito Administrativo surge e se desenvolve no Brasil após o período colonial, com a declaração de independência e a instituição de uma monarquia limitada pela ordem jurídica.

Durante o Império, os poderes foram repartidos entre o Legislativo, o Judiciário, o Executivo e o Moderador, estes dois últimos a cargo do Imperador, foi instaurado o Conselho de Estado, responsável pela jurisdição administrativa, e a Administração Pública submetia-se, predominantemente, ao direito privado.

Não obstante a instituição dos cursos jurídicos de São Paulo e Olinda em 1827, as cadeiras de Direito Administrativo somente foram criadas nas mencionadas faculdades em 1855.

No campo doutrinário, as obras de Vicente Pereira do Rego (1857), Prudêncio Giraldes Tavares da Veiga Cabral (1859), Paulino Soares de Souza – Visconde do Uruguai (1862), Furtado de Mendonça, Antonio Joaquim Ribas (1866), José Rubino de Oliveira (1865), por exemplo, destacam-se na sistematização da disciplina.

Com a proclamação da República em 1889 e a promulgação da Constituição de 1891, inauguram-se algumas transformações importantes no cenário jurídico, tais como: as antigas províncias se transformam em estados; o Chefe do Executivo passa a ser eleito pelo povo; a jurisdição é exercida em âmbito federal e estadual; institui-se o sistema

---

[16] ANTUNES, Luís Filipe Colaço. *O Direito Administrativo sem Estado*, Coimbra: Coimbra Editora, 2008; QUADROS, Fausto de. *A nova dimensão do Direito Administrativo*: o Direito Administrativo português na perspectiva comunitária, Coimbra: Almedina, 1999; SILVA, Suzana Tavares da. *Direito Administrativo europeu*, Coimbra: Imprensa da Universidade de Coimbra, 2010; PUIGPELAT, Oriol Mir. *Globalización, Estado y Derecho. Las transformaciones recientes del Derecho Administrativo*, Madrid: Civitas, 2004.

[17] KINGSBURY, Benedict; KRISCH, Nico; STEWART, Richard B. The emergence of Global Administrative Law. *Law and Contemporary Problems*, North Carolina: Duke University School of Law, v. 68, n. 3 e 4, 2005.

bicameral no âmbito do Legislativo; e o Poder Moderador e o Conselho de Estado são extintos. Todavia, o Direito Administrativo, durante a Primeira República, não encontra espaço fértil para se desenvolver, especialmente em razão da forte influência do Direito norte-americano e dos princípios da *Common Law* sobre o Direito Público brasileiro, o que justificou a reduzida produção doutrinária no período.[18]

Com a revolução de 1930 e a promulgação da Constituição de 1934, percebe-se a crescente intervenção do Estado na ordem econômica e social, o que acarreta a instituição de novas entidades administrativas, a assunção de novas tarefas pelo Estado e o aumento do quadro de agentes públicos, demonstrando, dessa forma, a importância no desenvolvimento do Direito Administrativo brasileiro.

Após o período ditatorial e com a promulgação da Constituição de 1988, o Direito Administrativo é inserido no Estado Democrático de Direito, passando por importante processo de constitucionalização, com o reconhecimento da centralidade dos direitos fundamentais e da normatividade dos princípios constitucionais.

A doutrina administrativa floresce a partir de então, cabendo mencionar, exemplificativamente, os seguintes cursos e manuais: Themístocles Brandão Cavalcanti, José Mattos Vasconcellos, Ruy Cirne Lima, José Rodrigues Vale, Guimarães Menegale, Celso de Magalhães, Fernando Mendes de Almeida, José Cretella Júnior, Mário Masagão, Carlos S. de Barros Júnior, Hely Lopes Meirelles, Manuel Ribeiro, Oswaldo Aranha Bandeira de Mello, Valmir Pontes, Luiz Delgado, Diogo de Figueiredo Moreira Neto, Júlio Scantimburgo, Oscar de Oliveira, Caio Tácito, Sérgio de Andréa Ferreira, Nelson Schiesari, Manoel de Oliveira Franco Sobrinho, Almiro do Couto e Silva, Celso Antônio Bandeira de Mello, Diógenes Gasparini, Maria Sylvia Zanella Di Pietro, Carlos Pinto Coelho Motta, Lúcia Valle Figueiredo, Alice Gonzalez Borges, Odete Medauar, José dos Santos Carvalho Filho, Marçal Justen Filho, Carlos Ari Sundfeld, entre outros importantes autores. Atualmente, existem inúmeros manuais, obras monográficas e novos doutrinadores do Direito Administrativo, o que demonstra a importância desse ramo do Direito.

## 1.5 AUSÊNCIA DE CODIFICAÇÃO DO DIREITO ADMINISTRATIVO E PLURALIDADE DE FONTES

Ao contrário de outros ramos do Direito (exs.: Direito Civil, Direito Processual Civil, Direito Penal, Direito Processual Penal, Direito Tributário, Direito Eleitoral), o Direito Administrativo não é codificado. Em razão da autonomia legislativa reconhecida aos Entes federados, existem normas federais, estaduais, distritais e municipais sobre a matéria, o que demonstra a heterogeneidade e a pluralidade do Direito Administrativo brasileiro.

De lado a discussão doutrinária sobre as vantagens ou desvantagens da codificação, é possível perceber, no Brasil, uma espécie de codificação parcial do Direito Administrativo por meio das normas sobre processo administrativo que concentram regras e princípios básicos que regem a atuação administrativa (ex.: Lei 9.784/1999, que regula o processo administrativo federal), sem desconsiderar, é claro, o papel agregador da própria Constituição Federal que consagra diversas normas jurídico-administrativas.

---

[18] Nesse sentido: LIMA, Ruy Cirne. *Princípios de Direito Administrativo brasileiro*, 3. ed., Porto Alegre: Sulina, 1954. p. 34.

## 1.6 TAXINOMIA DO DIREITO ADMINISTRATIVO: RELAÇÕES COM OUTROS RAMOS DO DIREITO

O Direito Administrativo, dotado de especialização e autonomia científica, relaciona-se com outros ramos do Direito, bem como com outras áreas do conhecimento não jurídicas.

No campo do Direito interno, o Direito Administrativo relaciona-se, por exemplo, com as seguintes disciplinas: **a) Direito Constitucional**: a relação de todos os ramos jurídicos com o Direito Constitucional tem sido reforçada pelo fenômeno da constitucionalização do Direito, e, no caso do Direito Administrativo, o texto constitucional é repleto de normas direcionadas à organização administrativa, aos agentes públicos, às atividades administrativas etc.; **b) Direito Tributário e Direito Financeiro**: o lançamento de tributos, a arrecadação de receita, a efetivação da despesa pública, entre outras atividades financeiras ou tributárias, são disciplinadas, em grande medida, pelo Direito Administrativo; **c) Direito Eleitoral**: a efetivação das normas estabelecidas no Código Eleitoral (Lei 4.737/1965) e legislação correlata envolve, necessariamente, o exercício de atividades administrativas, tais como o alistamento eleitoral, a organização da votação, a fiscalização da propaganda partidária etc.; **d) Direito do Trabalho e Direito Previdenciário**: esses dois ramos do Direito guardam estreita relação com o Direito Administrativo, com destaque para os órgãos e autarquias responsáveis pela fiscalização do cumprimento das normas trabalhistas e previdenciárias, na concessão de benefícios, na aplicação de sanções, na utilização do regime celetista para empregados das pessoas jurídicas de Direito Privado da Administração etc.; **e) Direito Penal**: a legislação penal tipifica, por exemplo, crimes contra a Administração (arts. 312 a 359-H do CP), bem como é possível aplicar princípios penais ao Direito Administrativo sancionador (ex.: devido processo legal, ampla defesa, contraditório); **f) Direito Processual Civil e Penal**: a organização dos tribunais, a prática de atos administrativos, no exercício da função atípica dos magistrados, a organização da carreira, a aplicação de sanções disciplinares, dentre outros exemplos, subordinam-se ao Direito Administrativo, sem olvidar a aplicação, no que couber, de determinados princípios do processo judicial ao processo administrativo; **g) Direito Civil**: o diálogo entre o Direito Civil e o Direito Administrativo pode ser exemplificado pela previsão, no Código Civil, de institutos e conceitos importantes que são utilizados, com bastante frequência, pela Administração Pública, naquilo que se convencionou denominar "fuga para o direito privado" (ou publicização do privado e privatização do público), tais como os atos jurídicos, os negócios jurídicos, os bens, as pessoas jurídicas de direito privado etc.; **h) Direito Empresarial**: a celebração de contratos comerciais, a utilização de formas societárias por pessoas instituídas pela Administração são exemplos de relação entre o Direito Empresarial e o Direito Administrativo.

Aliás, no interior do Direito Administrativo, em razão de complexidade e especialização de determinadas áreas, verifica-se a importância crescente, por exemplo, do Direito Regulatório, do Direito da Concorrência e do Direito Econômico.

No campo do Direito Internacional também é possível perceber a relação do Direito Administrativo com o Direito Internacional Público e o Direito Internacional Privado, tais como as atividades diplomáticas, a disciplina e a organização dos órgãos internacionais, as arbitragens internacionais envolvendo entidades da Administração.

Em razão do fenômeno da globalização, econômica e jurídica, é possível afirmar a existência do Direito Administrativo comunitário (também denominado Direito Administrativo europeu ou Direito Administrativo da União Europeia) e do Direito Administrativo global.[19]

Por fim, o Direito Administrativo, assim como as demais ciências jurídicas, relaciona-se com outras ciências não jurídicas (ex.: Economia, Sociologia), sem que isso signifique a perda de autonomia do sistema jurídico. Destaque-se, por exemplo, no campo da regulação e dos contratos, a utilização de conceitos econômicos para resolver problemas legais e, por outro lado, a utilização do Direito para influenciar a Economia (*Law & Economics* ou Análise Econômica do Direito – AED).

## 1.7 EVOLUÇÃO DO ESTADO E DO DIREITO ADMINISTRATIVO

A evolução do Direito Administrativo confunde-se com a própria evolução da concepção do Estado, razão pela qual é possível apontar, para fins didáticos, três momentos principais:

a) **Estado Liberal de Direito:** na etapa embrionária do Direito Administrativo, vinculada à consagração do Estado Liberal de Direito, concebia-se o Estado como um inimigo do povo, o que era compreensível pelas inúmeras arbitrariedades cometidas durante o período anterior (absolutismo). O Estado ("guarda noturno") assumia um papel marcantemente abstencionista na ordem social e econômica, supervalorizador da livre-iniciativa, cuja preocupação central era a de assegurar a liberdade (autonomia da vontade) dos indivíduos. A evolução do Estado, todavia, demonstrou a necessidade de o Poder Público intervir nas relações econômicas e sociais, mediante a imposição de normas de ordem pública, com o intuito de afastar a desigualdade social gerada pelo abstencionismo do Estado Liberal. Naquele momento, o Estado deixava de ser compreendido como um "inimigo" da sociedade e passava a ser encarado como um aliado, ao qual cabia atuar positivamente na ordem econômica e social, em benefício do interesse público.

b) **Estado Social de Direito:** com o surgimento do Estado Social de Direito (*Welfare State*), notadamente após a II Guerra Mundial, é reforçada a intervenção estatal na economia e nas relações sociais, com o objetivo de minimizar algumas mazelas oriundas do período liberal. A necessidade de agilidade e eficiência estatal acarreta a denominada "fuga para o direito privado",[20] com a contratualização da atividade administrativa (contrato administrativo em vez do ato administrativo), substituindo o modelo autoritário pelo consensual, e a instituição de entidades administrativas com personalidade jurídica de direito privado.

---

[19] Remetemos o leitor ao item 1.4.8.

[20] Sobre a fuga para o direito privado, expressão cunhada por Fritz Fleiner, vide: ESTORNINHO, Maria João. *A fuga para o direito privado*: contributo para o estudo da actividade de direito privado da Administração Pública. Coimbra: Almedina, 1999. p. 11.

Apesar das relevantes conquistas do Estado Social, tal modelo acabou por hipertrofiar demasiadamente o aparato estatal, tornando-o incapaz de atender às inúmeras tarefas que passaram a lhe ser afetas.[21]

c) **Estado Democrático de Direito:** a necessidade de desburocratização da Administração Pública, com o intuito de agilizar a atuação estatal e torná-la eficiente, acarreta o "retorno do pêndulo",[22] com a devolução de atividades econômicas e a delegação de serviços públicos à iniciativa privada.

O Estado Pós-Social ou Subsidiário não significa uma desvalorização da Administração Pública, mas, ao contrário, representa uma redefinição das atividades administrativas que devem ser prestadas diretamente pelo Estado e das demais atividades que podem ser prestadas por particulares, notadamente por não envolverem a necessidade do exercício do poder de autoridade, com a valorização da sociedade civil no desempenho de atividades socialmente relevantes.

A partir da década de 1980, diversos países iniciaram um movimento de ajuste fiscal e de privatizações, com destaque para a Grã-Bretanha, Estados Unidos e Nova Zelândia. No Brasil, a reformulação do papel e do tamanho do Estado foi implementada na década de 1990, por meio de alterações legislativas importantes que liberalizaram a economia e efetivaram a desestatização. No âmbito constitucional, as Emendas Constitucionais 06/1995 e 07/1995 abriram a economia para o capital estrangeiro, e as Emendas Constitucionais 05/1995, 08/1995 e 09/1995 atenuaram os monopólios estatais. Nesse período, foi instituído o Programa Nacional de Desestatização (PND) pela Lei 8.031/1990, substituída, posteriormente, pela Lei 9.491/1997.

O aparelho estatal foi reduzido e a "Administração Pública burocrática" foi substituída pela "Administração Pública gerencial" a partir da Reforma Administrativa instituída pela Emenda Constitucional 19/1998. Enquanto a Administração Pública burocrática se preocupa com os processos, a Administração Pública gerencial é orientada para a obtenção de resultados (eficiência), sendo marcada pela descentralização de atividades e pela avaliação de desempenho a partir de indicadores definidos em contratos (ex.: contrato de gestão ou de desempenho).

A partir do elenco dos quatro setores do aparelho estatal, é possível afirmar que o núcleo estratégico é inerente ao Estado, sendo vedada a sua delegação aos particulares, ainda que seja possível (e recomendável) a participação de cidadãos na elaboração das políticas públicas. As atividades exclusivas, quando não houver a necessidade de exercício do poder de polícia, devem ser delegadas aos particulares, por meio da concessão e permissão de serviços públicos (art. 175 da CRFB). Os serviços não exclusivos, cuja titularidade não é apenas do Estado, devem ser prestados, prioritariamente, por particulares, cabendo ao Estado o exercício da atividade de fomento (a Lei 9637/1998 e a Lei 9.790/1999 instituíram, respectivamente, o contrato de gestão e o termo de parceria como instrumentos de fomento

---

[21] COTARELO, Ramon. *Del Estado del Bienestar al Estado del Malestar*. 2. ed. Madrid: Centro de Estudios Constitucionales, 1990.
[22] TÁCITO, Caio. O retorno do pêndulo: serviço público e empresa privada. O exemplo brasileiro. *RDA*, n. 202, p. 1-10, out.-dez. 1995.

às atividades sociais). Por fim, a atividade de produção de bens e serviços ao mercado, por ser de natureza privada, em sua essência, deve ser prestada, via de regra, por particulares (princípios da livre-iniciativa e da subsidiariedade), sendo possível a sua prestação pelo Estado, por meio das empresas estatais, quando houver interesse coletivo relevante ou imperativo de segurança nacional (art. 173 da CRFB).

É importante esclarecer que a diminuição do aparelho estatal e a reformulação das atividades que devem ser desenvolvidas pelo Estado não significam um simples retorno ao Estado Liberal clássico, pois, agora, o Estado não abdica da intervenção na área econômica e social. A mudança primordial está justamente na técnica utilizada para essa intervenção, que deixa de ser direta e passa a ser indireta (subsidiariedade), notadamente mediante a regulação (Estado Regulador) e o fomento público.

## 1.8 A CONSTITUCIONALIZAÇÃO DO DIREITO ADMINISTRATIVO E A VALORIZAÇÃO DOS PRINCÍPIOS CONSTITUCIONAIS

O Direito Administrativo vem passando por transformações importantes em razão do fenômeno da constitucionalização do Direito.[23] O reconhecimento da normatividade da Constituição (*Die normative Kraft der Verfassung*) e de sua superioridade hierárquica exige a adequação de todo o ordenamento jurídico ao texto constitucional.[24]

Após a II Guerra Mundial, em virtude da indevida utilização do texto constitucional como instrumento legitimador de práticas autoritárias, o constitucionalismo sofreu modificações importantes e a Constituição nos países europeus passou a ter caráter normativo, passível de invocação perante os tribunais.[25] O novo constitucionalismo europeu era marcado por três características principais:

a) a ascensão do princípio democrático, após o período totalitário, como único princípio de organização política;

b) a consagração da jurisdição constitucional concentrada, inspirada na doutrina kelseniana; e

c) a criação de um sistema especial dos direitos fundamentais perante as maiorias eventuais e transitórias, assegurado pela justiça constitucional.[26]

O novo constitucionalismo ("neoconstitucionalismo", "constitucionalismo contemporâneo" ou "constitucionalismo avançado") é caracterizado pela crescente aproximação entre o Direito e a moral, especialmente a partir do reconhecimento da

---

[23] Sobre a constitucionalização do Direito, vide, por exemplo: OLIVEIRA, Rafael Carvalho Rezende. *A constitucionalização do direito administrativo*: o princípio da juridicidade, a releitura da legalidade administrativa e a legitimidade das agências reguladoras. 2. ed. Rio de Janeiro: Lumen Juris, 2010; CARBONELL, Miguel (Org.). *Neoconstitucionalismo(s)*. 2. ed. Madrid: Trotta, 2005; SILVA, Virgílio Afonso da. *A constitucionalização do direito*: os direitos fundamentais nas relações privadas. São Paulo: Malheiros, 2005.

[24] HESSE, Konrad. *A força normativa da Constituição*. Tradução de Gilmar Ferreira Mendes. Porto Alegre: Fabris, 1991.

[25] As Constituições europeias do pós-guerra (ex.: Itália – 1947; Alemanha – 1949; Portugal – 1976; e Espanha – 1978) consagraram a emergência do denominado "Estado Constitucional".

[26] GARCÍA DE ENTERRÍA, Eduardo. *La Constitución como norma y el Tribunal Constitucional*. 4. ed. Madrid: Civitas, 2006. p. 293-294.

normatividade dos princípios constitucionais e da crescente valorização dos direitos fundamentais.[27]

É importante notar que o caráter normativo da Constituição já havia sido reconhecido na célebre decisão do juiz Marshall, no caso *Marbury v. Madison*, em 1803.[28] A doutrina, todavia, tem apontado o caso *Luth*, julgado em 15 de janeiro de 1958 pelo Tribunal Constitucional Federal alemão, como marco do processo de constitucionalização do Direito.[29]

A constitucionalização do Direito não pressupõe apenas colocação do texto constitucional no topo da hierarquia do ordenamento jurídico. Trata-se, em verdade, de processo dinâmico-interpretativo de releitura (transformação) do ordenamento jurídico que passa a ser impregnado pelas normas constitucionais. Em consequência, a aplicação e a interpretação de todo o ordenamento jurídico devem passar necessariamente pelo filtro axiológico da Constituição ("filtragem constitucional").[30]

Os princípios constitucionais e os direitos fundamentais, nesse contexto, passam a ter posição de destaque na ordem constitucional, pois as Constituições procuram valer-se cada vez mais dos princípios como forma de amoldar, nos seus textos, interesses conflitantes existentes em uma sociedade pluralista. O caráter aberto das normas principiológicas evita o congelamento da atuação dos Poderes Constituídos e a necessidade de se efetuarem constantes alterações formais no texto da Constituição, o que desvalorizaria, inclusive, a sua força normativa.[31]

Por outro lado, é possível perceber a busca por maior efetividade dos direitos fundamentais, especialmente a partir dos crescentes instrumentos de controle da atuação do Poder Público, por exemplo, a maior intromissão do Poder Judiciário na análise da

---

[27] Sobre os sentidos atribuídos à expressão "neoconstitucionalismo", vide: COMANDUCCI, Paolo. Formas de (neo)constitucionalismo: un análisis metateórico. In: CARBONELL, Miguel (Org.). *Neoconstitucionalismo(s)*. 2. ed. Madrid: Trotta, 2005. p. 83.

[28] *Marbury v. Madison*, 5 U.S. 137, 178 (1803). A Suprema Corte americana reconheceu, pela primeira vez em sua história, o controle judicial de constitucionalidade, baseada nas seguintes premissas: a) a supremacia da Constituição de 1787 (*higher law*), b) a nulidade de lei inconstitucional; e c) o reconhecimento do Poder Judiciário como intérprete final da Constituição. Registre-se, no entanto, que a formulação teórica do controle judicial de constitucionalidade já se encontrava consagrada no Federalista 78, de autoria de Alexander Hamilton. Veja-se: MADISON, James. *Os artigos federalistas*: 1787-1788. Rio de Janeiro: Nova Fronteira, 1993. p. 478-485.

[29] Nesse sentido: BARROSO, Luís Roberto. Neoconstitucionalismo e constitucionalização do direito: o triunfo tardio do Direito Constitucional no Brasil. *RDA*, Rio de Janeiro: Renovar, n. 240, p 15-16, abr.-jun. 2005. Naquele caso, Erich Luth, à época presidente do Clube de Imprensa de Hamburgo, inicia um processo de boicote público a um filme dirigido por cineasta que possuía ligação pretérita com o regime nazista. Embora a produtora e a distribuidora do filme tivessem obtido, nas instâncias ordinárias, decisão judicial obstando a conduta do boicote, o Tribunal Constitucional Federal reformou a decisão por entender que o direito fundamental à liberdade de expressão deveria pautar a interpretação do Código Civil. Naquela decisão, ressaltou-se um importante papel dos direitos fundamentais, até então praticamente desconhecido: além do tradicional caráter de proteção dos cidadãos, os direitos fundamentais foram utilizados como instrumentos que vincularam a interpretação de todo o ordenamento jurídico, inclusive do Direito Privado.

[30] SCHIER, Paulo Ricardo. *Filtragem constitucional*: construindo uma nova dogmática jurídica. Porto Alegre: Fabris, 1999. p. 104, nota 5.

[31] GARCIA FIGUEROA, Alfonso. La teoría del derecho en tiempos de constitucionalismo. In: CARBONELL, Miguel (Org.). *Neoconstitucionalismo(s)*. 2. ed. Madrid: Trotta, 2005. p. 165-166. Note-se que os inúmeros princípios constitucionais expressos e implícitos consagrados na Constituição de 1988, de fato, não foram suficientes para impedir a ferocidade do Poder Constituinte Derivado Reformador na alteração do texto constitucional por dezenas de emendas.

legalidade das omissões e das ações administrativas necessárias à efetivação de políticas públicas e a previsão de diversos instrumentos jurídicos de tutela dos interesses difusos (ex.: ação civil pública, ação popular etc.).

O **fenômeno da constitucionalização do ordenamento jurídico** abalou alguns dos mais tradicionais dogmas do Direito Administrativo, a saber:

a) a redefinição da ideia de supremacia do interesse público sobre o privado e a ascensão do princípio da ponderação de direitos fundamentais;

b) a superação da concepção do princípio da legalidade como vinculação positiva do administrador à lei e a consagração da vinculação direta à Constituição;

c) a possibilidade de controle judicial da discricionariedade a partir dos princípios constitucionais, deixando-se de lado o paradigma da insindicabilidade do mérito administrativo;

d) a releitura da legitimidade democrática da Administração, com a previsão de instrumentos de participação dos cidadãos na tomada de decisões administrativas (consensualidade na Administração).[32]

## 1.9 MUTAÇÕES E TENDÊNCIAS DO DIREITO ADMINISTRATIVO

O Direito Administrativo tem sofrido profundas transformações nos últimos anos, sendo possível destacar, exemplificativamente, as seguintes mutações e tendências:

a) **Constitucionalização e o princípio da juridicidade:** conforme destacado no item 1.8, a constitucionalização do Direito Administrativo acarreta o reconhecimento da normatividade primária dos princípios constitucionais (princípio da juridicidade) e a centralidade dos direitos fundamentais, com a redefinição da ideia de supremacia do interesse público sobre o privado; a superação da concepção liberal do princípio da legalidade como vinculação positiva do administrador à lei e a consagração da vinculação direta à Constituição; a possibilidade de controle judicial da discricionariedade a partir dos princípios constitucionais; e o reforço da legitimidade democrática da Administração por meio de instrumentos de participação dos cidadãos na tomada de decisões administrativas.

b) **Relativização de formalidades e ênfase no resultado:** a busca pela eficiência administrativa, compreendida como a efetivação dos direitos fundamentais, tem justificado a relativização de formalidades desproporcionais, o que evidencia a substituição da Administração Pública burocrática e formalista por uma Administração Pública gerencial e de resultados.

---

[32] OLIVEIRA, Rafael Carvalho Rezende. *A constitucionalização do direito administrativo*: o princípio da juridicidade, a releitura da legalidade administrativa e a legitimidade das agências reguladoras. 2. ed. Rio de Janeiro: Lumen Juris, 2010. p. 30-31. Em sentido análogo: BARROSO, Luís Roberto. Neoconstitucionalismo e constitucionalização do direito: o triunfo tardio do direito constitucional no Brasil. *RDA*, Rio de Janeiro: Renovar, n. 240, p. 31-33, abr.--jun. 2005.

c) **Elasticidade do Direito Administrativo:** diálogo com outras disciplinas jurídicas (exs.: Direito Econômico, Direito Financeiro, Direito Tributário, Direito Urbanístico) e não jurídicas (exs.: Economia, Sociologia), bem como a constatação de que a sua aplicação não está restrita ao seio do Estado, incidindo, também, sobre os atores privados que exercem atividades de relevância pública (ex.: Terceiro Setor). No campo internacional, é possível mencionar, inclusive, a existência de **Direito Administrativo global**, que não está restrito, necessariamente, às fronteiras do Estado nacional (Direito Administrativo sem Estado), com destaque para a atuação da ONU, OCDE, Banco Mundial, FMI, a organização internacional não governamental para padronização de normas técnicas e de qualidade (ISO), Greenpeace etc.[33]

d) **Consensualidade e participação:** ao invés da atuação unilateral e impositiva da vontade administrativa, a decisão estatal deve ser construída, na medida do possível, a partir do consenso (exs.: mediação, acordos, parcerias) e da participação social (exs.: consultas e audiências públicas), o que garante maior legitimidade democrática à Administração.

e) **Processualização e contratualização da atividade administrativa:** o ato administrativo, que representa a vontade unilateral da Administração, perde seu papel de protagonista para o processo e os negócios jurídicos, que viabilizam a participação do destinatário na formação da vontade estatal, o que garante maior legitimidade e eficiência à atuação administrativa.

f) **Publicização do Direito Civil e a privatização do Direito Administrativo:** a tradicional linha divisória entre o Direito Público e o Direito Privado, típica do Estado Liberal de Direito, é mitigada com a publicização do Direito Civil (exs.: aplicação horizontal dos direitos fundamentais, boa-fé objetiva, socialização e eticidade) e a privatização do Direito Administrativo, com a "fuga para o Direito Privado" por meio da instituição de pessoas jurídicas de direito privado (exs.: empresas públicas, sociedades de economia mista e fundações estatais de direito privado), da celebração de parcerias com entidades privadas (exs.: concessões e permissões de serviços públicos, parcerias com o Terceiro Setor) e da formalização de instrumentos jurídicos privados (exs.: contratos).

g) **Aproximação entre a *Civil Law* e a *Common Law*:** apesar da origem francesa, de tradição romano-germânica (*Civil Law*), o Direito Administrativo brasileiro tem sofrido fortes influências de países da tradição anglo-saxônica (*Common Law*), especialmente a partir da globalização econômica e jurídica, o que pode ser exemplificado pela consagração de princípios comuns (exs.: ampla defesa, contraditório, devido processo legal, razoabilidade); a releitura da concepção francesa de serviço público e a adoção da noção das *public utilities*, com o reconhecimento da livre-iniciativa para prestação dos serviços de utilidade pública; a instituição de agências reguladoras, inspiradas no modelo norte-americano etc.

---

[33] Sobre o tema: KINGSBURY, Benedict; KRISCH, Nico; STEWART, Richard B. The emergence of Global Administrative Law. *Law and Contemporary Problems*, North Carolina: Duke University School of Law, v. 68, n. 3 e 4, 2005.

## 1.10 RESUMO DO CAPÍTULO

| DIREITO ADMINISTRATIVO: GÊNESE E EVOLUÇÃO DO DIREITO ADMINISTRATIVO ||
|---|---|
| Origem | Está relacionada diretamente com a consagração dos ideais da Revolução Francesa de 1789 e o surgimento do Estado de Direito. A origem do Direito Administrativo remonta ao célebre julgamento do caso Blanco e à lei do 28 pluviose do ano VIII de 1800. |
| Conceito de Direito Administrativo | O Direito Administrativo é o ramo do Direito Público que tem por objeto as regras e os princípios aplicáveis à atividade administrativa preordenada à satisfação dos direitos fundamentais. |
| Sistemas Administrativos: sistema de jurisdição una (sistema inglês) e sistema do contencioso administrativo ou dualidade de jurisdição (sistema francês) | Em síntese, é possível mencionar duas **espécies** de sistemas administrativos que podem ser encontrados no direito comparado:<br>a) **sistema da dualidade de jurisdição (sistema do contencioso administrativo ou da jurisdição administrativa):** consagra duas ordens de jurisdição: a.1) ordinária ou comum: exercida pelo Judiciário sobre os atos dos particulares em geral; a.2) administrativa: exercida por juízes e Tribunais administrativos, que tem na cúpula o denominado Conselho de Estado, dotado de forte independência em relação ao Poder Executivo.<br>b) **sistema da jurisdição una (unidade de jurisdição):** confere ao Poder Judiciário a prerrogativa de decidir de maneira definitiva sobre a juridicidade de todos os atos praticados por particulares ou pela Administração Pública. É o sistema adotado no Brasil por meio do princípio da inafastabilidade do controle do Poder Judiciário (art. 5.º, XXXV, da CRFB). |
| Direito Administrativo comparado e brasileiro | **França:** o julgamento do caso Blanco (*arrêt Blanco*), de 1873, e a promulgação da lei do 28 *pluviose* do ano VIII de 1800 reconheceram a autonomia científica desse ramo do Direito, dotado de institutos, métodos e princípios próprios que não se confundiam com o tradicional Direito Civil.<br>**Alemanha:** o Direito Administrativo alemão foi pautado pelo desenvolvimento sistemático, científico e abstrato a partir da doutrina.<br>**Itália:** o Direito Administrativo italiano sofreu influências do Direito alemão e francês, pois conciliou a metodologia científico-abstrata germânica e a casuística francesa. O primeiro livro da disciplina surge na Itália em 1814 (*Principii fondamentali di diritto amministrativo*, de Giandomenico Romagnosi).<br>**Espanha:** o Direito Administrativo espanhol, inspirado nas tradições francesa e italiana, tem se desenvolvido com bastante intensidade nos últimos anos, especialmente a partir de doutrinadores importantes.<br>**Portugal:** a doutrina administrativista portuguesa tem influenciado o Direito Administrativo pátrio, com destaque para autores importantes, tais como: Marcelo Caetano, Diogo Freitas do Amaral, Vital Moreira, entre outros.<br>**Argentina:** o Direito Administrativo, que também exerce forte influência no Brasil, tem avançado com imensa desenvoltura, especialmente no campo doutrinário.<br>**Inglaterra e Estados Unidos:** pertencem ao sistema da *Common Law*, marcado pela força dos costumes, da equidade e dos precedentes judiciais. |

| | |
|---|---|
| **Direito Administrativo comparado e brasileiro** | **Direito Administrativo comunitário e Direito Administrativo global:** O Direito Administrativo tradicional, vinculado à concepção da noção de Estado, vem passando por profundas transformações ao longo do tempo, destacando-se, por exemplo, o seu processo de internacionalização e crescente desvinculação aos limites dos Estados nacionais, em razão da globalização econômica e jurídica (**Direito Administrativo comunitário**). Por outro lado, o fenômeno da globalização do Direito Administrativo e a crescente importância da atuação regulatória de organizações justificam a existência do denominado **Direito Administrativo global**.<br>**Brasil:** o Direito Administrativo surge e se desenvolve no Brasil após o período colonial, com a declaração de independência e a instituição de uma monarquia limitada pela ordem jurídica. Com a revolução de 1930 e a promulgação da Constituição de 1934, percebe-se a crescente intervenção do Estado na ordem econômica e social, o que acarreta a instituição de novas entidades administrativas, a assunção de novas tarefas pelo Estado e o aumento do quadro de agentes públicos, demonstrando, dessa forma, a importância no desenvolvimento do Direito Administrativo brasileiro. Após o período ditatorial e com a promulgação da Constituição de 1988, o Direito Administrativo é inserido no Estado Democrático de Direito, passando por importante processo de constitucionalização, com o reconhecimento da centralidade dos direitos fundamentais e da normatividade dos princípios constitucionais. |
| **Ausência de codificação do Direito Administrativo e pluralidade de fontes** | Ao contrário de outros ramos do Direito, o Direito Administrativo brasileiro não é codificado. A autonomia legislativa reconhecida aos Entes federados fez surgir normas federais, estaduais, distritais e municipais sobre a matéria, o que demonstra sua heterogeneidade e pluralidade. De lado a discussão doutrinária sobre as vantagens ou desvantagens da codificação, é possível perceber, no Brasil, uma espécie de codificação parcial por meio das normas sobre processo administrativo. |
| **Taxinomia do Direito Administrativo: relações com outros ramos do Direito** | O Direito Administrativo, dotado de especialização e autonomia científica, relaciona-se com outros ramos do Direito, bem como com outras áreas do conhecimento não jurídicas. Entre eles: a) Direito Constitucional; b) Direito Tributário e Direito Financeiro; c) Direito Eleitoral; d) Direito do Trabalho e Direito Previdenciário; e) Direito Penal; f) Direito Processual Civil e Penal; g) Direito Civil; h) Direito Empresarial; i) Direito Regulatório, Direito da Concorrência, Direito Econômico; j) Direito Internacional Público e Direito Internacional Privado; e k) Economia, Sociologia etc. |
| **Evolução do Estado e do Direito Administrativo** | A evolução do Direito Administrativo confunde-se com a própria evolução da concepção do Estado. É possível apontar, para fins didáticos, **três momentos** principais: a) Estado Liberal de Direito; b) Estado Social de Direito (*Welfare State*); c) Estado Democrático de Direito. |
| **A constitucionalização do Direito Administrativo e a valorização dos princípios constitucionais** | – Novo constitucionalismo (aproximação entre o Direito e a moral).<br>– Princípios constitucionais (passam a ter posição de destaque na ordem constitucional).<br>– O fenômeno da constitucionalização do ordenamento jurídico abalou alguns dos mais tradicionais **dogmas** do Direito Administrativo, a saber:<br>a) a redefinição da ideia de supremacia do interesse público sobre o privado e a ascensão do princípio da ponderação de direitos fundamentais; |

| | |
|---|---|
| A constitucionalização do Direito Administrativo e a valorização dos princípios constitucionais | b) a superação da concepção do princípio da legalidade como vinculação positiva do administrador à lei e a consagração da vinculação direta à Constituição;<br>c) a possibilidade de controle judicial da discricionariedade a partir dos princípios constitucionais, deixando-se de lado o paradigma da insindicabilidade do mérito administrativo;<br>d) a releitura da legitimidade democrática da Administração, com a previsão de instrumentos de participação dos cidadãos na tomada de decisões administrativas (consensualidade na Administração). |
| Mutações e Tendências do Direito Administrativo | O Direito Administrativo tem sofrido profundas transformações nos últimos anos, sendo possível destacar, exemplificativamente, as seguintes mutações e tendências:<br>a) constitucionalização e o princípio da juridicidade;<br>b) relativização de formalidades e ênfase no resultado;<br>c) elasticidade do Direito Administrativo;<br>d) consensualidade e participação;<br>e) processualização e contratualização da atividade administrativa;<br>f) publicização do Direito Civil e a privatização do Direito Administrativo;<br>g) aproximação entre a *Civil Law* e a *Common Law*. |

# CAPÍTULO 2

# FONTES, INTERPRETAÇÃO E INTEGRAÇÃO DO DIREITO ADMINISTRATIVO

## 2.1 FONTES DO DIREITO ADMINISTRATIVO

A expressão "fonte" traduz a ideia de ponto de partida. As fontes são os meios e as formas de revelação do Direito.

Superada a concepção positivista do Direito, as fontes do Direito Administrativo não se resumem às normas formais oriundas do Estado ou dos detentores do poder político, admitindo a elaboração de fontes extraestatais (ex.: direito consuetudinário, autorregulação, *lex mercatoria* etc.).[1]

A globalização (econômica e jurídica), a constitucionalização do Direito, a especialização de funções e a descentralização do poder, entre outros fatores, acarretaram a crise das fontes estatais e nacionais, produzidas no seio do Estado soberano. O Direito não é produto exclusivo do Estado, mas também da sociedade e do mercado.

Por esta razão, a interpretação e a aplicação do Direito Administrativo devem levar em consideração a realidade social e econômica, bem como as consequências advindas da decisão administrativa.

---

[1] O direito consuetudinário é mencionado, por exemplo, no art. 376 do CPC: "A parte que alegar direito municipal, estadual, estrangeiro ou consuetudinário provar-lhe-á o teor e a vigência, se assim o juiz determinar". Sobre a importância da *lex mercatoria* no "Direito Administrativo global", vide: KINGSBURY, Benedict; KRISCH, Nico; STEWART, Richard B. The emergence of Global Administrative Law. *Law and Contemporary Problems*, North Carolina: Duke University School of Law, v. 68, n. 3 e 4, p. 17 e 29, 2005.

É possível afirmar, destarte, que o Direito não se resume ao legalismo, existindo, portanto, uma pluralidade de fontes na atualidade.[2] Em razão dos impactos tecnológicos e do desenvolvimento de setores da economia, é possível encontrar, no interior do próprio Estado, uma pluralidade de subsistemas jurídicos (Teoria dos ordenamentos setoriais), pautados por princípios, conceitos e estruturas hierárquicas específicas de cada setor (ex. telecomunicações, energia etc.).[3]

Em virtude do fenômeno da constitucionalização do direito, percebe-se, atualmente, a crescente centralidade constitucional da teoria das fontes do Direito, bem como a marginalização da legalidade formal.[4]

As fontes do Direito podem ser classificadas de diversas formas, conforme demonstrado a seguir:

a) **fontes formais:** são aquelas que emanam do Estado, criadas por meio de processos formais estabelecidos pela ordem jurídica (ex.: lei); e **fontes materiais (ou reais):** são produzidas fora do ambiente institucional (ex.: costumes);[5]

b) **fontes imediatas ou diretas:** são aquelas que possuem força suficiente para gerar normas jurídicas (ex.: lei e costume); e **fontes mediatas ou indiretas:** não possuem força suficiente para produção de normas jurídicas, mas condicionam ou influenciam essa produção (ex.: doutrina e jurisprudência);[6]

c) **fontes escritas** (ex.: lei em sentido amplo) e **fontes não escritas** (jurisprudência, costumes e os princípios gerais de direito).[7]

As fontes do Direito Administrativo são: a lei (juridicidade), a doutrina, a jurisprudência, os costumes e os precedentes administrativos.

## 2.1.1 Lei (juridicidade)

A lei, como fonte do Direito Administrativo, deve ser considerada em seu sentido amplo para abranger as normas constitucionais, a legislação infraconstitucional, os regulamentos administrativos e os tratados internacionais.

---

[2] PERLINGIERI, Pietro. *Perfis do direito civil*: introdução ao direito civil constitucional. 3. ed. Rio de Janeiro: Renovar, 2002. p. 8; SORRENTINO, Federico. *Le fonti del Diritto italiano*. Padova: Cedam, 2009. p. 1-25.

[3] Nesse sentido: ARAGÃO, Alexandre Santos de. Teorias pluralistas das fontes de direito: *lex mercatoria*, ordenamentos setoriais, subsistemas, microssistemas jurídicos e redes normativas. *RTDC*, v. 36, p. 3-36, 2008; MARQUES NETO, Floriano de Azevedo. Direito das telecomunicações e ANATEL. *Direito administrativo econômico*. São Paulo: Malheiros, 2006. p. 301.

[4] OTERO, Paulo. *Legalidade e Administração Pública*: o sentido da vinculação administrativa à juridicidade, Coimbra: Almedina, 2003. p. 22 e 179. Sobre a constitucionalização do Direito Administrativo, vide nossa obra: *A constitucionalização do direito administrativo*: o princípio da juridicidade, a releitura da legalidade administrativa e a legitimidade das agências reguladoras. 2. ed. Rio de Janeiro: Lumen Juris, 2010.

[5] CASSAGNE, Juan Carlos. *Derecho Administrativo*. 8. ed. Buenos Aires: Abeledo-Perrot, 2006. t. I, p. 150-151.

[6] BARROS MONTEIRO, Washington de. *Curso de direito civil*: parte geral. 36. ed. São Paulo: Saraiva, 1999. p. 12.

[7] RIVERO, Jean. *Droit Administratif*. 8. ed. Paris: Dalloz, 1977. p. 52-78; GASPARINI, Diógenes. *Direito administrativo*. 12. ed. São Paulo: Saraiva, 2007. p. 27.

Trata-se da ideia de juridicidade segundo a qual o administrador deve respeitar a lei e o Direito. Em virtude do processo de constitucionalização do ordenamento jurídico, o Direito Administrativo deve ser (re)interpretado à luz do texto constitucional, fato que demonstra a necessidade de releitura de alguns institutos jurídicos clássicos para se adequarem aos direitos fundamentais e demais normas constitucionais vigentes.

### 2.1.2 Doutrina

A doutrina, compreendida como as opiniões dos estudiosos sobre institutos e normas do Direito, também deve ser considerada como fonte material (não formal) do Direito Administrativo.[8]

Ainda que as opiniões dos autores não tenham força vinculativa, certo é que elas possuem uma imperatividade lógica que influencia o administrador, o juiz e o legislador.

Por essa razão, a doutrina, ainda que não seja considerada fonte formal, exerce influência fática e decisiva na compreensão e na aplicação do Direito.[9] Mencione-se, por exemplo, a "Escola do serviço público" ou "Escola de Bordeaux" que, no início do século XX, a partir da doutrina de Léon Duguit e Gaston Jèze, foi responsável pela teorização do serviço público, base do Direito Administrativo francês.

### 2.1.3 Jurisprudência

A jurisprudência, que reflete as decisões reiteradas dos tribunais sobre determinado tema, representa, atualmente, importante fonte do Direito.

A relevância do papel da jurisprudência é reforçada pelo fenômeno da judicialização do Direito e pelo reconhecimento da força vinculante de determinados entendimentos consagrados no âmbito do STF (teoria da vinculação aos precedentes), com destaque para as decisões de mérito proferidas nas ações diretas de inconstitucionalidade e nas ações declaratórias de constitucionalidade (art. 102, § 2.º, da CRFB), bem como na hipótese de aprovação de súmula vinculante (art. 103-A da CRFB, regulamentado pela Lei 11.417/2006). Mencione-se, como exemplo da importância do papel da jurisprudência no processo de formação do Direito Administrativo, a decisão do STF que reconheceu a efetividade do direito de greve dos servidores estatutários, ainda que ausente a lei regulamentadora exigida pelo art. 37, VII, da CRFB, com fundamento na aplicação analógica da Lei 7.783/1989 que trata da greve dos celetistas em geral.[10]

---

[8] Nesse sentido: CASSAGNE, Juan Carlos. *Derecho administrativo*. 8. ed. Buenos Aires: AbeledoPerrot, 2006. t. I, p. 211; MEIRELLES, Hely Lopes. *Direito administrativo brasileiro*. 22. ed. São Paulo: Malheiros, 1997. p. 36; MOREIRA NETO, Diogo de Figueiredo. *Curso de direito administrativo*. 15. ed. Rio de Janeiro: Forense, 2009. p. 74.

[9] Nesse sentido: SANTAMARÍA PASTOR, Juan Alfonso. *Principios de derecho administrativo general*. Madrid: Iustel, 2004. v. I, p. 169-170; GORDILLO, Augustín. *Tratado de Derecho Administrativo*. 7. ed. Belo Horizonte: Del Rey, 2003. t. I, p. VII-45; DEBBASCH, Charles; COLIN, Frédéric. *Droit Administratif*. 8. ed. Paris: Económica, 2007. p. 105.

[10] STF, Tribunal Pleno, MI 670/ES, Rel. p/ acórdão Min. Gilmar Mendes, j. 25.10.2007, *DJe* 31.10.2008; STF, Tribunal Pleno, MI 708/DF, Rel. Min. Gilmar Mendes, j. 25.10.2007, *DJe* 31.10.2008; STF, Tribunal Pleno, MI 712/PA, Rel. Min. Eros Grau, j. 25.10.2007, *DJe* 31.10.2008, *Informativo de Jurisprudência do STF* n. 485.

## 2.1.4 Costumes

Os costumes revelam o comportamento reiterado e constante do povo, encontrado em determinado espaço físico e temporal, que possui força coercitiva. Existem dois elementos inerentes aos costumes:

a) elemento objetivo: repetição de condutas; e
b) elemento subjetivo: convicção de sua obrigatoriedade.

Os costumes podem ser divididos em três espécies:

a) *secundum legem*: é o previsto ou admitido pela lei;
b) *praeter legem*: é aquele que preenche lacunas normativas, possuindo caráter subsidiário, conforme previsão contida no art. 4.º da LINDB; e
c) *contra legem*: é o que se opõe à norma legal.[11]

A consagração do costume como fonte autônoma do Direito Administrativo não é livre de polêmicas. Parte da doutrina nega a possibilidade de reconhecimento do denominado "Direito Administrativo consuetudinário", uma vez que a sua observância depende do seu acolhimento pela lei, como ocorre, por exemplo, no Direito Tributário (art. 100 do CTN).[12] Outra parcela da doutrina sustenta que os costumes somente são considerados fontes quando criam direitos para os particulares perante a Administração, sendo vedada a instituição de deveres em razão do princípio da legalidade.[13]

Entendemos que, ressalvado o costume *contra legem*, o costume é fonte autônoma do Direito Administrativo.[14] A releitura do princípio da legalidade, com a superação do positivismo, a textura aberta de algumas normas jurídicas e a necessidade de consideração da realidade social na aplicação do Direito demonstram que os costumes devem ser considerados como fontes do Direito Administrativo. Os costumes podem derivar de comportamentos reiterados da própria Administração (praxes administrativa). Ex.: determinação do Chefe do Executivo para não cumprimento de lei que entender inconstitucional, mesmo ausente decisão definitiva do Poder Judiciário nesse sentido.[15]

---

[11] Os costumes, em determinados sistemas jurídicos, apresentam normatividade superior (ex.: Direito Romano clássico e *common law* inglês) ou igual às leis (Direito canônico). Todavia, após a instituição do regime constitucional, prevalece a ideia de que os costumes são inferiores às leis. Não é possível o *consuetudo contra legem*, mas apenas o *consuetudo praeter legem* e, excepcionalmente o *consuetudo secundum legem*. Nesse sentido: SANTAMARÍA PASTOR, Juan Alfonso. *Principios de derecho administrativo general*. Madrid: Iustel, 2004. v. I, p. 154.

[12] MOREIRA NETO, Diogo de Figueiredo. *Curso de direito administrativo*. 15. ed. Rio de Janeiro: Forense, 2009. p. 75.

[13] Nesse sentido: GORDILLO, Augustín. *Tratado de derecho administrativo*. 7. ed. Belo Horizonte: Del Rey, 2003. t. I, p. VII-45.

[14] Nesse sentido: CASSAGNE, Juan Carlos. *Derecho administrativo*. 8. ed. Buenos Aires: Abeledo-Perrot, 2006. t. I, p. 206-208; CASTRO NETO, Luiz de. *Fontes do direito administrativo*. São Paulo: CTE Editora, 1977. p. 80-90. Registre-se que os costumes são considerados fontes do Direito Constitucional (ex.: possibilidade de promulgação de partes de Propostas de Emendas Constitucionais, que já foram aprovadas nas duas Casas do Congresso Nacional, sem prejuízo do exame das outras partes que ainda não foram objeto de deliberação final). Nesse sentido: MENDES, Gilmar Ferreira; COELHO, Inocêncio Mártires; BRANCO, Paulo Gustavo Gonet. *Curso de direito constitucional*. 2. ed. São Paulo: Saraiva, 2009. p. 21-22.

[15] A jurisprudência e a doutrina majoritária têm reconhecido essa possibilidade, malgrado a inexistência de previsão normativa expressa. Vide, por exemplo: STJ, 2.ª Turma, RMS 24.675/RJ, Rel. Min. Mauro Campbell Marques, *DJe*

## 2.1.5 Precedentes administrativos e praxes administrativas

Por fim, os precedentes administrativos também devem ser considerados como fontes do Direito Administrativo.[16]

O precedente administrativo pode ser conceituado como a norma jurídica retirada de decisão administrativa anterior, válida e de acordo com o interesse público, que, após decidir determinado caso concreto, deve ser observada em casos futuros e semelhantes pela mesma entidade da Administração Pública.

A relevância dos precedentes administrativos no ordenamento jurídico pátrio é demonstrada, por exemplo, pelas seguintes normas jurídicas: a) art. 2.º, parágrafo único, XIII, da Lei 9.784/1999: veda a aplicação retroativa de nova interpretação; b) art. 50, VII, da Lei 9.784/1999: exige a motivação, com indicação dos fatos e fundamentos jurídicos, dos atos administrativos que "deixem de aplicar jurisprudência firmada sobre a questão ou discrepem de pareceres, laudos, propostas e relatórios oficiais"; e c) art. 30, *caput* e parágrafo único, da LINDB, inserido pela Lei 13.655/2018: "as autoridades públicas devem atuar para aumentar a segurança jurídica na aplicação das normas, inclusive por meio de regulamentos, súmulas administrativas e respostas a consultas. Parágrafo único. Os instrumentos previstos no *caput* deste artigo terão caráter vinculante em relação ao órgão ou entidade a que se destinam, até ulterior revisão".[17]

O precedente administrativo pode surgir da prática reiterada e uniforme de atos administrativos em situações similares. Todavia, a reiteração de decisões em casos semelhantes não é uma condição necessária para a criação do precedente, ainda que esse fator contribua para maior estabilidade do ordenamento e confiança dos administrados. Em verdade, uma única decisão administrativa pode ser considerada precedente administrativo a ser seguido em casos semelhantes.

A teoria dos precedentes administrativos é aplicada em relações jurídicas distintas que apresentam identidade subjetiva (mesmo ente federativo e/ou a mesma entidade administrativa) e objetiva (semelhança entre os fatos envolvidos no precedente administrativo e no caso atual). Ademais, a teoria pressupõe a legalidade do precedente (a Administração não pode ser obrigada a seguir, indefinidamente, precedentes ilegais) e a inexistência de justificativa relevante e motivada para alteração do precedente (a teoria não acarreta o congelamento definitivo da ação estatal, admitindo-se a superação dos precedentes em razão de transformações jurídicas, sociais, econômicas, entre outros fatores).

A força vinculante do precedente administrativo decorre da necessidade de segurança jurídica, de vedação da arbitrariedade, de coerência e de aplicação igualitária da ordem jurídica.

---

23.10.2009, *Informativo de Jurisprudência do STJ* n. 411; BARROSO, Luís Roberto. *O controle de constitucionalidade no direito brasileiro*. 2. ed. São Paulo: Saraiva, 2006. p. 69-71.

[16] Sobre o tema: OLIVEIRA, Rafael Carvalho Rezende. *Precedentes no Direito Administrativo*. Rio de Janeiro: Forense, 2018; OLIVEIRA, Rafael Carvalho Rezende. Dever de coerência na Administração Pública: precedentes administrativos, praxe administrativa, costumes, teoria dos atos próprios e analogia. In: WALD, Arnoldo; JUSTEN FILHO, Marçal; PEREIRA, Cesar Augusto Guimarães. *O Direito Administrativo na atualidade:* estudos em homenagem ao centenário de Hely Lopes Meirelles. São Paulo: Malheiros, 2017, p. 955-973.

[17] O Decreto 9.830/2019 regulamenta o disposto nos arts. 20 a 30 da LINDB.

A inaplicabilidade do precedente ao caso atual pode ocorrer, de forma motivada, em duas situações: a) *distinguishing*: quando o administrador demonstrar diferenças substanciais entre o caso atual e o precedente que justifiquem a adoção de solução jurídica diversa; e b) *overruling*: quando o administrador demonstrar, por exemplo, uma das seguintes justificativas: b.1) o precedente apresentou interpretação equivocada da legislação, b.2) as alterações econômicas, sociais ou políticas justificam nova orientação para o atendimento do interesse público, b.3) as consequências práticas oriundas do precedente se mostram contrárias ao interesse público; e b.4) a norma utilizada no precedente é ilegal ou inconstitucional.[18]

Nesses casos, é possível aplicar a teoria denominada *prospective overruling*, segundo a qual os tribunais, ao mudarem suas regras jurisprudenciais, podem, por razões de segurança jurídica (boa-fé e confiança legítima), aplicar a nova orientação apenas para os casos futuros.[19] Assim, por exemplo, no âmbito do controle de legalidade dos atos administrativos, a autoridade administrativa pode determinar a incidência de efeitos prospectivos de suas respectivas decisões a partir da aplicação analógica do art. 27 da Lei 9.868/1999 ou de regras específicas, como ocorre no Estado do Rio de Janeiro (art. 53, § 3.º, da Lei 5.427/2009).

Em determinadas hipóteses, o caráter vinculante dos precedentes tem previsão legal expressa, como ocorre, por exemplo, no caso do art. 40, § 1.º, da LC 73/1993, que institui a Lei Orgânica da AGU, ao dispor que o parecer aprovado e publicado com o despacho presidencial vincula a Administração Federal, cujos órgãos e entidades ficam obrigados a lhe dar fiel cumprimento.[20]

O precedente administrativo, em princípio, somente é exigível quando estiver em compatibilidade com a legislação. É possível, contudo, que, excepcionalmente, mesmo em relação aos atos ilegais, os precedentes administrativos retirem a sua força vinculante dos princípios da confiança legítima, da segurança jurídica e da boa-fé.

A praxe administrativa, por sua vez, é a atividade interna, reiterada e uniforme da Administração Pública na aplicação das normas e atos jurídicos (exemplo: a pesquisa de preços na fase interna da licitação ou na dispensa de licitação, com a obtenção de, no mínimo, três orçamentos de fornecedores distintos).[21]

---

[18] O próprio CPC/2015 inseriu expressamente a possibilidade do *distinguishing* e do *overruling*, ao afirmar, em seu art. 489, § 1.º, VI, que não se considera fundamentada qualquer decisão judicial que deixar de seguir enunciado de súmula, jurisprudência ou precedente invocado pela parte, sem demonstrar a existência de distinção no caso em julgamento ou superação do entendimento. Raciocínio semelhante pode ser aplicado aos processos administrativos, na forma do art. 15 do CPC. Ademais, o respeito ao precedente administrativo e a respectiva superação podem ser extraídas da viabilidade de novas interpretações administrativas (art. 2.º, parágrafo único, XIII, da Lei 9.784/1999) e da necessidade de motivação por parte da autoridade administrativa que deixar de aplicar jurisprudência firmada sobre a questão (art. 50, VII, da Lei 9.784/1999).

[19] BUSTAMANTE, Thomas da Rosa de. *Teoria do direito e decisão racional*: temas de teoria da argumentação jurídica. Rio de Janeiro: Renovar, 2008. p. 405-416. A tese aqui sustentada foi expressamente adotada por: MAZZA, Alexandre. *Manual de Direito Administrativo*. 3. ed. São Paulo: Saraiva, 2013. p. 127.

[20] Em sentido análogo, o art. 47 da Lei 5.427/2009, que regula o processo administrativo no Estado do Rio de Janeiro, admite a possibilidade de eficácia vinculativa e normativa a determinadas decisões proferidas em processos administrativos. Essa eficácia depende de ato motivado do Governador, após manifestação da Procuradoria-Geral do Estado, com a devida publicação na imprensa oficial.

[21] A praxe de exigir, no mínimo, três propostas foi consagrada, inclusive, na jurisprudência do TCU, como forma de garantir a ampla pesquisa de mercado exigida pela legislação. TCU, Acórdão 3.026/2010, Plenário, Rel. Min. Rai-

A praxe administrativa não se confunde com os precedentes administrativos. Enquanto os precedentes envolvem decisões administrativas em casos concretos e que devem ser respeitadas em casos semelhantes, a praxe administrativa envolve a atividade de rotina interna da Administração.[22]

Outra diferença que pode ser mencionada refere-se ao fato de que o precedente não exige reiteração de decisões administrativas no mesmo sentido, sendo suficiente uma decisão administrativa para que esta seja considerada precedente a ser observado em casos semelhantes. A praxe administrativa, assim como os costumes, pressupõe a reiteração uniforme de condutas internas da Administração.

De qualquer forma, as referidas diferenças não são tão significativas, uma vez que as duas hipóteses refletem comportamentos administrativos ou manifestações jurídicas que repercutem de forma semelhante na ação estatal e nos interesses dos cidadãos.[23]

## 2.2 INTERPRETAÇÃO DO DIREITO ADMINISTRATIVO

A interpretação consiste na tarefa de descobrir ou precisar o significado e a amplitude dos dispositivos normativos. Trata-se de atividade constitutiva na medida em que produz as normas jurídicas que serão aplicadas aos casos concretos ou hipotéticos.[24]

O direito não pode ser desconectado dos fatos. As disposições genéricas e abstratas devem ser conformadas à realidade com o objetivo de garantir a justiça e a equidade. O texto legal é ponto inicial da interpretação e da aplicação das normas jurídicas que deve ser complementado com a realidade. Isso significa que a interpretação jurídica é contextualizada, isto é, o sentido da norma depende do respectivo contexto histórico, social, econômico e político em que se encontra inserida.[25]

---

mundo Carreiro; TCU, Acórdão 1.782/2010, Plenário, Rel. Min. Raimundo Carreiro (*Informativo de Jurisprudência do TCU* 26).

[22] De forma semelhante, Ortiz Díaz afirma: "A nuestro juicio, puede marcarse una diferencia entre el «precedente» y las prácticas administrativas. Estas últimas constituyen meras normas usuales de carácter y eficacia puramente interna para la administración, derivadas de principios de técnica administrativa o de buena administración, que los funcionarios siguen en el desarrollo de su actividad, estilo corriente de proceder de éstos. [...] El precedente, por el contrario, es algo más; implica la resolución sustantiva de la Administración sobre cuestiones sometidas a la misma y generadora de derechos e intereses para los particulares." ORTIZ DÍAZ, José. El precedente administrativo. *Revista de Administración Pública* (RAP), n. 24, Madrid, set./dez. 1957, p. 79-80.

[23] OLIVEIRA, Rafael Carvalho Rezende. *Princípios do Direito Administrativo*. 2. ed. São Paulo: Método, 2013, p. 57-58, nota 34; CASSAGNE, Juan Carlos. *Derecho administrativo*. 8. ed., Buenos Aires: Abeledo-Perrot, 2006, t. I, p. 208.

[24] É por essa razão que deve ser relativizada a afirmação tradicional de que o juiz deve atuar apenas como "legislador negativo" para se compreender que, em verdade, ao interpretar o texto legal, o magistrado cria a norma jurídica para o caso concreto. Nesse sentido: ÁVILA, Humberto. *Teoria dos princípios*: da definição à aplicação dos princípios jurídicos. São Paulo: Malheiros, 2003, p. 22; VIEIRA, Oscar Vilhena. Supremocracia. *Filosofia e teoria constitucional contemporânea*. Rio de Janeiro: Lumen Juris, 2009. p. 497-502; MENDES, Gilmar Ferreira; COELHO, Inocêncio Mártires; BRANCO, Paulo Gustavo Gonet. *Curso de direito constitucional*. 2. ed. São Paulo: Saraiva, 2009. p. 1257. Mencione-se, por exemplo, a decisão do STF, quando do julgamento de mandados de injunção, que supriu a omissão legal na regulamentação do direito de greve dos servidores públicos, criando a norma para o caso concreto (*Informativo de Jurisprudência do STF* n. 485).

[25] A relação entre o texto da lei e a realidade no processo de interpretação e aplicação do direito pode ser descrita a partir das expressões "programa da norma" e "âmbito da norma": a "estrutura da norma" (Teoria Estruturante do Direito) é composta pelo teor literal da lei (programa da norma) e o recorte social em que a lei será aplicada

Existem, por certo, significados mínimos que antecedem o processo de interpretação. As palavras, utilizadas pelo texto, limitam e condicionam, de alguma forma, as possibilidades de significados que podem ser atribuídos pelo intérprete. Ainda que impreciso o conceito previsto na lei (conceito jurídico indeterminado), é possível extrair da expressão uma "certeza negativa" (situações que certamente não se inserem no conceito) e uma "certeza positiva" (hipóteses que certamente se encaixam no conceito). Entre essas duas "zonas de certezas", existe a chamada "zona de penumbra" ou "de incerteza" em que a definição do conceito demanda uma criatividade maior do intérprete.

É por essa razão que não se deve confundir o texto da lei ou o dispositivo legal com o conceito de normas jurídicas.[26] Por mais precisa que seja a disposição legal, sempre será necessária a interpretação, não devendo ser admitida a máxima *in claris non fit interpretatio*. A clareza dos dispositivos legais somente pode ser auferida após o processo de interpretação. Em outras palavras: a clareza não é a premissa, mas resultado da interpretação.[27]

As experiências e as compreensões prévias do intérprete, desde que não sejam arbitrárias, influenciam na busca dos sentidos dos textos normativos. Frise-se, no entanto, que a pré-compreensão, momento inicial da interpretação, significa apenas a antecipação prévia e provisória do resultado da busca do sentido da norma, devendo, portanto, ser finalizada com a análise do caso concreto à luz do ordenamento vigente. A interpretação dos dispositivos legais acarreta a produção de normas jurídicas: a interpretação é o caminho; a norma é o ponto de chegada.

Tradicionalmente, duas teorias buscaram fundamentar a teoria da interpretação:

a) ***mens legislatoris* (subjetiva):** a interpretação busca compreender a vontade do legislador; e

b) ***mens legis* (objetiva):** o objetivo da interpretação é encontrar a vontade da lei. Tem prevalecido a teoria objetiva, especialmente pelo fato de ser impossível admitir a existência, no interior do complexo processo legislativo, da vontade de um legislador consagrada no texto da lei.[28]

---

(âmbito da norma). O direito, dessa forma, não é estático, mas, sim, dinâmico, não se limitando a descrever a intenção do legislador. MULLER, Friedrich. *Métodos de trabalho do direito constitucional*. 3. ed. Rio de Janeiro: Renovar, 2005. p. 42.

[26] Não existe relação necessária entre texto e norma, sendo viável a existência de norma sem dispositivo (ex.: princípio da segurança jurídica não possui dispositivo específico no texto constitucional), dispositivo sem norma (ex.: enunciado constitucional que prevê a "proteção de Deus"), dispositivo com várias normas (ex.: dispositivo que exige lei para instituição e majoração de tributos gera diversas normas, tais como o princípio da legalidade, da tipicidade, proibição de regulamentos independentes e proibição de delegação legislativa) e vários dispositivos e uma norma (ex.: princípio da segurança jurídica é retirado da leitura de vários dispositivos que garantem a legalidade, a irretroatividade e a anterioridade). ÁVILA, Humberto. *Teoria dos princípios*: da definição à aplicação dos princípios jurídicos. São Paulo: Malheiros, 2003. p. 22; GRAU, Eros. *Ensaio e discurso sobre a interpretação/aplicação do direito*. 3. ed. São Paulo: Malheiros, 2005. p. 80-82.

[27] BARROSO, Luís Roberto. *Interpretação e aplicação da Constituição*. 3. ed. São Paulo: Saraiva, 1999. p. 106.

[28] BONAVIDES, Paulo. *Curso de direito constitucional*. 13. ed. São Paulo: Malheiros, 2003. p. 452-456; BARROSO, Luís Roberto. *Interpretação e aplicação da Constituição*. 3. ed. São Paulo: Saraiva, 1999. p. 112-113.

Quanto à origem, a interpretação normalmente é classificada em três categorias:

a) **autêntica:** é a interpretação pelo próprio legislador que elabora normas ("leis interpretativas") destinadas ao esclarecimento de outras normas jurídicas;
b) **judicial:** é a interpretação por órgãos do Poder Judiciário; e
c) **doutrinária:** é a interpretação levada a efeito pela doutrina.

Existem vários caminhos possíveis que podem ser percorridos na busca da *mens legis* (interpretação objetiva). São os chamados métodos de interpretação, que podem ser enumerados da seguinte forma:

a) **interpretação lógico-gramatical:** a atividade interpretativa tem por objetivo compreender os significados das palavras utilizadas pela norma;
b) **interpretação histórica:** esse método leva em consideração o momento histórico (*occasio legis*) em que a norma foi elaborada;
c) **interpretação sistemática:** as normas devem ser compreendidas como integrantes do sistema jurídico, dotado de unidade e harmonia, razão pela qual não podem ser interpretadas de maneira isolada;
d) **interpretação teleológica:** a interpretação deve revelar a finalidade da norma (*ratio legis*) no momento de sua aplicação.

Todos os métodos de interpretação acima citados são importantes e devem ser considerados pelo intérprete. Todavia, diante dos denominados "casos difíceis", em que a utilização dos diferentes métodos leva a resultados diferentes no caso concreto, a doutrina tem dado primazia aos métodos sistemático e teleológico.[29] A interpretação sistemática do Direito Administrativo, em razão de sua autonomia científica, deve levar em consideração, preponderantemente, as normas de direito público, e não as normas de direito privado,[30] bem como deve ser pautada pela maior proteção e efetividade dos direitos fundamentais.

Na interpretação de normas sobre gestão pública, serão considerados os obstáculos e as dificuldades reais do gestor e as exigências das políticas públicas a seu cargo, sem prejuízo dos direitos dos administrados (art. 22 da LINDB).

Ao fixar novas interpretações ou orientações sobre a aplicação de normas legais ou regulamentares de conteúdo indeterminado, com a imposição de novos deveres ou condicionamentos de direitos, a Administração Pública e os demais órgãos de controle, inclusive judicial, deverão estabelecer regime de transição quando indispensável para que o novo dever ou condicionamento de direito seja cumprido de modo proporcional, equânime e eficiente e sem prejuízo aos interesses gerais (art. 23 da LINDB).

Em qualquer esfera de controle, inclusive no âmbito administrativo, a revisão quanto à validade de ato, contrato, ajuste, processo ou norma administrativa cuja produção já se

---

[29] BARROSO, Luís Roberto. *Interpretação e aplicação da Constituição*. 3. ed. São Paulo: Saraiva, 1999. p. 125-126; FREITAS, Juarez. *A interpretação sistemática do direito*. 5. ed. São Paulo: Malheiros, 2010. p. 76.
[30] MOREIRA NETO, Diogo de Figueiredo. *Curso de direito administrativo*. 15. ed. Rio de Janeiro: Forense, 2009. p. 12.

houver completado levará em conta as orientações gerais da época, sendo vedado que, com base em mudança posterior de orientação geral, se declarem inválidas situações plenamente constituídas (art. 24 da LINDB).[31]

Na interpretação dos dispositivos normativos, a Administração Pública deve respeitar o princípio da segurança jurídica, inclusive por meio de regulamentos, súmulas administrativas e respostas a consultas, que terão caráter vinculante (art. 30, *caput* e parágrafo único, da LINDB).

## 2.3 INTEGRAÇÃO DO DIREITO ADMINISTRATIVO

O ordenamento jurídico possui lacunas, pois não é possível ao legislador antecipar e englobar nas normas jurídicas toda a complexidade inerente à vida em sociedade.

A existência de lacunas não justifica, todavia, a inaplicabilidade do Direito. Nesse sentido, é imperiosa a utilização de instrumentos de integração do sistema jurídico para suprir as eventuais lacunas, tais como a analogia, os costumes e os princípios gerais de Direito (art. 4.º da Lei de Introdução às normas do Direito Brasileiro).[32]

A analogia decorre da máxima *ubi eadem legis ratio, ibi eadem legis dispositio*, ou seja, onde existe a mesma razão, deve ser aplicada a mesma disposição, o que decorre do princípio da igualdade. Existem duas espécies de analogia:

a) **analogia legal ou *legis*:** aplica-se a regra que regula caso semelhante ao caso não regulado por regra alguma; e

b) **analogia jurídica ou *iuris*:** busca-se no sistema jurídico (e não em dispositivo específico) a norma que será aplicada ao caso não normatizado.[33]

Enquanto a analogia *legis* busca regra existente aplicável a caso semelhante, a analogia *iuris* procura nos princípios gerais de Direito a solução para integração da lacuna.[34]

Tanto a analogia *legis* quanto a analogia *iuris* podem ser utilizadas para supressão de lacunas no Direito Administrativo.[35] No entanto, a legitimidade da utilização da analogia depende do respeito ao princípio federativo, bem como da necessidade de prestigiar a autonomia desse ramo do Direito. Por essa razão, a analogia deve ser feita,

---

[31] Consideram-se orientações gerais as interpretações e especificações contidas em atos públicos de caráter geral ou em jurisprudência judicial ou administrativa majoritária e, ainda, as adotadas por prática administrativa reiterada e de amplo conhecimento público (art. 24, parágrafo único, da LINDB).

[32] Em sentido semelhante, o art. 108 do CTN dispõe: "Na ausência de disposição expressa, a autoridade competente para aplicar a legislação tributária utilizará sucessivamente, na ordem indicada: I – a analogia; II – os princípios gerais de direito tributário; III – os princípios gerais de direito público; IV – a equidade".

[33] BOBBIO, Norberto. *Teoria geral do direito*. 3. ed. São Paulo: Martins Fontes, 2010. p. 306.

[34] MAXIMILIANO, Carlos. *Hermenêutica e aplicação do direito*. 18. ed. Rio de Janeiro: Forense, 1999. p. 210-211; BANDEIRA DE MELLO, Oswaldo Aranha. *Princípios gerais de direito administrativo*. 3. ed. São Paulo: Malheiros, 2007. v. I, p. 417.

[35] É importante notar que alguns autores admitem apenas a analogia *legis* no Direito Administrativo, refutando a utilização da analogia *iuris*, uma vez que a criação de uma norma analógica a partir de todo o sistema jurídico contraria o sistema rígido de reserva legal da ação do Estado. Nesse sentido: MOREIRA NETO, Diogo de Figueiredo. *Curso de direito administrativo*. 15. ed. Rio de Janeiro: Forense, 2009. p. 123.

preferencialmente, com normas jurídicas de Direito Administrativo, sobretudo com base nas normas editadas pelo Ente Federado respectivo ou com base nas normas gerais ou constitucionais, devendo ser evitada a aplicação analógica de normas de Direito Privado.[36] Ex.: aplicação analógica do art. 21 da Lei 4.717/1965, que estabelece o prazo prescricional de cinco anos para propositura da ação popular, à ação civil pública.[37]

Por fim, a analogia não pode ser utilizada para fundamentar a aplicação de sanções ou gravames aos particulares, especialmente no campo do poder de polícia e do poder disciplinar.[38]

## 2.4 RESUMO DO CAPÍTULO

**FONTES, INTERPRETAÇÃO E INTEGRAÇÃO DO DIREITO ADMINISTRATIVO**

| | | |
|---|---|---|
| Fontes do direito administrativo | As fontes são os meios e as formas de revelação do Direito. As fontes do Direito Administrativo são: a) lei (juridicidade); b) doutrina; c) jurisprudência; d) costumes; e) precedentes administrativos. | Classificação das fontes do Direito: **a) fontes formais:** são aquelas que emanam do Estado (ex.: lei); **b) fontes materiais (ou reais):** são produzidas fora do ambiente institucional (ex.: costumes); **c) fontes imediatas ou diretas:** possuem força suficiente para gerar normas jurídicas (ex.: lei); **d) fontes mediatas ou indiretas:** não possuem força suficiente para produção de normas jurídicas, mas condicionam ou influenciam essa produção (ex.: doutrina); **e) fontes escritas:** lei em sentido amplo; **f) fontes não escritas:** costumes etc. |
| Lei (juridicidade) | Deve ser considerada em seu sentido amplo para abranger as normas constitucionais, a legislação infraconstitucional, os regulamentos administrativos e os tratados internacionais. | |

---

[36] Em sentido semelhante: WILLEMAN, Flávio de Araújo; MARTINS, Fernando Barbalho. *Direito administrativo*. Rio de Janeiro: Lumen Juris, 2009. v. 6, p. 5. Por essa razão, o STJ não admitiu a aplicação, por analogia, do instituto da recondução previsto no art. 29, I, da Lei 8.112/1990 a servidor público estadual nos casos de omissão na legislação estadual (STJ, 2.ª Turma, RMS 46.438/MG, Rel. Min. Humberto Martins, DJe 19.12.2014, *Informativo de Jurisprudência do STJ* n. 553). O mesmo STJ utilizou a analogia com as normas do Direito Administrativo, e não do Direito Civil para fixar o prazo de cinco anos para tomada de contas especial pelo TCU (REsp 1.480.350/RS, Rel. Min. Benedito Gonçalves, DJe 12.04.2016, *Informativo de Jurisprudência do STJ* n. 581).

[37] STJ, AgRg nos EREsp 1.070.896/SC, Rel(a). Min(a). Laurita Vaz, Corte Especial, DJe 10.05.2013.

[38] Nesse sentido: CASSAGNE, Juan Carlos. *Derecho administrativo*. 8. ed. Buenos Aires: Abeledo-Perrot, 2006. t. I, p. 214; BANDEIRA DE MELLO, Oswaldo Aranha. *Princípios gerais de direito administrativo*. 3. ed. São Paulo: Malheiros, 2007. v. I, p. 415. Ademais, a analogia não poderá resultar na exigência de tributo não previsto em lei, conforme vedação contida no art. 108, § 1.º, do CTN.

| | |
|---|---|
| **Doutrina** | Compreendida como as opiniões dos estudiosos sobre institutos e normas do Direito, também deve ser considerada como fonte material (não formal) do Direito Administrativo. Não tem força vinculativa. |
| **Jurisprudência** | Reflete as decisões reiteradas dos tribunais sobre determinado tema. |
| **Costumes** | Revelam o comportamento reiterado e constante do povo, encontrado em determinado espaço físico e temporal, que possui força coercitiva.<br>Existem dois elementos inerentes aos costumes: a) **elemento objetivo**: repetição de condutas; e b) **elemento subjetivo**: convicção de sua obrigatoriedade.<br>Os costumes podem ser divididos em três espécies: a) *secundum legem*: é o previsto ou admitido pela lei; b) *praeter legem*: é aquele que preenche lacunas normativas, possuindo caráter subsidiário; e c) *contra legem*: é o que se opõe à norma legal. |
| **Precedentes administrativos** | São as normas jurídicas retiradas de decisões administrativas anteriores, válidas e de acordo com o interesse público, que, após decidirem determinados casos concretos, devem ser observadas em casos futuros e semelhantes pela mesma entidade da Administração Pública.<br>A teoria dos precedentes administrativos **pressupõe**: a) identidade subjetiva, b) identidade objetiva, c) legalidade do precedente e d) inexistência de justificativa relevante e motivada para alteração do precedente.<br>A **inaplicabilidade** do precedente ao caso atual pode ocorrer, de forma motivada, em duas situações: a) *distinguishing*; e b) *overruling*. |
| **Praxes administrativas** | Atividade interna, reiterada e uniforme da Administração Pública na aplicação das normas e atos jurídicos. Não se confunde com os precedentes administrativos. Enquanto os precedentes envolvem decisões administrativas em casos concretos e que devem ser respeitadas em casos semelhantes, a praxe administrativa envolve a atividade de rotina interna da Administração. O precedente não exige reiteração de decisões administrativas no mesmo sentido, sendo suficiente uma decisão administrativa para que esta seja considerada precedente; a praxe administrativa pressupõe a reiteração uniforme de condutas internas da Administração. |
| **Interpretação do direito administrativo** | Consiste na tarefa de descobrir ou precisar o significado e a amplitude das normas vigentes. Trata-se de atividade constitutiva na medida em que produz as normas jurídicas que serão aplicadas aos casos concretos ou hipotéticos.<br>Tradicionalmente, duas teorias buscaram fundamentar a teoria da interpretação: a) *mens legislatoris* **(subjetiva)**: a interpretação busca compreender a vontade do legislador; e b) *mens legis* **(objetiva)**: o objetivo da interpretação é encontrar a vontade da lei. Tem prevalecido a teoria objetiva.<br>Quanto à **origem**, a interpretação normalmente é classificada em: a) autêntica; b) judicial; e c) doutrinária.<br>Quanto aos **métodos**, a interpretação pode ser: a) lógico-gramatical; b) histórica; c) sistemática; d) teleológica. |
| **Integração do direito administrativo** | A existência de lacunas não justifica a inaplicabilidade do Direito. Nesse sentido, é imperiosa a utilização de instrumentos de integração do sistema jurídico para suprir as eventuais lacunas, tais como a analogia, os costumes e os princípios gerais de Direito.<br>Tipos de analogia: a) **analogia legal ou *legis***: aplica-se a regra que regula caso semelhante ao caso não regulado por regra alguma; e b) **analogia jurídica ou *iuris***: busca-se no sistema jurídico (e não em dispositivo específico) a norma que será aplicada ao caso não normatizado. |

# CAPÍTULO 3

# PRINCÍPIOS DO DIREITO ADMINISTRATIVO

## 3.1 A FORÇA NORMATIVA DOS PRINCÍPIOS NO PÓS-POSITIVISMO: DISTINÇÃO ENTRE PRINCÍPIOS E REGRAS

O neoconstitucionalismo, ao aproximar o Direito e a moral, abre caminho para superação da visão positivista e legalista do Direito. Após as práticas autoritárias durante a II Guerra, pretensamente legitimadas pelos textos jurídicos então vigentes, o positivismo jurídico, que supervalorizava a lei e os ideais de segurança, perde força e cede espaço a um novo paradigma jusfilosófico: o "pós-positivismo". O traço característico do Pós-positivismo é o reconhecimento da normatividade primária dos princípios constitucionais. Vale dizer: os princípios são considerados normas jurídicas, ao lado das regras, e podem ser invocados para controlar a juridicidade da atuação do Estado.[1]

É lícito afirmar, portanto, que todas as normas constitucionais são normas jurídicas. Quanto à estrutura, as normas podem ser divididas em duas grandes categorias: princípios e regras.[2] A doutrina tem apresentado diferentes critérios para estabelecer a distinção entre princípios e regras, com destaque para os dois citados, exemplificativamente, a seguir:

---

[1] A partir das últimas décadas do século XX, com o surgimento da fase pós-positivista, as Constituições passaram a acentuar "a hegemonia axiológica dos princípios, convertidos em pedestal normativo sobre o qual se assenta todo o edifício jurídico dos novos sistemas constitucionais" (BONAVIDES, Paulo. *Curso de direito constitucional*. 13. ed. São Paulo: Malheiros, 2003. p. 264). Vale lembrar que o positivismo reconhecia apenas o caráter de fonte normativa subsidiária aos princípios, uma vez que a sua aplicação somente ocorreria nos casos de lacuna da lei, conforme se verifica, ainda hoje, da leitura do art. 4.º da Lei de Introdução às Normas do Direito Brasileiro.

[2] BARROSO, Luís Roberto. *Interpretação e aplicação da Constituição*. 3. ed. São Paulo: Saraiva, 1999. p. 147.

a) **Critério da abstração:** os princípios possuem grau de abstração maior que as regras, pois os princípios admitem uma série indefinida de aplicações e as regras direcionam-se a situações determinadas;

b) **Critério da aplicação e do conflito normativo:** os princípios são considerados "mandamentos de otimização", que determinam a realização de algo na maior medida possível dentro das possibilidades jurídicas e fáticas existentes, admitindo aplicação gradativa.[3] Enquanto a colisão entre princípios é resolvida pela ponderação de interesses, no caso concreto, o conflito entre regras é resolvido na dimensão da validade ("tudo ou nada"), ou seja, a regra é válida ou inválida, a partir dos critérios da hierarquia, especialidade e cronológico.[4]

Sem olvidar da importância do critério distintivo de aplicação da resolução de conflitos entre princípios e regras, é importante notar que, em determinadas circunstâncias, o mencionado critério não será absoluto, admitindo-se a relativização do critério do "tudo ou nada". Assim como ocorre na colisão entre princípios, o conflito entre regras, em certos casos, pode ser resolvido pela dimensão de peso, e não necessariamente pelo critério de validade (ex.: inaplicabilidade, no caso concreto, do art. 1.º da Lei 9.494/1997, que proíbe a concessão de liminar contra a Fazenda Pública que esgote o objeto do litígio, para impor ao Estado o dever de fornecer medicamentos para pessoas carentes).[5]

De qualquer forma, os princípios jurídicos condensam os valores fundamentais da ordem jurídica. Em virtude de sua fundamentalidade e de sua abertura linguística, os princípios se irradiam sobre todo o sistema jurídico, garantindo-lhe harmonia e coerência.

Com o intuito de sistematizar o estudo dos diversos princípios existentes no ordenamento pátrio, os princípios jurídicos podem ser classificados a partir de dois critérios. Em primeiro lugar, a partir da amplitude de aplicação no sistema normativo, os princípios podem ser divididos em três categorias:[6]

a) **Princípios fundamentais:** são aqueles que representam as decisões políticas estruturais do Estado, servindo de matriz para todas as demais normas constitucionais (ex.: princípios republicano, federativo, da separação de poderes);

b) **Princípios gerais:** são, em regra, importantes especificações dos princípios fundamentais, possuindo, no entanto, menor grau de abstração e irradiando-se sobre todo o ordenamento jurídico (ex.: princípios da isonomia, princípio da legalidade);

c) **Princípios setoriais ou especiais:** são aqueles que se aplicam a determinado tema, capítulo ou título da Constituição (ex.: princípios da Administração Pú-

---

[3] ALEXY, Robert. *Teoria dos direitos fundamentais*. São Paulo: Malheiros, 2008. p. 85.
[4] DWORKIN, Ronald. *Taking rights seriously*. Cambridge: Harvard University, 1978. p. 24 e 27. Sobre os critérios para resolução de antinomias entre regras, vide: BOBBIO, Norberto. *Teoria geral do direito*. 3. ed. São Paulo: Martins Fontes, 2010. p. 250-254.
[5] ÁVILA, Humberto. *Teoria dos princípios*: da definição à aplicação dos princípios jurídicos. São Paulo: Malheiros, 2003. p. 38-45.
[6] CANOTILHO, J. J. Gomes. *Direito constitucional e teoria da Constituição*. 7. ed. Coimbra: Almedina, 2003. p. 1173-1175; BARROSO, Luís Roberto. *Interpretação e aplicação da Constituição*. 3. ed. São Paulo: Saraiva, 1999. p. 150-155.

blica previstos no art. 37 da CRFB: legalidade, impessoalidade, moralidade, publicidade e eficiência).

A segunda classificação leva em consideração a menção expressa ou implícita dos princípios nos textos normativos:[7]

a) **Princípios expressos:** são aqueles expressamente mencionados no texto da norma (ex.: princípios da Administração Pública, citados no art. 37 da CRFB); e

b) **Princípios implícitos:** são os princípios reconhecidos pela doutrina e pela jurisprudência a partir da interpretação sistemática do ordenamento jurídico (ex.: princípios da razoabilidade e da proporcionalidade, da segurança jurídica).

As leis infraconstitucionais, que regulam o processo administrativo, também elencam outros princípios do Direito Administrativo. Em âmbito federal, o art. 2.º da Lei 9.784/1999 menciona os seguintes princípios: legalidade, finalidade, motivação, razoabilidade, proporcionalidade, moralidade, ampla defesa, contraditório, segurança jurídica, interesse público e eficiência.[8]

É preciso utilizar de forma adequada os princípios jurídicos. Em razão do caráter normativo aberto e da relativa indeterminação do conteúdo, os princípios não podem servir de fundamento para decisões estatais, sem a necessária justificativa da sua aplicação ao caso concreto. Em consequência, nas esferas administrativa, controladora e judicial, não se decidirá com base em valores jurídicos abstratos sem que sejam consideradas as consequências práticas, jurídicas e administrativas da decisão, exigindo-se que a motivação demonstre a necessidade e a adequação da medida imposta ou da invalidação de ato, contrato, ajuste, processo ou norma administrativa, inclusive em face das possíveis alternativas (arts. 20, *caput* e parágrafo único, e 21, *caput* e parágrafo único, da LINDB, inseridos pela Lei 13.655/2018).[9]

Independentemente da pluralidade de princípios mencionados pelo ordenamento e pela doutrina, é possível destacar, para fins didáticos, os principais princípios do Direito Administrativo: legalidade, impessoalidade, moralidade, publicidade, eficiência, razoabilidade, proporcionalidade, finalidade pública (supremacia do interesse público sobre

---

[7] CARVALHO FILHO, José dos Santos. *Manual de direito administrativo*. 22. ed. Rio de Janeiro: Lumen Juris, 2009. p. 18 e ss.; MELLO, Celso Antônio Bandeira de. *Curso de direito administrativo*. 21. ed. São Paulo: Malheiros, 2006. p. 92 e ss.

[8] No Estado do Rio de Janeiro, o art. 2.º da Lei 5.427/2009, que trata dos atos e processos administrativos estaduais, prevê os seguintes princípios: transparência, legalidade, finalidade, motivação, razoabilidade, proporcionalidade, moralidade, ampla defesa, contraditório, segurança jurídica, impessoalidade, eficiência, celeridade, oficialidade, publicidade, participação, proteção da confiança legítima e interesse público.

[9] Sobre a crítica ao uso indiscriminado dos princípios, com o enfraquecimento das regras jurídicas, vide: SUNDFELD, Carlos Ari. *Direito administrativo para céticos*. 2. ed. São Paulo: Malheiros, 2017 (capítulo: "Princípio é preguiça?"); JUSTEN FILHO, Marçal. O direito administrativo de espetáculo. In: ARAGÃO, Alexandre Santos de; MARQUES NETO, Floriano de Azevedo (Coord.). *Direito administrativo e seus novos paradigmas*. 2. ed. Belo Horizonte: Fórum, 2017. p. 57-79.

o interesse privado), continuidade, autotutela, consensualidade/participação, segurança jurídica, confiança legítima e boa-fé.

## 3.2 PRINCÍPIOS DO DIREITO ADMINISTRATIVO EM ESPÉCIE

### 3.2.1 Princípio da legalidade (juridicidade)

O princípio da legalidade administrativa, previsto no art. 37 da CRFB, é considerado um produto do Liberalismo, que pregava a superioridade do Poder Legislativo.[10]

A legalidade comporta dois importantes desdobramentos:

a) **supremacia da lei:** a lei prevalece e tem preferência sobre os atos da Administração; e

b) **reserva de lei:** o tratamento de certas matérias deve ser formalizado necessariamente pela legislação, excluindo a utilização de outros atos com caráter normativo.[11]

O princípio da supremacia da lei relaciona-se com a doutrina da *negative Bindung* (vinculação negativa), segundo a qual a lei representaria uma limitação para a atuação do administrador, de modo que, na ausência da lei, poderia ele atuar com maior liberdade para atender ao interesse público. Já o princípio da reserva da lei encontra-se inserido na doutrina da *positive Bindung* (vinculação positiva), que condiciona a validade da atuação dos agentes públicos à prévia autorização legal.[12]

Atualmente, tem prevalecido, na doutrina clássica e na praxe jurídica brasileira, a ideia da vinculação positiva da Administração à lei. Vale dizer: a atuação do administrador depende de prévia habilitação legal para ser legítima. Na célebre lição de Hely Lopes Meirelles, apoiado em Guido Zanobini: "Enquanto na administração particular é lícito fazer tudo o que a lei não proíbe, na Administração Pública só é permitido fazer o que a lei autoriza".[13]

---

[10] LOCKE, John. Segundo Tratado sobre o governo civil. *Dois tratados sobre o governo*. São Paulo: Martins Fontes, 1998. p. 503; ROUSSEAU, Jean-Jacques. *O contrato social*. 3. ed. São Paulo: Martins Fontes, 1996. p. 72. A superioridade do Legislativo também foi enfatizada pelos federalistas. MADISON, James. *Os artigos federalistas*, 1787-1788. Rio de Janeiro: Nova Fronteira, 1993. p. 339. Vale lembrar que Montesquieu substituiu a ideia de supremacia do legislador pela ideia de equilíbrio entre os poderes. MONTESQUIEU, Charles de Secondat, Baron de. *O espírito das leis*. 3. ed. São Paulo: Martins Fontes, 2005.

[11] CANOTILHO, José Joaquim Gomes. *Direito constitucional e teoria da Constituição*. 7. ed. Coimbra: Almedina, 2003. p. 256.

[12] MAURER, Hartmut. *Direito administrativo geral*. São Paulo: Manole, 2006. p. 122. Em razão dos graus de vinculação da ação administrativa, é possível apontar quatro acepções do princípio da legalidade, que variam de acordo com a ordem crescente de vinculação da Administração à norma legal: a) a Administração pode realizar todos os atos e medidas que não sejam contrários à lei; b) a Administração só pode editar atos ou medidas que a lei autoriza; c) a Administração somente pode praticar atos cujo conteúdo esteja em conformidade com um esquema abstrato fixado por norma legislativa; d) a Administração só pode realizar atos ou medidas que a lei ordena fazer. MEDAUAR, Odete. *Direito administrativo moderno*. 12. ed. São Paulo: RT, 2008. p. 123. Vide: EISENMANN, Charles. O direito administrativo e o princípio da legalidade. *RDA*, Rio de Janeiro: Renovar, v. 56, p. 47-70, abr.-jun. 1959.

[13] MEIRELLES, Hely Lopes. *Direito administrativo brasileiro*. 22. ed. São Paulo: Malheiros, 1997. p. 82.

Todavia, o princípio da legalidade deve ser reinterpretado a partir do fenômeno da constitucionalização do Direito Administrativo, com a relativização da concepção da vinculação positiva do administrador à lei.

Em primeiro lugar, não é possível conceber a atividade administrativa como mera executora mecânica da lei, sem qualquer papel criativo por parte do aplicador do Direito, sob pena de se tornar desnecessária a atividade regulamentar. A aplicação da lei, tanto pelo juiz como pela Administração Pública, depende de um processo criativo-interpretativo, sendo inviável a existência de lei exaustiva o bastante que dispense o papel criativo do operador do Direito. De fato, o que pode variar é o grau de liberdade conferida pela norma jurídica.[14]

Ademais, com a crise da concepção liberal do princípio da legalidade e o advento do Pós-positivismo, a atuação administrativa deve ser pautada não apenas pelo cumprimento da lei, mas também pelo respeito aos princípios constitucionais, com o objetivo de efetivar os direitos fundamentais.[15] Assim, por exemplo, no tocante à "administração de prestações", quando o Estado gera comodidades e utilidades para a coletividade, sem a necessidade do uso de sua autoridade (poder de império), bem como na atuação consensual da Administração, o princípio da legalidade deve ser compreendido na acepção da vinculação negativa.[16] A ausência de restrições aos direitos fundamentais e o próprio consenso do cidadão serviriam como fonte de legitimação para essa atuação pública, sem a necessidade de respaldo específico na lei, desde que respeitado o princípio da isonomia.

Desta forma, a legalidade não é o único parâmetro da ação estatal que deve se conformar às demais normas consagradas no ordenamento jurídico. A legalidade encontra-se inserida no denominado princípio da juridicidade que exige a submissão da atuação administrativa à lei e ao Direito (art. 2.º, parágrafo único, I, da Lei 9.784/1999). Em vez de simples adequação da atuação administrativa a uma lei específica, exige-se a compatibilidade dessa atuação com o chamado "bloco de legalidade".[17]

O princípio da juridicidade confere maior importância ao Direito como um todo, daí derivando a obrigação de se respeitar, inclusive, a noção de legitimidade do Direito. A atuação da Administração Pública deve nortear-se pela efetividade da Constituição e deve pautar-se pelos parâmetros da legalidade e da legitimidade, intrínsecos ao Estado Democrático de Direito.

---

[14] GIANNINI, Massimo Severo. *Derecho administrativo*. Madrid: MAP, 1991. v. I, p. 111.
[15] A crise da concepção tradicional (liberal) do princípio da legalidade pode ser explicada pelos seguintes fatores: a) advento da "sociedade técnica"; b) crescente "inflação legislativa"; c) desprestígio da democracia representativa; e d) heterogeneidade dos interesses ("Estado pluriclasse").
[16] Nesse sentido, Juan Alfonso Santamaría Pastor sustenta que a vinculação positiva da lei seria exigida apenas para as atuações administrativas ablativas, quer dizer, naqueles casos que restringem ou extinguem direitos fundamentais (SANTAMARÍA PASTOR, Juan Alfonso. *Principios de derecho administrativo general*. Madrid: Iustel, 2004. v. I, p. 83).
[17] Sobre o princípio da juridicidade, vide: OTERO, Paulo. *Legalidade e Administração Pública*: o sentido da vinculação administrativa à juridicidade. Coimbra: Almedina, 2003; ZAGREBELSKY, Gustavo. *El derecho dúctil. Ley, derechos, justicia*, Madrid: Trotta, 2003. p. 39-40; MERKL, Adolfo. *Teoría general del Derecho Administrativo*. Granada: Comares, 2004. p. 206; OLIVEIRA, Rafael Carvalho Rezende. *A constitucionalização do direito administrativo*: o princípio da juridicidade, a releitura da legalidade administrativa e a legitimidade das agências reguladoras. 2. ed. Rio de Janeiro: Lumen Juris, 2010; MOREIRA NETO, Diogo de Figueiredo. *Curso de direito administrativo*. 15. ed. Rio de Janeiro: Forense, 2009. p. 87.

A releitura da legalidade e a ascensão do princípio da juridicidade acarretam novos debates e a releitura de antigos dogmas do Direito Administrativo, tais como a discussão quanto à viabilidade da deslegalização, a relativização da impossibilidade de decretos autônomos, a ampliação do controle judicial da discricionariedade administrativa, a crítica à distinção entre ato vinculado e discricionário, entre outras questões.

### 3.2.2 Princípio da impessoalidade

O princípio da impessoalidade, consagrado expressamente no art. 37 da CRFB, possui duas acepções possíveis:

a) **igualdade (ou isonomia):** a Administração Pública deve dispensar tratamento impessoal e isonômico aos particulares, com o objetivo de atender a finalidade pública, sendo vedada a discriminação odiosa ou desproporcional (ex.: art. 37, II, da CRFB: concurso público, art. 37, XXI, da CRFB: licitação, art. 100 da CRFB: precatório), salvo o tratamento diferenciado entre pessoas que estão em posição fática de desigualdade, com o objetivo de efetivar a igualdade material (ex.: art. 37, VIII, da CRFB e art. 5.º, § 2.º, da Lei 8.112/1990: reserva de vagas em cargos e empregos públicos para pessoas com deficiência, art. 230, § 2.º, da CRFB e art. 39 da Lei 10.741/2003 – Estatuto da Pessoa Idosa: gratuidade no transporte público para pessoas idosas); e

b) **proibição de promoção pessoal:** as realizações públicas não são feitos pessoais dos seus respectivos agentes, mas, sim, da respectiva entidade administrativa, razão pela qual a publicidade dos atos do Poder Público deve ter caráter educativo, informativo ou de orientação social, "dela não podendo constar nomes, símbolos ou imagens que caracterizem promoção pessoal de autoridades ou servidores públicos" (art. 37, § 1.º, da CRFB).[18]

### 3.2.3 Princípio da moralidade

O princípio da moralidade, inserido no art. 37 da CRFB, exige que a atuação administrativa, além de respeitar a lei, seja ética, leal e séria. Nesse sentido, o art. 2.º, parágrafo único, IV, da Lei 9.784/1999 impõe ao administrador, mormente nos processos administrativos, a "atuação segundo padrões éticos de probidade, decoro e boa-fé". Ex.: vedação do nepotismo constante da Súmula Vinculante 13 do STF.[19] Ressalte-se,

---

[18] De acordo com o STF, a propaganda relacionada especificamente à prestação de contas pelo parlamentar ao cidadão não constitui situação vedada pela Constituição, desde que realizada nos espaços próprios do mandatário ou do partido político e seja assumida com os seus recursos, não devendo ser confundida com a publicidade do órgão público ou entidade. ADI 6.522/DF, Rel(a). Min(a). Cármen Lúcia, Tribunal Pleno, DJe 27.05.2021, (*Informativo de Jurisprudência do STF* 1.017).

[19] Súmula Vinculante 13 do STF: "A nomeação de cônjuge, companheiro ou parente em linha reta, colateral ou por afinidade, até o terceiro grau, inclusive, da autoridade nomeante ou de servidor da mesma pessoa jurídica investido em cargo de direção, chefia ou assessoramento, para o exercício de cargo em comissão ou de confiança ou, ainda, de função gratificada na administração pública direta e indireta em qualquer dos Poderes da União, dos Estados, do Distrito Federal e dos Municípios, compreendido o ajuste mediante designações recíprocas, viola a Constituição

no entanto, que o STF afasta a aplicação da referida súmula para os cargos políticos, o que não nos parece apropriado, uma vez que o princípio da moralidade é um princípio geral aplicável, indistintamente, a toda a Administração Pública, alcançando, inclusive, os cargos de natureza política.[20]

O ordenamento jurídico prevê diversos instrumentos de controle da moralidade administrativa, tais como: a ação de improbidade (art. 37, § 4.º, da CRFB e Lei 8.429/1992); a ação popular (art. 5.º, LXXIII, da CRFB e Lei 4.717/1965); a ação civil pública (art. 129, III, da CRFB e Lei 7.347/1985); as hipóteses de inelegibilidade previstas no art. 1.º da LC 64/1990, alterada pela LC 135/2010 ("Lei da Ficha Limpa"); as sanções administrativas e judiciais previstas na Lei 12.846/2013 (Lei Anticorrupção).[21]

### 3.2.4 Princípio da publicidade

O princípio da publicidade impõe a divulgação e a exteriorização dos atos do Poder Público (art. 37 da CRFB e art. 2.º da Lei 9.784/1999). A visibilidade (transparência) dos atos administrativos guarda estreita relação com o princípio democrático (art. 1.º da CRFB), possibilitando o exercício do controle social sobre os atos públicos. A atuação administrativa obscura e sigilosa é típica dos Estados autoritários. No Estado Democrático de Direito, a regra é a publicidade dos atos estatais; o sigilo é exceção. Ex.: a publicidade é requisito para produção dos efeitos dos atos administrativos, necessidade de motivação dos atos administrativos.[22]

O ordenamento jurídico consagrou diversos instrumentos jurídicos aptos a exigir a publicidade dos atos do Poder Público, tais como: o direito de petição ao Poder Público em defesa de direitos ou contra ilegalidade ou abuso de poder (art. 5.º, XXXIV, "a", da CRFB); o direito de obter certidões em repartições públicas para defesa de direitos e esclarecimento de situações de interesse pessoal (art. 5.º, XXXIV, "b", da CRFB); o mandado de segurança individual e coletivo (art. 5.º, LXIX e LXX, da CRFB); o *habeas data* para conhecimento de informações relativas ao impetrante, constantes de registros ou bancos de dados de entidades governamentais ou de caráter público, bem como para retificação de dados (art. 5.º, LXXII, da CRFB).

---

Federal". De acordo com o STF: "Leis que tratam dos casos de vedação a nepotismo não são de iniciativa exclusiva do Chefe do Poder Executivo" (Tema 29 da Tese de Repercussão Geral do STF) e "a vedação ao nepotismo não exige a edição de lei formal para coibir a prática, dado que essa proibição decorre diretamente dos princípios contidos no art. 37, *caput*, da Constituição Federal" (Tema 66 da Tese de Repercussão Geral do STF).

[20] Sobre a inaplicabilidade da Súmula Vinculante 13 do STF, vide: STF, Tribunal Pleno, RExt 579.951/RN, Rel. Min. Ricardo Lewandowski, *DJe*-202 24.10.2008, p. 1876, *Informativo de Jurisprudência do STF* n. 516; ADI 524/ES, Rel. Min. Ricardo Lewandowski, *DJe*-151 03.08.2015, *Informativo de Jurisprudência do STF* n. 786; Rcl 29.033 AgR/RJ, Rel. Min. Roberto Barroso, j. 17.09.2019, *Informativo de Jurisprudência do STF* n. 952.

[21] O STJ, por exemplo, manteve a nulidade de processo seletivo para pessoal temporário na Administração Pública estadual, com fundamento do princípio da moralidade, uma vez que o candidato aprovado possuía relação de parentesco e membro da comissão examinadora (STJ, 2.ª Turma, RMS 36.006/PI, Rel. Min. Humberto Martins, *DJe* 14.12.2011, *Informativo de Jurisprudência do STJ* n. 489).

[22] O STF manteve a decisão do CNJ que invalidou a remoção voluntária de magistrados de Tribunal de Justiça estadual, tendo em vista a necessidade de motivação expressa, pública e fundamentada das decisões administrativas dos tribunais (art. 93, X, da CRFB) (STF, Tribunal Pleno, MS 25.747/SC, Rel. Min. Gilmar Mendes, *DJe*-118 18.06.2012, *Informativo de Jurisprudência do STF* n. 666).

A transparência pública depende da implementação do direito fundamental à informação previsto no art. 5.º, XXXIII, da CRFB, segundo o qual "todos têm direito a receber dos órgãos públicos informações de seu interesse particular, ou de interesse coletivo ou geral, que serão prestadas no prazo da lei, sob pena de responsabilidade, ressalvadas aquelas cujo sigilo seja imprescindível à segurança da sociedade e do Estado".[23] No âmbito infraconstitucional, o direito à informação foi regulamentado pela Lei 12.527/2011 (Lei de Acesso à Informação – LAI), cujo art. 3.º elenca as seguintes diretrizes:

a) observância da publicidade como preceito geral e do sigilo como exceção;
b) divulgação de informações de interesse público, independentemente de solicitações;
c) utilização de meios de comunicação viabilizados pela tecnologia da informação;
d) fomento ao desenvolvimento da cultura de transparência na Administração Pública; e
e) desenvolvimento do controle social da Administração Pública.[24]

Qualquer interessado, devidamente identificado, independentemente de motivação, pode solicitar as informações de interesse público perante as entidades públicas ou privadas (arts. 1.º, 2.º e 10 da LAI). A regra do acesso à informação é excepcionada em duas hipóteses:

a) informações classificadas como sigilosas, consideradas imprescindíveis à segurança da sociedade ou do Estado (art. 23 da LAI);[25] e

---

[23] De forma semelhante, o art. 37, § 3.º, II, da CRFB estabelece o direito de acesso dos usuários dos serviços públicos aos registros administrativos e às informações sobre atos de governo, bem como o art. 216, § 2.º, da CRFB, ao tratar do patrimônio cultural brasileiro, prevê que a Administração Pública deve franquear, na forma da lei, a consulta da documentação governamental aos interessados. O direito fundamental à informação também é reconhecido no Direito Internacional, sendo expressamente mencionado em alguns tratados e outros pactos assinados pelo Brasil, tais como: Declaração Universal dos Direitos Humanos (artigo 19), Convenção das Nações Unidas contra a Corrupção (artigos 10 e 13); Declaração Interamericana de Princípios de Liberdade de Expressão (item 4); Pacto Internacional dos Direitos Civis e Políticos (artigo 19).

[24] A Lei de Acesso à Informação é aplicável à Administração Pública Direta e Indireta, no âmbito do Poder Executivo, Legislativo, incluindo as Cortes de Contas, Judiciário e do Ministério Público (art. 1.º, parágrafo único). Em âmbito federal, a Lei 12.527/2011 foi regulamentada pelo Decreto 7.724/2012. De acordo com o art. 45 da LAI, cabe aos Estados, ao DF e aos Municípios, em legislação própria, definir as regras específicas sobre o acesso à informação. O Enunciado 13 da I Jornada de Direito Administrativo realizada pelo Centro de Estudos Judiciários do Conselho da Justiça Federal (CEJ/CJF) dispõe: "As empresas estatais são organizações públicas pela sua finalidade, portanto, submetem-se à aplicabilidade da Lei 12.527/2011 – 'Lei de Acesso à Informação', de acordo com o artigo 1.º, parágrafo único, inciso II, não cabendo a decretos e outras normas infralegais estabelecer outras restrições de acesso a informações não previstas na Lei." Segundo o STF: 1) "é legítima a publicação, inclusive em sítio eletrônico mantido pela Administração Pública, dos nomes dos seus servidores e do valor dos correspondentes vencimentos e vantagens pecuniárias" (Tema 483 da Tese de Repercussão Geral do STF; e 2) "O parlamentar, na condição de cidadão, pode exercer plenamente seu direito fundamental de acesso a informações de interesse pessoal ou coletivo, nos termos do art. 5.º, inciso XXXIII, da CF e das normas de regência desse direito" (Tema 832 da Tese de Repercussão Geral do STF). De acordo com o STJ, o não fornecimento pela União do extrato completo do cartão de pagamentos (cartão corporativo) do Governo Federal, utilizado por chefe de Escritório da Presidência da República, constitui ilegal violação ao direito de acesso à informação de interesse coletivo, quando não há evidência de que a publicidade desses elementos atentaria contra a segurança do Presidente e Vice-Presidente da República ou de suas famílias (*Informativo de Jurisprudência do STJ* n. 552).

[25] Nesse caso, o sigilo é temporário e o respectivo prazo depende da classificação conferida à informação (art. 24, *caput* e § 1.º, da LAI): (i) ultrassecreta: 25 anos de sigilo, prorrogável uma única vez (art. 35, § 2.º, da LAI); (ii)

b) informações pessoais relacionadas à intimidade, vida privada, honra e imagem.[26]

Cabe destacar, ainda, a Lei 13.709/2018 (Lei Geral de Proteção de Dados – LGPD), alterada pela Lei 13.853/2019, que dispõe sobre o tratamento de dados pessoais, inclusive nos meios digitais, por pessoa natural ou por pessoa jurídica de direito público ou privado, com o objetivo de proteger os direitos fundamentais de liberdade e de privacidade e o livre desenvolvimento da personalidade da pessoa natural. Aliás, o direito à proteção dos dados pessoais, inclusive nos meios digitais, passou a ser considerado direito fundamental, com a inclusão do inciso LXXIX no art. 5.º da CRFB pela EC 115/2022.[27]

O tratamento de dados pessoais no âmbito da Administração Pública[28] deverá ser realizado para o atendimento de sua finalidade pública, desde que cumpridas duas exigências (art. 23 da LGPD): a) informar as hipóteses em que, no exercício de suas competências, realizam o tratamento de dados pessoais, fornecendo informações claras e atualizadas sobre a previsão legal, a finalidade, os procedimentos e as práticas utilizadas para a execução dessas atividades, em veículos de fácil acesso, preferencialmente em seus sítios eletrônicos; e b) indicar um encarregado quando realizarem operações de tratamento de dados pessoais.[29]

É possível o compartilhamento interno de dados, ou seja, no âmbito da própria Administração Pública, com o objetivo de viabilizar a execução de políticas públicas, a

---

secreta: 15 anos de sigilo; e (iii) reservada: 5 anos de sigilo. Ao final do prazo de classificação ou consumado o evento que defina o seu termo final, a informação tornar-se-á, automaticamente, de acesso público (art. 24, § 4.º, da LAI).

[26] As informações pessoais, relativas à intimidade, vida privada, honra e imagem, terão seu acesso restrito, independentemente de classificação de sigilo e pelo prazo máximo de 100 anos a contar da sua data de produção, a agentes públicos legalmente autorizados e à pessoa a que elas se referirem; e poderão ter autorizada sua divulgação ou acesso por terceiros diante de previsão legal ou consentimento expresso da pessoa a que elas se referirem (art. 31, § 1.º, da LAI). De acordo com o STF, é legítima a publicação, inclusive em sítio eletrônico mantido pela Administração Pública, dos nomes dos seus servidores e do valor dos correspondentes vencimentos e vantagens pecuniárias (ARE 652.777/SP, repercussão geral, Rel. Min. Teori Zavascki, Tribunal Pleno, DJe 01.07.2015, Informativo de Jurisprudência do STF 782).

[27] Sobre o tema, vide: VALE, Luís Manoel Borges do; OLIVEIRA, Rafael Carvalho Rezende. LGPD na Administração Pública. Rio de Janeiro: Método, 2025.

[28] Não obstante o art. 23 da LGPD mencionar apenas as pessoas jurídicas de direito público, entendemos que as suas normas devem ser aplicadas às pessoas públicas e privadas da Administração Pública direta e indireta, ressalvadas as empresas estatais prestadoras de atividades econômicas que se submetem ao mesmo tratamento dispensado às empresas privadas (arts. 1.º e 24 da LGPD). As normas são aplicáveis, ainda, aos serviços notariais e de registro (art. 23, §§ 4.º e 5.º, da LGPD).

[29] A LGPD indica os principais responsáveis pelo tratamento de dados: a) controlador (art. 5º, VI): pessoa natural ou jurídica, de direito público ou privado, a quem competem as decisões referentes ao tratamento de dados pessoais; b) operador (art. 5º, VII): pessoa natural ou jurídica, de direito público ou privado, que realiza o tratamento de dados pessoais em nome do controlador; e c) encarregado (art. 5º, VIII): pessoa indicada pelo controlador e operador para atuar como canal de comunicação entre o controlador, os titulares dos dados e a ANPD. Assim, por exemplo, na Administração Pública federal, a União pode ser considerada controladora, ainda que as funções sejam exercidas, na prática, pelos respectivos órgãos (ex.: Ministérios). O operador, nesse caso, poderá ser uma pessoa jurídica instituída pela União ou por ela contratada para armazenamento de dados. Já o encarregado poderá ser o servidor público federal indicado para atuar como canal de comunicação entre o controlador, os titulares dos dados e a ANPD.

prestação de serviços públicos, a descentralização da atividade pública e a disseminação e ao acesso das informações pelo público em geral (art. 25 da LGPD).[30]

Em relação ao compartilhamento externo de dados, é vedado ao Poder Público transferir a entidades privadas dados pessoais constantes de bases de dados a que tenha acesso, exceto (art. 26, § 1.º, da LGPD): a) em casos de execução descentralizada de atividade pública que exija a transferência, exclusivamente para esse fim específico e determinado, observado o disposto na LAI; b) nos casos em que os dados forem acessíveis publicamente; c) quando houver previsão legal ou a transferência for respaldada em contratos, convênios ou instrumentos congêneres; ou d) na hipótese de a transferência dos dados objetivar exclusivamente a prevenção de fraudes e irregularidades, ou proteger e resguardar a segurança e a integridade do titular dos dados, desde que vedado o tratamento para outras finalidades.

A comunicação ou o uso compartilhado de dados pessoais de pessoa jurídica de direito público a pessoa de direito privado será informada à autoridade nacional e dependerá de consentimento do titular, exceto (art. 27 da LGPD): a) nas hipóteses de dispensa de consentimento previstas na própria LGPD; b) nos casos de uso compartilhado de dados, garantida a publicidade; ou c) nas exceções constantes do § 1.º do art. 26 da LGPD supramencionadas.

A referida Autoridade Nacional de Proteção de Dados (ANPD) é a autarquia de regime especial responsável por zelar, implementar e fiscalizar o cumprimento das normas da LGPD em todo o território nacional (arts. 5.º, XIX, e 55-A).

A autoridade nacional poderá solicitar, a qualquer momento, aos órgãos e às entidades do Poder Público a realização de operações de tratamento de dados pessoais, informações específicas sobre o âmbito e a natureza dos dados e outros detalhes do tratamento realizado e poderá emitir parecer técnico complementar para garantir o cumprimento das normas da LGPD, bem como emitir normas complementares para as atividades de comunicação e de uso compartilhado de dados pessoais (arts. 29 e 30 da LGPD).

No campo do direito sancionador, a ANPD poderá aplicar as sanções administrativas indicadas no art. 52 da LGPD aos agentes de tratamento (advertência; multa simples; multa diária; publicização da infração; bloqueio dos dados pessoais; eliminação dos dados pessoais; suspensão parcial do funcionamento do banco de dados; suspensão do exercício da atividade de tratamento dos dados pessoais; proibição parcial ou total do exercício de atividades relacionadas a tratamento de dados). Contudo, nas situações em que os agentes de tratamento são entidades e órgãos públicos, o § 3º do art. 52 da LGPD afasta as sanções de multa (simples e diária), subsistindo, todavia, as demais sanções indicadas anteriormente e outras previstas na legislação específica.

---

[30] Em âmbito federal, o Decreto 10.046/2019 dispõe sobre a governança no compartilhamento de dados no âmbito da Administração Pública federal e institui o Cadastro Base do Cidadão e o Comitê Central de Governança de Dados. O STF conferiu interpretação conforme à Constituição ao referido Decreto (STF, ADI 6.649/DF e ADPF 695/DF, Rel. Min. Gilmar Mendes, julgamento finalizado em 15.9.2022, Informativo de Jurisprudência do STF n. 1.068).

## 3.2.5 Princípio da eficiência

O princípio da eficiência foi inserido no art. 37 da CRFB, por meio da EC 19/1998, com o objetivo de substituir a Administração Pública burocrática pela Administração Pública gerencial.[31] A ideia de eficiência está intimamente relacionada com a necessidade de efetivação célere das finalidades públicas elencadas no ordenamento jurídico. Ex.: duração razoável dos processos judicial e administrativo (art. 5.º, LXXVIII, da CRFB, inserido pela EC 45/2004), contrato de gestão no interior da Administração, também denominado contrato de desempenho (art. 37 da CRFB), contrato de gestão com as Organizações Sociais (Lei 9.637/1998).

No âmbito da "Administração de Resultados", a interpretação e a aplicação do Direito não podem se afastar das consequências (jurídicas e extrajurídicas) geradas pelas escolhas efetivadas pelas autoridades estatais.[32] Sem deixar de lado a importância de certas formalidades, estritamente necessárias à formação legítima da vontade estatal, o Direito passa a se preocupar de maneira preponderante com a efetividade dos direitos fundamentais (legalidade finalística). Ex.: apesar da nulidade dos contratos administrativos verbais (art. 60, parágrafo único, da Lei 8.666/1993 e art. 95, § 2.º, da atual Lei de Licitações), a doutrina e a jurisprudência têm reconhecido o dever de pagamento por parte da Administração, tendo em vista os princípios da boa-fé e da vedação do enriquecimento sem causa;[33] possibilidade de acordos decisórios (ou substitutivos), que admitem a substituição da multa imposta à determinada empresa, por violação à legislação ambiental, pela imposição de investimento do montante equivalente na restauração do meio ambiente (compensações ambientais), o que efetivaria de forma mais intensa a proteção ambiental.[34]

---

[31] PEREIRA, Luiz Carlos Bresser. Gestão do setor público: estratégia e estrutura para um novo Estado. *Reforma do Estado e Administração Pública gerencial*. 7. Ed. Rio de Janeiro: FGV, 2008. p. 29. A eficiência é mencionada em outras passagens do texto constitucional, a saber: a) os Poderes Legislativo, Executivo e Judiciário devem instituir e manter sistema de controle interno com a finalidade de "comprovar a legalidade e avaliar os resultados, quanto à eficácia e eficiência, da gestão orçamentária, financeira e patrimonial nos órgãos e entidades da administração federal, bem como da aplicação de recursos públicos por entidades de direito privado" (art. 74, II, da CRFB); b) a organização e o funcionamento dos órgãos responsáveis pela segurança pública devem ser disciplinados pela legislação, com o objetivo de garantir a eficiência (art. 144, § 7.º, da CRFB). Da mesma forma, o referido princípio encontra-se previsto no art. 2.º da Lei 9.784/1999.

[32] Sobre a Administração de Resultados, vide: SORRENTINO, Giancarlo. *Diritti e partecipazione nell'amministrazione di resultato*. Napoli: Editoriale Scientifica, 2003; SPASIANO, Mario R. *Funzione amministrativa e legalità di resultado*. Torino: Giappichelli, 2003; MOREIRA NETO, Diogo de Figueiredo. *Quatro paradigmas do direito administrativo pós-moderno*. Belo Horizonte: Fórum, 2008; OLIVEIRA, Rafael Carvalho Rezende. *Princípios do direito administrativo*. 2. ed. São Paulo: Método, 2013.

[33] Nesse sentido: OLIVEIRA, Rafael Carvalho Rezende. *Licitações e contratos administrativos*. São Paulo: Método, 2012. p. 200-201; JUSTEN FILHO, Marçal. *Comentários à lei de licitações e contratos administrativos*. 9. ed. São Paulo: Dialética, 2002. p. 243; SOUTO, Marcos Juruena Villela. *Direito administrativo contratual*. Rio de Janeiro: Lumen Juris, 2004. p. 391-394; STJ, 2.ª Turma, REsp 317.463/SP, Rel. Min. João Otávio de Noronha, DJ 03.05.2004, p. 126.

[34] Os acordos decisórios são comuns na celebração de Termos de Ajustamento de Conduta (TACs), na forma do art. 5.º, § 6.º, da Lei 7.347/1985. O art. 46 da Lei 5.427/2009, que dispõe sobre o processo administrativo no Estado do Rio de Janeiro, consagrou a possibilidade de acordos decisórios. Sobre o tema, vide: SUNDFELD, Carlos Ari; CÂMARA, Jacintho Arruda. Acordos substitutivos nas sanções regulatórias. *RDPE*, Belo Horizonte, ano 9, n. 34, p. 133-151, abr.-jun. 2011; MARQUES NETO, Floriano de Azevedo; CYMBALISTA, Tatiana Matiello. Os acordos substitutivos do procedimento sancionatório e da sanção. *RBDP*, Belo Horizonte, ano 8, n. 31, p. 51-68, out.-dez. 2010.

A concretização dos resultados, na medida do possível, deve ser realizada por meio de processo político-participativo:

a) planejamento: planos de ação, orçamento e prioridades, com destaque para participação da população por meio de audiências e consultas públicas;
b) execução: medidas concretas para satisfação dos resultados previamente delimitados; e
c) controle: os órgãos controladores não devem se restringir à legalidade formal na análise da juridicidade da ação administrativa, devendo levar em consideração os demais princípios e o alcance dos resultados esperados.

O princípio da eficiência demonstra a íntima relação entre o Direito e a Economia (*Law & Economics*).[35] De acordo com a Análise Econômica do Direito (AED), a economia, especialmente a microeconomia, deve ser utilizada para resolver problemas legais, e, por outro lado, o Direito acaba por influenciar a Economia. Por esta razão, as normas jurídicas serão eficientes na medida em que forem formuladas e aplicadas levando em consideração as respectivas consequências econômicas. Sob a ótica da AED, existem, em resumo, dois critérios que garantem a eficiência na circulação de riquezas:

a) **eficiência de Pareto ("ótimo de Pareto"):** a medida é eficiente quando melhorar a situação de determinada pessoa sem piorar a situação de outrem, o que é de difícil aplicação concreta, pois desconsidera as externalidades negativas cada vez maiores nas sociedades complexas;[36] e
b) **eficiência de Kaldor-Hicks:** as normas devem ser desenhadas para produzirem o máximo de bem-estar para o maior número de pessoas (os benefícios de "A" superam os prejuízos de "B").

Ressalte-se, todavia, que a eficiência não pode ser analisada exclusivamente sob o prisma econômico, pois a Administração tem o dever de considerar outros aspectos igualmente fundamentais: qualidade do serviço ou do bem, durabilidade, confiabilidade, universalização do serviço para o maior número possível de pessoas etc. Nem sempre a medida mais barata será a mais eficiente ("o barato pode custar caro"). A medida admi-

---

[35] Apesar de ser antigo o diálogo entre o Direito e a Economia, o movimento de *Law & Economics* desenvolve-se, principalmente nos Estados Unidos, a partir da década de 60 do século XX por meio dos estudos de Ronald Coase (*The Problem of Social Cost*), professor da Universidade de Chicago e prêmio Nobel de Economia em 1991, e de Guido Calabresi (*Some Thoughts on Risk Distribution and the Law of Torts*), da Universidade de Yale. Atualmente, um dos grandes expoentes do movimento é o Professor Richard Posner (*Economic Analysis of Law*), da Escola de Chicago. Apesar de sua origem norte-americana, a AED tem sido estudada em países europeus (Alemanha, Itália etc.) e no Brasil. Para uma visão sistemática da Análise Econômica do Direito, vide, por exemplo: COOTER, Robert. ULEN, Thomas. *Law & Economics*. 5. ed. Boston: Pearson, 2008; PINHEIRO, Armando Castelar; SADDI, Jairo. *Direito, economia e mercados*. Rio de Janeiro: Elsevier, 2005. p. 89.

[36] Nesse sentido: POSNER, Richard A. *Economic analysis of Law*. 7. ed. New York: Aspen Publishers, 2007. p. 13. A expressão "eficiência de Pareto" é utilizada em homenagem ao seu criador Vilfredo Pareto, cientista político, advogado e economista suíço-italiano.

nistrativa será eficiente quando implementar, com maior intensidade e com os menores custos possíveis, os resultados legitimamente esperados.[37]

A implementação da eficiência administrativa depende, por exemplo, da adoção de medidas de desburocratização, de inovação, de transformação digital e da participação do cidadão, na forma indicada na Lei 14.129/2021 que dispõe princípios, regras e instrumentos para o Governo Digital e para o aumento da eficiência pública.

### 3.2.6 Princípios da razoabilidade e da proporcionalidade

O princípio da razoabilidade nasce e desenvolve-se no sistema da *common law*. À parte a sua origem remota na cláusula *law of the land* da Magna Carta de 1215, o princípio surgiu no direito norte-americano por meio da evolução jurisprudencial da cláusula do devido processo legal, consagrada nas Emendas 5.ª e 14.ª da Constituição dos Estados Unidos, que deixa de lado o seu caráter apenas procedimental (*procedural due process of law*: direito ao contraditório, à ampla defesa, entre outras garantias processuais) para incluir a versão substantiva (*substantive due process of law*: proteção das liberdades e dos direitos dos indivíduos contra abusos do Estado). Desde então, o princípio da razoabilidade vem sendo utilizado como forma de valoração pelo Judiciário da constitucionalidade das leis e dos atos administrativos, consubstanciando um dos mais importantes instrumentos de defesa dos direitos fundamentais.

De outro lado, o princípio da proporcionalidade tem origem remota nas teorias jusnaturalistas dos séculos XVII e XVIII a partir do momento em que se reconheceu a existência de direitos imanentes ao homem oponíveis ao Estado. Aplicado inicialmente no âmbito do Direito Administrativo, notadamente no "direito de polícia", o referido princípio recebe, na Alemanha, dignidade constitucional, quando a doutrina e a jurisprudência afirmam que a proporcionalidade seria um princípio implícito decorrente do próprio Estado de Direito.[38]

Apesar da polêmica quanto à existência ou não de diferenças entre os princípios da razoabilidade e da proporcionalidade, tem prevalecido a tese da fungibilidade entre os citados princípios que se relacionam com os ideais igualdade, justiça material e racionalidade, consubstanciando importantes instrumentos de contenção dos possíveis excessos cometidos pelo Poder Público.[39]

Não obstante a ausência de referência expressa na Constituição pátria, é possível inferir a sua matriz normativa no próprio Estado Democrático de Direito e nos direitos

---

[37] RAWLS, John. *A Theory of Justice*. Cambridge: Harvard University Press, 1999. p. 61. Humberto Ávila afirma que "a medida adotada pela administração pode ser a menos dispendiosa e, apesar disso, ser a menos eficiente". A atuação administrativa é eficiente quando "promove de forma satisfatória os fins em termos quantitativos, qualitativos e probabilísticos". Não basta a utilização dos meios adequados para promover os respectivos fins; mais do que a adequação, a eficiência "exige satisfatoriedade na promoção dos fins atribuídos à administração". ÁVILA, Humberto. Moralidade, razoabilidade e eficiência. *Revista Eletrônica de Direito do Estado*, Salvador, Instituto de Direito Público da Bahia, n. 4, p. 21 e 23-24, out.-nov.-dez. 2005. Disponível em: <www.direitodoestado.com.br>. Acesso em: 1.º jun. 2010.

[38] Sobre a evolução dos princípios da razoabilidade e da proporcionalidade, vide: BARROSO, Luís Roberto. *Interpretação e aplicação da Constituição*. 3. ed. São Paulo: Saraiva, 1999. p. 211-215; BARROS, Suzana de Toledo. *O princípio da proporcionalidade e o controle de constitucionalidade das leis restritivas de direitos fundamentais*. Brasília: Brasília Jurídica, 1996. p. 33.

[39] Para aprofundar o estudo dos princípios da razoabilidade e da proporcionalidade, remetemos o leitor para outra obra: OLIVEIRA, Rafael Carvalho Rezende. *Princípios do direito administrativo*. 2. ed. São Paulo: Método, 2013.

fundamentais (visão germânica) e, ainda, na cláusula do devido processo legal (visão norte-americana). Em âmbito federal, os princípios da razoabilidade e da proporcionalidade foram previstos expressamente no art. 2.º da Lei 9.784/1999.

O princípio da proporcionalidade divide-se em três subprincípios:

a) **Adequação ou idoneidade:** o ato estatal será adequado quando contribuir para a realização do resultado pretendido (ex.: O STF considerou inconstitucional a exigência de comprovação de "condições de capacidade" para o exercício da profissão de corretor de imóveis, pois o meio – atestado de condições de capacidade – não promovia o fim – controle do exercício da profissão;[40]

b) **Necessidade ou exigibilidade:** em razão da proibição do excesso, caso existam duas ou mais medidas adequadas para alcançar os fins perseguidos (interesse público), o Poder Público deve adotar a medida menos gravosa aos direitos fundamentais (ex.: invalidade da sanção máxima de demissão ao servidor que pratica infração leve);[41]

c) **Proporcionalidade em sentido estrito:** encerra uma típica ponderação, no caso concreto, entre o ônus imposto pela atuação estatal e o benefício por ela produzido (relação de custo e benefício da medida), razão pela qual a restrição ao direito fundamental deve ser justificada pela importância do princípio ou direito fundamental que será efetivado (ex.: O STF considerou inconstitucional lei estadual que obrigou a pesagem de botijões de gás no momento da venda para o consumidor, com abatimento proporcional do preço do produto, quando verificada a diferença a menor entre o conteúdo e a quantidade especificada no recipiente, tendo em vista que a proteção do consumidor não autorizaria a aniquilação do princípio da livre-iniciativa).[42] Os atos estatais devem passar por esses testes de proporcionalidade para serem considerados válidos.

### 3.2.7 Princípio da supremacia do interesse público sobre o interesse privado (princípio da finalidade pública)

O princípio da supremacia do interesse público sobre o privado é considerado um pilar do Direito Administrativo tradicional.[43]

---

[40] STF, Tribunal Pleno, Rp 930/DF, Rel. p/ acórdão Min. Rodrigues Alckmin, DJ 02.09.1977, p. 5.969. Da mesma forma, o STF considerou desproporcional a exigência de diploma para o exercício do jornalismo, tendo em vista a violação ao princípio da proporcionalidade. STF, Tribunal Pleno, RE 511.961/SP, Rel. Min. Gilmar Mendes, DJe-213 13.11.2009.

[41] STJ, 5.ª Turma, RMS 29.290/MG, Rel. Min. Arnaldo Esteves Lima, DJe 15.03.2010, Informativo de Jurisprudência do STJ n. 423; STJ, 1.ª Seção, MS 17.490/DF, Rel. Min. Mauro Campbell Marques, DJe 01.02.2012, Informativo de Jurisprudência do STJ n. 489.

[42] STF, Tribunal Pleno, ADI 855/PR, Rel. Min. Octavio Gallotti, DJe-59 27.03.2009, p. 108.

[43] A noção de interesse público passou a ser largamente utilizada após a Revolução Francesa e ligava-se à divisão entre o público e o privado. A Administração Pública era encarada como executora da vontade geral, expressa na lei, e guardiã do interesse público, ao passo que os particulares atuavam no campo dos interesses privados.

O interesse público pode ser dividido em duas categorias:

a) **interesse público primário:** relaciona-se com a necessidade de satisfação de necessidades coletivas (justiça, segurança e bem-estar) por meio do desempenho de atividades administrativas prestadas à coletividade (serviços públicos, poder de polícia, fomento e intervenção na ordem econômica); e

b) **interesse público secundário:** é o interesse do próprio Estado, enquanto sujeito de direitos e obrigações, ligando-se fundamentalmente à noção de interesse do erário, implementado por meio de atividades administrativas instrumentais necessárias para o atendimento do interesse público primário, tais como as relacionadas ao orçamento, aos agentes público e ao patrimônio público.[44]

A partir dessa distinção, a doutrina tradicional sempre apontou para a superioridade do interesse público primário (e não do secundário) sobre o interesse privado.[45]

Atualmente, no entanto, com a relativização da dicotomia público x privado, a democratização da defesa do interesse público e a complexidade (heterogeneidade) da sociedade atual, entre outros fatores, vêm ganhando força a ideia de "desconstrução" do princípio da supremacia do interesse público em abstrato.

Parcela da doutrina sustenta a inexistência de supremacia abstrata do interesse público sobre o privado, exigindo a ponderação de interesses para resolver eventual conflito, especialmente pelos seguintes argumentos:

a) o texto constitucional, em diversas passagens, partindo da dignidade da pessoa humana, protege a esfera individual (ex.: arts. 1.º, 5.º etc.), não sendo lícito afirmar, a partir da interpretação sistemática das normas constitucionais, a existência de uma prevalência em favor do interesse público;

b) indeterminabilidade abstrata e objetiva do "interesse público", o que contraria premissas decorrentes da ideia de segurança jurídica;

c) o interesse público é indissociável do interesse privado, uma vez que ambos são consagrados na Constituição e os elementos privados estariam incluídos nas finalidades do Estado, como se percebe, *v.g.*, a partir da leitura do preâmbulo e dos direitos fundamentais; e

d) incompatibilidade da supremacia do interesse público com postulados normativos consagrados no texto constitucional, notadamente os postulados da proporcionalidade e da concordância prática.[46]

---

[44] A distinção entre interesse público primário e secundário advém da doutrina italiana: ALESSI, Renato. *Sistema istituzionale del diritto amministrativo italiano*. 2. ed. Milão: Giuffrè, 1960. p. 197.

[45] Nesse sentido, entre outros: MELLO, Celso Antônio Bandeira de. *Curso de direito administrativo*. 21. ed. São Paulo: Malheiros, 2006. p. 62-63; OSÓRIO, Fabio Medina. Existe uma supremacia do interesse público sobre o privado no direito administrativo brasileiro?. *RDA*, n. 220, p. 69-107; BORGES, Alice Gonzalez. Supremacia do interesse público: desconstrução ou reconstrução. *Revista Interesse Público*, Porto Alegre, v. 8, n. 37, p. 29-48, maio-jun. 2006; BARROSO, Luís Roberto. O Estado contemporâneo, os direitos fundamentais e a redefinição da supremacia do interesse público. Prefácio ao livro *Interesses públicos versus interesses privados*: desconstruindo o princípio de supremacia do interesse público. Rio de Janeiro: Lumen Juris, 2005.

[46] Humberto Ávila escreveu sobre a releitura do princípio no artigo Repensando o "princípio da supremacia do interesse público sobre o particular", publicado na *Revista Trimestral de Direito Público*, São Paulo: Malheiros, n. 24,

O debate atual a respeito da subsistência do princípio da supremacia justifica-se pela própria dificuldade natural de se estabelecer uma noção uniforme de interesse público. Certamente, não se pode confundir interesse público com interesse da Administração Pública (interesse público secundário), pois apenas o interesse público primário pode ser considerado como objetivo finalístico da atuação administrativa (ex.: a Administração não pode deixar de pagar suas dívidas, sob o argumento de que isso é bom para o interesse público secundário).

O conceito de interesse público não necessariamente se opõe ao de interesse privado. A aproximação entre Estado e sociedade demonstra bem isso, notadamente quando se verifica que a atuação do Poder Público deve pautar-se pela defesa e promoção dos direitos fundamentais e, obviamente, pelo respeito à dignidade humana. A promoção estatal dos direitos fundamentais representa a satisfação das finalidades públicas estabelecidas pela própria Constituição.

E isso se dá porque, em verdade, nunca existiram um único "interesse público" tampouco um interesse privado, concebidos abstratamente e de forma cerrada. Muito ao contrário, em uma sociedade pluralista, existem diversos interesses públicos e privados em constante conexão, de modo que, naturalmente, poderão emergir eventuais conflitos entre interesses considerados públicos (ex.: a criação de uma hidrelétrica e a necessidade de desmatamento de área florestal de conservação permanente), entre interesses denominados privados (ex.: o direito à intimidade e o direito à liberdade de expressão) e entre interesses públicos e privados (ex.: a servidão administrativa de passagem estabelecida em imóvel particular para utilização de ambulâncias de determinado nosocômio público).

Fato é que, mesmo nesses conflitos, não estaríamos necessariamente diante de um verdadeiro confronto dicotômico entre interesse público, de um lado, e o interesse privado, de outro, pois a promoção do interesse público significa a promoção de interesses privados (ex.: na desapropriação, o direito fundamental de propriedade do particular é excepcionado para se atender ao "interesse público" que será concretizado pela satisfação de outros direitos fundamentais, tais como o direito à educação na hipótese de construção de uma escola pública). Há, portanto, uma conexão necessária entre o interesse público e os interesses privados.

É inadmissível a fundamentação da atuação estatal em um abstrato e indecifrável interesse público ("razões de estado"), típico de atuações arbitrárias. A juridicidade dos atos estatais deve ser aferida à luz da ordem jurídica, notadamente dos princípios norteadores da atividade administrativa e dos direitos fundamentais. Com isso, cresce a importância da motivação e justificação das atuações administrativas.

A solução ou, ao menos, a sinalização para resolver eventuais colisões entre interesses públicos e interesses privados pode ser estabelecida *a priori*, quando possível, pela própria legislação, que já procederia a uma ponderação abstrata, estabelecendo os "parâmetros

---

p. 159-180, 1998. Posteriormente, o tema foi tratado por Alexandre Santos de Aragão, Daniel Sarmento, Gustavo Binenbojm e Ricardo Schier, que escreveram, ao lado de Humberto Ávila, na obra coletiva: SARMENTO, Daniel (Org.). *Interesses públicos* versus *interesses privados*: desconstruindo o princípio de supremacia do interesse público. Rio de Janeiro: Lumen Juris, 2005.

preferenciais" (ex.: o art. 60, § 4.º, IV, da CRFB retira das opções políticas as propostas de emendas constitucionais tendentes a abolir os direitos e garantias fundamentais; o art. 5.º, alínea "h", do Decreto-lei 3.365/1941 autoriza o Poder Público a desapropriar, por utilidade pública, a propriedade privada para a exploração ou a conservação dos serviços públicos). Essa ponderação, realizada democraticamente pelo legislador, orientaria e pautaria a interpretação judicial e administrativa.

Não obstante, o legislador, obviamente, não possui condições de prever todas as possibilidades que porventura possam ocorrer na complexidade da vida social, razão pela qual sempre haverá ponderações concretas (casos concretos), pautadas, predominantemente, pelo princípio da proporcionalidade ou da razoabilidade.

Portanto, não existe um interesse público único, estático e abstrato, mas sim finalidades públicas normativamente elencadas que não estão necessariamente em confronto com os interesses privados, razão pela qual seria mais adequado falar em "princípio da finalidade pública", em vez do tradicional "princípio da supremacia do interesse público", o que reforça a ideia de que a atuação estatal deve sempre estar apoiada em finalidades públicas, não egoístas, estabelecidas no ordenamento jurídico. A atuação do Poder Público não pode ser pautada pela supremacia do interesse público, mas, sim, pela ponderação e máxima realização dos interesses envolvidos.[47]

### 3.2.8 Princípio da continuidade

O princípio da continuidade está umbilicalmente ligado à prestação de serviços públicos, cuja prestação gera comodidades materiais para as pessoas e não pode ser interrompida, tendo em vista a necessidade permanente de satisfação dos direitos fundamentais.

Como consequência da necessidade de continuidade do serviço público, exige-se a regularidade na sua prestação. O prestador do serviço, seja o Estado, seja o delegatário, deve prestar o serviço adequadamente, em conformidade com as normas vigentes e, no caso dos concessionários, com respeito às condições do contrato de concessão. Em suma: a continuidade pressupõe a regularidade, pois seria inadequado exigir que o prestador continuasse a prestar um serviço irregular.

Evidentemente, a continuidade não impõe que todos os serviços públicos sejam prestados diariamente e em período integral.[48] Em verdade, o serviço público deve ser prestado na medida em que a necessidade da população se apresenta, sendo lícito distinguir a necessidade absoluta da necessidade relativa. Na necessidade absoluta, o serviço deve ser prestado sem qualquer interrupção, uma vez que a população necessita, permanentemente, da disponibilidade do serviço (ex.: hospitais, distribuição de água etc.). Ao revés, na necessidade relativa, o serviço público pode ser prestado periodicamente, em dias e horários determinados pelo Poder Público, levando em consideração as necessidades intermitentes da população (ex.: biblioteca pública, museus, quadras esportivas etc.).

---

[47] Sobre o debate moderno a respeito da existência do princípio da supremacia do interesse público, vide: OLIVEIRA, Rafael Carvalho Rezende. *Princípios do direito administrativo*. 2. ed. São Paulo: Método, 2013.
[48] CASSAGNE, Juan Carlos. *Derecho administrativo*. 8. ed. Buenos Aires: Abeledo-Perrot, 2006. t. I, p. 420.

É possível mencionar, por exemplo, três questões que envolvem a aplicação do princípio da continuidade dos serviços públicos:

a) viabilidade, em regra, da interrupção dos serviços públicos em caso de inadimplemento do usuário, uma vez que a continuidade pressupõe a remuneração pelo serviço, na forma do art. 6.º, § 3.º, II, da Lei 8.987/1995, regra especial que prevalece sobre a regra geral contida no art. 22 do CDC;[49]

b) reconhecimento do direito de greve dos servidores estatutários, com aplicação analógica da Lei 7.783/1989, em razão da ausência de norma regulamentadora do art. 37, VII, da CRFB, impedindo-se, no entanto, a paralisação total da atividade, em atenção ao princípio da continuidade;[50]

c) inviabilidade da *exceptio non adimpleti contractus* nos contratos de concessão de serviços públicos, na forma do art. 39 da Lei 8.987/1995 ("os serviços prestados pela concessionária não poderão ser interrompidos ou paralisados, até a decisão judicial transitada em julgado"), salvo em situações excepcionais, autorizadas judicialmente, quando alguns direitos fundamentais da concessionária (e a própria existência da empresa) estiverem ameaçados.[51]

Não obstante a vinculação com a prestação de serviços públicos, o princípio da continuidade deve ser aplicado às atividades administrativas em geral e às atividades privadas de relevância social (ex.: atividades privadas de saúde, como os planos de saúde, atividades bancárias, atividades sociais prestadas pelo Terceiro Setor), com o intuito de garantir o atendimento ininterrupto do interesse público. O atendimento eficiente do interesse público não se coaduna com atividades administrativas descontínuas, desiguais ou imunes à evolução social.[52]

### 3.2.9 Princípio da autotutela

O princípio da autotutela administrativa significa que a Administração Pública possui o poder-dever de rever os seus próprios atos, seja para anulá-los por vício de legalidade, seja para revogá-los por questões de conveniência e de oportunidade, conforme previsão contida nas Súmulas 346 e 473 do STF, bem como no art. 53 da Lei 9.784/1999.[53]

---

[49] STJ, 1.ª Seção, REsp 363.943/MG, Rel. Min. Humberto Gomes de Barros, DJ 01.03.2004, p. 119. Sobre a continuidade dos serviços públicos e a discussão quanto à possibilidade de sua interrupção na hipótese de inadimplemento, remetemos o leitor para o Capítulo 11, item 11.2.7.

[50] STF, Tribunal Pleno, MI 670/ES, Rel. p/ acórdão Min. Gilmar Mendes, j. 25.10.2007, DJe 31.10.2008; STF, Tribunal Pleno, MI 708/DF, Rel. Min. Gilmar Mendes, j. 25.10.2007, DJe 31.10.2008; STF, Tribunal Pleno, MI 712/PA, Rel. Min. Eros Grau, j. 25.10.2007, DJe 31.10.2008, *Informativo de Jurisprudência do STF* n. 485. Sobre o direito de greve dos servidores estatutários, vide Capítulo 23, item 23.11.

[51] Nesse sentido: JUSTEN FILHO, Marçal. *Teoria geral das concessões de serviço público*. São Paulo: Dialética, 2003. p. 610-611.

[52] Nesse sentido: ARAGÃO, Alexandre Santos de. *Direito dos serviços públicos*. Rio de Janeiro: Forense, 2007. p. 146-147. Registre-se, por exemplo, que os arts. 10 e 11 da Lei 7.783/1989, que trata da greve dos empregados celetistas, mencionam a compensação bancária como atividade essencial que não pode ser totalmente interrompida.

[53] Súmula 346 do STF: "A administração pública pode declarar a nulidade dos seus próprios atos"; Súmula 473 do STF: "A administração pode anular seus próprios atos, quando eivados de vícios que os tornam ilegais, porque deles

É oportuno ressaltar que não se deve confundir a autotutela com a autoexecutoriedade administrativa. Enquanto a autotutela designa o poder-dever de corrigir ilegalidades e de garantir o interesse público dos atos editados pela própria Administração (ex.: anulação de ato ilegal e revogação de ato inconveniente ou inoportuno), a autoexecutoriedade compreende a prerrogativa de imposição da vontade administrativa, independentemente de recurso ao Poder Judiciário (ex.: a demolição de construções irregulares, no exercício do poder de polícia administrativa, não depende, em regra, de consentimento de outros Poderes).

A autotutela administrativa encontra limites importantes que são impostos pela necessidade de respeito à segurança jurídica e à boa-fé dos particulares. Em âmbito federal, o art. 54 da Lei 9.784/1999 impõe o prazo decadencial de cinco anos para que a Administração anule seus atos administrativos, quando geradores de efeitos favoráveis para os destinatários, salvo comprovada má-fé.[54]

### 3.2.10 Princípios da consensualidade e da participação

O destaque no processo de constitucionalização não é a mera inserção de dispositivos relativos a alguns institutos específicos do Direito Administrativo no texto constitucional, mas sim a releitura desse ramo do direito a partir dos princípios expressa e implicitamente previstos na Carta Maior. É nesse contexto que se revela de fundamental importância uma releitura do Direito Administrativo à luz da cláusula do Estado Democrático de Direito, consagrada no art. 1.º da Constituição da República.

Enquanto, na sua concepção clássica, a ideia de Estado de Direito estava intimamente vinculada à submissão da Administração Pública à legalidade, hoje, no Estado Democrático de Direito, além do respeito à lei e à Constituição, deve a atividade administrativa pautar-se por uma legitimidade reforçada.

O Direito Administrativo, que outrora se satisfazia com o princípio da legalidade, hoje reclama ainda o respeito à legitimidade. É a necessidade de conferir maior legitimidade à atuação do Poder Público, no contexto de um verdadeiro Estado Democrático de Direito, que leva ao surgimento de novos mecanismos de participação popular na elaboração de normas e na tomada de decisões administrativas (ex.: consultas e audiências públicas), assim como o incremento de meios consensuais de atuação administrativa (exs.: Câmaras de Conciliação e Arbitragem da Administração, Termo de Ajustamento de Conduta – TAC, Termo de Ajustamento de Gestão – TAG, parcerias público-privadas, acordos de leniência, compromissos, na forma do art. 26 da LINDB, acordo de não persecução cível na ação de improbidade administrativa, na forma do art. 17-B, da Lei 8.429/1992).[55]

---

não se originam direitos; ou revogá-los, por motivo de conveniência ou oportunidade, respeitados os direitos adquiridos, e ressalvada, em todos os casos, a apreciação judicial"; Art. 53 da Lei 9.784/1999, que regula o processo administrativo: "A Administração deve anular seus próprios atos, quando eivados de vício de legalidade, e pode revogá-los por motivo de conveniência ou oportunidade, respeitados os direitos adquiridos".

[54] O estudo aprofundado da decadência administrativa e da convalidação dos atos ilegais será apresentado nos Capítulos 15, item 15.15, e 16, item 16.8.

[55] O CPC fomenta a consensualidade na resolução dos litígios, como é possível perceber pelo art. 3.º, que dispõe: "Art. 3.º Não se excluirá da apreciação jurisdicional ameaça ou lesão a direito. § 1.º É permitida a arbitragem, na forma da lei. § 2.º O Estado promoverá, sempre que possível, a solução consensual dos conflitos. § 3.º A conciliação,

A participação popular no procedimento administrativo, nessa perspectiva do consensualismo, revela-se um importante instrumento de democratização da Administração Pública, pois permite uma melhor ponderação pelas autoridades administrativas dos interesses dos particulares, identificando, com maior precisão, os problemas e as diferentes consequências possíveis da futura decisão. Ademais, a participação aumenta a probabilidade de aceitação dos destinatários das decisões administrativas, constituindo, por isso, importante fator de legitimidade democrática da atuação da Administração Pública.

Por essa razão, é possível afirmar a existência, hoje, do princípio da consensualidade ou da participação administrativa no âmbito da Administração Pública Democrática e Consensual que substitui o modelo liberal "agressivo" de atuação unilateral da Administração por mecanismos consensuais de satisfação do interesse público e "canais participatórios" que servem para a solução negociada dos conflitos de interesses.[56]

Malgrado a falta de menção expressa do "princípio da participação" no texto constitucional, pode-se apontar como fundamento do referido princípio a própria cláusula do Estado Democrático de Direito, inserida no art. 1.º da CRFB.[57] No âmbito infraconstitucional, diversos diplomas legislativos estabelecem a participação do cidadão na tomada da decisão pública, sendo oportuno mencionar os seguintes exemplos:

a) art. 39 da Lei 8.666/1993 e art. 21 da atual Lei de Licitações: realização de audiência pública nas licitações;[58]

---

a mediação e outros métodos de solução consensual de conflitos deverão ser estimulados por juízes, advogados, defensores públicos e membros do Ministério Público, inclusive no curso do processo judicial." A Lei 13.140/2015, por sua vez, dispõe sobre a mediação entre particulares como meio de solução de controvérsias e sobre a autocomposição de conflitos no âmbito da Administração Pública. Mencione-se, ainda, a Lei 13.988/2020, que estabelece os requisitos e as condições para que a União, as suas autarquias e fundações, e os devedores ou as partes adversas realizem transação resolutiva de litígio relativo à cobrança de créditos da Fazenda Pública, de natureza tributária ou não tributária.

[56] DUARTE, David. *Procedimentalização, participação e fundamentação*: para uma concretização do princípio da imparcialidade administrativa como parâmetro decisório. Coimbra: Almedina, 1996. p. 113; SILVA, Vasco Manuel Pascoal Dias Pereira da. *Em busca do acto administrativo perdido*. Coimbra: Almedina, 2003. p. 40; ESTORNINHO, Maria João. *A fuga para o direito privado*: contributo para o estudo da actividade de direito privado da Administração Pública. Coimbra: Almedina, 1999. p. 44.

[57] Outros dispositivos constitucionais mencionam a participação administrativa, tais como: arts. 5.º, XXXIII; XXXIV, "a"; 10; 31, § 3.º; 37, § 3.º; 74, § 2.º; 194, VII; 198, III; 204, II; 216, § 2.º, da CRFB. No Direito comparado, o princípio da participação administrativa é consagrado expressamente, por exemplo, nas Constituições espanhola (arts. 9.º.2 e 105) e portuguesa (art. 267, I). A Constituição italiana (art. 3.º), por sua vez, estabelece de forma genérica o princípio da participação. Da mesma forma, o tratado que estabelece uma Constituição para a União Europeia, ao lado da democracia representativa, prevê expressamente o objetivo de efetivação do princípio da democracia participativa (art. I-47).

[58] Lei 8.666/1993: "Art. 39. Sempre que o valor estimado para uma licitação ou para um conjunto de licitações simultâneas ou sucessivas for superior a 100 (cem) vezes o limite previsto no art. 23, inciso I, alínea 'c', desta Lei, o processo licitatório será iniciado, obrigatoriamente, com uma audiência pública concedida pela autoridade responsável com antecedência mínima de 15 (quinze) dias úteis da data prevista para a publicação do edital, e divulgada, com a antecedência mínima de 10 (dez) dias úteis de sua realização, pelos mesmos meios previstos para a publicidade da licitação, à qual terão acesso e direito a todas as informações pertinentes e a se manifestar todos os interessados". Lei 14.133/2021: "Art. 21. A Administração poderá convocar, com antecedência mínima de 8 (oito) dias úteis, audiência pública, presencial ou a distância, na forma eletrônica, sobre licitação que pretenda realizar, com disponibilização prévia de informações pertinentes, inclusive de estudo técnico preliminar, elementos do edital de licitação, e com possibilidade de manifestação de todos os interessados".

b)  arts. 31 a 34 da Lei 9.784/1999: admitem a realização de consultas e audiências públicas, bem como outras formas de participação do administrado na tomada de decisões em processos administrativos em geral;
c)  Lei 10.257/2001 (Estatuto da Cidade): consagra diversos instrumentos de participação administrativa, tais como: audiência pública, inclusive na elaboração do Plano Diretor (art. 2.º, XIII; art. 40, § 4.º, I), e a gestão orçamentária participativa como instrumento de política urbana, mediante debates, audiências e consultas públicas (art. 4.º, III, "f", e art. 44);
d)  Lei 11.079/2004 (Parcerias Público-Privadas): consulta pública para análise da minuta do edital de licitação e do contrato de concessão (art. 10, inciso VI);
e)  Agências Reguladoras: as leis que instituíram as denominadas "agências reguladoras" procuram estabelecer instrumentos de participação do cidadão (usuário) na regulação do respectivo setor, como forma de reforçar a legitimação democrática da regulação (art. 4.º, § 3.º, da Lei 9.427/1996 – ANEEL; arts. 3.º, X e XI, e 89, II, da Lei 9.472/1997 – ANATEL; art. 19 da Lei 9.478/1997 – ANP); e
f)  art. 29 da LINDB, inserido pela Lei 13.655/2018: admite a realização de consulta pública para edição de atos normativos, salvo de mera organização interna, em qualquer órgão ou Poder.

A complexidade e a heterogeneidade (pluralismo) das sociedades contemporâneas apontam para a insuficiência das teorias monológicas e elitistas de legitimidade estatal. A redução do processo democrático ao momento das eleições, quando a maioria eventual elege seus governantes por meio do voto, desconsidera o dinamismo social e a opinião dos demais cidadãos, que também serão afetados pelas políticas públicas vindouras.

A pluralidade de visões religiosas e morais, bem como de interesses, eventualmente conflitantes, que devem ser promovidos e protegidos pelo Estado, demonstra a necessidade de justificação das decisões públicas, o que explica a tendência da revalorização da deliberação pública no processo democrático.[59]

No atual estágio de evolução do Direito Público, o Estado deve instaurar procedimentos que permitam a deliberação pública, com a troca racional e motivada de opiniões entre pessoas que possuem visões diversas sobre religião, moral e filosofia. Em vez de imposição da vontade estatal, elaborada por representantes eleitos pela maioria, a democracia deliberativa exige que a decisão pública seja aceita não apenas por aqueles que votaram nos governantes, mas, também, por todos os demais que serão afetados por seus termos. É oportuno ressaltar que a democracia deliberativa não acarreta a extinção ou superação de democracia representativa, que é vista como "um mal necessário", uma vez que os cidadãos não possuem tempo para dedicação total à vida pública, desconsiderando seus interesses privados.[60] A deliberação pública, por essa razão, deve ser a tônica das questões complexas e socialmente relevantes.

---

[59]  NINO, Carlos Santiago. *La constitución de la democracia deliberativa*. Barcelona: Gedisa, 1997. p. 184; SOUZA NETO, Cláudio Pereira de. *Teoria constitucional e democracia deliberativa*. Rio de Janeiro: Renovar, 2006. p. 86.
[60]  NINO, Carlos Santiago. *La constitución de la democracia deliberativa*. Barcelona: Gedisa, 1997. p. 184.

O objetivo primordial do debate público é possibilitar a maior aceitação, pela minoria, das razões expostas pela maioria. A exposição pública das razões, que podem ser criticadas pelos demais participantes do debate, exige do interlocutor maior esforço argumentativo na tarefa de convencimento, conferindo legitimação ao procedimento.

A participação popular em procedimentos administrativos permite a elaboração da decisão pública a partir das necessidades e expectativas da sociedade civil. Com isso, a atuação administrativa torna-se potencialmente mais adequada e legítima, evitando discussões posteriores que tendem a gerar instabilidade social. O próprio Judiciário, eventualmente provocado, deve assumir uma posição de maior deferência à legitimidade reforçada da decisão administrativa, apenas invalidando-a em casos de reconhecida e notória ilegalidade.[61]

É preciso aprimorar, no entanto, a forma de implementação dos instrumentos de participação, especialmente com a adoção de algumas medidas, tais como:

a) maior ênfase na publicidade e na instauração dos canais participatórios (internet e outros meios de divulgação), que não deve ficar restrita à mera publicação no Diário Oficial, pois, embora constitua mecanismo oficial de divulgação dos atos do Poder Público, não é acessado pelo público em geral no dia a dia;

b) apresentação das informações necessárias para compreensão da discussão, com linguagem clara e acessível, especialmente quando envolver questões técnicas;

c) fomento à participação de organizações da sociedade civil que atuam na promoção e na defesa dos interesses envolvidos no debate;

d) fixação de regras procedimentais prévias com prazos razoáveis para manifestação dos interessados, bem como a obrigatoriedade de resposta fundamentada, ainda que padronizada, pela Administração Pública; e

e) viabilização de participação por correspondência e instrumentos eletrônicos, ampliando a participação de interessados.

### 3.2.11 Princípios da segurança jurídica, da confiança legítima e da boa-fé

Os princípios da segurança jurídica, da confiança legítima e da boa-fé guardam importantes semelhanças entre si.

O princípio da segurança jurídica compreende dois sentidos:

a) **objetivo:** estabilização do ordenamento jurídico (certeza do direito), tendo em vista a necessidade de se respeitarem o direito adquirido, o ato jurídico perfeito e a coisa julgada (art. 5.º, XXXVI, da CRFB);

---

[61] Sobre o princípio da participação administrativa, vide: DI PIETRO, Maria Sylvia Zanella. Participação popular na Administração Pública. *RTDP*, v. 1, p. 127-139, 1993; MOREIRA NETO, Diogo de Figueiredo. *Direito da participação política (legislativa, administrativa e judicial)*. Rio de Janeiro: Renovar, 1992; SCHIER, Adriana da Costa Ricardo. *A participação popular na Administração Pública: o direito de reclamação*. Rio de Janeiro: Renovar, 2002; SOARES, Fabiana de Menezes. *Direito administrativo de participação*. Belo Horizonte: Del Rey, 1997; e TÁCITO, Caio. Direito administrativo participativo. *RDA*, v. 209, p. 1-6, 1997; OLIVEIRA, Rafael Carvalho Rezende. *Princípios do direito administrativo*. 2. ed. São Paulo: Método, 2013.

b) **subjetivo:** proteção da confiança das pessoas em relação às expectativas geradas por promessas e atos estatais.[62]

Verifica-se que o princípio da proteção da confiança relaciona-se com o aspecto subjetivo do princípio da segurança jurídica, e a sua importância gerou a necessidade de consagrá-lo como princípio autônomo, dotado de peculiaridades próprias. Enquanto a segurança jurídica possui caráter amplo, sendo aplicável às relações públicas e privadas, a confiança legítima tutela, tão somente, a esfera jurídica do particular, protegendo-o da atuação arbitrária do Estado.[63]

Da mesma forma, existe uma profunda aproximação entre os princípios da boa-fé e da confiança legítima.[64] O princípio da boa-fé tem sido dividido em duas acepções:

a) **objetiva:** diz respeito à lealdade e à lisura da atuação dos particulares; e

b) **subjetiva:** relaciona-se com o caráter psicológico daquele que acreditou atuar em conformidade com o direito.

A caracterização da confiança legítima depende necessariamente da boa-fé do particular, que acreditou nas expectativas geradas pela atuação estatal. Não seria lícito supor que determinado particular, por má-fé, sustente a confiança legítima para obstar a atuação estatal, sob pena de se beneficiar da própria torpeza. Ausente a boa-fé, não há falar em confiança legítima, mas, sim, em "confiança ilegítima".

Não obstante a enorme dificuldade de diferenciação entre os princípios da boa-fé e da confiança legítima, é possível afirmar que a boa-fé deve pautar a atuação do Estado e do particular, e a confiança legítima é instrumento de proteção do administrado.[65]

A noção de proteção da confiança legítima aparece como uma reação à utilização abusiva de normas jurídicas e de atos administrativos que surpreendam bruscamente os seus destinatários. O princípio da confiança legítima nasce e desenvolve-se na Alemanha após a II Guerra Mundial, notadamente a partir da jurisprudência dos tribunais. Atrelado ao princípio da segurança jurídica (*Rechtssicherheit*), o princípio da confiança legítima (*Vertrauensschutz*) foi consagrado inicialmente no célebre caso da "Viúva de Berlim", julgado pelo Superior Tribunal Administrativo de Berlim em 14 de novembro de 1956.[66]

---

[62] Nesse sentido: CANOTILHO, J. J. Gomes. *Direito constitucional e teoria da Constituição*. 7. ed. Coimbra: Almedina, 2003. p. 257; SILVA, Almiro do Couto e. O princípio da segurança jurídica (proteção à confiança) no direito público brasileiro e o direito da Administração Pública de anular seus atos administrativos: o prazo decadencial do art. 54 da Lei do processo administrativo da União (Lei n.º 9.784/1999). *RDA*, n. 237, p. 273-274, jul.-set. 2004; CARVALHO FILHO, José dos Santos. *Manual de direito administrativo*. 22. ed. Rio de Janeiro: Lumen Juris, 2009. p. 34.

[63] COVIELLO, Pedro José Jorge. *La protección de la confianza del administrado*. Buenos Aires: Abeledo-Perrot, 2004. p. 392.

[64] GONZÁLEZ PÉREZ, Jesús. *El principio general de la buena fe en el derecho administrativo*. 4. ed. Madrid: Civitas, 2004. p. 64.

[65] DI PIETRO, Maria Sylvia Zanella. Os princípios da proteção à confiança, da segurança jurídica e da boa-fé na anulação do ato administrativo. *Direito público atual*: estudos em homenagem ao professor Nelson Figueiredo. Belo Horizonte: Fórum, 2008. p. 304.

[66] No referido caso, a viúva de um funcionário alemão, que residia na República Democrática Alemã, mudou-se para Berlim ocidental, depois de ter recebido a informação, por meio de notificação oficial, de que, com a efetivação da referida mudança, receberia pensão do Estado. A pensão, no entanto, foi posteriormente retirada da viúva, sob

O princípio da segurança jurídica, em virtude de sua amplitude, inclui na sua concepção a confiança legítima e a boa-fé, com fundamento constitucional implícito na cláusula do Estado Democrático de Direito (art. 1.º da CRFB) e na proteção do direito adquirido, do ato jurídico perfeito e da coisa julgada (art. 5.º, XXXVI, da CRFB). No âmbito infraconstitucional, o princípio da segurança jurídica é mencionado no art. 2.º da Lei 9.784/1999.[67]

A preocupação com a efetivação da segurança jurídica também é revelada nos seguintes dispositivos da LINDB, inseridos pela Lei 13.655/2018: a) art. 23: necessidade de regime de transição nos casos de interpretação ou orientação nova sobre norma de conteúdo indeterminado, impondo novo dever ou novo condicionamento de direito; b) art. 24: nas esferas administrativa, controladora ou judicial, a revisão de ato, contrato, ajuste, processo ou norma administrativa cuja produção já se houver completado levará em conta as orientações gerais da época, sendo vedado que, com base em mudança posterior de orientação geral, se declarem inválidas situações plenamente constituídas; e c) art. 30: as autoridades públicas devem atuar para aumentar a segurança jurídica na aplicação das normas, inclusive por meio de regulamentos, súmulas administrativas e respostas a consultas que terão caráter vinculante em relação ao órgão ou entidade a que se destinam, até ulterior revisão.

A caracterização da confiança legítima pressupõe o cumprimento dos seguintes requisitos:

a) ato da Administração suficientemente conclusivo para gerar no administrado (afetado) confiança em um dos seguintes casos: confiança do afetado de que a Administração atuou corretamente; confiança do afetado de que a sua conduta é lícita na relação jurídica que mantém com a Administração; ou confiança do afetado de que as suas expectativas são razoáveis;

b) presença de "signos externos", oriundos da atividade administrativa, que, independentemente do caráter vinculante, orientam o cidadão a adotar determinada conduta;

c) ato da Administração que reconhece ou constitui uma situação jurídica individualizada (ou que seja incorporado ao patrimônio jurídico de indivíduos determinados), cuja durabilidade é confiável;

d) causa idônea para provocar a confiança do afetado (a confiança não pode ser gerada por mera negligência, ignorância ou tolerância da Administração); e

e) cumprimento, pelo interessado, dos seus deveres e obrigações no caso.

---

o argumento de que a sua concessão descumpriu as normas vigentes. O Tribunal entendeu que, na hipótese, o princípio da legalidade deveria ceder espaço ao princípio da proteção da confiança legítima e que a viúva deveria continuar recebendo a pensão. Percebe-se que, na origem, o princípio em comento foi utilizado para limitar a anulação dos atos administrativos que criavam benefícios aos particulares ("proteção da confiança *contra legem*"). GARCIA MACHO, Ricardo. Contenido y límites de La confianza legítima: estudio sistemático de la jurisprudencia del Tribunal de Justicia. *REDA*, n. 56, out.-dez. 1987 (versão eletrônica).

[67] No Estado do Rio de Janeiro, o art. 2.º da Lei 5.427/2009, que regula o processo administrativo estadual, consagra expressamente os princípios da segurança jurídica e da confiança legítima.

Os limites à aplicação da confiança legítima são:

a) **não se pode falar em confiança legítima nas hipóteses de má-fé do administrado** (ex.: o administrado não pode prestar informações falsas ou concorrer para prática de ilegalidade, com o intuito de beneficiar a si próprio ou terceiros); e

b) **não pode existir mera expectativa de direito por parte do administrado**, exigindo-se a configuração da expectativa "qualificada", o que depende da presença dos requisitos elencados anteriormente.

Os efeitos extraídos do princípio da proteção da confiança legítima podem ser divididos em dois grupos:

a) **efeitos negativos ou de abstenção:** o Poder Público deve abster-se de adotar atos administrativos restritivos ou ablativos (ex.: limitação do poder de autotutela administrativa; impossibilidade de fixação de sanção administrativa etc.); e

b) **positivos:** o Poder Público tem o dever de editar atos administrativos benéficos que reconheçam ou ampliem os direitos dos administrados (ex.: dever de nomeação em concurso público dos aprovados dentro do número de vagas previsto no edital; dever de conceder autorização para exercício de determinadas atividades quando o beneficiário se encontra na mesma situação fático-jurídica dos demais autorizatários; responsabilidade civil decorrente dos atos editados por agente público de fato putativo; dever de pagamento dos valores decorrentes de contratos administrativos verbais etc.), bem como o dever de ressarcir os administrados que tiveram a confiança violada (ex.: revogação de permissão de uso qualificada ou condicionada, antes do prazo estipulado, acarreta direito à indenização ao permissionário).

Nesse contexto, em ambos os efeitos (negativos e positivos), o princípio da confiança funciona como um mecanismo de redução da discricionariedade do administrador. Em algumas hipóteses, é possível conceber a redução total da discricionariedade ("**redução da discricionariedade a zero**"), quando as diversas possibilidades de escolhas colocadas pela norma, em abstrato, são reduzidas, tendo em vista as condições jurídicas em jogo, de modo a se retirar, na hipótese concreta, a discricionariedade do administrador. Mencione-se, exemplificativamente, a hipótese em que o Poder Público promete deduções fiscais e autorizações de funcionamento para empresas que atuam em determinado segmento empresarial com o objetivo de desenvolver a região. Confiante na promessa sólida do Poder Público, uma empresa faz investimentos importantes na região e requer os benefícios prometidos. Não poderia o Poder Público se negar a conceder tais benefícios, sob o argumento de que desistiu de desenvolver a região, pois tal conduta contraria a confiança legítima.

A proteção da confiança do administrado por meio da exigência de atuação leal e coerente do Estado ocorre, ainda, a partir da **teoria dos atos próprios (*venire contra factum proprium*)**, que é aplicável, modernamente, ao Direito Administrativo.[68] A teoria

---

[68] A teoria dos atos próprios encontra fundamento no princípio da confiança legítima, mas com ela não se confunde: de um lado, a teoria dos atos próprios pressupõe a legalidade do ato anterior vinculante e a prática de atos

dos atos próprios, no campo do Direito Administrativo, tem por objetivo principal evitar atuações contraditórias e desleais nas relações jurídico-administrativas, com violação aos princípios da proteção da confiança legítima e da boa-fé.

A teoria dos atos próprios possui três requisitos:[69]

a) **identidade subjetiva e objetiva:** o ato anterior e o ato posterior emanam da mesma Administração e são produzidos no âmbito da mesma relação jurídica;[70]

b) **a conduta anterior é válida e unívoca:** capaz de gerar a confiança (expectativa legítima) na outra parte da relação jurídica; e

c) **atuação contraditória:** incompatibilidade do ato posterior com o ato anterior.[71]

É possível mencionar alguns exemplos de aplicação da teoria dos atos próprios no Direito Administrativo: nulidade da imposição de multa de trânsito por irregularidade no veículo, constatada em fiscalização realizada pela Secretaria de Trânsito na saída do pátio de DETRAN, logo depois de o veículo ser vistoriado e devidamente licenciado; imposição ao Município de proceder ao loteamento dos imóveis alienados pelo próprio Ente municipal aos particulares, sendo descabida a pretensão de anulação dos contratos de compra e venda.[72]

Registre-se que o princípio da confiança legítima pode ser aplicado à atividade normativa, desde que preenchidos os seguintes requisitos:[73]

---

contraditórios na mesma relação jurídica; de outro lado, a confiança legítima incide nas hipóteses de atos estatais válidos ou inválidos. A teoria dos atos próprios pressupõe, necessariamente, a existência da confiança legítima, mas a recíproca não é verdadeira. O princípio da proteção da confiança legítima tem acepção abrangente que não se restringe à teoria dos atos próprios.

[69] COVIELLO, Pedro José Jorge. *La protección de la confianza del administrado*. Buenos Aires: Abeledo-Perrot, 2004. p. 412; GONZÁLEZ PÉREZ, Jesús. *El principio general de la buena fe en el derecho administrativo*. 4. ed. Madrid: Civitas, 2004., p. 226-244; Héctor Mairal aponta, ainda, um quarto requisito: a inexistência de norma que autorize a atuação contraditória. MAIRAL, Hector A. *La doctrina de los propios actos y La Administración Pública*. Buenos Aires: Depalma, 1988. p. 6-7. Anderson Schreiber aponta quatro requisitos para o *venire contra factum proprium*, a saber: a) um *factum proprium*, isto é, uma conduta inicial; b) a legítima confiança de outrem na conservação do sentido objetivo desta conduta; c) um comportamento contraditório com este sentido objetivo (e, por isto mesmo, violador da confiança); e d) dano, ou, no mínimo, um potencial dano a partir da contradição. SCHREIBER, Anderson. *A proibição de comportamento contraditório*. 3. ed. Rio de Janeiro: Renovar, 2012, p. 132.

[70] Não pode haver contradição entre as atuações de órgãos distintos, integrantes da mesma entidade administrativa. Todavia, a aplicação da teoria em relação aos atos de entidades administrativas distintas, com personalidade jurídica própria, seria, em princípio, vedada, tendo em vista a ausência de relação hierárquica.

[71] Em âmbito federal, compete à AGU "unificar a jurisprudência administrativa, garantir a correta aplicação das leis, prevenir e dirimir as controvérsias entre os órgãos jurídicos da Administração Federal", podendo editar, inclusive, enunciados de súmula administrativa, resultantes de jurisprudência iterativa dos Tribunais (art. 4.º, XI e XII, da LC 73/1993). A Câmara de Mediação e de Conciliação da Administração Pública Federal, órgão integrante da AGU, possui competência, por exemplo, para dirimir, por meio de mediação, as controvérsias (art. 18, III, do Anexo I do Decreto 10.608/2021): a) entre órgãos públicos federais, entre entidades públicas federais ou entre órgão e entidade pública federal; b) que envolvam órgão ou entidade pública federal e Estados, o Distrito Federal ou Municípios ou suas autarquias ou fundações públicas; c) que envolvam órgão ou entidade pública federal e empresa pública ou sociedade de economia mista federal; ou d) que envolvam particular e órgão ou entidade pública federal, nos casos previstos no regulamento de que trata o § 2.º do art. 32 da Lei 13.140/2015.

[72] REsp 141.879/SP, Rel. Min. Ruy Rosado de Aguiar, 4.ª Turma, *DJ* 22.06.1998, p. 90.

[73] BAPTISTA, Patrícia. A tutela da confiança legítima como limite ao exercício do poder normativo da Administração Pública – A proteção às expectativas dos cidadãos como limite à retroatividade normativa. *RDE*, n. 3, p. 167-170, jul.-set. 2006.

a) **demonstração de surpresa do administrado com a mudança súbita e imprevisível do regime normativo** (a confiança não será tutelada em face de normas transitórias, de normas confusas, de normas de duvidosa legalidade ou quando restar demonstrado que o particular tinha conhecimento de que haveria alteração legislativa);

b) **comprovação de prejuízo do administrado com a alteração da norma;**

c) **boa-fé do administrado**, que não deve ter contribuído para edição das novas regras por meio de informações falsas ou incompletas, uma vez ser vedado que se beneficie da sua própria torpeza;

d) **ponderação entre a confiança legítima do administrado e o interesse público que a nova norma pretende concretizar.**

A aplicação do princípio da proteção da confiança legítima aos atos normativos exige a adoção de uma série de providências (normativas ou não) de modo a evitar a imprevisibilidade da alteração legislativa, tais como:

a) **exigência de previsão de um regime de transição entre as normas jurídicas ou da *vacatio legis*;**

b) **divulgação pelo Poder Público da intenção de promover mudanças normativas** (imprensa, audiências públicas ou outros meios disponíveis);

c) **obrigação de respeitar o prazo de vigência fixado na norma;**[74]

d) **preservação da posição jurídica do administrado que confiou na norma anterior;**

e) **indenização:** caso sejam ineficazes a previsão de medidas transitórias e a previsão de termo a ser respeitado, bem como na hipótese de prevalência do interesse público que justifique a mudança normativa, poderá haver dever de indenizar por parte da Administração; e

f) **anulação do regulamento que contraria a confiança legítima de todos os seus destinatários.**

A escolha da melhor solução será feita em cada caso após um juízo de ponderação e com respeito ao princípio da proporcionalidade, o que não impede o estabelecimento de parâmetros preferenciais doutrinários. É razoável afirmar, por exemplo, que a previsão de regras transitórias, a obrigação de respeitar a vigência da norma anterior e o pagamento de indenização preferem, nesta ordem, a preservação da posição jurídica alcançada com apoio na norma revogada.

---

[74] Nesse sentido, o STJ, após afirmar a possibilidade de alteração administrativa das normas de comercialização de bebidas, exigiu que a Administração respeitasse o direito da empresa de comercializar a bebida, com base na norma anterior, até o final do prazo da autorização administrativa. STJ, 1.ª Seção, MS 10.673/DF, Rel. Min. Eliana Calmon, *DJ* 24.10.2005, p. 156.

## 3.3 RESUMO DO CAPÍTULO

| PRINCÍPIOS DO DIREITO ADMINISTRATIVO | | |
|---|---|---|
| Distinção entre princípios e regras | Critérios para distinção entre princípios e regras: **a) critério da abstração:** os princípios possuem grau de abstração maior que as regras, pois os princípios admitem uma série indefinida de aplicações e as regras direcionam-se a situações determinadas; **b) critério da aplicação e do conflito normativo:** os princípios são considerados "mandamentos de otimização", que determinam a realização de algo na maior medida possível dentro das possibilidades jurídicas e fáticas existentes, admitindo aplicação gradativa. Enquanto a colisão entre princípios é resolvida pela ponderação de interesses, no caso concreto, o conflito entre regras é resolvido na dimensão da validade ("tudo ou nada"), ou seja, a regra é válida ou inválida, a partir dos critérios da hierarquia, especialidade e cronológico. | |
| Princípios jurídicos | Condensam os valores fundamentais da ordem jurídica. Irradiam-se sobre todo o sistema jurídico, garantindo-lhe harmonia e coerência. | |
| Classificação | Quanto à amplitude de aplicação no sistema normativo: | a) Princípios fundamentais; b) Princípios gerais; c) Princípios setoriais ou especiais. |
| | Quanto à menção expressa ou implícita nos textos normativos: | a) Princípios expressos; b) Princípios implícitos. |
| Principais princípios de direito administrativo | Art. 37, *caput*, da CRFB. | Legalidade, impessoalidade, moralidade, publicidade e eficiência. |
| | Art. 2.º da Lei 9.784/1999 – Processo Administrativo Federal. | Legalidade, finalidade, motivação, razoabilidade, proporcionalidade, moralidade, ampla defesa, contraditório, segurança jurídica, interesse público e eficiência. |
| | Outros princípios. | Continuidade, autotutela, consensualidade/participação, confiança legítima, boa-fé etc. |

| LEGALIDADE | |
|---|---|
| a) supremacia da lei | A lei prevalece e tem preferência sobre os atos da Administração. |
| b) reserva de lei | O tratamento de certas matérias deve ser formalizado necessariamente pela legislação, excluindo a utilização de outros atos com caráter normativo. |

| IMPESSOALIDADE | |
|---|---|
| a) igualdade (ou isonomia) | A Administração Pública deve dispensar tratamento impessoal e isonômico aos particulares, com o objetivo de atender a finalidade pública, sendo vedada a discriminação odiosa ou desproporcional, salvo o tratamento diferenciado entre pessoas que estão em posição fática de desigualdade, com o objetivo de efetivar a igualdade material. |

## IMPESSOALIDADE

| | |
|---|---|
| b) proibição de promoção pessoal | As realizações públicas não são feitos pessoais dos seus respectivos agentes, mas sim da respectiva entidade administrativa, razão pela qual a publicidade dos atos do Poder Público deve ter caráter educativo, informativo ou de orientação social, "dela não podendo constar nomes, símbolos ou imagens que caracterizem promoção pessoal de autoridades ou servidores públicos" (art. 37, § 1.º, da CRFB). |

## MORALIDADE

| | |
|---|---|
| Noção geral | O princípio da moralidade, inserido no art. 37 da CRFB, exige que a atuação administrativa, além de respeitar a lei, seja ética, leal e séria. Nesse sentido, o art. 2.º, parágrafo único, IV, da Lei 9.784/1999 impõe ao administrador, mormente nos processos administrativos, a "atuação segundo padrões éticos de probidade, decoro e boa-fé". |
| Instrumentos de controle da moralidade administrativa (exemplos) | • ação de improbidade (art. 37, § 4.º, da CRFB e Lei 8.429/1992);<br>• a ação popular (art. 5.º, LXXIII, da CRFB e Lei 4.717/1965);<br>• a ação civil pública (art. 129, III, da CRFB e Lei 7.347/1985);<br>• as hipóteses de inelegibilidade previstas no art. 1.º da LC 64/1990, alterada pela LC 135/2010 ("Lei da Ficha Limpa");<br>• Lei 12.846/2013 (Lei Anticorrupção). |

## PUBLICIDADE

| | |
|---|---|
| Noção geral | Impõe a divulgação e a exteriorização dos atos do Poder Público (art. 37 da CRFB e art. 2.º da Lei 9.784/1999). O direito à informação foi regulamentado pela Lei 12.527/2011 (Lei de Acesso à Informação – LAI). Necessidade de aplicação da Lei 13.709/2018 (Lei Geral de Proteção de Dados – LGPD). |
| Instrumentos jurídicos aptos a exigir a publicidade dos atos do Poder Público (exemplos) | • direito de petição ao Poder Público em defesa de direitos ou contra ilegalidade ou abuso de poder (art. 5.º, XXXIV, "a", da CRFB);<br>• o direito de obter certidões em repartições públicas para defesa de direitos e esclarecimento de situações de interesse pessoal (art. 5.º, XXXIV, "b", da CRFB);<br>• o mandado de segurança individual e coletivo (art. 5.º, LXIX e LXX, da CRFB);<br>• o *habeas data* para conhecimento de informações relativas ao impetrante, constantes de registros ou bancos de dados de entidades governamentais ou de caráter público, bem como para retificação de dados (art. 5.º, LXXII, da CRFB). |

## EFICIÊNCIA

| | |
|---|---|
| Noção geral | Objetivo de substituir a Administração Pública burocrática pela Administração Pública gerencial. A ideia de eficiência está intimamente relacionada com a necessidade de efetivação célere das finalidades públicas elencadas no ordenamento jurídico.<br>A medida administrativa será eficiente quando implementar, com maior intensidade e com os menores custos possíveis, os resultados legitimamente esperados (Administração Pública de Resultados). |

| EFICIÊNCIA | |
|---|---|
| Formas de implementação | a) planejamento: planos de ação, orçamento e prioridades, com destaque para participação da população por meio de audiências e consultas públicas;<br>b) execução: medidas concretas para satisfação dos resultados previamente delimitados;<br>c) controle: os órgãos controladores não devem se restringir à legalidade formal na análise da juridicidade da ação administrativa, devendo levar em consideração os demais princípios e o alcance dos resultados esperados. |

| RAZOABILIDADE E PROPORCIONALIDADE | |
|---|---|
| Razoabilidade | Evolução jurisprudencial da cláusula do devido processo legal, consagrada nas Emendas 5.ª e 14 da Constituição dos Estados Unidos, que deixa de lado o seu caráter apenas procedimental para incluir a versão substantiva. É utilizado como forma de valoração pelo Judiciário da constitucionalidade das leis e dos atos administrativos, consubstanciando um dos mais importantes instrumentos de defesa dos direitos fundamentais. |
| Proporcionalidade | Tem origem remota nas teorias jusnaturalistas dos séculos XVII e XVIII, quando se reconheceu a existência de direitos imanentes ao homem oponíveis ao Estado. Aplicado inicialmente no âmbito do Direito Administrativo, notadamente no "direito de polícia", o referido princípio recebe, na Alemanha, dignidade constitucional, quando a doutrina e a jurisprudência afirmam que a proporcionalidade seria um princípio implícito decorrente do próprio Estado de Direito. |
| Fungibilidade | Prevalece a tese da fungibilidade entre os princípios da razoabilidade e da proporcionalidade, que se relacionam com os ideais igualdade, justiça material e racionalidade. |

| PRINCÍPIO DA PROPORCIONALIDADE – TRÊS SUBPRINCÍPIOS | |
|---|---|
| a) Adequação ou idoneidade | O ato estatal será adequado quando contribuir para a realização do resultado pretendido; |
| b) Necessidade ou exigibilidade | Em razão da proibição do excesso, caso existam duas ou mais medidas adequadas para alcançar os fins perseguidos (interesse público), o Poder Público deve adotar a medida menos gravosa aos direitos fundamentais; |
| c) Proporcionalidade em sentido estrito | Encerra uma típica ponderação, no caso concreto, entre o ônus imposto pela atuação estatal e o benefício por ela produzido (relação de custo e benefício da medida), razão pela qual a restrição ao direito fundamental deve ser justificada pela importância do princípio ou direito fundamental que será efetivado. |

| PRINCÍPIO DA SUPREMACIA DO INTERESSE PÚBLICO SOBRE O INTERESSE PRIVADO (PRINCÍPIO DA FINALIDADE PÚBLICA) | |
|---|---|
| a) interesse público primário | Relaciona-se com a necessidade de satisfação de necessidades coletivas (justiça, segurança e bem-estar) por meio do desempenho de atividades administrativas prestadas à coletividade (serviços públicos, poder de polícia, fomento e intervenção na ordem econômica). |

| PRINCÍPIO DA SUPREMACIA DO INTERESSE PÚBLICO SOBRE O INTERESSE PRIVADO (PRINCÍPIO DA FINALIDADE PÚBLICA) | |
|---|---|
| b) interesse público secundário | É o interesse do próprio Estado, enquanto sujeito de direitos e obrigações, ligando-se fundamentalmente à noção de interesse do erário, implementado por meio de atividades administrativas instrumentais necessárias para o atendimento do interesse público primário, tais como as relacionadas ao orçamento, aos agentes públicos e ao patrimônio público. |
| Debate atual a respeito da subsistência do princípio da supremacia | Não existe um interesse público único, estático e abstrato, mas sim finalidades públicas normativamente elencadas que não estão necessariamente em confronto com os interesses privados, razão pela qual seria mais adequado falar em "princípio da finalidade pública", em vez do tradicional "princípio da supremacia do interesse público". |
| Princípio da continuidade | Está umbilicalmente ligado à prestação de serviços públicos, cuja prestação gera comodidades materiais para as pessoas e não pode ser interrompida, tendo em vista a necessidade permanente de satisfação dos direitos fundamentais. |
| Princípio da autotutela | Significa que a Administração Pública possui o poder-dever de rever os seus próprios atos, seja para anulá-los por vício de legalidade, seja para revogá-los por questões de conveniência e de oportunidade (Súmulas 346 e 473 do STF; art. 53 da Lei 9.784/1999). |
| Princípios da consensualidade e da participação | Substitui o modelo liberal "agressivo" de atuação unilateral da Administração por mecanismos consensuais de satisfação do interesse público e "canais participatórios" que servem para a solução negociada dos conflitos de interesses.<br>Exemplos de mecanismos de participação popular na elaboração de normas e na tomada de decisões administrativas: consultas e audiências públicas.<br>Exemplos de incremento de meios consensuais de atuação administrativa: Câmaras de Conciliação e Arbitragem da Administração, Termo de Ajustamento de Conduta (TAC), Termo de Ajustamento de Gestão (TAG), parcerias público-privadas, acordos de leniência, compromissos, na forma do art. 26 da LINDB, acordo de não persecução cível na ação de improbidade administrativa. |
| Princípio da segurança jurídica | a) **objetivo:** estabilização do ordenamento jurídico (certeza do direito), tendo em vista a necessidade de se respeitarem o direito adquirido, o ato jurídico perfeito e a coisa julgada (art. 5.º, XXXVI, da CRFB);<br>b) **subjetivo:** proteção da confiança das pessoas em relação às expectativas geradas por promessas e atos estatais. |
| Princípio da boa-fé | a) **objetiva:** diz respeito à lealdade e à lisura da atuação dos indivíduos; e<br>b) **subjetiva:** relaciona-se com o caráter psicológico daquele que acreditou atuar em conformidade com o direito.<br>Não obstante a enorme dificuldade de diferenciação entre os princípios da boa-fé e da confiança legítima, é possível afirmar que a **boa-fé** deve pautar a atuação do Estado e do particular, e a **confiança legítima** é instrumento de proteção do administrado. |

| PRINCÍPIO DA SUPREMACIA DO INTERESSE PÚBLICO SOBRE O INTERESSE PRIVADO (PRINCÍPIO DA FINALIDADE PÚBLICA) ||
|---|---|
| Princípio da confiança legítima | Relaciona-se com o aspecto subjetivo do princípio da segurança jurídica, e a sua importância gerou a necessidade de consagrá-lo como princípio autônomo, dotado de peculiaridades próprias. Enquanto a segurança jurídica possui caráter amplo, sendo aplicável às relações públicas e privadas, a confiança legítima tutela, tão somente, a esfera jurídica do particular, protegendo-o da atuação arbitrária do Estado.<br>Depende necessariamente da boa-fé do particular, que acreditou nas expectativas geradas pela atuação estatal.<br>Consagrado no caso da "Viúva de Berlim" (Alemanha). |

# CAPÍTULO 4

# ORGANIZAÇÃO ADMINISTRATIVA: ADMINISTRAÇÃO PÚBLICA, CONCESSÕES E TERCEIRO SETOR

## 4.1 TRANSFORMAÇÕES DO ESTADO E NOVA ORGANIZAÇÃO ADMINISTRATIVA

A organização do Estado tem se tornado cada vez mais complexa, notadamente pela necessidade de atendimento dos interesses heterogêneos encontrados em uma "sociedade do risco", pluralista e organizada em rede.[1] Com a evolução social, surgem novos interesses, que devem ser satisfeitos pelo Estado (finalidade), o que pressupõe, necessariamente, a reformulação e a criação de novos instrumentos administrativos (meios).

Por essa razão, a organização administrativa, na atualidade, deve ser repensada e modernizada, pois ela representa o aparato instrumental para que sejam promovidos os fins estatais. A necessidade de diálogo entre as entidades administrativas e entre estas e os particulares demonstra que a organização estatal concentrada e burocratizada não responde aos anseios da atualidade. Não se concebe mais o Estado como uma organização piramidal, fundada exclusivamente na hierarquia. Em razão da pluralidade da sociedade contemporânea e da aproximação entre o Estado e a sociedade, a organização administra-

---

[1] De acordo com Ulrich Beck, a sociedade industrial, caracterizada pela produção e distribuição de bens entre as classes sociais, é substituída pela sociedade de risco, na qual os riscos são globalizados e independem das diferenças sociais, econômicas e geográficas, bem como o desenvolvimento tecnológico não é capaz de prever as consequências que os diversos riscos (ecológicos, econômicos, nucleares etc.) podem acarretar às pessoas e ao meio ambiente (BECK, Ulrich. *La société du risque*: sur la voie d'une autre modernité. Paris: Flammarion, 2008. Sobre a noção de sociedade de rede, vide: CASTELLS, Manuel. *A sociedade em rede*. Rio de Janeiro: Paz e Terra, 1999).

tiva liberal, marcada pelo unitarismo (centralização) e pela imperatividade, é substituída por uma administração "pluricêntrica" ou "multiorganizativa",[2] caracterizada pela adoção de diversos modelos organizativos e pela busca do consenso.

Do ponto de vista interno, a estrutura estatal deve ser caracterizada por relações de coordenação (e não, necessariamente, subordinação) entre as entidades administrativas e os órgãos públicos, com destaque para os acordos de cooperação, contratos de gestão, entre outros instrumentos, que buscam racionalizar a atuação administrativa com fixação de metas e exigência de resultados.[3]

Por outro lado, na relação com os particulares, é possível perceber uma forte tendência em substituir a administração "autoritária", que impõe a vontade estatal ao cidadão por meio de atos unilaterais, por uma administração "consensual", com legitimidade democrática reforçada, que busca na parceria a legitimidade e a eficiência administrativa.

No Brasil, a reformulação do papel e do tamanho do Estado foi implementada na década de 1990, por meio de alterações legislativas importantes que liberalizaram a economia e efetivaram a desestatização. No âmbito constitucional, as Emendas Constitucionais 06/1995 e 07/1995 abriram a economia para o capital estrangeiro e as Emendas Constitucionais 05/1995, 08/1995 e 09/1995 atenuaram os monopólios estatais. Nesse período, foi instituído o Programa Nacional de Desestatização (PND) pela Lei 8.031/1990, substituída, posteriormente, pela Lei 9.491/1997.

O aparelho estatal foi reduzido e a "Administração Pública burocrática" foi substituída pela "Administração Pública gerencial" a partir da Reforma Administrativa instituída pela EC 19/1998. Enquanto a Administração Pública burocrática se preocupa com os processos, a Administração Pública gerencial é orientada para a obtenção de resultados (eficiência), sendo marcada pela descentralização de atividades e avaliação de desempenho a partir de indicadores definidos em contratos (contrato de gestão ou de desempenho).

No processo de reforma da Administração Pública brasileira, foram definidos os quatro setores do aparelho estatal:[4]

a) **o núcleo estratégico:** responsável pela elaboração das leis, pela definição das políticas públicas e pelo seu respectivo cumprimento (ex.: atividade legislativa, jurisdicional e político-administrativa exercida pela alta cúpula do Executivo);

---

[2] CASSESE, Sabino. *Le Basi del Diritto Amministrativo*. 6. ed. Milão: Garzanti, 2000. p. 189-190. Vital Moreira afirma que a unidade da administração é, hoje, uma ficção, sendo indiscutível a sua natureza "plurimórfica e pluricêntrica", razão pela qual não pode ser mais representada pela imagem tradicional de uma pirâmide, mas sim pela imagem de um "planeta com um conjunto de 'satélites', de tamanho variado e a variáveis distâncias do centro" (VITAL MOREIRA. *Administração autônoma e associações públicas*. Coimbra: Coimbra Editora, 2003. p. 33-34).

[3] Nas palavras de Diogo de Figueiredo Moreira Neto: "está no resultado quiçá o paradigma contemporâneo mais significativo, pois, na prática, é através dele que se pode lograr uma efetiva atuação do amplo sistema de controle posto constitucionalmente à disposição da cidadania: o controle administrativo, o controle de contas, o controle político, o controle social, o controle pela imprensa e, na cúpula, o controle jurisdicional" (MOREIRA NETO, Diogo de Figueiredo. *Quatro paradigmas do direito administrativo pós-moderno*: legitimidade, finalidade, eficiência e resultados. Belo Horizonte: Fórum, 2008. p. 31).

[4] PEREIRA, Luiz Carlos Bresser. Gestão do setor público: estratégia e estrutura para um novo Estado. *Reforma do Estado e Administração Pública Gerencial*. 7. ed. Rio de Janeiro: FGV, 2008. p. 33.

b) **atividades exclusivas:** envolve atividades em que a presença do Estado é fundamental, seja por imposição constitucional, seja pela necessidade do exercício do poder de autoridade (ex.: atividade de polícia, de regulação, serviços públicos etc.);
c) **serviços não exclusivos:** são aqueles prestados para a coletividade e que não exigem o poder de autoridade do Estado, razão pela qual podem ser prestados pelo setor privado e pelo setor "público não estatal" (ex.: saúde, educação etc.); e
d) **setor de produção de bens e serviços para o mercado:** envolve as atividades econômicas lucrativas (ex.: empresas estatais).

A partir do elenco dos quatro setores do aparelho estatal, é possível afirmar que o núcleo estratégico é inerente ao Estado, sendo vedada a sua delegação aos particulares, ainda que seja possível (e recomendável) a participação de cidadãos na elaboração das políticas públicas. As atividades exclusivas, quando não houver a necessidade de exercício do poder de polícia, devem ser delegadas aos particulares, por meio da concessão e permissão de serviços públicos (art. 175 da CRFB). Os serviços não exclusivos, cuja titularidade não é apenas do Estado, devem ser prestados, prioritariamente, por particulares, cabendo ao Estado o exercício da atividade de fomento (a Lei 9.637/1998 e a Lei 9.790/1999 instituíram, respectivamente, o contrato de gestão e o termo de parceria como instrumentos de fomento às atividades sociais). Por fim, a atividade de produção de bens e serviços ao mercado, por ser de natureza privada, em sua essência, deve ser prestada, via de regra, por particulares (princípios da livre-iniciativa e da subsidiariedade), sendo possível a sua prestação pelo Estado, por meio das empresas estatais, quando houver interesse coletivo relevante ou imperativo de segurança nacional (art. 173 da CRFB).

É importante esclarecer que a diminuição do aparelho estatal e a reformulação das atividades que devem ser desenvolvidas pelo Estado não significam um simples retorno ao Estado Liberal clássico e abstencionista, pois, agora, o Estado não abdica da intervenção na área econômica e social. A mudança primordial está justamente na técnica utilizada para essa intervenção, que deixa de ser direta e passa a ser indireta (subsidiariedade), notadamente por meio da regulação (Estado Regulador) e do fomento público.[5]

O Estado Subsidiário atual é caracterizado pela ausência de intervenção direta quando a sociedade for capaz de atender aos interesses sociais. Há uma relativa diminuição do aparelho estatal, como a implementação de novas parcerias com particulares para o desempenho de atividades administrativas.[6] Mencione-se, por exemplo, o Programa de Parcerias de Investimentos – PPI, criado pela Lei 13.334/2016, com o objetivo de ampliar e fortalecer a interação entre o Estado e a iniciativa privada "por meio da celebração de

---

[5] Na visão de Vital Moreira, a evolução na relação entre o Estado e a economia pode ser dividida em três momentos: a) Estado Liberal: o papel econômico do Estado se resumia à "polícia" econômica; b) Estado Social: o Estado era empresário e prestador de serviços públicos; e c) Estado Regulador: a intervenção estatal é efetivada por meio da regulação (VITAL MOREIRA. Serviço público e concorrência. *Os caminhos da privatização da Administração Pública*. Coimbra: Coimbra Editora, 2001. p. 224).

[6] Percebe-se, na atualidade, a crescente utilização de formas e instrumentos privados pelo Estado para o desempenho de atividades administrativas (ESTORNINHO, Maria João. *A fuga para o direito privado*: contributo para o estudo da actividade de direito privado da Administração Pública. Coimbra: Almedina, 1999).

contratos de parceria para a execução de empreendimentos públicos de infraestrutura e de outras medidas de desestatização".[7]

## 4.2 FEDERAÇÃO E O PRINCÍPIO DA SEPARAÇÃO DE PODERES: O EXERCÍCIO DA FUNÇÃO ADMINISTRATIVA

O estudo da organização administrativa depende, necessariamente, da compreensão de dois princípios constitucionais fundamentais: o princípio federativo e o princípio da separação de poderes.

Primeiramente, a adoção da forma federativa do Estado brasileiro significa a existência da descentralização política do poder entre os diferentes níveis de governo. O Estado Federal brasileiro reconhece a existência de três níveis de poder político: federal, estadual e municipal (art. 18 da CRFB). A autonomia dos Entes Federados pressupõe a concentração de três características:

a) auto-organização: os Entes possuem diploma constitutivo e competências legislativas próprias;

b) autogoverno: cada Ente organiza o respectivo governo e elege seus representantes;

c) autoadministração: capacidade de organização e prestação de serviços administrativos, a partir da divisão constitucional, bem como a previsão e receitas tributárias próprias.

É justamente no âmbito da autoadministração que os Entes Federados organizam e prestam, autonomamente ou de forma cooperada, as atividades administrativas. Em consequência, a organização administrativa dos Entes leva em consideração as respectivas atividades, que lhes são atribuídas pela Constituição Ex.: a União possui competência para prestar o transporte rodoviário interestadual e internacional de passageiros (art. 21, XII, "e", da CRFB); os Estados prestam o transporte intermunicipal; e os Municípios, o transporte coletivo intramunicipal (art. 30, V, da CRFB).[8]

Além da forma federativa de Estado, o princípio da separação de poderes, conforme assinalado anteriormente, também é fundamental para a compreensão da organização administrativa.

A separação de funções entre os três Poderes (Judiciário, Legislativo e Executivo) é realizada a partir do critério da preponderância, e não da exclusividade. Ou seja: cada um dos Poderes exerce, de maneira típica, a função que lhe dá o nome, e, de maneira atípica, as

---

[7] De acordo com o art. 1.º, § 2.º, da Lei 13.334/2016, "consideram-se contratos de parceria a concessão comum, a concessão patrocinada, a concessão administrativa, a concessão regida por legislação setorial, a permissão de serviço público, o arrendamento de bem público, a concessão de direito real e os outros negócios público-privados que, em função de seu caráter estratégico e de sua complexidade, especificidade, volume de investimentos, longo prazo, riscos ou incertezas envolvidos, adotem estrutura jurídica semelhante".

[8] O TJRJ reconheceu a ilegitimidade passiva do Município do Rio de Janeiro em ação proposta por doente crônico que, com base na legislação municipal, pretendia obter gratuidade no transporte público intermunicipal, que é da competência do Estado (AP 2008.001.37334, Rel. Des. Wany Couto, 10.ª Câmara Cível, j. 24.09.2008).

funções que são normalmente desempenhadas pelos outros Poderes.[9] Assim, por exemplo, o Judiciário exerce, tipicamente, a atividade jurisdicional, consistente na solução de litígios com força de definitividade. Todavia, o Judiciário, atipicamente, exerce função normativa (ex.: elaboração do Regimento Interno dos tribunais – art. 96, I, "a", da CRFB) e função administrativa (ex.: organização dos seus serviços administrativos internos e concessão de férias aos juízes e serventuários – art. 96, I, "a" e "f", da CRFB). O Legislativo, por sua vez, além da função legislativa típica, com a criação de direitos e obrigações para as pessoas, exerce funções atípicas (ex.: o Senado processa e julga o Presidente da República – art. 52, I, da CRFB, organização dos seus serviços internos – art. 52, XIII, da CRFB). Por fim, o Poder Executivo, tipicamente, desempenha atividades administrativas e, atipicamente, desenvolve atividades normativas (ex.: medidas provisórias – art. 62 da CRFB, leis delegadas – art. 68 da CRFB) e judicantes (ex.: processo disciplinar).

Afirma-se, tradicionalmente (e sem maiores considerações), que ao Poder Judiciário é vedado revogar atos administrativos, por motivos de conveniência e oportunidade, pois a invasão do mérito do ato seria contrária à separação de poderes. Apenas seria admissível, nesse caso, a anulação do ato ilegal. Ocorre que tal assertiva somente será válida se o ato, submetido ao controle judicial, tiver sido editado por outro Poder, já que será possível a revogação, pelo Judiciário, do ato administrativo por ele editado no exercício de sua função administrativa atípica.

Fato é que todos os Poderes exercem, em alguma medida, função administrativa (o Executivo de forma típica e os demais Poderes de forma atípica). A partir da premissa de que o Direito Administrativo tem por objeto o estudo da função administrativa, a organização administrativa é um tema relacionado não apenas ao Poder Executivo, mas, também, aos Poderes Judiciário e Legislativo. Tanto isso é verdade que o art. 37 da CRFB dispõe sobre a Administração Pública Direta e Indireta de "qualquer dos Poderes da União, dos Estados, do Distrito Federal e dos Municípios".

Diversos são os critérios apontados pela doutrina para a caracterização da função administrativa, com destaque para três deles:

a) **subjetivo ou orgânico:** realce do sujeito ou agente da função;
b) **objetivo material:** examina o conteúdo do ato; e
c) **objetivo formal:** explica a função em razão do regime jurídico em que se situa a sua disciplina.

Em verdade, nenhum desses critérios, isoladamente, pode ser considerado suficiente para a identificação da função administrativa.[10] Por essa razão, a doutrina tem utilizado

---

[9] Nas palavras de Miguel Seabra Fagundes: "É de notar, porém, que cada um desses órgãos não exerce, de modo exclusivo, a função que nominalmente lhe corresponde, e sim tem nela a sua competência principal ou predominante" (FAGUNDES, Miguel Seabra. *O controle dos atos administrativos pelo Poder Judiciário*. 7. ed. Rio de Janeiro: Forense, 2006. p. 4).

[10] O critério subjetivo não responde à possibilidade de exercício de função administrativa por agentes públicos do Legislativo e do Judiciário, em razão do critério da preponderância (e não exclusividade) da separação de poderes. O critério material, da mesma forma, também é insuficiente, pois alguns atos, com caráter concreto, não serão, necessariamente, resultado do exercício de atividade administrativa, ainda que o conteúdo seja similar (ex.: a lei de

o critério residual para definir a função administrativa: a função que não representar a criação primária de normas jurídicas (função legislativa), nem a resolução de lides com força de coisa julgada (função judiciária), será considerada, residualmente, função administrativa.[11]

## 4.3 DESCONCENTRAÇÃO E DESCENTRALIZAÇÃO ADMINISTRATIVA

A organização administrativa, tradicionalmente, se efetiva por meio de duas técnicas: a desconcentração e a descentralização.

Na desconcentração, existe uma especialização de funções dentro da sua própria estrutura estatal, sem que isso implique a criação de uma nova pessoa jurídica. Trata-se de distribuição interna de atividades dentro de uma mesma pessoa jurídica. O resultado desse fenômeno é a criação de centros de competências, denominados órgãos públicos, dentro da mesma estrutura hierárquica (ex.: criação de Ministérios, Secretarias etc.).

Por outro lado, a descentralização representa a transferência da atividade administrativa para outra pessoa, física ou jurídica, integrante ou não do aparelho estatal (ex.: descentralização de atividades para entidades da Administração Indireta – autarquias, empresas públicas, sociedades de economia mista e fundações públicas – e para particulares – concessionários e permissionários de serviços públicos).

Parcela da doutrina apresenta três modalidades de descentralização:

a) **territorial ou geográfica:** quando se atribui à entidade local, geograficamente delimitada, personalidade jurídica de direito público, com capacidade administrativa genérica (essa descentralização é, normalmente, encontrada nos Estados Unitários – França, Portugal, Espanha etc. – em que existem as Comunas, Regiões etc. No Brasil, os territórios federais, hoje inexistentes na prática, poderiam ser citados como exemplo);

b) **por serviços, funcional ou técnica:** o Poder Público cria uma pessoa jurídica de direito público ou de direito privado, que recebe a titularidade e a execução de serviços públicos (ex.: autarquias, estatais e fundações); e

c) **por colaboração:** a transferência da execução da atividade ocorre por meio de contrato ou ato administrativo unilateral para pessoa jurídica de direito privado, previamente existente, permanecendo o Poder Público com a titularidade do serviço (ex.: concessão e permissão de serviço público).[12]

---

efeitos concretos, materialmente considerada como ato administrativo, é reputada, sob o ponto de vista formal, uma lei, já que é resultado do processo legislativo). Por fim, o critério formal, em verdade, sequer pode ser considerado como apto para a caracterização da função administrativa, pois se refere à consequência dessa caracterização (ou seja, caso se considere uma função como administrativa, esta será submetida ao regime jurídico administrativo).

[11] Nesse sentido, afirma Diogo de Figueiredo Moreira Neto: "A função administrativa é toda aquela exercida pelo Estado, que não seja destinada à formulação da regra legal nem à expressão da decisão jurisdicional, em seus respectivos sentidos formais" (MOREIRA NETO, Diogo de Figueiredo. Curso de direito administrativo. 14. ed. Rio de Janeiro: Forense, 2006. p. 24). Vide, também: CARVALHO FILHO, José dos Santos. Manual de direito administrativo. 18. ed. Rio de Janeiro: Lumen Juris, 2007. p. 20.

[12] DI PIETRO, Maria Sylvia Zanella. Direito administrativo. 20. ed. São Paulo: Atlas, 2007. p. 381-385.

Outros autores mencionam duas formas de descentralização:

a) **outorga:** a descentralização seria instrumentalizada por meio de lei e a entidade destinatária receberia a titularidade e a execução da atividade descentralizada (ex.: entidades da Administração Indireta); e

b) **delegação:** a formalização da descentralização ocorreria por contrato ou ato administrativo e a pessoa descentralizada receberia apenas a execução da atividade administrativa (ex.: concessionárias de serviços públicos).[13]

A crítica que tem sido atribuída às formas de descentralização refere-se ao critério da transferência ou não da titularidade da atividade administrativa. Isto porque não se pode admitir que o Estado transfira a titularidade que lhe foi atribuída pela Constituição, considerada irrenunciável. Em verdade, a descentralização só pode abranger a execução da atividade. Por essa razão, em qualquer descentralização, operacionalizada por lei ou negócio jurídico, é possível ao Ente Federativo, titular da atividade descentralizada, retomar a sua execução, desde que seja respeitado o princípio da simetria das formas (ex.: a lei pode extinguir uma pessoa administrativa e, com isso, a atividade seria devolvida ao Ente; a extinção do contrato de concessão acarreta a devolução da execução do serviço ao Poder Concedente). Da mesma forma, a responsabilidade subsidiária dos Entes Federados, por danos causados pelas respectivas entidades administrativas, demonstra que a titularidade do serviço permanece com o Ente, pois, caso contrário, não haveria qualquer nexo causal capaz de gerar tal responsabilidade.

Desta forma, afastada a possibilidade de transferência (outorga) da titularidade da atividade administrativa, a descentralização da execução da atividade (delegação) seria de duas formas:

a) **legal:** instrumentalizada pela lei (ex.: entidades da Administração Indireta); ou

b) **negocial:** realizada por negócio jurídico (concessionárias e permissionárias de serviços públicos).[14]

No tocante à organização administrativa, cabe registrar a profunda polêmica em relação à conceituação da expressão "entidades paraestatais", que apresenta sentidos diversos, tais como: sinônimo de autarquias;[15] entidades privadas, integrantes ou não da Administração Pública (empresas públicas, sociedades de economia mista e serviços sociais autônomos);[16] entidades que possuem vínculo institucional com a pessoa federativa, submetidas ao seu respectivo controle (entidades públicas e privadas da Administração Indireta e serviços sociais autônomos);[17] pessoas de direito privado que desempenham atividades não lucrativas de caráter social (serviços sociais autônomos, entidades de apoio,

---

[13] MEIRELLES, Hely Lopes. *Direito administrativo brasileiro*. 22. ed. São Paulo: Malheiros, 1997. p. 308.
[14] Nesse sentido: CARVALHO FILHO, José dos Santos. *Manual de direito administrativo*. 18. ed. Rio de Janeiro: Lumen Juris, 2007. p 306.
[15] CRETELLA JUNIOR, José. *Curso de direito administrativo*. Rio de Janeiro: Forense, 1986. p. 52.
[16] MEIRELLES, Hely Lopes. *Direito administrativo brasileiro*. 22. ed. São Paulo: Malheiros, 1997. p. 62-63.
[17] CARVALHO FILHO, José dos Santos. *Manual de direito administrativo*. 18. ed. Rio de Janeiro: Lumen Juris, 2007. p. 410.

Organizações Sociais e Organizações da Sociedade Civil de Interesse Público).[18] O termo "paraestatal" significa ao lado do Estado, mas em razão da polissemia e da ausência de uniformidade, preferimos não utilizar o termo paraestatal no presente livro.

O estágio atual de evolução do Estado demonstra que as tradicionais técnicas de organização estatal não correspondem, com exatidão, à complexidade e à diversidade de instrumentos jurídicos capazes de atender o interesse público. Mencionem-se, por exemplo, as novas parcerias entre o Estado e a sociedade civil, sem fins lucrativos, que não representam, a rigor, verdadeira descentralização de serviços, ainda que seja possível a utilização da expressão "descentralização social".[19] No âmbito do Terceiro Setor, o Estado, sem delegar, propriamente, a atividade social (ex.: educação, saúde etc.), que já é desenvolvida autonomamente por fundação privada ou associação civil, formaliza parceria (ou atos de reconhecimento) para criar condições favoráveis ao alcance de metas socialmente adequadas.

### 4.4 A ORGANIZAÇÃO ADMINISTRATIVA EM SETORES: 1.º SETOR (ESTADO), 2.º SETOR (MERCADO) E 3.º SETOR (SOCIEDADE CIVIL)

Em razão das limitações das técnicas organizacionais tradicionais (desconcentração e descentralização) e das novas parcerias entre o Estado e os particulares para satisfação do interesse público, é possível analisar a organização administrativa a partir dos diversos sujeitos que atuam como protagonistas na execução de serviços públicos e de atividades privadas de relevância pública.

Dessa forma, é possível estabelecer uma organização administrativa dividida em três setores,[20] que são responsáveis pelo atendimento do interesse público e que sofrem a incidência, em maior ou menor medida, do Direito Administrativo:

**1.º Setor:** Estado (Administração Pública Direta e Administração Pública Indireta);

**2.º Setor:** mercado (concessionárias e permissionárias de serviços públicos);

**3.º Setor:** sociedade civil (Serviços Sociais Autônomos – Sistema "S", Organizações Sociais – "OS", Organizações da Sociedade Civil de Interesse Público – "OSCIPs", Organizações da Sociedade Civil – "OSCs" etc.).

---

[18] DI PIETRO, Maria Sylvia Zanella. *Direito administrativo*. 20. ed. São Paulo: Atlas, 2007. p. 456.

[19] MOREIRA NETO, Diogo de Figueiredo. *Curso de direito administrativo*. 14. ed. Rio de Janeiro: Forense, 2006. p. 123. Nas palavras do autor, a descentralização social "consiste em aliviar do Estado a execução direta ou indireta de atividades de relevância coletiva que possam ser convenientemente cometidas por credenciamentos ou reconhecimentos a unidades sociais personalizadas".

[20] Essa divisão em três setores é citada por: OLIVEIRA, Rafael Carvalho Rezende. *Administração Pública, concessões e terceiro setor*. 2. ed. Rio de Janeiro: Lumen Juris, 2011; JUSTEN FILHO, Marçal. *Curso de direito administrativo*. São Paulo: Saraiva, 2006. p. 137; DI PIETRO, Maria Sylvia Zanella. *Direito administrativo*. 20. ed. São Paulo: Atlas, 2007. p. 456-457. Diogo de Figueiredo Moreira Neto, por sua vez, classifica, a partir do critério funcional, os entes administrativos da seguinte forma: a) entes administrativos estatais: "são pessoas jurídicas de direito público, às quais a lei outorga o desempenho de funções administrativas"; b) entes administrativos paraestatais: "são pessoas jurídicas de direito privado, cuja criação foi por lei autorizada, e dele receba delegação para o desempenho de funções administrativas"; c) entes administrativos extraestatais: "são pessoas jurídicas de direito privado, que se associam ao Estado para o desempenho de funções administrativas ou de simples atividades de interesse público, através de vínculos administrativos unilaterais ou bilaterais" (MOREIRA NETO, Diogo de Figueiredo. *Curso de direito administrativo*. 14. ed. Rio de Janeiro: Forense, 2006. p. 243).

Independentemente da nomenclatura adotada pelos autores que tratam do tema, a organização administrativa moderna envolve o estudo da Administração Pública, dos concessionários de serviços públicos e do Terceiro Setor.

## 4.5 ADMINISTRAÇÃO PÚBLICA E SEUS SENTIDOS: SUBJETIVO E OBJETIVO

A expressão "Administração Pública" pode ser empregada em dois sentidos diversos:

a) **sentido subjetivo, formal ou orgânico (Administração Pública):** são as pessoas jurídicas, os órgãos e os agentes públicos que exercem atividades administrativas (ex.: órgãos públicos, autarquias, empresas públicas, sociedades de economia mista e fundações estatais); e

b) **sentido objetivo, material ou funcional (Administração Pública):** é a própria função ou atividade administrativa (ex.: poder de polícia, serviços públicos, fomento e intervenção do Estado no domínio econômico).[21]

No presente capítulo, o foco é o estudo da Administração Pública em seu sentido orgânico que pode ser dividida em duas categorias:

a) **Administração Pública Direta (Entes Federados);** e
b) **Administração Pública Indireta (entidades administrativas).**

## 4.6 ADMINISTRAÇÃO PÚBLICA E GOVERNO

A doutrina, tradicionalmente, tem procurado estabelecer distinções entre a Administração (composta por agentes administrativos, responsáveis pela função administrativa) e o Governo (formada por agentes políticos que desempenham função política).[22] No âmbito da Administração, as atividades desenvolvidas resultariam nos atos administrativos; no governo, os atos editados seriam atos governamentais com características próprias.

Resumidamente, a Administração possui as seguintes características:

a) compreende os agentes, os órgãos e as entidades que integram a estrutura administrativa;

b) exercício de poderes administrativos (polícia, hierárquico, disciplinar, normativo);

c) estudada pelo Direito Administrativo;

d) todos os "Poderes" exercem função administrativa (função típica do Executivo e funções atípicas do Legislativo e Judiciário).

---

[21] DI PIETRO, Maria Sylvia Zanella. *Direito administrativo*. 20. ed. São Paulo: Atlas, 2007. p. 45; CARVALHO FILHO, José dos Santos. *Manual de direito administrativo*. 24. ed. Rio de Janeiro: Lumen Juris, 2011. p. 10.

[22] MEIRELLES, Hely Lopes. *Direito administrativo brasileiro*. 22. ed. São Paulo: Malheiros, 1997. p. 60-62; DI PIETRO, Maria Sylvia Zanella. *Direito administrativo*. 20. ed. São Paulo: Atlas, 2007. p. 46-49.

Por outro lado, o Governo apresenta características próprias, tais como:

a) compreende os agentes, os órgãos e as entidades que integram a estrutura constitucional do Estado (Poder Executivo, preponderantemente, e o Poder Legislativo);
b) investido de poder político (diretrizes para atuação estatal);
c) é matéria do Direito Constitucional;
d) titularidade preponderante do Executivo, mas também do Legislativo.

Os atos de governo (políticos) seriam provenientes de autoridades do alto escalão do Poder Executivo (Presidente, Governador e Prefeito) e versariam, predominantemente, sobre o relacionamento com outros Poderes (âmbito interno) ou com outros países (âmbito externo). Ex.: apresentação ou retirada de projeto de lei pelo Chefe do Executivo; sanção, promulgação e publicação de leis; veto a projetos de lei; declaração de guerra etc.

Ainda que se possa perceber, em algumas situações, a distinção entre atividades administrativas (prestação de serviços públicos etc.) e atividades de governo (decisões políticas fundamentais na alocação de recursos orçamentários, no planejamento das políticas públicas, nas relações internacionais etc.), fato é que não existe uma fronteira rígida entre essas duas funções.[23] A distinção geralmente é utilizada com o intuito de afastar os atos políticos do controle judicial, o que, atualmente, deve ser refutado ou, ao menos, relativizado, pois nenhum ato jurídico (político ou administrativo) pode escapar, em princípio, do controle judicial, em razão do (art. 5.º, XXXV, da CRFB), o que pode ser demonstrado, por exemplo, pelo fenômeno da judicialização das políticas públicas.

## 4.7 ADMINISTRAÇÃO PÚBLICA DIRETA E INDIRETA

A Administração Pública, em seu sentido subjetivo, conforme já demonstrado, engloba todas as pessoas jurídicas e seus respectivos órgãos que executam atividades administrativas.

O direito positivo consagrou a distinção entre a Administração Pública Direta e Indireta (art. 37, *caput*, da CRFB e art. 4.º do DL 200/1967).

A Administração Direta compreende os Entes federativos (União, Estados, DF e Municípios) e seus respectivos órgãos. Nesse caso, o Ente atua por meio de seus órgãos e de maneira centralizada. Os órgãos estatais, fruto da desconcentração interna de funções administrativas, serão os instrumentos dessa atuação.

Por outro lado, a Administração Pública Indireta compreende as entidades administrativas que exercem funções administrativas, a partir da descentralização legal, e que estão vinculadas ao respectivo Ente federativo. Na forma do art. 37, XIX, da CRFB e do art. 4.º, II, do DL 200/1967, são entidades integrantes da Administração Pública Indireta:

---

[23] Na lição de Odete Medauar, "na prática da atuação do Executivo ocorre, em geral, um emaranhado de governo e administração, o que, segundo alguns, permite evitar um governo puramente político e uma Administração puramente burocrática" (MEDAUAR, Odete. *Direito administrativo moderno*. 10. ed. São Paulo: RT, 2006. p. 47).

a) as autarquias;
b) as empresas públicas (e suas subsidiárias);
c) as sociedades de economia mista (e suas subsidiárias); e
d) as fundações públicas (estatais) de direito público e de direito privado.[24]

## 4.8 ENTIDADES DA ADMINISTRAÇÃO PÚBLICA INDIRETA

A Administração Pública Indireta é composta por entidades administrativas, criadas por descentralização legal e vinculadas ao respectivo Ente federado. São entidades da Administração Indireta: **autarquias, empresas públicas, sociedades de economia mista** e **fundações públicas (estatais)**. Esse rol encontra-se previsto no art. 37, XIX, da CRFB e no art. 4.º, II, do DL 200/1967. Neste rol, podem ser incluídas, ainda, as **subsidiárias das empresas estatais** e as **empresas privadas controladas pelo Estado**.

Cada Ente federado possui autonomia para tratar da sua respectiva Administração Pública Indireta, desde que respeitados os limites impostos pela Constituição. Em âmbito federal, por exemplo, o DL 200/1967 dispõe sobre a organização da Administração Pública federal.

Registre-se que o rol constitucional e legal da Administração Indireta é imperfeito, pois, se a expressão pretende abranger todas as pessoas que prestam serviços públicos descentralizados, deveria ela compreender as concessionárias e as permissionárias de serviços públicos. Da mesma forma, seria inadequada a inclusão, nessa categoria, das empresas públicas e sociedades de economia mista que exercem atividades econômicas, uma vez que tais atividades não seriam fruto de descentralização administrativa.[25]

Há controvérsia doutrinária sobre o elenco das entidades da Administração Indireta após o advento da Lei 11.107/2005, que regulamenta os consórcios públicos (gestão associada de serviços entre os Entes federados) e exige a sua personalização (pessoa de direito público – associação pública – ou pessoa de direito privado). De acordo com parcela da doutrina, esses consórcios personalizados seriam novas entidades da Administração Indireta distintas das entidades administrativas tradicionais.[26] Entendemos que, apesar das imperfeições do legislador, a expressão "Administração Pública Indireta" foi consagrada na Constituição e na legislação infraconstitucional para englobar apenas as autarquias, as empresas públicas, as sociedades de economia mista e as fundações públicas. As pessoas jurídicas instituídas no âmbito dos consórcios públicos inserem-se na Administração In-

---

[24] Registre-se que o art. 37 da CRFB, em sua redação original, também fez alusão à "Administração fundacional", mas isso não poderia significar uma terceira categoria autônoma de Administração, ao lado da Direta e Indireta. Isto porque as fundações públicas atuam de forma descentralizada, sem qualquer diferença substancial em relação à descentralização administrativa encontrada nas demais entidades administrativas. Em consequência, a Administração Pública seria dividida em Direta e Indireta, sendo inseridas nessa última categoria as fundações públicas. Com a nova redação do art. 37 da CRFB, a partir da EC 19/1998, foi retirada a expressão "fundacional", o que parece corroborar a ideia aqui defendida.

[25] Em sentido semelhante, vide: DI PIETRO, Maria Sylvia Zanella. *Direito administrativo*. 20. ed. São Paulo: Atlas, 2007. p. 388; CARVALHO FILHO, José dos Santos. *Manual de direito administrativo*. 18. ed. Rio de Janeiro: Lumen Juris, 2007. p. 408.

[26] DI PIETRO, Maria Sylvia Zanella. *Direito administrativo*. 20. ed. São Paulo: Atlas, 2007. p. 392; JUSTEN FILHO, Marçal. *Curso de direito administrativo*. São Paulo: Saraiva, 2006. p. 116.

direta, mas não representam novas entidades administrativas, e sim espécies de entidades já conhecidas. Conforme será aprofundado no momento oportuno, as pessoas jurídicas, públicas (associações públicas) e privadas, criadas no âmbito dos consórcios públicos, não representam, verdadeiramente, novas entidades administrativas: a associação pública, por suas características, possui natureza jurídica autárquica e a pessoa privada pode ser considerada como espécie de fundação pública de direito privado ou de empresa pública prestadora de serviços públicos.

As entidades da Administração Pública Indireta estão vinculadas, geralmente, ao Poder Executivo, tendo em vista que esse Poder exerce, tipicamente, funções administrativas. É possível, todavia, a criação de entidades administrativas no âmbito do Poder Judiciário e do Poder Legislativo, quando houver necessidade de desempenho, atípico, de atividades administrativas por meio da descentralização legal. Por esta razão, o art. 37 da CRFB dispõe sobre a "administração pública direta e indireta de qualquer dos Poderes da União, dos Estados, do Distrito Federal e dos Municípios". É de notar que também é possível a criação de entidades administrativas vinculadas aos órgãos constitucionais de cúpula, que não se encontram subordinados a nenhum outro órgão e possuem importante independência, como ocorre, por exemplo, no Ministério Público e no Tribunal de Contas.

## 4.9 CARACTERÍSTICAS COMUNS DAS ENTIDADES ADMINISTRATIVAS

As entidades da Administração Pública Indireta têm, normalmente, característica e finalidades próprias, razão pela qual é possível afirmar que cada uma delas tem uma vocação específica.[27]

É possível asseverar, genericamente, que as autarquias exercem poder de autoridade, as estatais prestam serviços públicos econômicos ou desempenham atividades econômicas e as fundações públicas prestam atividades sociais.

Isso não impede, todavia, a existência de diversas características comuns entre essas entidades. As entidades administrativas, por exemplo, possuem personalidade jurídica própria, com poder de autoadministração, e se submetem aos princípios do planejamento, coordenação, descentralização, delegação de competência e controle (art. 6.º do DL 200/1967).

Do rol de características comuns é possível destacar dois princípios de suma importância: princípio da reserva legal e princípio do controle.

### 4.9.1 Reserva legal

O princípio da reserva legal deve ser observado na instituição das entidades administrativas, pois o art. 37, XIX, da CRFB exige lei específica para criação ou para autorizar a criação dessas entidades.[28] A lei, no caso, será de iniciativa privativa do chefe do Poder Executivo, na forma do art. 61, § 1.º, II, "b" e "e", da CRFB.

---

[27] SOUTO, Marcos Juruena Villela. *Direito administrativo empresarial*. Rio de Janeiro: Lumen Juris, 2006. p. 2.
[28] "Art. 37. [...]. [...] XIX – somente por lei específica poderá ser criada autarquia e autorizada a instituição de empresa pública, de sociedade de economia mista e de fundação, cabendo à lei complementar, neste último caso, definir as áreas de sua atuação."

Enquanto as pessoas jurídicas de direito público (autarquias e fundações públicas de direito público) são instituídas diretamente pela lei, as pessoas jurídicas de direito privado (empresas públicas, sociedades de economia mista e fundações públicas de direito privado) são criadas, após autorização legal, por meio do registro dos respectivos atos constitutivos, como se exige para as pessoas jurídicas privadas em geral (art. 45 do CC).

Ressalte-se que a exigência de lei para a instituição de entidades administrativas se aplica, inclusive, às subsidiárias, por força do art. 37, XX, da CRFB.[29] Todavia, aqui, não é necessária lei específica para a instituição de cada subsidiária, bastando a autorização genérica, contida na lei que autorizou a instituição das estatais, conforme já decidiu o STF.[30]

Em razão do princípio da reserva legal, as entidades administrativas só podem desempenhar as atividades que estiverem, especialmente, previstas na respectiva lei de criação ou autorizativa. A atuação administrativa em desconformidade com os limites e com as possibilidades legais deve ser considerada inválida.

Outra ressalva importante deve ser feita à interpretação do art. 37, XIX, da CRFB, dado que a referida norma exige lei específica (ordinária) para instituir ou para autorizar a instituição das entidades administrativas e, ao final, remete à lei complementar a tarefa de definir, "neste último caso", as áreas de sua atuação. A ausência de clareza da redação gera discussão doutrinária: a dúvida consiste em saber se a expressão "neste último caso" se refere apenas às fundações públicas ou se engloba também as empresas estatais.

O entendimento majoritário é no sentido de que a referida expressão se relaciona apenas com as fundações públicas, de modo que a lei complementar será necessária para definir as áreas de atuação dessas entidades administrativas. No tocante às empresas estatais, exploradoras de atividades econômicas, o art. 173, § 1.º, da CRFB remete à lei ordinária a disciplina do seu regime jurídico.[31]

### 4.9.2 Controle ou vinculação

O princípio do controle significa que as entidades administrativas, a despeito da sua autonomia, encontram-se vinculadas ao Ente federativo respectivo.

Aliás, não se poderia admitir que o Estado instituísse uma entidade administrativa que escapasse, por completo, de alguma forma de controle. O art. 84, II, da CRFB dispõe que o Presidente da República exerce, "com o auxílio dos Ministros de Estado, a direção superior da administração federal". Por simetria, essa norma se aplica a todos os demais

---

[29] "Art. 37. [...]. XX – depende de autorização legislativa, em cada caso, a criação de subsidiárias das entidades mencionadas no inciso anterior, assim como a participação de qualquer delas em empresa privada."
[30] STF, Tribunal Pleno, ADIn 1649-DF, Min. Rel. Maurício Corrêa, *DJ* 28.05.2004, p. 3. Consta da ementa o seguinte trecho: "É dispensável a autorização legislativa para a criação de empresas subsidiárias, desde que haja previsão para esse fim na própria lei que instituiu a empresa de economia mista matriz, tendo em vista que a lei criadora é a própria medida autorizadora. Ação direta de inconstitucionalidade julgada improcedente".
[31] Nesse sentido: CARVALHO FILHO, José dos Santos. *Manual de direito administrativo.* 18. ed. Rio de Janeiro: Lumen Juris, 2007. p. 411; MODESTO, Paulo. As fundações estatais de direito privado e o debate sobre a nova estrutura orgânica da Administração Pública. *Revista Eletrônica sobre a Reforma do Estado*, Salvador, IBDP, n. 14, p. 6, jun.--jul.-ago. 2008. No sentido contrário, entendendo que a lei complementar é exigida para disciplinar a atuação das estatais: SOUTO, Marcos Juruena Villela. *Direito administrativo empresarial.* Rio de Janeiro: Lumen Juris, 2006. p. 4-5.

Chefes do Executivo. Em âmbito federal, o controle é exercido, em regra, pelos Ministérios (supervisão ministerial), em razão do art. 4.º, parágrafo único, do DL 200/1967.

O controle exercido em relação às entidades administrativas pode ser dividido, resumidamente, em quatro espécies:

a) **controle político:** os dirigentes das entidades administrativas são escolhidos e nomeados, livremente, pela autoridade competente da Administração Direta. Por outro lado, a exoneração desses dirigentes é *ad nutum*, ou seja, não depende de motivação. É claro que existem casos em que a legislação exige procedimento diferenciado para nomeação e para a exoneração de dirigentes, diminuindo a interferência política sobre a entidade, como ocorre, por exemplo, nas agências reguladoras;

b) **controle administrativo e finalístico:** as entidades administrativas devem atender as finalidades que justificaram a sua instituição e que constam da respectiva legislação. Esse controle leva em consideração o atendimento correto das finalidades contempladas na legislação e não deve se referir às atividades rotineiras das entidades. Normalmente, esse controle é exercido por meio do recurso hierárquico impróprio, na forma da lei;

c) **controle financeiro:** as contas das entidades administrativas serão controladas pelos órgãos competentes, notadamente o respectivo Tribunal de Contas;

d) **controle jurídico:** o órgão da advocacia pública (AGU, PGE e PGM), que exerce função essencial à Justiça (arts. 131 e 132 da CRFB), é responsável pelo controle jurídico do respectivo Ente federativo e suas entidades da Administração Pública Indireta que é implementado por meio de atuação consultiva e de representação judicial das referidas pessoas jurídicas, garantindo, inclusive, a coerência na ação estatal. De acordo com o STF: a) é constitucional a instituição de órgãos especiais para assessoramento jurídico do Poder Legislativo ou do Poder Judiciário estaduais, admitindo-se a representação judicial extraordinária apenas nos casos em que o respectivo Poder estadual precise defender em juízo, em nome próprio, sua autonomia, prerrogativas e independência em face dos demais Poderes;[32] e b) os mencionados órgãos da advocacia pública (AGU, PGE e PGM) não teriam atribuições em relação às respectivas empresas públicas e sociedades de economia mista que devem contar com corpo próprio de advogados.[33]

---

[32] STF, ADI 6.433/PR, Rel. Min. Gilmar Mendes, DJe 25.05.2023, *Informativo de Jurisprudência do STF* n. 1.089.

[33] STF, ADI 3.536/SC, Rel. Min. Alexandre de Moraes, j. 02.10.2019, *Informativo de Jurisprudência do STF* n. 954. Diogo de Figueiredo Moreira Neto, ao tratar do "controle em juízo", destaca a necessidade de criação de um sistema de controle jurídico único, sob a direção de um órgão central de advocacia de Estado, que englobará todas as entidades administrativas e atuará preventivamente (MOREIRA NETO, Diogo de Figueiredo. *Curso de direito administrativo*. 14. ed. Rio de Janeiro: Forense, 2006. p. 259). Sobre o papel da advocacia pública, vide: OLIVEIRA, Rafael Carvalho Rezende. O papel da advocacia pública no dever de coerência na Administração Pública. *Revista Estudos Institucionais*, v. 5, n. 2, p. 382-400, maio/ago. 2019.

Não se deve confundir a **vinculação (controle ou tutela)** entre as entidades administrativas e o Ente central com a **subordinação (hierarquia)**, pois a subordinação (hierarquia) existe apenas entre órgãos de uma mesma pessoa jurídica. Por isso, a hierarquia existe em toda e qualquer desconcentração administrativa, seja entre órgãos da Administração Direta, seja no interior de determinada entidade da Administração Indireta.

Entre pessoas jurídicas distintas, no entanto, em razão da autonomia dessas entidades, não existe hierarquia, mas somente os controles previstos expressamente na legislação. Em consequência, não existe hierarquia na descentralização administrativa, mas apenas instrumentos de vinculação (controle ou tutela).

A tutela e a hierarquia, espécies de controles administrativos, possuem três diferenças básicas:

a) a tutela não se presume (depende de previsão legal); a hierarquia é inerente à organização interna dos Entes federados e entidades administrativas (não depende de previsão legal);

b) a tutela pressupõe a existência de duas pessoas jurídicas, onde uma exerce o controle sobre a outra (fruto da descentralização administrativa); a hierarquia existe no interior de uma mesma pessoa (relaciona-se com a ideia de desconcentração); e

c) a tutela é condicionada pela lei, só admitindo os instrumentos de controle expressamente previstos em lei; a hierarquia é incondicionada, sendo-lhe inerente uma série de poderes administrativos (ex.: dar ordens, rever os atos dos subordinados, avocar ou delegar atribuições).[34]

Em razão disso, os recursos administrativos interpostos contra decisões de entidades administrativas e dirigidos ao Ente federativo respectivo (ou Ministério) são denominados "recursos hierárquicos impróprios". Não há, propriamente, hierarquia entre pessoas distintas, mas apenas relação de vinculação (controle ou tutela). Como a tutela não se presume (*nulla tutela sine lege*), o recurso hierárquico impróprio é medida excepcional e depende, necessariamente, de previsão legal expressa.[35]

## 4.10 RESUMO DO CAPÍTULO

**ORGANIZAÇÃO ADMINISTRATIVA:
ADMINISTRAÇÃO PÚBLICA, CONCESSÕES E TERCEIRO SETOR**

| **Transformações do Estado e nova organização administrativa** | Quatro setores do aparelho estatal (reforma da Administração Pública brasileira) | – núcleo estratégico;<br>– atividades exclusivas;<br>– serviços não exclusivos;<br>– setor de produção de bens e serviços para o mercado. |
|---|---|---|

---

[34] Nesse sentido: DI PIETRO, Maria Sylvia Zanella. *Direito administrativo*. 20. ed. São Paulo: Atlas, 2007. p. 452; MEDAUAR, Odete. *Direito administrativo moderno*. 10. ed. São Paulo: RT, 2006. p. 59-60.

[35] Nesse sentido: MOREIRA NETO, Diogo de Figueiredo. *Curso de direito administrativo*. 14. ed. Rio de Janeiro: Forense, 2006. p. 259; DI PIETRO, Maria Sylvia Zanella. *Direito administrativo*. 20. ed. São Paulo: Atlas, 2007. p. 454. A discussão atual sobre a possibilidade do recurso hierárquico impróprio no campo das agências reguladoras, notadamente em virtude do Parecer AC-051 da AGU, será analisada adiante.

| | |
|---|---|
| Federação e o princípio da separação de poderes: o exercício da função administrativa | **Princípio federativo:** a autonomia dos Entes Federados pressupõe a concentração de três características:<br>a) auto-organização: os Entes possuem diploma constitutivo e competências legislativas próprias;<br>b) autogoverno: cada Ente organiza o respectivo governo e elege seus representantes;<br>c) autoadministração: capacidade de organização e prestação de serviços administrativos, a partir da divisão constitucional, bem como a previsão e receitas tributárias próprias.<br>**Princípio da separação de poderes:** todos os Poderes exercem, em alguma medida, função administrativa (o Executivo de forma típica e os demais Poderes de forma atípica).<br>Alguns critérios tradicionais para a caracterização da função administrativa:<br>**a) subjetivo ou orgânico:** realce do sujeito ou agente da função; **b) objetivo material:** examina o conteúdo do ato; e **c) objetivo formal:** explica a função em razão do regime jurídico em que se situa a sua disciplina.<br>A doutrina tem utilizado o critério residual para definir a função administrativa: a função que não representar a criação primária de normas jurídicas (função legislativa), nem a resolução de lides com força de coisa julgada (função judiciária), será considerada, residualmente, função administrativa. |
| Desconcentração e descentralização administrativa | **Desconcentração:** distribuição interna de atividades dentro de uma mesma pessoa jurídica. O resultado desse fenômeno é a criação de centros de competências, denominados órgãos públicos, dentro da mesma estrutura hierárquica.<br>**Descentralização:** representa a transferência da atividade administrativa para outra pessoa, física ou jurídica, integrante ou não do aparelho estatal. |
| Organização administrativa em setores | **1.º Setor:** Estado (Administração Pública Direta e Administração Pública Indireta);<br>**2.º Setor:** mercado (concessionárias e permissionárias de serviços públicos);<br>**3.º Setor:** sociedade civil (Sistema "S", "OS", "OSCIPs", "OSCs" etc.). |
| Administração pública e seus sentidos: subjetivo e objetivo | **Sentido subjetivo, formal ou orgânico (Administração Pública):** pessoas jurídicas, os órgãos e os agentes públicos que exercem atividades administrativas; <br>a) Administração Pública Direta (Entes Federados); e<br>b) Administração Pública Indireta (entidades administrativas). |
| | **Sentido objetivo, material ou funcional (administração pública):** é a própria função ou atividade administrativa. |
| Administração pública e Governo | **Características da Administração:**<br>a) compreende os agentes, os órgãos e as entidades que integram a estrutura administrativa;<br>b) exercício de poderes administrativos (polícia, hierárquico, disciplinar, normativo);<br>c) estudada pelo Direito Administrativo;<br>d) todos os "Poderes" exercem função administrativa (função típica do Executivo e funções atípicas do Legislativo e Judiciário). |

| | |
|---|---|
| **Administração pública e Governo** | **Características do Governo:**<br>a) compreende os agentes, os órgãos e as entidades que integram a estrutura constitucional do Estado (Poder Executivo, preponderantemente, e o Poder Legislativo);<br>b) investido de poder político (diretrizes para a atuação estatal);<br>c) é matéria do Direito Constitucional;<br>d) titularidade preponderante do Executivo, mas também do Legislativo. |
| **Administração pública direta e indireta** | **Administração Pública Direta:** compreende os Entes federativos (União, Estados, DF e Municípios) e seus respectivos órgãos. Nesse caso, o Ente atua por meio de seus órgãos e de maneira centralizada.<br><br>**Administração Pública Indireta:** compreende as entidades administrativas que exercem funções administrativas, a partir da descentralização legal, e que estão vinculadas ao respectivo Ente federativo. São **entidades integrantes**: a) as autarquias; b) as empresas públicas (e suas subsidiárias); c) as sociedades de economia mista (e suas subsidiárias); e d) as fundações públicas (estatais) de direito público e de direito privado.<br>Do rol de **características comuns** é possível destacar dois princípios de suma importância: princípio da reserva legal e princípio do controle. O **controle** pode ser dividido em três espécies: político, administrativo (finalístico) e financeiro. |

# CAPÍTULO 5

# ÓRGÃOS PÚBLICOS

## 5.1 CONCEITO

Os órgãos públicos são as repartições internas do Estado, criadas a partir da desconcentração administrativa e necessárias à sua organização. A criação dos órgãos públicos é justificada pela necessidade de especialização de funções administrativas, com o intuito de tornar a atuação estatal mais eficiente (ex.: em âmbito federal, os Ministérios, ligados à Presidência da República, são responsáveis por atividades específicas. O Ministério da Saúde, por exemplo, é o órgão responsável pela gestão e execução de atividades relacionadas com a saúde).

A principal característica do órgão público é a ausência de personalidade jurídica própria. Em verdade, o órgão público é apenas um compartimento ou centro de atribuições que se encontra inserido em determinada pessoa. Os agentes públicos, que compõem os órgãos públicos, manifestam a vontade do próprio Estado.

Em razão da ligação necessária entre a desconcentração e a hierarquia, os órgãos públicos são ligados por uma relação de subordinação. Frise-se que a hierarquia só existe na estruturação orgânica e interna de uma mesma pessoa estatal, não havendo essa subordinação entre pessoas jurídicas diferentes (nesse caso, há vinculação ou controle, que depende de expressa previsão normativa).

É oportuno salientar que os órgãos públicos existem na Administração Direta e na Indireta. Assim como os Entes federados, as pessoas administrativas também desconcentram as suas atividades administrativas. Assim, por exemplo, uma autarquia é composta por órgãos próprios com atribuições próprias. Nesse sentido, o art. 1.º, § 2.º, I, da Lei 9.784/1999, que trata do processo administrativo federal, define o órgão público com "a unidade de atuação integrante da estrutura da Administração direta e da estrutura da Administração indireta".

## 5.2 TEORIAS DOS ÓRGÃOS PÚBLICOS

O Estado, como se sabe, é uma criação do Direito e não dispõe de vontade própria. Por essa razão, o Estado deve atuar por meio dos agentes públicos para satisfazer as necessidades coletivas.

Diversas teorias procuraram explicar a relação entre o Estado e os agentes públicos que compõem os centros internos de competência. As três teorias mais citadas são as seguintes:[1]

a) **teoria do mandato:** o agente público seria considerado mandatário do Estado. A principal crítica apontada para essa teoria é o fato de o Estado não dispor de vontade própria para constituir mandatário;

b) **teoria da representação:** o agente público seria representante do Estado. Essa teoria não prevaleceu por duas razões: equiparou o Estado ao incapaz, que precisa de representação, e, caso houvesse, realmente, uma representação, os atos do representante, que exorbitassem dos poderes de representação, não poderiam ser imputados ao Estado (representado);[2] e

c) **teoria do órgão:** a partir da analogia entre o Estado e o corpo humano, entende-se que o Estado também atua por meio de órgãos. Os órgãos públicos seriam verdadeiros "braços" estatais. Com isso, a ideia de representação é substituída pela noção de imputação volitiva: a atuação dos agentes públicos, que compõem os órgãos públicos, é imputada à respectiva pessoa estatal. Trata-se de teoria atribuída ao jurista alemão Otto Gierke.

Em virtude da prevalência da teoria do órgão, os centros de competências despersonalizados do Estado são chamados de órgãos públicos. O princípio da imputação volitiva, atrelada à teoria do órgão, tem importância fundamental no tema da responsabilidade civil do Estado, pois este será responsável pelos danos causados na atuação dos órgãos públicos (os órgãos, por serem despersonalizados, não possuem, em regra, capacidade processual).

Por fim, a doutrina aponta três teorias a respeito da natureza dos órgãos:

a) **subjetiva ("órgão físico" ou "órgão-indivíduo"):** identifica os órgãos com os agentes públicos;

b) **objetiva ("órgão jurídico" ou "órgão-instituição"):** órgãos seriam apenas um conjunto de atribuições ou unidades funcionais da organização administrativa;

c) **eclética:** os órgãos seriam formados pela soma dos elementos objetivos e subjetivos, ou seja, pelo complexo de atribuições e pelo agente público.[3] A primeira e a terceira teorias, ao vincularem o órgão ao agente, não explicariam, de maneira

---

[1] CASSAGNE, Juan Carlos. *Derecho administrativo*. 8. ed. Buenos Aires: Abeledo-Perrot, 2006. t. I, p. 221-223.

[2] Massimo Severo Giannini afirma que uma das razões para a adoção da teoria do órgão, em substituição à ideia de representação, era a necessidade de reconhecer a responsabilidade do Estado por todo e qualquer dano causado por seus agentes ao particular (GIANNINI, Massimo Severo. *Derecho administrativo*. Madrid: MAP, 1991. v. 1, p. 159).

[3] GORDILLO, Augustín. *Tratado de derecho administrativo*. 7. ed. Belo Horizonte: Del Rey, 2003. t. 1, p. XII-1; CARVALHO FILHO, José dos Santos. *Manual de direito administrativo*. 18. ed. Rio de Janeiro: Lumen Juris, 2007. p. 12-13; DI PIETRO, Maria Sylvia Zanella. *Direito administrativo*. 20. ed. São Paulo: Atlas, 2007. p. 472.

adequada, a subsistência do órgão, mesmo com o desligamento do agente público. Por essa razão, parece que a teoria objetiva, apesar de possuir imperfeições, deve prevalecer.

## 5.3 CRIAÇÃO E EXTINÇÃO

A criação e a extinção dos órgãos públicos dependem de lei, conforme se extrai da leitura conjugada dos arts. 48, XI, e 84, VI, "a", da CRFB, alterados pela EC 32/2001.[4]

Em regra, a iniciativa para o projeto de lei de criação dos órgãos públicos é do Chefe do Executivo, na forma do art. 61, § 1.º, II, "e", da CRFB.[5] Todavia, em alguns casos, a iniciativa legislativa é atribuída, pelo texto constitucional, a outros agentes públicos, como ocorre, por exemplo, em relação aos órgãos do Poder Judiciário (art. 96, II, "c" e "d", da CRFB) e do Ministério Público (art. 127, § 2.º), cuja iniciativa pertence aos representantes daquelas instituições.

Atualmente, no entanto, não é exigida lei para tratar da organização e do funcionamento dos órgãos públicos, dado que tal matéria pode ser estabelecida por meio de decreto do chefe do Executivo (art. 84, VI, "a", da CRFB).

Excepcionalmente, a criação de órgãos públicos poderá ser instrumentalizada por ato administrativo, tal como ocorre na instituição de órgãos no Poder Legislativo, na forma dos arts. 51, IV, e 52, XIII, da CRFB.[6]

## 5.4 CAPACIDADE PROCESSUAL OU JUDICIÁRIA

A principal característica do órgão público, como mencionado, é a ausência de personalidade jurídica própria.

Em razão disso, o órgão público não possui, em regra, capacidade processual (ou judiciária) para demandar ou ser demandado em Juízo, pois o art. 70 do CPC só atribui capacidade processual à "pessoa que se encontre no exercício de seus direitos".

Portanto, caso a atuação do agente público, ocupante de determinado órgão público, cause dano a alguém, a respectiva ação indenizatória deverá ser direcionada à pessoa

---

[4] "Art. 48. Cabe ao Congresso Nacional, com a sanção do Presidente da República, não exigida esta para o especificado nos arts. 49, 51 e 52, dispor sobre todas as matérias de competência da União, especialmente sobre: [...] XI – criação e extinção de Ministérios e órgãos da administração pública". "Art. 84. Compete privativamente ao Presidente da República: [...] VI – dispor, mediante decreto, sobre: a) organização e funcionamento da administração federal, quando não implicar aumento de despesa nem criação ou extinção de órgãos públicos."

[5] "Art. 61. [...] § 1.º São de iniciativa privativa do Presidente da República as leis que: [...] II – disponham sobre: [...] e) criação e extinção de Ministérios e órgãos da administração pública, observado o disposto no art. 84, VI."

[6] "Art. 51. Compete privativamente à Câmara dos Deputados: [...] IV – dispor sobre sua organização, funcionamento, polícia, criação, transformação ou extinção dos cargos, empregos e funções de seus serviços, e a iniciativa de lei para fixação da respectiva remuneração, observados os parâmetros estabelecidos na lei de diretrizes orçamentárias." "Art. 52. Compete privativamente ao Senado Federal: [...] XIII – dispor sobre sua organização, funcionamento, polícia, criação, transformação ou extinção dos cargos, empregos e funções de seus serviços, e a iniciativa de lei para fixação da respectiva remuneração, observados os parâmetros estabelecidos na lei de diretrizes orçamentárias." No mesmo sentido: CARVALHO FILHO, José dos Santos. Manual de direito administrativo. 18. ed. Rio de Janeiro: Lumen Juris, 2007. p. 12, nota 29.

jurídica da qual aquele órgão é parte integrante (princípio da imputação volitiva). Ex.: se um veículo do Ministério da Saúde, utilizado para a distribuição de vacinas a hospitais públicos, dirigido por agente público federal, em alta velocidade, atropela uma pessoa, a respectiva ação indenizatória deve ser proposta em face da União, uma vez que o Ministério é órgão público, despido de personalidade judiciária.[7]

Não obstante a regra geral, algumas exceções têm sido apontadas pela lei e pela jurisprudência, sendo lícito reconhecer, ao menos, duas situações excepcionais nas quais se admite a capacidade judiciária de determinados órgãos públicos:

**Primeira exceção:** a legislação pode atribuir capacidade processual para certos órgãos públicos. Ex.: órgãos públicos que atuam na defesa dos consumidores, cuja capacidade processual é reconhecida pelo art. 82, III, do CDC.[8]

**Segunda exceção:** independentemente de lei expressa, a doutrina e a jurisprudência têm reconhecido a capacidade processual aos órgãos públicos que preenchem dois requisitos cumulativos:

a) **órgão da cúpula da hierarquia administrativa** e

b) **defesa de suas prerrogativas institucionais**.

Os requisitos exigidos na segunda exceção são justificáveis, pois, normalmente, as divergências entre órgãos são resolvidas a partir da hierarquia administrativa. Em relação aos órgãos públicos, que não se encontram interligados pela hierarquia, não haveria remédio na via administrativa para solucionar os eventuais conflitos, razão pela qual, em razão do princípio da inafastabilidade do Poder Judiciário (art. 5.º, XXXV, da CRFB), a solução da controvérsia deve ficar a cargo do Poder Judiciário. Ex.: conflito (positivo ou negativo) instaurado entre a Prefeitura e a Câmara de Vereadores, órgãos de cúpula, respectivamente, do Executivo e do Legislativo do Município. Quanto à necessidade de defesa das prerrogativas institucionais, este requisito serve para afastar a capacidade processual para os órgãos que pretendem discutir em Juízo questões que não coloquem em risco a sua dignidade constitucional.[9]

---

[7] Esse exemplo foi objeto de prova discursiva, aplicada em 05.08.2001, no concurso público para provimento do cargo de Defensor Público da União.

[8] "Art. 82. Para os fins do art. 81, parágrafo único, são legitimados concorrentemente: [...] III – as entidades e órgãos da Administração Pública, direta ou indireta, ainda que sem personalidade jurídica, especificamente destinados à defesa dos interesses e direitos protegidos por este código."

[9] Nesse sentido, a Súmula 525 do STJ dispõe: "A Câmara de Vereadores não possui personalidade jurídica, apenas personalidade judiciária, somente podendo demandar em juízo para defender os seus direitos institucionais". Por essa razão, a Primeira Seção do STJ reiterou a ausência de capacidade processual da Câmara de Vereadores para propositura de ação judicial com o objetivo de discutir a incidência da contribuição previdenciária sobre os vencimentos pagos aos vereadores (STJ, 1.ª Seção, REsp 1.164.017/PI, Rel. Min. Castro Meira, DJe 06.04.2010, Informativo de Jurisprudência do STJ n. 428). Em outra oportunidade, a Corte afirmou a ausência de legitimidade da Câmara Municipal para questionar suposta retenção irregular de valores do Fundo de Participação dos Municípios, pois não se trata de interesse institucional do órgão, mas de interesse patrimonial do ente municipal (STJ, 2.ª Turma, REsp 1.429.322/AL, Rel. Min. Mauro Campbell Marques, DJe 28.02.2014, Informativo de Jurisprudência do STJ n. 537).

## 5.5 CAPACIDADE CONTRATUAL E O CONTRATO DE GESTÃO (OU DE DESEMPENHO)

Os órgãos públicos, em razão da ausência de personalidade jurídica, não possuem capacidade contratual. Apenas as pessoas possuem capacidade para aquisição de direitos e obrigações (art. 1.º do CC).

É de notar que, na prática, alguns órgãos públicos recebem a incumbência de implementar licitações e acabam por constar, nominalmente, como "parte" de contratos administrativos. Sob o ponto de vista jurídico, o órgão, que consta do referido ajuste, não deve ser considerado parte da relação jurídica, mas sim a pessoa jurídica respectiva (ex.: se determinado Ministério, em âmbito federal, constar do contrato administrativo, em verdade, teremos, juridicamente, a União como parte do ajuste, e não o órgão). Tanto isso é verdade que as eventuais discussões judiciais serão travadas com a pessoa jurídica, da qual o órgão é parte integrante.

Não se pode olvidar, todavia, que o art. 37, § 8.º, da CRFB[10] parece consagrar, a partir da sua interpretação literal, uma possibilidade excepcional de celebração de contratos por órgãos públicos. Trata-se do denominado "contrato de gestão"[11] ou "contrato de desempenho"[12] celebrado por órgãos (relações intra-administrativas) ou entidades administrativas (relações interadministrativas). Na referida norma constitucional, admite-se a celebração de contratos entre órgãos públicos e Entes federativos com o objetivo de ampliar a autonomia "gerencial, orçamentária e financeira" desses órgãos, que deverão cumprir "metas de desempenho" nos prazos estabelecidos. De acordo com o art. 2.º da Lei 13.934/2019, contrato de desempenho "é o acordo celebrado entre o órgão ou entidade supervisora e o órgão ou entidade supervisionada, por meio de seus administradores, para o estabelecimento de metas de desempenho do supervisionado, com os respectivos prazos de execução e indicadores de qualidade, tendo como contrapartida a concessão de flexibilidades ou autonomias especiais". A celebração do contrato de desempenho permite, durante a sua vigência, as seguintes flexibilizações e autonomias especiais ao supervisionado, sem prejuízo de outras previstas em lei ou decreto (art. 6.º referida Lei): a) definição de estrutura regimental, sem aumento de despesas, conforme os limites e as

---

[10] "Art. 37. [...] § 8.º A autonomia gerencial, orçamentária e financeira dos órgãos e entidades da administração direta e indireta poderá ser ampliada mediante contrato, a ser firmado entre seus administradores e o poder público, que tenha por objeto a fixação de metas de desempenho para o órgão ou entidade, cabendo à lei dispor sobre: I – o prazo de duração do contrato; II – os controles e critérios de avaliação de desempenho, direitos, obrigações e responsabilidade dos dirigentes; III – a remuneração do pessoal." O referido dispositivo constitucional foi regulamentado pela Lei 13.934/2019, que disciplinou o contrato de desempenho na Administração Pública federal direta e autarquias e fundações públicas federais.

[11] A expressão "contrato de gestão" foi consagrada na Lei 9.649/1998, quando do tratamento das "agências executivas". "Art. 51. O Poder Executivo poderá qualificar como Agência Executiva a autarquia ou fundação que tenha cumprido os seguintes requisitos: I – ter um plano estratégico de reestruturação e de desenvolvimento institucional em andamento; II – ter celebrado Contrato de Gestão com o respectivo Ministério supervisor." "Art. 52. [...] § 1.º Os Contratos de Gestão das Agências Executivas serão celebrados com periodicidade mínima de um ano e estabelecerão os objetivos, metas e respectivos indicadores de desempenho da entidade, bem como os recursos necessários e os critérios e instrumentos para a avaliação do seu cumprimento."

[12] De acordo com o Enunciado 11 da I Jornada de Direito Administrativo realizada pelo Centro de Estudos Judiciários do Conselho da Justiça Federal (CEJ/CJF): "O contrato de desempenho previsto na Lei 13.934/2019, quando celebrado entre órgãos que mantêm entre si relação hierárquica, significa a suspensão da hierarquia administrativa, por autovinculação do órgão superior, em relação ao objeto acordado, para substituí-la por uma regulação contratual, nos termos do art. 3.º da referida Lei."

condições estabelecidos em regulamento; b) ampliação de autonomia administrativa quanto a limites e delegações relativos a celebração de contratos, estabelecimento de limites específicos para despesas de pequeno vulto e autorização para formação de banco de horas.

Ressalte-se que a expressão "contrato de gestão", no Brasil, possui duas aplicações distintas:[13]

a) **contrato de gestão interno ou endógeno**: é formalizado no âmbito interno da Administração Pública com o objetivo de garantir uma maior eficiência administrativa, por meio da estipulação de metas de desempenho e aumento da autonomia gerencial, orçamentária e financeira do órgão ou entidade administrativa (art. 37, § 8.º, CRFB). Enquanto o art. 51 da Lei 9.649/1998, ao tratar das agências executivas, utiliza a expressão "contrato de gestão", o art. 2.º da Lei 13.934/2019 consagra a expressão "contrato de desempenho".[14]

b) **contrato de gestão externo ou exógeno**: é aquele formalizado entre a Administração Pública e determinada entidade privada, sem fins lucrativos, qualificada como Organização Social ("OS"), com a previsão, de um lado, de metas de desempenho, e, de outro lado, incentivos públicos (fomento) à entidade privada (art. 5.º da Lei 9.637/1998). Mencione-se, ainda, o "contrato de gestão para ocupação de imóveis públicos" (contrato de *facilities*), que envolve a prestação, em um único contrato, de serviços de gerenciamento e manutenção de imóvel, incluído o fornecimento dos equipamentos, materiais e outros serviços necessários ao uso do imóvel pela administração pública, por escopo ou continuados (art. 7.º da Lei 14.011/2020).

O contrato de gestão interno ou contrato de desempenho (art. 37, § 8.º da CRFB) tem por objetivo estabelecer uma coordenação gerencial no seio da Administração Pública. Além de estabelecer metas de desempenho e critérios de eficiência administrativa, este instrumento prevê formas mais detalhadas de controle dos resultados da atividade administrativa. É lícito afirmar que o contrato de gestão representa, ao mesmo tempo, um importante acordo organizatório da Administração e um instrumento de controle das atividades administrativas.

Malgrado a literalidade da norma constitucional, que afirma a capacidade contratual dos órgãos públicos, entendemos não haver, propriamente, contrato nessa hipótese, em razão dos seguintes argumentos:[15]

---

[13] OLIVEIRA, Gustavo Justino de. *Contrato de gestão*. São Paulo: RT, 2008. p. 253-255.

[14] Tais contratos foram inspirados em experiências adotadas por outros países: a) França: Relatório Nora (1967), com o objetivo de melhorar as relações entre o Estado e as empresas públicas, bem como outros contratos consagrados posteriormente, tais como os contratos de programa (1970), os contratos de empresa (1976), os contratos de plano (1982) e os contratos de objetivos (1988); b) Inglaterra: *Framework document* ou *framework agreement* (1979): criação de agências executivas para implementação de metas estatais; c) Itália: *Accordo di programma* (Lei 241/1990): coordenação entre órgãos e entidades administrativas com exigência de resultados, bem como estipulação de prazos e simplificação dos processos; d) EUA: *Performance Plan* (acordo de desempenho – *Nacional Performance Review* de 1993): a gestão pública seria baseada em resultados e avaliação de desempenho. Sobre o tema, vide: OLIVEIRA, Gustavo Justino de. *Contrato de gestão*. São Paulo: RT, 2008.

[15] Nesse sentido: DI PIETRO, Maria Sylvia Zanella. *Direito administrativo*. 20. ed. São Paulo: Atlas, 2007. p. 313-314; MOREIRA NETO, Diogo de Figueiredo. *Curso de direito administrativo*. 14. ed. Rio de Janeiro: Forense, 2006. p. 24; MELLO, Celso Antônio Bandeira de. *Curso de direito administrativo*. 21. ed. São Paulo: Malheiros, 2006. p. 224-225.

a) **impossibilidade da figura do "contrato consigo mesmo" ou autocontrato:** em razão da ausência de personalidade jurídica do órgão, a sua atuação é imputada à respectiva pessoa jurídica, motivo pelo qual a pessoa jurídica estabeleceria direitos e obrigações para ela mesma;

b) **inexistência de interesses contrapostos:** no "contrato de gestão" não há interesses antagônicos, característica tradicional dos contratos, mas, sim, interesses comuns e convergentes dos partícipes, o que revelaria a natureza de ato complexo ou de acordo administrativo do ajuste.

Por essas razões, o contrato de gestão ou de desempenho do art. 37, § 8.º, da CRFB deve ser encarado como verdadeiro ato administrativo complexo (convênio) ou acordo administrativo.[16] Em consequência, cada Ente federado terá autonomia para regulamentar, por meio de lei ordinária, o art. 37, § 8.º, da CRFB.[17]

## 5.6 CLASSIFICAÇÕES

Os órgãos públicos podem ser classificados a partir de critérios diversos, conforme destacado, exemplificativamente, a seguir.

Quanto à posição que o órgão ocupa na escala governamental ou administrativa, existem quatro tipos de órgãos:[18]

a) **órgãos independentes:** são aqueles previstos na Constituição e representativos dos Poderes do Estado (Legislativo, Judiciário e Executivo), situados no ápice da pirâmide administrativa. Tais órgãos não se encontram subordinados a nenhum outro órgão e só estão sujeitos aos controles recíprocos previstos no texto constitucional (ex.: Casas Legislativas: Congresso Nacional, Senado Federal, Câmara dos Deputados, Assembleias Legislativas, Câmara dos Vereadores; Chefias do Executivo: Presidência da República, Governadorias dos Estados e do DF e Prefeituras municipais; Tribunais Judiciários e Juízes singulares, Ministério Público e Tribunais de Contas);

b) **órgãos autônomos:** são aqueles subordinados aos chefes dos órgãos independentes e que possuem ampla autonomia administrativa, financeira e técnica, com a incumbência de desenvolverem as funções de planejamento, supervisão, coordenação e controle (ex.: Ministérios, Secretarias estaduais, Secretarias municipais e Advocacia-Geral da União);

---

[16] Nas palavras de Diogo de Figueiredo Moreira Neto: "a denominação contrato de gestão não é feliz, pois não existem prestações recíprocas ajustadas entre as partes acordantes nem, tampouco, interesses antagônicos a serem compostos, que possam caracterizar o intuito contratual. Há, nitidamente, um pacto: um simples acordo de vontades concorrentes [...]" (MOREIRA NETO, Diogo de Figueiredo. *Curso de direito administrativo*. 14. ed. Rio de Janeiro: Forense, 2006. p. 191).

[17] No mesmo sentido, reconhecendo a autonomia legislativa para regulamentação dos contratos de gestão: MOREIRA NETO, Diogo de Figueiredo. Coordenação gerencial na Administração Pública. *RDA*, n. 214, p. 43, out.-dez. 1998; OLIVEIRA, Gustavo Justino de. *Contrato de gestão*. São Paulo: RT, 2008. p. 189.

[18] MEIRELLES, Hely Lopes. *Direito administrativo brasileiro*. 22. ed. São Paulo: Malheiros, 1997. p. 66-68.

c) **órgãos superiores:** estão subordinados a uma chefia e detêm poder de direção e controle, mas não possuem autonomia administrativa nem financeira (ex.: Gabinetes e Coordenadorias); e

d) **órgãos subalternos:** são aqueles que se encontram na base da pirâmide da hierarquia administrativa, com reduzido poder decisório e com atribuições de execução (ex.: portarias, seções de expedientes).

Essa primeira classificação, uma das mais festejadas pela doutrina tradicional, apresenta sérias dificuldades que colocam em risco a sua subsistência. De um lado, os critérios adotados são nebulosos e insuficientes para diferenciar as espécies de órgãos, sendo impróprio afirmar, por exemplo, que o órgão superior possui poder de direção e controle, mas não autonomia administrativa. Ora, o poder de direção e controle sempre envolverá, em maior ou menor medida, algum grau de autonomia administrativa. De outro lado, a complexidade da organização administrativa no Estado acarreta a dificuldade de inserir determinados órgãos na classificação, tal como ocorre, por exemplo, com as Defensorias Públicas, CNJ e CNMP.[19]

Em relação ao enquadramento federativo, os órgãos públicos podem ser divididos em três espécies:

a) **órgãos federais:** integrantes da Administração Federal (ex.: Presidência da República, Ministérios, Congresso Nacional);

b) **órgãos estaduais:** integrantes da Administração Estadual (ex.: Governadoria, Secretarias estaduais, Assembleia Legislativa);

c) **órgãos distritais:** integrantes do DF (ex.: Governadoria, Câmara Distrital); e

d) **órgãos municipais:** integrantes da Administração Municipal (ex.: Prefeitura, Secretarias municipais, Câmara de Vereadores).

Quanto à composição, os órgãos são classificados em:

a) **órgãos singulares ou unipessoais:** quando compostos por um agente público (ex.: chefia do Executivo); e

b) **órgãos coletivos ou pluripessoais:** integrados por mais de um agente (ex.: Conselhos e Tribunais Administrativos, o CNJ e o CNMP).[20]

---

[19] José dos Santos Carvalho Filho, tendo em vista a imprecisão dos critérios utilizados nessa classificação, prefere apontar, quanto à estrutura estatal, duas espécies de órgãos: a) diretivos, com funções de comando; e b) direção, e subordinados, responsáveis por funções de execução (CARVALHO FILHO, José dos Santos. *Manual de direito administrativo*. 18. ed. Rio de Janeiro: Lumen Juris, 2007. p. 14).

[20] CASSAGNE, Juan Carlos. *Derecho administrativo*. 8. ed. Buenos Aires: Abeledo-Perrot, 2006. t. I, p. 227; SANTAMARÍA PASTOR, Juan Alfonso *Principios de derecho administrativo general I*. Madrid: Iustel, 2004. p. 409. No Brasil, a classificação é citada por: DI PIETRO, Maria Sylvia Zanella. *Direito administrativo*. 20. ed. São Paulo: Atlas, 2007. p. 473-474. José dos Santos Carvalho Filho também adota essa classificação e faz uma subdivisão dos órgãos coletivos, que podem ser de representação unitária, em que a vontade do dirigente é suficiente para enunciar a vontade do próprio órgão (ex.: Departamentos em geral), ou de representação plúrima, quando a vontade do órgão depende

Por fim, em relação às atividades que, preponderantemente, são exercidas pelos órgãos públicos, podem ser citados três tipos de órgãos:

a) **órgãos ativos:** responsáveis pela execução concreta das decisões administrativas (ex.: órgãos responsáveis pela execução de obras públicas);
b) **órgãos consultivos:** responsáveis pelo assessoramento de outros órgãos públicos (ex.: procuradorias);
c) **órgãos de controle:** fiscalizam as atividades de outros órgãos (ex.: controladorias, tribunais de Contas).[21]

Esta última classificação explica cada vez menos os órgãos públicos atuais, uma vez que, com raras exceções, os órgãos cumulam funções variadas (executivas, consultivas e controladoras).

## 5.7 RESUMO DO CAPÍTULO

### ÓRGÃOS PÚBLICOS

| | | |
|---|---|---|
| **Conceito** | São as repartições internas do Estado, criadas a partir da desconcentração administrativa e necessárias à sua organização. A criação dos órgãos públicos é justificada pela necessidade de especialização de funções administrativas, com o intuito de tornar a atuação estatal mais eficiente.<br>A principal característica do órgão público é a ausência de personalidade jurídica própria.<br>Os órgãos públicos existem na Administração Direta e na Indireta. | |
| **Teorias dos órgãos públicos** | Quanto à relação entre o Estado e os agentes públicos que compõem os centros internos de competência: | a) **teoria do mandato:** o agente público seria considerado mandatário do Estado;<br>b) **teoria da representação:** o agente público seria representante do Estado;<br>c) **teoria do órgão:** a partir da analogia entre o Estado e o corpo humano, entende-se que o Estado também atua por meio de órgãos. Os órgãos públicos seriam verdadeiros "braços" estatais. |

---

do consenso ou da votação entre os seus membros (ex.: Tribunais Administrativos) (CARVALHO FILHO, José dos Santos. *Manual de direito administrativo.* 18. ed. Rio de Janeiro: Lumen Juris, 2007. p. 15).

[21] CASSAGNE, Juan Carlos. *Derecho administrativo.* 8. ed. Buenos Aires: Abeledo-Perrot, 2006. t. I, p. 228-229; SANTA-MARÍA PASTOR, Juan Alfonso *Principios de derecho administrativo general I.* Madrid: Iustel, 2004. p. 413. No Brasil, Celso Antônio Bandeira de Mello adota essa classificação, mas acrescenta outras duas espécies de órgãos: órgãos verificadores, encarregados da emissão de perícias ou de conferência de situações fáticas, e órgãos contenciosos, responsáveis pela solução de controvérsias (MELLO, Celso Antônio Bandeira de. *Curso de direito administrativo.* 21. ed. São Paulo: Malheiros, 2006. p. 137).

| | | |
|---|---|---|
| Teorias dos órgãos públicos | Quanto à natureza dos órgãos: | a) **objetiva ("órgão físico" ou "órgão-indivíduo"):** órgãos seriam apenas um conjunto de atribuições ou unidades funcionais da organização administrativa; <br> b) **subjetiva ("órgão jurídico" ou "órgão-instituição"):** identifica os órgãos com os agentes públicos; <br> c) **eclética:** os órgãos seriam formados pela soma dos elementos objetivos e subjetivos, ou seja, pelo complexo de atribuições e pelo agente público. |
| Criação e extinção | – Dependem da lei (arts. 48, XI, e 84, VI, "a", da CRFB); <br> – Em regra, a iniciativa para o projeto de lei de criação dos órgãos públicos é do Chefe do Executivo (art. 61, § 1.º, II, "e", da CRFB). Há exceções (ex.: órgãos do Poder Judiciário, na forma do art. 96, II, "c" e "d", da CRFB); <br> – A organização e o funcionamento dos órgãos públicos podem ser estabelecidos por meio de decreto do chefe do Executivo (art. 84, VI, "a", da CRFB); <br> – Excepcionalmente, a criação de órgãos públicos poderá ser instrumentalizada por ato administrativo (ex.: instituição de órgãos no Poder Legislativo – arts. 51, IV, e 52, XIII, da CRFB). | |
| Capacidade processual ou judiciária | O órgão público não possui, em regra, capacidade processual (ou judiciária) para demandar ou ser demandado em Juízo, pois o art. 70 do CPC só atribui capacidade processual à "pessoa que se acha no exercício dos seus direitos". Portanto, as ações serão direcionadas à pessoa jurídica da qual aquele órgão é parte integrante (princípio da imputação volitiva). Admitem-se exceções: <br> a) a legislação pode atribuir capacidade processual para certos órgãos públicos (ex.: órgãos públicos que atuam na defesa dos consumidores); <br> b) a doutrina e a jurisprudência têm reconhecido a capacidade processual aos órgãos públicos que preenchem dois requisitos cumulativos, quais sejam: órgão da cúpula da hierarquia administrativa e defesa de suas prerrogativas institucionais. | |
| Capacidade contratual e o contrato de gestão (ou de desempenho) | Os órgãos públicos não possuem capacidade contratual. A exceção é para os contratos de gestão ou contrato de desempenho, celebrado por órgãos (relações intra-administrativas) ou entidades administrativas (relações interadministrativas). | |
| Classificações | Quanto à posição que o órgão ocupa na escala governamental ou administrativa | a) órgãos independentes; <br> b) órgãos autônomos; <br> c) órgãos superiores; <br> d) órgãos subalternos. |
| | Em relação ao enquadramento federativo | a) órgãos federais; <br> b) órgãos estaduais; <br> c) órgãos distritais; <br> d) órgãos municipais. |
| | Quanto à composição | a) órgãos singulares ou unipessoais; <br> b) órgãos coletivos ou pluripessoais. |
| | Em relação às atividades que, preponderantemente, são exercidas pelos órgãos públicos | a) órgãos ativos; <br> b) órgãos consultivos; <br> c) órgãos de controle. |

# CAPÍTULO 6

# AUTARQUIAS

## 6.1 CONCEITO

Na sua acepção etimológica, a expressão autarquia significa autogoverno. Isto, no entanto, não é suficiente para conceituar a autarquia e destacá-la das demais entidades que compõem a Administração Indireta, pois todas elas são pessoas jurídicas, criadas por descentralização legal, com capacidade de autoadministração.

A autarquia é uma pessoa jurídica de direito público, criada por lei e integrante da Administração Pública Indireta, que desempenha atividade típica de Estado. Ex.: INSS (Instituto Nacional do Seguro Social), IBAMA (Instituto Brasileiro do Meio Ambiente e dos Recursos Naturais Renováveis), INCRA (Instituto Nacional de Colonização e Reforma Agrária), CADE (Conselho Administrativo de Defesa Econômica), CVM (Comissão de Valores Mobiliários), ANEEL (Agência Nacional de Energia Elétrica), Banco Central do Brasil (BCB) etc.

## 6.2 CRIAÇÃO

A autarquia é instituída diretamente por lei específica, de iniciativa do chefe do Executivo (art. 37, XIX, c/c art. 61, § 1.º, II, "b" e "e", da CRFB).

A sua personalidade jurídica começa com a vigência da lei criadora, não sendo necessária a inscrição dos atos constitutivos no Registro competente. A extinção da entidade, em razão do princípio da simetria das formas jurídicas, depende de lei.

A reserva legal, exigida para a instituição da autarquia, não impede que o detalhamento da sua estruturação interna seja estabelecido por ato administrativo, normalmente Decreto.

## 6.3 OBJETO

O objeto da autarquia é o exercício de "atividades típicas" de Estado. Essa é a finalidade legítima das autarquias, conforme se extrai do art. 5.º, I, do DL 200/1967.

Ocorre que não há um elenco claro e objetivo das atividades que seriam consideradas como "típicas" de Estado. Trata-se, em verdade, de conceito jurídico indeterminado. Isso não impede, todavia, que se apontem algumas atividades que, certamente, podem ser desempenhadas por autarquias e outras que estariam vedadas. Por mais indeterminado que seja o conceito, as expressões, por ele utilizadas, possuem um mínimo de significado linguístico, sendo possível diferenciar zonas de certezas (positivas e negativas) e zonas de incertezas (cinzentas).

Na zona de certeza positiva, estão inseridas as atividades que, sem qualquer margem de dúvida, devem ser consideradas como "típicas" de Estado (ex.: autarquias podem exercer poder de polícia).[1] Por outro lado, na zona de certeza negativa, existem as atividades que devem ser excluídas do conceito jurídico indeterminado (ex.: autarquias não podem desempenhar atividades econômicas, tendo em vista que o exercício de atividade empresarial pelo Estado é excepcional e será instrumentalizada por meio de empresas públicas ou sociedades de economia mista, na forma do art. 173 da CRFB).

## 6.4 REGIME DE PESSOAL

Tradicionalmente, o regime de pessoal das autarquias era o estatutário, em razão da obrigatoriedade do Regime Jurídico Único (RJU) que era imposto pela redação originária do art. 39 da CRFB.

Contudo, a partir da alteração promovida pela EC 19/1998, no referido dispositivo constitucional e da decisão do STF a respeito do tema, foi extinta a obrigatoriedade de instituição do RJU, razão pela qual, no âmbito das pessoas jurídicas de direito público, incluídas as autarquias, é possível a fixação do regime de pessoal estatutário e/ou celetista.[2]

## 6.5 PATRIMÔNIO

O patrimônio das autarquias é constituído por bens públicos, na forma do art. 98 do CC.[3] Em consequência, os bens autárquicos estão submetidos ao regime jurídico diferenciado dos bens públicos em geral e possuem as seguintes características:[4]

a) **alienabilidade condicionada pela lei ou inalienabilidade relativa** (arts. 100 e 101 do CC; art. 17 da Lei 8.666/1993; art. 76 da nova Lei de Licitações):[5] a

---

[1] O poder de polícia é atividade típica de Estado que deve ser desempenhada por pessoas jurídicas de direito público (autarquias). O STF declarou inconstitucional dispositivo legal que considerava os conselhos profissionais como entidades privadas, já que tais entidades exercem poder de polícia e, por essa razão, devem possuir natureza autárquica (STF, Tribunal Pleno, ADI 1.717/DF, Rel. Min. Sydney Sanches, DJ 28.03.2003, p. 61).

[2] STF, Tribunal Pleno, ADI 2.135/DF, Rel. Min. Cármen Lúcia, Redator do acórdão: Min. Gilmar Mendes, j. 06.11.2024.

[3] "Art. 98. São públicos os bens do domínio nacional pertencentes às pessoas jurídicas de direito público interno; todos os outros são particulares, seja qual for a pessoa a que pertencerem."

[4] As características dos bens públicos serão aprofundadas no Capítulo 22, item 22.5.

[5] Código Civil: "Art. 100. Os bens públicos de uso comum do povo e os de uso especial são inalienáveis, enquanto conservarem a sua qualificação, na forma que a lei determinar. Art. 101. Os bens públicos dominicais podem ser alienados, observadas as exigências da lei". Lei 8.666/1993: "Art. 17. A alienação de bens da Administração Pública, subordinada à existência de interesse público devidamente justificado, será precedida de avaliação

alienação de bens públicos depende dos seguintes requisitos: desafetação, justificativa (motivação), avaliação prévia, licitação e, para os bens públicos imóveis, autorização legislativa;

b) **impenhorabilidade** (art. 100 da CRFB e arts. 534 e 535 do CPC):[6] os bens autárquicos não são passíveis de constrição judicial, pois a alienação, conforme já assinalado, depende do cumprimento das exigências legais, e o pagamento decorrente de decisão judicial, transitada em julgado, deve seguir a ordem do precatório ou, excepcionalmente da Requisição de Pequeno Valor (RPV).[7] Na execução contra a Fazenda Pública, o que inclui a autarquia, não se prevê a possibilidade de penhora de bens nos ritos previstos nos arts. 534 e 535 do CPC (execução por título judicial) e 910 do CPC (execução por título extrajudicial).

c) **imprescritibilidade** (arts. 183, § 3.º, e 191, parágrafo único, da CRFB, art. 102 do CC e Súmula 340 do STF):[8] o ordenamento jurídico veda o usucapião (prescrição aquisitiva) de bens públicos sem fazer qualquer distinção em relação à categoria do bem; e

---

e obedecerá às seguintes normas: I – quando imóveis, dependerá de autorização legislativa para órgãos da administração direta e entidades autárquicas e fundacionais, e, para todos, inclusive as entidades paraestatais, dependerá de avaliação prévia e de licitação na modalidade de concorrência, dispensada esta nos seguintes casos: [...] II – quando móveis, dependerá de avaliação prévia e de licitação, dispensada esta nos seguintes casos: [...]". Nova Lei de Licitações: "Art. 76. A alienação de bens da Administração Pública, subordinada à existência de interesse público devidamente justificado, será precedida de avaliação e obedecerá às seguintes normas: I – tratando-se de bens imóveis, inclusive os pertencentes às autarquias e às fundações, exigirá autorização legislativa e dependerá de licitação na modalidade leilão, dispensada a realização de licitação nos casos de: [...] II – tratando-se de bens móveis, dependerá de licitação na modalidade leilão, dispensada a realização de licitação nos casos de [...] § 1.º A alienação de bens imóveis da Administração Pública cuja aquisição tenha sido derivada de procedimentos judiciais ou de dação em pagamento dispensará autorização legislativa e exigirá apenas avaliação prévia e licitação na modalidade leilão."

[6] CRFB: "Art. 100. Os pagamentos devidos pelas Fazendas Públicas Federal, Estaduais, Distrital e Municipais, em virtude de sentença judiciária, far-se-ão exclusivamente na ordem cronológica de apresentação dos precatórios e à conta dos créditos respectivos, proibida a designação de casos ou de pessoas nas dotações orçamentárias e nos créditos adicionais abertos para este fim." CPC: "Art. 534. No cumprimento de sentença que impuser à Fazenda Pública o dever de pagar quantia certa, o exequente apresentará demonstrativo discriminado e atualizado do crédito contendo: [...] Art. 535. A Fazenda Pública será intimada na pessoa de seu representante judicial, por carga, remessa ou meio eletrônico, para, querendo, no prazo de 30 (trinta) dias e nos próprios autos, impugnar a execução, podendo arguir: [...] § 3.º Não impugnada a execução ou rejeitadas as arguições da executada: I – expedir-se-á, por intermédio do presidente do tribunal competente, precatório em favor do exequente, observando-se o disposto na Constituição Federal; II – por ordem do juiz, dirigida à autoridade na pessoa de quem o ente público foi citado para o processo, o pagamento de obrigação de pequeno valor será realizado no prazo de 2 (dois) meses contado da entrega da requisição, mediante depósito na agência de banco oficial mais próxima da residência do exequente".

[7] Os créditos de pequeno valor não se submetem ao precatório, e o pagamento será requisitado pelo Poder Judiciário por meio de requisição de pagamento (RPV) com prazos reduzidos para pagamento. A definição do crédito de pequeno valor será feita por lei de cada Ente federado, mas, enquanto isso não ocorre, o art. 87 do ADCT estabelece para os Estados e DF o valor de até 40 salários mínimos e para os Municípios o valor de até 30 salários mínimos. Em relação à União, o valor será de até 60 salários mínimos, na forma do art. 3.º da Lei 10.259/2001.

[8] CRFB: "Art. 183. [...] § 3.º Os imóveis públicos não serão adquiridos por usucapião. [...] Art. 191. [...] Parágrafo único. Os imóveis públicos não serão adquiridos por usucapião". Código Civil: "Art. 102. Os bens públicos não estão sujeitos a usucapião". Súmula 340 do STF: "Desde a vigência do Código Civil, os bens dominicais, como os demais bens públicos, não podem ser adquiridos por usucapião".

d) **não onerabilidade** (art. 1.420 do CC):[9] os bens públicos não podem ser onerados com garantia real, tendo em vista os requisitos legais para sua alienação, bem como o regime dos precatórios e do RPV que impossibilitam a alienação judicial do bem, eventualmente gravado. De nossa parte, entendemos que a referida impossibilidade não deve ser aplicada aos bens dominicais que, após o cumprimento dos requisitos legais, podem ser, inclusive, alienados.

## 6.6 ATOS E CONTRATOS

Os atos e contratos das autarquias são considerados, em regra, de natureza pública, ainda que, excepcionalmente, seja possível a edição de atos privados ou a celebração de contratos privados (ex.: compra e venda).

Portanto, os atos das autarquias são atos administrativos, dotados, normalmente, das prerrogativas da presunção de legitimidade (e veracidade), da imperatividade e da autoexecutoriedade. Devem preencher os elementos dos atos administrativos (sujeito competente, forma, finalidade, motivo e objeto) e estão sujeitos aos controles judiciais diferenciados (ex.: mandado de segurança).

Os contratos celebrados por autarquias são, em regra, contratos administrativos, dotados das cláusulas exorbitantes e submetidos às formalidades previstas na Lei de Licitações.

## 6.7 FORO PROCESSUAL

A fixação da competência para o processo e julgamento das lides autárquicas varia de acordo com o nível federativo da autarquia.

As causas que envolvem as autarquias federais devem ser processadas e julgadas na Justiça Federal, tendo em vista a expressa previsão do art. 109, I, da CRFB. Nesse caso, a própria norma constitucional excepciona as causas relativas à falência, acidentes de trabalho e as sujeitas à Justiça Eleitoral e do Trabalho.

Por outro lado, as autarquias estaduais e municipais terão as suas ações processadas e julgadas na Justiça Estadual, cabendo às leis de organização e divisão judiciárias.[10]

## 6.8 RESPONSABILIDADE CIVIL

As autarquias sujeitam-se à responsabilidade civil objetiva, fundada na teoria do risco administrativo, tendo em vista o art. 37, § 6.º, da CRFB. A configuração da responsabilidade depende da comprovação dos seguintes requisitos: conduta atribuída à autarquia, dano sofrido pela vítima e nexo causal, sendo desnecessária a prova da culpa.

Caso as autarquias não possuam bens para satisfazerem os seus débitos, surgirá a responsabilidade civil subsidiária do respectivo Ente federado (ex.: a União possui responsabilidade subsidiária pelos danos causados por autarquias federais).

---

[9] CC: "Art. 1.420. Só aquele que pode alienar poderá empenhar, hipotecar ou dar em anticrese; só os bens que se podem alienar poderão ser dados em penhor, anticrese ou hipoteca".

[10] No Rio de Janeiro, o art. 44, I, do CODJERJ, instituído pela Lei estadual 6.956/2015, estabelece que a competência para o processo e julgamento das autarquias estaduais e municipais é dos juízos fazendários.

As autarquias, em razão da personalidade jurídica de direito público, submetem-se ao regime dos precatórios ou da Requisição de Pequeno Valor (RPV), conforme o caso, na forma do art. 100 da CRFB. Registre-se, contudo, que o STF, em sede de repercussão geral, afastou o regime dos precatórios dos Conselhos Profissionais, que, apesar de ostentarem a natureza autárquica, não são destinatários de recursos orçamentários.[11]

## 6.9 PRERROGATIVAS ESPECIAIS

Além das características já mencionadas, as autarquias são detentoras de prerrogativas tributárias e processuais importantes, que podem ser assim resumidas:

a) **imunidade tributária (art. 150, § 2.º, da CRFB):** vedação de instituição de impostos sobre o patrimônio, a renda e os serviços das autarquias, desde que "vinculados a suas finalidades essenciais ou às delas decorrentes". A imunidade só existe em relação aos impostos (não alcança, por exemplo, as taxas) e depende da utilização dos bens, das rendas e dos serviços nas finalidades essenciais da entidade;[12] e

b) **prerrogativas processuais:** a autarquia é enquadrada no conceito de Fazenda Pública e goza das prerrogativas processuais respectivas, tais como: prazo em dobro para todas as suas manifestações processuais (art. 183 do CPC); duplo grau de jurisdição, salvo as exceções legais (art. 496 do CPC) etc.

## 6.10 CLASSIFICAÇÕES

As autarquias podem ser classificadas segundo diversos critérios, merecendo destaque os mencionados a seguir.

Quanto à vinculação federativa das autarquias, elas podem ser divididas em:

a) **monofederativas:** quando integrantes da Administração Indireta de um Ente federado determinado (ex.: autarquias federais, estaduais, distritais ou municipais); e

b) **plurifederativas (multifederativas ou interfederativas):** quando a autarquia integrar, ao mesmo tempo, a Administração Pública Indireta de dois ou mais Entes federados (ex.: associação pública, instituída no âmbito dos consórcios públicos, na forma do art. 6.º, § 1.º, da Lei 11.107/2005).

---

[11] A tese fixada pela Suprema Corte foi a seguinte: "Os pagamentos devidos, em razão de pronunciamento judicial, pelos Conselhos de Fiscalização não se submetem ao regime de precatórios". STF, RE 938.837/SP, Rel. p/ acórdão Min. Marco Aurélio, Tribunal Pleno, DJe-216 25.09.2017, *Informativo de Jurisprudência do STF* 861.

[12] Segundo o STF: "A imunidade recíproca, prevista no art. 150, VI, *a*, da Constituição não se estende a empresa privada arrendatária de imóvel público, quando seja ela exploradora de atividade econômica com fins lucrativos. Nessa hipótese é constitucional a cobrança do IPTU pelo Município" (Tema 385 da Tese de Repercussão Geral do STF). O STF reconheceu a imunidade tributária recíproca à OAB e às Caixas de Assistência de Advogados (STF, 2.ª Turma, RE 259.976 AgR/RS, Rel. Min. Joaquim Barbosa, DJe-076 30.04.2010; RE 405.267/MG, 1.ª Turma, Rel. Min. Edson Fachin, j. 06.09.2018, *Informativo de Jurisprudência do STF* n. 914).

Em relação ao campo de atuação ou ao objeto, as autarquias podem ser classificadas, exemplificativamente, em:

a) **autarquias assistenciais ou previdenciárias** (ex.: INSS – Instituto Nacional do Seguro Social);

b) **autarquias de fomento** (ex.: SUDENE – Superintendência do Desenvolvimento do Nordeste);

c) **autarquias profissionais ou corporativas** (ex.: CRM – Conselho Regional de Medicina);[13]

d) **autarquias culturais ou de ensino** (ex.: UFRJ – Universidade Federal do Rio de Janeiro); e

e) **autarquias de controle ou de regulação** (ex.: ANEEL, ANATEL, ANP e outras agências reguladoras).

Por fim, quanto ao regime jurídico, é possível destacar duas espécies de autarquias:

a) **autarquias comuns ou ordinárias:** são as autarquias em geral, responsáveis pela execução de atividades administrativas tradicionais e típicas de Estado;[14] e

b) **autarquias especiais:** são as agências reguladoras (ex.: ANEEL, ANATEL, ANP, ANVISA, ANS, ANA, ANTT, ANTAQ, ANCINE, ANAC e ANM), dotadas de autonomia administrativa e financeira, com a incumbência de exercer a atividade regulatória, que envolve atividades administrativas tradicionais (ex.: poder de polícia), poderes normativos ampliados (ex.: expedição de normas técnicas para o setor regulado) e poderes judicantes (ex.: resolução de lides administrativas). Ao lado das agências reguladoras, com características semelhantes, outras autarquias são consideradas especiais, tal como ocorre, por exemplo, com

---

[13] É importante ressaltar que o STF considerou inconstitucional o art. 58 da Lei 9.649/1998, que pretendia estabelecer o exercício dos serviços de fiscalização das profissões regulamentadas por entidades privadas, delegatárias do Poder Público (ADI 1.717/DF, Tribunal Pleno, Rel. Min. Sydney Sanches, *DJ* 28.03.2003, p. 61). Posteriormente, o STF afirmou que a Ordem dos Advogados do Brasil – OAB –, que também exerce a fiscalização de profissões, não integraria a Administração Pública Indireta (ADI 3.026/DF, Tribunal Pleno, Rel. Min. Eros Grau, *DJ* 29.09.2006, p. 31). Em repercussão geral, a Suprema Corte afirmou: a) Compete à Justiça Federal processar e julgar ações em que a Ordem dos Advogados do Brasil, quer mediante o Conselho Federal, quer seccional, figure na relação processual (Tema 258); b) Os pagamentos devidos, em razão de pronunciamento judicial, pelos Conselhos de Fiscalização não se submetem ao regime de precatórios (Tema 877); e c) o Conselho Federal e os Conselhos Seccionais da OAB não estão obrigados a prestar contas ao Tribunal de Contas da União nem a qualquer outra entidade externa (Tema 1.054). A doutrina majoritária entende que a OAB é autarquia profissional. Nesse sentido: DI PIETRO, Maria Sylvia Zanella. *Direito administrativo*. 20. ed. São Paulo: Atlas, 2007. p. 401. Parcela da doutrina sustenta que os conselhos profissionais são "entes públicos não estatais". A natureza pública decorre da possibilidade de exercício do poder de autoridade; o caráter não estatal significa que os Conselhos não integram o Estado, uma vez que não se encontram vinculados à Administração, recebem recursos da própria categoria profissional (e não do orçamento) e seus dirigentes são nomeados pela categoria (e não pelo Chefe do Executivo). Nesse sentido: SUNDFELD, Carlos Ari; CÂMARA, Jacintho Arruda. Conselhos de fiscalização profissional: entidades públicas não estatais. *RDE*, n. 4, p. 321-333, out.-dez. 2006.

[14] É verdade que, a rigor, toda autarquia possui peculiaridades e especificidades próprias, em razão das características estabelecidas nas respectivas leis de criação.

o Banco Central do Brasil (art. 6.º da LC 179/2021) e a Autoridade Nacional de Proteção de Dados – ANPD (art. 1.º da Lei 14.460/2022).

## 6.11 AUTARQUIAS E QUALIFICAÇÕES ESPECIAIS: AGÊNCIAS EXECUTIVAS, AGÊNCIAS REGULADORAS E ASSOCIAÇÕES PÚBLICAS

A legislação tem atribuído nomenclaturas próprias a determinadas autarquias, tendo em vista as suas características especiais, destacando-se, por exemplo, as agências executivas, agências reguladoras e associações públicas.[15]

**Agências executivas** (arts. 51 e 52 da Lei 9.649/1998 e Decreto 2.487/1998): a qualificação "agência executiva" será atribuída à autarquia ou à fundação que cumprir dois requisitos:

a) possuir um plano estratégico de reestruturação e de desenvolvimento institucional em andamento; e

b) tiver celebrado contrato de gestão com o respectivo Ministério supervisor (ex.: INMETRO – Instituto Nacional de Metrologia, Normalização e Qualidade industrial).[16]

As agências executivas possuem duas características básicas:

a) a formalização da qualificação da autarquia ou da fundação como agência executiva será feita por decreto do Presidente da República; e

b) a entidade, qualificada como agência executiva, deverá implementar as metas definidas no contrato de gestão, de acordo com os prazos e critérios de desempenho definidos no ajuste, e, em contrapartida, receberá maior autonomia de gestão gerencial, orçamentária e financeira.

**Agências reguladoras:** a expressão "agência reguladora" encontra-se prevista em diversas leis específicas e é utilizada para designar as autarquias com regime especial que possuem a incumbência de regular o desempenho de certas atividades econômicas ou a prestação de serviços públicos (ex.: ANEEL – Agência Nacional de Energia Elétrica, instituída pela Lei 9.427/1996, ANATEL – Agência Nacional de Telecomunicações, instituída pela Lei 9.472/1997, ANP – Agência Nacional do Petróleo, instituída pela Lei 9.478/1997). São duas as características principais das agências reguladoras:

---

[15] O uso do vocábulo "agência" para qualificar determinadas entidades administrativas brasileiras tem se intensificado nos últimos anos, notadamente a partir da década de 90, razão pela qual é possível estabelecer uma tendência atual à "agencificação" do Direito Administrativo. Nesse sentido: DI PIETRO, Maria Sylvia Zanella. *Direito administrativo*. 20. ed. São Paulo: Atlas, 2007. p. 31.

[16] Os contratos de gestão, celebrados por agências executivas, são os denominados "contratos de gestão internos ou endógenos", pois são formalizados no interior da Administração Pública (art. 37, § 8.º, CRFB). Uma consequência importante da qualificação de "agência executiva" é a maior liberdade para a celebração de contratos administrativos por meio de dispensa de licitação, na forma do art. 24, § 1.º, da Lei 8.666/1993 e art. 75, § 2.º, da nova Lei de Licitações.

a) a concessão do rótulo "agência reguladora" é efetivada pela lei que cria a autarquia; e

b) a agência exerce função regulatória que envolve atividades executivas tradicionais, mas, também, poderes normativos e poderes judicantes.

**Associações públicas** (arts. 1.º, § 1.º, e 6.º, I, da Lei 11.107/2005): autarquias instituídas para gerir os consórcios públicos e integrantes da Administração Indireta de todos os Entes federados consorciados, razão pela qual são denominadas de autarquias plurifederativas.

## 6.12 RESUMO DO CAPÍTULO

**AUTARQUIAS**

| | |
|---|---|
| Conceito | Pessoa jurídica de direito público, criada por lei e integrante da Administração Pública Indireta, que desempenha atividade típica de Estado (ex.: INSS, IBAMA, INCRA, CADE, CVM, ANEEL e BCB). |
| Criação | Instituída diretamente pela lei, de iniciativa do chefe do Executivo (art. 37, XIX, c/c art. 61, § 1.º, II, "b" e "e", da CRFB). |
| Objeto | Exercício de "atividades típicas" de Estado. |
| Regime de pessoal | A partir da alteração promovida pela EC 19/1998 no art. 39 da CRFB, julgada constitucional pelo STF, foi extinta a obrigatoriedade de instituição do Regime Jurídico Único (RJU), razão pela qual, no âmbito das autarquias, é possível a fixação do regime de pessoal estatutário e/ou celetista. |
| Patrimônio | Constituído por bens públicos, na forma do art. 98 do CC. **Características:** a) alienabilidade condicionada pela lei ou inalienabilidade relativa; b) impenhorabilidade; c) imprescritibilidade; d) não onerabilidade. |
| Atos e contratos | São considerados, em regra, de natureza pública, ainda que, excepcionalmente, seja possível a edição de atos privados ou a celebração de contratos privados (ex.: compra e venda). |
| Foro processual | Varia de acordo com o nível federativo da autarquia:<br>– autarquias federais: Justiça Federal;<br>– autarquias estaduais ou municipais: Justiça Estadual. |
| Responsabilidade civil | As autarquias sujeitam-se à responsabilidade civil objetiva, fundada na teoria do risco administrativo (art. 37, § 6.º, da CRFB).<br>Caso as autarquias não possuam bens para satisfazerem os seus débitos, surgirá a responsabilidade civil subsidiária do respectivo Ente federado.<br>As autarquias submetem-se ao regime dos precatórios ou da Requisição de Pequeno Valor, na forma do art. 100 da CRFB. De acordo com o STF, o regime dos precatórios não é aplicável aos Conselhos Profissionais. |
| Prerrogativas especiais | a) imunidade tributária (art. 150, § 2.º, da CRFB);<br>b) prerrogativas processuais (ex.: prazo em dobro para todas as suas manifestações processuais – art. 183 do CPC). |

| | | |
|---|---|---|
| **Classificações** | Quanto à vinculação federativa das autarquias | a) monofederativas;<br>b) plurifederativas (interfederativas). |
| | Em relação ao campo de atuação ou ao objeto | a) autarquias assistenciais ou previdenciárias;<br>b) autarquias de fomento;<br>c) autarquias profissionais ou corporativas;<br>d) culturais ou de ensino;<br>e) autarquias de controle ou de regulação. |
| | Quanto ao regime jurídico | a) autarquias comuns ou ordinárias;<br>b) autarquias especiais. |
| **Agências executivas** | Requisitos | a) possuir um plano estratégico de reestruturação e de desenvolvimento institucional em andamento; e<br>b) celebrar contrato de gestão com o respectivo Ministério supervisor (ex.: INMETRO). |
| | Características | a) a formalização por decreto do Presidente da República;<br>b) implementar as metas definidas no contrato de gestão. |
| **Agências reguladoras** | Regulam o desempenho de certas atividades econômicas ou a prestação de serviços públicos.<br>**Características principais:**<br>a) a concessão do rótulo "agência reguladora" é efetivada pela lei que cria a autarquia;<br>b) a agência exerce função regulatória que envolve atividades executivas tradicionais, mas também poderes normativos e poderes judicantes. | |
| **Associações públicas** | Autarquias instituídas para gerir os consórcios públicos e integrantes da Administração Indireta de todos os Entes federados consorciados, razão pela qual são denominadas de autarquias plurifederativas. | |

# CAPÍTULO 7

# AGÊNCIAS REGULADORAS

## 7.1 ORIGEM, FONTES NORMATIVAS E FUNDAMENTOS

O modelo regulatório brasileiro tem inspiração no modelo norte-americano.[1]

As agências reguladoras sempre ocuparam papel de destaque no modelo de organização administrativa americana, especialmente após a Grande Depressão, iniciada em 1929, e que tem como uma das causas a quebra da Bolsa de Valores de Nova Iorque. Evidencia-se, naquele momento, a incapacidade de o mercado se reerguer sozinho e a necessidade de uma maior regulação estatal, de modo a evitar a repetição dos fatos que levaram à crise, o que justificou a instituição pelo Presidente Franklin D. Roosevelt de programas estatais de caráter intervencionista (*New Deal*). Nesse contexto, a partir da década de 1930, o Estado norte-americano utilizou-se do modelo das agências reguladoras para promover uma intervenção enérgica na ordem econômica e social, corrigindo as falhas do mercado.[2]

No Brasil, as agências reguladoras foram instituídas a partir da década de 90, período marcado pela diminuição da intervenção estatal direta na economia e por ideais liberais consagrados no ordenamento jurídico (ex.: abertura ao capital estrangeiro na Constituição de 1988, com a promulgação das Emendas Constitucionais 06/1995, 07/1995 e 36/2002; atenuação dos monopólios estatais por meio das Emendas Constitucionais 05/1995, 08/1995

---

[1] Sobre a regulação remetemos o leitor ao Capítulo 19, item 19.5.

[2] A primeira agência reguladora independente nos Estados Unidos foi a *Interstate Commerce Commission* (1887), cujo objeto era a regulamentação, inicialmente, dos serviços interestaduais de transporte ferroviário. Ela acabou em 1995, quando foi substituída pela *Surface Transportation Board* (STB), criada pelo *Interstate Commerce Commission Termination Act*. Entre as diversas agências criadas durante o *New Deal*, destacam-se: *Securities and Exchange Commission* (1934), *Social Security Administration* (1935); *Federal Power Comission* (1935); *Federal Communication Commission* (1936); *Soil Conservation Service* (1938); etc.

e 09/1995; Programa Nacional de Desestatização (PND), instituído pela Lei 8.031/1990, substituída, posteriormente, pela Lei 9.491/1997).[3]

Após as alterações legislativas, liberalizando a economia e diminuindo o próprio tamanho do Estado, optou-se pela adoção do modelo de agências reguladoras para se estabelecer o novo modelo regulatório brasileiro.

As fontes constitucionais das agências reguladoras são:

a) art. 21, XI, da CRFB, alterado pela EC 08/1995: determina a instituição de órgão regulador para o setor de telecomunicações;

b) art. 174 da CRFB: dispõe que o Estado é agente normativo e regulador da atividade econômica; e

c) art. 177, § 2.º, III, da CRFB, alterado pela EC 09/1995: estabelece a criação de órgão regulador do setor do petróleo e gás natural.

Verifica-se que o texto constitucional não exigiu expressamente a instituição do modelo das agências norte-americanas, mas essa foi a opção adotada pelo legislador infraconstitucional. Ex.: Lei 9.427/1996 (Agência Nacional de Energia Elétrica – ANEEL); Lei 9.472/1997 (Agência Nacional de Telecomunicações – ANATEL); Lei 9.478/1997 (Agência Nacional do Petróleo, Gás Natural e Biocombustíveis – ANP); Lei 9.782/1999 (Agência Nacional de Vigilância Sanitária – ANVISA); Lei 9.961/2000 (Agência Nacional de Saúde Suplementar – ANS); Lei 9.984/2000 (Agência Nacional de Águas – ANA); Lei 10.233/2001 (Agência Nacional de Transportes Terrestres – ANTT e Agência Nacional de Transportes Aquaviários – ANTAQ); MP 2.228-1/2001 e Lei 10.454/2002 (Agência Nacional do Cinema – ANCINE); Lei 11.182/2005 (Agência Nacional de Aviação Civil – ANAC); Lei 13.575/2017 (Agência Nacional de Mineração – ANM). Em âmbito federal, a Lei 13.848/2019 dispõe sobre a gestão, a organização, o processo decisório e o controle social das agências reguladoras.

As agências reguladoras são autarquias com regime jurídico especial, dotadas de autonomia reforçada em relação ao Ente central, tendo em vista dois fundamentos principais:

a) despolitização (ou "desgovernamentalização"), conferindo tratamento técnico e maior segurança jurídica ao setor regulado; e

b) necessidade de celeridade na regulação de determinadas atividades técnicas.

O regime especial das agências reguladoras é caracterizado pela ausência de tutela ou de subordinação hierárquica, pela autonomia funcional, decisória, administrativa e financeira e pela investidura a termo de seus dirigentes e estabilidade durante os mandatos, além das demais peculiaridades previstas na respectiva legislação (art. 3.º da Lei 13.848/2019).

---

[3] Verifica-se, destarte, um aparente paradoxo: enquanto, nos Estados Unidos, as agências se multiplicam no momento de fortalecimento do Estado, no Brasil, as agências são instituídas em período de diminuição do intervencionismo estatal. O ponto comum dos dois processos regulatórios é a insatisfação com o modelo estatal adotado tanto nos Estados Unidos (modelo abstencionista) quanto no Brasil (modelo intervencionista), buscando-se um ponto médio ideal de regulação: a regulação leve (*light intervention*).

## 7.2 ATIVIDADE REGULATÓRIA

As agências reguladoras concentram em suas mãos poderes normativos, administrativos e judicantes. No âmbito da sua atuação, as agências reguladoras editam normas técnicas, fiscalizam, aplicam sanções e resolvem conflitos nos setores regulados.[4]

Verifica-se, portanto, que a atividade regulatória, exercida pelas agências reguladoras brasileiras, é complexa, pois envolve o exercício de três atividades diversas:

a) administrativas clássicas (ex.: poder de polícia);

b) poder normativo (ex.: prerrogativa de editar atos normativos); e

c) judicantes (ex.: atribuição para resolver conflitos entre os agentes regulados).

Por óbvio, as agências não exercem propriamente a função legislativa nem a jurisdicional, uma vez que a edição de normas primárias, gerais e abstratas permanece como tarefa precípua do Legislativo, salvo as exceções constitucionais expressas (medidas provisórias e leis delegadas), bem como a resolução de conflitos com força definitiva é tarefa exclusiva do Judiciário.

## 7.3 CLASSIFICAÇÕES DAS AGÊNCIAS REGULADORAS

A instituição das agências reguladoras é justificada não apenas pela necessidade de regulação dos serviços públicos concedidos aos particulares, mas também pela necessidade de controle de determinadas atividades privadas relevantes, destacadas pela lei. Portanto, a partir do tipo de atividade regulada, as agências reguladoras podem ser divididas em duas espécies:

a) **agências reguladoras de serviços públicos concedidos** (ex.: ANEEL, ANATEL, ANTT);[5] e

b) **agências reguladoras de atividades econômicas em sentido estrito** (ex.: ANP, ANCINE).[6]

---

[4] Conforme decidiu o STF, os processos administrativos sancionadores instaurados por agências reguladoras contra concessionárias de serviço público devem obedecer ao princípio da publicidade durante toda a sua tramitação, ressalvados eventuais atos que se enquadrem nas hipóteses de sigilo previstas em lei e na Constituição. STF, ADI 5.371/DF, Rel. Min. Roberto Barroso, Tribunal Pleno, DJe-061 31.03.2022, *Informativo de Jurisprudência do STF* n. 1.045.

[5] Segundo o STF, a busca e posterior apreensão realizada pela ANATEL, sem ordem judicial, com base apenas no poder de polícia de que é investida a agência, mostra-se inconstitucional diante da violação ao disposto no princípio da inviolabilidade de domicílio, à luz do art. 5.º, XI, da CRFB. (STF, ADI 1.668/DF, Rel. Min. Edson Fachin, Tribunal Pleno, DJe 23.03.2021, *Informativo de Jurisprudência do STF* n. 1.007).
A referida classificação, contudo, não pode ser compreendida em termos absolutos, em razão da possibilidade de concomitância de regimes público e privado de prestação do serviço, tal como ocorre no setor de telecomunicações. Nesse sentido: STF, ADI 1.668/DF, Rel. Min. Edson Fachin, Tribunal Pleno, DJe 23.03.2021, *Informativo de Jurisprudência do STF* n. 1.007.

[6] Alguns autores citam, ainda, outras duas possibilidades de agências: a) agências reguladoras de atividades que são consideradas serviços públicos, quando executadas pelo Estado, ou atividades econômicas, quando prestadas por particulares (ex.: ANVISA, ANS); e b) agências reguladoras de uso de bem público (ex.: ANA). GROTTI, Dinorá Adelaide Mussetti. *O serviço público e a Constituição brasileira de 1988*. São Paulo: Malheiros, 2003. p. 157-158.

Por outro lado, a partir da quantidade de setores regulados, as agências podem ser classificadas em:

a) **agências reguladoras monossetoriais:** regulam, especificamente, uma atividade econômica ou um serviço público. É a regra geral (ex.: ANEEL, ANATEL, ANP);
b) **agências reguladoras plurissetoriais:** regulam, ao mesmo tempo, diversas atividades econômicas e/ou serviços públicos (ex.: Agência Estadual de Regulação dos Serviços Públicos Delegados do Rio Grande do Sul – AGERGS; Agência Reguladora de Serviços Públicos de Santa Catarina – AGESC).

Em nossa opinião, o ideal é a instituição de agências monossetoriais, dotadas de maior especialização, o que permite maior eficiência na regulação do setor.

Quanto à titularidade federativa, as agências reguladoras podem ser:

a) **agências reguladoras federais** (ex.: ANEEL, ANATEL, ANP);
b) **agências reguladoras estaduais** (ex.: Agência Reguladora de Serviços Públicos Concedidos de Transportes Aquaviários, Ferroviários e Metroviários e de Rodovias do Estado do Rio de Janeiro – AGETRANSP, Agência Reguladora de Energia e Saneamento Básico do Estado do Rio de Janeiro – AGENERSA, Agência Reguladora de Serviços Públicos Delegados de Transporte do Estado de São Paulo – ARTESP, Agência Estadual de Regulação de Serviços Públicos de Energia, Transporte e Comunicações da Bahia – AGERBA, Agência Reguladora de Serviços de Abastecimento de Água e Esgotamento Sanitário do Estado de Minas Gerais – ARSAE-MG);
c) **agências reguladoras distritais** (ex.: Agência Reguladora de Águas e Saneamento do Distrito Federal – ADASA); e
d) **agências reguladoras municipais** (ex.: Agência de Regulação dos Serviços Públicos Delegados de Campo Grande – AGEREG).

## 7.4 REGIME JURÍDICO ESPECIAL

As agências reguladoras são autarquias submetidas a regime jurídico especial que compreende a forte autonomia normativa, administrativa e financeira.

### 7.4.1 Poder normativo e deslegalização

A legislação confere autonomia às agências reguladoras para editar atos administrativos normativos, dotados de conteúdo técnico e respeitados os parâmetros (*standards*) legais, no âmbito do setor regulado. A intenção é despolitizar o respectivo setor, retirando do âmbito político e transferindo ao corpo técnico da agência a atribuição para normatizar a atividade regulada.

Há forte controvérsia doutrinária em relação à constitucionalidade da amplitude e do fundamento do poder normativo conferido às agências reguladoras.

**1.º entendimento:** inconstitucionalidade do poder normativo amplo das agências reguladoras, tendo em vista a violação aos princípios constitucionais da separação de poderes e da legalidade, sendo vedada a criação de direito e obrigações por meio de atos regulatórios editados com fundamento em delegação legislativa inominada. O texto constitucional só estabeleceu a possibilidade de exercício do poder normativo primário no Executivo em duas hipóteses: Medidas Provisórias (art. 62 da CRFB) e Leis Delegadas (art. 68 da CRFB). Os atos normativos das agências são infralegais e restringem-se à sua organização e funcionamento interno. Nesse sentido: Celso Antônio Bandeira de Mello e Gustavo Binenbojm.[7] Em sentido semelhante, após afirmar a impossibilidade de exercício de poder normativo ampliado por parte das agências reguladoras, Maria Sylvia Zanella Di Pietro excepciona as duas agências com fundamento expresso na Constituição (ANATEL – art. 21, XI, da CRFB e ANP – art. 177, § 2.º, III, da CRFB).[8]

**2.º entendimento:** constitucionalidade do poder normativo técnico ampliado reconhecido às agências reguladoras que poderão editar atos normativos, respeitados os parâmetros (*standards*) legais, em razão do fenômeno da deslegalização. Nesse sentido: José dos Santos Carvalho Filho, Alexandre Santos Aragão, Marcos Juruena Villela Souto e Diogo de Figueiredo Moreira Neto.[9]

Registre-se que o Plenário do STF reconheceu a constitucionalidade da função normativa das agências reguladoras.[10]

Entendemos que as agências reguladoras podem exercer poder normativo, com caráter técnico, no âmbito de suas atribuições, respeitado o princípio da juridicidade. As normas editadas pelas agências não podem ser classificadas como "autônomas" fruto de delegação legislativa inominada, pois encontram fundamento na lei instituidora da entidade regulatória que estabelece os parâmetros que deverão ser observados pelo regulador. A prerrogativa normativa das agências funda-se na releitura do princípio da legalidade.[11]

O fundamento do poder normativo das agências reguladoras seria a técnica da deslegalização (ou delegificação), que significa "a retirada, pelo próprio legislador, de certas matérias do domínio da lei (*domaine de la loi*), passando-as ao domínio do regulamento (*domaine de l'ordonnance*)".[12]

---

[7] MELLO, Celso Antônio Bandeira de. *Curso de direito administrativo*. 21. ed. São Paulo: Malheiros, 2006. p. 165; BINENBOJM, Gustavo. *Uma teoria do direito administrativo*. Rio de Janeiro: Renovar, 2006. p. 277-278.

[8] DI PIETRO, Maria Sylvia Zanella. *Direito administrativo*. 22. ed. São Paulo: Atlas, 2009. p. 471-472.

[9] CARVALHO FILHO, José dos Santos. *Manual de direito administrativo*. 24. ed. Rio de Janeiro: Lumen Juris, 2011. p. 437; ARAGÃO, Alexandre Santos de. *Agências reguladoras e a evolução do direito administrativo econômico*. Rio de Janeiro: Forense, 2002. p. 406-425; SOUTO, Marcos Juruena Villela. *Direito administrativo regulatório*. 2. ed. Rio de Janeiro: Lumen Juris, 2005. p. 48-55; MOREIRA NETO, Diogo de Figueiredo. *Direito regulatório*. Rio de Janeiro: Renovar, 2003. p. 123-128.

[10] A Suprema Corte afirmou a constitucionalidade da função normativa da ANVISA (STF, ADI 4.874/DF, Rel. Min. Rosa Weber, Tribunal Pleno, *DJe* 01.02.2019, *Informativo de Jurisprudência do STF* 889), da ANATEL (STF, ADI 1.668/DF, Rel. Min. Edson Fachin, Tribunal Pleno, *DJe* 23.03.2021, *Informativo de Jurisprudência do STF* 1.007), da ANP (STF, ADI 7.031/DF, Rel. Min. Alexandre de Moraes, Tribunal Pleno, *DJe* 16.08.2022, *Informativo de Jurisprudência do STF* 1.062) e da ANTT (STF, Tribunal Pleno, ADI 5.906/DF, Rel. Min. Alexandre de Moraes, *DJe* 16.03.2023, *Informativo de Jurisprudência do STF* 1.085).

[11] Sobre a releitura do princípio da legalidade e a releitura da dicotomia decreto autônomo e executivo, remetemos o leitor para os Capítulos 3, item 3.2.1, e 14, item 14.3.1.3.3.

[12] MOREIRA NETO, Diogo de Figueiredo. *Direito regulatório*. Rio de Janeiro: Renovar, 2003. p. 122. De acordo com Eduardo Garcia de Enterría, a delegação legislativa divide-se em: **a) delegação receptícia:** é a delegação da função

Com a deslegalização, opera-se uma verdadeira degradação da hierarquia normativa (descongelamento da classe normativa) de determinada matéria que, por opção do próprio legislador, deixa de ser regulada por lei e passa para a seara do ato administrativo normativo. A lei deslegalizadora não chega a determinar o conteúdo material da futura normatização administrativa, limitando-se a estabelecer *standards* e princípios que deverão ser respeitados na atividade administrativo-normativa. Entendemos que o exercício da competência normativa por parte das agências receba um reforço de legitimidade por meio da participação dos cidadãos na discussão e elaboração de normas regulatórias (consultas e audiências públicas).

Observe-se, nesse ponto, que inexiste "reserva de regulamento" na técnica da deslegalização, pois nada impede que o legislador, que é quem atribui liberdade normativa ampla por meio da lei deslegalizadora, volte a tratar diretamente da matéria deslegalizada.[13]

Registre-se, por fim, a existência de limites constitucionais à deslegalização, tais como:

a) casos de "reserva legislativa específica", previstos na Constituição Federal, que devem ser veiculados por lei formal (ex.: art. 5.º, VI, VII, VIII, XII, da CRFB); e

b) matérias que devem ser reguladas por lei complementar não admitem deslegalização, pois encerram verdadeiras reservas legislativas específicas, além das matérias que devem ser legisladas com caráter de normas gerais (ex.: art. 24, §§ 1.º e 2.º, da CRFB), tendo em vista que estas últimas possuem alcance federativo, abrangendo Estados-membros e Municípios.[14]

### 7.4.1.1 Lei e superveniência de ato regulatório: revogação diferida

Questão interessante refere-se ao potencial conflito entre a norma editada pela agência reguladora e a legislação anterior.

Existe controvérsia doutrinária sobre a norma que prevalecerá no conflito normativo. Os críticos do poder normativo da agência sustentam que, em qualquer hipótese, a lei prevalecerá sobre os atos das agências, especialmente pela inexistência da própria competência normativa ampliada da autarquia regulatória. Por outro lado, os defensores do poder normativo ampliado das agências afirmam a prevalência, no mencionado conflito, dos atos regulatórios em detrimento da legislação anterior.

Entendemos que o ato normativo da agência, que respeita os parâmetros fixados pela própria lei deslegalizadora, prevalece sobre a legislação anterior. Isso não significa que o ato administrativo tenha primazia sobre a lei. A lei deslegalizadora, ao efetivar o rebaixamento hierárquico apontado, possibilita que todo o tratamento da matéria por ela

---

legislativa ao Poder Executivo para editar, dentro do período e das matérias determinadas na lei delegante, normas com força de lei (ex.: lei delegada prevista nos arts. 59, IV, e 68 da CRFB); **b) delegação remissiva (remissão):** a Administração tem a prerrogativa de editar atos normativos, sem força de lei, que deverão respeitar a moldura legal (ex.: regulamento executivo previsto no art. 84, IV, da CRFB); e **c) deslegalização:** o legislador transfere o tratamento de determinada matéria ao administrador, estabelecendo apenas parâmetros gerais que deverão ser observados no momento da fixação dos direitos e obrigações (ex.: arts. 96, I, "a", 207, *caput*, e 217, I, da CRFB).

[13] ROIG, Antoni. *La deslegalización*: orígenes y límites constitucionales, en Francia, Italia y España. Madrid: Dykinson. 2003. p. 25 e 194.

[14] MOREIRA NETO, Diogo de Figueiredo. *Direito regulatório*. Rio de Janeiro: Renovar, 2003. p. 170 e ss.

especificada seja efetivado por atos da agência. Dessa forma, a revogação da legislação anterior não é operada diretamente pelo ato administrativo normativo regulatório, mas sim pela própria lei deslegalizadora que utiliza o ato da agência para revogar, de forma diferida no tempo, a lei anterior.

Registre-se que a lei instituidora da agência possui baixa densidade normativa, limitando-se à instituição da agência reguladora e à fixação dos parâmetros genéricos que deverão ser observados pelas agências, sem criar, portanto, direitos e deveres no setor regulado. Por essa razão, a lei deslegalizadora, no momento inicial, não possui conteúdo normativo suficiente para conflitar com a legislação pretérita. Assim como ocorre com as "leis penais em branco", o conteúdo da lei será complementado por atos administrativos. No momento em que a agência edita o ato regulatório, a lei deslegalizadora ("norma regulatória em branco" ou "lei administrativa em branco") é efetivada e complementada, recebendo carga normativa suficiente para revogar a legislação anterior. Ex.: lei estabelece exigências para os veículos que prestam transporte público. Posteriormente, a legislação institui agência reguladora de transporte público, fixando parâmetros para a edição de normas regulatórias. Os atos regulatórios, respeitados os *standards* legais, prevalecerão sobre a legislação anterior.[15]

### 7.4.1.2 Atos regulatórios x atos regulamentares

Há polêmica doutrinária sobre a resolução de conflito normativo entre os regulamentos presidenciais e os atos normativos das agências reguladoras (regulamentos setoriais).[16]

**1.º entendimento:** prevalece o regulamento presidencial, tendo em vista a sua superioridade hierárquica, na forma do art. 84, II, da CRFB, que prevê a "direção superior" do chefe do Executivo sobre toda a Administração Pública. Nesse sentido: Maria Sylvia Zanella Di Pietro.[17]

**2.º entendimento:** primazia do ato setorial sobre o regulamento do chefe do Executivo, em razão do princípio da especialidade. Nesse sentido: Gustavo Binenbojm.[18]

Entendemos que os atos das agências prevalecem sobre os regulamentos editados pelo chefe do Executivo. O ato normativo da agência tem caráter técnico e setorial, com fundamento no art. 174 da CRFB; já o regulamento presidencial possui conteúdo político

---

[15] No mesmo sentido, defendendo a revogação diferida da legislação anterior pela norma da agência, vide: ARAGÃO, Alexandre Santos de. *Agências reguladoras e a evolução do direito administrativo econômico*. Rio de Janeiro: Forense, 2002. p. 423; SOUTO, Marcos Juruena Villela. *Direito administrativo regulatório*. 2. ed. Rio de Janeiro: Lumen Juris, 2005. p. 54. No Direito Comparado, mencione-se: GARCÍA DE ENTERRÍA, Eduardo. *Legislación delegada, potestad reglamentaria y control judicial*. 3. ed. Madrid: Civitas, 1998. p. 220; VERGOTTINI, Giuseppe de. A "delegificação" e a sua incidência no sistema das fontes do direito. *Direito constitucional*: estudos em homenagem a Manoel Gonçalves Ferreira Filho. São Paulo: Dialética, 1999. p. 168-169. O STF utilizou a tese da deslegalização e da revogação diferida para resolver conflito entre leis e atos infralegais tributários. Discutia-se, no caso, o prazo para recolhimento do Imposto sobre Produtos Industrializados (IPI), uma vez que o prazo previsto originariamente no DL 326/1967 encontrava-se em contradição com a Portaria 266/1988, editada pelo Ministro da Fazenda, com fundamento no art. 66 da Lei 7.450/1986. A decisão final do STF foi no sentido de prevalecer o prazo previsto na Portaria, pois a Lei 7.450/1986, em razão do fenômeno da deslegalização, teria revogado o DL 326/1967.

[16] Sobre a distinção entre poder regulamentar e poder regulatório, vide Capítulos 14, item 14.3.1.2, e 19, item 19.5.2.

[17] DI PIETRO, Maria Sylvia Zanella. *Parcerias na Administração Pública*: concessão, permissão, franquia, terceirização, parceria público-privada e outras formas. 5. ed. São Paulo: Atlas, 2005. p. 212.

[18] BINENBOJM, Gustavo. *Uma teoria do direito administrativo*. Rio de Janeiro: Renovar, 2006. p. 156.

e genérico, com base no art. 84, IV, da CRFB. Ademais, a autarquia regulatória é pessoa jurídica (e não órgão público) instituída por lei de iniciativa do próprio chefe do Executivo, que opera a descentralização de atividades e reconhece a autonomia da entidade, não havendo hierarquia entre o Ente federado e a agência. Portanto, a resolução da antinomia deve ser pautada pelo critério da especialidade, prevalecendo, neste caso, o ato da agência.

### 7.4.2 Autonomia administrativa

A autonomia administrativa, reforçada, das agências reguladoras pode ser afirmada por duas características básicas: a estabilidade reforçada dos dirigentes e a impossibilidade de recurso hierárquico impróprio contra as decisões das entidades regulatórias.[19]

#### 7.4.2.1 Estabilidade reforçada dos dirigentes

A autonomia administrativa das agências reguladoras pode ser demonstrada, inicialmente, pela estabilidade dos seus dirigentes que são brasileiros, de reputação ilibada, formação acadêmica compatível com o cargo e elevado conceito no campo do setor regulado, nomeados pelo Presidente da República, após aprovação do Senado (art. 5.º da Lei 9.986/2000).[20]

Trata-se de estabilidade diferenciada, caracterizada pelo exercício de mandato a termo, não coincidente com o mandato do agente político, bem como pela impossibilidade de exoneração *ad nutum*. Em regra, os dirigentes só perdem os seus cargos em três situações:

a) renúncia;

b) sentença transitada em julgado; ou

---

[19] De acordo com o art. 3.º, § 2.º, da Lei 13.848/2019, a autonomia administrativa da agência reguladora é caracterizada pelas seguintes competências: a) solicitação direta ao Ministério da Economia para: a.1) autorização para a realização de concursos públicos; a.2) provimento dos cargos autorizados em lei para seu quadro de pessoal, observada a disponibilidade orçamentária; a.3) alterações no respectivo quadro de pessoal, fundamentadas em estudos de dimensionamento, bem como alterações nos planos de carreira de seus servidores; b) concessão de diárias e passagens em deslocamentos nacionais e internacionais e autorizar afastamentos do País a servidores da agência; e c) celebração de contratos administrativos e prorrogar contratos em vigor relativos a atividades de custeio, independentemente do valor.

[20] O nomeado para o cargo de dirigente da agência deve preencher, ainda, um dos seguintes requisitos de experiência profissional mínima de: a) dez anos, no setor público ou privado, no campo de atividade da agência reguladora ou em área a ela conexa, em função de direção superior; ou b) quatro anos ocupando pelo menos um dos seguintes cargos: b.1) cargo de direção ou de chefia superior em empresa no campo de atividade da agência reguladora, entendendo-se como cargo de chefia superior aquele situado nos dois níveis hierárquicos não estatutários mais altos da empresa; b.2) cargo em comissão ou função de confiança equivalente a DAS-4 ou superior, no setor público; b.3) cargo de docente ou de pesquisador no campo de atividade da agência reguladora ou em área conexa; ou c) 10 (dez) anos de experiência como profissional liberal no campo de atividade da agência reguladora ou em área conexa (art. 5.º da Lei 9.986/2000, alterado pela Lei 13.848/2019). Em qualquer caso, as indicações dos dirigentes devem respeitar as vedações contidas no art. 8.º-A da referida Lei (lembre-se de que o STF declarou a constitucionalidade dos incisos III e IV do art. 8.º-A: STF, ADI 6.276/DF, Rel. Min. Edson Fachin, Tribunal Pleno, *DJe* 27.09.2021). A participação do Legislativo na nomeação de dirigentes de entidades administrativas pelo Executivo tem previsão no art. 52, III, da CRFB. O ex-dirigente da agência reguladora deve cumprir o período de quarentena, sendo impedido de prestar atividades no setor regulado pela respectiva agência pelo período de 6 meses, na forma do art. 8.º da Lei 9.986/2000, alterado pela Lei 13.848/2019. Nas edições anteriores desta obra já defendíamos o referido prazo, com fundamento no art. 6.º, II, da Lei 12.813/2013.

c) processo administrativo, com observância da ampla defesa e do contraditório (art. 9.º da Lei 9.986/2000).[21]

Há divergência doutrinária sobre a constitucionalidade da não coincidência dos mandatos dos dirigentes das agências com os dos chefes do Executivo estabelecida no art. 4.º, §1.º, da Lei 9.986/2000, com redação dada pela Lei 13.848/2019.[22]

**1.º entendimento:** inconstitucionalidade, pois a não coincidência de mandatos viola o princípio republicano, cuja essência é a temporariedade dos mandatos. Com efeito, ao permitir que um dirigente escolhido por um determinado governante mantenha-se no cargo no governo seguinte, ocorreria uma prorrogação indireta e disfarçada do mandato daquele governante que não mais está ocupando o cargo, razão pela qual os mandatos dos dirigentes devem perdurar apenas durante o período governamental em que houve a nomeação. Nesse sentido: Celso Antônio Bandeira de Mello.[23]

**2.º entendimento:** constitucionalidade, uma vez que os dirigentes são independentes e responsáveis por decisões técnicas (e não políticas), bem como os órgãos colegiados das agências são formados por correntes diversas de pensamento da sociedade (pluralismo político). Nesse sentido: Marcos Juruena Villela Souto e Floriano de Azevedo Marques Neto.[24]

Sustentamos a constitucionalidade da ausência de coincidência dos mandatos, especialmente por dois argumentos:

a) objetivo da regulação é "despolitizar" a área regulada; e

b) o próprio chefe do Executivo, responsável pela nomeação do dirigente da agência, não possui poder (formal) de ingerência e pressão, uma vez que a legislação veda a exoneração *ad nutum*, não havendo prorrogação indireta e disfarçada do seu respectivo mandato.

### 7.4.2.2 Impossibilidade de recurso hierárquico impróprio

A autonomia administrativa das agências reguladoras também pode ser caracterizada pela impossibilidade do chamado "recurso hierárquico impróprio", interposto perante

---

[21] O art. 9.º da Lei 9.986/2000, alterado pela Lei 13.848/2019, menciona, ainda, a perda do cargo por infringência ao art. 8.º-B da mesma Lei. Ocorre que a constatação das referidas infrações e a aplicação da sanção de perda do cargo dependerão, necessariamente, de processo administrativo, com ampla defesa e contraditório, ou de processo judicial. Registre-se que O STF, no julgamento da ADIN 1949/RS, após declarar a inconstitucionalidade de dispositivo de lei estadual que admitia a exoneração de dirigentes das agências pela Assembleia Legislativa, asseverou: "A investidura a termo – não impugnada e plenamente compatível com a natureza das funções das agências reguladoras – é, porém, incompatível com a demissão *ad nutum* pelo Poder Executivo" (STF, Tribunal Pleno, ADInMC 1.949/RS, Rel. Min. Sepúlveda Pertence, j. 18.11.1999, *DJ* 25.11.2005).

[22] De acordo com o art. 6.º da Lei 9.986/2000, alterado pela Lei 13.848/2019, o mandato dos dirigentes das agências reguladoras será de cinco anos, vedada a recondução, ressalvada a hipótese do § 7.º do art. 5.º da referida Lei.

[23] MELLO, Celso Antônio Bandeira de. *Curso de direito administrativo*. 21. ed. São Paulo: Malheiros, 2006. p. 168.

[24] SOUTO, Marcos Juruena Villela. *Direito administrativo regulatório*. 2. ed. Rio de Janeiro: Lumen Juris, 2005. p. 128; MARQUES NETO, Floriano de Azevedo. *Agências reguladoras independentes*: fundamentos e seu regime jurídico. Belo Horizonte: Fórum, 2009. p. 103.

pessoa jurídica diversa daquela que proferiu a decisão recorrida. O objetivo é assegurar que a decisão final na esfera administrativa seja da autarquia regulatória.

Registre-se, no entanto, que a questão é objeto de divergências doutrinárias:

**1.º entendimento (majoritário):** impossibilidade do recurso hierárquico impróprio, tendo em vista a ausência de previsão expressa na legislação das agências. Nesse sentido: Maria Sylvia Zanella Di Pietro, Celso Antônio Bandeira de Mello, Alexandre Santos de Aragão, Floriano de Azevedo Marques Neto.[25]

**2.º entendimento:** viabilidade de revisão pelo chefe do Executivo ou respectivo Ministério da decisão da agência por meio de provocação do interessado (recurso hierárquico impróprio) ou de ofício (avocatória), com fundamento na direção superior exercida pelo chefe do Executivo sobre toda a Administração Pública (art. 84, II, da CRFB). Nesse sentido: AGU (Parecer AC-051).[26]

**3.º entendimento:** cabimento do recurso hierárquico impróprio por ilegalidade (anulação da decisão ilegal da agência), com fulcro no art. 84, II, da CRFB, e descabimento do recurso por conveniência e oportunidade (impossibilidade de revogação da decisão regulatória). Nesse sentido: Marcos Juruena Villela Souto.[27]

Em nossa opinião, não cabe recurso hierárquico impróprio contra as decisões das agências reguladoras, em razão da ausência de previsão legal expressa. O recurso hierárquico impróprio é modalidade recursal excepcional só tolerada nos casos expressamente previstos em lei, tendo em vista a sua utilização no bojo de uma relação administrativa em que inexiste hierarquia (subordinação é inerente à estrutura interna das pessoas administrativas e órgãos públicos), mas apenas vinculação (a relação de vinculação existe entre pessoas administrativas).

Ademais, a Constituição, não obstante estabeleça a direção superior da Administração pelo chefe do Executivo (art. 84, II, da CRFB), consagra o princípio da descentralização administrativa (art. 37, XIX, da CRFB). As pessoas administrativas descentralizadas (entidades integrantes da Administração Indireta, como é o caso das agências reguladoras) gozam de autonomia administrativa, não havendo subordinação hierárquica entre elas

---

[25] DI PIETRO, Maria Sylvia Zanella. *Parcerias na Administração Pública*: concessão, permissão, franquia, terceirização, parceria público-privada e outras formas. 5. ed. São Paulo: Atlas, 2005. p. 680; MELLO, Celso Antônio Bandeira de. *Curso de direito administrativo*. 21. ed. São Paulo: Malheiros, 2006. p. 143; ARAGÃO, Alexandre Santos de. *Agências reguladoras e a evolução do direito administrativo econômico*. Rio de Janeiro: Forense, 2002. p. 347; MARQUES NETO, Floriano de Azevedo. *Agências reguladoras independentes*: fundamentos e seu regime jurídico. Belo Horizonte: Fórum, 2009. p. 75. Nesse sentido, o Enunciado 25 da I Jornada de Direito Administrativo realizada pelo Centro de Estudos Judiciários do Conselho da Justiça Federal (CEJ/CJF): "A ausência de tutela a que se refere o art. 3.º, *caput*, da Lei 13.848/2019 impede a interposição de recurso hierárquico impróprio contra decisões finais proferidas pela diretoria colegiada das agências reguladoras, ressalvados os casos de previsão legal expressa e assegurada, em todo caso, a apreciação judicial, em atenção ao disposto no art. 5.º, XXXV, da Constituição Federal."

[26] A Advocacia-Geral da União (AGU) emitiu o Parecer AC-051, reconhecendo a possibilidade de revisão, por parte dos respectivos Ministérios (de ofício ou mediante recurso hierárquico impróprio), dos atos das agências que extrapolem os limites legais de suas competências ou violem as políticas públicas setoriais de competência do Ministério ou da Administração Central. O referido parecer foi aprovado pelo Presidente da República e passou a ostentar caráter vinculante para toda a Administração Pública federal, na forma do art. 40, § 1.º, da LC 73/1993.

[27] SOUTO, Marcos Juruena Villela. Extensão do poder normativo das agências reguladoras. In: ARAGÃO, Alexandre Santos de. (Coord.). *O poder normativo das agências reguladoras*. Rio de Janeiro: Forense, 2006. p. 141-142.

e a Administração Direta, sendo certo que a possibilidade aberta de revisão de ofício ou mediante recurso hierárquico impróprio de atos regulatórios pelo Executivo central aniquila a autonomia inerente das agências.

### 7.4.3 Autonomia financeira e as taxas regulatórias

O regime jurídico especial da agência reguladora é marcado por sua autonomia financeira reforçada, especialmente pela possibilidade de instituição das chamadas "taxas regulatórias" (*v.g.*: art. 47 da Lei 9.472/1997) e pelo envio de proposta orçamentária ao Ministério ao qual estão vinculadas (*v.g.*: art. 49 da Lei 9.472/1997).

Existe importante polêmica doutrinária em relação à natureza jurídica das "taxas regulatórias".

**1.º entendimento**: as taxas regulatórias são tributos (art. 145, II, da CRFB), tendo em vista a sua instituição legal (princípio da legalidade tributária), o exercício do poder de polícia (fato gerador das taxas) e o seu caráter compulsório. Nesse sentido: José dos Santos Carvalho Filho.[28]

**2.º entendimento:** a natureza da "taxa regulatória" depende da atividade desempenhada pela agência. Em relação às agências reguladoras de atividades econômicas, a taxa tem natureza tributária; ao contrário, no tocante às agências que regulam serviços públicos concedidos, as "taxas" não ostentam natureza tributária e são consideradas preços públicos. Nesse sentido: Alexandre Santos de Aragão, Marcos Juruena Villela Souto.[29]

A natureza dos valores arrecadados pelas agências varia em conformidade com as peculiaridades apresentadas por cada lei que institui determinada autarquia regulatória. Entendemos que, em regra, a "taxa regulatória" será tributo (taxa propriamente dita) apenas na hipótese de agências que regulam atividades econômicas, em razão da presença dos pressupostos normativos: legalidade, compulsoriedade e o fato gerador – poder de polícia (art. 145, II, CRFB e art. 78 do CTN). Por outro lado, a "taxa" cobrada por agência reguladora de serviços públicos não possui natureza tributária, mas sim contratual (preço público), pois não há exercício do poder de polícia propriamente dito por parte das agências, mas, sim, poder disciplinar no âmbito de relação de supremacia especial (fiscalização do contrato de concessão, e não poder de autoridade em relação aos particulares em geral).

## 7.5 GOVERNANÇA REGULATÓRIA E CONTROLE DAS AGÊNCIAS REGULADORAS

Em sua organização administrativa, as agências reguladoras devem implementar políticas de governança e *compliance*, por meio da adoção de práticas de gestão de riscos e de controle interno e elaborar e divulgar programa de integridade, com o objetivo de

---

[28] CARVALHO FILHO, José dos Santos. *Manual de direito administrativo*. 24. ed. Rio de Janeiro: Lumen Juris, 2011. p. 439.

[29] ARAGÃO, Alexandre Santos de. *Agências reguladoras e a evolução do direito administrativo econômico*. Rio de Janeiro: Forense, 2002. p. 332-333; SOUTO, Marcos Juruena Villela. *Direito administrativo regulatório*. 2. ed. Rio de Janeiro: Lumen Juris, 2005. p. 259-260.

promover a adoção de medidas e ações institucionais destinadas à prevenção, à detecção, à punição e à remediação de fraudes e atos de corrupção (art. 3.º, § 3.º, da Lei 13.848/2019).

O processo decisório nas agências possui caráter colegiado e as decisões devem ser proporcionais e motivadas, exigindo-se, ainda, a realização de Análise de Impacto Regulatório para elaboração e alteração de atos normativos de interesse geral dos agentes econômicos, consumidores ou usuários dos serviços (arts. 4.º a 13 da Lei 13.848/2019).

A preocupação com a governança regulatória pode ser demonstrada, ainda, pela relevância da transparência na atuação das agências. No processo decisório, as reuniões deliberativas do conselho diretor ou da diretoria colegiada das agências serão, em regra, públicas e gravadas em meio eletrônico, com disponibilização aos interessados, inclusive no respectivo sítio da Internet (arts. 7.º e 8.º, da Lei 13.848/2019). Ademais, a elaboração e as alterações de atos normativos serão objeto de consulta pública, admitindo-se, também, a convocação de audiência pública para decisões sobre matérias relevantes (arts. 9.º e 10, da Lei 13.848/2019).

No âmbito do controle externo exercido pelo Poder Legislativo, com auxílio do Tribunal de Contas, a agência deverá elaborar relatório anual circunstanciado de suas atividades, no qual destacará o cumprimento da política do setor, definida pelos Poderes Legislativo e Executivo, e o cumprimento do plano estratégico vigente e do plano de gestão anual (arts. 14 e 15, da Lei 13.848/2019).[30]

Ao lado dos planos estratégico e anual, a importância do planejamento da atividade regulatória é demonstrada pela necessidade de instituição da "agenda regulatória" que conterá o conjunto dos temas prioritários a serem regulamentados pela agência durante sua vigência (art. 21 da Lei 13.848/2019).

Em relação ao controle social, cada agência reguladora deve contar com um ouvidor, que atuará sem subordinação hierárquica e exercerá suas atribuições sem acumulação com outras funções, com a apresentação de relatórios sem caráter impositivo (art. 22 da Lei 13.848/2019). O ouvidor será nomeado após indicação do Presidente da República e aprovação do Senado, para o exercício de mandato de três anos, com estabilidade, admitindo-se a perda do cargo apenas nos casos de renúncia, condenação judicial transitada em julgado ou condenação em processo administrativo disciplinar (art. 23, caput e § 1.º, da Lei 13.848/2019).

No campo do Direito da Concorrência, as agências reguladoras e os órgãos de defesa da concorrência devem atuar em estreita cooperação, privilegiando a troca de experiências, cabendo ao Conselho Administrativo de Defesa Econômica (CADE) decidir sobre a aplicação da legislação concorrencial (arts. 25 a 28 da Lei 13.848/2019).[31]

---

[30] O plano estratégico deverá ser elaborado para cada período quadrienal e conterá os objetivos, as metas e os resultados estratégicos esperados das ações da agência reguladora relativos à sua gestão e a suas competências regulatórias, fiscalizatórias e normativas, bem como a indicação dos fatores externos alheios ao controle da agência que poderão afetar significativamente o cumprimento do plano (art. 17 da Lei 13.848/2019). O plano de gestão anual, alinhado às diretrizes estabelecidas no plano estratégico, será o instrumento anual do planejamento consolidado da agência reguladora e contemplará ações, resultados e metas relacionados aos processos finalísticos e de gestão (art. 18 da Lei 13.848/2019).

[31] Vide item 19.7.5.

Com o objetivo de garantir maior eficiência na articulação entre as agências reguladoras, admite-se que duas ou mais agências editem atos normativos conjuntos dispondo sobre matéria cuja disciplina envolva agentes econômicos sujeitos a mais de uma regulação setorial (art. 29 da Lei 13.848/2019).

Na articulação com órgãos de defesa do consumidor, as agências poderão firmar convênios e acordos de cooperação para colaboração mútua, sendo vedada delegação de competências (art. 31 da Lei 13.848/2019). A articulação por meio dos referidos instrumentos também é permitida com os órgãos de defesa do meio ambiente para intercâmbio de informações, padronização de exigências e procedimentos, celeridade na emissão de licenças ambientais e maior eficiência nos processos de fiscalização (art. 33 da Lei 13.848/2019).

As agências reguladoras podem formalizar Termos de Ajustamento de Condutas (TAC), com força de título executivo extrajudicial, com pessoas físicas ou jurídicas sujeitas a sua competência regulatória (art. 32 da Lei 13.848/2019).

Cabe destacar, ainda, a possibilidade de articulação entre as agências reguladoras federais e agências reguladoras ou órgãos de regulação estaduais, distritais e municipais, mediante acordo de cooperação, com a finalidade de descentralizar as atividades fiscalizatórias, sancionatórias e arbitrais, exceto quanto a atividades do Sistema Único de Saúde (SUS), que observarão o disposto em legislação própria, bem como as atividades normativas que não podem ser delegadas (art. 34, *caput* e § 1.º, da Lei 13.848/2019).

## 7.6 O RISCO DA TEORIA DA CAPTURA E A LEGITIMIDADE DAS AGÊNCIAS REGULADORAS

A forte autonomia e a concentração de poderes nas agências reguladoras colocam em risco a sua legitimidade democrática e a sua compatibilidade com o princípio da separação de poderes. Há o risco potencial de captura dos interesses (teoria da captura) pelos grupos economicamente mais fortes e politicamente mais influentes, em detrimento de consumidores e usuários de serviços públicos regulados.[32]

Apesar das controvérsias atinentes às agências reguladoras, não vislumbramos óbices intransponíveis do modelo regulatório com o ordenamento jurídico pátrio, sendo lícito apontar os fundamentos e requisitos necessários à efetivação de sua legitimidade democrática:

a) transparência do processo regulatório e efetivação de instrumentos de democracia direta na elaboração de decisões e normas regulatórias (consultas e audiências públicas);

---

[32] Sobre a "teoria da captura" e suas críticas, vide: POSNER, Richard A. Teorias da regulação econômica. In: MATTOS, Paulo (Coord.). *Regulação econômica e democracia*: o debate norte-americano. São Paulo: Editora 34, 2004. p. 49-80. Sobre o déficit democrático das agências, vide: MOREIRA, Egon Bockmann. Agências reguladoras independentes, déficit democrático e a "elaboração processual de normas". *Revista de Direito Público da Economia*, Belo Horizonte, v. 2, p. 221-255, 2003.

b) os órgãos colegiados das agências reguladoras devem ser compostos de representantes das mais diversas linhas de interesse (governo, empresas reguladas e sociedade civil), o que garante a pluralidade representativa e democrática;[33]
c) transferência de legitimidade democrática que ocorre no momento da nomeação dos dirigentes pelo chefe do Poder Executivo, após aprovação do Senado, órgãos de forte expressão majoritária (representantes eleitos pelo povo);
d) teoria dos poderes neutrais: a insuficiência da soberania popular para efetivação da democracia demonstra a necessidade de instituições estatais dotadas de forte autonomia em relação às diretrizes político-governamentais (ex.: Tribunais de Contas, Conselhos Nacionais, agências reguladoras etc.).[34]

## 7.7 RESUMO DO CAPÍTULO

### AGÊNCIAS REGULADORAS

| | |
|---|---|
| Fontes constitucionais | a) art. 21, XI, da CRFB: instituição de órgão regulador para o setor de telecomunicações; <br> b) art. 174 da CRFB: o Estado é agente normativo e regulador da atividade econômica; e <br> c) art. 177, § 2.º, III, da CRFB: criação de órgão regulador do setor do petróleo e gás natural. |
| Fundamentos | a) despolitização (ou "desgovernamentalização"), conferindo tratamento técnico e maior segurança jurídica ao setor regulado; e <br> b) necessidade de celeridade na regulação de determinadas atividades técnicas. |
| Atividade regulatória | Envolve o exercício de três atividades diversas: <br> a) administrativas clássicas (ex.: poder de polícia); <br> b) poder normativo (ex.: prerrogativa de editar atos normativos); e <br> c) judicantes (ex.: atribuição para resolver conflitos entre os agentes regulados). |

---

[33] O art. 34 da Lei 9.472/1997, por exemplo, ao tratar do conselho consultivo da ANATEL, dispõe que o conselho deve ser composto por pessoas indicadas pelo Senado Federal, pela Câmara dos Deputados, pelo Poder Executivo, pelas entidades de classe das prestadoras de serviços de telecomunicações, por entidades representativas dos usuários e por entidades representativas da sociedade, nos termos do regulamento. O TRF da 5.ª Região já teve a oportunidade de anular a nomeação de representantes do Conselho Consultivo da ANATEL com fundamento no risco de captura do setor regulado, na hipótese em que o presidente e o representante de empresas reguladas foram nomeados para vagas do Conselho Consultivo destinadas aos representantes da sociedade civil e dos usuários (TRF5, 2.ª Turma, AC 342.739/PE, Rel. Francisco Cavalcanti, j. 30.11.2004).

[34] ARAGÃO, Alexandre Santos de. (Coord.). *O poder normativo das agências reguladoras*. Rio de Janeiro: Forense, 2006. p. 442. A ideia dos poderes neutrais não é nova, sendo lícito afirmar que sua inspiração é o "poder moderador", tratado na obra de: CONSTANT, Benjamin. *Princípios políticos constitucionais*. Rio de Janeiro: Liber Juris, 1989. p. 77. Posteriormente, Carl Schmitt, ao fundamentar a defesa da Constituição, reafirma a tese do poder neutral a partir da interpretação do art. 48 da Constituição de Weimar, que conferia ao presidente do Reich poderes excepcionais na guarda da Constituição (SCHMITT, Carl. *La defesa de la Constitución*: estudio acerca de las diversas especies y posibilidad de salvaguardia de la constitución. Barcelona: Labor, 1931). A doutrina atual, afastando o viés originariamente autoritário da citada teoria, apoia-se nos poderes neutrais para justificar a legitimidade de diversos órgãos ou entidades estatais independentes.

| | | |
|---|---|---|
| **Classificações** | A partir do tipo de atividade regulada | a) agências reguladoras de serviços públicos concedidos (ex.: ANEEL, ANATEL, ANTT);<br>b) agências reguladoras de atividades econômicas em sentido estrito (ex.: ANP, ANCINE). |
| | A partir da quantidade de setores regulados | a) agências reguladoras monossetoriais;<br>b) agências reguladoras plurissetoriais. |
| | Quanto à titularidade federativa | a) agências reguladoras federais;<br>b) agências reguladoras estaduais;<br>c) agências reguladoras distritais;<br>d) agências reguladoras municipais. |
| **Regime jurídico especial** | Poder normativo e deslegalização: as agências reguladoras podem exercer poder normativo, com caráter técnico, no âmbito de suas atribuições, respeitado o princípio da juridicidade. O fundamento do poder normativo das agências reguladoras seria a técnica da deslegalização (ou delegificação), que significa a retirada, pelo próprio legislador, de certas matérias do domínio da lei, passando-as ao domínio do regulamento. | a) Lei e superveniência de ato regulatório (revogação diferida): o ato normativo da agência, que respeita os parâmetros fixados pela própria lei deslegalizadora ("norma regulatória em branco" ou "lei administrativa em branco"), prevalece sobre a legislação anterior. Isso não significa que o ato administrativo tenha primazia sobre a lei;<br>b) Atos regulatórios x atos regulamentares: os atos das agências prevalecem sobre os regulamentos editados pelo chefe do Executivo. |
| **Regime jurídico especial** | Autonomia administrativa | a) estabilidade reforçada dos dirigentes;<br>b) impossibilidade de recurso hierárquico impróprio. |
| | Autonomia financeira e as taxas regulatórias | |
| **Governança regulatória e controle das agências reguladoras** | – As agências devem implementar políticas de governança e *compliance*, por meio da adoção de práticas de gestão de riscos e de controle interno e elaborar e divulgar programa de integridade.<br>– O processo decisório nas agências possui caráter colegiado e as decisões devem ser proporcionais e motivadas, exigindo-se, ainda, a realização de AIR para edição e alteração de atos normativos.<br>– A elaboração e a alteração de atos normativos dependem de consulta pública, admitindo-se, também, a convocação de audiência pública para decisões sobre matérias relevantes.<br>– No âmbito do controle externo exercido pelo Poder Legislativo, com auxílio do Tribunal de Contas, a agência deverá elaborar relatório anual e cumprir o plano estratégico vigente e do plano de gestão anual.<br>– A agência deve elaborar uma "agenda regulatória" que conterá o conjunto dos temas prioritários a serem regulamentados pela agência durante sua vigência.<br>– A agência deve contar com um ouvidor, que atuará sem subordinação hierárquica e exercerá suas atribuições sem acumulação com outras funções, com a apresentação de relatórios sem caráter impositivo. | |

| | |
|---|---|
| **Governança regulatória e controle das agências reguladoras** | – As agências e os órgãos de defesa da concorrência devem atuar em estreita cooperação, privilegiando a troca de experiências, cabendo ao CADE decidir sobre a aplicação da legislação concorrencial.<br>– Duas ou mais agências podem editar atos normativos conjuntos dispondo sobre matéria que envolva agentes econômicos sujeitos a mais de uma regulação setorial.<br>– As agências podem firmar convênios e acordos de cooperação com órgãos de defesa do consumidor para colaboração mútua, sendo vedada delegação de competências.<br>– As agências reguladoras podem formalizar TAC, com força de título executivo extrajudicial, no âmbito do setor regulado.<br>– As agências reguladoras federais podem celebrar acordos de cooperação com as agências reguladoras ou órgãos de regulação estaduais, distritais e municipais, com a finalidade de descentralizar as atividades fiscalizatórias, sancionatórias e arbitrais, exceto quanto a atividades do Sistema Único de Saúde (SUS), que observarão o disposto em legislação própria, bem como as atividades normativas que não podem ser delegadas. |
| **Teoria da captura** | – Risco de captura dos interesses pelos grupos economicamente mais fortes e politicamente mais influentes, em detrimento de consumidores e usuários de serviços públicos regulados.<br>– Argumentos **em favor da legitimidade** das agências reguladoras: a) transparência do processo regulatório e efetivação de instrumentos de participação direta dos regulados na elaboração de decisões e normas regulatórias; b) os órgãos colegiados das agências reguladoras devem ser compostos de representantes das mais diversas linhas de interesse, o que garante a pluralidade representativa e democrática; c) transferência de legitimidade democrática que ocorre no momento da nomeação dos dirigentes pelo chefe do Poder Executivo, após aprovação do Senado; e d) teoria dos poderes neutrais: a insuficiência da soberania popular para efetivação da democracia demonstra a necessidade de instituições estatais dotadas de forte autonomia em relação às diretrizes político-governamentais. |

# CAPÍTULO 8

# EMPRESAS ESTATAIS: EMPRESAS PÚBLICAS E SOCIEDADES DE ECONOMIA MISTA

## 8.1 CONCEITO E ESTATUTO JURÍDICO (LEI 13.303/2016)

A expressão "empresas estatais" compreende toda e qualquer entidade, civil ou comercial, sob o controle acionário do Estado, englobando as empresas públicas, as sociedades de economia mista, suas subsidiárias e as demais sociedades controladas pelo Estado.[1]

O Estado institui, por meio da autorização legal, as empresas públicas, sociedades de economia mista e as respectivas subsidiárias. Da mesma forma, o Estado pode assumir o controle acionário de empresas privadas que passarão a integrar a Administração Indireta, com participação acionária minoritária de particulares, mas não se confundem com as demais estatais, pois não houve lei autorizativa para a sua instituição, requisito indispensável para a caracterização da sociedade de economia mista.[2]

Excluem-se, todavia, da Administração Indireta e do conceito de empresas estatais as entidades privadas que possuem participação minoritária do Estado, ainda que recebam influência estatal em razão das ações de classe especial (*golden shares*)[3] e dos acordos de

---

[1] O estudo da atuação empresarial do Estado é aprofundado no Capítulo 19, item 19.8.

[2] Nesse sentido: DI PIETRO, Maria Sylvia Zanella. *Direito administrativo*. 20. ed. São Paulo: Atlas, 2007. p. 415; STF: RExt 93.175-9, Rel. Min. Soares Muñoz, 1ª Turma, *DJ* 13.02.1981; RExt 92.288-1, Rel. Min. Leitão de Abreu, 2ª Turma, *DJ* 20.03.1981; RExt 94.777-9, Rel. Min. Décio Miranda, 2ª Turma, *DJ* 04.09.1981. As empresas controladas pelo Poder Público submetem-se, ainda que parcialmente, ao regime de direito público (exs.: arts. 37, XVII, e 71, II, da CRFB).

[3] A *golden share* foi prevista expressamente no art. 8.º da Lei 9.491/1997 (Programa Nacional de Desestatização – PND): "Sempre que houver razões que justifiquem, a União deterá, direta ou indiretamente, ação de classe especial do

acionistas. Em relação às sociedades de mera participação acionária do Estado (sem controle estatal), não se aplicam as normas constitucionais e legais relativas à Administração, salvo expressa referência normativa em sentido contrário (ex.: nas PPPs, a instituição de Sociedade de Propósito Específico – SPE, com a participação minoritária do Estado, na forma do art. 9.º da Lei 11.079/2004, submetida ao regime privado).[4]

Isso não significa que a participação societária minoritária do Estado em sociedades privadas seja completamente livre. A participação do Estado em pessoas jurídicas de direito privado depende de prévia autorização legislativa, na forma do art. 37, XX, da CRFB. Em razão da ausência de critérios objetivos para escolha do sócio, que será pautada por questões estratégicas e, naturalmente, subjetivas (*affectio societatis*, identidade de objetivos, *know-how* do sócio privado etc.), entendemos ser inexigível a licitação na participação acionária do Estado nas empresas privadas (art. 25, *caput*, da Lei 8.666/1993 e art. 74 da nova Lei de Licitações).[5]

Nesse contexto, as próprias empresas estatais podem deter participação acionária em sociedades empresariais, sem que assumam o controle societário, mas, nessas hipóteses, deverão adotar, no dever de fiscalizar, práticas de governança e controle proporcionais à relevância, à materialidade e aos riscos do negócio do qual são partícipes (art. 1.º, § 7.º, da Lei 13.303/2016 – Lei das Estatais).

As empresas públicas e as sociedades de economia mista possuem características comuns, ressalvadas as três diferenças que serão apontadas no próximo item.

A empresa pública é pessoa jurídica de direito privado, integrante da Administração Indireta, criada por autorização legal, sob qualquer forma societária admitida em direito, cujo capital é formado por bens e valores oriundos de pessoas administrativas, que prestam serviços públicos ou executam atividades econômicas. Exs.: BNDES (Banco Nacional de Desenvolvimento Econômico e Social), ECT (Empresa de Correios e Telégrafos), Caixa Econômica Federal, EBSERH (Empresa Brasileira de Serviços Hospitalares), EBC (Empresa Brasil de Comunicação) etc. De acordo com o art. 3.º, parágrafo único, da Lei 13.303/2016, ainda que as pessoas de direito público ou de direito privado da Administração Indireta

---

capital social da empresa ou instituição financeira objeto da desestatização, que lhe confira poderes especiais em determinadas matérias, as quais deverão ser caracterizadas nos seus estatutos sociais". O objetivo é resguardar os interesses estratégicos do Estado nas entidades privatizadas, sem aniquilar a sua liberdade empresarial. Foi o que ocorreu, por exemplo, na Empresa Brasileira de Aeronáutica S.A. – Embraer e Companhia Vale do Rio Doce. Frise-se, ainda, que a Lei 10.303/2001 inseriu o § 7.º no art. 17 da Lei 6.404/1976 (Lei das S.A.) para admitir a *golden share* nas entidades desestatizadas: "Art. 17. As preferências ou vantagens das ações preferenciais podem consistir: [...] § 7.º Nas companhias objeto de desestatização poderá ser criada ação preferencial de classe especial, de propriedade exclusiva do ente desestatizante, à qual o estatuto social poderá conferir os poderes que especificar, inclusive o poder de veto às deliberações da assembleia geral nas matérias que especificar".

[4] Nesse sentido: DI PIETRO, Maria Sylvia Zanella. *Direito administrativo*. 20. ed. São Paulo: Atlas, 2007. p. 416; SOUTO, Marcos Juruena Villela. *Direito administrativo da economia*. 3. ed. Rio de Janeiro: Lumen Juris, 2003. p. 79. Sobre a intervenção do Estado na economia como acionista minoritário, vide: SCHWIND, Rafael Wallbach. *O Estado acionista*: empresas estatais e empresas privadas com participação estatal. São Paulo: Almedina, 2017; GUEDES, Filipe Machado. *A atuação do Estado na economia como acionista minoritário*: possibilidades e limites. São Paulo: Almedina, 2015.

[5] No mesmo sentido: SOUTO, Marcos Juruena Villela. *Direito Administrativo em debate*. Rio de Janeiro: Lumen Juris, 2004. p. 156-157; ARAGÃO, Alexandre Santos de. Empresa público-privada. *Empresas públicas e sociedades de economia mista*. Belo Horizonte: Fórum, 2015. p. 39.

possam ser acionistas das empresas públicas, o controle societário deve permanecer com o Ente federado (União, Estado, DF ou Município).[6]

A sociedade de economia mista é pessoa jurídica de direito privado, integrante da Administração Indireta, criada por autorização legal, sob a forma societária de sociedade anônima, cujo capital é formado por bens e valores oriundos de pessoas administrativas e de particulares, com controle acionário do Estado, que prestam serviços públicos ou executam atividades econômicas. Exs.: PETROBRAS (Petróleo Brasileiro S.A.), Banco do Brasil S.A. etc. Nesse caso, ainda que seja possível a participação societária de pessoas da iniciativa privada, o controle societário deve permanecer com os Entes federados ou com entidades da Administração Pública Indireta.[7]

No tocante ao regime jurídico das empresas estatais, o art. 173, § 1.º, da CRFB, alterado pela EC 19/1998, remeteu a sua definição ao legislador ordinário. Após, aproximadamente, 18 anos de espera, o estatuto jurídico das estatais foi fixado pela Lei 13.303/2016, que dispõe sobre regime societário, licitações, contratos e controle das empresas públicas, sociedades de economia mista e suas subsidiárias, exploradoras de atividades econômicas, ainda que em regime de monopólio, e prestadoras de serviços públicos. Em âmbito federal, o Decreto 8.945/2016 regulamentou a Lei 13.303/2016.

Não obstante o art. 173, § 1.º, da CRFB dispor sobre as estatais econômicas, inclusive por se encontrar no Capítulo I do Título VII da Constituição, que trata dos "princípios gerais da atividade econômica", verifica-se que a Lei 13.303/2016 extrapolou, em certa medida, para englobar, ainda, as estatais que atuam em regime de monopólio e as que prestam serviços públicos.

Não se questiona, aqui, a complexidade cada vez maior em identificar e caracterizar, nos objetivos sociais das diversas empresas estatais, as respectivas atividades como serviços públicos ou atividades econômicas. O desafio decorre, em grande medida, da própria dificuldade da conceituação do serviço público, que também pode ser considerado, ao lado da atividade econômica em sentido estrito, espécie de atividade econômica em sentido lato. O problema é agravado nas estatais que exploram, de forma concomitante, atividades econômicas e serviços públicos.

O que não parece razoável é a fixação de normas homogêneas para toda e qualquer empresa estatal, independentemente da atividade desenvolvida (atividade econômica ou serviço público) e do regime de sua prestação (exclusividade, monopólio ou concorrência).[8]

---

[6] A Lei 13.303/2016 apresenta a seguinte definição de empresa pública: "art. 3.º Empresa pública é a entidade dotada de personalidade jurídica de direito privado, com criação autorizada por lei e com patrimônio próprio, cujo capital social é integralmente detido pela União, pelos Estados, pelo Distrito Federal ou pelos Municípios. Parágrafo único. Desde que a maioria do capital votante permaneça em propriedade da União, do Estado, do Distrito Federal ou do Município, será admitida, no capital da empresa pública, a participação de outras pessoas jurídicas de direito público interno, bem como de entidades da administração indireta da União, dos Estados, do Distrito Federal e dos Municípios".

[7] De acordo com o art. 4.º da Lei 13.303/2016: "Sociedade de economia mista é a entidade dotada de personalidade jurídica de direito privado, com criação autorizada por lei, sob a forma de sociedade anônima, cujas ações com direito a voto pertençam em sua maioria à União, aos Estados, ao Distrito Federal, aos Municípios ou a entidade da administração indireta".

[8] Sobre o tema: OLIVEIRA, Rafael Carvalho Rezende. As licitações na Lei 13.303/2016 (Lei das Estatais): mais do mesmo? *Revista Colunistas de Direito do Estado*, n. 230, 9 ago. 2016.

Independentemente das críticas que podem ser lançadas contra a Lei 13.303/2016, é relevante notar que o referido Estatuto tem aplicação nacional, devendo ser observado por todas as estatais da União, Estados, DF e Municípios (art. 1.º).

## 8.2 EMPRESAS PÚBLICAS X SOCIEDADES DE ECONOMIA MISTA

Apesar das características comuns, as empresas públicas e as sociedades de economia mista apresentam diferenças relacionadas à composição do capital, à forma societária e ao foro competente para o processo e julgamento dos litígios.[9]

### 8.2.1 Composição

A primeira diferença leva em consideração a composição do capital dessas empresas estatais.

Nas empresas públicas, apenas as pessoas administrativas participam da formação do capital. Qualquer pessoa administrativa, pública ou privada, pode participar da formação do capital da empresa pública.[10] Há a possibilidade, inclusive, de criação de empresas públicas unipessoais, ou seja, com um único sócio (exs.: Caixa Econômica Federal, Empresa Brasileira de Serviços Hospitalares – EBSERH).[11]

Por outro lado, o capital das sociedades de economia mista é formado por capital público e privado. Por essa razão, tanto as pessoas administrativas quanto os particulares podem participar da formação do capital. É fundamental, no entanto, que o controle acionário da entidade pertença ao Estado (art. 5.º, III, do DL 200/1967).[12]

---

[9] Alguns autores mencionam, também, uma quarta diferença: enquanto a empresa pública não exige finalidade lucrativa, a sociedade de economia mista deve possuir, necessariamente, finalidade lucrativa, uma vez que, nesse último caso, o Estado busca investidores e parceiros no mercado (capital privado), devendo remunerar adequadamente a expectativa de retorno do investimento feito pelo particular. Nesse sentido: SOUTO, Marcos Juruena Villela. *Direito administrativo empresarial*. Rio de Janeiro: Lumen Juris, 2006. p. 4; PINTO JUNIOR, Mario Engler. *Empresa estatal*: função econômica e dilemas societários. São Paulo: Atlas, 2010. p. 317.

[10] De forma semelhante ao que constava do art. 5.º do DL 900/1969, o art. 3.º, parágrafo único, da Lei 13.303/2016 dispõe: "Desde que a maioria do capital votante permaneça em propriedade da União, do Estado, do Distrito Federal ou do Município, será admitida, no capital da empresa pública, a participação de outras pessoas jurídicas de direito público interno, bem como de entidades da administração indireta da União, dos Estados, do Distrito Federal e dos Municípios". É possível, por exemplo, que uma sociedade de economia mista, mesmo que possua parcela do seu capital com caráter privado, participe do capital de empresa pública.

[11] FERREIRA, Sergio de Andréa. O direito administrativo das empresas governamentais brasileiras. *RDA*, n. 136, p. 1-33, abr.-jun. 1979. Trata-se de exceção à regra geral do Direito Societário, que exige a presença de dois ou mais sócios para a instituição da sociedade, ainda que seja possível a unipessoalidade temporária (ex.: art. 206, I, "d", da Lei 6.404/1976). A unipessoalidade permanente também é possível para as subsidiárias.

[12] Registre-se que, tradicionalmente, a noção de controle no Direito Administrativo tem relação com o critério da maioria das ações com direito a voto (art. 5.º, III, do DL 200/1967), o que é criticado por desconsiderar outras formas de dominação societárias previstas na atualidade. No Direito Societário, por sua vez, o controle vincula-se ao direito que assegure, de modo permanente, a maioria dos votos nas deliberações das assembleias e na eleição dos administradores, bem como o poder de direção sobre os atos e funcionamento da companhia, o que pode ocorrer, por exemplo, através de acordos de acionistas (art. 116 da Lei 6.404/1976 – Lei das SA). Normalmente, o Estado exerce o seu poder de controle finalístico, no interior da companhia, por meio de sua participação nas deliberações da Assembleia Geral (arts. 121 e 238 da Lei das SA). A sociedade de economia mista conta, ainda, com o Conselho de Administração, órgão responsável pela escolha do diretor da entidade, e com o Conselho Fiscal (arts. 239 e 240 da Lei das SA).

Enquanto nas empresas públicas o controle societário pertence ao Ente federado, ainda que possa haver a participação minoritária de entidades da Administração Indireta, nas sociedades de economia mista o controle pode ser assumido por Ente federado ou entidade da Administração Indireta, com a participação minoritária de pessoas da iniciativa privada (arts. 3.º e 4.º da Lei 13.303/2016).[13]

### 8.2.2  Forma societária

A segunda diferença é estabelecida a partir da forma societária possível para cada uma das empresas estatais.

As empresas públicas podem ser revestidas por qualquer forma societária admitida em direito (art. 3.º da Lei 13.303/2016 e art. 5.º, II, do DL 200/1967).

As sociedades de economia mista são sociedades anônimas. Essa forma societária deverá ser observada por todos os Entes da Federação, inclusive Estados, Distrito Federal e Municípios (arts. 4.º e 5.º da Lei 13.303/2016; art. 5.º, III, do DL 200/1967; e art. 235 da Lei 6.404/1976).

### 8.2.3  Foro competente para julgamento dos litígios

A terceira diferença diz respeito ao foro competente para processar e julgar as empresas estatais.

Compete à Justiça Federal processar e julgar as empresas públicas federais, na forma do art. 109, I, da CRFB. As demais empresas públicas (estaduais, distritais e municipais) são processadas e julgadas na Justiça Estadual.

Em relação às sociedades de economia mista, a competência para processá-las e julgá-las é da Justiça Estadual, mesmo que a sociedade de economia mista seja federal, pois estas entidades não foram mencionadas expressamente no art. 109 da CRFB, que define a competência da Justiça Federal. Esse é o entendimento do STF, consagrado na Súmula 556 que dispõe: "É competente a justiça comum para julgar as causas em que é parte sociedade de economia mista". O Juízo competente será definido pelos Códigos de Organização e Divisão Judiciária de cada Estado.

As sociedades de economia mista federais serão processadas e julgadas, excepcionalmente, na Justiça Federal se a União intervier como assistente ou opoente, conforme o enunciado da Súmula 517 do STF. A Justiça Federal também é competente para processar e julgar mandado de segurança e *habeas data* contra ato ou omissão do dirigente da sociedade de economia mista federal, investido em função administrativa, na forma do art. 109, VIII, da CRFB.[14]

---

[13]  O STF declarou inconstitucional a lei estadual que proibia a celebração de contratos de transferência do controle técnico e administrativo ou para gestão compartilhada das empresas estatais, em razão da violação da competência privativa da União para legislar sobre direito civil e comercial, bem como pelo vício de iniciativa, uma vez que o tema da organização administrativa é da iniciativa do Chefe do Executivo e não da Casa Legislativa. ADI 1.846/SC, Tribunal Pleno, Rel. Min. Nunes Marques, julgamento em 24.10.2022.

[14]  "Art. 109. Aos juízes federais compete processar e julgar: [...] VIII – os mandados de segurança e os *habeas data* contra ato de autoridade federal, excetuados os casos de competência dos tribunais federais." Nesse sentido,

## 8.2.4 Quadro comparativo

Com o intuito de facilitar a compreensão das principais diferenças entre as empresas públicas e as sociedades de economia mista, destacadas nos itens anteriores, apresentamos o quadro sinótico abaixo:

| Entidades<br>Critérios | Empresas públicas | Sociedades de economia mista |
|---|---|---|
| Composição | Pessoas administrativas (estatais) participam da formação do capital. O controle societário pertence ao Ente federado, ainda que possa haver a participação minoritária de entidades da Administração Indireta (art. 3.º da Lei 13.303/2016). | Pessoas administrativas e particulares podem participar da formação do capital, mas o controle acionário da entidade é do Poder Público. O controle pode ser assumido por Ente federado ou entidade da Administração Indireta (art. 4.º da Lei 13.303/2016). |
| Forma societária | Qualquer forma societária admitida em direito (art. 3.º da Lei 13.303/2016). | Sociedades anônimas (arts. 4.º e 5.º da Lei 13.303/2016). |
| Foro competente para julgamento dos litígios | Justiça Federal: empresas públicas federais (art. 109, I, da CRFB).<br>Justiça Estadual: demais empresas públicas (estaduais, distritais e municipais). | Justiça Estadual: sociedades de economia mista (federais, estaduais, distritais e municipais).<br>Súmula 556 do STF. |

## 8.3 CRIAÇÃO

A instituição de empresas estatais depende de lei autorizativa específica, cuja iniciativa é do chefe do Executivo (art. 37, XIX, c/c art. 61, § 1.º, II, "b" e "e", da CRFB). É preciso que a criação de cada estatal esteja autorizada por lei específica. O nascimento, contudo, das empresas públicas e das sociedades de economia mista somente ocorrerá com a inscrição dos atos constitutivos no respectivo Registro (art. 45 do CC).

Da mesma forma, é necessária autorização legal para a criação das subsidiárias, que são empresas controladas por empresas públicas e sociedades de economia mista (art. 37, XX, da CRFB). Aqui, todavia, basta autorização genérica, contida na lei que permitiu a criação das empresas estatais matrizes (ou de primeiro grau), para que as subsidiárias sejam criadas.[15]

Em virtude da teoria da simetria das formas, a extinção das empresas estatais depende de lei autorizativa específica, de iniciativa do Chefe do Executivo.[16]

---

por exemplo: STJ, Primeira Seção, AgRg no CC 97.889/PA, Rel. Min. Humberto Martins, *DJe* 04.09.2009; AgRg no CC 101.260/SP, Rel. Min. Mauro Campbell Marques, Primeira Seção, *DJe* 09.03.2009. A Súmula 60 do extinto TFR consagrava o mesmo entendimento. No mesmo sentido dispõe a Súmula 151 do TJRJ: "É competente a Justiça Federal comum para processar e julgar mandado de segurança contra ato ou omissão de dirigente de sociedade de economia mista federal, investido em função administrativa".

[15] STF, Tribunal Pleno, ADIn 1.649/DF, Rel. Min. Maurício Corrêa, *DJ* 28.05.2004, p. 3, *Informativo de Jurisprudência do STF* n. 341.

[16] Em abono à nossa tese, vide: STF, Tribunal Pleno, ADI 2.295/RS, Rel. Min. Marco Aurélio, *DJe*-132 24.06.2016, *Informativo de Jurisprudência do STF* n. 830.

De acordo com o STF, a alienação das ações, que conferem o controle acionário das empresas estatais, acarreta a sua privatização, motivo pelo qual exige autorização legislativa e licitação. Em relação à alienação do controle das empresas subsidiárias e controladas, não é exigida a autorização legislativa e pode ser realizada sem licitação, desde que garantida a competitividade entre os potenciais interessados e observados os princípios constitucionais da Administração Pública.[17]

Contudo, é desnecessária, em regra, lei específica para inclusão de sociedade de economia mista ou de empresa pública em programa de desestatização. Conforme já decidiu o STF, é suficiente a autorização genérica prevista em lei que veicule programa de desestatização, salvo nas hipóteses de empresas estatais cuja lei instituidora tenha previsto, expressamente, a necessidade de lei específica para sua extinção ou privatização.[18]

## 8.4 OBJETO

As empresas públicas e as sociedades de economia mista podem desempenhar dois tipos de atividades: atividades econômicas e serviços públicos.

No primeiro caso, as empresas estatais podem executar atividades econômicas, inclusive em concorrência com as empresas privadas, conforme previsto no art. 173 da CRFB.

É importante esclarecer, todavia, que a atuação empresarial do Estado é excepcional, pois vigora, na ordem econômica, o princípio da livre-iniciativa (art. 170 da CRFB). Isto quer dizer que a atividade econômica é típica dos particulares, cabendo ao Estado, em princípio, estabelecer o disciplinamento dessa atividade. Excepcionalmente, o art. 173 da CRFB admite a exploração direta da atividade econômica pelo Estado, desde que cumpridos dois requisitos:

(i) a intervenção deve ser necessária "aos imperativos da segurança nacional ou a relevante interesse coletivo, conforme definidos em lei"; e

(ii) a formalização da intervenção deverá ser feita por meio da criação de empresas públicas ou sociedades de economia mista.

Registre-se, contudo, que o art. 27 da Lei 13.303/2016, ao definir a função social das empresas estatais, sem qualquer distinção em relação à atividade desenvolvida (atividade

---

[17] STF, ADI 5.624/DF, Tribunal Pleno, Rel. Min. Ricardo Lewandowski, j. 06.06.2019, *Informativo de Jurisprudência do STF* n. 943; ADPF 794/DF, Rel. Min. Gilmar Mendes, Tribunal Pleno, *DJe* 15.06.2021, *Informativo de Jurisprudência do STF n.* 1.018 Em outra oportunidade, o STF afirmou que a autorização legislativa específica somente é obrigatória na hipótese de alienação do controle acionário de sociedade de economia mista (empresa-mãe). Não há, contudo, necessidade de autorização legislativa específica para criação e posterior alienação de ativos da empresa subsidiária, dentro de um elaborado plano de gestão de desinvestimento, voltado para garantir maiores investimentos e, consequentemente, maior eficiência e eficácia da empresa-mãe (STF, Rcl 42.576 MC/DF, Tribunal Pleno, Rel. p/ o acórdão Min. Alexandre de Moraes, j. 01.10.2020, *Informativo de Jurisprudência do STF* n. 993). De acordo com o TCU, a transferência do controle de subsidiárias e controladas de empresa estatal não exige a anuência do Poder Legislativo e pode ser operacionalizada sem licitação, desde que garantida a competitividade entre os potenciais interessados e observados os princípios da Administração Pública (TCU, Acórdão 1.952/2020, Plenário, Rel. Min. Walton Alencar Rodrigues, 29.07.2020).

[18] STF, ADI 6.241/DF, Tribunal Pleno, Rel(a).: Min(a). Cármen Lúcia, *DJe* 22.03.2021, *Informativo de Jurisprudência do STF* n. 1.004.

econômica ou serviço público), afirmou a necessidade de realização do interesse coletivo ou de atendimento a imperativo da segurança nacional expressa no instrumento de autorização legal para a sua criação.[19]

Vale dizer: o dispositivo legal em comento alargou o alcance do art. 173 da CRFB para exigir o cumprimento da função social por parte das estatais de serviços públicos. Entendemos que a própria caracterização de determinada atividade econômica como serviço público por parte do legislador já seria, em princípio, suficiente para demonstração do interesse coletivo necessário à instituição de estatais para sua prestação.

A realização do interesse coletivo por parte das estatais será orientada para (i) o alcance do bem-estar econômico, (ii) alocação socialmente eficiente dos seus recursos, (iii) ampliação economicamente sustentada do acesso de consumidores aos seus produtos e serviços e (iv) desenvolvimento ou emprego de tecnologia brasileira para produção e oferta de produtos e serviços, sempre de maneira economicamente justificada (art. 27, § 1.º, I e II, da Lei 13.303/2016).

Além disso, as estatais devem adotar práticas de sustentabilidade ambiental e de responsabilidade social corporativa compatíveis com o mercado em que atuam (art. 27, § 2.º, da Lei 13.303/2016).

No segundo caso, as empresas estatais podem prestar serviços públicos de titularidade do respectivo Ente federativo. Conforme dispõe o art. 175 da CRFB, incumbe ao Poder Público, "diretamente ou sob regime de concessão ou permissão", a prestação de serviços públicos. Nesse caso, o Poder Público pode prestar serviços públicos diretamente, por meio de sua Administração Direta e Indireta, ou indiretamente, a partir de concessões ou permissões à iniciativa privada.[20] A definição do objeto da estatal será realizada por meio da lei que autorizou a instituição da entidade, na forma do art. 37, XIX, da CRFB. Apesar da controvérsia doutrinária em relação à natureza da referida lei (complementar ou ordinária), sustentamos que a exigência de lei complementar, prevista na norma constitucional, refere-se apenas à área de atuação das fundações, não se aplicando às estatais, cujo regime jurídico será definido na própria lei ordinária que autorizou a instituição da entidade.[21]

---

[19] O Enunciado 14 da I Jornada de Direito Administrativo realizada pelo Centro de Estudos Judiciários do Conselho da Justiça Federal (CEJ/CJF) dispõe: "A demonstração da existência de relevante interesse coletivo ou de imperativo de segurança nacional, descrita no parágrafo 1.º do art. 2.º da Lei 13.303/2016, será atendida por meio do envio ao órgão legislativo competente de estudos/documentos (anexos à exposição de motivos) com dados objetivos que justifiquem a decisão pela criação de empresa pública ou de sociedade de economia mista cujo objeto é a exploração de atividade econômica."

[20] É importante notar que, normalmente, não há tecnicamente concessão e permissão de serviço público para as entidades da Administração Indireta, pois tais entidades são criadas por lei ou têm a sua criação autorizada pela lei que já define o seu objeto de atuação. As concessões e permissões são formalizadas por contratos administrativos. Nada impede, todavia, que as estatais sejam concessionárias quando partes em contratos de concessão de serviço público. Nesse sentido, JUSTEN FILHO, Marçal. Empresas estatais e a superação da dicotomia "prestação de serviço público/exploração de atividade econômica". *Estudos de direito público em homenagem a Celso Antônio Bandeira de Mello*. São Paulo: Malheiros, 2006. p. 407-408.Em sentido contrário, Maria Sylvia Zanella Di Pietro sustenta que "a empresa estatal que desempenha serviço público é concessionária de serviço público" (DI PIETRO, Maria Sylvia Zanella. *Direito administrativo*. 20. ed. São Paulo: Atlas, 2007. p. 413).

[21] Nesse sentido: CARVALHO FILHO, José dos Santos. *Manual de direito administrativo*. 18. ed. Rio de Janeiro: Lumen Juris, 2007. p. 411; MODESTO, Paulo. As fundações estatais de direito privado e o debate sobre a nova estrutura orgânica da Administração Pública. *Revista Eletrônica sobre a Reforma do Estado*, Salvador, IBDP, n. 14, p. 6,

A distinção relativa ao objeto da estatal influencia, decisivamente, no respectivo regime jurídico. Enquanto a atividade econômica encontra-se submetida ao princípio da livre-iniciativa, a prestação do serviço público é de titularidade estatal.

Isto quer dizer que o desempenho de atividades econômicas por estatais não pode significar prejuízo para os particulares que atuam no setor econômico e que são os seus verdadeiros protagonistas. Por essa razão, o art. 173, § 1.º, II, da CRFB estabelece a sujeição das estatais "ao regime jurídico próprio das empresas privadas, inclusive quanto aos direitos e obrigações civis, comerciais, trabalhistas e tributários". O intuito do legislador constituinte é claro: prestigiar a concorrência leal no cenário econômico.

Devem ser feitas duas considerações em relação a essa relativa igualdade de regimes jurídicos entre as estatais e as empresas privadas em geral:

a) a igualdade relativa de tratamento jurídico só faz sentido quando houver concorrência, não se aplicando, necessariamente, o art. 173, § 1.º, da CRFB às estatais que exploram serviços públicos ou desempenham atividades econômicas em regime de monopólio. Não obstante isso, a Lei 13.303/2016, ao regulamentar a referida norma constitucional, estabeleceu tratamento homogêneo às empresas estatais econômicas, que atuam em regime de concorrência ou monopólio, e prestadoras de serviços públicos, o que, a nosso ver, deve ser criticado; e

b) a aplicação do regime próprio das empresas privadas às empresas estatais não significa que o tratamento entre essas entidades será absolutamente igual, pois as estatais integram a Administração Indireta e submetem-se, parcialmente, às normas de direito público (ex.: concurso público, licitação, controle pelo tribunal de contas etc.), razão pela qual o regime jurídico será híbrido.

Em relação às empresas estatais que prestam serviços públicos, também é possível afirmar que o regime jurídico será híbrido, pois são entidades privadas que integram a Administração Pública. Todavia, ao contrário das estatais econômicas, as estatais que exploram serviços públicos terão tratamento diferenciado em razão dos princípios informativos dos serviços públicos e da ausência de concorrência com os particulares (ex.: impenhorabilidade de bens necessários à continuidade do serviço público).[22]

As empresas estatais "híbridas", que exploram, ao mesmo tempo, serviços públicos e atividades econômicas, não possuem regime jurídico uniforme que pode variar conforme a atividade efetivamente prestada: na prestação de serviços públicos, o regime será predominantemente público; na exploração de atividades econômicas, o regime será preponderantemente privado. Destarte, o regime jurídico depende da atividade, e não da qualificação da entidade.

---

jun.-jul.-ago. 2008. Em sentido contrário, sustentando a necessidade de lei complementar, vide: SOUTO, Marcos Juruena Villela. *Direito administrativo empresarial*. Rio de Janeiro: Lumen Juris, 2006. p. 4-5.

[22] O STJ, por exemplo, reconheceu a legitimidade das estatais prestadoras de serviços públicos para propositura da suspensão de liminar ou de sentença, com o objetivo de evitar grave lesão à ordem, à saúde, à segurança e à economia públicas, na forma do art. 15 da Lei 12.016/2009, que trata do mandado de segurança individual e coletivo. Frise-se que a literalidade da norma em comento menciona apenas a "pessoa jurídica de direito público interessada ou do Ministério Público" (*Informativo de Jurisprudência do STJ* n. 466).

## 8.5 REGIME SOCIETÁRIO

O regime societário das empresas estatais é disciplinado nos arts. 5.º ao 26 da Lei 13.303/2016.

Conforme destacado anteriormente, a sociedade de economia mista deve assumir a forma de sociedade anônima, submetendo-se à Lei 6.404/1976 (Lei das S.A.), na forma do art. 5.º da Lei 13.303/2016. A empresa pública, por sua vez, pode assumir qualquer forma societária compatível com a sua natureza, sendo vedado o lançamento de debêntures ou outros títulos ou valores mobiliários, conversíveis em ações, bem como a emissão de partes beneficiárias (art. 11 da Lei 13.303/2016).

A Lei das S.A. e as normas da Comissão de Valores Mobiliários (CVM) sobre escrituração e elaboração de demonstrações financeiras, inclusive a obrigatoriedade de auditoria independente, devem ser observadas pelas empresas públicas, sociedades de economia mista de capital fechado e suas subsidiárias (art. 7.º da Lei 13.303/2016).

De resto, as regras societárias previstas no Estatuto das Estatais devem ser aplicadas às sociedades de economia mista e empresas públicas.

Os estatutos das empresas estatais devem observar regras de governança corporativa, de transparência e de estruturas, práticas de gestão de riscos e de controle interno, composição da administração e, havendo acionistas, mecanismos para sua proteção (art. 6.º da Lei 13.303/2016).

Os requisitos de transparência, que devem ser observados pelas estatais, encontram-se previstos no art. 8.º da Lei 13.303/2016, cabendo mencionar, exemplificativamente: a) elaboração de carta anual, subscrita pelos membros do Conselho de Administração, com a explicitação dos compromissos de consecução de objetivos de políticas públicas com definição clara dos recursos a serem empregados para esse fim, bem como dos impactos econômico-financeiros da consecução desses objetivos, mensuráveis por meio de indicadores objetivos; b) divulgação tempestiva e atualizada de informações relevantes, em especial as relativas a atividades desenvolvidas, estrutura de controle, fatores de risco, dados econômico-financeiros, comentários dos administradores sobre o desempenho, políticas e práticas de governança corporativa e descrição da composição e da remuneração da administração; c) elaboração e divulgação de política de divulgação de informações, em conformidade com a legislação em vigor e com as melhores práticas; d) divulgação anual de relatório integrado ou de sustentabilidade etc. Os documentos resultantes do cumprimento dos mencionados requisitos de transparência deverão ser divulgados na internet de forma permanente e cumulativa (art. 8.º, § 4.º, da Lei 13.303/2016).

Eventuais condições distintas das estatais econômicas em detrimento daquelas aplicáveis às empresas privadas concorrentes deverão satisfazer dois requisitos, a saber: a) definição clara em lei ou regulamento, bem como previsão em contrato, convênio ou ajuste celebrado com o ente público competente para estabelecê-las, observada a ampla publicidade desses instrumentos; e b) discriminação e divulgação transparente, inclusive no plano contábil, dos custos e receitas discriminados e divulgados de forma transparente (art. 8.º, § 2.º, da Lei 13.303/2016).

As estatais deverão adotar regras de estruturas e práticas de gestão de riscos e controle interno (*compliance*) que abranjam: a) ação dos administradores e empregados, por meio da implementação cotidiana de práticas de controle interno; b) área responsável pela verificação de cumprimento de obrigações e de gestão de riscos, vinculada ao diretor-presidente e liderada por diretor independente; c) auditoria interna e Comitê de Auditoria Estatutário, vinculados ao Conselho de Administração (art. 9.º, I ao III, e §§ 2.º e 3.º, da Lei 13.303/2016).

Além disso, devem elaborar e divulgar Código de Conduta e Integridade, cujo conteúdo deve observar o disposto no art. 9.º, § 1.º, da Lei 13.303/2016.

O estatuto social deverá prever, ainda, a possibilidade de que a área de *compliance* se reporte diretamente ao Conselho de Administração em situações em que se suspeite do envolvimento do diretor-presidente em irregularidades ou quando este se furtar à obrigação de adotar medidas necessárias em relação à situação a ele relatada (art. 9.º, § 4.º, da Lei 13.303/2016).

A legislação impõe a criação do comitê estatutário para verificar a conformidade do processo de indicação e de avaliação de membros para o Conselho de Administração e para o Conselho Fiscal, com competência para auxiliar o acionista controlador na indicação desses membros (art. 10 da Lei 13.303/2016).

As estatais devem divulgar toda e qualquer forma de remuneração dos administradores, bem como adequar constantemente suas práticas ao Código de Conduta e Integridade e a outras regras de boa prática de governança corporativa (art. 12 da Lei 13.303/2016).

Admite-se a utilização da arbitragem por parte da sociedade de economia mista para solução de divergências entre acionistas e a sociedade, ou entre acionistas controladores e acionistas minoritários (art. 12, parágrafo único, da Lei 13.303/2016).

O estatuto da estatal, na forma da respectiva lei autorizativa, deverá observar as seguintes diretrizes e restrições: a) constituição e funcionamento do Conselho de Administração, observados o número mínimo de 7 e o número máximo de 11 membros; b) requisitos específicos para o exercício do cargo de diretor, observado o número mínimo de três diretores; c) avaliação de desempenho, individual e coletiva, de periodicidade anual, dos administradores e dos membros de comitês; d) constituição e funcionamento do Conselho Fiscal, que exercerá suas atribuições de modo permanente; e) constituição e funcionamento do Comitê de Auditoria Estatutário; f) prazo de gestão dos membros do Conselho de Administração e dos indicados para o cargo de diretor, que será unificado e não superior a 2 anos, sendo permitidas, no máximo, três reconduções consecutivas; g) prazo de gestão dos membros do Conselho Fiscal não superior a dois anos, permitidas duas reconduções consecutivas (art. 13 da Lei 13.303/2016).

O acionista controlador (ente da Administração Pública) das empresas estatais deve observar, especialmente: a) inclusão no Código de Conduta e Integridade, aplicável à alta administração, da vedação de divulgação, sem autorização do órgão competente da estatal, de informação que possa causar impacto na cotação dos títulos da empresa e em suas relações com o mercado ou com consumidores e fornecedores; b) preservar a independência do Conselho de Administração no exercício de suas funções; c) cumprimento da política de indicação na escolha dos administradores e membros do Conselho Fiscal (art. 14 da Lei 13.303/2016).

Os atos praticados com abuso de poder acarretam a responsabilidade do acionista controlador, nos termos da Lei das S.A., cuja ação de reparação, que prescreve em seis anos, contados da prática do ato, poderá ser proposta pela sociedade, pelo terceiro prejudicado ou pelos demais sócios, independentemente de autorização da assembleia geral de acionistas (art. 15, *caput* e §§ 1.º e 2.º, da Lei 13.303/2016).

Os administradores das empresas estatais são os membros do Conselho de Administração e da diretoria (art. 16, parágrafo único, da Lei 13.303/2016).

Os membros do Conselho de Administração e os diretores, inclusive presidente, diretor-geral e diretor-presidente, devem preencher os seguintes requisitos (art. 17 da Lei 13.303/2016):[23] a) cidadãos de reputação ilibada e de notório conhecimento; b) experiência profissional mínima em determinados cargos e por prazos mínimos fixados na Lei das Estatais;[24] c) formação acadêmica compatível com o cargo para o qual foi indicado; e d) não se enquadrar nas hipóteses de inelegibilidade previstas no 1.º, I, da LC 64/1990.

Por outro lado, o art. 17, § 2.º, da Lei 13.303/2016 estabelece vedações em relação aos nomes indicados para o Conselho de Administração e diretoria: a) representante do órgão regulador ao qual a estatal está sujeita, Ministro de Estado, Secretários estadual e municipal, titular de cargo, sem vínculo permanente com o serviço público, de natureza especial ou de direção e assessoramento superior na Administração Pública, dirigente estatutário de partido político e titular de mandato no Poder Legislativo de qualquer ente da federação, ainda que licenciados do cargo; b) pessoa que atuou, nos últimos 36 meses, como participante de estrutura decisória de partido político ou em trabalho vinculado a organização, estruturação e realização de campanha eleitoral;[25] c) pessoa que exerça cargo em organização sindical; d) pessoa que tenha firmado contrato ou parceria, como fornecedor ou comprador, demandante ou ofertante, de bens ou serviços de qualquer natureza, com a pessoa político-administrativa controladora da estatal ou com a própria empresa ou sociedade em período inferior a três anos antes da data de nomeação; e) pessoa que tenha ou possa ter qualquer forma de conflito de interesse

---

[23] Especificamente em relação aos incisos I e II do § 2.º do art. 17 da Lei 13.303/2016, o STF declarou a constitucionalidade das referidas vedações à indicação de membros para o Conselho de Administração e diretoria (STF, ADI 7.331/DF, Red. p/ acórdão Min. André Mendonça, Tribunal Pleno, *DJe* 12.08.2024).

[24] De acordo com o art. 17, I, da Lei 13.303/2016, os membros do Conselho de Administração e da diretoria devem ter experiência profissional de, no mínimo: a) dez anos, no setor público ou privado, na área de atuação da estatal ou em área conexa àquela para a qual forem indicados em função de direção superior; ou b) quatro anos ocupando pelo menos um dos seguintes cargos: b.1) cargo de direção ou de chefia superior em empresa de porte ou objeto social semelhante ao da estatal, entendendo-se como cargo de chefia superior aquele situado nos dois níveis hierárquicos não estatutários mais altos da empresa; b.2) cargo em comissão ou função de confiança equivalente a DAS-4 ou superior, no setor público; b.3) cargo de docente ou de pesquisador em áreas de atuação da estatal; c) quatro anos de experiência como profissional liberal em atividade direta ou indiretamente vinculada à área de atuação da estatal. Esses requisitos de experiência profissional podem ser dispensados no caso de indicação de empregado da estatal para cargo de administrador ou como membro de comitê, desde que atendidos os seguintes quesitos mínimos por parte do empregado (art. 17, § 5.º, da Lei 13.303/2016): a) ingresso na estatal por meio de concurso público; b) mais de dez anos de trabalho efetivo na estatal; c) ocupação de cargo na gestão superior da empresa pública ou da sociedade de economia mista, comprovando sua capacidade para assumir as responsabilidades dos cargos de administrador ou membro de comitê.

[25] Essas vedações também se aplicam aos respectivos parentes consanguíneos ou afins até o terceiro grau, na forma do (art. 17, § 3.º, da Lei 13.303/2016).

com a pessoa político-administrativa controladora da estatal ou com a própria empresa ou sociedade.

Admite-se que o estatuto da estatal disponha sobre a contratação de seguro de responsabilidade civil pelos administradores (art. 17, § 1.º, da Lei 13.303/2016).[26]

Em relação ao Conselho de Administração das estatais, as suas competências encontram-se elencadas no art. 18 da Lei 13.303/2016: a) discussão, aprovação e monitoramento das decisões envolvendo práticas de governança corporativa, relacionamento com partes interessadas, política de gestão de pessoas e código de conduta dos agentes; b) implementação e supervisionamento dos sistemas de gestão de riscos e de controle interno estabelecidos para a prevenção e mitigação dos principais riscos a que está exposta a estatal, inclusive os riscos relacionados à integridade das informações contábeis e financeiras e os relacionados à ocorrência de corrupção e fraude; c) fixação da política de porta-vozes visando a eliminar risco de contradição entre informações de diversas áreas e as dos executivos da estatal; d) avaliação dos diretores, podendo contar com apoio metodológico e procedimental do comitê estatutário.

É assegurada a participação, no Conselho de Administração, de representante dos empregados e dos acionistas minoritários (art. 19 da Lei 13.303/2016). Os acionistas minoritários têm o direito de eleger um conselheiro, se maior número não lhes couber pelo processo de voto múltiplo previsto na Lei das S.A. (art. 19, § 2.º, da Lei 13.303/2016).

Não é possível a participação remunerada de membros da Administração Pública, direta ou indireta, em mais de dois conselhos, de administração ou fiscal, de empresa estatal, na forma do (art. 20 da Lei 13.303/2016).

O Conselho de Administração deve ser composto, no mínimo, por 25% de membros independentes ou por pelo menos um, caso haja decisão pelo exercício da faculdade do voto múltiplo pelos acionistas minoritários, nos termos do art. 141 da Lei das S.A., incluindo-se no referido percentual os conselheiros eleitos por acionistas minoritários e excluindo-se os conselheiros eleitos por empregados (art. 22, *caput*, e no §§ 3.º e 4.º, da Lei 13.303/2016). As características do conselheiro independente encontram-se previstas no § 1.º do art. 22 da Lei das Estatais.

Quanto aos membros da diretoria, a respectiva investidura está condicionada à assunção de compromisso com metas e resultados específicos a serem alcançados, que deverá ser aprovado pelo Conselho de Administração, a quem incumbe fiscalizar seu cumprimento (art. 23 da Lei 13.303/2016).

Além disso, a diretoria deve apresentar, até a última reunião ordinária do Conselho de Administração do ano anterior, a quem compete sua aprovação: a) plano de negócios para o exercício anual seguinte; e b) estratégia de longo prazo atualizada com análise de riscos e oportunidades para, no mínimo, os próximos cinco anos (art. 23, § 1.º, da Lei 13.303/2016).

---

[26] De acordo com o Enunciado 32 da I Jornada de Direito Administrativo realizada pelo Centro de Estudos Judiciários do Conselho da Justiça Federal (CEJ/CJF): "É possível a contratação de seguro de responsabilidade civil aos administradores de empresas estatais, na forma do artigo 17, § 1.º, da Lei Federal n. 13.303/2016, a qual não abrangerá a prática de atos fraudulentos de favorecimento pessoal ou práticas dolosas lesivas à companhia e ao mercado de capitais."

Ressalvadas as hipóteses de informações de natureza estratégica, cuja divulgação possa ser comprovadamente prejudicial ao interesse da estatal, o Conselho de Administração, sob pena de responsabilidade de seus integrantes, deve publicar as conclusões sobre o atendimento das metas e resultados na execução do plano de negócios e da estratégia de longo prazo, bem como informá-las ao Congresso Nacional, às Assembleias Legislativas, à Câmara Legislativa do Distrito Federal ou às Câmaras Municipais e aos respectivos tribunais de contas, quando houver (art. 23, §§ 2.º e 3.º, da Lei 13.303/2016).

No tocante ao Comitê de Auditoria Estatutário, que atua como órgão auxiliar do Conselho de Administração, as suas competências encontram-se definidas no art. 24, § 1.º, da Lei das Estatais. O Comitê deverá possuir autonomia operacional e dotação orçamentária, anual ou por projeto, dentro de limites aprovados pelo Conselho de Administração, para conduzir ou determinar a realização de consultas, avaliações e investigações dentro do escopo de suas atividades, inclusive com a contratação e utilização de especialistas externos independentes (art. 24, § 7.º, da Lei 13.303/2016).

Em sua composição, o Comitê de Auditoria Estatutário será integrado por, no mínimo, três e, no máximo, cinco membros, em sua maioria independentes, preenchidos os requisitos previstos no art. 25, *caput* e § 1.º, da Lei das Estatais.

Por fim, as estatais devem possuir Conselho Fiscal que será composto por pessoas naturais, residentes no País, com formação acadêmica compatível com o exercício da função e que tenham exercido, por prazo mínimo de três anos, cargo de direção ou assessoramento na Administração Pública ou cargo de conselheiro fiscal ou administrador em empresa (art. 26, § 1.º, da Lei das Estatais). No Conselho Fiscal, ao menos um membro deve ser indicado pelo ente controlador, que deverá ser servidor público com vínculo permanente com a Administração Pública (art. 26, § 2.º, da Lei das Estatais).

## 8.6 REGIME DE PESSOAL

Os empregados das empresas estatais submetem-se ao regime celetista (CLT), próprio das pessoas jurídicas de direito privado, integrantes ou não da Administração Pública. Em relação às estatais econômicas, a exigência encontra-se prevista expressamente no art. 173, § 1.º, II, da CRFB.[27]

Os empregados públicos das empresas estatais, por se enquadrarem na categoria dos agentes públicos, encontram-se submetidos às normas constitucionais que tratam dos agentes públicos em geral, tais como:

a) concurso público (art. 37, II, da CRFB);
b) impossibilidade de acumulação de empregos públicos com outros empregos, cargos ou funções públicas (art. 37, XVII, da CRFB, salvo as exceções admitidas pelo próprio texto constitucional);

---

[27] Em relação aos advogados empregados de empresas públicas e de sociedade de economia mista que atuam no mercado em regime concorrencial (sem monopólio), o STF decidiu pela aplicação das regras previstas nos arts. 18 a 21 da Lei 8.906/1994 (Estatuto da Advocacia), que tratam da relação de emprego, salário, jornada de trabalho e honorários de sucumbência (STF, ADI 3.396/DF, Rel. Min. Nunes Marques, Tribunal Pleno, *DJe* 03.10.2022, *Informativo de Jurisprudência do STF* n. 1.060).

c) submissão ao teto remuneratório, salvo os empregados das empresas estatais não dependentes do orçamento (art. 37, § 9.º, da CRFB).[28]

Da mesma forma, os empregados públicos são agentes públicos para fins penais (art. 327, *caput* e § 1.º, do CP) e submetem-se à Lei de Improbidade Administrativa (art. 2.º da Lei 8.429/1992).

Todavia, a Súmula 455 do TST afirma a inaplicabilidade da vedação à equiparação prevista no art. 37, XIII, da CRFB às sociedades de economia mista, pois, ao admitir empregados sob o regime da CLT, equipara-se a empregador privado, conforme disposto no art. 173, § 1.º, II, da CRFB.

Ao contrário dos servidores estatutários, os empregados públicos das estatais não gozam da estabilidade e serão sempre julgados perante a Justiça do Trabalho (art. 114 da CRFB). Advirta-se, contudo, que a demissão dos empregados públicos não é completamente livre, devendo ser motivada, tendo em vista os princípios constitucionais da impessoalidade e da moralidade, conforme orientação consagrada pelo STF.[29] Assim como não é livre a escolha do empregado público, que deve se submeter ao concurso público, não deve ser livre a sua demissão. A motivação é considerada um parâmetro imprescindível para se controlar a observância dos princípios constitucionais citados, além de viabilizar o exercício da ampla defesa e do contraditório pelo empregado público.

Quanto aos dirigentes das empresas estatais, que ocupam cargos (*rectius*: empregos) em comissão ou exercem função de confiança, a nomeação, ainda que não se submeta à regra do concurso público (art. 37, II e V, da CRFB), deve respeitar os requisitos estabelecidos na Lei 13.303/2016.

## 8.7 PATRIMÔNIO

O patrimônio das empresas estatais, pessoas jurídicas de direito privado, é constituído por bens privados, na forma do art. 98 do CC.[30]

---

[28] Na forma do art. 2.º, III, da LRF, a empresa estatal dependente é a "empresa controlada que receba do ente controlador recursos financeiros para pagamento de despesas com pessoal ou de custeio em geral ou de capital, excluídos, no último caso, aqueles provenientes de aumento de participação acionária". O Decreto federal 10.690/2021 regulamenta o processo de transição entre empresas estatais federais dependentes e não dependentes. Segundo o STF, o teto remuneratório não incide sobre os salários pagos por empresas estatais e suas subsidiárias não dependentes do erário (ADI 6.584/DF, Tribunal Pleno, Rel. Min. Gilmar Mendes, DJe 02.06.2021, Informativo de Jurisprudência do STF n. 1.018).

[29] Segundo o STF: "As empresas públicas e as sociedades de economia mista, sejam elas prestadoras de serviço público ou exploradoras de atividade econômica, ainda que em regime concorrencial, têm o dever jurídico de motivar, em ato formal, a demissão de seus empregados concursados, não se exigindo processo administrativo. Tal motivação deve consistir em fundamento razoável, não se exigindo, porém, que se enquadre nas hipóteses de justa causa da legislação trabalhista" (Tema 1.022 de Repercussão Geral do STF). A Suprema Corte já havia firmado a mesma tese para Empresa Brasileira de Correios e Telégrafos – ECT (Tema 131 de Repercussão Geral do STF). No mesmo sentido: SOUTO, Marcos Juruena Villela. *Direito Administrativo empresarial*. Rio de Janeiro: Lumen Juris, 2006. p. 8; SUNDFELD, Carlos Ari. Não é livre a demissão sem justa causa de servidor celetista. *BDA*, v. 7, p. 395-397, jul. 1995; ALEXANDRE, Ricardo; DEUS, João de. *Direito Administrativo esquematizado*. São Paulo: Método, 2015. p. 66. Celso Antônio Bandeira de Mello também condiciona a demissão do celetista da estatal ao processo administrativo, com ampla defesa e contraditório, reconhecendo, ainda, o direito à reintegração do servidor (e não mera compensação financeira) quando houver demissão irregular (MELLO, Celso Antônio Bandeira de. *Curso de Direito Administrativo*. 21. ed. São Paulo: Malheiros, 2006. p. 213).

[30] Hely Lopes Meirelles entendia que os bens das estatais eram públicos, com destinação especial (MEIRELLES, Hely Lopes. *Direito administrativo brasileiro*. 22. ed. São Paulo: Malheiros, 1997. p. 337). Todavia, a possibilidade de penhora dos bens das estatais demonstrava que essa posição doutrinária não poderia prevalecer.

O regime jurídico aplicável aos bens das estatais é predominantemente privado, mas sofre modulações de direito público, especialmente no tocante à sua alienação, que depende do cumprimento das exigências legais (arts. 49 e 50 da Lei 13.303/2016), e, no caso das estatais prestadoras de serviços públicos, à vedação de penhora de bens necessários à continuidade dos serviços.

### 8.7.1 Penhora

Em regra, os bens das empresas estatais podem ser penhorados, pois são bens privados, despidos das prerrogativas inerentes aos bens públicos.

Todavia, é importante distinguir as duas espécies de empresas estatais (econômicas e de serviços públicos) para se apontarem situações excepcionais em que a penhora não será admitida.

Os bens das empresas estatais econômicas podem ser penhorados, da mesma forma que podem sê-los os bens das empresas privadas, conforme exigência constitucional prevista no art. 173, § 1.º, II da CRFB.

Ao contrário, os bens das empresas estatais, prestadoras de serviços públicos, podem ser afastados, excepcionalmente, da penhora, quando estiverem afetados aos serviços públicos e forem necessários à sua continuidade, tendo em vista o princípio da continuidade dos serviços públicos.[31] Caso a estatal não possua bens penhoráveis e patrimônio suficiente para arcar com as suas dívidas, haverá a responsabilidade subsidiária do Ente federado respectivo.

### 8.7.2 Usucapião

Os bens privados das empresas estatais podem ser adquiridos por usucapião, não sendo aplicável a imprescritibilidade típica dos bens públicos.

A possibilidade de aquisição por usucapião de bens independe da atividade desenvolvida pela empresa (serviço público ou atividade econômica). Isto quer dizer que, ao contrário do que foi afirmado em relação à penhora, os bens, ainda que utilizados para a prestação de serviços públicos, podem ser adquiridos por usucapião, pois o requisito do tempo, necessário à consumação da prescrição aquisitiva, demonstra que o bem não é imprescindível à continuidade dos serviços.[32]

Registre-se, contudo, que o tema não é imune à polêmica. Em sentido contrário à tese aqui defendida, há entendimento no sentido da impossibilidade de usucapião de bens das estatais afetados à prestação de serviços públicos, sob o fundamento de que, nesse caso, os bens seriam considerados públicos.[33]

---

[31] STF, Tribunal Pleno, RExt 220.906/DF, Rel. Min. Maurício Corrêa, DJ 14.11.2002, p. 15, Informativo de Jurisprudência do STF n. 213. De acordo com o STF: "É válida a penhora em bens de pessoa jurídica de direito privado, realizada anteriormente à sucessão desta pela União, não devendo a execução prosseguir mediante precatório" (Tema 355 da Tese de Repercussão Geral do STF).

[32] Nesse sentido: STJ, 3.ª Turma, REsp 647.357/MG, Rel. Min. Castro Filho, DJ 23.10.2006, p. 300, Informativo de Jurisprudência do STJ n. 297; STJ, 4.ª Turma, REsp 120.702/DF, Rel. Min. Ruy Rosado de Aguiar, DJ 20.08.2001, p. 468; STJ, 4.ª Turma, REsp 37.906/ES, Rel. Min. Barros Monteiro, DJ 15.12.1997, p. 66.414.

[33] Não obstante a existência de decisões favoráveis ao usucapião de bens das estatais, a 3.ª Turma do STJ afirmou a impossibilidade de usucapião de imóvel da Caixa Econômica Federal, vinculado ao Sistema Financeiro de Habitação,

## 8.8 ATOS E CONTRATOS

Os atos praticados por empresas públicas e sociedades de economia mista devem ser caracterizados como atos privados, em razão da natureza privada dessas entidades e, em relação às estatais econômicas, pela sujeição ao mesmo tratamento jurídico das empresas privadas (art. 173, § 1.º, II, da CRFB).

Todavia, os atos praticados por estatais no desempenho de funções administrativas (ex.: concurso público e licitação) serão considerados atos materialmente administrativos, passíveis do respectivo controle. Por essa razão, a Súmula 333 do STJ dispõe: "Cabe mandado de segurança contra ato praticado em licitação promovida por sociedade de economia mista ou empresa pública".[34]

Em relação aos contratos celebrados pelas empresas estatais, a respectiva natureza jurídica depende da atividade desenvolvida. As estatais econômicas somente celebram contratos privados da Administração, despidos, em regra, das cláusulas exorbitantes e regidos, predominantemente, por normas de direito privado, tendo em vista a submissão ao mesmo regime jurídico das empresas privadas (art. 173, § 1.º, II da CRFB). Por outro lado, as estatais que prestam serviços públicos, além dos contratos privados, podem celebrar contratos administrativos vinculados à prestação do serviço público. Todavia, a referida distinção não aparece expressamente na Lei 13.303/2016 (Lei das Estatais) que, em seu art. 68, dispõe que os contratos celebrados por todas as empresas estatais se regulam pelas suas cláusulas, pelo disposto na própria Lei em referência e pelos preceitos de direito privado.

A licitação é exigida para celebração dos contratos celebrados pelas estatais, ressalvada as hipóteses de contratação direta prevista na Lei 13.303/2016.[35]

## 8.9 RESPONSABILIDADE CIVIL

As empresas estatais respondem pelos danos que causarem a terceiros com seu patrimônio. A natureza da responsabilidade, no entanto, varia de acordo com a atividade desenvolvida por essas empresas.

Em relação às empresas públicas e sociedades de economia mista prestadoras de serviços públicos, a responsabilidade civil será objetiva, com fundamento no art. 37, § 6.º, da CRFB. A referida norma constitucional consagra a responsabilidade objetiva para as pessoas jurídicas de direito privado, que prestam serviços públicos, o que engloba as estatais de serviços públicos.

---

uma vez que se trataria de bem público em razão da afetação à prestação de serviço público. STJ, 3.ª Turma, REsp 1.448.026/PE, Rel. Min. Nancy Andrighi, *DJe* 21.11.2016. Sobre a discussão a respeito da definição do bem público, vide capítulo 22.

[34] O STJ, no entanto, não admitiu a utilização do mandado de segurança contra multa, decorrente de contrato, imposta por empresa estatal, tendo em vista tratar-se de ato de gestão (negocial), e não de ato de autoridade (STJ, REsp 1.078.342/PR, Rel. Min. Luiz Fux, *DJe* 15.03.2010, *Informativo de Jurisprudência do STJ* n. 422). Frise-se que o art. 1.º, § 2.º, da Lei 12.016/2009 dispõe: "Não cabe mandado de segurança contra os atos de gestão comercial praticados pelos administradores de empresas públicas, de sociedade de economia mista e de concessionárias de serviço público".

[35] Sobre as peculiaridades das licitações e das contratações nas estatais, remetemos o leitor aos Capítulos 17, item 17.8.2, e 18, item 18.15.

Por outro lado, as empresas públicas e sociedades de economia mista econômicas respondem, em regra, de maneira subjetiva, como as demais pessoas privadas, tendo em vista dois argumentos:

a) inaplicabilidade do art. 37, § 6.º, da CRFB; e
b) aplicação do mesmo tratamento dispensado às empresas privadas em geral, "inclusive quanto aos direitos e obrigações civis" (art. 173, § 1.º, II, da CRFB).

Excepcionalmente, a responsabilidade será objetiva na forma da legislação infraconstitucional especial (ex.: relação de consumo).

Na hipótese de inexistir patrimônio suficiente para adimplementos das obrigações das estatais, o respectivo Ente federado responderá subsidiariamente perante os credores.[36]

Em razão da personalidade jurídica de direito privado, as empresas estatais não se submeteriam às regras dos precatórios e da Requisição de Pequeno Valor (RPV) previstas no art. 100 da CRFB. Contudo, o STF consolidou entendimento no sentido da aplicação do regime dos precatórios às empresas estatais prestadoras de serviços públicos próprios do Estado e de natureza não concorrencial.[37] Não por outra razão, o STF, com fundamento no art. 100 da CRFB e nos princípios da legalidade orçamentária (art. 167, VI, da CRFB), da separação dos poderes (arts. 2.º, 60, § 4.º, III, da CRFB) e da eficiência da administração pública (art. 37 da CRFB), decidiu que os recursos públicos vinculados ao orçamento de estatais prestadoras de serviço público essencial, em regime não concorrencial e sem intuito lucrativo primário não podem ser bloqueados ou sequestrados por decisão judicial para pagamento de verbas trabalhistas.[38]

## 8.10 CONTROLE DO TRIBUNAL DE CONTAS

Tradicionalmente, o STF afastava as estatais do controle pelo tribunal de contas, tendo em vista o patrimônio privado dessas entidades, o que afastaria a aplicação do art. 71, II, da CRFB que prevê o referido controle em relação às "contas dos adminis-

---

[36] CARVALHO FILHO, José dos Santos. *Manual de direito administrativo*. 18. ed. Rio de Janeiro: Lumen Juris, 2007. p. 457-458. Alguns autores discordam da responsabilidade subsidiária do Estado em relação às estatais econômicas, pois representaria garantia maior para os credores das estatais, em detrimento das demais empresas privadas concorrentes, o que violaria o art. 173, § 1.º, II, da CRFB. Nesse sentido: MELLO, Celso Antônio Bandeira de. *Curso de direito administrativo*. 21. ed. São Paulo: Malheiros, 2006. p. 198-199; GASPARINI, Diógenes. *Direito administrativo*. 12. ed. São Paulo: Saraiva, 2007. p. 444 e 457.

[37] De acordo com o STF: "Sociedades de economia mista que desenvolvem atividade econômica em regime concorrencial não se beneficiam do regime de precatórios, previsto no art. 100 da Constituição da República" (Tema 253 da Tese de Repercussão Geral do STF). Em abono à nossa tese, com a crítica à submissão das estatais ao regime do precatório, vide: SILVA, Rodrigo Crelier Zambão da. A captura das estatais pelo regime jurídico de direito público: algumas reflexões. In: ARAGÃO, Alexandre Santos de (Coord.). *Empresas públicas e sociedades de economia mista*. Belo Horizonte: Fórum, 2015. p. 246-249.

[38] STF, ADPF 588/PB, Rel. Tribunal Pleno, Min. Roberto Barroso, *DJe* 12.05.2021, *Informativo de Jurisprudência do STF* n. 1.014. No mesmo sentido: ADPF 616/BA, Tribunal Pleno, Rel. Min. Roberto Barroso, *DJe* 21.06.2021, *Informativo de Jurisprudência do STF* n. 1.018; ADPF 789/MA, Tribunal Pleno, Rel. Min. Roberto Barroso, *DJe* 08.09.2021, *Informativo de Jurisprudência do STF* n. 1.026.

tradores e demais responsáveis por dinheiros, bens e valores públicos da administração direta e indireta".[39]

Atualmente, no entanto, a Corte Suprema admite o controle das estatais pelo tribunal de contas.[40] Em verdade, sem que houvesse qualquer alteração no dispositivo, o STF implementou uma nova interpretação ao art. 71, II, da CRFB para afirmar a possibilidade do controle, tendo em vista que, na instituição das empresas estatais, haveria a contribuição do erário (patrimônio público). Ou seja: o dano às estatais representaria, ainda que reflexamente, um dano ao erário.

Diversamente do entendimento consagrado na jurisprudência, consideramos que o controle pelo tribunal de contas depende da atividade desenvolvida pela empresa estatal. Em relação às estatais prestadoras de serviços públicos, o controle pelo tribunal de contas é exercido sem maiores restrições.

Por outro lado, no tocante às estatais econômicas, é preciso distinguir a atividade-meio (instrumental) e a atividade-fim da entidade. Com o objetivo de ponderar a necessidade do referido controle e a agilidade exigida no mercado concorrencial, o controle das estatais econômicas deve incidir sobre a atividade instrumental, mas não sobre a atividade-fim, tendo em vista que o próprio texto constitucional estabeleceu tratamento diferenciado quanto às formas de "fiscalização pelo Estado" das estatais econômicas, bem como a necessidade de aplicação às estatais econômicas do mesmo regime jurídico aplicável às empresas privadas concorrentes (art. 173, § 1.º, I e II, da CRFB).[41]

O intuito é evitar que o controle sobre as atividades que justificaram a instituição da estatal (atividades-fim) coloque em risco a agilidade e a economicidade das estatais que concorrem com as demais empresas privadas. O controle dificulta a agilidade necessária à efetivação das finalidades institucionais e gera aumento de custo para essas entidades.

Não obstante o entendimento aqui sustentado, o art. 87 da Lei 13.303/2016 submeteu as empresas estatais, independentemente do seu objeto, ao controle pelo tribunal de contas respectivo. O controle, contudo, não pode implicar interferência na gestão das empresas estatais, nem ingerência no exercício de suas competências ou na definição de políticas públicas (art. 90 da Lei 13.303/2016).

As normas sobre transparência e controle interno e externo, institucional e social, das empresas estatais, inclusive aquelas domiciliadas no exterior e as de caráter transnacional no que se refere aos atos de gestão e aplicação do capital nacional, encontram-se previstas nos arts. 85 a 90 da Lei 13.303/2016.[42]

---

[39] Nesse sentido: *Informativos de Jurisprudência do STF* 250, 259 e 260.

[40] STF, Tribunal Pleno, MS 25.092/DF, Rel. Min. Carlos Velloso, *DJ* 17.03.2006, p. 6, *Informativo de Jurisprudência do STF* n. 408 e 411. Ressalte-se que, nas hipóteses de empresas estatais com participação de mais de um Ente federado, o STF entendeu que o controle será exercido apenas pelo tribunal de contas, responsável pelo controle das contas do Ente federado administrador da estatal (STF, Tribunal Pleno, MS 24.423/DF, Rel. Min. Gilmar Mendes, *DJe*-035 20.02.2009, *Informativo de Jurisprudência do STF* n. 519).

[41] Nesse sentido: STJ, 2.ª Turma, RMS 17.949/DF, Rel. Min. João Otávio de Noronha, *DJ* 26.09.2005, p. 271; ARAGÃO, Alexandre Santos de. Empresas estatais e o controle pelos Tribunais de Contas. *Revista de Direito Público da Economia*, Belo Horizonte: Fórum, n. 23, p. 9-40, jul.-set. 2008. Alguns autores defendem a ausência de controle das estatais econômicas por parte dos tribunais de contas: MUKAI, Toshio. *O direito administrativo e os regimes jurídicos das empresas estatais.* Belo Horizonte: Fórum, 2004. p. 300-301.

[42] Os órgãos de controle externo e interno das três esferas de governo deverão ter acesso irrestrito aos documentos e às informações necessários à realização dos trabalhos, inclusive aqueles classificados como sigilosos pela empresa

## 8.11 IMUNIDADE TRIBUTÁRIA

* O regime jurídico tributário das empresas estatais deve ser analisado a partir da distinção das atividades por ela desenvolvidas.

Ao tratar das empresas estatais econômicas, que atuam em regime concorrencial, o art. 173, § 1.º, II, da CRFB, conforme já assinalado, exige a sujeição dessas entidades administrativas ao regime jurídico próprio das empresas privadas, inclusive quanto aos direitos e obrigações tributários. Da mesma forma, o art. 173, § 2.º, da CRFB veda a concessão às estatais econômicas de privilégios fiscais não extensivos às do setor privado.

Por outro lado, as empresas estatais prestadoras de serviços públicos e as estatais que exercem atividades econômicas monopolizadas não se encontram, necessariamente, submetidas ao mesmo tratamento tributário dispensado às entidades privadas, pois a Constituição não traz essa exigência, uma vez que não há concorrência com os particulares e, por isso, risco de violação ao tratamento isonômico que deve nortear as pessoas que atuam na economia.

Em consequência, o STF tem reconhecido a imunidade tributária do art. 150, VI, "a", da CRFB às estatais de serviços públicos e às estatais que exercem atividades monopolizadas, uma vez que não se aplica, nessas hipóteses, o art. 173 da CRFB.[43] Todavia, a referida imunidade não se aplica às estatais econômicas que atuam no mercado concorrencial, nem aos serviços públicos remunerados por preços ou tarifas pelo usuário, tendo em vista o art. 150, § 3.º, da CRFB.[44]

Frise-se, contudo, que o STF, em repercussão geral, firmou o seguinte entendimento: "Sociedade de economia mista, cuja participação acionária é negociada em Bolsas de Valores, e que, inequivocamente, está voltada à remuneração do capital de seus controladores ou acionistas, não está abrangida pela regra de imunidade tributária prevista no art. 150, VI, 'a', da Constituição, unicamente em razão das atividades desempenhadas."[45]

---

estatal, tornando-se o respectivo órgão de controle responsável pela manutenção do seu sigilo (art. 85, §§ 1.º e 2.º, da Lei 13.303/2016).

[43] A imunidade tributária foi admitida pelo STF em relação à ECT (*Informativo de Jurisprudência do STF* n. 443, 763, 767 e 769), à INFRAERO (*Informativo de Jurisprudência do STF* n. 475) e à Companhia Docas do Estado de São Paulo – CODESP (*Informativos de Jurisprudência do STF* n. 597 e 602). STF: "Os serviços prestados pela Empresa Brasileira de Correios e Telégrafos – ECT, inclusive aqueles em que a empresa não age em regime de monopólio, estão abrangidos pela imunidade tributária recíproca (CF, art. 150, VI, a e §§ 2.º e 3.º)" (Tema 235 da Tese de Repercussão Geral do STF). O STF também reconheceu a imunidade tributária da sociedade de economia mista estadual prestadora exclusiva do serviço público de abastecimento de água potável e coleta e tratamento de esgotos sanitários (ACO 3.410/SE, Rel. Min. Roberto Barroso, Tribunal Pleno, DJe 03.05.2022, *Informativo de Jurisprudência do STF* n. 1.051).

[44] Por essa razão, o STF considerou que a referida imunidade recíproca não se estende a empresa estatal ocupante de bem público, quando for exploradora de atividade econômica com fins lucrativos. *Informativos de Jurisprudência do STF* n. 860 e 861. Em sede de repercussão geral, o STF fixou as seguintes teses: a) "A imunidade recíproca, prevista no art. 150, VI, *a*, da Constituição não se estende a empresa privada arrendatária de imóvel público, quando seja ela exploradora de atividade econômica com fins lucrativos. Nessa hipótese é constitucional a cobrança do IPTU pelo Município" (Tema 385 da Tese de Repercussão Geral do STF); e b) "Incide o IPTU, considerado imóvel de pessoa jurídica de direito público cedido a pessoa jurídica de direito privado, devedora do tributo" (Tema 437 da Tese de Repercussão Geral do STF).

[45] Tema 508 da Tese de Repercussão Geral do STF.

## 8.12 FALÊNCIA

É controvertida a possibilidade de falência das empresas estatais. Tradicionalmente, a discussão envolvia a interpretação do art. 242 da Lei 6.404/1976, que afastava as sociedades de economia mista da falência, dispositivo que foi revogado pela Lei 10.303/2001. Atualmente, o art. 2.º, I, da Lei 11.101/2005 exclui as empresas públicas e as sociedades de economia mista da falência. Não obstante a literalidade da norma, a doutrina tem apresentado interpretações diversas nesse tema, devendo ser destacadas duas opiniões principais.

**1.º entendimento:** as empresas públicas e as sociedades de economia mista sujeitam-se à falência, devendo ser considerado inconstitucional o art. 2.º, I, da Lei 11.101/2005, em razão da afronta ao art. 173, § 1.º, II, da CRFB. Nesse sentido: José Edwaldo Tavares Borba.[46]

**2.º entendimento:** interpretação conforme a Constituição do art. 2.º, I, da Lei 11.101/2005, que deve ser compatibilizado com o art. 173, § 1.º, II, da CRFB: apenas as empresas estatais, prestadoras de serviços públicos, podem ser afastadas da falência, uma vez que as estatais econômicas se submetem ao mesmo regime jurídico das empresas privadas, inclusive quanto aos direitos e obrigações comerciais. Nesse sentido: Celso Antônio Bandeira de Mello, José dos Santos Carvalho Filho, Diógenes Gasparini e Maria Sylvia Zanella Di Pietro.[47]

**3.º entendimento:** as empresas públicas e as sociedades de economia mista não se sujeitam à falência, conforme dispõe literalmente o art. 2.º, I, da Lei 11.101/2005. Nesse sentido: Marcos Juruena Villela Souto e Marcos Bemquerer.[48]

Entendemos que as empresas públicas e as sociedades de economia mista não podem falir, tendo em vista a inadequação do processo falimentar às entidades administrativas. As estatais são criadas por autorização legal para atender relevante interesse social ou imperativo de segurança nacional, interesses que não poderiam ser afastados pelo Judiciário para satisfação de interesses privados (econômicos) de credores. Em caso de impossibilidade de cumprimento das obrigações por parte da estatal, haverá a responsabilidade subsidiária do Ente federado controlador.

---

[46] BORBA, José Edwaldo Tavares. *Direito societário*. 12. ed. Rio de Janeiro: Renovar, 2010. p. 510.
[47] MELLO, Celso Antônio Bandeira de. *Curso de direito administrativo*. 21. ed. São Paulo: Malheiros, 2006. p. 198; CARVALHO FILHO, José dos Santos. *Manual de direito administrativo*. 18. ed. Rio de Janeiro: Lumen Juris, 2007. p. 455; GASPARINI, Diógenes. *Direito administrativo*. 12. ed. São Paulo: Saraiva, 2007. p. 443; DI PIETRO, Maria Sylvia Zanella. *Direito administrativo*. 20. ed. São Paulo: Atlas, 2007. p. 427-428.
[48] SOUTO, Marcos Juruena Villela. *Direito administrativo da economia*. 3. ed. Rio de Janeiro: Lumen Juris, 2003. p. 100-101; BEMQUERER, Marcos. *O regime jurídico das empresas estatais após a Emenda Constitucional n.º 19/1998*. Belo Horizonte: Fórum, 2012. p. 172.

## 8.13 RESUMO DO CAPÍTULO

**EMPRESAS ESTATAIS:
EMPRESAS PÚBLICAS E SOCIEDADES DE ECONOMIA MISTA**

| | | |
|---|---|---|
| **Conceito de empresas estatais** | | Toda e qualquer entidade, civil ou comercial, sob o controle acionário do Estado, englobando as empresas públicas, as sociedades de economia mista, suas subsidiárias e as demais sociedades controladas pelo Estado. |
| **Empresa pública** | | Pessoa jurídica de direito privado, integrante da Administração Indireta, criada por autorização legal, sob qualquer forma societária admitida em direito, cujo capital é formado por bens e valores oriundos de pessoas administrativas, que prestam serviços públicos ou executam atividades econômicas. Ex.: BNDES, Caixa Econômica Federal, ECT, EBSERH e EBC. |
| **Sociedade de economia mista** | | Pessoa jurídica de direito privado, integrante da Administração Indireta, criada por autorização legal, sob a forma societária de sociedade anônima, cujo capital é formado por bens e valores oriundos de pessoas administrativas e de particulares, com controle acionário do Estado, que prestam serviços públicos ou executam atividades econômicas. Ex.: PETROBRAS e Banco do Brasil. |
| **Empresas públicas x sociedades de economia mista** | Composição do capital | – empresas públicas: apenas as pessoas administrativas participam da formação do capital;<br>– sociedades de economia mista: formado por capital público e privado, mas o controle acionário é do Estado. Enquanto nas empresas públicas o controle societário pertence ao Ente federado, ainda que possa haver a participação minoritária de entidades da Administração Indireta, nas sociedades de economia mista o controle pode ser assumido por Ente federado ou entidade da Administração Indireta, com a participação minoritária de pessoas da iniciativa privada (arts. 3.º e 4.º da Lei 13.303/2016). |
| | Forma societária | – empresas públicas: podem ser revestidas por qualquer forma societária admitida em direito, inclusive, empresas públicas unipessoais;<br>– sociedades de economia mista: são sociedades anônimas. |
| | Foro competente para julgamento dos litígios | – empresas públicas: compete à Justiça Federal processar e julgar as empresas públicas federais. As demais são processadas e julgadas na Justiça Estadual;<br>– sociedades de economia mista: competência da Justiça Estadual, mesmo que a sociedade de economia mista seja federal. Excepcionalmente, as sociedades de economia mista federais serão processadas e julgadas na Justiça Federal se a União intervir como assistente ou oponente (Súmula 517 do STF). A Justiça Federal também é competente para processar e julgar mandado de segurança contra ato praticado por sociedade de economia mista federal (art. 109, VIII, da CRFB). |

| | |
|---|---|
| Criação | É preciso que a criação de cada estatal esteja autorizada por lei específica. O nascimento, contudo, das empresas públicas e das sociedades de economia mista somente ocorrerá com a inscrição dos atos constitutivos no respectivo Registro (art. 45 do CC).<br>A criação das subsidiárias depende de autorização legislativa (art. 37, XX, da CRFB). Todavia, basta autorização genérica, contida na lei que permitiu a criação das empresas estatais matrizes (ou de primeiro grau), para que as subsidiárias sejam criadas.<br>A extinção das empresas estatais depende de lei autorizativa específica, de iniciativa do Chefe do Executivo.<br>De acordo com o STF, a alienação das ações, que conferem o controle acionário das empresas estatais, acarreta a sua privatização, motivo pelo qual exige autorização legislativa e licitação. Em relação à alienação do controle das empresas subsidiárias e controladas, não é exigida a autorização legislativa. Contudo, é desnecessária, em regra, lei específica para inclusão de sociedade de economia mista ou de empresa pública em programa de desestatização. |
| Objeto | – atividades econômicas: as empresas estatais podem executar atividades econômicas, inclusive em concorrência com as empresas privadas, conforme previsto no art. 173 da CRFB;<br>– serviços públicos: as empresas estatais podem prestar serviços públicos de titularidade do respectivo Ente Federativo. |
| Regime Societário | O regime societário das empresas estatais é disciplinado nos arts. 5.º ao 26 da Lei 13.303/2016.<br>A sociedade de economia mista deve assumir a forma de sociedade anônima, submetendo-se à Lei 6.404/1976 (Lei das S.A.), na forma do art. 5.º da Lei 13.303/2016. A empresa pública, por sua vez, pode assumir qualquer forma societária compatível com a sua natureza, sendo vedado o lançamento de debêntures ou outros títulos ou valores mobiliários, conversíveis em ações, bem como a emissão de partes beneficiárias (art. 11 da Lei 13.303/2016). |
| Regime de pessoal | Os empregados das empresas estatais submetem-se ao regime celetista (CLT). Contudo, a demissão dos empregados públicos não é completamente livre, devendo ser motivada, tendo em vista os princípios constitucionais da impessoalidade e da moralidade. Os dirigentes das empresas estatais, que ocupam cargos em comissão ou exercem função de confiança, são nomeados sem concurso público (art. 37, II e V, da CRFB), desde que cumpridos os requisitos da Lei 13.303/2016. |
| Patrimônio | Bens privados (art. 98 do CC). O regime jurídico é predominantemente privado, mas sofre modulações de direito público.<br>a) **penhora:** em regra, os bens das empresas estatais podem ser penhorados, ressalvados os bens que estiverem afetados aos serviços públicos e forem necessários à sua continuidade;<br>b) **usucapião:** os bens privados das empresas estatais podem ser adquiridos por usucapião, não sendo aplicável a imprescritibilidade típica dos bens públicos.<br>Contudo, há entendimento que sustenta a impossibilidade de usucapião de bens afetados à prestação de serviços públicos. |

| | |
|---|---|
| Atos e contratos | **Atos:** são atos privados, em razão da natureza privada dessas entidades e, em relação às estatais econômicas, pela sujeição ao mesmo tratamento jurídico das empresas privadas (art. 173, § 1.º, II, da CRFB). Todavia, os atos praticados por estatais no desempenho de funções administrativas (ex.: concurso público e licitação) serão considerados atos materialmente administrativos, passíveis do respectivo controle, inclusive por mandado de segurança.

**Contratos:** a natureza jurídica depende da atividade desenvolvida. As estatais econômicas somente celebram contratos privados da Administração, despidos, em regra, das cláusulas exorbitantes e regidos, predominantemente, por normas de direito privado, tendo em vista a submissão ao mesmo regime jurídico das empresas privadas (art. 173, § 1.º, II, da CRFB). As estatais que prestam serviços públicos, além dos contratos privados, podem celebrar contratos administrativos vinculados à prestação do serviço público. Todavia, a referida distinção não é prevista na Lei 13.303/2016 que, em seu art. 68, dispõe que os contratos celebrados por todas as empresas estatais são regulados por suas cláusulas, pelo disposto na própria Lei em referência e pelos preceitos de direito privado. |
| Responsabilidade civil | Em relação às empresas públicas e sociedades de economia mista prestadoras de serviços públicos, a responsabilidade civil será objetiva, com fundamento no art. 37, § 6.º, da CRFB. As empresas públicas e sociedades de economia mista econômicas respondem, em regra, de maneira subjetiva, como as demais pessoas privadas, tendo em vista dois argumentos: inaplicabilidade do art. 37, § 6.º, da CRFB; e aplicação do mesmo tratamento dispensado às empresas privadas em geral, "inclusive quanto aos direitos e obrigações civis" (art. 173, § 1.º, II, da CRFB). |
| Controle do Tribunal de Contas | Diversamente do entendimento consagrado na jurisprudência, consideramos que o controle pelo tribunal de contas depende da atividade desenvolvida pela empresa estatal. Em relação às estatais prestadoras de serviços públicos, o controle pelo tribunal de contas é exercido sem maiores restrições. Todavia, o controle das estatais econômicas deve incidir sobre a atividade instrumental, mas não sobre a atividade-fim. Todavia, o art. 87 da Lei 13.303/2016 submeteu as empresas estatais, independentemente do seu objeto, ao controle pelo tribunal de contas respectivo. |
| Imunidade tributária | O STF tem reconhecido a imunidade tributária do art. 150, VI, "a", da CRFB às estatais de serviços públicos e às estatais que exercem atividades monopolizadas, uma vez que não se aplica, nessas hipóteses, o art. 173 da CRFB. Todavia, a referida imunidade não se aplica às estatais econômicas que atuam no mercado concorrencial, nem aos serviços públicos remunerados por preços ou tarifas pelo usuário, tendo em vista o art. 150, § 3.º, da CRFB. |
| Falência | Não obstante a controvérsia sobre o tema, entendemos que as empresas públicas e as sociedades de economia mista não podem falir, tendo em vista a inadequação do processo falimentar às entidades administrativas (art. 2.º, I, da Lei 11.101/2005). As estatais são criadas por autorização legal para atender relevante interesse social ou imperativo de segurança nacional, interesses que não poderiam ser afastados pelo Judiciário para satisfação de interesses privados (econômicos) de credores. Em caso de impossibilidade de cumprimento das obrigações por parte da estatal, haverá a responsabilidade subsidiária do Ente federado controlador. |

CAPÍTULO 9

# FUNDAÇÕES ESTATAIS

## 9.1 CONCEITO E ESPÉCIES

As fundações, em geral, são pessoas jurídicas, sem fins lucrativos, cujo elemento essencial é a utilização do patrimônio para satisfação de objetivos sociais, definidos pelo instituidor.

As fundações podem ser instituídas por particulares ou pelo Estado. No primeiro caso, temos a fundação privada, regida pelo Código Civil (art. 44, III, e arts. 62 a 69 do CC). No segundo caso, a hipótese é de fundação estatal (também denominada de governamental ou pública), integrante da Administração Pública Indireta (art. 37, XIX, da CRFB e art. 4.º, II, "d", do DL 200/1967).

Há enorme divergência em relação à natureza jurídica das fundações estatais:

**1.º entendimento:** as fundações estatais são pessoas de direito público, pois o texto constitucional confere tratamento jurídico similar às fundações estatais e às demais pessoas de direito público da Administração (ex.: arts. 37, XI, 38 e 39 da CRFB). Nesse sentido: Celso Antônio Bandeira de Mello.[1]

**2.º entendimento:** as fundações estatais são pessoas de direito privado. Nesse sentido: Marçal Justen Filho e Marcos Juruena Villela Souto.[2]

**3.º entendimento (majoritário):** as fundações estatais podem ser de direito público ou de direito privado. A personalidade jurídica, pública ou privada, dependerá da opção legislativa e da presença (ou não) das prerrogativas públicas (poder de império). Nesse sentido: STF, Maria Sylvia Zanella Di Pietro, Diógenes Gasparini.[3]

---

[1] MELLO, Celso Antônio Bandeira de. *Curso de direito administrativo*. 21. ed. São Paulo: Malheiros, 2006. p. 176-179.

[2] JUSTEN FILHO, Marçal. *Curso de direito administrativo*. São Paulo: Saraiva, 2006. p. 129.

[3] STF, Tribunal Pleno, RExt 101.126/RJ, Min. Rel. Moreira Alves, *DJ* 01.03.1985, p. 2098; Tema 545 das Teses de Repercussão Geral do STF: "1. A qualificação de uma fundação instituída pelo Estado como sujeita ao regime público ou

Entendemos que as fundações estatais deveriam ser consideradas como pessoas jurídicas de direito privado, integrantes da Administração Indireta, tendo em vista os seguintes argumentos:

a) as fundações, tradicionalmente, são pessoas jurídicas privadas e a utilização dessas entidades pelo Poder Público teria o objetivo de desburocratizar e agilizar o desempenho de certas atividades sociais, sem a necessidade do exercício de potestades públicas (poder de polícia);
b) as fundações estatais com personalidade jurídica de direito público seriam verdadeiras autarquias (autarquias fundacionais ou fundações públicas), sendo incoerente a previsão de pessoas distintas no art. 37, XIX, da CRFB com características idênticas;
c) o art. 5.º, IV, do DL 200/1967 define as fundações estatais como entidades dotadas de personalidade jurídica de direito privado.

Todavia, em razão do entendimento consolidado no STF, trataremos das fundações estatais a partir da dicotomia: fundações estatais de direito público (ex.: Fundação Oswaldo Cruz – FIOCRUZ, cujo estatuto foi aprovado pelo Decreto 8.932/2016) e fundações estatais de direito privado (ex.: Fundação Nacional do Índio – FUNAI, cuja instituição foi autorizada pela Lei 5.371/1967, e Fundação Nacional de Arte – FUNARTE, na forma da Lei 6.312/1975).

As fundações estatais podem ser conceituadas como entidades administrativas de direito público, quando necessário o exercício de poder de autoridade, ou de direito privado, nas demais hipóteses, integrantes da Administração Indireta e instituídas para o exercício de atividades sociais, sem intuito lucrativo.

## 9.2 CRIAÇÃO

As fundações estatais de direito público possuem as mesmas características das autarquias. Por essa razão, essas fundações são criadas por lei específica, de iniciativa do chefe do Executivo (art. 37, XIX, c/c o art. 61, § 1.º, II, "e", da CRFB).

Por outro lado, as fundações estatais de direito privado, assim como as demais entidades administrativas privadas (empresas estatais), dependem de autorização legal para serem instituídas, mas o nascimento efetivo da personalidade jurídica só ocorre com a inscrição dos atos constitutivos no respectivo Registro (art. 37, IX c/c o art. 61, § 1.º, II, "b" e "e", da CRFB e art. 45 do CC).

---

privado depende (i) do estatuto de sua criação ou autorização e (ii) das atividades por ela prestadas. As atividades de conteúdo econômico e as passíveis de delegação, quando definidas como objetos de dada fundação, ainda que essa seja instituída ou mantida pelo Poder público, podem-se submeter ao regime jurídico de direito privado" (07.08.2019); DI PIETRO, Maria Sylvia Zanella. Direito administrativo. 20. ed. São Paulo: Atlas, 2007. p. 404. Nesse sentido: GASPARINI, Diógenes. Direito administrativo. 12. ed. São Paulo: Saraiva, 2007. p. 326. Em outra oportunidade, o STF considerou constitucional a instituição de fundação pública de direito privado para a prestação de serviço público de saúde, com a aplicação do regime celetista aos respectivos empregados (STF, Tribunal Pleno, ADI 4.197/SE, Rel. Min. Roberto Barroso, DJe 23.03.2023, Informativo de Jurisprudência do STF 1.085).

Em verdade, o art. 37, XIX, da CRFB não é categórico na presente distinção em relação à criação das duas fundações estatais. No entanto, ao se referir à necessidade de lei específica para a criação de autarquias, a norma constitucional engloba, também, as fundações estatais de direito público, dado que essas entidades são verdadeiras autarquias (fundações autárquicas ou autarquias fundacionais). Por outro lado, a referida norma constitucional exige lei autorizativa para a criação das "fundações", sem estabelecer qualquer distinção ou adjetivação, razão pela qual deve prevalecer a interpretação segundo a qual a necessidade de autorização se aplica às fundações estatais de direito privado.

A extinção das fundações estatais, em razão do princípio da simetria, dependerá, em princípio, de lei, não se aplicando a elas as hipóteses de extinção das fundações privadas do art. 69 do CC.

## 9.3 OBJETO

As fundações estatais, independentemente da personalidade jurídica, assim como as fundações privadas, não possuem finalidade lucrativa e desenvolvem atividades socialmente relevantes.

Registre-se que a ausência de lucro não afasta a necessidade de eficiência por parte da entidade. Na hipótese de resultados financeiros positivos, quando os créditos superam as despesas, os valores, considerados superávit (e não lucro), deverão ser reinvestidos nas finalidades da entidade, não sendo permitida a sua distribuição ou repartição entre seus administradores.

O objeto das fundações privadas deve ser o desempenho de atividades sociais, tais como (art. 62, parágrafo único, do CC, alterado pela Lei 13.151/2015): assistência social; cultura, defesa e conservação do patrimônio histórico e artístico; educação; saúde; segurança alimentar e nutricional; defesa, preservação e conservação do meio ambiente e promoção do desenvolvimento sustentável; pesquisa científica, desenvolvimento de tecnologias alternativas, modernização de sistemas de gestão, produção e divulgação de informações e conhecimentos técnicos e científicos; promoção da ética, da cidadania, da democracia e dos direitos humanos; e atividades religiosas.[4]

Em relação ao objeto das fundações estatais, o tema depende da interpretação conferida ao art. 37, XIX, da CRFB, que exige lei específica para instituir autarquia e autorizar "a instituição de empresa pública, de sociedade de economia mista e de fundação, cabendo à lei complementar, neste último caso, definir as áreas de sua atuação". Entendemos que a exigência de lei complementar para definição do objeto das fundações aplica-se apenas às fundações estatais de direito privado, em razão da expressão "nesse último caso", mas não compreende as autarquias, empresas públicas, sociedades de economia mista e fundações estatais de direito público, cujo objeto pode ser definido por lei ordinária.

---

[4] Nas três edições iniciais desta obra, sustentamos que a restrição do objeto das fundações privadas afigurava-se desproporcional, pois afastava outras atividades sociais vinculadas à satisfação de direitos fundamentais (exs.: preservação do meio ambiente, pesquisa, saúde e desporto). Nesse sentido: SOUTO, Marcos Juruena Villela. As fundações públicas e o novo Código Civil. *Direito Administrativo em debate*. Rio de Janeiro: Lumen Juris, 2004. p. 173. A tese foi consagrada com a promulgação da Lei 13.151/2015, que ampliou o objeto da fundação privada.

A lei complementar, no caso das fundações estatais de direito privado, e a lei ordinária, na hipótese de fundações estatais de direito público, que definirão o objeto das fundações, são de competência de cada Ente federado. No entanto, a ausência da lei complementar não impede a instituição das fundações estatais de direito privado para o desempenho de atividades socialmente relevantes, pois o art. 37, XIX, da CRFB, nessa parte, deve ser interpretado como norma de eficácia contida.[5]

## 9.4 REGIME DE PESSOAL

Em relação às fundações estatais de direto público, admite-se a instituição do regime de pessoal estatutário e/ou celetista, tendo em vista a extinção da obrigatoriedade do Regime Jurídico Único (RJU) por meio da nova redação do art. 39 da CRFB, conferida pela EC 19/1998, considerada constitucional pelo STF.[6]

Quanto às fundações estatais de direito privado, o regime de pessoal é o celetista.[7] Da mesma forma que os empregados públicos das empresas estatais, os agentes dessas fundações são, em última análise, agentes públicos, que possuem algumas características diferenciadas em relação ao regime celetista puro, por exemplo: necessidade de motivação para demissão desses agentes, tendo em vista a necessidade de respeito aos princípios constitucionais da impessoalidade e da moralidade; vedação de acumulação de empregos públicos, ingresso mediante concurso público etc.

## 9.5 PATRIMÔNIO

O patrimônio das fundações estatais de direito público é composto por bens públicos, na forma do art. 98 do CC, submetendo-se ao regime de direito público (alienação condicionada, impenhorabilidade, imprescritibilidade e não onerabilidade).

Por outro lado, as fundações estatais de direito privado possuem bens privados, o que não afasta algumas prerrogativas de direito público (ex.: impenhorabilidade dos bens afetados ao serviço público e necessários à sua continuidade; exigências próprias para alienação do patrimônio, na forma do art. 17 da Lei 8.666/1993 e do art. 76 da nova Lei de Licitações).

## 9.6 ATOS E CONTRATOS

As fundações estatais de direito público editam, em regra, atos administrativos e celebram contratos administrativos, submetidos ao regime de direito público.

---

[5] Nesse sentido: CARVALHO FILHO, José dos Santos. Manual de direito administrativo. 18. ed. Rio de Janeiro: Lumen Juris, 2007. p. 465.
[6] A Suprema Corte declarou constitucional a alteração do art. 39 da CRFB pela EC 19/1998. STF, Tribunal Pleno, ADI 2.135/DF, Rel. Min. Cármen Lúcia, Redator do acórdão: Min. Gilmar Mendes, j. 06.11.2024.
[7] O STF afirmou a constitucionalidade da legislação estadual que determina que o regime jurídico celetista incide sobre as relações de trabalho estabelecidas no âmbito de fundações públicas, com personalidade jurídica de direito privado, destinadas à prestação de serviços de saúde (STF, Tribunal Pleno, ADI 4.247/RJ, Rel. Min. Marco Aurélio, j. 03.11.2020, Informativo de Jurisprudência do STF n. 997).

As fundações estatais de direito privado, ao contrário, editam, em regra, atos privados e celebram os denominados "contratos privados da Administração". Ainda que o regime jurídico privado seja aplicado às fundações de direto privado, devem ser observadas as derrogações constitucionais (ex.: concurso público para contratação de pessoal, licitação para celebração de contratos, teto remuneratório, controle do Tribunal de Contas). Nesse caso, os atos praticados no âmbito de procedimentos públicos devem ser considerados atos administrativos, notadamente para fins de controle (ex.: cabimento do mandado de segurança contra ato ilegal praticado em concurso público).

## 9.7 FORO PROCESSUAL

As causas envolvendo as fundações estatais federais de direito público, em razão da natureza autárquica, são processadas e julgadas pela Justiça Federal, exceto as de falência, as de acidentes de trabalho e as sujeitas à Justiça Eleitoral e à Justiça do Trabalho, na forma do art. 109, I, da CRFB.

Em razão do silêncio do texto constitucional, as causas das fundações estaduais e municipais de direito público, bem como das fundações estatais de direito privado são da competência da Justiça Estadual.

## 9.8 RESPONSABILIDADE CIVIL

As fundações estatais de direito público respondem civilmente de forma objetiva, na forma do art. 37, § 6.º, da CRFB. Outrossim, as fundações estatais de direito privado, quando prestam serviços públicos, respondem objetivamente pelos danos causados a terceiros.

## 9.9 PRERROGATIVAS ESPECIAIS

As "fundações instituídas e mantidas pelo Poder Público", o que abrange as fundações estatais de direito público e de direito privado, gozam da "imunidade tributária recíproca", que compreende os impostos sobre patrimônio, renda e serviços vinculados às suas finalidades essenciais ou às delas decorrentes (art. 150, VI, "a", e § 2.º, da CRFB).

Existem prerrogativas, no entanto, que não são comuns às duas fundações estatais. As prerrogativas processuais da Fazenda Pública (ex.: prazos diferenciados para contestação e para recursos, duplo grau obrigatório etc.) são reconhecidas para as fundações estatais de direito público, pois as pessoas públicas se inserem no conceito de Fazenda Pública, mas não se aplicam às fundações estatais de direito privado.

## 9.10 CONTROLE

As fundações estatais encontram-se submetidas ao controle estatal, assim como ocorre em relação às demais entidades administrativas, públicas ou privadas. Além do controle administrativo, exercido pelo respectivo ente federado (ou Ministério), as fundações estatais são controladas pelo Tribunal de Contas, na forma do art. 71, II, da CRFB.

Registre-se, no entanto, que as fundações estatais não se submetem ao controle pelo Ministério Público previsto no art. 66 do CC, tendo em vista três argumentos:

a) o art. 66 do CC refere-se, exclusivamente, às fundações privadas, instituídas por particulares;
b) o § 3.º do art. 5.º do DL 200/1967, acrescentado pela Lei 7.596/1987, afasta, em sua parte final, a aplicação das normas do Código Civil, relativas às fundações privadas, às fundações estatais; e
c) as fundações estatais já estão submetidas ao controle do Executivo e do Legislativo, não sendo necessária a instituição de outras formas de controle estatal.[8]

## 9.11 RESUMO DO CAPÍTULO

### FUNDAÇÕES ESTATAIS

| | |
|---|---|
| Conceito | Fundações são pessoas jurídicas, sem fins lucrativos, cujo elemento essencial é a utilização do patrimônio para satisfação de objetivos sociais, definidos pelo instituidor.<br>A **fundação privada** é instituída por particular e regida pelo Código Civil (art. 44, III, e arts. 62 a 69 do CC). A **fundação estatal** (também conhecida como governamental ou pública) é instituída pelo Estado e integra a Administração Pública Indireta (art. 37, XIX, da CRFB e art. 4.º, II, "d", do DL 200/1967).<br>Há enorme divergência em relação à **natureza jurídica** das fundações estatais: **1.º entendimento:** as fundações estatais são pessoas de direito público; **2.º entendimento:** as fundações estatais são pessoas de direito privado; **3.º entendimento (majoritário – STF):** as fundações estatais podem ser de direito público (ex.: FIOCRUZ) ou de direito privado (ex.: FUNAI).<br>**Fundações estatais** podem ser conceituadas como entidades administrativas de **direito público**, quando necessário o exercício de poder de autoridade, ou de **direito privado**, nas demais hipóteses, integrantes da Administração Indireta e instituídas para o exercício de atividades sociais, sem intuito lucrativo. |
| Criação | As **fundações estatais de direito público** são criadas por lei específica, de iniciativa do chefe do Executivo. As **fundações estatais de direito privado**, assim como as demais entidades administrativas privadas (empresas estatais), dependem de autorização legal para serem instituídas, mas o nascimento efetivo da personalidade jurídica só ocorre com a inscrição dos atos constitutivos no respectivo Registro. |
| Objeto | Fundações estatais, independentemente da personalidade jurídica, assim como as fundações privadas, não possuem finalidade lucrativa e desenvolvem atividades socialmente relevantes;<br>**Fundações privadas:** desempenho de atividades sociais, tais como (art. 62, parágrafo único, do CC, alterado pela Lei 13.151/2015): assistência social; cultura, defesa e conservação do patrimônio histórico e artístico; educação; saúde etc.;<br>**Fundações estatais de direito público:** definido por lei ordinária;<br>**Fundações estatais de direito privado:** definido por lei complementar. |

---
[8] CARVALHO FILHO, José dos Santos. *Manual de direito administrativo*. 18. ed. Rio de Janeiro: Lumen Juris, 2007. p. 468-469; DI PIETRO, Maria Sylvia Zanella. *Direito administrativo*. 20. ed. São Paulo: Atlas, 2007. p. 407; ARAGÃO, Alexandre Santos de. *Curso de direito administrativo*. Rio de Janeiro: Forense, 2012. p. 121.

| | |
|---|---|
| **Regime de pessoal** | – **Fundações estatais de direito público:** regime estatutário e/ou celetista;<br>– **Fundações estatais de direito privado:** regime celetista. |
| **Patrimônio** | – **Fundações estatais de direito público:** composto por bens públicos, na forma do art. 98 do CC;<br>– **Fundações estatais de direito privado:** possuem bens privados, o que não afasta algumas prerrogativas de direito público. |
| **Atos e contratos** | – **Fundações estatais de direito público:** editam, em regra, atos administrativos e celebram contratos administrativos, submetidos ao regime de direito público;<br>– **Fundações estatais de direito privado:** editam, em regra, atos privados e celebram os denominados "contratos privados da Administração". |
| **Foro processual** | – **Fundações estatais federais de direito público:** Justiça Federal, exceto as de falência, as de acidentes de trabalho e as sujeitas à Justiça Eleitoral e à Justiça do Trabalho;<br>– **Fundações estaduais e municipais de direito público e fundações estatais de direito privado:** Justiça Estadual. |
| **Responsabilidade civil** | – **Fundações estatais de direito público:** respondem civilmente de forma objetiva;<br>– **Fundações estatais de direito privado:** quando prestam serviços públicos, respondem objetivamente pelos danos causados a terceiros. |
| **Prerrogativas especiais** | – Imunidade tributária recíproca (impostos sobre patrimônio, renda e serviços vinculados às suas finalidades essenciais ou às delas decorrentes);<br>– Prerrogativas processuais da Fazenda Pública (apenas para fundações estatais de direito público). |
| **Controle** | As fundações estatais são controladas pelo Tribunal de Contas, mas não se submetem ao controle pelo Ministério Público previsto no art. 66 do CC. |

# CAPÍTULO 10

# CONSÓRCIOS PÚBLICOS

## 10.1 CONCEITO E FONTES NORMATIVAS

No âmbito do denominado federalismo cooperativo, em que os entes federados devem atuar harmonicamente, a gestão associada de serviços representa uma prerrogativa importante consagrada pelo texto constitucional. No âmbito da Administração Pública consensual as parcerias são de duas espécies:

a) parceria público-pública: associação entre entes estatais (ex.: consórcios entre Municípios, regiões metropolitanas); e

b) parceria público-privada: formalizadas entre o Poder Público e a iniciativa privada (ex.: concessões, PPPs, contratos de gestão, termos de parceria).

A cooperação federativa é destacada em diversas passagens do texto constitucional, tais como:

a) art. 23, parágrafo único, da CRFB: trata da gestão associada de serviços comuns aos Entes federativos;

b) art. 25, § 3.º, da CRFB: prevê a instituição pelos Estados, mediante lei complementar, de regiões metropolitanas, aglomerações urbanas e microrregiões, constituídas por agrupamentos de municípios limítrofes com o objetivo de "integrar a organização, o planejamento e a execução de funções públicas de interesse comum";[1] e

---

[1] Merece destaque a Lei 13.089/2015, que institui o Estatuto da Metrópole e estabelece diretrizes gerais para o planejamento, a gestão e a execução das funções públicas de interesse comum em regiões metropolitanas e em aglomerações urbanas instituídas pelos Estados, normas gerais sobre o plano de desenvolvimento urbano integrado e outros instrumentos de governança interfederativa, e critérios para o apoio da União a ações que envolvam governança interfederativa no campo do desenvolvimento urbano.

c) art. 241 da CRFB, alterado pela EC 19/1998: menciona os consórcios públicos e os convênios de cooperação como importantes instrumentos de associação federativa de serviços públicos.[2]

Verifica-se que, ao lado dos consórcios públicos, o art. 241 da CRFB indica o convênio de cooperação como instrumento adequado para gestão associada de serviços públicos. Em sua redação inicial, a Lei 11.107/2005 preocupou-se em fixar o regime jurídico dos consórcios públicos, com raras menções aos convênios de cooperação, o que gerava dúvida quanto ao procedimento para sua formalização e a definição do respectivo regime jurídico. Com a inclusão do § 4.º no art. 1.º da Lei 11.107/2005 pela Lei 14.026/2020, restou consignada a aplicação aos convênios de cooperação, no que couber, das disposições legais relativas aos consórcios públicos, o que sugere, *a priori*, a ausência de distinção legal relevante entre os referidos ajustes.

Os consórcios públicos são ajustes celebrados entre os entes federados para gestão associada de serviços públicos, bem como a transferência total ou parcial de encargos, serviços, pessoal e bens essenciais à continuidade dos serviços transferidos, com a instituição de pessoa jurídica, pública ou privada, responsável pela implementação dos respectivos objetos.

As principais fontes normativas dos consórcios públicos podem ser assim resumidas:[3]

a) fonte constitucional: art. 241 da CRFB, com a redação dada pela EC 19/1998;
b) fonte legal: Lei 11.107/2005; e
c) fonte infralegal: Decreto 6.017/2007.

A Lei 11.107/2005 reconhece prerrogativas relevantes aos consórcios públicos, que, independentemente de sua personalidade jurídica (pública ou privada) poderão, por exemplo: a) firmar convênios, contratos, acordos de qualquer natureza, receber auxílios, contribuições e subvenções sociais ou econômicas de outras entidades e órgãos do governo (art. 2.º, § 1.º, I); b) nos termos do contrato de consórcio de direito público, promover desapropriações e instituir servidões nos termos de declaração de utilidade ou necessidade pública, ou interesse social, realizada pelo Poder Público (art. 2.º, § 1.º, II); c) ser contratados pela Administração direta ou indireta dos entes da Federação consorciados, dispensada a licitação (art. 2.º, § 1.º, III); d) emitir documentos de cobrança e exercer atividades de arrecadação de tarifas e outros preços públicos pela prestação de serviços ou pelo uso ou

---

[2] Enquanto o art. 23, parágrafo único, da CRFB disciplina a partilha de competência comum, o art. 241 da CRFB procura viabilizar a associação entre entes federados para o desenvolvimento de competências próprias, bem como de transferência de competências entre tais entes (SOUTO, Marcos Juruena Villela. *Direito administrativo das parcerias*. Rio de Janeiro: Lumen Juris, 2005. p. 202).

[3] A previsão dos consórcios públicos na Lei 11.107/2005 não impede a formalização de outros ajustes interfederativos regulados por legislação especial, tais como: convênios interfederativos para execução das atividades e serviços imprescindíveis à preservação da ordem pública e da incolumidade das pessoas e do patrimônio (Lei 11.473/2007), os convênios administrativos em geral (art. 84, parágrafo único, e art. 84-A da Lei 13.019/2014) e os consórcios na área da saúde, que continuam submetidos aos princípios, diretrizes e normas que regulam o Sistema Único de Saúde – SUS (art. 1.º, § 3.º, da Lei 11.107/2005, c/c o art. 10 da Lei 8.080/1990) etc.

outorga de uso de bens públicos por eles administrados ou, mediante autorização específica, pelo ente da Federação consorciado (art. 2.º, § 2.º); e e) formalizar concessão, permissão ou autorização de obras ou serviços públicos mediante autorização prevista no contrato de consórcio público, que deverá indicar de forma específica o objeto da concessão, permissão ou autorização e as condições a que deverá atender, observada a legislação de normas gerais em vigor (art. 2.º, § 3.º).

Mencionem-se, ainda, algumas prerrogativas relacionadas às licitações e contratações públicas. Assim, por exemplo, os limites de valores contratuais para dispensa de licitação são mais elevados nas contratações realizadas por consórcios públicos (art. 24, § 1.º, da Lei 8.666/1993 e art. 75, § 2.º, da nova Lei de Licitações).

O regime jurídico dos consórcios públicos será detalhado nos próximos tópicos.

## 10.2 CARACTERÍSTICAS PRINCIPAIS DOS CONSÓRCIOS PÚBLICOS ANTES E DEPOIS DA LEI 11.107/2005

A Lei 11.107/2005 representa o novo marco regulatório dos consórcios públicos. Até o advento desta Lei, não havia tratamento normativo homogêneo do instituto e a doutrina procurava estabelecer as principais características do consórcio. Por esta razão, é possível fazer uma comparação entre as características tradicionalmente apontadas pela doutrina majoritária e aquelas consagradas na Lei 11.107/2005.

### 10.2.1 Consórcios públicos antes da Lei 11.107/2005

As principais características dos consórcios públicos até o advento da Lei 11.107/2005 podem ser enumeradas da seguinte forma:

1) **os consórcios públicos não eram considerados contratos:** de um lado, os consórcios e os convênios administrativos, espécies de atos administrativos complexos, caracterizavam-se pela busca de interesses comuns dos partícipes e não se confundiam com os contratos administrativos. Por outro lado, nos contratos, as partes contratantes possuíam interesses antagônicos;[4]

2) **a União não poderia integrar consórcios, mas apenas os convênios:** os convênios seriam ajustes firmados por entidades administrativas, de natureza diversa, ou por estas entidades e particulares sem fins lucrativos (ex.: convênio celebrado entre a União e um Município ou entre o Estado e entidade privada). Os consórcios, por sua vez, seriam ajustes formalizados por entidades administrativas da mesma espécie (ex.: consórcio celebrado entre Municípios ou entre Estados).[5] Em consequência, afirmava-se que a União não poderia integrar os consórcios públicos, uma vez que inexistiria outra pessoa da mesma espécie.

---

[4] Vide, por exemplo: MEIRELLES, Hely Lopes. *Direito administrativo brasileiro*. 22. ed. São Paulo: Malheiros, 1997. p. 359; DI PIETRO, Maria Sylvia Zanella. *Direito administrativo*. 22. ed. São Paulo: Atlas, 2009. p. 336-337; CARVALHO FILHO, José dos Santos. *Manual de direito administrativo*. 22. ed. Rio de Janeiro: Lumen Juris, 2009. p. 214.

[5] MEIRELLES, Hely Lopes. *Direito administrativo brasileiro*. 22. ed. São Paulo: Malheiros, 1997. p. 359-361.

Entendemos que a distinção entre consórcios e convênios a partir da qualidade dos partícipes, além de não constar da legislação, não acarretava qualquer consequência concreta relevante, especialmente pela aplicação do mesmo regime jurídico aos dois ajustes;[6]

3) **desnecessidade de autorização legislativa para formatação dos consórcios:** afirmava-se, majoritariamente, que a exigência de lei autorizativa, no caso, violaria o princípio da separação de poderes;[7]

4) **facultatividade de personificação dos consórcios:** em virtude da omissão legislativa em relação ao funcionamento e organização dos consórcios, a doutrina reconhecia a existência de decisão discricionária por parte da Administração Pública para dispor sobre a melhor forma de se implementar a gestão desses ajustes (ex.: escolha de um dos entes associados para ser o gestor/executor, criação de uma pessoa jurídica distinta para administrar o objeto do ajuste etc.).[8]

### 10.2.2 Consórcios públicos após a Lei 11.107/2005

Com o advento da Lei 11.107/2005, as novas características dos consórcios públicos são:

1) **os consórcios públicos são contratos:** o caráter contratual dos consórcios foi mencionado, por exemplo, no art. 3.º da Lei 11.107/2005. Cabe registrar que, mesmo antes do avento da Lei dos Consórcios Públicos, alguns autores já apontavam o seu caráter contratual. De acordo com essa doutrina, que não era majoritária no Direito Administrativo, os contratos poderiam ser divididos em duas categorias:

    a) "contratos de intercâmbio": contratos com interesses antagônicos (ex.: contrato entre a Administração e uma empreiteira para execução de obra); e

    b) "contratos de comunhão de escopo": contratos com interesses comuns (ex.: contrato de consórcio público);[9]

---

[6] Nesse sentido: CARVALHO FILHO, José dos Santos. *Manual de direito administrativo*. 22. ed. Rio de Janeiro: Lumen Juris, 2009. p. 217.

[7] Nesse sentido, por exemplo: STF, Tribunal Pleno, ADI 1166/DF, Rel. Min. Ilmar Galvão, j. 05.09.2002, *DJ* 25.10.2002, p. 24. Em sentido contrário: MEIRELLES, Hely Lopes. *Direito administrativo brasileiro*. 22. ed. São Paulo: Malheiros, 1997. p. 360.

[8] Vide, por exemplo: MEIRELLES, Hely Lopes. *Direito administrativo brasileiro*. 22. ed. São Paulo: Malheiros, 1997. p. 361.

[9] GRAU, Eros Roberto. *Licitação e contrato administrativo*. São Paulo: Malheiros, 1995. p. 91. Da mesma forma, no âmbito do Direito Civil, Antonio Junqueira de Azevedo afirma o caráter contratual do consórcio, qualificando-o, a partir de diversos critérios, como ato bilateral/plurilateral de caráter obrigacional (contrato) ou, ainda, como um contrato de colaboração e relacional (AZEVEDO, Antonio Junqueira de. Natureza jurídica do contrato de consórcio. Classificação dos atos jurídicos quanto ao número de partes e quanto aos efeitos. Os contratos relacionais. A boa-fé nos contratos relacionais. Contratos de duração. Alteração das circunstâncias e onerosidade excessiva. Sinalagma e resolução contratual. Resolução parcial do contrato. Função social do contrato. *RT*, São Paulo, ano 94, v. 832, p. 120-123, fev. 2005). Na Espanha, por exemplo, Rafael Entrena Cuesta diferencia os contratos administrativos de cooperação dos contratos de colaboração da seguinte maneira: nos contratos de cooperação, os entes possuem a titularidade dos serviços contratados e atuam em pé de igualdade; já nos contratos de colaboração, apenas um

2) **a União pode integrar consórcios:** a participação da União nos consórcios públicos é autorizada pelo art. 1.º da Lei 11.107/2005;
3) **exigência de autorização legislativa para formatação dos consórcios:** o art. 5.º da Lei 11.107/2005 exige a autorização legislativa para que o Executivo celebre consórcios públicos;
4) **imposição de personificação dos consórcios:** os arts. 1.º, § 1.º, e 6.º da Lei 11.107/2005 exigem a instituição de pessoa jurídica de direito público (associação pública) ou de direito privado para execução do contrato de consórcio.

## 10.3 CONSTITUCIONALIDADE DAS NORMAS GERAIS SOBRE CONSÓRCIOS

A Lei 11.107/2005, conforme dispõe o seu art. 1.º, "dispõe sobre normas gerais para a União, os Estados, o Distrito Federal e os Municípios contratarem consórcios públicos para a realização de objetivos de interesse comum e dá outras providências". É fácil notar que o legislador federal pretendeu estabelecer normas gerais aplicáveis a todos os entes da Federação, conferindo à Lei 11.107/2005 o caráter de "lei nacional". Todos os entes podem dispor sobre normas específicas sobre consórcios, desde que respeitadas as normas gerais.

Há controvérsia, no entanto, em relação à possibilidade de fixação, pela União, de normas gerais sobre consórcios:

**Primeira posição:** impossibilidade de normas gerais sobre consórcios, tendo em vista a autonomia federativa. De acordo com o art. 241 da CRFB: "A União, os Estados, o Distrito Federal e os Municípios **disciplinarão por meio de lei** os consórcios públicos e os convênios de cooperação entre os entes federados, autorizando a gestão associada de serviços públicos, bem como a transferência total ou parcial de encargos, serviços, pessoal e bens essenciais à continuidade dos serviços transferidos". Vale dizer: cada Ente teria competência autônoma para disciplinar os consórcios. Ademais, a contratualização do consórcio, efetivada pela Lei 11.107/2005, teria o único objetivo de "legitimar" a atuação do legislador federal na fixação de normas gerais sobre contratos de consórcio, na forma do art. 22, XXVII, da CRFB. Por esta razão, a Lei 11.107/2005 deve ser interpretada em conformidade com a Constituição para ser considerada "lei federal" (e não "lei nacional"), aplicável apenas à União. Nesse sentido: Diogo de Figueiredo Moreira Neto.[10]

**Segunda posição:** constitucionalidade das normas gerais da Lei 11.107/2005, tendo em vista o art. 22, XXVII, da CRFB. Nesse sentido: Marçal Justen Filho, José dos Santos Carvalho Filho, Odete Medauar, Floriano de Azevedo Marques Neto, Andréas Krell.[11]

---

dos entes possui titularidade sobre o serviço, objeto do contrato, o que gera privilégios em seu favor (CUESTA, Rafael Entrena. Consideraciones sobre la teoría general de los contratos de la administración. *RAP*, n. 24, p. 71-72, 1957).

[10] MOREIRA NETO, Diogo de Figueiredo. Novo enfoque jurídico nos contratos administrativos. *Mutações do direito administrativo*. 3. ed. Rio de Janeiro: Renovar, 2007. p. 457. Em sentido semelhante, Jessé Torres afirma que a Lei 11.107/2005 é de duvidosa constitucionalidade à luz dos arts. 18 e 23, parágrafo único, da Constituição da República (PEREIRA JUNIOR, Jessé Torres. *Comentários à lei das licitações e contratações da administração pública*. 7. ed. Rio de Janeiro: Renovar, 2007. p. 286).

[11] JUSTEN FILHO, Marçal. Novos sujeitos na Administração Pública: os consórcios criados pela Lei n.º 11.107. *Direito administrativo*: estudos em homenagem a Diogo de Figueiredo Moreira Neto. Rio de Janeiro: Lumen Juris, 2006. p. 689; CARVALHO FILHO, José dos Santos. *Consórcios públicos*. Rio de Janeiro: Lumen Juris, 2009. p. 13; MEDAUAR,

Concordamos com a segunda posição, que tem prevalecido atualmente, em razão dos seguintes argumentos:

a) o art. 22, XXVII, da CRFB dispõe que a União pode legislar sobre normas gerais de contratos, e não haveria vedação de contratualização do consórcio, tese, como visto, tradicionalmente defendida por parcela da doutrina;
b) o art. 241 da CRFB estabelece competência concorrente para os entes da Federação legislarem sobre os consórcios públicos e, dessa forma, independentemente da discussão à respeito da natureza contratual do consórcio, a União, com fundamento no art. 24, *caput* e parágrafos, da CRFB, poderia editar normas gerais, de caráter nacional;
c) necessidade de uniformização dos consórcios públicos em âmbito nacional, mormente pelo fato de esse instrumento jurídico tratar da cooperação entre diversos entes federados, sendo certo que os interesses em jogo extrapolam os limites territoriais da cada Ente;
d) o federalismo cooperativo pressupõe, por óbvio, a relativização de uma partilha rígida de competências para se buscar uma integração racional entre os entes federados, garantindo segurança jurídica (homogeneidade normativa para assuntos que extrapolam os interesses de cada ente) e efetividade dos interesses constitucionais que o Poder Público deve satisfazer.[12]

## 10.4 PARTÍCIPES DO CONSÓRCIO PÚBLICO

Os consórcios públicos, nos termos dos arts. 1.º e 4.º, II, da Lei 11.107/2005, são integrados pelos entes da Federação (União, Estados, DF e Municípios). Da mesma forma, o art. 2.º, I, do Decreto 6.017/2007, ao definir o consórcio, afirma tratar-se de "pessoa jurídica formada exclusivamente por entes da Federação".

É oportuno registrar, contudo, que a legislação prevê limitação para participação da União em consórcios públicos. Nesse sentido, o art. 1.º, § 2.º, da Lei 11.107/2005 dispõe que "a União somente participará de consórcios públicos em que também façam parte todos os Estados em cujos territórios estejam situados os Municípios consorciados".

Entendemos que a referida restrição é inconstitucional. O condicionamento da formalização da gestão associada à participação obrigatória do respectivo Estado viola a autonomia federativa da União e dos Municípios (princípio federativo, art. 18 da CRFB) e diminui a efetividade da gestão associada prevista no art. 241 da CRFB. Isto porque os interesses da União e dos Municípios não são necessariamente idênticos aos interesses

---

Odete; OLIVEIRA, Gustavo Justino de. *Consórcios públicos*: comentários à Lei 11.107/2005. São Paulo: RT, 2006. p. 17-20; MARQUES NETO, Floriano de Azevedo. Os consórcios públicos. *REDAE*, Salvador, Instituto de Direito Público da Bahia, n. 3, jul.-ago.-set. 2005. Disponível em: <www.direitodoestado.com.br>. Acesso em: 6 ago. 2011, p. 36; KRELL, Andréas J. *Leis de normas gerais, regulamentação do Poder Executivo e cooperação intergovernamental em tempos de Reforma Federativa*. Belo Horizonte: Fórum, 2008. p. 57 e 60.

[12] KRELL, Andréas J. *Leis de normas gerais, regulamentação do Poder Executivo e cooperação intergovernamental em tempos de Reforma Federativa*. Belo Horizonte: Fórum, 2008. p. 60-64.

dos Estados, sendo desproporcional condicionar a atuação de demais entes à vontade do ente estadual.[13]

## 10.5 PROCEDIMENTO PARA INSTITUIÇÃO DO CONSÓRCIO PÚBLICO

A instituição do consórcio público depende da implementação do procedimento previsto na Lei 11.107/2005, que compreende os seguintes momentos principais: subscrição do protocolo de intenções, ratificação do protocolo pelo legislador, celebração do contrato de consórcio, personificação do consórcio, contrato de rateio e contrato de programa.

### 10.5.1 Protocolo de intenções

Os entes da Federação, que pretendem se consorciar, devem subscrever o denominado "protocolo de intenções", que representa uma espécie de minuta do futuro "contrato" de consórcio (art. 3.º da Lei 11.107/2005).

As cláusulas essenciais do protocolo de intenções encontram-se definidas no art. 4.º da Lei 11.107/2005:

a) a denominação, a finalidade, o prazo de duração e a sede do consórcio;
b) a identificação dos entes da Federação consorciados;
c) a indicação da área de atuação do consórcio;
d) a previsão de que o consórcio público é associação pública ou pessoa jurídica de direito privado sem fins econômicos;
e) os critérios para, em assuntos de interesse comum, autorizar o consórcio público a representar os entes da Federação consorciados perante outras esferas de governo;
f) as normas de convocação e funcionamento da assembleia geral, inclusive para a elaboração, aprovação e modificação dos estatutos do consórcio público;
g) a previsão de que a assembleia geral é a instância máxima do consórcio público e o número de votos para as suas deliberações;
h) a forma de eleição e a duração do mandato do representante legal do consórcio público que, obrigatoriamente, deverá ser chefe do Poder Executivo de ente da Federação consorciado;
i) o número, as formas de provimento e a remuneração dos empregados públicos, bem como os casos de contratação por tempo determinado para atender a necessidade temporária de excepcional interesse público;
j) as condições para que o consórcio público celebre contrato de gestão ou termo de parceria;
k) a autorização para a gestão associada de serviços públicos, explicitando: as competências cujo exercício se transferiu ao consórcio público; os serviços públicos objeto da gestão associada e a área em que serão prestados; e a auto-

---

[13] Nesse sentido: CARVALHO FILHO, José dos Santos. *Consórcios públicos*. Rio de Janeiro: Lumen Juris, 2009. p. 21.

rização para licitar ou outorgar concessão, permissão ou autorização da prestação dos serviços; as condições a que deve obedecer o contrato de programa, no caso de a gestão associada envolver também a prestação de serviços por órgão ou entidade de um dos entes da Federação consorciados; os critérios técnicos para cálculo do valor das tarifas e de outros preços públicos, bem como para seu reajuste ou revisão; e

l) o direito de qualquer dos contratantes, quando adimplente com suas obrigações, exigir o pleno cumprimento das cláusulas do contrato de consórcio público.

### 10.5.2 Autorização legislativa

O protocolo de intenções deve ser ratificado por lei de cada ente que pretende se consorciar, salvo na hipótese de o legislador respectivo já disciplinar previamente as condições de participação no consórcio (art. 5.º, *caput* e § 4.º, da Lei 11.107/2005).

O legislador, no caso, pode ratificar o protocolo com reserva que, aceita pelos demais entes subscritores, implicará consorciamento parcial ou condicional (art. 5.º, § 2.º, da Lei 11.107/2005).

### 10.5.3 Contrato de consórcio

Com a ratificação legislativa, os entes da Federação assinarão o contrato definitivo de consórcio. Nesse sentido, o art. 5.º da Lei 11.107/2005 dispõe: "O contrato de consórcio público será celebrado com a ratificação, mediante lei, do protocolo de intenções".

### 10.5.4 Personificação do consórcio

A opção pela instituição de pessoa de direito público (associação pública) ou pessoa de direito privado deve constar em cláusula específica no protocolo de intenções (art. 4.º, IV, da Lei 11.107/2005).[14] A associação pública é instituída mediante a vigência das leis de ratificação do protocolo de intenções (art. 6.º, I, da Lei 11.107/2005). Por outro lado, a pessoa de direito privado é instituída pelo registro do ato constitutivo, após aprovação do protocolo de intenções (art. 6.º, II, da Lei 11.107/2005 c/c o art. 45 do CC).

### 10.5.5 Contrato de rateio

O contrato de rateio é o instrumento adequado para que os entes consorciados repassem recursos financeiros ao consórcio público (art. 8.º da Lei 11.107/2005).

O prazo de vigência do contrato de rateio não pode ser superior a um ano, uma vez que os recursos financeiros, objeto do ajuste, devem estar previstos nas respectivas leis orçamentárias anuais, conforme dispõe o art. 8.º, § 1.º, da Lei 11.107/2005.

---

[14] De acordo com o STJ, a sanção aplicada ao ente federado consorciado não alcança a pessoa jurídica instituída no âmbito do consórcio e integrante da Administração Indireta, tendo em vista o princípio da intranscendência das sanções (STJ, 2.ª Turma, REsp 1.463.921/PR, Rel. Min. Humberto Martins, *DJe* 15.02.2016, *Informativo de Jurisprudência do STJ* n. 577).

Em sua redação originária, o referido dispositivo legal admitia, excepcionalmente, a celebração de contrato de rateio por prazo superior a um ano em duas hipóteses: a) projetos consistentes em programas e ações contemplados em plano plurianual; e b) gestão associada de serviços públicos custeados por tarifas ou outros preços públicos.

Quanto à primeira exceção, o plano plurianual já ultrapassa o prazo anual, o que justifica a possibilidade de fixação de prazo diferenciado, assim como ocorre na legislação que trata das licitações e contratações públicas (art. 57, I, da Lei 8.666/1993 e art. 105 da nova Lei de Licitações).

No entanto, sempre criticamos a segunda exceção, uma vez que a celebração do contrato de rateio sequer faria sentido, pois os serviços seriam custeados por tarifa ou outros preços públicos, e não por dotação orçamentária. Nesse caso, a eventual celebração do contrato de rateio envolverá o repasse de recurso orçamentário e dependerá, por óbvio, da previsão dos respectivos recursos na legislação orçamentária, o que atrairia a restrição do prazo anual.

Em abono à nossa crítica, o art. 8.º, § 1.º, da Lei 11.107/2005 foi alterado pela Lei 14.026/2020 e passou a prever apenas uma exceção à regra do prazo anual do contrato de rateio, qual seja, a hipótese de previsão no plano plurianual, excluindo a outra exceção inicialmente indicada na redação originária do citado dispositivo legal. O ente consorciado, que não consignar, em sua respectiva lei orçamentária ou em créditos adicionais, as dotações necessárias para cobrir as despesas previstas no contrato de rateio poderá ser excluído do consórcio público, após prévia suspensão (art. 8.º, § 5.º, da Lei 11.107/2005).

É importante ressaltar que configura ato de improbidade administrativa a celebração de contrato de rateio sem suficiente e prévia dotação orçamentária, ou sem observância das formalidades previstas na lei (art. 10, XV, da Lei 8.429/1992).

### 10.5.6 Contrato de programa

O contrato de programa tem por objetivo constituir e regulamentar as obrigações que um ente da Federação constituir para com outro ente da Federação ou para com consórcio público no âmbito de gestão associada de serviços públicos (art. 13 da Lei 11.107/2005).[15]

O objeto do contrato de programa envolve "a prestação de serviços públicos ou a transferência total ou parcial de encargos, serviços, pessoal ou de bens necessários à continuidade dos serviços transferidos" (art. 13 da Lei 11.107/2005).[16]

---

[15] A expressão "contrato de programa", apesar de ser uma novidade no ordenamento brasileiro, já é utilizada há bastante tempo no direito comparado, mas com enfoque diverso. Enquanto na França, por exemplo, o contrato de programa normalmente é formalizado entre o Governo e as empresas públicas, com o objetivo de melhorar a situação deficitária destas últimas, na Itália o contrato de programa é formalizado entre o Estado e empresas privadas, relacionando-se com as atividades econômicas (MEDAUAR, Odete; OLIVEIRA, Gustavo Justino de. *Consórcios públicos*: comentários à Lei 11.107/2005. São Paulo: RT, 2006. p. 101-104).

[16] Na visão de Floriano de Azevedo Marques Neto, o contrato de programa constitui uma forma peculiar de delegação de serviço público, no âmbito da cooperação federativa (art. 241 da CRFB), distinta das formas tradicionais de delegação de serviço público a particulares (art. 175 da CRFB) (MARQUES NETO, Floriano de Azevedo. Os consórcios públicos. *REDAE*, Salvador, Instituto de Direito Público da Bahia, n. 3, p. 42-43, jul.-ago.-set. 2005. Disponível em: <www.direitodoestado.com.br>. Acesso em: 14 jan. 2007).

Em regra, o contrato de programa pode ser celebrado entre entes federados ou entre estes e o consórcio. É possível, no entanto, a celebração deste ajuste por entidades da Administração Indireta, desde que haja previsão expressa no contrato de consórcio ou no convênio de cooperação (art. 13, § 5.º, da Lei 11.107/2005).

O art. 13, § 4.º, da Lei 11.107/2005 prevê a continuidade do contrato de programa "mesmo quando extinto o consórcio público ou o convênio de cooperação que autorizou a gestão associada de serviços públicos". Trata-se da denominada ultratividade do contrato de programa, uma vez que o contrato de programa permanece válido e eficaz mesmo com a permanência de uma única parte no ajuste.[17] Apesar do silêncio da legislação, entendemos que a duração máxima do contrato de programa não pode ultrapassar o prazo inicialmente fixado para o contrato de consórcio público, tendo em vista a impossibilidade jurídica de imposição da contratação forçada com caráter perpétuo.

Com a inclusão do § 8.º no art. 13 da Lei 11.107/2005 pela Lei 14.026/2020, os contratos de prestação de serviços públicos de saneamento básico deverão observar o art. 175 da CRFB, vedada a formalização de novos contratos de programa para essa finalidade.

## 10.6 CONSÓRCIO PÚBLICO DE DIREITO PÚBLICO: ASSOCIAÇÃO PÚBLICA

### 10.6.1 Natureza jurídica: autarquia interfederativa

Conforme demonstrado anteriormente, os entes consorciados deverão instituir pessoa jurídica, de direito público (consórcio público de direito público) ou privado (consórcio público de direito privado), para execução e gestão do objeto do consórcio.

A associação pública integra a Administração Indireta de todos os entes consorciados, na forma do art. 6.º, § 1.º, da Lei 11.107/2005, constituindo-se em verdadeira entidade interfederativa ou multifederativa.

Há, todavia, controvérsia na doutrina e na jurisprudência sobre a possibilidade de instituição de entidade administrativa interfederativa.

**Primeira posição:** impossibilidade de entidades interfederativas no ordenamento jurídico pátrio, tendo em vista o princípio federativo que consagra a autonomia dos entes federados. Nesse sentido: Odete Medauar e Gustavo Justino de Oliveira.[18]

**Segunda posição:** viabilidade constitucional de entidades interfederativas. Nesse sentido: Floriano de Azevedo Marques Neto, Alice Gonzalez Borges, Alexandre Santos de Aragão.[19]

---

[17] Odete Medauar e Gustavo Justino de Oliveira entendem que esta autonomia ou ultratividade do contrato de programa (continuidade do ajuste mesmo com o fim do consórcio) é essencial à segurança jurídica e à confiança legítima, sendo reforçada no art. 11, § 2.º, da Lei (MEDAUAR, Odete; OLIVEIRA, Gustavo Justino de. Consórcios públicos: comentários à Lei 11.107/2005. São Paulo: RT, 2006. p. 110-111). Não se trata, é verdade, de novidade na legislação pátria, havendo exemplos de ultratividade contratual, com apenas uma parte, em outras normas jurídicas (ex.: art. 206, I, "d", da Lei 6.404/1976).

[18] MEDAUAR, Odete; OLIVEIRA, Gustavo Justino de. Consórcios públicos: comentários à Lei 11.107/2005. São Paulo: RT, 2006. p. 77.

[19] MARQUES NETO, Floriano de Azevedo. Os consórcios públicos. REDAE, Salvador, Instituto de Direito Público da Bahia, n. 3, p. 29, jul.-ago.-set. 2005. Disponível em: <www.direitodoestado.com.br>. Acesso em: 6 ago. 2011; BORGES, Alice Gonzalez. Consórcios públicos, nova sistemática e controle. REDAE, Salvador, Instituto de Direito

Sustentamos a possibilidade de instituição de entidades interfederativas, tendo em vista os seguintes argumentos:

a) compatibilidade com o federalismo cooperativo, sendo certo que a formatação da cooperação não é definida previamente pela Constituição, admitindo-se, portanto, a eventual personificação pelos entes consorciados que teriam a autonomia preservada;

b) o art. 241 da CRFB, após redação dada pela EC 19/1998, remete ao legislador ordinário a disciplina da gestão associada por meio de consórcios públicos, o que viabilizaria a opção pela instituição de entidades interfederativas;

c) as entidades interfederativas não representam novidade no ordenamento jurídico, havendo, inclusive, previsão em algumas Constituições estaduais.[20]

É oportuno registrar que o STF já afirmou a impossibilidade de constituição de autarquia interestadual de fomento ou desenvolvimento regional. O caso tratava do Banco Regional do Desenvolvimento do Extremo Sul (BRDES), criado em 1962, e assentou as seguintes premissas básicas:

a) a criação legítima de autarquia pressupõe que as suas finalidades institucionais estejam compreendidas no âmbito material e territorial da entidade estatal matriz, o que reclama, em princípio, a unidade desta;

b) a instituição de autarquias interestaduais, à falta de entidades intermediárias entre a União e os Estados, só se poderia legitimar por força de norma constitucional federal, que não existe;

c) as atividades estatais de planejamento e fomento do desenvolvimento regional, a partir de 1934, foram reservadas privativamente à União que, no caso, não integrava a autarquia interestadual.[21]

---

Público da Bahia, n. 6, p. 6, maio-jun.-jul. 2006. Disponível em: <www.direitodoestado.com.br>. Acesso em: 6 ago. 2011; ARAGÃO, Alexandre Santos de. *Direito dos serviços públicos*. Rio de Janeiro: Forense, 2007, p. 758.

[20] Nesse sentido, por exemplo, dispõe o art. 351, parágrafo único, da Constituição do Estado do Rio de Janeiro: "Art. 351. Os Municípios podem celebrar convênios para execução de suas leis, de seus serviços ou de suas decisões por outros órgãos ou servidores públicos federais, estaduais ou de outros Municípios. Parágrafo único. Os Municípios podem também através de convênios, prévia e devidamente autorizados por leis municipais, criar entidades intermunicipais de administração indireta para a realização de obras, atividades e serviços específicos de interesse comum, dotadas de personalidade jurídica própria, com autonomia administrativa e financeira e sediadas em um dos Municípios conveniados". Da mesma forma, o art. 181, III, da Constituição do Estado de Minas Gerais estabelece: "Art. 181. É facultado ao Município: [...] III – participar, autorizado por lei municipal, da criação de entidade intermunicipal para realização de obra, exercício de atividade ou execução de serviço específico de interesse comum". Por fim, cite-se, por exemplo, o caso da Companhia do Metropolitano de São Paulo – METRÔ –, em que o Estado de São Paulo e o Município de São Paulo participam como acionistas. O exemplo é citado por: MARQUES NETO, Floriano de Azevedo. Os consórcios públicos. *REDAE*, Salvador, Instituto de Direito Público da Bahia, n. 3, p. 28, jul.-ago.-set. 2005. Disponível em: <www.direitodoestado.com.br>. Acesso em: 14 jan. 2007.

[21] STF, 1.ª Turma, RE 120932/RS, Rel. Min. Sepúlveda Pertence, j. 24.03.1992, *DJ* 30.04.1992, p. 5725. Vide ainda: STF, Tribunal Pleno, ACO 503/RS, Min. Rel. Min. Moreira Alves, j. 25.10.2001, *DJ* 05.09.2003, p. 30, *Informativo de Jurisprudência do STF* n. 247.

Contudo, o precedente do STF não tem o condão, salvo melhor juízo, de inviabilizar a instituição de entidade interfederativa, na linha prevista na lei dos consórcios, desde que o consórcio seja formatado para execução de atividades que sejam de titularidade de um ou mais entes consorciados. Ademais, a decisão do STF foi proferida com fundamento na EC 1/1969 e a composição da Corte foi profundamente alteradas nos últimos anos.

Fixada a característica interfederativa da associação pública, o próximo passo é definir a sua natureza jurídica. Aqui também existe forte controvérsia doutrinária.

**Primeira posição:** a associação pública é uma nova entidade da Administração indireta distinta das entidades tradicionais (autarquias, empresas públicas, sociedades de economia mista e fundações estatais). Nesse sentido: Maria Sylvia Zanella Di Pietro e Marçal Justen Filho.[22]

**Segunda posição:** a associação pública é uma espécie de autarquia. Nesse sentido: Floriano de Azevedo Marques Neto, Alice Gonzalez Borges, Alexandre Santos de Aragão e José dos Santos Carvalho Filho.[23]

Em nossa opinião, as associações públicas são autarquias interfederativas (multi ou plurifederativas), tendo em vista os seguintes argumentos:

a) as associações possuem as mesmas características essenciais das autarquias (pessoas de direito público, criadas por lei, que exercem atividades não econômicas e integram a Administração Indireta);

b) o art. 37, XIX, da CRFB, ao tratar das entidades integrantes da Administração Indireta, cita apenas as autarquias, empresas públicas, sociedades de economia mista e as fundações públicas, o que gera, em princípio, a necessidade de enquadramento da associação pública em uma daquelas quatro categorias de sujeitos;

c) o art. 16 da Lei 11.107/2005 alterou o inciso IV do art. 41 do Código Civil para enquadrar a associação pública como espécie de autarquia;[24] e

d) a natureza autárquica da associação pública foi consagrada no art. 2.º, I, do Decreto 6.017/2007, que regulamenta a Lei 11.107/2005.

A peculiaridade da associação pública, quando comparada às autarquias tradicionais, é a natureza interfederativa. Atualmente, portanto, além das tradicionais autarquias federais, estaduais, distritais e municipais, o ordenamento admite a autarquia plurifederativa (multi ou interfederativa). Ex.: a União, o Estado do Rio de Janeiro e o Município do Rio de Janeiro instituíram a Autoridade Pública Olímpica – APO –, consórcio público, sob a

---

[22] DI PIETRO, Maria Sylvia Zanella. *Direito administrativo*. 22. ed. São Paulo: Atlas, 2009. p. 421 e 475; JUSTEN FILHO, Marçal. Novos sujeitos na Administração Pública: os consórcios criados pela Lei n.º 11.107. *Direito administrativo*: estudos em homenagem a Diogo de Figueiredo Moreira Neto. Rio de Janeiro: Lumen Juris, 2006. p. 690.

[23] MARQUES NETO, Floriano de Azevedo. Os consórcios públicos. *REDAE*, Salvador, Instituto de Direito Público da Bahia, n. 3, p. 28, jul.-ago.-set. 2005. Disponível em: <www.direitodoestado.com.br>. Acesso em: 14 jan. 2007; BORGES, Alice Gonzáles. Os consórcios públicos na sua legislação reguladora. *IP*, v. 32, p. 236, jul.-ago. 2005; ARAGÃO, Alexandre Santos de. *Direito dos serviços públicos*. Rio de Janeiro: Forense, 2007. p. 758. O Professor José dos Santos Carvalho Filho chama essas autarquias de "autarquias associativas". CARVALHO FILHO, José dos Santos. *Consórcios públicos*. Rio de Janeiro: Lumen Juris, 2009. p. 29.

[24] "Art. 41. São pessoas de direito público interno: [...] IV – as autarquias, inclusive as associações públicas."

forma de autarquia em regime especial (art. 1.º da Lei 12.396/2011). A referida norma foi revogada pela Lei 13.474/2017, que transformou a APO na Autoridade de Governança do Legado Olímpico (AGLO).

### 10.6.2 Criação

A associação pública é instituída mediante a vigência das leis de ratificação do protocolo de intenções, conforme preceitua o art. 6.º, I, da Lei 11.107/2005.

Registre-se, no entanto, a dificuldade de definição do momento exato de instituição da associação pública, especialmente pela possibilidade de que as Casas Legislativas dos Entes federados, que pretendem se consorciar, ratifiquem o protocolo de intenções em momentos distintos. Parcela da doutrina sustenta que, nesse caso, a aquisição da personalidade jurídica só ocorreria com a vigência da última lei de ratificação do protocolo de intenções.[25]

O ideal, a nosso sentir, é que o protocolo de intenções defina o momento em que a entidade deve ser constituída. Nesse caso, as respectivas leis de ratificação deveriam aprovar o protocolo com a previsão da data de início da personalidade. Ou seja: os legisladores respectivos deveriam estipular a mesma data futura para início da personalidade, e essas leis só teriam vigência a partir dessa data.[26]

### 10.6.3 Objeto

O objeto da associação pública será o desempenho de atividades administrativas que são da competência comum dos Entes consorciados ou, ainda, que venham a ser delegadas por um dos partícipes à autarquia plurifederativa.

Em razão da personalidade jurídica de direito público, a associação pública, assim como ocorre com as demais autarquias, pode exercer atividade típica de Estado (poder de polícia), sendo vedado, no entanto, o exercício de atividades econômicas, uma vez que a atuação empresarial do Estado ocorre por meio da instituição de empresas estatais, observados os limites do art. 173 da CRFB.

### 10.6.4 Regime de pessoal

O regime de pessoal das associações públicas apresentava controvérsias. Parcela da doutrina sustenta que o regime de pessoal é o celetista, tendo em vista que o art. 4.º, IX, da Lei 11.107/2005, ao tratar do protocolo de intenções dos consórcios públicos, faz menção tão somente aos "empregados públicos", expressão que remete ao vínculo celetista (emprego público).[27]

---

[25] CARVALHO FILHO, José dos Santos. *Consórcios públicos*. Rio de Janeiro: Lumen Juris, 2009. p. 31.
[26] O art. 8.º da LC 95/1998 dispõe: "A vigência da lei será indicada de forma expressa e de modo a contemplar prazo razoável para que dela se tenha amplo conhecimento, reservada a cláusula 'entra em vigor na data de sua publicação' para as leis de pequena repercussão". O art. 1.º da LINDB, por sua vez, prevê: "Salvo disposição contrária, a lei começa a vigorar em todo o país quarenta e cinco dias depois de oficialmente publicada".
[27] Nesse sentido: MEDAUAR, Odete. *Consórcios públicos*: comentários à Lei 11.107/05. São Paulo: RT, 2006. p. 57; CARVALHO FILHO, José dos Santos. *Consórcios públicos*. Rio de Janeiro: Lumen Juris, 2009. p. 76. É de notar, todavia, que

Essa foi a opção adotada pelo art. 6.º, § 2.º, da Lei 11.107/2005, alterado pela Lei 13.822/2019, que determina a aplicação do regime celetista ao consórcio público, com personalidade jurídica de direito público ou privado.

Com fundamento na redação originária do art. 39 da CRFB, que exigia a instituição do Regime Jurídico Único (RJU), outra parcela sustentava que o regime de pessoal da associação pública deveria ser estatutário.

Todavia, com a extinção do RJU, implementada pela nova redação do art. 39 da CRFB por meio da EC 19/1998, as pessoas jurídicas de direito público podem optar pela instituição do regime estatutário e/ou celetista para os seus servidores.[28]

Em consequência, nas associações públicas, é possível a previsão do regime de pessoal estatutário e/ou celetista.

Caso a opção seja pelo regime estatutário, a dificuldade será a identificação do regime jurídico que será aplicado aos servidores das associações públicas, em virtude da autonomia de cada Ente para legislar sobre o assunto, o que acarreta a pluralidade de normas (leis federais, estaduais, distritais e municipais). O Ente não pode fixar regras de pessoal para outros Entes, bem como não pode haver renúncia de competência legislativa. Na prática, uma possível solução seria a cessão de servidores pelos Entes consorciados ao consórcio (art. 4.º, § 4.º, da Lei 11.107/2005 e art. 23 do Decreto 6.017/2007).[29] Nesse caso, os servidores permaneceriam submetidos ao regime de pessoal originário (art. 23, § 1.º, do Decreto 6.017/2007) e a extinção do consórcio acarretaria o retorno dos servidores aos órgãos/entidades de origem.

### 10.6.5 Patrimônio

O patrimônio das associações públicas é formado por bens públicos, na forma do art. 98 do CC.

A dificuldade reside na fixação do regime legal aplicável aos bens públicos da associação pública, tendo em vista o seu caráter interfederativo, pois cada Ente federado possui autonomia para fixar o regime jurídico do respectivo patrimônio.

Com o intuito de superar o impasse, uma alternativa é a cessão dos bens públicos pelos Entes consorciados às associações públicas, com a manutenção do regime jurídico do cedente e sem transferência da propriedade. Nesse caso, ao final do consórcio, os bens cedidos serão revertidos ao seu proprietário.

Em relação à reversão dos bens cedidos aos consórcios, o art. 11, § 1.º, da Lei 11.107/2005, ao tratar da retirada do Ente do consórcio público, dispõe que os bens "somente serão revertidos ou retrocedidos no caso de expressa previsão no contrato de

---

a legislação é confusa ao se referir aos agentes que atuam nos consórcios. O art. 8.º, § 2.º, do Decreto 6.017/2007, por exemplo, depois de utilizar a expressão "empregados públicos", faz referência aos respectivos "cargos", quando se sabe que, tecnicamente, os empregados ocupam, em verdade, empregos públicos.

[28] Registre-se que o STF considerou constitucional a redação dada pela EC 19/1998 ao art. 39 da CRFB. STF, Tribunal Pleno, ADI 2.135/DF, Rel. Min. Cármen Lúcia, Redator do acórdão: Min. Gilmar Mendes, j. 06.11.2024.

[29] A cessão de servidores, segundo Marcos Juruena, seria uma opção que preservaria melhor a autonomia federativa (SOUTO, Marcos Juruena Villela. Direito administrativo das parcerias. Rio de Janeiro: Lumen Juris, 2005. p. 206).

consórcio público ou no instrumento de transferência ou de alienação". Entendemos, todavia, que a ausência de previsão expressa em instrumento jurídico sobre a reversão não pode gerar o "perdimento" ou "confisco" dos bens por parte do consórcio, uma vez que a propriedade dos bens permanece com o Ente consorciado.[30] Excepcionalmente, poderia haver irreversibilidade, quando plenamente comprovada a necessidade do bem para a continuidade dos serviços públicos prestados pelo consórcio, surgindo, nesse caso, o direito à indenização por parte do proprietário.

### 10.6.6 Atos e contratos

As associações públicas editam atos próprios e celebram contratos com terceiros para atingirem seus objetivos institucionais (art. 2.º, §§ 1.º ao 3.º, da Lei 11.107/2005).

Em razão da personalidade jurídica de direito público, as associações públicas, assim como as demais autarquias, editam, em regra, atos administrativos e celebram contratos administrativos.

É reconhecida a possibilidade de as associações públicas promoverem desapropriações, nos termos do art. 2.º, § 1.º, II, da Lei 11.107/2005. Nesse caso, a competência para declarar a utilidade pública ou o interesse social na desapropriação é do Ente federado (competência declaratória), cabendo à associação pública promover os atos necessários para a consumação da desapropriação (competência executória).

### 10.6.7 Foro processual

A definição do foro competente para processo e julgamento das associações públicas pode gerar polêmica, tendo em vista o caráter interfederativo da entidade e a ausência de definição do legislador.

Nos consórcios públicos de direito público com a participação da União, a associação pública, malgrado o seu caráter interfederativo, é uma autarquia que integra também a Administração Indireta da União, o que permite a definição da Justiça Federal para processo e julgamento das respectivas ações, com fundamento no art. 109, I, da CRFB.

Em relação aos demais consórcios públicos, sem a participação da União, a competência é da Justiça Estadual da sede do consórcio.

### 10.6.8 Responsabilidade civil

As associações públicas, em razão da personalidade jurídica de direito público, submetem-se à responsabilidade civil objetiva, na forma do art. 37, § 6.º, da CRFB.

Os Entes federados consorciados possuem responsabilidade subsidiária pelas obrigações do consórcio público (art. 9.º do Decreto 6.017/2007).

Em caso de alteração ou extinção do contrato de consórcio, os entes consorciados responderão solidariamente pelas obrigações remanescentes, enquanto não houver decisão

---

[30] Em sentido semelhante, sustentando que "a regra deveria ser, sempre, a reversibilidade, seja imediata, seja no momento do término das obrigações vinculadas ao uso do bem", vide: MEDAUAR, Odete. *Consórcios públicos*: comentários à Lei 11.107/05. São Paulo: RT, 2006. p. 98.

que indique os responsáveis por cada obrigação, garantindo o direito de regresso em face dos entes beneficiados ou dos que deram causa à obrigação (art. 12, § 2.º, da Lei 11.107/2005).

### 10.6.9 Controle do Tribunal de Contas

Não se pode olvidar que o Tribunal de Contas deve fiscalizar o consórcio público. Ocorre que uma interpretação literal do art. 9.º, parágrafo único, da Lei 11.107/2005 levaria à conclusão equivocada de que apenas o Tribunal de Contas, a que está vinculado o representante legal do consórcio, poderia fiscalizar o ajuste e a aplicação dos recursos orçamentários.[31] Em verdade, tal interpretação violaria frontalmente o texto constitucional (art. 70, *caput* e parágrafo único, da CRFB), razão pela qual todos os tribunais de contas, responsáveis pela fiscalização dos entes consorciados, deverão controlar o ajuste.[32]

## 10.7 CONSÓRCIO PÚBLICO DE DIREITO PRIVADO

### 10.7.1 Natureza jurídica: fundação estatal de direito privado interfederativa

Além da associação pública, os entes consorciados podem instituir pessoa jurídica de direito privado para gerir e executar o contrato de consórcio (arts. 1.º, § 1.º, e 6.º, II, da Lei 11.107/2005).

Apesar do silêncio da Lei 11.107/2005, a pessoa de direito privado insere-se na Administração Indireta dos entes consorciados, pois trata-se de entidade instituída pelo Estado.[33]

Entendemos que a pessoa jurídica de direito privado, verdadeira associação estatal privada interfederativa, poderia ser enquadrada como espécie de empresa pública, prestadora de serviço público, ou de fundação estatal de direito privado.[34]

### 10.7.2 Criação e extinção

Os consórcios públicos de direito privado são instituídos, após autorização legal, com a inscrição do ato constitutivo no respectivo registro (art. 6.º, II, da Lei 11.107/2005 e art. 45 do CC).

---

[31] "Art. 9.º [...]. Parágrafo único. O consórcio público está sujeito à fiscalização contábil, operacional e patrimonial pelo Tribunal de Contas competente para apreciar as contas do Chefe do Poder Executivo representante legal do consórcio, inclusive quanto à legalidade, legitimidade e economicidade das despesas, atos, contratos e renúncia de receitas, sem prejuízo do controle externo a ser exercido em razão de cada um dos contratos de rateio".

[32] Nesse sentido: OLIVEIRA, Rafael Carvalho Rezende. *Administração Pública, concessões e Terceiro Setor*. 2. ed. Rio de Janeiro: Lumen Juris, 2011. p. 162; CARVALHO FILHO, José dos Santos. Consórcios públicos. Rio de Janeiro: Lumen Juris, 2009. p. 111; DI PIETRO, Maria Sylvia Zanella. *Direito administrativo*. 20. ed. São Paulo: Atlas, 2007. p. 444.

[33] Nesse sentido: DI PIETRO, Maria Sylvia Zanella. *Direito administrativo*. 22. ed. São Paulo: Atlas, 2009. p. 475; GASPARINI, Diógenes. *Direito administrativo*. 12. ed. São Paulo: Saraiva, 2007. p. 421; CARVALHO FILHO, José dos Santos. *Consórcios públicos*. Rio de Janeiro: Lumen Juris, 2009. p. 40.

[34] Por óbvio, essa pessoa de direito privado não poderia ser enquadrada nos gêneros "autarquias e fundações públicas de direito público", pois estas pessoas têm personalidade jurídica de direito público. Também não poderia ser considerada espécie de sociedade de economia mista, já que é integrada apenas por pessoas políticas (não há a participação da iniciativa privada no quadro societário, como acontece na sociedade de economia mista). Por fim, em razão da vedação do exercício de atividades econômicas, a entidade não poderia ser considerada uma empresa pública econômica.

O contrato de consórcio pode ser alterado por meio de instrumento aprovado pela assembleia geral, ratificado por lei pela maioria dos Entes consorciados (art. 12-A da Lei 11.107/2005).

A extinção do contrato de consórcio público pressupõe instrumento aprovado pela assembleia geral, ratificado mediante lei por todos os Entes consorciados (art. 12 da Lei 11.107/2005).

### 10.7.3 Objeto

A opção pela instituição de pessoa jurídica de direito privado impede o exercício de atividades típicas de Estado, que só podem ser desempenhadas por pessoas de direito público (ex.: poder de polícia).[35]

É também vedado o exercício de atividades econômicas pelos consórcios públicos: enquanto a impossibilidade do exercício de atividade econômica por associações públicas decorre da própria natureza autárquica da entidade, o impedimento para os consórcios públicos de direito privado decorre da legislação (art. 4.º, IV, da Lei 11.107/2005 e o art. 2.º, I, do Decreto 6.017/2007).

Destarte, os consórcios públicos de natureza privada só podem desenvolver atividades administrativas (ex.: serviços públicos, fomento etc.) que não envolvam poder de autoridade.

### 10.7.4 Regime de pessoal

O quadro de pessoal do consórcio público de direito privado é composto por empregados celetistas, contratados por concurso público, conforme dispõe o art. 6.º, § 2.º, da Lei 11.107/2005.

Admite-se, ainda, a cessão de servidores pelos Entes consorciados ao consórcio (art. 4.º, § 4.º, da Lei 11.107/2005 e art. 23 do Decreto 6.017/2007), que permaneceriam submetidos ao regime de pessoal originário (art. 23, § 1.º, do Decreto 6.017/2007).

### 10.7.5 Patrimônio

O patrimônio dos consórcios públicos de direito privado é formado por bens privados (art. 98 do CC).

Malgrado esses bens privados não possuam as prerrogativas inerentes aos bens públicos, deve ser reconhecida a aplicação de algumas prerrogativas de direito público, tais como a impossibilidade da penhora dos bens afetados aos serviços públicos e a necessidade de cumprimento dos requisitos legais para alienação (art. 17 da Lei 8.666/1993 e art. 76 da nova Lei de Licitações).

---

[35] Lembre-se de que o STF, no julgamento da ADIn 1717, ao analisar a constitucionalidade do art. 58 da Lei 9.649/1998, que estabeleceu o caráter privado dos Conselhos responsáveis pela fiscalização de profissões regulamentadas, corroborou a ideia de que só pessoas de direito público podem desempenhar atividades típicas de Estado. Apesar desse precedente, o próprio STF, no *Informativo* 430, afirmou que a OAB não teria natureza autárquica e não integraria a Administração Pública.

## 10.7.6 Atos e contratos

Os consórcios públicos de direito privado editam atos privados e celebram os denominados "contratos privados da Administração".

Não obstante, o regime jurídico dessas entidades é híbrido, uma vez que devem observar as derrogações constitucionais ao regime privado (ex.: concurso público para contratação de pessoal, licitação para celebração de contratos, teto remuneratório, controle do Tribunal de Contas). Os atos praticados, no exercício de atividades administrativas, devem ser considerados atos administrativos, notadamente para fins de controle.

## 10.7.7 Foro processual

Compete à Justiça estadual processar e julgar as ações relacionadas aos consórcios públicos de direito privado.

## 10.7.8 Responsabilidade civil

As pessoas jurídicas de direito privado, instituídas para a execução da gestão associadas de serviços públicos, submetem-se à responsabilidade civil objetiva, na forma do art. 37, § 6.º, da CRFB.

Assim como ocorre com as associações públicas, há responsabilidade subsidiária dos Entes federados consorciados pelos danos causados por essas entidades privadas (art. 9.º do Decreto 6.017/2007).

Do mesmo modo, em caso de alteração ou extinção do contrato de consórcio, os entes consorciados responderão solidariamente pelas obrigações remanescentes, enquanto não houver decisão que indique os responsáveis por cada obrigação, garantindo o direito de regresso em face dos entes beneficiados ou dos que deram causa à obrigação (art. 12, § 2.º, da Lei 11.107/2005).

## 10.7.9 Controle do Tribunal de Contas

Os consórcios públicos de direito privado submetem-se ao controle do tribunal de contas, nos moldes indicados no item 10.6.9.

## 10.8 RESUMO DO CAPÍTULO

### CONSÓRCIOS PÚBLICOS

| | |
|---|---|
| Conceito | Ajustes celebrados entre os entes federados para gestão associada de serviços públicos, bem como a transferência total ou parcial de encargos, serviços, pessoal e bens essenciais à continuidade dos serviços transferidos. |
| Fontes normativas | a) Fonte constitucional: art. 241 da CRFB;<br>b) Fonte legal: Lei 11.107/2005;<br>c) Fonte infralegal: Decreto 6.017/2007. |

| | | |
|---|---|---|
| Características dos consórcios públicos | Antes da Lei 11.107/2005 | – Não eram considerados contratos;<br>– A União não poderia integrar consórcios, mas apenas os convênios;<br>– Desnecessidade de autorização legislativa para formatação dos consórcios;<br>– Facultatividade de personificação dos consórcios. |
| Características dos consórcios públicos | Após a Lei 11.107/2005 | – Passam a ser contratos;<br>– A União pode integrar consórcios;<br>– Exigência de autorização legislativa para formatação dos consórcios;<br>– Imposição de personificação dos consórcios. |
| Procedimento para instituição do consórcio público | a) subscrição do protocolo de intenções;<br>b) ratificação do protocolo pelo legislador;<br>c) celebração do contrato de consórcio;<br>d) personificação do consórcio;<br>e) contrato de rateio;<br>f) contrato de programa. | |
| Consórcio público de direito público: associação pública | a) natureza jurídica: autarquia interfederativa;<br>b) criação: mediante a vigência das leis de ratificação do protocolo de intenções (art. 6.º, I, da Lei 11.107/2005);<br>c) objeto: desempenho de atividades administrativas que são da competência comum dos Entes consorciados ou, ainda, que venham a ser delegadas por um dos partícipes à autarquia plurifederativa;<br>d) regime de pessoal: estatutário e/ou celetista;<br>e) patrimônio: bens públicos, na forma do art. 98 do CC;<br>f) atos e contratos: as associações públicas editam, em regra, atos administrativos e celebram contratos administrativos;<br>g) foro processual: justiça federal, caso a União participe do consórcio. Nas demais hipóteses, é a justiça estadual da sede do consórcio;<br>h) responsabilidade civil: em razão da personalidade jurídica de direito público, submetem-se à responsabilidade civil objetiva. Os entes federados consorciados responderão subsidiariamente. | |
| Consórcio público de direito privado | a) natureza jurídica: fundação estatal de direito privado interfederativa;<br>b) criação: após autorização legal, com a inscrição do ato constitutivo no respectivo registro;<br>c) objeto: só podem desenvolver atividades administrativas (ex.: serviços públicos, fomento etc.) que não envolvam poder de autoridade;<br>d) regime de pessoal: empregados celetistas, contratados por concurso público;<br>e) patrimônio: são bens privados (art. 98 do CC), porém com algumas prerrogativas de direito público;<br>f) atos e contratos: os atos praticados, no exercício de atividades administrativas, devem ser considerados atos administrativos, notadamente para fins de controle;<br>g) foro processual: Justiça estadual;<br>h) responsabilidade civil: submetem-se à responsabilidade civil objetiva. Os entes federados consorciados responderão subsidiariamente. | |

CAPÍTULO 11

# CONCESSÃO E PERMISSÃO DE SERVIÇOS PÚBLICOS

## 11.1 MODALIDADES DE CONCESSÃO DE SERVIÇO PÚBLICO

As concessões de serviços públicos, em síntese, podem ser divididas da seguinte forma:

a) concessão comum:
   a.1) concessão de serviços públicos propriamente dita; e
   a.2) concessão de serviços públicos precedida de obra pública;
b) concessão especial (Parceria Público-Privada):
   b.1) PPP patrocinada; e
   b.2) PPP administrativa de serviços públicos.

Ao lado dos modelos indicados, existem regimes jurídicos peculiares aplicáveis às concessões de serviços públicos específicos no transporte aéreo de passageiros (Lei 7.565/1986 – Código Brasileiro de Aeronáutica e Lei 11.182/2005 – ANAC), na radiodifusão (Lei 4.117/1962 – Código Brasileiro de Telecomunicações), nos portos (Lei 12.815/2013), nas telecomunicações (Lei 9.472/1997 – ANATEL) etc.

## 11.2 CONCESSÃO COMUM DE SERVIÇOS PÚBLICOS

### 11.2.1 Conceito, fontes normativas e modalidades

A concessão de serviços públicos pode ser definida como contrato administrativo por meio do qual o Poder Público (Poder Concedente) delega a execução de serviços públicos a terceiros.

É importante esclarecer a polissemia do termo "concessão" no universo jurídico (concessão de serviços públicos, concessão de obras, concessão de uso de bem público etc.).[1] No presente capítulo, o foco é a concessão de serviço público.

As principais fontes das concessões e permissões comuns de serviços públicos podem ser enumeradas da seguinte forma:

a) fontes constitucionais: art. 21, XI e XII, da CRFB; art. 175 da CRFB etc.;

b) fontes infraconstitucionais: Leis 8.987/1995, 9.074/1995 etc.

De acordo com o art. 2º, II e IV, da Lei 8.987/1995, as concessões comuns de serviços públicos podem ser divididas em duas espécies:

a) **concessão de serviço público:** é a delegação da prestação do serviço público, realizada pelo poder concedente, mediante licitação, na modalidade concorrência ou diálogo competitivo, a pessoa jurídica ou consórcio de empresas que demonstre capacidade para seu desempenho, por sua conta e risco e por prazo determinado;

b) **concessão de serviço público precedida da execução de obra pública:** é "a construção, total ou parcial, conservação, reforma, ampliação ou melhoramento de quaisquer obras de interesse público, delegados pelo poder concedente, mediante licitação, na modalidade concorrência ou diálogo competitivo, a pessoa jurídica ou consórcio de empresas que demonstre capacidade para a sua realização, por sua conta e risco, de forma que o investimento da concessionária seja remunerado e amortizado mediante a exploração do serviço ou da obra por prazo determinado".

## 11.2.2 Concessão de serviço público e autorização legislativa

O art. 175 da CRFB dispõe que o Poder Público, na forma da lei, prestará diretamente ou sob o regime de concessão ou permissão os serviços públicos. A dificuldade reside em saber se a expressão "na forma da lei" exige a prévia autorização para delegação de determinado serviço público ou se a atuação legislativa terá a finalidade de estabelecer as condições genéricas da delegação. Na legislação infraconstitucional, o art. 2.º da Lei 9.074/1995 dispõe ser vedado ao Poder Público executar serviços públicos por meio de concessão ou permissão sem lei autorizativa.

Em relação à prestação de serviços públicos por entidades da Administração Indireta, a necessidade de autorização legislativa decorre do princípio da reserva legal, que deve ser respeitado no ato de criação das autarquias, empresas públicas, sociedades de economia mista e fundações públicas.

No tocante à delegação de serviços públicos por meio de concessão ou permissão, o tema é controvertido.

Alguns autores defendem a necessidade de lei autorizativa prévia, com fundamento no art. 175 da CRFB, tendo em vista a presença de interesses relevantes que devem ser ponderados pelo Legislativo.[2]

---

[1] DEVOLVÉ, Pierre. *Droit public de l'économie*. Paris: Dalloz, 1998. p. 611-615. Sobre o itinerário histórico das concessões, vide: MARQUES NETO, Floriano de Azevedo. *Concessões*. Belo Horizonte: Fórum, 2015.

[2] JUSTEN FILHO, Marçal. *Teoria geral das concessões de serviço público*. São Paulo: Dialética, 2003. p. 176.

Por outro lado, parcela da doutrina, com a qual concordamos, sustenta que a exigência de autorização legislativa específica para delegação do serviço público é inconstitucional, uma vez que a competência para prestar serviços públicos é do Poder Executivo, inserindo-se no seu poder decisório a escolha pela prestação direta ou sobre regime de delegação. A interferência prévia do Poder Legislativo nos atos de gestão do Poder Executivo, sem expressa previsão constitucional, viola o princípio da separação de poderes.³

Nada impede que a lei estabeleça as condições genéricas de prestação do serviço e dos respectivos instrumentos jurídicos, mas a decisão pontual sobre a forma de prestação do serviço público (direta ou indireta) é exclusiva do Poder Executivo. Aliás, não poderia o legislador federal (art. 2.º da Lei 9.074/1995) exigir a autorização legislativa para concessões e permissões estaduais e municipais. Não bastasse a violação ao princípio da separação de poderes, o dispositivo legal viola o princípio federativo, já que as normas gerais não podem interferir, de maneira desproporcional, na autonomia dos Entes Federados e na gestão dos respectivos serviços.

### 11.2.3 Concessão x permissão de serviço público

Tradicionalmente, a concessão e a permissão representavam duas hipóteses distintas de delegação negocial de serviços públicos. A doutrina e a jurisprudência costumavam apontar as seguintes distinções:

a) **quanto à formalização da delegação:** a concessão seria formalizada por contrato administrativo, enquanto a permissão seria efetivada por meio de ato administrativo discricionário e precário;

b) **prazo e indenização:** a concessão, como ocorre em qualquer contrato administrativo, deveria ter prazo determinado e a sua extinção, antes do termo final e sem culpa do concessionário, geraria direito à indenização do particular; ao revés, a permissão não possuía, em regra, prazo determinado e a sua revogação não gerava indenização;

c) **vulto dos investimentos necessários à exploração dos serviços:** a concessão era utilizada para os serviços públicos que exigissem significativos investimentos por parte do concessionário, já que o contrato garantiria ao particular maior segurança jurídica (os direitos e deveres das partes estariam insculpidos nas cláusulas contratuais); a permissão, por sua vez, era recomendável para os serviços públicos que não envolvessem investimentos vultosos do permissionário, pois o vínculo precário do ajuste aumentaria consideravelmente os riscos do permissionário.

Atualmente, no entanto, a distinção entre as duas modalidades de delegação de serviços públicos, nos moldes acima citados, não pode subsistir, especialmente pela contratualização da permissão de serviço público. O art. 175, *caput* e parágrafo único, inciso I, da CRFB exige a realização de licitação para formalização da concessão e permissão

---

[3] DI PIETRO, Maria Sylvia Zanella. *Parcerias na Administração Pública*: concessão, permissão, franquia, terceirização, parceria público-privada e outras formas. 5. ed. São Paulo: Atlas, 2005. p. 89; SOUTO, Marcos Juruena Villela. *Direito das concessões*. 5. ed. Rio de Janeiro: Lumen Juris, 2004. p. 48.

de serviços públicos e afirma o caráter contratual da delegação. O caráter contratual da permissão de serviço público foi corroborado pelo art. 40 da Lei 8.987/1995, que define a permissão "contrato de adesão".[4]

A interpretação literal das definições legais de concessão e de permissão, contidas no art. 2.º, II e IV, da Lei 8.987/1995, ensejaria, em tese, duas diferenças entre os institutos, a saber:

a) **quanto à figura do delegatário:** na concessão, o concessionário deve ser pessoa jurídica ou consórcio de empresas, ao passo que, na permissão, o permissionário é pessoa física ou jurídica;

b) **quanto à modalidade de licitação:** concorrência ou diálogo competitivo para a concessão e qualquer modalidade de licitação para a permissão, desde que seja compatível com a delegação de serviços.[5]

Verifica-se, no entanto, que as diferenças formais, retiradas da interpretação literal da Lei de Concessões, não são suficientes para estabelecer a distinção entre concessão e permissão, especialmente pelas características comuns desses institutos jurídicos: a) são formalizados por contratos administrativos; b) servem para o mesmo fim: delegação de serviços públicos; e c) submetem-se ao mesmo regime jurídico (o art. 40, parágrafo único, da Lei 8.987/1995 prevê a aplicação das normas, que tratam das concessões, às permissões).

Portanto, independentemente da nomenclatura utilizada (concessão ou permissão), o regime jurídico da delegação negocial será idêntico.

Parcela da doutrina insiste na tentativa de diferenciação entre as formas de delegação de serviços públicos, afirmando o caráter precário da permissão (arts. 2.º, II e IV, e 40, *caput*, da Lei 8.987/1995) que, ao contrário da concessão, não admitiria indenização ao permissionário na hipótese de extinção antecipada do contrato, especialmente pela inexistência de bens reversíveis.[6]

Entendemos que a precariedade não pode ser um critério diferenciador entre a concessão e a permissão. A extinção dos negócios jurídicos antes do termo final pode suscitar o direito à indenização do particular, ainda que não existam bens reversíveis, tendo em vista os princípios da boa-fé, da segurança jurídica e da confiança legítima. Por esta razão, não existem diferenças substanciais entre a concessão e a permissão de serviços públicos.

---

[4] Em sentido semelhante, afirmando a inexistência de diferenças entre a concessão e a permissão de serviços públicos: CARVALHO FILHO, José dos Santos. *Manual de direito administrativo*. 18. ed. Rio de Janeiro: Lumen Juris, 2007. p. 369. Em sentido contrário, sustentando que a permissão deve ser compreendida como ato administrativo: SOUTO, Marcos Juruena Villela. *Direito das concessões*. 5. ed. Rio de Janeiro: Lumen Juris, 2004. p. 29.

[5] A utilização do diálogo competitivo foi permitida com a nova Lei de Licitações, uma vez que a alteração promovida no art. 2.º, II, da Lei 8.987/1995 incluiu referida modalidade de licitação. Ressalte-se que, em relação à modalidade de licitação, não pode prevalecer a interpretação literal, notadamente pela possibilidade de concessão de serviço público instrumentalizada por outra modalidade que não a concorrência. O STF já admitiu, no âmbito da desestatização, a realização de leilão para formalização da concessão de determinados serviços públicos, na forma do art. 4.º, § 3.º, da Lei 9.491/1997 (STF, Tribunal Pleno, MS 27.516/DF, Rel. Min. Ellen Gracie, DJe-232, 05.12.2008, *Informativo de Jurisprudência do STF* n. 525).

[6] JUSTEN FILHO, Marçal. *Teoria geral das concessões de serviço público*. São Paulo: Dialética, 2003. p. 114; ARAGÃO, Alexandre Santos de. *Direito dos serviços públicos*. Rio de Janeiro: Forense, 2007. p. 719-724; DI PIETRO, Maria Sylvia Zanella. *Parcerias na Administração Pública*: concessão, permissão, franquia, terceirização, parceria público-privada e outras formas. 5. ed. São Paulo: Atlas, 2005. p. 150.

## 11.2.4 Remuneração do concessionário: tarifas e outras receitas

A remuneração do concessionário, que explora o serviço público por sua conta e risco, é uma característica essencial do contrato de concessão.

Em regra, a remuneração do concessionário é efetivada pela cobrança da tarifa dos usuários do serviço público concedido. A tarifa, prevista no contrato de concessão e fixada nos termos da proposta vencedora na licitação, deverá ser atualizada e revista durante a execução do contrato, como forma de preservação do equilíbrio econômico-financeiro do ajuste.[7]

A tarifa deve remunerar o serviço público utilizado pelo usuário. Não obstante, o STJ admite, em alguns casos, a cobrança de "tarifa básica" do usuário para cobrir custos de disponibilização do serviço, mesmo que o particular dele não se utilize efetivamente. Nesse sentido, a Súmula 356 do STJ dispõe: "É legítima a cobrança da tarifa básica pelo uso dos serviços de telefonia fixa".

Admite-se a estipulação de tarifas diferenciadas em função das características técnicas e dos custos específicos provenientes do atendimento aos distintos segmentos de usuários, na forma do art. 13 da Lei 8.987/1995 (exs.: tarifas de energia distintas para o uso residencial ou comercial; tarifa social de energia para população de baixa renda). Nesse sentido, a Súmula 407 do STJ dispõe: "É legítima a cobrança da tarifa de água fixada de acordo com as categorias de usuários e as faixas de consumo".

Aqui, é possível perceber que a tarifa possui, também, uma função regulatória, uma vez que a fixação do seu valor pode induzir os comportamentos dos usuários, com a criação de estímulos ou desestímulos à utilização do serviço, de forma a atender o interesse público buscado pela Administração Pública (ex.: tarifa de energia mais elevada nos "horários de pico").

Ao lado da tarifa, é possível a instituição de "alternativas, complementares, acessórias ou de projetos associados", que deverão constar do edital e do contrato de concessão, na forma dos arts. 11 e 18, VI, da Lei 8.987/1995.

Ainda que seja recomendada a previsão detalhada as receitas "alternativas, complementares, acessórias ou de projetos associados" no edital, a ausência de previsão específica não impediria a estipulação das citadas receitas no curso do contrato de concessão. Deve ser admitida a própria previsão genérica no edital, que permita a exploração de atividades geradoras das citadas receitas, inclusive para viabilizar a exploração de oportunidades supervenientes que não existiam ou não poderiam ser antecipadas no momento da celebração do contrato de concessão.

A ausência de previsão no edital não impediria, ainda, a celebração de termo aditivo ao contrato de concessão, por meio de consenso das partes, para estipulação das mencionadas receitas, inclusive como forma de reequilíbrio econômico-financeiro.

As referidas receitas têm sido denominadas como receitas, "extraordinárias", "marginais", "ancilares" ou simplesmente "alternativas" e contribuem com a modicidade tarifária

---

[7] Arts. 9.º, *caput* e parágrafos, e 10 da Lei 8.987/1995.

e serão obrigatoriamente consideradas para a aferição do inicial equilíbrio econômico--financeiro do contrato (art. 11, *caput* e parágrafo único, da Lei 8.987/1995).

Enquanto a tarifa relaciona-se ao serviço público e ao respectivo usuário, as receitas extraordinárias referem-se aos serviços privados conexos ao serviço público delegado (ex.: remuneração decorrente da exploração de publicidade em ônibus que prestam o transporte público de passageiros).[8]

Há, contudo, controvérsia a respeito da possibilidade de essas receitas advirem do orçamento ou de outra contribuição pública, tendo em vista o veto presidencial ao art. 24 do Projeto de Lei 179/1990, que deu origem à legislação vigente e admitia uma receita bruta mínima paga pelo Poder Concedente ao concessionário. Não obstante o sobredito veto presidencial, a doutrina majoritária admite que o Estado contribua com a remuneração do concessionário desde que tal colaboração tenha o escopo de assegurar a modicidade da tarifa, garantindo o acesso ao serviço a um número maior de pessoas (universalidade do serviço).[9]

As vantagens e os subsídios estatais dependem, em princípio, de previsão legal e devem constar do edital e da minuta do contrato de concessão (art. 17 da Lei 8.987/1995). Excepcionalmente, as subvenções estatais serão efetivadas, sem previsão contratual, caso haja superveniência de fatos imprevisíveis durante a execução do contrato.

### 11.2.5 Licitação: peculiaridades

A exigência de licitação para formalização da delegação de concessão de serviço público decorre da própria natureza contratual do ajuste (art. 37, XXI, da CRFB), mas, também, por conta da exigência específica contida no art. 175 da CRFB que exige "sempre" licitação para as concessões e permissões de serviços públicos.[10]

No âmbito infraconstitucional, as licitações relativas às concessões e permissões de serviços públicos serão regidas, basicamente, pelos arts. 14 a 22 da Lei 8.987/1995 e legislação correlata, além da aplicação subsidiária da Lei 8.666/1993 e da Lei 14.133/2021 (art. 186), no que couber.

---

[8] De acordo com o STJ, a concessionária de rodovia pode cobrar da concessionária de energia elétrica pelo uso de faixa de domínio de rodovia para a instalação de postes e passagem de cabos aéreos efetivadas com o intuito de ampliar a rede de energia, na hipótese em que o contrato de concessão da rodovia preveja a possibilidade de obtenção de receita alternativa decorrente de atividades vinculadas à exploração de faixas marginais, na forma do art. 11 da Lei 8.987/1995 (STJ, 1.ª Seção, EREsp 985.695/RJ, Rel. Min. Humberto Martins, j. 26.11.2014, *DJe* 12.12.2014, *Informativo de Jurisprudência do STJ* n. 554). A cobrança de valores entre concessionárias pelo uso da faixa de domínio da rodovia não se confunde com a cobrança de taxa para uso do espaço público. Nesse último caso, o STF afirmou: "É inconstitucional a cobrança de taxa, espécie tributária, pelo uso de espaços públicos dos municípios por concessionárias prestadoras do serviço público de fornecimento de energia elétrica" (Tema 261 da Tese de Repercussão Geral).

[9] Nesse sentido: JUSTEN FILHO, Marçal. *Teoria geral das concessões de serviço público*. São Paulo: Dialética, 2003. p. 93 e 103; Celso Antônio Bandeira de Mello admite a adoção de tarifas subsidiadas pelo Poder Público (MELLO, Celso Antônio Bandeira de. *Curso de direito administrativo*. 21. ed. São Paulo: Malheiros, 2006. p. 705).

[10] Ao tratar dos concursos de prognósticos (loterias), o STF definiu o Tema 1.323 de Repercussão Geral da seguinte forma: "A execução do serviço público de loteria por agentes privados depende de delegação estatal precedida de licitação".

### 11.2.5.1 Projeto básico, projeto executivo e Procedimento de Manifestação de Interesse (PMI): elaboração por entidades privadas e participação na licitação para contratação de concessão comum de serviços públicos

O primeiro ponto que merece destaque nas licitações para contratação de concessões em geral refere-se à responsabilidade pela elaboração dos projetos básico e executivo.

Tradicionalmente, a realização de obras e a prestação de serviços pressupõem a elaboração do "projeto básico" (art. 6.º, IX, da Lei 8.666/1993; art. 6.º, XXV, da Lei 14.133/2021) e do "projeto executivo" (art. 6.º, X, da Lei 8.666/1993; art. 6.º, XXVI, da Lei 14.133/2021), que devem estabelecer, de maneira clara e precisa, todos os aspectos técnicos e econômicos do objeto a ser contratado, tendo em vista o dever de planejamento estatal.

As licitações para contratação de obras e serviços dependem, dentre outras exigências, da elaboração do projeto básico que deve ser aprovado pela autoridade competente e disponibilizado para consulta dos interessados em participar do processo licitatório (art. 7.º, § 2.º, I, da Lei 8.666/1993). Ressalte-se, contudo, que a licitação pode ser iniciada sem a elaboração prévia do projeto executivo, desde que haja decisão motivada por parte da autoridade administrativa, hipótese em que o projeto deverá ser desenvolvido concomitantemente com a execução das obras e serviços (arts. 7.º, § 1.º, e 9.º, § 2.º, da Lei 8.666/1993). A possibilidade excepcional de realização de licitação sem projeto executivo também encontra previsão na nova Lei de Licitações (arts. 14, § 4.º, 18, § 3.º, e 46, § 1.º, da Lei 14.133/2021).

A nova Lei de Licitações admite, excepcionalmente, a dispensa de projeto básico nas contratações integradas, exigindo-se, contudo, a elaboração do anteprojeto pela Administração Pública (art. 46, § 2.º, da Lei 14.133/2021).

Não podem participar da licitação para contratação de obras e serviços (art. 9.º, I e II, da Lei 8.666/1993): a) os autores do projeto básico ou executivo; e b) as empresas responsáveis pela elaboração do projeto básico ou executivo ou da qual o autor do projeto seja dirigente, gerente, acionista ou detentor de mais de 5% (cinco por cento) do capital com direito a voto ou controlador, responsável técnico ou subcontratado.

De acordo com o art. 14 da Lei 14.133/2021, estão impedidos de disputar a licitação ou participar da execução de contrato, direta ou indiretamente: a) autor do anteprojeto, do projeto básico ou do projeto executivo, pessoa física ou jurídica, quando a licitação versar sobre obra, serviços ou fornecimento de bens a ele relacionados; b) empresa, isoladamente ou em consórcio, responsável pela elaboração do projeto básico ou do projeto executivo ou empresa da qual o autor do projeto seja dirigente, gerente, controlador, acionista ou detentor de mais de 5% do capital com direito a voto, responsável técnico ou subcontratado, quando a licitação versar sobre obra, serviços ou fornecimento de bens a ela necessários; c) pessoa física ou jurídica que se encontre, ao tempo da licitação, impossibilitada de participar da licitação em decorrência de sanção que lhe foi imposta; d) aquele que mantiver vínculo de natureza técnica, comercial, econômica, financeira, trabalhista ou civil, ou seja cônjuge, companheiro ou parente em linha reta, colateral ou por afinidade, até o terceiro grau, de dirigente do órgão ou entidade contratante ou com agente público que desempenhe função na licitação ou que atue na fiscalização ou na gestão do contrato, devendo essa proibição constar expressamente no edital de licitação;

e) empresas controladoras, controladas ou coligadas, nos termos da Lei 6.404/1976, concorrendo entre si; e f) pessoa física ou jurídica que, nos cinco anos anteriores à divulgação do edital, tenha sido condenada judicialmente, com trânsito em julgado, por exploração de trabalho infantil, por submissão de trabalhadores a condições análogas às de escravo ou por contratação de adolescentes nos casos vedados pela legislação trabalhista.

Contudo, o art. 31 da Lei 9.074/1995 estabelece que, nas licitações para concessão e permissão de serviços públicos ou de uso de bem público, os autores ou responsáveis economicamente pelos projetos (básico ou executivo) podem participar, direta ou indiretamente, da licitação ou da execução de obras ou serviços.

Em consequência, as vedações indicadas no art. 9.º, I e II, da Lei 8.666/1993 e no art. 14 da Lei 14.133/2021 não se aplicam às licitações para concessão de serviços públicos.

A Administração Pública pode instituir, inclusive, Procedimento de Manifestação de Interesse (PMI) para apresentação de projetos, levantamentos, investigações ou estudos, por pessoa física ou jurídica de direito privado, com a finalidade de subsidiar a Administração Pública na estruturação de empreendimentos objeto de concessão ou permissão de serviços públicos, de parceria público-privada, de arrendamento de bens públicos ou de concessão de direito real de uso. Ao lado do PMI, é possível utilizar a expressão Manifestação de Interesse da Iniciativa Privada (MIP), especialmente nas hipóteses em que o projeto é apresentado pela iniciativa privada, por iniciativa própria, à Administração Pública.

O PMI encontra fundamento legal no art. 21 da Lei 8.987/1995.[11] Em âmbito federal, o PMI encontra-se regulamentado pelo Decreto 8.428/2015, o qual, em síntese, apresenta as seguintes características:[12]

a) apresentação de projetos, levantamentos, investigações ou estudos, por pessoa física ou jurídica de direito privado, com a finalidade de subsidiar a Administração Pública na estruturação de desestatização de empresa e de contratos de parcerias, nos termos do disposto no § 2.º do art. 1.º da Lei 13.334/2016;

b) a instituição do PMI é uma faculdade da Administração Pública (art. 1.º, § 1.º);

c) as normas do Decreto 8.428/2015 não se aplicam aos PMIs previstos em legislação específica e aos projetos, levantamentos, investigações e estudos elaborados por organismos internacionais dos quais o Brasil faça parte e por autarquias, fundações públicas, empresas públicas ou sociedades de economia mista (art. 1.º, § 3.º);

d) o PMI possui três fases: i) abertura, de ofício ou por provocação de pessoa física ou jurídica interessada, por meio de publicação de edital de chamamento público; ii) autorização para a apresentação de projetos, levantamentos, investigações ou estudos; e iii) avaliação, seleção e aprovação (arts. 1.º, § 4.º, e 3.º);

---

[11] Lei 8.987/1995: "Art. 21. Os estudos, investigações, levantamentos, projetos, obras e despesas ou investimentos já efetuados, vinculados à concessão, de utilidade para a licitação, realizados pelo poder concedente ou com a sua autorização, estarão à disposição dos interessados, devendo o vencedor da licitação ressarcir os dispêndios correspondentes, especificados no edital".

[12] Diversos Estados editaram regulamentação específica sobre PMI, a saber: Minas Gerais (Decreto 44.565/2007), Ceará (Decreto 30.328/2010), Bahia (Decreto 16.522/2015), Goiás (Decreto 7.365/2011), Rio de Janeiro (Decreto 45.294/2015), São Paulo (Decreto 57.289/2011).

e) a competência para abertura, autorização e aprovação de PMI será exercida pela autoridade máxima ou pelo órgão colegiado máximo do órgão ou entidade da Administração Pública federal competente para proceder à licitação do empreendimento ou para a elaboração dos projetos, levantamentos, investigações ou estudos (art. 2.º);
f) a autorização para apresentação de projetos, levantamentos, investigações e estudos no PMI possui as seguintes características: i) poderá ser conferida com exclusividade ou a número limitado de interessados; ii) não gerará direito de preferência no processo licitatório do empreendimento; iii) não obrigará o Poder Público a realizar licitação; iv) não implicará, por si só, direito a ressarcimento de valores envolvidos em sua elaboração; v) será pessoal e intransferível; vi) não implica, em nenhuma hipótese, responsabilidade da Administração perante terceiros por atos praticados por pessoa autorizada (art. 6.º, *caput* e § 1.º);
g) os valores relativos a projetos, levantamentos, investigações e estudos selecionados serão ressarcidos pelo vencedor da licitação, desde que sejam efetivamente utilizados no certame, inexistindo, em qualquer hipótese, responsabilidade pecuniária pelo Poder Público (art. 16, *caput* e parágrafo único); e
h) os autores ou responsáveis economicamente pelos projetos, levantamentos, investigações e estudos poderão participar direta ou indiretamente da licitação ou da execução de obras ou serviços, exceto se houver disposição em contrário no edital de abertura do chamamento público do PMI (art. 18).

### 11.2.5.2 Modalidades de licitação

Em regra, a modalidade de licitação adequada para as concessões e permissões de serviços públicos é a concorrência, na forma do art. 2.º, II, II I e IV, c/c o art. 40, parágrafo único, da Lei 8.987/1995, admitida, ainda, a utilização do diálogo competitivo nas concessões. É possível, todavia, a utilização de outras modalidades de licitação, quando autorizadas por legislações específicas (ex.: leilão, na forma do art. 27, I, da Lei 9.074/1995, do art. 24 da Lei 9.427/1996 e do art. 4.º, § 3.º, da Lei 9.491/1997).

É possível a inversão da ordem das fases de habilitação e julgamento (art. 18-A da Lei 8.987/1995), hipótese em que, após o julgamento das propostas, o Poder Público verificará os documentos de habilitação apenas do licitante vencedor.

### 11.2.5.3 Tipos de licitação

Em relação aos critérios objetivos que poderão ser utilizados para escolha da proposta mais vantajosa para o Poder Público, a legislação também consagra novidades em relação à legislação tradicional de licitações e contratos.

Consoante dispõe o art. 15 da Lei 8.987/1995, os tipos de licitação para concessão de serviços públicos são: a) o menor valor da tarifa do serviço público a ser prestado (inciso I); b) a maior oferta, nos casos de pagamento ao poder concedente pela outorga da concessão (inciso II); c) a combinação, dois a dois, dos critérios referidos nos incisos I, II e VII (inciso III); d) a melhor proposta técnica, com preço fixado no edital (inciso IV);

e) a melhor proposta em razão da combinação dos critérios de menor valor da tarifa do serviço público a ser prestado com o de melhor técnica (inciso V); f) a melhor proposta em razão da combinação dos critérios de maior oferta pela outorga da concessão com o de melhor técnica (inciso VI); ou g) a melhor oferta de pagamento pela outorga após qualificação de propostas técnicas (inciso VII).

Os critérios técnicos, quando o tipo de licitação assim exigir (art. 15, IV, V, VI e VII), deverão ser definidos no edital de licitação, conforme exigência contida no art. 15, § 2.º, da Lei 8.987/1995.

As propostas manifestamente inexequíveis ou financeiramente incompatíveis com os objetivos da licitação serão recusadas pelo poder concedente (art. 15, § 3.º, da Lei 8.987/1995).

Por fim, em igualdade de condições, a legislação reconhece a preferência à proposta apresentada por empresa brasileira (art. 15, § 4.º, da Lei 8.987/1995).

### 11.2.5.4 Contratação direta: dispensa e inexigibilidade

A regra constitucional da licitação é colocada em termos peremptórios para delegação de serviços públicos (art. 175 da CRFB).

Não obstante a literalidade da norma supracitada, a possibilidade, excepcional, de delegação direta de serviços públicos, sem a realização prévia da licitação tem sido reconhecida pela doutrina.

Em primeiro lugar, a concessão direta será possível nas hipóteses de inviabilidade de competição, quando a licitação será declarada inexigível. Registre-se que a inexigibilidade se relaciona com a impossibilidade de competição prévia, e as situações elencadas no art. 25 da Lei 8.666/1993 e no art. 74 da Lei 14.133/2021 são meramente exemplificativas.

Em segundo lugar, é possível vislumbrar casos de concessão direta por meio de dispensa de licitação. Todavia, não é possível aplicar todas as hipóteses de dispensa, previstas no art. 24 da Lei 8.666/1993 e no art. 75 da Lei 14.133/2021, às concessões de serviços públicos. As hipóteses de dispensa, além de taxativas, relacionam-se, normalmente, às contratações de bens e serviços particulares pelo Poder Público, o que não ocorre nas concessões, quando o Poder Público transfere o serviço público de sua titularidade aos particulares para exploração por sua conta e risco. Entendemos que a aplicação da dispensa de licitação às concessões de serviços públicos só será possível nas hipóteses de urgência ou necessidade da contratação direta (art. 24, III, IV e IX, da Lei 8.666/1993 ou art. 75, VI, VII e VIII, da Lei 14.133/2021), quando a licitação seria um obstáculo à promoção célere do interesse público, bem como na hipótese de licitação deserta ou fracassada (art. 24, V e VII, da Lei 8.666/1993 ou art. 75, III, da Lei 14.133/2021), sempre com a devida motivação por parte do Poder Público.[13]

---

[13] Nesse sentido: SOUTO, Marcos Juruena Villela. *Direito das concessões*. 5. ed. Rio de Janeiro: Lumen Juris, 2004. p. 46-47.

## 11.2.6 Contrato de concessão comum: peculiaridades

### 11.2.6.1 Cláusulas essenciais

O contrato de concessão de serviço público é caracterizado como contrato administrativo típico, razão pela qual a legislação reconhece prerrogativas em favor do poder concedente (cláusulas exorbitantes) e sujeições por parte do concessionário. As cláusulas essenciais do contrato de concessão encontram-se enumeradas no art. 23 da Lei 8.987/1995.

### 11.2.6.2 Prazo

Os contratos de concessão de serviços públicos, espécies de contratos administrativos, devem possuir prazo determinado (arts. 2.º, II e III, 18, I, e 23, I, da Lei 8.987/1995).[14]

Todavia, a Lei 8.987/1995 não prevê o prazo máximo do contrato de concessão, que deverá ser estabelecido nas legislações específicas dos entes federados ou, na sua falta, pelo Poder Concedente em cada contrato.[15]

É importante ressaltar a inaplicabilidade da regra do prazo anual dos contratos prevista no art. 57 da Lei 8.666/1993. De acordo com a referida norma, os contratos celebrados pela Administração Pública têm, normalmente, duração de até um ano, pois a vigência desses contratos está adstrita à respectiva vigência dos créditos orçamentários. Verifica-se, dessa forma, que a regra do prazo anual se dirige aos contratos em que a remuneração do contratado advém dos cofres públicos (recursos orçamentários), o que não ocorre na concessão de serviço público comum, cuja remuneração da concessionária é efetivada, em regra, por meio de tarifa paga pelos usuários.

### 11.2.6.3 Prorrogação

A prorrogação dos contratos de concessão é medida excepcional.[16]

Ressalte-se, no entanto, que a prorrogação só pode ser feita pela Administração Pública, sendo inconstitucional a prorrogação efetivada pela lei, em razão do princípio da separação de poderes e da impessoalidade, conforme já decidiu o STF.[17]

Ademais, a prorrogação deve estar prevista no edital e na minuta do contrato, anexa ao instrumento convocatório (art. 23, XII, da Lei 8.987/1995), ressalvadas as hipóteses de prorrogação como instrumento de recomposição do equilíbrio econômico-financeiro do

---

[14] A exigência de prazo determinado nos contratos administrativos é estabelecida, genericamente, no art. 57, § 3.º, da Lei 8.666/1993.

[15] No Município do Rio de Janeiro, por exemplo, o art. 140, § 3.º, da Lei Orgânica admite o prazo de até cinquenta anos.

[16] Nesse sentido: ARAGÃO, Alexandre Santos de. *Direito dos serviços públicos*. Rio de Janeiro: Forense, 2007. p. 580-582; DI PIETRO, Maria Sylvia Zanella. *Parcerias na Administração Pública*: concessão, permissão, franquia, terceirização, parceria público-privada e outras formas. 5. ed. São Paulo: Atlas, 2005. p. 131.

[17] Nesse sentido: ADI 118 MC/PR, Rel. p/ acórdão Min. Néri da Silveira, Tribunal Pleno, DJ 03.12.1993, p. 26337. Posteriormente, o STF afirmou que a lei pode estabelecer apenas os "prazos-limites" para os contratos de concessão ou permissão, cabendo ao administrador público definir, em cada caso concreto, o prazo de duração contratual e, se for o caso, o de sua prorrogação, os quais podem ser até mesmo inferiores aos previstos pelo Poder Legislativo (STF, ADI 3.497/DF, Rel. Min. Dias Toffoli, Tribunal Pleno, DJe 16.09.2024).

contrato.[18] A minuta do contrato deve estabelecer, de maneira objetiva e razoável, os casos em que a prorrogação terá lugar, sendo vedada a autorização genérica e sem parâmetros da prorrogação (ex.: prorrogação condicionada ao cumprimento de objetivos estabelecidos pelo Poder Concedente, fomentando a eficiência do concessionário).

É possível distinguir, em síntese, duas espécies de prorrogações dos contratos de concessão: **a) prorrogações ordinárias**: a partir da previsão legal e contratual, a Administração Pública, dentro do prazo de vigência do ajuste, decide pela prorrogação do contrato e **b) prorrogações extraordinárias (ou corretoras)**: são aquelas implementadas como forma de restabelecer o equilíbrio econômico-financeiro do contrato, independentemente de previsão no edital e no contrato.[19]

A prorrogação contratual pode apresentar caráter "premial" e pode ser antecipada, desde que preenchidos os requisitos fixados na respectiva legislação. Na "prorrogação premial", a possibilidade da prorrogação deve estar prevista no edital e no contrato, com a estipulação, de forma clara e objetiva, de todos os critérios e metas que viabilizarão a prorrogação contratual. Já a prorrogação antecipada é efetivada antes do término do prazo contratual, em razão da inclusão de novos investimentos não previstos no instrumento contratual vigente, realizada a critério da autoridade competente e com a concordância do contratado.[20]

Normalmente, a prorrogação dos contratos de concessão é compreendida como uma decisão discricionária do Poder Concedente, constituindo mera expectativa de direito do concessionário.[21] Todavia, nas hipóteses em que os contratos determinarem o direito à prorrogação em razão do cumprimento das condições estipuladas no próprio instrumento contratual, a prorrogação passa a ser considerada um dever do Poder Concedente quando comprovado o cumprimento das respectivas condições pelo concessionário.[22]

### 11.2.6.4 Subcontratação, subconcessão e transferência da concessão ou do controle acionário

A concessionária é a responsável pela prestação do serviço público concedido, "cabendo-lhe responder por todos os prejuízos causados ao poder concedente, aos usuários

---

[18] OLIVEIRA, Rafael Carvalho Rezende; FREITAS, Rafael Véras de. A prorrogação dos contratos de concessão de aeroportos. *Interesse Público*, v. 17 n. 93, 2015, p. 145-162; MARQUES NETO, Floriano de Azevedo. *Concessões*. Belo Horizonte: Fórum, 2015. p. 168.

[19] TORGAL, Lino. Prorrogação do prazo de concessões de obras e de serviços públicos. Revista de Contratos Públicos, Coimbra, n. 1, p. 219-263, jan.-abr. 2011.

[20] De acordo com o art. 4.º, II, da Lei 13.448/2017, a prorrogação antecipada é a "alteração do prazo de vigência do contrato de parceria, quando expressamente admitida a prorrogação contratual no respectivo edital ou no instrumento contratual original, realizada a critério do órgão ou da entidade competente e de comum acordo com o contratado, produzindo efeitos antes do término da vigência do ajuste". O STF declarou a constitucionalidade da legislação municipal que trata de mecanismos de gestão contratual relacionados à discricionariedade do administrador, inclusive a prorrogação antecipada, sem a criação de novas figuras ou institutos de licitação ou contratação (STF, Tribunal Pleno, ADPF 971/SP, Rel. Min. Gilmar Mendes, DJe 02.08.2023).

[21] STF, 2.ª Turma, RMS 34.203/DF, Rel. Min. Dias Toffoli, DJe-053 20.03.2018; Tribunal Pleno, MS 24.785/DF, Rel. p/ Acórdão Min. Joaquim Barbosa, *DJ* 03.02.2006, p. 15.

[22] MARQUES NETO, Floriano de Azevedo. *Concessões*. Belo Horizonte: Fórum, 2015. p. 169.

ou a terceiros, sem que a fiscalização exercida pelo órgão competente exclua ou atenue essa responsabilidade" (art. 25 da Lei 8.987/1995).

Admite-se, contudo, a contratação (ou subcontratação) com terceiros de atividades inerentes, acessórias ou complementares ao serviço concedido, bem como a implementação de projetos associados ao serviço público, hipóteses em que a concessionária mantém a responsabilidade exclusiva pela correta prestação do serviço público (art. 25, § 1.º, da Lei 8.987/1995). Nessas hipóteses, as relações jurídicas travadas entre as concessionárias de serviços públicos e os terceiros, subcontratados, são de direito privado, inexistindo vínculo jurídico entre os terceiros e o poder concedente (arts. 25, § 2.º, e 31, parágrafo único, da Lei 8.987/1995).

A subconcessão do serviço público, por sua vez, somente será admitida quando respeitados três requisitos:

a) previsão dessa possibilidade no contrato de concessão;

b) autorização do poder concedente; e

c) realização de licitação, sob a modalidade concorrência (art. 26, *caput* e § 1.º, da Lei 8.987/1995).

Em relação ao terceiro requisito, a doutrina diverge sobre a responsabilidade pela realização da concorrência na subconcessão. Alguns autores sustentam que o poder concedente pode realizar a concorrência ou outorgar essa prerrogativa à concessionária, sendo preferível esta última hipótese, dado que a relação contratual vai se estabelecer entre a concessionária (subconcedente) e a subconcessionária.[23]

Entendemos, todavia, que a realização da concorrência incumbe ao poder concedente, por se tratar de procedimento administrativo típico, bem como pela instituição de relação jurídica entre a subconcessionária e o poder concedente.[24]

Por meio da subconcessão, a prestação do serviço público será subdelegada, parcialmente, ao terceiro (subconcessionário), que se sub-rogará em todos os direitos e obrigações do subconcedente (art. 26, § 2.º, da Lei 8.987/1995).

Além da subconcessão, é possível a transferência da concessão ou do controle societário da concessionária, após a anuência do poder concedente, sob pena de caducidade da concessão (art. 27 da Lei 8.987/1995).

A transferência da concessão implica verdadeira cessão da posição jurídica da figura do concessionário. Com essa modificação subjetiva do contrato de concessão, substitui-se o concessionário por outra pessoa jurídica, com a qual o poder concedente passará a se relacionar.

---

[23] Nesse sentido: DI PIETRO, Maria Sylvia Zanella. *Parcerias na Administração Pública*: concessão, permissão, franquia, terceirização, parceria público-privada e outras formas. 5. ed. São Paulo: Atlas, 2005. p. 127.

[24] Nesse sentido: JUSTEN FILHO, Marçal. *Teoria geral das concessões de serviço público*. São Paulo: Dialética, 2003. p. 526; MELLO, Celso Antônio Bandeira de. *Curso de direito administrativo*. 21. ed. São Paulo: Malheiros, 2006. p. 693.

Por outro lado, a transferência do controle acionário da concessionária, a rigor, acarreta uma alteração do quadro societário, mas a pessoa jurídica permanece a mesma, não havendo, tecnicamente, alteração subjetiva no contrato.

A efetivação da transferência e do controle acionário da concessionária pressupõe o atendimento, pelo novo concessionário ou pelo controlador, das exigências de capacidade técnica, idoneidade financeira e regularidade jurídica e fiscal necessárias à assunção do serviço e o comprometimento de que serão observadas todas as cláusulas do contrato em vigor (art. 27, § 1.º, da Lei 8.987/1995).[25]

É relevante destacar que o STF declarou constitucional o art. 27, *caput* e § 1.º, da Lei 8.987/1995 para afirmar a desnecessidade de licitação para efetivação da transferência da concessão ou do controle societário da concessionária. Após afastar o caráter personalíssimo (*intuito personae*) dos contratos de concessão, sob o argumento de que é a proposta mais vantajosa que vincula a Administração Pública e não a identidade ou os atributos subjetivos do contratado, a Suprema Corte afirmou que a exigência de licitação para a concessão de serviços públicos, contida no art. 175 da CRFB, é atendida com o certame realizado para delegação inicial do serviço públicos e os referidos efeitos jurídicos do contrato de concessão são preservados no ato de transferência mediante a anuência administrativa.[26]

### 11.2.6.5 *Alteração contratual*

As cláusulas regulamentares dos contratos administrativos em geral podem ser alteradas para melhor adequação ao interesse público, desde que respeitados os limites fixados no art. 65, § 1.º, da Lei 8.666/1993.[27]

Entendemos, todavia, que os limites indicados no art. 65, § 1.º, da Lei 8.666/1993 não abrangem os contratos de concessão. Teoricamente, os limites seriam aplicáveis aos contratos de concessão que são considerados espécies de contratos administrativos, submetendo-se, subsidiariamente e no que couber, às normas gerais das contratações públicas previstas na Lei de Licitações.

Todavia, entendemos que os contratos de concessão possuem peculiaridades que justificariam o afastamento dos referidos limites, notadamente a longa duração, a complexidade e a incerteza da relação contratual.

---

[25] Nas condições estabelecidas no contrato de concessão, o poder concedente poderá autorizar a assunção do controle ou da administração temporária da concessionária por seus financiadores e garantidores com quem não mantenha vínculo societário direto, para promover sua reestruturação financeira e assegurar a continuidade da prestação dos serviços (art. 27-A da Lei 8.987/1995, incluído pela Lei 13.097/2015).

[26] STF, ADI 2.946/DF, Rel. Min. Dias Toffoli, Tribunal Pleno, *DJe* 18.05.2022 (*Informativo de Jurisprudência do STF* n. 1.046). Na doutrina, em sentido contrário, com a exigência de licitação para transferência da concessão: DI PIETRO, Maria Sylvia Zanella. *Parcerias na administração pública*. 5. ed. São Paulo: Atlas, 2005. p. 128. A polêmica, em nossa opinião, somente era aplicável à transferência da concessão, mas não à transferência do controle acionário, que não acarretava a alteração da concessionária, mas apenas do seu controle.

[27] Lei 8.666/1993: "Art. 65. (...) § 1.º O contratado fica obrigado a aceitar, nas mesmas condições contratuais, os acréscimos ou supressões que se fizerem nas obras, serviços ou compras, até 25% (vinte e cinco por cento) do valor inicial atualizado do contrato, e, no caso particular de reforma de edifício ou de equipamento, até o limite de 50% (cinquenta por cento) para os seus acréscimos".

A inaplicabilidade do art. 65, § 1.º, da Lei de Licitações não significa um "cheque em branco" ao Poder Concedente e ao concessionário que devem, por exemplo, (i) justificar a necessidade das eventuais alterações ao atendimento do interesse público e (ii) preservar o equilíbrio econômico-financeiro da concessão.[28]

### 11.2.6.6 Encargos do poder concedente e da concessionária

O poder concedente, titular do serviço público, tem o dever de fiscalizar permanentemente o fiel cumprimento das cláusulas contratuais e da legislação pelo concessionário (art. 29 da Lei 8.987/1995).

Constatada eventual irregularidade na execução do contrato de concessão, o poder concedente, após a efetivação da ampla defesa e do contraditório, deve aplicar sanções à concessionária, intervir na concessão ou extingui-la, conforme o caso (art. 29, II, III e IV, da Lei 8.987/1995).

No tocante à intervenção na concessão, tal medida deve ser formalizada por decreto do poder concedente, que conterá a designação do interventor, o prazo da intervenção e os objetivos e limites da medida (art. 32, *caput* e parágrafo único, da Lei 8.987/1995). Efetivada a intervenção, o poder concedente deverá instaurar, no prazo de trinta dias, procedimento administrativo para comprovar as supostas irregularidades e apurar responsabilidades, respeitado o princípio da ampla defesa e do contraditório (art. 33 da Lei 8.987/1995). Caso seja constatada a possibilidade de continuidade do contrato de concessão, ao final da intervenção, será efetuada a prestação de contas pelo interventor, que responderá pelos atos praticados durante a sua gestão, e o serviço será devolvido à concessionária (art. 34 da Lei 8.987/1995).

Além das prerrogativas mencionadas, a legislação reconhece ao poder concedente duas prerrogativas relacionadas à intervenção estatal na propriedade, a saber: a) o poder concedente pode declarar de utilidade pública dos bens necessários à execução do serviço ou obra pública, promovendo as desapropriações, diretamente ou mediante outorga de poderes à concessionária, caso em que será desta a responsabilidade pelas indenizações cabíveis (art. 29, VIII, da Lei 8.987/1995); e b) o poder concedente pode declarar a necessidade ou a utilidade pública, para fins de instituição de servidão administrativa, dos bens necessários à execução de serviço ou obra pública, promovendo-a diretamente ou mediante outorga de poderes à concessionária, caso em que será desta a responsabilidade pelas indenizações cabíveis (art. 29, IX, da Lei 8.987/1995).

Os demais encargos do poder concedente, previstos no art. 29 da Lei 8.987/1995, são: homologar reajustes e proceder à revisão das tarifas na forma desta Lei, das normas

---

[28] Nesse sentido, o art. 22 da Lei 13.448/2017, que estabelece diretrizes gerais para prorrogação e relicitação dos contratos de parceria regulados pela Lei 13.334/2016, nos setores rodoviário, ferroviário e aeroportuário da Administração Pública federal, dispõe: "As alterações dos contratos de parceria decorrentes da modernização, da adequação, do aprimoramento ou da ampliação dos serviços não estão condicionadas aos limites fixados nos §§ 1.º e 2.º do art. 65 da Lei n.º 8.666, de 21 de junho de 1993". De forma semelhante: DI PIETRO, Maria Sylvia Zanella. *Parcerias na Administração Pública*. 5. ed. São Paulo: Atlas, 2005. p. 98; GUIMARÃES, Fernando Vernalha. *Concessão de serviço público*. 2. ed. São Paulo: Saraiva, 2014. p. 298; MOREIRA, Egon Bockmann. *Direito das concessões de serviço público*. São Paulo: Malheiros, 2010. p. 379-380.

pertinentes e do contrato (inciso V); estimular o aumento da qualidade, produtividade, preservação do meio ambiente e conservação (inciso X); incentivar a competitividade (inciso XI); e estimular a formação de associações de usuários para defesa de interesses relativos ao serviço (inciso XII).

Da mesma forma, a concessionária, responsável pela execução do serviço público, possui uma série de encargos ou obrigações, previstas no art. 31 da Lei 8.987/1995, que devem ser observados durante todo o contrato, sob pena de caracterização de inadimplemento contratual e aplicação de sanções. Podem ser destacados, exemplificativamente, os seguintes encargos: a) dever de prestar serviço adequado, na forma prevista na legislação, nas normas técnicas aplicáveis ao serviço e no contrato, em atenção ao princípio da continuidade do serviço público; b) cumprimento das normas do serviço e as cláusulas contratuais da concessão; c) zelar pela integridade dos bens vinculados à prestação do serviço, bem como segurá-los adequadamente; e d) captar, aplicar e gerir os recursos financeiros necessários à prestação do serviço.

Ademais, o art. 5.º da Lei 13.460/2017 estabelece as diretrizes que devem ser observadas pelos prestadores de serviços públicos, a saber: a) urbanidade, respeito, acessibilidade e cortesia no atendimento aos usuários; b) presunção de boa-fé do usuário; c) atendimento por ordem de chegada, ressalvados casos de urgência e aqueles em que houver possibilidade de agendamento, asseguradas as prioridades legais às pessoas com deficiência, às pessoas idosas, às gestantes, às lactantes e às pessoas acompanhadas por crianças de colo; d) adequação entre meios e fins, vedada a imposição de exigências, obrigações, restrições e sanções não previstas na legislação; e) igualdade no tratamento aos usuários, vedado qualquer tipo de discriminação; f) cumprimento de prazos e normas procedimentais; g) definição, publicidade e observância de horários e normas compatíveis com o bom atendimento ao usuário; h) adoção de medidas visando a proteção à saúde e a segurança dos usuários; i) autenticação de documentos pelo próprio agente público, à vista dos originais apresentados pelo usuário, vedada a exigência de reconhecimento de firma, salvo em caso de dúvida de autenticidade; j) manutenção de instalações salubres, seguras, sinalizadas, acessíveis e adequadas ao serviço e ao atendimento; k) eliminação de formalidades e de exigências cujo custo econômico ou social seja superior ao risco envolvido; l) observância dos códigos de ética ou de conduta aplicáveis às várias categorias de agentes públicos; m) aplicação de soluções tecnológicas que visem a simplificar processos e procedimentos de atendimento ao usuário e a propiciar melhores condições para o compartilhamento das informações; n) utilização de linguagem simples e compreensível, evitando o uso de siglas, jargões e estrangeirismos; e o) vedação da exigência de nova prova sobre fato já comprovado em documentação válida apresentada.

### 11.2.6.7 Direitos e obrigações dos usuários

O usuário do serviço público, destinatário final do serviço, recebe proteção especial do ordenamento, na forma do art. 7.º da Lei 8.987/1995, sem prejuízo daqueles previstos no CDC. Os direitos dos usuários são: a) recebimento do serviço público adequado, assim considerado aquele que "satisfaz as condições de regularidade, continuidade, eficiência, segurança, atualidade, generalidade, cortesia na sua prestação e modicidade das tarifas" (art. 6.º, § 1.º, da Lei 8.987/1995); b) obtenção de informações do poder concedente e da concessionária para a defesa de interesses individuais ou coletivos; e c) utilização do serviço, com liberdade de escolha entre vários prestadores de serviços, quando for o caso, observadas as normas do poder concedente (art. 7.º, I a III, da Lei 8.987/1995).[29]

Outros direitos encontram-se previstos no art. 6.º da Lei 13.460/2017: a) participação no acompanhamento da prestação e na avaliação dos serviços; b) obtenção e utilização dos serviços com liberdade de escolha entre os meios oferecidos e sem discriminação; c) acesso e obtenção de informações relativas à sua pessoa constantes de registros ou bancos de dados, observado o disposto no inciso X do *caput* do art. 5.º da Constituição Federal e na Lei 12.527/2011 (Lei de Acesso à Informação); d) proteção de suas informações pessoais, nos termos da Lei 12.527/2011; e) atuação integrada e sistêmica na expedição de atestados, certidões e documentos comprobatórios de regularidade; e f) obtenção de informações precisas e de fácil acesso nos locais de prestação do serviço, assim como sua disponibilização na internet, especialmente sobre: f.1) horário de funcionamento das unidades administrativas; f.2) serviços prestados pelo órgão ou entidade, sua localização exata e a indicação do setor responsável pelo atendimento ao público; f.3) acesso ao agente público ou ao órgão encarregado de receber manifestações; f.4) situação da tramitação dos processos administrativos em que figure como interessado; e f.5) valor das taxas e tarifas cobradas pela prestação dos serviços, contendo informações para a compreensão exata da extensão do serviço prestado.

Os usuários, por outro lado, possuem deveres que devem ser observados na fruição do serviço público, a saber: a) levar ao conhecimento do poder público e da concessionária as irregularidades de que tenham conhecimento, referentes ao serviço prestado; b) comunicar às autoridades competentes os atos ilícitos praticados pela concessionária na prestação do serviço; e c) contribuir para a permanência das boas condições dos bens públicos pelos quais lhes são prestados os serviços (art. 7.º, IV a VI, da Lei 8.987/1995).

Mencionem-se, ainda, os deveres indicados pelo art. 8.º da Lei 13.460/2017: a) utilizar adequadamente os serviços, procedendo com urbanidade e boa-fé; b) prestar as informações pertinentes ao serviço prestado, quando solicitadas; c) colaborar para a adequada prestação do serviço; e d) preservar as condições dos bens públicos por meio dos quais lhe são prestados os serviços públicos.

Destaque-se, ainda, o dever de pagar a tarifa à concessionária pelo serviço público utilizado, sob pena de interrupção do serviço público (art. 6.º, § 3.º, II, da Lei 8.987/1995).

## 11.2.7 Interrupção do serviço público por inadimplemento do usuário

A remuneração do serviço público, prestado pela concessionária, advém, como regra, da tarifa paga pelo usuário. Questão que tem gerado polêmica na doutrina é a

---

[29] Vale mencionar, ainda, que as concessionárias de serviços públicos, de direito público e privado, nos Estados e no Distrito Federal, devem oferecer ao consumidor e ao usuário, dentro do mês de vencimento, o mínimo de seis datas opcionais para escolherem os dias de vencimento de seus débitos (art. 7.º-A da Lei 8.987/1995).

possibilidade de interrupção do serviço pela concessionária em razão do inadimplemento do usuário.[30]

Os argumentos para impossibilidade de suspensão do serviço público podem ser assim sintetizados: a) princípio da dignidade da pessoa humana (art. 1.º, III, da CRFB): a suspensão do serviço público privaria o particular de serviços básicos e integrantes do núcleo essencial da sua dignidade; b) o art. 22 do CDC exige das concessionárias e permissionárias de serviços públicos a prestação de "serviços adequados, eficientes, seguros e, quanto aos essenciais, contínuos", sendo lícito considerar todo serviço público como essencial, o que justifica, inclusive, a retirada dessa atividade da livre-iniciativa dos particulares; c) a suspensão do serviço representaria uma forma abusiva de execução privada (autotutela) dos interesses da concessionária; d) o art. 42 do CDC, ao tratar da cobrança de créditos, veda a exposição do consumidor inadimplente a ridículo, nem a sua submissão a qualquer tipo de constrangimento ou ameaça; e e) princípio da vedação do retrocesso: as normas do CDC, que vedam a interrupção do serviço público, não poderiam ser revogadas pela Lei 8.987/1995, já que as normas protetivas do consumidor representam direitos fundamentais que devem ser efetivados de maneira progressiva, sendo inconstitucional a atuação legislativa que retrocede em matéria de direitos fundamentais.

Por outro lado, os argumentos favoráveis à possibilidade da interrupção do serviço público em razão do inadimplemento do usuário são: a) o art. 6.º, § 3.º, II, da Lei 8.987/1995 admite a interrupção do serviço público, após prévio aviso, quando houver inadimplemento do usuário, considerado o interesse da coletividade; b) necessidade de manutenção do equilíbrio econômico-financeiro do contrato de concessão, que restaria abalado caso a concessionária fosse obrigada a prestar o serviço ao consumidor inadimplente; e c) a continuidade do serviço público facultativo pressupõe o cumprimento de deveres por parte do usuário, notadamente o pagamento da tarifa.

Prevalece, na doutrina e na jurisprudência, a tese que admite, em regra, a suspensão do serviço público, pois, a partir do critério da especialidade, a Lei 8.987/1995 (art. 6.º, § 3.º, II) deve ser considerada norma especial em relação ao CDC (art. 22).[31] Nesse caso, a interrupção do serviço não poderá iniciar-se na sexta-feira, no sábado ou no domingo, nem em feriado ou no dia anterior a feriado (art. 6.º, § 4.º, da Lei 8.987/1995).[32]

---

[30] Os serviços públicos individuais, remunerados por taxa, são compulsórios e, portanto, de fruição obrigatória pelo particular. Nessas hipóteses, o Estado tem a obrigação de prestar o serviço e o particular o dever de usufruí-lo, não sendo lícita a sua interrupção em caso de inadimplemento.

[31] STJ, REsp 363.943/MG, 1.ª Seção, Rel. Min. Humberto Gomes de Barros, DJ 01.03.2004, p. 119; CARVALHO FILHO, José dos Santos. Manual de direito administrativo. 18. ed. Rio de Janeiro: Lumen Juris, 2007. p. 297-298; Súmula 83 do TJRJ: "É lícita a interrupção do serviço pela concessionária, em caso de inadimplemento do usuário, após prévio aviso, na forma da lei". O STJ fixou, ainda, a seguinte tese: "Na hipótese de débito estrito de recuperação de consumo efetivo por fraude no aparelho medidor atribuída ao consumidor, desde que apurado em observância aos princípios do contraditório e da ampla defesa, é possível o corte administrativo do fornecimento do serviço de energia elétrica, mediante prévio aviso ao consumidor, pelo inadimplemento do consumo recuperado correspondente ao período de 90 (noventa) dias anterior à constatação da fraude, contanto que executado o corte em até 90 (noventa) dias após o vencimento do débito, sem prejuízo do direito de a concessionária utilizar os meios judiciais ordinários de cobrança da dívida, inclusive antecedente aos mencionados 90 (noventa) dias de retroação" (STJ, Tema/Repetitivo 699).

[32] De forma semelhante, a Lei 13.460/2017 estabelece: "Art. 5.º O usuário de serviço público tem direito à adequada prestação dos serviços, devendo os agentes públicos e prestadores de serviços públicos observar as seguintes

Em hipóteses excepcionais, a interrupção do serviço público pode ser afastada, garantindo a continuidade do atendimento de direitos fundamentais, sendo lícito mencionar dois exemplos:

a) Poder Público como usuário do serviço concedido e prestação de serviços essenciais à população: a concessionária não pode interromper a prestação do serviço público ao Poder Público inadimplente quando este último prestar serviços essenciais à coletividade (ex.: impossibilidade de interrupção do serviço de energia para hospitais públicos, postos de saúde, escolas públicas), admitindo-se, por outro lado, o corte do serviço para as unidades estatais que não prestam serviços não essenciais (ex.: possibilidade de interrupção do serviço concedido para ginásio de esportes, piscina municipal, biblioteca pública), conforme jurisprudência do STJ;[33] e

b) risco de lesão ao núcleo essencial de direitos fundamentais dos particulares (ex.: impossibilidade de interrupção do serviço ao usuário, internado em seu domicílio e que sobrevive com ajuda de aparelhos elétricos).

## 11.2.8 Gratuidade do serviço público e o contrato de concessão: limites e possibilidades

A remuneração por meio de tarifa do usuário é uma característica do contrato de concessão.

Admite-se, no entanto, que a lei estabeleça hipóteses de gratuidade para fruição do serviço público por determinada categoria de usuários, mormente em razão da necessidade de efetivação do princípio da dignidade da pessoa humana e de outros direitos fundamentais.

Nessas hipóteses, a gratuidade, concedida durante a vigência do contrato de concessão, acarretará, necessariamente, perda de receita para a concessionária e desequilíbrio econômico no contrato, representando fato do príncipe. Em razão do princípio constitucional da manutenção do equilíbrio econômico-financeiro do contrato (art. 37, XXI, da CRFB), a legislação, que estabelece a gratuidade, deve, em regra, prever a respectiva fonte de custeio, ou seja, a origem dos recursos financeiros que compensarão a concessionária e garantirão o equilíbrio econômico-financeiro do contrato. Nesse sentido, o art. 35 da Lei 9.074/1995 dispõe que a fixação de novos benefícios tarifários pelo Estado está condicionada à indicação legal da "origem dos recursos ou da simultânea revisão da

---

diretrizes: (...) XVI – comunicação prévia ao consumidor de que o serviço será desligado em virtude de inadimplemento, bem como do dia a partir do qual será realizado o desligamento, necessariamente durante horário comercial. Parágrafo único. A taxa de religação de serviços não será devida se houver descumprimento da exigência de notificação prévia ao consumidor prevista no inciso XVI do *caput* deste artigo, o que ensejará a aplicação de multa à concessionária, conforme regulamentação. Art. 6.º São direitos básicos do usuário: (...) VII – comunicação prévia da suspensão da prestação de serviço. Parágrafo único. É vedada a suspensão da prestação de serviço em virtude de inadimplemento por parte do usuário que se inicie na sexta-feira, no sábado ou no domingo, bem como em feriado ou no dia anterior a feriado."

[33] STJ, 2.ª Turma, REsp 460.271/SP, Rel. Min. Eliana Calmon, *DJ* 21.02.2005, *Informativo de Jurisprudência do STJ* n. 207. Vide, ainda, outras decisões noticiadas nos *Informativos de Jurisprudência do STJ* n. 294, 297, 365 e 378.

estrutura tarifária do concessionário ou permissionário, de forma a preservar o equilíbrio econômico-financeiro do contrato".[34]

A concessão de gratuidade no serviço público deve beneficiar uma classe ou coletividade de usuários, sendo vedados benefícios singulares, tendo em vista o princípio da impessoalidade ou isonomia (art. 35, parágrafo único, da Lei 9.074/1995).

Questão que tem gerado debate na doutrina e na jurisprudência refere-se ao momento em que a gratuidade instituída por lei será efetivada.

Prevalece na doutrina a tese de que a gratuidade só pode ser exigida da concessionária no momento em que a fonte de custeio for implementada. Em outras palavras: a gratuidade depende da manutenção do equilíbrio econômico e financeiro do contrato de concessão.[35] Este entendimento é extraído a partir da interpretação de duas normas legais:

a) art. 9.º, § 4.º, da Lei 8.987/1995, que exige o restabelecimento do equilíbrio econômico-financeiro do contrato concomitantemente à sua alteração unilateral pelo Poder Público; e

b) art. 35 da Lei 9.074/1995, que condiciona a estipulação de novos benefícios tarifários pelo poder concedente à previsão, em lei, da origem dos recursos ou da simultânea revisão da estrutura tarifária do concessionário ou permissionário.

No entanto, o STF tem afirmado que a gratuidade tarifária deve ser imediatamente cumprida pela concessionária, a partir da vigência da lei, devendo ser discutida, posteriormente, com o poder concedente, a recomposição do equilíbrio econômico-financeiro do contrato de concessão, tal como ocorreu no julgamento da gratuidade no transporte público às pessoas idosas (art. 39 do Estatuto da Pessoa Idosa)[36] e da gratuidade no transporte público interestadual às pessoas com deficiência (Lei 8.899/1994).[37]

Cabe notar que o art. 167, § 7.º, da CRFB, incluído pela EC 128/2022, dispõe que a lei não pode impor ou transferir encargo financeiro decorrente da prestação de serviço público, inclusive despesas de pessoal e seus encargos, para a União, os Estados, o Distrito Federal ou os Municípios, sem a previsão de fonte orçamentária e financeira necessária

---

[34] No Estado do Rio de Janeiro, o art. 112, § 2.º, da Constituição estadual estabelece que "não será objeto de deliberação proposta que vise conceder gratuidade em serviço público prestado de forma indireta, sem a correspondente indicação da fonte de custeio". O STF considerou a referida norma constitucional: STF, Tribunal Pleno, ADI 3.225/RJ, Rel. Min. Cezar Peluso, DJe-131, 26.10.2007, p. 28, *Informativo de Jurisprudência do STF* n. 480. Em sentido semelhante dispõe o art. 151 da Lei Orgânica do Município do Rio de Janeiro. Registre-se que, no âmbito da seguridade social, o art. 195, § 5.º, da CRFB determina que "nenhum benefício ou serviço da seguridade social poderá ser criado, majorado ou estendido sem a correspondente fonte de custeio total".

[35] Nesse sentido: MARQUES NETO, Floriano de Azevedo. Breves considerações sobre o equilíbrio econômico-financeiro nas concessões. *Revista de Informação Legislativa*, n. 159, p. 196, jul.-set. 2003; BINENBOJM, Gustavo. Isenções e descontos tarifários de caráter assistencial em serviços públicos concedidos: requisitos de validade e eficácia. *Temas de direito administrativo e constitucional*. Rio de Janeiro: Renovar, 2008. p. 390 e 393; ARAGÃO, Alexandre Santos de. *Direito dos serviços públicos*. Rio de Janeiro: Forense, 2007. p. 643-644.

[36] STF, Tribunal Pleno, ADI 3.768/DF, Rel. Min. Cármen Lúcia, DJe 26.10.2007, *Informativo de Jurisprudência do STF* n. 480.

[37] STF, Tribunal Pleno, ADI 2.649/DF, Rel. Min. Cármen Lúcia, DJe 17.10.2008, p. 29, *Informativo de Jurisprudência do STF* n. 505.

à realização da despesa ou sem a previsão da correspondente transferência de recursos financeiros necessários ao seu custeio, ressalvadas as obrigações assumidas espontaneamente pelos Entes federados e aquelas decorrentes da fixação do salário mínimo.

### 11.2.9 Extinção da concessão

As formas de extinção do contrato de concessão estão previstas no art. 35 da Lei 8.987/1995, a saber:[38]

a) **Advento do termo contratual:** é a extinção natural do contrato de concessão pelo término do prazo pactuado.

b) **Encampação:** é a retomada do serviço público pelo poder concedente por razões de interesse público, mediante lei autorizativa específica e após prévio pagamento da indenização (art. 37 da Lei 8.987/1995). Quanto ao valor da indenização, entendemos que deve englobar os danos emergentes e os lucros cessantes, com a compensação de todos os prejuízos comprovados pela concessionária, uma vez que a mesma não contribuiu para a extinção prematura do contrato. Já a exigência de lei para autorizar a encampação afigura-se, em nosso juízo, inconstitucional, pois representa uma interferência indevida do Legislativo sobre a atuação do Executivo, o que afronta o princípio da separação de poderes, mas a presunção de constitucionalidade da norma tem sido apontada pela maioria da doutrina.[39]

c) **Caducidade:** refere-se à extinção decorrente da inexecução total ou parcial do contrato de concessão (art. 38 da Lei 8.987/1995). A caducidade deve ser precedida de processo administrativo, em que seja assegurado o direito de ampla defesa. Antes da instauração do processo de verificação de inadimplência, o poder concedente fixará prazo ("prazo de cura") para que a concessionária corrija as supostas falhas e descumprimentos contratuais. Instaurado o processo administrativo e comprovada a inadimplência da concessionária, a caducidade será declarada por decreto (art. 38, §§ 2.º a 4.º, da Lei 8.987/1995). Em virtude do inadimplemento contratual do concessionário, a caducidade não pressupõe indenização prévia, ressalvados os valores devidos por parte do poder concedente em virtude dos bens reversíveis. A reversibilidade relaciona-se aos bens da concessionária, necessários à prestação do serviço público, que serão transferidos ao patrimônio do poder concedente, ao final do contrato de concessão, mediante indenização, uma vez que não se admite o confisco (art. 38, § 5.º, da Lei 8.987/1995).

---

[38] Para aprofundar a análise das hipóteses de extinção dos contratos de concessão, vide: OLIVEIRA, Rafael Carvalho Rezende. Extinção dos contratos de Parcerias Público-Privadas (PPPS). In: CARVALHO, André Castro; FIGUEIROA, Caio César (Org.). *Tratado de parcerias público-privadas*. Rio de Janeiro: CEEJ, 2019. v. 9.

[39] No sentido da inconstitucionalidade: DI PIETRO, Maria Sylvia Zanella. *Parcerias na Administração Pública*: concessão, permissão, franquia, terceirização, parceria público-privada e outras formas. 5. ed. São Paulo: Atlas, 2005. p. 132. Em sentido contrário, afirmando a constitucionalidade da exigência de lei específica para encampação: JUSTEN FILHO, Marçal. *Teoria geral das concessões de serviço público*. São Paulo: Dialética, 2003. p. 582-583.

É possível estabelecer um quadro de diferenças entre a encampação e a caducidade do contrato de concessão:

|  | Encampação | Caducidade |
| --- | --- | --- |
| **Fundamento** | Interesse público | Inadimplemento da concessionária |
| **Formalização** | Lei autorizativa e decreto | Processo administrativo e decreto |
| **Indenização** | Indenização prévia do concessionário | Indenização eventual e posterior do concessionário |

d) **Rescisão:** relaciona-se ao descumprimento das normas contratuais pelo poder concedente (art. 39 da Lei 8.987/1995). Enquanto a caducidade refere-se ao inadimplemento do concessionário, a rescisão concerne ao inadimplemento do poder concedente.

Na hipótese, caso não haja acordo administrativo, a rescisão do contrato de concessão deverá ser declarada por sentença judicial. O concessionário, no caso, não poderá se valer da "exceção de contrato não cumprido", tendo em vista o princípio da continuidade do serviço público. Nesse sentido, o parágrafo único do art. 39 da Lei 8.987/1995 dispõe que "os serviços prestados pela concessionária não poderão ser interrompidos ou paralisados, até a decisão judicial transitada em julgado".

É importante ressaltar que a interpretação literal da norma em comento colocaria em risco, em determinadas hipóteses concretas, a existência da própria concessionária, prejudicada pelo inadimplemento do poder concedente e pela demora do processo judicial. Destarte, é razoável admitir a possibilidade de suspensão dos serviços por decisão judicial liminar, quando houver risco à própria existência da concessionária, notadamente pelo fato de não ser lícito excluir do Poder Judiciário a apreciação não só de lesões, mas também de ameaças de lesão aos direitos (art. 5.º, XXXV, da CRFB).[40]

e) **Anulação:** decorre da ilegalidade na licitação ou no respectivo contrato de concessão (art. 35, V, da Lei 8.987/1995). A anulação deve ser declarada na própria via administrativa (autotutela: Súmulas 346 e 473 do STF) ou na esfera judicial, assegurado, em qualquer caso, o direito à ampla defesa e ao contraditório. Na anulação do contrato de concessão, caso o concessionário não tenha contribuído para o vício e esteja de boa-fé, deverá este ser indenizado pelo poder concedente, na forma do art. 59, parágrafo único, da Lei 8.666/1993.[41]

---

[40] JUSTEN FILHO, Marçal. *Teoria geral das concessões de serviço público*. São Paulo: Dialética, 2003. p. 610-611; ARAGÃO, Alexandre Santos de. *Direito dos serviços públicos*. Rio de Janeiro: Forense, 2007. p. 660.

[41] OLIVEIRA, Rafael Carvalho Rezende. Extinção dos contratos de parcerias público-privadas (PPPS). *Tratado de parcerias público-privadas*. Rio de Janeiro: CEEJ, 2019. v. 9, p. 333-368.

f) **Falência ou extinção da empresa concessionária:** é a extinção do contrato na hipótese de desaparecimento do concessionário e de falência (art. 35, VI, da Lei 8.987/1995).

g) **Distrato (extinção por ato bilateral e consensual), desaparecimento do objeto e força maior:** são hipóteses de extinção do contrato de concessão não previstas no art. 35 da Lei 8.987/1995.[42]

Cabe destacar que a extinção do contrato pode ser: a) unilateral: determinada pela Administração por razões de interesse público ou em caso de falta contratual imputada ao particular; b) amigável: implementada por acordo das partes (distrato); c) judicial: formalizada por sentença judicial, normalmente por iniciativa do particular, quando caracterizado o inadimplemento da Administração; e d) por decisão arbitral: a arbitragem nas concessões é reconhecida pelos arts. 23-A da Lei 8.987/1995 e 11, III, da Lei 11.079/2004.[43]

### 11.2.10 Reversão dos bens

A reversão é a transferência ao poder concedente dos bens do concessionário, afetados ao serviço público e necessários à sua continuidade, ao término do contrato de concessão (arts. 35 e 36 da Lei 8.987/1995).

O fundamento da reversão é o princípio da continuidade do serviço público, pois os bens, necessários à prestação do serviço público, deverão ser utilizados pelo poder concedente, após o término do contrato de concessão.

Os bens reversíveis devem ser indicados no edital e no contrato de concessão (arts. 18, X e XI, e 23 da Lei 8.987/1995).

A reversão refere-se a todo e qualquer bem necessário à prestação adequada do serviço público. Por essa razão, tanto os bens eventualmente cedidos pelo poder concedente à concessionária quanto os bens de propriedade da própria concessionária devem ser transferidos ao poder concedente ao final do contrato. Em relação à reversão dos bens de propriedade da concessionária, a indenização será sempre devida, pois, caso contrário, teríamos verdadeiro confisco. Nesse caso, o valor será pago ao final da concessão e levará em conta os bens reversíveis ainda não amortizados (art. 36 da Lei 8.987/1995).

Ao lado da reversibilidade dos bens, a extinção do contrato de concessão acarreta outras consequências relevantes, tais como: a) a assunção do serviço público pelo poder concedente; b) a devolução ou a execução da garantia contratual; c) a aplicação de sanções e a retenção de créditos até o limite dos danos causados à Administração Pública pelo inadimplemento da concessionária; e d) a responsabilidade civil da parte que gerou a extinção prematura do contrato.

---

[42] ARAGÃO, Alexandre Santos de. *Direito dos serviços públicos*. Rio de Janeiro: Forense, 2007. p. 656; JUSTEN FILHO, Marçal. *Teoria geral das concessões de serviço público*. São Paulo: Dialética, 2003. p. 616-617.

[43] ARAGÃO, Alexandre Santos de. *Direito dos serviços públicos*. Rio de Janeiro: Forense, 2007. p. 656; JUSTEN FILHO, Marçal. *Teoria geral das concessões de serviço público*. São Paulo: Dialética, 2003. p. 616-617.

## 11.2.11 Responsabilidade civil

As concessionárias de serviços públicos encontram-se submetidas ao regime da responsabilidade civil objetiva, na forma do art. 37, § 6.º, da CRFB, independentemente da condição da vítima (usuária ou não).[44]

Entendemos que a qualidade da vítima, a nosso ver, é importante apenas para se apontarem os respectivos fundamentos da responsabilidade objetiva. Em relação aos danos causados aos terceiros, a responsabilidade objetiva é extracontratual, com fundamento no art. 37, § 6.º, da CRFB, art. 25 da Lei 8.987/1995, arts. 14 e 17 do CDC (consumidor por equiparação).

Por outro lado, quanto aos usuários dos serviços públicos, entendemos ser inaplicável o art. 37, § 6.º, da CRFB, que trata da responsabilidade extracontratual ("danos causados a terceiros"), pois o usuário possui relação contratual com a concessionária e, por essa razão, não pode ser considerado "terceiro". De qualquer forma, a responsabilidade é objetiva, com fundamento na legislação infraconstitucional que rege o respectivo contrato: art. 25 da Lei 8.987/1995 e art. 14 do CDC.

Registre-se que a responsabilidade objetiva da concessionária de serviços públicos refere-se aos danos relacionados à prestação de serviços públicos. Nas relações jurídicas privadas, travadas entre a concessionária e outros particulares, não incidem o art. 37, § 6.º, da CRFB e o art. 25 da Lei 8.987/1995, razão pela qual a sua eventual responsabilidade deverá ser analisada à luz da legislação civil.

Parcela da doutrina sustenta a solidariedade entre o poder concedente e a concessionária, tendo em vista a relação de consumo.[45] Entendemos, contudo, que a responsabilidade do poder concedente é subsidiária, pois o art. 25 da Lei 8.987/1995, que estabelece a responsabilidade primária da concessionária, é norma especial em relação ao CDC.[46]

## 11.3 CONCESSÃO ESPECIAL DE SERVIÇOS PÚBLICOS (PARCERIAS PÚBLICO--PRIVADAS – PPPs)

### 11.3.1 Origem, fontes normativas e fundamentos

Ao lado da concessão tradicional de serviços públicos (Lei 8.987/1995), a legislação consagra, atualmente, a concessão especial de serviços públicos, denominada Parceria

---

[44] O STF, inicialmente, afirmou que a responsabilidade objetiva restringia-se à hipótese de danos causados aos usuários do serviço público, não alcançando os terceiros (não usuários) (STF, 2.ª Turma, RExt 262.651/SP, Rel. Min. Carlos Velloso, DJ 06.05.2005, p. 38, Informativo de Jurisprudência do STF n. 370). Atualmente, o STF aplica a responsabilidade objetiva às concessionárias, sem qualquer distinção entre a vítima (STF, Tribunal Pleno, RExt 591.874/MS, Rel. Min. Ricardo Lewandowski, DJe-237, 18.12.2009, p. 1.820, Informativos de Jurisprudência do STF n. 557 e 563). Registre-se que, na forma da Súmula Vinculante 27 do STF, "compete à Justiça estadual julgar causas entre consumidor e concessionária de serviço público de telefonia, quando a Anatel não seja litisconsorte passiva necessária, assistente, nem opoente". De forma semelhante, a Súmula 506 do STJ dispõe: "A Anatel não é parte legítima nas demandas entre a concessionária e o usuário de telefonia decorrentes de relação contratual".

[45] TEPEDINO, Gustavo. A evolução da responsabilidade civil no direito brasileiro e suas controvérsias na atividade estatal. Temas de direito civil. 3. ed. Rio de Janeiro: Renovar, 2004. p. 216.

[46] CARVALHO FILHO, José dos Santos. Manual de direito administrativo. 18. ed. Rio de Janeiro: Lumen Juris, 2007. p. 505; DI PIETRO, Maria Sylvia Zanella. Direito administrativo. 20. ed. São Paulo: Atlas, 2007. p. 276.

Público-Privada (PPP), submetida ao regime jurídico diferenciado previsto na Lei 11.079/2004.

A expressão "parcerias público-privadas" admite dois sentidos:

a) **sentido amplo:** PPP é todo e qualquer ajuste firmado entre o Estado e o particular para consecução do interesse público (ex.: concessões, permissões, convênios, terceirizações, contratos de gestão, termos de parceria etc.);[47]

b) **sentido restrito:** PPP refere-se exclusivamente às parcerias público-privadas previstas na Lei 11.079/2004, sob a modalidade patrocinada ou administrativa. No presente capítulo, será adotado o sentido restrito.

A inserção do novo modelo de concessões (PPP) no ordenamento jurídico pátrio, inspirado no formato utilizado no direito comparado,[48] pode ser justificada pelos seguintes fatores:

a) **limitação ou esgotamento da capacidade de endividamento público:** limites previstos na Lei de Responsabilidade Fiscal (LC 101/2000) que diminuem a capacidade de investimento direto pelo Poder Público na prestação direta dos serviços públicos e na criação de infraestrutura adequada ("gargalos");

b) **necessidade de prestação de serviços públicos não autossustentáveis:** após o período de desestatização na década de 90, quando grande parte dos serviços públicos "atrativos" foi concedida aos particulares, o Estado permaneceu com a obrigação de prestar serviços não autossustentáveis, assim definidos por necessitarem de investimentos de grande vulto ou pela impossibilidade jurídica ou política de cobrança de tarifa do usuário;

---

[47] A expressão *Public-Private Partnerships* (PPPs), no sentido amplo, é utilizada no Direito inglês, norte-americano e canadense. Na França, adota-se a nomenclatura *partenariats public-privé* (PPPs); na Itália, *partenariato pubblico--privato* (PPP) e *Finanza de Progetto*; em Portugal, usa-se a mesma expressão encontrada no ordenamento brasileiro. No Brasil, o sentido amplo foi utilizado por Maria Sylvia Zanella Di Pietro em sua obra *Parcerias na Administração Pública*: concessão, permissão, franquia, terceirização, parceria público-privada e outras formas. 5. ed. São Paulo: Atlas, 2005. O sentido amplo foi utilizado, também, pela Lei 13.334/2016, que criou o Programa de Parcerias de Investimentos (PPI), e inseriu na expressão "contratos de parceria" a concessão comum, a concessão patrocinada, a concessão administrativa, a concessão regida por legislação setorial, a permissão de serviço público, o arrendamento de bem público, a concessão de direito real e os outros negócios público-privados que, em função de seu caráter estratégico e de sua complexidade, especificidade, volume de investimentos, longo prazo, riscos ou incertezas envolvidos, adotem estrutura jurídica semelhante (art. 1.º, § 2.º).

[48] Costuma-se afirmar que as PPPs foram inspiradas na *Private Finance Iniciative* (PFI) inglesa, uma forma especial de concessão em que a remuneração do parceiro privado, em vez de ser necessariamente proveniente dos usuários (tarifa), advém do próprio Poder Público. Oficialmente, a PFI foi lançada em 1992, durante o governo conservador do Primeiro-Ministro John Major, mas a sua existência remonta ao ano de 1987, data da assinatura do contrato da ponte Queen Elizabeth II. A utilização da PFI ocorre de forma mais intensa a partir de 1997, durante o governo Blair. MARTY, Frédéric; TROSA, Sylvie; VOISIN, Arnaud. *Les partenariats public-privé*. Paris: La Découverte, 2006. p. 11-12. A experiência do direito comparado apresenta grande variedade de modelos de PPPs, tais como: a) DBFO (*Design-Build-Finance-Operate*): o setor privado projeta, constrói, financia e opera o objeto parceria; se a obrigação de transferir, ao final do contrato, a infraestrutura do Estado; b) BOT (*Build-Operate-Transfer*): a iniciativa privada constrói e opera o objeto da parceria, por prazo determinado, transferindo, ao final, a infraestrutura ao Estado; c) BBO (*Buy-Build-Operate*) e LDO (*Lease-Develop-Operate*): o setor privado adquire ou arrenda determinada infraestrutura com o objetivo de construir, desenvolver e/ou operar o projeto da parceria, sem a obrigação de repassar ao Estado ao final do contrato etc.

c) **princípio da subsidiariedade e necessidade de eficiência do serviço:** o Estado subsidiário valoriza a atuação privada, considerada mais eficiente que a atuação estatal direta.

Em consequência, o legislador estabeleceu regime jurídico especial para as PPPs, com a introdução de novas garantias, a repartição de riscos na prestação dos serviços, novas formas de remuneração do parceiro privado, entre outras mudanças, que objetivam atrair investidores privados na parceria a ser formalizada com o Estado no atendimento do interesse público.

A União, autorizada pelo art. 22, XXVII, da CRFB, estabeleceu normas gerais de PPPs na Lei 11.079/2004, assim como os demais Entes federados que já fixaram normas específicas sobre o tema.[49]

### 11.3.2 PPP patrocinada x PPP administrativa

A Lei 11.079/2004 divide as PPPs em duas espécies:

a) **PPP patrocinada:** "é a concessão de serviços públicos ou de obras públicas de que trata a Lei 8.987, de 13 de fevereiro de 1995, quando envolver, adicionalmente à tarifa cobrada dos usuários contraprestação pecuniária do parceiro público ao parceiro privado" (art. 2.º, § 1.º, da Lei 11.079/2004); e

b) **PPP administrativa:** "é o contrato de prestação de serviços de que a Administração Pública seja a usuária direta ou indireta, ainda que envolva execução de obra ou fornecimento e instalação de bens" (art. 2.º, § 2.º, da Lei 11.079/2004).

Os conceitos fornecidos pela legislação permitem concluir pela existência de, ao menos, duas diferenças entre as espécies de PPPs:

---

[49] O art. 1.º, *caput* e parágrafo único, da Lei 11.079/2004, alterado pela Lei 13.137/2015, dispõe sobre a sua aplicação aos Poderes dos entes federados, inclusive o Legislativo, fundos especiais, entidades da Administração Indireta e demais entidades controladas, direta ou indiretamente, pelo Poder Público. Diversos Estados já possuem normas próprias de PPPs, por exemplo: Minas Gerais (Lei 14.868/2003 – essa foi a primeira lei no País sobre o assunto –, revogada pela Lei 22.606/2017), São Paulo (Lei 11.688/2004), Bahia (Lei 9.290/2004), Goiás (Lei 14.910/2004), Santa Catarina (Lei 17.156/2017), Ceará (Lei 14.391/2009), Rio Grande do Sul (Lei 12.234/2005), Pernambuco (Lei 12.765/2005), Piauí (Lei 5.494/2005), Rio Grande do Norte (LC 307/2005), Distrito Federal (Lei 3.792/2006), Rio de Janeiro (Lei 5.068/2007) etc. Vale ressaltar que a ausência de legislação específica não impede a utilização das PPPs por Estados e Municípios, já que estes poderão se valer das normas gerais previstas na Lei 11.079/2004. Igualmente, diversos Municípios promulgaram suas leis específicas sobre o tema, tais como: Belo Horizonte (Lei municipal 9.038/2005), Porto Alegre (Lei municipal 9.875/2005), Curitiba (Lei municipal 11.929/2006), Manaus (Lei municipal 1.333/2009), São Paulo (Lei municipal 14.517/2007), Rio de Janeiro (LC municipal 105/2009), Natal (Lei municipal 6.182/2011), Vitória (Lei municipal 8.538/2013), Recife (Lei municipal 17.855/2013). As normas estaduais e municipais, anteriores à legislação federal, deverão se adaptar às normas gerais contidas na Lei 11.079/2004. Lembre-se de que o STF declarou a inconstitucionalidade da norma municipal que autorizava a celebração de PPP apenas para execução de obra pública desvinculada de qualquer serviço público ou social, em razão da competência privativa da União para legislar sobre normas gerais de licitações e contratos (art. 22, XXVII, da CRFB) (STF, Tribunal Pleno, ADPF 282/RO, Rel. Min. Gilmar Mendes, *DJe* 31.05.2023).

a) **Quanto à remuneração:** enquanto na PPP patrocinada, o concessionário será remunerado por meio de tarifa e dinheiro do orçamento, além das demais modalidades de contraprestação indicadas no art. 6.º da Lei 11.079/2004, na PPP administrativa, o concessionário será remunerado integralmente pelo Estado (orçamento ou uma das formas previstas no art. 6.º da Lei da PPP), não havendo previsão de cobrança de tarifa dos usuários.[50]

Vale ressaltar que, nas PPPs patrocinadas, há necessidade de lei autorizativa quando a Administração Pública for responsável por mais de 70% da remuneração do parceiro privado (art. 10, § 3.º, da Lei 11.079/2004). Apesar da omissão legal, entendemos que a exigência de autorização legislativa deve ser aplicada também às PPPs administrativas, uma vez que a remuneração, nessas concessões, será realizada integralmente pelo Estado.

b) **Quanto ao objeto da parceria:** de um lado, a PPP patrocinada tem por objeto a prestação de serviços públicos; por outro, o objeto da PPP administrativa pode ser a execução de serviços públicos ou de serviços administrativos prestados ao Estado.

Isto porque a Lei, de um lado, na definição da PPP patrocinada, utiliza a expressão "serviços públicos" (art. 2.º, § 1.º, da Lei 11.079/2004) e, por outro lado, na conceituação de PPP administrativa, menciona os "serviços", afirmando, ainda, que a Administração Pública pode ser usuária direta ou indireta desses serviços (art. 2.º, § 2.º, da Lei 11.079/2004).

O termo "serviços" comporta, ao menos, duas aplicações distintas:

a) **serviços públicos:** prestados pelo Estado, diretamente ou por meio de delegação, a fim de satisfazer necessidades coletivas, sob regime de direito público. Nesse caso, os particulares são, em regra, os usuários diretos do serviço público e a Administração Pública é a beneficiária indireta, pois esta implementa, por meio da concessão, o seu dever constitucional de satisfazer as necessidades da coletividade; e

b) **serviços administrativos:** são atividades privadas prestadas ao Estado por entidades selecionadas, em regra, por meio de licitação. Na hipótese, o beneficiário direto desses serviços é a Administração Pública e a coletividade, a beneficiária indireta.

---

[50] Não há qualquer óbice constitucional à previsão de concessões sem pagamento de tarifa por parte do usuário, pois o art. 175 da CRFB, ao se referir à "política tarifária", não pretendeu que a remuneração, na concessão, tivesse que ser efetivada, ainda que parcialmente, por tarifa. Pode ser mais interessante para o atendimento do interesse público a ausência de cobrança de tarifa, o que desoneraria os usuários, permitindo o acesso universal aos serviços delegados. Em suma: a "política tarifária" significa que o administrador, com fundamento na lei, terá a possibilidade de decidir politicamente pela utilização ou não da tarifa como forma de remuneração da concessão. Em Portugal, por exemplo, no setor rodoviário, as concessões receberam, em alguns casos, a denominação "SCUT" (Sem Custo para o Utilizador), pois o pedágio não seria pago pelo usuário do serviço, mas sim pelo próprio Estado. Trata-se do "pedágio-sombra" (*shadow toll*) em que não há cobrança de tarifa do usuário e a remuneração do concessionário, auferida em razão do número de veículos que utilizaram a rodovia, vem diretamente do Poder Público (orçamento). Disponível em: <http://www.portugal.gov.pt/Portal/PT/Governos>. Acesso em: 10 mar. 2009.

Portanto, as PPPs apresentam, em resumo, as seguintes características básicas:

a) **PPP patrocinada:** tem por objeto a prestação de serviços públicos e a remuneração envolve o pagamento de tarifas, além da contraprestação pecuniária por parte da Administração (ex.: exploração de rodovias pelo parceiro privado com remuneração por meio de tarifa e contraprestação pecuniária do Estado);

b) **PPP administrativa de serviços públicos:** tem por finalidade a execução de serviços públicos (a Administração é a "usuária indireta" e a coletividade a "usuária direta") que serão remunerados integralmente pelo Poder Público (ex.: serviço de coleta de lixo domiciliar, sem contraprestação específica dos usuários); e

c) **PPP administrativa de serviços administrativos:** tem por objetivo a contratação de empresa privada que prestará serviços ao Estado (a Administração será a "usuária direta" e a coletividade, a "usuária indireta") com remuneração integralmente assumida pelo Estado (ex.: serviço de "hotelaria" em presídios, construção e operação de uma rede de creches ou restaurantes para servidores públicos, construção e gestão de arenas esportivas etc.).

As modalidades de PPPs podem ser visualizadas no quadro sinótico abaixo:

| PPPs / Critérios | PPP Patrocinada | PPP Administrativa |
|---|---|---|
| Remuneração | Tarifa + orçamento e outras modalidades de contraprestação estatal | Orçamento ou outras modalidades de contraprestação estatal |
| Objeto | Serviços públicos<br>Usuário direto: particular<br>Usuário indireto: Administração Pública | Serviços públicos<br>Usuário direto: particular<br>Usuário indireto: Administração Pública |
| | | Serviços administrativos<br>Usuário direto: Administração Pública<br>Usuário indireto: particular |

### 11.3.3 Características das PPPs

As PPPs representam uma nova forma de parceria entre o Estado e os particulares na prestação de serviços públicos ou administrativos. A Lei 11.079/2004 prevê, por exemplo, algumas características que não eram encontradas no modelo tradicional de concessão, a saber:

a) valor mínimo do contrato (valor tem que ser igual ou superior a dez milhões de reais);[51]

---

[51] Tradicionalmente, o valor mínimo do contrato de PPP era de R$ 20.000.000,00 (vinte milhões de reais). Ocorre que a Lei 13.529/2017 alterou o art. 2.º, § 4.º, I, da Lei 11.079/2004 e estabeleceu o valor mínimo de R$ 10.000.000,00 (dez milhões de reais) para os contratos de PPPs.

b) prazo de vigência não inferior a cinco, nem superior a trinta e cinco anos, incluindo eventual prorrogação;
c) remuneração pelo parceiro público ao parceiro privado somente após a disponibilização do serviço;
d) remuneração variável pelo parceiro público ao parceiro privado vinculada ao seu desempenho;
e) compartilhamento de risco entre o parceiro público e o parceiro privado; e
f) garantias diferenciadas de adimplemento das obrigações financeiras do parceiro público relativamente ao parceiro privado, com destaque para o fundo garantidor (FGP).

A partir da comparação entre os regimes jurídicos consagrados, respectivamente, nas Leis 8.987/1995 e 11.079/2004, é possível apontar, exemplificativamente, algumas diferenças entre as concessões comuns e as especiais (PPPs), conforme será destacado a seguir.

### 11.3.3.1 Remuneração do concessionário

Na concessão comum (Lei 8.987/1995), a remuneração do concessionário ocorre, normalmente, por meio do pagamento da tarifa pelo usuário como contrapartida da efetiva utilização do serviço público, com a possibilidade de instituição de "receitas alternativas", relacionadas à exploração de atividades conexas ao serviço público (ex.: serviços de publicidade), incluído, eventualmente, repasse de verbas orçamentárias (arts. 11 e 18, VI, da Lei 8.987/1995).

Por outro lado, na concessão especial (PPP), a remuneração do parceiro privado pressupõe a contraprestação pecuniária (orçamento) por parte do parceiro público (Poder Concedente), na forma do art. 2.º, § 3.º, da Lei 11.079/2004, que dispõe que não constitui PPP a concessão comum de serviços públicos, prevista na Lei 8.987/1995, "quando não envolver contraprestação pecuniária do parceiro público ao parceiro privado". A remuneração na PPP, destarte, pode ser feita integralmente com dinheiro público (concessão administrativa) ou apenas parcialmente com recursos orçamentários, caso em que haverá também o pagamento de tarifa pelo usuário (concessão patrocinada).

Entendemos que, apesar da sobredita exigência, é possível admitir uma hipótese de PPP sem a contraprestação pecuniária do Poder Público: a PPP administrativa de serviços administrativos.[52]

---

[52] Carlos Ari Sundfeld admite concessões administrativas sem contraprestação pecuniária do Poder Público (SUNDFELD, Carlos Ari. Guia jurídico das parcerias público-privadas. *Parcerias público-privadas*. São Paulo: Malheiros, 2005. p 55-56). Entendemos, a partir dos argumentos colocados pelo próprio autor, que a exceção citada só pode se referir às PPPs administrativas de serviços administrativos, pois, em relação às PPPs administrativas de serviços públicos, existe o óbice do art. 2.º, § 3.º, da Lei 11.079/2004. Lembre-se, ainda, a posição sustentada por Di Pietro que admite contraprestação não pecuniária tanto nas PPPs patrocinadas quanto nas PPPs administrativas, com fundamento no art. 6.º da Lei 11.079/2004 (DI PIETRO, Maria Sylvia Zanella. *Parcerias na Administração Pública*: concessão, permissão, franquia, terceirização, parceria público-privada e outras formas. 5. ed. São Paulo: Atlas, 2005. p. 170).

Conforme destacado, as PPPs podem ser divididas em: PPP patrocinada de serviços públicos e PPP administrativa de serviços públicos ou de serviços administrativos. O art. 2.º, § 3.º, da Lei 11.079/2004, ao exigir a remuneração com recursos orçamentários, refere-se apenas às concessões que envolvam a prestação de serviços públicos, tradicionalmente previstas na Lei 8.987/1995, não se aplicando às PPPs administrativas de serviços administrativos.

Ademais, nos conceitos legais de PPPs, contidos nos §§ 1.º e 2.º do art. 2.º da Lei 11.079/2004, apenas se exige "contraprestação pecuniária" do parceiro público na PPP patrocinada, sendo silente a lei em relação à PPP administrativa. Em vez de recursos orçamentários, o Poder Público poderia se utilizar de outras formas de contraprestação, previstas, exemplificativamente, no art. 6.º da Lei 11.079/2004.[53]

É possível, ainda, a previsão de remuneração variável em função do desempenho do concessionário, conforme metas e padrões de qualidade e disponibilidade definidos no contrato (art. 6.º, § 1.º, da Lei 11.079/2004).

Admite-se, ainda, a estipulação contratual de aporte de recursos em favor do parceiro privado para a realização de obras e aquisição de bens reversíveis, nos termos dos incisos X e XI do *caput* do art. 18 da Lei 8.987/1995, desde que autorizado no edital de licitação, se contratos novos, ou em lei específica, se contratos celebrados até 08.08.2012 (art. 6.º, § 2.º, da Lei 11.079/2004). Nesse caso, no momento da extinção do contrato, o parceiro privado não receberá indenização pelas parcelas de investimentos vinculados a bens reversíveis ainda não amortizadas ou depreciadas, quando tais investimentos houverem sido realizados com valores provenientes do referido aporte de recursos (art. 6.º, § 5.º, da Lei 11.079/2004).

Em qualquer caso, a contraprestação da Administração Pública somente será efetivada após a disponibilização do serviço objeto do contrato de parceria públicoprivada (art. 7.º da Lei 11.079/2004).

### 11.3.3.2 Repartição objetiva de riscos

Outra diferença entre as concessões comuns e as especiais (PPPs) reside na repartição de riscos contratuais.

Na concessão comum, os riscos ordinários, inerentes a todo e qualquer negócio jurídico, são suportados pelo concessionário (art. 2.º, II, da Lei 8.987/1995).[54] Em relação aos riscos extraordinários, advindos de eventos imprevisíveis ou previsíveis, mas de con-

---

[53] O art. 6.º da Lei 11.079/2004 dispõe: "Art. 6.º A contraprestação da Administração Pública nos contratos de parceria público-privada poderá ser feita por: I – ordem bancária; II – cessão de créditos não tributários; III – outorga de direitos em face da Administração Pública; IV – outorga de direitos sobre bens públicos dominicais; V – outros meios admitidos em lei".

[54] Frise-se que, nos contratos administrativos em geral, submetidos à Lei 8.666/1993, que não envolvem a delegação de serviços públicos, o risco ordinário do negócio é normalmente assumido pela Administração Pública que deverá remunerar o particular, que realizou a obra ou forneceu o bem ou o serviço, independentemente da maior ou menor utilização do objeto contratado. Em relação aos eventos imprevisíveis, a Administração tem o dever e o particular, o direito à revisão contratual. Contudo, o art. 103 da nova Lei de Licitações dispõe que o contrato poderá identificar os riscos contratuais previstos e presumíveis e prever matriz de alocação de riscos, alocando-os

sequências incalculáveis (ex.: teoria da imprevisão, fato do príncipe e o caso fortuito e a força maior), estes são suportados pelo Poder concedente, uma vez que a legislação consagra o direito à revisão do contrato para restaurar o equilíbrio perdido (arts. 9.º, §§ 2.º e 3.º, 18, VIII, 23, IV, e 29, V, da Lei 8.987/1995).

Na concessão especial, não existe uma repartição abstrata dos riscos. Ao contrário, a legislação exige a repartição objetiva de riscos, ordinários e extraordinários (caso fortuito, força maior, fato do príncipe e álea econômica extraordinária), que será definida no contrato (arts. 4.º, VI, e 5.º, III, da Lei 11.079/2004).[55]

Não obstante a ausência de previsão expressa na legislação sobre os parâmetros da distribuição efetiva dos riscos contratuais, o ideal seria a imputação dos riscos para a parte que possui melhores condições de gerenciá-los, o que refletirá, naturalmente, na maior segurança jurídica e economicidade da contratação.[56]

Assim, por exemplo, os riscos políticos, cambiais, de interpretação judicial, de disponibilidade financeira, de relações internacionais, que não são gerenciáveis pelo particular, deveriam ser assumidos, preferencialmente, pelo Poder Concedente, e os riscos ligados à construção, operação, rendimento, tecnologia e competição seriam alocados à concessionária.[57] Deve ser evitada, na mesma linha de raciocínio, a imputação à concessionária dos riscos relacionados aos eventos praticados pelo Poder Concedente, especialmente as hipóteses de inadimplemento contratual (fato da administração) ou atos externos à relação jurídica que repercutem no equilíbrio econômico-financeiro do contrato (fato do príncipe).[58]

Ressalte-se que a repartição objetiva de riscos não contraria o princípio da manutenção do equilíbrio econômico-financeiro do contrato, consagrado no art. 37, XXI, da CRFB, pois o edital de licitação (e a minuta de contrato a ele anexada) já deve estipular a repartição de riscos, razão pela qual o concessionário já conhecia, quando da apresentação de sua proposta, os riscos do negócio e, em razão deles, quantificou o seu preço.[59]

---

entre contratante e contratado, mediante indicação daqueles a serem assumidos pelo setor público ou pelo setor privado ou daqueles a serem compartilhados.

[55] A repartição objetiva não significa compartilhamento equânime dos riscos, mas, sim, que a questão seja definida de maneira clara no instrumento contratual. A repartição objetiva dos riscos não altera o regime da responsabilidade civil inerente à prestação do serviço público (art. 37, § 6.º, da CRFB): o parceiro privado, quando prestador de serviço público, possui responsabilidade civil primária e objetiva pelos danos causados a terceiros, enquanto o Estado pode ser responsabilizado subsidiariamente. Nesse sentido: FREITAS, Juarez. Parcerias público-privadas (PPPs): natureza jurídica. In: CARDOZO, José Eduardo Martins et al. (Org.). *Curso de direito econômico*. São Paulo: Malheiros, 2006. v. I, p. 692.

[56] Em abono à nossa tese, o Enunciado 28 da I Jornada de Direito Administrativo realizada pelo Centro de Estudos Judiciários do Conselho da Justiça Federal (CEJ/CJF) prevê: "Na fase interna da licitação para concessões e parcerias público-privadas, o Poder Concedente deverá indicar as razões que o levaram a alocar o risco no concessionário ou no Poder Concedente, tendo como diretriz a melhor capacidade da parte para gerenciá-lo."

[57] VILLELA, Marcos Juruena. Parcerias público-privadas. *Revista de Direito da Associação dos Procuradores do Novo Estado do Rio de Janeiro*, Rio de Janeiro: Lumen Juris, v. XVII, p. 35, 2006.

[58] DI PIETRO, Maria Sylvia Zanella. *Parcerias na administração pública*. 5. ed. São Paulo: Atlas, 2005. p. 171.

[59] Nesse sentido: PINTO, Marcos Barbosa. A função econômica das PPPs. *REDAE*, Salvador: Instituto de Direito Público da Bahia, n. 2, p. 9, maio-jul. 2005. Acesso em: 20 jan. 2009; BINENBOJM, Gustavo. As parcerias público-privadas (PPPs e a Constituição). *Revista de Direito da Associação dos Procuradores do Novo Estado do Rio de Janeiro*, Rio de Janeiro: Lumen Juris, v. XVII, p. 99, 2006.

## 11.3.3.3 Valor mínimo do contrato

Ao contrário do que ocorre na concessão comum, exige-se valor mínimo para a celebração de contrato de PPP que não pode ser inferior a R$ 10.000.000,00, conforme dispõe o art. 2.º, § 4.º, I, da Lei 11.079/2004, alterado pela Lei 13.529/2017. O valor mínimo para as PPPs será representado pelo valor constante da proposta apresentada pelo parceiro privado na licitação, na qual são estimados os custos, os riscos e as receitas necessárias para execução do contrato.[60]

Há discussão quanto ao alcance federativo da exigência do valor mínimo nos contratos de PPPs:

**Primeira posição:** o valor mínimo deve ser observado por todos os entes da Federação, pois a Lei 11.079/2004 consagra, como regra, normas gerais de PPPs (art. 1.º, *caput* e parágrafo único), e as normas específicas, direcionadas exclusivamente à União, constam do capítulo VI da Lei (arts. 14 a 22). Por outro lado, o caráter nacional da norma não ofenderia o princípio federativo, pois a eventual insuficiência econômica dos Entes federados para alcance do valor mínimo poderia ser suprida pela formatação prévia de consórcios públicos. Nesse sentido: Alexandre Santos de Aragão e Carlos Ari Sundfeld.[61]

**Segunda posição:** o valor mínimo de R$ 10.000.000,00 (dez milhões de reais) aplica-se apenas à União, sob pena de inviabilizar a utilização de PPPs no âmbito da maioria dos Estados e Municípios que não teriam capacidade econômica para celebração de contratos vultosos, colocando em risco a federação. Nesse sentido: Juarez Freitas, Gustavo Binenbojm e Flavio Amaral Garcia.[62]

Perfilhamos o entendimento de que a norma deve ser considerada federal e não nacional, aplicando-se exclusivamente à União, tendo em vista dois argumentos:

a) o elenco de normas federais no capítulo VI (arts. 14 a 22) da Lei 11.079/2004 não significa que as demais normas sejam, necessariamente, gerais;[63]

---

[60] Há divergência doutrinária em relação ao critério de cálculo do valor mínimo do contrato de PPP. Alguns autores, como Carlos Ari Sundfeld, sustentam que o valor representa o montante mínimo a ser investido pelo parceiro privado, e não o montante que deve ser pago pelo Poder Público ao concessionário (SUNDFELD, Carlos Ari. Guia jurídico das parcerias público-privadas. *Parcerias público-privadas*. São Paulo: Malheiros, 2005. p. 26). Por outro lado, parte da doutrina, como Floriano de Azevedo Marques e Diógenes Gasparini, afirma que o valor mínimo corresponde ao montante a ser pago para o parceiro privado ao longo do contrato de PPP (MARQUES NETO, Floriano de Azevedo. As parcerias público-privadas no saneamento ambiental. In: SUNDFELD, Carlos Ari. *Parcerias público-privadas*. São Paulo: Malheiros, 2005. p. 304; GASPARINI, Diógenes. *Direito administrativo*. 12. ed. São Paulo: Saraiva, 2007. p. 414).

[61] ARAGÃO, Alexandre Santos de. *Direito dos serviços públicos*. Rio de Janeiro: Forense, 2007. p. 683, nota 37; SUNDFELD, Carlos Ari. Guia jurídico das parcerias público-privadas. *Parcerias público-privadas*. São Paulo: Malheiros, 2005. p. 26-27.

[62] FREITAS, Juarez. Parcerias público-privadas (PPPs): natureza jurídica. In: CARDOZO, José Eduardo Martins et al. (Org.). *Curso de direito econômico*. São Paulo: Malheiros, 2006. v. I, p. 698-699; BINENBOJM, Gustavo. As parcerias público-privadas (PPPs e a Constituição). *Revista de Direito da Associação dos Procuradores do Novo Estado do Rio de Janeiro*, Rio de Janeiro: Lumen Juris, v. XVII, p. 99, 2006; GARCIA, Flavio Amaral. *Licitações e contratos administrativos*. Rio de Janeiro: Lumen Juris, 2007. p. 287.

[63] Vale lembrar que, em relação à Lei 8.666/1993, o STF já teve a oportunidade de decidir que, não obstante a afirmação de que todas as normas ali previstas fossem gerais (art. 1.º), os dispositivos do art. 17, I, "b", e II, "b", seriam aplicáveis apenas à União (ADI-MC 927/RS, Pleno, Rel. Min. Carlos Veloso, j. 03.11.1993, DJ 11.11.1994, p. 30.635).

b) o eventual caráter nacional da norma impediria o uso da PPP pela maioria dos Estados e Municípios, o que contrariaria o princípio federativo (art. 18 da CRFB), razão pela qual cada ente federativo tem autonomia para fixar os respectivos valores mínimos, levando em consideração a respectiva realidade socioeconômica.

### 11.3.3.4 Prazo contratual

Enquanto a Lei 8.987/1995 não define o prazo máximo para a concessão comum, na PPP o prazo mínimo é de cinco anos e o prazo máximo é de trinta e cinco anos (art. 2.º, § 4.º, II, e art. 5.º, I, da Lei 11.079/2004).

### 11.3.3.5 Objeto complexo

Os contratos de PPPs não podem ter "como objeto único o fornecimento de mão de obra, o fornecimento e instalação de equipamentos ou a execução de obra pública".[64] Assim, por exemplo, na hipótese de PPP administrativa de serviços administrativos, a concessão não poderá envolver o simples fornecimento de mão de obra, mas, também, outras prestações por parte do parceiro privado (ex.: fornecimento de mão de obra e de materiais etc.). Caso a intenção seja apenas a contratação de serviços (mão de obra), o fornecimento de bens ou a execução de obra, o Poder Público deverá se valer da tradicional terceirização regulada na Lei 8.666/1993.

### 11.3.3.6 Concessão comum x concessão especial (PPP)

As principais diferenças entre a concessão comum e a concessão especial (PPP) podem ser descritas no quadro sinótico a seguir:

| | Concessão comum Lei 8.987/1995 | Concessão especial (PPP) Lei 11.079/2004 |
|---|---|---|
| **Contraprestação do Parceiro Público** | Facultativa | Obrigatória |
| **Risco ordinário do negócio** | Risco do concessionário | Repartição objetiva dos riscos |
| **Valor mínimo** | Inexistente | R$ 10.000.000,00 |
| **Prazo** | Não prevê prazo mínimo ou máximo | Mínimo: 5 anos Máximo: 35 anos |
| **Objeto** | Serviços públicos | Serviços públicos e/ou administrativos |

---

[64] O STF considerou inconstitucional a previsão contida em norma municipal que autorizava a celebração de PPP apenas para execução de obra pública desvinculada de qualquer serviço público ou social, em razão da competência privativa da União para legislar sobre normas gerais de licitações e contratos (art. 22, XXVII, da CRFB) (STF, Tribunal Pleno, ADPF 282/RO, Rel. Min. Gilmar Mendes, DJe 31.05.2023).

## 11.3.4 Licitação: peculiaridades

As licitações para contratação de Parcerias Público-Privadas (PPPs), reguladas pela Lei 11.079/2004, com aplicação subsidiária das Leis 8.987/1995, 8.666/1993 e 14.133/2021, apresentam peculiaridades em relação às licitações para concessão de serviços públicos comuns.

### 11.3.4.1 Projeto básico, projeto executivo e Procedimento de Manifestação de Interesse (PMI): elaboração por entidades privadas e participação na licitação para contratação de concessão especial de serviços públicos (PPPs)

Assim como ocorre com as concessões comuns de serviços públicos, aplica-se às PPPs o disposto no art. 31 da Lei 9.074/1995, que permite a participação, direta ou indireta, dos autores ou responsáveis economicamente pelos projetos (básico ou executivo) da licitação ou da execução de obras ou serviços, afastando-se, portanto, as vedações constantes do art. 9.º, I e II, da Lei 8.666/1993 e do art. 14, I e II, da Lei 14.133/2021 não se aplicam às licitações para concessão de serviços públicos.

No tocante às licitações para celebração de PPPs administrativas, o art. 3.º da Lei 11.079/2004 determina a aplicação do art. 31 da Lei 9.074/1995, que admite a participação, direta ou indireta, dos autores ou responsáveis pelos projetos, básico ou executivo, nas licitações para concessão e permissão de serviços públicos ou de uso de bem público. A norma em comento também é aplicável às PPPs patrocinadas, tendo em vista o disposto no art. 3.º, § 1.º, da Lei 11.079/2004, que prevê a aplicação subsidiária da Lei 8.987/1995 e legislação correlata, incluindo, portanto, a Lei 9.074/1995, que dispõe sobre normas para outorga e prorrogações das concessões e permissões de serviços públicos.

Vale ressaltar que, nas concessões tradicionais de serviços públicos e nas PPPs, quando o projeto envolver a execução de obras, a Administração Pública não está obrigada a elaborar o projeto básico, o que não afasta a obrigatoriedade de definir os "elementos do projeto básico que permitam sua plena caracterização" (art. 18, XV, da Lei 8.987/1995).

Verifica-se, destarte, que o legislador admitiu que os projetos básico e executivo fossem elaborados pelos concessionários/parceiros privados, devendo ser afastadas das PPPs as vedações constantes do art. 9.º, I e II, da Lei 8.666/1993.

Tal como permitido para as contratações de concessão ou permissão de serviços públicos, de arrendamento de bens públicos e de concessão de direito real de uso, admite-se a utilização do Procedimento de Manifestação de Interesse (PMI) para apresentação de projetos, levantamentos, investigações ou estudos, por pessoa física ou jurídica de direito privado, com a finalidade de subsidiar a Administração na estruturação de empreendimentos objeto de PPP[65]. O PMI encontra fundamento legal no art. 21 da Lei 8.987/1995,

---

[65] Em síntese, os projetos podem ser elaborados a partir de três caminhos: a) elaboração pela própria Administração Pública (ex.: o BNDES, além da função tradicional de financiamento, tem atuado na elaboração de projetos em contratos de concessão e de infraestrutura); b) contratação de pessoa da iniciativa privada para elaboração do projeto, por meio de licitação, admitindo-se, ainda, a inexigibilidade de licitação (art. 25, II, da Lei 8.666/1993 e art. 74, III, da Lei 14.133/2021); e c) realização de PMI para seleção de projeto. De acordo com o art. 10 da Lei 14.227/2021, "é dispensável a licitação para a aquisição, por pessoa jurídica de direito público interno, de serviços prestados por

aplicável às PPPs, na forma do art. 3.º, *caput* e § 1.º, da Lei 11.079/2004, bem como no Decreto 8.428/2015.

### 11.3.4.2 Justificativa para formatação da PPP

A utilização das PPPs depende da elaboração de estudo técnico que demonstre a conveniência e a oportunidade da contratação, com a identificação das respectivas razões que justifiquem a utilização desse modelo (art. 10, I, "a", da Lei 11.079/2004).[66] A apresentação das razões que justifiquem a utilização da PPP, em detrimento de outras formas de parceria, especialmente a concessão comum, pode ser explicada pelo fato de que a parceria envolve contribuições pecuniárias por parte do Poder Público, o que não ocorre, em regra, no modelo tradicional de concessão.

### 11.3.4.3 PPP e responsabilidade fiscal

A responsabilidade fiscal é uma diretriz para celebração e execução das PPPs, na forma do art. 4.º, IV, da Lei 11.079/2004. A necessidade de responsabilidade fiscal nas contratações públicas não representa novidade, pois se trata de exigência contida na LC 101/2000 (Lei de Responsabilidade Fiscal – LRF). No caso dos contratos de PPPs, todavia, o legislador consagrou exigências mais intensas no tocante à responsabilidade fiscal, notadamente pelo fato de essas contratações envolverem contraprestações orçamentárias vultosas por grande período de tempo, ultrapassando, inclusive, os limites temporais do Plano Plurianual.

Em síntese, as principais exigências de caráter fiscal que deverão ser adimplidas pelo Poder Público no momento de instaurar o procedimento licitatório para celebração de PPP são:

a) a realização da licitação depende da elaboração de estudo técnico que demonstre: a.1) que as despesas criadas ou aumentadas não afetarão as metas de resultados fiscais previstas no Anexo referido no art. 4.º, § 1.º, da LC 101/2000 (LRF), devendo seus efeitos financeiros, nos períodos seguintes, ser compensados pelo aumento permanente de receita ou pela redução permanente de despesa (art. 10, I, "b", da Lei 11.079/2004); e a.2) quando for o caso, conforme as normas editadas na forma do art. 25 da Lei de PPP, a observância dos limites e condições decorrentes da aplicação dos arts. 29, 30 e 32 da LRF, pelas obrigações contraídas pela Administração Pública relativas ao objeto do contrato (art. 10, I, "c", da Lei 11.079/2004).[67] O estudo técnico deverá apontar as premissas e a metodo-

---

entidades que integrem a administração pública federal e que tenham, entre as suas finalidades legal, regulamentar ou estatutária, a prestação de serviços técnicos para projetos de concessão e de parceria público-privada".

[66] As vantagens na utilização da PPP não devem ficar adstritas ao campo econômico (economicidade), devendo ser ponderadas e demonstradas, também, as vantagens sociais, ambientais, entre outras.

[67] A Portaria da Secretaria do Tesouro Nacional 614, de 21 de agosto de 2006, estabelece normas gerais relativas à consolidação das contas públicas aplicáveis aos contratos de Parceria Público-Privada – PPP, de que trata a Lei 11.079/2004.

logia de cálculo utilizadas, observadas as normas gerais para consolidação das contas públicas, sem prejuízo do exame de compatibilidade das despesas com as demais normas do Plano Plurianual e da Lei de Diretrizes Orçamentárias (art. 10, § 1.º, da Lei 11.079/2004);

b) elaboração de estimativa do impacto orçamentário-financeiro nos exercícios em que deva vigorar o contrato de parceria público-privada (art. 10, II, da Lei 11.079/2004);

c) declaração do ordenador da despesa de que as obrigações contraídas pela Administração Pública no decorrer do contrato são compatíveis com a Lei de Diretrizes Orçamentárias e estão previstas na Lei Orçamentária Anual, bem como que seu objeto se encontra previsto no Plano Plurianual (PPA) em vigor (art. 167, § 1.º, da CRFB e art. 10, III e V, da Lei 11.079/2004); e

d) estimativa do fluxo de recursos públicos suficientes para o cumprimento, durante a vigência do contrato e por exercício financeiro, das obrigações contraídas pela Administração Pública.

A referida exigência é importante para o cumprimento dos limites fixados nos arts. 22 e 28 da Lei 11.079/2004.[68] Os limites previstos no *caput* do art. 28 da Lei das PPPs aplicam-se à Administração Pública Direta (União, Estados, DF e Município) e Indireta (autarquias, empresas públicas, sociedades de economia mista e fundações estatais de direito público e de direito privado, bem como entidades controladas, direta ou indiretamente, pelo Poder Público), excluídas as empresas estatais não dependentes (art. 28, § 2.º, da Lei 11.079/2004). Ademais, as contraprestações estatais não pecuniárias, previstas no art. 6.º da Lei 11.079/2004 (ex.: outorga de direitos em face da Administração Pública, outorga de direitos sobre bens públicos dominicais), não estão incluídas no limite de 5% da receita corrente líquida previsto no art. 28 da mesma Lei.[69]

Por fim, quando o contrato de PPP for assinado em exercício diverso daquele em que for publicado o edital, a autoridade administrativa deverá atualizar os estudos e as demonstrações técnicas que comprovem o respeito às exigências fiscais (art. 10, § 2.º, da Lei 11.079/2004).

---

[68] Os arts. 22 e 28 da Lei 11.079/2004 dispõem: "Art. 22. A União somente poderá contratar parceria público-privada quando a soma das despesas de caráter continuado derivadas do conjunto das parcerias já contratadas não tiver excedido, no ano anterior, a 1% (um por cento) da receita corrente líquida do exercício, e as despesas anuais dos contratos vigentes, nos 10 (dez) anos subsequentes, não excedam a 1% (um por cento) da receita corrente líquida projetada para os respectivos exercícios. (...) Art. 28. A União não poderá conceder garantia ou realizar transferência voluntária aos Estados, Distrito Federal e Municípios se a soma das despesas de caráter continuado derivadas do conjunto das parcerias já contratadas por esses entes tiver excedido, no ano anterior, a 5% (cinco por cento) da receita corrente líquida do exercício ou se as despesas anuais dos contratos vigentes nos 10 (dez) anos subsequentes excederem a 5% (cinco por cento) da receita corrente líquida projetada para os respectivos exercícios" (Redação dada pela Lei 12.766, de 2012).

[69] Nesse sentido: PRADO, Lucas Navarro. Condições prévias para a licitação de uma PPP. *Estudos sobre a Lei das Parcerias Público-Privadas*. Belo Horizonte: Fórum, 2011. p. 67; SECRETARIA DO TESOURO NACIONAL. *Manual de demonstrativos fiscais*: aplicado à União e aos Estados, Distrito Federal e Municípios / Ministério da Fazenda, Secretaria do Tesouro Nacional. 4. ed. Brasília: Secretaria do Tesouro Nacional, Coordenação-Geral de Normas de Contabilidade Aplicadas à Federação, 2011. p. 353.

### 11.3.4.4 Edital e consulta pública

As minutas do edital e do contrato de PPP submetem-se à consulta pública prévia (art. 10, VI, da Lei 11.079/2004).[70]

Apesar do avanço na previsão da consulta pública das minutas do edital e dos contratos de PPPs, a legislação foi tímida na fixação das regras que deverão ser observadas pelo poder concedente, sendo possível a aplicação subsidiária dos arts. 31 a 35 da Lei 9.784/1999.

Dessa forma, a consulta pública na PPP deve observar, ao menos, as seguintes regras: a) ampla divulgação da consulta para possibilitar a participação do maior número de cidadãos, mediante publicação na imprensa oficial, em jornais de grande circulação e por meio eletrônico, que deverá informar a justificativa para a contratação, a identificação do objeto, o prazo de duração do contrato, seu valor estimado; b) fixação de prazo razoável para apresentação das manifestações (prazo mínimo de 30 dias para recebimento de sugestões, cujo termo dar-se-á pelo menos sete dias antes da data prevista para a publicação do edital); c) dever de apresentação, pelo poder concedente, de resposta fundamentada, que poderá ser comum a todas as alegações substancialmente iguais; d) publicação do resultado da consulta.

Em caso de ausência ou deficiência da consulta pública, a licitação será nula, e, por consequência, o respectivo contrato de PPP. É possível, em casos extremos, quando o vício é constatado no curso do contrato, que a irregularidade no procedimento não acarrete necessariamente a declaração de nulidade do próprio contrato de PPP, garantindo-se a continuidade da prestação do serviço público, sem olvidar da possibilidade, em qualquer caso, de punição dos agentes públicos responsáveis pelo vício formal.

### 11.3.4.5 Licenciamento ambiental

A preocupação com a sustentabilidade ambiental é uma das principais tendências nas contratações públicas naquilo que se convencionou chamar de "licitações verdes".[71] Nas licitações públicas para contratação de empreendimentos que exigem licenciamento ambiental, o projeto básico deve conter o Estudo de Impacto Ambiental (EIA) e o Relatório de Impacto Ambiental (RIMA).[72]

Em relação às licitações para contratação de PPPs, a legislação exige a licença ambiental prévia ou da expedição das diretrizes para o licenciamento ambiental do

---

[70] É importante destacar que a legislação tradicional já estabelecia a exigência de participação popular, por meio de audiências públicas, para as contratações de grande vulto, conforme previsão contida no art. 39 da Lei 8.666/1993.

[71] Sobre a preocupação ambiental nas licitações, podem ser citados os seguintes exemplos: art. 6.º, XII, da Lei 12.187/2009, que institui a Política Nacional sobre Mudança do Clima (PNMC); Instrução Normativa 1/2010 do Ministério do Planejamento, Orçamento e Gestão, que "dispõe sobre os critérios de sustentabilidade ambiental na aquisição de bens, contratação de serviços ou obras pela Administração Pública Federal direta, autárquica e fundacional"; arts. 4.º, § 1.º, I, II, III, e 14, parágrafo único, II, da Lei 12.462/2011 (RDC) que serão revogados após 24 meses da publicação da nova Lei de Licitações; art. 6.º, XXIV, "e", XXV, art. 25, §§ 5.º e 6.º, 34, § 1.º, 42, III, 45, I e II, 144, 147, III, da nova Lei.

[72] Art. 10 da Lei 6.938/1981, Anexo 1 da Resolução 237/1997 e art. 2.º da Resolução 1/1986 do CONAMA.

empreendimento, na forma do regulamento, sempre que o objeto do contrato exigir (art. 10, VII, da Lei 11.079/2004).[73]

### 11.3.4.6 Necessidade de autorização legislativa em determinados casos

É exigida a autorização legislativa para realização de licitação e celebração de contrato de PPP patrocinada, quando mais de 70% da remuneração do parceiro privado for paga pela Administração Pública (art. 10, § 3.º, da Lei 11.079/2004).

Entendemos que, apesar do silêncio da Lei, a necessidade de autorização legislativa deveria ser aplicada também às PPPs administrativas, uma vez que a remuneração, nessas concessões, será realizada integralmente pelo Estado.

### 11.3.4.7 Modalidade de licitação: concorrência, lances de viva voz e inversão de fases

A modalidade de licitação exigida para as PPPs é a concorrência ou o diálogo competitivo (art. 10 da Lei 11.079/2004), que apresenta duas peculiaridades em relação à concorrência tradicionalmente prevista na Lei 8.666/1993, a saber: a) possibilidade de propostas escritas, seguidas de lances em viva voz (art. 12, III e § 1.º, da Lei 11.079/2004); e b) o poder concedente pode inverter as fases de habilitação e julgamento, hipótese em que o julgamento será realizado com a fixação da ordem de classificação, com a análise dos documentos de habilitação do licitante vencedor (art. 13 da Lei 11.079/2004).[74]

### 11.3.4.8 Qualificação técnica e tipos de licitação

A fase de julgamento, nas licitações para PPPs, poderá ser precedida de etapa de qualificação técnica das propostas, admitindo-se a desclassificação dos licitantes que não alcançarem a pontuação mínima estabelecida no edital (art. 12, I, da Lei 11.079/2004).

Em relação aos tipos de licitação, além dos critérios previstos nos incisos I e V do art. 15 da Lei 8.987/1995 (menor valor da tarifa do serviço público a ser prestado e combinação dos critérios de menor valor da tarifa do serviço público com o de melhor técnica), o art. 12, II, da Lei 11.079/2004 acrescenta duas outras possibilidades: a) menor valor da contraprestação a ser paga pela Administração Pública; e b) melhor proposta em razão da combinação do critério da alínea "a" com o de melhor técnica, de acordo com os pesos estabelecidos no edital.

### 11.3.4.9 Saneamento de falhas

Admite-se o saneamento de falhas de documentação no curso do procedimento nos prazos fixados no edital, na forma do art. 12, IV, da Lei 11.079/2004. Trata-se de novidade

---

[73] De acordo com a referida norma, o Poder Público pode dispensar a apresentação inicial do licenciamento ambiental para execução do contrato de PPP, restringindo-se a apresentar diretrizes para o licenciamento ambiental que deverão ser observadas pelo futuro contrato. Nesse caso, o parceiro privado poderia apresentar o licenciamento ambiental no momento da confecção do projeto básico necessário à execução das obras.

[74] As novidades foram inspiradas na legislação do pregão, que também estabelece a possibilidade de apresentação de lances verbais, complementares às propostas escritas, bem como a inversão das fases de habilitação e julgamento (inversão obrigatória e não facultativa, como ocorre para as PPPs). Em razão dessa combinação, alguns autores denominam a concorrência na PPP de "concorrência-pregão" (SUNDFELD, Carlos Ari. Guia jurídico das parcerias público-privadas. Parcerias público-privadas. São Paulo: Malheiros, 2005. p. 39-40).

que relativiza a vedação constante no § 3.º do art. 43 da Lei 8.666/1993, norma que permite apenas a apresentação de esclarecimentos sobre documentos constantes do procedimento e veda a inclusão de novos documentos.

A correção de falhas pode ocorrer em relação a qualquer ato praticado no certame, mas deve ser utilizado com parcimônia, em estrita observância dos princípios da isonomia, da razoabilidade e da boa-fé, entre outros.

### 11.3.5 Sociedade de Propósito Específico (SPE)

De acordo com o art. 9.º da Lei 11.079/2004, o contrato de PPP deve ser formalizado pelo parceiro público com uma Sociedade de Propósito Específico (SPE).

O objetivo do legislador é facilitar o controle e a gestão da PPP, uma vez que a SPE, que pode ser instituída sob qualquer roupagem societária, tem o único objetivo de implantar e gerir o objeto da parceria. A instituição da SPE pelo parceiro privado acarreta a segregação patrimonial, contábil e jurídica entre esta sociedade e a empresa licitante vencedora.[75] No modelo tradicional de concessão, a possibilidade de execução de outras atividades econômicas pela concessionária dificultava o controle do contrato, tendo em vista a dificuldade de separação das receitas e despesas inerentes à prestação do serviço público e aquelas relativas às demais atividades desenvolvidas pela concessionária.

Quanto ao momento de instituição da SPE, o art. 9.º da Lei 11.079/2004 limita-se a dizer que sociedade deve ser criada antes do contrato de PPP, especialmente pelo fato de que a entidade será parte da relação contratual (princípio da relatividade dos contratos).

Apesar de não haver vedação legal, deve ser considerada ilegal a exigência, no edital, de instituição da SPE como condição para participação na licitação, tendo em vista que tal exigência frustraria a competitividade, reduzindo o número de interessados, bem como violaria o princípio da proporcionalidade/razoabilidade, dado que apenas a licitante vencedora assinará o contrato de PPP, sendo desnecessário onerar excessivamente os demais participantes.

Entendemos que, apesar do silêncio legislativo, algumas limitações devem ser aplicadas à instituição da SPE, por exemplo:

a) em decorrência dos princípios da isonomia e da competitividade, apenas as pessoas que venceram a licitação podem fazer parte da SPE, evitando-se que pessoas estranhas à licitação se beneficiem do contrato;

b) pelas mesmas razões, deve ser vedada a união entre a primeira colocada na licitação com outras licitantes, pois, nesse caso, o contrato seria formalizado com entidade que efetivamente não apresentou a melhor proposta, além do risco de conluio entre as licitantes para elevar os valores de suas propostas.

Com o intuito de evitar a contrariedade aos princípios que regem as licitações, três sugestões poderiam ser adotadas nas licitações:

---

[75] Nesse sentido: ARAGÃO, Alexandre Santos de. *Direito dos serviços públicos*. Rio de Janeiro: Forense, 2007. p. 713-714.

a) o licitante vencedor deverá constituir uma subsidiária; ou
b) caso o licitante vencedor seja um consórcio, este deverá receber personalidade jurídica, transformando-se em SPE;[76] ou
c) a participação minoritária do Estado na SPE, ao lado da sociedade vencedora da licitação, o que viabiliza, inclusive, maior ingerência estatal na gestão do empreendimento.

A SPE poderá assumir a forma de companhia aberta, com valores mobiliários negociados no mercado, e a eventual transferência do controle acionário dependerá de expressa autorização da Administração Pública, nos termos do edital e do contrato, observado o disposto no art. 27, § 1.º, I e II, e 27-A, da Lei 8.987/1995, alterada pela Lei 13.097/2015 (art. 9.º, §§ 1.º e 2.º, da Lei 11.079/2004).

Cabe notar que a possibilidade de assumir a forma de companhia aberta não afasta as sugestões aqui apresentadas, uma vez que a negociação de ações em bolsa de valores é precedida de ampla divulgação e competição fundada na lei da oferta e da procura, satisfazendo, com isso, os princípios da publicidade e da impessoalidade.[77]

Ademais, a SPE deverá obedecer a padrões de governança corporativa e adotar contabilidade e demonstrações financeiras padronizadas, conforme regulamento (art. 9.º, § 3.º, da Lei 11.079/2004).

Por fim, a Administração Pública não pode ser titular da maioria do capital votante da SPE, o que não impede a sua participação no quadro societário como acionista minoritária. Excepcionalmente, instituição financeira controlada pelo Poder Público poderá se tornar controladora da SPE quando adquirir a maioria do capital votante em caso de inadimplemento de contratos de financiamento (art. 9.º, §§ 4.º e 5.º, da Lei 11.079/2004).[78]

## 11.3.6 Garantias diferenciadas e o Fundo Garantidor de Parcerias (FGP)

As garantias de cumprimento das obrigações assumidas pela Administração nos contratos de PPPs encontram-se enumeradas no art. 8.º da Lei 11.079/2004: a) vinculação de receitas, observado o disposto no inciso IV do art. 167 da Constituição; b) instituição ou utilização de fundos especiais previstos em lei; c) contratação de seguro-garantia com as companhias seguradoras que não sejam controladas pelo Poder Público; d) garantia prestada por organismos internacionais ou instituições financeiras que não sejam controladas pelo Poder Público; e) garantias prestadas por fundo garantidor ou empresa estatal criada para essa finalidade; e f) outros mecanismos admitidos em lei.

---

[76] As duas primeiras possibilidades são apontadas também por Alexandre Santos de Aragão no livro: *Direito dos serviços públicos*. Rio de Janeiro: Forense, 2007. p. 714.
[77] Ao tratar da alienação de ações de empresas estatais em bolsa de valores, Marcos Juruena Villela Souto apresenta raciocínio semelhante. SOUTO, Marcos Juruena Villela. *Desestatização* – privatização, concessões, terceirizações e regulação. 4. ed. Rio de Janeiro: Lumen Juris, 2001. p. 41-43.
[78] Os arts. 5.º, § 2.º, I, e 5.º-A da Lei 11.079/2004, alterada pela Lei 13.097/2015, disciplinam a transferência do controle e a administração temporária da SPE.

No rol de garantias previstas na legislação, destaca-se o Fundo Garantidor de Parcerias (FGP), mencionado no art. 16 e seguintes da Lei 11.079/2004. O FGP será instituído pela União, seus fundos especiais, suas autarquias, suas fundações públicas e suas empresas estatais dependentes, no valor de até R$ 6.000.000.000,00 (seis bilhões de reais), com o objetivo de prestar garantia de pagamento de obrigações pecuniárias assumidas pelos parceiros públicos federais, distritais, estaduais ou municipais em suas respectivas PPPs.

O FGP possui natureza privada e patrimônio separado dos cotistas (União, autarquias e fundações públicas), devendo ser administrado por instituição financeira controlada, direta ou indiretamente, pela União (arts. 16 e 17 da Lei 11.079/2004). Apesar de ser considerado sujeito de direitos e obrigações (art. 16, *caput* e § 1.º, da Lei 11.079/2004), há controvérsias doutrinárias a respeito da personificação do FGP.

**Primeira posição:** o FGP não possui personalidade jurídica, mas, em razão da possibilidade legal de contrair direitos e obrigações, o Fundo seria considerado uma espécie de "patrimônio de afetação" ou universalidade de direito. Nesse sentido: Alexandre Santos de Aragão e José dos Santos Carvalho Filho.[79]

**Segunda posição:** o FGP possui personalidade jurídica e pode ser considerado como uma espécie de empresa pública. Nesse sentido: Carlos Ari Sundfeld e Gustavo Binenbojm.[80]

Entendemos que o FGP deve ser considerado pessoa jurídica, pois trata-se de sujeito de direitos e obrigações e as suas características são similares àquelas previstas para as empresas públicas (a criação depende de autorização legal, os cotistas são Entes e Entidades da Administração Pública e a sua natureza é privada).

Outra polêmica em torno do FGP gira em torno da sua constitucionalidade.

**Primeira posição:** inconstitucionalidade do FGP, tendo em vista os seguintes argumentos: a) violação ao art. 100 da CRFB, pois o Fundo seria uma maneira de burlar o regime dos precatórios. As pessoas públicas, cotistas do Fundo, normalmente respondem por seus débitos judiciais por meio dos precatórios, mas com a criação de um Fundo de natureza privada, o pagamento seria feito diretamente por ele; b) violação ao art. 165, § 9.º, II, da CRFB, uma vez que a criação de fundos só poderia ser feita por lei complementar. Nesse sentido: Celso Antônio Bandeira de Mello e Maria Sylvia Zanella Di Pietro.[81]

---

[79] ARAGÃO, Alexandre Santos de. *Direito dos serviços públicos*. Rio de Janeiro: Forense, 2007. p. 693; CARVALHO FILHO, José dos Santos. *Manual de direito administrativo*. 22. ed. Rio de Janeiro: Lumen Juris, 2009. p. 417. Em Minas Gerais, por exemplo, a legislação afirma, expressamente, a ausência de personalidade jurídica do fundo (art. 1.º da Lei 14.869/2003).

[80] SUNDFELD, Carlos Ari. Guia jurídico das parcerias público-privadas. *Parcerias público-privadas*. São Paulo: Malheiros, 2005. p. 43; BINENBOJM, Gustavo. As parcerias público-privadas (PPPs e a Constituição). *Revista de Direito da Associação dos Procuradores do Novo Estado do Rio de Janeiro*, Rio de Janeiro: Lumen Juris, v. XVII, p. 104, 2006. Em São Paulo, por exemplo, a legislação autorizou a criação da Companhia Paulista de Parcerias (CPP), sob a forma de sociedade anônima, que pode dar garantias para as obrigações assumidas pelo Estado (arts. 12 e 15, VI e VII, da Lei 11.688/2004).

[81] MELLO, Celso Antônio Bandeira de. *Curso de direito administrativo*. 21. ed. São Paulo: Malheiros, 2006. p. 748-750; DI PIETRO, Maria Sylvia Zanella. *Direito administrativo*. 22. ed. São Paulo: Atlas, 2009. p. 323-324.

**Segunda posição:** o FGP é constitucional. Nesse sentido: Carlos Ari Sundfeld, Alexandre Santos de Aragão, Gustavo Binenbojm e José dos Santos Carvalho Filho.[82]

Sustentamos a compatibilidade do FGP com o texto constitucional pelas seguintes razões:

a) não há violação ao art. 100 da CRFB, que estabelece a regra geral do precatório, pois a referida norma constitucional somente se aplica aos débitos judiciais das pessoas jurídicas de direito público, sendo inaplicável às pessoas de direito privado, como ocorre na instituição do FGP e das entidades com personalidade de direito privado integrantes da Administração Indireta (empresas públicas, sociedades de economia mista e fundações estatais de direito privado);

b) não há violação ao art. 165, § 9.º, II, da CRFB, tendo em vista que a norma constitucional em comento exige lei complementar apenas para fixação das "condições para a instituição e funcionamento de fundos", e não para criação específica de cada fundo, sendo certo que as referidas condições se encontram previstas, basicamente, na Lei 4.320/1964, recepcionada com *status* de lei complementar.

### 11.3.7 Responsabilidade civil nas PPPs

A responsabilidade civil extracontratual das parceiras privadas depende da modalidade e do objeto da PPP. Nas PPPs patrocinadas e nas PPPs administrativas, que envolvem a prestação de serviços públicos, a responsabilidade é objetiva, na forma do art. 37, § 6.º, da CRFB. Por outro lado, nas PPPs administrativas de serviços administrativos a responsabilidade é, em regra, subjetiva (art. 927, *caput*, do Código Civil), sendo inaplicável o art. 37, § 6.º, da CRFB.[83]

### 11.4 AUTORIZAÇÃO DE SERVIÇO PÚBLICO: POLÊMICAS

Há controvérsia acerca da possibilidade de utilização da autorização como modalidade de delegação de serviços públicos, ao lado da concessão e da permissão. A controvérsia se justifica em razão da falta de clareza do texto constitucional que, ao tratar, especificamente, da delegação de serviços públicos, menciona apenas a concessão e a permissão (art. 175 da CRFB), mas, em outros dispositivos, faz referência à autorização, ao lado da concessão e da permissão (art. 21, XI e XII, da CRFB).

**Primeira posição:** autorização pode ser considerada como instrumento de delegação de serviços públicos, em razão da sua previsão expressa no art. 21, XI e XII,

---

[82] Nesse sentido: SUNDFELD, Carlos Ari. Guia jurídico das parcerias público-privadas. *Parcerias público-privadas*. São Paulo: Malheiros, 2005. p. 43-44; ARAGÃO, Alexandre Santos de. *Direito dos serviços públicos*. Rio de Janeiro: Forense, 2007. p. 694-695; BINENBOJM, Gustavo. As parcerias público-privadas (PPPs e a Constituição). *Revista de Direito da Associação dos Procuradores do Novo Estado do Rio de Janeiro*, Rio de Janeiro: Lumen Juris, v. XVII, p. 104, 2006; CARVALHO FILHO, José dos Santos. *Manual de direito administrativo*. 22. ed. Rio de Janeiro: Lumen Juris, 2009. p. 416-417.

[83] Sobre o tema, vide: OLIVEIRA, Rafael Carvalho Rezende. *Administração Pública, concessões e terceiro setor*. 2. ed. Rio de Janeiro: Lumen Juris, 2011. p. 293.

da CRFB. Ao contrário da concessão e permissão, a autorização de serviços públicos é considerada como ato administrativo precário e discricionário, editado no interesse preponderante do autorizatário, sendo desnecessária a licitação. Nesse sentido: Hely Lopes Meirelles, Diogo de Figueiredo Moreira Neto, Maria Sylvia Zanella Di Pietro e Marcos Juruena Villela Souto.[84]

**Segunda posição:** a delegação de serviços públicos deve ser formalizada por concessão ou permissão, na forma do art. 175 da CRFB, sendo certo que a autorização representa manifestação do poder de polícia do Estado. Nesse sentido: Marçal Justen Filho, José dos Santos Carvalho Filho, Alexandre Santos de Aragão e Celso Antônio Bandeira de Mello.[85]

Em nossa opinião, a autorização, em princípio, não representa instrumento hábil para delegação de serviços públicos, em razão dos seguintes argumentos: a) os instrumentos específicos de delegação de serviços públicos são a concessão e a permissão, mencionadas especificamente no art. 175 da CRFB; b) o art. 21, XI e XII, da CRFB elenca serviços públicos, sujeitos à concessão e à permissão, e serviços privados de interesse coletivo, prestados no interesse predominante do prestador, sujeitos à autorização; c) é inconcebível a afirmação de que determinado serviço público seja prestado no interesse primordial do próprio prestador, pois a noção de serviço público pressupõe benefícios para coletividade; e d) a autorização para prestação de atividades privadas de interesse coletivo possui natureza jurídica de consentimento de polícia por se tratar de condicionamento ao exercício da atividade econômica (art. 170, parágrafo único, da CRFB).

Assim, por exemplo, a autorização para exploração de energia prevista no art. 7.º da Lei 9.074/1995 seria considerada delegação de serviço público para o primeiro entendimento doutrinário e consentimento de polícia para a segunda corrente, tendo em vista a sua destinação exclusiva ao autorizatário (autoprodutor).[86]

Excepcionalmente, contudo, seria possível, nas hipóteses indicadas pelo art. 21, XI e XII, da CRFB, a utilização da autorização para prestação de serviços públicos federais, desde que a sua implementação seja realizada por meio de processos simplificados de seleção, que respeitem a isonomia e a transparência, ou por meio de previsão de autori-

---

[84] MEIRELLES, Hely Lopes. *Direito administrativo brasileiro*. 22. ed. São Paulo: Malheiros, 1997. p. 357-358; MOREIRA NETO, Diogo de Figueiredo. *Curso de direito administrativo*. 14. ed. Rio de Janeiro: Forense, 2006. p. 274-275; DI PIETRO, Maria Sylvia Zanella. *Parcerias na Administração Pública*: concessão, permissão, franquia, terceirização, parceria público-privada e outras formas. 5. ed. São Paulo: Atlas, 2005. p. 150-153; SOUTO, Marcos Juruena Villela. *Direito das concessões*. 5. ed. Rio de Janeiro: Lumen Juris, 2004. p. 31-32.

[85] JUSTEN FILHO, Marçal. *Curso de direito administrativo*. São Paulo: Saraiva, 2006. p. 562-563; CARVALHO FILHO, José dos Santos. *Manual de direito administrativo*. 18. ed. Rio de Janeiro: Lumen Juris, 2007. p. 392-394; ARAGÃO, Alexandre Santos de. *Direito dos serviços públicos*. Rio de Janeiro: Forense, 2007. p. 224-237 e 724-730; MELLO, Celso Antônio Bandeira de. *Curso de direito administrativo*. 21. ed. São Paulo: Malheiros, 2006. p. 661. É importante ressaltar que o professor Celso Antônio admite, excepcionalmente, a autorização de serviços públicos para hipóteses emergenciais até a adoção definitiva das medidas necessárias à consumação da concessão e da permissão.

[86] Lei 9.074/1995: "Art. 7.º São objeto de autorização: I – a implantação de usinas termoelétricas de potência superior a 5.000 kW (cinco mil quilowatts) destinadas a uso exclusivo do autoprodutor e a produção independente de energia; II – o aproveitamento de potenciais hidráulicos de potência superior a 5.000 kW (cinco mil quilowatts) e igual ou inferior a 50.000 kW (cinquenta mil quilowatts) destinados a uso exclusivo do autoprodutor e a produção independente de energia".

zações vinculadas para todos os interessados que preencherem os requisitos previamente fixados em ato normativo.

Nesse sentido, o STF admitiu a autorização de serviço público para prestação de transporte rodoviário interestadual e internacional de passageiros, desvinculado da exploração da infraestrutura, em razão da inexistência de restrições à oferta que justifiquem a oposição de barreiras à entrada de concorrentes no setor, além da universalização do serviço decorrente da abertura do mercado para novos entrantes.[87]

## 11.5 RESUMO DO CAPÍTULO

### CONCESSÃO E PERMISSÃO DE SERVIÇOS PÚBLICOS

| Modalidades de concessão de serviço público |
|---|
| As concessões de serviços públicos, em síntese, podem ser divididas da seguinte forma:<br>a) **concessão comum:** a.1) concessão de serviços públicos propriamente dita; e a.2) concessão de serviços públicos precedida de obra pública;<br>b) **concessão especial** (Parceria Público-Privada): b.1) PPP patrocinada; e b.2) PPP administrativa de serviços públicos. |

| Concessão comum de serviços públicos | |
|---|---|
| Conceito | Contrato administrativo por meio do qual o Poder Público (Poder Concedente) delega a execução de serviços públicos a terceiros. |
| Fontes normativas | a) fontes constitucionais: art. 21, XI e XII, da CRFB; art. 175 da CRFB etc.;<br>b) fontes infraconstitucionais: Leis 8.987/1995, 9.074/1995 etc. |
| Autorização legislativa | Entendemos que a exigência de autorização legislativa específica para delegação do serviço público é inconstitucional. O entendimento, porém, não é pacífico. |
| Concessão × permissão | Distinções formais a partir da interpretação literal das definições legais contidas no art. 2.º, II e IV, da Lei 8.987/1995: a) delegatário: na concessão, o concessionário deve ser pessoa jurídica ou consórcio de empresas, ao passo que, na permissão, o permissionário é pessoa física ou jurídica; b) modalidade de licitação: concorrência ou diálogo competitivo para a concessão e qualquer modalidade de licitação para a permissão, desde que seja compatível com a delegação de serviços. Parcela da doutrina aponta, ainda, outra diferença: ao contrário da concessão, a permissão seria precária.<br>Entendemos que não existem diferenças substanciais entre a concessão e a permissão de serviços públicos, especialmente pelas características comuns desses institutos jurídicos: a) são formalizados por contratos administrativos; b) servem para o mesmo fim: delegação de serviços públicos; e c) submetem-se ao mesmo regime jurídico (o art. 40, parágrafo único, da Lei 8.987/1995 prevê a aplicação das normas, que tratam das concessões, às permissões). |

---

[87] Tribunal Pleno, ADI 5.549/DF, Rel. Min. Luiz Fux, *DJe* 01.06.2023, *Informativo de Jurisprudência do STF* n. 1.089.

| Concessão comum de serviços públicos ||
|---|---|
| Remuneração | Por meio de tarifas. Também é possível a instituição de "receitas alternativas", que deverão constar do edital e do contrato de concessão. Possibilidade de vantagens e subsídios estatais, desde que previstos no edital e no contrato de concessão. |
| Licitação | a) **Modalidades:** concorrência ou diálogo competitivo. É possível, todavia, a utilização de outras modalidades de licitação, quando autorizadas por lei específica;<br>b) **Tipos de licitação:** são os previstos no art. 15 da Lei 8.987/1995;<br>c) **Contratação direta (dispensa e inexigibilidade):** casos excepcionais. |
| Interrupção do serviço público por inadimplemento do usuário | Prevalece a tese que admite, em regra, a suspensão do serviço público, pois, a partir do critério da especialidade, a Lei 8.987/1995 (art. 6.º, § 3.º, II) deve ser considerada norma especial em relação ao CDC (art. 22). |
| Gratuidade do serviço público e o contrato de concessão | Admite-se que a lei estabeleça hipóteses de gratuidade para fruição do serviço público por determinada categoria de usuários, mormente em razão da necessidade de efetivação do princípio da dignidade da pessoa humana e de outros direitos fundamentais. |
| Extinção da concessão | a) advento do termo contratual;<br>b) encampação;<br>c) caducidade;<br>d) rescisão;<br>e) anulação;<br>f) falência ou extinção da empresa concessionária;<br>g) distrato (extinção por ato bilateral e consensual), desaparecimento do objeto e força maior. |
| Reversão dos bens | É a transferência ao poder concedente dos bens do concessionário, afetados ao serviço público e necessários à sua continuidade, ao término do contrato de concessão (arts. 35 e 36 da Lei 8.987/1995). |
| Responsabilidade civil | É objetiva. |

| Contrato de concessão comum: peculiaridades ||
|---|---|
| Cláusulas essenciais | Vide art. 23 da Lei 8.987/1995. |
| Prazo | Prazo determinado. Não há prazo mínimo. |
| Prorrogação | Trata-se de medida excepcional. A prorrogação deve estar prevista no edital e na minuta do contrato (art. 23, XII, da Lei 8.987/1995), ressalvadas as hipóteses de prorrogação como instrumento de recomposição do equilíbrio econômico-financeiro do contrato. |
| Subcontratação | Admite-se a contratação (ou subcontratação) com terceiros de atividades inerentes, acessórias ou complementares ao serviço concedido, bem como a implementação de projetos associados ao serviço público, hipóteses em que a concessionária mantém a responsabilidade exclusiva pela correta prestação do serviço público. |

| Contrato de concessão comum: peculiaridades ||
|---|---|
| Subconcessão | É admitida, desde que haja previsão dessa possibilidade no contrato de concessão; seja autorizada pelo poder concedente; seja realizada licitação, sob a modalidade concorrência. |
| Transferência da concessão | É possível, após a anuência do poder concedente, sob pena de caducidade da concessão (art. 27 da Lei 8.987/1995). |
| Transferência do controle acionário | Acarreta uma alteração do quadro societário, mas a pessoa jurídica permanece a mesma, não havendo, tecnicamente, alteração subjetiva no contrato. |
| Encargos do Poder Concedente e da Concessionária | Poder Concedente: dever de fiscalizar permanentemente o fiel cumprimento das cláusulas contratuais e da legislação pelo concessionário; aplicar sanções à concessionária, intervir na concessão ou extingui-la, conforme o caso; etc. Concessionária: dever de prestar serviço adequado; cumprir as normas do serviço e as cláusulas contratuais da concessão; etc. |
| Direitos dos usuários | Recebimento do serviço público adequado; obtenção de informações do poder concedente e da concessionária para a defesa de interesses individuais ou coletivos; utilização do serviço, com liberdade de escolha entre vários prestadores de serviços. |
| Deveres dos usuários | Levar ao conhecimento do poder público e da concessionária as irregularidades de que tenham conhecimento, referentes ao serviço prestado; comunicar às autoridades competentes os atos ilícitos praticados pela concessionária na prestação do serviço; contribuir para a permanência das boas condições dos bens públicos pelos quais lhes são prestados os serviços. |

| Concessão especial de serviços públicos (PPPs) ||
|---|---|
| Conceito | **Sentido amplo:** PPP é todo e qualquer ajuste firmado entre o Estado e o particular para consecução do interesse público (concessões, permissões, convênios, terceirizações, contratos de gestão, termos de parceria etc.). **Sentido restrito:** PPP refere-se exclusivamente às parcerias público-privadas previstas na Lei 11.079/2004, sob a modalidade patrocinada ou administrativa. |
| PPP patrocinada | **Remuneração:** tarifa e orçamento (além das contraprestações indicadas no art. 6.º da Lei 11.079/2004). **Objeto:** serviços públicos, sendo que o usuário direto é o particular e o indireto, a Administração Pública. |
| PPP administrativa | **Remuneração:** orçamento ou outras modalidades de contraprestação estatal indicadas no art. 6.º da Lei 11.079/2004. **Objeto:** serviços públicos ou administrativos: enquanto nos serviços públicos o usuário direto é o particular e o indireto a Administração Pública, nos serviços administrativos, o usuário direto é a Administração Pública e o indireto é o particular. |

| | Concessão especial de serviços públicos (PPPs) |
|---|---|
| Licitação | – As minutas do edital e do contrato submetem-se à consulta pública;<br>– Há necessidade de autorização legislativa em determinados casos;<br>– É necessário cumprir as exigências do art. 10 da Lei 11.079/2004;<br>– Procedimento de Manifestação de Interesse (PMI);<br>– Possibilidade de participação, direta ou indireta, dos autores ou responsáveis pelos projetos, básico ou executivo, nas licitações e execução das obras ou serviços (art. 3.º da Lei 11.079/2004 e art. 31 da Lei 9.074/1995);<br>– A modalidade de licitação exigida é a concorrência ou o diálogo competitivo;<br>– Além dos critérios previstos nos incisos I e V do art. 15 da Lei 8.987/1995, o art. 12, II, da Lei 11.079/2004 acrescenta duas outras possibilidades:<br>a) menor valor da contraprestação a ser paga pela Administração Pública;<br>b) melhor proposta em razão da combinação do critério da alínea "a" com o de melhor técnica, de acordo com os pesos estabelecidos no edital.<br>– Admite-se o saneamento de falhas de documentação no curso do procedimento nos prazos fixados no edital;<br>– O contrato de PPP deve ser formalizado pelo parceiro público com uma Sociedade de Propósito Específico (SPE);<br>– Deve-se levar em consideração as garantias de cumprimento das obrigações assumidas pela Administração nos contratos de PPPs, enumeradas no art. 8.º da Lei 11.079/2004. |
| Responsabilidade civil | Depende da modalidade e do objeto da PPP:<br>– PPPs patrocinadas e administrativas, que envolvem a prestação de serviços públicos: responsabilidade objetiva;<br>– PPPs administrativas de serviços administrativos: em regra, subjetiva. |

# CAPÍTULO 12

# TERCEIRO SETOR

## 12.1 CONCEITO E FUNDAMENTOS DO TERCEIRO SETOR

A expressão "Terceiro Setor" refere-se às entidades da sociedade civil sem fins lucrativos, que desempenham atividades de interesse social mediante vínculo formal de parceria com o Estado.

O surgimento do Terceiro Setor pode ser justificado a partir de três fundamentos:

a) passagem da Administração Pública imperativa para a Administração Pública consensual: incremento das parcerias entre o Estado e a sociedade civil;

b) princípio da subsidiariedade (Estado Subsidiário): primazia do indivíduo e da sociedade civil no desempenho de atividades sociais, restringindo-se a atuação direta do Estado aos casos excepcionais; e

c) fomento: o Poder Público deve incentivar o exercício de atividades sociais pelos indivíduos (ex.: subvenções).[1]

As entidades do Terceiro Setor não recebem apenas recursos oriundos do Poder Público. Ao lado dos recursos oriundos da remuneração dos serviços prestados, as referidas entidades podem receber doações de terceiros.

No tocante à obtenção de recursos por entidades privadas sem fins lucrativos, importante avanço ocorreu com a viabilização da institucionalização dos denominados fundos

---

[1] O fomento, na realidade, pode ser inserido no próprio princípio da subsidiariedade que possui dois sentidos: sentido negativo: limita a atuação estatal que deve respeitar as competências e as responsabilidades naturais dos indivíduos; e b) sentido positivo: o Estado deve ajudar a sociedade na satisfação de interesses coletivos (TORRES, Silvia Faber. *O princípio da subsidiariedade no direito público contemporâneo*. Rio de Janeiro: Renovar, 2001. p. 18). Vide também: BARACHO, José Alfredo de Oliveira. *O princípio da subsidiariedade*. Conceito e evolução. Rio de Janeiro: Forense, 1996. p. 50.

patrimoniais ("fundos filantrópicos") pela Lei 13.800/2019, que possuem o objetivo de arrecadar, gerir e destinar doações de pessoas físicas e jurídicas privadas para programas, projetos e demais finalidades de interesse público. Registre-se que os fundos filantrópicos são largamente utilizados nos Estado Unidos (*endowment*) e em outros países, sendo certo que a normatização brasileira possui peculiaridades em relação às experiências estrangeiras.

Os fundos patrimoniais constituídos poderão apoiar instituições relacionadas à educação, à ciência, à tecnologia, à pesquisa e à inovação, à cultura, à saúde, ao meio ambiente, à assistência social, ao desporto, à segurança pública, aos direitos humanos e a demais finalidades de interesse público (art. 1.º da Lei 13.800/2019).

As entidades apoiadas são instituições públicas ou privadas sem fins lucrativos dedicados à consecução de finalidades de interesse público e beneficiários de programas, projetos ou atividades financiados com recursos de fundo patrimonial (art. 2.º, I, da Lei 13.800/2019).

A organização gestora de fundo patrimonial será uma instituição privada sem fins lucrativos instituída na forma de associação ou de fundação privada com o intuito de atuar exclusivamente para um fundo na captação e na gestão das doações oriundas de pessoas físicas e jurídicas e do patrimônio constituído (art. 2.º, II, da Lei 13.800/2019).

As organizações executoras, por sua vez, são instituições sem fins lucrativos ou organizações internacionais reconhecidas e representadas no País, que atuam em parceria com instituições apoiadas e que são responsáveis pela execução dos programas, dos projetos e de demais finalidades de interesse público (art. 2.º, III, da Lei 13.800/2019).

O fundo patrimonial, formado a partir das receitas indicadas no art. 13, constitui fonte de recursos de longo prazo para o fomento das instituições apoiadas e para a promoção de causas de interesse público, por meio de instrumentos de parceria e de execução de programas, projetos e demais finalidades de interesse público (art. 3.º da Lei 13.800/2019).

A instituição apoiada firmará instrumento de parceria com a organização gestora de fundo patrimonial e, no caso de instituição pública apoiada, serão firmados também termos de execução de programas, projetos e demais finalidades de interesse público (art. 18 da Lei 13.800/2019).

O instrumento de parceria deve dispor sobre (art. 19, § 1.º, da Lei 13.800/2019): a) a qualificação das partes; b) as regras gerais para a celebração de termo de execução de programas, projetos e demais finalidades de interesse público entre as partes, tais como a condição para a transferência de recursos para programas, projetos e atividades de interesse da instituição apoiada; c) o objeto específico da parceria; e d) os direitos da organização gestora de fundo patrimonial, tais como o direito de usar o nome da instituição apoiada nas ações destinadas à arrecadação de doações.

De acordo com o art. 31 da Lei 13.800/2019, as disposições das Leis n.º 8.666/1993, 13.019/2014 e 9.790/1999, não se aplicam aos instrumentos de parceria e aos termos de execução de programas, projetos e demais finalidades de interesse público.

## 12.2 CARACTERÍSTICAS DO TERCEIRO SETOR

As entidades que integram o Terceiro Setor não representam novidades intrínsecas do ponto de vista organizacional. São entidades privadas que assumem formas organizacionais conhecidas há bastante tempo e compatíveis com a ausência do escopo do lucro: fundações privadas ou associações civis. O que existe de novidade, destarte, é a qualificação jurídica que será atribuída a tais entidades.

O Terceiro Setor está localizado entre o Estado e o mercado, englobando as entidades "públicas não estatais".[2] As polêmicas em relação ao regime jurídico do Terceiro Setor são justificadas pelo caráter híbrido das respectivas entidades que são "públicas", por executarem atividades sociais e receberem benefícios públicos, mas "não estatais", pois não integram formalmente a Administração Pública.

Ao lado das técnicas tradicionais de organização administrativa, em que o Estado desconcentrava e descentralizava atividades administrativas, por meio de lei ou de negócios jurídicos, hoje existem novas formas de instrumentalização de parcerias com a iniciativa privada para a consecução do interesse público. No caso do Terceiro Setor, as entidades públicas não estatais ("entidades de colaboração"), depois de reconhecidas pelo Estado (ato de reconhecimento), normalmente pela concessão de qualificações diferenciadas (ex.: organizações sociais, organizações da sociedade civil de interesse público etc.), formalizam acordos administrativos para o alcance de metas sociais, incentivadas por ajudas públicas (fomento).

A parceria com o Estado influencia no regime jurídico aplicável ao Terceiro Setor, fazendo incidir, quando expressamente previsto no ordenamento, normas de caráter público.[3]

As entidades do Terceiro Setor possuem as seguintes características:

a) são criadas pela iniciativa privada;
b) não possuem finalidade lucrativa;
c) não integram a Administração Pública Indireta;
d) prestam atividades privadas de relevância social;
e) possuem vínculo legal ou negocial com o Estado;
f) recebem benefícios públicos.

## 12.3 ENTIDADES OU QUALIFICAÇÕES JURÍDICAS NO TERCEIRO SETOR

O Estado, com o intuito de valorizar a sociedade civil, sem fins lucrativos, tem criado qualificações jurídicas de modo a viabilizar o reconhecimento de benefícios públicos e a

---

[2] As quatro esferas ou formas de propriedades relevantes no capitalismo contemporâneo são: a) a propriedade pública estatal (detém o poder de Estado e/ou é subordinada ao aparato do Estado); b) a pública não estatal (sem fins lucrativos e utilizada para o interesse público); c) a corporativa (também não possuem fins lucrativos, mas são voltadas para a defesa dos interesses de um grupo ou corporação); e d) privada (orientada para o lucro ou o consumo privado). PEREIRA, Luiz Carlos Bresser; GRAU, Nuria Cunill. Entre o Estado e o mercado: o público não estatal. *O público não estatal na reforma do Estado*. Rio de Janeiro: FGV, 1999. p. 15-48.

[3] Na lição de Paulo Modesto, "as entidades de colaboração não são delegadas do Estado e não gozam de prerrogativas de direito público, processuais ou materiais. Não editam atos administrativos nem estão sujeitas ao processo administrativo para decidir. São entidades privadas, não estatais, que colaboram com o Estado, mas não se equiparam a ele ou a qualquer órgão do Poder Público" (MODESTO, Paulo. O direito administrativo do terceiro setor: a aplicação do direito público às entidades privadas sem fins lucrativos. *Terceiro setor e parcerias na área de saúde*. Belo Horizonte: Fórum, 2011. p. 32).

formalização de parcerias para consecução de objetivos sociais. Dessa forma, cada ente federado, no âmbito de sua autonomia político-administrativa, possui liberdade para criar qualificações jurídicas diversas, não havendo um rol exaustivo e definitivo para tais qualificações.

Não obstante a variedade de nomenclaturas e de fontes normativas, merecem destaque as seguintes qualificações jurídicas: os "Serviços Sociais Autônomos" (Sistema "S"), as "Organizações Sociais" ("OS"), as "Organizações da Sociedade Civil de Interesse Público" ("OSCIP"), as fundações de apoio e as "Organizações da Sociedade Civil" ("OSC"). As variações de nomenclaturas também podem ser observadas nos instrumentos jurídicos de parceria, destacando-se as seguintes nomenclaturas: a) OS: contrato de gestão; b) OSCIP: termo de parceria; c) OSC: termo de colaboração, termo de fomento e acordo de cooperação; etc.[4]

Saliente-se que a Lei 9.637/1998 ("Organizações Sociais") e a Lei 9.790/1999 ("Organizações da Sociedade Civil de Interesse Público") são consideradas leis federais, aplicáveis somente à União, mas nada impede que Estados, DF e municípios instituam, por suas respectivas leis, as qualificações de "OS" e "OSCIP".[5]

Lembre-se de que outras qualificações poderiam ser citadas, tais como as fundações de apoio e as entidades beneficentes de assistência social, mencionadas na Lei 8.742/1993.

### 12.3.1 Serviços Sociais Autônomos (Sistema S)

Os Serviços Sociais Autônomos são criados por Confederações privadas (Confederação Nacional do Comércio – CNC – e da Indústria – CNI), após autorização legal, para exercerem atividade de amparo a determinadas categorias profissionais, recebendo contribuições sociais, cobradas compulsoriamente da iniciativa privada, na forma do art. 240 da CRFB. Ex.: Serviço Social da Indústria (SESI), Serviço Social do Comercio (SESC), Serviço Nacional de Aprendizagem Industrial (SENAI), Serviço Nacional de Aprendizagem Comercial (SENAC).[6]

As contribuições sociais destinadas aos Serviços Sociais Autônomos são instituídas pela União (art. 149 da CRFB) que exerce a fiscalização sobre tais entidades.[7] Isso não

---

[4] O rol de instrumentos é exemplificativo e não afasta outros instrumentos previstos na legislação específica. Assim, por exemplo, no âmbito do fomento à cultura, o art. 4º da Lei 14.903/2024 (Marco regulatório do fomento à cultura) prevê regras próprias de chamamento público e os seguintes instrumentos de parceria: a) com repasse de recursos pela administração pública: a.1) termo de execução cultural; a.2) termo de premiação cultural; a.3) termo de bolsa cultural; b) sem repasse de recursos pela administração pública: b.1) termo de ocupação cultural; e b.2) termo de cooperação cultural.

[5] Nesse sentido: DI PIETRO, Maria Sylvia Zanella. *Direito administrativo*. 20. ed. São Paulo: Atlas, 2007. p. 465. No Estado do Rio de Janeiro, as Organizações Sociais e as Organizações da Sociedade Civil de Interesse Público são tratadas, respectivamente, na Lei 5.498/2009 e na Lei 5.501/2009. No Município do Rio de Janeiro, a Lei 5.026/2009 dispõe sobre a qualificação de entidades como Organizações Sociais.

[6] Mencionem-se, por exemplo, alguns diplomas normativos que autorizaram a instituição de Serviços Sociais Autônomos: Decreto-lei 4.048/1942 (SENAI), Decreto-lei 9.403/1946 (SESI), Decreto-lei 8.621/1946 (SENAC) e Decreto-lei 9.853/1946 (SESC).

[7] O Decreto-lei 200/1967, em seu art. 183, estabelece: "As entidades e organizações em geral, dotadas de personalidade jurídica de direito privado, que recebem contribuições parafiscais e prestam serviços de interesse público

impede a constituição de Serviços Sociais nos Estados, DF e municípios, que seriam custeados de outras formas.[8]

Em razão dos recursos públicos recebidos, os Serviços Sociais Autônomos são diretamente responsáveis por fornecer as informações referentes à parcela dos recursos provenientes das contribuições e dos demais recursos públicos recebidos, inclusive por meio de divulgação, independentemente de requerimento, das informações de interesse coletivo ou geral por elas produzidas ou custodiadas em local de fácil visualização em sítios oficiais na Internet.[9]

A exigência de autorização legal para a criação dos Serviços Sociais Autônomos decorre da necessidade de lei impositiva das contribuições sociais, espécie tributária, e da sua respectiva destinação. Em outras palavras: não se trata da autorização legislativa prevista no art. 37, XIX, da CRFB, mas, sim, da necessidade de lei (princípio da legalidade) para criação de tributos e para o seu repasse às mencionadas pessoas privadas, tendo em vista o disposto no art. 240 da CRFB.

Registre-se que os Serviços Sociais Autônomos, por constituírem pessoas jurídicas privadas, não se submetem ao regime do precatório em relação ao pagamento de seus débitos oriundos de sentença judicial, conforme já decidiu o STF.[10]

### 12.3.2 Organizações Sociais (OS)

As Organizações Sociais são entidades privadas, qualificadas na forma da Lei Federal 9.637/1998, que celebram "contrato de gestão" com o Estado para cumprimento de metas de desempenho e recebimento de benefícios públicos (ex.: recursos orçamentários, permissão de uso de bens públicos, cessão especial de servidores públicos).[11] Em âmbito federal, o Decreto 9.190/2017 dispõe sobre o Programa Nacional de Publicização – PNP.[12]

---

ou social, estão sujeitas à fiscalização do Estado nos termos e condições estabelecidas na legislação pertinente a cada uma". O SESI, SENAI, SESC e SENAC, por exemplo, vinculam-se ao Ministério do Trabalho, por força do Decreto 74.296/1974.

[8] Nesse sentido: MOREIRA NETO, Diogo de Figueiredo. *Curso de direito administrativo*. 14. ed. Rio de Janeiro: Forense, 2006. p. 267.

[9] Sobre o tema, vide: arts. 64, 64-A, 64-B e 64-C do Decreto 7.724/2012, alterado pelo Decreto 9.781/2019, que regulamenta a Lei de Acesso à Informação.

[10] STF, 2.ª Turma, AI-RG 349.477/PR, Rel. Min. Celso de Mello, *DJU* 28.02.2003.

[11] O STF julgou parcialmente procedente a ADI 1923/DF, para conferir interpretação conforme à Constituição para que, observando os princípios do *caput* do art. 37 da CRFB: (i) o procedimento de qualificação seja conduzido de forma pública, objetiva e impessoal; (ii) a celebração do contrato de gestão seja conduzida de forma pública, objetiva e impessoal; (iii) as hipóteses de dispensa de licitação para contratações (Lei 8.666/1993, art. 24, XXIV) e outorga de permissão de uso de bem público (Lei 9.637/1998, art. 12, § 3.º) sejam conduzidas de forma pública, objetiva e impessoal; (iv) os contratos a serem celebrados pela Organização Social com terceiros, com recursos públicos, sejam conduzidos de forma pública, objetiva e impessoal, e nos termos do regulamento próprio a ser editado por cada entidade; (v) a seleção de pessoal pelas Organizações Sociais seja conduzida de forma pública, objetiva e impessoal, e nos termos do regulamento próprio a ser editado por cada entidade; e (vi) para afastar qualquer interpretação que restrinja o controle, pelo Ministério Público e pelo TCU, da aplicação de verbas públicas. ADI 1923/DF, Rel. Min. Luiz Fux, Tribunal Pleno, *DJe* 17.12.2015, *Informativo de Jurisprudência do STF* n. 781.

[12] O referido Decreto dispõe sobre as diretrizes para qualificação de OS; a decisão de publicização; as regras para seleção da entidade; a publicação do ato de qualificação; a celebração, execução e avaliação do contrato de gestão; orçamento; e o processo de desqualificação.

Conforme autorizado pelo art. 1.º da Lei 9.637/1998, o Poder Executivo poderá qualificar como organizações sociais pessoas jurídicas de direito privado, sem fins lucrativos, cujas atividades sejam dirigidas ao ensino, à pesquisa científica, ao desenvolvimento tecnológico, à proteção e preservação do meio ambiente, à cultura e à saúde, cumpridas, ainda, as exigências específicas elencadas no art. 2.º da referida Lei.

A elaboração do contrato de gestão deverá observar os princípios da Administração Pública (legalidade, impessoalidade, moralidade, publicidade, economicidade etc.) e, ainda, os seguintes preceitos (art. 7.º da Lei 9.637/1998):

a) especificação do programa de trabalho proposto pela organização social, a estipulação das metas a serem atingidas e os respectivos prazos de execução, bem como previsão expressa dos critérios objetivos de avaliação de desempenho a serem utilizados, mediante indicadores de qualidade e produtividade;

b) a estipulação dos limites e critérios para despesa com remuneração e vantagens de qualquer natureza a serem percebidas pelos dirigentes e empregados das organizações sociais, no exercício de suas funções.[13]

O contrato de gestão será fiscalizado pelo órgão ou entidade supervisora da área de atuação correspondente à atividade fomentada e pelo Tribunal de Contas (arts. 8.º e 9.º da Lei 9.637/1998).

As organizações sociais, consideradas entidades de interesse social e utilidade pública, para todos os efeitos legais, poderão receber recursos orçamentários e bens públicos necessários ao cumprimento do contrato de gestão (arts. 11 e 12 da Lei 9.637/1998). É dispensada a licitação para cessão de bens públicos às organizações sociais, que será formalizada por meio de cláusula de permissão de uso no contrato de gestão (art. 12, § 3.º).

Admite-se, ainda, a cessão especial de servidor público para as organizações sociais, com ônus para a origem (art. 14 da Lei 9.637/1998).

A OS publicará, no prazo máximo de noventa dias contado da assinatura do contrato de gestão, regulamento próprio contendo os procedimentos que adotará para a contratação de obras e serviços, bem como para compras com emprego de recursos provenientes do Poder Público (art. 17 da Lei 9.637/1998).

Em razão do descumprimento do contrato de gestão, o Poder Executivo poderá desqualificar a entidade como OS (art. 16 da Lei 9.637/1998). Nesse caso, a desqualificação será precedida de processo administrativo, assegurado o direito de ampla defesa, respondendo os dirigentes da OS, individual e solidariamente, pelos danos ou prejuízos decorrentes de sua ação ou omissão, com a reversão dos bens e dos valores repassados à OS, sem prejuízo de outras sanções cabíveis (art. 16, §§ 1.º e 2.º).

### 12.3.3 Organizações da Sociedade Civil de Interesse Público (OSCIPs)

A qualificação "Organização da Sociedade Civil de Interesse Público" ("OSCIP"), na forma do art. 1.º da Lei Federal 9.790/1999, alterada pela Lei 13.019/2014, será conferida

---

[13] O contrato de gestão celebrado pelas Organizações Sociais não se confunde com aquele formalizado por agências executivas. Sobre a distinção, vide Capítulo 5, item 5.5.

às entidades privadas, constituídas e em regular funcionamento há, no mínimo, três anos, que não exercerem atividades lucrativas e desempenharem as atividades especialmente citadas pela Lei. A outorga qualificação de OSCIP é ato vinculado (art. 1.º, § 2.º)

As entidades interessadas na qualificação de OSCIP devem atender a um dos seguintes objetivos sociais (art. 3.º da Lei 9.790/1999, alterado pela Lei 13.204/2015): assistência social; cultura, defesa e conservação do patrimônio histórico e artístico; promoção gratuita da educação de forma complementar; promoção gratuita da saúde de forma complementar; segurança alimentar e nutricional; defesa, preservação e conservação do meio ambiente e promoção do desenvolvimento sustentável; voluntariado; desenvolvimento econômico e social e combate à pobreza; experimentação, não lucrativa, de novos modelos socioprodutivos e de sistemas alternativos de produção, comércio, emprego e crédito; promoção de direitos estabelecidos, construção de novos direitos e assessoria jurídica gratuita de interesse suplementar; promoção da ética, da paz, da cidadania, dos direitos humanos, da democracia e de outros valores universais; estudos e pesquisas, desenvolvimento de tecnologias alternativas, produção e divulgação de informações e conhecimentos técnicos e científicos que digam respeito às atividades mencionadas neste artigo; estudos e pesquisas para o desenvolvimento, a disponibilização e a implementação de tecnologias voltadas à mobilidade de pessoas, por qualquer meio de transporte. Além das referidas finalidades, as entidades interessadas na obtenção do rótulo de OSCIP deverão cumprir os requisitos elencados no art. 4.º da Lei.

É vedada a concessão da qualificação de OSCIP às seguintes entidades (art. 2.º da Lei 9.790/1999): sociedades comerciais; sindicatos, associações de classe ou de representação de categoria profissional; instituições religiosas ou voltadas para a disseminação de credos, cultos, práticas e visões devocionais e confessionais; organizações partidárias e assemelhadas, inclusive suas fundações; entidades de benefício mútuo destinadas a proporcionar bens ou serviços a um círculo restrito de associados ou sócios; entidades e empresas que comercializam planos de saúde e assemelhados; instituições hospitalares privadas não gratuitas e suas mantenedoras; escolas privadas dedicadas ao ensino formal não gratuito e suas mantenedoras; organizações sociais;[14] cooperativas; fundações públicas; fundações, sociedades civis ou associações de direito privado criadas por órgão público ou por fundações públicas; organizações creditícias que tenham qualquer tipo de vinculação com o sistema financeiro nacional a que se refere o art. 192 da Constituição Federal.

A pessoa jurídica de direito privado sem fins lucrativos, interessada em obter a qualificação de OSCIP, deverá formular requerimento escrito ao Ministério da Justiça art. 5.º, da Lei 9.790/1999).

Uma vez qualificadas, tais entidades poderão firmar "termo de parceria" com o Poder Público, que estabelecerá programas de trabalho (metas de desempenho), e estarão aptas a receber recursos orçamentários do Estado (art. 10). A celebração do Termo

---

[14] De acordo com o Enunciado 9 da I Jornada de Direito Administrativo realizada pelo Centro de Estudos Judiciários do Conselho da Justiça Federal (CEJ/CJF): "Em respeito ao princípio da autonomia federativa (art. 18 da CF), a vedação ao acúmulo dos títulos de OSCIP e OS prevista no art. 2.º, inc. IX, c/c art. 18, §§ 1.º e 2.º, da Lei n. 9.790/1999 apenas se refere à esfera federal, não abrangendo a qualificação como OS nos Estados, no Distrito Federal e nos Municípios."

de Parceria será precedida de consulta aos Conselhos de Políticas Públicas das áreas correspondentes de atuação existentes, nos respectivos níveis de governo (art. 10, § 1.º, da Lei 9.790/1999).[15]

São cláusulas essenciais do Termo de Parceria (art. 10, § 2.º, da Lei 9.790/1999):

a) objeto do ajuste: programa de trabalho proposto pela OSCIP (inciso I);

b) estipulação de metas e dos resultados a serem atingidos e os respectivos prazos de execução ou cronograma (inciso II);

c) critérios objetivos para avaliação de desempenho (inciso III);

d) previsão das receitas e despesas a serem realizadas em seu cumprimento, estipulando item por item as categorias contábeis usadas pela organização e o detalhamento das remunerações e benefícios de pessoal a serem pagos, com recursos oriundos ou vinculados ao Termo de Parceria, a seus diretores, empregados e consultores (inciso IV);

e) prestação de contas periódicas (inciso V); e

f) publicação, na imprensa oficial do Município, do Estado ou da União, conforme o alcance das atividades celebradas entre o órgão parceiro e a Organização da Sociedade Civil de Interesse Público, de extrato do Termo de Parceria e de demonstrativo da sua execução física e financeira, sob pena de não liberação dos recursos previstos no Termo de Parceria.

O Termo de Parceria será fiscalizado pelo órgão ou entidade supervisora da área de atuação correspondente à atividade fomentada, bem como pelos Conselhos de Políticas Públicas das áreas correspondentes de atuação existentes, em cada nível de governo, e pelo Tribunal de Contas. Deverá ser criada, por comum acordo entre o órgão parceiro e a OSCIP, comissão de avaliação, com atribuição para analisar os resultados atingidos com a execução do Termo de Parceria, que deverá enviar à autoridade competente relatório conclusivo sobre a avaliação procedida (art. 11, *caput*, §§ 1.º e 2.º, e art. 12 da Lei 9.790/1999).

A OSCIP publicará, no prazo máximo de trinta dias, contado da assinatura do Termo de Parceria, regulamento próprio com os procedimentos que adotará para a contratação de obras e serviços, bem como para compras com emprego de recursos provenientes do Poder Público, observados os princípios da legalidade, impessoalidade, moralidade, publicidade, economicidade e da eficiência art. 14 da Lei 9.790/1999.

Os bens imóveis adquiridos pela OSCIP com recursos provenientes do Termo de Parceria serão gravados com cláusula de inalienabilidade (art. 15 da Lei 9.790/1999).

As OSCIPs não podem participar de campanhas de interesse político-partidário ou eleitorais (art. 16 da Lei 9.790/1999).

A desqualificação da entidade como OSCIP poderá ser implementada a pedido ou mediante decisão proferida em processo administrativo ou judicial, de iniciativa popular

---

[15] O problema em relação à efetivação dessa exigência é a aparente desnecessidade de criação do referido Conselho (art. 10, § 2.º, do Decreto 3.100/1999).

ou do Ministério Público, no qual serão assegurados, ampla defesa e o devido contraditório (art. 7.º, da Lei 9.790/1999). Qualquer cidadão, vedado o anonimato e amparado por fundadas evidências de erro ou fraude, poderá requerer, judicial ou administrativamente, a perda da qualificação de OSCIP (art. 8.º, da Lei 9.790/1999).

### 12.3.4 OS x OSCIPs: quadro sinótico

O procedimento e as características gerais das Organizações Sociais e das Organizações da Sociedade Civil de Interesse Público são bastante semelhantes. Nos dois casos, as entidades privadas, sem fins lucrativos, que preencherem os requisitos legais, receberão a respectiva qualificação jurídica do Estado e, eventualmente, formalizarão vínculos jurídicos (contrato de gestão ou termo de parceria) para cumprirem metas sociais e receberem benefícios públicos.

No entanto, as peculiaridades de cada parceria com o Terceiro Setor dependerão da respectiva legislação (federal, estadual, distrital ou municipal).[16] Em âmbito federal, a partir da interpretação literal das Leis 9.637/1998 e 9.790/1990, as principais diferenças entre a OS e a OSCIP podem ser exemplificadas no quadro sinótico a seguir:

| Entidades / Critérios | Organizações Sociais (Lei 9.637/1998) | Organizações da Sociedade Civil de Interesse Público (Lei 9.790/1999) |
|---|---|---|
| Momento da constituição da pessoa jurídica de direito privado | Inexistência de prazo mínimo de constituição e funcionamento das pessoas jurídicas de direito privado sem fins lucrativos interessadas na qualificação de OS (arts. 1.º e 2.º) | Pessoas jurídicas de direito privado sem fins lucrativos que tenham sido constituídas e se encontrem em funcionamento regular há, no mínimo, 3 (três) anos (art. 1.º) |
| Qualificação | Discricionária (arts. 1.º e 2.º, II) | Vinculada (art. 1.º, § 2.º) |
| Competência para qualificação | Ministério ou órgão regulador responsável pela área de atuação da entidade privada requerente (art. 2.º, II) | Ministério da Justiça (art. 5.º) |
| Órgão de deliberação superior da entidade | Presença obrigatória de representante do Poder Público (art. 2.º, I, "d") | Presença facultativa de servidor público na composição do conselho ou diretoria da entidade (art. 4.º, parágrafo único) |
| Vínculo jurídico (parceria) | Contrato de gestão (art. 5.º) | Termo de parceria (art. 9.º) |
| Fomento | Repasse de recursos orçamentários, permissão de uso de bens públicos e cessão especial de servidor sem custo para entidade (arts. 12 e 14) | Repasse de recursos orçamentários e permissão de uso de bens públicos (art. 12) |

---

[16] No Estado do Rio de Janeiro, por exemplo, a legislação estabelece peculiaridades em comparação à legislação federal, tal como ocorre com o caráter vinculado da qualificação de OS (art. 4.º da Lei 5.498/2009).

## 12.3.5 Fundações de apoio

As denominadas "fundações de apoio" são fundações instituídas por particulares com o objetivo de auxiliar a Administração Pública, por meio da elaboração de convênios ou contratos.

No âmbito federal, a Lei 8.958/1994 estabelece normas sobre as relações entre as instituições federais de ensino superior e de pesquisa científica e tecnológica e as fundações de apoio. Os demais Entes federados possuem autonomia para promulgarem as suas respectivas legislações.

As Instituições Federais de Ensino Superior (IFES), bem como as Instituições Científicas e Tecnológicas (ICTs), mencionadas na Lei 10.973/2004, podem realizar convênios e celebrar contratos diretamente (sem licitação) com as fundações de apoio com o objetivo de apoiar projetos de ensino, pesquisa, extensão, desenvolvimento institucional, científico e tecnológico e estímulo à inovação, inclusive a gestão administrativa e financeira estritamente necessária à execução desses projetos, na forma do art. 24, XIII, da Lei 8.666/1993 e art. 1.º da Lei 8.958/1994.[17] Frise-se que o art. 75, XV, da nova Lei de Licitações prevê a dispensa de licitação para contratação de instituição brasileira sem fins lucrativos que tenha por finalidade estatutária apoiar, captar e executar projetos de ensino, pesquisa, extensão, desenvolvimento institucional, científico e tecnológico e de estímulo à inovação, inclusive gerir administrativa e financeiramente essas atividades, ou para contratação de instituição dedicada à recuperação social da pessoa presa, desde que a contratada tenha inquestionável reputação ética e profissional e não tenha fins lucrativos.

A atuação da fundação de apoio em projetos de desenvolvimento institucional para melhoria de infraestrutura limita-se às obras laboratoriais, aquisição de materiais e equipamentos e outros insumos especificamente relacionados às atividades de inovação e pesquisa científica e tecnológica. Nesse caso, os materiais e equipamentos adquiridos com recursos transferidos integrarão o patrimônio da IFES ou ICT contratante (art. 1.º, §§ 2.º e 5.º, da Lei 8.958/1994).

A legislação veda a subcontratação total do objeto dos ajustes realizados pelas IFES e ICTs com as fundações de apoio, bem como a subcontratação parcial que delegue a terceiros a execução do núcleo do objeto contratado (art. 1.º, § 4.º, da Lei 8.958/1994).

As fundações de apoio podem ser contratadas, por prazo determinado e sem licitação, na forma do art. 24, XIII, da Lei 8.666/1993, pela FINEP (Financiadora de Estudos e Projetos), pelo CNPq (Conselho Nacional de Desenvolvimento Científico e Tecnológico)

---

[17] De acordo com o art. 1.º, § 1.º, da Lei 8.958/1994, entende-se por desenvolvimento institucional "os programas, projetos, atividades e operações especiais, inclusive de natureza infraestrutural, material e laboratorial, que levem à melhoria mensurável das condições das IFES e demais ICTs, para cumprimento eficiente e eficaz de sua missão, conforme descrita no plano de desenvolvimento institucional, vedada, em qualquer caso, a contratação de objetos genéricos, desvinculados de projetos específicos". Excluem-se do conceito de "desenvolvimento institucional": a) atividades como manutenção predial ou infraestrutural, conservação, limpeza, vigilância, reparos, copeiragem, recepção, secretariado, serviços administrativos na área de informática, gráficos, reprográficos e de telefonia e demais atividades administrativas de rotina, bem como as respectivas expansões vegetativas, inclusive por meio do aumento no número total de pessoal; e b) realização de outras tarefas que não estejam objetivamente definidas no Plano de Desenvolvimento Institucional da instituição apoiada (art. 1.º, § 3.º, da Lei 8.958/1994).

e pelas Agências Financeiras Oficiais de Fomento, com a finalidade de dar apoio às IFES e às ICTs, inclusive na gestão administrativa e financeira dos projetos de ensino, pesquisa e extensão e de desenvolvimento institucional, científico e tecnológico, com a anuência expressa das instituições apoiadas (art. 1.º-A da Lei 8.958/1994).

As fundações de apoio não integram a Administração Pública e possuem natureza de fundações de direito privado, sujeitas à fiscalização pelo Ministério Público, à legislação trabalhista e ao prévio registro e credenciamento no Ministério da Educação e do Desporto e no Ministério da Ciência e Tecnologia, renovável bienalmente (art. 2.º da Lei 8.958/1994).[18]

Na execução de convênios, contratos, acordos e demais ajustes que envolvam recursos provenientes do poder público, as fundações de apoio adotarão regulamento específico de aquisições e contratações de obras e serviços, a ser editado por meio de ato do Poder Executivo de cada nível de governo (art. 3.º da Lei 8.958/1994).

Ademais, na execução dos referidos ajustes, as fundações de apoio deverão (art. 3.º-A da Lei 8.958/1994):

a) prestar contas dos recursos aplicados aos entes financiadores;

b) submeter-se ao controle de gestão pelo órgão máximo da Instituição Federal de Ensino ou similar da entidade contratante; e

c) submeter-se ao controle finalístico pelo órgão de controle governamental competente.

As fundações de apoio podem se utilizar de servidores públicos federais, que não possuirão vínculo empregatício com a fundação e poderão receber bolsas de ensino, de pesquisa e de extensão, respeitadas as condições e os limites fixados em regulamento (art. 4.º, *caput* e § 1.º, da Lei 8.958/1994).

É vedada a utilização de fundações de apoio para prestação de serviços ou atendimento de necessidades de caráter permanente das IFES e ICTs contratantes (art. 4.º, § 3.º, da Lei 8.958/1994). As IFES e ICTs contratantes não podem pagar os débitos contraídos pelas fundações de apoio e não possuem qualquer responsabilidade em relação às pessoas contratadas por essas fundações. A ausência de responsabilidade abrange os atos praticados por servidores públicos utilizados pelas fundações (art. 5.º da Lei 8.958/1994).

Com o intuito de garantir transparência na gestão das fundações de apoio, o art. 4.º-A da Lei 8.958/1994 exige a divulgação de contratos, prestação de contas e relatórios na rede mundial de computadores.

É permitida a concessão de bolsas de ensino, pesquisa e extensão e de estímulo à inovação aos alunos de graduação e pós-graduação vinculadas a projetos institucionais das IFES e ICTs apoiadas, na forma da regulamentação específica, observados os princípios da legalidade, impessoalidade, moralidade, publicidade, economicidade e eficiência (art. 4.º-B da Lei 8.958/1994).

---

[18] O art. 2.º da Lei 8.958/1994, alterado pela Lei 12.349/2010, dispõe que as fundações de apoio são regidas pelo Código Civil brasileiro e por estatutos cujas normas expressamente disponham sobre a observância dos princípios da legalidade, impessoalidade, moralidade, publicidade, economicidade e eficiência.

As fundações de apoio, por meio de instrumento jurídico específico, podem se utilizar de bens e serviços das IFES e ICTs apoiadas, pelo prazo necessário à elaboração e execução do projeto de ensino, pesquisa e extensão e de desenvolvimento institucional, científico e tecnológico e de estímulo à inovação, mediante ressarcimento previamente definido para cada projeto (art. 6.º da Lei 8.958/1994). A doutrina tem criticado a instituição de fundações de apoio, pois a prática tem revelado a sua utilização como forma de burlar a aplicação do regime jurídico administrativo.[19] Assim como ocorre com as demais entidades privadas, que formalizam parcerias com o Estado, o regime jurídico das fundações de apoio deve sofrer influxos de normas publicísticas, de modo a compatibilizar a natureza privada da entidade com os objetivos públicos que devem ser alcançados por meio, inclusive, de dinheiro público, servidores cedidos e utilização do patrimônio público.

### 12.3.6 Organizações da Sociedade Civil (OSC)

A Lei 13.019/2014, alterada pela Lei 13.204/2015, estabelece o novo marco regulatório das parcerias entre a Administração Pública e as organizações da sociedade civil (OSCs).[20] As OSCs são entidades privadas sem fins lucrativos que desempenham atividades de relevância pública, mediante a celebração de termos de colaboração, termos de fomento ou acordos de cooperação.

Com efeito, a referida legislação tem por objetivo regular, em âmbito nacional, o regime jurídico das parcerias voluntárias, envolvendo ou não transferências de recursos financeiros, firmadas entre a Administração Pública e as organizações da sociedade civil sem fins lucrativos. Tradicionalmente, as parcerias entre a Administração e as OSCs eram reguladas por normas jurídicas esparsas e, muitas vezes, lacunosas, o que sempre acarretou insegurança jurídica aos administradores públicos e particulares.[21]

O novo marco regulatório das parcerias entre a Administração Pública e as organizações da sociedade civil (OSCs), introduzido pela Lei 13.019/2014, representa importante avanço na busca de segurança jurídica, eficiência, democratização e eficiência na atuação consensual da Administração Pública brasileira.

Não obstante os inúmeros avanços da nova Lei, sustentamos a ausência de competência da União para impor normas gerais sobre o tema, aplicáveis aos Estados, Distrito Federal, Municípios e respectivas entidades da Administração Indireta.

---

[19] Nesse sentido: DI PIETRO, Maria Sylvia Zanella. *Parcerias na Administração Pública*: concessão, permissão, franquia, terceirização, parceria público-privada e outras formas. 5. ed. São Paulo: Atlas, 2005. p. 284. O TCU, por exemplo, ao analisar a validade de utilização de fundações de apoio para prestação de serviços de saúde junto aos hospitais públicos, concluiu pela sua inviabilidade, tendo em vista a impossibilidade de terceirização da atividade-fim (saúde), em razão do princípio constitucional do concurso público (art. 37, II, da CRFB) (TCU, Plenário, Acórdão 1.193/2006, Rel. Min. Marcos Vinicios Vilaça, *DOU* 24.07.2006).

[20] De acordo com o art. 88 da Lei 13.019/2014, alterado pela Lei 13.204/2015, o diploma legal entrou em vigor 540 dias após a sua publicação. Em relação aos Municípios, a vigência ocorreu a partir de 01.01.2017, admitindo-se que, por meio de ato administrativo, esta fosse iniciada na mesma data fixada como regra geral para os demais Entes federados. Em âmbito federal, a lei foi regulamentada pelo Decreto 8.726/2016.

[21] Em âmbito federal, os convênios de natureza financeira são regulamentados no Decreto 6.170/2007, alterado pelos Decretos 6.619/2008, 7.568/2011 e 8.943/2016 e na Portaria Interministerial 424/2016. Podem ser mencionadas, ainda, outras normas importantes que tratam, em alguma medida, de convênios: art. 84, parágrafo único, e art. 84-A da Lei 13.019/2014; Lei 9.637/1998; Lei 9.790/1999; Lei 8.080/1990 etc.

Isso porque as referidas parcerias não são instrumentalizadas por contratos, mas, sim, por convênios (ou, como prefere a norma, termo de colaboração ou termo de fomento).

A diferenciação entre os contratos e os convênios é encontrada também no próprio ordenamento constitucional (exs.: arts. 22, XXVII; 37, XXII e § 8.º; 39, § 2.º; 71, VI; 199, § 1.º; 241, todos da CRFB), o que sugere instrumentos jurídicos diversos, uma vez que o legislador não utiliza palavras inúteis.

É forçoso concluir que a Constituição apenas estabelece a competência da União para elaborar normas gerais sobre contratos, na forma do art. 22, XXVII, da CRFB, inexistindo idêntica autorização em relação aos convênios.[22]

Em consequência, ausente norma constitucional que contemple a prerrogativa de fixação de normas gerais, por parte da União, para os convênios, a conclusão é no sentido de reconhecer a autonomia federativa dos entes para estabelecerem as suas próprias normas, na forma do art. 18 da CRFB.[23] A Lei 13.019/2014 deve ser interpretada em conformidade com a Constituição para ser considerada, em princípio, lei federal (e não nacional) aplicável à União, não obstante seja recomendável que os demais entes federados adotem, em suas respectivas legislações, as exigências, os princípios e as demais ideias consagradas pelo legislador federal, especialmente pelo caráter moralizador das referidas normas.

Destaquem-se as principais novidades da Lei 13.019/2014, alterada pela Lei 13.204/2015:[24]

a) **Aplicabilidade**: parcerias entre a Administração Direta e Indireta (exceto estatais prestadoras de serviços públicos não dependentes e estatais econômicas) e organizações da sociedade civil (entidades privadas sem fins lucrativos).[25]

---

[22] "Art. 22. Compete privativamente à União legislar sobre: [...] XXVII – normas gerais de licitação e contratação, em todas as modalidades, para as administrações públicas diretas, autárquicas e fundacionais da União, Estados, Distrito Federal e Municípios, obedecido o disposto no art. 37, XXI, e para as empresas públicas e sociedades de economia mista, nos termos do art. 173, § 1.º, III". Destaque-se que a literalidade do art. 1.º da Lei 13.019/2014, que afirma o caráter geral (nacional) de suas normas, por si só, não tem o condão de afastar o raciocínio aqui defendido. Mencione-se, por exemplo, a Lei 8.666/1993, que, de forma semelhante, afirma o seu caráter geral (art. 1.º), o que não impediu que o STF afirmasse que alguns de seus dispositivos devem ser considerados apenas federais, vinculando a União, mas não os demais entes da Federação (ADI 927 MC/RS, Pleno, Rel. Min. Carlos Veloso, j. 03.11.1993, DJ 11.11.1994, p. 30.635).

[23] Em sentido semelhante, Diogo de Figueiredo Moreira Neto leciona: "Quanto aos consórcios e convênios, não obstante o art. 116, da Lei n.º 8.666, de 21 de junho de 1993, fazer menção abrangente a convênios, acordos, ajustes e outros instrumentos congêneres, por não se tratarem de pactos do gênero contrato, mas do gênero acordo, obviamente, não estão sujeitos às normas gerais de contratação que passaram à competência da União, pois elas só teriam aplicação a esses pactos de natureza não contratual se fosse possível admitir-se uma interpretação extensiva do art. 22, XXVII, da Constituição – uma exegese incompatível com a sistemática da partilha de competências político-administrativas adotada, na qual, em princípio, cada entidade da Federação dispõe sobre sua própria administração, só se admitindo exceções explícitas à autonomia administrativa federativa – portanto, contrárias ao princípio federativo". MOREIRA NETO, Diogo de Figueiredo. Curso de direito administrativo. 16. ed. Rio de Janeiro: Forense, 2014. p. 182.

[24] Para aprofundar as novidades da referida Lei, remetemos o leitor ao livro: OLIVEIRA, Rafael Carvalho Rezende. Licitações e contratos administrativos. 5. ed. São Paulo: Método, 2015. Em verdade, muitas "novidades" foram inspiradas na doutrina, na jurisprudência, inclusive do TCU, e nas normas já existentes sobre convênios, Ficha Limpa (inelegibilidades), licitações, entre outras.

[25] O art. 2.º da Lei 13.019/2015, alterado pela Lei 13.204/2015, ao definir Administração Pública, menciona a "União, Estados, Distrito Federal, Municípios e respectivas autarquias, fundações, empresas públicas e sociedades de

b) **Inaplicabilidade da Lei** (art. 3.º): b.1) transferências de recursos homologadas pelo Congresso Nacional ou autorizadas pelo Senado Federal naquilo em que as disposições dos tratados, acordos e convenções internacionais específicas conflitarem com a Lei 13.019/2014, quando os recursos envolvidos forem integralmente oriundos de fonte externa de financiamento; b.2) contratos de gestão celebrados com Organizações Sociais (OS), na forma estabelecida pela Lei 9.637/1998; b.3) convênios e contratos celebrados com entidades filantrópicas e sem fins lucrativos no âmbito do SUS, nos termos do § 1.º do art. 199 da CRFB; b.4) termos de compromisso cultural, mencionados no § 1.º do art. 9.º da Lei 13.018/2014; b.5) termos de parceria celebrados com Organizações da Sociedade Civil de Interesse Público (OSCIPs), desde que cumpridos os requisitos previstos na Lei 9.790/1999; b.6) transferências referidas no art. 2.º da Lei 10.845/2004 (Programa de Complementação ao Atendimento Educacional Especializado às Pessoas Portadoras de Deficiência – PAED), e nos arts. 5.º e 22 da Lei 11.947/2009 (Programa Nacional de Alimentação Escolar – PNAE e Programa Dinheiro Direto na Escola – PDDE); b.7) pagamentos realizados a título de anuidades, contribuições ou taxas associativas em favor de organismos internacionais ou entidades que sejam obrigatoriamente constituídas por membros de Poder ou do Ministério Público; dirigentes de órgão ou de entidade da administração pública; pessoas jurídicas de direito público interno; pessoas jurídicas integrantes da administração pública; b.8) parcerias entre a administração pública e os serviços sociais autônomos (Sistema S).[26]

c) **Procedimentos de seleção das organizações: c.1) Procedimento de Manifestação de Interesse Social – PMIS** (arts. 18 a 21 da Lei): instrumento por meio do qual as organizações da sociedade civil, movimentos sociais e cidadãos poderão apresentar propostas ao Poder Público para que este avalie a possibilidade de realização de um chamamento público, objetivando a celebração de parceria;[27]

---

economia mista prestadoras de serviço público, e suas subsidiárias, alcançadas pelo disposto no § 9.º do art. 37 da Constituição Federal", afastando da sua incidência as estatais não dependentes (aquelas que não recebem do ente controlador recursos financeiros para pagamento de despesas com pessoal ou de custeio em geral) e as estatais econômicas.

[26] Antes da alteração promovida pela Lei 13.204/2015, o art. 3.º da Lei 13.019/2015 afastava da sua incidência, por exemplo, as OS, mas determinava a sua aplicação sobre as OSCIPs. Na 3ª edição desta obra sustentamos a ausência de justificativa razoável para a apontada distinção de tratamento, especialmente pelas semelhanças entre as referidas entidades do Terceiro Setor. A nossa tese foi, agora, consagrada com a nova redação dada pela Lei 13.204/2015.

[27] Trata-se de instituto semelhante àquele previsto nas concessões comuns e especiais (PPPs) de serviços públicos. O PMI encontra fundamento legal no art. 21 da Lei 8.987/1995, aplicável às PPPs (art. 3.º, *caput* e § 1.º, da Lei 11.079/2004 e Decreto Federal 8.428/2015). O Procedimento de Manifestação de Interesse (PMI) ou Manifestação de Interesse da Iniciativa Privada (MIP), no âmbito das PPPs, tem por objeto a apresentação de propostas, estudos ou levantamentos de Parcerias Público-Privadas, por pessoas físicas ou jurídicas da iniciativa privada. Assim como ocorre com o PMI das PPPs, o PMIS não acarreta o dever de realização do chamamento público, existindo discricionariedade administrativa sobre o tema (art. 21 da Lei 13.019/2014). A realização do PMIS não dispensa a realização do chamamento público na hipótese em que a Administração decidir pela formalização da parceria, sendo admitida a participação da organização da sociedade civil, que apresentou o PMIS, no certame (art. 21, §§ 1.º e 2.º, da Lei). Ademais, o art. 21, § 3.º, da referida, alterado pela Lei 13.204/2015, veda o condicionamento da realização de chamamento público ou a celebração de parceria à prévia realização de PMIS.

e **c.2) Chamamento público** (arts. 23 a 32 da Lei):[28] procedimento que tem por objetivo selecionar organização da sociedade civil para firmar parceria por meio de termo de colaboração ou de fomento, com a observância dos princípios da isonomia, da legalidade, da impessoalidade, da moralidade, da igualdade, da publicidade, da probidade administrativa, da vinculação ao instrumento convocatório, do julgamento objetivo, dentre outros.[29] Algumas peculiaridades do chamamento público merecem destaque: o critério de julgamento deve levar em consideração o grau de adequação da proposta aos objetivos específicos objeto da parceria e, quando for o caso, o valor de referência constante do chamamento público (art. 27); o julgamento antecede a fase da habilitação (art. 28) etc.

d) **Parcerias diretas**: casos de dispensa (art. 30)[30] e inexigibilidade (art. 31)[31] de chamamento público.

e) **Instrumentos jurídicos de parceria**: **e.1) termo de colaboração** (art. 16 da Lei): instrumento de parceria para consecução de finalidades públicas propostas pela Administração; **e.2) termo de fomento** (art. 17 da Lei): instrumento de parceria para consecução de finalidades públicas propostas pelas organizações da sociedade civil; e **e.3) acordo de cooperação** (art. 2.º, VIII-A, da Lei): instrumento de parceria que não envolva a transferência de recursos financeiros. Os referidos ajustes não se submetem à Lei de Licitações (art. 84 da Lei) e somente produzirão efeitos jurídicos após a publicação dos respectivos extratos no meio oficial de publicidade da Administração (art. 38 da Lei). Em relação aos termos de colaboração e de fomento, entendemos a diferenciação sem qualquer relevância jurídica, pois os dois termos são, na essência, idênticos: quanto ao

---

[28] A exigência de chamamento público já era consagrada no TCU (ex.: TCU, Plenário, Acórdão 1.331/08, Rel. Min. Benjamin Zymler, *DOU* 11.07.2008), na doutrina (ex.: OLIVEIRA, Rafael Carvalho Rezende. *Licitações e contratos administrativos*. 3. ed. São Paulo: Método, 2014. p. 132) e na legislação especial (ex.: arts. 4.º e 5.º do Decreto 6.170/2007).

[29] Com a revogação do inciso VII do § 1.º do art. 24 da Lei 13.019/2014 pela Lei 13.204/2015, não se exige mais a comprovação do prazo mínimo de 3 anos de existência da OSC; da experiência prévia na realização, com efetividade, do objeto da parceria ou de natureza semelhante; e da capacidade técnica e operacional para o desenvolvimento das atividades previstas e o cumprimento das metas estabelecidas. De acordo com o art. 24, § 2.º da Lei, o ato convocatório pode prever a seleção de propostas apresentadas exclusivamente por concorrentes sediados ou com representação atuante e reconhecida na unidade da Federação onde será executado o objeto da parceria, bem como estabelecer cláusula que delimite o território ou a abrangência da prestação de atividades ou da execução de projetos, conforme estabelecido nas políticas setoriais.

[30] De acordo com o art. 30 da Lei 13.019/2014, alterado pela Lei 13.204/2015, os casos de dispensa de chamamento público são: a) urgência decorrente de paralisação ou iminência de paralisação de atividades de relevante interesse público, pelo prazo de até 180 dias; b) guerra, calamidade pública, grave perturbação da ordem pública ou ameaça à paz social; c) realização de programa de proteção a pessoas ameaçadas ou em situação que possa comprometer a sua segurança; d) atividades voltadas ou vinculadas a serviços de educação, saúde e assistência social, desde que executadas por organizações da sociedade civil previamente credenciadas pelo órgão gestor da respectiva política.

[31] Será considerado inexigível o chamamento público na hipótese de inviabilidade de competição entre as OSCs, em razão da natureza singular do objeto da parceria ou se as metas somente puderem ser atingidas por uma entidade específica, especialmente quando: a) o objeto da parceria constituir incumbência prevista em acordo, ato ou compromisso internacional, no qual sejam indicadas as instituições que utilizarão os recursos; b) a parceria decorrer de transferência para OSC que esteja autorizada em lei na qual seja identificada expressamente a entidade beneficiária, inclusive quando se tratar da subvenção prevista no inciso I do § 3.º do art. 12 da Lei 4.320/1964, observado o disposto no art. 26 da Lei Complementar 101/2000.

conteúdo, ambos têm por objetivo a viabilização de parcerias entre a Administração e entidades privadas sem fins lucrativos; e quanto à formalização, ambos são precedidos de chamamento público. Em verdade, o legislador, mais uma vez, institui nomenclaturas diversas para fazer referência aos tradicionais convênios, cuja característica básica é a formalização de parcerias entre a Administração e entidades privadas para consecução de objetivos comuns (exs.: contratos de gestão, contratos de repasse, termos de parcerias, termos de cooperação etc.).[32]

Até a promulgação da Lei 13.204/2015, o art. 84 da Lei 13.019/2014 determinava que a expressão "convênios" ficaria restrita às parcerias celebradas entre os Entes federados, o que foi objeto de crítica de nossa parte nas edições anteriores desta obra, quando sustentamos a possibilidade de utilização da nomenclatura também para parcerias entre a Administração e as entidades privadas sem fins lucrativos, reguladas por legislação especial, especialmente em razão da aplicação do critério da especialidade na resolução de antinomias jurídicas. A tese foi corroborada pela nova redação dos arts. 84, parágrafo único, e 84-A da Lei 13.019/2014, que determinam a utilização da expressão "convênios" para os ajustes celebrados entre Entes federados ou pessoas jurídicas a eles vinculadas, bem como aqueles celebrados no âmbito do SUS.

f) **Parcerias "ficha limpa"**: com o objetivo de garantir moralidade nas relações entre a Administração e as entidades privadas, o art. 39 da Lei 13.019/2014 veda a celebração de parcerias nos seguintes casos exemplificativos: entidade omissa no dever de prestar contas de parceria anteriormente celebrada; que tenha como dirigente membro de Poder ou do Ministério Público, ou dirigente de órgão ou entidade da administração pública da mesma esfera governamental na qual será celebrado o termo de colaboração ou de fomento, estendendo-se a vedação aos respectivos cônjuges ou companheiros, bem como parentes em linha reta, colateral ou por afinidade, até o segundo grau; que tenha tido as contas rejeitadas pela Administração nos últimos cinco anos (exceto nas seguintes hipóteses: saneamento da irregularidade que motivou a rejeição e quitados os débitos eventualmente imputados; reconsideração ou revisão da decisão que rejeitou as contas; e quando a apreciação das contas estiver pendente de decisão sobre recurso com efeito suspensivo); punida com suspensão de participação em licitação e impedimento de contratar com a administração, bem como declaração de inidoneidade; que tenha contas de parceria julgadas irregulares ou rejeitadas por Tribunal ou Conselho de Contas de qualquer

---

[32] No mesmo sentido, Alexandre Santos de Aragão afirma que: "Muitas vezes os convênios são formalmente denominados por outros termos. A expressão 'Termo de cooperação', por exemplo, não corresponde a uma natureza jurídica própria, a um instituto específico do Direito Administrativo. Trata-se de mais uma expressão entre as muitas análogas que têm sido adotadas na práxis administrativa ('termo de Cooperação Técnica', 'termo de Cooperação Institucional', 'Acordo de Programa', 'Protocolo de Intenções', 'ajuste de desenvolvimento de projetos', etc.), que vai corresponder a uma das duas modalidades de negócios jurídicos travados pela Administração Pública: o contrato administrativo ou o convênio administrativo". ARAGÃO, Alexandre Santos de. *Direito dos serviços públicos*. 3. ed. Rio de Janeiro: Forense, 2013. p. 717.

esfera da Federação, em decisão irrecorrível, nos últimos oito anos etc. Em qualquer caso, independentemente dos prazos fixados, os impedimentos permanecem até o momento em que houver o ressarcimento do dano ao erário (art. 39, § 2.º, da Lei).

g) **Contratações realizadas pelas organizações da sociedade civil**: os arts. 34, VIII, e 43 da Lei 13.019/2014 dispunham que as contratações de bens e serviços realizadas pelas entidades da sociedade, com recursos públicos, deveriam observar procedimento que atendesse aos princípios da Administração, com a elaboração do "regulamento de compras e contratações" pela OSC, devidamente aprovado pela Administração. Ocorre que as referidas normas foram revogadas pela Lei 13.204/2015, e, atualmente, o art. 80 da Lei 13.019/2014 determina que as compras e contratações que envolvam recursos financeiros provenientes de parceria poderão ser efetuadas por meio de sistema eletrônico disponibilizado pela Administração às OSCs, aberto ao público via internet, que permita aos interessados formular propostas.[33]

h) **Despesas vedadas** (art. 45 da Lei): utilizar recursos para finalidade alheia ao objeto da parceria.[34]

i) **Pessoal contratado pela entidade parceira**: a inadimplência da Administração não transfere à OSC a responsabilidade pelo pagamento de obrigações vinculadas à parceria com recursos próprios (art. 46, § 1.º, da Lei), e a remuneração da equipe de trabalho com recursos da parceria não gera vínculo trabalhista com a Administração (art. 46, § 3.º, da Lei).

j) **Atuação em rede das entidades privadas**: admite-se a atuação em rede, por duas ou mais organizações da sociedade civil, mantida a integral responsabilidade da organização celebrante do termo de fomento ou de colaboração, desde que a OSC signatária do termo possua: mais de cinco anos de inscrição no CNPJ e capacidade técnica e operacional para supervisionar e orientar diretamente a atuação da organização que com ela estiver atuando em rede (art. 35-A da Lei). Apesar da revogação do art. 25, I, da Lei 13.019/2014, entendemos que a possibilidade de participação em rede deve constar expressamente do instrumento convocatório a partir da aplicação analógica do entendimento consagrado para participação de consórcios empresariais nas licitações e o risco de restrição à competitividade.

k) **Transparência, participação social, prestação de contas e *accountability***: com o intuito de garantir maior transparência, a Administração deverá manter, em

---

[33] Em âmbito federal, o Decreto 8.726/2016 dispõe: "Art. 36. As compras e contratações de bens e serviços pela organização da sociedade civil com recursos transferidos pela administração pública federal adotarão métodos usualmente utilizados pelo setor privado. [...] § 4.º Será facultada às organizações da sociedade civil a utilização do portal de compras disponibilizado pela administração pública federal".

[34] A Lei 13.204/2015 afastou outras vedações que constavam do art. 45 da Lei 13.019/2014, tais como: despesas a título de taxa de administração, de gerência ou similar; realização de despesa em data anterior à vigência da parceria; pagamento em data posterior à vigência da parceria, salvo se expressamente autorizado pela autoridade competente da administração pública; transferência de recursos para clubes, associações de servidores, partidos políticos ou quaisquer entidades congêneres etc.

seu sítio oficial na internet, a relação das parcerias celebradas e dos respectivos planos de trabalho, até 180 dias após o respectivo encerramento, bem como deverá divulgar os meios de representação sobre a aplicação irregular dos recursos envolvidos na parceria (arts. 10 e 12 da Lei). A administração divulgará, na forma de regulamento, nos meios públicos de comunicação por radiodifusão de sons e de sons e imagens, campanhas publicitárias e programações desenvolvidas por OSCs, mediante o emprego de recursos tecnológicos e de linguagem adequados à garantia de acessibilidade por pessoas com deficiência, sendo facultada a criação, pelo Poder Executivo federal, do Conselho Nacional de Fomento e Colaboração, de composição paritária entre representantes governamentais e organizações da sociedade civil, com a finalidade de divulgar boas práticas e de propor e apoiar políticas e ações voltadas ao fortalecimento das relações de fomento e de colaboração (arts. 14 e 15 da Lei)[35]. A OSC, por sua vez, deverá divulgar na internet e em locais visíveis de suas sedes sociais e dos estabelecimentos em que exerça suas ações todas as parcerias celebradas com a Administração (art. 11 da Lei). A Lei contém normas detalhadas sobre a prestação de contas por parte da entidade privada (arts. 63 a 72 da Lei). A organização da sociedade civil é obrigada a prestar contas finais da boa e regular aplicação dos recursos recebidos no prazo de até 90 dias a partir do término da vigência da parceria ou no final de cada exercício, se a duração da parceria exceder 1 ano (art. 69 da Lei).

l) **Destino dos bens remanescentes**: os termos de colaboração e de fomento devem conter cláusula com a definição do destino dos bens remanescentes, assim considerados aqueles de natureza permanente adquiridos com recursos financeiros envolvidos na parceria, necessários à consecução do objeto, mas que a ele não se incorporam, admitindo-se a doação, ao término da parceria, quando os bens não forem necessários à continuidade do objeto pactuado (arts. 2.º, XIII, 36, *caput* e parágrafo único, e 42, X, da Lei). Os equipamentos e materiais permanentes adquiridos pela OSC, com recursos provenientes da celebração da parceria, serão gravados com cláusula de inalienabilidade, e a entidade parceira deverá formalizar promessa de transferência da propriedade à Administração, na hipótese de sua extinção (art. 35, § 5.º, da Lei).

m) **Responsabilidade e sanções**: a organização da sociedade civil possui responsabilidade exclusiva pelos encargos trabalhistas, previdenciários, fiscais e comerciais relacionados à execução do objeto da parceria, inexistindo responsabilidade solidária ou subsidiária da Administração na hipótese de inadimplemento (art. 42, XX, da Lei).[36] O descumprimento do instrumento de parceria e da legislação

---

[35] O art. 83 do Decreto 8.726/2016 instituiu, em âmbito federal, o Conselho Nacional de Fomento e Colaboração – Confoco, órgão colegiado paritário de natureza consultiva, integrante da estrutura da Secretaria-Geral da Presidência da República, com a finalidade de divulgar boas práticas e de propor e apoiar políticas e ações destinadas ao fortalecimento das relações de parceria das organizações da sociedade civil com a administração pública federal.

[36] Verifica-se que, ao contrário da previsão contida no art. 71, § 2.º, da Lei 8.666/1993 e do art. 121, § 2.º, da nova Lei de Licitações, a Lei 13.019/2014 não estabelece responsabilidade solidária entre o Poder Público e a pessoa jurídica de direito privado pelos encargos previdenciários.

em vigor acarreta, após prévia defesa, as seguintes sanções administrativas: a) advertência; b) suspensão temporária da participação em chamamento público e impedimento de celebrar parceria ou contrato com órgãos e entidades da esfera de governo da Administração Pública sancionadora, por prazo não superior a dois anos; c) declaração de inidoneidade para participarem de chamamento público ou celebrar parceria ou contrato com órgãos e entidades de todas as esferas de governo, enquanto perdurarem os motivos determinantes da punição ou até que seja promovida a reabilitação perante a própria autoridade que aplicou a penalidade, que será concedida sempre que a OSC ressarcir a Administração pelos prejuízos resultantes, e após decorrido o prazo de 2 anos.[37] As sanções submetem-se ao prazo prescricional de 5 anos, contado a partir da data da apresentação da prestação de contas, que será interrompido com a edição de ato administrativo voltado à apuração da infração (art. 73, §§ 2.º e 3.º, da Lei). Ao contrário do art. 87 da Lei 8.666/1993 e do 156 da nova Lei de Licitações, a Lei 13.019/2014 não prevê a multa no rol de sanções. Da mesma forma, a nova legislação não menciona o ressarcimento integral do dano. Contudo, apesar da omissão legislativa, deve ser reconhecida a prerrogativa da Administração em buscar o ressarcimento integral do dano, para recompor o erário, sendo certo que o ressarcimento não possui caráter de sanção.[38]

## 12.4 ASPECTOS RELEVANTES E CONTROVERTIDOS NO TERCEIRO SETOR

### 12.4.1 Foro processual competente para as causas do Terceiro Setor

O foro competente para processar a julgar as ações indenizatórias propostas em face das entidades do Terceiro Setor, inclusive aquelas que formalizam parcerias com a União, é da Justiça estadual. Em relação aos Serviços Sociais Autônomos, que recebem recursos federais (contribuições sociais), a questão foi consolidada pela Súmula 516 do STF: "O Serviço Social da Indústria (SESI) está sujeito à jurisdição da Justiça Estadual".

Isto porque o art. 109 da CRFB, ao elencar o rol taxativo de causas submetidas à Justiça Federal, não menciona os Serviços Sociais Autônomos, que devem ser julgados,

---

[37] A suspensão temporária e a declaração de inidoneidade são de competência exclusiva do Ministro de Estado ou do Secretário Estadual, Distrital ou Municipal, conforme o caso, facultada a defesa do interessado no respectivo processo, no prazo de 10 dias da abertura de vista, podendo a reabilitação ser requerida após 2 anos de sua aplicação (art. 73, § 1.º, da Lei 13.019/2014). No campo das licitações e contratações públicas, apenas a declaração de inidoneidade é de competência exclusiva das autoridades mencionadas anteriormente, na forma do art. 87, § 3.º, da Lei 8.666/1993. A nova Lei de Licitações, em seu art. 156, § 6.º, dispõe que a declaração de inidoneidade, no âmbito do Poder Executivo, será de competência exclusiva de ministro de Estado, de secretário estadual ou de secretário municipal e, quando aplicada por autarquia ou fundação, de competência exclusiva da autoridade máxima da entidade. De outro lado, nos Poderes Legislativo e Judiciário, no Ministério Público e na Defensoria Pública, no desempenho da função administrativa, a competência exclusiva será de autoridade de nível hierárquico equivalente às autoridades referidas anteriormente.

[38] "Apesar da imprescritibilidade da pretensão de ressarcimento ao erário ser reconhecida pelo STJ (REsp 1.089.492/RO, 1ª Turma, Rel. Min. Luiz Fux, DJe 18.11.2010; REsp 1.069.723/SP, 2ª Turma, Rel. Min. Humberto Martins, DJe 02.04.2009), o STF, em sede de repercussão geral, decidiu que "é prescritível a ação de reparação de danos à Fazenda Pública decorrente de ilícito civil" (RE 669.069/MG, Tribunal Pleno, Rel. Min. Teori Zavascki, julgado em 03/02/2016). Quanto à não caracterização de sanção do ressarcimento ao erário, que se revela consequência necessária do prejuízo causado, vide: STJ, REsp 1.184.897/PE, Rel. Min. Herman Benjamin, DJe 27.04.2011."

por consequência, pela Justiça estadual, ressalvados os casos em que a União for parte da relação processual.[39]

Aliás, é o mesmo raciocínio utilizado pela Suprema Corte para definir a competência da Justiça estadual para julgar as sociedades de economia mista federais.

### 12.4.2 Controle

As entidades do Terceiro Setor, que formalizam parcerias com o Poder Público, são fiscalizadas pelo respectivo Ente federativo parceiro, pelo Ministério Público e pelo Tribunal de Contas, na forma do art. 70, parágrafo único, da CRFB.[40]

Da mesma forma, admite-se o controle social, especialmente por meio da propositura da ação popular.[41] No âmbito da OSCIP, o controle social é reforçado pela manifestação e controle do Conselho de Políticas Públicas, composto por representante do Poder Público e da sociedade civil, sobre o termo de parceria.

### 12.4.3 Regime de pessoal

As entidades do Terceiro Setor são pessoas jurídicas de direito privado, motivo pelo qual os respectivos empregados são celetistas.

É inaplicável a regra constitucional do concurso público (art. 37, II, da CRFB), pois as referidas entidades não integram a Administração Pública.[42] Todavia, a contratação de pessoal, em razão da gestão de recursos públicos, deve ser formalizada mediante processo seletivo objetivo, observados os princípios da impessoalidade e da moralidade.[43] Devem ser refutadas as contratações pautadas exclusivamente por critérios subjetivos, tais como análise curricular, avaliação psicológica, dinâmica de grupo e entrevistas. Registre-se que a revogação do art. 47 da Lei 13.019/2014, que consagrava a presente tese, pela Lei 13.204/2015, não tem o condão de afastar a necessidade de processo

---

[39] Registre-se que o STF utilizou o mesmo argumento para definir a competência da Justiça estadual para julgar as sociedades de economia mista federais (Súmulas 517 e 556 do STF).

[40] Em relação à Organização Social, o STF decidiu pelo afastamento de qualquer interpretação que restrinja o controle do Ministério Público e do TCU na aplicação de verbas públicas (Tribunal Pleno, ADI 1.923/DF, Rel. Min. Luiz Fux, DJe 17.12.2015). O referido entendimento deve ser aplicado, em nossa opinião, a todas as entidades que integram o Terceiro Setor, uma vez que são gestoras de recursos públicos.

[41] Para facilitar o controle dos cidadãos, a Lei 9.790/1999, por exemplo, em seu art. 4.º, VII, "b", estabeleceu a necessidade de publicidade do relatório de atividades e das demonstrações financeiras da entidade para possibilitar a fiscalização por qualquer cidadão.

[42] STF: "Os serviços sociais autônomos integrantes do denominado Sistema 'S' não estão submetidos à exigência de concurso público para contratação de pessoal, nos moldes do art. 37, II, da Constituição Federal." (Tema 569 da Tese de Repercussão Geral do STF)

[43] Nesse sentido: DI PIETRO, Maria Sylvia Zanella. Direito administrativo. 20. Ed. São Paulo: Atlas, 2007. P. 459; TCU, Plenário, Acórdão 1.461/2006, Rel. Min. Marcos Bemquerer, DOU 18.08.2006. Registre-se que o STF afirmou a inaplicabilidade do concurso público aos Serviços Sociais Autônomos (RE 789.874/DF, Tribunal Pleno, Rel. Min. Teori Zavascki, DJe 19.11.2014, Informativo de Jurisprudência do STF n. 759). Em relação às Organizações Sociais, o STF decidiu que a seleção de pessoal deve ser conduzida de forma pública, objetiva e impessoal, e nos termos do regulamento próprio a ser editado por cada entidade (ADI 1923/DF, Rel. Min. Luiz Fux, Tribunal Pleno, DJe 17.12.2015, Informativo de Jurisprudência do STF n. 781).

seletivo com regras impessoais, uma vez que tal exigência decorre da interpretação do texto constitucional.

No tocante à limitação dos salários dos empregados do Terceiro Setor, afigura-se inaplicável, em princípio, o teto remuneratório indicado no art. 37, XI, da CRFB, relativo aos servidores públicos integrantes das entidades administrativas.[44]

No âmbito federal, a legislação remete aos vínculos jurídicos a fixação de limites remuneratórios dos empregados da OSCIP e da OS.[45]

### 12.4.4 Patrimônio

Em virtude da natureza privada das entidades do Terceiro Setor, os bens, integrantes do seu patrimônio, serão considerados bens privados.

Todavia, os bens adquiridos por entidades privadas do Terceiro Setor, com recursos públicos repassados pelo Poder Público, sofrem influxos do regime publicístico. Nesse caso, a legislação impõe uma espécie de propriedade resolúvel em favor da entidade privada, pois, em caso de sua extinção ou término da parceria, os referidos bens deverão ser transferidos ao patrimônio de outra entidade similar ou ao patrimônio do Estado.[46] A justificativa para a transferência dos bens, preferencialmente, para entidades similares, em caso de extinção da entidade parceira, é a necessidade de continuidade das atividades sociais e do atendimento das metas públicas.

Por isso, é possível entender que, em determinadas hipóteses, os bens dessas entidades privadas sejam considerados impenhoráveis, em razão da necessidade de continuidade das atividades sociais. O princípio da continuidade, conforme já assinalado, ainda que se dirija, normalmente, aos serviços públicos, pode ser aplicado, também, às atividades privadas, socialmente relevantes.

Admite-se, por fim, a cessão temporária de bens públicos às entidades privadas para serem utilizados na satisfação das metas sociais.[47]

### 12.4.5 Licitação no Terceiro Setor: aspectos polêmicos

Quanto ao tema da aplicação das regras de licitação ao Terceiro Setor, a análise deve levar em consideração duas questões distintas:

a) formalização da parceria (contrato de gestão e termo de parceria); e
b) utilização de recursos públicos nas contratações realizadas pelas entidades do Terceiro Setor com terceiros.

---

[44] Nesse sentido: DI PIETRO, Maria Sylvia Zanella. *Direito administrativo*. 20. ed. São Paulo: Atlas, 2007. p. 464; TCU, Plenário, Acórdão 2.328/2006, Rel. Min. Ubiratan Aguiar, *DOU* 13.12.2006. Registre-se que a legislação pode determinar a aplicação do referido teto ao Terceiro Setor, tal como ocorre nas OSCIPs (art. 4.º, VII, da Lei 5.501/1999) e nas OSs (art. 5.º, IV, "e", da Lei 5.498/2009) no Estado do Rio de Janeiro.
[45] OSCIP: arts. 4.º e 10, § 2.º, IV, da Lei 9.790/1999; OS: art. 7.º, II, da Lei 9.637/1998.
[46] Vide, por exemplo: art. 2.º, I, "i", da Lei 9.637/1998, e art. 4.º, IV e V, da Lei 9.790/1999.
[47] Ao tratar da OS, o STF decidiu que a outorga de permissão de uso de bem público (Lei 9.637/1998, art. 12, § 3.º) deve ser conduzida de forma pública, objetiva e impessoal (Tribunal Pleno, ADI 1.923/DF, Rel. Min. Luiz Fux, *DJe* 17.12.2015).

### 12.4.5.1 Obrigatoriedade de processo objetivo de seleção para celebração dos instrumentos jurídicos com as entidades do Terceiro Setor

A primeira questão polêmica envolve a eventual obrigatoriedade de licitação para escolha da entidade do Terceiro Setor ("OS", "OSCIP", OSC etc.) que formalizará o instrumento jurídico de parceria com a Administração Pública (contrato de gestão, termo de parceria, termo de colaboração, termo de fomento etc.). Sobre o tema, é possível apontar dois entendimentos:

**1.º entendimento:** obrigatoriedade de licitação. Nesse sentido: Marçal Justen Filho.[48]

**2.º entendimento:** inaplicabilidade da licitação, uma vez que os instrumentos jurídicos de parceria celebrados com as entidades do Terceiro Setor são ajustes caracterizados pela busca de interesses comuns dos partícipes, sendo certo que a regra da licitação é direcionada, tradicionalmente, aos contratos administrativos marcados pelos interesses contrapostos das partes. Nesse sentido: José dos Santos Carvalho Filho, TCU e STF.[49]

Concordamos com a segunda posição. A licitação é aplicável aos contratos administrativos que tenham por objeto obras, serviços, compras e alienações, o que não alcança os ajustes com interesses convergentes e celebrados com entidades privadas sem fins lucrativos (art. 37, XXI, da CRFB e art. 2.º da Lei 14.133/2021). Dessa forma, o art. art. 184 da Lei 14.133/2021 determina a aplicação das normas de licitação aos convênios, acordos, ajustes e outros instrumentos congêneres apenas "no que couber" e desde que não haja disposição legal específica em sentido diverso. Ora, se os ajustes de comunhão de interesses (contratos de gestão, termos de parceria, termos de fomento, termos de colaboração etc.) e os contratos fossem sinônimos, não faria sentido a ressalva feita pelo legislador, uma vez que o tratamento jurídico seria o mesmo.

Todavia, a ausência de licitação formal não afasta a necessidade de obediência aos princípios constitucionais, notadamente a impessoalidade e a moralidade, na celebração de ajustes com entidades privadas do Terceiro Setor, motivo pelo qual a Administração Pública deve realizar procedimento administrativo prévio para a escolha da entidade que executará o ajuste. Nesse sentido, por exemplo, o art. 23 do Decreto 3.100/1999, com redação conferida pelo Decreto 7.568/2011, que regulamenta a Lei 9.790/1999, que prevê a obrigatoriedade do denominado "concurso de projetos" como forma de restringir a sub-

---

[48] Marçal Justen Filho, ao analisar a formalização do contrato de gestão, afirma a "necessidade de prévia licitação para configurar o contrato de gestão e escolher a entidade privada que será contratada", salvo as situações de dispensa e de inexigibilidade, bem como de credenciamento (JUSTEN FILHO, Marçal. *Comentários à lei de licitações e contratos administrativos*. 9. ed. São Paulo: Dialética, 2002. p. 36). No mesmo sentido: STJ, 1.ª Turma, REsp 623.197/RS, Min. José Delgado, *DJ* 08.11.2004, p. 177.

[49] CARVALHO FILHO, José dos Santos. *Manual de direito administrativo*. 22. ed. Rio de Janeiro: Lumen Juris, 2009. p. 244-245; TCU, Plenário, Acórdão 1.006/2011, Rel. Min. Ubiratan Aguiar, 20.04.2011, *Informativo de Jurisprudência sobre Licitações e Contratos do TCU* n. 59. Quanto às Organizações Sociais, o STF decidiu que a celebração do contrato de gestão deve ser conduzida de forma pública, objetiva e impessoal (ADI 1.923/DF, Rel. Min. Luiz Fux, Tribunal Pleno, *DJe* 17.12.2015, *Informativo de Jurisprudência do STF* n. 781).

jetividade na escolha da "OSCIP".⁵⁰ Da mesma forma, os arts. 23 a 32 da Lei 13.019/2014 exigem a realização do "chamamento público" para seleção das organizações da sociedade civil que celebrarão parcerias com a Administração Pública, confirmando a tendência sustentada nas edições anteriores desta obra.⁵¹

### 12.4.5.2 A controvérsia a respeito da necessidade de licitação nas contratações com dinheiro público pelo Terceiro Setor

A segunda questão controvertida refere-se à necessidade de licitação para contratações realizadas por entidades do Terceiro Setor (Serviços Sociais Autônomos, Organizações Sociais, Organizações da Sociedade Civil de Interesse Público e Organizações da Sociedade Civil) com dinheiro público. Existem três entendimentos doutrinários sobre o assunto:

1.º **entendimento:** desnecessidade de licitação. Seria inconstitucional a inclusão das "entidades controladas direta ou indiretamente" pela Administração Direta e Indireta no rol dos destinatários da regra da licitação (art. 1.º, II, da nova Lei 14.133/2021), tendo em vista a impossibilidade de interferência estatal (art. 5.º, XVII, da CRFB), salvo nos casos expressamente autorizados pelo próprio texto constitucional, não sendo mencionada qualquer exceção no tocante à exigência de licitação. A Lei de Licitações não poderia ampliar o rol de destinatários da regra constitucional da licitação, que menciona apenas as entidades da Administração Pública, não incluídas as entidades priva das do Terceiro Setor. Nesse sentido, Diogo de Figueiredo Moreira Neto.⁵²

2.º **entendimento:** necessidade de licitação para as contratações realizadas pelo Terceiro Setor, inseridas na expressão "demais entidades controladas direta ou indiretamente" pela Administração Direta, contida no art. 1.º, II, da Lei 14.133/2021. A Constituição Federal menciona as entidades da Administração como destinatárias da licitação, mas não impede a menção legal a outras pessoas que possuem vínculos formais com o Poder Público. Nesse sentido: José dos Santos Carvalho Filho.⁵³

3.º **entendimento:** desnecessidade de licitação na forma da Lei 14.133/2021, mas obrigatoriedade de realização de procedimento simplificado, previsto pela própria entidade privada, que assegure o respeito aos princípios constitucionais (impessoalidade, moralidade etc.). Essa é a exigência disposta nos arts. 17 da

---

⁵⁰ Vale ressaltar que o art. 4.º do Decreto 6.170/2007 dispõe que a celebração de convênio ou contrato de repasse com entidades privadas, sem fins lucrativos, será precedida de chamamento público, a ser realizado pelo órgão ou entidade concedente, visando à seleção de projetos ou entidades que tornem mais eficaz o objeto do ajuste (art. 4.º do Decreto 6.170/2007, alterado pelo Decreto 7.568/2011). Sobre o chamamento público, vide, também, o art. 8.º da Portaria Interministerial 424/2016.

⁵¹ Registre-se, ainda, a existência de regras especiais de chamamento público previstas na legislação específica, tal como ocorre com os arts. 6º a 11 da Lei 14.903/2024 (Marco regulatório do fomento à cultura).

⁵² MOREIRA NETO, Diogo de Figueiredo. Natureza jurídica dos serviços sociais autônomos. *RDA*, v. 207, p. 93, jan.--mar. 1997.

⁵³ CARVALHO FILHO, José dos Santos. *Manual de direito administrativo*. 22. ed. Rio de Janeiro: Lumen Juris, 2009. p. 512-513.

Lei 9.637/1998 e 14 da Lei 9.790/1999, que estabelecem a necessidade de edição de regulamentos próprios, respectivamente, pela "OS" e pela "OSCIP", contendo os procedimentos que tais entidades devem adotar "para a contratação de obras e serviços, bem como para compras com emprego de recursos provenientes do Poder Público". Nesse sentido: TCU e STF.[54]

Conforme manifestação em estudo anterior sobre o tema, entendemos que a razão está com o terceiro entendimento.[55] A interpretação moderada da questão evita o engessamento das entidades privadas, que seria causado pela aplicação da Lei 14.133/2021, mas garante a observância dos princípios constitucionais por meio da exigência de procedimento simplificado e objetivo para contratações realizadas com dinheiro público repassado.

A referida solução foi consagrada na legislação especial (arts. 17 da Lei 9.637/1998 e 14 da Lei 9.790/1999). Isso porque a legislação remete às entidades, e não ao Chefe do Executivo, a atribuição para a criação de procedimentos adequados na contratação de terceiros. O chefe do Executivo, portanto, ao editar o decreto em comento, exorbitou do seu poder regulamentar na parte em que exigiu a realização de licitação, na modalidade pregão, às OS e OSCIPs.

Registre-se que o art. 80 da Lei 13.019/2014, alterado pela Lei 13.204/2015, determina que as compras e contratações que envolvam recursos financeiros provenientes de parceria poderão ser efetuadas por meio de sistema eletrônico disponibilizado pela Administração às Organizações da Sociedade Civil, aberto ao público via internet, que permita aos interessados a formulação de propostas.[56]

### 12.4.6 Responsabilidade civil

Há controvérsia doutrinária sobre a natureza (objetiva ou subjetiva) da responsabilidade civil das entidades integrantes do Terceiro Setor.

**1.º entendimento:** responsabilidade objetiva, na forma do art. 37, § 6.º, da CRFB, uma vez que as entidades possuem vínculos jurídicos com o Poder Público com o intuito de substituí-los na execução de atividades sociais que podem ser qualificadas como serviços públicos. Nesse sentido: Cristiana Fortini.[57]

---

[54] Em relação ao Sistema "S": TCU, Plenário, Decisão 907/97, Rel. Min. Lincoln Magalhães da Rocha, *DOU* 26.12.1997. Quanto às "OS" e "OSCIP": TCU, Plenário, Acórdão 1.777/2005, Rel. Min. Marcos Vinicios Vilaça, *DOU* 22.11.2005. Ao tratar das Organizações Sociais, o STF decidiu que os contratos celebrados com terceiros, com recursos públicos, devem ser conduzidos de forma pública, objetiva e impessoal, e nos termos do regulamento próprio a ser editado por cada entidade (ADI 1923/DF, Rel. Min. Luiz Fux, Tribunal Pleno, *DJe* 17.12.2015, *Informativo de Jurisprudência do STF* n. 781).

[55] OLIVEIRA, Rafael Carvalho Rezende. *Administração Pública, concessões e terceiro setor*. Rio de Janeiro: Lumen Juris, 2009. p. 293-297.

[56] Nas parcerias de fomento à cultura formalizadas por meio do termo de execução cultural, com fundamento no art. 15, § 1.º, da Lei 14.903/2024 (Marco regulatório do fomento à cultura), as escolhas da equipe de trabalho e de fornecedores na execução da ação cultural serão de responsabilidade do agente cultural, vedada a exigência de que nesse processo decisório sejam adotados procedimentos similares aos realizados no âmbito da administração pública em contratações administrativas.

[57] FORTINI, Cristiana. Organizações Sociais: natureza jurídica da responsabilidade civil das organizações sociais em face dos danos causados a terceiros. *Revista Eletrônica sobre a Reforma do Estado*, Salvador, n. 6, p. 6, jun.-jul.-ago. 2006. Disponível em: <http://www.direitodoestado.com.br>. Acesso em: 28 out. 2007.

2.º **entendimento:** responsabilidade objetiva dos Serviços Sociais Autônomos, em virtude do caráter eminentemente social das atividades desempenhadas, qualificadas como serviços públicos, e o vínculo formal (lei autorizativa) com o Estado. Por outro lado, a OS e a OSCIP respondem de forma subjetiva, pois exercem "parceria desinteressada". Nesse sentido: José dos Santos Carvalho Filho.[58]

3.º **entendimento:** responsabilidade subjetiva em razão da inexistência de serviço público, sendo inaplicável o art. 37, § 6.º, da CRFB. Nesse sentido: Marcos Juruena Villela Souto.[59]

Entendemos que a responsabilidade das entidades do Terceiro Setor é subjetiva, conforme tese sustentada em obra sobre o tema.[60] As atividades prestadas por tais entidades são privadas e de relevância social, prestadas em nome próprio, independentemente de delegação do Poder Público, razão pela qual não podem ser qualificadas como serviços públicos para fins de aplicação do art. 37, § 6.º, da CRFB. Os vínculos jurídicos formalizados com entidades do Terceiro Setor não têm por objetivo a delegação de serviços, mas o fomento público por meio de parcerias com determinadas pessoas privadas para a consecução de finalidades sociais. Portanto, a responsabilidade dessas pessoas deve ser analisada à luz da legislação civil e, portanto, considerada, em regra, de índole subjetiva, admitindo-se a responsabilidade objetiva nos casos expressamente previstos em lei ou quando a atividade, por sua própria natureza, implicar risco para as pessoas (art. 927, parágrafo único, do CC).

Há responsabilidade subsidiária do Poder Público pelos danos causados por entidades do Terceiro Setor, no desempenho das atividades que são objeto da parceria, especialmente por dois argumentos: a) inexistência de solidariedade que não pode ser presumida (art. 265 do CC); e b) o vínculo jurídico tem natureza jurídica de convênio, atraindo a incidência subsidiária do art. 120 da Lei 14.133/2021, na forma permitida pelo art.184 do referido diploma legal, que fixa a responsabilidade primária do particular (contratado) por danos causados a terceiros.[61]

Destaque-se, todavia, que a Lei 13.019/2014 dispõe que a organização da sociedade civil possui responsabilidade exclusiva pelos encargos trabalhistas, previdenciários, fiscais e comerciais relativos à execução do objeto da parceria, inexistindo responsabilidade solidária ou subsidiária da Administração na hipótese de inadimplemento (art. 42, XX, da Lei), o que nos parece de duvidosa constitucionalidade, especialmente na parte em que afasta qualquer responsabilidade do Estado pela execução de suas próprias parcerias, mesmo em situações de falha de fiscalização e controle.

---

[58] CARVALHO FILHO, José dos Santos. *Manual de direito administrativo*. 18. ed. Rio de Janeiro: Lumen Juris, 2007. p. 494.

[59] SOUTO, Marcos Juruena Villela. *Direito administrativo em debate*. 2.ª série. Rio de Janeiro: Lumen Juris, 2007. p. 201.

[60] OLIVEIRA, Rafael Carvalho Rezende. *Administração Pública, concessões e terceiro setor*. 2. ed. Rio de Janeiro: Lumen Juris, 2011. p. 320-324.

[61] Registre-se que a simples concessão de qualificações jurídicas (OS ou OSCIP) às entidades privadas não acarreta, por si só, responsabilidade do Poder Público, sendo imprescindível a existência da parceria formal (exs.: contrato de gestão, termo de parceria).

É oportuno ressaltar que o simples não cumprimento das metas fixadas no contrato de gestão ou no termo de parceria não acarreta, em princípio, a responsabilidade do Estado. Este tem o dever de fiscalizar o cumprimento das metas, mas a responsabilidade pela sua implementação é da entidade privada parceira que, descumprindo com o avençado, será desqualificada e responsabilizada pelos danos causados, conforme já decidiu o STJ.[62]

### 12.4.7 Imunidade tributária

As entidades do Terceiro Setor, que não têm finalidade lucrativa, possuem natureza jurídica de fundações ou associações civis, o que justifica a previsão normativa de tratamento tributário privilegiado.

As hipóteses de imunidades tributárias previstas na Constituição e aplicáveis às entidades do Terceiro Setor podem ser resumidas da seguinte forma:

a) instituições privadas de educação e de assistência social gozam de imunidade em relação aos impostos sobre patrimônio, renda e serviços relacionados com as suas finalidades essenciais (art. 150, VI, "c", e § 4.º, da CRFB e art. 14, § 2.º, do CTN);

b) imunidade da contribuição para seguridade social em relação às entidades beneficentes de assistência social que atendam às exigências estabelecidas em lei (art. 195, § 7.º, da CRFB).[63]

Tem havido controvérsia em relação aos requisitos legais para concessão das imunidades tributárias previstas nos arts. 150, VI, "c", e 195, § 7.º, da CRFB. Parte da doutrina sustenta, por um lado, que apenas lei complementar (art. 14 do CTN) pode tratar das imunidades tributárias, sendo vedada a utilização de lei ordinária, uma vez que a imunidade tributária constitui verdadeira limitação ao poder de tributar, devendo ser observado o art. 146, II, da CRFB.[64] Por outro lado, a partir da premissa de que a lei complementar só é necessária para as hipóteses taxativamente elencadas na Constituição, há interpretação no sentido de que os parâmetros para concessão das imunidades, previstas nos arts. 150, VI, "c", e 195, § 7.º, da CRFB, são fixados por lei ordinária, uma vez que as citadas normas constitucionais se utilizaram do vocábulo "lei".[65]

---

[62] STJ, 1.ª Seção, MS 10527/DF, Min. Denise Arruda, DJ 07.11.2005, p. 75.

[63] Ao contrário da imunidade prevista no art. 150, VI, "c", da CRFB, a imunidade tributária do art. 195, § 7.º, da CRFB exige que a entidade privada seja "beneficente", e não apenas "sem fins lucrativos". Vale dizer: a entidade privada, além de não possuir fins lucrativos, deverá ser beneficente, ou seja, prestar serviços gratuitos aos necessitados (SOUZA, Leandro Marins de. *Tributação do terceiro setor no Brasil*. São Paulo: Dialética, 2004. p. 232).

[64] Nesse sentido: ATALIBA, Geraldo. Imunidade de instituições de educação e assistência. *Revista de Direito Tributário*, n. 55, p. 136, jan.-mar. 1991; CARVALHO, Paulo de Barros. *Curso de direito tributário*. 12. ed. São Paulo: Dialética, 2001. p. 24; SOUZA, Leandro Marins de. *Tributação do terceiro setor no Brasil*. São Paulo: Dialética, 2004. p. 182-192 e 233-239.

[65] Tema 32 das Teses de Repercussão Geral do STF: "Os requisitos para o gozo de imunidade hão de estar previstos em lei complementar". De acordo com o STF, a reserva de lei complementar aplicada à regulamentação da imunidade tributária prevista no art. 195, § 7.º, da CRFB limita-se à definição de contrapartidas a serem observadas para garantir a finalidade beneficente dos serviços prestados pelas entidades de assistência social, o que não impede que seja o procedimento de habilitação dessas entidades positivado em lei ordinária (STF, ADI 2.028/DF, Tribunal Pleno, Rel(a). p/ acórdão Min. Rosa Weber, DJe-95 08.05.2017).

Além das imunidades tributárias, reconhecidas pela Constituição Federal, a legislação infraconstitucional reconhece, em várias situações, isenções tributárias às entidades privadas sem fins lucrativos, por exemplo:

a) isenção em relação ao imposto de renda e à contribuição social sobre o lucro líquido das instituições de caráter filantrópico, recreativo cultural e científico e associações civis (art. 15 da Lei 9.532/1997);

b) isenção, relativa ao imposto de importação e ao imposto sobre produtos industrializados, destinada às instituições de educação e de assistência social (art. 2.º, I, "b", da Lei 8.032/1990 e art. 1.º, IV, da Lei 8.402/1992).

## 12.5 RESUMO DO CAPÍTULO

**TERCEIRO SETOR**

| | |
|---|---|
| **Conceito** | Entidades da sociedade civil sem fins lucrativos, que desempenham atividades de interesse social mediante vínculo formal de parceria com o estado. |
| **Fundamento** | a) passagem da Administração Pública imperativa para a Administração Pública consensual;<br>b) princípio da subsidiariedade (Estado Subsidiário);<br>c) fomento. |
| **Características** | a) são criadas pela iniciativa privada;<br>b) não possuem finalidade lucrativa;<br>c) não integram a Administração Pública Indireta;<br>d) prestam atividades privadas de relevância social;<br>e) possuem vínculo legal ou negocial com o Estado;<br>f) recebem benefícios públicos. |
| **Entidades ou qualificações jurídicas no terceiro setor** | a) **Serviços Sociais Autônomos (Sistema S):** criados por Confederações privadas após autorização legal, para exercerem atividade de amparo a determinadas categorias profissionais, recebendo contribuições sociais, cobradas compulsoriamente da iniciativa privada, na forma do art. 240 da CRFB (ex.: SESI, SENAI e SENAC);<br>b) **Organizações Sociais (OS):** entidades privadas que celebram "contrato de gestão" com o Estado para cumprimento de metas de desempenho e recebimento de benefícios públicos (ex.: recursos orçamentários, permissão de uso de bens públicos, cessão especial de servidores públicos);<br>c) **Organizações da Sociedade Civil de Interesse Público (OSCIPs):** entidades privadas constituídas e em regular funcionamento há, no mínimo, três anos, que não exercem atividades lucrativas e desempenham as atividades sociais especialmente citadas pela Lei. Devem atender a um dos objetivos sociais relacionados no art. 3.º da Lei 9.790/1999;<br>d) **Fundações de Apoio:** fundações instituídas por particulares com o objetivo de auxiliar a Administração Pública, por meio da elaboração de convênios ou contratos.<br>e) **Organizações da Sociedade Civil (OSC):** entidades privadas sem fins lucrativos que desempenham atividades de relevância pública, mediante a celebração de termos de colaboração, termos de fomento ou acordos de cooperação. |

| | |
|---|---|
| **Novo marco regulatório das parcerias entre a Administração e OSCs (Lei 13.019/2014)** | Normas gerais, de caráter nacional, sobre o regime jurídico das parcerias voluntárias, envolvendo ou não transferências de recursos financeiros, firmadas entre a Administração Pública e as organizações da sociedade civil sem fins lucrativos. Entendemos, no entanto, que a Lei deve ser interpretada em conformidade com a Constituição para ser considerada, em princípio, lei federal (e não nacional) aplicável à União, na forma do art. 18 da CRFB.<br>**Principais inovações pela Lei:**<br>– casos de sua inaplicabilidade;<br>– procedimentos de seleção das OSCs: Procedimento de Manifestação de Interesse Social (PMIS) e chamamento público;<br>– parcerias diretas: dispensa e inexigibilidade;<br>– parcerias "ficha limpa";<br>– instrumentos jurídicos de parceria: termo de colaboração, termo de fomento e acordo de cooperação;<br>– contratações realizadas pelas OSCs: as compras e contratações que envolvam recursos financeiros provenientes da parceria poderão ser efetuadas por meio de sistema eletrônico disponibilizado pela Administração às OSCs, aberto ao público via internet, que permita aos interessados formular proposta;<br>– pessoal contratado pela OSC: processo seletivo, com regras transparentes, impessoais e objetivas;<br>– atuação em rede das OSCs;<br>– determinações quanto à prestação de contas;<br>– responsabilidades e sanções. |
| **Foro processual competente para as causas do Terceiro Setor** | Justiça estadual (Súmula 516 do STF). |
| **Controle** | Ente federado, Ministério Público, Tribunal de Contas e controle social. |
| **Regime de pessoal** | Os empregados são celetistas. A contratação de pessoal, em razão da gestão de recursos públicos, deve ser formalizada mediante processo seletivo objetivo, observados os princípios da impessoalidade e da moralidade. |
| **Patrimônio** | Os bens, integrantes do seu patrimônio, serão considerados bens privados. Todavia, os bens adquiridos por entidades privadas do Terceiro Setor, com recursos públicos repassados pelo Poder Público, sofrem influxos do regime publicístico. |
| **Licitação no terceiro setor: aspectos polêmicos** | – Obrigatoriedade de processo objetivo de seleção para celebração do contrato de gestão e do termo de parceria (ex.: concurso de projetos, chamamento público);<br>– Controvérsia a respeito da necessidade de licitação nas contratações com dinheiro público pelo Terceiro Setor. Necessidade de procedimento simplificado, previsto pela própria entidade privada, que assegure o respeito aos princípios constitucionais (impessoalidade, moralidade etc.). |
| **Responsabilidade civil** | Tema controvertido. Entendemos ser subjetiva. Há responsabilidade subsidiária do Poder Público pelos danos causados por entidades do Terceiro Setor, no desempenho das atividades que são objeto da parceria. |

| | |
|---|---|
| **Imunidade tributária** | – Instituições privadas de educação e de assistência social gozam de imunidade em relação aos impostos sobre patrimônio, renda e serviços relacionados com as suas finalidades essenciais;<br>– Imunidade da contribuição para seguridade social em relação às entidades beneficentes de assistência social que atendam às exigências estabelecidas em lei.<br>A legislação infraconstitucional reconhece, em várias situações, isenções tributárias às entidades privadas sem fins lucrativos. |

# CAPÍTULO 13

# SERVIÇOS PÚBLICOS

## 13.1 EVOLUÇÃO E TENDÊNCIAS DO SERVIÇO PÚBLICO

A noção de serviço público tem variado no tempo e no espaço. A evolução social, econômica, tecnológica e jurídica acarreta transformações importantes na própria caracterização das atividades que devem ser prestadas pelo Estado. Por outro lado, em razão do quadro normativo diverso, algumas atividades podem ser classificadas como serviço público em determinado país e como atividades econômicas em outros países.

Na França, a noção de serviço público foi objeto de construção doutrinária e jurisprudencial (Conselho de Estado).[1] Afirma-se, normalmente, que a origem da noção de serviço público remonta ao "caso Blanco" (*Arrêt Blanco*), julgado pelo Tribunal de Conflitos de 1873.[2] A decisão proferida no "caso Blanco" tem sido celebrada por estabelecer a autonomia do Direito Administrativo e por consagrar a importância do serviço público na definição da competência do Conselho de Estado.[3]

---

[1] É oportuno ressaltar que durante o Antigo Regime, no período antecedente à Revolução, a França conhecia atividades análogas ao serviço público, mas que não recebiam essa denominação. A ideia formal de serviço público é posterior à Revolução Francesa. Nesse sentido: GROTTI, Dinorá Adelaide Mussetti. *O serviço público e a Constituição brasileira de 1988*. São Paulo: Malheiros, 2003. p. 20.

[2] LONG, M.; WEIL, P.; BRAIBANT, G.; DEVOLVÉ, P.; GENEVOIS, B. *Les grands arrêts de la jurisprudence administrative*. 16. ed. Paris: Dalloz, 2007. p. 1-7; CHEVALLIER, Jacques. *Le service public*. 7. ed. Paris: PUF, 2008. p. 14. Nesse caso, uma criança de cinco anos, Agnès Blanco, havia sido atropelada por uma vagonete pertencente à Companhia Nacional de Manufatura de Fumo. O Tribunal de Conflitos, ao apreciar uma espécie de conflito negativo de competência entre o Conselho de Estado e a Corte de Cassação, responsáveis, respectivamente, pela jurisdição administrativa e pela jurisdição comum, fixou a competência do Conselho de Estado para o julgamento da causa, tendo em vista a presença do serviço público naquele caso e a necessidade de aplicação de regras publicísticas, diferenciadas daquelas aplicáveis aos particulares.

[3] A utilização do serviço público, como critério de definição de competência do Conselho de Estado Francês, foi feita no julgamento do "caso Terrier", julgado em 1903, em que um cidadão (M. Terrier) pretendia receber indenização da Administração local pelo serviço de caça às víboras, tendo em vista a promessa de recompensa feita pelo Con-

A teorização do serviço público na França ficou a cargo da denominada "Escola do Serviço Público" ou "Escola de Bordeaux", no início do século XX. Léon Duguit, fundador da referida Escola, substitui a soberania (*puissance*) pela noção de serviço público como fundamento do Direito Público, compreendido como toda e qualquer atividade que atendesse às necessidades coletivas.[4] Gaston Jèze, por outro lado, afastando-se da noção sociológica apresentada por Duguit, defendeu uma noção predominantemente jurídica de serviço público, considerando-o como atividade prestada, direta ou indiretamente, pelo Estado, sob regime de direito público.[5] Por fim, Maurice Hauriou, em contraposição à Escola do Serviço Público, não considerava o serviço público como o centro do Direito Administrativo, mas, sim, o poder de império estatal, reconhecendo, no entanto, que o serviço público representaria um limite ao poder estatal.[6]

Os Estados Unidos, por sua vez, não adotam a noção de serviço público francesa. É importante notar que o próprio Direito Administrativo norte-americano é recente e remonta à necessidade de intervenção crescente do Estado na área social e econômica, notadamente por intermédio das agências.[7] Costuma-se dizer, por isso, que o Direito Administrativo norte-americano é basicamente o "direito das agências".[8]

Em razão do caráter liberal do Estado norte-americano, as atividades econômicas, com raras exceções, sempre foram livres aos particulares (livre-iniciativa). No entanto, determinadas atividades, em razão do forte relevo social envolvido, são destacadas pelo Estado e submetidas ao poder de polícia mais intenso. São as denominadas *public utilities*,

---

selho Geral de Saône-et-Loire. A novidade, nesse julgado, é que nem toda demanda, envolvendo serviço público, deveria ser julgada pela jurisdição administrativa, mas apenas aquelas que envolvam os serviços públicos, objeto de "gestão pública", excluídos, portanto, os serviços públicos prestados sob gestão privada (LONG, M.; WEIL, P.; BRAIBANT, G.; DEVOLVÉ, P.; GENEVOIS, B. *Les grands arrêts de la jurisprudence administrative*. 16. ed. Paris: Dalloz, 2007. p. 73-76).

[4] DUGUIT, Léon. *Las transformaciones generales del derecho*. Buenos Aires: Heliasta, 2001. p. 37. Os serviços públicos, nessa acepção sociológica, não seriam criados pelo Estado, mas, sim, pela própria sociedade, que reconheceria a importância de determinada atividade para o atendimento das necessidades essenciais da coletividade.

[5] Nesse contexto, os serviços públicos são aqueles prestados sob regime jurídico especial (procedimento de direito público), com regras derrogatórias do direito privado. As demais atividades, prestadas por procedimentos privados, estariam excluídas da noção de serviço público, sendo caracterizadas como "gestão administrativa" (*gestion administrative*). Destaque-se, nessa visão, o aspecto formal (regime jurídico) na conceituação do serviço público (JÈZE, Gastón. *Les principes généraux du droit administratif*. Paris: Dalloz, 2005. t. II, p. 7).

[6] Nas palavras do autor: "Se o regime administrativo repousa essencialmente sobre o poder, deve ser reconhecido que esse poder é instituído, ou seja, é enquadrado em uma organização submetida a uma ideia. Essa ideia é a do serviço a ser prestado ao público ou de serviço público. [...] O essencial é que seja a ideia de servir, de prestar serviço, em vez daquela de pressionar e oprimir, que é mais facilmente a tentação do poder" (tradução livre) (HAURIOU, Maurice. *Précis de droit administratif et de droit public*. Paris: Dalloz, 2002. p. 8 e 13-14).

[7] Na lição de Caio Tácito: "Sabidamente, foi tardia a acolhida, no direito anglo-saxão, da autonomia do Direito Administrativo. Identificando a disciplina com o regime francês de dupla jurisdição – que interditava aos tribunais comuns o controle da Administração – os autores ingleses, com Dicey à frente, repudiavam o *droit administratif* (expressão que até mesmo se escusavam de traduzir) por incompatível como princípio da supremacia do Judiciário, que era um dos pilares da *rule of law*, em que repousava, na *common law*, o sentido da Constituição e do Estado de Direito" (TÁCITO, Caio. Presença norte-americana no direito administrativo brasileiro. *Temas de direito público* (estudos e pareceres). Rio de Janeiro: Renovar, 1997. v. 1, p. 15). Em sentido semelhante: CRETELLA JÚNIOR, José. *Direito administrativo comparado*. São Paulo: Bushatsky, 1972. p. 92.

[8] CARBONELL, Eloísa; MUGA, José Luis. *Agencias y procedimiento administrativo en Estados Unidos de América*. Madrid: Marcial Pons, 1996. p. 22.

consideradas atividades privadas sujeitas a regulamentações e a controles especiais (Estado Regulador).

É possível afirmar que a principal distinção entre o serviço público francês e as *public utilities* encontra-se na titularidade da atividade: enquanto o serviço público é de titularidade do Estado, as *public utilities* são titularizadas pelos particulares, com limitações (poder de polícia) colocadas pelo Estado.

A tendência atual é a aproximação da noção francesa de serviço público e as *public utilities* norte-americanas, notadamente pela aproximação dos sistemas jurídicos da *common law* e do romano-germânico, naquilo que pode ser denominado de "globalização jurídica".[9] Nesse contexto, a doutrina tem destacado a nova noção de serviço público, adotada no âmbito da União Europeia, que representaria, em última análise, a aproximação entre o serviço público francês e as *public utilities* norte-americanas. O Direito Comunitário Europeu, ao mencionar os "serviços universais" ou "serviços de interesse econômico geral",[10] consagra o princípio da concorrência na prestação de atividades econômicas de interesse geral, retirando a exclusividade do Estado.[11]

Os serviços de interesse econômico geral têm gerado intenso debate na doutrina europeia, especialmente nas tentativas de caracterizá-los ora como serviços públicos, ora como *public utilities*. Por um lado, esses serviços não são titularizados, ao menos com exclusividade, pelo Estado (princípio da concorrência e do livre acesso). Por outro lado, tais serviços submetem-se à forte interferência estatal, em razão da presença do interesse público.

É lícito apontar algumas tendências do serviço público na atualidade, por exemplo:

a) **a submissão do serviço público ao regime de competição (concorrência)**, admitindo-se, apenas excepcionalmente, o monopólio ou a exclusividade na sua prestação, na forma do art. 16 da Lei 8.987/1995;

b) **a desverticalização ou fragmentação do serviço público (*unbundling*)**, dissociando as diversas etapas de prestação e atribuindo-as aos particulares, com o intuito de evitar a concentração econômica ou o abuso econômico (ex.: o fornecimento de energia elétrica pode ser fragmentado em diversas etapas, tais como a geração, a transmissão, distribuição e comercialização);

---

[9] Vide: CASSESE, Sabino. *La globalización jurídica*. Madrid: Marcial Pons, 2006; PUIGPELAT, Oriol Mir. *Globalización, Estado y derecho. Las transformaciones recientes del derecho administrativo*. Madrid: Civitas, 2004. p. 63.

[10] Os arts. 16 e 86, item 2, do Tratado, que institui a Comunidade Europeia, estabelecem: "Artigo 16. Sem prejuízo do disposto nos artigos 73.º, 86.º e 87.º, e atendendo à posição que os serviços de interesse econômico geral ocupam no conjunto dos valores comuns da União e ao papel que desempenham na promoção da coesão social e territorial, a Comunidade e os seus Estados-Membros, dentro do limite das respectivas competências e no âmbito de aplicação do presente Tratado, zelarão por que esses serviços funcionem com base em princípios e em condições que lhes permitam cumprir as suas missões. [...] Artigo 86. [...] 2. As empresas encarregadas da gestão de serviços de interesse econômico geral ou que tenham a natureza de monopólio fiscal ficam submetidas ao disposto no presente Tratado, designadamente às regras de concorrência, na medida em que a aplicação destas regras não constitua obstáculo ao cumprimento, de direito ou de facto, da missão particular que lhes foi confiada. O desenvolvimento das trocas comerciais não deve ser afectado de maneira que contrarie os interesses da Comunidade".

[11] Nesse sentido: JUSTEN, Monica Spezia. *A noção de serviço público no direito europeu*. São Paulo: Dialética, 2003. p. 184; ARAGÃO, Alexandre Santos de. *Direito dos serviços públicos*. Rio de Janeiro: Forense, 2007. p. 110.

c) o compartilhamento compulsório das redes e infraestruturas (*essential facilities doctrine*) necessárias à prestação dos serviços públicos; e
d) a redução das hipóteses de titularidade exclusiva do Estado e o incremento de serviços públicos de titularidade compartilhada com os particulares.

## 13.2 CONCEITO DO SERVIÇO PÚBLICO

A evolução da noção de serviço público demonstra a dificuldade de fixação de um conceito preciso.[12] O serviço público é uma espécie de atividade econômica em sentido amplo, pois destina-se à circulação de bens e/ou serviços do produtor ao consumidor final, mas não se confunde com as atividades econômicas em sentido estrito, tendo em vista o objetivo do serviço público (interesse público) e a titularidade do Estado.[13]

Por essa razão, a doutrina, ao longo dos tempos, apresentou diversas acepções para o vocábulo, sendo possível mencionar quatro sentidos de "serviços públicos":[14]

a) **concepção amplíssima:** defendida pela Escola do Serviço Público, com algumas variações, considera serviço público toda e qualquer atividade exercida pelo Estado;
b) **concepção ampla:** serviço público é toda atividade prestacional voltada ao cidadão, independentemente da titularidade exclusiva do Estado e da forma de remuneração;
c) **concepção restrita:** serviço público abrange as atividades do Estado prestadas aos cidadãos, de forma individualizada e com fruição quantificada; e
d) **concepção restritíssima:** serviço público é a atividade de titularidade do Estado, prestada mediante concessão ou permissão, remunerada por taxa ou tarifa.

No Brasil, tem prevalecido a concepção ampla de serviço público, especialmente pelos seguintes fatores:

a) distinção entre o serviço público e outras atividades estatais (poder de polícia, fomento e intervenção na ordem econômica), o que afasta a noção amplíssima;
b) admissão dos serviços públicos *uti universi*, ao contrário do sustentado nas concepções restrita e restritíssima; e
c) possibilidade de serviços públicos sociais, cuja titularidade não é exclusiva do Estado, mas compartilhada com os cidadãos, o que exclui a noção restritíssima.

Dessa forma, o serviço público pode ser definido como uma atividade prestacional, titularizada, com ou sem exclusividade, pelo Estado, criada por lei, com o objetivo de atender as necessidades coletivas, submetida ao regime predominantemente público.

---

[12] A dificuldade pode ser demonstrada, por exemplo, no debate sobre a caracterização do serviço postal como serviço público, conforme decisão do STF (*Informativo de Jurisprudência do STF* n. 554). No debate a respeito dos concursos de prognósticos (loterias), o STF decidiu no Tema 1.323 de Repercussão Geral: "A execução do serviço público de loteria por agentes privados depende de delegação estatal precedida de licitação".
[13] GRAU, Eros Roberto. *A ordem econômica na Constituição de 1988*. 4. ed. São Paulo: Malheiros, 1998. p. 137-139.
[14] ARAGÃO, Alexandre Santos de. *Direito dos serviços públicos*. Rio de Janeiro: Forense, 2007. p. 144-149.

A concepção tradicional de serviço público, no direito brasileiro, segundo a doutrina vigente, é composta por três elementos:

a) **subjetivo (ou orgânico):** relaciona-se com a pessoa que presta o serviço público (Estado ou delegatários);
b) **material:** define o serviço público como atividade que satisfaz os interesses da coletividade; e
c) **formal:** caracteriza o serviço público como atividade submetida ao regime de direito público.[15]

## 13.3 CRIAÇÃO DO SERVIÇO PÚBLICO (PUBLICATIO)

A tarefa de definir determinada atividade como serviço público é exercida pelo constituinte ou pelo legislador.[16]

Isso porque a atividade econômica, caracterizada como serviço público, é retirada da livre-iniciativa (*publicatio*), e a sua prestação por particulares somente será possível por meio de concessão e permissão. É evidente, no entanto, que o legislador não possui liberdade absoluta na publicização das atividades. Nem toda atividade econômica pode ser transformada em serviço público. A criação legislativa de novos serviços públicos é limitada, principalmente, pela essencialidade das atividades e por sua vinculação estreita com a dignidade da pessoa humana ou com o bem-estar da coletividade.[17]

Ressalte-se que o tratamento legislativo dos serviços públicos deve respeitar a repartição constitucional de competências.[18]

---

[15] Nesse sentido: JUSTEN FILHO, Marçal. *Teoria geral das concessões de serviço público*. São Paulo: Dialética, 2003. p. 20; CARVALHO FILHO, José dos Santos. *Manual de direito administrativo*. 18. ed. Rio de Janeiro: Lumen Juris, 2007. p. 287; DI PIETRO, Maria Sylvia Zanella. *Direito administrativo*. 20. ed. São Paulo: Atlas, 2007. p. 88; GROTTI, Dinorá Adelaide Mussetti. *O serviço público e a Constituição brasileira de 1988*. São Paulo: Malheiros, 2003. p. 43-47.

[16] Nesse sentido, por exemplo: DI PIETRO, Maria Sylvia Zanella. *Direito Administrativo*. 20. ed. São Paulo: Atlas, 2007. p. 88; ARAGÃO, Alexandre Santos de. *Direito dos serviços públicos*. Rio de Janeiro: Forense, 2007. p. 341-348. O último autor ressalva os serviços públicos sociais, em que a *publicatio* está ausente.

[17] JUSTEN FILHO, Marçal. *Teoria geral das concessões de serviço público*. São Paulo: Dialética, 2003. p. 47; ARAGÃO, Alexandre Santos de. *Direito dos serviços públicos*. Rio de Janeiro: Forense, 2007. p. 163.

[18] O STF, por exemplo, declarou a inconstitucionalidade de normas estaduais que tratavam dos serviços de telecomunicações e de energia elétrica que são de competência federal (arts. 21, XI e XII, "b", e 22, IV, da CRFB). ADI 5.040/PI, Rel. Min. Rosa Weber, j. 03.11.2020, *Informativo de Jurisprudência do STF* n. 997; ADI 5.610/BA, Tribunal Pleno, Rel. Min. Luiz Fux, *Informativo de Jurisprudência do STF* n. 946; ADI 3.959/SP, Tribunal Pleno, Rel. Min. Roberto Barroso, DJe-094 11.05.2016, *Informativo de Jurisprudência do STF* n. 822. O Tema 774 da Tese de Repercussão Geral do STF dispõe: "A norma estadual que impõe à concessionária de geração de energia elétrica a promoção de investimentos, com recursos identificados como parcela da receita que aufere, voltados à proteção e à preservação de mananciais hídricos é inconstitucional por configurar intervenção indevida do Estado no contrato de concessão da exploração do aproveitamento energético dos cursos de água, atividade de competência da União, conforme art. 21, XII, 'b', da Constituição Federal." A questão, contudo, é controvertida, em razão da competência concorrente dos Entes federados para legislarem sobre Direito do Consumidor. Veja, por exemplo, a decisão do STF que reconheceu a constitucionalidade de lei estadual que obrigava as empresas prestadoras de serviços de televisão a cabo, por satélite ou digital, a fornecerem previamente ao consumidor informações sobre a identificação dos profissionais que prestarão serviços na sua residência (ADI 5.745/RJ, Tribunal Pleno, Rel. Min. Alexandre de Moraes, *Informativo de Jurisprudência do STF* n. 929). Igualmente, o STF reconheceu a constitucionalidade de normas estaduais, editadas em razão da pandemia

## 13.4 PRINCÍPIOS DOS SERVIÇOS PÚBLICOS

A prestação de serviços públicos, por pessoa pública ou privada, é impregnada por princípios específicos que garantem identidade própria a este instituto do Direito. Tradicionalmente, os três princípios norteadores dos serviços públicos foram elencados na França por Louis Rolland ("Leis de Rolland") da seguinte forma: a) princípio da continuidade (*continuité*); b) princípio da igualdade (*égalité*); e c) princípio da mutabilidade (*mutabilité*).[19]

Outros princípios, no entanto, foram reconhecidos posteriormente, tendo em vista a própria evolução da noção de serviço público, não havendo consenso doutrinário, atualmente, em relação ao elenco e à nomenclatura dos princípios modernos que regem essa atividade administrativa. De modo geral, a doutrina mais moderna costuma relacioná-los da seguinte forma:

a) **continuidade**,
b) **igualdade (uniformidade ou neutralidade)**,
c) **mutabilidade (ou atualidade)**,
d) **generalidade (ou universalidade)** e
e) **modicidade**.[20]

É oportuno ressaltar que, a rigor, os denominados "princípios dos serviços públicos" são, em verdade, princípios que norteiam todas as atividades administrativas, pois toda e qualquer atividade administrativa deve atender, necessariamente, o interesse público, o que pressupõe uma atuação contínua e conforme os princípios fundamentais.[21]

Aliás, os princípios que norteiam as atividades administrativas extrapolam, por vezes, os limites físicos do Estado, sendo aplicáveis às atividades privadas de caráter social (ex.: a Lei 7.783/1989 considera essenciais a distribuição e a comercialização de medicamentos e alimentos, bem como a compensação bancária, definindo requisitos especiais para a greve nesses setores).

### 13.4.1 Princípio da continuidade

O princípio da continuidade impõe a prestação ininterrupta do serviço público, tendo em vista o dever do Estado de satisfazer e promover direitos fundamentais.

---

causada pelo novo coronavírus, que proibiam a suspensão do fornecimento do serviço de energia elétrica, o modo de cobrança, a forma de pagamentos dos débitos e a exigibilidade de multa e juros moratórios (ADI 6.432/RR, Tribunal Pleno, Rel. Min. Cármen Lúcia, *DJe* 14.05.2021, *Informativo de Jurisprudência do STF* n. 1.012). Mencione-se, por fim, que o STF declarou inconstitucional norma estadual que onerou contrato de concessão de energia elétrica pela utilização de faixas de domínio público adjacentes a rodovias estaduais ou federais. (ADI 3.763/RS, Tribunal Pleno, Rel. Min. Cármen Lúcia, *DJe* 14.05.2021, *Informativo de Jurisprudência do STF* n. 1.012).

[19] CHEVALLIER, Jacques. *Le service public*. Paris: PUF, 2008. p. 21.

[20] O art. 6.º, § 1.º, da Lei 8.987/1995, em conformidade com o art. 175, parágrafo único, IV, da CRFB, considera serviço adequado aquele que satisfaz "as condições de regularidade, continuidade, eficiência, segurança, atualidade, generalidade, cortesia na sua prestação e modicidade das tarifas". Na mesma linha, o Código de Defesa do Consumidor, em seu art. 22, exige que os serviços públicos sejam "adequados, eficientes, seguros e, quanto aos essenciais, contínuos".

[21] ARAGÃO, Alexandre Santos de. *Direito dos serviços públicos*. Rio de Janeiro: Forense, 2007. p. 146-147.

A continuidade pressupõe a regularidade na prestação do serviço público, com observância das normas vigentes e, no caso dos concessionários, das condições do contrato de concessão.

É oportuno ressaltar que a continuidade não impõe, necessariamente, que todos os serviços públicos sejam prestados diariamente e em período integral, uma vez que a continuidade depende da necessidade da população que pode ser absoluta ou relativa.[22] Na necessidade absoluta, o serviço deve ser prestado sem qualquer interrupção, uma vez que a população necessita, permanentemente, da disponibilidade do serviço (ex.: hospitais, distribuição de água etc.). Ao revés, na necessidade relativa, o serviço público pode ser prestado periodicamente, em dias e horários determinados pelo Poder Público, levando em consideração as necessidades intermitentes da população (ex.: biblioteca pública, museus, quadras esportivas etc.).

Atualmente, é possível mencionar três questões polêmicas que envolvem a aplicação do princípio da continuidade dos serviços públicos, a saber:

a) possibilidade, em regra, de interrupção dos serviços públicos na hipótese de inadimplemento do usuário, com fundamento na primazia da legislação especial (art. 6.º, § 3.º, II, da Lei 8.987/1995) em relação à legislação geral (art. 22 do CDC);[23]

b) reconhecimento do direito de greve dos servidores estatutários, com aplicação analógica da legislação dos empregados celetistas (Lei 7.783/1989), respeitada a continuidade dos serviços essenciais;[24] e

c) viabilidade da *exceptio non adimpleti contractus* nos contratos da Administração Pública, na forma do art. 78, XIV e XV, da Lei 8.666/1993 e do art. 137, § 3.º, II, da nova Lei de Licitações, ressalvados os contratos de concessão de serviço público, tendo em vista o princípio da continuidade.[25]

### 13.4.2 Princípio da igualdade ou uniformidade ou neutralidade

O princípio da igualdade, no âmbito da prestação dos serviços públicos, identifica-se com o princípio da impessoalidade que rege toda a Administração Pública. Dessa forma, o Poder Público e o delegatário têm o dever de prestar o serviço público, de maneira igualitária, a todos os particulares, que satisfaçam as condições técnicas e jurídicas, sem qualquer distinção de caráter pessoal.

A igualdade, no entanto, deve ser interpretada e compreendida à luz do princípio da proporcionalidade. De acordo com o entendimento tradicional, a igualdade pressupõe

---

[22] CASSAGNE, Juan Carlos. *Derecho administrativo.* 8. ed. Buenos Aires: Abeledo-Perrot, 2006. t. II, p. 420.
[23] Vide Capítulo 11, item 11.2.7.
[24] STF, Tribunal Pleno, MI 670/ES, Rel. p/ acórdão Min. Gilmar Mendes, j. 25.10.2007, *DJe* 31.10.2008; STF, Tribunal Pleno, MI 708/DF, Rel. Min. Gilmar Mendes, j. 25.10.2007, *DJe* 31.10.2008; STF, Tribunal Pleno, MI 712/PA, Rel. Min. Eros Grau, j. 25.10.2007, *DJe* 31.10.2008, *Informativo de Jurisprudência do STF* n. 485. Sobre o tema, vide Capítulo 23, item 23.11.
[25] Sobre a exceção de contrato não cumprido, remetemos o leitor ao Capítulo 18, item 18.10.1.1.

tratamento isonômico para as pessoas que se encontram na mesma situação jurídica, e tratamento diferenciado entre as pessoas que estão em posição de natural desigualdade (ex.: gratuidade aos maiores de sessenta e cinco anos nos transportes coletivos urbanos, conforme art. 230, § 2.º, da CRFB; cobrança de tarifas diferenciadas, na forma do art. 13 da Lei 8.987/1995).[26]

### 13.4.3 Princípio da mutabilidade ou atualidade

O princípio da mutabilidade ou atualidade leva em consideração o fato de que os serviços públicos devem se adaptar à evolução social e tecnológica. As necessidades da população variam no tempo e as tecnologias evoluem rapidamente, havendo a necessidade constante de adaptação das atividades administrativas.

A necessidade de atualização dos serviços públicos, com o intuito de evitar a sua deterioração pelo decurso do tempo, "compreende a modernidade das técnicas, do equipamento e das instalações e a sua conservação, bem como a melhoria e expansão do serviço" (art. 6.º, § 2.º, da Lei 8.987/1995).[27]

Em razão da mutabilidade, as relações entre as concessionárias de serviços públicos e os usuários apresentam peculiaridades quando comparadas às relações privadas, com destaque para o reconhecimento da prerrogativa de alteração unilateral do contrato por parte do Poder concedente (ex.: alteração de cláusula regulamentar para exigir a utilização de novas tecnologias na prestação do serviço), bem como para ausência de direito adquirido da concessionária à manutenção das condições iniciais do ajuste (ex.: necessidade de observar as novas gratuidades previstas em lei), com a ressalva de que, nessas hipóteses, a concessionária terá direito ao reequilíbrio econômico-financeiro do contrato.

### 13.4.4 Princípio da generalidade ou universalidade

Atrelado ao princípio da igualdade, o princípio da universalidade ou da generalidade exige que a prestação do serviço público beneficie o maior número possível de beneficiários. O prestador deve empreender esforços para levar as comodidades materiais para as pessoas que ainda não recebem o serviço público.

No Brasil, o princípio da generalidade ou universalidade é consagrado expressamente na Constituição da República (saúde: art. 196, *caput*; educação: arts. 208, II, e 211, § 4.º). A legislação que trata, genericamente, das concessões e permissões de serviços públicos prevê a universalidade como uma característica inerente à prestação desses serviços (art. 6.º, § 1.º, da Lei 8.987/1995 e o art. 3.º, IV, da Lei 9.074/1995). Da mesma forma, no âmbito dos setores regulados, as obrigações de universalização são objeto de metas periódicas fixadas pelas agências reguladoras (ex.: arts. 18, III, e 80 da Lei 9.472/1997 – ANATEL).

---

[26] Súmula 407 do STJ: "É legítima a cobrança da tarifa de água fixada de acordo com as categorias de usuários e as faixas de consumo".

[27] Em razão do princípio da mutabilidade ou atualidade, é justificável a existência de prerrogativas por parte da Administração nos contratos de concessão, tal como a possibilidade de alteração unilateral do contrato de concessão, desde que seja respeitado o princípio da manutenção do equilíbrio econômico-financeiro do contrato.

## 13.4.5 Princípio da modicidade

Ressalvados os casos elencados na legislação (ex.: serviço público de ensino – art. 206, IV, da CRFB; transporte público para pessoas idosas – art. 230, § 2.º, da CRFB), os serviços públicos são remunerados pelos usuários.

O legislador infraconstitucional, por opção política, pode prever gratuidade para determinados serviços públicos, observado, no caso dos serviços delegados, o princípio da manutenção do equilíbrio econômico-financeiro do contrato de concessão, com a indicação da respectiva fonte de custeio.

O princípio da modicidade significa que o valor cobrado do usuário deve ser proporcional ao custo do respectivo serviço, com o objetivo de viabilizar o acesso pelo maior número possível de pessoas, o que demonstra a sua íntima vinculação com o princípio da universalidade (ex.: a modicidade das tarifas dos serviços delegados pode ser garantida por meio da previsão, no contrato de concessão, de "receitas alternativas", conforme dispõe o art. 11 da Lei 8.987/1995).

## 13.5 CLASSIFICAÇÃO

Os serviços públicos podem ser classificados a partir de critérios diversos, tais como:

a) critério dos destinatários: *uti universi* e *uti singuli*;
b) critério da titularidade federativa: federais, estaduais, distritais, municipais e comuns;
c) quanto ao objeto: administrativos, econômicos e sociais;
d) critério da essencialidade: essenciais e não essenciais;
e) critério da titularidade estatal: próprios x impróprios (virtuais); e
f) quanto à criação: inerentes e por opção legislativa.

### 13.5.1 Uti universi e uti singuli

Quanto aos destinatários, os serviços públicos dividem-se em duas espécies:[28]

a) **serviços públicos *uti universi* (gerais ou coletivos):** são os serviços prestados à coletividade em geral, sem a identificação individual dos usuários e, portanto, sem a possibilidade de determinar a parcela do serviço usufruída por cada pessoa (ex.: iluminação pública, calçamento etc.).[29] Considerados serviços indivisíveis, o seu custeio deve ser feito, em regra, por imposto, não sendo possível a cobrança de taxa ou tarifa; e

b) **serviços públicos *uti singuli* (individuais ou singulares):** são os serviços prestados a usuários determinados, sendo possível mensurar a sua utilização por cada um deles (ex.: fornecimento domiciliar de água e de energia elétrica, trans-

---

[28] MEIRELLES, Hely Lopes. *Direito administrativo brasileiro*. 22. ed. São Paulo: Malheiros, 1997. p. 300.
[29] Súmula Vinculante 41: "O serviço de iluminação pública não pode ser remunerado mediante taxa".

porte público, telefonia etc.). A remuneração dos serviços individuais pode ser feita por taxa (regime tributário) ou por tarifa (regime contratual).

Há controvérsia doutrinária quanto ao critério adequado para distinção das duas formas remuneratórias. O critério que tem prevalecido para definir uma ou outra forma de remuneração é aquele que leva em conta a obrigatoriedade ou a facultatividade (liberdade) que o particular possui para utilizar o serviço. Por um lado, na hipótese em que o usuário tem liberdade para escolher entre usar ou não o serviço, a remuneração deve ser feita por meio de tarifa (ex.: particular pode utilizar a energia fornecida por concessionária ou energia solar). Por outro lado, se não houver liberdade para o usuário, a remuneração será efetivada por taxa (ex.: taxa de coleta domiciliar de lixo, taxa de coleta de esgoto sanitário, taxa judiciária). Essa distinção foi consagrada na Súmula 545 do STF que dispõe: "preços de serviços públicos e taxas não se confundem, porque estas, diferentemente daqueles, são compulsórias e têm sua cobrança condicionada à prévia autorização orçamentária, em relação à lei que as instituiu".[30]

Entendemos que a compulsoriedade do serviço não constitui um critério absoluto para diferenciar as hipóteses, pois determinados serviços essenciais e obrigatórios são prestados por concessionários e, nesse caso, remunerados por tarifa (ex.: fornecimento domiciliar de água).[31] Portanto, ao lado da compulsoriedade, a taxa pressupõe o exercício do poder de autoridade estatal, indelegável ao particular.[32]

É importante notar que, independentemente da existência de opções para o usuário, o serviço público, ainda que obrigatório, quando prestado por concessionárias, será necessariamente remunerado por tarifa, conforme previsão contida no art. 175 da CRFB.[33]

Em síntese, a remuneração dos serviços individuais ocorre da seguinte forma:

a) quando os serviços forem executados por concessionárias, a tarifa será, necessariamente, a forma remuneratória;

b) quando o serviço for prestado diretamente pelo Estado, a tarifa será cobrada nos serviços individuais, que não envolvam o poder de autoridade estatal, e a taxa será instituída para os serviços individuais, cuja prestação dependa da autoridade pública.

---

[30] O STF, por exemplo, considerou inconstitucional a "tarifa básica de limpeza urbana" (preço público), instituída pelo Decreto 196/1975 no Município do Rio de Janeiro, pois a coleta do lixo, por ser um serviço essencial e obrigatoriamente prestado pelo Estado, deve ser remunerada por taxa e respeitar o princípio da legalidade tributária (RExt 89.876/RJ, Rel. Min. Moreira Alves, Tribunal Pleno, j. 04.09.1980, DJ 10.10.1980, p. 390).

[31] Apesar das polêmicas em relação à natureza da contraprestação cobrada pelo serviço público de água, o STF entende tratar-se de tarifa (RExt 77.162/SP, Rel. Min. Leitão de Abreu, 2.ª Turma, j. 24.05.1977, DJ 09.08.1977, p. 763). Da mesma forma, o STJ considera a contraprestação do serviço de fornecimento de água, prestado por concessionárias, como tarifa ou preço público (Informativo de Jurisprudência do STJ n. 349).

[32] CARVALHO FILHO, José dos Santos. Manual de direito administrativo. 18. ed. Rio de Janeiro: Lumen Juris, 2007. p. 297.

[33] Nesse sentido: ARAGÃO, Alexandre Santos de. Direito dos serviços públicos. Rio de Janeiro: Forense, 2007. p. 610; DI PIETRO, Maria Sylvia Zanella. Parcerias na Administração Pública. 5. ed. São Paulo: Atlas, 2005. p. 391. Registre-se que o art. 9.º, § 1.º, da Lei 8.987/1995 admite, ainda que implicitamente, a cobrança de tarifa mesmo sem a existência de serviço alternativo para o particular.

Por fim, a doutrina costuma apontar outra consequência para a distinção entre os serviços gerais e individuais. Trata-se do reconhecimento do direito subjetivo do indivíduo à prestação do serviço individual, direito não consagrado para os usuários de serviços gerais. Ou seja: apenas os serviços individuais podem ser exigidos judicialmente.[34] Essa distinção, no entanto, deve ser relativizada na atualidade, notadamente pela possibilidade de utilização de ações coletivas para exigir a prestação de serviços gerais.

### 13.5.2 Federais, estaduais, distritais, municipais e comuns

Quanto à titularidade federativa, os serviços públicos são classificados em cinco categorias:

a) **federais:** titularidade da União (ex.: transporte rodoviário internacional e interestadual – art. 21, XII, "e", da CRFB);

b) **estaduais:** competência dos Estados (ex.: transporte intermunicipal);

c) **distritais:** concentra as competências estaduais e municipais;

d) **municipais:** pertencem aos Municípios (ex.: transporte coletivo – art. 30, V, da CRFB); e

e) **comuns:** serviços de titularidade comum dos Entes (ex.: art. 23 da CRFB).

### 13.5.3 Administrativos, comerciais (ou industriais) e sociais

Quanto ao objeto, a doutrina costuma diferenciar três categorias de serviços públicos:

a) **serviços públicos administrativos:** são executados pela Administração Pública para atender às suas necessidades internas ou como forma de preparação para outros serviços que serão prestados ao público (ex.: imprensa oficial);

b) **serviços públicos comerciais (ou industriais):** serviços que produzem renda para os seus prestadores (ex.: transporte público, energia, água), excluídos os serviços que devem ser necessariamente gratuitos (ex.: saúde e educação, quando prestados pelo Estado). A execução dos serviços públicos comerciais pode ser delegada, por concessão ou permissão, aos particulares; e

c) **serviços públicos sociais:** serviços que atendem as necessidades coletivas de caráter social (direitos fundamentais sociais). Esses serviços podem ser prestados pelo Estado ou pelo particular. A peculiaridade desses serviços reside na ausência de exclusividade, na sua titularidade, por parte do Estado (serviços não reservados ou não exclusivos), uma vez que o texto constitucional admite que os particulares prestem tais serviços, sem a necessidade de delegação formal do Poder Público (ex.: saúde – art. 199 da CRFB; educação – art. 209 da CRFB; assistência social – art. 204, I e II, da CRFB; e previdência social – art. 202 da CRFB).

---

[34] MEIRELLES, Hely Lopes. *Direito administrativo brasileiro*. 22. ed. São Paulo: Malheiros, 1997. p. 300; CARVALHO FILHO, José dos Santos. *Manual de direito administrativo*. 18. ed. Rio de Janeiro: Lumen Juris, 2007. p. 292.

## 13.5.4 Essenciais e não essenciais

A partir do critério da essencialidade, a doutrina classifica os serviços em duas categorias:[35]

a) **serviços essenciais ou serviços de necessidade pública:** são, em princípio, de execução privativa da Administração Pública, e são considerados como indispensáveis à coletividade (ex.: serviços judiciários); e

b) **serviços não essenciais ou serviços de utilidade pública:** são aqueles que podem ser prestados por particulares (ex.: serviços funerários).

Entendemos, contudo, que o critério da essencialidade não é completamente adequado para classificação dos serviços públicos, tendo em vista três argumentos:

a) a indelegabilidade ao particular não depende da essencialidade, mas da necessidade de exercício do poder de autoridade estatal;

b) a própria Constituição Federal qualifica como essenciais serviços que podem ser delegados aos particulares (ex.: art. 30, V, da CRFB); e

c) todos os serviços públicos, em razão da vinculação aos direitos fundamentais, são, em maior ou menor medida, essenciais, e a essencialidade não é atributo exclusivo dos serviços públicos, alcançando, também, algumas atividades privadas de caráter social envolvido (ex.: art. 10 da Lei 7.783/1989).

## 13.5.5 Próprios e impróprios (virtuais)

Quanto à titularidade do serviço, os serviços públicos dividem-se em duas espécies:

a) **serviços públicos próprios:** são de titularidade exclusiva do Estado e a execução pode ser feita diretamente pelo Poder Público ou indiretamente por meio de concessão ou permissão (ex.: transporte público, considerado direito fundamental social, na forma do art. 6.º da CRFB, alterado pela EC 90/2015); e

b) **serviços públicos impróprios ou virtuais:** são as atividades, executadas por particulares, que atendem às necessidades da coletividade, mas que não são titularizadas, ao menos com exclusividade, pelo Estado. Tais serviços são nomeados como impróprios ou virtuais, justamente por não serem serviços públicos propriamente ditos, uma vez ausente o requisito da *publicatio* (ou publicização).[36] São, em verdade, atividades titularizadas por particulares, e não pelo Estado, com a peculiaridade de que satisfazem o interesse social (atividades privadas de utilidade ou de relevância pública), motivo pelo qual encontram-se submetidas ao poder de polícia do Estado e a determinados princípios típicos dos serviços públicos, tais como a continuidade (ex.: necessidade de continui-

---

[35] GASPARINI, Diógenes. *Direito administrativo.* 12. ed. São Paulo: Saraiva, 2007. p. 296.
[36] DI PIETRO, Maria Sylvia Zanella. *Direito administrativo.* 20. ed. São Paulo: Atlas, 2007. p. 96; CASSAGNE, Juan Carlos. *Derecho administrativo.* 8. ed. Buenos Aires: Abeledo-Perrot, 2006. t. II, p. 414.

dade para atividade de compensação bancária, com requisitos especiais para o direito de greve dos respectivos empregados – art. 10, XI, da Lei 7.783/1989).

### 13.5.6 Inerentes e por opção legislativa

Quanto à criação do serviço, os serviços públicos são divididos em duas modalidades:[37]

a) **serviços públicos inerentes:** são aqueles geneticamente ligados às funções estatais típicas, que envolvem o exercício do poder de autoridade. Em razão disso, é dispensável a sua caracterização normativa como serviço público, uma vez que a natureza da atividade já demonstra o seu caráter de serviço público (ex.: prestação jurisdicional); e

b) **serviços públicos por opção legislativa:** são atividades econômicas consideradas como serviços públicos por determinada norma jurídica. A legislação, no caso, retira determinadas atividades econômicas do regime da livre-iniciativa, colocando-as sob a titularidade estatal. A prestação desses serviços pode ser delegada à iniciativa privada (art. 175 da CRFB), como acontece, por exemplo, nos serviços públicos de transporte. Conforme mencionado anteriormente, a criação de novos serviços públicos depende de previsão constitucional ou legal e deve ser pautada pela essencialidade das atividades e por sua vinculação estreita com a dignidade da pessoa humana ou com o bem-estar da coletividade.

## 13.6 MODALIDADES DE EXECUÇÃO: DIRETA E INDIRETA

O Poder Público pode prestar serviços públicos diretamente, por meio de sua Administração Direta e Indireta, ou indiretamente, a partir de concessões ou permissões à iniciativa privada, na forma do art. 175 da CRFB.

A prestação direta dos serviços será formalizada por lei que determinará a sua prestação por órgãos da Administração Direta (desconcentração) ou por entidades da Administração Indireta (descentralização legal). Na prestação indireta, o Estado (Poder Concedente) delega por contrato de concessão ou de permissão, precedido de licitação, o serviço público.[38]

## 13.7 SERVIÇO PÚBLICO E O CDC

A prestação dos serviços públicos, segundo a legislação vigente, encontra-se submetida ao CDC. Nesse sentido, o art. 7.º da Lei 8.987/1995, que enumera os direitos e obrigações dos usuários, consagra, expressamente, a aplicação da Lei 8.078/1990 aos serviços públicos. Da mesma forma, o CDC faz referência aos serviços públicos (arts. 4.º, VII, 6.º, X, e 22).

---

[37] BARROSO, Luís Roberto. Regime constitucional do serviço postal. Legitimidade da atuação da iniciativa privada. *Temas de direito constitucional*. Rio de Janeiro: Renovar, 2003. t. II, p. 157-167.
[38] O estudo das concessões e permissões de serviços públicos foi apresentado no Capítulo 11.

Há controvérsias, no entanto, sobre a amplitude da aplicação do CDC aos serviços públicos, pois o art. 3.º, § 2.º, do CDC exige a remuneração do serviço, prestado por fornecedor público ou privado, para qualificação da relação de consumo, sendo certo que os serviços públicos podem ser remunerados ou não. A remuneração dos serviços públicos, quando instituída pelo Poder Público, depende da espécie de serviço:

a) serviços públicos *uti universi*: remunerados, normalmente, por impostos (ex.: iluminação pública);
b) serviços públicos *uti singuli*: remunerados por taxa (ex.: serviços judiciários, quando houver compulsoriedade e autoridade estatal), ou tarifa (ex.: fornecimento de energia elétrica domiciliar), na hipótese de serviços facultativos decorrentes de relações contratuais.

Sobre o tema, existem três entendimentos:

**1.º entendimento (tese ampliativa):** todos os serviços públicos submetem-se ao CDC, que menciona os serviços públicos sem qualquer distinção, bem como pelo fato de que todos os serviços públicos seriam remunerados, ainda que genericamente por impostos. Nesse sentido: Marcos Juruena Villela Souto e Antônio Herman de Vasconcellos e Benjamin.[39]

**2.º entendimento (tese intermediária):** o CDC deve ser aplicado aos serviços públicos *uti singuli*, que são remunerados individualmente pelos usuários-consumidores (taxa ou tarifa), em conformidade com o art. 3.º, § 2.º, do CDC, excluídos, portanto, os serviços públicos *uti universi*. Nesse sentido: Claudia Lima Marques e Dinorá Adelaide Musetti Grotti.[40]

**3.º entendimento (tese restritiva):** o CDC incide apenas sobre os serviços individuais, remunerados por tarifas, excluídos da sua aplicação os serviços *uti universi* e os serviços individuais remuneradas por taxa. Essa é a tese sustentamos em obra sobre o tema.[41]

Entendemos que a aplicação do CDC ocorre apenas em relação aos serviços públicos *uti singuli*, que sejam remunerados individualmente por tarifa.[42]

O art. 3.º, § 2.º, do CDC exige a remuneração do serviço e, nesse caso, estariam excluídos do conceito legal os serviços *uti universi* ou gerais que não são remunerados individualmente pelo usuário. É verdade que, a rigor, os serviços públicos gerais são remunerados, ainda que indiretamente, por impostos, mas o CDC, ao utilizar a expressão "mediante remuneração", teve, certamente, a intenção de exigir a remuneração específica do usuário-consumidor. Não fosse assim, a expressão "remuneração", encontrada na norma

---

[39] SOUTO, Marcos Juruena Villela. *Direito administrativo da economia*. 3. ed. Rio de Janeiro: Lumen Juris, 2003. p. 338; BENJAMIN, Antônio Herman de Vasconcellos e. In: OLIVEIRA, Juarez de (Coord.). *Comentários ao Código de Proteção ao Consumidor*. São Paulo: Saraiva, 1991. p. 110-111.

[40] MARQUES, Claudia Lima. *Contratos no Código de Defesa do Consumidor*. 4. ed. São Paulo: RT, 2002. p. 486; GROTTI, Dinorá Adelaide Mussetti. *O serviço público e a Constituição brasileira de 1988*. São Paulo: Malheiros, 2003. p. 347.

[41] OLIVEIRA, Rafael Carvalho Rezende. *Administração Pública, concessões e terceiro setor*. 2. ed. Rio de Janeiro: Lumen Juris, 2011. p. 229-237.

[42] Em abono à nossa tese, mencione-se: CABRAL, Flávio Garcia; SARAI, Leandro. *Manual de direito administrativo*. Leme: Mizuno, 2022. p. 468-469.

legal em comento, não faria qualquer sentido, dado que, a partir de uma visão extremada, não existe serviço genuinamente gratuito, pois sempre haverá alguém responsável por cobrir os custos de sua prestação.

Dessa forma, os serviços públicos que não envolvem remuneração específica do usuário, pois são custeados por impostos (ex.: escolas e hospitais públicos), estão excluídos do CDC. Nesse sentido, o STJ decidiu ser inaplicável o CDC aos serviços de saúde prestados por hospitais públicos, tendo em vista a ausência de remuneração específica.[43]

A inaplicabilidade do CDC aos serviços públicos individuais, remunerados por taxas, justifica-se pela natureza tributária e não contratual da relação jurídica. Sob o ponto de vista jurídico, contribuinte não se confunde com o consumidor, devendo ser aplicada à relação entre o Estado e o contribuinte a legislação tributária, e não o CDC.

É oportuno registrar, ainda, o potencial conflito entre o Direito Administrativo e o Direito do Consumidor, uma vez que os serviços públicos e as relações de consumo apresentam peculiaridades próprias que devem ser levadas em consideração pelo intérprete.

O Direito do Consumidor, que remonta ao Direito norte-americano, tem por objetivo principal proteger os consumidores no âmbito das atividades econômicas em sentido estrito, submetidas ao princípio da livre-iniciativa (art. 170 da CRFB).[44]

Os serviços públicos, por sua vez, são titularizados pelo Estado, admitindo-se a execução por particulares na hipótese de delegação formal (art. 175 da CRFB). Os serviços públicos possuem caráter coletivo, servindo como instrumento de distribuição de renda e efetivação da dignidade da pessoa humana, o que não ocorre no sistema privatista do CDC.[45] Assim, por exemplo, é possível o aumento da tarifa do serviço público para compensar a concessionária por gratuidades conferidas pelo Poder Concedente a determinado grupo de usuários, tendo em vista o princípio constitucional do equilíbrio econômico-financeiro dos contratos administrativos, o que seria inadmissível sob a ótica do Direito do Consumidor, que consideraria o aumento tarifário abusivo por não corresponder apenas à utilidade individualmente usufruída por cada usuário (arts. 39, V, e 51, IV, da CDC). Vale dizer: os valores não arrecadados pela concessionária, em virtude da gratuidade conferida pelo Poder Concedente, seriam repassados para os demais usuários do serviço público.

---

[43] "Processual civil. Recurso especial. Exceção de competência. Ação indenizatória. Prestação de serviço público. Ausência de remuneração. Relação de consumo não configurada. Desprovimento do recurso especial. [...]. 2. O conceito de 'serviço' previsto na legislação consumerista exige para a sua configuração, necessariamente, que a atividade seja prestada mediante remuneração (art. 3.º, § 2.º, do CDC). 3. Portanto, no caso dos autos, não se pode falar em prestação de serviço subordinada às regras previstas no Código de Defesa do Consumidor, pois inexistente qualquer forma de remuneração direta referente ao serviço de saúde prestado pelo hospital público, o qual pode ser classificado como uma atividade geral exercida pelo Estado à coletividade em cumprimento de garantia fundamental (art. 196 da CF). 4. Referido serviço, em face das próprias características, normalmente é prestado pelo Estado de maneira universal, o que impede a sua individualização, bem como a mensuração de remuneração específica, afastando a possibilidade da incidência das regras de competência contidas na legislação específica. 5. Recurso especial desprovido" (grifo nosso) (STJ, 1.ª Turma, REsp 493.181/SP, Rel. Min. Denise Arruda, DJ 01.02.2006, p. 431).

[44] JUSTEN FILHO, Marçal. Teoria geral das concessões de serviço público. São Paulo: Dialética, 2003. p. 555.

[45] ARAGÃO, Alexandre Santos de. Direito dos serviços públicos. Rio de Janeiro: Forense, 2007. p. 521.

Aliás, as cláusulas exorbitantes previstas nos contratos administrativos (art. 58 da Lei 8.666/1993 e art. 104 da nova Lei de Licitações), especialmente a prerrogativa de alteração unilateral do contrato de concessão, decorrente da mutabilidade (*jus variandi*) dos serviços públicos, demonstram a dificuldade de compatibilização entre o Direito Administrativo e o Direito do Consumidor (ex.: o Poder Concedente pode alterar as regras pertinentes aos serviços de telefonia fixa, com reflexos para os usuários, que não poderiam invocar o direito adquirido, o que não seria possível, em princípio, nas relações de consumo regidas exclusivamente pelo CDC).[46]

Registre-se, também, que o próprio texto constitucional confere tratamento formal distinto entre os usuários de serviços públicos e os consumidores em geral. De um lado, o art. 5.º, XXXII, e o art. 48 do ADCT fundamentam a existência do Código de Defesa do Consumidor. Por outro lado, o art. 175, parágrafo único, II, ao tratar, especificamente, da concessão e da permissão de serviços públicos, remete ao legislador ordinário a incumbência de definir os direitos dos usuários, o que ocorreu, por exemplo, com a promulgação da Lei 8.987/1995 e legislação correlata.

A intenção do legislador constitucional, em diferenciar a situação jurídica do usuário e do consumidor, ficou ainda mais evidente com a promulgação da EC 19/1998, que, em seu art. 27, fixou o prazo de 120 dias (há muito ultrapassado) para o Congresso Nacional elaborar a "lei de defesa do usuário de serviços públicos".

Cabe destacar, ainda, que o art. 1.º, § 2.º, II, da Lei 13.460/2017, que dispõe sobre participação, proteção e defesa dos direitos do usuário dos serviços públicos da Administração Pública, prevê que a aplicação da referida Lei não afasta a necessidade de cumprimento do disposto no CDC "quando caracterizada relação de consumo". Ao que parece, o legislador afasta a tese de que todo e qualquer serviço público estaria submetido ao CDC, mas não define, de forma expressa, qual seria a abrangência exata da legislação consumerista sobre os serviços públicos.

Destarte, as características e peculiaridades inerentes ao regime jurídico dos serviços públicos revelam a dificuldade de sua submissão completa ao CDC. Em caso de conflito, deve ser reconhecida, em regra, a primazia do Direito Administrativo sobre o Direito do Consumidor, tendo em vista o critério da especialidade.[47] Nesse sentido, o STJ admite, em regra, o corte do serviço público concedido ao usuário inadimplente, tendo em vista a especialidade do art. 6.º, § 3.º, II, da Lei 8.987/1995 em detrimento dos arts. 22 e 42 do CDC e o art. 6.º, § 3.º, II, da Lei 8.987/1995.[48]

Por fim, há interessante controvérsia sobre a possibilidade de o Estado ser considerado consumidor, em determinada relação jurídica, à luz do conceito fixado pelo art. 2.º da Lei 8.078/1990.[49] Alguns autores sustentam que o Estado não pode ser considerado consumidor,

---

[46] JUSTEN FILHO, Marçal. *Teoria geral das concessões de serviço público*. São Paulo: Dialética, 2003. p. 557.
[47] JUSTEN FILHO, Marçal. *Teoria geral das concessões de serviço público*. São Paulo: Dialética, 2003. p. 560. No mesmo sentido: ARAGÃO, Alexandre Santos de. *Direito dos serviços públicos*. Rio de Janeiro: Forense, 2007. p. 525.
[48] STJ, 2.ª Turma, REsp 510.478/PB, Rel. Min. Franciulli Netto, j. 10.06.2003, *DJ* 08.09.2003, p. 312.
[49] "Art. 2.º Consumidor é toda pessoa física ou jurídica que adquire ou utiliza produto ou serviço como destinatário final."

pois essa qualificação depende, necessariamente, da vulnerabilidade da pessoa em relação ao fornecedor dos produtos e dos serviços (art. 4.º, I, da Lei 8.078/1990), sendo certo que o Estado ocupa posição de supremacia nas relações jurídicas com particulares, especialmente pela presença das cláusulas exorbitantes (art. 58 da Lei 8.666/1993 e art. 104 da nova Lei de Licitações).[50]

Entendemos que, em determinados casos, o Estado pode ser considerado consumidor, recebendo a proteção do CDC, tendo em vista a possibilidade de existir vulnerabilidade técnica por parte dos agentes públicos em relação ao fornecedor, bem como pelo fato de o conceito legal de consumidor (art. 2.º do CDC) não estabelecer qualquer restrição nesse sentido.[51]

É verdade que a Lei de Licitações, em regra, protege, suficientemente, o Estado em situações de inadimplemento contratual ou de necessidade de mudanças contratuais para o melhor atendimento do interesse público. Todavia, o CDC confere proteção suplementar importante que, por vezes, são necessárias à proteção do Estado, tais como: a) responsabilidade civil por vício ou defeito do produto ou serviço: o Estado poderia se valer da responsabilidade civil solidária e objetiva, prevista no CDC, para pleitear ressarcimento não apenas em relação ao fornecedor, mas também no tocante às demais pessoas que participaram da cadeia de consumo (arts. 12 e 18 do CDC);[52] b) aplicação de sanções: o Estado-consumidor poderia aplicar sanções especificamente previstas CDC, por exemplo, a inscrição do nome do contratado no cadastro de maus pagadores ou a exigência de "contrapropaganda".[53]

## 13.8 LEI DE PARTICIPAÇÃO, PROTEÇÃO E DEFESA DOS DIREITOS DO USUÁRIO DOS SERVIÇOS PÚBLICOS (LEI DE DEFESA DO USUÁRIO DO SERVIÇO PÚBLICO)

A Lei 13.460/2017 (também denominada "Lei de Defesa do Usuário do Serviço Público" ou "Código de Defesa do Usuário do Serviço Público") estabelece as normas sobre participação, proteção e defesa dos direitos do usuário dos serviços públicos da Administração Pública.[54] Em âmbito federal, o Decreto 9.094/2017 regulamenta dispositivos da Lei 13.460/2017, dispõe sobre a simplificação do atendimento prestado aos usuários dos serviços públicos, ratifica a dispensa do reconhecimento de firma e da autenticação em documentos produzidos no País e institui a Carta de Serviços ao Usuário.

---

[50] JUSTEN FILHO, Marçal. *Comentários à Lei de Licitações e Contratos Administrativos*. 9. ed. São Paulo: Dialética, 2002. p. 520.
[51] Nos contratos privados da Administração, a aplicação do CDC é reforçada pela inexistência, em regra, das cláusulas exorbitantes e pela incidência do regime jurídico predominantemente privado. No sentido aqui defendido, concordando com a nossa tese, vide: CABRAL, Flávio Garcia; SARAI, Leandro. *Manual de direito administrativo*. Leme: Mizuno, 2022. p. 469.
[52] Nesse sentido: GARCIA, Flávio Amaral. *Licitações e contratos administrativos*. Rio de Janeiro: Lumen Juris, 2007. p. 164-165.
[53] Nesse sentido: PIMENTEL, Maria Helena Pessoa. A Administração Pública como consumidora nas relações de consumo. *Boletim de Direito Administrativo*, São Paulo: NDJ, p. 276-282, abr. 2001.
[54] Em âmbito federal, a referida Lei entrou em vigor no dia 22.06.2018 e foi regulamentada pelo Decreto 9.492/2018.

O referido diploma legislativo regulamenta, inicialmente, o art. 37, § 3.º da CRFB, alterado pela EC 19/1998, que remete ao legislador ordinário a disciplina das formas de participação do usuário na administração pública direta e indireta, regulando especialmente: I – as reclamações relativas à prestação dos serviços públicos em geral, asseguradas a manutenção de serviços de atendimento ao usuário e a avaliação periódica, externa e interna, da qualidade dos serviços; II – o acesso dos usuários a registros administrativos e a informações sobre atos de governo, observado o disposto no art. 5.º, X e XXXIII; e III – a disciplina da representação contra o exercício negligente ou abusivo de cargo, emprego ou função na administração pública. Contudo, a partir da análise do conteúdo da Lei 13.460/2017, percebe-se que as respectivas normas regulam, de forma preponderante, o citado inciso I. O acesso à informação (inciso II) é regulado pela Lei 12.527/2011 (Lei de Acesso à Informação) e a representação encontra previsão nos Estatutos Funcionais dos servidores.

A Lei 13.460/2017 encontra fundamento, ainda, no art. 175, parágrafo único, II e IV, da CRFB, que delega ao legislador a tarefa de dispor sobre os direitos dos usuários e a obrigação de manter serviço adequado. Nesse ponto, a lei em comento deverá ser harmonizada com as leis que dispõem sobre concessão e permissão de serviços públicos (exemplos: Lei 8.987/1995 e Lei 11.079/2004).

Ademais, a Lei 13.460/2017 regulamenta o art. 27 da EC 19/1998, que estabeleceu o prazo de 120 dias, contados da promulgação da referida Emenda, para o Congresso Nacional elaborar a Lei de defesa do usuário de serviços públicos.

Conforme dispõe o seu art. 1.º, § 1.º, a Lei de Defesa do Usuário do Serviço Público tem alcance nacional, aplicando-se à Administração Pública direta e indireta da União, dos Estados, do Distrito Federal e dos Municípios.

Trata-se de opção legislativa que pode suscitar debate quanto à sua constitucionalidade, uma vez que o art. 37, § 3.º da CRFB remeteu o tema à "lei", sem especificar o Ente federativo responsável. Em razão da autonomia federativa e do conteúdo eminentemente de Direito Administrativo, seria razoável concluir, ao menos a partir dessa norma constitucional, que a matéria poderia ser disciplinada por cada Ente federado, inexistindo, a priori, competência da União para fixar normas gerais de alcance nacional.

Contudo, o art. 27 da EC 19/1998 dispôs, expressamente, que a Lei de Defesa do Usuário do Serviço Público seria elaborada pelo Congresso Nacional, o que autorizaria a interpretação de que a lei em questão seria nacional e não apenas federal, o que seria confirmado pela própria presunção de constitucionalidade da Lei 13.460/2017.

De qualquer forma, nada impede, a nosso juízo, que algumas de suas normas sejam consideradas federais, com aplicação restrita à Administração Pública Federal, notadamente aquelas que tratam da instituição de órgãos públicos (exemplos: ouvidorias, conselhos de usuários).

A aplicação da Lei de Defesa do Usuário do Serviço Público, na forma do seu art. 1.º, § 2.º, não afasta a necessidade de cumprimento das "normas regulamentadoras específicas, quando se tratar de serviço ou atividade sujeitos a regulação ou supervisão" (parece redundância, uma vez que não existe serviço ou atividade fora do alcance de regulação ou supervisão) e da Lei 8.078/1990, "quando caracterizada relação de consumo" (aqui, a norma demonstra que alguns serviços públicos não caracterizam relação de consumo, conforme polêmica apresentada no item 13.7).

De acordo com o disposto no art. 1.º, § 3.º, a Lei de Defesa do Usuário do Serviço Público deve ser aplicada, subsidiariamente, "aos serviços públicos prestados por particular", o que parece englobar todo e qualquer serviço público, próprio (serviços titularizados pelo Estado e que podem ser delegados, por concessão ou permissão, à iniciativa privada) ou impróprio (exemplos: serviços de saúde e de educação prestados, independentemente de delegação, por particulares). Isto porque o art. 1.º da Lei já estabeleceu, no *caput*, a incidência de suas normas aos "serviços públicos prestados direta ou indiretamente pela administração pública", o que abrangeria, naturalmente, serviços prestados diretamente pelo Estado e, indiretamente, por concessão e permissão. Logo, o § 3.º do art. 1.º da Lei, ao determinar a incidência subsidiária do diploma legal "aos serviços públicos prestados por particular", evidenciou a sua intenção de abarcar os denominados serviços públicos impróprios de titularidade não exclusiva do Poder Público.

Ademais, o art. 2.º, II, da Lei de Defesa do Usuário do Serviço Público apresenta a seguinte definição de serviço público: "atividade administrativa ou de prestação direta ou indireta de bens ou serviços à população, exercida por órgão ou entidade da administração pública". O conceito apresenta equívoco ao restringir o serviço público à atividade "exercida" pela Administração Pública, uma vez que o art. 175 da CRFB e o próprio art. 1.º da sobredita Lei permitem que os serviços públicos sejam prestados direta ou indiretamente pela Administração, admitindo-se, portanto, a delegação de sua execução à iniciativa privada. Em razão disso, seria melhor substituir a expressão "exercida" por "titularizada" pela Administração Pública no inciso II do art. 2.º da Lei.

Os arts. 5.º ao 8.º da Lei 13.460/2017 dispõem sobre as diretrizes que deverão ser observadas pelos agentes públicos, os direitos e os deveres dos usuários. Merece destaque a obrigatoriedade de elaboração da denominada "Carta de Serviços ao Usuário", que tem por objetivo informar o usuário sobre os serviços prestados pelo órgão ou entidade, as formas de acesso a esses serviços e seus compromissos e padrões de qualidade de atendimento ao público (art. 7.º, § 1.º). A Carta será atualizada periodicamente e divulgada de forma permanente mediante publicação em sítio eletrônico do órgão ou entidade na internet, cabendo ao regulamento de cada Poder e esfera de Governo dispor sobre a sua operacionalização (art. 7.º, §§ 4.º e 5.º).[55] Cada Ente federado deverá

---

[55] Lei 13.460/2017: "Art. 7.º [...] § 2.º Carta de Serviços ao Usuário deverá trazer informações claras e precisas em relação a cada um dos serviços prestados, apresentando, no mínimo, informações relacionadas a: I – serviços oferecidos; II – requisitos, documentos, formas e informações necessárias para acessar o serviço; III – principais etapas para processamento do serviço; IV – previsão do prazo máximo para a prestação do serviço; V – forma de prestação do serviço; e VI – locais e formas para o usuário apresentar eventual manifestação sobre a prestação do serviço. § 3.º Além das informações descritas no § 2.º, a Carta de Serviços ao Usuário deverá detalhar os compromissos e padrões de qualidade do atendimento relativos, no mínimo, aos seguintes aspectos: I – prioridades de atendimento; II – previsão de tempo de espera para atendimento; III – mecanismos de comunicação com os usuários; IV – procedimentos para receber e responder as manifestações dos usuários; e V – mecanismos de consulta, por parte dos usuários, acerca do andamento do serviço solicitado e de eventual manifestação." Além dos direitos elencados no art. 6.º da Lei 13.460/2017 e na Lei 13.709/2018 (LGPD), são garantidos os seguintes

disponibilizar as informações dos serviços prestados, conforme disposto nas suas Cartas de Serviços ao Usuário, na Base Nacional de Serviços Públicos, mantida pelo Poder Executivo federal, em formato aberto e interoperável (art. 7.º, § 6.º, da Lei 13.460/2017, incluído pela Lei 14.129/2021).

As normas relativas às manifestações dos usuários de serviços públicos encontram-se previstas nos arts. 9.º ao 12 da Lei 13.460/2017. As manifestações, que poderão ser apresentadas pela forma eletrônica, por correspondência convencional ou de forma verbal (nesse último caso, a manifestação será reduzida a termo) deverão conter a identificação do requerente, vedadas quaisquer exigências relativas aos motivos determinantes da apresentação de manifestações perante a ouvidoria.[56] Caso não haja ouvidoria, as manifestações serão direcionadas diretamente ao órgão ou entidade responsável pela execução do serviço e ao órgão ou entidade a que se subordinem ou se vinculem.

O recebimento das manifestações não poderá ser recusado pelo agente público, sob pena de sua responsabilização (art. 11). A efetiva resolução das manifestações dos usuários compreende (art. 12, parágrafo único): a) recepção da manifestação no canal de atendimento adequado; b) emissão de comprovante de recebimento da manifestação; c) análise e obtenção de informações, quando necessário; d) decisão administrativa final; e e) ciência ao usuário.

As ouvidorias, por sua vez, são regulamentadas pelos arts. 13 ao 17 da Lei 13.460/2017. Além de outras atribuições que poderão ser conferidas por regulamento próprio, compete às ouvidorias, no mínimo (art. 13): a) promover a participação do usuário na administração pública, em cooperação com outras entidades de defesa do usuário; b) acompanhar a prestação dos serviços, visando garantir a sua efetividade; c) propor aperfeiçoamentos na prestação dos serviços; d) auxiliar na prevenção e correção dos atos e procedimentos incompatíveis com os princípios estabelecidos nesta Lei; e) propor a adoção de medidas para a defesa dos direitos do usuário, em observância às determinações desta Lei; f) receber, analisar e encaminhar às autoridades competentes as manifestações, acompanhando o tratamento e a efetiva conclusão das manifestações de usuário perante órgão ou entidade a que se vincula; e g) promover a adoção de mediação e conciliação entre o usuário e o órgão ou a entidade pública, sem prejuízo de outros órgãos competentes.

As ouvidorias devem receber, analisar e responder, por meio de mecanismos proativos e reativos, as manifestações encaminhadas por usuários de serviços públicos, bem como elaborar, anualmente, relatório de gestão, que deverá consolidar as informações

---

direitos aos usuários da prestação digital de serviços públicos (art. 27 da Lei 14.129/2021): a) gratuidade no acesso às Plataformas de Governo Digital; b) atendimento nos termos da respectiva Carta de Serviços ao Usuário; c) padronização de procedimentos referentes à utilização de formulários, de guias e de outros documentos congêneres, incluídos os de formato digital; d) recebimento de protocolo, físico ou digital, das solicitações apresentadas; e e) indicação de canal preferencial de comunicação com o prestador público para o recebimento de notificações, de mensagens, de avisos e de outras comunicações relativas à prestação de serviços públicos e a assuntos de interesse público.

[56] Registre-se que a identificação do requerente é informação pessoal protegida com restrição de acesso nos termos da Lei 12.527/2011 (art. 10, § 7.º da Lei 13.460/2017).

apresentadas pelos usuários, com a indicação das falhas e a sugestão de melhorias na prestação dos serviços públicos (art. 14).[57]

Os atos normativos específicos de cada Poder e esfera de Governo disporão sobre a organização e o funcionamento de suas ouvidorias (art. 17).

Os arts. 18 a 22 da Lei 13.460/2017 tratam dos Conselhos de Usuários, órgãos consultivos que devem (art. 18, parágrafo único): a) acompanhar a prestação dos serviços; b) participar na avaliação dos serviços; c) propor melhorias na prestação dos serviços; d) contribuir na definição de diretrizes para o adequado atendimento ao usuário; e e) acompanhar e avaliar a atuação do ouvidor. Além disso, o conselho de usuários poderá ser consultado quanto à indicação do ouvidor (art. 20).

A composição dos conselhos deve observar os critérios de representatividade e pluralidade das partes interessadas, com o intuito de garantir o equilíbrio em sua representação, exigindo-se a realização de processo aberto ao público e diferenciado por tipo de usuário para escolha dos representantes (art. 19, *caput* e parágrafo único). A participação do usuário no conselho será considerada serviço relevante e sem remuneração (art. 21).

Assim como ocorre com as ouvidorias, cada Poder e esfera de Governo, por meio de regulamento específico, definirá as normas de organização e funcionamento dos conselhos de usuários (art. 22).

Os órgãos e entidades públicos abrangidos pela Lei de Defesa do Usuário do Serviço Público deverão avaliar os serviços prestados, nos seguintes aspectos (art. 23): a) satisfação do usuário com o serviço prestado; b) qualidade do atendimento prestado ao usuário; c) cumprimento dos compromissos e prazos definidos para a prestação dos serviços; d) quantidade de manifestações de usuários; e e) medidas adotadas pela administração pública para melhoria e aperfeiçoamento da prestação do serviço.

A avaliação será realizada por pesquisa de satisfação feita, no mínimo, a cada um ano, ou por qualquer outro meio que garanta significância estatística aos resultados, cujo resultado será integralmente publicado no sítio do órgão ou entidade, incluindo o ranking das entidades com maior incidência de reclamação dos usuários, e servirá de subsídio para reorientar e ajustar os serviços prestados, em especial quanto ao cumprimento dos compromissos e dos padrões de qualidade de atendimento divulgados na Carta de Serviços ao Usuário (art. 23, §§ 1.º e 2.º).

As avaliações de efetividade e de nível de satisfação dos usuários serão especificadas em regulamentos próprios de cada poder e esfera de governo (art. 24).

---

[57] Lei 13.460/2017: "Art. 15. O relatório de gestão de que trata o inciso II do *caput* do art. 14 deverá indicar, ao menos: I – o número de manifestações recebidas no ano anterior; II – os motivos das manifestações; III – a análise dos pontos recorrentes; e IV – as providências adotadas pela administração pública nas soluções apresentadas. Parágrafo único. O relatório de gestão será: I – encaminhado à autoridade máxima do órgão a que pertence a unidade de ouvidoria; e II – disponibilizado integralmente na internet".

## 13.9 RESUMO DO CAPÍTULO

### SERVIÇOS PÚBLICOS

| | |
|---|---|
| **Conceito** | É uma espécie de atividade econômica em sentido amplo, pois se destina à circulação de bens e/ou serviços do produtor ao consumidor final, mas não se confunde com as atividades econômicas em sentido estrito, tendo em vista o objetivo do serviço público (interesse público) e a titularidade do Estado.<br>**Concepção tradicional de serviço público no direito brasileiro:** é composta por três **elementos:**<br>a) **subjetivo (ou orgânico):** relaciona-se com a pessoa que presta o serviço público (Estado ou delegatários);<br>b) **material:** define o serviço público como atividade que satisfaz os interesses da coletividade; e<br>c) **formal:** caracteriza o serviço público como atividade submetida ao regime de direito público. |
| **Tendências do serviço público na atualidade** | **Exemplos:**<br>a) a submissão do serviço público ao regime de competição (concorrência);<br>b) a desverticalização ou fragmentação do serviço público (*unbundling*);<br>c) o compartilhamento compulsório das redes e infraestruturas (*essential facilities doctrine*);<br>d) a redução das hipóteses de titularidade exclusiva do Estado. |
| **Princípios dos serviços públicos** | a) **continuidade:** impõe a prestação ininterrupta do serviço público, tendo em vista o dever do Estado de satisfazer e promover direitos fundamentais;<br>b) **igualdade (uniformidade ou neutralidade):** o Poder Público e o delegatário têm o dever de prestar o serviço público, de maneira igualitária, a todos os particulares, que satisfaçam as condições técnicas e jurídicas, sem qualquer distinção de caráter pessoal;<br>c) **mutabilidade (ou atualidade):** os serviços públicos devem se adaptar à evolução social e tecnológica;<br>d) **generalidade (ou universalidade):** exige que a prestação do serviço público beneficie o maior número possível de beneficiários. O prestador deve empreender esforços para levar as comodidades materiais para as pessoas que ainda não recebem o serviço público;<br>e) **modicidade:** o valor cobrado do usuário deve ser proporcional ao custo do respectivo serviço, com o objetivo de viabilizar o acesso pelo maior número possível de pessoas, o que demonstra a sua íntima vinculação com o princípio da universalidade. |
| **Classificação** | a) **critério dos destinatários:** *uti universi* e *uti singuli*;<br>b) **critério da titularidade federativa:** federais, estaduais, distritais, municipais e comuns;<br>c) **quanto ao objeto:** administrativos, econômicos e sociais;<br>d) **critério da essencialidade:** essenciais e não essenciais;<br>e) **critério da titularidade estatal:** próprios x impróprios (virtuais); e<br>f) **quanto à criação:** inerentes e por opção legislativa. |

# CAPÍTULO 14

# PODERES ADMINISTRATIVOS

## 14.1 CONCEITO

A expressão "poder" tem dois sentidos distintos:

a) poder orgânico: centro de imputação do Poder estatal (Poderes Executivo, Legislativo e Judiciário); e

b) poder funcional: modo de exercer a função administrativa (poderes normativos, administrativos e jurisdicionais).[1]

No presente tópico, o foco é o estudo dos poderes funcionais.

Os poderes administrativos são prerrogativas instrumentais conferidas aos agentes públicos para que, no desempenho de suas atividades, alcancem o interesse público. Trata-se, em verdade, de poder-dever ou dever-poder, uma vez que o seu exercício é irrenunciável e se preordena ao atendimento da finalidade pública.[2]

Isto porque as competências administrativas são, em verdade, funções administrativas, compreendidas como o desempenho do poder preordenado a um fim.[3] O caráter finalístico da função revela que os poderes administrativos são prerrogativas instrumentais que devem ser exercidas para o atendimento das finalidades estatais.

---

[1] MOREIRA NETO, Diogo de Figueiredo. *Curso de direito administrativo*. 15. ed. Rio de Janeiro: Forense, 2009. p. 19-20.

[2] Sobre o vocábulo "poder-dever", vide: DI PIETRO, Maria Sylvia Zanella. *Direito administrativo*. 22. ed. São Paulo: Atlas, 2009. p. 88. Por outro lado, a expressão "dever-poder" é sugerida pelos seguintes autores: MELLO, Celso Antônio Bandeira de. *Curso de direito administrativo*. 21. ed. São Paulo: Malheiros, 2006. p. 68; GASPARINI, Diógenes. *Direito administrativo*. 12. ed. São Paulo: Saraiva, 2007. p. 120.

[3] MEDAUAR, Odete. *Direito administrativo moderno*. 12. ed. São Paulo: RT, 2008. p. 106-107.

## 14.2 EXCESSO E DESVIO DE PODER

O exercício abusivo dos poderes administrativos deve ser evitado e reprimido, pois revela conduta ilegal. O abuso do poder pode ocorrer em duas hipóteses:[4]

a) **excesso de poder:** a atuação do agente público extrapola a competência delimitada na lei (ex.: policial que utiliza da força desproporcional para impedir manifestação pública); e

b) **desvio de poder (ou de finalidade):** quando a atuação do agente pretende alcançar finalidade diversa do interesse público (ex.: edição de ato administrativo para beneficiar parentes).

## 14.3 ESPÉCIES DE PODERES ADMINISTRATIVOS

As espécies de poderes administrativos são: regulamentar (ou normativo), polícia, disciplinar e hierárquico. Entendemos que a discricionariedade e a vinculação, em verdade, não são poderes autônomos, mas atributos de outros poderes ou competências da Administração, razão pela qual serão estudadas no capítulo sobre os atos administrativos.[5]

### 14.3.1 Poder normativo ou regulamentar

*14.3.1.1 Conceito e fundamentos*

O poder normativo ou regulamentar é a prerrogativa reconhecida à Administração Pública para editar atos administrativos gerais para fiel execução das leis.

Tradicionalmente, é reconhecida a possibilidade de órgãos e entidades localizadas institucionalmente fora do âmbito do Poder Legislativo exercerem, também, poder normativo.

Trata-se, em verdade, de uma consequência do caráter relativo do princípio da separação de poderes que, segundo a doutrina do *checks and balances*, permite a cada um dos "Poderes" o exercício de funções atípicas de forma a controlar o outro "Poder". Ou seja, cada "Poder" exerce funções típicas, correspondentes ao seu nome (Poder Executivo

---

[4] Nesse sentido: MEIRELLES, Hely Lopes. *Direito administrativo brasileiro*. 22. ed. São Paulo: Malheiros, 1997. p. 96-97; CARVALHO FILHO, José dos Santos. *Manual de direito administrativo*. 35. ed. Barueri: Atlas, 2021. p. 52-53.

[5] No mesmo sentido: DI PIETRO, Maria Sylvia Zanella. *Direito administrativo*. 22. ed. São Paulo: Atlas, 2009. p. 89. Parcela da doutrina inclui no rol dos poderes administrativos a discricionariedade e a vinculação. Nesse sentido: MEIRELLES, Hely Lopes. *Direito administrativo brasileiro*. 22. ed. São Paulo: Malheiros, 1997. p. 100-101; CARVALHO FILHO, José dos Santos. *Manual de direito administrativo*. 35. ed. Barueri: Atlas, 2021. p. 56-63. Flávio Garcia Cabral e Leandro Sarai concordam que a discricionariedade e a vinculação não são poderes administrativos propriamente ditos e indicam, no rol dos referidos poderes, o poder cautelar administrativo que engloba as medidas cautelares administrativas, compreendidas como "provimentos concretos, adotados por agentes públicos competentes, no exercício da função administrativa, em face, como regra, de sujeitos determinados, diante de situações de risco, visando a, de maneira acautelatória e provisional, impedir e/ou minimizar danos a bens jurídicos tutelados" (ex.: afastamento cautelar de agentes públicos, embargo cautelar de uma obra etc.). CABRAL, Flávio Garcia; SARAI, Leandro. Manual de direito administrativo. Leme: Mizuno, 2022. p. 314-315 e 333-334. É possível afirmar, em nossa visão, que, assim como a discricionariedade e a vinculação, a prerrogativa de edição de medidas cautelas administrativas insere-se no exercício de outros poderes, tais como o poder disciplinar e o poder de polícia.

executa a lei; o Legislativo cria as leis, inovando na ordem jurídica; e o Judiciário resolve, com definitividade, as lides, além de controlar a constitucionalidade de leis e atos normativos), bem como funções atípicas que seriam, em princípio, inerentes aos outros "Poderes" (o Chefe do Executivo pode exercer poder normativo com caráter inovador mediante a edição, *v.g.*, das medidas provisórias e da lei delegada, conforme previsto, respectivamente, nos arts. 62 e 68 da CRFB).

O poder normativo da Administração Pública pode ser exercido basicamente por meio da delegação legislativa ou do próprio poder regulamentar. Enquanto a delegação legislativa possibilita a prática de ato normativo primário, com força de lei (ex.: medidas provisórias e leis delegadas, previstas, respectivamente, nos arts. 62 e 68 da CRFB), o poder regulamentar encerra uma atividade administrativa, de cunho normativo secundário.[6]

A delegação legislativa, no Direito norte-americano, é fundamentada por duas teorias distintas:

a) teoria do *filling up details* (preenchimento de detalhes): o Executivo deve detalhar, esmiuçar, uma norma legal; e

b) teoria da *delegation with standards* (delegação com parâmetros): a delegação legislativa desde que acompanhada de parâmetros suficientes para pautar e controlar a atuação do órgão delegado, ou seja: a delegação deve estabelecer princípios inteligíveis (*intelligible principle*) que irão pautar a atuação administrativa.[7]

Apesar de prevalecer a ideia da indelegabilidade da atividade legislativa no Brasil,[8] salvo nos casos expressamente indicados pelo próprio texto constitucional (medidas provisórias e leis delegadas, por exemplo), a doutrina tem atenuado esse entendimento para admitir as delegações legislativas acima citadas.

Em verdade, o poder normativo das entidades administrativas, exercido com fundamento em norma legal, não decorre da delegação propriamente dita operada pelo legislador, mas, ao contrário, é inerente à função administrativa e pode ser exercido dentro dos limites fixados em lei. É conferido à Administração Pública o poder de regulamentar a legislação, esclarecendo-a e detalhando-a, de forma a possibilitar a sua concretização.[9]

---

[6] BARROSO, Luís Roberto. Apontamentos sobre o princípio da legalidade (Delegações legislativas, poder regulamentar e repartição constitucional de competências legislativas). *Temas de direito constitucional*. Rio de Janeiro: Renovar, 2001. p. 177.

[7] BARROSO, Luís Roberto. Apontamentos sobre o princípio da legalidade (Delegações legislativas, poder regulamentar e repartição constitucional de competências legislativas). *Temas de direito constitucional*. Rio de Janeiro: Renovar, 2001. p. 170-176. A doutrina do *intelligible principle* foi consagrada pela Suprema Corte norte-americana no julgamento do caso *Mistretta vs. United States*, 488 U.S. 361 (1989). Sobre o tema, Bernard Schwartz esclarece: "The statute must, in other words, contain a framework within which the administrative action must be operate; it must lay down an intelligible principle to guide the exercise of the delegated discretion [...]" (SCHWARTZ, Bernard. *Administrative Law*. 3. ed. New York: Aspen Law & Business, 1991. p. 45-46).

[8] Não há um princípio expresso de indelegabilidade de funções na Constituição da República, mas essa vedação é extraída, basicamente, dos princípios da separação de poderes, da representação política, da supremacia da Constituição e do devido processo legal.

[9] Em algumas situações, a própria Constituição da República confere a possibilidade de a Administração editar regulamentos sem a necessidade de intermediação legislativa, como se analisará adiante.

A edição de decretos e regulamentos para fiel execução das leis é de competência exclusiva do chefe do Executivo, conforme previsão expressa do art. 84, IV, da Constituição da República.[10] Isso não impede o exercício da função normativa por outros órgãos e entidades administrativas (ex.: edição de resoluções, portarias, regimentos etc.).

Na fixação de novas interpretações ou orientações sobre a aplicação de normas legais ou regulamentares de conteúdo indeterminado, com a imposição de novos deveres ou condicionamentos de direitos, a Administração Pública e os demais órgãos de controle, inclusive judicial, deverão estabelecer regime de transição quando indispensável para que o novo dever ou condicionamento de direito seja cumprido de modo proporcional, equânime e eficiente e sem prejuízo aos interesses gerais (art. 23 da LINDB).

Nas esferas administrativa, controladora ou judicial, a revisão quanto à validade de ato, contrato, ajuste, processo ou norma administrativa cuja produção já se houver completado levará em conta as orientações gerais da época, sendo vedado que, com base em mudança posterior de orientação geral, se declarem inválidas situações plenamente constituídas (art. 24 da LINDB).[11]

A Administração Pública deve respeitar o princípio da segurança jurídica, inclusive por meio de regulamentos, súmulas administrativas e respostas a consultas, que terão caráter vinculante (art. 30, *caput* e parágrafo único, da LINDB).

### 14.3.1.2 Poder regulamentar x poder regulatório

O poder regulamentar não se confunde com o poder regulatório. De um lado, o poder regulamentar possui as seguintes características:

a) competência privativa do chefe do Executivo (art. 84, IV, da CRFB);
b) envolve a edição de normas gerais para fiel cumprimento da lei;
c) conteúdo político.

Por outro lado, o poder regulatório apresenta as seguintes características:

a) competência atribuída às entidades administrativas, com destaque para as agências reguladoras (art. 174 da CRFB);
b) engloba o exercício de atividades normativas, executivas e judicantes;
c) conteúdo técnico.[12]

### 14.3.1.3 Classificações

Diversas são as classificações, em âmbito doutrinário, a respeito dos regulamentos editados pelo Poder Público.

---

[10] Sobre a distinção entre decreto e regulamento, vide Capítulo 15, item 15.13.1.1.2.
[11] Consideram-se orientações gerais as interpretações e especificações contidas em atos públicos de caráter geral ou em jurisprudência judicial ou administrativa majoritária e, ainda, as adotadas por prática administrativa reiterada e de amplo conhecimento público (art. 24, parágrafo único, da LINDB).
[12] Vide Capítulo 19, item 19.5.2.

### 14.3.1.3.1 Regulamento jurídico (ou normativo) e regulamento administrativo (ou de organização)

Em primeiro lugar, quanto aos efeitos, os regulamentos podem ser divididos em duas categorias:[13]

a) **regulamentos jurídicos (ou normativos):** são aqueles editados com fundamento em uma relação de supremacia estatal geral, afetando os cidadãos indistintamente (ex.: regulamentos expedidos com fundamento no poder de polícia); e

b) **regulamentos administrativos (ou de organização):** são aqueles que estabelecem normas sobre a organização administrativa ou que afetam apenas os particulares que se encontram em relação de sujeição especial com a Administração, ou seja, não são terceiros estranhos à organização e atuação administrativa (ex.: regulamentos expedidos no exercício do poder disciplinar, tais como os regulamentos que versam sobre a prestação de serviço público concedido ou a utilização de repartições públicas).[14]

Afirma-se, normalmente, que, no âmbito das "relações especiais de poder" (ou "relações de sujeição especial"), o princípio da legalidade é aplicado de forma mais flexível, abrindo-se a possibilidade para edição de regulamentos administrativos, na ausência da lei, em situações excepcionais, com fundamento direto na Constituição.[15]

### 14.3.1.3.2 Regulamento executivo, regulamento autônomo, regulamento delegado e regulamento de necessidade

A segunda classificação, apoiada no fundamento de validade dos atos regulamentares, apresenta quatro espécies de regulamentos:[16]

a) **regulamentos executivos (decreto regulamentar ou de execução):** são editados com fundamento na lei e necessários para sua fiel execução (art. 84, IV, da CRFB);

---

[13] GARCÍA DE ENTERRÍA, Eduardo. *Curso de derecho administrativo*. 12. ed. Madrid: Civitas, 2005. v. I, p. 212-213. Na doutrina nacional, vide: DI PIETRO, Maria Sylvia Zanella. *Direito administrativo*. 22. ed. São Paulo: Atlas, 2009. p. 90-91.

[14] A doutrina costuma citar os seguintes exemplos de relações de sujeição especiais com a Administração: militares, presos, agentes públicos, internados em estabelecimentos públicos, estudantes de escolas públicas, entre outros. Konrad Hesse afirma que as relações de poder especial (*status* especial) indicam "uma relação mais estreita do particular com o Estado e deixam nascer deveres especiais, que ultrapassam os direitos e deveres gerais do cidadão [...]" (HESSE, Konrad. *Elementos de direito constitucional da República Federal da Alemanha*. Porto Alegre: Fabris, 1998. p. 259).

[15] SUNDFELD, Carlos Ari. *Direito administrativo ordenador*. São Paulo: Malheiros, 2003. p. 31; ARAGÃO, Alexandre Santos de. *Agências reguladoras e a evolução do direito administrativo econômico*. Rio de Janeiro: Forense, 2002. p. 140; BRANCO, Paulo Gustavo Gonet. Aspectos de teoria geral dos direitos fundamentais. In: MENDES, Gilmar Ferreira. *Hermenêutica constitucional e direitos fundamentais*. Brasília: Brasília Jurídica, 2002. p. 193. O STJ já decidiu não ser ilícita a escuta telefônica em relação ao preso que "não tem como invocar direitos fundamentais próprios do homem livre para trancar ação penal", diferenciando-se, ainda que de forma implícita, as relações especiais das relações gerais (STJ, 6.ª Turma, HC 3.982/RJ, Rel. Min. Adhemar Maciel, *DJ* 26.02.1996, p. 4084; STJ, 6.ª Turma, ROMS 6.129/RJ, Rel. Min. Adhemar Maciel, *DJ* 12.08.1996, p. 27492).

[16] FERRAZ, Sérgio. *3 estudos de direito*. São Paulo: RT, 1977; GRAU, Eros Roberto. *O direito posto e o direito pressuposto*. 4. ed. São Paulo: Malheiros, 2002. p. 244-245.

b) **regulamentos autônomos:** possuem fundamento direto na Constituição e inovam na ordem jurídica, não havendo, portanto, a intermediação legislativa;

c) **regulamentos autorizados (ou delegados):** são editados no exercício de função normativa delimitada em ato legislativo;[17] e

d) **regulamentos de necessidade:** são aqueles produzidos em situações de urgência (estado de necessidade administrativo).[18]

### 14.3.1.3.3 Regulamentos autônomos: controvérsias

A discussão quanto à viabilidade constitucional dos regulamentos autônomos sempre dividiu a doutrina em duas orientações:

**Primeiro entendimento:** constitucionalidade dos regulamentos autônomos. A Administração, com fundamento na teoria dos poderes implícitos, tem a prerrogativa de suprir as omissões do Legislativo por meio da edição de regulamentos que visem a concretização de seus deveres constitucionais. Nesse sentido: Hely Lopes Meirelles.[19]

**Segundo entendimento:** inconstitucionalidade dos regulamentos autônomos. A partir da concepção liberal tradicional, segundo a qual a Administração só possui legitimidade para atuar se expressamente autorizada pelo legislador (princípio da reserva de lei ou doutrina do *positive Bindung*), não seria possível admitir os regulamentos autônomos. Diversos dispositivos constitucionais são usualmente apontados para fundamentar a impossibilidade de edição dos regulamentos autônomos, tais como: arts. 5.º, II, 37, *caput*, 49, V, 84, IV, todos da CRFB, e art. 25 do ADCT. Nesse sentido, dentre outros: Celso Antônio Bandeira de Mello, Maria Sylvia Zanella Di Pietro e José dos Santos Carvalho Filho.[20]

O debate envolvendo a legitimidade de edição dos regulamentos autônomos ganhou força novamente a partir de recentes alterações formais no texto da Constituição, bem como pelo trabalho da doutrina que aborda o fenômeno da constitucionalização do Direito, com a centralidade dos direitos fundamentais.

A esse propósito, é possível mencionar três alterações formais à Constituição que instituíram hipóteses de poderes normativos autônomos fora do Poder Legislativo:

---

[17] Entendemos que a nomenclatura "regulamento delegado" afigura-se equivocada, pois não há que falar em transferência de poderes, mas sim em determinação de competência. Os regulamentos assim editados poderiam ser inseridos no campo dos denominados regulamentos executivos. Em sentido semelhante: FERRAZ, Sérgio. *3 estudos de direito*. São Paulo: RT, 1977. p. 122; GRAU, Eros Roberto. *O direito posto e o direito pressuposto*. 4. ed. São Paulo: Malheiros, 2002. p. 252 (este último autor entende que os regulamentos autorizados se diferenciam dos executivos, em razão de aqueles ensejarem uma atribuição normativa mais extensa ao Executivo).

[18] Na Argentina, por exemplo, apesar das controvérsias doutrinárias, tem prevalecido a aceitação dos regulamentos de necessidade e urgência, sem oposição da Corte Suprema argentina, como ressalta Juan Carlos Cassagne. Para o autor, a admissibilidade desses regulamentos, que não se encontram previstos expressamente no texto constitucional, é fundamentada pelo princípio da subsistência e continuidade do Estado (CASSAGNE, Juan Carlos. Sobre la fundamentación y los límites de la potestad reglamentaria de necesidad y urgencia en el derecho argentino. *Revista española de Derecho Administrativo – REDA*, n. 73, p. 17-28, jan.-mar. 1992. Versão eletrônica).

[19] MEIRELLES, Hely Lopes. *Direito administrativo brasileiro*. 22. ed. São Paulo: Malheiros, 1997. p. 112-113.

[20] MELLO, Celso Antônio Bandeira de. *Curso de direito administrativo*. 21. ed. São Paulo: Malheiros, 2006. p. 325; DI PIETRO, Maria Sylvia Zanella. *Direito administrativo*. 22. ed. São Paulo: Atlas, 2009. p. 90-92; CARVALHO FILHO, José dos Santos. *Manual de direito administrativo*. 22. ed. Rio de Janeiro: Lumen Juris, 2009. p. 59.

Cap. 14 • PODERES ADMINISTRATIVOS | 275

a) **art. 84, VI, "a", da CRFB, alterado pela EC 32/2001:** dispensa a necessidade de lei para o tratamento da organização da Administração Pública Federal (regra aplicável, por simetria, aos Estados, Distrito Federal e Municípios), matéria agora disciplinada por decreto autônomo, com fundamento de validade no próprio texto constitucional, não havendo necessidade de promulgação de lei prévia;[21]

b) **art. 103-B, § 4.º, I, da CRFB, inserido pela EC 45/2004:** o Conselho Nacional de Justiça (CNJ) possui poder normativo, consubstanciado na prerrogativa de "expedir atos regulamentares, no âmbito de sua competência, ou recomendar providências" (o STF, por ocasião do julgamento da ADC 12, considerou constitucional a Resolução 7/2005 do CNJ, editada com fundamento direto na Constituição);[22] e

c) **art. 130-A, § 2.º, I, da CRFB, inserido pela EC 45/2004:** o Conselho Nacional do Ministério Público (CNMP), no exercício de seus poderes normativos, assim como o CNJ, pode "expedir atos regulamentares, no âmbito de sua competência, ou recomendar providências".

Ao lado das três exceções apontadas e expressamente consagradas na Constituição, é possível admitir outros casos (não expressos) de poder normativo autônomo a partir da consagração do princípio da juridicidade. Em tempos de constitucionalização do ordenamento jurídico, a omissão legislativa não pode servir como um mecanismo fraudulento para impedir a plena efetividade do texto constitucional.

Reconhecidas a superioridade da Constituição e a centralidade dos direitos fundamentais, deve ser admitida a edição de regulamentos autônomos em relação às matérias não sujeitas à reserva legal, quando a Administração Pública tiver como norte o atendimento de objetivos (deveres) constitucionais.[23]

### 14.3.1.3.4 Visão crítica da dicotomia "regulamento autônomo" e "regulamento executivo": a atuação criativa do Executivo e a ideia de "bloco de legalidade"

A distinção entre regulamentos autônomos e executivos, apesar de tradicionalmente aceita pela doutrina majoritária, deve ser revista, pois não se revela compatível com a realidade.

---

[21] Nesse sentido: MOREIRA NETO, Diogo de Figueiredo. *Curso de direito administrativo*. 15. ed. Rio de Janeiro: Forense, 2009. p. 650; DI PIETRO, Maria Sylvia Zanella. *Direito administrativo*. 22. ed. São Paulo: Atlas, 2009. p. 90-91. Em sentido contrário, Celso Antônio Bandeira de Mello entende que regulamento, previsto na referida norma, não é propriamente autônomo, pois disciplina a organização interna da Administração, sem criação de direitos e obrigações para as pessoas em geral (MELLO, Celso Antônio Bandeira de. *Curso de direito administrativo*. 21. ed. São Paulo: Malheiros, 2006. p. 100-101).

[22] STF, Tribunal Pleno, ADC 12/DF, Rel. Min. Carlos Ayres Britto, j. 20.08.2008, DJe-237 18.12.2009. Posteriormente, o Supremo Tribunal Federal editou a Súmula Vinculante 13, estendendo a vedação do nepotismo aos demais Poderes (Executivo e Legislativo): "A nomeação de cônjuge, companheiro ou parente em linha reta, colateral ou por afinidade, até o terceiro grau, inclusive, da autoridade nomeante ou de servidor da mesma pessoa jurídica investido em cargo de direção, chefia ou assessoramento, para o exercício de cargo em comissão ou de confiança ou, ainda, de função gratificada na administração pública direta e indireta em qualquer dos Poderes da União, dos Estados, do Distrito Federal e dos Municípios, compreendido o ajuste mediante designações recíprocas, viola a Constituição Federal".

[23] Nesse sentido: OLIVEIRA, Rafael Carvalho Rezende. *A constitucionalização do direito administrativo*: o princípio da juridicidade, a releitura da legalidade administrativa e a legitimidade das agências reguladoras. 2. ed. Rio de Janeiro: Lumen Juris, 2010. p. 60; BINENBOJM, Gustavo. *Uma teoria do direito administrativo*. Rio de Janeiro: Renovar, 2006. p. 170-171.

Isto porque a referida classificação parte de uma premissa equivocada: a ideia de que a atividade administrativa, nos decretos "executivos", seria apenas servil, sem qualquer margem de criatividade pelo administrador público. Não se pode admitir que o papel de criação do Direito seja tarefa exclusiva do legislador que, por limitações humanas, não possui o poder divino de prever genericamente todas as soluções para a sociedade. Assim como se superou a ideia criada por Montesquieu de que o juiz seria apenas a boca que pronunciava a vontade da lei, deve-se superar a noção de uma Administração Pública meramente executora e mecanizada.[24]

O papel do intérprete do Direito não envolve mera declaração da intenção do legislador. Ao contrário, trata-se de atividade constitutiva na medida em que produz as normas jurídicas que serão aplicadas aos casos concretos ou hipotéticos. O papel construtivo da interpretação fica evidenciado pela necessidade de aplicar os textos legais aos fatos.

Com isso, o que importa, de fato, no campo do poder normativo da Administração Pública é saber qual a margem de liberdade do administrador na criação do Direito que pode variar de acordo com a maior ou menor densidade dos textos normativos interpretados. É por essa razão que, ao editar regulamentos considerados tradicionalmente como "executivos", o administrador, com intensidades variadas, está criando o Direito. Se o regulamento executivo não tivesse nenhum caráter inovador, sua existência seria desnecessária, uma vez que a lei já poderia ser aplicada prontamente pelo Executivo.

### 14.3.1.4 Reserva de administração

A liberdade de conformação do legislador encontra limites no texto constitucional. Entre esses limites, costuma-se apontar, no Direito Comparado, a existência da denominada "reserva de administração" como um verdadeiro "núcleo funcional da administração 'resistente' à lei".[25] Daí a Constituição, em situações específicas, determinar que o tratamento de determinadas matérias fica adstrito ao âmbito exclusivo da Administração Pública, não sendo lícita a ingerência do parlamento.

A reserva de administração pode ser dividida em duas categorias:[26]

a) **reserva geral de administração:** fundamenta-se no princípio da separação de poderes e significa que a atuação de cada órgão estatal não pode invadir ou cercear o "núcleo essencial" da competência dos outros órgãos, cabendo ex-

---

[24] Nesse sentido: Alexandre Santos de Aragão, da mesma forma, afirma o papel criativo da Administração Pública: TÁCITO, Caio. Lei e regulamento. *Temas de direito público* (estudos e pareceres). Rio de Janeiro: Renovar, 1997. v. 1, p. 480; FERRAZ, Sérgio. *3 estudos de direito*. São Paulo: RT, 1977. p. 118; ARAGÃO, Alexandre Santos de. A concepção pós-positivista do princípio da legalidade. *RDA*, n. 236, p. 38 e 53, abr.-jun. 2004.

[25] CANOTILHO, José Joaquim Gomes. *Direito constitucional e teoria da Constituição*. 7. ed. Coimbra: Almedina, 2003. p. 739.

[26] PIÇARRA, Nuno. A reserva de Administração. *O Direito*, primeira parte, v. I, p. 325-353, jan.-mar. 1990. Arícia Fernandes Correia, em artigo específico sobre o tema, também destaca duas categorias de reservas de administração: reserva *lato sensu*, que englobaria os atos normativos e concretos editados pelo Executivo, e a reserva *stricto sensu*, relacionada com a atividade administrativa *in concreto* (CORREIA, Arícia Fernandes. Reserva de administração e separação de poderes. In: BARROSO, Luís Roberto (Org.). *A reconstrução democrática do direito público no Brasil*. Rio de Janeiro: Renovar, 2007. p. 585).

clusivamente à Administração executar as leis, especialmente no exercício da discricionariedade administrativa; e

b) **reserva específica de administração:** quando a Constituição destaca determinadas matérias, submetendo-as à competência exclusiva do Poder Executivo.[27]

No Brasil, o Supremo Tribunal Federal já reconheceu a existência de um verdadeiro princípio constitucional da reserva de administração, com fulcro no princípio da separação de poderes, cujo conteúdo impediria "a ingerência normativa do Poder Legislativo em matérias sujeitas à exclusiva competência administrativa do Poder Executivo". No caso levado ao conhecimento e julgamento da Suprema Corte, entendeu-se pela inconstitucionalidade da declaração pelo Legislativo da nulidade de concurso público realizado pelo Executivo por suposta violação às normas legais, pois uma declaração dessa natureza revelaria o exercício de autotutela que só poderia ser exercida com exclusividade por quem realizou o certame (Enunciado 473 da súmula predominante do STF).[28]

Entendemos que o art. 84, VI, "a", da CRFB, alterado pela EC 32/2001, consagra hipótese de reserva de administração, uma vez que a organização da Administração Pública Federal (por simetria, estadual e local também) deixou de ser tratada por lei e passou para o domínio do regulamento, evidenciando uma verdadeira deslegalização efetivada pelo próprio texto constitucional. A ideia, como se vê, foi retirar do legislador essa matéria, transferindo-a, com exclusividade, para o âmbito do regulamento a ser editado pelo chefe do Executivo. Em consequência, hoje, a atuação legislativa nesse campo é considerada inconstitucional.[29]

### 14.3.1.5  Deslegalização ou delegificação

A deslegalização (ou delegificação) é a transferência de determinadas matérias do campo legislativo para o âmbito dos atos administrativos. O fenômeno tem sido justificado pela crise da concepção liberal do princípio da legalidade e da democracia representativa,

---

[27]  É o que faz a Constituição francesa de 1958, ao estabelecer uma divisão expressa entre o domínio da lei e o domínio do regulamento. De um lado, o art. 34 da Constituição enumera, de forma taxativa, as matérias que serão tratadas por lei. De outro lado, o art. 37 da Constituição dispõe que as demais matérias, não previstas no art. 34, integram o domínio do regulamento (RIVERO, Jean. *Direito administrativo*. Coimbra: Almedina, 1981. p. 68).

[28]  STF, Tribunal Pleno, ADInMC 776/RS, Rel. Min. Celso de Mello, j. 23.10.1992, *DJ* 15.12.2006. O STF reafirmou esse entendimento no julgamento da ADInMC 2.364/AL, Rel. Min. Celso de Mello, j. 01.08.2001, Tribunal Pleno, *DJ* 14.12.2001.

[29]  Neste sentido: OLIVEIRA, Rafael Carvalho Rezende. *A constitucionalização do direito administrativo*: o princípio da juridicidade, a releitura da legalidade administrativa e a legitimidade das agências reguladoras. 2. ed. Rio de Janeiro: Lumen Juris, 2010. p. 67; CYRINO, André Rodrigues. *O poder regulamentar autônomo do Presidente da República*: a espécie regulamentar criada pela EC n.º 32/2001. Belo Horizonte: Fórum, 2005. p. 94; RAMOS, Dora Maria de Oliveira. Os regulamentos jurídicos e os regulamentos de organização: breve estudo de sua aplicação no direito brasileiro. In: DI PIETRO, Maria Sylvia Zanella (Org.). *Direito regulatório*. Belo Horizonte: Fórum, 2003. p. 565-566; CORREIA, Arícia Fernandes. Reserva de administração e separação de poderes. In: BARROSO, Luís Roberto (Org.). *A reconstrução democrática do direito público no Brasil*. Rio de Janeiro: Renovar, 2007. p. 593. Em sentido contrário, Gustavo Binenbojm entende ser aplicável, nesse caso, o princípio da preferência da lei, de modo que o Executivo pode até editar regulamentos autônomos em relação à organização e funcionamento da Administração, mas a superveniência da lei afastará a disposição regulamentar (BINENBOJM, Gustavo. *Uma teoria do direito administrativo*. Rio de Janeiro: Renovar, 2006. p. 169 e ss.).

especialmente pela ausência de celeridade e de conhecimento técnico do legislador para tratar de determinadas questões complexas.

No Brasil, discute-se a viabilidade constitucional da deslegalização como fundamento para o exercício do poder normativo, técnico e ampliado, por agências reguladoras.[30]

### 14.3.2 Poder de polícia

O poder de polícia compreende a prerrogativa reconhecida à Administração Pública para restringir e condicionar, com fundamento na lei, o exercício de direitos, com o objetivo de atender o interesse público. No âmbito legal, o conceito de poder de polícia é fornecido pelo art. 78 do CTN.[31]

#### 14.3.2.1 Conceito: sentidos amplo e restrito

O poder de polícia possui dois sentidos distintos:[32]

a) **sentido amplo:** o poder de polícia compreende toda e qualquer atuação estatal restritiva à liberdade e à propriedade que tem por objetivo a satisfação de necessidades coletivas. De acordo com essa concepção, o poder de polícia envolve tanto a atividade legislativa, que inova na ordem jurídica com a criação de direitos e obrigações para as pessoas, quanto a atividade administrativa, que executa os termos da lei;

b) **sentido restrito:** o poder de polícia significa o exercício da função administrativa, fundada na lei, que restringe e condiciona o exercício de direitos e atividades privadas, com o objetivo de implementar o interesse público. Nesse sentido, a polícia administrativa relaciona-se diretamente à função administrativa.

Os mencionados sentidos são utilizados por parcela da doutrina para distinguir as expressões **"poder de polícia"** e **"polícia administrativa"**. Enquanto o poder de polícia relaciona-se com o exercício da atividade legislativa (sentido amplo), a polícia administrativa se traduz na edição de atos administrativos, com fundamento na lei (sentido restrito).[33]

---

[30] Sobre a deslegalização, vide Capítulo 7, item 7.4.1.

[31] Art. 78 do CTN: "Considera-se poder de polícia atividade da administração pública que, limitando ou disciplinando direito, interesse ou liberdade, regula a prática de ato ou abstenção de fato, em razão de interesse público concernente à segurança, à higiene, à ordem, aos costumes, à disciplina da produção e do mercado, ao exercício de atividades econômicas dependentes de concessão ou autorização do Poder Público, à tranquilidade pública ou ao respeito à propriedade e aos direitos individuais ou coletivos".

[32] MELLO, Celso Antônio Bandeira de. *Curso de direito administrativo*. 21. ed. São Paulo: Malheiros, 2006. p. 780. É interessante notar que Diogo de Figueiredo Moreira Nero distingue o **"poder de polícia"** e a **"função de polícia"**. Enquanto o poder de polícia é exercício pelo legislador e compreende a criação de limites e condições às liberdades e aos direitos, a função de polícia é exercida pelo administrador, restringindo-se à aplicação da lei (MOREIRA NETO, Diogo de Figueiredo. *Curso de direito administrativo*. 15. ed. Rio de Janeiro: Forense, 2009. p. 442).

[33] CASSAGNE, Juan Carlos. *Derecho administrativo*. 8. ed. Buenos Aires: Abeledo-Perrot, 2006. t. II, p. 455-456; MOREIRA NETO, Diogo de Figueiredo. *Curso de direito administrativo*. 15. ed. Rio de Janeiro: Forense, 2009. p. 442.

### 14.3.2.2 Críticas à expressão "poder de polícia"

A expressão "poder de polícia" tem sido criticada por importante parcela da doutrina que sustenta a necessidade de abolição do termo ou a sua substituição por outras nomenclaturas, tais como "limitações administrativas à liberdade e à propriedade" ou "Administração ordenadora".[34]

Isto porque a amplitude do conceito do poder de polícia faz com que essa função administrativa não se destaque das demais atividades realizadas pelo Estado. Vale dizer: o Estado sempre deve buscar o bem-estar social e todas as funções administrativas, inclusive o denominado poder de polícia, visam, em última análise, a aplicação da lei. Ademais, o termo "polícia" denota certo caráter autoritário, pois remete ao pretérito Estado de Polícia, quando as normas eram ditadas pelo monarca, substituído pelo atual Estado de Direito que remete à criação de normas jurídicas ao Legislativo.

De lado as críticas em comento, a expressão "poder de polícia" encontra-se consagrada na legislação (ex.: art. 145, II, da CRFB e art. 78 do CTN) e ainda é utilizada pela maior parte da doutrina e da jurisprudência pátrias.

### 14.3.2.3 Polícia administrativa x polícia judiciária

O poder de polícia costuma ser dividido pela doutrina em duas espécies: a polícia administrativa e a polícia judiciária.[35] De lado a ausência de maior importância concreta da distinção, as principais diferenças entre essas categorias podem ser assim resumidas:

a) enquanto a polícia administrativa se exaure em si mesma, a judiciária é preparatória para função jurisdicional penal;

b) a polícia administrativa, por um lado, incide sobre atividades, bens e direitos dos indivíduos; a judiciária sobre os próprios indivíduos (aqueles a quem se atribui o ilícito penal); e

c) a polícia administrativa tem caráter eminentemente preventivo; já a judiciária é predominantemente repressiva.

Destarte, os órgãos e entidades da vigilância sanitária exercem polícia administrativa quando fiscalizam, por exemplo, os proprietários de restaurantes que comercializam

---

[34] A crise da noção do poder de polícia é mencionada, por exemplo, pelos seguintes autores: GORDILLO, Agustin A. *Tratado de derecho administrativo.* Belo Horizonte: Del Rey, 2003. t. 2, p. V-12; MELLO, Celso Antônio Bandeira de. *Curso de direito administrativo.* 21. ed. São Paulo: Malheiros, 2006. p. 779-780; MOREIRA NETO, Diogo de Figueiredo. Transferências de execução de atividades estatais a entes da sociedade. *Mutações do direito administrativo.* 3. ed. Rio de Janeiro: Renovar, 2007. p. 131; *Direito regulatório.* Rio de Janeiro: Renovar, 2003; p. 170; FIGUEIREDO, Lúcia Valle. *Curso de direito administrativo.* 6. ed. São Paulo: Malheiros, 2003. p. 295; SUNDFELD, Carlos Ari. *Direito administrativo ordenador.* São Paulo: Malheiros, 2003.

[35] Vide, por exemplo: MEIRELLES, Hely Lopes. *Direito administrativo brasileiro.* 22. ed. São Paulo: Malheiros, 1997. p. 115; MOREIRA NETO, Diogo de Figueiredo. *Curso de direito administrativo.* 15. ed. Rio de Janeiro: Forense, 2009. p. 443; DI PIETRO, Maria Sylvia Zanella. *Direito administrativo.* 22. ed. São Paulo: Atlas, 2009. p. 118. MELLO, Celso Antônio Bandeira de. *Curso de direito administrativo.* 21. ed. São Paulo: Malheiros, 2006. p. 791-793; CARVALHO FILHO, José dos Santos. *Manual de direito administrativo.* 22. ed. Rio de Janeiro: Lumen Juris, 2009. p. 78; MEDAUAR, Odete. *Direito administrativo moderno.* 12. ed. São Paulo: RT, 2008. p. 335.

produtos com prazos de validade expirados ou em condições de higiene insatisfatórias. Por outro lado, a polícia civil exerce polícia judiciária quando investiga infrações penais, com a finalidade de identificar a autoria e a materialidade dessas infrações, remetendo o resultado do seu trabalho (normalmente, o inquérito policial) ao titular da ação penal para persecução criminal em juízo.

Ressalte-se, no entanto, que os mencionados critérios não são absolutos e a distinção entre polícia administrativa e judiciária está cada vez mais fragilizada.[36] Na prática, são inúmeros os casos em que a polícia administrativa será, por exemplo, repressiva. Imagine a aplicação de sanções (apreensão de alimentos estragados, interdição do estabelecimento e aplicação de multa) pela autoridade sanitária. Nesse caso, existe, de um lado, o caráter preventivo da atuação em relação aos particulares em geral (previne danos às pessoas que consumiriam os alimentos), mas, também, o caráter repressivo em relação ao proprietário do estabelecimento. Da mesma forma, é possível a concentração das duas funções no mesmo órgão como ocorre, por exemplo, com a polícia militar, que exerce, normalmente, a polícia administrativa, mas, também, a polícia judiciária no tocante aos crimes militares (art. 8.º do Código de Processo Penal Militar).

### 14.3.2.4 Supremacia geral x supremacia especial: poder de polícia x poder disciplinar

O exercício do poder de polícia tem por destinatários todos os particulares que se submetem à autoridade estatal. Trata-se da denominada "supremacia geral" do Estado sobre os respectivos administrados.

Existem situações, no entanto, que envolvem o exercício da autoridade estatal sobre administrados que possuem vínculo especial (legal ou negocial) com a Administração Pública, tal como ocorre nas relações jurídicas travadas entre o Estado e os respectivos agentes públicos e/ou particulares contratados. Os administrados travam relações jurídicas específicas com o Estado e submetem-se, em consequência, ao regime jurídico distinto daquele aplicado ao restante das pessoas ("relações especiais de sujeição"). Nessas situações, costuma-se dizer que o Estado exerce sua "supremacia especial" em relação aos administrados.

Inicialmente, a doutrina sustentava que as "relações especiais de poder" (ou "relações de sujeição especial") ficavam excluídas do Direito, admitindo-se, em consequência, restrições aos direitos fundamentais diretamente por atos administrativos, sem a necessidade de observar o princípio da reserva legal. Posteriormente, especialmente após o novo constitucionalismo, instituído após a II Guerra, a doutrina promoveu a releitura da tese autoritária de que existiriam espaços na Administração fora do Direito.[37]

---

[36] Nesse sentido: DEBBASCH, Charles; CÓLIN, Frédéric. Droit Administratif. 8. ed. Paris: Economica, 2007. p. 376. No Brasil, José Cretella Júnior afirma que a distinção entre polícia judiciária e administrativa, de procedência francesa, é "defeituosa e arbitrária", razão pela qual não deve aplicada integralmente no ordenamento pátrio, que consagra a polícia mista, cabendo ao mesmo órgão o exercício de atividades preventivas e repressivas. CRETELLA JÚNIOR, José. Curso de Direito Administrativo. 5. ed. Rio de Janeiro: Forense, 1977. p. 593-594.

[37] Sobre as "relações de sujeição especial" ou "relações especiais de poder", vide: GARCÍA DE ENTERRÍA, Eduardo. Curso de derecho administrativo. 12. ed. Madrid: Civitas, 2005. v. I, p. 212-213; MACHO, Ricardo García. "Sanciones

Atualmente, a doutrina afirma que as relações especiais encontram-se sempre submetidas ao Direito. No entanto, o princípio da legalidade, no âmbito dessas relações especiais, é aplicado de forma mais flexível, reconhecendo-se maior liberdade para atuação administrativa, inclusive por meio da edição de regulamentos (ex.: regulamentos autônomos de organização interna da Administração, na forma do art. 84, VI, "a", da CRFB).[38]

A distinção entre "supremacia geral" e "supremacia especial" tem sido utilizada pela doutrina para fixação de distinções entre institutos jurídico-administrativos. É o que ocorre, por exemplo, na distinção entre os regulamentos jurídicos (ou normativos), editados com fundamento na supremacia geral e direcionados aos administrados indistintamente (ex.: regulamentos sobre matéria ambiental), e os regulamentos administrativos (ou de organização), direcionados aos particulares que se encontram em relação de sujeição especial com a Administração (ex.: regulamento que dispõe sobre determinada categoria de servidores públicos).[39]

Ademais, a referida distinção serve como critério distintivo entre o poder de polícia e o poder disciplinar. Enquanto o poder de polícia é exercido no âmbito da supremacia geral, o poder disciplinar relaciona-se com a denominada supremacia especial. Assim, por exemplo, a aplicação de sanção administrativa à pessoa que descumpre as normas de vigilância sanitária configura típico exercício do poder de polícia. Ao revés, a sanção aplicada no âmbito do Processo Administrativo Disciplinar (PAD) ao servidor que descumpre o respectivo estatuto funcional configura poder disciplinar.

### 14.3.2.5 Ciclo de polícia

O exercício do poder de polícia compreende quatro fases distintas que se inserem no denominado ciclo de polícia, a saber:[40]

a) **ordem:** é a norma legal que estabelece, de forma primária, as restrições e as condições para o exercício das atividades privadas;

b) **consentimento:** é a anuência do Estado para que o particular desenvolva determinada atividade ou utilize a propriedade particular. Nesse caso, o consentimento estatal pode ser dividido em, pelo menos, duas categorias:

 b.1) licença: trata-se de ato vinculado por meio do qual a Administração reconhece o direito do particular (ex.: licença para dirigir veículo automotor ou para o exercício de determinada profissão); e

---

administrativas y relaciones de especial sujeción". In: *Revista española de Derecho Administrativo* – REDA, 72, outubro--dezembro, 1991, p. 515/528 (versão eletrônica); PEREIRA, Jane Reis Gonçalves. *Interpretação constitucional e direitos fundamentais*, Rio de Janeiro: Renovar, 2006, p. 385-429; OLIVEIRA, Rafael Carvalho Rezende. *A constitucionalização do direito administrativo*: o princípio da juridicidade, a releitura da legalidade administrativa e a legitimidade das agências reguladoras. 2. ed. Rio de Janeiro: Lumen Juris, 2010. p. 51-56.

[38] A flexibilização do princípio da legalidade nas relações de sujeição especial é mencionada, por exemplo, pelos seguintes autores: ARAGÃO, Alexandre Santos de. *Agências reguladoras e a evolução do direito administrativo econômico*, Rio de Janeiro: Forense, 2002, p. 140; SUNDFELD, Carlos Ari. *Direito administrativo ordenador*. São Paulo: Malheiros, 2003. p. 31; BRANCO, Paulo Gustavo Gonet. Aspectos de teoria geral dos direitos fundamentais. In: MENDES, Gilmar Ferreira. *Hermenêutica constitucional e direitos fundamentais*. Brasília: Brasília Jurídica, 2002. p. 193.

[39] A distinção entre regulamentos jurídicos e administrativos foi abordada no item 3.1.1.1.

[40] Sobre o tema, vide: MOREIRA NETO, Diogo de Figueiredo. *Curso de direito administrativo*. 15. ed. Rio de Janeiro: Forense, 2009. p. 444-447.

b.2) **autorização:** é o ato discricionário pelo qual a Administração, após a análise da conveniência e da oportunidade, faculta o exercício de determinada atividade privada ou a utilização de bens particulares, sem criação, em regra, de direitos subjetivos ao particular (ex.: autorização para porte de arma);

c) **fiscalização:** é a verificação do cumprimento, pelo particular, da ordem e do consentimento de polícia (ex.: fiscalização de trânsito, fiscalização sanitária etc.). A atividade fiscalizatória pode ser iniciada de ofício ou por provocação de qualquer interessado; e

d) **sanção:** é a medida coercitiva aplicada ao particular que descumpre a ordem de polícia ou os limites impostos no consentimento de polícia (ex.: multa de trânsito, interdição do estabelecimento comercial irregular, apreensão de mercadorias estragadas etc.).[41]

### 14.3.2.6 Licenças x autorizações de polícia: relativização da distinção

As licenças e as autorizações de polícia, espécies do gênero "consentimento de polícia", não se confundem. Enquanto as licenças são vinculadas e não conferem margem de liberdade ao administrador, que deve expedi-las quando cumpridos os requisitos legais pelo particular, as autorizações são discricionárias, conferindo margem de liberdade ao administrador que decidirá sobre a conveniência e a oportunidade da sua expedição.[42]

A mencionada distinção entre licença (ato vinculado) e autorização (ato discricionário), apresentada pela doutrina como dogma absoluto, tem sido relativizada pelo ordenamento jurídico.

No entanto, é importante dizer que a referida distinção não é expressamente encampada pela ordem jurídica que, em determinadas hipóteses, prevê autorizações com predominância do caráter vinculado (ex.: o art. 131, § 1.º, da Lei 9.472/1997 dispõe que a autorização de serviço de telecomunicações é o ato administrativo vinculado), bem como licenças com forte margem de discricionariedade e precariedade (ex.: as licenças ambientais

---

[41] Na aplicação das sanções, a autoridade competente deve respeitar os termos do art. 22, *caput* e §§ 1.º a 3.º, da LINDB: "Art. 22. Na interpretação de normas sobre gestão pública, serão considerados os obstáculos e as dificuldades reais do gestor e as exigências das políticas públicas a seu cargo, sem prejuízo dos direitos dos administrados. § 1.º Em decisão sobre regularidade de conduta ou validade de ato, contrato, ajuste, processo ou norma administrativa, serão consideradas as circunstâncias práticas que houverem imposto, limitado ou condicionado a ação do agente. § 2.º Na aplicação de sanções, serão consideradas a natureza e a gravidade da infração cometida, os danos que dela provierem para a administração pública, as circunstâncias agravantes ou atenuantes e os antecedentes do agente. § 3.º As sanções aplicadas ao agente serão levadas em conta na dosimetria das demais sanções de mesma natureza e relativas ao mesmo fato".

[42] Ressalte-se que parcela da doutrina classifica as licenças/autorizações, quanto ao objeto, em duas categorias: **a) licença ou autorização por operação**: o ato se esgota com a sua emissão, sem estabelecimento de relação jurídica específica permanente entre o particular e o Estado (ex.: licença para construção de edifício); e **b) licença ou autorização operativa (ou de funcionamento)**: estabelece relação jurídica especial e duradoura entre o particular e o Estado, tendo em vista o exercício de determinada atividade por tempo indeterminado, admitindo-se a alteração do seu conteúdo ao longo do tempo para melhor adequação ao interesse público (ex.: licença para construção de hospital). Sobre a classificação, vide: GARCÍA DE ENTERRÍA, Eduardo. *Curso de Derecho Administrativo*. 9. ed. Madrid: Civitas Ediciones, 2004. v. II, p. 39-142; CASSAGNE, Juan Carlos. *Derecho administrativo*. 8. ed. Buenos Aires: Abeledo-Perrot, 2006. t. II, p. 455-456; ARAGÃO, Alexandre Santos de. *Direito dos serviços públicos*. Rio de Janeiro: Forense, 2007. p. 212-217.

são emitidas com prazo determinado, fixado pelo CONAMA, mas podem ser revistas, conforme dispõe o art. 9.º, IV, da Lei 6.938/1981 e art. 19 do Decreto 99.274/1990).[43]

A maior ou menor liberdade na edição de atos administrativos de consentimento depende da quantidade e da qualidade das exigências legais impostas ao administrador público.[44]

### 14.3.2.7 Campos de atuação ou espécies de poder de polícia

O poder de polícia possui incidência bastante ampla, uma vez que o Poder Público tem o dever de promover e de proteger os diversos interesses consagrados constitucionalmente, permitindo, destarte, a intervenção estatal em campos diversos, tais como a segurança, a salubridade, o decoro e a estética.

Daí ser possível apontar setores diversos de atuação de polícia, por exemplo:

a) polícia de costumes (ex.: restrições em relação ao traje em repartições públicas ou em relação aos materiais pornográficos);
b) polícia sanitária (ex.: fiscalização das condições de higiene de restaurantes);
c) polícia ambiental (ex.: criação de áreas de proteção ambiental);
d) polícia edilícia (ex.: norma municipal que estabelece gabarito, restringindo a altura dos prédios);
e) polícia de segurança (ex.: segurança pública exercida pela polícia federal, polícia rodoviária federal, polícia ferroviária federal, polícias civis, polícias militares, corpos de bombeiros militares, polícias penais federal, estaduais e distrital) etc.

### 14.3.2.8 Fundamentos e limites do poder de polícia

Tradicionalmente, afirma-se que o fundamento do poder de polícia é a supremacia do interesse público sobre o interesse privado. A autoridade estatal tem como objetivo a manutenção da ordem pública.

Todavia, em razão da constitucionalização do Direito Administrativo e da centralidade dos direitos fundamentais, entendemos que seria mais adequado afirmar que o fundamento

---

[43] É preciso distinguir o licenciamento da licença ambiental. O licenciamento é o processo administrativo por meio do qual a autoridade ambiental, verificado o cumprimento da legislação em vigor, emite a licença ambiental. Em suma: o licenciamento é o caminho (processo) e a licença é o resultado (ato). O art. 19 do Decreto 99.274/1990 prevê três categorias de licenças ambientais: **a) Licença Prévia (LP)**: emitida na fase preliminar do planejamento de atividade, contendo requisitos básicos a serem atendidos nas fases de localização, instalação e operação, observados os planos municipais, estaduais ou federais de uso do solo; **b) Licença de Instalação (LI)**: autoriza o início da implantação, de acordo com as especificações constantes do Projeto Executivo aprovado; e **c) Licença de Operação (LO)**: autoriza, após as verificações necessárias, o início da atividade licenciada e o funcionamento de seus equipamentos de controle de poluição, de acordo com o previsto nas Licenças Prévias e de Instalação. Sobre o tema, vide, por exemplo: GUERRA, Sidney; GUERRA, Sérgio. *Curso de Direito Ambiental*, Belo Horizonte: Fórum, 2009. p. 243-246.

[44] Em sentido semelhante: GARCÍA DE ENTERRÍA, Eduardo. *Curso de Derecho Administrativo*. 9. ed. Madrid: Civitas Ediciones, 2004. v. II, p. 142-145; ARAGÃO, Alexandre Santos de. *Direito dos serviços públicos*. Rio de Janeiro: Forense, 2007. p. 218-224.

de toda e qualquer ação estatal deve ser a promoção e a proteção dos direitos fundamentais. Em consequência, no Estado Democrático de Direito, os direitos fundamentais exercem uma dupla função em relação à ação estatal: fundamentam e limitam o exercício das prerrogativas públicas.[45]

A atividade de polícia passa necessariamente por ponderações entre direitos fundamentais conflitantes. A legislação realiza, em primeiro lugar, ponderações, adotando soluções abstratas (soluções preferenciais) que norteiam a atividade administrativa. Em qualquer hipótese, as circunstâncias concretas poderão exigir ponderações do próprio administrador público, razão pela qual, no atual estágio de evolução do Direito, a motivação da atuação administrativa ganha importância destacada como instrumento que viabiliza o controle de legitimidade dos atos estatais.

A legitimidade da atuação de polícia depende do respeito ao ordenamento jurídico (princípio da juridicidade), destacando-se, aqui, a necessidade de respeito aos princípios da proporcionalidade, da legalidade, entre outros.

No âmbito da Administração Pública federal, existe, ainda, o limite temporal para o exercício do poder de polícia, pois o art. 1.º da Lei 9.873/1999 estabelece o prazo de cinco anos para o exercício de ação punitiva pela Administração Pública Federal, no exercício do poder de polícia, objetivando apurar infração à legislação em vigor.[46]

Na verdade, a Lei 9.873/1999 determinou a observância de três prazos distintos:

a) prazo prescricional de cinco anos para o exercício do poder de polícia e constituição do crédito (art. 1.º);

b) prazo de prescrição intercorrente de três anos para a conclusão do processo administrativo instaurado para se apurar a infração administrativa (art. 1.º, § 1.º); e

c) prazo prescricional de cinco anos para a cobrança da multa aplicada em virtude da infração cometida (art. 1.º-A).

Por essa razão, quanto ao poder de polícia ambiental, o enunciado da Súmula 467 do STJ dispõe: "Prescreve em cinco anos, contados do término do processo administrativo, a pretensão da Administração Pública de promover a execução da multa por infração ambiental".

### 14.3.2.9 Características

O poder de polícia possui as seguintes características (ou atributos): discricionariedade, coercibilidade e autoexecutoriedade.

### 14.3.2.9.1 Discricionariedade

Costuma-se afirmar que, em regra, o exercício do poder de polícia caracteriza-se pela liberdade conferida pelo legislador ao administrador para escolher, por exemplo, o

---

[45] Nesse sentido: JUSTEN FILHO, Marçal. *Curso de direito administrativo*. 4. ed. São Paulo: Saraiva, 2009. p. 492.

[46] STJ: "O prazo prescricional para as ações administrativas punitivas desenvolvidas por Estados e Municípios, quando não existir legislação local específica, é quinquenal, conforme previsto no art. 1.º do Decreto n. 20.910/32, sendo inaplicáveis as disposições contidas na Lei n. 9.873/99, cuja incidência limita-se à Administração Pública Federal Direta e Indireta" (Tese 2 da edição 82 da *Jurisprudência em Teses* do STJ).

melhor momento de sua atuação ou a sanção mais adequada no caso concreto quando há previsão legal de duas ou mais sanções para determinada infração.

Todavia, em determinados casos, o legislador não deixa qualquer margem de liberdade para o administrador e a atuação de polícia será vinculada. É o que ocorre, por exemplo, com a licença para construir, que deve ser necessariamente editada para o particular que preencher os requisitos legais.

### 14.3.2.9.2 Coercibilidade

Os atos de polícia são coercitivos na medida em que impõem restrições ou condições que devem ser obrigatoriamente cumpridas pelos particulares.

Existem, no entanto, atos que são despidos de coercibilidade, por exemplo, os consentimentos de polícia (ex.: licença e autorização) editados a pedido dos particulares.

### 14.3.2.9.3 Autoexecutoriedade

É a prerrogativa conferida à Administração para implementar os seus atos, sem a necessidade de manifestação prévia do Poder Judiciário. O Poder Público pode, por exemplo, retirar os invasores e destruir construções irregulares em áreas de preservação ambiental, utilizando-se da força proporcional, quando o caso.

Em razão da autoexecutoriedade, a Administração não possui, em regra, interesse na propositura de demandas judiciais, uma vez que pode implementar a sua vontade com as suas próprias forças.[47] Em situações excepcionais, comprovada a impossibilidade concreta da autoexecutoriedade, poderia a Administração se valer da via jurisdicional.[48]

De acordo com o STJ, a autoexecutoriedade do poder de polícia é afastada, por exemplo, na hipótese de demolição de uma casa habitada, cuja execução dependeria de decisão judicial.[49]

De modo geral, alguns atos de polícia não possuem o atributo da executoriedade. É o caso da multa que não pode ser satisfeita (adimplida) pela vontade unilateral da

---

[47] Nesse sentido: "Administrativo – Recurso especial – Fechamento de prédio irregular – Autoexecutoriedade do ato administrativo – Desnecessidade de invocar a tutela judicial. 1. A Administração Pública, pela qualidade do ato administrativo que a permite compelir materialmente o administrado ao seu cumprimento, carece de interesse de procurar as vias judiciais para fazer valer sua vontade, pois pode por seus próprios meios providenciar o fechamento de estabelecimento irregular. 2. Recurso especial improvido." REsp 696.993/SP, Rel. Min. Eliana Calmon, Segunda Turma, DJ 19.12.05 p. 349. Da mesma forma, o TJ/RJ decidiu: "Interdito proibitório. Ato da administração pública. Poder de polícia. Interdito proibitório. Administração pública. Interesse. Inexistência. 1- O interesse processual traduz-se na relação de utilidade entre o meio escolhido e a pretendida tutela do direito. 2- Neste aspecto, o ajuizamento de ação possessória para impedir a interdição de obra irregular, realizada no exercício do poder de polícia autoexecutoriedade do ato administrativo revela-se inútil e desnecessário para impedi-la porque não se configura a ameaça de esbulho ou turbação da posse da parte." TJ/RJ, Ap. 2002.001.22687, Rel. Des. Milton Fernandes de Souza, Quinta Câmara Cível, Julgamento: 25.02.03. Vide, ainda: TJ/RJ, Reexame Necessário 2007.009.00880, Rel. Des. Henrique de Andrade Figueira, Décima Sétima Câmara Cível, julgamento: 20.06.07; TJ/RJ, Rel. Des. Carpena Amorim, Oitava Câmara Cível, Julgamento: 18.09.01.

[48] Registre-se, contudo, o entendimento do STJ: "A administração pública possui interesse de agir para tutelar em juízo atos em que ela poderia atuar com base em seu poder de polícia, em razão da inafastabilidade do controle jurisdicional" (Tese 1 da edição 82 da *Jurisprudência em Teses* do STJ).

[49] STJ, 1.ª Seção, REsp 1.217.234/PB, Rel. Min. Ari Pargendler, *DJe* 21.08.2013.

Administração e a respectiva cobrança é realizada, normalmente, por meio da propositura da execução fiscal.

É tradicional a distinção entre a executoriedade (*privilège d'action d'office*, executoriedade propriamente dita ou direta) e a exigibilidade (*privilège du préalable* ou executoriedade indireta).[50]

De um lado, na executoriedade propriamente dita, o administrador utiliza-se de meios diretos de coerção, inclusive a força, para implementar a vontade administrativa (ex.: uso da força para encerrar tumulto violento no espaço público). Por outro lado, a exigibilidade envolve meios indiretos de coerção que induzem o particular a cumprir as determinações administrativas (ex.: previsão de multas para o descumprimento de determinações legais).

Há controvérsia doutrinária sobre a necessidade de previsão legal expressa para reconhecimento da autoexecutoriedade administrativa:

**1.º entendimento (majoritário):** A doutrina majoritária afirma que a executoriedade depende de previsão legal ou do caráter emergencial da situação concreta. Nesse sentido: Maria Sylvia Zanella Di Pietro, Celso Antônio Bandeira de Mello, José dos Santos Carvalho Filho; Marçal Justen Filho e Diógenes Gasparini.[51]

**2.º entendimento:** parcela da doutrina afirma que a executoriedade é a regra, somente afastada na hipótese de expressa vedação legal. Nesse sentido: Diogo de Figueiredo Moreira Neto, Hely Lopes Meirelles.[52]

Entendemos que a executoriedade é a regra, autorizada expressa ou implicitamente pelo ordenamento jurídico, salvo as hipóteses em que a legislação, excepcionalmente, exige a prévia manifestação do Judiciário para atuação administrativa.[53] A referida conclusão decorre do princípio da separação de poderes e da legitimidade dos agentes públicos. É preciso esclarecer que a autoexecutoriedade não significa arbitrariedade – confusão encontrada em alguns estudos sobre o tema –, pois a atuação administrativa sempre deverá observar a juridicidade (regras e princípios consagrados no ordenamento jurídico). Vale lembrar que o princípio da ampla defesa e do contraditório (art. 5.º, LV, da CRFB) não impede a executoriedade dos atos administrativos, pois a instauração prévia de processos

---

[50] A distinção é proveniente do Direito francês: HAURIOU, Maurice. *Précis de droit administratif et de droit public*, Paris: Dalloz, 2002. p. 361-367; RIVERO, Jean. *Droit Administratif*, 8. ed., Paris: Dalloz, 1977, 100-104, DEBBASCH, Charles; CÓLIN, Frédéric. *Droit Administratif*, 8ª ed., Paris: Economica, 2007, p. 426-427. No Brasil, vide: DI PIETRO, Maria Sylvia Zanella. *Direito administrativo*. 22. ed. São Paulo: Atlas, 2009. p. 120-121. MELLO, Celso Antônio Bandeira de. *Curso de direito administrativo*. 21. ed. São Paulo: Malheiros, 2006. p. 399-402.

[51] DI PIETRO, Maria Sylvia Zanella. *Direito administrativo*. 22. ed. São Paulo: Atlas, 2009. p. 120-121. MELLO, Celso Antônio Bandeira de. *Curso de direito administrativo*. 21. ed. São Paulo: Malheiros, 2006. p. 401-402; CARVALHO FILHO, José dos Santos. *Manual de direito administrativo*. 22. ed. Rio de Janeiro: Lumen Juris, 2009. p. 84; JUSTEN FILHO, Marçal. *Curso de direito administrativo*. 4. ed. São Paulo: Saraiva, 2009. p. 304-305; GASPARINI, Diógenes. *Direito administrativo*. 12. ed. São Paulo: Saraiva, 2007. p. 135.

[52] MOREIRA NETO, Diogo de Figueiredo. *Curso de direito administrativo*. 15. ed. Rio de Janeiro: Forense, 2009. p. 161; MEIRELLES, Hely Lopes. *Direito administrativo brasileiro*. 22. ed. São Paulo: Malheiros, 1997. p. 144.

[53] De acordo com o Enunciado 2 da I Jornada de Direito Administrativo realizada pelo Centro de Estudos Judiciários do Conselho da Justiça Federal (CEJ/CJF): "O administrador público está autorizado por lei a valer-se do desforço imediato sem necessidade de autorização judicial, solicitando, se necessário, força policial, contanto que o faça preventivamente ou logo após a invasão ou ocupação de imóvel público de uso especial, comum ou dominical, e não vá além do indispensável à manutenção ou restituição da posse (art. 37 da Constituição Federal; art. 1.210, § 1.º, do Código Civil; art. 79, § 2.º, do Decreto-Lei n. 9.760/1946; e art. 11 da Lei n. 9.636/1998)."

administrativos para formulação e implementação da vontade administrativa não pressupõe a intervenção do Judiciário.

Questão interessante é saber se as multas de trânsito possuem o atributo da autoexecutoriedade. A discussão tem por objeto exigência de pagamento prévio das multas de trânsito para emissão do Certificado de Registro de Veículo – CRV (art. 131, § 2.º, do Código de Trânsito Brasileiro).[54] Portanto, o pagamento da multa é uma condição para que a Administração pratique atos em favor do proprietário do veículo. Trata-se, em verdade, de exigibilidade, e não de executoriedade propriamente dita.[55]

### 14.3.2.10 Obrigações positivas e negativas

Tradicionalmente, a doutrina tem destacado o caráter negativo do poder de polícia, tendo em vista a imposição de obrigações de não fazer ao particular. Conforme assevera Celso Antônio Bandeira de Mello, mesmo nas hipóteses em que o Poder Público impõe condutas positivas (ex.: exibir planta para licenciamento ou fazer exame de habilitação para motorista), existiria mera aparência de obrigação de fazer, pois o Poder Público não quer estes atos, mas, sim, evitar que a atuação dos particulares seja nociva ou perigosa.[56]

Entendemos, todavia, que a atuação de polícia pode ensejar obrigações negativas (de não fazer) e positivas (de fazer). A efetivação dos direitos fundamentais pelo Poder Público depende, em determinados casos, da atuação positiva (colaboração) dos particulares, como ocorre, por exemplo, na imposição de limpeza de terrenos por

---

[54] Código de Trânsito Brasileiro: "Art. 131. O Certificado de Licenciamento Anual será expedido ao veículo licenciado, vinculado ao Certificado de Registro, no modelo e especificações estabelecidos pelo CONTRAN. [...] § 2.º O veículo somente será considerado licenciado estando quitados os débitos relativos a tributos, encargos e multas de trânsito e ambientais, vinculados ao veículo, independentemente da responsabilidade pelas infrações cometidas". O STF afirmou a constitucionalidade da referida norma (ADI 2.998/DF, Rel. p/ acórdão Min. Ricardo Lewandowski, j. 10.04.2019, *Informativo de Jurisprudência do STF* n. 937). Sobre o tema, o STJ também se posicionou: a) Súmula 127: "É ilegal condicionar a renovação da licença de veículo ao pagamento de multa, da qual o infrator não foi notificado"; e b) Súmula 312: "No processo administrativo para imposição de multa de trânsito, são necessárias as notificações da autuação e da aplicação da pena decorrente da infração".

[55] Há diversos créditos públicos que podem ser cobrados por meios indiretos, tais como: a) as custas e despesas judiciais, sob pena de cancelamento da distribuição (art. 290 do CPC); b) o preparo do recurso, sob pena de deserção (art. 1.007 do CPC); c) o imposto de transmissão *inter vivos* como condição para a lavratura da escritura de compra e venda (art. 1.º, § 2.º, da Lei 7.433/1985); d) exigência de regularidade fiscal para habilitação na licitação (art. 29, III e IV, da Lei 8.666/1993 e art. 62, III, da nova Lei de Licitações) etc. Além disso, há créditos privados, igualmente dotados por lei de autoexecutoriedade, tais como: a) o crédito do possuidor de boa-fé ao ressarcimento das benfeitorias necessárias e úteis, por cujo valor o art. 1.219 do Código Civil lhe dá direito de retenção, sem que precise recorrer previamente ao Poder Judiciário; b) o crédito pignoratício, que também dá ao credor o direito de retenção sobre a coisa empenhada (art. 1.443, II, do Código Civil); c) o crédito do depositário pelas despesas feitas com a coisa depositada e com os prejuízos oriundos do depósito, garantido também por direito de retenção no art. 644 do Código Civil. Contudo, a ausência de pagamento de tributo, como já decidiu o STF, não pode impedir o exercício de atividade profissional. Nesse sentido, o Tema 732 de Repercussão Geral do STF: "É inconstitucional a suspensão realizada por conselho de fiscalização profissional do exercício laboral de seus inscritos por inadimplência de anuidades, pois a medida consiste em sanção política em matéria tributária". No Tema 31 de Repercussão Geral do STF, fixou-se a seguinte tese: "É inconstitucional o uso de meio indireto coercitivo para pagamento de tributo – 'sanção política' –, tal qual ocorre com a exigência, pela Administração Tributária, de fiança, garantia real ou fidejussória como condição para impressão de notas fiscais de contribuintes com débitos tributários".

[56] MELLO, Celso Antônio Bandeira de. *Curso de direito administrativo*. 21. ed. São Paulo: Malheiros, 2006. p. 789-790.

particulares, no dever de edificação compulsória da propriedade, na exigência saídas de emergência em edifícios etc.[57]

### 14.3.2.11 Atividades comunicadas

As restrições estatais impostas aos particulares para o exercício de atividades econômicas podem variar de intensidade, segundo critérios diversos, tais como a periculosidade ou o impacto social gerado pela atividade.[58]

É possível estabelecer, para fins meramente didáticos, quatro níveis decrescentes de intensidade das restrições estatais.

Em primeiro lugar, a restrição estatal é tão intensa que retira a atividade econômica da livre-iniciativa, classificando-a como serviço público de titularidade do Estado. A prestação de serviços públicos por particulares depende necessariamente da delegação formal por parte do Poder Público (ex.: concessão e permissão de serviços públicos).[59]

Em segundo lugar, o Estado possui a prerrogativa de condicionar o exercício da atividade privada ao seu prévio consentimento, restringindo a livre-iniciativa (ex.: licença para dirigir veículo ou autorização para porte de arma).

Em terceiro lugar, a restrição estatal limita-se a exigir que determinadas atividades privadas sejam comunicadas ao Estado, com o intuito de possibilitar a fiscalização de polícia, e não para obter consentimento estatal.

Por fim, as demais atividades econômicas, inseridas no campo da livre-iniciativa, não dependem de consentimentos estatais prévios ou de comunicações específicas, submetendo-se à fiscalização genérica do Estado.[60]

As atividades comunicadas estão inseridas na terceira forma de restrição estatal apontada acima e podem ser conceituadas da seguinte forma: **atividades comunicadas são as atividades privadas que devem ser comunicadas ao Estado, por determinação legal, facilitando a fiscalização de polícia.** Por meio dessa colaboração entre o particular e o Poder Público, assegura-se o desempenho eficiente do poder de polícia.

---

[57] Nesse sentido: SUNDFELD, Carlos Ari. *Direito administrativo ordenador*. São Paulo: Malheiros, 2003. p. 57; JUSTEN FILHO, Marçal. *Curso de direito administrativo*. 4. ed. São Paulo: Saraiva, 2009. p. 493.

[58] Sobre as atividades comunicadas, vide: CUNHA, Paulo César Melo da. As atividades comunicadas e o controle do exercício das liberdades. In: OSÓRIO, Fabio Medina; SOUTO, Marcos Juruena Villela (Coord.). *Direito administrativo:* estudos em homenagem a Diogo de Figueiredo Moreira Neto. Rio de Janeiro: Lumen Juris, 2006; SOUTO, Marcos Juruena Villela. Atividades comunicadas e regulação de lista de prestadores de serviços de saúde. *Fórum Administrativo: Direito Público*, Belo Horizonte, v. 7, n. 76, jun. 2007.

[59] Embora as atividades comunicadas sejam estudadas normalmente no campo do poder de polícia, é natural a possibilidade de exigência de comunicação de atividades no campo dos serviços públicos, pois os serviços públicos somente podem ser prestados na forma estipulada na legislação e no respectivo contrato de delegação, sendo inerente ao ajuste a possibilidade de previsão de cláusulas contratuais que impõem a comunicação de determinados atos ao Poder Concedente.

[60] De acordo com Diogo de Figueiredo Moreira Neto: "ao contrário do que ocorre, tanto na atividade de *consentimento de polícia*, em que o interessado provoca a Administração para o exercício da polícia administrativa, quanto na *fiscalização de polícia*, em que a Administração atua de ofício na busca dos elementos, a *atividade comunicada* se desenvolve em espaço de atuação espontânea das pessoas, no qual a lei não condiciona o exercício da atividade às prévias emissões de licença ou de autorização, mas é de interesse do particular que a exerce afastar a insegurança jurídica quanto a se conter ou não nos limites estabelecidos na *ordem de polícia*" (MOREIRA NETO, Diogo de Figueiredo. *Curso de direito administrativo*. 15. ed. Rio de Janeiro: Forense, 2009. p. 314).

Existem diversos exemplos de atividades comunicadas no ordenamento pátrio, tais como:

a) o art. 5.º, XVI, da CRFB permite a reunião pacífica em locais abertos ao público, independentemente de autorização, exigindo-se apenas prévio aviso à autoridade competente;[61]

b) o art. 8.º da Lei 9.074/1995 dispensa a concessão, permissão ou autorização, para aproveitamento de potenciais hidráulicos, e a implantação de usinas termoelétricas de potência igual ou inferior a 5.000 kW, atividades que, entretanto, devem ser comunicadas ao Poder Público;

c) o art. 17, § 1.º, da Lei 9.656/1998 exige que as operadoras privadas dos planos de assistência à saúde comuniquem aos consumidores e à ANS a substituição de entidade hospitalar contratada, referenciada ou credenciada.

### 14.3.2.12 Delegação do poder de polícia: limites e possibilidades

O exercício de potestades públicas (poder de autoridade) é monopólio do Estado. As pessoas jurídicas de direito público (Entes federados, autarquias e fundações estatais de direito público) e seus respectivos servidores, que possuem garantias especiais (estabilidade, por exemplo), podem exercer autoridade sobre os particulares.[62]

Em situações excepcionais, a legislação reconhece a possibilidade de exercício do poder de polícia por pessoas físicas ou pessoas jurídicas de direito privado (ex.: o art. 139 do Código Eleitoral atribui o exercício da polícia dos trabalhos eleitorais aos presidentes das mesas receptoras; o art. 166 do Código Brasileiro de Aeronáutica estabelece que o comandante é o responsável pela operação e segurança da aeronave).

No entanto, existe discussão sobre a possibilidade e os limites da delegação de parcela do poder de polícia para entidades privadas ("poder de polícia delegado"). A questão é complexa e pode ser assim demonstrada:

**Primeira posição:** parcela da doutrina defende o dogma da impossibilidade de delegação do poder de polícia a particulares, tendo em vista que o exercício de autoridade por um particular em detrimento dos demais colocaria em risco o princípio da igualdade. A indelegabilidade não impede, todavia, o exercício privado de atividades materiais acessórias, prévias ou posteriores ao poder de polícia (ex.: fiscalização das normas de trânsito por meio de equipamentos eletrônicos, a demolição de obras irregulares por particulares contratados pelo Poder Público ou a expedição de atos vinculados expedidos por máquinas, como ocorre com os parquímetros que emitem autos de infração). Nesses

---

[61] Tema 855 da Tese de Repercussão Geral do STF : "A exigência constitucional de aviso prévio relativamente ao direito de reunião é satisfeita com a veiculação de informação que permita ao poder público zelar para que seu exercício se dê de forma pacífica ou para que não frustre outra reunião no mesmo local".

[62] O STF decidiu, com repercussão geral, que "é constitucional a atribuição às guardas municipais do exercício de poder de polícia de trânsito, inclusive para imposição de sanções administrativas legalmente previstas". RE 658.570/MG, Rel. p/ acórdão Min. Roberto Barroso, Tribunal Pleno, DJe-195 30.09.2015, *Informativos de Jurisprudência do STF* 793 e 802.

casos, não há qualquer margem de liberdade decisória ao particular. Nesse sentido: Celso Antônio Bandeira de Mello, Diógenes Gasparini e Marçal Justen Filho.[63]

**Segunda posição:** possibilidade de delegação da fiscalização e do consentimento de polícia aos particulares em geral, integrantes ou não da Administração Indireta, sendo consideradas indelegáveis apenas a ordem e a sanção de polícia. Nesse sentido: Diogo de Figueiredo Moreira Neto.[64]

**Terceira posição:** pode haver delegação do poder de polícia para entidades de direito privado que integram a Administração Pública. Nesse sentido: Cid Tomanik Pompeu e Cláudio Brandão de Oliveira.[65]

**Quarta posição:** a delegação do poder de polícia depende do preenchimento de três requisitos, a saber: a) a delegação deve ser feita por lei, não se admitindo a via contratual; b) apenas a fiscalização de polícia pode ser delegada; e c) as entidades privadas delegatárias devem integrar a Administração Indireta (empresas públicas, sociedades de economia mista e fundações estatais de direito privado), não sendo lícita a delegação às entidades privadas em geral. Nesse sentido: José dos Santos Carvalho Filho.[66]

O STF chegou a afirmar a impossibilidade genérica de exercício do poder de polícia por particulares. Foi o que ocorreu quando a Suprema Corte declarou a inconstitucionalidade do art. 58 da Lei 9.649/1998, que pretendia estabelecer o exercício dos serviços de fiscalização das profissões regulamentadas por entidades privadas, delegatárias do Poder Público.[67] O argumento utilizado pela Suprema Corte foi no sentido de ser indelegável aos particulares a atividade típica de Estado (poder de polícia). Curiosamente, o STF, posteriormente, afirmou que a Ordem dos Advogados do Brasil (OAB), que também exerce a fiscalização de profissões, não integraria a Administração Pública Indireta, sendo certo que a sua atividade não difere essencialmente daquelas desenvolvidas pelos demais Conselhos profissionais.[68] Contudo, a Suprema Corte, em hipótese de repercussão geral, afirmou que as ações que envolvem a OAB devem ser julgadas pela Justiça Federal, em razão da natureza autárquica desta entidade.[69]

---

[63] MELLO, Celso Antônio Bandeira de. *Curso de direito administrativo.* 21. ed. São Paulo: Malheiros, 2006. p. 797-799; GASPARINI, Diógenes. *Direito administrativo.* 12. ed. São Paulo: Saraiva, 2007. p. 136-137; JUSTEN FILHO, Marçal. *Curso de direito administrativo.* 4. ed. São Paulo: Saraiva, 2009. p. 502-503.

[64] MOREIRA NETO, Diogo de Figueiredo. Transferências de execução de atividades estatais a entes da sociedade. *Mutações do direito público.* 3. ed. Rio de Janeiro: Renovar, 2007. p. 133.

[65] POMPEU, Cid Tomanik. O exercício do poder de polícia pelas empresas públicas. *Revista Forense*, Rio de Janeiro, v. 256, p. 438-441, 1977; OLIVEIRA, Cláudio Brandão de. *Manual de direito administrativo.* 4. ed. Rio de Janeiro: Forense, 2009. p. 59. Em sentido semelhante, José Vicente Santos de Mendonça admite a delegação do poder de polícia para empresas públicas prestadoras de serviços públicos que não atuam em regime concorrencial (MENDONÇA, José Vicente Santos de. Estatais com poder de polícia: por que não?. *RDA*, Rio de Janeiro, n. 252, p. 97-118, set.-dez. 2009).

[66] CARVALHO FILHO, José dos Santos. *Manual de direito administrativo.* 22. ed. Rio de Janeiro: Lumen Juris, 2009. p. 76.

[67] STF, Tribunal Pleno, ADIn 1.717/DF, Rel. Min. Sydney Sanches, *DJ* 28.03.2003, p. 61, *Informativo de Jurisprudência do STF* n. 289.

[68] STF, Tribunal Pleno, ADIn 3.026/DF, Rel. Min. Eros Grau, *DJ* 29.09.2006, p. 31, *Informativo de Jurisprudência do STF* n. 430.

[69] STF, Tribunal Pleno, RE 595.332/PR, Rel. Min. Marco Aurélio, j. 31.08.2016, *Informativo de Jurisprudência do STF* n. 837.

Posteriormente, o STF, em sede de repercussão geral, admitiu, com limites, o exercício do poder de polícia por entidades privadas da Administração Pública indireta. Na hipótese, a discussão envolveu a possibilidade do exercício do poder de polícia pela Empresa de Transporte e Trânsito de Belo Horizonte – BHTrans, sociedade de economia mista. Ao julgar o Tema 532, a Suprema Corte fixou a seguinte tese: "É constitucional a delegação do poder de polícia, por meio de lei, a pessoas jurídicas de direito privado integrantes da Administração Pública indireta de capital social majoritariamente público que prestem exclusivamente serviço público de atuação própria do Estado e em regime não concorrencial".[70]

O STJ, de forma semelhante, já havia se posicionado pela possibilidade de delegação da fiscalização e do consentimento de polícia para empresas públicas e sociedades de economia mista.[71]

O regime celetista, a nosso ver, não é óbice para o exercício do poder de polícia, tendo em vista que todos os agentes públicos gozam de garantias e deveres específicos, ainda que em intensidades diferentes. Atualmente, a estabilidade do servidor estatuário é relativa, admitindo a Constituição quatro hipóteses de perda do cargo (arts. 41, § 1.º, e 169, § 4.º, da CRFB). Por outro lado, o servidor celetista não é necessariamente instável, sendo certo que a sua demissão deve ser motivada, bem como deve obedecer aos princípios da Administração insculpidos no art. 37 da CRFB, com destaque para a impessoalidade. O Código de Trânsito Brasileiro (Lei 9.503/1997), por exemplo, estabelece em seu art. 280, § 4.º, que "O agente da autoridade de trânsito competente para lavrar o auto de infração poderá ser servidor civil, estatutário ou celetista ou, ainda, policial militar designado pela autoridade de trânsito com jurisdição sobre a via no âmbito de sua competência".

O ordenamento jurídico brasileiro reconhece expressamente a possibilidade de exercício de poderes públicos, inclusive de autoridade, por particulares em determinados casos, tais como: os comandantes de aeronaves (arts. 167 e 168 do Código Brasileiro de Aeronáutica) e os capitães de embarcações (arts. 497 e 498 da Lei 556/1850); os notários e registradores exercem, por delegação do Poder Público, em caráter privado, poder de polícia (consentimento e fiscalização), na forma do art. 236 da CRFB; as instâncias da justiça desportiva, com caráter privado, possuem autonomia para decidirem as questões relacionadas à disciplina e às competições desportivas, hipótese em que o Judiciário se manifestará após o esgotamento daquelas instâncias (art. 217, § 1.º, da CRFB); poderes de fiscalização no exercício da autorregulação do setor de mercado de capitais, conferidos às Bolsas de Valores, Bolsas de Mercadorias e Futuros, entidades do mercado de balcão organizado e entidades de compensação e liquidação, que atuam sob a fiscalização da Comissão de Valores Mobiliários (CVM), na forma dos arts. 8.º, § 1.º, e 17 da Lei 6.385/1976; selos de qualidade criados por produtores de determinados produtos, tais como os vinhos (denominação de origem controlada ou de indicação de proveniência regulamentada);

---

[70] Tema 532 da Tese de Repercussão Geral do STF.
[71] STJ, 2.ª Turma, EDcl no REsp 817.534/MG, Rel. Min. Mauro Campbell Marques, *DJe* 16.06.2010. Sobre o poder de polícia, o STJ afirmou: "Não é possível a aplicação de sanções pecuniárias por sociedade de economia mista, facultado o exercício do poder de polícia fiscalizatório" (Tese 9 da edição 82 da Jurisprudência em Teses do STJ).

certificação técnica e ambiental (ex.: certificação ISO, normas técnicas adotadas pela Associação Brasileira de Normas Técnicas – ABNT; autorregulamentação publicitária exercida pelo Conselho Nacional de Autorregulamentação Publicitária (CONAR), havendo, inclusive, o "Código Brasileiro de Autorregulamentação Publicitária".

Entendemos ser possível a delegação de determinadas parcelas do poder de polícia às entidades privadas, desde que respeitados alguns parâmetros, tais como:

a) preponderância das entidades de direito público: o poder de polícia deve ser exercido, preponderantemente, por entidades de natureza pública e, excepcionalmente, por entidades de natureza privada;

b) princípio da legalidade (juridicidade): delegação deve ser realizada por norma constitucional ou legal, que deve fixar os limites e as condições para o exercício da função delegada;

c) conteúdo da delegação: somente podem ser delegadas as atividades instrumentais ou técnicas, sendo vedada a transferência definitiva e regular das atividades punitivas, bem como daquelas intimamente vinculadas à soberania (segurança, defesa nacional, negócios estrangeiros etc.);

d) princípios da razoabilidade e da proporcionalidade: a delegação deve ser justificada à luz dos princípios em comento, sob pena de arbitrariedade na sua utilização com o objetivo de fugir do regime jurídico administrativo; e

e) direitos e garantias dos administrados: o exercício do poder de polícia pelos particulares deve respeitar os direitos e garantias dos administrados, pautando-se pela imparcialidade e objetividade, especialmente por meio de instrumentos tecnológicos que permitam a constatação objetiva da infração à legislação (ex.: a redução do subjetivismo na atuação privada pode ser implementada por meio da utilização de aparatos eletrônicos que ratifiquem as medidas adotadas, tal como ocorre com os aparelhos fotográficos utilizados na fiscalização de polícia e os aparelhos usados na vistoria de automóveis).

Em suma: admitimos a possibilidade de delegação, por meio de norma constitucional ou legal, do exercício do poder de polícia às entidades privadas, desde que a atividade seja exercida de maneira independente, sem influência de eventuais interesses privados (ex.: lucro), e em consonância com critérios objetivos ou técnicos, previstos em lei, que afastem eventuais arbitrariedades, possibilitando o controle pelos particulares.[72]

No âmbito das relações de sujeição especial, o poder de autoridade, que tem sido caracterizado como poder disciplinar, e não propriamente como poder de polícia, tem sido franqueado aos particulares com maior amplitude, respeitados os limites da lei e do negócio jurídico (ex.: exercício de autoridade por funcionários de concessionária de serviço

---

[72] Sobre o exercício de funções administrativas de autoridade por entidades administrativas, vide: GONÇALVES, Pedro Antônio Pimenta da Costa. *Entidades privadas com poderes públicos*: o exercício de poderes públicos de autoridade por entidades privadas com funções administrativas. Coimbra: Almedina, 2008; OTERO, Paulo. Coordenadas jurídicas da privatização da Administração Pública. *Os caminhos da privatização da Administração Pública*, IV Colóquio Luso-Espanhol de Direito Administrativo, Boletim da Faculdade de Direito, Studia Iuridica, 60, Colloquia 7, Coimbra Editora, 2001, p. 31-57.

público em relação aos usuários). Ao contrário do que ocorre nas relações de sujeição geral existentes entre o particular e o Estado, nas relações de sujeição especial, existe vínculo prévio, legal ou contratual, entre o particular e a entidade, que justifica a maior amplitude das prerrogativas por parte da entidade que presta o serviço.

#### 14.3.2.13 Poder de polícia entre entes federados (interfederativo)

Normalmente, o exercício do poder de polícia tem como destinatários os particulares que se sujeitam à autoridade estatal.

Todavia, deve ser admitido, também, o denominado "poder de polícia interfederativo", ou seja, aquele que é exercido entre os Entes federados. Em que pese a ausência de hierarquia entre as pessoas federativas, certo é que deve haver respeito em relação ao exercício das competências previstas na Constituição para cada uma delas.[73]

Não se trata, portanto, de hierarquia, mas, sim, de submissão à repartição de competências constitucionais. Por essa razão, as pessoas federadas podem instituir e cobrar taxas uma das outras, em virtude do exercício do poder de polícia, salvo as isenções legais.[74]

Diversos são os exemplos de "poder de polícia interfederativo": as repartições públicas estaduais e federais devem respeitar as normas municipais de zoneamento e de construção;[75] as viaturas públicas devem respeitar a legislação e as autoridades de trânsito, sujeitando-se à respectiva fiscalização e sanção; no exercício de suas atribuições, a polícia civil pode prender autoridades públicas vinculadas à outra pessoa federada.

### 14.3.3 Poder hierárquico

#### 14.3.3.1 Conceito

A hierarquia é uma relação de subordinação administrativa entre agentes públicos que pressupõe a distribuição e o escalonamento vertical de funções no interior da organização administrativa.

É importante destacar que a hierarquia é uma característica encontrada exclusivamente no exercício da função administrativa, inexistindo, portanto, hierarquia nas funções típicas jurisdicionais e legislativas. No âmbito do Poder Judiciário e do Poder Legislativo, a hierarquia existe apenas concernente às suas funções atípicas administrativas. Assim, por exemplo, o Presidente do Tribunal de Justiça pode editar, no exercício de sua função atípica, atos administrativos que deverão ser observados pelos servidores subordinados. No

---

[73] SUNDFELD, Carlos Ari. *Direito administrativo ordenador*. São Paulo: Malheiros, 2003. p. 22.
[74] Ressalte-se que a imunidade tributária recíproca entre os Entes federados refere-se apenas aos impostos sobre o patrimônio, a renda e os serviços, não alcançando, portanto, as taxas, conforme previsão contida no art. 150, VI, "a", da CRFB.
[75] É oportuno observar, no entanto, que a instalação de usinas nucleares pela União e a construção de presídios pelos Estados não precisam observar a legislação municipal de zoneamento e construção, mas, sim, a legislação federal e estadual, respectivamente. Nesse sentido: SUNDFELD, Carlos Ari. *Direito administrativo ordenador*. São Paulo: Malheiros, 2003. p. 22.

entanto, não há hierarquia por parte do referido magistrado sobre os demais magistrados no tocante ao julgamento das ações judiciais.

### 14.3.3.2 Prerrogativas e deveres hierárquicos

O poder hierárquico confere uma série de prerrogativas aos agentes públicos hierarquicamente superiores em relação aos seus respectivos subordinados, a saber:

a) **ordens:** expedição de ordens, nos estritos termos da lei, que devem ser cumpridas pelos subordinados, salvo as ordens manifestamente ilegais;[76]

b) **controle ou fiscalização:** verificação do cumprimento por parte dos subordinados das ordens administrativas e das normas vigentes;

c) **alteração de competências:** nos limites permitidos pela legislação, a autoridade superior pode alterar competências, notadamente por meio da delegação e da avocação;[77]

d) **revisional:** possibilidade de rever os atos praticados pelos subordinados para anulá-los, quando ilegais, ou revogá-los por conveniência e oportunidade, nos termos da respectiva legislação;

e) **resolução de conflitos de atribuições:** prerrogativa de resolver, na esfera administrativa, conflitos positivos ou negativos de atribuições dos órgãos e agentes subordinados; e

f) **disciplinar:** apurada eventual irregularidade na atuação funcional do subordinado, a autoridade superior, após o devido processo legal, garantindo a ampla defesa e o contraditório, deverá aplicar as sanções disciplinares tipificadas na legislação.

As prerrogativas da autoridade superior acarretam o dever de obediência por parte dos agentes públicos hierarquicamente inferiores. A insubordinação do agente público, caracterizada pelo descumprimento das determinações superiores, configura infração funcional, punível com a sanção disciplinar de demissão.[78]

### 14.3.3.3 Subordinação x vinculação

No âmbito da organização administrativa, existem relações de subordinação e de vinculação que não se confundem. É relevante, portanto, distinguir a subordinação e a vinculação.

A relação de subordinação decorre naturalmente da hierarquia existente no interior dos órgãos e das entidades administrativas, pois há hierarquia em toda e qualquer

---

[76] Em âmbito federal, o art. 116, IV, da Lei 8.112/1990 dispõe: "Art. 116. São deveres do servidor: [...] IV – cumprir as ordens superiores, exceto quando manifestamente ilegais".

[77] Sobre a delegação e avocação de competência, remetemos o leitor para o Capítulo 15, item 15.9.1.1.

[78] É o que dispõe o art. 132, VI, da Lei 8.112/1990: "Art. 132. A demissão será aplicada nos seguintes casos: [...] VI – insubordinação grave em serviço".

desconcentração administrativa, seja entre órgãos da Administração Direta, seja no interior de determinada entidade da Administração Indireta. Portanto, a subordinação tem caráter interno, não havendo que falar em subordinação nas relações interadministrativas entre pessoas jurídicas diversas.[79]

Por outro lado, a relação de vinculação é encontrada entre entidades da Administração Indireta e os respectivos entes federados. Entre pessoas jurídicas distintas, em razão da autonomia dessas entidades, não existe hierarquia, mas apenas os controles previstos expressamente na legislação (vinculação). Trata-se de relação externa, envolvendo pessoas jurídicas dotadas de personalidade jurídica própria e autonomia.

Assim, por exemplo, no interior de uma autarquia federal, os respectivos servidores encontram-se subordinados ao Presidente da entidade. A referida autarquia, por sua vez, encontra-se vinculada à União, por meio da denominada supervisão ministerial.[80]

A distinção entre subordinação e vinculação acarreta consequências jurídicas importantes. Mencione-se, por exemplo, a questão envolvendo o recurso hierárquico para revisão de determinado ato administrativo.

Nas relações hierárquicas, marcadas pela subordinação, o subordinado, insatisfeito com o teor de determinada decisão administrativa, tem o direito de interpor recurso hierárquico perante a autoridade superior.

Por outro lado, nas relações de vinculação, como não há hierarquia entre as pessoas administrativas e o respectivo Ente federado, o cabimento do recurso hierárquico "impróprio" (não há tecnicamente hierarquia) depende necessariamente de previsão legal expressa (*nulla tutela sine lege*). Isto porque a autonomia da entidade administrativa é delimitada pela respectiva lei que criou ou que autorizou a criação da referida entidade, sendo certo que o recurso hierárquico impróprio, ao viabilizar a interferência externa na entidade que proferiu a decisão recorrida, representa verdadeira exceção à autonomia administrativa. Vale dizer: apenas a lei poderia excepcionar a autonomia que ela própria reconheceu à entidade.

### 14.3.4 Poder disciplinar

#### 14.3.4.1 Conceito

O poder disciplinar é a prerrogativa reconhecida à Administração para investigar e punir, após o contraditório e a ampla defesa, os agentes públicos, na hipótese de infração

---

[79] O STF declarou a inconstitucionalidade da norma estadual que assegurou a independência funcional a delegados de polícia, bem como atribuiu à polícia civil o caráter de função essencial ao exercício da jurisdição e à defesa da ordem jurídica. A polícia civil está, necessariamente, subordinada ao chefe do Poder Executivo estadual (art. 144, § 6.º, da CRFB) e as normas, ainda que originárias do poder constituinte decorrente, que venham a atribuir autonomia funcional, administrativa ou financeira a outros órgãos ou instituições não constantes da CRFB padecem de vício de inconstitucionalidade material, por violação ao princípio da separação dos Poderes (STF, ADI 5.522/SP, Rel. Min. Gilmar Mendes, Tribunal Pleno, *DJe* 07.03.2022, *Informativo de Jurisprudência do STF* n. 1.044).

[80] Na organização administrativa federal, a supervisão ministerial encontra-se prevista nos arts. 19 a 21 do Decreto-lei 200/1967.

funcional, e os demais administrados sujeitos à disciplina especial administrativa. O poder disciplinar é exercido por meio do Processo Administrativo Disciplinar (PAD).[81]

Fundado, normalmente, na hierarquia administrativa, o poder disciplinar relaciona-se com as relações jurídicas especiais administrativas, englobando duas situações:

a) relações funcionais travadas com agentes públicos, independentemente da natureza do respectivo vínculo jurídico – legal ou negocial (ex.: demissão do servidor público); e

b) particulares inseridos em relações jurídicas especiais com a Administração, mas que não são considerados agentes públicos (ex.: aplicação de multa contratual à empresa contratada pela Administração, sanções aplicadas aos alunos de escola pública e aos usuários de biblioteca pública etc.).

Ao contrário do poder de polícia, exercido no âmbito de relações jurídicas genéricas entre Estado e cidadão, o poder disciplinar refere-se às relações jurídicas especiais, decorrentes de vínculos jurídicos específicos existentes entre o Estado e o particular (Administração – agente público, Administração – contratado, Administração – usuário de serviços públicos etc.).

### 14.3.4.2 Discricionariedade do poder disciplinar

É tradicional a afirmação de que o poder disciplinar é discricionário, tendo em vista a menor rigidez da legislação administrativa, quando comparada à legislação penal, que confere liberdade, sempre regrada (limitada), para que a autoridade administrativa determine a adequação da conduta ao Estatuto funcional e escolha, motivadamente, a sanção que deve ser aplicada ao agente.[82]

A tipicidade administrativa, ao contrário da tipicidade penal, é aberta (menos rígida), uma vez que o legislador, na maioria dos casos, limita-se a definir, genericamente, os deveres que deverão ser respeitados pelos agentes, estabelecendo sanções que deverão ser aplicadas, com razoabilidade, pela autoridade competente.

Vale dizer: não há, necessariamente, a definição de infração administrativa e a respectiva sanção disciplinar que deve ser aplicada. As sanções devem ser sopesadas pelo administrador para que seja escolhida aquela que melhor se encaixa na gravidade da infração apurada em determinado caso concreto. Assim, por exemplo, a autoridade administrativa federal, na aplicação das penalidades disciplinares (advertência; suspensão; demissão; cassação de aposentadoria ou disponibilidade; destituição de cargo em comissão; e destituição de função comissionada), deverá levar em consideração a natureza e a gravidade da infração cometida, os danos que dela provierem para o serviço público, as circunstâncias agravantes ou atenuantes e os antecedentes funcionais, mencionando sempre

---

[81] O estudo do PAD é apresentado no Capítulo 16, item 16.10.
[82] Nesse sentido, por exemplo: DI PIETRO, Maria Sylvia Zanella. *Direito administrativo*. 22. ed. São Paulo: Atlas, 2009. p. 94; MEDAUAR, Odete. *Direito administrativo moderno*. 12. ed. São Paulo: RT, 2008. p. 117; MEIRELLES, Hely Lopes. *Direito administrativo brasileiro*. 22. ed. São Paulo: Malheiros, 1997. p. 109.

o fundamento legal e a causa da sanção disciplinar (arts. 127 e 128, *caput* e parágrafo único, da Lei 8.112/1990).

Ressalte-se, no entanto, que a discricionariedade não se confunde com liberdade total ou arbitrariedade. No exercício de competências discricionárias, a Administração deve respeitar os princípios e regras vigentes (juridicidade) e, no caso específico da aplicação de sanções, deve observar, especialmente, os princípios da razoabilidade, da proporcionalidade, do devido processo legal, da ampla defesa e do contraditório. Ademais, toda e qualquer sanção estatal deve ser necessariamente motivada.

Portanto, discricionariedade sofre sérias limitações na atualidade. A autoridade administrativa, ao tomar conhecimento de suposta infração funcional, tem o dever-poder de apurar o fato para eventual punição do agente, inexistindo liberdade na hipótese.

## 14.4 RESUMO DO CAPÍTULO

**PODERES ADMINISTRATIVOS**

| | | |
|---|---|---|
| **Conceito** | São prerrogativas instrumentais conferidas aos agentes públicos para que, no desempenho de suas atividades, alcancem o interesse público. | |
| **Excesso de poder** | A atuação do agente público extrapola a competência delimitada na lei. | |
| **Desvio de poder (ou de finalidade)** | A atuação do agente pretende alcançar finalidade diversa do interesse público. | |
| **Poder normativo ou regulamentar** | É a prerrogativa reconhecida à Administração Pública para editar atos administrativos gerais para fiel execução das leis. | |
| **Regulamentos** | Quanto aos efeitos | a) regulamentos jurídicos;<br>b) regulamentos administrativos. |
| | Quanto ao fundamento de validade dos atos regulamentares | a) regulamentos de necessidade;<br>b) regulamentos autônomos;<br>c) regulamentos autorizados (ou delegados);<br>d) regulamentos executivos (decreto regulamentar ou de execução). |
| **Reserva de administração** | O tratamento de determinadas matérias fica adstrito ao âmbito exclusivo da Administração Pública, não sendo lícita a ingerência do parlamento. | |
| **Deslegalização ou delegificação** | Transferência de determinadas matérias do campo legislativo para o âmbito dos atos administrativos. | |
| **Poder de polícia** | Compreende a prerrogativa reconhecida à Administração Pública para restringir e condicionar, com fundamento na lei, o exercício de direitos, com o objetivo de atender ao interesse público. | |
| **Polícia administrativa x polícia judiciária** | a) enquanto a polícia administrativa se exaure em si mesma, a judiciária é preparatória para função jurisdicional penal;<br>b) a polícia administrativa, por um lado, incide sobre atividades, bens e direitos dos indivíduos; a judiciária sobre os próprios indivíduos (aqueles a quem se atribui o ilícito penal); e<br>c) a polícia administrativa tem caráter eminentemente preventivo; já a judiciária é predominantemente repressiva (essa distinção não é absoluta). | |

| | |
|---|---|
| Ciclo de polícia | a) ordem;<br>b) consentimento (licença e autorização);<br>c) fiscalização;<br>d) sanção. |
| Licenças × autorizações de polícia | As licenças são vinculadas e não conferem margem de liberdade ao administrador, que deve expedi-las quando cumpridos os requisitos legais pelo particular. As autorizações são discricionárias, conferindo margem de liberdade ao administrador que decidirá sobre a conveniência e a oportunidade da sua expedição. |
| Campos de atuação ou espécies de poder de polícia | a) polícia de costumes;<br>b) polícia sanitária;<br>c) polícia ambiental;<br>d) polícia edilícia;<br>e) polícia de segurança. |
| Fundamentos e limites do poder de polícia | O fundamento de toda e qualquer ação estatal deve ser a promoção e a proteção dos direitos fundamentais. Em consequência, no Estado Democrático de Direito, os direitos fundamentais exercem uma dupla função em relação à ação estatal: fundamentam e limitam o exercício das prerrogativas públicas. |
| Características | a) discricionariedade; b) coercibilidade; c) autoexecutoriedade. |
| Delegação do poder de polícia | Controvérsias sobre a possibilidade e os limites da delegação de parcela do poder de polícia para entidades privadas. STF: "É constitucional a delegação do poder de polícia, por meio de lei, a pessoas jurídicas de direito privado integrantes da Administração Pública indireta de capital social majoritariamente público que prestem exclusivamente serviço público de atuação própria do Estado e em regime não concorrencial". |
| Poder hierárquico | A hierarquia é uma característica encontrada exclusivamente no exercício da função administrativa, inexistindo, portanto, hierarquia nas funções típicas jurisdicionais e legislativas. No âmbito do Poder Judiciário e do Poder Legislativo, a hierarquia existe apenas concernente às suas funções atípicas administrativas. |
| Prerrogativas e deveres hierárquicos | a) ordens;<br>b) controle ou fiscalização;<br>c) alteração de competências;<br>d) revisional;<br>e) resolução de conflitos de atribuições;<br>f) disciplinar. |
| Subordinação × vinculação | A relação de **subordinação** decorre naturalmente da hierarquia existente no interior dos órgãos e das entidades administrativas, pois há hierarquia em toda e qualquer desconcentração administrativa, seja entre órgãos da Administração Direta, seja no interior de determinada entidade da Administração Indireta.<br>A relação de **vinculação** é encontrada entre entidades da Administração Indireta e os respectivos entes federados. |
| Poder disciplinar | Prerrogativa reconhecida à Administração para investigar e punir, após o contraditório e a ampla defesa, os agentes públicos, na hipótese de infração funcional, e os demais administrados sujeitos à disciplina especial administrativa. O poder disciplinar é exercido por meio do Processo Administrativo Disciplinar (PAD). |

# CAPÍTULO 15

# ATO ADMINISTRATIVO

## 15.1 CONCEITO

A exteriorização da vontade administrativa pode ocorrer de diversas formas, notadamente por meio de manifestações unilaterais (atos administrativos), bilaterais (contratos da Administração) ou plurilaterais (consórcios e convênios).

O ato administrativo é a manifestação unilateral de vontade da Administração Pública e de seus delegatários, no exercício da função delegada, que, sob o regime de direito público, pretende produzir efeitos jurídicos com o objetivo de implementar o interesse público.

## 15.2 ATO ADMINISTRATIVO E O PRINCÍPIO DA SEPARAÇÃO DE PODERES

É importante destacar que o ato administrativo relaciona-se com o exercício da função administrativa, independentemente da qualidade do agente.

Normalmente editado pelo Executivo, que exerce de maneira típica a função administrativa, o ato administrativo também pode ser editado pelo Poder Legislativo e Judiciário (ex.: o ato que concede férias e o ato disciplinar, editados no âmbito de qualquer Poder, são considerados atos administrativos). Registre-se que o princípio da separação de poderes (*rectius*: funções) não se fundamenta no critério da exclusividade da função exercida por todo Poder, mas, sim, no critério da preponderância, razão pela qual os Poderes Legislativo e Judiciário exercem, de forma atípica, função administrativa.

## 15.3 ATO ADMINISTRATIVO E O ATO PRIVADO DA ADMINISTRAÇÃO

No âmbito da Administração Pública, é preciso verificar a natureza da atividade exercida para caracterização do ato administrativo, pois a Administração, além dos atos administrativos, edita atos privados que não se vinculam ao exercício de função administrativa.

Assim, por exemplo, a empresa pública e a sociedade de economia mista que executam atividade econômica, concorrendo com as demais entidades privadas, submetem-se, normalmente, ao mesmo regime jurídico privado aplicável às empresas em geral (art. 173, § 1.º, II, da CRFB). Não se trata, por óbvio, de regime totalmente privado, uma vez que as referidas entidades exercem, também, funções tipicamente administrativas por imposição constitucional (ex.: concurso público para contratação de agentes; licitação para determinadas contratações etc.), razão pela qual os respectivos atos serão considerados administrativos. Por esse motivo, a Súmula 333 do STJ dispõe: "Cabe mandado de segurança contra ato praticado em licitação promovida por sociedade de economia mista ou empresa pública". Os atos praticados na licitação e em outros procedimentos administrativos devem ser considerados materialmente administrativos e sujeitos à impugnação por meio do mandado de segurança.

## 15.4 ATO ADMINISTRATIVO E DELEGATÁRIOS DE ATIVIDADES ESTATAIS

Conforme mencionado anteriormente, o ato administrativo relaciona-se com a função administrativa, que pode ser encontrada dentro ou fora da Administração Pública.

Dessa forma, a edição de atos administrativos não é exclusividade dos entes e das entidades que compõem a Administração Pública Direta e Indireta. As entidades delegatárias de atividades administrativas, que não integram a Administração Pública, também podem editar atos materialmente administrativos quando exercem a atividade delegada. Em consequência, o STJ tem admitido a impetração de mandado de segurança contra atos das concessionárias de serviços públicos que determinam a interrupção do serviço ao usuário, uma vez que tais atos não são de simples gestão, mas de delegação de administrativa.[1]

## 15.5 ATO E FATO ADMINISTRATIVO

Os atos administrativos não se confundem com os fatos administrativos. Aliás, no Direito Civil é comum a distinção entre atos e fatos jurídicos.

No primeiro caso, os atos administrativos, espécies de atos jurídicos, representam a vontade da Administração preordenada ao atendimento da finalidade pública (ex.: ato administrativo punitivo editado no Processo Administrativo Disciplinar – PAD – tem por objetivo punir o agente público).

Os fatos administrativos, por sua vez, são eventos materiais que podem repercutir no mundo jurídico (ex.: falecimento do agente público acarreta a vacância do cargo). Em determinadas hipóteses, os fatos representam simples acontecimentos materiais, sem produção imediata de efeitos jurídicos (ex.: construção de uma ponte).[2]

---

[1] CC 40.060/SP, Rel. Min. Castro Meira, 1.ª Seção, *DJ* 07.06.2004, p. 153, *Informativo de Jurisprudência do STJ* n. 203.

[2] No mesmo sentido: CARVALHO FILHO, José dos Santos. *Manual de direito administrativo*. 24. ed. Rio de Janeiro: Lumen Juris, 2011. p. 89. Parcela da doutrina diferencia os "fatos administrativos" dos "fatos da Administração". Enquanto, no primeiro caso, os fatos são espécies de fatos jurídicos que acarretam consequências jurídicas, no

Normalmente, os fatos administrativos representam uma consequência dos atos administrativos. Todavia, em determinados casos, os fatos administrativos não guardam relação com os atos administrativos, tal como ocorre na desapropriação indireta por esbulho da Administração Pública. Independentemente dos atos administrativos e do devido processo legal, a Administração invade o terreno privado, afetando-o à finalidade pública, fato que acarreta o dever de indenizar e a perda da propriedade do particular.[3]

## 15.6 ATO E PROCESSO ADMINISTRATIVO

Ato e processo administrativo não se confundem. De um lado, o ato administrativo é a manifestação unilateral de vontade da Administração destinada à produção de efeitos jurídicos. De outro lado, o processo administrativo refere-se à sequência encadeada de atos instrumentais para obtenção da decisão administrativa.

Enquanto o ato administrativo é marcado pelo caráter estático, o processo é dinâmico, projetando-se no tempo.

Apesar de institutos distintos, existe uma forte relação entre o ato e o processo administrativo, uma vez que este último compreende, necessariamente, a edição daquele. Vale dizer: o processo administrativo, com nítido caráter instrumental, tem por objetivo a produção do ato administrativo.

## 15.7 ATO ADMINISTRATIVO E ATO DE GOVERNO (POLÍTICO)

A distinção entre ato administrativo e ato de governo (político) remete à tradicional dicotomia função administrativa (Administração) e função política (Governo).

Os atos administrativos apresentam as seguintes características básicas:

a) referem-se ao exercício da função administrativa;

b) são editados pelo Poder Executivo, na função típica, e pelos Poderes Legislativo e Judiciário, nas funções atípicas;

c) inserem-se no Direito Administrativo. São exemplos de atos administrativos os atos de consentimento (autorização de uso de bem público etc.), os atos sancionatórios (demissão do servidor etc.), entre outros.

Por outro lado, os atos políticos são caracterizados da seguinte forma:

a) relacionam-se com o exercício da função política;

b) são editados pelos Poderes Executivo e Legislativo;

---

último caso os fatos não produzem qualquer efeito para o Direito Administrativo. Nesse sentido: DI PIETRO, Maria Sylvia Zanella. *Direito administrativo*. 22. ed. São Paulo: Atlas, 2009. p. 190.

[3] Por essa razão, entendemos que deve ser relativizada a afirmação de Hely Lopes Meirelles no sentido de que "o fato administrativo resulta sempre do ato administrativo que o determina" (MEIRELLES, Hely Lopes. *Direito administrativo brasileiro*. 22. ed. São Paulo: Malheiros, 1997. p. 134). Conforme demonstrado no exemplo da desapropriação indireta, em determinados casos o fato administrativo não tem relação com o ato administrativo anterior.

c) integram o Direito Constitucional. Podem ser mencionados os seguintes exemplos de atos políticos: sanção e veto de projetos de leis, declaração de guerra etc.

Tradicionalmente, a referida distinção tem por objetivo principal afastar os atos de governo (políticos) do controle judicial. Todavia, a tendência atual é a submissão, em regra, de todo e qualquer ato ao controle judicial, tendo em vista o princípio da inafastabilidade consagrado no art. 5.º, XXXV, da CRFB, conforme demonstra a denominada "judicialização das políticas públicas".

## 15.8 SILÊNCIO ADMINISTRATIVO

A manifestação unilateral de vontade da Administração Pública normalmente é materializada de forma expressa, por meio de atos administrativos.

Discute-se, no entanto, a viabilidade de o silêncio administrativo (omissão administrativa ou "não ato") configurar forma legítima de manifestação de vontade administrativa. A omissão, no caso, não é um ato administrativo, pois inexiste manifestação formal da vontade da Administração, razão pela qual deve ser configurada como fato administrativo.

No direito civil, o silêncio do particular representa, normalmente, consentimento tácito (art. 111 do CC).[4] Ao revés, no Direito Administrativo, o silêncio não configura, em regra, consentimento estatal. Vale dizer: o silêncio administrativo não representa a manifestação de vontade da Administração.

Constatada a omissão ilegítima da Administração, que não se manifesta no prazo legalmente fixado ou durante prazo razoável de tempo, o interessado deve pleitear na via administrativa (ex.: direito de petição) ou judicial (ex.: ação mandamental) a manifestação expressa da vontade estatal.[5] É vedado, todavia, ao Judiciário expedir o ato administrativo, substituindo-se à Administração omissa, tendo em vista o princípio da separação de poderes. O magistrado deve exigir que a Administração Pública manifeste a sua vontade (positiva: consentimento ou negativa: denegatória), dentro do prazo fixado na decisão judicial, sob pena de sanções (ex.: multa diária).[6]

Excepcionalmente, o silêncio representará a manifestação de vontade administrativa quando houver previsão legal expressa nesse sentido (ex.: art. 15, § 2.º, da Lei 9.427/1996: autorização para aplicação de novos valores tarifários nas concessões de serviço público de

---

[4] O art. 111 do CC dispõe: "O silêncio importa anuência, quando as circunstâncias ou os usos o autorizarem, e não for necessária a declaração de vontade expressa".

[5] Nesse sentido: CARVALHO FILHO, José dos Santos. *Manual de direito administrativo.* 24. ed. Rio de Janeiro: Lumen Juris, 2011. p. 95. Em sentido contrário, Celso Antônio Bandeira de Mello admite que o próprio Judiciário supre a omissão administrativa quando relacionada aos atos vinculados (MELLO, Celso Antônio Bandeira de. *Curso de direito administrativo.* 21. ed. São Paulo: Malheiros, 2006. p. 396). Sobre o tema, vide: SADDY, André. *Silêncio administrativo no direito brasileiro.* Rio de Janeiro: Forense, 2013.

[6] Nesse sentido, por exemplo, o STJ reconheceu a impossibilidade de intromissão do Judiciário na decisão final quanto à emissão pela ANATEL de autorização para funcionamento de rádio comunitária, tendo em vista o princípio da separação de poderes. Todavia, em razão de demora desproporcional na análise do requerimento feito por entidade privada, o Tribunal assinalou prazo para que a Agência resolvesse o requerimento de autorização para funcionamento da emissora, em razão dos princípios da eficiência e da moralidade (STJ, 1.ª Seção, EREsp 1.100.057/RS, Rel. Min. Eliana Calmon, DJe 10.11.2009 *Informativo de Jurisprudência do STJ* n. 413).

energia elétrica; art. 26, § 3.º, da Lei 9.478/1997: aprovação da ANP dos planos e projetos de desenvolvimento e produção petróleo ou gás natural apresentados pela concessionária; art. 7.º, § 11, da Lei 13.116/2015: licença para instalação de infraestrutura de rede de telecomunicações). Nesses casos, o silêncio importará concordância ou não com determinada pretensão do administrado. Mencione-se, ainda, que, nas solicitações de atos públicos de liberação da atividade econômica, apresentados todos os elementos necessários à instrução do processo, o particular será cientificado do prazo máximo estipulado para a análise de seu pedido e, transcorrido o prazo fixado, o silêncio da autoridade competente importará aprovação tácita para todos os efeitos, ressalvadas as hipóteses expressamente vedadas em lei (art. 3.º, IX, da Lei 13.874/2019 – "Lei da Liberdade Econômica").

## 15.9 ELEMENTOS DO ATO ADMINISTRATIVO (PERFEIÇÃO, VALIDADE E EFICÁCIA)

Os atos administrativos, espécies de atos jurídicos, podem ser analisados a partir dos planos da existência (elementos de estruturação dos atos), validade (compatibilidade com o ordenamento jurídico) e eficácia (aptidão para produção de efeitos jurídicos).

Os efeitos dos atos administrativos podem ser divididos da seguinte forma:[7]

a) **efeitos típicos (ou próprios)**: são os efeitos principais, previstos em lei e que decorrem diretamente do ato administrativo (ex.: o ato de demissão acarreta a extinção do vínculo funcional do servidor);

b) **atípicos (ou impróprios)**: são efeitos secundários do ato administrativo. Os efeitos atípicos subdividem-se em duas categorias:

   b.1) **efeitos preliminares (ou prodrômicos)**: efeitos produzidos durante a formação do ato administrativo (ex.: ato sujeito ao controle por parte de outro órgão, tal como ocorre com determinados pareceres que só produzem efeitos após o visto da autoridade superior. Nesse caso, a elaboração do parecer acarreta o dever de emissão do ato de controle pela autoridade superior); e

   b.2) **efeitos reflexos**: são os efeitos produzidos em relação a terceiros, estranhos à relação jurídica formalizada entre a Administração e o destinatário principal do ato (ex.: a desapropriação do imóvel, que estava locado a terceiro, acarreta diretamente a perda da propriedade em relação ao proprietário e, reflexamente, a rescisão do contrato de locação quanto ao locatário).

É oportuno registrar que o ato administrativo pode ser: **a) perfeito, válido e eficaz**: ato que concluiu o seu ciclo de formação, com a presença de todos seus elementos, em compatibilidade com a lei e apto para produção dos efeitos típicos; **b) perfeito, inválido e eficaz**: ato que concluiu o seu ciclo de formação e, apesar de violar o ordenamento jurídico, produz seus efeitos (ex.: contrato administrativo, celebrado sem licitação, fora

---

[7] MELLO, Celso Antônio Bandeira de. *Curso de Direito Administrativo*. 21. ed. São Paulo: Malheiros, 2006. p. 369-370.

das hipóteses permitidas pela lei, que foi declarado nulo após três meses de execução); **c) perfeito, válido e ineficaz**: ato que concluiu o seu ciclo de formação, em conformidade com o ordenamento jurídico, mas que não possui aptidão para produção de efeitos em razão da fixação de termo inicial ou de condição suspensiva, bem como aqueles que dependem da manifestação de outro órgão controlador (ex.: exoneração a pedido do servidor a contar de data futura); **d) perfeito, inválido e ineficaz**: ato que concluiu o seu ciclo de formação, mas encontra-se em desconformidade com o ordenamento jurídico e não possui aptidão para produção de efeitos jurídicos (ex.: concurso público, com exigências inconstitucionais, cujo resultado final ainda não foi homologado e publicado).

Apesar da inexistência de consenso doutrinário sobre os elementos (ou requisitos) dos atos administrativos, tem prevalecido o seguinte elenco: agente competente, forma, finalidade, motivo e objeto.[8]

### 15.9.1 Agente público competente

O ato administrativo deve ser editado por agente público competente. O sujeito é elemento de todo e qualquer ato jurídico. No caso dos atos administrativos, o sujeito é o agente público que a legislação define como competente para o exercício de determinada função administrativa.[9]

Enquanto no Direito Privado a validade do ato jurídico pressupõe a capacidade do sujeito, no Direito Administrativo exige-se ainda a competência. Vale dizer: além de capaz, o agente público deve ser competente.

A competência é a prerrogativa atribuída pelo ordenamento jurídico às entidades administrativas e aos órgãos públicos, habilitando os respectivos integrantes (agentes públicos) para o exercício da função pública.[10] Vale destacar que a norma jurídica (Constituição, lei e atos regulamentares) exerce dupla função em relação à competência: de um lado, habilita a atuação do agente e, de outro lado, limita essa mesma atuação.

---

[8] Os elementos dos atos administrativos são mencionados no art. 2.º da Lei 4.717/1965: "Art. 2.º São nulos os atos lesivos ao patrimônio das entidades mencionadas no artigo anterior, nos casos de: a) incompetência; b) vício de forma; c) ilegalidade do objeto; d) inexistência dos motivos; e) desvio de finalidade." Na doutrina, mencione-se: CARVALHO FILHO, José dos Santos. *Manual de direito administrativo*. 24. ed. Rio de Janeiro: Lumen Juris, 2011. p. 97; DI PIETRO, Maria Sylvia Zanella. *Direito administrativo*. 22. ed. São Paulo: Atlas, 2009. p. 202. Celso Antônio Bandeira de Mello, por sua vez, apresenta a seguinte distinção: a) elementos do ato (conteúdo e forma) e b) pressupostos: b.1) de existência (objeto e a pertinência do ato ao exercício da função administrativa) e b.2) de validade (sujeito, motivo, requisitos procedimentais, causa e formalização) (MELLO, Celso Antônio Bandeira de. *Curso de direito administrativo*. 21. ed. São Paulo: Malheiros, 2006. p. 372 e ss.).

[9] Alguns autores mencionam a "competência" como elemento do ato administrativo. No entanto, preferimos utilizar o termo "sujeito" ou "agente" como elemento de existência do ato administrativo, uma vez que a competência é requisito de validade do ato. O ato praticado por sujeito incompetente existe, mas não é válido. Em sentido semelhante, vide: MEDAUAR, Odete. *Direito administrativo moderno*. 12. ed. São Paulo: RT, 2008. p. 135; GASPARINI, Diógenes. *Direito administrativo*. 12. ed. São Paulo: Saraiva, 2007. p. 62; DI PIETRO, Maria Sylvia Zanella. *Direito administrativo*. 22. ed. São Paulo: Atlas, 2009. p. 203.

[10] Conforme destaca Marçal Justen Filho, o direito não atribui competência às pessoas físicas, mas aos sujeitos de direito integrantes da Administração Pública e aos órgãos públicos. "A competência é atribuída à função ou ao cargo. Identifica-se o ser humano ou os seres humanos titulares da competência por via indireta: é aquele ou são aqueles investidos de uma função ou de um cargo" (JUSTEN FILHO, Marçal. *Curso de direito administrativo*. 4. ed. São Paulo: Saraiva, 2009. p. 292).

A competência é improrrogável (o agente incompetente não se transforma em competente) e irrenunciável (o agente tem o dever de exercer a função pública).

### 15.9.1.1 Delegação e avocação de competência

É possível a modificação da competência, desde que não se trate de competência atribuída, com exclusividade, ao órgão ou entidade administrativos. A modificação de competência pode ser dividida em duas categorias:

a) **delegação:** é a transferência precária e parcial do exercício de determinadas atribuições administrativas, inicialmente conferidas ao delegante, para outro agente público;[11] e

b) **avocação:** é o chamamento, pela autoridade superior, das atribuições inicialmente outorgadas pela lei ao agente subordinado.

Vale destacar que, na doutrina, existe controvérsia quanto à necessidade de lei para autorizar expressamente a delegação e a avocação de competência, sendo possível mencionar dois entendimentos sobre o tema:

**1.º entendimento:** alguns autores sustentam que a regra é a impossibilidade de modificação de competência, que somente pode ser efetivada nas hipóteses taxativamente previstas pelo legislador. Nesse sentido: Regis Fernandes de Oliveira, Hely Lopes Meirelles e José dos Santos Carvalho Filho.[12]

**2.º entendimento:** outra parcela da doutrina defende a viabilidade, em regra, da modificação de competências não privativas, salvo os casos de expressa vedação legal. Nesse sentido: Maria Sylvia Zanella Di Pietro, Odete Medauar e Lucas Rocha Furtado.[13]

Entendemos que a segunda orientação é mais adequada, pois a delegação e a avocação de competências não privativas decorrem do próprio escalonamento hierárquico da Administração. Nesse sentido, a autoridade administrativa pode delegar suas funções não privativas para outrem ou avocar para si competências de seus subordinados com o objetivo de otimizar e agilizar o atendimento das finalidades públicas.

Portanto, a delegação de competências não privativas deve ser considerada a regra. Ao revés, o ordenamento jurídico veda, em princípio, a delegação de competências privativamente atribuídas ao agente público. Veja-se, por exemplo, que o art. 84 da CRFB,

---

[11] A delegação de competência não se confunde com a "delegação de assinatura". Na primeira hipótese, há efetiva transferência de competência e da responsabilidade pela função que será exercida pelo delegatário. Na segunda hipótese, o "delegatário" apenas assina atos administrativos, em nome do "delegante", sem assumir qualquer responsabilidade pelo respectivo conteúdo. A delegação de assinaturas é comum no cotidiano da Administração e tem por objetivo desafogar os trabalhos e garantir celeridade administrativa.

[12] OLIVEIRA, Regis Fernandes de. *Delegação e avocação administrativas*. 2. ed. São Paulo: RT, 2005. p. 80; MEIRELLES, Hely Lopes. *Direito administrativo brasileiro*. 22. ed. São Paulo: Malheiros, 1997. p. 134-135; CARVALHO FILHO, José dos Santos. *Manual de direito administrativo*. 24. ed. Rio de Janeiro: Lumen Juris, 2011. p. 100.

[13] DI PIETRO, Maria Sylvia Zanella. *Direito administrativo*. 22. ed. São Paulo: Atlas, 2009. p. 205; MEDAUAR, Odete. *Direito administrativo moderno*. 12. ed. São Paulo: RT, 2008. p. 136; FURTADO, Lucas Rocha. *Curso de direito administrativo*. 2. ed. Belo Horizonte: Fórum, 2010. p. 265.

ao dispor sobre as competências privativas do presidente da República, veda a delegação, salvo nas exceções expressamente autorizadas no respectivo parágrafo único.

Em âmbito federal, a delegação de competências encontra-se prevista no art. 12 da Lei 9.784/1999, que dispõe: "um órgão administrativo e seu titular poderão, se não houver impedimento legal, delegar parte da sua competência a outros órgãos ou titulares, ainda que estes não lhe sejam hierarquicamente subordinados, quando for conveniente, em razão de circunstâncias de índole técnica, social, econômica, jurídica ou territorial". Verifica-se que a norma em comento consagra a delegação como regra geral, excepcionada nos casos expressamente indicados na lei, e não pressupõe a existência de hierarquia ou subordinação para sua efetivação (ex.: delegação entre dois órgãos de mesma hierarquia). Enquanto a delegação de competências realizada por autoridade superior ao subordinado pode ser implementada de forma unilateral, em razão da hierarquia, a delegação efetivada entre agentes públicos de igual hierarquia depende de consentimento do delegatário.

É vedada a delegação de competências, em âmbito federal, para edição de atos normativos, decisão de recursos administrativos e matérias de competência exclusiva do órgão ou autoridade (art. 13 da Lei 9.784/1999). Além das vedações legais expressas, existem vedações que devem ser observadas, em razão dos princípios da razoabilidade e da proporcionalidade, tais como a impossibilidade de delegação pela autoridade controladora à autoridade controlada e de delegação por órgão colegiado a órgão individual.[14]

O ato de delegação, de acordo com o art. 14 da Lei 9.784/1999, deve observar os seguintes parâmetros legais:

a) deve especificar as matérias e os poderes transferidos, os limites da atuação do delegado, a duração e os objetivos da delegação e o recurso cabível, podendo conter ressalva de exercício da atribuição delegada;

b) pode ser revogado a qualquer momento pela autoridade delegante, o que denota o seu caráter precário;

c) os atos praticados, durante a vigência da delegação, são de responsabilidade do delegatário (Súmula 510 do STF),[15] tendo em vista que a delegação suspende a competência da autoridade delegante, durante sua vigência, não havendo exercício cumulativo ou concorrente de competência, ressalvado o direito de revogação da delegação a qualquer momento pelo delegante.[16] A subdelegação, por sua vez, depende necessariamente de consentimento da autoridade delegante.[17]

---

[14] OLIVEIRA, Regis Fernandes de. *Delegação e avocação administrativas*. 2. ed. São Paulo: RT, 2005. p. 132-133.

[15] Súmula 510 do STF: "Praticado o ato por autoridade, no exercício de competência delegada, contra ela cabe o mandado de segurança ou a medida judicial".

[16] Nesse sentido: OLIVEIRA, Regis Fernandes de. *Delegação e avocação administrativas*. 2. ed. São Paulo: RT, 2005. p. 110; FURTADO, Lucas Rocha. *Curso de direito administrativo*. 2. ed. Belo Horizonte: Fórum, 2010. p. 264. Em sentido contrário, entendendo que a autoridade delegante continua competente cumulativamente com a autoridade delegada, vide: CARVALHO FILHO, José dos Santos. *Manual de direito administrativo*. 24. ed. Rio de Janeiro: Lumen Juris, 2011. p. 100.

[17] MEIRELLES, Hely Lopes. *Direito administrativo brasileiro*. 22. ed. São Paulo: Malheiros, 1997. p. 107.

Ressalte-se que a renúncia da competência não se confunde com a delegação. Na renúncia, o agente se recusa a exercer a função administrativa, denotando completa omissão administrativa que deve ser punida disciplinarmente. Na delegação, o agente transfere a competência para outro agente para que a função administrativa seja efetivamente exercida.

A avocação de competência atribuída a órgão hierarquicamente inferior, por sua vez, é medida de caráter excepcional e temporária, que deve ser justificada por motivos relevantes, na forma do art. 15 da Lei 9.784/1999. Trata-se, portanto, de medida excepcional que pressupõe, em resumo, relação hierárquica e motivação.

### 15.9.1.2 Critérios de fixação da competência

A competência é definida pela legislação a partir de critérios diversos, a saber:[18]

a) **em razão da matéria:** as matérias são distribuídas entre os órgãos e entidades da Administração Pública, garantindo-se maior especialização e eficiência no exercício da atividade administrativa (ex.: Ministério da Saúde, Ministério da Educação);

b) **em razão do território:** as funções administrativas são descentralizadas em razão do território, permitindo a aproximação da Administração e o administrado (ex.: instituição de subprefeituras nos Municípios ou a criação de seccionais de órgãos federais nos Estados);

c) **em razão da hierarquia:** as funções administrativas podem ser distribuídas a partir da posição hierárquica do agente público, reservando-se as atividades de maior responsabilidade aos agentes públicos de maior hierarquia (ex.: competências do Chefe do Executivo previstas no art. 84 da CRFB); e

d) **em razão do tempo:** determinadas funções somente podem ser desempenhadas durante determinado período de tempo (ex.: exercício da função durante o mandato; proibição de nomeação de novos servidores nos três meses que antecedem o pleito eleitoral até a posse dos eleitos, com as ressalvas contidas no art. 73, V, da Lei 9.504/1997).

### 15.9.2 Finalidade

A finalidade do ato administrativo relaciona-se com o atendimento do interesse público consagrado no ordenamento jurídico. A finalidade é o resultado do ato (ex.: a finalidade do ato que apreende medicamentos estragados é proteger a saúde das pessoas). Em verdade, toda e qualquer atuação administrativa deve ser preordenada ao atendimento dos interesses da coletividade.

Há uma íntima relação entre a finalidade do ato e a competência do agente público, pois a legislação define a competência dos agentes públicos que deverão desempenhar

---

[18] Sobre os critérios de definição de competência, vide: CASSAGNE, Juan Carlos. *Derecho administrativo*, II. 8. ed. Buenos Aires: Abeledo-Perrot, 2006. p. 187-188.

aquela função administrativa para atingir a finalidade prevista na própria norma jurídica. Portanto, o agente somente será competente para atingir a finalidade prevista na norma e a finalidade somente poderá ser perseguida pelo agente a quem a lei atribuiu a competência para a prática do ato.[19]

O atendimento de interesses meramente privados, em desacordo com a ordem jurídica, configura "desvio de finalidade" ou "desvio de poder" (*détournement de pouvoir*) que acarreta a nulidade do ato administrativo (ex.: superior hierárquico que determina a relotação do subordinado por simples desavença particular).

Vale ressaltar que a finalidade é elemento vinculado do ato, uma vez que o interesse público sempre será o "fim mediato" da atuação administrativa. A discricionariedade, no caso, refere-se ao objeto do ato (fim imediato), que é o conteúdo do ato administrativo. Assim, por exemplo, a construção de escola ou hospital público é uma escolha relacionada ao objeto do ato. Em suma: a finalidade é invariável (vinculada) e o objeto pode ser variável (discricionário).[20]

### 15.9.3 Forma

A forma é o revestimento externo do ato administrativo. É a exteriorização da vontade administrativa para produção de efeitos jurídicos.

No campo doutrinário, a forma possui dois sentidos básicos:

a) **sentido restrito:** a forma é o meio pelo qual o ato administrativo é instrumentalizado (ex.: os atos administrativos, em regra, devem ser editados sob a forma escrita);

b) **sentido amplo:** a forma engloba o revestimento do ato e as formalidades que devem ser cumpridas para sua elaboração (ex.: necessidade de oitiva de dois ou mais órgãos para elaboração do ato administrativo).

Apesar de algumas divergências doutrinárias, entendemos que a forma deve ser estudada em seu sentido amplo, abrangendo também o processo de formação do ato.[21]

#### 15.9.3.1 Princípio da solenidade das formas

A forma do ato administrativo recebe tratamento diverso daquele conferido aos atos privados.

No Direito Privado, o ordenamento jurídico consagra o princípio da liberdade das formas, reforçando a autonomia da vontade dos particulares (art. 107 do CC: "A validade

---

[19] A íntima correlação entre a finalidade e a competência é destacada por MOREIRA NETO, Diogo de Figueiredo. *Curso de direito administrativo*. 15. ed. Rio de Janeiro: Forense, 2009. p. 155.
[20] Nesse sentido: CARVALHO FILHO, José dos Santos. *Manual de direito administrativo*. 24. ed. Rio de Janeiro: Lumen Juris, 2011. p. 111.
[21] Nesse sentido: DI PIETRO, Maria Sylvia Zanella. *Direito administrativo*. 22. ed. São Paulo: Atlas, 2009. p. 207; MEDAUAR, Odete. *Direito administrativo moderno*. 12. ed. São Paulo: RT, 2008. p. 136. Alguns autores, no entanto, adotam o sentido restrito. Essa é a opinião de Hely Lopes Meirelles ao sustentar que a forma é o revestimento material do ato e o procedimento é o conjunto de operações exigidas para sua perfeição (MEIRELLES, Hely Lopes. *Direito administrativo brasileiro*. 22. ed. São Paulo: Malheiros, 1997. p. 136).

da declaração de vontade não dependerá de forma especial, senão quando a lei expressamente a exigir"). Por outro lado, no Direito Administrativo vigora o princípio da solenidade das formas, exigindo-se do agente público a edição de atos escritos e o atendimento das formalidades legais,[22] uma vez que o agente público, ao contrário do particular, administra interesses públicos que dizem respeito a toda a coletividade. A solenidade da forma funciona como garantia para o administrado, propiciando o controle da Administração e conferindo segurança jurídica às relações administrativas.

Em situações excepcionais, justificadas a partir do princípio da razoabilidade, os atos administrativos podem ser editados sob a forma não escrita. É o que ocorre com a edição de atos por meio de sinais (ex.: placas e sinais de trânsito), gestos (ex.: guarda de trânsito), sons (ex.: apitos dos agentes de trânsito) ou ordens verbais (ex.: ordens verbais emitidas pelo superior hierárquico aos seus subordinados em eventos públicos).

A solenidade pode ser atenuada pelo legislador, tal como ocorre com o art. 22 da Lei 9.784/1999 que, ao dispor sobre o processo administrativo federal, determina: "Os atos do processo administrativo não dependem de forma determinada senão quando a lei expressamente a exigir". O formalismo, portanto, é moderado, e não absoluto.[23]

### 15.9.3.2 Princípio da simetria das formas

A eventual alteração ou a revogação do ato administrativo, por razões de conveniência e de oportunidade, devem observar o princípio da simetria das formas (princípio do paralelismo ou da homologia das formas). Ou seja: a forma utilizada na edição do ato deve ser a mesma usada para sua alteração ou revogação (ex.: decreto que declara a utilidade pública do imóvel para fins de desapropriação somente pode ser revogado por outro decreto).[24] Ressalte-se, no entanto, que a simetria das formas não possui caráter absoluto e pode ser relativizada nas relações administrativas sujeitas à hierarquia, hipóteses em que o superior hierárquico pode utilizar ato com forma distinta para alterar o conteúdo do ato editado pelo subordinado.

### 15.9.3.3 Formalidades essenciais x acidentais

As formalidades exigidas para edição dos atos administrativos podem variar em grau de importância e são classificadas da seguinte forma:[25]

a) **formalidades essenciais:** em determinados casos, a legislação impõe formalidades que são essenciais para produção de efeitos válidos do ato administrativo

---

[22] Sobre o princípio da solenidade das formas, vide: CARVALHO FILHO, José dos Santos. *Manual de direito administrativo*. 24. ed. Rio de Janeiro: Lumen Juris, 2011. p. 103.

[23] A relativização do formalismo e a desburocratização administrativa foram estimuladas pela Lei 13.726/2018, que racionaliza atos e procedimentos administrativos dos Poderes da União, dos Estados, do Distrito Federal e dos Municípios e institui o Selo de Desburocratização e Simplificação.

[24] O princípio da simetria das formas é mencionado por GASPARINI, Diógenes. *Direito administrativo*. 12. ed. São Paulo: Saraiva, 2007. p. 65.

[25] Sobre a distinção entre formalidades essenciais e acidentais, vide: MOREIRA NETO, Diogo de Figueiredo. *Curso de direito administrativo*. 15. ed. Rio de Janeiro: Forense, 2009. p. 156; GORDILLO, Agustin A. *Tratado de derecho administrativo*. Belo Horizonte: Del Rey, 2003. t. 3, p. X-41.

e o eventual descumprimento destas formalidades (vício grave) acarreta a nulidade do ato administrativo (ex.: a ausência de ampla defesa e contraditório acarreta a invalidade da imposição de sanções administrativas; a ausência de motivação causa a nulidade da demissão do servidor público); e

b) **formalidades acidentais:** existem situações em que as formalidades não obstam o alcance do resultado final buscado pelo agente público, admitindo-se a convalidação do ato administrativo que deixará de ser anulado (ex.: ato administrativo vinculado editado verbalmente, beneficiando o particular que preencheu os requisitos legais, deve ser convalidado e reduzido à forma escrita; ausência de assinatura ou da data no ato administrativo pode ser corrigida posteriormente).

As formalidades que não guardam relação direta com os direitos dos particulares, inexistindo prejuízo nas hipóteses de eventuais irregularidades por parte dos agentes públicos, devem ser consideradas acidentais, tendo em vista o princípio do formalismo moderado.

### 15.9.4 Motivo

Motivo é a situação de fato ou de direito que justifica a edição do ato administrativo. O motivo é causa do ato. Ex.: a infração funcional é o motivo que justifica a edição do ato administrativo punitivo (advertência, suspensão ou demissão) do servidor.

#### 15.9.4.1 Motivo de fato (discricionário) x motivo de direito (vinculado)

Conforme já assinalado, o motivo é a situação de fato ou de direito que autoriza a atuação administrativa. Dessa forma, o motivo pode ser dividido em duas categorias:

a) **motivo de fato (situação de fato):** a lei elenca diversos motivos que podem justificar a edição de determinado ato e o agente público, no caso concreto, elegerá o motivo mais conveniente e oportuno para a prática do ato (ex.: o art. 24 da Lei 8.666/1993 e o art. 75 da nova Lei de Licitações elencam diversas situações taxativas que justificam a dispensa de licitação para contratação pública, admitindo-se que o administrador decida sobre a conveniência ou não da realização da licitação); e

b) **motivo de direito (situação de direito):** a lei menciona os motivos que, existentes no caso concreto, acarretarão, necessariamente, a edição do ato administrativo (ex.: na aposentadoria compulsória, a idade – 75 anos – é o motivo que enseja obrigatoriamente, a edição do ato de aposentadoria do servidor público, na forma do art. 40, § 1.º, II, da CRFB e LC 152/2015).

No motivo de fato, a escolha é do administrador e no motivo de direito a escolha é efetivada pelo legislador. Enquanto o motivo de fato é discricionário, o motivo de direito é vinculado.

#### 15.9.4.2 Motivação dos atos administrativos

A motivação é a exteriorização dos motivos. O agente público menciona expressamente os motivos que justificam a edição do ato administrativo. Ex.: ao editar o ato, o

Chefe do Executivo enumera as justificativas ("considerando a situação de calamidade pública"; "considerando a ausência de leitos públicos necessários para o atendimento da população" etc.), antes de decretar as medidas que serão adotadas no caso concreto. Nesse caso, as justificativas apresentadas configuram a motivação do ato.

Há enorme controvérsia na doutrina quanto à obrigatoriedade de motivação dos atos administrativos. Existem, ao menos, cinco entendimentos doutrinários sobre o assunto:

**Primeira posição:** motivação obrigatória para os atos vinculados a motivação e facultativa para os atos discricionários. Nesse sentido: Hely Lopes Meirelles.[26]

**Segunda posição:** necessidade de motivação nos atos discricionários, tendo em vista a necessidade de controle da liberdade do administrador, com o intuito de evitar a arbitrariedade, sendo facultativa a motivação nos atos vinculados, em que os elementos conformadores já estão predefinidos na legislação. Nesse sentido: Oswaldo Aranha Bandeira de Mello.[27]

**Terceira posição:** dever de motivação de todos os atos administrativos, independentemente de sua classificação ou natureza, tendo em vista dois fundamentos principais: o princípio democrático (art. 1.º, parágrafo único, da CRFB) – a motivação seria imprescindível para efetivação do controle social pelos verdadeiros "donos do poder" (o povo); o art. 93, X, da CRFB – apesar de exigir a motivação para as decisões administrativas no âmbito do Poder Judiciário, a norma deve ser aplicada aos demais Poderes enquanto executores da função administrativa; e a motivação permite um controle efetivo da legalidade, em sentido amplo, do ato. Nesse sentido: Maria Sylvia Zanella Di Pietro e Celso Antônio Bandeira de Mello.[28]

**Quarta posição:** inexistência de obrigatoriedade de motivação, salvo disposição legal expressa em contrário, em razão da inexistência de norma constitucional que exija a motivação para os atos do Poder Executivo, devendo ser interpretado restritivamente o art. 93, X, da CRFB, que se refere apenas ao Poder Judiciário. Nesse sentido: José dos Santos Carvalho Filho.[29]

**Quinta posição:** posiciona-se pela necessidade de motivação obrigatória das decisões administrativas (atos administrativos decisórios), bem como para as hipóteses em que a lei expressamente a exige. Tal exigência seria fundamental para a garantia da moralidade e para facilitar o controle do ato. Nesse sentido: Diogo de Figueiredo Moreira Neto.[30]

---

[26] MEIRELLES, Hely Lopes. *Direito administrativo brasileiro*. 22. ed. São Paulo: Malheiros, 1997. p. 183.

[27] MELLO, Oswaldo Aranha Bandeira de. *Princípios gerais de direito administrativo*. 3. ed. São Paulo: Malheiros, 2007. v. I, p. 537-539.

[28] DI PIETRO, Maria Sylvia Zanella. *Direito administrativo*. 22. ed. São Paulo: Atlas, 2009. p. 211; MELLO, Celso Antônio Bandeira de. *Curso de direito administrativo*. 21. ed. São Paulo: Malheiros, 2006. p. 382. Registre-se que o referido autor, acompanhando a doutrina de Oswaldo Aranha Bandeira de Mello, relativiza a necessidade de motivação para os atos vinculados nas hipóteses em que o agente público puder demonstrar, posteriormente e de maneira indiscutível, que o motivo do ato existia à época de sua edição.

[29] CARVALHO FILHO, José dos Santos. *Manual de direito administrativo*. 22. ed. Rio de Janeiro: Lumen Juris, 2009. p. 109-112.

[30] MOREIRA NETO, Diogo de Figueiredo. *Curso de direito administrativo*. 15. ed. Rio de Janeiro: Forense, 2009. p. 157.

Entendemos que a motivação dos atos administrativos, independentemente de previsão legal expressa nesse sentido, diminui a possibilidade de atuação arbitrária da Administração. A transparência pública impõe a exposição das razões de fato e de direito que ensejaram a prática de determinado ato. A motivação confere maior legitimidade à atuação estatal, servindo como parâmetro importante de controle judicial e social, bem como instrumento inibidor da arbitrariedade administrativa.[31] A obrigatoriedade de motivação é uma exigência constitucional que deriva dos princípios democrático, da legalidade, da publicidade e da ampla defesa e do contraditório.

Em âmbito federal, a motivação ganhou *status* de princípio no art. 2.º, *caput* e parágrafo único, VII, da Lei 9.784/1999. Nada obstante, o mesmo diploma legal, em seguida, parece restringir a necessidade de motivação para os atos enumerados no art. 50. Parece-nos que, apesar da aparente contradição interna da lei, deve prevalecer o caráter principiológico e geral da motivação.

O dever de motivação dos atos administrativos deve observar o art. 489, II e § 1.º, do CPC, na forma do art. 15 do mesmo diploma legal.[32] Da mesma forma, as decisões administrativas, controladoras e judiciais não se limitam à apresentação de valores abstratos, exigindo-se a consideração das suas consequências práticas, jurídicas e administrativas, na forma dos arts. 20 e 21 da LINDB, inseridos pela Lei 13.655/2018.

Admite-se, aqui, a denominada motivação aliunde ou *per relationem*, ou seja, quando a motivação do ato resume-se à concordância com os fundamentos apresentados em manifestações ou atos anteriores, na forma do art. 50, § 1.º, da Lei 9.784/1999 (ex.: decisão administrativa que faz expressa referência à concordância com as conclusões do parecer emitido pelo órgão técnico).

Enquanto o motivo é elemento do ato administrativo, a motivação configura requisito de forma do ato administrativo.[33]

### 15.9.4.3 Teoria dos motivos determinantes

A motivação representa um instrumento fundamental para a ampliação e a efetividade do controle externo do ato, especialmente aquele exercido pelo Judiciário por meio

---

[31] Tomás-Ramón Fernández sustenta que a chave da distinção entre a "discricionariedade legítima" e a "arbitrariedade proibida" reside justamente na motivação que, mais do que um requisito meramente formal, representa a justificação do ato e permite constatar se este foi fruto de um mero capricho (arbitrariedade) do administrador (FERNÁNDEZ, Tomás-Ramón. Arbitrariedad y discrecionalidad en la doctrina jurisprudencial constitucional y administrativa. In: BANDRÉS SÁNCHEZ-CRUZAT, José Manuel. *Constitución y control de la actividad administrativa*. Madrid: CGPJ-Centro de Documentación Judicial, 2003. p. 73).

[32] CPC: "Art. 15. Na ausência de normas que regulem processos eleitorais, trabalhistas ou administrativos, as disposições deste Código lhes serão aplicadas supletiva e subsidiariamente. (...) Art. 489. São elementos essenciais da sentença: (...) II – os fundamentos, em que o juiz analisará as questões de fato e de direito; (...) § 1.º Não se considera fundamentada qualquer decisão judicial, seja ela interlocutória, sentença ou acórdão, que: I – se limitar à indicação, à reprodução ou à paráfrase de ato normativo, sem explicar sua relação com a causa ou a questão decidida; II – empregar conceitos jurídicos indeterminados, sem explicar o motivo concreto de sua incidência no caso; III – invocar motivos que se prestariam a justificar qualquer outra decisão; IV – não enfrentar todos os argumentos deduzidos no processo capazes de, em tese, infirmar a conclusão adotada pelo julgador; V – se limitar a invocar precedente ou enunciado de súmula, sem identificar seus fundamentos determinantes nem demonstrar que o caso sob julgamento se ajusta àqueles fundamentos; VI – deixar de seguir enunciado de súmula, jurisprudência ou precedente invocado pela parte, sem demonstrar a existência de distinção no caso em julgamento ou a superação do entendimento".

[33] Nesse sentido: DI PIETRO, Maria Sylvia Zanella. *Direito administrativo*. 22. ed. São Paulo: Atlas, 2009. p. 208.

da **teoria dos motivos determinantes**. De acordo com essa teoria, a validade do ato administrativo depende da correspondência entre os motivos nele expostos e a existência concreta dos fatos que ensejaram a sua edição.

Mesmo naquelas situações excepcionais em que a lei não exige a motivação (exteriorização dos motivos), caso o agente exponha os motivos do ato, a validade da medida dependerá da citada correspondência com a realidade.[34] Cite-se, a título exemplificativo, a hipótese em que a exoneração de agente ocupante de cargo em comissão, que inicialmente seria livre (*ad nutum*), vem acompanhada de motivação. Nesse caso, o ato de exoneração somente será considerado válido se as razões nele colocadas tiverem efetivamente ocorrido na prática.

### 15.9.4.4 Móvel dos atos administrativos

O móvel é a intenção do agente público. Enquanto o motivo é a situação real que justifica a edição legítima do ato, o móvel relaciona-se com a vontade pessoal (elemento psíquico) que move o agente público.

Discute-se, na doutrina, a importância do móvel para a validade dos atos administrativos. Tem prevalecido o entendimento de que o móvel é importante apenas para os atos discricionários que exigem a análise subjetiva do agente na escolha entre as opções de atuação conferidas pela legislação. Ao contrário, o móvel seria irrelevante para os atos vinculados, pois a validade desses atos dependeria tão somente da compatibilidade formal entre os elementos do ato e aqueles que foram enumerados na respectiva lei.[35] Ex.: ato praticado por agente competente, mas incapaz (louco). Na hipótese de ato vinculado, o mesmo será considerado válido; ao revés, no caso de ato discricionário, o ato será inválido, abrindo-se a possibilidade, contudo, para eventual convalidação por outro agente.

Entendemos que o móvel é importante tanto para os atos discricionários como para os atos vinculados. Em primeiro lugar, porque a dicotomia "discricionariedade x vinculação" não é absoluta, existindo, em maior ou menor medida, alguma margem de avaliação por parte do agente, mesmo nas hipóteses classificadas tradicionalmente como vinculadas. Em segundo lugar, porque a atuação vinculada pode beneficiar ou prejudicar administrados por meio de sentimentos incompatíveis com a impessoalidade (ex.: na hipótese em que a lei não estipula prazo para edição do ato vinculado, a autoridade edita ato beneficiando particular que conta com a sua amizade e retarda, injustificadamente, a edição de ato similar requerido por desafeto).

---

[34] O STJ tem aplicado a teoria dos motivos determinantes na invalidação de atos administrativos. Vide, por exemplo: STJ, 6.ª Turma, RMS 9772/PE, Rel. Min. Vicente Leal, *DJ* 29.05.2000, p. 185; RMS 10165/DF, Rel. Min. Vicente Leal, 6.ª Turma, *DJ* 04.03.2002, p. 294. No último julgamento citado, consta da ementa a seguinte afirmação: "Ao motivar o ato administrativo, a Administração ficou vinculada aos motivos ali expostos, para todos os efeitos jurídicos. Tem aí aplicação a denominada teoria dos motivos determinantes, que preconiza a vinculação da Administração aos motivos ou pressupostos que serviram de fundamento ao ato. A motivação é que é legítima e confere validade ao ato administrativo discricionário".

[35] Nesse sentido: MELLO, Celso Antônio Bandeira de. *Curso de direito administrativo*. 21. ed. São Paulo: Malheiros, 2006. p. 379-380; OLIVEIRA, Cláudio Brandão de. *Manual de direito administrativo*. 4. ed. Rio de Janeiro: Forense, 2009. p. 72.

## 15.9.5 Objeto

O objeto é o efeito jurídico e material imediato que será produzido pelo ato administrativo. O objeto é o conteúdo do ato (ex.: o conteúdo do ato que demite o servidor é punir aquele que cometeu a infração funcional, rompendo o vínculo funcional com a Administração; o objeto da licença profissional é habilitar o exercício de determinada profissão pelo interessado).[36]

O objeto do ato administrativo deve ser lícito (em conformidade com o ordenamento jurídico), possível (realizável concretamente) e moral (de acordo os padrões éticos e morais).

Conforme assinalamos anteriormente, o objeto e a finalidade não se confundem. Enquanto o objeto é o fim imediato, a finalidade é o fim mediato do ato administrativo.

### 15.9.5.1 Objeto indeterminado (discricionário) e determinado (vinculado)

O objeto pode ser classificado da seguinte forma:

a) **objeto indeterminado (discricionário):** a lei não define de maneira exaustiva o objeto do ato administrativo, conferindo margem de liberdade ao administrador para delimitar o conteúdo do ato (ex.: na autorização para uso privativo de bem público, a legislação confere discricionariedade ao administrador para delimitar o conteúdo do ato, decidindo sobre a extensão da área a ser ocupada, o prazo, as contrapartidas etc.); e

b) **objeto determinado (vinculado):** a lei delimita o conteúdo do ato administrativo sem deixar espaço para análises subjetivas por parte do agente público (ex.: licença para dirigir veículo automotor em todo o território nacional, sendo vedado ao administrador limitar o conteúdo do ato).

Enquanto o objeto indeterminado é elemento discricionário, o objeto determinado é elemento vinculado.

## 15.10 DISCRICIONARIEDADE X VINCULAÇÃO

Tradicionalmente, a distinção entre os atos discricionários e os atos vinculados é realizada a partir do critério da liberdade do agente público. Enquanto nos atos vinculados não há margem de liberdade por parte do agente público, uma vez que os elementos do ato estão integralmente previstos na legislação, nos atos discricionários há margem de

---

[36] Parcela da doutrina distingue o objeto e o conteúdo do ato administrativo: enquanto o conteúdo é o efeito jurídico pretendido pelo ato, o objeto seria o bem e a relação jurídica sobre os quais incidirá o ato (ex.: o conteúdo do ato de permissão de uso é outorgar o uso privativo do bem público pelo particular e o objeto é o próprio bem imóvel). Nesse sentido: GASPARINI, Diógenes. Direito administrativo. 12. ed. São Paulo: Saraiva, 2007. p. 68. Todavia, a doutrina majoritária não apresenta distinção entre o objeto e o conteúdo, tratando-os como sinônimos ou relativizando a importância de eventuais diferenças. Nesse sentido, por exemplo: MEIRELLES, Hely Lopes. Direito administrativo brasileiro. 22. ed. São Paulo: Malheiros, 1997. p. 137; MEDAUAR, Odete. Direito administrativo moderno. 12. ed. São Paulo: RT, 2008. p. 136; DI PIETRO, Maria Sylvia Zanella. Direito administrativo. 22. ed. São Paulo: Atlas, 2009. p. 206; CARVALHO FILHO, José dos Santos. Manual de direito administrativo. 24. ed. Rio de Janeiro: Lumen Juris, 2011. p. 101.

liberdade para o agente público analisar a conveniência e a oportunidade na edição do respectivo ato administrativo.

Conforme destacado anteriormente, três elementos dos atos administrativos serão sempre vinculados, a saber: a competência, a forma e a finalidade. Os demais elementos (motivo e objeto) podem ser vinculados ou discricionários, de acordo com a opção do legislador: se descrever todos os elementos do ato, sem deixar margem de liberdade ao agente público, o ato a ser praticado será vinculado; ao revés, se o legislador deixar margem de liberdade para o agente público fazer escolhas, o respectivo ato será considerado discricionário.

O grau de liberdade na atuação dos agentes públicos pode variar de intensidade a partir da opção adotada pelo legislador. Em determinados casos, o legislador autoriza, expressa ou implicitamente, a realização de opções pelo agente, a partir de critérios de conveniência e de oportunidade. Trata-se da atuação discricionária do agente público (ex.: autorização de uso de bem público). Por outro lado, o legislador pode descrever, na própria norma jurídica, todos os elementos do ato administrativo que deverão ser observados pelo agente, sem qualquer margem de liberdade. Nesse caso, a atuação é vinculada (ex.: edição de licença para dirigir veículo automotor).

Entendemos que a tradicional dicotomia discricionariedade (atos discricionários) x vinculação (atos vinculados) deve ser adaptada à realidade, especialmente a partir do fenômeno da constitucionalização do Direito Administrativo. Por um lado, a atividade administrativa totalmente livre e fora do alcance do controle judicial seria sinônimo de arbitrariedade. Por outro lado, não se pode conceber que a atuação do administrador seja exclusivamente vinculada e mecanizada, pois sempre existirá alguma margem interpretativa da norma jurídica.[37]

Portanto, a diferença fundamental entre os denominados atos administrativos "vinculados" e "discricionários" deve ser traçada a partir de um critério quantitativo, e não qualitativo, na medida em que, em verdade, o que vai variar é a intensidade do grau de liberdade conferido pelo legislador ao administrador.[38]

### 15.10.1 Mérito administrativo

O mérito é a liberdade conferida pelo legislador ao agente público para exercer o juízo de ponderação dos motivos e escolher os objetos dos atos administrativos discricionários. É possível afirmar que o mérito é o núcleo dos atos administrativos discricionários. Não há mérito na edição de atos vinculados.

### 15.10.2 Conceitos jurídicos indeterminados x discricionariedade

Os conceitos jurídicos indeterminados (ou conceitos abertos) compreendem as expressões utilizadas pelo legislador que apresentam incertezas linguísticas, admitindo sentidos e interpretações heterogêneas (ex.: interesse público, imperativo de segurança nacional).

---

[37] MOREIRA NETO, Diogo de Figueiredo. *Legitimidade e discricionariedade*: novas reflexões sobre os limites e controle da discricionariedade. 4. ed. Rio de Janeiro: Forense, 2001. p. 15.

[38] KRELL, Andreas J. *Discricionariedade administrativa e proteção ambiental*: o controle dos conceitos jurídicos indeterminados e a competência dos órgãos ambientais: um estudo comparativo. Porto Alegre: Livraria do Advogado, 2004. p. 22-23.

Registre-se, no entanto, que as expressões não admitem todo e qualquer significado que venha a ser atribuído pelo intérprete da norma. As expressões possuem significados linguísticos que limitam a atividade interpretativa. Dessa forma, é possível extrair determinadas certezas dos conceitos jurídicos indeterminados: zona de certeza positiva (hipóteses que se inserem no conceito) e zona de certeza negativa (situações que não são englobadas pelo conceito). Entre as "zonas de certezas", encontra-se a denominada "zona de penumbra" (ou "zona de incerteza") que compreende hipóteses que geram dúvidas no intérprete sobre a sua adequação ao conceito indeterminado.[39]

### 15.10.3 Controle judicial dos atos administrativos discricionários

Tradicionalmente, quanto ao parâmetro do controle sobre a atuação administrativa, o controle dos atos administrativos é dividido em duas espécies:

a) **controle de legalidade:** adequação formal do ato administrativo com a legislação; e

b) **controle do mérito:** verificação da conveniência e da oportunidade relativas ao motivo e ao objeto do ato administrativo.

O controle jurisdicional sobre os atos oriundos dos demais Poderes (Executivo e Legislativo) restringe-se aos aspectos de legalidade (juridicidade), sendo vedado ao Poder Judiciário substituir-se ao administrador e ao legislador para definir, dentro da moldura normativa, qual a decisão mais conveniente ou oportuna para o atendimento do interesse público, sob pena de afronta ao princípio constitucional da separação de poderes. Portanto, o Judiciário deve invalidar os atos ilegais da Administração, mas não pode revogá-los por razões de conveniência e oportunidade.[40]

Nesse sentido, a Súmula 665 do STJ dispõe que o controle jurisdicional do processo administrativo disciplinar (PAD) deve ficar restrito ao exame da regularidade do procedimento e da legalidade do ato, à luz dos princípios do contraditório, da ampla defesa e do devido processo legal, "não sendo possível incursão no mérito administrativo, ressalvadas as hipóteses de flagrante ilegalidade, teratologia ou manifesta desproporcionalidade da sanção aplicada".

O controle judicial da discricionariedade administrativa evoluiu ao longo do tempo. Após o abandono da noção de imunidade judicial da discricionariedade, várias teorias procuraram explicar e legitimar o controle judicial da atuação estatal discricionária, com destaque para três teorias que serão estudadas a seguir:

a) teoria do desvio de poder (*détournement de pouvoir*) ou desvio de finalidade;

---

[39] MORAES, Germana de Oliveira. *Controle jurisdicional da Administração Pública*. 2. ed. São Paulo: Dialética, 2004. p. 64.

[40] Em razão da ausência de expertise (capacidade institucional) e da visão dos possíveis efeitos sistêmicos (pragmatismo jurídico) da solução a ser adotada em questões técnicas e complexas, Poder Judiciário deve atuar com maior deferência às decisões órgãos técnicos da Administração Pública, limitando-se o controle ao exame de legalidade dos atos. Nesse sentido: STF, RE 1.083.955 AgR/DF, rel. Min. Luiz Fux, Primeira Turma, *DJe*-122 07.06.2019, *Informativo de Jurisprudência do STF* 942.

b) teoria dos motivos determinantes; e
c) teoria dos princípios jurídicos (juridicidade).

### 15.10.3.1 Teoria do desvio de poder (détournement de pouvoir) ou desvio de finalidade

A teoria do desvio de poder (*détournement de pouvoir*) ou desvio de finalidade, oriunda do Conselho de Estado francês,[41] admite que o Judiciário invalide ato administrativo em desacordo com a finalidade da norma (ex.: a remoção *ex officio* de um servidor em razão de perseguição pessoal do seu chefe – a remoção não pode ter caráter punitivo; a cessão de imóvel desapropriado para empresa privada executora de atividade econômica lucrativa – a desapropriação só pode ter por finalidade a utilidade pública, a necessidade pública ou o interesse social).

### 15.10.3.2 Teoria dos motivos determinantes

De acordo com a teoria dos motivos determinantes, a validade do ato administrativo depende da correspondência entre os motivos nele expostos e a existência concreta dos fatos que ensejaram a sua edição. Mesmo naquelas situações excepcionais em que a lei não exige a motivação (exteriorização dos motivos), caso o agente exponha os motivos do ato, a sua validade dependerá da correspondência com a realidade (ex.: exoneração de agente ocupante de cargo em comissão motivada pelo reiterado descumprimento do horário de trabalho. Comprovado pelo agente que a motivação é falsa, o ato será invalidado).[42]

Na hipótese de pluralidade de motivos justificadores da edição do ato, a eventual apresentação de motivo ilícito, que não contamine a substância do ato, não tem o condão de gerar a sua nulidade, tendo em vista a inexistência de prejuízo (*pas de nullité sans grief*).

### 15.10.3.3 Teoria dos princípios jurídicos e o controle de juridicidade

Por fim, a teoria dos princípios jurídicos exige a compatibilidade dos atos administrativos com os princípios consagrados no ordenamento jurídico. A referida teoria ganhou relevância com o reconhecimento da normatividade dos princípios, no contexto da constitucionalização do Direito Administrativo e do Pós-Positivismo, abrindo a possibilidade do controle ampliado e dotado de maior efetividade do ato administrativo.[43]

---

[41] Embora se reconheça a dificuldade de apontar uma origem exata para o instituto, costuma-se citar o *arrêt Lesbats* de 1864 do Conselho de Estado francês como a primeira hipótese em que se admitiu expressamente a teoria do desvio de poder como possibilidade de se analisar a validade do ato administrativo no âmbito dos recursos por excesso de poder. Vide: MELLO, Celso Antônio Bandeira de. *Discricionariedade e controle jurisdicional*. 2. ed. São Paulo: Malheiros, 2003. p. 56, nota 28.

[42] O STJ tem aplicado a teoria dos motivos determinantes na invalidação de atos administrativos. Vide, por exemplo: STJ, 6.ª Turma, RMS 9772/PE, Rel. Min. Vicente Leal, *DJ* 29.05.2000, p. 185; RMS 10165/DF, Rel. Min. Vicente Leal, 6.ª Turma, *DJ* 04.03.2002, p. 294. No último julgamento citado, consta da ementa a seguinte afirmação: "Ao motivar o ato administrativo, a Administração ficou vinculada aos motivos ali expostos, para todos os efeitos jurídicos. Tem aí aplicação a denominada teoria dos motivos determinantes, que preconiza a vinculação da Administração aos motivos ou pressupostos que serviram de fundamento ao ato. A motivação é que é legítima e confere validade ao ato administrativo discricionário".

[43] OLIVEIRA, Rafael Carvalho Rezende. *Princípios do direito administrativo*. Rio de Janeiro: Lumen Juris, 2011.

A partir do reconhecimento do papel central da Constituição e da normatividade dos princípios constitucionais, a legalidade deixa de ser o único parâmetro para verificação da validade da atuação administrativa. Trata-se do princípio da juridicidade que não aceita a concepção da Administração vinculada exclusivamente às regras prefixadas nas leis, mas sim ao próprio Direito, o que inclui as regras e princípios previstos na Constituição.[44]

O STF editou a Sumula Vinculante 13 para vedar o nepotismo na Administração Pública com fundamento nos princípios da impessoalidade, moralidade e eficiência. O STJ, por sua vez, utiliza-se rotineiramente dos princípios da razoabilidade e da isonomia (impessoalidade) para saber se algumas das exigências contidas em editais de concursos públicos são válidas ou não.[45]

A juridicidade, como se vê, amplia a margem de controle do ato discricionário levada a efeito pelo Judiciário. E isso não para permitir a apreciação do mérito administrativo propriamente dito, porque importaria em inadmissível violação ao princípio da separação de poderes, mas para garantir que o mérito da atuação administrativa não seja um artifício ou escudo à violação, por via transversa, da ordem jurídica pelo administrador. Contudo, com o intuito de evitar uma simples troca da arbitrariedade administrativa pela judicial, é indispensável a justificação da decisão judicial, como elemento essencial para sua legitimidade, pois só assim há possibilidade do controle "final" pelos "donos do poder" (o povo).[46]

É oportuno notar que o reconhecimento da existência do princípio da juridicidade é uma via de mão dupla: ao mesmo tempo em que há um nítido incremento do prestígio da atividade exercida pela Administração Pública na concretização das normas constitucionais, a juridicidade gera necessariamente restrições mais sensíveis à atuação do administrador e acarreta a ampliação do controle judicial dos atos administrativos, uma vez que a atuação administrativa, para ser considerada válida, deve compatibilizar-se com os princípios consagrados na Constituição da República (moralidade, eficiência, razoabilidade etc.).

## 15.11 ATRIBUTOS DOS ATOS ADMINISTRATIVOS

Os atributos (ou características) dos atos administrativos são:

a) presunção de legitimidade e de veracidade;
b) imperatividade; e
c) autoexecutoriedade.

Alguns autores mencionam, ainda, a tipicidade como quarto atributo dos atos administrativos unilaterais, uma vez que a Administração somente pode editar atos que estejam previamente tipificados na legislação, sendo vedada a edição de atos inominados.[47] Entendemos que a atuação administrativa deve ser pautada pelo respeito ao ordenamen-

---

[44] Sobre o princípio da juridicidade, vide Capítulo 3, item 3.2.1.
[45] O STJ já considerou inválida a exigência de limite de idade para concurso de magistério (RMS 6159/RS, Rel. Min. Hamilton Carvalhido, 6.ª Turma, *DJ* 25.02.2002, p. 443), mas admite a fixação de idade mínima para concurso da magistratura (RMS 14447/PE, Rel. Min. Hamilton Carvalhido, 6.ª Turma, *DJ* 30.06.2003, p. 314).
[46] FERNÁNDEZ, Tomás-Ramón. *Del arbitrio y de la arbitrariedad judicial*. Madrid: Iustel, 2005. p. 133.
[47] Nesse sentido: DI PIETRO, Maria Sylvia Zanella. *Direito administrativo*. 22. ed. São Paulo: Atlas, 2009. p. 201.

to jurídico, mas isso não pressupõe a tipificação e a nominação prévias de todos os atos administrativos, mas apenas daqueles atos que estabeleçam sanção ao administrado (atos sancionatórios), razão pela qual não destacaremos o referido atributo na presente obra.

### 15.11.1 Presunção de legitimidade e de veracidade

Os atos administrativos presumem-se editados em conformidade com o ordenamento jurídico (presunção de legitimidade), bem como as informações neles contidas presumem-se verdadeiras (presunção de veracidade).[48]

A presunção de legitimidade e de veracidade dos atos administrativos é justificada por várias razões, tais como a sujeição dos agentes públicos ao princípio da legalidade, a necessidade de cumprimento de determinadas formalidades para edição dos atos administrativos, celeridade necessária no desempenho das atividades administrativas, inviabilidade de atendimento do interesse público, se houvesse a necessidade de provar a regularidade de cada ato editado etc. Trata-se, no entanto, de presunção relativa (*iuris tantum*), pois admite prova em contrário por parte do interessado.

Os principais efeitos da presunção de legitimidade e de veracidade são a autoexecutoriedade dos atos administrativos e a inversão do ônus da prova.

Quanto à inversão do ônus da prova, é preciso esclarecer que tal efeito não decorre da presunção de legitimidade, mas da presunção de veracidade, uma vez que a adequação à lei é matéria de interpretação ("o juiz conhece a lei"), e não de prova. Vale dizer: apenas os fatos são matéria de prova, e não a interpretação das normas, razão pela qual a presunção de veracidade dos fatos praticados ou alegados pela Administração acarreta a inversão do ônus da prova.[49]

Ademais, na hipótese em que o administrado pretende invalidar o ato administrativo, não há propriamente inversão do ônus da prova, pois o autor da pretensão já possui o ônus primário de provar os fatos constitutivos do seu direito, na forma do art. 373, I, do CPC. Por outro lado, o Poder Público, quando propõe a ação judicial, está dispensado, em princípio, de provar a veracidade dos atos administrativos, invertendo-se o ônus da prova, conforme prevê o art. 374, IV, do CPC.[50]

Ressalte-se que não são todos os atos emanados do Poder Público que possuem o atributo da presunção de legitimidade e de veracidade, tais como: **a) atos privados da Administração**: aplica-se, no caso, o mesmo regime jurídico destinado aos atos privados em geral praticados por particulares (ex.: os atos privados das empresas públicas e sociedades de economia mista, que desempenham atividades econômicas, não possuem a presunção de legitimidade e de veracidade, uma vez que tais entidades estão sujeitas ao regime jurídico próprio das empresas privadas, inclusive

---

[48] Alguns autores sustentam a mitigação da presunção de veracidade dos atos administrativos a partir da cláusula do Estado Democrático de Direito e do princípio da publicidade (GUEDES, Demian. A presunção de veracidade e o Estado Democrático de Direito: uma reavaliação que se impõe. *Direito administrativo e seus novos paradigmas*. Belo Horizonte: Fórum, 2008. p. 241-266).

[49] Nesse sentido: DI PIETRO, Maria Sylvia Zanella. *Direito administrativo*. 22. ed. São Paulo: Atlas, 2009. p. 199.

[50] CPC: "Art. 373. O ônus da prova incumbe: I – ao autor, quanto ao fato constitutivo de seu direito" e "Art. 374. Não dependem de prova os fatos: [...] IV – em cujo favor milita presunção legal de existência ou de veracidade".

quanto aos direitos e obrigações civis, na forma do art. 173, § 1.º, II, da CRFB);[51] **b) atos manifestamente ilegais;**[52] e **c) atos que envolvam prova de fato negativo por parte do particular**: em razão da impossibilidade de prova de fato negativo (prova impossível ou "diabólica"), cabe à Administração, e não ao particular, o ônus da prova (ex.: particular alega que não foi intimado para se manifestar em processo administrativo, hipótese em que a Administração deverá comprovar a prática do ato).[53]

### 15.11.2 Imperatividade

Os atos administrativos são, em regra, imperativos ou coercitivos, uma vez que representam uma ordem emanada da Administração Pública que deve ser cumprida pelo administrado. A Administração Pública, pautada pelo respeito à juridicidade e pela busca da efetivação do interesse público, tem a prerrogativa de impor condutas positivas e/ou negativas aos particulares.

O atributo da imperatividade, no entanto, não é encontrado em todos os atos administrativos. É o que ocorre, por exemplo, com os atos negociais (permissões, licenças e autorizações) e com os atos enunciativos (pareceres, certidões etc.).

### 15.11.3 Autoexecutoriedade

A autoexecutoriedade dos atos administrativos significa que a Administração possui a prerrogativa de executar diretamente a sua vontade, inclusive com o uso moderado da força, independentemente da manifestação do Poder Judiciário. Ex.: demolição de obras clandestinas, inutilização de gêneros alimentícios impróprios para consumo, interrupção de passeata violenta, requisição de bens em caso de iminente perigo público etc. Trata-se de atributo que decorre da presunção de legitimidade e de veracidade dos atos administrativos com o objetivo de promover, com celeridade, o interesse público.[54]

Conforme mencionamos no estudo do poder de polícia, a doutrina distingue a executoriedade (*privilège d'action d'office*, executoriedade propriamente dita ou direta) e a exigibilidade (*privilège du préalable* ou executoriedade indireta). Na primeira hipótese (executoriedade direta), o agente público pode utilizar de meios diretos de coerção (força) para implementar a vontade estatal, tal como ocorre nos exemplos mencionados anteriormente (demolição de obras clandestinas etc.). Por outro lado, na exigibilidade, o agente público utiliza-se de meios indiretos de coerção para compelir o administrado a praticar determinada conduta (ex.: previsão de multa na hipótese de descumprimento da vontade estatal).

---

[51] No mesmo sentido: GASPARINI, Diógenes. *Direito Administrativo*. 12. ed. São Paulo: Saraiva, 2007. p. 75.
[52] Nesse sentido: CASSAGNE, Juan Carlos. *Derecho administrativo*, II. 8. ed. Buenos Aires: Abeledo-Perrot, 2006. p. 323. Em abono à tese, o art. 116, IV, da Lei 8.112/1990 dispõe: "Art. 116. São deveres do servidor: [...] IV – cumprir as ordens superiores, **exceto quando manifestamente ilegais**" (grifo nosso).
[53] No mesmo sentido: STJ, 5.ª Turma, REsp 823.122/DF, Rel. p/ acórdão Min. Napoleão Nunes Maia Filho, j. 14.11.2007, DJ 18.02.2008, p. 59.
[54] Sobre a autoexecutoriedade, vide Capítulo 14, item 14.3.2.9.3.

A doutrina diverge sobre a necessidade de lei para atuação autoexecutória da Administração. A doutrina majoritária tem sustentado que a autoexecutoriedade depende de previsão legal expressa ou da caracterização da situação emergencial. Na forma já indicada quando do estudo do poder de polícia, sustentamos que a executoriedade é a regra, autorizada expressa ou implicitamente pelo ordenamento jurídico, salvo as hipóteses em que a legislação, excepcionalmente, exige a prévia manifestação do Judiciário para atuação administrativa. A autoexecutoriedade não é encontrada em todos os atos administrativos (ex.: cobrança de multas, desapropriação etc.).

## 15.12 CLASSIFICAÇÕES DOS ATOS ADMINISTRATIVOS

Os atos administrativos podem ser classificados a partir de critérios diversos. As principais classificações doutrinárias serão mencionadas a seguir.

### 15.12.1 Critério da formação do ato: atos simples, compostos e complexos

A partir do critério da formação, os atos administrativos podem ser:

a) **atos simples:** são editados a partir da vontade de um único órgão público (ex.: ato administrativo que concede férias ao servidor);

b) **atos compostos:** são formados pela manifestação de dois órgãos: um que define o conteúdo do ato e o outro que verifica a sua legitimidade. Enquanto a vontade do primeiro órgão é a responsável pela elaboração do ato, a manifestação do segundo possui caráter instrumental ou complementar (ex.: parecer elaborado por agente público que depende do visto da autoridade superior para produzir efeitos); e

c) **atos complexos:** são elaborados pela manifestação autônoma de órgãos diversos. Nesse caso, os órgãos concorrem para a formação de um único ato (ex.: nomeação de Ministros do STF, que depende da indicação do chefe do Executivo e da aprovação do Senado, na forma do art. 101, parágrafo único, da CRFB; aposentadoria do servidor público, que depende da manifestação da entidade administrativa e do respectivo Tribunal de Contas). Em razão da simetria das formas, a revogação do ato complexo depende da manifestação dos órgãos que concorreram para sua edição, não sendo suficiente a manifestação isolada de um deles.[55]

Cabe ressaltar que o **ato complexo** não se confunde com o **processo administrativo**. No ato complexo, existe apenas um ato, formado pela manifestação de órgãos diversos; no processo administrativo, por sua vez, são editados atos administrativos intermediários e autônomos para alcance do ato final.[56]

### 15.12.2 Critério dos destinatários: atos individuais (concretos) e gerais (normativos)

Quanto ao critério dos destinatários, os atos podem ser:

---

[55] Nesse sentido: STJ, MS 14.731-DF, Rel. Min. Napoleão Nunes Maia Filho, 1.ª Seção, *DJe* 02.02.2017, *Informativo de Jurisprudência do STJ* n. 597.
[56] MEIRELLES, Hely Lopes. *Direito administrativo brasileiro*. 22. ed. São Paulo: Malheiros, 1997. p. 154.

a) **atos individuais (concretos):** direcionam-se concretamente a indivíduos determinados, ainda que inclua mais de um indivíduo (ex.: decreto que declara a utilidade pública de imóvel para fins de desapropriação; designação de comissão de licitação);

b) **atos gerais (normativos):** possuem como destinatários pessoas indeterminadas que se encontram na mesma situação jurídica (ex.: decreto que regulamenta a legislação ambiental).

### 15.12.3 Critério dos efeitos: atos constitutivos, declaratórios e enunciativos

Em relação ao critério dos efeitos, os atos podem ser divididos em três espécies:

a) **atos constitutivos:** são aqueles que criam, modificam ou extinguem direitos (ex.: revogação de ato administrativo; aplicação de sanção ao servidor);

b) **atos declaratórios:** declaram a existência de situações jurídicas preexistentes ou reconhecem direitos (ex.: edição de atos vinculados, tais como a licença para construir e a licença profissional); e

c) **atos enunciativos:** atestam determinados fatos ou direitos, bem como envolvem, eventualmente, juízos de valor (ex.: certidão que atesta o tempo de serviço do servidor; pareceres que retratam juízos de valor dos agentes públicos). Os atos declaratórios e enunciativos guardam profundas semelhanças, razão pela qual parcela da doutrina, ao tratar da presente classificação, menciona apenas os atos constitutivos e declaratórios.[57]

### 15.12.4 Critério da imperatividade: atos de império e de gestão

Com fundamento no critério da imperatividade, os atos podem ser:

a) **atos de império:** decorrem do exercício do poder de império (*ius imperii*) estatal e devem ser obrigatoriamente observados pelos particulares (ex.: apreensão de medicamentos com prazo de validade expirado; demolição de construções irregulares); e

b) **atos de gestão:** são editados pela Administração Pública quando esta atua despida do poder de autoridade, em relativa igualdade jurídica com o particular (ex.: atos negociais ou de consentimento, tais como a autorização de uso de bem público e a exoneração a pedido do servidor).

### 15.12.5 Critério do objeto: ato-regra, atos subjetivos e ato-condição

A classificação tríplice dos atos jurídicos em geral (privados e administrativos) foi apresentada por León Duguit e pode ser assim sintetizada:[58]

---

[57] Nesse sentido: MELLO, Celso Antônio Bandeira de. *Curso de direito administrativo*. 21. ed. São Paulo: Malheiros, 2006. p. 405; GASPARINI, Diógenes. *Direito administrativo*. 12. ed. São Paulo: Saraiva, 2007. p. 82. A menção aos atos enunciativos pode ser encontrada nas seguintes obras: DI PIETRO, Maria Sylvia Zanella. *Direito administrativo*. 22. ed. São Paulo: Atlas, 2009. p. 225; CARVALHO FILHO, José dos Santos. *Manual de direito administrativo*. 24. ed. Rio de Janeiro: Lumen Juris, 2011. p. 122.

[58] Sobre a classificação entre ato-regra (*acte-règle*), ato-condição (*acte-condition*) e ato subjetivo (*acte subjectif*), vide: DUGUIT, León. *Traité de Droit Constitutionnel*. 2. ed. Paris: Ancienne Librairie Fontemoing, 1921. t. I, p. 223. A referida classificação é adotada no Brasil por diversos autores, tais como: MELLO, Oswaldo Aranha Bandeira de.

a) **ato-regra:** é o ato normativo que possui caráter geral e abstrato, aplicável a sujeitos indeterminados (ex.: regulamentos);

b) **ato-condição:** é o ato que investe o indivíduo em situação jurídica preexistente, submetendo-o à aplicação de certas regras jurídicas (ex.: nomeação de servidor público); e

c) **ato subjetivo** é o ato concreto que cria obrigações e direitos subjetivos em relações jurídicas especiais (ex.: contratos de trabalho dos empregados públicos).

### 15.12.6 Critério da competência ou da liberdade do agente: atos vinculados (regrados) e discricionários

O critério da competência ou da liberdade do agente é utilizado para distinguir duas espécies de atos:

a) **atos vinculados (ou regrados):** editados sem qualquer margem de liberdade por parte do agente público, uma vez que os seus elementos estão integralmente previstos na legislação. Preenchidos os requisitos legais, o particular tem direito subjetivo de exigir a edição do ato e a Administração Pública, o dever de editá-lo, inexistindo poder de escolha administrativa (ex.: licença para construir; licença para dirigir veículo automotor); e

b) **atos discricionários:** envolvem margem de liberdade por parte do agente público que pode analisar a conveniência e a oportunidade para sua edição (ex.: autorização de uso de bem público; autorização de porte de arma). Em princípio, existe faculdade por parte da Administração e expectativa de direito por parte do particular. Registre-se que nenhum ato é totalmente discricionário, pois a liberdade total se confundiria com a arbitrariedade. Em relação aos cinco elementos do ato administrativo, três serão sempre vinculados (agente competente, forma e finalidade) e dois poderão ser vinculados ou discricionários (motivo e objeto).

### 15.12.7 Critério do âmbito dos efeitos: atos externos e internos

Quanto aos efeitos, os atos podem ser divididos em duas categorias:

a) **atos externos:** são os atos que produzem efeitos em relação aos particulares em geral, extrapolando os limites da Administração (ex.: decreto de desapropriação; autorização de uso de bem público; manifestação do poder de polícia); e

b) **atos internos:** são os atos que produzem efeitos no interior da Administração ou em relação às pessoas que possuem vínculos especiais com o Estado (ex.: promoção do servidor público; sanção aplicada no contrato administrativo).[59]

---

*Princípios gerais de direito administrativo.* 3. ed. São Paulo: Malheiros, 2007. v. I, p. 180; CRETELLA JÚNIOR, José. *Curso de direito administrativo.* 5. ed. Rio de Janeiro: Forense, 1977. p. 222; MELLO, Celso Antônio Bandeira de. *Curso de direito administrativo.* 21. ed. São Paulo: Malheiros, 2006. p. 408; MOREIRA NETO, Diogo de Figueiredo. *Curso de direito administrativo.* 15. ed. Rio de Janeiro: Forense, 2009. p. 171.

[59] A distinção entre ato externo e interno é mencionada pelos seguintes autores: MEDAUAR, Odete. *Direito administrativo moderno.* 12. ed. São Paulo: RT, 2008. p. 147; MELLO, Celso Antônio Bandeira de. *Curso de direito administrativo.*

## 15.12.8 Critério da repercussão sobre a esfera jurídica do particular: atos ampliativos e restritivos

Em relação aos efeitos jurídicos para o particular, os atos administrativos podem ser:

a) **atos ampliativos:** são aqueles que reconhecem, constituem ou ampliam direitos dos particulares (ex.: autorização de uso de bem público; licença para construir); e

b) **atos restritivos:** restringem direitos ou expectativas dos particulares (ex.: revogação de atos discricionários; sanções aplicadas ao servidor).[60]

## 15.12.9 Critério da validade: atos válidos e inválidos

No tocante ao critério da validade, os atos são:

a) **atos válidos:** são aqueles editados em conformidade com a ordem jurídica, sendo oportuno lembrar que os atos administrativos presumem-se válidos (ex.: multa de trânsito aplicada ao infrator, na forma prevista no Código de Trânsito Brasileiro); e

b) **atos inválidos:** são os atos que contrariam a ordem jurídica (ex.: sanção aplicada sem obediência ao princípio da ampla defesa e do contraditório).[61]

## 15.12.10 Critério da retratabilidade: atos revogáveis (retratáveis) e irrevogáveis (irretratáveis)

Quanto à retratabilidade, os atos são:

a) **atos revogáveis (retratáveis):** são aqueles que podem ser revogados a qualquer momento pela Administração Pública por razões de conveniência e oportunidade (ex.: revogação da autorização de uso de bem público); e

b) **atos irrevogáveis (irretratáveis):** são os atos que não podem ser revogados pela Administração Pública (ex.: licença para o exercício de profissão regulamentada ou para dirigir veículo automotor).[62]

## 15.12.11 Critério da executoriedade: atos executórios e não executórios

Os atos administrativos, a partir do critério da autoexecutoriedade, são divididos em duas categorias:

---

21. ed. São Paulo: Malheiros, 2006. p. 407; MEIRELLES, Hely Lopes. *Direito administrativo brasileiro*. 22. ed. São Paulo: Malheiros, 1997. p. 147-148.

[60] Sobre a classificação em comento, vide: MELLO, Celso Antônio Bandeira de. *Curso de direito administrativo*. 21. ed. São Paulo: Malheiros, 2006. p. 405.

[61] A classificação a partir do critério da validade é citada por MOREIRA NETO, Diogo de Figueiredo. *Curso de direito administrativo*. 15. ed. Rio de Janeiro: Forense, 2009. p. 168.

[62] Em relação ao critério da retratabilidade, vide: CARVALHO FILHO, José dos Santos. *Manual de direito administrativo*. 24. ed. Rio de Janeiro: Lumen Juris, 2011. p. 123; MOREIRA NETO, Diogo de Figueiredo. *Curso de direito administrativo*. 15. ed. Rio de Janeiro: Forense, 2009. p. 172.

a) **atos executórios (ou autoexecutórios):** são aqueles que podem ser implementados concretamente pela vontade administrativa, independentemente de manifestação do Poder Judiciário (ex.: ato que determina a demolição de construção irregular em área de risco); e

b) **atos não executórios (ou não autoexecutórios)** são os que dependem da manifestação do Poder Judiciário para serem efetivados (ex.: cobrança de multa administrativa).[63]

### 15.12.12 Critério da formação ou da exequibilidade: atos perfeitos, imperfeitos, pendentes e consumados

A última classificação leva em consideração o critério da formação dos atos, dividindo-os em quatro espécies:

a) **atos perfeitos:** são os atos que completaram o seu ciclo de formação e estão aptos para produção de efeitos jurídicos, o que ocorre efetivamente com a sua publicação (ex.: publicação do ato de exoneração do servidor);

b) **atos imperfeitos:** são aqueles que não completaram o ciclo de formação ou que dependem da edição de outro ato para se tornarem exequíveis (ex.: atos ainda não publicados ou sujeitos à homologação da autoridade superior);

c) **atos pendentes:** são os atos perfeitos que se encontram sujeitos a condição ou termo para produção de efeitos jurídicos (ex.: exoneração do servidor a partir de data futura. Apesar de publicado, o efeito da exoneração somente será implementado a partir da data indicada); e

d) **atos consumados:** são os atos que já exauriram os seus efeitos, tornando-se irretratáveis, ressalvada a possibilidade de invalidação quando verificada eventual ilegalidade (ex.: a publicação do ato de exoneração do servidor, sem a previsão de condição ou termo, acarreta o desligamento imediato do servidor, inviabilizando a sua retratação posterior).[64]

## 15.13 ESPÉCIES DE ATOS ADMINISTRATIVOS

De acordo com a clássica lição de Hely Lopes Meirelles, existem cinco espécies de atos administrativos:

a) atos normativos;
b) atos ordinatórios;

---

[63] A classificação é citada pelos seguintes autores: MEIRELLES, Hely Lopes. *Direito administrativo brasileiro*. 22. ed. São Paulo: Malheiros, 1997. p. 159; CARVALHO FILHO, José dos Santos. *Manual de direito administrativo*. 24. ed. Rio de Janeiro: Lumen Juris, 2011. p. 123; MOREIRA NETO, Diogo de Figueiredo. *Curso de direito administrativo*. 15. ed. Rio de Janeiro: Forense, 2009. p. 169.

[64] No tocante à classificação quanto à exequibilidade, vide: MEIRELLES, Hely Lopes. *Direito administrativo brasileiro*. 22. ed. São Paulo: Malheiros, 1997. p. 157-158; DI PIETRO, Maria Sylvia Zanella. *Direito administrativo*. 22. ed. São Paulo: Atlas, 2009. p. 224.

c) atos negociais;
d) atos enunciativos; e
e) atos punitivos.[65]

Alguns autores preferem sistematizar as espécies de atos administrativos em dois grupos:

a) **quanto ao conteúdo (critério material):** licença, permissão, autorização, admissão, aprovação, homologação, visto, pareceres, atos sancionatórios, entre outros; e

b) **quanto à forma (critério formal):** decreto, portaria, resolução, alvará, circular, despacho, entre outros.[66]

Verifica-se, portanto, a ausência de sistematização doutrinária e legislativa das diversas espécies de atos administrativos. As nomenclaturas são utilizadas com enfoques diversos, o que acarreta insegurança jurídica. O mais importante, frise-se, é observar o perfil do ato administrativo a partir da respectiva lei que habilita a sua edição para se definir, em cada caso, o real conteúdo do ato.

De nossa parte, os atos administrativos podem ser divididos nas seguintes categorias:

a) **atos normativos;**
b) **atos ordinatórios;**
c) **atos negociais (ou de consentimento);**
d) **atos enunciativos;**
e) **atos administrativos de controle (ou de verificação);** e
f) **atos punitivos (ou sancionatórios).**

### 15.13.1 Atos administrativos normativos

Os atos administrativos normativos são comandos gerais e abstratos emanados da Administração Pública, cujo objetivo é a fiel execução da lei. Quanto aos veículos formais adequados para expedição de regulamentos, vale mencionar os decretos regulamentares (decretos normativos), os regimentos, as resoluções, as portarias de conteúdo genérico e as deliberações.

#### 15.13.1.1 Decretos

Os decretos são atos administrativos editados privativamente pelo chefe do Executivo, na forma do art. 84, IV, da CRFB, com o objetivo de reger relações gerais ou individuais.

---

[65] MEIRELLES, Hely Lopes. *Direito administrativo brasileiro*. 22. ed. São Paulo: Malheiros, 1997. p. 161. Vide também: MOREIRA NETO, Diogo de Figueiredo. *Curso de direito administrativo*. 15. ed. Rio de Janeiro: Forense, 2009. p. 174.

[66] A distinção entre as espécies de atos administrativos a partir dos critérios material e formal é apresentada por grande parte da doutrina, a saber: DI PIETRO, Maria Sylvia Zanella. *Direito administrativo*. 22. ed. São Paulo: Atlas, 2009. p. 225; CARVALHO FILHO, José dos Santos. *Manual de direito administrativo*. 24. ed. Rio de Janeiro: Lumen Juris, 2011. p. 124; MELLO, Celso Antônio Bandeira de. *Curso de direito administrativo*. 21. ed. São Paulo: Malheiros, 2006. p. 417-421.

#### 15.13.1.1.1 Espécies de decretos quanto ao conteúdo: regulamentares (ou normativos) e individuais (ou concretos)

Em relação ao conteúdo, os decretos são divididos em duas categorias:

a) **decretos regulamentares ou normativos:** fixam normas gerais e abstratas, com fundamento na lei (ex.: decreto que estabelece regras sobre a proteção do meio ambiente, regulamentando a respectiva legislação); e

b) **decretos individuais ou concretos:** direcionados concretamente ao indivíduo ou a grupo de indivíduos (ex.: decreto expropriatório).

#### 15.13.1.1.2 Decreto x regulamento

As expressões decreto e regulamento não se confundem. Enquanto o decreto é a forma, o regulamento refere-se ao conteúdo do ato. É viável a existência de decreto sem regulamento, tal como ocorre no caso em que o decreto tem efeitos individuais ou concretos, conforme mencionado anteriormente (ex.: decreto expropriatório). Por outro lado, pode haver regulamento sem decreto, quando o conteúdo genérico e abstrato é veiculado por outro ato administrativo (ex.: resoluções).[67]

### 15.13.1.2 Regimentos

Os regimentos são atos administrativos normativos que estabelecem regras de funcionamento e de organização dos órgãos colegiados (ex.: regimento interno do conselho de contribuintes).

#### 15.13.1.2.1 Regimento x decreto regulamentar

Não obstante a existência de semelhanças, o regimento não se confunde com o decreto regulamentar. Em resumo, é possível apontar as seguintes diferenças:

a) **agente competente:** o decreto regulamentar é da competência privativa do chefe de Executivo; o regimento é editado por autoridade administrativa integrante do órgão colegiado;

b) **fundamento:** o decreto regulamentar fundamenta-se no poder de polícia; o regimento no poder disciplinar; e

c) **efeitos:** o decreto produz efeitos para os administrados (efeitos externos); o regimento acarreta efeitos internos para o respectivo órgão colegiado.

### 15.13.1.3 Resoluções

As resoluções são atos administrativos, normativos ou individuais, editados por Ministros de Estado ou outras autoridades de elevada hierarquia, com a finalidade de

---

[67] JUSTEN FILHO, Marçal. *Curso de direito administrativo*. 4. ed. São Paulo: Saraiva, 2009. p. 313.

complementar as disposições contidas em decretos regulamentares e regimentos (ex.: resolução editada pelo Conselho Nacional de Trânsito – CONTRAN, na forma do art. 12 da Lei 9.503/1997 – Código de Trânsito Brasileiro).

#### 15.13.1.4 Deliberações

As deliberações são atos administrativos decisórios provenientes de órgãos colegiados (ex.: deliberação do Conselho de Contribuintes sobre determinado processo administrativo; deliberação da comissão de licitação sobre os documentos apresentados por determinado licitante).

### 15.13.2 Atos administrativos ordinatórios

Os atos administrativos ordinatórios são editados no exercício do poder hierárquico com o objetivo de disciplinar as relações internas da Administração Pública. Os principais atos ordinatórios são as instruções, as circulares, os avisos, as portarias, as ordens de serviço, os ofícios e os despachos.

#### 15.13.2.1 Instruções

As instruções são atos administrativos editados pela autoridade superior com o objetivo de ordenar a atuação dos agentes subordinados (ex.: instruções que determinam os atos que devem ser adotados internamente na análise do pedido de utilização de bem público formalizado por particular).

#### 15.13.2.2 Circulares

As circulares são praticamente idênticas às instruções, porém dotadas de menor abrangência.

#### 15.13.2.3 Avisos

Os avisos são atos administrativos editados por Ministros de Estados para tratarem de assuntos relacionados aos respectivos Ministérios.

#### 15.13.2.4 Portarias

As portarias são atos administrativos editados por autoridades administrativas, distintas do chefe do Executivo (ex.: portaria que determina a instauração de processo disciplinar).

#### 15.13.2.5 Ordens de serviço

As ordens de serviço são atos administrativos que determinam a adoção de determinada conduta em circunstâncias especiais (ex.: ordem de serviço que determina o início da obra).

### 15.13.2.6 Ofícios

Os ofícios são atos administrativos responsáveis pela formalização da comunicação, escrita e oficial, entre órgãos públicos e entidades administrativas (ex.: ofício enviado pela Procuradoria do Estado à Secretaria de Educação requisitando informações úteis para defesa do Estado em Juízo).

### 15.13.2.7 Despachos

Os despachos são atos administrativos decisórios ou de mero expediente praticados em processos administrativos (ex.: despacho proferido em processo disciplinar determinando a oitiva de testemunha).

### 15.13.3 Atos administrativos negociais ou de consentimento

Os atos administrativos de consentimento são aqueles editados a pedido do particular, viabilizando o exercício de determinada atividade e a utilização de bens públicos. Alguns autores denominam os atos de consentimento estatal de atos receptícios ou atos negociais, uma vez que a vontade da Administração é coincidente com a pretensão do particular.[68] Inserem-se na categoria de atos de consentimento as licenças, permissões, autorizações e admissões.

Geralmente, os atos administrativos de consentimento ou negociais são formalizados por alvará. Assim, por exemplo, no tradicional alvará de licença para funcionamento de estabelecimento particular, o alvará é a forma e a licença é o conteúdo do ato administrativo.

### 15.13.3.1 Licença

A **licença** é o ato administrativo vinculado que reconhece o direito do particular para o exercício de determinada atividade (ex.: licença para construir, para exercer profissão regulamentada, para dirigir veículo).

As características básicas da licença podem ser assim sintetizadas:

a) **ato de consentimento estatal:** a Administração consente com o exercício da atividade privada;

b) **ato vinculado:** preenchidos os requisitos legais pelo particular, o Poder Público deverá editar, necessariamente, a licença; e

c) **ato declaratório:** reconhece o direito subjetivo do particular, habilitando o seu exercício.

### 15.13.3.2 Permissão

A **permissão** é o ato administrativo discricionário que permite o exercício de determinada atividade pelo particular ou o uso privativo de bem público (ex.: permissão de uso de bem público).

---

[68] Nesse sentido: MEIRELLES, Hely Lopes. *Direito administrativo brasileiro*. 22. ed. São Paulo: Malheiros, 1997. p. 169; MOREIRA NETO, Diogo de Figueiredo. *Curso de direito administrativo*. 15. ed. Rio de Janeiro: Forense, 2009. p. 176.

As características essenciais da permissão são:

a) **ato de consentimento estatal:** a Administração consente com o exercício da atividade privada ou a utilização de bem público por particular;

b) **ato discricionário:** a autoridade administrativa possui margem de liberdade para analisar a conveniência e a oportunidade do ato; e

c) **ato constitutivo:** antes da edição do ato, o particular possui apenas expectativa de direito, e não direito subjetivo ao ato.

É importante lembrar que a permissão de serviço público, tradicionalmente considerada ato administrativo precário, possui natureza jurídica, atualmente, de contrato administrativo, tendo em vista o art. 175, parágrafo único, I, da CRFB e o art. 40 da Lei 8.987/1995.[69]

A permissão de uso de bem público, por sua vez, não foi contratualizada pela legislação, permanecendo como ato administrativo discricionário e precário. Por essa razão, a permissão pode ser revogada a qualquer momento sem dar ensejo à indenização do particular.

No entanto, a permissão de uso de bem público pode ser condicionada (permissão qualificada), com a fixação, por parte da Administração, de prazo, direitos e deveres. Nesse caso, a permissão possui conteúdo similar ao contrato administrativo, prevalecendo o entendimento de que a sua edição depende de licitação e a eventual revogação antes do prazo ensejará indenização do permissionário.[70]

### 15.13.3.3 Autorização

A **autorização** possui as mesmas características da permissão, constituindo ato administrativo discricionário que permite o exercício de determinada atividade pelo particular ou o uso privativo de bem público (ex.: autorização para fechamento de rua; autorização para porte de arma).

Assim como ocorre com a permissão, a autorização possui as seguintes características:

a) **ato de consentimento estatal;**
b) **ato discricionário;** e
c) **ato constitutivo.**

Parcela da doutrina procura distinguir a autorização e a permissão de uso de bem público a partir do interesse a ser atendido pelo ato. Na permissão, o interesse público e o interesse privado do permissionário são satisfeitos com igual intensidade (ex.: permissão para instalação de banheiros químicos nas vias públicas). Na autorização, por sua, vez, o interesse do autorizatário é atendido de forma preponderante e o interesse público apenas remotamente (ex.: autorização para fechamento de rua para realização de festa junina).[71]

---

[69] Sobre a permissão de serviço público, vide Capítulo 11.
[70] O estudo da permissão de uso de bem público é apresentado no Capítulo 22, item 22.7.2.
[71] Nesse sentido, por exemplo: DI PIETRO, Maria Sylvia Zanella. *Direito administrativo*. 22. ed. São Paulo: Atlas, 2009. p. 692; CARVALHO FILHO, José dos Santos. *Manual de direito administrativo*. 24. ed. Rio de Janeiro: Lumen Juris, 2011. p. 1.078.

Entendemos, contudo, que a mencionada distinção não acarreta qualquer efeito prático ou jurídico, uma vez que, independentemente da nomenclatura utilizada, o ato será discricionário e precário.[72]

### 15.13.3.4 Admissão

A **admissão** é o ato administrativo vinculado que reconhece o direito ao recebimento de determinado serviço público pelo particular (ex.: admissão em escolas públicas ou hospitais públicos). Trata-se de ato vinculado que deve ser editado na hipótese em que o particular preencher os requisitos legais.

### 15.13.4 Atos administrativos enunciativos

Os atos administrativos enunciativos são aqueles que expressam opiniões ou que certificam fatos no âmbito da Administração Pública. São espécies de atos enunciativos os pareceres, as certidões, os atestados e o apostilamento.

### 15.13.4.1 Pareceres

Os pareceres são atos administrativos que expressam a opinião do agente público sobre determinada questão fática, técnica ou jurídica (ex.: parecer elaborado pelo Procurador do Estado relacionado ao processo de licitação; parecer técnico apresentado em processo de licenciamento ambiental).

Em princípio, os pareceres não vinculam a decisão administrativa a ser proferida pela autoridade competente no caso concreto. Todavia, a legislação aponta casos em que o parecer será dotado de força normativa (parecer normativo) e vinculante para toda a Administração Pública (ex.: parecer elaborado pelo Advogado-Geral da União e aprovado pelo Presidente da República, vincula a Administração Pública Federal, na forma do art. 40, § 1.º, da Lei Complementar 73/1993).

A doutrina costuma apontar três espécies de pareceres:

a) **facultativo:** é o parecer que não é exigido por lei para formulação da decisão administrativa e, uma vez elaborado, não vincula a autoridade competente;

b) **obrigatório:** é o parecer que deve ser necessariamente elaborado nas hipóteses mencionadas na legislação, mas a opinião nele contida não vincula de forma definitiva a autoridade responsável pela decisão administrativa, que pode contrariar o parecer de forma motivada; e

c) **vinculante:** é o parecer que deve ser obrigatoriamente elaborado, cujo teor vincula a autoridade administrativa que tem o dever de acatá-lo.[73]

---

[72] Sobre a questão, remetemos o leitor para o Capítulo 22, itens 22.7.1 e 22.7.2.

[73] A classificação remonta à doutrina francesa (CHAPUS, Réné. *Droit Administratif General*. 15. ed. Paris: Montchrestien, 2001. t. I, p. 1113-1115). No Brasil, vide: MELLO, Oswaldo Aranha Bandeira de. *Princípios gerais de direito administrativo*. 3. ed. São Paulo: Malheiros, 2007. v. I, p. 583; DI PIETRO, Maria Sylvia Zanella. *Direito administrativo*.

## 15.13.4.2 Certidões

As certidões são atos administrativos que declaram a existência ou inexistência de atos ou fatos administrativos. São atos que apenas retratam, com fidelidade, a realidade, não sendo capaz de criar ou extinguir relações jurídicas (ex.: certidão que aponta o tempo de serviço do servidor no órgão ou entidade administrativa; certidão negativa de débito tributário). Cabe ressaltar que o texto constitucional consagra o direito de certidão no catálogo de direitos fundamentais, assegurando a todo e qualquer interessado, independentemente do pagamento de taxas, "a obtenção de certidões em repartições públicas, para defesa de direitos e esclarecimento de situações de interesse pessoal" (art. 5.º, XXXIV, "b", da CRFB).

## 15.13.4.3 Atestados

Os atestados são atos administrativos similares às certidões, uma vez que também declaram a existência ou inexistência de fatos.

Todavia, os atestados não se confundem com as certidões. Nas certidões, o agente público emite declaração sobre ato ou fato constante dos arquivos públicos (ex.: certidão de casamento emitida a partir das informações constantes dos registros públicos). Por outro lado, os atestados retratam fatos que não constam previamente dos arquivos da Administração (ex.: atestado que certifica a vacinação de determinada pessoa).[74]

## 15.13.4.4 Apostilas ou apostilamento

As apostilas são atos administrativos que averbam determinados fatos ou direitos reconhecidos pela norma jurídica (ex.: apostilamento para registros que não caracterizam alteração do contrato, dispensada a celebração de termo aditivo, na forma do art. 65, § 8.º, da Lei 8.666/1993 e do art. 136 da nova Lei de Licitações).

## 15.13.5 Atos administrativos de controle ou de verificação

Os atos administrativos de controle ou de verificação são aqueles que controlam a legalidade e o mérito de atos administrativos já editados. Em determinados casos, os atos de controle são necessários para produção de eficácia de certos atos administrativos, razão pela qual parcela da doutrina utiliza também a expressão atos confirmatórios (ou de confirmação).[75] Os atos de controle são: aprovação, homologação e visto.[76]

---

22. ed. São Paulo: Atlas, 2009. p. 230. Sobre a responsabilidade do parecerista remetemos o leitor para o Capítulo 18, item 18.14.3.

[74] Sobre a distinção entre certidão e atestado, vide: MEIRELLES, Hely Lopes. *Direito administrativo brasileiro*. 22. ed. São Paulo: Malheiros, 1997. p. 176; JUSTEN FILHO, Marçal. *Curso de direito administrativo*. 4. ed. São Paulo: Saraiva, 2009. p. 318.

[75] Nesse sentido: CARVALHO FILHO, José dos Santos. *Manual de direito administrativo*. 24. ed. Rio de Janeiro: Lumen Juris, 2011. p. 137.

[76] Hely Lopes Meirelles inclui a aprovação, a homologação e o visto no gênero "atos negociais". MEIRELLES, Hely Lopes. *Direito administrativo brasileiro*. 22. ed. São Paulo: Malheiros, 1997. p. 172-173. Todavia, entendemos que

### 15.13.5.1 Aprovação

A **aprovação** é o ato administrativo discricionário que controla, preventiva ou repressivamente, outro ato administrativo (ex.: aprovação de projeto para execução de uma obra). A autoridade competente aprova a edição de determinado ato (controle prévio) ou concorda com o conteúdo do ato já editado (controle posterior).

### 15.13.5.2 Homologação

A **homologação**, por sua vez, é o ato administrativo que controla a legalidade e o mérito de ato anterior. Ex.: homologação da licitação.

Prevalece na doutrina a tese de que a homologação é ato vinculado.[77] Entendemos, no entanto, que a homologação pode envolver competências vinculadas (controle de legalidade) ou discricionárias (controle de mérito), sendo certo que a referida caracterização dependerá da respectiva previsão legal.[78] É o que ocorre, por exemplo, com a homologação do processo licitatório, quando a autoridade administrativa atesta a legalidade do certame e a conveniência da contratação (art. 43, VI, da Lei 8.666/1993 e art. 17, VII, da nova Lei de Licitações).

### 15.13.5.3 Visto

O **visto** é o ato administrativo que verifica a legitimidade formal de outro ato (ex.: visto da autoridade superior em relação ao parecer elaborado pelo subordinado).

Entendemos que a aprovação, a homologação e o visto não apresentam diferenças jurídicas importantes. A legislação e a prática utilizam as três expressões com certa fungibilidade, razão pela qual, independentemente da nomenclatura, os referidos atos são usados para verificação da legalidade e do mérito de atos anteriores.[79]

### 15.13.6 Atos administrativos punitivos ou sancionatórios

Os atos administrativos punitivos ou sancionatórios são aqueles que restringem direitos ou interesses dos administrados que atuam em desconformidade com a ordem jurídica. Exige-se, em todo e qualquer caso, o respeito à ampla defesa e ao contraditório na edição de atos punitivos (art. 5.º, LV, da CRFB), bem como que as sanções administrativas tenham previsão legal expressa (princípio da legalidade).

As sanções podem ser divididas em dois grupos:

a) **sanções de polícia:** aplicadas com fundamento no poder de polícia e relacionadas aos particulares em geral (ex.: multa ambiental; multa de trânsito); e

---

tais atos não são verdadeiramente negociais, pois não coincidem necessariamente com a vontade do particular, sendo mais apropriado incluí-los na categoria "atos de controle ou de verificação".

[77] Mencione-se, por exemplo: DI PIETRO, Maria Sylvia Zanella. *Direito administrativo*. 22. ed. São Paulo: Atlas, 2009. p. 230; JUSTEN FILHO, Marçal. *Curso de direito administrativo*. 4. ed. São Paulo: Saraiva, 2009. p. 316; MELLO, Celso Antônio Bandeira de. *Curso de direito administrativo*. 21. ed. São Paulo: Malheiros, 2006. p. 418.

[78] Nesse sentido: MEIRELLES, Hely Lopes. *Direito administrativo brasileiro*. 22. ed. São Paulo: Malheiros, 1997. p. 173.

[79] Ressalva semelhante é apresentada por José dos Santos Carvalho Filho que utiliza a expressão "atos de confirmação" para se referir à aprovação, à homologação e ao visto (CARVALHO FILHO, José dos Santos. *Manual de direito administrativo*. 24. ed. Rio de Janeiro: Lumen Juris, 2011. p. 137).

b) **sanções disciplinares ou funcionais:** aplicadas com base no poder disciplinar aos servidores públicos e demais pessoas que possuem vínculos especiais com a Administração (ex.: demissão do servidor público; advertência imposta à empresa contratada pela Administração).

São exemplos de atos punitivos as multas, as interdições de atividades, as apreensões ou destruições de coisas e as sanções disciplinares.

### 15.13.6.1 Multas

As multas são sanções pecuniárias impostas aos administrados (ex.: imposição de multa ao particular que dirige em velocidade superior à permitida para o local).

### 15.13.6.2 Interdições de atividades

As interdições de atividades são atos que proíbem ou suspendem o exercício de atividades (ex.: interdição de atividade que polui o meio ambiente).

### 15.13.6.3 Apreensão ou destruição de coisas

A apreensão ou destruição de coisas são sanções aplicadas pela Administração em relação às coisas que colocam em risco a população (ex.: destruição de medicamento com prazo de validade expirado; demolição de construção irregular em área de risco; apreensão de mercadoria falsificada).

No caso de perigo público iminente, a autoridade pública poderá destruir as coisas que se revelarem nocivas à coletividade, independentemente de processo administrativo prévio, hipótese em que a ampla defesa será postergada para momento posterior. Todavia, ausente a urgência da medida, a sua aplicação dependerá da formalização prévia do processo administrativo.

### 15.13.6.4 Sanções disciplinares

As sanções disciplinares ou funcionais são aplicadas aos servidores públicos e aos administrados que possuem relação jurídica especial com a Administração Pública quando constatada a violação ao ordenamento jurídico ou aos termos do negócio jurídico (ex.: demissão do servidor que comete falta grave; multa aplicada à empresa contratada pela Administração por descumprimento de cláusula do contrato administrativo).

Ao contrário das sanções aplicadas aos particulares em geral, no exercício da supremacia geral do Estado (poder de polícia), as sanções disciplinares são aplicadas no âmbito das relações de sujeição especial de determinados administrados (ex.: servidores e contratados) ao poder disciplinar da Administração. Enquanto as sanções de polícia são aplicadas para fora da Administração (sanções externas), as sanções disciplinares são aplicadas no interior da Administração (sanções internas).

## 15.14 EXTINÇÃO DOS ATOS ADMINISTRATIVOS

Os atos administrativos, assim como qualquer ato jurídico, produzem seus efeitos e são extintos em determinado momento. Em razão das diferentes causas e formas de extinção, serão destacadas a seguir as espécies de extinção dos atos administrativos:

a) normal ou natural;
b) subjetiva;
c) objetiva;
d) por manifestação de vontade do particular (renúncia e recusa); e
e) por manifestação de vontade da Administração (caducidade, cassação, anulação e a revogação).[80]

### 15.14.1 Extinção normal ou natural

O ato administrativo extingue-se naturalmente quando produz seus efeitos ou no advento do prazo nele estipulado (ex.: o ato que concede férias é extinto com o gozo das férias pelo servidor; a autorização de uso de bem público, editada pelo prazo de cinco anos, é extinta com o término do prazo).

### 15.14.2 Extinção subjetiva

A extinção subjetiva é o desfazimento do ato administrativo pelo desaparecimento do beneficiário (ex.: falecimento do servidor extingue a relação funcional).

### 15.14.3 Extinção objetiva

A extinção objetiva ocorre quando desaparece o objeto da relação jurídica (ex.: extinção do ato administrativo que determina a reforma de edifício no caso em que o bem é demolido por inundação).

### 15.14.4 Extinção por manifestação de vontade do particular: renúncia e recusa

Em duas hipóteses, o ato administrativo pode ser extinto a pedido do próprio interessado. É o que ocorre na renúncia e na recusa. Naturalmente, a extinção dos atos administrativos por vontade do particular somente será possível em relação aos atos benéficos ou consensuais, não sendo possível admitir a referida extinção em relação aos atos sancionatórios.

#### 15.14.4.1 Renúncia

Ocorre a renúncia na hipótese em que o beneficiário requer a extinção do ato após usufruir parcialmente dos seus efeitos (ex.: exoneração a pedido do servidor extingue a

---

[80] Não há consenso doutrinário em relação às nomenclaturas e classificações das espécies de extinção do ato. José dos Santos Carvalho Filho, por exemplo, menciona cinco espécies de extinção: a) natural; b) subjetiva; c) objetiva; d) caducidade; e) volitiva (anulação, revogação e cassação) (CARVALHO FILHO, José dos Santos. *Manual de direito administrativo*. 24. ed. Rio de Janeiro: Lumen Juris, 2011. p. 140-141). Celso Antônio Bandeira de Mello, acompanhado por Maria Sylvia Zanella Di Pietro, indica as seguintes formas de extinção: a) ato eficaz: a.1) cumprimento dos seus efeitos, a.2) desaparecimento do sujeito ou objeto da relação jurídica, a.3) retirada (revogação, invalidação, cassação, caducidade e contraposição) e a.4) renúncia; b) ato não eficaz: b.1) mera retirada e b.2) recusa (MELLO, Celso Antônio Bandeira de. *Curso de direito administrativo*. 21. ed. São Paulo: Malheiros, 2006. p. 424-426; DI PIETRO, Maria Sylvia Zanella. *Direito administrativo*. 22. ed. São Paulo: Atlas, 2009. p. 235-236).

relação funcional; particular que, após utilizar determinado bem público, informa à Administração Pública a sua intenção de não mais usufruir da autorização de uso).

### 15.14.4.2 Recusa

A recusa é a extinção do ato administrativo por vontade do particular antes da produção de seus efeitos (ex.: extinção da nomeação do aprovado em concurso que, convocado, decide não tomar posse; a recusa do particular em utilizar o bem público objeto de autorização de uso).

Enquanto a renúncia extingue o ato que iniciou a produção dos seus efeitos, a recusa é a extinção do ato antes que ele produza seus efeitos.[81]

### 15.14.5 Extinção por manifestação de vontade da Administração: caducidade, cassação, anulação e revogação

A extinção dos atos administrativos pode ocorrer por manifestação de vontade da Administração Pública, tendo em vista razões de legalidade ou de mérito administrativo (conveniência e oportunidade). Trata-se do princípio da autotutela administrativa, que reconhece a prerrogativa de invalidação dos atos ilegais ou de revogação de atos lícitos, mas inconvenientes ou inoportunos, pela própria Administração (Súmulas 346 e 473 do STF; art. 53 da Lei 9.784/1999).[82] Inserem-se nessa categoria a caducidade, a cassação, a anulação e a revogação.

### 15.14.5.1 Caducidade

A caducidade é a extinção do ato administrativo quando a situação nele contemplada não é mais tolerada pela nova legislação. O ato administrativo, no caso, é editado regularmente, mas torna-se ilegal em virtude da alteração legislativa. Vale dizer: a caducidade justifica-se pela ilegalidade superveniente que não é imputada à atuação do administrado (ex.: caducidade da autorização de uso da calçada editada em favor de determinado restaurante quando a nova legislação proíbe o uso privativo de calçadas por estabelecimentos comerciais).

Ressalte-se que a caducidade incide exclusivamente sobre os atos discricionários e precários, que não geram direitos subjetivos aos particulares, pois os atos vinculados geram direito adquirido ao administrado que deve ser protegido mesmo na hipótese de superveniência de nova legislação, na forma do art. 5.º, XXXVI, da CRFB. A eventual retirada do ato vinculado acarretará direito à indenização ao particular.

---

[81] Sobre a distinção entre renúncia e recusa, vide: GASPARINI, Diógenes. *Direito administrativo*. 12. ed. São Paulo: Saraiva, 2007. p. 104.

[82] O Enunciado 20 da I Jornada de Direito Administrativo realizada pelo Centro de Estudos Judiciários do Conselho da Justiça Federal (CEJ/CJF) dispõe: "O exercício da autotutela administrativa, para o desfazimento do ato administrativo que produza efeitos concretos favoráveis aos seus destinatários, está condicionado à prévia intimação e oportunidade de contraditório aos beneficiários do ato."

Ademais, a caducidade do ato não se confunde com a caducidade do contrato administrativo. Enquanto a caducidade do ato pressupõe ilegalidade superveniente do ato, não imputada ao administrado, a caducidade do contrato de concessão de serviços públicos fundamenta-se no descumprimento do contrato ou das normas jurídicas pelo concessionário, possuindo natureza sancionatória (art. 38 da Lei 8.987/1995).

### 15.14.5.2 Cassação

A cassação é a extinção do ato administrativo por descumprimento das condições fixadas pela Administração ou ilegalidade superveniente imputada ao beneficiário do ato (ex.: cassação da licença profissional quando o beneficiário do ato descumpre a legislação em vigor; cassação da licença para dirigir quando o motorista descumpre as regras do Código de Trânsito Brasileiro).

#### 15.14.5.2.1 Ampla defesa e contraditório

A cassação representa verdadeira sanção ao administrado, razão pela qual deve ser precedida de ampla defesa e contraditório. Assim, por exemplo, o Conselho que regulamenta determinada profissão deve instaurar processo administrativo, viabilizando a ampla defesa e o contraditório do profissional, antes da cassação da licença.

#### 15.14.5.2.2 Limitação temporal da sanção

Por fim, em razão do caráter punitivo, a cassação deve ser aplicada por prazo determinado, sendo inadmissível a sanção perpétua no ordenamento brasileiro, na forma do art. 5.º, XLVII, "b", da CRFB (ex.: a cassação do documento de habilitação para dirigir possui prazo de dois anos, a partir do qual o infrator poderá requerer sua reabilitação, submetendo-se a todos os exames necessários à habilitação, na forma do art. 263, § 2.º, do Código de Trânsito Brasileiro).[83]

### 15.14.5.3 Anulação

A anulação é a invalidação do ato administrativo editado em desconformidade com a ordem jurídica (ex.: ato que concede licença para particular que não preenche os respectivos requisitos legais).

Assim como ocorre na caducidade e na cassação, a anulação pressupõe ilegalidade. No entanto, as hipóteses não se confundem. Na caducidade a ilegalidade é superveniente e não é imputada ao administrado; na cassação, a ilegalidade é superveniente e decorre da

---

[83] Nesse sentido, o STF decidiu pela inconstitucionalidade da sanção de inabilitação permanente para o exercício de cargos de administração ou gerência de instituições financeiras (STF, RE 154.134/SP, Rel. Min. Sydney Sanches, 1.ª Turma, DJ 29.10.1999, p. 17). Em outra oportunidade, o STF declarou a inconstitucionalidade de norma estadual que negava aos policiais, afastados por prática de falta grave, a possibilidade de retornar aos quadros da Administração Pública direta ou indireta estadual, em razão da impossibilidade de penalidade administrativa de caráter perpétuo, na forma do art. 5.º, XLVII, "b", da CRFB. Na ausência de prazo específico na legislação estadual, deveria ser observado o prazo de cinco anos previsto no art. 137 da Lei 8.112/1990 (STF, ADI 2.893/PE, Rel. Min. Nunes Marques, Tribunal Pleno, DJe 03.07.2024).

conduta do beneficiário do ato; na anulação, a ilegalidade é originária, independentemente do responsável pelo descumprimento da ordem jurídica.

### 15.14.5.3.1 Fundamento, competência para anulação e ampla defesa/contraditório

O fundamento para anulação do ato administrativo é a ilegalidade. Não importa a natureza do ato (vinculado ou discricionário), a legalidade acarretará a sua invalidação.

Nesse caso, a competência para anular o ato administrativo ilegal é ampla. O controle da legalidade dos atos administrativos oriundos do Executivo pode ser exercido pelos três Poderes, a saber:

a) Poder Executivo: a Administração Pública, no exercício da autotutela, possui a prerrogativa para invalidar seus atos ilegais (Súmula 473 do STF);
b) Poder Judiciário: o Judiciário deve controlar a legalidade e a constitucionalidade dos atos jurídicos em geral, inclusive os atos administrativos; e
c) Poder Legislativo: o Legislativo controla a legalidade dos atos do Poder Executivo (ex.: art. 49, V, da CRFB), com auxílio do Tribunal de Contas (art. 70 da CRFB).

A anulação do ato administrativo pressupõe, necessariamente, a obediência aos princípios da ampla defesa e do contraditório.

### 15.14.5.3.2 Caráter vinculado

Em regra, a Administração Pública tem o dever de anular o ato administrativo que viola a ordem jurídica, tendo em vista o princípio constitucional da legalidade. Trata-se de atividade vinculada e não discricionária.

Não se trata, no entanto, de dever absoluto, admitindo-se que, em circunstâncias especiais, a Administração Pública deixe de invalidar o ato ilegal, para convalidá-lo por razões de segurança jurídica ou boa-fé, bem como na hipótese de decadência administrativa (art. 54 da Lei 9.784/1999).

### 15.14.5.3.3 Efeitos da anulação e a possibilidade de modulação

Em razão da ilegalidade originária, a extinção opera efeitos retroativos (*ex tunc*) com o intuito de evitar a produção de efeitos antijurídicos pelo ato em afronta ao princípio da legalidade.

A anulação do ato ilegal é um dever da Administração Pública decorrente do princípio da legalidade, mas, conforme mencionado anteriormente, em circunstâncias excepcionais, o ato ilegal poderá permanecer no mundo jurídico por decisão administrativa devidamente motivada e ponderada a partir de outros princípios igualmente constitucionais, naquilo que se convencionou denominar de convalidação ou sanatória.

No controle de legalidade do ato administrativo, a Administração Pública pode modular os efeitos da invalidação do ato ilegal, de forma análoga à modulação de feitos no controle de constitucionalidade (art. 27 da Lei 9.868/1999).[84] Em reforço à possibilidade

---

[84] A modulação dos efeitos na autotutela dos atos administrativos foi defendida em outra obra: OLIVEIRA, Rafael Carvalho Rezende. *Princípios do direito administrativo*. Rio de Janeiro: Lumen Juris, 2011. p. 160. No Estado do Rio

de relativização dos efeitos retroativos da anulação, o art. 24 da LINDB, incluído pela Lei 13.655/2018, proíbe que a mudança de interpretação acarrete a invalidação das situações plenamente constituídas.

A decisão administrativa, controladora e judicial que anular o ato administrativo ilegal deve considerar as suas consequências práticas, jurídicas e administrativas, na forma dos arts. 20 e 21 da LINDB, inseridos pela Lei 13.655/2018.

### 15.14.5.3.4 Indenização

A anulação, em regra, gera o dever de indenizar por parte da Administração Pública, salvo na hipótese em que o administrado contribuiu para a prática da ilegalidade (ex.: a anulação da demissão do servidor público em virtude de erro da Administração acarreta o dever de indenizar; a anulação de aposentaria decorrente de fraude imputada ao servidor aposentado não gera indenização, em razão da comprovada má-fé).

### 15.14.5.4 Revogação

A revogação é a extinção do ato administrativo legal por razões de conveniência e oportunidade (ex.: revogação da autorização de uso privativo da calçada por restaurante para viabilizar a passagem de pedestres).

### 15.14.5.4.1 Fundamento, competência para revogação e ampla defesa/contraditório

O fundamento para revogação do ato administrativo é a conveniência e a oportunidade por parte da Administração Pública. Trata-se de reavaliação do mérito do ato administrativo. Por essa razão, a revogação incide sobre o ato discricionário, que pressupõe a avaliação do mérito quando da sua edição, sendo afastada a revogação de atos administrativos vinculados que não deixam margem de liberdade ao administrador.

É relevante esclarecer que a revogação pressupõe ato válido, mas que se tornou inconveniente ou inoportuno. Verificada a ilegalidade do ato administrativo, a hipótese será de anulação.

A competência para revogar atos administrativos é restrita ao órgão que o editou. Portanto, o ato discricionário editado pelo Poder Executivo somente pode ser revogado pelo próprio Executivo, senda vedada a revogação pelo Judiciário ou pelo Legislativo, tendo em vista o princípio constitucional da separação de poderes.

Por essa razão, é tradicional a afirmação de que o Poder Judiciário não pode revogar atos administrativos. É importante ressaltar, todavia, que os Poderes exercem funções típicas e atípicas. Isto significa que o Poder Judiciário, por exemplo, além da função jurisdicional típica, exerce também a função administrativa atípica (ex.: concessão de férias e licenças para os magistrados, sanções disciplinares aplicadas pela respectiva corregedoria do tribunal). Desse modo, o Poder Judiciário não pode revogar atos administrativos editados

---

de Janeiro, o art. 53, § 3.º, da Lei 5.427/2009, que trata do processo administrativo estadual, consagrou a tese aqui defendida.

pelos demais Poderes, mas o próprio Judiciário pode revogar o seu ato administrativo discricionário, editado na sua função atípica.

A revogação do ato administrativo deve ser precedida da oitiva prévia do interessado, tendo em vista a ampla defesa e o contraditório.[85]

### 15.14.5.4.2 Caráter discricionário

A revogação dos atos administrativos válidos, porém inconvenientes e inoportunos, é uma faculdade reconhecida à Administração Pública. Trata-se, portanto, de atividade discricionária que pressupõe ponderação de interesses por parte do administrador.

Enquanto a anulação possui caráter vinculado, a revogação denota atuação discricionária do Poder Público. Nesse sentido, o art. 53 da Lei 9.784/1999 estabelece: "A Administração **deve anular** seus próprios atos, quando eivados de vício de legalidade, e **pode revogá-los** por motivo de conveniência ou oportunidade, respeitados os direitos adquiridos" (grifo nosso).

### 15.14.5.4.3 Efeitos da revogação

A revogação, conforme já assinalado, tem por objeto ato legal, mas inconveniente ou inoportuno. Isto quer dizer que o ato produziu efeitos válidos até o momento da sua extinção. Dessa forma, a revogação produz efeitos prospectivos (*ex nunc*), respeitando-se todos os efeitos até então produzidos pelo ato revogado.

### 15.14.5.4.4 Ausência de indenização e exceções

Em razão da inexistência de danos ao administrado, a revogação não acarreta, em regra, indenização, pois dela resulta a extinção de atos discricionários que não geram direitos subjetivos aos respectivos beneficiários, detentores de mera expectativa de direito.

Todavia, existem situações excepcionais que podem justificar a indenização do administrado. Aliás, a indenização na hipótese de revogação de atos administrativos tem sido justificada atualmente a partir de princípios jurídicos, com destaque para o princípio da confiança legítima (ex.: revogação da permissão qualificada de uso de bem público antes do prazo estipulado).

### 15.14.5.4.5 Limites à revogação (atos irrevogáveis)

Toda e qualquer atuação estatal é limitada pelos princípios e pelas regras jurídicas, razão pela qual não se admite atividade ilimitada ou arbitrária por parte da Administração. Em consequência, a revogação possui limites, conforme elenco exemplificativo a seguir:

---

[85] Nesse sentido dispõe o art. 51, parágrafo único, da Lei 5.427/2009, que regula o processo administrativo no Estado do Rio de Janeiro: "Art. 51. A Administração deve anular seus próprios atos, quando eivados de vício de legalidade, e pode, respeitados os direitos adquiridos, revogá-los por motivo de conveniência ou oportunidade. Parágrafo único. Ao beneficiário do ato deverá ser assegurada a oportunidade para se manifestar previamente à anulação ou revogação do ato".

a) **Atos vinculados:** a revogação pressupõe mérito administrativo, inexistente nos atos vinculados (ex.: impossibilidade de revogação da licença por razões de conveniência e oportunidade).

Existe, no entanto, discussão doutrinária e jurisprudencial em relação à revogação da licença para construir.

**1.º entendimento:** possibilidade da revogação da licença para construir, antes de iniciada a obra, com indenização ao administrado. Nesse sentido: Hely Lopes Meirelles e STF.[86]

**2.º entendimento:** impossibilidade de revogação da licença para construir, tendo em vista o seu caráter vinculado, cabendo ao Poder Público desapropriar o direito de construir do administrado (desapropriação do direito). Nesse sentido: José dos Santos Carvalho Filho.[87]

Entendemos que a retirada da licença para construir, no caso, não deve ser efetivada por meio da revogação, uma vez que inexistem conveniência e oportunidade no ato vinculado. O meio jurídico adequado e proporcional consagrado no ordenamento jurídico para retirada de bens e de direitos dos administrados é a desapropriação. Portanto, a licença válida não pode ser anulada ou revogada, mas o direito de construir pode ser desapropriado pelo Poder Público, com fundamento no art. 5.º, XXIV, da CRFB.

b) **Atos que exauriram seus efeitos ou com prazo expirado:** os atos que já produziram seus efeitos e aqueles com prazos expirados são extintos do mundo jurídico, inexistindo a possibilidade de revogar atos inexistentes (ex.: após a extinção do vínculo funcional, o ato de exoneração não pode ser revogado; ato que destruiu mercadorias perigosas não pode ser revogado posteriormente; impossibilidade de revogação da autorização de uso já extinta pelo advento do termo final fixado pela Administração).

c) **Atos preclusos no processo administrativo:** no processo administrativo, a edição de novo ato acarreta a preclusão do ato anterior que não pode mais ser revogado (ex.: impossibilidade de revogação do ato que ouviu testemunha em processo disciplinar quando a comissão já apresentou parecer final).

d) **Atos que geram direitos adquiridos:** os atos que acarretam direitos adquiridos não podem ser revogados, tendo em vista o art. 5.º, XXXVI, da CRFB e a Súmula 473 do STF. Entendemos que a presente hipótese pode ser inserida na vedação de revogação de atos vinculados, pois estes, ao contrário dos atos discricionários, geram direitos adquiridos ao administrado.

e) **"Meros atos administrativos":** a doutrina majoritária afirma que os "meros atos administrativos" (ex.: certidões, atestados, pareceres) não podem ser revo-

---

[86] MEIRELLES, Hely Lopes. *Direito administrativo brasileiro*. 22. ed. São Paulo: Malheiros, 1997. p. 186; STF, 2.ª Turma, RE 105.634/PR, Rel. Min. Francisco Rezek, *DJ* 08.11.1985, p. 20.107.

[87] CARVALHO FILHO, José dos Santos. *Manual de direito administrativo*. 24. ed. Rio de Janeiro: Lumen Juris, 2011. p. 131-132.

gados, pois os efeitos destes atos estão estabelecidos na lei.[88] Entendemos que o fato de existir previsão legal quanto aos efeitos não justifica a respectiva irrevogabilidade, sendo possível imaginar, por exemplo, a viabilidade de revogação de parecer por outro que reflete a nova interpretação da Administração Pública sobre determinado tema.

### 15.14.5.4.6 Revogação e repristinação (revogação da revogação)

A revogação do ato revogador ("revogação da revogação") não acarreta efeitos repristinatórios (ex.: autorização de uso de bem público é revogada pelo ato "A". A revogação do ato "A" não restaura a existência da autorização de uso revogada inicialmente).[89]

Isto porque a revogação dos atos jurídicos em geral não tem efeitos repristinatórios, salvo disposição expressa em sentido contrário, conforme dispõe o art. 2.º, § 3.º, da Lei de Introdução às Normas do Direito Brasileiro, que dispõe: "Salvo disposição em contrário, a lei revogada não se restaura por ter a lei revogadora perdido a vigência".

Por essa razão, o ato revogado deixa de existir no mundo jurídico e a eventual restauração de sua vigência dependerá de manifestação expressa da Administração Pública. A intenção de restaurar a vigência do ato anteriormente revogado deve ser expressamente mencionada no ato que revoga o ato revogador.

### 15.14.5.4.7 Contraposição ou derrubada

A contraposição ou derrubada é a extinção do ato administrativo em razão de sua incompatibilidade material com ato administrativo posterior. Vale dizer: o novo ato se contrapõe ao ato anterior que é extinto do mundo jurídico (ex.: a nomeação do servidor é extinta com o ato de exoneração).

Apesar de mencionada por vários autores como espécie autônoma de extinção dos atos administrativos, entendemos que a contraposição, em verdade, configura espécie de revogação tácita do ato administrativo.[90]

## 15.15 CONVALIDAÇÃO OU SANATÓRIA

A convalidação ou sanatória é o salvamento do ato administrativo que apresenta vícios sanáveis. O ato de convalidação produz efeitos retroativos (*ex tunc*), preservando o ato ilegal anteriormente editado.

---

[88] Nesse sentido: GASPARINI, Diógenes. *Direito administrativo*. 12. ed. São Paulo: Saraiva, 2007. p. 109; CARVALHO FILHO, José dos Santos. *Manual de direito administrativo*. 24. ed. Rio de Janeiro: Lumen Juris, 2011. p. 156; DI PIETRO, Maria Sylvia Zanella. *Direito administrativo*. 22. ed. São Paulo: Atlas, 2009. p. 250.

[89] A ausência de efeito repristinatório na revogação da revogação, salvo expressa disposição em contrário, é afirmada pela doutrina majoritária: MOREIRA NETO, Diogo de Figueiredo. *Curso de direito administrativo*. 15. ed. Rio de Janeiro: Forense, 2009. p. 233; GASPARINI, Diógenes. *Direito administrativo*. 12. ed. São Paulo: Saraiva, 2007. p. 111; CARVALHO FILHO, José dos Santos. *Manual de direito administrativo*. 24. ed. Rio de Janeiro: Lumen Juris, 2011. p. 157. Em sentido contrário, sustentando o efeito repristinatório automático, vide: MELLO, Celso Antônio Bandeira de. *Curso de direito administrativo*. 21. ed. São Paulo: Malheiros, 2006. p. 432.

[90] Mencionam a contraposição como espécie autônoma de extinção dos atos administrativos: MELLO, Celso Antônio Bandeira de. *Curso de direito administrativo*. 21. ed. São Paulo: Malheiros, 2006. p. 425; DI PIETRO, Maria Sylvia Zanella. *Direito administrativo*. 22. ed. São Paulo: Atlas, 2009. p. 235. No sentido de que a contraposição está embutida na revogação, vide: GASPARINI, Diógenes. *Direito administrativo*. 12. ed. São Paulo: Saraiva, 2007. p. 103.

Trata-se de hipótese de ponderação de interesses ou princípios no âmbito do Direito Administrativo que relativiza o dever de anulação de atos ilegais, pois a convalidação pressupõe a ponderação entre o princípio da legalidade e outros princípios igualmente constitucionais (segurança jurídica, boa-fé, confiança legítima etc.). A pluralidade de princípios constitucionais, que convivem ao lado do princípio da legalidade, demonstra que os vícios de legalidade podem ser relativizados ou superados a partir da invocação de outros princípios constitucionais que exigem a permanência do ato, mesmo viciado, no mundo jurídico. Vale dizer: a juridicidade do ato administrativo não pressupõe apenas o respeito à lei, mas ao ordenamento jurídico em sua integralidade. Em determinadas situações, a partir da interpretação sistemática do ordenamento jurídico, a anulação do ato, por ilegalidade, pode ser mais prejudicial que a sua convalidação.

A jurisprudência dos nossos tribunais utiliza frequentemente o princípio da segurança jurídica para limitar a autotutela administrativa e resguardar os efeitos dos atos ilegais que beneficiem particulares. O STJ e o STF, por exemplo, com fundamento na segurança jurídica, convalidaram atos de nomeação de agentes públicos que não foram precedidos de concurso público, quando ultrapassado longo período de tempo.[91]

### 15.15.1 Atos nulos e anuláveis

Há controvérsia na doutrina quanto à aplicabilidade da dicotomia "ato nulo x ato anulável", oriunda do Direito Civil, ao Direito Administrativo. Sobre o tema, existem dois entendimentos:

**Primeira interpretação (teoria monista):** os atos administrativos ilegais são sempre nulos, sendo inaplicável a teoria da nulidade relativa ou da anulabilidade ao Direito Administrativo. Nesse sentido: Hely Lopes Meirelles e Diógenes Gasparini.[92]

**Segunda interpretação (teoria dualista):** os atos administrativos ilegais podem ser nulos ou anuláveis quando os vícios forem, respectivamente, insanáveis ou sanáveis. Nesse sentido: José dos Santos Carvalho Filho, Maria Sylvia Zanella Di Pietro, Celso Antônio Bandeira de Mello.[93]

Entendemos que os atos administrativos viciados podem ser nulos ou anuláveis, tendo em vista a possibilidade de constatação de graus diversos de vícios de legalidade: os vícios insanáveis, que acarretam a nulidade e não admitem a convalidação, e os vícios sanáveis, que não contaminam a essência do ato e podem ser convalidados pela Administração Pública.

Ademais, o princípio da legalidade não é o único parâmetro para verificação da juridicidade do ato administrativo. Em verdade, a juridicidade do ato pressupõe a sua adequação

---

[91] STJ, 5.ª Turma, RMS 25.652/PB, Rel. Min. Napoleão Nunes Maia Filho, *DJe* 13.10.2008, *Informativo de Jurisprudência do STJ* n. 368; RMS 24.339/TO, Rel. Min. Napoleão Nunes Maia Filho, 5.ª Turma, *DJe* 17.11.2008, *Informativo de Jurisprudência do STJ* n. 374; STF, Tribunal Pleno, MS 22.357/DF, Rel. Min. Gilmar Mendes, *DJ* 05.11.2004, p. 6, *Informativo de Jurisprudência do STF* n. 349.

[92] MEIRELLES, Hely Lopes. *Direito administrativo brasileiro*. 22. ed. São Paulo: Malheiros, 1997. p. 189; GASPARINI, Diógenes. *Direito administrativo*. 12. ed. São Paulo: Saraiva, 2007. p. 109.

[93] CARVALHO FILHO, José dos Santos. *Manual de direito administrativo*. 24. ed. Rio de Janeiro: Lumen Juris, 2011. p. 143; DI PIETRO, Maria Sylvia Zanella. *Direito administrativo*. 22. ed. São Paulo: Atlas, 2009. p. 245; MELLO, Celso Antônio Bandeira de. *Curso de direito administrativo*. 21. ed. São Paulo: Malheiros, 2006. p. 446.

ao ordenamento jurídico em sua integralidade, o que justifica a superação de determinados vícios de legalidade (vícios sanáveis) para prevalência de outros valores constitucionais.

### 15.15.2 Vícios insanáveis e sanáveis

Os vícios sanáveis, que admitem convalidação, são os relacionados à competência, à forma (inclusive vícios formais no procedimento administrativo) e ao objeto, quando este último for plúrimo (quando o ato possuir mais de um objeto).

Por outro lado, os vícios insanáveis, que não toleram a convalidação, dizem respeito ao motivo, ao objeto (quando único), à finalidade e à falta de congruência entre o motivo e o resultado do ato administrativo.[94]

Portanto, três elementos dos atos administrativos, quando viciados, admitem a convalidação: a competência, a forma e o objeto (plural). Ao revés, os outros dois elementos (finalidade e motivo) não admitem convalidação.

A distinção entre vícios sanáveis e insanáveis para fins de convalidação do ato administrativo foi consagrada no art. 55 da Lei 9.784/1999 que dispõe: "Em decisão na qual se evidencie não acarretarem lesão ao interesse público nem prejuízo a terceiros, os atos que apresentarem defeitos sanáveis poderão ser convalidados pela própria Administração".[95] A referida norma demonstra que, além dos vícios sanáveis, a convalidação pressupõe a inexistência de lesão ao interesse público, bem como a ausência de prejuízos a terceiros.

É preciso dizer que a má-fé do particular impede a convalidação do ato administrativo. Nos termos do art. 54 da Lei 9.784/1999, não se opera a decadência administrativa do dever de anulação de atos ilegais nos casos de "comprovada má-fé".

A má-fé é constatada nas hipóteses em que o administrado conhece a ilegalidade ou deveria conhecê-la. Aplica-se, no caso, a denominada teoria da evidência que afirma a impossibilidade de convalidação de vícios manifestos (evidentes) e graves, assim considerados aqueles que não suscitam discordância quando da edição do ato e dispensam conhecimento técnico de profissionais do Direito para sua caracterização.[96]

Em resumo, não será possível a convalidação por vontade da Administração nas seguintes hipóteses:

a) má-fé do administrado;
b) vícios insanáveis;
c) lesão ao interesse público;
d) prejuízos a terceiros.

---

[94] Nesse sentido: CARVALHO FILHO, José dos Santos. *Manual de direito administrativo*. 24. ed. Rio de Janeiro: Lumen Juris, 2011. p. 152-153; ZANCANER, Weida. *Da convalidação e da invalidação dos atos administrativos*. 3. ed. São Paulo: Malheiros, 2008. p. 85-98.

[95] No mesmo sentido dispõe o art. 52 da Lei Estadual 5.427/2009 (Lei do Processo Administrativo do Estado do Rio de Janeiro): "Art. 52. Em decisão na qual se evidencie não acarretarem lesão ao interesse público nem prejuízo a terceiros, os atos que apresentarem defeitos sanáveis poderão ser convalidados pela própria Administração".

[96] MOREIRA NETO, Diogo de Figueiredo. *Curso de direito administrativo*. 15. ed. Rio de Janeiro: Forense, 2009. p. 242. Essa foi a solução adotada pelo art. 53, § 2.º, da Lei 5.427/2009 (Lei do Processo Administrativo do Estado do Rio de Janeiro) que dispõe: "Sem prejuízo da ponderação de outros fatores, considera-se de má-fé o indivíduo que, analisadas as circunstâncias do caso, tinha ou devia ter consciência da ilegalidade do ato praticado".

Por fim, o STF não tem admitido a convalidação involuntária, com o afastamento do prazo decadencial de 5 anos previsto no art. 54 da Lei 9.784/1999, nos casos de "flagrante inconstitucionalidade".[97] A dificuldade, em nossa opinião, reside na própria definição daquilo que seria "flagrantemente" inconstitucional, o que pode gerar insegurança jurídica.

### 15.15.3 Espécies de convalidação

A convalidação pode ser dividida em duas espécies:

a) **convalidação voluntária:** decorre da manifestação da Administração Pública. São modalidades de convalidação voluntária: a **ratificação**, a **reforma** e a **conversão**; e

b) **convalidação involuntária:** opera-se pelo decurso do tempo e independe de manifestação administrativa. Trata-se da **decadência administrativa**.[98]

#### 15.15.3.1 Convalidação voluntária: ratificação, reforma e conversão

A ratificação é a convalidação do ato administrativo que apresenta vícios de competência ou de forma (ex.: ato editado verbalmente, de forma irregular, pode ser posteriormente ratificado pela forma escrita; ato editado por agente público incompetente pode ser ratificado pela autoridade competente).

A reforma e a conversão referem-se aos vícios em um dos objetos do ato administrativo. Na reforma, o agente público retira o objeto inválido do ato e mantém o outro objeto válido (ex.: ato que concede dois benefícios remuneratórios para determinado servidor que, em verdade, fazia jus a apenas um deles. A autoridade competente exclui o benefício concedido irregularmente e preserva o outro benefício regular). A conversão, por sua vez, é a reforma com o acréscimo de novo objeto (ex.: ato que nomeia três servidores para atuarem em determinada comissão disciplinar. Constatado que um dos nomeados era irmão do agente que seria investigado, a autoridade competente exclui o integrante da comissão, substituindo-o por outro agente e mantém os demais nomeados).

---

[97] De acordo com o STF: "As situações flagrantemente inconstitucionais não devem ser consolidadas pelo transcurso do prazo decadencial previsto no art. 54 da Lei n.º 9.784/99, sob pena de subversão dos princípios, das regras e dos preceitos previstos na Constituição Federal de 1988" (STF, RE 817.338/DF, Rel. Min. Dias Toffoli, Tribunal Pleno, DJe-190 31.07.2020). No referido julgamento, a Suprema Corte decidiu o Tema 839 da Tese de Repercussão Geral: "No exercício do seu poder de autotutela, poderá a Administração Pública rever os atos de concessão de anistia a cabos da Aeronáutica com fundamento na Portaria n.º 1.104/1964, quando se comprovar a ausência de ato com motivação exclusivamente política, assegurando-se ao anistiado, em procedimento administrativo, o devido processo legal e a não devolução das verbas já recebidas."

[98] A distinção é defendida também por: MOREIRA NETO, Diogo de Figueiredo. *Curso de direito administrativo*. 15. ed. Rio de Janeiro: Forense, 2009. p. 243-245; CARVALHO FILHO, José dos Santos. *Manual de direito administrativo*. 24. ed. Rio de Janeiro: Lumen Juris, 2011. p. 152. Essas espécies (e nomenclaturas) de convalidação foram acolhidas pelo art. 52, parágrafo único, da Lei 5.427/2009 do Estado do Rio de Janeiro, que dispõe: "Admite-se convalidação voluntária, em especial, nas seguintes hipóteses: I. vícios de competência, mediante ratificação da autoridade competente; II. vício de objeto, quando plúrimo, mediante conversão ou reforma; III. quando, independentemente do vício apurado, se constatar que a invalidação do ato trará mais prejuízos ao interesse público do que a sua manutenção, conforme decisão plenamente motivada".

Em verdade, na reforma e na conversão, o elemento viciado é retirado do ato (não é convalidado), preservando o restante do seu conteúdo.[99]

### 15.15.3.2 Convalidação involuntária: decadência administrativa

A decadência administrativa é a perda do direito de anular o ato administrativo ilegal, tendo em vista o decurso do tempo.

Nesse caso, os princípios da segurança jurídica, da confiança legítima e da boa-fé, prevalecem sobre o princípio da legalidade por opção do próprio legislador que estabelece prazo para a anulação de atos ilegais. Em âmbito federal, o art. 54 da Lei 9.784/1999 dispõe: "O direito da Administração de anular os atos administrativos de que decorram efeitos favoráveis para os destinatários decai em cinco anos, contados da data em que foram praticados, salvo comprovada má-fé".

Trata-se de decadência, e não de prescrição administrativa, pois a Administração perde o direito potestativo de anular o ato viciado.

Cabe lembrar que as normas sobre processo administrativo são elaboradas autonomamente por cada Ente federado, ausente a competência da União para elaboração de normas gerais sobre a matéria. Nesse sentido, a Lei 9.784/1999 deveria ser aplicada exclusivamente em âmbito federal, não se estendendo aos demais Entes.[100] Todavia, a Súmula 633 do STJ dispõe que "a Lei n. 9.784/1999, especialmente no que diz respeito ao prazo decadencial para a revisão de atos administrativos no âmbito da Administração Pública federal, pode ser aplicada, de forma subsidiária, aos estados e municípios, se inexistente norma local e específica que regule a matéria".

A limitação temporal do poder de anulação dos atos ilegais por parte da Administração decorre dos princípios da segurança jurídica, da confiança legítima e da boa-fé. Em virtude da autonomia do Direito Administrativo, a analogia deve ser feita no âmbito da legislação de Direito Público, envolvendo a relação entre a Administração e o administrado, que, normalmente, estabelece prazos de prescrição e de decadência de cinco anos, não sendo adequada a utilização do Código Civil como parâmetro.

### 15.15.4 Convalidação: vinculação ou discricionariedade

A convalidação dos atos administrativos ilegais configura, em regra, atuação discricionária da Administração Pública. Ao ponderar os princípios em conflito no caso concreto, a Administração pode optar, motivadamente, pela manutenção do ato ilegal no mundo jurídico.[101]

Em determinados casos, no entanto, a convalidação será vinculada. É o que ocorre, por exemplo, no caso de ato administrativo vinculado editado por agente público incompetente. Nesse caso, o agente público competente deverá ratificar, necessariamente, o ato, caso o par-

---

[99] Nesse sentido: DI PIETRO, Maria Sylvia Zanella. *Direito administrativo*. 22. ed. São Paulo: Atlas, 2009. p. 248.
[100] Nesse sentido: SILVA, Almiro do Couto e. O princípio da segurança jurídica (proteção à confiança) no direito público brasileiro e o direito da Administração Pública de anular seus atos administrativos: o prazo decadencial do art. 54 da Lei do Processo Administrativo da União (Lei n.º 9.784/99). *RDA*, n. 237, p. 311, jul.-set. 2004; CARVALHO FILHO, José dos Santos. *Manual de direito administrativo*. 24. ed. Rio de Janeiro: Lumen Juris, 2011. p. 901.
[101] MOREIRA NETO, Diogo de Figueiredo. *Curso de direito administrativo*. 15. ed. Rio de Janeiro: Forense, 2009. p. 242.

ticular tenha preenchido os respectivos requisitos legais para edição do ato, pois, na hipótese, não há margem de liberdade para o administrador avaliar a conveniência e a oportunidade na edição/convalidação do ato, uma vez que se trata de ato originariamente vinculado.[102]

## 15.16 RESUMO DO CAPÍTULO

### ATO ADMINISTRATIVO

| | |
|---|---|
| **Conceito** | Manifestação unilateral de vontade da Administração Pública e de seus delegatários, no exercício da função delegada, que, sob o regime de direito público, pretende produzir efeitos jurídicos com o objetivo de implementar o interesse público. |
| **Ato administrativo e o princípio da separação de poderes** | Normalmente editado pelo Executivo, que exerce de maneira típica a função administrativa, o ato administrativo também pode ser editado pelo Poder Legislativo e Judiciário no exercício da função administrativa atípica. |
| **Ato administrativo e delegatários de atividades estatais** | As entidades delegatárias de atividades administrativas, que não integram a Administração Pública, também podem editar atos materialmente administrativos quando exercem a atividade delegada. |
| **Ato e fato administrativo** | Os **atos administrativos**, espécies de atos jurídicos, representam a vontade da Administração preordenada ao atendimento da finalidade pública (ex.: ato administrativo punitivo editado no PAD tem por objetivo punir o agente público). Os **fatos administrativos**, por sua vez, são eventos materiais que podem repercutir no mundo jurídico (ex.: falecimento do agente público acarreta a vacância do cargo). Em determinadas hipóteses, os fatos representam simples acontecimentos materiais, sem produção imediata de efeitos jurídicos (ex.: construção de uma ponte). |
| **Ato e processo administrativo** | **Ato administrativo** é a manifestação unilateral de vontade da Administração destinada à produção de efeitos jurídicos. De outro lado, o **processo administrativo** refere-se à sequência encadeada de atos instrumentais para obtenção da decisão administrativa. |
| **Ato administrativo e ato de governo (político)** | Os **atos administrativos** apresentam as seguintes características básicas:<br>a) referem-se ao exercício da função administrativa;<br>b) são editados pelo Poder Executivo, na função típica, e pelos Poderes Legislativo e Judiciário, nas funções atípicas;<br>c) inserem-se no Direito Administrativo. Exemplos de atos administrativos: atos de consentimento (autorização de uso de bem público etc.), atos sancionatórios (demissão do servidor etc.), entre outros. | Os atos políticos são caracterizados da seguinte forma:<br>a) relacionam-se com o exercício da função política;<br>b) são editados pelos Poderes Executivo e Legislativo;<br>c) integram o Direito Constitucional. Exemplos de atos políticos: sanção e veto de projetos de leis, declaração de guerra etc. |

---

[102] Nesse sentido, sustentando o dever de convalidação: ZANCANER, Weida. *Da convalidação e da invalidação dos atos administrativos*. 3. ed. São Paulo: Malheiros, 2008. p. 54-70; DI PIETRO, Maria Sylvia Zanella. *Direito administrativo*. 22. ed. São Paulo: Atlas, 2009. p. 245-246.

| | |
|---|---|
| **Silêncio administrativo** | No direito civil, o silêncio do particular representa, normalmente, consentimento tácito (art. 111 do CC). No Direito Administrativo, o silêncio não configura, em regra, consentimento estatal. Excepcionalmente, o silêncio representará a manifestação de vontade administrativa quando houver previsão legal expressa nesse sentido. |
| **Delegação e avocação** | **Delegação:** transferência precária, total ou parcial, do exercício de determinadas atribuições administrativas, inicialmente conferidas ao delegante, para outro agente público;<br>**Avocação:** é o chamamento, pela autoridade superior, das atribuições inicialmente outorgadas pela lei ao agente subordinado. |
| **Elementos do ato administrativo** | – Agente público competente<br>– Finalidade<br>– Forma<br>– Motivo<br>– Objeto |
| **Mérito administrativo** | É a liberdade conferida pelo legislador ao agente público para exercer o juízo de ponderação dos motivos e escolher os objetos dos atos administrativos discricionários. É possível afirmar que o mérito é o núcleo dos atos administrativos discricionários. |
| **Controle judicial dos atos administrativos discricionários** | Três teorias:<br>**a) teoria do desvio de poder (***détournement de pouvoir***) ou desvio de finalidade;**<br>**b) teoria dos motivos determinantes; e**<br>**c) teoria dos princípios jurídicos (juridicidade).** |
| **Atributos dos atos administrativos** | – Presunção de legitimidade e de veracidade;<br>– Imperatividade; e<br>– Autoexecutoriedade.<br>Obs.: Alguns autores mencionam, ainda, a tipicidade como quarto atributo dos atos administrativos unilaterais. |

| | | |
|---|---|---|
| **Classificações dos atos administrativos** | **Quanto ao critério de formação** | a) atos simples;<br>b) atos complexos;<br>c) atos compostos. |
| | **Quanto ao critério dos destinatários** | a) atos individuais (concretos);<br>b) atos gerais (normativos). |
| | **Quanto ao critério dos efeitos** | a) atos constitutivos;<br>b) atos declaratórios;<br>c) atos enunciativos. |
| | **Quanto ao critério da imperatividade** | a) atos de império;<br>b) atos de gestão. |
| | **Quanto ao critério do objeto** | a) ato-regra;<br>b) ato-condição;<br>c) ato subjetivo. |

| | | |
|---|---|---|
| **Classificações dos atos administrativos** | Quanto à competência ou liberdade do agente | a) atos vinculados (ou regrados);<br>b) atos discricionários. |
| | Quanto ao âmbito dos efeitos | a) atos externos;<br>b) atos internos. |
| **Classificações dos atos administrativos** | Quanto à repercussão sobre a esfera jurídica do particular | a) atos ampliativos;<br>b) atos restritivos. |
| | Critério da validade | a) atos válidos;<br>b) atos inválidos. |
| | Critério da retratabilidade | a) atos revogáveis (retratáveis);<br>b) irrevogáveis (irretratáveis). |
| | Quanto à executoriedade | a) atos executórios (ou autoexecutórios);<br>b) atos não executórios (ou não autoexecutórios). |
| | Quanto à da formação ou exequibilidade | a) atos perfeitos;<br>b) atos imperfeitos;<br>c) atos pendentes;<br>d) atos consumados. |
| **Espécies de atos administrativos** | a) **atos normativos:** são comandos gerais e abstratos emanados da Administração Pública, cujo objetivo é a fiel execução da lei. Quanto aos veículos formais adequados para expedição de regulamentos, vale mencionar os decretos regulamentares (decretos normativos), os regimentos, as resoluções, as portarias de conteúdo genérico e as deliberações;<br>b) **atos ordinatórios:** são editados no exercício do poder hierárquico com o objetivo de disciplinar as relações internas da Administração Pública. Os principais são as instruções, as circulares, os avisos, as portarias, as ordens de serviço, os ofícios e os despachos;<br>c) **atos negociais (ou de consentimento):** são aqueles editados a pedido do particular, viabilizando o exercício de determinada atividade e a utilização de bens públicos. Inserem-se aqui as licenças, permissões, autorizações e admissões;<br>d) **atos enunciativos**: aqueles que expressam opiniões ou que certificam fatos no âmbito da Administração Pública. São espécies de atos enunciativos os pareceres, as certidões, os atestados e o apostilamento;<br>e) **atos administrativos de controle (ou de verificação):** são aqueles que controlam a legalidade e o mérito de atos administrativos já editados. Em determinados casos, os atos de controle são necessários para a produção de eficácia de certos atos administrativos, razão pela qual parcela da doutrina utiliza também a expressão atos confirmatórios (ou de confirmação). Os atos de controle são: aprovação, homologação e visto; e<br>f) **atos punitivos (ou sancionatórios):** são aqueles que restringem direitos ou interesses dos administrados que atuam em desconformidade com a ordem jurídica. Exige-se, em todo e qualquer caso, o respeito à ampla defesa e ao contraditório na edição de atos punitivos (art. 5.º, LV, da CRFB), bem como que as sanções administrativas tenham previsão legal expressa (princípio da legalidade). São exemplos de atos punitivos as multas, as interdições de atividades, as apreensões ou destruições de coisas e as sanções disciplinares. | |

| | |
|---|---|
| **Espécies de extinção dos atos administrativos** | a) normal ou natural: o ato administrativo extingue-se naturalmente quando produz seus efeitos ou no advento do prazo nele estipulado;<br>b) subjetiva: é o desfazimento do ato administrativo pelo desaparecimento do beneficiário;<br>c) objetiva: ocorre quando desaparece o objeto da relação jurídica;<br>d) por manifestação de vontade do particular (renúncia e recusa); e<br>e) por manifestação de vontade da Administração (caducidade, cassação, anulação e a revogação). |
| **Convalidação ou sanatória** | É o salvamento do ato administrativo que apresenta vícios sanáveis. O ato de convalidação produz efeitos retroativos (*ex tunc*), preservando o ato ilegal anteriormente editado.<br>A convalidação pode ser dividida em duas espécies:<br>a) **convalidação voluntária:** decorre da manifestação da Administração Pública. São modalidades de convalidação voluntária: a **ratificação**, a **reforma** e a **conversão**; e<br>b) **convalidação involuntária:** opera-se pelo decurso do tempo e independe de manifestação administrativa. Trata-se da **decadência administrativa**. |

# CAPÍTULO 16

# PROCESSO ADMINISTRATIVO

## 16.1 CONCEITO E FONTES NORMATIVAS

Processo administrativo é a relação jurídica que envolve uma sucessão dinâmica e encadeada de atos instrumentais para obtenção da decisão administrativa.

A competência para legislar sobre processo administrativo é reconhecida a todos os Entes federados. Trata-se de competência legislativa autônoma, inexistindo competência da União para elaboração de normas gerais sobre a matéria.[1]

Por essa razão, apesar de algumas polêmicas, a Lei 9.784/1999 aplica-se exclusivamente em âmbito federal, não se estendendo aos Estados, Distrito Federal e Municípios.[2] Não obstante a literalidade do referido diploma legal, o STJ, por meio da Súmula 633, admite a aplicação subsidiária da Lei 9.784/1999, especialmente no que diz respeito ao prazo decadencial para a revisão de atos administrativos, aos estados e municípios, se inexistente norma local e específica que regule a matéria.

A Lei do Processo Administrativo aplica-se subsidiariamente aos processos administrativos especiais previstos em legislação própria (art. 69 da Lei 9.784/1999). Assim, por exemplo, o processo disciplinar federal é regido pela Lei 8.112/1990, aplicando-se subsidiariamente a Lei 9.784/1999.

---

[1] Diversos Entes federados possuem legislação própria sobre processo administrativo, tais como: Lei Complementar 33/1996 (Estado de Sergipe), Lei 10.177/1998 (Estado de São Paulo), Lei 14.184/2002 (Estado de Minas Gerais), Lei 5.427/2009 (Estado do Rio de Janeiro), Lei 12.209/2011 (Estado da Bahia) etc.

[2] Nesse sentido: CARVALHO FILHO, José dos Santos. *Processo administrativo federal*. 4. ed. Rio de Janeiro: Lumen Juris, 2009. p. 41. No entanto, o STJ admite a aplicação, por analogia, da Lei 9.784/1999 aos demais Entes federados que não possuem legislação específica (RMS 21.070-SP, Rel. Min. Laurita Vaz, 5.ª Turma, *DJe* 14.12.2009. Vide: *Informativo de Jurisprudência do STJ* n. 416).

## 16.2 PROCESSO OU PROCEDIMENTO

Tradicionalmente, os estudiosos distinguem os termos: processo e procedimento. Enquanto o termo "processo" refere-se à relação jurídica entre pessoas, preordenada a um fim (noção teleológica), a expressão "procedimento" é o rito e denota o caráter dinâmico daquela relação (noção instrumental).[3]

A doutrina diverge sobre a nomenclatura ideal: processo ou procedimento administrativo. Por um lado, alguns autores preferem a expressão "procedimento administrativo", reservando a utilização do termo "processo" para a esfera judicial.[4] Por outro lado, parcela da doutrina utiliza a expressão "processo administrativo".[5]

Em que pese a ausência, a nosso sentir, de maior importância na questão terminológica, preferimos a expressão "processo administrativo" que foi, inclusive, consagrada na Constituição Federal (ex.: art. 5.º, LV, da CRFB) e na Lei 9.784/1999. O processo estatal é gênero do qual são espécies os processos legislativo, jurisdicional e administrativo, qualificações que variam de acordo com a função exercida.

## 16.3 A PROCESSUALIZAÇÃO DA ATIVIDADE ADMINISTRATIVA

A tendência do Direito Administrativo é a processualização das atividades administrativas, tendo em vista os seguintes fatores:

a) legitimidade: permite maior participação do administrado na elaboração das decisões administrativas, reforçando, com isso, a legitimidade da atuação estatal;

b) garantia: confere maior garantia aos administrados, especialmente nos processos punitivos, com o exercício da ampla defesa e do contraditório;

c) eficiência: formulação de melhores decisões administrativas a partir da manifestação de pessoas diversas (agentes públicos e administrados).[6]

## 16.4 CLASSIFICAÇÕES

O processo administrativo pode ser classificado a partir de diversos critérios.

De acordo com o critério da litigiosidade, é possível mencionar dois tipos de processos administrativos:

a) **processo gracioso ou não litigioso:** não há conflito de interesses (ex.: processo de licenciamento ambiental); e

---

[3] Nesse sentido: CARVALHO FILHO, José dos Santos. *Manual de direito administrativo*. 24. ed. Rio de Janeiro: Lumen Juris, 2011. p. 892; MEIRELLES, Hely Lopes. *Direito administrativo brasileiro*. 22. ed. São Paulo: Malheiros, 1997. p. 591.

[4] GORDILLO, Augustín. *Tratado de derecho administrativo*. 5. ed. Belo Horizonte: Del Rey, 2003. t. 2, p. IX-2.

[5] O termo processo é utilizado pelos seguintes autores: MEDAUAR, Odete. *A processualidade no direito administrativo*. 2. ed. São Paulo: RT, 2008. p. 44; CARVALHO FILHO, José dos Santos. *Processo administrativo federal*. 4. ed. Rio de Janeiro: Lumen Juris, 2009. p. 7; MOREIRA, Egon Bockmann. *Processo administrativo*: princípios constitucionais e a Lei n.º 9.784/99. 3. ed. São Paulo: Malheiros, 2007. p. 60.

[6] Sobre o tema, vide: MEDAUAR, Odete. *A processualidade no direito administrativo*. 2. ed. São Paulo: RT, 2008. p. 65-74.

b) **processo contencioso ou litigioso:** instaurado para resolver conflitos de interesse entre a Administração e o administrado (ex.: processo disciplinar para apurar irregularidade cometida por servidor público).

Outra classificação leva em consideração a ampliação ou a restrição dos interesses dos administrados divide o processo administrativo em duas categorias:

a) **processo ampliativo:** busca ampliar interesses e direitos dos administrados (ex.: processo para conceder o uso privativo de bem público ao particular); e
b) **processo restritivo ou ablatório:** tem por finalidade restringir interesses ou direitos do administrado (ex.: revogação da autorização de uso de bem público) ou punir aquele que descumpriu a ordem jurídica (ex.: cassação da licença profissional).

Quanto ao âmbito de incidência ou à relação jurídica, o processo administrativo pode ser:

a) **interno:** envolve a Administração Pública e os administrados que possuem vínculos especiais com a Administração, tal como ocorre com os servidores públicos e empresas por ela contratadas (ex.: processo para premiação ou punição aplicada ao servidor); e
b) **externo:** engloba as relações jurídicas entre o Estado e os particulares (ex.: registro de marcas e patentes requerido pelo particular).

Por fim, quanto ao conteúdo, podem ser classificados da seguinte forma:

a) **processo de controle:** o objetivo é controlar a juridicidade de determinados atos administrativos ou privados (ex.: controle exercido pelo Tribunal de Contas, fiscalização de estabelecimentos privados etc.);
b) **processo punitivo:** apura irregularidades praticadas por servidores (processo punitivo interno – ex.: processo disciplinar) ou particulares (processo punitivo externo – ex.: poder de polícia) para potencial aplicação de sanção;
c) **processo de outorga:** reconhece direitos aos administrados (ex.: permissões); e
d) **processo de mero expediente:** são de mera tramitação interna dos expedientes administrativos (ex.: solicitação de informações a determinado órgão público).

## 16.5 PRINCÍPIOS DO PROCESSO ADMINISTRATIVO

O processo administrativo é regido por diversos princípios consagrados, expressa ou implicitamente, no texto constitucional e na legislação ordinária. Não há um rol exaustivo no elenco dos princípios, conforme demonstra a própria redação do art. 2.º, *caput*, da Lei 9.784/1999, que dispõe: "A Administração Pública obedecerá, **dentre outros**, aos princípios da legalidade, finalidade, motivação, razoabilidade, proporcionalidade, moralidade, ampla defesa, contraditório, segurança jurídica, interesse público e eficiência" (grifo nosso). Serão exemplificados, abaixo, alguns dos princípios mais importantes aplicáveis aos processos administrativos.

### 16.5.1 Princípio do devido processo legal

O devido processo legal (*due process of law*), consagrado no art. 5.º, LIV, CRFB, possui dois sentidos:

a) **sentido procedimental (*procedural due process*)**: a Administração deve respeitar os procedimentos e as formalidades previstas na lei; e

b) **sentido substantivo (*substantive due process*)**: a atuação administrativa deve ser pautada pela razoabilidade, sem excessos.

### 16.5.2 Princípio do contraditório

O princípio do contraditório, previsto no art. 5.º, LV, CRFB, garante o direito de as partes serem ouvidas e informadas sobre os fatos, argumentos e documentos relacionados ao processo administrativo, bem como impõe o dever de motivação das decisões administrativas.

### 16.5.3 Princípio da ampla defesa

A ampla defesa, garantia consagrada no art. 5.º, LV, CRFB, reconhece o direito de a parte rebater acusações ou interpretações com a finalidade de evitar ou minorar sanções, bem como preservar direitos e interesses. Em regra, a ampla defesa deve ser oportunizada antes da formulação da decisão administrativa, salvo situações excepcionais urgentes nas quais a defesa pode ser postergada para momento posterior (ex.: apreensão de medicamentos com validade expirada, embargo de obra em área de risco etc.).[7]

### 16.5.4 Princípio da oficialidade

A Administração pode instaurar e impulsionar, de ofício, o processo administrativo até a decisão final, independentemente de provocação de qualquer interessado (arts. 2.º, parágrafo único, XII, 5.º e 29 da Lei 9.784/1999). Trata-se de princípio que denota importante diferença entre o processo administrativo e o judicial, pois, neste último caso, em razão da inércia da jurisdição, o processo somente pode ser instaurado por iniciativa da parte (art. 2.º do CPC).

### 16.5.5 Princípio do formalismo moderado (ou informalismo)

Embora o processo administrativo seja formalizado por escrito e em obediência ao rito previsto na lei, não são exigidas solenidades rígidas, salvo aquelas essenciais à garantia dos administrados (arts. 2.º, parágrafo único, VIII e IX, e 22 da Lei 9.784/1999). O processo possui caráter instrumental (instrumentalidade das formas) e não pode ser considerado um fim em si mesmo, admitindo-se, portanto, a superação de formalidades excessivas.[8]

---

[7] Súmula Vinculante 3 do STF: "Nos processos perante o Tribunal de Contas da União asseguram-se o contraditório e a ampla defesa quando da decisão puder resultar anulação ou revogação de ato administrativo que beneficie o interessado, excetuada a apreciação da legalidade do ato de concessão inicial de aposentadoria, reforma e pensão".

[8] Registre-se que a relativização do formalismo e a desburocratização administrativa foram estimuladas pela Lei 13.726/2018, que racionaliza atos e procedimentos administrativos dos Poderes da União, dos Estados, do Distrito Federal e dos Municípios e institui o Selo de Desburocratização e Simplificação.

## 16.5.6 Princípio da verdade real ou material

A Administração Pública deve buscar a verdade real sobre os fatos subjacentes ao processo administrativo, não se restringindo às versões e às provas apresentadas pelos interessados. Há uma forte ligação entre a busca da verdade real e o princípio da oficialidade, uma vez que a Administração deve produzir, de ofício, provas necessárias ao conhecimento dos fatos.

## 16.5.7 Princípio da publicidade

O processo administrativo, assim como a atividade administrativa em geral, deve ser pautado pela publicidade e transparência, com ampla divulgação à sociedade, viabilizando o acesso aos particulares interessados, tendo em vista o princípio constitucional da publicidade (art. 37 da CRFB) e os direitos fundamentais à informação (art. 5.º, XXXIII, da CRFB) e à obtenção de certidões (art. 5.º, XXXIV, "b", da CRFB). Excepcionalmente, a publicidade pode ser restringida quando o sigilo for imprescindível à segurança da sociedade e do Estado (art. 5.º, XXXIII, da CRFB) ou para proteger a intimidade pessoal ou o interesse social (art. 5.º, LX, da CRFB). A publicidade é mencionada, ainda, no art. 2.º, parágrafo único, V e X, e art. 3.º, II da Lei 9.784/1999.

## 16.5.8 Princípios da razoabilidade e da proporcionalidade

Os atos praticados no âmbito do processo administrativo devem ser:

a) adequados para alcançarem a finalidade pública pretendida (adequação);
b) praticados sem excesso (necessidade); e
c) ponderados no caso concreto (proporcionalidade em sentido estrito).

Por esta razão, o art. 2.º, parágrafo único, VI, da Lei 9.784/1999 exige a "adequação entre meios e fins, vedada a imposição de obrigações, restrições e sanções em medida superior àquelas estritamente necessárias ao atendimento do interesse público".

## 16.5.9 Princípio da duração razoável do processo

São assegurados ao administrado a razoável duração do processo e os meios que garantam a celeridade de sua tramitação, na forma do art. 5.º, LXXVIII, da CRFB. Em âmbito federal, por exemplo, o art. 49 da Lei 9.784/1999 determina que, após a instrução de processo administrativo, "a Administração tem o prazo de até trinta dias para decidir, salvo prorrogação por igual período expressamente motivada".

## 16.5.10 Princípio da motivação

Apesar da polêmica em torno da necessidade de motivação dos atos administrativos, a legislação consagrou o princípio da motivação no processo administrativo (arts. 2.º, *caput* e parágrafo único, VII, e 50 da Lei 9.784/1999). Os agentes públicos devem indicar os pressupostos de fato e de direito que determinarem a decisão administrativa.

## 16.5.11 Princípio da gratuidade

É vedada a cobrança de despesas processuais, ressalvadas as previstas em lei (art. 2.º, parágrafo único, XI, da Lei 9.784/1999).[9]

## 16.5.12 Princípio da segurança jurídica, da confiança legítima e da boa-fé

As partes devem atuar com lealdade e os atos praticados no processo administrativo devem respeitar o direito adquirido, o ato jurídico perfeito e a coisa julgada (art. 5.º, XXXVI, da CRFB), bem como o proteger a confiança das pessoas em relação às expectativas geradas por promessas e atos estatais. Em consequência, a Lei 9.784/1999 exige que a atuação das partes seja pautada por padrões éticos de probidade, decoro e boa-fé (art. 2.º, parágrafo único, inciso IV); veda a aplicação retroativa de nova interpretação (art. 2.º, parágrafo único, inciso XIII); e impõe o prazo de cinco anos para o exercício da autotutela administrativa (art. 54).

## 16.5.13 Princípio da participação

A tendência da democratização da Administração Pública pode ser demonstrada pela consagração de instrumentos de participação popular em processos administrativos, notadamente por meio de consultas e audiências públicas (arts. 31 a 34 da Lei 9.784/1999).

## 16.5.14 Outros princípios: autotutela, recorribilidade e eficiência

Em razão da inexistência de rol exaustivo de princípios regentes do processo administrativo, além dos princípios citados anteriormente, cabe mencionar, exemplificativamente:

a) **princípio da autotutela:** prerrogativa da Administração de revogar atos por razões de interesse público ou anular atos ilegais (art. 53 da Lei 9.784/1999 e Súmula 473 do STF);

b) **princípio da recorribilidade:** inerente ao princípio da ampla defesa, o princípio em questão viabiliza a interposição de recursos, por razões de legalidade ou de mérito, pelos interessados contra decisões proferidas em processos administrativos (art. 56 da Lei 9.784/1999);

c) **princípio da eficiência:** possui relação direta com a celeridade e economia processuais, bem como com a efetivação da finalidade pública[10] etc.

---

[9] Em relação aos processos licitatórios, o art. 32, § 5.º, da Lei 8.666/1993 dispõe: "Não se exigirá, para a habilitação de que trata este artigo, prévio recolhimento de taxas ou emolumentos, salvo os referentes a fornecimento do edital, quando solicitado, com os seus elementos constitutivos, limitados ao valor do custo efetivo de reprodução gráfica da documentação fornecida". No pregão, o art. 5.º, III, da Lei 10.520/2002 veda a exigência de "pagamento de taxas e emolumentos, salvo os referentes a fornecimento do edital, que não serão superiores ao custo de sua reprodução gráfica, e aos custos de utilização de recursos de tecnologia da informação, quando for o caso".

[10] Sobre o tema, vide: MOREIRA, Egon Bockmann. Processo administrativo e eficiência. *As leis de processo administrativo*: Lei Federal 9.784/99 e Lei Paulista 10.177/98. São Paulo: Malheiros, 2006. p. 320-341.

## 16.6 FASES DO PROCESSO ADMINISTRATIVO

O processo administrativo divide-se em três fases:[11]

a) **fase introdutória ou inicial:** o processo administrativo pode ser iniciado de ofício ou por provocação do interessado;

b) **fase preparatória ou instrutória:** etapa da produção de provas, de apresentação da defesa e outras alegações pelos interessados, elaboração de relatórios e outros atos necessários à formulação da decisão final; e

c) **fase decisória ou de julgamento:** a autoridade competente (unipessoal ou colegiado) emite a decisão administrativa e os atos necessários à eficácia da decisão (publicação, notificação etc.).

### 16.6.1 Fase introdutória ou inicial

Conforme destacado, o processo administrativo pode ser instaurado de ofício ou a pedido do interessado (art. 5.º da Lei 9.784/1999).

De acordo com o art. 9.º da Lei 9.784/1999, consideram-se interessados: a) pessoas físicas ou jurídicas que o iniciem como titulares de direitos ou interesses individuais ou no exercício do direito de representação; b) aqueles que, sem terem iniciado o processo, têm direitos ou interesses que possam ser afetados pela decisão a ser adotada; c) as organizações e associações representativas, no tocante a direitos e interesses coletivos; e d) as pessoas ou as associações legalmente constituídas quanto a direitos ou interesses difusos. Em princípio, a capacidade para integrar os processos administrativos é reconhecida aos maiores de dezoito anos, ressalvada previsão especial em ato normativo próprio (art. 10 da Lei 9.784/1999).

Os casos de impedimento, na forma do art. 18 da Lei 9.784/1999, referem-se aos servidores que: a) tenham interesse direto ou indireto na matéria; b) tenham participado ou venham a participar como perito, testemunha ou representante, ou se tais situações ocorrem quanto ao cônjuge, companheiro ou parente e afins até o terceiro grau; c) estejam litigando judicial ou administrativamente com o interessado ou respectivo cônjuge ou companheiro. A ausência de comunicação do impedimento à autoridade competente constitui falta grave do servidor (art. 19, parágrafo único, da Lei 9.784/1999).

Admite-se, ainda, a arguição de suspeição de autoridade ou servidor que tenha amizade íntima ou inimizade notória com algum dos interessados ou com os respectivos cônjuges, companheiros, parentes e afins até o terceiro grau (art. 20 da Lei 9.784/1999).

### 16.6.2 Fase preparatória ou instrutória

Assim como ocorre na instauração, a instrução do processo administrativo, que tem por objetivo averiguar e comprovar os dados necessários à tomada de decisão, pode ser realizada de ofício ou mediante pedido de produção de provas pelo interessado, na forma do art. 29 da Lei 9.784/1999.

---

[11] Nesse sentido: MEDAUAR, Odete. *A processualidade no direito administrativo*. 2. ed. São Paulo: RT, 2008. p. 142-143.

É inadmissível a produção de provas obtidas por meios ilícitos (art. 30 da Lei 9.784/1999).[12]

Durante a instrução processual, a autoridade competente pode realizar audiências e consultas públicas, com o intuito de diminuir a assimetria de informações e conferir maior legitimidade à futura decisão.[13] Nos processos que envolvam assuntos de interesse geral, é facultada, mediante despacho motivado, a realização de consulta pública para manifestação de terceiros, antes da tomada da decisão, se não houver prejuízo para a parte interessada (art. 31 da Lei 9.784/1999). Igualmente, é possível a realização de audiência pública para debates sobre o objeto do processo quando constatada a relevância da questão (art. 32 da Lei 9.784/1999).

Além das audiências e consultas públicas, a Administração Pública, em temas relevantes, poderá instaurar outros meios de participação de administrados, diretamente ou por meio de organizações e associações legalmente reconhecidas (art. 33 da Lei 9.784/1999).

Cabe ao interessado provar os fatos que tenha alegado, o que não afasta a prerrogativa de instrução da Administração Pública, especialmente em relação aos documentos existentes na própria entidade administrativa (arts. 36 e 37 da Lei 9.784/1999).

A Administração, em caso de risco iminente e mediante decisão motivada, poderá adotar providências acauteladoras sem a prévia manifestação do interessado (art. 45 da Lei 9.784/1999).

Ao final da instrução, o órgão, que não for competente para emitir a decisão final, elaborará relatório, que conterá a indicação do pedido inicial e o conteúdo das fases do procedimento, com a formulação da proposta justificada de decisão, encaminhando o processo à autoridade competente (art. 47 da Lei 9.784/1999).[14]

### 16.6.3 Fase decisória e a decisão coordenada

Ao final da instrução, a Administração Pública tem o dever de decidir o processo administrativo (art. 48 da Lei 9.784/1999).[15]

É possível a tomada de decisão coordenada nos processos administrativos, assim considerada "a instância de natureza interinstitucional ou intersetorial que atua de forma compartilhada com a finalidade de simplificar o processo administrativo mediante participação concomitante de todas as autoridades e agentes decisórios e dos responsáveis pela instrução técnico-jurídica, observada a natureza do objeto e a compatibilidade do

---

[12] Nesse sentido o Tema 1.238 da Tese de Repercussão Geral do STF dispõe: "São inadmissíveis, em processos administrativos de qualquer espécie, provas consideradas ilícitas pelo Poder Judiciário".

[13] De acordo com o art. 34 da Lei 9.784/1999: "Os resultados da consulta e audiência pública e de outros meios de participação de administrados deverão ser apresentados com a indicação do procedimento adotado".

[14] Segundo o STJ, a falta de intimação do servidor público, após a apresentação do relatório final pela comissão processante, em processo administrativo disciplinar, não configura ofensa às garantias do contraditório e da ampla defesa, ante a ausência de previsão legal (STJ, 1.ª Seção, MS 22.750/DF, Rel(a.) Min(a). Regina Helena Costa, DJe 15.08.2023).

[15] Após a conclusão da instrução, a Administração tem o prazo de até trinta dias para decidir, salvo prorrogação por igual período expressamente motivada (art. 49 da Lei 9.784/1999).

procedimento e de sua formalização com a legislação pertinente" (art. 49-A, § 1.º, da Lei 9.784/1999, incluído pela Lei 14.210/2021).

As decisões que exigirem a participação de 3 ou mais setores, órgãos ou entidades poderão ser tomadas mediante decisão coordenada, desde que: a) seja justificável pela relevância da matéria; e b) haja discordância que prejudique a celeridade do processo administrativo decisório.[16] Trata-se, portanto, de ato complexo que exige a conjugação de vontades autônomas de órgãos distintos para formulação do conteúdo decisório.

A decisão coordenada constitui importante instrumento para garantir a atividade administrativa coerente, colaborativa e eficiente, uma vez que incentiva o diálogo interinstitucional, abrindo-se o caminho para redução da assimetria de informações e para ampliação da qualidade decisória.

Cabe destacar que a decisão coordenada não exclui a responsabilidade originária de cada órgão ou autoridade envolvida, bem como deverá obedecer aos princípios da legalidade, da eficiência e da transparência, com utilização, sempre que necessário, da simplificação do procedimento e da concentração das instâncias decisórias (§§ 4.º e 5.º do art. 49-A da Lei 9.784/1999, incluídos pela Lei 14.210/2021).

É vedada a utilização da decisão coordenada nos seguintes processos administrativos (art. 49-A, § 6.º, da Lei 9.784/1999, incluído pela Lei 14.210/2021): a) de licitação; b) relacionados ao poder sancionador; ou c) em que estejam envolvidas autoridades de poderes distintos.

No âmbito da decisão coordenada, cada órgão ou entidade participante é responsável pela elaboração de documento específico sobre o tema atinente à respectiva competência, a fim de subsidiar os trabalhos e integrar o processo da decisão coordenada, e eventual dissenso deverá ser manifestado durante as reuniões, de forma fundamentada, acompanhado das propostas de solução e de alteração necessárias para a resolução da questão (arts. 49-E e 49-F da Lei 9.784/1999, incluídos pela Lei 14.210/2021).

A conclusão dos trabalhos da decisão coordenada será consolidada em ata, que conterá as seguintes informações (art. 49-G da Lei 9.784/1999, incluído pela Lei 14.210/2021):[17] a) relato sobre os itens da pauta;[18] b) síntese dos fundamentos aduzidos; c) síntese das teses pertinentes ao objeto da convocação; d) registro das orientações, das diretrizes, das soluções ou das propostas de atos governamentais relativos ao objeto da convocação; e) posicionamento dos participantes para subsidiar futura atuação governamental em matéria

---

[16] A decisão coordenada encontra inspiração na "conferência de serviço", prevista no artigo 14 da Lei 241/990, que regula o processo administrativo no Direito italiano. Sobre o tema: OLIVEIRA, Farlei Martins Riccio de. O Processo administrativo brasileiro e italiano sob uma perspectiva comparada: recepção de modelos e tendências contemporâneas. In: OLIVEIRA, Rafael Carvalho Rezende; MARÇAL, Thaís. (Org.). Temas relevantes de processo administrativo: 20 anos da Lei 9.784/1999. 2. ed., Salvador: JusPodivm, 2021, p. 215-242. Registre-se que a preocupação com a coordenação administrativa já era encontrada, por exemplo, no art. 35 da Lei 9.784/1999 que permitia a realização de audiência conjunta de órgãos e entidades administrativas.

[17] Os interessados indicados no art. 9.º poderão apresentar pedido de habilitação para participação da decisão coordenada, na qualidade de ouvintes (art. 49-B da Lei 9.784/1999, incluído pela Lei 14.210/2021).

[18] A ata será publicada por extrato no Diário Oficial da União, com os dados identificadores da decisão coordenada e a indicação do órgão e do local em que se encontra a ata em seu inteiro teor, para conhecimento dos interessados (art. 49-G, § 3.º, da Lei 9.784/1999, incluído pela Lei 14.210/2021).

idêntica ou similar; e f) decisão de cada órgão ou entidade relativa à matéria sujeita à sua competência.

## 16.7 RECURSO ADMINISTRATIVO

### 16.7.1 Conceito e espécies

O recurso administrativo, em sentido amplo, é o meio formal de impugnação das decisões administrativas. A legislação consagra nomenclaturas diversas para as impugnações administrativas, razão pela qual é possível apontar as seguintes espécies de recursos administrativos:

a) recurso hierárquico próprio;
b) recurso hierárquico impróprio;
c) pedido de reconsideração; e
d) revisão.[19]

#### 16.7.1.1 Recurso hierárquico próprio

O recurso hierárquico próprio é a impugnação realizada dentro da mesma pessoa jurídica que proferiu a decisão recorrida (ex.: recurso interposto contra decisão de servidor público de determinada autarquia perante a autoridade competente da mesma autarquia).

Trata-se de recurso fundado na hierarquia administrativa, característica encontrada no interior de toda e qualquer entidade administrativa. Em razão disso, o seu cabimento independe de previsão legal expressa, uma vez que o poder hierárquico autoriza a reforma das decisões dos subordinados pela autoridade superior.[20]

#### 16.7.1.2 Recurso hierárquico impróprio

O recurso hierárquico impróprio é interposto para fora da entidade que proferiu a decisão recorrida (ex.: recurso interposto contra decisão proferida por autarquia federal perante determinado Ministério ou Presidente da República).

A nomenclatura utilizada para designar o presente recurso justifica-se na medida em que não há hierarquia propriamente dita entre entidades administrativas diversas, mas apenas relação de vinculação. No exemplo acima, não há hierarquia entre autarquia federal e a União, pessoas jurídicas de direito público distintas, mas tão somente vinculação.

Em razão da inexistência de hierarquia e da possibilidade de intromissão de pessoa jurídica nos atos praticados por pessoa jurídica diversa, relativizando a sua autonomia administrativa, afirma-se que o cabimento do recurso hierárquico impróprio depende de previsão legal expressa.[21]

---

[19] O mesmo elenco de recursos administrativos é apresentado por: MEDAUAR, Odete. *Direito administrativo moderno*. 12. ed. São Paulo: RT, 2008. p. 382-383.

[20] Sobre a polêmica do recurso hierárquico impróprio no âmbito das agências reguladoras, vide Capítulo 14, item 14.3.3.

[21] Nesse sentido: DI PIETRO, Maria Sylvia Zanella. *Direito administrativo*. 22. ed. São Paulo: Atlas, 2009. p. 734; CARVALHO FILHO, José dos Santos. *Manual de direito administrativo*. 24. ed. Rio de Janeiro: Lumen Juris, 2011. p. 877;

### 16.7.1.3 Pedido de reconsideração

O pedido de reconsideração é o requerimento de reexame direcionado à própria autoridade que proferiu a decisão recorrida. Ex.: pedido de reconsideração com o objetivo de rever a aplicação da decisão que declarou a inidoneidade de determinada empresa contratada pelo Poder Público (art. 109, III, da Lei 8.666/1993 e art. 165, II, da nova Lei de Licitações). O pedido de reconsideração também é previsto no art. 106 da Lei 8.112/1990.

De acordo com o STF, o "pedido de reconsideração na via administrativa não interrompe o prazo para o mandado de segurança" (Súmula 430 do STF).

### 16.7.1.4 Revisão

A revisão é o instrumento que possibilita a revisão, a qualquer tempo, a pedido ou de ofício, da decisão administrativa quando surgirem fatos novos ou circunstâncias relevantes suscetíveis de justificar a inadequação da sanção aplicada, sendo vedado o agravamento da penalidade (art. 65, *caput* e parágrafo único, da Lei 9.784/1999 e arts. 174 a 182 da Lei 8.112/1990). Ex.: revisão do processo administrativo que demitiu o servidor quando, posteriormente, é prolatada decisão judicial absolutória em processo penal, envolvendo os mesmos fatos, que afirma a negativa de autoria.

### 16.7.2 Legitimidade, prazo e efeitos

A legitimidade recursal, na forma do art. 58 da Lei 9.784/1999, é reconhecida às seguintes pessoas:

a) titulares de direitos e interesses que forem parte no processo;

b) aqueles cujos direitos ou interesses forem indiretamente afetados pela decisão recorrida;

c) organizações e associações representativas, no tocante a direitos e interesses coletivos; e

d) cidadãos ou associações, quanto a direitos ou interesses difusos.[22]

Em regra, o prazo para interposição de recursos é de dez dias, iniciando-se a partir da ciência ou divulgação oficial da decisão recorrida, salvo disposição legal em sentido contrário (art. 59, *caput*, da Lei 9.784/1999).[23] A autoridade competente deverá decidir o

---

MOREIRA NETO, Diogo de Figueiredo. *Curso de Direito Administrativo*, 15. ed. Rio de Janeiro: Forense, 2009, p. 293; STJ, RMS 12.386/RJ, Rel. Min. Franciulli Netto, Segunda Turma, *DJ* 19.04.2004, p. 168; STJ, RMS 12.467/MG, Rel. Min. Laurita Vaz, Quinta Turma, *DJ* 22.05.2006, p. 220. Sobre a polêmica do recurso hierárquico impróprio no âmbito das agências reguladoras, vide Capítulo 7, item 7.4.2.2.

[22] Alguns recursos administrativos terão prioridade na tramitação, em razão da idade ou da condição de saúde do recorrente, conforme estabelece o art. 69-A da Lei 9.784/1999.

[23] Em relação à contagem dos prazos, os arts. 66 e 67 da Lei 9.784/1999 dispõem: "Art. 66. Os prazos começam a correr a partir da data da cientificação oficial, excluindo-se da contagem o dia do começo e incluindo-se o do vencimento. § 1.º Considera-se prorrogado o prazo até o primeiro dia útil seguinte se o vencimento cair em dia em que não houver expediente ou este for encerrado antes da hora normal. § 2.º Os prazos expressos em dias contam-se de modo contínuo. § 3.º Os prazos fixados em meses ou anos contam-se de data a data. Se no mês do vencimento

recurso no prazo máximo de 30 dias, contados do recebimento dos autos, admitindo-se a prorrogação justificada do prazo (art. 59, §§ 1.º e 2.º, da Lei 9.784/1999).

Quanto aos efeitos, o recurso, em regra, possui efeito devolutivo, hipótese em que a matéria é devolvida à autoridade competente para julgá-lo. Excepcionalmente, nos casos previstos em lei ou para evitar prejuízo de difícil ou incerta reparação, o recurso possuirá efeito suspensivo (art. 61 da Lei 9.784/1999).

### 16.7.3 Recurso e garantias (depósito prévio)

Em determinados casos, a legislação condiciona a admissibilidade do recurso administrativo ao depósito prévio de valores ou ao arrolamento de bens por parte do recorrente.

Todavia, o STF (Súmula Vinculante 21)[24] e o STJ (Súmula 373)[25] consagraram jurisprudência no sentido de que a exigência acima referida afigura-se inconstitucional, em razão de dois argumentos principais:

a) a exigência de depósito de valores poderia inviabilizar, em determinados casos, a interposição do recurso, contrariando o princípio da ampla defesa, o qual inclui os recursos a ela inerentes (art. 5.º, LV, da CRFB); e

b) o recurso administrativo revela o exercício do direito de petição que deve ser exercido gratuitamente, "independentemente do pagamento de taxas" (art. 5.º, XXXIV, "a", da CRFB).

Apesar de pacífico o entendimento dos tribunais superiores, entendemos que a exigência legal de depósito prévio de valores, por si só, não deveria ser considerada inconstitucional.[26] A exigência não inviabiliza necessariamente a interposição de recurso e, em relação aos administrados que não possuírem condições econômicas para efetivação do depósito, a exigência poderia ser afastada em cada caso concreto. Aliás, seria interessante aplicar a mesma ideia consagrada para os processos judiciais, reconhecendo a gratuidade aos necessitados por meio da aplicação analógica do art. 4.º da Lei 1.060/1950. Registre-se que, em regra, o recurso judicial depende do preparo, sob

---

não houver o dia equivalente àquele do início do prazo, tem-se como termo o último dia do mês. Art. 67. Salvo motivo de força maior devidamente comprovado, os prazos processuais não se suspendem." O Enunciado 33 da I Jornada de Direito Administrativo realizada pelo Centro de Estudos Judiciários do Conselho da Justiça Federal (CEJ/CJF) dispõe: "O prazo processual, no âmbito do processo administrativo, deverá ser contado em dias corridos mesmo com a vigência dos arts. 15 e 219 do CPC, salvo se existir norma específica estabelecendo essa forma de contagem."

[24] Súmula Vinculante 21 do STF: "É inconstitucional a exigência de depósito ou arrolamento prévios de dinheiro ou bens para admissibilidade de recurso administrativo."

[25] Súmula 373 do STJ: "É ilegítima a exigência de depósito prévio para admissibilidade de recurso administrativo". Cabe notar que o STJ, com a edição da Súmula, alterou o entendimento tradicional da Corte que admitia a exigência de depósito prévio como condição para o conhecimento de recursos administrativos.

[26] De forma semelhante, admitindo a constitucionalidade da exigência legal de garantia para interposição de recursos administrativos, vide: CARVALHO FILHO, José dos Santos. Manual de direito administrativo. 24. ed. Rio de Janeiro: Lumen Juris, 2011. p. 882; Súmula 64 do TJ/TJ: "É legítima a exigência do depósito como requisito para interposição de recurso administrativo." No mesmo sentido, o art. 56, § 2.º da Lei 9.784/1999 dispõe: "Art. 56. [...] § 2.º Salvo exigência legal, a interposição de recurso administrativo independe de caução."

pena de deserção, hipótese excepcionada, por exemplo, para os que gozam de isenção legal (art. 1.007 do CPC).

De qualquer forma, fato é que, a partir da edição da Súmula Vinculante 21 do STF, não há espaço para discussão judicial da questão, devendo ser considerada inconstitucional a lei que condicionar o recurso administrativo ao depósito de valores.

### 16.7.4 Recurso e *reformatio in pejus*

É polêmica a questão relacionada à aplicação do princípio da proibição da *reformatio in pejus* (reforma para pior) no processo administrativo, inclusive o disciplinar. A doutrina diverge sobre a possibilidade de provimento do recurso administrativo para agravar a situação do recorrente. Existem três entendimentos sobre o tema:

**1.º entendimento**: impossibilidade de agravamento da sanção disciplinar quando do julgamento do recurso administrativo pela autoridade superior, uma vez que o princípio da proibição da *reformatio in pejus* deve ser considerado princípio geral de direito, aplicando-se aos processos judiciais e administrativos. Ademais, a possibilidade de agravamento da decisão recorrida seria um desestímulo à pretensão recursal, contrariando o princípio constitucional à ampla defesa (art. 5.º, LV, da CRFB). Nesse sentido: Diógenes Gasparini, Lúcia Valle Figueiredo, Romeu Felipe Bacellar Filho, Álvaro Lazzarini.[27]

**2.º entendimento**: admite a aplicação de sanção mais grave pela autoridade superior nos casos de ilegalidade estrita da decisão proferida pela autoridade inferior, mas nega a possibilidade de agravamento da sanção por razões subjetivas (reexame de provas). Nesse sentido: José dos Santos Carvalho Filho.[28]

**3.º entendimento**: possibilidade de agravamento da situação do recorrente, sendo inaplicável o princípio da proibição da *reformatio in pejus* ao processo administrativo disciplinar. Nesse sentido: Hely Lopes Meirelles, Odete Medauar.[29]

Em nossa opinião, a *reformatio in pejus* é possível no âmbito do processo administrativo, salvo as hipóteses de expressa vedação legal. Isto porque o processo administrativo, ao contrário do processo judicial, pode ser instaurado de ofício pela autoridade administrativa que deve pautar a decisão no princípio da verdade real e na legalidade (juridicidade). Dessa forma, verificada a ilegalidade da decisão recorrida ou a ausência de correlação entre a sanção e as provas constantes dos autos, deve a autoridade superior aplicar a sanção que reputar mais adequada, ainda que agrave a situação do recorrente. Ademais, independentemente de recurso voluntário, a autoridade superior, em razão da hierarquia, pode, de ofício, rever a decisão da autoridade inferior para correção de irregularidades, ainda que isso acarrete agravamento.

---

[27] GASPARINI, Diógenes. *Direito Administrativo*, 12. ed. São Paulo: Saraiva, 2007, p. 903; FIGUEIREDO, Lúcia Valle. Direito Público: estudos, Belo Horizonte: Fórum, 2007, p. 188; BACELLAR FILHO, Romeu Felipe. *Processo administrativo disciplinar*, São Paulo: Saraiva, 2012, p. 350-352; LAZZARINI, Álvaro. *Temas de Direito Administrativo*, 2. ed. São Paulo: RT, 2003, p. 29.

[28] CARVALHO FILHO, José dos Santos. *Manual de direito administrativo*. 24. ed. Rio de Janeiro: Lumen Juris, 2011. p. 884.

[29] MEIRELLES, Hely Lopes. *Direito administrativo brasileiro*. 22. ed. São Paulo: Malheiros, 1997. p. 582-583; MEDAUAR, Odete. *Direito administrativo moderno*. 12. ed. São Paulo: RT, 2008. p. 380.

Nos processos administrativos federais, a legislação consagra a viabilidade da reformatio *in pejus*. Nesse sentido, o art. 64, parágrafo único, da Lei 9.784/1999 dispõe: "Se da aplicação do disposto neste artigo puder decorrer gravame à situação do recorrente, este deverá ser cientificado para que formule suas alegações antes da decisão".

Situação diversa é aquela relacionada às revisões administrativas. Enquanto no recurso administrativo, a parte interessada, no mesmo processo, prolonga a discussão quanto ao acerto da decisão perante a autoridade superior, na revisão administrativa, a autoridade, de ofício ou a pedido do agente, pode rever, a qualquer tempo, a sanção administrativa aplicada em processo administrativo encerrado, quando surgirem fatos novos ou circunstâncias relevantes suscetíveis de justificar a inadequação da sanção.

A revisão não pode resultar no agravamento da sanção anteriormente imposta, sendo aplicável, aqui, o princípio da proibição da *reformatio in pejus*, na forma prevista no art. 65, parágrafo único, da Lei 9.784/1999 e no art. 182, parágrafo único, da Lei 8.112/1990.[30]

## 16.8 DECADÊNCIA ADMINISTRATIVA

Em âmbito federal, a Administração Pública tem o prazo decadencial de cinco anos para anular seus atos administrativos, quando geradores de efeitos favoráveis para os destinatários, salvo comprovada má-fé.[31] Trata-se de importante limitação temporal da autotutela administrativa, pois, decorrido o prazo quinquenal, a Administração perde o direito de anular os atos ilegais, com a convalidação involuntária do ato ilegal.

Registre-se que as normas sobre processo administrativo são elaboradas autonomamente por todos os Entes federados, ausente a competência da União para elaboração de normas gerais sobre a matéria. Nesse sentido, a Lei 9.784/1999 deveria ser aplicada apenas em âmbito federal.[32] Contudo, a Súmula 633 do STJ dispõe que "a Lei n. 9.784/1999, especialmente no que diz respeito ao prazo decadencial para a revisão de atos administrativos no âmbito da Administração Pública federal, pode ser aplicada, de forma subsidiária, aos estados e municípios, se inexistente norma local e específica que regule a matéria".

Não exercida a prerrogativa da autotutela no prazo legal de cinco anos, opera-se a decadência administrativa.[33] Isto quer dizer que a Administração Pública perde o direito de anular os atos favoráveis ao particular, ainda que ilegais. A exceção se dá em relação aos

---

[30] Tese 8 da edição 5 da *Jurisprudência em Teses* do STJ.

[31] "Art. 54. O direito da Administração de anular os atos administrativos de que decorram efeitos favoráveis para os destinatários decai em cinco anos, contados da data em que foram praticados, salvo comprovada má-fé."

[32] Nesse sentido: SILVA, Almiro do Couto e. O princípio da segurança jurídica (proteção à confiança) no direito público brasileiro e o direito da Administração Pública de anular seus atos administrativos: o prazo decadencial do art. 54 da Lei do Processo Administrativo da União (Lei 9.784/99). *RDA*, n. 237, p. 311, jul.-set. 2004; CARVALHO FILHO, José dos Santos. *Manual de direito administrativo*. 24. ed. Rio de Janeiro: Lumen Juris, 2011. p. 934. Registre-se que o STF declarou inconstitucional norma estadual que estabeleceu prazo decadencial de 10 anos para anulação de atos administrativos ilegais, uma vez que o prazo quinquenal é adotado pelos demais Entes federados (ADI 6.019/SP, Tribunal Pleno, Red. p/ acórdão Min. Roberto Barroso, *DJe* 06.07.2021, *Informativo de Jurisprudência do STF* n. 1.012).

[33] Não se trata, pois, de perda da pretensão (prescrição administrativa), mas, sim, do próprio direito de anulação do ato ilegal.

atos ilegais quando configurada a má-fé do administrado, na forma da ressalva contida no art. 54 da Lei 9.784/1999.

## 16.9 PRECLUSÃO E "COISA JULGADA"

O processo administrativo envolve a prática de atos administrativos encadeados dentro de determinado lapso temporal. Em regra, os atos processuais devem ser praticados no prazo de cinco dias, salvo circunstâncias excepcionais que autorizem a dilatação desse prazo (art. 24, *caput* e parágrafo único, da Lei 9.784/1999).[34]

A Administração e os administrados devem observar os prazos processuais fixados em lei, sob pena de sofrerem consequências negativas, tais como a preclusão e a coisa julgada, além da decadência mencionada anteriormente.

A preclusão é a perda de uma faculdade processual, tendo em vista a inércia do interessado (Poder público ou particular) que deixa de praticar determinado ato dentro do prazo legal.[35] Assim, por exemplo, se o interessado não interpõe recurso administrativo no prazo legal, opera-se a preclusão administrativa (art. 63, I e § 2.º, da Lei 9.784/1999).

Não devem ser confundidos os termos "decadência", "prescrição" e "preclusão" que estão inseridos na categoria genérica "prazos extintivos". Na decadência, extingue-se o próprio direito; na prescrição, a pretensão; e na preclusão, a faculdade processual.

A "coisa julgada administrativa" (preclusão máxima ou consumativa) revela a impossibilidade de modificação, de ofício ou mediante provocação, da decisão na via administrativa. Vale dizer: coloca-se um ponto final ao poder de autotutela estatal, impedindo a revogação e a anulação do ato administrativo.[36]

Há certa celeuma em torno da utilização da nomenclatura "coisa julgada" na esfera administrativa, pois, tradicionalmente utilizada no processo judicial, ela revelaria a impossibilidade de modificação da decisão ("definitividade absoluta"). No âmbito administrativo, a definitividade da decisão é relativa, restringindo-se à esfera administrativa, uma vez que a decisão pode ser revista no âmbito jurisdicional.[37]

Lembre-se de que coisa julgada administrativa não impede a revisão, por meio de processo próprio, para minorar a sanção administrativa (nunca para agravar) quando surgirem fatos novos ou circunstâncias relevantes que demonstram a inadequação da

---

[34] Lei 9.784/1999: "Art. 24. Inexistindo disposição específica, os atos do órgão ou autoridade responsável pelo processo e dos administrados que dele participem devem ser praticados no prazo de cinco dias, salvo motivo de força maior. Parágrafo único. O prazo previsto neste artigo pode ser dilatado até o dobro, mediante comprovada justificação". Em outras passagens, a referida Lei estabelece prazos específicos para prática de determinados atos, por exemplo: 15 dias para emissão de parecer (art. 42); 10 dias para alegações finais e interposição de recursos (arts. 44 e 59) etc.

[35] Sobre a preclusão e a coisa julgada administrativa, vide: FERRAZ, Sérgio. Processo administrativo: prazos e preclusões. *As leis de processo administrativo*: Lei Federal 9.784/99 e Lei Paulista 10.177/98. São Paulo: Malheiros, 2006. p. 280-301.

[36] De acordo com Celso Antônio Bandeira de Mello, a coisa julgada administrativa não se confunde com a mera irrevogabilidade: enquanto a coisa julgada pressupõe decisão administrativa proferida em processo contencioso, a irrevogabilidade é aplicada a inúmeras outras hipóteses (MELLO, Celso Antônio Bandeira de. *Curso de direito administrativo*. 21. ed. São Paulo: Malheiros, 2006. p. 437).

[37] CARVALHO FILHO, José dos Santos. *Manual de direito administrativo*. 24. ed. Rio de Janeiro: Lumen Juris, 2011. p. 886.

sanção aplicada ao administrado (art. 65, *caput* e parágrafo único, da Lei 9.784/1999 e arts. 174 a 182 da Lei 8.112/1990).

## 16.10 PROCESSO ADMINISTRATIVO DISCIPLINAR (PAD)

### 16.10.1 Conceito

O Processo Administrativo Disciplinar (PAD) é o principal instrumento jurídico para formalizar a investigação e a punição dos agentes públicos e demais administrados, sujeitos à disciplina especial administrativa, que cometeram infrações à ordem jurídica.[38]

### 16.10.2 Pluralidade normativa: competência legislativa dos entes federados

As normas sobre processo administrativo disciplinar inserem-se na autonomia de cada ente federado. Em consequência, existem normas federais, estaduais, distritais e municipais sobre processo administrativo disciplinar, não sendo lícito à União fixar normas cogentes para os demais entes.

Em âmbito federal, o Processo Administrativo Disciplinar (PAD) encontra-se regulado pela Lei 8.112/1990 e, supletivamente, pela Lei 9.784/1999. O processo disciplinar "é o instrumento destinado a apurar responsabilidade de servidor por infração praticada no exercício de suas atribuições, ou que tenha relação com as atribuições do cargo em que se encontre investido" (art. 148 da Lei 8.112/1990).

Destaque-se que os atos praticados na vida privada do servidor não caracterizam, em princípio, ilícitos administrativos sujeitos às sanções disciplinares, salvo nos casos previstos em lei ou se os referidos atos tiverem reflexos ou relação, direta ou indireta, com a função pública.[39]

Frise-se que a pretensão disciplinar permanece mesmo após o desligamento do servidor, ou seja, a aposentadoria e a exoneração, por exemplo, não impedem a instauração do PAD para apuração de faltas praticadas durante a vida funcional do servidor.[40]

---

[38] O poder disciplinar, fundamento do PAD, foi tratado no Capítulo 14, item 14.3.3.

[39] O STJ afirmou ser válida a instauração de PAD, na forma da Lei 8.112/1990, em face de servidor público que, sem romper o vínculo estatutário federal, pratica atos ilícitos na gestão de fundação privada de apoio à instituição federal de ensino superior. STJ, MS 21.669-DF, Rel. Min. Gurgel de Faria, 1.ª Seção, *DJe* 09.10.2017, *Informativo de Jurisprudência do STJ* n. 613.

[40] Nesse sentido, o Enunciado 2 da CGU dispõe: "A aposentadoria, a demissão, a exoneração de cargo efetivo ou em comissão e a destituição do cargo em comissão não obstam a instauração de procedimento disciplinar visando à apuração de irregularidade verificada quando do exercício da função ou cargo público". Da mesma forma, o STJ admite a instauração de PAD para apuração de possíveis irregularidades praticadas por ex-servidor durante o exercício da função pública (MS 9497/DF, Rel. Min. Joé Arnaldo da Fonseca, Terceira Seção, *DJ* 18.10.2004, p. 186). Em outra oportunidade, o STJ reafirmou a possibilidade de cassação de aposentadoria na hipótese de infração disciplinar praticada enquanto o servidor estava na ativa, uma vez que o ato de aposentação não se transforma em salvo-conduto para impedir o sancionamento do ilícito pela Administração Pública (STJ, 1.ª Seção, MS 23.608/DF, Rel. p/ acórdão Min. Og Fernandes, *DJe* 05.03.2020). O STF considerou constitucional a legislação estadual que impede a exoneração a pedido e a aposentadoria voluntária de servidor que responde a PAD, mas que seria possível a concessão da aposentadoria ao investigado quando a conclusão do PAD não observar prazo razoável (STF, Tribunal Pleno, ADI 6.591/DF, Rel. Min. Edson Fachin, *DJe* 22.05.2023).

Por outro lado, as normas disciplinares da Lei 8.112/1990 aplicam-se exclusivamente aos servidores públicos civis investidos em cargos públicos de pessoas jurídicas de direito público federais (arts. 1.º e 2.º), excluindo-se, portanto, da sua incidência, os seguintes agentes: **a) agentes políticos**: podem ser responsabilizados por crime de responsabilidade; **b) militares**: aplica-se a legislação castrense; **c) particulares em colaboração com o Poder Público**, inclusive os estagiários; **d) servidores temporários**: além de não ocuparem cargos públicos, submetem-se à legislação especial; **e) terceirizados**; **f) empregados das empresas estatais**: submetem-se aos regulamentos disciplinares internos das respectivas estatais; **g) empregados públicos das pessoas jurídicas de direito público federais (Lei 9.962/2000)**.

### 16.10.3 Sindicância administrativa

A sindicância administrativa é o processo administrativo preliminar que visa apurar a existência de indícios quanto à infração funcional e à respectiva autoria.

Normalmente, a sindicância é caracterizada pelo caráter inquisitório (não litigioso), uma vez que não tem por objetivo principal a aplicação de sanção ao agente, mas apenas busca elementos que servirão de fundamento para instauração do futuro processo disciplinar principal. Em consequência, inexistente a previsão normativa de sanção, a sindicância não depende da observância do princípio da ampla defesa e do contraditório.[41]

Vale ressaltar, contudo, a previsão de aplicação de sanções em sindicâncias por parte de determinadas normas jurídicas. Nessas hipóteses, a potencial aplicação de sanção disciplinar, ainda que branda, enseja, necessariamente, o respeito à ampla defesa e ao contraditório, equiparando a sindicância ao processo disciplinar principal. É o que ocorre na legislação federal, que admite a aplicação das sanções disciplinares de advertência ou suspensão de até 30 dias, assegurados a ampla defesa e o contraditório (arts. 143 e 145, II, da Lei 8.112/1990).

Portanto, a sindicância pode ser dividida em duas espécies:

a) **sindicância preliminar ao processo disciplinar principal:** destinada à produção de elementos de provas quanto à infração e à autoria, servindo de peça informativa para o processo administrativo principal; e

b) **sindicância como processo sumário de aplicação de sanções:** possibilidade de aplicação de sanções leves aos agentes, exigindo-se, neste caso, respeito às garantias da ampla defesa e do contraditório.

Em suma, independentemente da nomenclatura utilizada (sindicância, inquérito, processo administrativo disciplinar), quando houver a previsão normativa de aplicação de sanção ao investigado/acusado, a autoridade competente deverá respeitar a ampla defesa e o contraditório para juridicidade da sanção aplicada.

---

[41] Nesse sentido: STF, Tribunal Pleno, MS 22.791/MS, Rel. Min. Cezar Peluso, *DJ* 19.12.2003, p. 50, *Informativo de Jurisprudência do STF* n. 329; STJ, 3.ª Seção, MS 9.511/DF, Rel. Min. Arnaldo Esteves Lima, *DJ* 21.03.2005 p. 213, *Informativo de Jurisprudência do STJ* n. 236.

## 16.10.4 Inquérito administrativo

A expressão "inquérito administrativo" não tem sido utilizada de maneira unívoca pela legislação e pelos operadores do Direito. Em síntese, é possível mencionar três aplicações distintas do termo:[42]

a) o termo é empregado, por vezes, como sinônimo de sindicância, tendo em vista a natureza inquisitorial desse processo preliminar;[43]

b) por outro lado, alguns utilizam o termo para se referirem ao processo disciplinar principal; e

c) por fim, na legislação federal, por exemplo, o termo é usado para identificação da fase instrutória do processo disciplinar principal.

De acordo com o art. 151 da Lei 8.112/1990, o processo disciplinar federal divide-se em três fases: instauração, inquérito administrativo (instrução) e julgamento.

Ressalte-se, portanto, que o significado do termo "inquérito" somente poderá ser encontrado a partir da análise de cada legislação.

## 16.10.5 Fases do Processo Administrativo Disciplinar (PAD)

O Processo Administrativo Disciplinar (PAD) pode ser dividido em três fases:

a) **instauração:** o processo pode ser instaurado de ofício pela Administração ou mediante provocação, exigindo-se a citação do acusado para apresentar defesa. É possível a instauração do PAD a partir de denúncia anônima, desde que o Poder Público adote medidas prévias, informais e sigilosas, para apurar a verossimilhança da denúncia (Súmula 611 do STJ). Isso porque a vedação do anonimato (art. 5.º, IV, da CRFB) não deve preponderar sobre o dever ético-jurídico de investigação de condutas ilícitas, imposto pelos princípios constitucionais da legalidade, da impessoalidade e da moralidade (art. 37, *caput*, da CRFB).[44] A portaria de instauração do PAD prescinde da exposição detalhada dos fatos a serem apurados, na forma da Súmula 641 do STJ. Frise-se, ainda, que a alteração da capitulação legal da conduta do servidor, por si só, não enseja a nulidade do processo administrativo disciplinar (Súmula 672 do STJ);

b) **instrução:** produção das provas que embasarão a futura decisão administrativa, admitindo-se, inclusive, a prova emprestada, desde que devidamente autorizada

---

[42] Sobre os diversos sentidos atribuídos ao termo "inquérito", vide: CARVALHO FILHO, José dos Santos. *Manual de direito administrativo*. 24. ed. Rio de Janeiro: Lumen Juris, 2011. p. 909.

[43] Nesse sentido: MEIRELLES, Hely Lopes. *Direito administrativo brasileiro*. 22. ed. São Paulo: Malheiros, 1997. p. 603.

[44] Nesse sentido: Súmula 611 do STJ: "Desde que devidamente motivada e com amparo em investigação ou sindicância, é permitida a instauração de processo administrativo disciplinar com base em denúncia anônima, em face do poder-dever de autotutela imposto à Administração"; STF, MS 24.369 MC/DF, Rel. Min. Celso de Mello, *DJ* 16.10.2002, p. 24 (*Informativo de Jurisprudência do STF* n. 286); NOHARA, Irene Patrícia. *Direito Administrativo*. 5. ed. São Paulo: Atlas, 2015. p. 290-294; Enunciado 3 da CGU: "A delação anônima é apta a deflagrar apuração preliminar no âmbito da Administração Pública, devendo ser colhidos outros elementos que a comprovem".

pelo juízo competente e respeitados o contraditório e a ampla defesa, na forma da Súmula 591 do STJ;[45] e

c) **decisória:** a comissão responsável pelo PAD elaborará parecer final que será encaminhado para autoridade competente que emitirá a decisão administrativa, devidamente motivada, condenatória ou absolutória. De acordo com a Súmula 674 do STJ, a autoridade administrativa pode se utilizar de fundamentação *per relationem* nos processos disciplinares.

Registre-se que o excesso de prazo para a conclusão do PAD só causa nulidade se houver demonstração de prejuízo à defesa (Súmula 592 do STJ).

### 16.10.6 Defesa técnica no PAD e a Súmula Vinculante 5 do STF

A aplicação de sanções disciplinares, conforme salientado anteriormente, depende do respeito à ampla defesa e ao contraditório, sob pena de nulidade da sanção aplicada.

Desse modo, o acusado tem o direito requerer a produção das provas admitidas pelo ordenamento jurídico para provar a sua inocência. Da mesma forma a Administração tem a prerrogativa de determinar, de ofício, a produção de provas em busca da verdade real.

O direito à ampla defesa engloba tanto a autodefesa do particular (depoimento e alegações contidas na resposta à acusação) quanto a defesa técnica exercida por advogado. A Administração deve oportunizar o exercício da defesa ao acusado, sob pena de nulidade do processo.

Isto não quer dizer, todavia, que a presença do advogado seja uma condição essencial para validade da sanção disciplinar. O princípio constitucional da ampla defesa exige que a Administração abra a oportunidade para que o acusado constitua advogado, mas a decisão final caberá ao próprio acusado. Oportunizada a ampla defesa, restará atendido o princípio constitucional, independentemente da constituição do advogado no PAD. Nesse sentido, a Súmula Vinculante 5 do STF estabelece: "A falta de defesa técnica por advogado no processo administrativo disciplinar não ofende a Constituição".[46]

Entretanto, entendemos que a Súmula Vinculante 5 do STF pode ser excepcionada em determinados casos, quando será obrigatória a presença do advogado no PAD para juridicidade da sanção disciplinar. É o caso, por exemplo, do PAD instaurado para apurar o abandono do cargo do servidor que não é encontrado pela autoridade administrativa.

---

[45] Súmula 591 do STJ: "É permitida a prova emprestada no processo administrativo disciplinar, desde que devidamente autorizada pelo juízo competente e respeitados o contraditório e a ampla defesa". A Corte já havia admitido a utilização no processo administrativo disciplinar de interceptação telefônica emprestada de procedimento penal, desde que devidamente autorizada pelo juízo criminal e observadas as diretrizes da Lei 9.296/1996. STJ, 1.ª Seção, RMS 16.146/DF, Rel. Min. Eliana Calmon, *DJe* 29.08.2013, *Informativo de Jurisprudência do STJ* n. 523; STF, RMS 28.774/DF, 1.ª Turma, Rel. p/ acórdão Min. Roberto Barroso, *DJe*-180 25.08.2016, *Informativo de Jurisprudência do STF* n. 834.

[46] Com a publicação da Súmula Vinculante 5 do STF, perdeu eficácia a Súmula 343 do STJ que exigia a presença do advogado no PAD para validade da sanção aplicada. Não por outra razão, a Súmula 343 foi cancelada pelo STJ na sessão de 28.04..2021. Na doutrina, alguns autores posicionam-se contra o entendimento do STF e exigem a presença do advogado no PAD, tais como: BACELLAR FILHO, Romeu Felipe. *Processo administrativo disciplinar*. São Paulo: Saraiva, 2012. p. 314-341.

Nessa hipótese, não haverá autodefesa, pois o acusado não foi encontrado, justificando-se a obrigatoriedade de nomeação de advogado dativo para que exista, ao menos, a defesa técnica no processo, na forma do art. 164, § 2.º, da Lei 8.112/1990. Outra hipótese de obrigatoriedade da presença do advogado foi consagrada na Súmula 533 do STJ: "para o reconhecimento da prática de falta disciplinar no âmbito da execução penal, é imprescindível a instauração de procedimento administrativo pelo diretor do estabelecimento prisional, assegurado o direito de defesa, a ser realizado por advogado constituído ou defensor público nomeado". Nesta última hipótese, prevaleceu a tese da inaplicabilidade da Súmula Vinculante 5 do STF aos processos administrativos que envolvam questões penais, especialmente a execução da pena, com influência na liberdade do indivíduo.

### 16.10.7 Parecer da Comissão não vincula a decisão da autoridade competente

O PAD será conduzido por comissão de servidores, designados pela autoridade competente, responsável pelo parecer final opinando pela condenação ou absolvição do acusado.

Na Administração Federal, a referida Comissão é composta por três servidores estáveis e o respectivo presidente deve ser ocupante de cargo efetivo superior ou de mesmo nível, ou ter nível de escolaridade igual ou superior ao do indiciado (art. 149 da Lei 8.112/1990).

A Comissão encerra suas atividades com a elaboração do parecer final, sem decidir o processo. O parecer final elaborado pela Comissão será encaminhado à autoridade competente para prolação da decisão administrativa. Nesse caso, o parecer não é vinculante, uma vez que a autoridade poderá contrariar as conclusões da Comissão e decidir de maneira diversa com fundamento nas provas constantes dos autos (art. 168 da Lei 8.112/1990).[47]

Na hipótese de aplicação de sanção mais grave pela autoridade competente diversa daquela sugerida pela Comissão, entendemos que não se trata de *reformatio in pejus*, como afirmam alguns, pois não há "nova" decisão que agrava a situação do acusado. Ao final do PAD, existe uma decisão: aquela proferida pela autoridade competente, sendo certo que o parecer da Comissão não possui cunho decisório. A reformatio *in pejus*, por sua vez, pressupõe duas decisões, quando a segunda decisão, reformando a decisão anterior, agrava a situação do recorrente.

### 16.10.8 PAD: recurso, revisão e *reformatio in pejus*

O acusado, condenado no PAD, pode recorrer da decisão proferida pela autoridade administrativa. Nesse caso, discute-se a possibilidade de a autoridade superior prover o recurso e agravar a sanção disciplinar aplicada pela autoridade inferior.

Conforme destacado anteriormente (item 16.7.4), o tema é bastante polêmico. No entanto, tem prevalecido a viabilidade da *reformatio in pejus* nos processos administrativos disciplinares por aplicação supletiva do art. 64, parágrafo único, da Lei 9.784/1999.

---

[47] STJ, 1.ª Seção, RMS 17.811/DF, Rel. Min. Humberto Martins, DJe 02.08.2013, *Informativo de Jurisprudência do STJ* n. 526; Tese 1 da edição 5 da Jurisprudência em Teses do STJ.

No entanto, na hipótese de revisão da sanção disciplinar, apoiada em fatos novos ou circunstâncias relevantes suscetíveis de justificar a inadequação da sanção aplicada ao servidor, não será admitida a *reformatio in pejus* na forma do art. 182, *caput* e parágrafo único, da Lei 8.112/1990.[48]

Registre-se, por fim, que o recurso e a revisão administrativa ensejam o exame da legalidade e do mérito da decisão impugnada. De forma diferente, caso a decisão administrativa seja impugnada no âmbito do Poder Judiciário, o controle ficará restrito à legalidade do ato administrativo. Nesse sentido, a Súmula 665 do STJ dispõe: "O controle jurisdicional do processo administrativo disciplinar restringe-se ao exame da regularidade do procedimento e da legalidade do ato, à luz dos princípios do contraditório, da ampla defesa e do devido processo legal, não sendo possível incursão no mérito administrativo, ressalvadas as hipóteses de flagrante ilegalidade, teratologia ou manifesta desproporcionalidade da sanção aplicada".

### 16.10.9 Meios sumários: sindicância, verdade sabida e termo de declaração

Os denominados "meios sumários" de apuração de faltas disciplinares, segundo a doutrina tradicional, referem-se às infrações disciplinares de menor gravidade ou às infrações objeto de flagrante na Administração. São espécies de meios sumários: sindicância, verdade sabida e o termo de declarações do infrator.[49]

A sindicância administrativa, estudada em tópico anterior, é o meio sumário de apuração de infrações funcionais que servirá para instauração do futuro processo disciplinar principal. Tecnicamente, a sindicância não tem por objetivo a aplicação de sanções, mas apenas a produção de elementos de prova que fundamentarão a instauração do processo disciplinar principal. Todavia, algumas leis preveem a possibilidade de aplicação de penalidades leves (advertência e suspensão) no âmbito da sindicância, hipótese que exige a observância da ampla defesa e do contraditório (ex.: art. 145, II, da Lei 8.112/1990). A previsão de sanções na sindicância desvirtua o instituto que deixa de ser processo preparatório inquisitorial para se tornar processo disciplinar principal litigioso.

A verdade sabida refere-se à hipótese em que a autoridade superior verifica pessoalmente o cometimento da infração funcional pelo subordinado. Testemunha ocular da infração, a autoridade competente poderia aplicar, de forma sumária, a respectiva penalidade ao agente público, na hipótese em que não for exigida a instauração de processo disciplinar (ex.: subordinado agride o superior hierárquico).

O termo de declarações é o meio sumário para apuração de faltas de menor gravidade, quando a autoridade competente reduz a termo as declarações do subordinado e, confessada a infração funcional, aplica as sanções disciplinares. Na hipótese em que o subordinado negar a acusação, deverá ser instaurado processo disciplinar.

Atualmente, a verdade sabida e o termo de declarações, previstos em determinados Estatutos Funcionais, devem ser considerados como incompatíveis com a Constituição

---

[48] Lei 8.112/1990: "Art. 182. Julgada procedente a revisão, será declarada sem efeito a penalidade aplicada, restabelecendo-se todos os direitos do servidor, exceto em relação à destituição do cargo em comissão, que será convertida em exoneração. Parágrafo único. Da revisão do processo não poderá resultar agravamento de penalidade".

[49] Sobre os meios sumários, vide: MEIRELLES, Hely Lopes. *Direito administrativo brasileiro*. 22. ed. São Paulo: Malheiros, 1997. p. 603.

da República de 1988, uma vez que permitem, em tese, a aplicação de sanções aos agentes públicos, sem respeitar os princípios constitucionais da ampla defesa e do contraditório.[50] Independentemente da nomenclatura, a potencial aplicação de sanção disciplinar, ainda que de natureza leve, acarreta a necessidade de aplicação dos princípios constitucionais da ampla defesa e do contraditório.

### 16.10.10 Sanções disciplinares e prescrição

A caracterização da responsabilidade administrativa do agente público, após a garantia de ampla defesa e contraditório, acarreta a aplicação de sanção, dentro do prazo prescricional, na forma do respectivo Estatuto funcional. É relevante destacar que a penalidade administrativa imposta ao agente público deve ser imediatamente efetivada, após o julgamento do PAD, ainda que não tenha ocorrido a "coisa julgada administrativa", tendo em vista a autoexecutoriedade dos atos administrativos e a ausência, em regra, de efeito suspensivo nos recursos administrativos (art. 109 da Lei 8.112/1990).[51]

Nos processos punitivos em geral, as decisões devem levar em consideração as circunstâncias práticas que houverem imposto, limitado ou condicionado a ação do agente (art. 22, § 1.º, da LINDB, inserido pela Lei 13.655/2018).

Na aplicação das sanções, a autoridade competente deve considerar a natureza e a gravidade da infração cometida, os danos que dela provierem para a Administração Pública, as circunstâncias agravantes ou atenuantes e os antecedentes do agente (art. 22, § 2.º, da LINDB, inserido pela Lei 13.655/2018).

Ademais, as sanções aplicadas ao agente serão levadas em conta na dosimetria das demais sanções de mesma natureza e relativas ao mesmo fato (art. 22, § 3.º, da LINDB, inserido pela Lei 13.655/2018).

Em âmbito federal, o art. 142 da Lei 8.112/1990 estabelece três prazos prescricionais que variam de acordo com a gravidade da sanção disciplinar, a saber: a) 5 (cinco) anos: demissão, cassação de aposentadoria ou disponibilidade e destituição de cargo em comissão; b) 2 (dois) anos: suspensão; e c) 180 (cento e oitenta) dias: advertência.[52]

Com a consumação da prescrição, ocorre a extinção da punibilidade.[53] A contagem do prazo prescricional inicia-se no momento em que o fato se tornou conhecido (art. 142, § 1.º, da Lei 8.112/1990).[54]

---

[50] Nesse sentido: CARVALHO FILHO, José dos Santos. *Manual de direito administrativo*. 24. ed. Rio de Janeiro: Lumen Juris, 2011. p. 916; DI PIETRO, Maria Sylvia Zanella. *Direito administrativo*. 22. ed. São Paulo: Atlas, 2009. p. 637; GASPARINI, Diógenes. *Direito administrativo*. 12. ed. São Paulo: Saraiva, 2007. p. 970.

[51] STJ, MS 19.488/DF, 1.ª Seção, Rel. Min. Mauro Campbell Marques, DJe 31.03.2015, *Informativo de Jurisprudência do STJ* n. 559.

[52] O art. 127 da Lei 8.112/1990 prevê as seguintes sanções: advertência; suspensão; demissão; cassação de aposentadoria ou disponibilidade; destituição de cargo em comissão; destituição de função comissionada.

[53] Cabe notar que o STF, com base no princípio da presunção de inocência, declarou inconstitucional o art. 170 da Lei 8.112/1990, que estabelecia o registro de ocorrência, alcançada pela prescrição, na ficha funcional do servidor estatutário federal (STF, Tribunal Pleno, MS 23.262/DF, Rel. Min. Dias Toffoli, DJe-213 30.10.2014, *Informativo de Jurisprudência do STF* n. 753). No mesmo sentido, decidiu o STJ: "Não é possível o registro de penas nos assentamentos funcionais dos servidores públicos quando verificada a ocorrência da prescrição da pretensão punitiva do Estado, por força do entendimento do Supremo Tribunal Federal de que o art. 170 da Lei n. 8.112/90 viola a Constituição Federal" (tese 7 da edição 76 da Jurisprudência em Teses do STJ).

[54] De acordo com o STJ, o prazo de prescrição da pretensão punitiva estatal começa a fluir na data em que a irregularidade praticada pelo servidor tornou-se conhecida por alguma autoridade do serviço público, e não, necessa-

A abertura de sindicância ou a instauração de PAD interrompe a prescrição, até a decisão final proferida por autoridade competente (art. 142, § 3.º, da Lei 8.112/1990).⁵⁵ O curso da prescrição interrompida começaria a correr a partir do dia em que cessar a interrupção (art. 142, § 3.º, da Lei 8.112/1990). Em princípio, a redação parece permitir o prolongamento da interrupção, sem limite temporal, por decisão da autoridade administrativa, uma vez que o prazo só seria contado da decisão final no processo. Todavia, a própria legislação confere, geralmente, prazo máximo para que a autoridade conclua o processo, razão pela qual, a partir desse prazo, a prescrição começaria a ser contada. Por essa razão, a Súmula 635 do STJ dispõe que o prazo prescricional, interrompido com a instauração do processo administrativo disciplinar, recomeça a correr após 140 dias da data em que deveria ter sido concluído o processo disciplinar, somando, para tanto, os prazos para a conclusão do processo administrativo disciplinar e para a aplicação da penalidade, insertos nos arts. 152 e 167 da Lei 8.112/1990.⁵⁶ Consumada a prescrição intercorrente, após a instauração da sindicância ou do PAD, ocorre a extinção da punibilidade.

Por fim, o art. 142, § 2.º, da Lei 8.112/1990 dispõe que "os prazos de prescrição previstos na lei penal aplicam-se às infrações disciplinares capituladas também como crime".⁵⁷

Existem dois pontos polêmicos na interpretação e na aplicação do art. 142, § 2.º, da Lei 8.112/1990: a) de acordo com o STF, os prazos prescricionais previstos na legislação penal somente serão aplicados ao PAD independentemente da propositura da ação penal;⁵⁸ b) polêmica sobre a aplicação do prazo prescricional pela pena prevista *in abstrato* ou *in concreto* na legislação penal, nos termos dos arts. 109 e 110 do CP.⁵⁹ De nossa parte, entendemos que, a partir do quadro normativo vigente, o prazo prescricional

---

riamente, pela autoridade competente para a instauração do processo administrativo disciplinar. STJ, 1.ª Seção, MS 20.162/DF, Rel. Min. Arnaldo Esteves Lima, *DJe* 24.02.2014 (*Informativo de Jurisprudência do STJ* n. 543) e tese 9 da edição 79 da Jurisprudência em Teses do STJ.

55   De acordo com o STJ, a instauração de sindicância meramente investigatória e sem caráter punitivo, bem como de processo nulo, não interrompe a prescrição. STJ, 3.ª Seção, MS 13.703/DF, Rel. Min. Maria Thereza de Assis Moura, *DJe* 07.04.2010.

56   Súmula 635 do STJ: "Os prazos prescricionais previstos no art. 142 da Lei n. 8.112/1990 iniciam-se na data em que a autoridade competente para a abertura do procedimento administrativo toma conhecimento do fato, interrompem-se com o primeiro ato de instauração válido – sindicância de caráter punitivo ou processo disciplinar – e voltam a fluir por inteiro, após decorridos 140 dias desde a interrupção".

57   Outros diplomas legais possuem previsão semelhante, tal como ocorre no art. 244, parágrafo único, da LC 75/1993 (Lei Orgânica do Ministério Público da União), que estabelece: "Art. 244. [...] Parágrafo único. A falta, prevista na lei penal como crime, prescreverá juntamente com este".

58   STF, RMS 31506 AgR/DF, Rel. Min. Luís Roberto Barroso, Primeira Turma, *DJe*-059 26/03/2015; Enunciado 5 da CGU: "Para aplicação de prazo prescricional, nos moldes do § 2.º do art. 142 da Lei 8.112/90, não é necessário o início da persecução penal". Em sentido contrário, o STJ tem exigido a efetiva averiguação do ilícito penal pelas autoridades competentes. STJ, MS 15.462/DF, Rel. Min. Humberto Martins, Primeira Seção, *DJe* 22.03.2011 (*Informativo de Jurisprudência do STJ* 466). No mesmo sentido: STJ, MS 12.666/DF, Rel. Min. Maria Thereza de Assis Moura, Terceira Seção, *DJe* 10.03.2011 (*Informativo de Jurisprudência do STJ* 464).

59   No sentido da pena *in abstrato*: Tese 2 da edição 5 da Jurisprudência em Teses do STJ; STJ, AgRg nos EDcl no REsp 1.451.575/RJ, Rel. Min. Herman Benjamin, 2.ª Turma, *DJe* 08.11.2016; CARVALHO FILHO, José dos Santos. Improbidade administrativa: prescrição e outros prazos extintivos. São Paulo: Atlas, 2012. p. 164. No sentido da pena *in concreto*: STJ, MS 12.414/DF, Rel. Min. Nilson Naves, Terceira Seção, *DJe* 24.05.2010 (*Informativo de Jurisprudência do STJ* 417); MS 14.040/DF, Rel. Min. Maria Thereza de Assis Moura, Terceira Seção, *DJe* 23.08.2011 (*Informativo de Jurisprudência do STJ* 474); e tese 10 da edição 79 da Jurisprudência em Teses do STJ.

previsto na legislação penal deve ser aplicado ao caso independentemente da propositura efetiva da ação penal e deve levar em consideração a pena prevista in abstrato.[60]

### 16.10.11 Processo disciplinar e processo penal

O poder disciplinar não se confunde com o poder penal do Estado. Apesar de envolverem a prerrogativas sancionatórias do Estado (Direito Sancionador), os mencionados poderes distinguem-se pelo objeto e pela finalidade.

No poder disciplinar, o Estado exerce atividade administrativa com a finalidade de manter a ordem interna das atividades administrativas por meio de apurações e eventuais sanções aos agentes públicos que descumpriram o Estatuto Funcional ou a legislação vigente, bem como aos demais sujeitos que violaram as normas administrativas aplicáveis aos vínculos jurídicos específicos travados com a Administração.

As normas disciplinares, inclusive as sanções, encontram-se previstas na legislação administrativa e são aplicáveis no âmbito do processo administrativo disciplinar, instaurado no interior de qualquer Poder do Estado. Vale dizer: não apenas o Poder Executivo, mas também os Poderes Judiciário e Legislativo, no tocante às funções atípicas administrativas, exercerão também poder disciplinar.

Por outro lado, no poder penal do Estado, a atividade é jurisdicional, exercida pelo Poder Judiciário, e tem por objetivo apurar e punir os particulares e agentes públicos que cometerem infrações penais.

As normas penais encontram-se enumeradas na legislação penal e são implementadas exclusivamente pelo Poder Judiciário por meio do processo penal.

Em virtude das diferenças apontadas, o ato praticado pelo agente que violar, ao mesmo tempo, a legislação administrativa e penal poderá ser punido nas duas esferas, sem que haja *bis in idem*.[61]

A independência das instâncias administrativa e penal, no entanto, sofre mitigações no ordenamento vigente. Em determinadas circunstâncias, a decisão proferida na esfera penal vinculará o conteúdo da decisão administrativa. Em resumo, a comunicação de instâncias administrativa e penal pode ser assim demonstrada:

a) **crime funcional** (crime praticado no exercício da função administrativa contra a Administração Pública. Ex.: peculato, prevaricação etc.):

a.1) condenação penal: o agente, nesse caso, será necessariamente sancionado na esfera administrativa. Na hipótese de pena privativa de liberdade por tempo igual ou superior a um ano, a sentença penal, de forma expressa e motivada, poderá determinar a perda do cargo, da função pública ou do mandato eletivo (art. 92, I, "a" e parágrafo único, do CP);

---

[60] NEVES, Daniel Amorim Assumpção; OLIVEIRA, Rafael Carvalho Rezende. *Manual de improbidade administrativa*. 5. ed. São Paulo: Método, 2017. p. 112.

[61] Em razão da independência das instâncias, o STJ considera descabida a suspensão do processo administrativo durante o prazo de trâmite do processo penal. STJ, 1.ª Seção, RMS 18.090/DF, Rel. Min. Humberto Martins, *DJe* 21.05.2013, *Informativo de Jurisprudência do STJ* n. 523.

a.2) absolvição penal: a absolvição do agente pelo juízo penal não influencia, necessariamente, a esfera administrativa. A eventual comunicação de instâncias dependerá das razões da absolvição:

a.2.1) absolvição por negativa de autoria ou inexistência do fato: a decisão penal vincula a esfera administrativa e o agente deverá ser necessariamente absolvido no processo disciplinar (art. 126 da Lei 8.112/1990). Na hipótese em que o servidor tiver sido demitido administrativamente, a absolvição penal posterior acarretará a necessidade de reintegração do servidor ao cargo, com o pagamento de todas as vantagens que deixou de perceber no período;

a.2.2) absolvição por ausência de provas: não impede a aplicação de sanção disciplinar ao servidor, inexistindo vinculação entre as esferas administrativa e penal. Trata-se do denominado "resíduo administrativo", consagrado na Súmula 18 do STF que dispõe: "pela falta residual, não compreendida na absolvição pelo juízo criminal, é admissível a punição administrativa do servidor público";

b) **crime não funcional** (crime praticado fora do exercício da função administrativa):

b.1) penal: em princípio, a decisão penal não influenciará a esfera administrativa, tendo em vista a ausência de correlação entre o crime a o exercício da função pública. No entanto, em determinados casos, os estatutos funcionais podem estabelecer de forma diversa, cabendo ressaltar que, na hipótese de pena privativa de liberdade por tempo superior a quatro anos, a sentença penal, de forma expressa e motivada, poderá determinar a perda do cargo, da função pública ou do mandato eletivo (art. 92, I, "b" e parágrafo único, do CP);

b.2) absolvição penal: não há influência na esfera administrativa, inexistindo sanção disciplinar a ser aplicada, uma vez que não houve infração ao estatuto funcional.

## 16.11 RESUMO DO CAPÍTULO

**PROCESSO ADMINISTRATIVO**

| | | |
|---|---|---|
| **Conceito** | Relação jurídica que envolve uma sucessão dinâmica e encadeada de atos instrumentais para obtenção da decisão administrativa. | |
| **Processualização da atividade administrativa** | A tendência do Direito Administrativo é a processualização das atividades administrativas, tendo em vista os seguintes fatores: a) legitimidade; b) garantia; e c) eficiência. | |
| **Classificações** | Quanto ao critério da litigiosidade | a) processo gracioso ou não litigioso; b) processo contencioso ou litigioso. |
| | Quanto à ampliação ou à restrição dos interesses dos administrados | a) processo ampliativo; b) processo restritivo ou ablatório. |

| | | |
|---|---|---|
| **Classificações** | Quanto ao âmbito de incidência ou à relação jurídica | a) interno;<br>b) externo. |
| | Quanto ao conteúdo | a) processo de controle;<br>b) processo punitivo;<br>c) processo de outorga;<br>d) processo de mero expediente. |
| **Princípios do processo administrativo** | a) devido processo legal; b) contraditório; c) ampla defesa; d) oficialidade; e) formalismo moderado (ou informalismo); f) verdade real ou material; g) publicidade; h) razoabilidade; i) proporcionalidade; j) duração razoável do processo; k) motivação; l) gratuidade; m) segurança jurídica, confiança legítima e da boa-fé; n) participação; o) autotutela, recorribilidade e eficiência. | |
| **Fases do processo administrativo** | a) fase introdutória ou inicial;<br>b) fase preparatória ou instrutória;<br>c) fase decisória e a possibilidade de decisão coordenada. | |
| **Decadência administrativa** | A Administração Pública tem o prazo decadencial de cinco anos para anular seus atos administrativos, quando geradores de efeitos favoráveis para os destinatários, salvo comprovada má-fé. | |
| **Preclusão e "coisa julgada"** | A **preclusão** é a perda de uma faculdade processual, tendo em vista a inércia do interessado (Poder público ou particular) que deixa de praticar determinado ato dentro do prazo legal.<br>A **"coisa julgada administrativa"** (preclusão máxima ou consumativa) revela a impossibilidade de modificação, de ofício ou mediante provocação, da decisão na via administrativa. | |

| | **Recurso administrativo** |
|---|---|
| **Conceito** | É o meio formal de impugnação das decisões administrativas. |
| **Espécies** | a) **recurso hierárquico próprio:** impugnação dirigida à autoridade hierarquicamente superior àquela que proferiu a decisão recorrida;<br>b) **recurso hierárquico impróprio:** interposto para fora da entidade que proferiu a decisão recorrida;<br>c) **pedido de reconsideração:** requerimento de reexame direcionado à própria autoridade que proferiu a decisão recorrida;<br>d) **revisão:** instrumento que possibilita a revisão, a qualquer tempo, a pedido ou de ofício, da decisão administrativa quando surgirem fatos novos ou circunstâncias relevantes suscetíveis de justificar a inadequação da sanção aplicada, sendo vedado o agravamento da penalidade. |
| **Legitimidade** | a) titulares de direitos e interesses que forem parte no processo;<br>b) aqueles cujos direitos ou interesses forem indiretamente afetados pela decisão recorrida;<br>c) organizações e associações representativas, no tocante a direitos e interesses coletivos;<br>d) cidadãos ou associações, quanto a direitos ou interesses difusos. |
| **Prazo** | Em regra, o prazo para interposição de recursos é de dez dias (art. 59, *caput*, da Lei 9.784/1999). |

| | |
|---|---|
| **Efeitos** | Em regra, possui efeito devolutivo. Em alguns casos, o efeito será suspensivo (art. 61 da Lei 9.784/1999). |
| **Depósito prévio** | A partir da edição da Súmula Vinculante 21 do STF, não há espaço para discussão judicial da questão, devendo ser considerada inconstitucional a lei que condicionar o recurso administrativo ao depósito de valores. |

| Processo administrativo disciplinar (PAD) ||
|---|---|
| **Conceito** | Principal instrumento jurídico para formalizar a investigação e a punição dos agentes públicos e demais administrados, sujeitos à disciplina especial administrativa, que cometeram infrações à ordem jurídica.<br>O PAD será conduzido por comissão de servidores, designados pela autoridade competente, responsável pelo parecer final opinando pela condenação ou absolvição do acusado. |
| **Sindicância administrativa** | Processo administrativo preliminar que visa apurar a existência de indícios quanto à infração funcional e à respectiva autoria. |
| **Fases do Processo Administrativo Disciplinar (PAD)** | a) instauração;<br>b) instrução;<br>c) decisória.<br>Apesar da polêmica, admite-se, em regra, a *reformatio in pejus* no julgamento dos recursos administrativos (art. 64, parágrafo único, da Lei 9.784/1999), sendo vedada no processo de revisão da sanção disciplinar (art. 182, *caput* e parágrafo único, da Lei 8.112/1990). |
| **Verdade sabida** | Refere-se à hipótese em que a autoridade superior verifica pessoalmente o cometimento da infração funcional pelo subordinado. É incompatível com a Constituição de 1988. |
| **Termo de declarações** | É o meio sumário para apuração de faltas de menor gravidade, quando a autoridade competente reduz a termo as declarações do subordinado e, confessada a infração funcional, aplica as sanções disciplinares. É incompatível com a Constituição de 1988. |
| **Sanções disciplinares e prescrição** | O art. 142 da Lei 8.112/1990 estabelece três prazos prescricionais que variam de acordo com a gravidade da sanção disciplinar, a saber: a) 5 anos: demissão, cassação de aposentadoria ou disponibilidade e destituição de cargo em comissão; b) 2 anos: suspensão; e c) 180 dias: advertência.<br>Com a consumação da prescrição, ocorre a extinção da punibilidade. A contagem do prazo prescricional inicia-se no momento em que o fato se tornou conhecido e interrompe-se com a instauração de sindicância ou PAD. |
| **Processo disciplinar e processo penal** | No **poder disciplinar**, o Estado exerce atividade administrativa com a finalidade de manter a ordem interna das atividades administrativas por meio de apurações e eventuais sanções aos agentes públicos que descumpriram o Estatuto Funcional ou a legislação vigente, bem como aos demais sujeitos que violaram as normas administrativas aplicáveis aos vínculos jurídicos específicos travados com a Administração.<br>No **poder penal** do Estado, a atividade é jurisdicional, exercida pelo Poder Judiciário, e tem por objetivo apurar e punir os particulares e agentes públicos que cometerem infrações penais.<br>A independência das instâncias administrativa e penal, no entanto, sofre mitigações no ordenamento vigente. Em determinadas circunstâncias, a decisão proferida na esfera penal vinculará o conteúdo da decisão administrativa. |

# CAPÍTULO 17

# LICITAÇÃO

## 17.1 CONCEITO, OBJETIVOS E FONTES NORMATIVAS

Licitação é o processo administrativo utilizado pela Administração Pública e pelas demais pessoas indicadas pela lei, com o objetivo de selecionar e contratar o interessado que apresente a proposta apta a gerar o resultado de contratação mais vantajoso, cumpridos, ainda, os objetivos de garantir a isonomia, de incrementar a competição, de promover o desenvolvimento nacional sustentável, de incentivar a inovação e de prevenir o sobrepreço, os preços manifestamente inexequíveis e o superfaturamento.

Os objetivos da licitação são (art. 11 da Lei 14.133/2021): a) assegurar a seleção da proposta apta a gerar o resultado de contratação mais vantajoso para a Administração Pública, inclusive no que se refere ao ciclo de vida do objeto; b) assegurar tratamento isonômico entre os licitantes, bem como a justa competição; c) evitar contratações com sobrepreço ou com preços manifestamente inexequíveis e superfaturamento na execução dos contratos; d) incentivar a inovação e o desenvolvimento nacional sustentável.[1]

As principais fontes constitucionais da licitação são:

a) art. 22, XXVII, CRFB:[2] estabelece a competência privativa da União para legislar sobre normas gerais de licitação e contratação;

---

[1] O art. 3.º da Lei 8.666/1993 elencava os seguintes objetivos da licitação: a) garantir a observância do princípio constitucional da isonomia; b) selecionar a proposta mais vantajosa para a Administração; e c) promover o desenvolvimento nacional sustentável. A promoção do desenvolvimento nacional sustentável, como objetivo da licitação, foi incluída pela Lei 12.349/2010.

[2] "Art. 22. Compete privativamente à União legislar sobre: [...] XXVII – normas gerais de licitação e contratação, em todas as modalidades, para as administrações públicas diretas, autárquicas e fundacionais da União, Estados, Distrito Federal e Municípios, obedecido o disposto no art. 37, XXI, e para as empresas públicas e sociedades de economia mista, nos termos do art. 173, § 1.º, III."

b) art. 37, XXI, CRFB:[3] consagra a regra da licitação e admite que a lei estabeleça exceções;

c) art. 173, § 1.º, III, CRFB:[4] remete ao legislador a tarefa de elaborar o Estatuto próprio das empresas estatais econômicas, o qual conterá regras próprias de licitações e contratos.

No âmbito infraconstitucional, diversas leis tratam da licitação, cabendo destacar, exemplificativamente, as seguintes: Lei 14.133/2021 (normas gerais de licitações e contratos administrativos), LC 123/2006, alterada pela LC 147/2014 (tratamento diferenciado para microempresas e empresas de pequeno porte), Lei 8.987/1995 (concessão de serviços públicos), Lei 11.079/2004 (PPPs), Lei 9.427/1996 (ANEEL), Lei 9.472/1997 (ANATEL), Lei 9.478/1997 (ANP), Lei 12.232/2010 (licitações de publicidade), Lei 13.303/2016 (Lei das Estatais) etc.

É importante destacar que o art. 193 da Lei 14.133/2021 revogou as seguintes normas: a) revogação imediata dos arts. 89 a 108 da Lei 8.666/1993, que tratavam dos crimes e das penas;[5] b) revogação diferida, ocorrida no dia 30 de dezembro de 2023, da Lei 8.666/1993 (Lei de Licitações e contratos administrativos), da Lei 10.520/2002 (Pregão), e dos arts. 1.º a 47-A da Lei 12.462/2011 (RDC), na forma do art. 193, II, da Lei 14.133/2021, alterado pela LC 198/2023.

Quanto aos regimes jurídicos previstos na Lei 8.666/1993, na Lei 10.520/2002 (Pregão), e na Lei 12.462/2011 (RDC), os gestores públicos tiveram a possibilidade de optar, até o dia 30 de dezembro de 2023, entre a aplicação da atual Lei de Licitações ou manutenção dos regimes jurídicos tradicionais de licitação. Tratava-se de escolha inerente à discricionariedade dos gestores, sendo vedada, naquele período, a aplicação combinada dos regimes jurídicos (art. 191 e art. 193, II, da Lei 14.133/2021, alterada pela LC 198/2023). O objetivo do referido período foi estabelecer um regime de transição para que os gestores públicos tivessem condições de conhecer melhor o novo regime licitatório, qualificassem as suas equipes e promovessem, paulatinamente, as adequações institucionais necessárias para efetividade dos dispositivos da Lei 14.133/2021.

A Lei 14.133/2021 dispõe que as suas normas entram em vigor na data de sua publicação (art. 194) e deverão ser observadas as seguintes regras de transição: a) o contrato cujo instrumento tenha sido assinado antes da entrada em vigor da Lei continuará a ser regido de acordo com as regras previstas na legislação revogada (art. 190); b) até o decurso

---

[3] "Art. 37. [...] XXI – ressalvados os casos especificados na legislação, as obras, serviços, compras e alienações serão contratados mediante processo de licitação pública que assegure igualdade de condições a todos os concorrentes, com cláusulas que estabeleçam obrigações de pagamento, mantidas as condições efetivas da proposta, nos termos da lei, o qual somente permitirá as exigências de qualificação técnica e econômica indispensáveis à garantia do cumprimento das obrigações."

[4] "Art. 173. [...] § 1.º A lei estabelecerá o estatuto jurídico da empresa pública, da sociedade de economia mista e de suas subsidiárias que explorem atividade econômica de produção ou comercialização de bens ou de prestação de serviços, dispondo sobre: [...] III – licitação e contratação de obras, serviços, compras e alienações, observados os princípios da administração pública."

[5] A Lei 14.133/2021 revogou, na data da sua publicação, os dispositivos da Lei 8.666/1993 relativos aos crimes e às penas, mas o art. 178 da atual Lei alterou o Código Penal para inserir, naquele diploma legal específico, os crimes praticados no âmbito das licitações e das contratações públicas.

do prazo de que trata o inciso II do art. 193, a Administração Pública poderá optar por licitar ou contratar diretamente de acordo com a atual Lei ou de acordo com as leis citadas no referido inciso, devendo a opção escolhida ser indicada expressamente no edital ou no aviso ou instrumento de contratação direta, vedada a aplicação combinada da Lei 14.133/2021 com as referidas no inciso II (art. 191, *caput* e parágrafo único); c) o contrato relativo a imóvel do patrimônio da União ou de suas autarquias e fundações continua regido pela legislação pertinente, aplicando-se a Lei 14.133/2021 subsidiariamente (art. 192).

Quanto à competência legislativa o art. 22, XXVII, da CRFB dispõe que a União possui competência privativa para legislar sobre normas gerais de licitações e contratos. É importante frisar que o texto constitucional estabeleceu a competência privativa apenas em relação às normas gerais, razão pela qual é possível concluir que todos os Entes federados podem legislar sobre normas específicas. Dessa forma, em relação à competência legislativa é possível estabelecer a seguinte regra:

a) União: competência privativa para elaborar normas gerais (nacionais), aplicáveis a todos os Entes federados;

b) União, Estados, Distrito Federal e Municípios: competência autônoma para elaboração de normas específicas (federais, estaduais, distritais e municipais), com o objetivo de atenderem as peculiaridades socioeconômicas, respeitadas as normas gerais.

A dificuldade, no entanto, está justamente na definição das denominadas "normas gerais",[6] pois se trata de conceito jurídico indeterminado que acarreta dificuldades interpretativas.

De lado a impossibilidade de fixação de um conceito preciso e sem a pretensão de estabelecer um rol exaustivo de normas gerais constantes da Lei 8.666/1993 e da Lei 14.133/2021, é possível dizer que as referidas normas possuem razoável grau de abstração que garantem uniformidade ao processo de licitação em todas as esferas federadas, sem que interfiram nas peculiaridades regionais e locais de cada Ente federado. As normas gerais não podem interferir na autonomia federativa (art. 18 da CRFB). São normas gerais, por exemplo, aquelas que consagram princípios constitucionais e administrativos (ex.: art. 5.º da Lei 14.133/2021), pois tais princípios devem ser observados por toda a Administração.[7] Por outro lado, no contexto da Lei 8.666/1993, o STF decidiu que algumas normas não seriam gerais, razão pela qual vinculariam apenas a Administração Federal (ex.: art. 17,

---

[6] Sobre o tema, vide: MOREIRA NETO, Diogo de Figueiredo. Competência concorrente limitada: o problema da conceituação das normas gerais. *Revista de Informação Legislativa*, Brasília: Senado Federal, n. 100, p. 127-162, out.-dez. 1988; BORGES, Alice Gonzalez. *Normas gerais no Estatuto de Licitações e Contratos Administrativos*. São Paulo: RT, 1991.

[7] Nesse sentido: PEREIRA JUNIOR, Jessé Torres. *Comentários à Lei das Licitações e Contratações da Administração Pública*. 7. ed. Rio de Janeiro: Renovar, 2007. p. 19. Carlos Ari Sundfeld, sem a pretensão de elaborar rol exaustivo, aponta os seguintes exemplos de normas gerais: a) normas que definem a obrigatoriedade de licitação (ex.: arts. 2.º, 24 e 25); b) normas que enunciam os princípios da licitação ou os direitos deles decorrentes (ex.: arts. 3.º e 4.º); e c) normas que definem modalidades de licitação (ex.: art. 22) (SUNDFELD, Carlos Ari. *Licitação e contrato administrativo*. São Paulo: Malheiros, 1994. p. 29-30).

I, *b*, e II, *b*, da Lei 8.666/1993, que equivale, em certa medida, ao art. 76, I, *b* e II, *b* da Lei 14.133/2021).[8]

De nossa parte, sustentamos o caráter específico (não geral) de alguns dispositivos da Lei 14.133/2021, tais como: a) art. 6.º, XXII (definição de obras, serviços e fornecimentos de grande vulto);[9] b) art. 8.º (determina que o agente de contratação seja servidor efetivo ou empregado público dos quadros permanentes da Administração Pública);[10] c) art. 10 (dispõe sobre a representação judicial ou extrajudicial, por parte da advocacia pública, do agente público que atua com fundamento em parecer jurídico);[11] d) art. 23, §§ 1.º e 2.º (elenca parâmetros para pesquisa de preços e definição do valor estimado da contratação);[12] e) art. 75, § 4.º (dispõe que os pagamentos nas contratações diretas, em razão do valor, devem ser realizados, preferencialmente, por meio de cartão de pagamento) etc.

Portanto, a Lei 14.133/2021 possui caráter híbrido: por um lado, é lei nacional no tocante às normas gerais; por outro, é lei federal em relação às normas específicas. Ressalte-se, ainda, que outros diplomas legislativos consagram normas gerais (ex.: a Lei 13.303/2016 consagra normas gerais para licitações e contratações realizadas por empresas estatais).[13]

Não obstante a preponderância do caráter nacional da Lei 14.133/2021, suas disposições não são aplicadas em determinados casos. Assim, por exemplo, a Lei de Licitações não incide, em regra, sobre as empresas públicas, sociedades de economia mista e suas subsidiárias que são regidas pela Lei 13.303/2016 (Lei das Estatais), ressalvado o disposto no seu art. 178, que trata dos crimes em licitações e contratos administrativos

---

[8] ADI 927 MC/RS, Tribunal Pleno, Min. Rel. Carlos Veloso, j. 03.11.1993, *DJ* 11.11.1994, p. 30.635. O STF considerou constitucional a norma municipal, editada no exercício de competência legislativa suplementar, que proibiu a participação em licitação ou a contratação (Tema 1.001 da Tese de Repercussão Geral): a) de agentes eletivos; b) de ocupantes de cargo em comissão ou função de confiança; c) de cônjuge, companheiro ou parente em linha reta, colateral ou por afinidade, até o terceiro grau, inclusive, de qualquer destes; e d) dos demais servidores públicos municipais.

[9] Considera-se de grande vulto o contrato com valor superior a R$ 250.902.323,87 (art. 6º, XXII, da Lei 14.133/2021 e Decreto 12.343/2024). Alguns Entes federados estipularam, por atos normativos próprios, valores diversos daquele previsto na Lei 14.133/2021. Mato Grosso, por exemplo, promulgou a Lei estadual 12.148/2023 para indicar o valor de R$ 50.000.000,00. A questão é relevante, uma vez que o art. 25, § 4.º, da Lei 14.133/2021 obriga a implantação de programa de integridade nas contratações de grande vulto. Em abono à nossa tese, o STF considerou constitucional a norma municipal que exigiu a instituição de programa de integridade em contratações menores que aquele indicado na Lei 14.133/2021, em razão da necessidade de adaptação da exigência à realidade econômico-financeira do Ente federado, com fundamento no princípio da moralidade (2.ª Turma, RE 1.410.340 AgR/SP, Rel. Min. Dias Toffoli, *DJe* 06.10.2023).

[10] Sobre o tema, vide: OLIVEIRA, Rafael Carvalho Rezende. Agentes de contratação na nova Lei de Licitações. *Solução em Licitações e Contratos*, v. 64, p. 37-46, jul. 2023.

[11] Sobre o tema, vide: VALE, Luís Manoel Borges do; OLIVEIRA, Rafael Carvalho Rezende. A inconstitucionalidade do art. 10 da Nova Lei de Licitações: a invasão de competência dos estados e municípios. *Solução em Licitações e Contratos – SLC*, n. 41, p. 31-40, ago. 2021.

[12] Nesse caso, o próprio art. 23, § 3.º, da Lei 14.133/2021 dispõe que, nas contratações realizadas por Municípios, Estados e Distrito Federal, desde que não envolvam recursos da União, o valor previamente estimado da contratação poderá ser definido por meio da utilização de outros sistemas de custos adotados pelo respectivo Ente federativo.

[13] Súmula 222 do TCU: "As Decisões do Tribunal de Contas da União, relativas à aplicação de normas gerais de licitação, sobre as quais cabe privativamente à União legislar, devem ser acatadas pelos administradores dos Poderes da União, dos Estados, do Distrito Federal e dos Municípios". Não obstante a relevância do TCU, as suas atribuições não podem ferir a autonomia dos demais órgãos de controle.

(art. 1.º, § 1.º, da Lei 14.133/2021), bem como as hipóteses expressamente previstas na Lei 13.303/2016 (arts. 32, IV, 41 e 55, III).[14]

A Lei 14.133/2021 é aplicável, no que couber e na ausência de norma específica, aos convênios, acordos, ajustes e outros instrumentos congêneres celebrados por órgãos e entidades da Administração Pública, na forma estabelecida em regulamento do Poder Executivo federal, conforme o art. 184.

A Lei de Licitações prevê, ainda, regras peculiares para: a) licitações e contratações realizadas em repartições públicas localizadas no exterior; b) licitações e contratações com recursos oriundos de agência oficial de cooperação estrangeira ou de organismo financeiro de que o Brasil seja parte; e c) contratações relativas à gestão, direta e indireta, das reservas internacionais do País.

Nesse sentido, as licitações e contratações realizadas no âmbito das repartições públicas sediadas no exterior obedecerão às peculiaridades locais e aos princípios básicos estabelecidos na Lei de Licitações, na forma de regulamentação específica a ser editada por ministro de Estado (art. 1.º, § 2.º).

Em relação às licitações e contratações que envolvam recursos oriundos de empréstimo ou doação oriundos de agência oficial de cooperação estrangeira ou de organismo financeiro de que o Brasil seja parte, podem ser admitidas (art. 1.º, § 3.º): a) condições decorrentes de acordos internacionais aprovados pelo Congresso Nacional e ratificados pelo Presidente da República; b) condições peculiares à seleção e à contratação, constantes de normas e procedimentos das agências ou dos organismos, desde que: b.1) sejam exigidas para a obtenção do empréstimo ou da doação; b.2) não conflitem com os princípios constitucionais em vigor; b.3) sejam indicadas no respectivo contrato de empréstimo ou doação e tenham sido objeto de parecer favorável do órgão jurídico do contratante do financiamento previamente à celebração do referido contrato.

Quanto às contratações relativas à gestão, direta e indireta, das reservas internacionais do País, inclusive de serviços conexos ou acessórios a essa atividade, as regras serão disciplinadas em ato normativo próprio do Banco Central do Brasil, assegurada a observância dos princípios estabelecidos no art. 37, *caput*, da CRFB (art. 1.º, § 5.º, da Lei 14.133/2021).

De acordo com o art. 2.º da Lei 14.133/2021, o seu regime jurídico será aplicado nas seguintes contratações: a) alienação e concessão de direito real de uso de bens; b) compra, inclusive por encomenda; c) locação; d) concessão e permissão de uso de bens públicos; e) prestação de serviços, inclusive os técnico-profissionais especializados; f) obras e serviços de arquitetura e engenharia; e g) contratação de serviços de tecnologia da informação e de comunicação.

Por outro lado, a Lei 14.133/2021 não incidirá nos seguintes contratos (art. 3.º): a) que tenham por objeto operação de crédito, interno ou externo, e gestão de dívida pública,

---

[14] A parte relativa ao campo penal não revela propriamente a aplicação da Lei 14.133/2021 às empresas estatais, mas da aplicação do Código Penal aos crimes praticados nas licitações e contratações realizadas pelas estatais. Ao contrário da Lei 8.666/1993, que elencava os crimes nas licitações, a Lei 14.133/2021 remeteu a matéria ao Código Penal. O tema das licitações e contratações realizadas por empresas estatais será aprofundado no item 17.8.2.

incluídas as contratações de agente financeiro e de concessão de garantia relacionadas a esses contratos; e b) contratações sujeitas a normas previstas em legislação própria.

De acordo com o art. 4.º, *caput* e § 1.º, da Lei 14.133/2021, aplicam-se às licitações e contratos as disposições constantes dos arts. 42 a 49 da LC 123/2006 (Estatuto das Microempresas – MEs e empresa de pequeno porte – EPPs), salvo nos seguintes casos: a) no caso de licitação para aquisição de bens ou contratação de serviços em geral, ao item cujo valor estimado for superior à receita bruta máxima admitida para fins de enquadramento como EPP; e b) no caso de contratação de obras e serviços de engenharia, às licitações cujo valor estimado for superior à receita bruta máxima admitida para fins de enquadramento como EPP. A obtenção dos referidos benefícios fica limitada às MEs e as EPPs que, no mesmo ano-calendário de realização da licitação, ainda não tenham celebrado contratos com a Administração Pública em valores somados que extrapolem a receita bruta máxima admitida para fins de enquadramento como empresa de pequeno porte, devendo o órgão ou entidade exigir do licitante declaração de observância desse limite na licitação (art. 4.º, § 2.º, da Lei 14.133/2021).

## 17.2 AGENTE DE CONTRATAÇÃO E COMISSÃO DE CONTRATAÇÃO

Os agentes públicos indicados para o desempenho das atividades relacionadas aos processos de licitações e contratação públicas devem preencher os seguintes requisitos (art. 7.º da Lei 14.133/2021): a) a indicação deve recair, preferencialmente, sobre servidores efetivos ou empregados públicos dos quadros permanentes da Administração Pública; b) os agentes devem exercer atribuições relacionadas a licitações e contratos ou possuir formação compatível ou qualificação atestada por certificação profissional emitida por escola de governo criada e mantida pelo Poder Público; e c) os agentes não podem ser cônjuges ou companheiros de licitantes ou contratados habituais da Administração, assim como não podem ter com eles vínculo de parentesco, colateral ou por afinidade, até o terceiro grau, ou de natureza técnica, comercial, econômica, financeira, trabalhista e civil.

Ademais, a autoridade administrativa deverá observar o princípio da segregação de funções, vedada a designação do mesmo agente público para atuação simultânea em funções mais suscetíveis a riscos, de modo a reduzir a possibilidade de ocultação de erros e de ocorrência de fraudes na respectiva contratação. A mesma exigência deve ser observada nos órgãos de assessoramento jurídico e de controle interno da Administração.

As referidas exigências e vedações contribuem para implementação da gestão de pessoas por competências e para efetivação dos princípios da eficiência e da moralidade, uma vez que a função será realizada, preferencialmente, por profissionais de carreira, com conhecimento técnico sobre as licitações e contratações públicas e com segregação de funções, vedada a participação de agentes públicos no processo de contratação que envolva parentes ou pessoas que possam gerar conflitos de interesses.

Ao contrário da Lei 8.666/1993, a Lei 14.133/2021 estabelece, como regra, que a licitação será conduzida por órgão singular ("agente de contratação"), e não por órgão colegiado ("comissão de contratação"). Com clara inspiração na antiga Lei do Pregão, que indicava a condução do procedimento pelo pregoeiro, com auxílio da equipe de apoio, a Lei 14.133/2021 estipula que a licitação será conduzida por "agente de contratação", auxiliado pela equipe de apoio, que será indicado pela autoridade competente, entre servidores ou empregados públicos pertencentes aos quadros permanentes da Administração Pública, para tomar decisões, acompanhar o trâmite da licitação, dar impulso ao procedimento licitatório e executar quaisquer outras atividades necessárias ao bom andamento da licitação (art. 8.º da Lei 14.133/2021).

O agente de contratação é a "pessoa designada pela autoridade competente, entre servidores efetivos ou empregados públicos dos quadros permanentes da Administração Pública, para tomar decisões, acompanhar o trâmite da licitação, dar impulso ao procedimento licitatório e executar quaisquer outras atividades necessárias ao bom andamento do certame até a homologação" (art. 6.º, LX, da Lei 14.133/2021).

Conforme destacado, o agente de contratação deve ser servidor efetivo ou empregado público dos quadros permanentes da Administração Pública, na forma dos arts. 6.º, LX, e 8.º da Lei 14.133/2021. Contudo, existe controvérsia doutrinária sobre o enquadramento dos referidos dispositivos legais nas categorias de normas gerais ou específicas de licitação. Na literalidade dos referidos dispositivos legais, os agentes de contratação deveriam ser, obrigatoriamente, servidores efetivos, em razão do caráter geral da Lei 14.133/2021. De nossa parte, sustentamos que os arts. 6.º, LX, e 8.º da Lei 14.133/2021 devem ser considerados normas específicas, uma vez que a competência legislativa para definir o regime jurídico dos servidores, que exercerão determinadas funções públicas, inclusive aqueles inerentes aos agentes de contratação, deve ser inserida na autonomia dos Entes federados.[15]

É verdade que o desempenho da função por servidores estatutários, ocupantes de cargo efetivos, garante maior independência ao agente de contratação e segurança jurídica aos participantes dos certames, o que justifica a preferência na indicação desses servidores, mas não há impedimento para que os Entes federados, em situações excepcionais e justificadas, estabeleçam, em seus respectivos atos normativos, a possibilidade de indicação excepcional de servidores comissionados para atuarem como agentes de contratação, quando justificada a impossibilidade de indicação de servidores efetivos. A competência do agente de contratação envolve a condução do processo de licitação, com a prerrogativa para tomar decisões, acompanhar o trâmite da licitação, dar impulso ao procedimento licitatório e executar quaisquer outras atividades necessárias ao bom andamento do certame até a homologação.

O momento inicial para o exercício da competência do agente de contratação não é claramente definido pelo art. 8.º da Lei 14.133/2021. Entendemos que o agente de

---

[15] OLIVEIRA, Rafael Carvalho Rezende. Agentes de contratação na nova Lei de Licitações. Solução em Licitações e Contratos, v. 64, p. 37-46, jul. 2023. No mesmo sentido: JUSTEN FILHO, Marçal. *Comentários à Lei de Licitações e Contratações Administrativas*. São Paulo: Thomson Reuters Brasil, 2021. p. 213; TORRES, Ronny Charles Lopes de. *Leis de licitações públicas comentadas*. 12. ed. São Paulo: Juspodivm, 2021. p. 105; AMORIM, Victor Aguiar Jardim de. Modalidades e rito procedimental da licitação. In: DI PIETRO, Maria Sylvia Zanella (Coord.). *Licitações e contratos administrativos*: inovações da Lei 14.133, de 1.º de abril de 2021. 2. ed. Rio de Janeiro: Forense, 2022. p. 182.

contratação deve atuar a partir da publicação do edital, evitando-se a sua atuação na fase preparatória da licitação, em razão do princípio da segregação de funções, salvo previsão regulamentar em sentido contrário.[16]

O art. 8.º da Lei 14.133/2021 evidencia que a atuação do agente de contratação se encerra com a homologação do certame. Contudo, a partir da leitura conjugada do referido dispositivo legal com o art. 71, IV, da mesma Lei, constata-se que a competência para adjudicação e homologação do certame é da autoridade superior e não do agente de contratação. Em consequência, o agente de contratação deve atuar até a fase de julgamentos dos eventuais recursos, com o envio do processo administrativo à autoridade superior para adjudicação e homologação da licitação.

Quanto à nomenclatura, destaca-se que, na modalidade pregão, o agente responsável pela condução do certame continuará designado como pregoeiro (art. 8.º, § 5.º, da Lei 14.133/2021). Não vislumbramos diferenças relevantes entre as figuras dos agentes de contração e o pregoeiro, mas apenas a distinção terminológica. Em verdade, o pregoeiro pode ser considerado o agente de contratação que atua no pregão.

O agente de contratação será auxiliado por equipe de apoio e responderá individualmente pelos atos que praticar, salvo quando induzido a erro pela atuação da equipe (art. 8.º, § 1.º, da Lei 14.133/2021).

Nas licitações que envolvam bens e serviços especiais, o agente de contratação poderá ser substituído por comissão de contratação, com regras de funcionamento definidas em regulamento, que será formada por, no mínimo, três membros, que responderão solidariamente por todos os atos praticados pela comissão, ressalvado o membro que expressar posição individual divergente fundamentada e registrada em ata lavrada na reunião em que houver sido tomada a decisão (art. 8.º, § 2.º, da Lei 14.133/2021).[17] Na modalidade diálogo competitivo, o certame será necessariamente conduzido por comissão de contratação composta de pelo menos 3 (três) servidores efetivos ou empregados públicos pertencentes aos quadros permanentes da Administração, admitida a contratação de profissionais para assessoramento técnico da comissão, na forma do art. 32, § 1.º, XI, da Lei 14.133/2021.

É possível estabelecer a seguinte relação entre os agentes públicos responsáveis pela condução dos certames e as modalidades de licitação a partir do quadro abaixo:

---

[16] OLIVEIRA, Rafael Carvalho Rezende. *Licitações e contratos administrativos*. 12 ed. Rio de Janeiro: Método, 2023. p. 61; OLIVEIRA, Rafael Carvalho Rezende. *Nova Lei de Licitações e Contratos Administrativos*. 3. ed. Rio de Janeiro: Forense, 2023. p. 51. De forma semelhante: JUSTEN FILHO, Marçal. *Comentários à Lei de Licitações e Contratações Administrativas*. São Paulo: Thomson Reuters Brasil, 2021. p. 214; AMORIM, Victor Aguiar Jardim de. Modalidades e rito procedimental da licitação. In: DI PIETRO, Maria Sylvia Zanella (Coord.). *Licitações e contratos administrativos*: inovações da Lei 14.133, de 1.º de abril de 2021. 2. ed. Rio de Janeiro: Forense, 2022. p. 183.

[17] A comissão de contratação é o "conjunto de agentes públicos indicados pela Administração, em caráter permanente ou especial, com a função de receber, examinar e julgar documentos relativos às licitações e aos procedimentos auxiliares" (art. 6.º, L, da Lei 14.133/2021). Em licitação que envolva bens ou serviços especiais cujo objeto não seja rotineiramente contratado pela Administração, poderá ser contratado, por prazo determinado, serviço de empresa ou de profissional especializado para assessorar os agentes públicos responsáveis pela condução da licitação (art. 8.º, § 4.º, da Lei 14.133/2021).

| Modalidades | Condução da licitação |
|---|---|
| Pregão | Pregoeiro (art. 8.º, § 5.º, da Lei 14.133/2021) |
| Concorrência | Agente de contratação ou comissão de contratação (art. 8.º, *caput* e § 2.º, da Lei 14.133/2021) |
| Concurso | Comissão especial ou comissão julgadora (a Lei 14.133/2021 não foi clara em relação à condução do concurso, o que não impede a aplicação da mesma lógica do regime jurídico anterior, especialmente em razão da necessidade da presença de especialistas na comissão julgadora, que conheçam o objeto do certame, na forma a ser detalhada no edital) |
| Leilão | Leiloeiro oficial ou servidor designado pela autoridade competente (art. 31 da Lei 14.133/2021) |
| Diálogo competitivo | Comissão de contratação (art. 32, § 1.º, XI, da Lei 14.133/2021) |

O art. 9.º da Lei 14.133/2021 estabelece vedações aos agentes públicos, tais como: a) admitir, prever, incluir ou tolerar, nos atos que praticar, situações que: a.1) comprometam, restrinjam ou frustrem o caráter competitivo do processo licitatório, inclusive nos casos de participação de sociedades cooperativas; a.2) estabeleçam preferências ou distinções em razão da naturalidade, da sede ou do domicílio dos licitantes; a.3) sejam impertinentes ou irrelevantes para o objeto específico do contrato; b) estabelecer tratamento diferenciado, de natureza comercial, legal, trabalhista, previdenciária ou qualquer outra, entre empresas brasileiras e estrangeiras, inclusive no que se refere a moeda, modalidade e local de pagamento, mesmo quando envolvido financiamento de agência internacional; e c) opor resistência injustificada ao andamento dos processos e retardar ou deixar de praticar, indevidamente, ato de ofício, ou praticá-lo contra disposição expressa de lei.[18]

O agente público de órgão ou de entidade contratante ou responsável pela licitação não poderá participar, direta ou indiretamente, da licitação ou da execução do contrato (art. 9.º, § 1.º). A vedação é aplicável, também, ao terceiro que auxilia a condução da contratação na qualidade de integrante de equipe de apoio, profissional especializado ou funcionário ou representante de empresa que preste assessoria técnica (art. 9.º, § 2.º).

Na eventual necessidade de defesa nas esferas administrativa, controladora e judicial, em razão de ato praticado com estrita observância de orientação constante em parecer jurídico elaborado na forma do § 1.º do art. 53, o órgão de assessoria jurídica promoverá, a critério do agente público, sua representação judicial ou extrajudicial, inclusive nas hipóteses de ex-servidores, salvo se houver provas da prática de atos ilícitos dolosos (art. 10, *caput* e §§ 1.º e 2.º, da Lei 14.133/2021).

Entendemos que o art. 10 da Lei 14.133/2021 é inconstitucional,[19] em razão da violação (i) da autonomia legislativa dos Entes federados para fixação das normas de competência

---

[18] As referidas vedações são aplicáveis, também, ao terceiro que auxilie a condução da contratação na qualidade de integrante de equipe de apoio, profissional especializado ou funcionário ou representante de empresa que preste assessoria técnica (art. 9.º, § 2.º, da Lei).

[19] A tese foi defendida em outra oportunidade: VALE, Luís Manoel Borges do; OLIVEIRA, Rafael Carvalho Rezende. A inconstitucionalidade do art. 10 da Nova Lei de Licitações: a invasão de competência dos estados e municípios. *Solução em Licitações e Contratos – SLC* n. 41, ago. 2021, p. 31-40.

dos respectivos órgãos da Advocacia Pública (arts. 18 e 132 da CRFB) e (ii) da competência privativa do Chefe do Poder Executivo para iniciativa das leis que tratam do regime jurídico dos servidores públicos (art. 61, § 1.º, II, "c", da CRFB). Observe-se que, ao versar sobre as atribuições conferidas aos Advogados Públicos, criando funções outras, o novo diploma normativo licitatório apresenta inequívoco vício de iniciativa.

Assim como sustentamos a inconstitucionalidade do art. 10 da Lei 14.133/2021, defendemos, com argumentos semelhantes, a inconstitucionalidade do § 20 do art. 17 da Lei 8.429/1992, incluído pela Lei 14.230/2021.[20] De acordo com o referido dispositivo legal, a assessoria jurídica, que emitiu o parecer atestando a legalidade da atuação administrativa, estaria obrigada defender os agentes públicos acusados de improbidade administrativa, o que pressupõe a atuação dolosa do agente público, revelando-se situação mais delicada que aquela apresentada na Lei de Licitações que, ao menos, afastava a obrigatoriedade da referida defesa no caso de prova de dolo. É oportuno destacar que o STF declarou a inconstitucionalidade parcial do § 20 do art. 17 da Lei 8.429/1992, incluído pela Lei 14.230/2021, para afirmar que não existe "obrigatoriedade de defesa judicial", mas a possibilidade dos órgãos da Advocacia Pública autorizarem a realização dessa representação judicial, por parte da assessoria jurídica que emitiu o parecer atestando a legalidade prévia.[21]

## 17.3 IMPEDIMENTOS PARA PARTICIPAÇÃO NAS LICITAÇÕES E NOS CONTRATOS

Estão impedidos de disputar a licitação ou participar da execução de contrato, direta ou indiretamente (art. 14 da Lei 14.133/2021): a) autor do anteprojeto, do projeto completo ou do projeto executivo, pessoa física ou jurídica, quando a licitação versar sobre obra, serviços ou fornecimento de bens a ele relacionados; b) empresa, isoladamente ou em consórcio, responsável pela elaboração do projeto básico ou do projeto executivo ou empresa da qual o autor do projeto seja dirigente, gerente, controlador, acionista ou detentor de mais de 5% do capital com direito a voto, responsável técnico ou subcontratado, quando a licitação versar sobre obra, serviços ou fornecimento de bens a ela necessários;[22] c) pessoa física ou jurídica que se encontre, ao tempo da licitação, impossibilitada de participar da licitação em decorrência de sanção que lhe foi imposta;[23] d) aquele que mantiver vínculo de natureza técnica, comercial, econômica, financeira, trabalhista ou civil, ou seja cônjuge,

---

[20] VALE, Luís Manoel Borges do; OLIVEIRA, Rafael Carvalho Rezende. Os impactos da reforma da Lei de Improbidade Administrativa na advocacia pública. *Revista Brasileira de Direito Público – RBDP*, n. 76, p. 9-29, jan./mar. 2022.

[21] STF, ADI 7.042/DF e ADI 7.043/DF, Rel. Min. Alexandre de Moraes, j. 31.08.2022.

[22] Quanto aos impedimentos indicados nas alíneas "a" e "b", equiparam-se aos autores do projeto as empresas integrantes do mesmo grupo econômico (art. 14, § 3.º, da Lei). O autor dos projetos e a empresa podem prestar serviço à Administração interessada no apoio das atividades de planejamento da contratação, de execução da licitação ou de gestão do contrato, desde que sob supervisão exclusiva de agentes públicos do órgão ou entidade (art. 14, § 2.º, da Lei).

[23] O impedimento citado na alínea "c" também será aplicado ao licitante que esteja atuando em substituição a outra pessoa, física ou jurídica, com o intuito de burlar a efetividade de sanção àquela aplicada, incluindo sua controladora, controlada ou coligada, desde que devidamente comprovado o ilícito ou a utilização fraudulenta da personalidade jurídica do licitante (art. 14, § 1.º, da Lei 14.133/2021). Aliás, o art. 160 da Lei permite a desconsideração da

companheiro ou parente em linha reta, colateral ou por afinidade, até o terceiro grau, de dirigente do órgão ou entidade contratante ou com agente público que desempenhe função na licitação ou que atue na fiscalização ou na gestão do contrato, devendo esta proibição constar expressamente no edital de licitação;[24] e) empresas controladoras, controladas ou coligadas, nos termos da Lei 6.404/1976, concorrendo entre si;[25] e f) pessoa física ou jurídica que, nos cinco anos anteriores à divulgação do edital, tenha sido condenada judicialmente, com trânsito em julgado, por exploração de trabalho infantil, por submissão de trabalhadores a condições análogas às de escravo ou por contratação de adolescentes nos casos vedados pela legislação trabalhista.

Os sobreditos impedimentos não obstam a licitação ou a contratação de obra ou serviço que inclua como encargo do contratado a elaboração do projeto básico e do projeto executivo nas contratações integradas e do projeto executivo nos demais regimes de execução (art. 14, § 4.º, da Lei 14.133/2021).

Nas licitações e contratações realizadas no âmbito de projetos e programas parcialmente financiados por agência oficial de cooperação estrangeira ou por organismo financeiro internacional, com recursos do financiamento ou da contrapartida nacional, não poderá participar pessoa física ou jurídica que integre rol de pessoas sancionadas por tais entidades ou declarada inidônea (art. 14, § 5.º).

Em suma, as vedações apresentadas pelo art. 14 da Lei 14.133/2021 têm por objetivo evitar potenciais conflitos de interesses ou a concessão de vantagens competitivas nas licitações e contratações que coloquem em risco os princípios da isonomia, da competitividade e da moralidade administrativa

## 17.4 PRINCÍPIOS DA LICITAÇÃO

A licitação, por ser um processo administrativo, pressupõe o atendimento dos princípios constitucionais, expressos e implícitos, aplicáveis à Administração Pública (legalidade, impessoalidade, moralidade, publicidade, eficiência etc.).

---

personalidade jurídica quando utilizada com abuso do direito para facilitar, encobrir ou dissimular a prática dos atos ilícitos previstos na Lei de Licitações ou para provocar confusão patrimonial.

[24] O parentesco em linha reta até o terceiro grau engloba os pais, filhos, avós, netos, bisavós e bisnetos do agente público. Já o parentesco em linha colateral até o terceiro grau compreende os irmãos, tios e sobrinhos. Por fim, o parentesco por afinidade até o terceiro grau envolve os parentes em linha reta até o terceiro grau do cônjuge ou do companheiro. Lembre-se de que o TCU, ao aplicar o regime jurídico previsto na Lei 8.666/1993, havia decidido que a relação de parentesco entre o sócio da empresa vencedora do certame e o autor do projeto caracterizaria a participação indireta deste na licitação, em afronta ao art. 9.º, § 3.º, da referida Lei. TCU, Acórdão 2.079/2013, Plenário, Rel. Min. José Múcio Monteiro, *DOU* 07.08.2013 (*Informativo de Jurisprudência sobre Licitações e Contratos do TCU* n. 163).

[25] Considera-se empresa coligada a sociedade na qual a investidora tenha influência significativa (art. 243, § 1.º, da Lei 6.404/1976). A empresa controlada, por sua vez, é aquela "na qual a controladora, diretamente ou através de outras controladas, é titular de direitos de sócio que lhe assegurem, de modo permanente, preponderância nas deliberações sociais e o poder de eleger a maioria dos administradores" (art. 243, § 2.º, da Lei 6.404/1976). Não há vedação legal, em princípio, para participação de pessoas jurídicas com sócios em comum na mesma licitação, o que não afasta a cautela por parte da Administração Pública para investigar o potencial conluio entre os licitantes. TCU, Acórdão 2.341/2011, Plenário, Rel. Min. Augusto Nardes, j. 31.08.2011; Acórdão 1.448/2013, Plenário, Rel. Min. Walton Alencar Rodrigues, j. 12.06.2013.

O art. 5.º da Lei 14.133/2021 apresenta os seguintes princípios da licitação: legalidade, impessoalidade, moralidade, publicidade, eficiência, interesse público, probidade administrativa, igualdade, planejamento, transparência, eficácia, segregação de funções, motivação, vinculação ao edital, julgamento objetivo, segurança jurídica, razoabilidade, competitividade, proporcionalidade, celeridade, economicidade e desenvolvimento nacional sustentável, devendo ser observadas, ainda, as disposições da LINDB. O alargamento do rol de princípios não era necessário, em razão do seu caráter exemplificativo. Ademais, o novo rol apresenta princípios que levantam dúvidas quanto à sua própria caracterização como norma-princípio e que seriam naturalmente inseridos em princípios já positivados (ex.: a celeridade e a economicidade decorrem do princípio da eficiência; a transparência que pode ser inserida no princípio da publicidade).[26]

Não obstante a extensão do rol de princípios, entendemos que o seu caráter é exemplificativo e não exaustivo. Mencione-se, por exemplo, o princípio do formalismo moderado que, apesar de não constar expressamente do art. 5.º, deve ser observado nas licitações e contratações públicas, conforme demonstra o art. 12, III, da Lei 14.133/2021.

Alguns princípios nas Leis de Licitações constituem, em verdade, princípios do Direito Administrativo e já foram abordados no capítulo 3 do livro. Em razão do caráter exemplificativo do elenco, apresentaremos, a seguir, comentários sobre alguns dos principais princípios da licitação.

### 17.4.1 Princípio da competitividade

O caráter competitivo da licitação justifica-se pela busca da proposta apta a gerar o resultado de contratação mais vantajoso para a Administração Pública, motivo pelo qual é vedado estipular exigências que comprometam, restrinjam ou frustrem o caráter competitivo do processo licitatório (art. 9.º, I, *a*, da Lei 14.133/2021). Quanto maior a competição, maior a chance de encontrar a proposta mais vantajosa para a Administração Pública (ex.: a exigência de compra de editais, a vedação de participação de empresas que estejam em litígio judicial com a entidade administrativa e a restrição da participação às empresas que possuem sede no território do Ente federado licitante frustram a competitividade).[27]

### 17.4.2 Princípio da isonomia

O princípio da isonomia tem profunda ligação com os princípios da impessoalidade e da competitividade, motivo pelo qual a Administração deve dispensar tratamento

---

[26] O art. 3.º da Lei 8.666/1993 apresentava rol mais enxuto de princípios da licitação: legalidade, impessoalidade, moralidade, igualdade, publicidade, probidade administrativa, vinculação ao instrumento convocatório e julgamento objetivo.

[27] O TCU decidiu que a restrição à participação de empresas que estejam em litígio judicial com a entidade nas licitações públicas viola os princípios da impessoalidade e da competitividade (TCU, Plenário, Acórdão 2.434/2011, Rel. Min. Aroldo Cedraz, *DOU* 14.09.2011). O STF, por sua vez, declarou a inconstitucionalidade de norma estadual que estabelecia a necessidade de que os veículos da frota oficial fossem produzidos naquele Estado, critério arbitrário e discriminatório de acesso à licitação pública em ofensa ao disposto no art. 19, II, da CRFB (*Informativo de Jurisprudência do STF* n. 495).

igualitário (não discriminatório) aos licitantes, sendo certo que as restrições à participação de interessados no certame acarretam a diminuição da competição. Por essa razão, a Administração não pode estabelecer preferências ou distinções em razão da naturalidade, da sede ou domicílio dos licitantes, ou de qualquer outra circunstância impertinente ou irrelevante para o específico objeto do contrato, conforme previsão do art. 9.º, I, *b* e *c*, da Lei 14.133/2021.

Lembre-se de que a isonomia pressupõe, por vezes, tratamento desigual entre as pessoas que não se encontram na mesma situação fático-jurídica (tratamento desigual aos desiguais), desde que respeitado o princípio da proporcionalidade, tal como ocorre com o tratamento diferenciado em relação às cooperativas (art. 5.º, XVIII; art. 146, III, "c"; e art. 174, § 2.º, da CRFB; Lei 5.764/1971) e às microempresas e empresas de pequeno porte (art. 146, III, "d", e art. 179 da CRFB; LC 123/2006).[28]

### 17.4.3 Princípio da vinculação ao edital

O instrumento convocatório (edital) é a lei interna da licitação que deve ser respeitada pelo Poder Público e pelos licitantes (art. 5.º da Lei 14.133/2021). Trata-se da aplicação específica do princípio da legalidade, razão pela qual a não observância das regras fixadas no instrumento convocatório acarretará a ilegalidade do certame (ex.: a seleção da proposta vencedora será realizada necessariamente a partir do critério de julgamento elencado no edital; os licitantes serão inabilitados e/ou desclassificados na hipótese de descumprimento das exigências editalícias etc.).

### 17.4.4 Princípio do procedimento formal (formalismo moderado)

Os procedimentos adotados na licitação são formais e devem observar fielmente as normas contidas na legislação.

É oportuno ressaltar que o princípio do procedimento formal não significa excesso de formalismo, mas, sim, formalismo moderado.[29] Não se pode perder de vista que a licitação é um procedimento instrumental que tem por objetivo uma finalidade específica: celebração do contrato com o licitante que apresentou a melhor proposta.

O art. 12 da Lei 14.133/2021 revela a preocupação do legislador com a relativização de formalidades desnecessárias e com o planejamento das contratações públicas, destacando-se, por exemplo: a) a possibilidade de aproveitamento dos atos que apresentem

---

[28] As controvérsias relativas à participação de cooperativas e de empresas de pequeno porte e microempresas em licitações serão estudadas adiante em tópico específico. Quanto ao tratamento diferenciado, cite-se, por exemplo, o direito de preferência dos jurados nas licitações, na forma do art. 440 do Código de Processo Penal.

[29] Nesse sentido, confira-se o entendimento do Superior Tribunal de Justiça: "Mandado de segurança. Administrativo. Licitação. Proposta técnica. Inabilitação. Arguição de falta de assinatura no local predeterminado. Ato ilegal. Excesso de formalismo. Princípio da razoabilidade. 1. A interpretação dos termos do Edital não pode conduzir a atos que acabem por malferir a própria finalidade do procedimento licitatório, restringindo o número de concorrentes e prejudicando a escolha da melhor proposta. 2. O ato coator foi desproporcional e desarrazoado, mormente tendo em conta que não houve falta de assinatura, pura e simples, mas assinaturas e rubricas fora do local preestabelecido, o que não é suficiente para invalidar a proposta, evidenciando claro excesso de formalismo. Precedentes. 3. Segurança concedida" (MS 5.869/DF, 1.ª Seção, Rel. Min. Laurita Vaz, *DJ* 07.10.2002, p. 163).

descumprimento de formalidades que não comprometam a aferição da qualificação do licitante ou a compreensão do conteúdo de sua proposta, evitando-se, portanto, o seu afastamento da licitação ou a invalidação do processo (art. 12, III); b) a prova de autenticidade de cópia de documento público ou particular poderá ser feita perante agente da Administração, mediante apresentação de original ou de declaração de autenticidade por advogado, sob sua responsabilidade pessoal (art. 12, IV); c) salvo imposição legal, a exigência do reconhecimento de firma somente será admitida nos casos de dúvida de autenticidade (art. 12, V); d) o contrato verbal será nulo e de nenhum efeito, mas se admitem, excepcionalmente, contratações verbais de pequenas compras ou de prestação de serviços de pronto pagamento, assim entendidas aquelas de valor não superior a R$ 12.545,11 (art. 95, § 2.º, e Decreto 12.343/2024); e) a possibilidade de saneamento ou convalidação de atos praticados com vícios formais que não afetem os direitos dos participantes do certame ou o interesse público (ex.: art. 71, I, art. 147 etc.).

### 17.4.5 Princípio do julgamento objetivo

O julgamento das propostas apresentadas pelos licitantes deve ser pautado por critérios objetivos elencados na legislação. A adoção de critérios subjetivos para o julgamento das propostas é contrária ao princípio da isonomia.

O art. 33 da Lei 14.133/2021 indica os seguintes critérios de julgamento: a) menor preço; b) maior desconto; c) melhor técnica ou conteúdo artístico; d) técnica e preço; e) maior lance, no caso de leilão; e f) maior retorno econômico.[30]

### 17.4.6 Princípio do planejamento

O art. 5.º da Lei 14.133/2021 menciona, em seu rol exemplificativo, o princípio do planejamento. Em nossa opinião, o planejamento representa um dever da Administração Pública que decorre do princípio da eficiência (art. 37 da CRFB) e já era previsto no art. 6.º, I, do DL 200/1967.

A preocupação com o planejamento das licitações e das contratações públicas pode ser verificada ao longo do texto da Lei 14.133/2021. O inciso VII do art. 12, por exemplo, demonstra a importância do planejamento para racionalização das contratações públicas, permitindo que os órgãos competentes de cada ente federado, na forma dos respectivos regulamentos, elaborem plano de contratações anual (PCA), com o objetivo de garantir o alinhamento com o seu planejamento estratégico, bem como subsidiar a elaboração das respectivas leis orçamentárias.[31] O PCA deverá ser divulgado e mantido à disposição do público em sítio eletrônico oficial e será observado pelo ente federativo na realização de licitações e na execução dos contratos (art. 12, § 1.º).

A preocupação com o planejamento da Administração na realização das licitações e nas contratações é evidenciada no art. 18 da Lei 14.133/2021, que exige, na fase

---

[30] Registre-se que o art. 45 da Lei 8.666/1993 apresentava os seguintes critérios de julgamento: a) menor preço; b) melhor técnica; c) técnica e preço; e d) maior lance ou oferta.

[31] Em âmbito federal, o Decreto 10.947/2022 regulamenta o inciso VII do art. 12 da Lei 14.133/2021.

preparatória, a compatibilização com o plano de contratações anual (art. 12, VII) e com as leis orçamentárias, bem como a abordagem de todas as considerações técnicas, mercadológicas e de gestão que podem interferir na contratação.

O estudo técnico preliminar (ETP) é o documento constitutivo da primeira etapa do planejamento de uma contratação que caracteriza o interesse público envolvido e a sua melhor solução e dá base ao anteprojeto, ao termo de referência ou ao projeto básico a serem elaborados caso se conclua pela viabilidade da contratação (art. 6.º, XX, da Lei 14.133/2021).

### 17.4.7 Princípio do desenvolvimento nacional sustentável

O desenvolvimento nacional sustentável é indicado como princípio e objetivo da licitação (arts. 5.º e 11 da Lei 14.133/2021).

O desenvolvimento de um país, é bom que se registre, não está restrito, somente, ao seu crescimento econômico.[32] Muito ao contrário, o "direito ao desenvolvimento" comporta a conjugação de diversos outros fatores que materializam liberdades substanciais, como, por exemplo, o aumento da qualidade de vida dos cidadãos, o incremento da liberdade política, a promoção da inovação tecnológica e o aumento da adequação/funcionalidade das instituições.[33]

Destaca-se que o art. 174, § 1.º, da CRFB remete ao legislador a competência para fixar "as diretrizes e bases do planejamento do desenvolvimento nacional equilibrado, o qual incorporará e compatibilizará os planos nacionais e regionais de desenvolvimento". Já o art. 219 da CRFB dispõe que o mercado interno integra o patrimônio nacional e "será incentivado de modo a viabilizar o desenvolvimento cultural e socioeconômico, o bem-estar da população e a autonomia tecnológica do País, nos termos de lei federal".

Na busca da implementação da sustentabilidade (econômica, social e ambiental), o legislador estabeleceu regras especiais.

Assim, por exemplo, o art. 26 da Lei 14.133/2021 admite a fixação de margem de preferência nos seguintes casos: a) bens manufaturados e serviços nacionais que atendam a normas técnicas brasileiras; e b) bens reciclados, recicláveis ou biodegradáveis, conforme regulamento. De acordo com o art. 26, § 1.º, da atual Lei de Licitações, a referida margem de preferência: a) será definida em decisão fundamentada do Poder Executivo federal para

---

[32] Fábio Nusdeo descortina o significado da expressão "desenvolvimento" na Constituição: "Já na atual Constituição de 1988, a expressão perdeu o seu qualificativo econômico para aparecer de maneira mais ampla e correta como desenvolvimento nacional (art. 3.º, II), quedando-se, pois, fora do Título VII dedicado à Ordem Econômica e Financeira. Como já acima assinalado, o desenvolvimento não pode ser restringido ao campo puramente econômico, devendo abarcar necessariamente o institucional, o cultural, o político e todos os demais. (...) Assim, investimentos em setores sociais como educação, saúde, habitação, se, num primeiro momento, parecem desviar recursos das aplicações diretamente produtivas ou econômicas, como estradas, usinas e poços de petróleo, na realidade irão poupar um conjunto muito severo de custos a se manifestarem logo adiante pela queda de produtividade da mão de obra, pelo aumento da criminalidade pelo solapamento da coesão social e tantos outros. Aliás, tem sido a constatação destes custos o que tem levado a se repensar o conceito e as manifestações do desenvolvimento". NUSDEO, Fábio. Desenvolvimento econômico – um retrospecto e algumas perspectivas. In: SALOMÃO FILHO, Calixto (Coord.). *Regulação e desenvolvimento*. São Paulo: Malheiros, 2002. p. 19.

[33] SEN, Amartya. *Desenvolvimento como liberdade*. São Paulo: Companhia das Letras, 2000. p. 17.

os bens manufaturados e serviços nacionais que atendam a normas técnicas brasileiras; b) poderá ser de até 10% sobre o preço dos demais bens e serviços não indicados na margem de preferência; c) poderá ser estendida a bens manufaturados e serviços originários de Estados-parte do Mercosul, desde que haja reciprocidade com o País prevista em acordo internacional aprovado pelo Congresso Nacional e ratificado pelo Presidente da República.[34]

Quanto ao desempate entre licitantes, o art. 60 da Lei 14.133/2021 elenca os seguintes critérios sucessivos: a) disputa final, hipótese em que os licitantes empatados poderão apresentar nova proposta em ato contínuo à classificação; b) avaliação do desempenho contratual prévio dos licitantes, para o que deverão preferencialmente ser utilizados registros cadastrais para efeito de atesto de cumprimento de obrigações previstas na Lei de Licitações; c) desenvolvimento pelo licitante de ações de equidade entre homens e mulheres no ambiente de trabalho, conforme regulamento; e d) desenvolvimento pelo licitante de programa de integridade, conforme orientações dos órgãos de controle.

Em igualdade de condições, não havendo desempate, será assegurada preferência, sucessivamente, aos bens e serviços (art. 60, § 1.º, da Lei 14.133/2021): a) produzidos ou prestados por empresas estabelecidas no território do Estado ou do Distrito Federal do órgão ou entidade da Administração Pública estadual ou distrital licitante ou, no caso de licitação realizada por órgão ou entidade de Município, no território do Estado em que este se localize; b) produzidos ou prestados por empresas brasileiras; c) produzidos ou prestados por empresas que invistam em pesquisa e no desenvolvimento de tecnologia no País; e d) empresas que comprovem a prática de mitigação, nos termos da Lei 12.187/2009 que trata da Política Nacional sobre Mudança do Clima – PNMC.[35] Os referidos critérios não prejudicam a aplicação do empate ficto ou presumido em favor das MEs e EPPs previsto no art. 44 da LC 123/2006 (art. 60, § 2.º, da Lei 14.133/2021).

### 17.4.8 Princípio da publicidade e transparência

O princípio da publicidade tem previsão no art. 37 da CRFB e deve ser observado em qualquer atuação administrativa, inclusive, naturalmente, nas licitações e nas contratações públicas, como reiterado no art. 5.º da Lei 14.133/2021. A transparência, em nossa opinião, insere-se no próprio princípio da publicidade.

---

[34] No contexto da Lei 8.666/1993, a margem de preferência, limitada a até 25% do preço dos concorrentes, era prevista para: a) produtos manufaturados e serviços nacionais, que atendam a normas técnicas brasileiras; e b) bens e serviços produzidos ou prestados por empresas que comprovem cumprimento de reserva de cargos prevista em lei para pessoa com deficiência ou para reabilitado da Previdência Social e que atendam às regras de acessibilidade previstas na legislação. É oportuno destacar que a Lei 14.133/2021 transformou em exigência de habilitação (art. 63, IV) a tradicional margem de preferência em favor das empresas que comprovem cumprimento de reserva de cargos prevista em lei para pessoa com deficiência ou para reabilitado da Previdência Social e que atendam às regras de acessibilidade previstas na legislação. O art. 93 da Lei 8.213/1991 dispõe: "A empresa com 100 (cem) ou mais empregados está obrigada a preencher de 2% (dois por cento) a 5% (cinco por cento) dos seus cargos com beneficiários reabilitados ou pessoas portadoras de deficiência, habilitadas, na seguinte proporção: I – até 200 empregados: 2%; II – de 201 a 500: 3%; III – de 501 a 1.000: 4%; IV – de 1.001 em diante: 5%".

[35] De acordo com o art. 2.º, VII da Lei 12.187/2009, a mitigação compreende as "mudanças e substituições tecnológicas que reduzam o uso de recursos e as emissões por unidade de produção, bem como a implementação de medidas que reduzam as emissões de gases de efeito estufa e aumentem os sumidouros".

Conforme destacamos no capítulo 3, a visibilidade (transparência) dos atos estatais possui íntima relação com o princípio democrático (art. 1.º da CRFB), uma vez que permite o efetivo controle social da Administração Pública. No Estado Democrático de Direito, a regra é a publicidade dos atos estatais e o sigilo é exceção.

A publicidade é a regra nas licitações, ressalvados os casos de informações cujo sigilo seja imprescindível à segurança da sociedade e do Estado, na forma da lei (art. 13 da Lei 14.133/2021). É possível o sigilo provisório ou a publicidade diferida em duas hipóteses (art. 13, parágrafo único, da Lei 14.133/2021): a) conteúdo das propostas até a respectiva abertura; e b) orçamento estimado da contratação. O eventual sigilo do orçamento estimado da contratação deve ser justificado e não prevalece para os órgãos de controle interno e externo. Durante o sigilo, a Administração divulgará o detalhamento dos quantitativos e das demais informações necessárias para a elaboração das propostas (art. 24, caput e inciso I, da Lei 14.133/2021).[36]

O Portal Nacional de Contratações Públicas (PNCP), previsto no art. 174 da Lei 14.133/2021, é o sítio eletrônico oficial que tem por objetivo divulgar os atos exigidos pela Lei de Licitações e garantir o acesso à informação, cumpridas as exigências da Lei 12.527/2011 (Lei de Acesso à Informação – LAI). Além da LAI, afigura-se necessário o cumprimento da Lei Geral de Proteção de Dados – LGPD. A instituição do PNCP garante transparência e racionalidade nas informações divulgadas pelo Poder Público, servindo como importante instrumento de acesso aos dados das licitações e das contratações públicas, o que facilita o exercício do controle social e institucional.

### 17.4.9 Princípios da eficiência, celeridade e economicidade

O art. 5.º da Lei 14.133/2021 indica, ainda, os princípios da eficiência, celeridade e da economicidade. Em nossa opinião, a celeridade e a economicidade encontram-se inseridas no princípio constitucional da eficiência (art. 37 da CRFB, alterado pela EC 19/1998).

A preocupação com a eficiência pode ser encontrada em diversas passagens da Lei de Licitações. Na contratação de obras, fornecimentos e serviços, inclusive de engenharia, por exemplo, é possível a fixação da remuneração variável vinculada ao desempenho do contratado, com base em metas, padrões de qualidade, critérios de sustentabilidade ambiental e prazos de entrega definidos no edital de licitação e no contrato (denominado de contrato de *performance* ou de desempenho), na forma do art. 144 da Lei 14.133/2021.

Outro exemplo é a possibilidade de previsão no instrumento convocatório que contemple matriz de alocação eficiente de riscos que deverá estabelecer a responsabilidade que cabe a cada parte contratante, bem como mecanismos que afastem a ocorrência do sinistro e que mitiguem os efeitos deste, caso ocorra durante a execução contratual, na forma do art. 22, caput e § 1.º, da Lei 14.133/2021. A imputação dos riscos à parte

---

[36] De acordo com o art. 24, parágrafo único, da atual Lei, na licitação em que for adotado o critério de julgamento de maior desconto, o preço estimado ou o máximo aceitável constará do edital da licitação. Embora não previsto na Lei 8.666/1993, o orçamento sigiloso, com a publicidade diferida, já era adotado no Regime Diferenciado de Contratações Públicas (art. 6.º da Lei 12.462/2011) e na Lei das Estatais (art. 34, caput e § 3.º, da Lei 13.303/2016).

que possui melhores condições de gerenciá-los contribui para a segurança jurídica e a economicidade do contrato.

Lembre-se, ainda, que a economicidade deve ser considerada na elaboração do estudo técnico preliminar, que é o documento constitutivo da primeira etapa do planejamento de uma contratação (arts. 6.º, XX, e 18, § 1.º, IX, da Lei 14.133/2021).

### 17.4.10 Princípio da segregação de funções

O princípio da segregação de funções, previsto no art. 5.º da Lei 14.133/2021, consiste na distribuição e na especialização de funções entre os diversos agentes públicos que atuam nos processos de licitação e de contratação pública, com o intuito de garantir maior especialização no exercício das respectivas funções e de diminuir os riscos de conflitos de interesses dos agentes públicos. Verifica-se, portanto, que o referido princípio possui relação com os princípios da eficiência e da moralidade.

Ao tratar da segregação de funções, o art. 7.º, § 1.º, da Lei 14.133/2021 proíbe a designação do mesmo agente público para atuação simultânea em funções mais suscetíveis a riscos, de modo a reduzir a possibilidade de ocultação de erros e de ocorrência de fraudes na respectiva contratação. A mesma vedação é aplicada aos órgãos de assessoramento jurídico e de controle interno da Administração (art. 7.º, § 2.º). Assim, por exemplo, o servidor que atuou como pregoeiro ou agente de contratação não deve ser indicado como fiscal do futuro contrato, bem como o pregoeiro não pode assumir a responsabilidade para elaboração do edital.[37]

É oportuno destacar que a segregação de funções possui relevância na execução dos atos atinentes à contratação pública e na atuação dos órgãos de controle, influenciando, inclusive, na imputação de responsabilidade. Mencione-se, por exemplo, a responsabilidade do gestor público por suas decisões, ainda que apoiadas em parecer jurídico, não sendo lícito responsabilizar civilmente o parecerista por sua opinião técnica, salvo na hipótese de dolo ou fraude (art. 184 do CPC).

## 17.5 A FUNÇÃO REGULATÓRIA DA LICITAÇÃO

O procedimento administrativo licitatório tem por objetivo a seleção, dentro de um mercado no qual exista efetiva concorrência entre os licitantes, da proposta mais vantajosa para a Administração Pública, que não se funda exclusivamente em critérios econômicos, mas também em outros fatores que devem ser ponderados pela Administração Pública, tais como o desenvolvimento nacional sustentável (arts. 5.º e 11, IV, da Lei 14.133/2021), a promoção da defesa do meio ambiente ("licitações verdes" ou sustentáveis, como, por exemplo: arts. 18, § 1.º, XII, 34, § 1.º, 42, III, 45, I e II, da Lei 14.133/2021),[38] a inclusão

---

[37] TCU, Acórdão 2.146/2022, Plenário, Representação, Rel. Min. Aroldo Cedraz, Informativo de Jurisprudência sobre Licitações e Contratos do TCU n. 446. Antes da sua previsão expressa no art. 5.º da atual Lei de Licitações, a segregação de funções já era reconhecida e aplicada pelos órgãos de controle (TCU, Acórdão 2296/2014, Plenário, Rel. Min. Benjamin Zymler, j. 03.09.2014).

[38] As "licitações verdes" ou "contratos públicos ecológicos" (*Green Public Procurement*) representam tendência consagrada no Direito Comunitário Europeu que exige a utilização da contratação pública para implementação de

de portadores de deficiência no mercado de trabalho (arts. 63, IV, 92, XVII, 116, 137, IX, da Lei 14.133/2021), o fomento à contratação de microempresas e empresas de pequeno porte (LC 123/2006), o incentivo à contratação de mulher vítima de violência doméstica e de mão de obra oriunda ou egressa do sistema prisional (art. 25, § 9.º, da Lei 14.133/2021), entre outras finalidades extraeconômicas.

Trata-se da denominada "função regulatória da licitação", segundo a qual a licitação não se presta, tão somente, para que a Administração realize a contratação de bens e serviços a um menor custo; o referido instituto tem espectro mais abrangente, servindo como instrumento para o atendimento de finalidades públicas outras, consagradas constitucionalmente.

Não obstante a relevância da função regulatória, a estipulação de finalidades extraeconômicas nas licitações públicas deve ser objeto de planejamento, motivação e de razoabilidade, uma vez que a licitação não é o instrumento ordinário (ou principal) para solução dos inúmeros desafios da Administração Pública e a contratação pública tem por objetivo imediato a realização do objeto contratado (execução da obra, a prestação do serviço, o fornecimento do bem etc.).[39]

## 17.6 OBJETO DA LICITAÇÃO

O objeto da licitação é o conteúdo do futuro contrato que será celebrado pela Administração Pública.

Os arts. 40 a 51 da Lei 14.133/2021 estabelecem o regime jurídico das compras, serviços, inclusive de engenharia, obras e locação de imóveis, cabendo ao art. 76 fixar o regime jurídico das alienações de bens da Administração Pública.

### 17.6.1 Obras e serviços de engenharia

A obra, na forma indicada no art. 6.º, XII, da Lei 14.133/2021, é "toda atividade estabelecida, por força de lei, como privativa das profissões de arquiteto e engenheiro que implica intervenção no meio ambiente por meio de um conjunto harmônico de ações que, agregadas, formam um todo que inova o espaço físico da natureza ou acarreta alteração substancial das características originais de bem imóvel".[40]

---

políticas públicas ambientais. Nesse sentido, o "Livro Verde sobre a modernização da política de contratos públicos da UE – Para um mercado dos contratos públicos mais eficiente na Europa", publicado em 2011, propõe a utilização dos contratos públicos para proteção do meio ambiente. Sobre o tema, vide: ESTORNINHO, Maria João. *Curso de direito dos contratos públicos*. Coimbra: Almedina, 2012. p. 415-441.

[39] Sobre a função regulatória da licitação, vide: SOUTO, Marcos Juruena Villela. Direito administrativo das parcerias. Rio de Janeiro: Lumen Juris, 2005. p. 86-89; SOUTO, Marcos Juruena Villela. Direito administrativo contratual. Rio de Janeiro: Lumen Juris, 2004. p. 6, p. 105, 328 e 424; FERRAZ, Luciano. Função regulatória da licitação. A&C Revista de Direito Administrativo e Constitucional, v. 37, p. 133-142, 2009; GARCIA, Flávio Amaral. Licitações e contratos administrativos. 3. ed. Rio de Janeiro: Lumen Juris, 2010. p. 73-75; OLIVEIRA, Rafael Carvalho Rezende. Licitações e contratos administrativos. 2. ed. São Paulo: Método, 2013. p. 159-162.

[40] Existem, no entanto, determinadas situações de difícil distinção entre obra e serviço de engenharia, especialmente pela insuficiência das definições constantes da legislação. Alguns critérios são sugeridos pela doutrina para distinção entre obra e serviço, tais como: a) na contratação de uma obra prepondera o resultado consistente

A Lei 14.133/2021, ao tratar das obras e serviços de engenharia, revela importante preocupação com a sustentabilidade da contratação. Nesse sentido, por exemplo, as licitações de obras e serviços de engenharia devem observar (art. 45): a) disposição final ambientalmente adequada dos resíduos sólidos gerados pelas obras contratadas; b) mitigação por condicionantes e compensação ambiental, que serão definidas no procedimento de licenciamento ambiental; c) utilização de produtos, equipamentos e serviços que, comprovadamente, favoreçam a redução do consumo de energia e de recursos naturais; d) avaliação de impacto de vizinhança, na forma da legislação urbanística; e) proteção do patrimônio histórico, cultural, arqueológico e imaterial, inclusive por meio da avaliação do impacto direto ou indireto causado pelas obras contratadas; e f) acessibilidade para pessoas com deficiência ou com mobilidade reduzida.

As obras e os serviços de engenharia podem ser executados de forma direta (por meio dos órgãos ou entidades administrativas) ou indireta (por meio da contratação de terceiros). A execução indireta pode ocorrer por meio dos seguintes regimes (art. 46 da Lei 14.133/2021):[41]

a) empreitada por preço unitário: contratação da execução da obra ou do serviço por preço certo de unidades determinadas (art. 6.º, XXVIII);
b) empreitada por preço global: contratação da execução da obra ou do serviço por preço certo e total (art. 6.º, XXIX);
c) empreitada integral: contratação de empreendimento em sua integralidade, compreendida a totalidade das etapas de obras, serviços e instalações necessárias, sob inteira responsabilidade do contratado até sua entrega ao contratante em condições de entrada em operação, com características adequadas às finalidades para as quais foi contratado e atendidos os requisitos técnicos e legais para sua utilização com segurança estrutural e operacional (art. 6.º, XXX);
d) contratação por tarefa: contratação de mão de obra para pequenos trabalhos por preço certo, com ou sem fornecimento de materiais (art. 6.º, XXXI);
e) contratação integrada: regime de contratação de obras e serviços de engenharia em que o contratado é responsável por elaborar e desenvolver os projetos básico e executivo, executar obras e serviços de engenharia, fornecer bens ou prestar serviços especiais e realizar montagem, teste, pré-operação e as demais operações necessárias e suficientes para a entrega final do objeto (art. 6.º, XXXII);

---

na criação ou modificação de um bem corpóreo – obrigação de resultado –, e na contratação do serviço predomina a atividade humana que produz utilidades para a Administração – obrigação de meio (JUSTEN FILHO, Marçal. *Comentários à Lei de Licitações e Contratos Administrativos*. 9. ed. São Paulo: Dialética, 2002. p. 108-109); e b) enquanto na obra, normalmente, o custo do material é superior ao da mão de obra, nos serviços a lógica é inversa (GARCIA, Flávio Amaral. *Licitações e contratos administrativos*. 2. ed. Rio de Janeiro: Lumen Juris, 2007. p. 7).

[41] Verifica-se a ampliação dos regimes de execução indireta previstos no art. 10, II, da Lei 8.666/1993 (empreitada por preço global, empreitada por preço unitário, tarefa e empreitada integral). Ao lado dos regimes tradicionais, a atual Lei de Licitações incluiu a contratação integrada, a contratação semi-integrada e o fornecimento e prestação de serviço associado. Importante dizer que as contratações integrada e semi-integrada já eram previstas no âmbito das empresas estatais (art. 42, V e VI, da Lei 13.303/2016). A contratação integrada era igualmente prevista no RDC (art. 8.º, V, da Lei 12.462/2011).

f) contratação semi-integrada: regime de contratação de obras e serviços de engenharia em que o contratado é responsável por elaborar e desenvolver o projeto executivo, executar obras e serviços de engenharia, fornecer bens ou prestar serviços especiais e realizar montagem, teste, pré-operação e as demais operações necessárias e suficientes para a entrega final do objeto (art. 6.º, XXXIII); e

g) fornecimento e prestação de serviço associado: regime de contratação em que, além do fornecimento do objeto, o contratado responsabiliza-se por sua operação, manutenção ou ambas, por tempo determinado (art. 6.º, XXXIV).

É vedada a realização de obras e serviços de engenharia sem projeto executivo, ressalvada a hipótese prevista no § 3.º do art. 18 (art. 46, § 1.º, da Lei 14.133/2021). Contudo, na contratação integrada o projeto básico é dispensado e substituído pelo anteprojeto de acordo com metodologia definida em ato do órgão competente, observados os requisitos estabelecidos no inciso XXIV do art. 6.º (art. 46, § 2.º, da Lei 14.133/2021).

Nos regimes de contratação integrada e semi-integrada, o edital e o contrato deverão prever as providências necessárias para a efetivação de desapropriação autorizada pelo Poder Público, bem como (art. 46, § 4.º, da Lei 14.133/2021): a) o responsável por cada fase do procedimento expropriatório; b) a responsabilidade pelo pagamento das indenizações devidas; c) a estimativa do valor a ser pago a título de indenização pelos bens expropriados, inclusive de custos correlatos; d) a distribuição objetiva de riscos entre as partes, incluído o risco pela variação do custo da desapropriação em relação à estimativa de valor e aos eventuais danos e prejuízos ocasionados por atraso na disponibilização dos bens expropriados; e e) em nome de quem deverá ser promovido o registro de imissão provisória na posse e o registro de propriedade dos bens a serem desapropriados.

O projeto básico poderá ser alterado na contratação semi-integrada, desde que demonstrada a superioridade das inovações em termos de redução de custos, de aumento da qualidade, de redução do prazo de execução ou de facilidade de manutenção ou operação, assumindo a contratada a responsabilidade integral pelos riscos associados à alteração do projeto básico (art. 46, § 5.º, da Lei 14.133/2021).

A execução de cada etapa será obrigatoriamente precedida da conclusão e da aprovação, pela autoridade competente, dos trabalhos relativos às etapas anteriores (art. 46, § 6.º, da Lei 14.133/2021).

Os regimes de execução "empreitada por preço global", "empreitada integral", "contratação por tarefa", "contratação integrada" e "contratação semi-integrada" serão licitados por preço global e adotarão sistemática de medição e pagamento associada à execução de etapas do cronograma físico-financeiro, vinculadas ao cumprimento de metas de resultado, vedada a adoção de sistemática de remuneração orientada por preços unitários ou referenciada pela execução de quantidades de itens unitários (art. 46, § 9.º, da Lei 14.133/2021).

### 17.6.2 Serviços

De acordo com o art. 6.º, XI, da Lei 14.133/2021, serviço é "atividade ou conjunto de atividades destinadas a obter determinada utilidade, intelectual ou material, de interesse da Administração".

A contratação de serviços (terceirização) pode envolver a prestação de serviço específico ou a conjunção de diversos serviços de interesse da Administração Pública. Nesse último caso, é possível a celebração do "contrato de gestão para ocupação de imóveis públicos" (contrato de *facilities*), que envolve a prestação, em um único contrato, de serviços de gerenciamento e manutenção de imóvel, incluído o fornecimento dos equipamentos, materiais e outros serviços necessários ao uso do imóvel pela Administração Pública, por escopo ou continuados (art. 7.º da Lei 14.011/2020).[42]

O regime jurídico da contratação de serviços (terceirização) é previsto nos arts. 47 a 50 da Lei 14.133/2021.

As licitações de serviços devem observar dois princípios (art. 47 da Lei 14.133/2021): a) da padronização, considerando a compatibilidade de especificações estéticas, técnicas ou de desempenho; e b) do parcelamento, quando for tecnicamente viável e economicamente vantajoso.

Quanto ao parcelamento, devem ser considerados (art. 47, § 1.º): a) a responsabilidade técnica; b) o custo para a Administração de vários contratos perante as vantagens da redução de custos, com divisão do objeto em itens; e c) o dever de buscar a ampliação da competição e evitar a concentração de mercado.

No tocante aos serviços de manutenção e assistência técnica, o edital deverá definir o local de realização dos serviços, admitindo-se a exigência de deslocamento de técnico no próprio local da repartição ou a exigência de que a contratada tenha unidade de prestação de serviços em distância compatível com as necessidades da Administração (art. 47, § 2.º).

Os serviços que serão contratados com terceiros envolverão as atividades materiais acessórias, instrumentais ou complementares aos assuntos que constituem área de competência legal do órgão ou da entidade, sendo vedado à Administração ou a seus agentes, na contratação do serviço terceirizado (art. 48 da Lei 14.133/2021): a) indicar pessoas expressamente nominadas para executar direta ou indiretamente o objeto contratado; b) fixar salário inferior ao definido em lei ou ato normativo a ser pago pelo contratado; c) estabelecer vínculo de subordinação com funcionário de empresa prestadora de serviço terceirizado; d) definir forma de pagamento mediante exclusivo reembolso dos salários pagos; e) demandar a funcionário de empresa prestadora de serviço terceirizado a execução de tarefas fora do escopo do objeto da contratação; e f) prever em edital exigências que constituam intervenção indevida da Administração na gestão interna do contratado.

Verifica-se que o art. 48 da Lei 14.133/2021 não prevê a terceirização de atividade-fim, uma vez que o referido dispositivo legal estabelece apenas a contratação de "atividades materiais acessórias, instrumentais ou complementares aos assuntos que constituam área

---

[42] O contrato de *facilities*, que já era admitido pelo TCU, envolve a prestação de serviços diversos (exs.: limpeza, vigilância, motorista, recepcionista, manutenção predial etc.) e demonstra que o parcelamento do objeto, previsto no art. 47 da Lei 14.133/2021, não é absoluto, uma vez que deve levar em consideração os aspectos técnicos e econômicos (economia de escala) da contratação. Antes da previsão contida no art. 7.º da Lei 14.011/2020, a viabilidade do contrato de *facilities* na Administração Pública já era admitida pelo TCU: Acórdão 929/2017, Plenário, Rel. Min. Jose Mucio Monteiro, j. 10.05.2017; Acórdão 1.214/2013, Plenário, Rel. Min. Aroldo Cedraz, j. 22.05.2013.

de competência legal do órgão ou da entidade". Contudo, a interpretação do referido dispositivo legal deve ensejar controvérsias, como será destacado no tópico seguinte.

Outro ponto de destaque na Lei 14.133/2021 relaciona-se com a preocupação salutar de conflito de interesses e de nepotismo nas contratações de serviços.

Dessa forma, na terceirização, é vedado ao contratado contratar cônjuge, companheiro ou parente em linha reta, colateral ou por afinidade, até o terceiro grau, de dirigente do órgão ou entidade contratante ou de agente público que desempenhe função na licitação ou atue na fiscalização ou na gestão do contrato, devendo esta proibição constar expressamente no edital de licitação (art. 48, parágrafo único).

O art. 49, *caput* e parágrafo único, da Lei 14.133/2021 permite a contratação de mais de uma empresa ou instituição para executar o mesmo serviço, desde que essa contratação não implique perda de economia de escala e que a Administração mantenha o controle individualizado de cada contratado, quando: a) o objeto da contratação puder ser executado de forma concorrente e simultânea por mais de um contratado; e b) a múltipla execução for conveniente para atender à Administração.

Nas contratações de serviços com regime de dedicação exclusiva de mão de obra, o contratado deverá apresentar, quando solicitado pela Administração, sob pena de multa, comprovação do cumprimento das obrigações trabalhistas e com o FGTS em relação aos empregados diretamente envolvidos na execução do contrato, em especial quanto ao (art. 50 da Lei 14.133/2021): a) registro de ponto; b) recibo de pagamento de salários, adicionais, horas extras, repouso semanal remunerado e décimo terceiro salário; c) comprovante de depósito do FGTS; d) recibo de concessão de férias e do respectivo adicional; e) recibo de quitação de obrigações trabalhistas e previdenciárias dos empregados dispensados até a data da extinção do contrato; e f) recibo de pagamento de vale-transporte e vale-alimentação, na forma prevista em norma coletiva.

### 17.6.2.1 *Terceirização: a superação da distinção entre atividade-meio e atividade-fim*

Conforme destacado, o art. 48 da Lei 14.133/2021 dispõe que os serviços que serão contratados com terceiros envolverão as atividades materiais acessórias, instrumentais ou complementares aos assuntos que constituem área de competência legal do órgão ou da entidade. Em consequência, a partir da literalidade do dispositivo legal, não seria admitida a terceirização de atividade-fim.

Todavia, com a promulgação da Lei 13.429/2017, que alterou a Lei 6.019/1974, não foi estabelecida vedação à terceirização de atividades finalísticas das tomadoras de serviços, o que demonstra a possibilidade de discussão quanto à interpretação do art. 48 da Lei 14.133/2021.

Com efeito, o art. 4.º-A da Lei 6.019/1974, alterado pela Lei 13.467/2017 (Reforma Trabalhista), considera "prestação de serviços a terceiros a transferência feita pela contratante da execução de quaisquer de suas atividades, inclusive sua atividade principal, à pessoa jurídica de direito privado prestadora de serviços que possua capacidade econômica compatível com a sua execução". Vale dizer: a terceirização pode envolver qualquer tipo de atividade (instrumental ou finalística) de interesse da Administração Pública contratante.

Em consequência, a atual legislação superou a distinção tradicional entre "atividade-meio" e "atividade-fim".

Após afirmar a inconstitucionalidade dos incisos I, III, IV e VI da Súmula 331 do TST, o STF, em repercussão geral, considerou lícita a terceirização ou qualquer outra forma de divisão do trabalho entre pessoas jurídicas distintas, independentemente do objeto social das empresas envolvidas, mantida a responsabilidade subsidiária da empresa contratante. De acordo com a Suprema Corte, a terceirização das atividades-meio ou das atividades-fim de uma empresa tem amparo nos princípios constitucionais da livre iniciativa e da livre concorrência.[43]

Aliás, o STF, em sede de repercussão geral, fixou a tese de que "o inadimplemento dos encargos trabalhistas dos empregados do contratado não transfere automaticamente ao Poder Público contratante a responsabilidade pelo seu pagamento, seja em caráter solidário ou subsidiário, nos termos do art. 71, § 1.º, da Lei n.º 8.666/93".[44]

No referido julgamento, o STF afirmou que a dicotomia entre "atividade-fim" e "atividade-meio" é "imprecisa, artificial e ignora a dinâmica da economia moderna, caracterizada pela especialização e divisão de tarefas com vistas à maior eficiência possível, de modo que frequentemente o produto ou serviço final comercializado por uma entidade comercial é fabricado ou prestado por agente distinto, sendo também comum a mutação constante do objeto social das empresas para atender a necessidades da sociedade, como revelam as mais valiosas empresas do mundo". A Suprema Corte afirmou, ainda, que, além de suas vantagens inerentes, a terceirização não importa precarização às condições dos trabalhadores.

### 17.6.2.2 Quarteirização

A "quarteirização" envolve a contratação de empresa especializada com a incumbência de gerenciar o fornecimento de serviços por terceiros à Administração. Trata-se, em verdade, da terceirização da atividade de gerenciamento à empresa que fiscalizará os demais contratos de terceirização no âmbito da Administração Pública.[45]

Cite-se como exemplo de quarteirização a contratação de empresa especializada no gerenciamento da manutenção preventiva e corretiva de veículos de órgãos policiais. No referido contrato, a empresa privada, vencedora da licitação, tem o dever de gerenciar a frota de veículos da Administração, incluindo o fornecimento de peças, acessórios, mão de obra e transporte por guincho por empresas credenciadas.[46]

No âmbito da quarteirização, são instituídas duas relações jurídicas distintas: a) relação entre a Administração Pública e a empresa gerenciadora; e b) relação entre a empresa

---

[43] Tema 725 da Tese de Repercussão Geral do STF.
[44] Tema 246 da Tese de Repercussão Geral do STF.
[45] Jessé Torres sustenta que a quarteirização é o estágio seguinte à terceirização, consistindo na "contratação, pela Administração, de um terceiro privado, especializado em gerenciar pessoas físicas ou jurídicas, os 'quarteirizados', que o terceiro contratará para a execução de determinados serviços ou o fornecimento de certos bens necessários ao serviço público" (PEREIRA JUNIOR, Jessé Torres. Manutenção da frota e fornecimento de combustíveis por rede credenciada, gerida por empresa contratada: prenúncio da "quarteirização" na gestão? FCGP, Belo Horizonte, ano 9, n. 102, p. 31, jun. 2010).
[46] TCU, Plenário, Acórdão 2731/2009, Rel. Min. Marcos Bemquerer Costa, DOU 20.11.2009. De acordo com o TCU, a opção pela quarteirização do serviço encontra-se inserida no âmbito de discricionariedade do gestor, desde que devidamente justificada (TCU, Plenário, Acórdão 120/2018, Rel. Min. Bruno Dantas, j. 24.01.2018).

gerenciadora e as empresas prestadoras dos serviços terceirizados. Não há, em princípio, relação jurídica entre a Administração Pública e as empresas prestadoras dos serviços terceirizados, mas, sim, entre a Administração e a empresa gerenciadora, razão pela qual o Estado não possui responsabilidade pelos atos praticados pelas quarteirizadas. Quanto aos encargos trabalhistas, o TST já admitiu a responsabilidade subsidiária da Administração Pública na hipótese de descumprimento das obrigações trabalhistas pelas quarteirizadas.[47]

### 17.6.2.3 Serviços de publicidade

A Lei 12.232/2010 dispõe sobre as normas gerais para licitação e contratação de serviços de publicidade prestados por intermédio de agências de propaganda.

As características das licitações para contratos de publicidade podem ser assim resumidas:

a) as agências de publicidade devem apresentar "certificado de qualificação técnica de funcionamento", obtido perante o Conselho Executivo das Normas-Padrão (CENP), para participarem da licitação (art. 4.º da Lei 12.232/2010);

b) o procedimento de licitação deve observar uma das modalidades elencadas no art. 22 da Lei 8.666/1993, não havendo menção quanto à possibilidade de utilização do pregão (art. 5.º da Lei 12.232/2010) – aqui, é oportuno lembrar que as referências à Lei 8.666/1993 contidas na legislação tradicional devem ser interpretadas como referências à Lei 14.133/2021, na forma do art. 189 da atual Lei de Licitações. De qualquer forma, entendemos que o pregão continua sendo inaplicável nas licitações para serviços de publicidade, especialmente em razão da necessária utilização dos critérios de julgamento por "melhor técnica" ou "técnica e preço", o que seria vedado no pregão, que apenas permite os critérios "menor preço" ou "maior desconto" (art. 6.º, XLI, da Lei 14.133/2021);[48]

c) fase específica para análise das propostas técnicas, bem como julgamento das propostas de preço antes da etapa da habilitação (arts. 6.º, I, e 11, § 4.º, I a XIV, da Lei 12.232/2010);

d) o projeto básico é substituído pelo *briefing*, que deve conter as informações claras e objetivas para que os interessados elaborem propostas (art. 6.º, II, da Lei 12.232/2010);

e) utilização dos critérios de julgamento "melhor técnica" ou "técnica e preço" (art. 5.º da Lei 12.232/2010);

f) a proposta técnica, na forma do art. 6.º, III, da Lei 12.232/2010, será composta de um plano de comunicação publicitária (art. 7.º), relacionado às informações contidas no *briefing*, e de um conjunto de informações referentes ao proponente (art. 8.º); e

---

[47] Vide, por exemplo: TST, 5.ª Turma, RR 203500-57.2006.5.18.0001, Rel. Min. Kátia Magalhães Arruda, *DJ* 07.10.2011; TST, 8.ª Turma, AI 151740-58.2003.5.01.0030, Rel. Min. Dora Maria da Costa, *DJ* 30.09.2011.

[48] No sentido da vedação do pregão para contratação dos serviços de publicidade, vide: MOTTA, Carlos Pinto Coelho. *Divulgação institucional e contratação de serviços de publicidade*. Belo Horizonte: Fórum, 2010. p. 96.

g) as propostas técnicas serão analisadas e julgadas por subcomissão técnica (art. 10, § 1.º, da Lei 12.232/2010).[49]

## 17.6.3 Compras

O art. 6.º, X, da Lei 14.133/2021 dispõe que a compra é a aquisição remunerada de bens para fornecimento de uma só vez ou parceladamente, considerada imediata aquela com prazo de entrega de até 30 (trinta) dias da data prevista para apresentação da proposta. O regime jurídico das compras é estabelecido pelos arts. 40 a 44 da Lei 14.133/2021.

O planejamento de compras deve considerar a expectativa de consumo anual, bem como observar os seguintes parâmetros (art. 40 da Lei 14.133/2021): a) condições de aquisição e pagamento semelhantes às do setor privado; b) processamento por meio de sistema de registro de preços, quando pertinente; c) determinação de unidades e quantidades a serem adquiridas em função de consumo e utilização prováveis, cuja estimativa será obtida, sempre que possível, mediante adequadas técnicas quantitativas, admitido o fornecimento contínuo; d) condições de guarda e armazenamento que não permitam a deterioração do material; e) atendimento aos princípios: e.1) da padronização, considerando a compatibilidade de especificações estéticas, técnicas ou de desempenho; e.2) do parcelamento, quando for tecnicamente viável e economicamente vantajoso; e.3) da responsabilidade fiscal, mediante a verificação da despesa estimada com a prevista no orçamento.

O termo de referência deverá conter os elementos previstos no inciso XXIII do art. 6.º e também (art. 40, § 1.º, da Lei 14.133/2021): a) especificação do produto, preferencialmente conforme catálogo eletrônico de padronização, observados os requisitos de qualidade, rendimento, compatibilidade, durabilidade e segurança; b) indicação dos locais de entrega dos produtos e das regras para recebimento provisório e definitivo, quando for o caso; c) especificação da garantia exigida e das condições de manutenção e assistência técnica, quando for o caso.

Em relação ao princípio do parcelamento das compras,[50] devem ser considerados (art. 40, § 2.º, da Lei 14.133/2021): a) a viabilidade da divisão do objeto em lotes; b) o aproveitamento das particularidades do mercado local, visando à economicidade, sempre que possível, desde que atendidos os parâmetros de qualidade; e c) o dever de buscar a ampliação da competição e de evitar a concentração de mercado.

---

[49] A subcomissão técnica é constituída por, pelo menos, três membros que sejam formados em comunicação, publicidade ou *marketing* ou que atuem em uma dessas áreas, sendo que, pelo menos, 1/3 um terço deles não poderá manter nenhum vínculo funcional ou contratual, direto ou indireto, com o órgão ou a entidade responsável pela licitação. A escolha dos membros da subcomissão técnica dar-se-á por sorteio, em sessão pública, entre os nomes de uma relação que terá, no mínimo, o triplo do número de integrantes da subcomissão, previamente cadastrados (art. 10, §§ 1.º e 2.º, da Lei 12.232/2010).

[50] No âmbito da legislação anterior, que também consagrava o princípio do parcelamento, o TCU entendeu que o parcelamento do objeto, aplicável às compras, obras ou serviços, acarretaria a pluralidade de licitações, pois cada parte, item, etapa ou parcela representaria uma licitação isolada em separado (ex.: construção que pode ser dividida em várias etapas: limpeza do terreno, terraplenagem, fundações, instalações hidráulica e elétrica, alvenaria, acabamento, paisagismo) (TCU. *Licitações & contratos*: orientações e jurisprudência do TCU. 4. ed. Brasília, 2010. p. 225).

Lembre-se de que a divisibilidade do objeto pode acarretar, a critério da Administração, a realização de procedimento único ou procedimentos distintos de licitação. Na hipótese de procedimento único de licitação, denominada "licitação por item", a Administração concentra, no mesmo certame, objetos diversos que serão contratados (ex.: a licitação para compra de equipamentos de informática pode ser dividida em vários itens, tais como microcomputador, impressora etc.).[51] Em verdade, várias licitações são realizadas dentro do mesmo processo administrativo, sendo certo que cada item será julgado de forma independente e comportará a comprovação dos requisitos de habilitação.

De acordo com o entendimento consagrado na Súmula 247 do TCU, a licitação por item (e não por preço global) deve ser a regra quando o objeto da licitação for divisível.[52] A licitação por grupos ou lotes, em que há o agrupamento de diversos itens, deve ser utilizada em situações excepcionais, que demonstrem a inviabilidade técnica ou econômica da licitação por itens, bem como a ausência de risco à competitividade.

É vedado, contudo, o parcelamento das compras quando (art. 40, § 3.º, da Lei 14.133/2021): a) a economia de escala, a redução de custos de gestão de contratos ou a maior vantagem na contratação recomendar a compra do mesmo item do mesmo fornecedor; b) o objeto a ser contratado configurar sistema único e integrado e houver a possibilidade de risco ao conjunto do objeto pretendido; e c) o processo de padronização ou de escolha de marca levar a fornecedor exclusivo.

Ademais, o art. 41 da Lei 14.133/2021 estabeleceu a possibilidade de: a) indicação, de forma justificada, de uma ou mais marcas ou modelos em determinados casos; b) exigência de amostra ou prova de conceito; c) vedação de contratação de marca ou produto que não cumpra os requisitos indispensáveis ao pleno adimplemento da obrigação contratual; e d) declaração de solidariedade emitida pelo fabricante, que assegure a execução do contrato, no caso de licitante revendedor ou distribuidor.

A aferição da qualidade dos bens pode ser realizada das seguintes maneiras (art. 42 da Lei 14.133/2021): a) comprovação de que o produto está de acordo com as normas técnicas determinadas pelos órgãos oficiais competentes, pela ABNT ou por outra entidade credenciada pelo Inmetro; b) declaração de atendimento satisfatório emitida por outro órgão ou entidade de nível federativo equivalente ou superior que tenha adquirido o produto; c) certificação, certificado, laudo laboratorial ou documento similar que possibilite a aferição da qualidade e da conformidade do produto ou do processo de fabricação, inclusive sob o aspecto ambiental, emitido por instituição oficial competente ou por entidade credenciada.

---

[51] De acordo com o TCU, é obrigatória, nas licitações cujo objeto seja divisível, a adjudicação por item e não por preço global, de forma a permitir uma maior participação de licitantes que, embora não dispondo de capacidade para o fornecimento da totalidade do objeto, possam fazê-lo com relação a itens ou unidades autônomas( TCU, Plenário, Acórdão 122/2014, Rel. Min. Benjamin Zymler, 29.01.2014, *Informativo de Jurisprudência sobre Licitações e Contratos do TCU* n. 183).

[52] Súmula 247 do TCU: "É obrigatória a admissão da adjudicação por item e não por preço global, nos editais das licitações para a contratação de obras, serviços, compras e alienações, cujo objeto seja divisível, desde que não haja prejuízo para o conjunto ou complexo ou perda de economia de escala, tendo em vista o objetivo de propiciar a ampla participação de licitantes que, embora não dispondo de capacidade para a execução, fornecimento ou aquisição da totalidade do objeto, possam fazê-lo com relação a itens ou unidades autônomas, devendo as exigências de habilitação adequar-se a essa divisibilidade".

É possível exigir no edital, como condição de aceitabilidade da proposta, a certificação de qualidade do produto por instituição credenciada pelo Conselho Nacional de Metrologia, Normalização e Qualidade Industrial – Conmetro (art. 42, § 1.º, da Lei 14.133/2021). Admite-se, ainda, o oferecimento de protótipos do objeto que será adquirido ou de amostras no julgamento, da proposta, para atender a diligência, e após o julgamento, como condição para firmar contrato (art. 42, § 2.º).

A exigência de amostra ou prova de conceito do bem pode ser realizada no procedimento de pré-qualificação permanente, na fase de julgamento das propostas ou de lances do licitante primeiro colocado, no período de vigência do contrato ou da ata de registro de preços, desde que previsto no instrumento convocatório e justificada a necessidade de sua apresentação (art. 41, II, da Lei 14.133/2021).

É legítima a indicação de marca ou modelo, desde que formalmente justificado, nas seguintes hipóteses (art. 41, I, da Lei 14.133/2021): a) em decorrência da necessidade de padronização do objeto; b) em razão da necessidade de manter a compatibilidade com plataformas e padrões já adotados pela Administração; c) quando determinada marca ou modelo comercializado por mais de um fornecedor for o único capaz de atender às necessidades da contratante; e d) quando a descrição do objeto a ser licitado puder ser mais bem compreendida pela identificação de determinada marca ou modelo aptos a servir apenas como referência.

É possível, por outro lado, a fixação de vedação para contratação de marca ou produto, quando, mediante processo administrativo, restar comprovado que produtos adquiridos e utilizados anteriormente pela Administração não atendem a requisitos indispensáveis ao pleno adimplemento da obrigação contratual (art. 41, III, da Lei 14.133/2021). Trata-se de vedação objetiva que incide sobre a marca e produto que, em contratações pretéritas, não se revelaram satisfatórias para o atendimento do interesse público subjacente aos contratos celebrados pela Administração. A vedação não alcança, portanto, a empresa contratada, que pode participar de futuras licitações e contratações, desde que não utilize a mesma marca e produto que foram vedados pela Administração.

Quanto à vedação de marca ou produto, sustentamos a necessidade de cumprimento dos seguintes parâmetros:[53] a) deve ser objeto de decisão administrativa motivada no âmbito de processo administrativo que assegure a ampla defesa e o contraditório das empresas fornecedoras e detentoras da marca ou produto; b) deve levar em consideração os produtos adquiridos e utilizados anteriormente pela própria Administração contratante, sendo vedada a exclusão a partir da experiência prévia do produto ou da marca com outro Ente da Federação, uma vez que o art. 41, III, da Lei de Licitações utilizou a expressão "Administração", que, na forma do art. 6.º, IV, da mesma Lei, abrange apenas o "órgão ou entidade por meio do qual a Administração Pública atua"; c) afigura-se recomendável que os parâmetros para afastamento de empresas de futuros procedimentos licitatórios sejam fixados em decretos regulamentares ou outras normas infralegais, com o objetivo

---

[53] Sobre o tema, vide: OLIVEIRA, Rafael Carvalho Rezende. *Licitações e contratos administrativos*. 12. ed. Rio de Janeiro: Método, 2023. p. 52-53; OLIVEIRA, Rafael Carvalho Rezende. *Nova Lei de Licitações e Contratos Administrativos*. 3. ed. Rio de Janeiro: Forense, 2023. p. 150.

de garantir segurança jurídica e isonomia aos envolvidos; e d) não obstante o silêncio legislativo, é preciso admitir que a decisão administrativa seja revista a qualquer tempo, especialmente a partir da demonstração de que o produto ou a marca sofreu alterações que demonstram a superação do problema eventualmente encontrado em contratação anterior.

Frise-se, ainda, a possibilidade de exigência, devidamente motivada, de carta de solidariedade emitida pelo fabricante, que assegure a execução do contrato, no caso de licitante revendedor ou distribuidor (art. 41, III, da Lei 14.133/2021).

Quanto ao princípio da padronização, o processo deverá conter (art. 43 da Lei 14.133/2021): a) parecer técnico sobre o produto, considerando especificações técnicas e estéticas, desempenho, análise de contratações anteriores, custo e condições de manutenção e garantia; b) despacho motivado da autoridade superior, com a adoção do padrão; e c) publicação em meio de divulgação oficial da síntese da justificativa e da descrição sucinta do padrão definido.

A padronização pode ser implementada com base em processo de outro órgão ou entidade de nível federativo igual ou superior ao do órgão adquirente, devendo o ato que decidir pela adesão à outra padronização ser devidamente motivado, com indicação da necessidade da Administração, e publicado em meio de divulgação oficial (art. 43, § 1.º).

Verifica-se que a atual Lei de Licitações pouco inovou em relação à indicação de marcas e ao princípio da padronização nas licitações.[54] A indicação de marcas, em regra vedada, pode ser realizada quando acompanhada de justificativas técnico-científicas, bem como para servir de parâmetro de qualidade para facilitar a descrição do objeto a ser licitado (ex.: ao lado da marca apontada no instrumento convocatório, constarão as seguintes expressões "ou equivalente", "ou similar" e "ou de melhor qualidade"). Quanto ao princípio da padronização, a Lei 14.133/2021 manteve a sua previsão, com o intuito de garantir benefícios econômicos para o Poder Público (princípio da economicidade), pois facilita as compras em grande escala e a manutenção dos bens adquiridos. Aliás, a padronização pode acarretar, em alguns casos, a indicação de marcas, desde que a opção seja tecnicamente adequada. O que não é permitido é a padronização ou a indicação de marcas por critérios subjetivos ou desarrazoados.

No tocante às contratações de soluções baseadas em *software* de uso disseminado, a atual Lei de Licitações remete a disciplina ao regulamento que definirá o processo de gestão estratégica das contratações desse tipo de solução (art. 43, § 2.º, da Lei 14.133/2021).

Por fim, nas hipóteses em que houver a possibilidade de compra ou de locação de bens, o estudo técnico preliminar deverá considerar os custos e os benefícios de cada opção, indicando a alternativa mais vantajosa (art. 44 da Lei 14.133/2021).

---

[54] No âmbito da Lei 8.666/1993, constava a vedação, em regra, da indicação de marcas (art. 15, § 7.º, I), salvo nas hipóteses de indicações acompanhadas de justificativas técnico-científicas. O princípio da padronização nas compras era previsto no art. 15, I, da Lei 8.666/1993. O TCU consagrou entendimento de que a "padronização de marca somente é possível em casos excepcionais, quando ficar incontestavelmente comprovado que apenas aquele produto, de marca certa, atende aos interesses da Administração" (TCU. *Licitações & contratos*: orientações e jurisprudência do TCU. 4. ed. Brasília, 2010. p. 215).

## 17.6.4 Alienações

As alienações de bens imóveis e móveis da Administração Pública dependem do preenchimento dos seguintes requisitos (art. 76 da Lei 14.133/2021):[55] a) interesse público devidamente justificado; b) avaliação prévia; e c) licitação na modalidade leilão. A alienação de imóveis da Administração direta, autarquias e fundações, dependerá, ainda, de autorização legislativa (art. 76, I, da Lei 14.133/2021).

No caso dos bens públicos, integrantes das pessoas jurídicas de direito público, a alienação depende, ainda, da desafetação, admitindo-se apenas a alienação de bens públicos dominicais (arts. 98 e 101 do CC).

A alienação de bens imóveis da Administração Pública cuja aquisição haja derivado de procedimentos judiciais ou de dação em pagamento dispensa autorização legislativa e exige apenas avaliação prévia e licitação na modalidade leilão (art. 76, § 1.º).

A Administração poderá conceder título de propriedade ou de direito real de uso de imóvel, admitida a dispensa de licitação, quando o uso destinar-se (art. 76, § 3.º): a) a outro órgão ou entidade da Administração Pública, qualquer que seja a localização do imóvel; e b) a pessoa natural que, nos termos de lei, regulamento ou ato normativo do órgão competente, haja implementado os requisitos mínimos de cultura, ocupação mansa e pacífica e exploração direta sobre área rural, observado o limite de que trata o § 1.º do art. 6.º da Lei 11.952/2009.

A doação com encargo será licitada e de seu instrumento constarão, obrigatoriamente, os encargos, o prazo de seu cumprimento e a cláusula de reversão, sob pena de nulidade do ato, sendo dispensada a licitação em caso de interesse público devidamente justificado (art. 76, § 6.º, da Lei 14.133/2021). Caso o donatário necessite oferecer o imóvel em garantia de financiamento, a cláusula de reversão e as demais obrigações serão garantidas por hipoteca em segundo grau em favor do doador (art. 76, § 7.º).

Na alienação de bens imóveis, será concedido direito de preferência ao licitante que, submetendo-se a todas as regras do edital, comprove a ocupação do imóvel objeto da licitação (art. 77 da Lei 14.133/2021).

Registre-se, por fim, que os incisos I e II do art. 76 da Lei 14.133/2021 dispensam a realização de licitação em determinados casos que são similares àqueles indicados nos incisos I e II do art. 17 da Lei 8.666/1993.

## 17.6.5 Locação de imóveis

O contrato de locação de bens imóveis é regulado, predominantemente, pelo direito privado (Lei 8.245/1991).

A formalização do contrato de locação e a aplicação do direito privado é plenamente possível nas hipóteses em que a Administração Pública figura na condição de locatária,

---

[55] Ao tratar das exigências para alienação de bens, a atual Lei de Licitações basicamente repetiu as exigências contidas na Lei 8.666/1993, com a ressalva de que, a partir do novo diploma legal de licitações, a modalidade a ser utilizada em qualquer alienação de bens será o leilão. Na legislação anterior, o leilão era reservado à alienação de bens móveis, com as exceções indicadas no art. 19 da Lei 8.666/1993, e a concorrência era exigida para alienação de imóveis.

bem como nos casos de locação de bens integrantes das pessoas jurídicas de direito privado da Administração Indireta.

Todavia, conforme será destacado em capítulo próprio (22.7.5.2), há discussão sobre a possibilidade de contrato de locação que tenha por objeto bens públicos. Em nossa opinião, a locação é incompatível com a transferência do uso privativo dos bens públicos que deve ser submetida ao regime jurídico próprio (exs: autorização, permissão, concessão de uso de bens públicos). Aliás, o art. 1.º, parágrafo único, a, 1, Lei 8.245/1991, dispões que a Lei de Locações não é aplicável aos contratos de locação de imóveis de propriedade da União, dos Estados e dos Municípios, de suas autarquias e fundações públicas que continuam reguladas pelo Código Civil (arts. 565 a 578) e pelas leis especiais.

A locação de imóveis deverá ser precedida de licitação e avaliação prévia do bem, do seu estado de conservação, dos custos de adaptações e do prazo de amortização dos investimentos necessários (art. 51 da Lei 14.133/2021).

É inexigível a licitação na aquisição ou locação de imóvel cujas características de instalações e localização tornem necessária sua escolha (art. 74, V, da Lei 14.133/2021).[56]

## 17.7 PROCEDIMENTOS AUXILIARES DAS LICITAÇÕES E CONTRATAÇÕES

O art. 78 da Lei 14.133/2021 indica os seguintes procedimentos auxiliares das licitações e contratações: a) credenciamento; b) pré-qualificação; c) procedimento de manifestação de interesse (PMI); d) sistema de registro de preços (SRP); e e) registro cadastral.[57]

### 17.7.1 Credenciamento

O credenciamento, segundo dispõe o art. 6.º, XLIII, da Lei 14.133/2021, é o "processo administrativo de chamamento público em que a Administração Pública convoca interessados em prestar serviços ou fornecer bens para que, preenchidos os requisitos necessários, se credenciem no órgão ou na entidade para executar o objeto quando convocados".[58]

O credenciamento, que configura hipótese de inexigibilidade de licitação, na forma do art. 74, IV, poderá ser utilizado nas seguintes hipóteses de contratação (art. 79 da Lei 14.133/2021): a) paralela e não excludente: caso em que é viável e vantajosa para a Administração a realização de contratações simultâneas em condições padronizadas;[59] b)

---

[56] A Lei 14.133/2021 conferiu tratamento mais técnico à locação direta, sem licitação. A Lei 8.666/1993, em seu art. 24, X, tratava a hipótese como dispensa de licitação. Como afirmamos em outra oportunidade, a hipótese configuraria, em verdade, inexigibilidade de licitação, em virtude da inviabilidade de competição, tese agora corroborada no texto da atual Lei de Licitações.

[57] Os critérios, claros e objetivos, dos procedimentos auxiliares serão definidos em regulamento (art. 78, § 1.º). Na pré-qualificação e no PMI, o julgamento segue o mesmo procedimento das licitações (art. 78, § 2.º).

[58] Em âmbito federal, o credenciamento é regulamentado pelo Decreto 11.878/2024. De acordo com o art. 5.º do referido Decreto, o credenciamento ficará permanentemente aberto durante a vigência do edital e será realizado por meio do Compras.gov.br, observadas as seguintes fases: a) preparatória; b) de divulgação do edital de credenciamento; c) de registro do requerimento de participação; d) de habilitação; e) recursal; e f) de divulgação da lista de credenciados.

[59] Nessa primeira hipótese, quando o objeto não permitir a contratação simultânea de todos os credenciados, deverão ser adotados critérios objetivos de distribuição da demanda (art. 79, parágrafo único, II).

com seleção a critério de terceiros: caso em que a seleção do contratado está a cargo do beneficiário direto da prestação; c) em mercados fluidos: caso em que a flutuação constante do valor da prestação e das condições de contratação inviabiliza a seleção de agente por meio do processo de licitação.[60]

A Administração deverá divulgar e manter à disposição do público em sítio eletrônico oficial edital de chamamento de interessados, de modo a permitir o cadastramento permanente de novos interessados (art. 79, parágrafo único, I).

O edital de chamamento de interessados deverá prever as condições padronizadas de contratação e, nas hipóteses dos incisos I e II do *caput*, deverá definir o valor da contratação (art. 79, parágrafo único, III).

Por fim, não será permitido o cometimento a terceiros do objeto contratado sem autorização expressa da Administração, admitindo-se a denúncia por qualquer das partes nos prazos fixados no edital (art. 79, parágrafo único, V e VI).

### 17.7.2 Pré-qualificação

A pré-qualificação é o "procedimento seletivo prévio à licitação, convocado por meio de edital, destinado à análise das condições de habilitação, total ou parcial, dos interessados ou do objeto" (art. 6.º, XLIV, da Lei 14.133/2021).

Trata-se de procedimento técnico-administrativo que tem por objetivo selecionar previamente (art. 80 da Lei 14.133/2021): a) licitantes que reúnam condições de habilitação para participar de futura licitação ou de licitação vinculada a programas de obras ou de serviços objetivamente definidos; e b) bens que atendam às exigências técnicas ou de qualidade estabelecidas pela Administração.

A pré-qualificação poderá ser aberta a licitantes ou a bens, observando-se o seguinte (art. 80, § 1.º): a) na pré-qualificação aberta a licitantes, poderão ser dispensados os documentos que já constarem do registro cadastral; b) na pré-qualificação aberta a bens, poderá ser exigida a comprovação de qualidade.[61]

O procedimento de pré-qualificação ficará permanentemente aberto para a inscrição de interessados (art. 80, § 2.º).[62]

O edital de pré-qualificação deve conter (art. 80, § 3.º): a) as informações mínimas necessárias para definição do objeto; e b) a modalidade, a forma da futura licitação e os critérios de julgamento.

A pré-qualificação poderá ser (art. 80, §§ 6.º e 7.º): a) realizada em grupos ou segmentos, segundo as especialidades dos fornecedores; e b) parcial ou total, contendo

---

[60] Nessa última hipótese, a Administração deverá registrar as cotações de mercado vigentes no momento da contratação (art. 79, parágrafo único, IV).
[61] Os produtos e os serviços pré-qualificados deverão integrar o catálogo de bens e serviços da Administração (art. 80, § 5.º).
[62] A apresentação de documentos far-se-á perante órgão ou comissão indicada pela Administração, que deverá examiná-los no prazo máximo de 10 dias úteis, determinando correção ou reapresentação de documentos, quando for o caso, visando à ampliação da competição (art. 80, § 4.º). É obrigatória a divulgação e manutenção à disposição do público dos interessados e dos bens pré-qualificados (art. 80, § 9.º).

alguns ou todos os requisitos técnicos ou de habilitação necessários à contratação, assegurada, em qualquer hipótese, a igualdade de condições entre os concorrentes.

A validade da pré-qualificação é de, no máximo, um ano, podendo ser atualizada a qualquer tempo, sendo certo que não poderá ser superior ao prazo de validade dos documentos apresentados pelos interessados (art. 80, § 8.º).

A licitação que se seguir ao procedimento da pré-qualificação poderá ser restrita a licitantes ou bens pré-qualificados (art. 80, § 10).

Mencione-se, por oportuno, que a pré-qualificação também era permitida nas licitações reguladas pela Lei 8.666/1993, mas a sua utilização, no entanto, ficava restrita às concorrências quando o objeto da licitação recomendasse análise mais detida da qualificação técnica dos interessados (art. 114 da Lei 8.666/1993).

A pré-qualificação nas licitações tem por objetivo identificar interessados em uma futura competição, não representando, pois, a competição em si ou mesmo uma etapa de habilitação, que define o universo de competidores.[63]

Em outras palavras, a pré-qualificação fixa um direito de participação na licitação em favor dos que foram nela identificados, definindo-se um padrão de qualidade mínima a ser atendida na competição a ser realizada.

Daí a vantagem de se introduzir este procedimento de forma permanente, pois a Administração, ao mesmo tempo em que já estipula *standards* para suas futuras contratações, o faz sem a necessidade de identificação dos recursos orçamentários que financiarão tal ou qual empreendimento.[64]

### 17.7.3 Procedimento de Manifestação de Interesse (PMI)

O art. 81 da Lei 14.133/2021 permite que a Administração solicite à iniciativa privada, mediante procedimento aberto de manifestação de interesse (PMI), a ser iniciado com a publicação de edital de chamamento público, a propositura e a realização de estudos, investigações, levantamentos e projetos de soluções inovadoras que contribuam com questões de relevância pública, na forma de regulamento.[65]

---

[63] Nesse sentido, confiram-se os sempre atuais ensinamentos de Hely Lopes Meirelles: "Pré-qualificação (art. 114) é a verificação prévia das condições das firmas, consórcios ou profissionais que desejam participar de determinadas e futuras concorrências de um mesmo empreendimento. Não se confunde com a habilitação preliminar nas concorrências, porque esta se faz em cada concorrência e aquela se realiza para todas as concorrências de um empreendimento certo, que pode exigir uma única ou sucessivas concorrências. Também não se confunde com pré-classificação das propostas, mesmo porque na pré-qualificação os interessados não apresentam proposta, mas tão somente documentação comprobatória das condições técnicas, econômicas e jurídicas pedidas no edital como necessárias à execução do objeto do futuro contrato" (*Direito administrativo brasileiro*. 14. ed. São Paulo: Malheiros, 2006. p. 95-97).

[64] Nesse sentido, vide: FERNANDES, Jorge Ulisses Jacoby. *Vade-mécum de licitações e contratos*. Belo Horizonte: Fórum, 2004. p. 783-784. Frise-se que a utilização da pré-qualificação também era admitida no Regime Diferenciado de Contratações Públicas – RDC (art. 30 da Lei 12.462/2011) e nas licitações promovidas por empresas estatais (art. 63 da Lei 13.303/2016) que inspiraram o regime jurídico do tema estabelecido na Lei 14.133/2021.

[65] O PMI não representa novidade no ordenamento jurídico pátrio. Mencione-se, por exemplo, a previsão do PMI na legislação de concessão de serviços públicos (art. 21 da Lei 8.987/1995, aplicável às PPPs, na forma do art. 3.º, *caput* e § 1.º, da Lei 11.079/2004) e das empresas estatais (art. 31, § 4.º, da Lei 13.303/2016). Com o advento da Lei 14.133/2021, a utilização do PMI será admitida para todas as espécies de contratação pública.

Os estudos, investigações, levantamentos e projetos vinculados à contratação e de utilidade para a licitação, realizados pela Administração ou com a sua autorização, estarão à disposição dos interessados, devendo o vencedor da licitação ressarcir os dispêndios correspondentes, conforme especificado no edital (art. 81, § 1.º).

A realização do PMI (art. 81, § 2.º): a) não atribui ao realizador direito de preferência no processo licitatório; b) não obriga o poder público a realizar licitação; c) não implica, por si só, direito a ressarcimento de valores envolvidos em sua elaboração; d) somente será remunerada pelo vencedor da licitação, não sendo possível, em nenhuma hipótese, a cobrança de valores do poder público.

Verifica-se, portanto, que o PMI não acarreta, em regra, direitos para o autor dos estudos, investigações, levantamentos e projetos. A remuneração do particular, nesse caso, é condicionada à utilização efetiva dos estudos, investigações, levantamentos e projetos na futura licitação, e a responsabilidade pelo pagamento é do vencedor da licitação, e não da Administração Pública.

Para aceitação dos produtos e serviços, a Administração deverá elaborar parecer fundamentado demonstrando que o produto ou serviço entregue é adequado e suficiente à compreensão do objeto, que as premissas adotadas foram compatíveis com as reais necessidades do órgão e que a metodologia proposta é a que propicia maior economia e vantajosidade dentre as demais possíveis (art. 81, § 3.º).

O PMI poderá ser restrito a *startups*, assim considerados os microempreendedores individuais, as microempresas e as empresas de pequeno porte, de natureza emergente e com grande potencial, que se dediquem à pesquisa, ao desenvolvimento e à implementação de novos produtos ou serviços baseados em soluções tecnológicas inovadoras que possam causar alto impacto, exigindo-se, na seleção definitiva da inovação, validação prévia fundamentada em métricas objetivas, de modo a demonstrar o atendimento das necessidades da Administração (art. 81, § 4.º).

### 17.7.4 Sistema de Registro de Preços (SRP)

Outro instrumento auxiliar das contratações públicas é o Sistema de Registro de Preços (SRP), na forma do art. 78, IV, da Lei 14.133/2021.[66]

O SRP pode ser definido como procedimento administrativo por meio do qual a Administração Pública seleciona as propostas mais vantajosas, mediante concorrência ou pregão, que ficarão registradas em ata perante a autoridade estatal para futuras e eventuais contratações.

De acordo com o art. 6.º, XLV, da Lei 14.133/2021, o SRP é o "conjunto de procedimentos para realização, mediante contratação direta ou licitação nas modalidades pregão ou

---

[66] O SRP encontrava previsão no art. 15, II, da Lei 8.666/1993 e na legislação especial (exs: art. 32, § 2.º, da Lei 12.462/2011 – RDC; art. 66, *caput*, §§ 1.º, 2.º e 3.º, da Lei 13.303/2016 – Lei das Estatais). Em âmbito federal, o Decreto 11.462/2023 dispõe sobre o SRP. É possível, ainda, que o Poder Judiciário, o Poder Legislativo e os Tribunais de Contas possuam regulamentações próprias sobre o SRP. No mesmo sentido: FERNANDES, Jorge Ulisses Jacoby. *Sistema de registro de preços e pregão presencial e eletrônico*. Belo Horizonte: Fórum, 2009. p. 28 e 83.

concorrência, de registro formal de preços relativos a prestação de serviços, a obras e a aquisição e locação de bens para contratações futuras".

Verifica-se, desde logo, a ampliação na utilização do SRP na Lei 14.133/2021. Inicialmente restrito às compras e serviços, no regime da Lei 8.666/1993 e do Decreto federal 7.892/2013, a sua utilização foi ampliada no RDC para abarcar, ainda, obras e serviços de engenharia (art. 88, I, do Decreto federal 7.581/2011). Com a promulgação da Lei 14.133/2021, o SRP poderá ser utilizado para serviços, inclusive de engenharia, obras, aquisição e locação de bens.

O objetivo do registro de preços é racionalizar as contratações e efetivar o princípio da economicidade. Em vez de promover nova licitação a cada aquisição de produtos e serviços, necessários para a rotina da máquina administrativa, a Administração realiza uma única licitação para registrar os preços e realizar, futura e discricionariamente, as contratações.

As principais vantagens do registro de preços são:[67] a) redução do número de licitações, pois o procedimento evita a necessidade de realização de licitações sucessivas para contratação dos mesmos bens e serviços; b) economia de escala, uma vez que vários órgãos e entidades podem participar da formatação da ata de registro de preços; c) solução para necessidades variáveis; d) contratação somente no surgimento da necessidade, sem a obrigatoriedade de contratação do montante registrado; e) redução do volume de estoque, o que diminui os custos de armazenamento dos bens e os riscos de perecimento; f) eliminação ou diminuição do fracionamento de despesas; g) necessidade de disponibilidade orçamentária apenas no momento da contratação etc.

Na licitação para registro de preços, o edital observará as regras gerais de licitação e deverá dispor sobre (art. 82 da Lei 14.133/2021): a) as especificidades do certame e de seu objeto, inclusive a quantidade máxima de cada item que poderá ser adquirida; b) a quantidade mínima a ser cotada de unidades de bens ou, no caso de serviços, de unidades de medida; c) a possibilidade de prever preços diferentes: c.1) quando o objeto for realizado ou entregue em locais diferentes; c.2) em razão da forma e do local de acondicionamento; c.3) quando admitida cotação variável em razão do tamanho do lote; e c.4) por outros motivos justificados no processo; d) a possibilidade de o licitante oferecer ou não proposta em quantitativo inferior ao máximo previsto no edital, obrigando-se nos limites dela; e) o critério de julgamento da licitação, que será o de menor preço ou o de maior desconto sobre tabela de preços praticada no mercado; f) as condições para alteração de preços registrados; g) o registro de mais de um fornecedor ou prestador de serviço, desde que aceitem cotar o objeto com preço igual ao do licitante vencedor, assegurada a preferência

---

[67] OLIVEIRA, Rafael Carvalho Rezende. *Licitações e contratos administrativos*. 12. ed. Rio de Janeiro: Método, 2023. p. 70. O SRP poderá ser adotado, por exemplo (art. 3.º do Decreto 11.462/2023): a) quando houver necessidade de contratações permanentes ou frequentes; b) quando for conveniente a aquisição de bens com previsão de entregas parceladas ou contratação de serviços remunerados por unidade de medida, como quantidade de horas de serviço, postos de trabalho ou em regime de tarefa; c) quando for conveniente para atendimento a mais de um órgão ou a mais de uma entidade, inclusive nas compras centralizadas; d) quando para atender a execução descentralizada de programa ou projeto federal, por meio de compra nacional ou da adesão para fins de transferências voluntárias; ou e) quando, pela natureza do objeto, não for possível definir previamente o quantitativo a ser demandado pela Administração.

de contratação de acordo com a ordem de classificação; h) a vedação a que o órgão ou a entidade participe de mais de uma ata de registro de preços com o mesmo objeto no prazo de validade daquela que já tiver participado, salvo na ocorrência de ata que tenha registrado quantitativo inferior ao máximo previsto no edital; e i) as hipóteses de cancelamento da ata de registro de preços e suas consequências.

O critério de julgamento de menor preço por grupo de itens ou lote somente poderá ser adotado quando for demonstrada a inviabilidade de se promover a adjudicação por item e evidenciada a sua vantajosidade técnica e econômica, devendo ser indicado no edital o critério de aceitabilidade de preços unitários máximos (art. 82, § 1.º).

É permitido registro de preços com indicação limitada a unidades de contratação, sem indicação do total a ser adquirido, apenas nas seguintes situações (art. 82, § 3.º): a) quando for a primeira licitação para o objeto e o órgão ou a entidade não tiver registro de demandas anteriores; b) no caso de alimento perecível; e c) no caso em que o serviço esteja integrado ao fornecimento de bens. Nesses casos, é obrigatória a indicação do valor máximo da despesa e é vedada a participação de outro órgão ou entidade na ata (art. 82, § 4.º).

O SRP poderá ser usado para a contratação de bens e serviços, inclusive de obras e serviços de engenharia, e observará as seguintes condições (art. 82, § 5.º): a) realização prévia de ampla pesquisa de mercado; b) seleção de acordo com os procedimentos previstos em regulamento; c) desenvolvimento obrigatório de rotina de controle; d) atualização periódica dos preços registrados; e) definição do período de validade do registro de preços; e f) inclusão, em ata de registro de preços, do licitante que aceitar cotar os bens ou os serviços com preços iguais aos do licitante vencedor na sequência de classificação do certame e do licitante que mantiver sua proposta original.

O SRP poderá, na forma de regulamento, ser utilizado nas hipóteses de inexigibilidade e de dispensa de licitação para a aquisição de bens ou para a contratação de serviços por mais de um órgão ou entidade (art. 82, § 6.º). A previsão faz sentido, uma vez que não haveria a obrigatoriedade de realização de licitação para celebração do contrato nas hipóteses legais de dispensa e de inexigibilidade. Na hipótese do registro de preços, a realização da licitação (pregão ou concorrência) seria dispensável ou inexigível nos casos indicados nos arts. 74 e 75 da Lei 14.133/2021.

A existência de preços registrados implica compromisso de fornecimento nas condições estabelecidas, mas não obriga a Administração a contratar, facultando-se a realização de certame específico para a aquisição pretendida, desde que devidamente motivada (art. 83 da Lei 14.133/2021).

Cabe destacar que o registro de preço não possui a finalidade de selecionar a melhor proposta para celebração de contrato específico, como ocorre normalmente nas licitações e contratações de objeto unitário.

Ao contrário, no sistema de registro de preços o intuito é realizar uma licitação, mediante concorrência ou pregão, para registrar em ata os preços de diversos itens ou lotes, apresentados pelos licitantes vencedores, que poderão ser adquiridos pela Administração, dentro de determinado prazo, na medida de sua necessidade.

Dessa forma, ao final do procedimento, a Administração Pública deve elaborar a ata de registro de preços que, de acordo com o art. 6.º, XLVI, da Lei 14.133/2021, é o "documento vinculativo e obrigacional, com característica de compromisso para futura contratação, no qual são registrados o objeto, os preços, os fornecedores, os órgãos participantes e as condições a serem praticadas, conforme as disposições contidas no edital da licitação, aviso ou instrumento de contratação direta e nas propostas apresentadas".

Por essa razão, entendemos que não há necessidade de reserva orçamentária para efetivação do SRP, pois tal exigência somente se justifica nas hipóteses em que a Administração seleciona a melhor proposta para celebração do respectivo contrato, garantindo a existência de recursos orçamentários para pagamento do contratado. No SRP, repita-se, a Administração tem por objetivo o registro das melhores propostas, não assumindo a obrigação de assinar o contrato. A disponibilidade orçamentária será necessária apenas no momento da assinatura do respectivo contrato.[68]

O prazo de vigência da ata de registro de preços será de um ano, podendo ser prorrogado, por igual período, desde que comprovado o preço vantajoso (art. 84 da Lei 14.133/2021).[69] O contrato decorrente da ata de registro de preços, por sua vez, terá sua vigência conforme as disposições nela contidas (art. 84, parágrafo único).

A Administração poderá contratar a execução de obras e serviços de engenharia pelo sistema de registro de preços, desde que atendidos os seguintes requisitos (art. 85 da Lei 14.133/2021):[70] a) existência de projeto padronizado, sem complexidade técnica e operacional; e b) necessidade permanente ou frequente de obra ou serviço a ser contratado.

No SRP, existem três atores importantes, a saber: a) órgão ou entidade gerenciadora: órgão ou entidade da Administração Pública responsável pela condução do conjunto de procedimentos para registro de preços e pelo gerenciamento da ata de registro de preços dele decorrente (art. 6.º, XLVII); b) órgão ou entidade participante: órgão ou entidade da Administração Pública que participa dos procedimentos iniciais da contratação para registro de preços e integra a ata de registro de preços (art. 6.º, XLVIII); e c) órgão ou entidade não participante: órgão ou entidade da Administração Pública que não participa dos procedimentos iniciais da licitação para registro de preços e não integra a ata de registro de preços, também denominada carona (art. 6.º, XLIX).

O órgão ou a entidade gerenciadora deverá, na fase preparatória do processo licitatório, para fins de registro de preços, realizar procedimento público de intenção de registro de preços (IRP) para, nos termos de regulamento, possibilitar, pelo prazo mínimo de oito

---

[68] Art. 17 do Decreto 11.462/2022. No mesmo sentido: NIEBUHR, Joel de Menezes. *Licitação pública e contrato administrativo*. 2. ed. Belo Horizonte: Fórum, 2011. p. 612; TCU, Plenário, Acórdão 1.279/2008, Rel. Min. Guilherme Palmeira, *DOU* 08.07.2008; Orientação Normativa/AGU 20: "Na licitação para registro de preços, a indicação da dotação orçamentária é exigível apenas antes da assinatura do contrato".

[69] No regime jurídico anterior, a ata possuía prazo de validade de até um ano (art. 15, § 3.º, III, e § 4.º, da Lei 8.666/1993 e art. 16 do Decreto 7.892/2013). Sobre o tema, a Orientação Normativa AGU 19 dispunha: "O prazo de validade da Ata de Registro de Preços é de no máximo um ano, nos termos do art. 15, § 3.º, inc. III, da Lei 8.666, de 1993, razão por que eventual prorrogação da sua vigência, com fundamento no § 2.º do art. 4.º do Decreto 3.931, de 2001, somente será admitida até o referido limite, e desde que devidamente justificada, mediante autorização da autoridade superior e que a proposta continue se mostrando mais vantajosa".

[70] Conforme destacado anteriormente, o art. 15 da Lei 8.666/1993 e o Decreto federal 7.892/2013 não previam, expressamente, a utilização do SRP para obras e serviços de engenharia. Naquele contexto, o TCU, ao interpretar as referidas normas, decidiu pela possibilidade de SRP para serviços comuns de engenharia, mas impediu a sua aplicação para contratação de obras (TCU, Plenário, Acórdão 3.605/2014, Rel. Min. Marcos Bemquerer Costa, 09.12.2014, *Informativo de Jurisprudência sobre Licitações e Contratos do TCU* n. 227; TCU, Plenário, Acórdão 980/2018, Representação, Rel. Min. Substituto Marcos Bemquerer, 02.05.2018, *Informativo de Jurisprudência sobre Licitações e Contratos do TCU* n. 345).

dias úteis, a participação de outros órgãos ou entidades na respectiva ata e determinar a estimativa total de quantidades da contratação (art. 86 da Lei 14.133/2021).

Os órgãos e entidades não participantes poderão aderir à ata de registro de preços na condição de carona, observados os seguintes requisitos (art. 86, § 2.º): a) apresentação de justificativa da vantagem da adesão, inclusive em situações de provável desabastecimento ou descontinuidade de serviço público; b) demonstração de que os valores registrados estão compatíveis com os valores praticados pelo mercado na forma do art. 23; c) prévia consulta e aceitação do órgão ou entidade gerenciadora e do fornecedor.

A Administração Pública federal não pode aderir à ata de registro de preços gerenciada por órgão ou entidade estadual, distrital e municipal (art. 86, § 8.º).[71]

Na redação originária da Lei 14.133/2021 do art. 86, § 3.º, a possibilidade de carona encontrava-se limitada a órgãos e entidades da Administração Pública estadual, distrital e municipal que, na condição de carona, desejassem aderir à ata de registro de preços de órgão ou entidade gerenciadora federal, estadual ou distrital (art. 86, § 3.º).

De acordo com os referidos dispositivos normativos: a) os órgãos e entidades da Administração Pública federal, estadual, distrital e municipal poderiam aderir à Ata de Registro de Preços de órgão ou entidade gerenciadora federal, estadual ou distrital; e b) os órgãos e entidades da Administração Pública federal não podem aderir à Ata de Registro de Preços gerenciada por órgão ou entidade estadual, distrital ou municipal.

A partir da interpretação literal dos §§ 3.º e 8.º do art. 86 da Lei 14.133/2021, na redação originária deste diploma legal, não haveria previsão de carona nas atas dos Municípios.

Quanto à adesão realizada por outros órgãos e entidades do próprio Município que implementou a Ata, parece não haver maiores questionamentos sobre a sua possibilidade, uma vez que a questão se insere no âmbito territorial da própria Edilidade, naquilo que poderia ser denominado de carona interna ou intrafederativa, o que não suscita maiores questionamentos sob o aspecto da autonomia federativa.

Contudo, a questão relativa à viabilidade de carona nas atas municipais por parte de outros Entes federados (carona externa ou interfederativa) tem gerado interpretações dissonantes.

**1.º entendimento:** impossibilidade de adesão às atas municipais por outros Entes federados, em razão da literalidade dos §§ 3.º e 8.º do art. 86 da Lei 14.133/2021. Nesse sentido: Marçal Justen Filho.[72]

**2.º entendimento:** viabilidade de adesão às atas municipais por outros Entes federados, com fundamento no pacto federativo e na interpretação conforme a Constituição dos §§ 3.º e 8.º do art. 86 da Lei 14.133/2021. Nesse sentido: Victor Amorim.[73]

---

[71] Orientação Normativa/AGU 21: "É vedada aos órgãos públicos federais a adesão à Ata de Registro de Preços, quando a licitação tiver sido realizada pela Administração Pública Estadual, Municipal ou do Distrito Federal, bem como por entidades paraestatais".

[72] JUSTEN FILHO, Marçal. Comentários à Lei de Licitações e Contratações Administrativas. São Paulo: Thomson Reuters Brasil, 2021. p. 1.182.

[73] AMORIM, Victor. A adesão de ata de registro de preços municipais na nova Lei de Licitações: por uma necessária interpretação conforme à Constituição do § 3.º do art. 86 da Lei n.º 14.133/2021. Disponível em: <https://www.novaleilicitacao.com.br/2021/07/14/a-adesao-de-ata-de-registro-de-precos-municipais-na-nova-lei-de-licitacoes--por-uma-necessaria-interpretacao-conforme-a-constituicao-do-%C2%A7o-do-art-86-da-lei-no-14-133-2021/>. Acesso em: 20 mar. 2023.

De nossa parte, sustentamos a necessidade de interpretação conforme a Constituição dos §§ 3.º e 8.º do art. 86 da Lei 14.133/2021, que devem ser considerados normas específicas e não gerais, para conferir aos Entes federados a decisão sobre a adesão às atas de registro de preços de outros Entes federados, em razão dos seguintes argumentos:[74] a) autonomia dos Entes federados, inclusive Municípios, para decidirem sobre a utilização de suas atas (art. 18 da CRFB); e b) a ausência de previsão de adesão às atas municipais na Lei 14.133/2021 não pode acarretar a impossibilidade da referida adesão, sob pena de afronta aos princípios da razoabilidade e da proporcionalidade, uma vez que inexiste justificativa razoável para restringir a utilização das atas municipais a partir de uma decisão extroversa da União Federal.

A tese aqui sustentada acabou sendo incorporada na alteração promovida pela Lei 14.770/2023 no art. 86, § 3.º, da Lei 14.133/2021, que passou a prever a possibilidade de adesão às atas municipais, desde que o sistema de registro de preços tenha sido formalizado mediante licitação.

Por fim, cabe destacar que as adesões às atas de registros de preços devem observar os limites legais. Nesse sentido, as aquisições ou as contratações adicionais, decorrentes do efeito carona, não poderão exceder, por órgão ou entidade, a 50% dos quantitativos dos itens do instrumento convocatório registrados na ata de registro de preços para o órgão gerenciador e para os órgãos participantes (art. 86, § 4.º).

Ademais, o quantitativo decorrente das adesões à ata de registro de preços não poderá exceder, na totalidade, ao dobro do quantitativo de cada item registrado na ata de registro de preços para o órgão gerenciador e órgãos participantes, independentemente do número de órgãos não participantes que aderirem (art. 86, § 5.º).

A adesão à ata de registro de preços de órgão ou entidade gerenciadora do Poder Executivo federal por órgãos e entidades da Administração Pública estadual, distrital e municipal poderá ser exigida para fins de transferências voluntárias, não ficando sujeita ao limite de que trata o § 5.º se destinada à execução descentralizada de programa ou projeto federal e comprovada a compatibilidade dos preços registrados com os valores praticados no mercado na forma do art. 23 (art. 86, § 6.º).

Para aquisição emergencial de medicamentos e material de consumo médico-hospitalar por órgãos e entidades da Administração Pública federal, estadual, distrital e municipal, a adesão à ata de registro de preços gerenciada pelo Ministério da Saúde não estará sujeita ao limite de que trata o § 5.º (art. 86, § 7.º).

É oportuno lembrar a existência de regime jurídico especial para o SRP durante o estado de calamidade pública, na forma da Lei 14.981/2024, destacando-se, por exemplo, as seguintes previsões: a) prazos menores para implementação da IRP, que será de dois a oito dias úteis (art. 8.º); b) após o prazo de trinta dias, contados da data de assinatura da ata de registro de preços, durante o estado de calamidade, o órgão ou a entidade realizará, previamente à contratação, estimativa de preços a fim de verificar se os preços registrados permanecem compatíveis com os praticados no mercado, promovido o

---

[74] OLIVEIRA, Rafael Carvalho Rezende. Sistema de Registro de Preços e (in)viabilidade da carona interfederativa nas atas municipais na nova Lei de Licitações. Solução em Licitações e Contratos, v. 63, p. 43-54, jun. 2023.

reequilíbrio econômico-financeiro, caso necessário (art. 9.º); c) possibilidade de adesão à ata nos seguintes casos (art. 7.º): c.1) adesão por órgão ou entidade pública federal à ata de registro de preços de órgão ou entidade gerenciadora do Estado, do DF ou dos Municípios atingidos; e c.2) adesão por órgão ou entidade do Estado ou de Município atingido à ata de órgão ou entidade gerenciadora dos Municípios atingidos; d) possibilidade de adesão à ata formalizada sem a indicação do total a ser adquirido, com fundamento no § 3.º do art. 82 da Lei 14.133/2021, inclusive em relação às obras e aos serviços de engenharia, mantida a obrigação de indicação do valor máximo da despesa (art. 10); e) ampliação dos limites quantitativos para adesão à ata (art. 11): em vez do limite tradicional (dobro dos itens registrados), no regime especial de calamidade pública, as adesões não poderão ultrapassar, na totalidade, cinco vezes o quantitativo de cada item registrado na ata, independentemente do número de órgãos não participantes que aderirem; f) inaplicabilidade dos limites previstos tanto no art. 11 da citada Lei quanto nos §§ 4.º e 5.º do art. 86 da Lei 14.133/2021, para adesões às atas gerenciadas pela Central de Compras da Secretaria de Gestão e Inovação do Ministério da Gestão e da Inovação em Serviços Públicos (art. 12).

### 17.7.5 Registro cadastral

Por fim, ao lado do credenciamento, da pré-qualificação, do PMI e do SRP, o art. 78, V, da Lei 14.133/2021 menciona o registro cadastral como espécie de procedimento auxiliar das licitações e das contratações.[75]

O registro cadastral corresponde à antecipação da análise dos documentos dos interessados, que somente seriam exigidos na fase de habilitação da futura licitação, bem como estipula a avaliação de desempenho das empresas que já foram contratadas pela Administração.

Conforme dispõe o art. 87 da Lei 14.133/2021, os órgãos e as entidades da Administração Pública deverão utilizar o sistema de registro cadastral unificado disponível no Portal Nacional de Contratações Públicas (PNCP), para efeito de cadastro unificado de licitantes, na forma que dispuser o regulamento.

O sistema de registro cadastral unificado será público e deverá ser amplamente divulgado e estar permanentemente aberto aos interessados, sendo obrigatória a realização, no mínimo anualmente, pela internet, de chamamento público para atualização dos registros existentes e ingresso de novos interessados (art. 87, § 1.º).

É proibida a exigência pelo órgão ou entidade licitante de registro cadastral complementar para acesso a edital e anexos (art. 87, § 2.º).

É autorizada a realização de licitação restrita a fornecedores cadastrados, atendidos os critérios, as condições e os limites estabelecidos em regulamento e a ampla publicidade dos procedimentos para o cadastramento (art. 87, § 3.º). Nesse caso, será permitida a

---

[75] O registro cadastral era regulado pela Lei 8.666/1993 que, em seu art. 34, dispunha que os órgãos e entidades da Administração Pública, que realizassem licitações frequentes, deveriam manter registros cadastrais para efeito de habilitação, na forma regulamentar, válidos por, no máximo, um ano. Da mesma forma, o SRP era previsto no Regime Diferenciado de Contratações Públicas – RDC (art. 31 da Lei 12.462/2011) e na Lei das Estatais (art. 65 da Lei 13.303/2016).

participação de fornecedor que realize seu cadastro dentro do prazo para apresentação de propostas previsto no edital (art. 87, § 4.º).

Na inscrição e na atualização do cadastro, o interessado fornecerá os elementos necessários à satisfação das exigências de habilitação (art. 88 da Lei 14.133/2021).

O inscrito, que receberá certificado de cadastramento, será classificado por categorias, considerada sua área de atuação, subdivididas em grupos, segundo a qualificação técnica e econômico-financeira avaliada, de acordo com regras objetivas divulgadas no sítio eletrônico oficial da Administração (art. 88, § 1.º).

O interessado que requerer o cadastro poderá participar de processo licitatório até a decisão da Administração, ficando condicionada a celebração do contrato à emissão do certificado de que trata o § 2.º (art. 88, § 6.º).

O Registro Cadastral deve conter as avaliações das atuações dos inscritos no cumprimento das obrigações contratuais, inclusive a menção ao seu desempenho na execução contratual, com base em indicadores objetivamente definidos e aferidos, e a eventuais penalidades aplicadas, o que constará do registro cadastral em que a inscrição for realizada (art. 88, § 3.º).

A anotação do cumprimento de obrigações pelo contratado é condicionada à implantação e à regulamentação do cadastro de atesto de cumprimento de obrigações, apto para se realizar o registro de forma objetiva, em atendimento aos princípios da impessoalidade, da igualdade, da isonomia, da publicidade e da transparência, de modo a possibilitar a implementação de medidas de incentivo aos licitantes que possuírem ótimo desempenho anotado em seu registro cadastral (art. 88, § 4.º).

O desempenho do cadastrado é relevante, por exemplo: a) no julgamento por melhor técnica ou por técnica e preço (art. 37, III); b) no desempate entre licitantes (art. 60, II); e c) na demonstração da qualificação técnico-operacional (art. 67, II).

Portanto, o cadastramento deixa de lado seu conteúdo meramente formal, como sistema de análise documental, na linha adotada pela Lei 8.666/1993, e passa a utilizar conteúdo material, com a efetiva preocupação de avaliação do desempenho dos cadastrados em contratações com a Administração, tendência já consagrada, por exemplo, no RDC (arts. 25, II, e 31, § 3.º, da Lei 12.462/2011) e nas contratações realizadas por empresas estatais (arts. 55, II, e 65, § 3.º, da Lei 13.303/2016).

O registro poderá ser alterado, suspenso ou cancelado quando o inscrito deixar de satisfazer exigências legais ou regulamentares (art. 88, § 5.º).

## 17.8 DESTINATÁRIOS DA REGRA DA LICITAÇÃO

### 17.8.1 Administração Pública direta, indireta e demais entidades controladas direta ou indiretamente pela Administração Pública

A regra constitucional da licitação encontra-se prevista no art. 37, XXI, da CRFB, norma que se dirige à Administração Pública direta e indireta de qualquer dos Poderes da União, dos Estados, do Distrito Federal e dos Municípios. O art. 1.º da Lei 14.133/2021, por sua vez, estabelece que as normas são aplicáveis às Administrações Públicas diretas, autárquicas e fundacionais da União, Estados, Distrito Federal e Municípios, abrangendo, ainda: a) os órgãos dos Poderes Legislativo e Judiciário da União, dos Estados e Distrito Federal e os órgãos do Poder Legislativo dos Municípios, quando no desempenho de função administrativa; e b) os fundos especiais e as demais entidades controladas direta ou indiretamente pela Administração Pública.

Portanto, de acordo com o ordenamento jurídico vigente, os destinatários da licitação são os Entes da Administração direta, as entidades da Administração indireta e as demais empresas controladas direta ou indiretamente pelo Estado.

Os destinatários da licitação devem observar a Lei 14.133/2021 e as demais normas previstas na legislação especial, o que pode variar de acordo com o objeto a ser contratado. Todavia, as empresas estatais estão submetidas à legislação própria (Lei 13.303/2016), afastando-se, como regra, a Lei 14.133/2021.

### 17.8.2 Licitação nas empresas estatais (Lei 13.303/2016)

#### 17.8.2.1 Fontes normativas e objeto

As empresas públicas e as sociedades de economia mista que exploram atividades econômicas se sujeitarão ao regime próprio de licitação, na forma do art. 173, § 1.º, III, da CRFB, pois essas entidades concorrem com empresas privadas, razão pela qual necessitam de maior velocidade em suas contratações. Quanto às estatais prestadoras de serviços públicos, não há qualquer ressalva constitucional, o que acarretaria, em princípio, a aplicação da regra geral de licitação aplicável à Administração Pública. Após, aproximadamente, 18 anos de espera, foi elaborado o estatuto jurídico das estatais que dispõe, inclusive, sobre licitações e contratos.

Ao regulamentar o art. 173, § 1.º, da CRFB, alterado pela EC 19/1998, a Lei 13.303/2016 (Lei das Estatais) estabeleceu normas de licitações e contratos para empresas públicas, sociedades de economia mista e suas subsidiárias, exploradoras de atividades econômicas, ainda que em regime de monopólio, e prestadoras de serviços públicos.

Verifica-se que a Lei 13.303/2016 fixou normas homogêneas de licitação para toda e qualquer empresa estatal, sem distinção entre o tipo de objeto prestado: serviço público e/ou atividade econômica. O regime jurídico das licitações nas estatais foi claramente inspirado nos regimes previstos na Lei 10.520/2002 (pregão) e na Lei 12.462/2011 (Regime Diferenciado de Contratações Públicas – RDC).

Conforme destacado anteriormente (item 8.1), a Lei das Estatais extrapolou dos limites fixados na Constituição, pois, em vez de tratar apenas das estatais econômicas que atuam em regime de concorrência, englobou, também, as estatais que atuam em regime de monopólio e as que prestam serviços públicos.[76]

---

[76] Existem três ADIs que questionam a constitucionalidade da Lei das Estatais no STF: 5.624, 5.846 e 5.924. Na primeira ADI, foi deferida liminar para conferir interpretação conforme à Constituição ao art. 29, *caput*, XVIII, da Lei 13.303/2016, para afirmar que a venda de ações de empresas estatais e de suas subsidiárias ou controladas exige prévia autorização legislativa, nas hipóteses de alienação do controle acionário, bem como para afirmar que a dispensa de licitação só pode ser aplicada à venda de ações que não importem a perda de controle acionário (ADI 5.624 MC/DF, Rel. Min. Ricardo Lewandowski, *DJe*-129 29.06.2018).

Ora, a Lei das Estatais regulamenta o art. 173, § 1.º, da CRFB, que dispõe sobre as estatais econômicas e está inserido no Capítulo I do Título VII da Constituição ("princípios gerais da atividade econômica"). A referida norma constitucional, no campo das contratações, remeteu ao legislador ordinário a tarefa de elaborar o estatuto jurídico das empresas estatais exploradoras de atividade econômica que deveria dispor, entre outros temas, sobre "licitação e contratação de obras, serviços, compras e alienações, observados os princípios da administração pública". O objetivo foi estabelecer regime distinto daquele aplicado às demais entidades da Administração Pública, na forma dos arts. 21, XXVII, e 37, XXI, da CRFB.

É verdade que há uma dificuldade cada vez maior em identificar e caracterizar, nos objetivos sociais das diversas empresas estatais, as respectivas atividades como serviços públicos ou atividades econômicas, sem olvidar a existência de estatais que prestam as duas atividades. Aliás, a dificuldade, por vezes, encontra-se na própria conceituação do serviço público, que também pode ser considerado, ao lado da atividade econômica em sentido estrito, espécie de atividade econômica em sentido lato.

Contudo, não nos parece adequada a fixação de normas homogêneas para toda e qualquer empresa estatal, independentemente da atividade desenvolvida (atividade econômica ou serviço público) e do regime de sua prestação (exclusividade, monopólio ou concorrência).

A ausência de assimetria normativa no tratamento da licitação entre as diversas estatais, a partir das respectivas atividades desenvolvidas, pode ser questionada sobre diversos aspectos.

Em primeiro lugar, os Tribunais Superiores, o TCU e parcela da doutrina sempre apresentaram distinções quanto ao regime jurídico das estatais a partir da atividade desenvolvida, aproximando, com maior intensidade, o regime das estatais econômicas, que atuam em regime de concorrência no mercado, ao regime das demais empresas privadas.

No campo das licitações, o entendimento tradicional também sustentava a necessidade do tratamento diferenciado entre as estatais a partir dos respectivos objetos sociais. Enquanto as empresas estatais prestadoras de serviços públicos seriam tratadas como as demais entidades da Administração Pública Direta e Indireta, submetendo-se à Lei 8.666/1993 e legislação correlata, as estatais econômicas estariam autorizadas a celebrar contratações diretas para exploração de suas atividades econômicas (atividades finalísticas), aplicando-se às demais contratações (atividades instrumentais) as normas de licitação existentes até o advento do regime próprio exigido pela Constituição.[77]

---

[77] Nesse sentido: CARVALHO FILHO, José dos Santos. *Manual de direito administrativo.* 22. ed. Rio de Janeiro: Lumen Juris, 2009. p. 229; GARCIA, Flávio Amaral. *Licitações e contratos administrativos.* 3. ed. Rio de Janeiro: Lumen Juris, 2010. p. 4; MELLO, Celso Antônio Bandeira de. *Curso de direito administrativo.* 21. ed. São Paulo: Malheiros, 2006. p. 514; JUSTEN FILHO, Marçal. *Comentários à Lei de Licitações e Contratos Administrativos.* 9. ed. São Paulo: Dialética, 2002. p. 24-26; FURTADO, Lucas Rocha. *Curso de licitações e contratos administrativos.* Belo Horizonte: Fórum, 2007. p. 431-438; TCU, Plenário, Acórdão 121/1998, Rel. Min. Iram Saraiva, *DOU* 04.09.1998; STF, RE 441.280/RS, Rel. Min. Dias Toffoli, j. 06.03.2021, *Informativo de Jurisprudência* 1.008. Note-se, contudo, que alguns autores criticam a distinção entre atividade-fim e atividade-meio por ser de difícil operacionalização. Segunda essa visão doutrinária, as estatais competitivas não se submetiam à Lei Geral de Licitações (SUNDFELD, Carlos Ari; SOUZA, Rodrigo Pagani de. Licitação nas estatais: levando a natureza empresarial a sério. *RDA*, n. 245, maio 2007).

A mencionada assimetria no tocante às licitações era justificada em razão da necessidade de maior celeridade na exploração das atividades econômicas, uma vez que as referidas estatais, ao contrário das demais entidades administrativas, concorrem com empresas privadas que, por sua vez, não se submetem às regras da licitação.

Em resumo, a distinção relativa ao objeto da estatal influencia decisivamente no respectivo regime licitatório. Enquanto a atividade econômica encontra-se submetida ao princípio da livre concorrência, a prestação do serviço público é de titularidade estatal.

É verdade, contudo, que, mesmo na prestação de serviços públicos, a Administração deve promover a concorrência entre diversos prestadores, na forma do art. 16 da Lei 8.987/1995, o que poderia justificar a submissão às regras diferenciadas de licitação.

O que não parece razoável é a fixação de normas homogêneas de licitação para toda e qualquer empresa estatal, independentemente da atividade desenvolvida (atividade econômica ou serviço público) e do regime de sua prestação (exclusividade, monopólio ou concorrência).

É preciso levar a sério a personalidade jurídica de direito privado e a atuação concorrencial por parte das estatais. Assim como as pessoas jurídicas de direito privado não devem ser submetidas ao idêntico tratamento dispensado às pessoas jurídicas de direito público da Administração Direta e Indireta, não seria prudente fixar o mesmo tratamento jurídico para pessoas jurídicas de direito privado que atuam em exclusividade (ou monopólio) e em regime concorrencial.

A possível solução é a interpretação conforme a Constituição da Lei 13.303/2016 para que as suas normas de licitação sejam aplicadas às empresas estatais que exploram atividades econômicas lato sensu em regime concorrencial, excluindo-se da sua incidência as estatais que atuam em regime de monopólio e na prestação de serviços públicos em regime de exclusividade.[78]

Independentemente das polêmicas interpretativas, a Lei 13.303/2016, assim como ocorre com a legislação em geral, possui a presunção de constitucionalidade, motivo pelo qual os seus termos deverão ser observados por todas as empresas estatais, independentemente do respectivo campo de atuação (atividade econômica ou serviço público) e da (in)existência de concorrência.

Em razão do caráter especial da Lei 13.303/2016, as empresas estatais devem observar as suas respectivas normas de licitação e contratação, afastando-se, por consequência, a incidência da Lei 14.133/2021, o que é corroborado pelo art. 1.º, § 1.º, deste último diploma legal. Excepcionalmente, a Lei 14.133/2021 será aplicada às empresas estatais nas hipóteses expressamente previstas na Lei 13.303/2016 (arts. 32, IV, 41 e 55, III).[79]

---

[78] Sobre o tema: OLIVEIRA, Rafael Carvalho Rezende. As licitações na Lei 13.303/2016 (Lei das Estatais): mais do mesmo? *Revista Colunistas de Direito do Estado*, n. 230, publicado em 09.08.2016.

[79] O art. 32, IV, remete à Lei 10.520/2002 (Lei do Pregão) e os arts. 41 e 55, III, mencionam a aplicação da Lei 8.666/1993). Nesses casos, deve ser observado o art. 189 da Lei 14.133/2021, que dispõe: "Aplica-se esta Lei às hipóteses previstas na legislação que façam referência expressa à Lei n.º 8.666, de 21 de junho de 1993, à Lei n.º 10.520, de 17 de julho de 2002, e aos arts. 1.º a 47-A da Lei n.º 12.462, de 4 de agosto de 2011". De forma semelhante, o TCU decidiu: "Não se aplica subsidiariamente a Lei 8.666/1993 a eventuais lacunas da Lei 13.303/2016 (Lei das Estatais), exceto nas

## 17.8.2.2 Características principais

As principais características das licitações previstas na Lei 13.303/2016 são:

a) âmbito federativo (lei nacional): a Lei das Estatais contém normas gerais aplicáveis às estatais da União, Estados, DF e Municípios, na forma do art. 22, XXVII, da CRFB (art. 1.º da Lei 13.303/2016);

b) destinatários: não obstante as críticas apresentadas anteriormente, o Estatuto, em sua literalidade, incide sobre estatais, prestadora de atividades econômicas, em regime de concorrência ou monopólio, e de serviços públicos (art. 1.º da Lei 13.303/2016);

c) objeto dos contratos: a exigência de licitação aplica-se aos contratos de prestação de serviços, inclusive de engenharia e de publicidade, aquisição, locação de bens, alienação de bens e ativos integrantes do respectivo patrimônio ou execução de obras a serem integradas a esse patrimônio, bem como implementação de ônus real sobre tais bens, ressalvadas as hipóteses de contratação direta previstas na Lei das Estatais (art. 28 da Lei 13.303/2016);[80]

d) as licitações devem observar o tratamento diferenciado conferido às microempresas e empresas de pequeno porte pelos arts. 42 a 49 da LC 123/2006 (art. 28, § 1.º, da Lei 13.303/2016);

e) inaplicabilidade da licitação (licitação dispensada): e.1) comercialização, prestação ou execução, de forma direta, pelas empresas estatais, de produtos, serviços ou obras especificamente relacionados com seus respectivos objetos sociais (atividades finalísticas); e e.2) casos em que a escolha do parceiro esteja associada a suas características particulares, vinculada a oportunidades de negócio definidas e específicas, justificada a inviabilidade de procedimento competitivo (art. 28, § 3.º, I e II, da Lei 13.303/2016);[81]

---

hipóteses nela expressamente previstas (arts. 41 e 55, III), sob pena de violação aos arts. 22, XXVII, e 173, § 1.º, III, da Constituição Federal" (TCU, Plenário, Acórdão 739/2020, Rel. Min. Benjamin Zymler, 01.04.2020).

[80] As normas de licitações e contratos da Lei das Estatais são aplicáveis, também, aos convênios e contratos de patrocínio celebrados com pessoa física ou jurídica para promoção de atividades culturais, sociais, esportivas, educacionais e de inovação tecnológica, desde que comprovadamente vinculadas ao fortalecimento da marca da estatal (art. 27, § 3.º, e art. 28, § 2.º, da Lei 13.303/2016).

[81] De acordo com o art. 28, § 4.º, da Lei 13.303/2016, consideram-se oportunidades de negócio "a formação e a extinção de parcerias e outras formas associativas, societárias ou contratuais, a aquisição e a alienação de participação em sociedades e outras formas associativas, societárias ou contratuais e as operações realizadas no âmbito do mercado de capitais, respeitada a regulação pelo respectivo órgão competente". Os Enunciados 22, 27 e 30 da I Jornada de Direito Administrativo realizada pelo Centro de Estudos Judiciários do Conselho da Justiça Federal (CEJ/CJF) dispõem: 22 – "A participação de empresa estatal no capital de empresa privada que não integra a Administração Pública enquadra-se dentre as hipóteses de 'oportunidades de negócio' prevista no art. 28, § 4.º, da Lei 13.303/2016, devendo a decisão pela referida participação observar os ditames legais e os regulamentos editados pela empresa estatal a respeito desta possibilidade"; 27 – "A contratação para celebração de oportunidade de negócios, conforme prevista pelo art. 28, § 3.º, II, e § 4.º da Lei n. 13.303/2016 deverá ser avaliada de acordo com as práticas do setor de atuação da empresa estatal. A menção à inviabilidade de competição para concretização da oportunidade de negócios deve ser entendida como impossibilidade de comparação objetiva, no caso das propostas de parceria e de reestruturação societária e como desnecessidade de procedimento competitivo, quando a oportunidade puder ser ofertada a todos os interessados"; e 30 – "A 'inviabilidade de procedimento

f) licitação dispensável (art. 29 da Lei das Estatais), nos seguintes casos taxativos: f.1) para obras e serviços de engenharia de valor até R$ 100.000,00, desde que não se refiram a parcelas de uma mesma obra ou serviço ou ainda a obras e serviços de mesma natureza e no mesmo local que possam ser realizadas conjunta e concomitantemente; f.2) para outros serviços e compras de valor até R$ 50.000,00 e para alienações, nos casos previstos Lei das Estatais, desde que não se refiram a parcelas de um mesmo serviço, compra ou alienação de maior vulto que possa ser realizado de uma só vez;[82] f.3) licitação deserta, quando, justificadamente, não puder ser repetida sem prejuízo para a estatal, desde que mantidas as condições preestabelecidas; f.4) quando as propostas apresentadas consignarem preços manifestamente superiores aos praticados no mercado nacional ou incompatíveis com os fixados pelos órgãos oficiais competentes; f.5) para a compra ou locação de imóvel destinado ao atendimento de suas finalidades precípuas, quando as necessidades de instalação e localização condicionarem a escolha do imóvel, desde que o preço seja compatível com o valor de mercado, segundo avaliação prévia; f.6) na contratação de remanescente de obra, de serviço ou de fornecimento, em consequência de rescisão contratual, desde que atendida a ordem de classificação da licitação anterior e aceitas as mesmas condições do contrato encerrado por rescisão ou distrato, inclusive quanto ao preço, devidamente corrigido;[83] f.7) na contratação de instituição brasileira incumbida regimental ou estatutariamente da pesquisa, do ensino ou do desenvolvimento institucional ou de instituição dedicada à recuperação social do preso, desde que a contratada detenha inquestionável reputação ético-profissional e não tenha fins lucrativos; f.8) para a aquisição de componentes ou peças de origem nacional ou estrangeira necessários à manutenção de equipamentos durante o período de garantia técnica, junto ao fornecedor original desses equipamentos, quando tal condição de exclusividade for indispensável para a vigência da garantia; f.9) na contratação de associação de pessoas com deficiência física, sem fins lucrativos e de comprovada idoneidade, para a prestação de serviços ou fornecimento de mão de obra, desde que o preço contratado seja compatível com o praticado no mercado; f.10) na contratação de concessionário, permissionário ou autorizado para fornecimento ou suprimento de energia elétrica ou gás natural e de ou-

competitivo' prevista no art. 28, § 3.º, inc. II, da Lei 13.303/2016 não significa que, para a configuração de uma oportunidade de negócio, somente poderá haver apenas um interessado em estabelecer uma parceria com a empresa estatal. É possível que, mesmo diante de mais de um interessado, esteja configurada a inviabilidade de procedimento competitivo".

[82] Os valores estabelecidos nos incisos I e II do art. 29 da Lei podem ser alterados, para refletir a variação de custos, por deliberação do Conselho de Administração da estatal, admitindo-se valores diferenciados para cada sociedade (art. 29, § 3.º, da Lei 13.303/2016).

[83] Na hipótese de nenhum dos licitantes aceitar a contratação nas mesmas condições do contrato encerrado, a empresa estatal poderá convocar os licitantes remanescentes, na ordem de classificação, para a celebração do contrato nas condições ofertadas por estes, desde que o respectivo valor seja igual ou inferior ao orçamento estimado para a contratação, inclusive quanto aos preços atualizados nos termos do instrumento convocatório (art. 29, § 1.º, da Lei 13.303/2016).

tras prestadoras de serviço público, segundo as normas da legislação específica, desde que o objeto do contrato tenha pertinência com o serviço público; f.11) nas contratações entre empresas públicas ou sociedades de economia mista e suas respectivas subsidiárias, para aquisição ou alienação de bens e prestação ou obtenção de serviços, desde que os preços sejam compatíveis com os praticados no mercado e que o objeto do contrato tenha relação com a atividade da contratada prevista em seu estatuto social; f.12) na contratação de coleta, processamento e comercialização de resíduos sólidos urbanos recicláveis ou reutilizáveis, em áreas com sistema de coleta seletiva de lixo, efetuados por associações ou cooperativas formadas exclusivamente por pessoas físicas de baixa renda que tenham como ocupação econômica a coleta de materiais recicláveis, com o uso de equipamentos compatíveis com as normas técnicas, ambientais e de saúde pública; f.13) para o fornecimento de bens e serviços, produzidos ou prestados no País, que envolvam, cumulativamente, alta complexidade tecnológica e defesa nacional, mediante parecer de comissão especialmente designada pelo dirigente máximo da empresa pública ou da sociedade de economia mista; f.14) nas contratações visando ao cumprimento do disposto nos arts. 3.º, 4.º, 5.º e 20 da Lei 10.973/2004, observados os princípios gerais de contratação dela constantes; f.15) em situações de emergência, quando caracterizada urgência de atendimento de situação que possa ocasionar prejuízo ou comprometer a segurança de pessoas, obras, serviços, equipamentos e outros bens, públicos ou particulares, e somente para os bens necessários ao atendimento da situação emergencial e para as parcelas de obras e serviços que possam ser concluídos no prazo máximo de 180 dias consecutivos e ininterruptos, contado da ocorrência da emergência, vedada a prorrogação dos respectivos contratos;[84] f.16) na transferência de bens a órgãos e entidades da Administração Pública, inclusive quando efetivada mediante permuta; f.17) na doação de bens móveis para fins e usos de interesse social, após avaliação de sua oportunidade e conveniência socioeconômica relativamente à escolha de outra forma de alienação; e f.18) na compra e venda de ações, de títulos de crédito e de dívida e de bens que produzam ou comercializem;[85]

g) licitação inexigível ou "contratação direta" (art. 30 da Lei das Estatais), quando houver inviabilidade de competição, nos casos seguintes exemplificativos:[86] g.1) aquisição de materiais, equipamentos ou gêneros que só possam ser fornecidos

---

[84] No caso de contratação emergencial, sem licitação, deverá ser promovida a responsabilização de quem, por ação ou omissão, tenha dado causa a situação emergencial, inclusive no tocante à improbidade administrativa (art. 29, § 2.º, da Lei 13.303/2016).

[85] Segundo o STF, a alienação das ações, que conferem o controle acionário das empresas estatais, acarreta a sua privatização, motivo pelo qual exige autorização legislativa e licitação, afastada a necessidade de autorização para alienação do controle das empresas subsidiária e controladas (STF, ADI 5.624/DF, Rel. Min. Ricardo Lewandowski, j. 06.06.2019, *Informativo de Jurisprudência do STF* n. 943).

[86] Entendemos que o legislador deveria ter utilizado a nomenclatura "licitação inexigível" ou "inexigibilidade de licitação", consagrada em outros diplomas legislativos. Isto porque a expressão "contratação direta" envolveria toda e qualquer contratação sem licitação prévia, abarcando, por isso, também os casos de dispensa.

por produtor, empresa ou representante comercial exclusivo; g.2) contratação dos seguintes serviços técnicos especializados, com profissionais ou empresas de notória especialização,[87] vedada a inexigibilidade para serviços de publicidade e divulgação: (i) estudos técnicos, planejamentos e projetos básicos ou executivos; (ii) pareceres, perícias e avaliações em geral; (iii) assessorias ou consultorias técnicas e auditorias financeiras ou tributárias; (iv) fiscalização, supervisão ou gerenciamento de obras ou serviços; (v) patrocínio ou defesa de causas judiciais ou administrativas; (vi) treinamento e aperfeiçoamento de pessoal; (vii) restauração de obras de arte e bens de valor histórico;

h) nos casos de dispensa ou inexigibilidade (contratação direta) de licitação, o processo será instruído, no que couber, com os seguintes dados: h.1) caracterização da situação emergencial ou calamitosa que justifique a dispensa, quando for o caso; h.2) razão da escolha do fornecedor ou do executante; h.3) justificativa do preço (art. 30, § 3.º, da Lei 13.303/2016). Na hipótese de comprovação, pelo órgão de controle externo, de sobrepreço ou superfaturamento, respondem solidariamente pelo dano causado quem houver decidido pela contratação direta e o fornecedor ou o prestador de serviços (art. 30, § 2.º, da Lei 13.303/2016);

i) fundamentos e princípios: as licitações destinam-se a assegurar a seleção da proposta mais vantajosa, inclusive no que se refere ao ciclo de vida do objeto, e a evitar operações em que se caracterize sobrepreço ou superfaturamento, devendo observar os princípios da impessoalidade, da moralidade, da igualdade, da publicidade, da eficiência, da probidade administrativa, da economicidade, do desenvolvimento nacional sustentável, da vinculação ao instrumento convocatório, da obtenção de competitividade e do julgamento objetivo (art. 31 da Lei 13.303/2016);

j) Procedimento de Manifestação de Interesse (PMI): possibilidade de adoção do procedimento de manifestação de interesse privado para o recebimento de propostas e projetos de empreendimentos com o intuito de atender necessidades previamente identificadas, cabendo a regulamento a definição de suas regras específicas (art. 31, § 4.º, da Lei 13.303/2016). Nesse caso, o autor ou financiador do projeto poderá participar da licitação para a execução do empreendimento, podendo ser ressarcido pelos custos aprovados pela estatal caso não vença o certame, desde que seja promovida a cessão de direitos patrimoniais e autorais do projeto (art. 31, § 5.º, da Lei 13.303/2016);

k) diretrizes (art. 32 da Lei 13.303/2016): k.1) padronização do objeto da contratação, dos instrumentos convocatórios e das minutas de contratos; k.2) busca da maior vantagem competitiva para a estatal, considerando custos e benefícios, diretos e indiretos, de natureza econômica, social ou ambiental, inclusive os relativos à manutenção, ao desfazimento de bens e resíduos, ao índice de depre-

---

[87] De acordo com o art. 30, § 1.º, da Lei 13.303/2016: "Considera-se de notória especialização o profissional ou a empresa cujo conceito no campo de sua especialidade, decorrente de desempenho anterior, estudos, experiência, publicações, organização, aparelhamento, equipe técnica ou outros requisitos relacionados com suas atividades, permita inferir que o seu trabalho é essencial e indiscutivelmente o mais adequado à plena satisfação do objeto do contrato".

ciação econômica e a outros fatores de igual relevância; k.3) parcelamento do objeto, visando a ampliar a participação de licitantes, sem perda de economia de escala, e desde que não atinja valores inferiores aos limites estabelecidos para dispensa (art. 29, I e II, da Lei); k.4) adoção preferencial do pregão para a aquisição de bens e serviços comuns; k.5) observação da política de integridade nas transações com partes interessadas;

l) função regulatória da licitação que deve respeitar (art. 32, § 1.º, da Lei 13.303/2016): l.1) disposição final ambientalmente adequada dos resíduos sólidos gerados pelas obras contratadas; l.2) mitigação dos danos ambientais por meio de medidas condicionantes e de compensação ambiental, que serão definidas no procedimento de licenciamento ambiental; l.3) utilização de produtos, equipamentos e serviços que, comprovadamente, reduzam o consumo de energia e de recursos naturais; l.4) avaliação de impactos de vizinhança; l.5) proteção do patrimônio cultural, histórico, arqueológico e imaterial, inclusive por meio da avaliação do impacto direto ou indireto causado por investimentos realizados por estatais; l.6) acessibilidade para pessoas com deficiência ou com mobilidade reduzida. Caso se verifique potencial impacto negativo sobre bens tombados, a contratação dependerá de autorização da esfera de governo encarregada da proteção do respectivo patrimônio, devendo o impacto ser compensado (art. 32, § 2.º, da Lei 13.303/2016);

m) sigilo do orçamento: o valor estimado do contrato será sigiloso, salvo para os órgãos de controle, facultando-se à contratante, mediante justificação na fase de preparação, conferir publicidade ao valor estimado do objeto da licitação, sem prejuízo da divulgação do detalhamento dos quantitativos e das demais informações necessárias para a elaboração das propostas (art. 34, *caput* e § 3.º, da Lei 13.303/2016);[88]

n) sociedades impedidas de participar de licitação promovida por estatais (art. 38 da Lei 13.303/2016): n.1) sociedade cujo administrador ou sócio detentor de mais de 5% do capital social seja diretor ou empregado da estatal; n.2) suspensa pela estatal; n.3) declarada inidônea pelo ente federado a que está vinculada a estatal, enquanto perdurarem os efeitos da sanção; n.4) constituída por sócio de empresa que estiver suspensa, impedida ou declarada inidônea; n.5) cujo administrador seja sócio de empresa suspensa, impedida ou declarada inidônea; n.6) constituída por sócio que tenha sido sócio ou administrador de empresa suspensa, impedida ou declarada inidônea, no período dos fatos que deram ensejo à sanção; n.7) cujo administrador tenha sido sócio ou administrador de empresa suspensa, impedida ou declarada inidônea, no período dos fatos que deram ensejo à sanção; n.8) que tiver, nos seus quadros de diretoria, pessoa que participou, em razão de vínculo de mesma natureza, de empresa declarada inidônea.[89]

---

[88] O sigilo do orçamento não se aplica às licitações que adotarem o critério de julgamento "maior desconto", quando o valor estimado será informado no instrumento convocatório, bem como no julgamento "melhor técnica" em que o valor do prêmio ou remuneração será incluído no edital (art. 34, §§ 1.º e 2.º, da Lei 13.303/2016).

[89] O impedimento para participar de licitações das estatais também se aplica aos seguintes casos: a) à contratação do próprio empregado ou dirigente, como pessoa física, bem como à participação dele em procedimentos licitatórios, na condição de licitante; b) a quem tenha relação de parentesco, até o terceiro grau civil, com: b.1) dirigente

Nas contratações para obras e serviços, a Lei 13.303/2016 prevê os seguintes regimes:

a) empreitada por preço unitário, nos casos em que os objetos, por sua natureza, possuam imprecisão inerente de quantitativos em seus itens orçamentários;
b) empreitada por preço global, quando for possível definir previamente no projeto básico, com boa margem de precisão, as quantidades dos serviços a serem posteriormente executados na fase contratual;
c) contratação por tarefa, em contratações de profissionais autônomos ou de pequenas empresas para realização de serviços técnicos comuns e de curta duração;
d) empreitada integral, nos casos em que o contratante necessite receber o empreendimento, normalmente de alta complexidade, em condição de operação imediata;
e) contratação semi-integrada, quando for possível definir previamente no projeto básico as quantidades dos serviços a serem posteriormente executados na fase contratual, em obra ou serviço de engenharia que possa ser executado com diferentes metodologias ou tecnologias;
f) contratação integrada, quando a obra ou o serviço de engenharia for de natureza predominantemente intelectual e de inovação tecnológica do objeto licitado ou puder ser executado com diferentes metodologias ou tecnologias de domínio restrito no mercado.[90]

A contratação integrada é a única hipótese em que a licitação não será precedida de projeto básico, mas é necessária a elaboração de anteprojeto de engenharia, com elementos técnicos que permitam a caracterização da obra ou do serviço e a elaboração e comparação, de forma isonômica, das propostas a serem ofertadas pelos particulares (art. 42, § 1.º, I, a, e 43, § 1.º, da Lei). A execução de obras e serviços de engenharia, em qualquer caso, de projeto executivo (art. 43, § 2.º, da Lei).

Não podem participar, direta ou indiretamente, das licitações para obras e serviços de engenharia (art. 44 da Lei das Estatais): a) pessoa física ou jurídica que tenha elaborado o anteprojeto ou o projeto básico da licitação; b) pessoa jurídica que participar de consórcio responsável pela elaboração do anteprojeto ou do projeto básico da licitação; c) pessoa

---

de estatal; b.2) empregado de estatal cujas atribuições envolvam a atuação na área responsável pela licitação ou contratação; b.3) autoridade do ente público a que a estatal esteja vinculada; c) cujo proprietário, mesmo na condição de sócio, tenha terminado seu prazo de gestão ou rompido seu vínculo com a respectiva estatal promotora da licitação ou contratante há menos de 6 meses (art. 38, parágrafo único, da Lei 13.303/2016).

[90] A contratação semi-integrada envolve a elaboração e o desenvolvimento do projeto executivo, a execução de obras e serviços de engenharia, a montagem, a realização de testes, a pré-operação e as demais operações necessárias e suficientes para a entrega final do objeto (art. 42, V, da Lei das Estatais). A contratação integrada envolve a elaboração e o desenvolvimento dos projetos básico e executivo, a execução de obras e serviços de engenharia, a montagem, a realização de testes, a pré-operação e as demais operações necessárias e suficientes para a entrega final do objeto (art. 42, VI, da Lei das Estatais). A contratação semi-integrada será utilizada preferencialmente para obras e serviços de engenharias contratados por estatais, salvo se a estatal justificar a adoção de outro regime de execução (art. 42, § 4.º).

jurídica da qual o autor do anteprojeto ou do projeto básico da licitação seja administrador, controlador, gerente, responsável técnico, subcontratado ou sócio, neste último caso quando a participação superar 5% do capital votante.[91]

Na contratação de obras e serviços, inclusive de engenharia, poderá ser estabelecida remuneração variável vinculada ao desempenho do contratado, com base em metas, padrões de qualidade, critérios de sustentabilidade ambiental e prazos de entrega definidos no instrumento convocatório e no contrato (art. 45 da Lei das Estatais).

É possível a divisão do objeto contratado, mediante justificativa expressa e desde que não implique perda de economia de escala, com a celebração de mais de um contrato para executar serviço de mesma natureza quando o objeto puder ser executado de forma concorrente e simultânea por mais de um contratado (art. 46 da Lei das Estatais).

Na contratação que tenha por objeto a aquisição de bens pelas estatais, as licitações poderão: a) indicar marca ou modelo, nas seguintes hipóteses: a.1) em decorrência da necessidade de padronização do objeto; a.2) quando determinada marca ou modelo comercializado por mais de um fornecedor constituir o único capaz de atender o objeto do contrato; a.3) quando for necessária, para compreensão do objeto, a identificação de determinada marca ou modelo apto a servir como referência, situação em que será obrigatório o acréscimo da expressão "ou similar ou de melhor qualidade"; b) exigir amostra do bem no procedimento de pré-qualificação e na fase de julgamento das propostas ou de lances, desde que justificada a necessidade de sua apresentação; c) solicitar a certificação da qualidade do produto ou do processo de fabricação, inclusive sob o aspecto ambiental, por instituição previamente credenciada. Além disso, o edital poderá exigir, como condição de aceitabilidade da proposta, a adequação às normas da Associação Brasileira de Normas Técnicas – ABNT ou a certificação da qualidade do produto por instituição credenciada pelo Sistema Nacional de Metrologia, Normalização e Qualidade Industrial – Sinmetro (art. 47, *caput* e parágrafo único, da Lei das Estatais).

Na alienação de bens, as estatais deverão efetuar (i) a avaliação formal do bem contemplado e (ii) a licitação (art. 49 da Lei das Estatais).[92]

As licitações realizadas pelas estatais, independentemente do objeto a ser contratado, observarão a seguinte sequência de fases (art. 51 da Lei das Estatais): a) preparação; b) divulgação; c) apresentação de lances ou propostas, conforme o modo de disputa adotado; d) julgamento; e) verificação de efetividade dos lances ou propostas; f) negociação; g) habilitação; h) interposição de recursos; i) adjudicação do objeto; j) homologação do resultado ou revogação do procedimento.

---

[91] As duas últimas vedações (*b* e *c*) não impedem que a pessoa física ou jurídica participe como consultor ou técnico, nas funções de fiscalização, supervisão ou gerenciamento, exclusivamente a serviço da estatal interessada (art. 44, § 2.º, da Lei).

[92] A avaliação formal não é necessária em dois casos que envolvem, inclusive, dispensa de licitação: a) transferência de bens a órgãos e entidades da Administração, inclusive quando efetivada mediante permuta; e b) compra e venda de ações, de títulos de crédito e de dívida e de bens que produzam ou comercializem. A licitação para alienação de bens das estatais não é exigida nos casos em que a licitação é dispensada pela própria Lei, na forma do art. 28, § 3.º, da Lei das Estatais. As regras para alienação e os casos de dispensa e inexigibilidade de licitação são aplicáveis à atribuição de ônus real a bens integrantes do acervo patrimonial de estatais (art. 50 da Lei das Estatais).

O procedimento segue a tendência já consagrada na legislação do pregão e em outras normas específicas, com a realização da habilitação após o julgamento. Todavia, a habilitação poderá, excepcionalmente, anteceder a fase de apresentação de lances e as fases subsequentes, desde que expressamente previsto no instrumento convocatório (art. 51, § 1.º, da Lei).

Ainda inspirada na legislação do pregão, a Lei das Estatais dispõe que o procedimento deverá ser preferencialmente eletrônico, com divulgação dos avisos dos resumos dos editais e dos contratos no Diário Oficial do ente federado e na internet (art. 51, § 2.º, da Lei).

Nas licitações das estatais, poderão ser adotados os modos de disputa aberto, inclusive com a admissão de lances intermediários, ou fechado (arts. 52 e 53 da Lei 13.303/2016).[93]

Na etapa de julgamento, a estatal não levará em consideração vantagens não previstas no instrumento convocatório e os critérios de julgamento (tipos de licitação) que poderão ser utilizados são: a) menor preço; b) maior desconto;[94] c) melhor combinação de técnica e preço;[95] d) melhor técnica; e) melhor conteúdo artístico; f) maior oferta de preço; g) maior retorno econômico;[96] h) melhor destinação de bens alienados[97] (art. 54, *caput* e § 3.º, da Lei).

Em caso de empate, serão utilizados, nesta ordem, os seguintes critérios de desempate (art. 55 da Lei): a) disputa final, em que os licitantes empatados poderão apresentar nova proposta fechada, em ato contínuo ao encerramento da etapa de julgamento; b) avaliação do desempenho contratual prévio dos licitantes, desde que exista sistema objetivo de avaliação instituído; c) os critérios estabelecidos no art. 3.º da Lei 8.248/1991 e no § 2.º do art. 3.º da Lei 8.666/1993 (art. 60, § 1.º, da Lei 14.133/2021, na forma do art. 189 do mesmo diploma legal); e d) sorteio.

Após o julgamento dos lances ou propostas, será promovida a sua efetividade, que poderá se restringir aos que tiverem melhor classificação, promovendo-se a desclassificação daqueles que: a) contenham vícios insanáveis; b) descumpram especificações técnicas constantes do instrumento convocatório; c) apresentem preços manifestamente inexequíveis; d) se encontrem acima do orçamento estimado para a contratação; e) não tenham sua exequibilidade demonstrada, quando exigida pela estatal;

---

[93] Consideram-se intermediários os lances: a) iguais ou inferiores ao maior já ofertado, quando adotado o julgamento pelo critério da maior oferta; e b) iguais ou superiores ao menor já ofertado, quando adotados os demais critérios de julgamento (art. 53, parágrafo único, da Lei).

[94] O critério "maior desconto" terá como referência o preço global fixado no instrumento convocatório, estendendo-se o desconto oferecido nas propostas ou lances vencedores a eventuais termos aditivos. No caso de obras e serviços de engenharia, o desconto incidirá de forma linear sobre a totalidade dos itens constantes do orçamento estimado, que deverá obrigatoriamente integrar o instrumento convocatório (art. 54, § 4.º, da Lei).

[95] Nesse critério de julgamento, a avaliação das propostas técnicas e de preço considerará o percentual de ponderação mais relevante, limitado a 70% (art. 54, § 5.º, da Lei).

[96] No critério "maior retorno econômico", os lances ou propostas terão o objetivo de proporcionar economia à estatal, por meio da redução de suas despesas correntes, remunerando-se o licitante vencedor com base em percentual da economia de recursos gerada (art. 54, § 6.º, da Lei).

[97] Nesse último critério de julgamento, será obrigatoriamente considerada, nos termos do respectivo instrumento convocatório, a repercussão, no meio social, da finalidade para cujo atendimento o bem será utilizado pelo adquirente. O descumprimento dessa finalidade resultará na imediata restituição do bem alcançado ao acervo patrimonial da estatal, vedado o pagamento de indenização em favor do adquirente (art. 54, §§ 7.º e 8.º, da Lei).

f) apresentem desconformidade com outras exigências do instrumento convocatório, salvo se for possível a acomodação a seus termos antes da adjudicação do objeto e sem que se prejudique a atribuição de tratamento isonômico entre os licitantes (art. 56, *caput* e § 1.º, da Lei).

Confirmada a efetividade do lance ou proposta mais bem classificada, inicia-se a fase de negociação de condições mais vantajosas (art. 57 da Lei das Estatais). Caso o preço do primeiro colocado permaneça acima do orçamento estimado, a estatal deverá negociar com os demais licitantes, observada a ordem de classificação, e, se não for obtido preço igual ou inferior ao referido orçamento, a licitação será revogada (art. 57, §§ 1.º e 3.º, da Lei).

Na etapa seguinte, a estatal verificará a habilitação do primeiro colocado a partir dos seguintes parâmetros: a) exigência da apresentação de documentos aptos a comprovar a possibilidade da aquisição de direitos e da contração de obrigações por parte do licitante; b) qualificação técnica, restrita a parcelas do objeto técnica ou economicamente relevantes, de acordo com parâmetros estabelecidos de forma expressa no instrumento convocatório; c) capacidade econômica e financeira; d) recolhimento de quantia a título de adiantamento, tratando-se de licitações em que se utilize como critério de julgamento a maior oferta de preço (art. 58 da Lei).[98]

O procedimento licitatório possui, em regra, fase recursal única e o recurso, que poderá discutir questões relacionadas à habilitação, ao julgamento e à efetividade dos lances e propostas, será interposto no prazo de cinco dias úteis após a habilitação (art. 59, § 1.º, da Lei). Excepcionalmente, quando houver a inversão de fases, com a realização da habilitação anterior à etapa de julgamento, serão admitidos recursos após a habilitação e a verificação da efetividade dos lances ou propostas (art. 59, § 2.º, da Lei).

A homologação do resultado acarreta o direito do licitante vencedor à celebração do contrato, sendo vedada a celebração de contrato com preterição da ordem de classificação ou com pessoas estranhas à licitação (arts. 60 e 61 da Lei).

Admite-se a revogação da licitação por razões de interesse público decorrentes de fato superveniente que constitua óbice manifesto e incontornável (art. 62 da Lei).[99]

Na hipótese de ilegalidade, quando não foi possível a convalidação, a licitação será anulada pela estatal de ofício ou por provocação de terceiros (art. 62 da Lei).

A nulidade da licitação ou do procedimento de contratação direta induz à do contrato e não gera obrigação de indenizar (art. 62, §§ 1.º, 2.º e 4.º, da Lei). Entendemos que a nulidade decretada no curso da execução do contrato não pode afastar o dever de indenização por tudo aquilo que foi executado até aquele momento, salvo comprovada má-fé da contratada, tendo em vista a presunção de boa-fé e a vedação do enriquecimento sem causa.

---

[98] Quando o critério de julgamento utilizado for a maior oferta de preço, os requisitos de qualificação técnica e de capacidade econômica e financeira poderão ser dispensados. Nesse caso, reverterá a favor da estatal o valor de quantia eventualmente exigida no instrumento convocatório a título de adiantamento, caso o licitante não efetue o restante do pagamento devido no prazo para tanto estipulado (art. 58, §§ 1.º e 2.º, da Lei).

[99] A revogação também é possível quando a proposta apresentada, mesmo após a fase de negociação, for superior ao valor do orçamento estimado (art. 57, § 3.º), bem como na hipótese em que o licitante vencedor convocado pela estatal não assinar o termo de contrato no prazo e nas condições estabelecidos (art. 75, § 2.º, II, da Lei).

A revogação e a anulação efetivadas após a fase de apresentação de lances ou propostas deverão ser precedidas do contraditório e da ampla defesa (art. 62, § 3.º, da Lei).

O art. 63 da Lei das Estatais prevê os seguintes procedimentos auxiliares das licitações: a) pré-qualificação permanente; b) cadastramento; c) sistema de registro de preços; e d) catálogo eletrônico de padronização.

O procedimento de pré-qualificação, com prazo de validade de até um ano, será público e permanentemente aberto à inscrição de qualquer interessado, com o objetivo de identificar (a) fornecedores que reúnam condições de habilitação exigidas para o fornecimento de bem ou a execução de serviço ou obra nos prazos, locais e condições previamente estabelecidos; e (b) bens que atendam às exigências técnicas e de qualidade da Administração (art. 64, *caput* e §§ 1.º e 5.º, da Lei).

A estatal poderá restringir a participação em suas licitações a fornecedores ou produtos pré-qualificados, nas condições estabelecidas em regulamento (art. 64, § 2.º, da Lei).

A pré-qualificação poderá ser efetuada nos grupos ou segmentos, segundo as especialidades dos fornecedores, bem como poderá ser parcial ou total, contendo alguns ou todos os requisitos de habilitação ou técnicos necessários à contratação, assegurada, em qualquer hipótese, a igualdade de condições entre os concorrentes (art. 64, §§ 3.º e 4.º, da Lei).

No tocante ao cadastramento, os registros cadastrais poderão ser mantidos para efeito de habilitação dos inscritos em procedimentos licitatórios e serão válidos por um ano, no máximo, podendo ser atualizados a qualquer tempo (art. 65 da Lei).

Os registros cadastrais serão amplamente divulgados e ficarão permanentemente abertos para a inscrição de interessados que serão admitidos segundo requisitos previstos em regulamento (art. 65, §§ 1.º e 2.º da Lei).

No registro cadastral será anotada a atuação do licitante no cumprimento das obrigações assumidas, admitindo-se a alteração, suspensão ou cancelamento, a qualquer tempo, do registro do inscrito que deixar de satisfazer as exigências estabelecidas para habilitação ou para admissão cadastral (art. 65, §§ 3.º e 4.º, da Lei).

Quanto ao Registro de Preços, que será regulado por decreto do Poder Executivo, o procedimento deverá respeitar as seguintes disposições (art. 66, *caput*, §§ 1.º, 2.º e 3.º, da Lei): a) possibilidade de adesão ao registro de qualquer estatal, independentemente da atividade desenvolvida; b) realização prévia de ampla pesquisa de mercado; c) seleção de acordo com os procedimentos previstos em regulamento; d) rotina de controle e atualização periódicos dos preços registrados; e) definição da validade do registro; f) inclusão, na respectiva ata, do registro dos licitantes que aceitarem cotar os bens ou serviços com preços iguais aos do licitante vencedor na sequência da classificação do certame, assim como dos licitantes que mantiverem suas propostas originais; g) existência de preços registrados não obriga a estatal a firmar os contratos que deles poderão advir, sendo facultada a realização de licitação específica, assegurada ao licitante registrado preferência em igualdade de condições.

Por fim, o catálogo eletrônico de padronização de compras, serviços e obras, que poderá ser utilizado nas licitações com critério de julgamento menor preço ou maior desconto, consiste em sistema informatizado, de gerenciamento centralizado, destinado a permitir a padronização dos itens a serem adquiridos pela estatal que estarão disponíveis para a realização de licitação (art. 67, *caput* e parágrafo único, da Lei).

Em relação ao regime jurídico aplicável aos contratos celebrados por empresas estatais, remetemos o leitor ao Capítulo 18, item 18.15.

## 17.9 CONTRATAÇÃO DIRETA NA LEI 14.133/2021

A regra da licitação comporta exceções que devem ser previstas pela legislação. Aliás, a relatividade da regra constitucional e a instrumentalidade do processo de licitação estão evidenciadas no art. 37, XXI, da CRFB, que afirma: "ressalvados os casos especificados na legislação, as obras, serviços, compras e alienações serão contratados mediante processo de licitação pública".

Em determinadas hipóteses a licitação será considerada inviável por ausência de competição ou será inconveniente (ou inoportuna) para o atendimento do interesse público. Nessas situações, a legislação admite a contratação direta devidamente motivada e independentemente de licitação prévia.

As hipóteses de contratação direta são:

a) inexigibilidade de licitação ou licitação inexigível (art. 74 da Lei 14.133/2021);

b) dispensa de licitação ou licitação dispensável (art. 75 da Lei 14.133/2021);e

c) licitação dispensada (art. 76, I e II, da Lei 14.133/2021).

Os casos de contratação direta não dispensam, em regra, a observância de procedimento formal prévio, como a apuração e a comprovação das hipóteses de dispensa ou inexigibilidade de licitação, por meio da motivação da decisão administrativa. Nesse sentido, o processo de contratação direta deve ser instruído com os seguintes documentos (art. 72 da Lei 14.133/2021): a) documento de formalização de demanda, estudo técnico preliminar, análise de riscos, termo de referência e, se for o caso, projeto básico ou projeto executivo; b) estimativa de despesa, que deverá ser calculada na forma estabelecida no art. 23; c) parecer jurídico e pareceres técnicos, se for o caso, demonstrando o atendimento aos requisitos exigidos; d) demonstração da compatibilidade da previsão de recursos orçamentários com o compromisso a ser assumido; e) comprovação de que o contratado preenche os requisitos de qualificação mínima necessária; f) razão de escolha do contratado; g) justificativa de preço; e h) autorização da autoridade competente.

O ato que autoriza a contratação direta ou o extrato decorrente do contrato deve ser divulgado e mantido à disposição do público em sítio eletrônico oficial (art. 72, parágrafo único, da Lei 14.133/2021).[100]

Na hipótese de contratação direta indevida ocorrida com dolo, fraude ou erro grosseiro, o contratado e o agente público responsável responderão solidariamente pelo dano causado ao erário, sem prejuízo de outras sanções legais cabíveis (art. 73 da Lei 14.133/2021).

---

[100] A Orientação Normativa 85/2024 da AGU prevê: "Nas contratações diretas, a divulgação do contrato no Portal Nacional de Contratações Públicas (PNCP), na forma dos artigos 94, inc. II, e 174 da Lei n.º 14.133, de 2021, supre a exigência de publicidade prevista no artigo 72, p. único, do mesmo diploma".

Entendemos que as exigências para contratação direta, previstas nos arts. 72 e 73 da Lei 14.133/2021, devem ser aplicadas, também, para os casos de dispensa previstas nos incisos I e II do art. 76 relacionados à alienação de bens da Administração Pública.

### 17.9.1 Inexigibilidade de licitação (art. 74 da Lei 14.133/2021)

A inexigibilidade de licitação pressupõe a inviabilidade de competição, na forma do art. 74 da Lei 14.133/2021. Tecnicamente, é possível afirmar que a inexigibilidade não retrata propriamente uma exceção à regra da licitação, mas, sim, uma hipótese em que a regra sequer deve ser aplicada. Trata-se da não incidência da regra constitucional da licitação, em razão da ausência do seu pressuposto lógico: a competição.

A inviabilidade de competição pode decorrer de duas situações distintas:

a) **impossibilidade fática de competição (ou impossibilidade quantitativa)**: o produto ou o serviço é fornecido por apenas um fornecedor (ex.: fornecedor exclusivo); e

b) **impossibilidade jurídica de competição (ou impossibilidade qualitativa)**: ausência de critérios objetivos para definir a melhor proposta, de modo que a licitação não teria o condão de estabelecer julgamento objetivo (ex.: contratação de artista).

A inexigibilidade de licitação possui duas características principais:

a) **rol legal exemplificativo:** os casos de inexigibilidade não dependem de expressa previsão legal, pois decorrem da circunstância fática que demonstra a inviabilidade da competição, o que é reforçado pelo art. 74 da Lei 14.133/2021, que utiliza a expressão "em especial" antes de enumerar, exemplificativamente, alguns casos de inexigibilidade; e

b) **vinculação do administrador:** constatada no caso concreto a impossibilidade de competição, a licitação deve ser afastada, justificadamente, sob pena de se estabelecer procedimento administrativo, que demanda tempo e dinheiro (princípios da eficiência e da economicidade), para se fazerem escolhas subjetivas ao final.

É inexigível a licitação quando for inviável a competição, em especial nos seguintes casos (art. 74 da Lei 14.133/2021):: a) aquisição de materiais, equipamentos ou gêneros ou contratação de serviços que só possam ser fornecidos por produtor, empresa ou representante comercial exclusivo; b) contratação de profissional do setor artístico, diretamente ou através de empresário exclusivo, desde que consagrado pela crítica especializada ou pela opinião pública; c) contratação dos seguintes serviços técnicos especializados de natureza predominantemente intelectual com profissionais ou empresas de notória especialização, vedada a inexigibilidade para serviços de publicidade e divulgação: c.1) estudos técnicos, planejamentos e projetos básicos ou executivos; c.2) pareceres, perícias e avaliações em geral; c.3) assessorias ou consultorias técnicas e auditorias financeiras ou tributárias; c.4) fiscalização, supervisão ou gerenciamento de obras ou serviços; c.5) patrocínio ou defesa de causas judiciais ou administrativas;[101] c.6) treinamento e aperfeiçoamento de pessoal; c.7) restauração de obras de arte e bens de valor histórico; c.8) controles de qualidade e tecnológico, análises, testes e ensaios de campo e laboratoriais, instrumentação e monitoramento de parâmetros específicos de obras e do meio ambiente e demais serviços de engenharia que se enquadrem na definição deste inciso; d) objetos que devam ou possam ser contratados por meio de credenciamento; e e) aquisição ou locação de imóvel cujas características de instalações e localização tornem necessária sua escolha.

As hipóteses de inexigibilidade mencionadas no art. 74 da Lei 14.133/2021 não apresentam grandes novidades em relação ao art. 25 da Lei 8.666/1993.

O novo diploma legal mantém o caráter exemplificativo das situações de inexigibilidade, inclusive com a utilização da expressão "em especial" que também era utilizada pelo art. 25 da Lei 8.666/1993.

A primeira hipótese prevista no art. 74, I, da Lei 14.133/2021 reafirma a inexigibilidade para contratação de fornecedor exclusivo.

A redação do novo dispositivo legal é clara ao indicar que a contratação direta, nesse caso, pode envolver não apenas a aquisição de materiais, de equipamentos ou de gêneros, mas, também, os serviços.

Com isso, supera-se a controvérsia existente na interpretação do antigo art. 25, I da Lei 8.666/1993 que gerava dúvidas sobre a sua incidência na contratação de serviços. De nossa parte, sempre sustentamos que seria possível a inexigibilidade na contratação de serviços prestados por fornecedor exclusivo.[102] Contudo, a Orientação Normativa/AGU 15, que não se revela compatível com o art. 74 da Lei 14.133/2021, restringia a aplicação do referido dispositivo legal aos casos de compras, afastando-o da contratação de serviços.

A comprovação da exclusividade do fornecedor, prevista no art. 74, I, da Lei 14.133/2021, será realizada mediante atestado de exclusividade, contrato de exclusividade, declaração do fabricante ou outro documento idôneo capaz de comprovar que o objeto é fornecido ou prestado por produtor, empresa ou representante comercial exclusivos, vedada a preferência por marca específica (art. 74, § 1.º).

Considera-se empresário exclusivo a pessoa física ou jurídica que possua contrato, declaração, carta ou outro documento que ateste a exclusividade permanente e contínua de representação, no País ou em Estado específico, do profissional do setor artístico, afastada a possibilidade de contratação direta por inexigibilidade por meio de empresário com representação restrita a evento ou local específico (art. 74, § 2.º).

A segunda hipótese de inexigibilidade refere-se à contratação de profissional do setor artístico, diretamente ou através de empresário exclusivo, desde que consagrado pela

---

[101] O Estatuto da OAB, alterado pela Lei 14.039/2020, dispõe: "Art. 3.º-A. Os serviços profissionais de advogado são, por sua natureza, técnicos e singulares, quando comprovada sua notória especialização, nos termos da lei. Parágrafo único. Considera-se notória especialização o profissional ou a sociedade de advogados cujo conceito no campo de sua especialidade, decorrente de desempenho anterior, estudos, experiências, publicações, organização, aparelhamento, equipe técnica ou de outros requisitos relacionados com suas atividades, permita inferir que o seu trabalho é essencial e indiscutivelmente o mais adequado à plena satisfação do objeto do contrato."

[102] OLIVEIRA, Rafael Carvalho Rezende. *Licitações e contratos administrativos: teoria e prática*. 9. ed. São Paulo: Método, 2020. p. 89.

crítica especializada ou pela opinião pública (art. 74, II, da Lei 14.133/2021). É inviável estabelecer critérios objetivos para se selecionar o "melhor artista", razão pela qual a escolha será sempre pautada por certos critérios subjetivos, tornando a licitação inviável (ex.: escolha do cantor Gilberto Gil ou Caetano Veloso para realização de *show* no *réveillon*). Trata-se de dispositivo que reproduz o art. 25, III, da Lei 8.666/1993, o que pode justificar a aplicação, em regra, da mesma interpretação tradicionalmente apresentada pela doutrina. Assim, por exemplo, a consagração é uma noção que varia no tempo e no espaço, sendo certo que alguns artistas são consagrados apenas em determinada região do País. A análise da "consagração" do artista deve levar em consideração o local de execução do contrato.[103]

A terceira hipótese de inexigibilidade, citada no art. 74, III, da Lei 14.133/2021, relaciona-se à contratação de serviços técnicos especializados de natureza predominantemente intelectual com profissionais ou empresas de notória especialização enumerados no referido dispositivo legal, vedada a inexigibilidade para serviços de publicidade e divulgação. O referido dispositivo legal, que enumera determinados serviços técnicos, apresenta texto semelhante ao encontrado nos arts. 13 e 25, II, da Lei 8.666/1993.

O art. 74, III, da Lei 14.133/2021 basicamente mantém os requisitos cumulativos para declaração de inexigibilidade anteriormente indicados no art. 25, II, da Lei 8.666/1993. Em verdade, o art. 74, III, da Lei 14.133/2021 não exige expressamente a singularidade do serviço, tal como ocorria no regime jurídico anterior, o que pode gerar dúvidas sobre a interpretação da referida hipótese de inexigibilidade.

A interpretação literal do art. 74, III, da Lei 14.133/2021 afastaria a singularidade do serviço técnico como requisito para caracterização da inexigibilidade.[104] Contudo, tem havido divergência na interpretação do citado dispositivo legal. Em nossa opinião, a ausência da menção à natureza singular do serviço técnico não deve acarretar o afastamento da exigência, uma vez que a própria necessidade de demonstração da inviabilidade de competição para caracterização da inexigibilidade revelaria a inafastabilidade do requisito da singularidade do serviço na contratação sem licitação.

Aliás, é oportuno destacar que, no âmbito das contratações realizadas por empresas estatais, o art. 30, II, da Lei 13.303/2016 já havia afastado, em seu texto, a exigência de singularidade do serviço técnico especializado que poderia ser contratado por inexigibilidade. Isso, contudo, não impediu que o TCU exigisse a singularidade nas contratações realizadas por inexigibilidade de licitação, com fundamento no art. 30, II, da Lei 13.303/2016.[105]

---

[103] Nesse sentido: OLIVEIRA, Rafael Carvalho Rezende. *Licitações e contratos administrativos: teoria e prática*. 9. ed. São Paulo: Método, 2020. p. 93; CARVALHO FILHO, José dos Santos. *Manual de direito administrativo*. 22. ed. Rio de Janeiro: Lumen Juris, 2009. p. 258.

[104] Nesse sentido, o Parecer 00001/2023/CNLCA/CGU/AGU entendeu pela "desnecessidade de comprovação de singularidade do serviço contratado".

[105] TCU, Acórdão 2.436/2019, Plenário, Rel. Min. Ana Arraes, j. 09.10.2019; TCU, Acórdão 2.761/2020, Plenário, Rel. Raimundo Carreiro, j. 14.10.2020. De forma semelhante, sustentando a permanência do requisito da singularidade nas contratações diretas com fundamento no art. 30, II, da Lei das Estatais, vide: NIEBUHR, Joel de Menezes; NIEBUHR, Pedro de Menezes. *Licitações e contratos das estatais*. Belo Horizonte: Fórum, 2018. p. 64; BARCELOS, Dawison; TORRES, Ronny Charles Lopes de. *Licitações e contratos nas empresas estatais*: regime licitatório e contratual da Lei 13.303/2016. Salvador: JusPodivm, 2018. p. 198-199.

Por essa razão, não obstante a literalidade do dispositivo, a hipótese de inexigibilidade de licitação prevista no art. 74, III, da Lei 14.133/2021 dependerá da demonstração da singularidade do serviço. Assim, os requisitos para contratação direta, com fundamento no art. 74, III, da Lei 14.133/2021, são: a) serviço técnico; b) serviço singular; e c) notória especialização do contratado.[106]

Quanto à natureza técnica dos serviços, a interpretação do comando legal pode gerar dúvida quanto ao caráter exaustivo ou exemplificativo dos serviços nele enumerados. Ao utilizar a expressão "contratação dos seguintes serviços técnicos", o art. 74, III, da Lei 14.133/2021 parece restringir a contratação direta apenas aos serviços enumerados no seu texto. Lembre-se de que parcela da doutrina sempre sustentou que o rol de serviços técnicos do art. 13 da Lei 8.666/1993 seria exemplificativo.[107] Com a redação apresentada pela atual legislação, a discussão deve permanecer.

De qualquer forma, a vedação da inexigibilidade para contratação de serviços de publicidade e divulgação, tradicionalmente consagrada no art. 25, II, da Lei 8.666/1993, foi mantida pelo art. 74, III, da Lei 14.133/2021.[108]

No tocante à natureza singular, exigência que, frise-se, gera polêmicas, em razão da ausência de previsão expressa no art. 74, III, da Lei 14.133/2021, a sua compreensão deve seguir a linha apresentada pela doutrina e pela jurisprudência sobre a singularidade também exigida pela Lei 8.666/1993. Assim, é preciso destacar que a singularidade (art. 74, III) não se confunde com a exclusividade (74, I). A singularidade decorre, na hipótese, da impossibilidade de fixação de critérios objetivos de julgamento.[109] Na lição de Marçal Justen Filho, o serviço singular exige a conjugação de dois elementos: a) excepcionalidade da necessidade a ser satisfeita; e b) impossibilidade de sua execução por parte de um "profissional especializado padrão".[110]

---

[106] A Súmula 252 do TCU, editada na vigência da Lei 8.666/1993, dispõe: "A inviabilidade de competição para a contratação de serviços técnicos, a que alude o inciso II do art. 25 da Lei n.º 8.666/1993, decorre da presença simultânea de três requisitos: serviço técnico especializado, entre os mencionados no art. 13 da referida lei, natureza singular do serviço e notória especialização do contratado".

[107] Nesse sentido: OLIVEIRA, Rafael Carvalho Rezende. *Licitações e contratos administrativos: teoria e prática*. 9. ed. São Paulo: Método, 2020. p. 91; PEREIRA JUNIOR, Jessé Torres. *Comentários à lei das licitações e contratações da administração pública*. 7. ed. Rio de Janeiro: Renovar, 2007. p. 180; JUSTEN FILHO, Marçal. *Comentários à lei de licitações e contratos administrativos*. 18. ed. São Paulo: Thomson Reuters Brasil, 2019. p. 282-283; NIEBUHR, Joel de Menezes. *Dispensa e inexigibilidade de licitação pública*. Belo Horizonte: Fórum, 2011. p. 160.

[108] A Lei 12.232/2010 dispõe sobre as normas gerais para licitação e contratação de serviços de publicidade prestados por intermédio de agências de propaganda. É oportuno ressaltar que alguns autores relativizam a vedação legal para permitir a inexigibilidade de licitação em situações excepcionais de contratação de serviços de publicidade. Nesse sentido: RIGOLIN, Ivan Barbosa. *Contrato administrativo*. Belo Horizonte: Fórum, 2007. p. 163-169.

[109] No mesmo sentido: Acórdão 2.616/15, Plenário, Rev. Min. Benjamin Zymler, 21.10.2015, *Informativo de Jurisprudência sobre Licitações e Contratos do TCU* n. 264.

[110] JUSTEN FILHO, Marçal. *Comentários à lei de licitações e contratos administrativos*. 18. ed. São Paulo: Thomson Reuters Brasil, 2019. p. 613. Sobre a singularidade, a Súmula 39 do TCU, editada na vigência da Lei 8.666/1993, dispõe: "A inexigibilidade de licitação para a contratação de serviços técnicos com pessoas físicas ou jurídicas de notória especialização somente é cabível quando se tratar de serviço de natureza singular, capaz de exigir, na seleção do executor de confiança, grau de subjetividade insuscetível de ser medido pelos critérios objetivos de qualificação inerentes ao processo de licitação, nos termos do art. 25, inciso II, da Lei n.º 8.666/1993".

Além da natureza técnica e do caráter singular do serviço, a inexigibilidade do art. 74, III, da Lei 14.133/2021 pressupõe a notória especialização do contratado.

Considera-se notória especialização a qualidade de profissional ou empresa cujo conceito, no campo de sua especialidade, decorrente de desempenho anterior, estudos, experiência, publicações, organização, aparelhamento, equipe técnica ou outros requisitos relacionados com suas atividades, permita inferir que o seu trabalho é essencial e reconhecidamente o mais adequado à plena satisfação do objeto do contrato, sendo vedada a subcontratação de empresas ou a atuação de profissionais distintos daqueles que justificaram a inexigibilidade (art. 6.º, XIX, e art. 74, §§ 3.º e 4.º da Lei 14.133/2021).

A quarta hipótese de inexigibilidade indicada no art. 74, IV, da Lei 14.133/2021 é o credenciamento.

Conforme dispõe o art. 6.º, XLIII, da Lei 14.133/2021, o credenciamento é o "processo administrativo de chamamento público em que a Administração Pública convoca interessados em prestar serviços ou fornecer bens para que, preenchidos os requisitos necessários, credenciem-se no órgão ou na entidade para executar o objeto quando convocados".

Com efeito, o credenciamento era considerado uma hipótese de inexigibilidade de licitação que encontrava fundamento no *caput* do art. 25 da Lei 8.666/1993, o que reforçava o caráter exemplificativo dos seus incisos.[111] Verifica-se, assim, que a Lei 14.133/2021 apenas positivou expressamente o credenciamento como caso de inexigibilidade de licitação.

O sistema de credenciamento permite a seleção de potenciais interessados para posterior contratação, quando houver interesse na prestação do serviço pelo maior número possível de pessoas.

A partir de condições previamente estipuladas por regulamento do Poder Público para o exercício de determinada atividade, todos os interessados que preencherem as respectivas condições serão credenciados e poderão prestar os serviços. Não há, portanto, competição entre interessados para a escolha de um único vencedor, mas, sim, a disponibilização universal do serviço para todos os interessados que preencherem as exigências previamente estabelecidas pelo Poder Público.

A última hipótese de inexigibilidade, indicada expressamente no art. 74, V, da Lei 14.133/2021, é a aquisição ou locação de imóvel cujas características de instalações e de localização tornem necessária sua escolha.

Tradicionalmente, a referida hipótese era tratada como caso de dispensa de licitação pelo art. 24, X, da Lei 8.666/1993. Conforme sempre sustentamos, o caso deveria ser considerado inexigibilidade de licitação, razão pela qual concordamos com a opção realizada pelo art. 74, V, da Lei 14.133/2021.[112]

---

[111] Nesse sentido: OLIVEIRA, Rafael Carvalho Rezende. *Licitações e contratos administrativos: teoria e prática*. 9. ed. São Paulo: Método, 2020. p. 93-94; JUSTEN FILHO, Marçal. *Comentários à lei de licitações e contratos administrativos*. 18. ed. São Paulo: Thomson Reuters Brasil, 2019. p. 77; FURTADO, Lucas Rocha. *Curso de direito administrativo*. 2. ed. Belo Horizonte: Fórum, 2010. p. 466; TCU, Acórdão 3.567/14, Plenário, Rev. Min. Benjamin Zymler, 09.12.2014; STJ, REsp 1.747.636/PR, Rel. Min. Gurgel de Faria, Primeira Turma, *DJe* 09.12.2019.

[112] OLIVEIRA, Rafael Carvalho Rezende. *Licitações e contratos administrativos: teoria e prática*. 9. ed. São Paulo: Método, 2020. p. 70.

Nas contratações com fundamento no inciso V do art. 74, devem ser observados os seguintes requisitos (art. 74, § 5.º): a) avaliação prévia do bem, do seu estado de conservação e dos custos de adaptações, quando imprescindíveis às necessidades de utilização, e prazo de amortização dos investimentos; b) certificação da inexistência de imóveis públicos vagos e disponíveis que atendam ao objeto; c) justificativas que demonstrem a singularidade do imóvel a ser comprado ou locado pela Administração e evidenciem vantagem para Administração.

### 17.9.2 Dispensa de licitação (art. 75 da Lei 14.133/2021)

As hipóteses de dispensa de licitação encontram-se no art. 75 da Lei 14.133/2021.

Nesses casos, a licitação é viável, tendo em vista a possibilidade de competição entre dois ou mais interessados. Todavia, o legislador elencou determinadas situações em que a licitação pode ser afastada, a critério do administrador, para se atender ao interesse público de forma mais célere e eficiente. É importante notar que as hipóteses de dispensa de licitação representam exceções à regra constitucional da licitação, permitidas pelo art. 37, XXI, da CRFB ("ressalvados os casos especificados na legislação"). O legislador autoriza o administrador a dispensar, por razões de conveniência e oportunidade, a licitação e proceder à contratação direta.

A dispensa de licitação possui duas características principais:

a) **rol taxativo:** as hipóteses de dispensa são exceções à regra da licitação; e
b) **discricionariedade do administrador:** a dispensa depende da avaliação da conveniência e da oportunidade no caso concreto, sendo admitida a realização da licitação.

Em relação à primeira característica, seria lícito afirmar, em princípio, que a interpretação das hipóteses de dispensa deve ser restritiva, pois configuram verdadeiras exceções à regra da licitação. Segundo a regra básica de hermenêutica, as exceções devem ser interpretadas restritivamente.

Lembre-se de que a dispensa de licitação não afasta a necessidade de instauração de procedimento instruído com os documentos indicados no art. 72 da Lei 14.133/2021, o que revela que a hipótese de contratação direta afasta a realização de licitação formal, mas não a necessidade de justificativa para escolha do contratado e do respectivo preço. Verifica-se, assim, que a contratação direta por dispensa de licitação envolve uma espécie de procedimento competitivo simplificado e célere, no qual a Administração Pública realizará a coleta de propostas no mercado e selecionará a mais vantajosa.

A Lei 14.133/2021 manteve, em grande medida, as hipóteses de dispensa previstas no art. 24 da Lei 8.666/1993, mas sem repetir integralmente o elenco. A atual Lei de Licitações promoveu alterações e exclusões de casos elencados na legislação anterior, bem como incluiu novas hipóteses de dispensa de licitação.

Analisaremos a seguir os casos de dispensa consagrados no art. 75 da Lei 14.133/2021.

Quanto à possibilidade de dispensa de licitação nas contratações de baixo vulto econômico, previstas no art. 75, I (R$ 100.000,00) e II (R$ 50.000,00), da Lei 14.133/2021, verifica-se a utilização inicial dos mesmos valores indicados para dispensa de licitação no âmbito das empresas estatais (art. 29, I e II, da Lei 13.303/2016) e nas contratações realizadas durante o estado de calamidade pública relacionada ao novo coronavírus (art. 1.º, I, da Lei 14.065/2020). Contudo, os referidos valores foram atualizados pelo Decreto 12.343/2024 para R$ 125.451,15 e R$ 62.725,59, respectivamente.[113]

Nesses casos, a Lei 14.133/2021 incentiva a realização de uma espécie de processo seletivo simplificado ao estabelecer que as contratações serão preferencialmente precedidas de divulgação em sítio eletrônico oficial, pelo prazo mínimo de 3 (três) dias úteis, de aviso com a especificação do objeto pretendido e com a manifestação de interesse da Administração em obter propostas adicionais de eventuais interessados, devendo ser selecionada a proposta mais vantajosa (art. 75, § 3.º).[114]

De acordo com o art. 75, § 2.º, da Lei 14.133/2021, os valores referidos nos incisos I e II serão duplicados para compras, obras e serviços contratados por consórcio público ou autarquia ou fundação qualificadas, na forma da lei, como agências executivas. Aqui, a atual Lei de Licitações manteve a sistemática contida no art. 24, § 1.º, da Lei 8.666/1993 e fixou valores diferenciados para justificar a dispensa de licitação nas contratações realizadas por consórcios públicos e agências executivas, apesar de indicar valores diferenciados, como já afirmado.

As contratações diretas, com fundamento nos incisos I e II do art. 75, serão preferencialmente pagas por meio de cartão de pagamento, cujo extrato deverá ser divulgado e mantido à disposição do público no Portal Nacional de Contratações Públicas (art. 75, § 4.º, da Lei 14.133/2021), exigência que não era encontrada na Lei 8.666/1993.

Outra possibilidade de dispensa de licitação relaciona-se à hipótese em que a Administração Pública mantém as condições definidas em edital de licitação realizada há menos de um ano e que não teve êxito por uma de duas razões (art. 75, III, da Lei 14.133/2021): a) ausência de licitantes interessados ou que não foram apresentadas propostas válidas; ou b) todos os licitantes apresentaram propostas com preços manifestamente superiores aos praticados no mercado ou incompatíveis com os fixados pelos órgãos oficiais competentes. As situações elencadas no art. 75, III, caracterizam a "licitação deserta" e a "licitação fracassada ou frustrada", tradicionalmente previstas nos incisos V e VII do art. 24 da Lei 8.666/1993.

Não obstante as semelhanças entre o diploma legal anterior e a atual legislação, é possível perceber algumas distinções no tratamento conferido pela Lei 14.133/2021, como, por exemplo, a fixação do limite temporal para realização da contratação direta.

---

[113] Na aferição dos valores indicados nos incisos I e II do art. 75 da Lei 14.133/2021, deve ser observado o somatório: a) do que for despendido no exercício financeiro pela respectiva unidade gestora; b) da despesa realizada com objetos de mesma natureza, entendidos como tais aqueles relativos a contratações no mesmo ramo de atividade (art. 75, § 1.º). Não se aplica o disposto no § 1.º do art. 75 para as contratações de até R$ 10.036,10 de serviços de manutenção de veículos automotores de propriedade do órgão ou entidade contratante, incluído o fornecimento de peças (art. 75, § 7.º, da Lei 14.133/2021 e Decreto 12.343/2024).

[114] A realização do processo seletivo simplificado representa inovação interessante em relação ao regime jurídico anteriormente previsto na Lei 8.666/1993, uma vez que garante maior transparência e isonomia à contratação, além de incrementar a probabilidade de obtenção de condições contratuais mais favoráveis à Administração Pública.

Dessa forma, a dispensa de licitação somente poderia ser implementada para contratações realizadas no período máximo de um ano a partir do certame deserto ou fracassado.

Quanto às hipóteses de dispensa de licitação previstas no inciso IV do art. 75 da Lei 14.133/2021, verifica-se a repetição, em grande medida, das situações elencadas na legislação anterior.

A dispensa de licitação para contratação de bens componentes ou peças de origem nacional ou estrangeira necessários à manutenção de equipamentos, a serem adquiridos do fornecedor original desses equipamentos durante o período de garantia técnica, quando essa condição de exclusividade for indispensável para a vigência da garantia, consagrada na art. 75, IV, "a", da Lei 14.133/2021, equivale ao caso previsto no art. 24, XVII, da Lei 8.666/1993.

A possibilidade de contratação direta de bens, serviços, alienações ou obras, nos termos de acordo internacional específico aprovado pelo Congresso Nacional, quando as condições ofertadas forem manifestamente vantajosas para a Administração, admitida pelo art. 75, IV, "b", da Lei 14.133/2021, possui semelhanças com a dispensa de licitação indicada no art. 24, XIV, da Lei 8.666/1993. A distinção é o objeto da dispensa: enquanto a legislação anterior previa apenas a "aquisição de bens ou serviços", a atual Lei de Licitações amplia a dispensa para abranger "bens, serviços, alienações ou obras".

O art. 75, IV, "c", da Lei 14.133/2021, atualizado pelo Decreto 12.343/2024, admite a dispensa para contratação de produtos para pesquisa e desenvolvimento, limitada a contratação, no caso de obras e serviços de engenharia, ao valor de R$ 376.353,48. Trata-se de caso similar ao previsto no art. 24, XXI, da Lei 8.666/1993, com a diferença do valor utilizado como parâmetro para dispensa.

Destaca-se, ainda, que a dispensa de licitação para contratação de produtos para pesquisa e desenvolvimento, com fundamento no art. 75, IV, "c", quando aplicada a obras e serviços de engenharia, seguirá procedimentos especiais instituídos em regulamentação específica (art. 75, § 5.º).

Outro caso de dispensa, consagrado no art. 75, IV, "d", da Lei 14.133/2021, refere-se à transferência de tecnologia ou licenciamento de direito de uso ou de exploração de criação protegida, nas contratações realizadas por Instituição Científica, Tecnológica e de Inovação (ICT) pública ou por agência de fomento, desde que demonstrada vantagem para a Administração. O permissivo legal para dispensa de licitação nesse caso é similar ao art. 24, XXV, da Lei 8.666/1993.

O art. 75, IV, "e", da Lei 14.133/2021, assim como dispunha o art. 24, XII, da Lei 8.666/1993, prevê a dispensa de licitação para contratação de hortifrutigranjeiros, pães e outros gêneros perecíveis, no período necessário para a realização dos processos licitatórios correspondentes, hipótese em que a contratação será realizada diretamente com base no preço do dia.

A dispensa mencionada no art. 75, IV, "f", da Lei 14.133/2021, por sua vez, tal como já indicava o art. 24, XXVIII, da Lei 8.666/1993, engloba a contratação de bens ou serviços produzidos ou prestados no País que envolvam, cumulativamente, alta complexidade tecnológica e defesa nacional.

O art. 75, IV, "g", da Lei 14.133/2021 mantém a dispensa de licitação, tradicionalmente indicada no art. 24, XIX, da Lei 8.666/1993, para contratação de materiais de uso das Forças Armadas, com exceção de materiais de uso pessoal e administrativo, quando houver necessidade de manter a padronização requerida pela estrutura de apoio logístico dos meios navais, aéreos e terrestres, mediante autorização por ato do comandante da força militar. A principal diferença entre os dois diplomas legais reside na competência para autorizar a dispensa: enquanto a Lei 8.666/1993 exigia parecer de comissão instituída por decreto, a atual legislação dispõe que a autorização será concedida pelo comandante da forma militar.

O art. 75, IV, "h", da Lei 14.133/2021 equivale à dispensa de licitação do art. 24, XXIX, da Lei 8.666/1993, permitindo a contratação direta de bens e serviços para atendimento dos contingentes militares das forças singulares brasileiras empregadas em operações de paz no exterior, hipótese em que a contratação deverá ser justificada quanto ao preço e à escolha do fornecedor ou executante e ratificada pelo comandante da força militar.

Ainda no campo das contratações nas Forças Armadas, o art. 75, IV, "i", da Lei 14.133/2021 permite a contratação sem licitação para abastecimento ou suprimento de efetivos militares em estada eventual de curta duração em portos, aeroportos ou localidades diferentes de suas sedes, por motivo de movimentação operacional ou de adestramento. A diferença entre o novo dispositivo legal e a hipótese tradicionalmente prevista no art. 24, XVIII, da Lei 8.666/1993 é que a Lei 14.133/2021 não fixa, nesse caso, limite de valor para dispensa.

O art. 75, IV, "j", da Lei 14.133/2021 mantém a dispensa de licitação do art. 24, XXVII, da Lei 8.666/1993 para coleta, processamento e comercialização de resíduos sólidos urbanos recicláveis ou reutilizáveis, em áreas com sistema de coleta seletiva de lixo, realizados por associações ou cooperativas formadas exclusivamente de pessoas físicas de baixa renda reconhecidas pelo poder público como catadores de materiais recicláveis, com o uso de equipamentos compatíveis com as normas técnicas, ambientais e de saúde pública.

O art. 75, IV, "k", da Lei 14.133/2021, por sua vez, equivale ao art. 24, XV, da Lei 8.666/1993, admitindo a dispensa para aquisição ou restauração de obras de arte e objetos históricos, de autenticidade certificada, desde que inerente às finalidades do órgão ou com elas compatível. É fundamental que a aquisição ou restauração tenha vinculação direta com as finalidades do órgão ou entidade. Assim, por exemplo, o Poder Público pode adquirir, sem licitação, obra de arte para determinado museu público, mas não será possível a aquisição de obra de arte para decorar gabinete de autoridades administrativas.

Já o art. 75, IV, "l", da Lei 14.133/2021 não encontra equivalente no art. 24 da Lei 8.666/1993. De acordo com o novo diploma legal, a dispensa de licitação é autorizada para serviços especializados ou aquisição ou locação de equipamentos destinados ao rastreamento e à obtenção de provas previstas no art. 3.º, II (captação ambiental de sinais eletromagnéticos, ópticos ou acústicos) e V (interceptação de comunicações telefônicas e telemáticas, nos termos da legislação específica), da Lei 12.850/2013, quando houver necessidade justificada de manutenção de sigilo sobre a investigação.

Igualmente, o art. 75, IV, "m", da Lei 14.133/2021 não encontra dispositivo similar no art. 24 da Lei 8.666/1993. Com o novo permissivo legal, admite-se a dispensa de licitação na aquisição de medicamentos destinados exclusivamente ao tratamento de doenças raras definidas pelo Ministério da Saúde.

O art. 75, V, da Lei 14.133/2021 equivale ao art. 24, XXXI, da Lei 8.666/1993 e permite a dispensa de licitação para contratação com o objetivo de cumprir o disposto nos arts. 3.º, 3.º-A, 4.º, 5.º e 20 da Lei 10.973/2004, observados os princípios gerais de contratação constantes da referida Lei. Assim, a dispensa de licitação abrange as seguintes hipóteses:

a) O art. 3.º da Lei 10.973/2004, alterado pela Lei 13.243/2016, afirma que os entes federados e as respectivas agências de fomento poderão estimular e apoiar a constituição de alianças estratégicas e o desenvolvimento de projetos de cooperação envolvendo empresas, ICTs e entidades privadas sem fins lucrativos voltados para atividades de pesquisa e desenvolvimento, que objetivem a geração de produtos, processos e serviços inovadores e a transferência e a difusão de tecnologia;

b) A Financiadora de Estudos e Projetos (FINEP), como secretaria executiva do Fundo Nacional de Desenvolvimento Científico e Tecnológico (FNDCT), o Conselho Nacional de Desenvolvimento Científico e Tecnológico (CNPq) e as Agências Financeiras Oficiais de Fomento poderão celebrar convênios e contratos, nos termos do inciso XIII do art. 24 da Lei 8.666/1993, por prazo determinado, com as fundações de apoio, com a finalidade de dar apoio às IFES e demais ICTs, inclusive na gestão administrativa e financeira dos projetos mencionados no *caput* do art. 1.º da Lei 8.958/1994, com a anuência expressa das instituições apoiadas (art. 3.º-A da Lei 10.973/2004, alterado pela Lei 13.243/2016);

c) Os entes federados e as respectivas agências de fomento manterão programas específicos para as microempresas e para as empresas de pequeno porte, observando-se o disposto na LC 123/2006 (art. 3.º-D da Lei 10.973/2004, alterado pela Lei 13.243/2016);

d) A ICT pública poderá, mediante contrapartida financeira ou não financeira e por prazo determinado, nos termos de contrato ou convênio: d.1) compartilhar seus laboratórios, equipamentos, instrumentos, materiais e demais instalações com ICT ou empresas em ações voltadas à inovação tecnológica para consecução das atividades de incubação, sem prejuízo de sua atividade finalística; d.2) permitir a utilização de seus laboratórios, equipamentos, instrumentos, materiais e demais instalações existentes em suas próprias dependências por ICT, empresas ou pessoas físicas voltadas a atividades de pesquisa, desenvolvimento e inovação, desde que tal permissão não interfira diretamente em sua atividade-fim nem com ela conflite; d.3) permitir o uso de seu capital intelectual em projetos de pesquisa, desenvolvimento e inovação (art. 4.º da Lei 10.973/2004, alterado pela Lei 13.243/2016);

e) Os entes federados e suas entidades administrativas ficam autorizados a participar, nos termos do regulamento, a participar minoritariamente do capital social de empresas, com o propósito de desenvolver produtos ou processos inovadores que estejam de acordo com as diretrizes e prioridades definidas nas políticas de ciência, tecnologia, inovação e de desenvolvimento industrial de cada esfera de governo (art. 5.º da Lei 10.973/2004, alterado pela Lei 13.243/2016);

f) Os órgãos e as entidades da Administração Pública, em matéria de interesse público, poderão contratar diretamente ICT, entidades de direito privado sem fins lucrativos ou empresas, isoladamente ou em consórcios, voltadas para atividades de pesquisa e de reconhecida capacitação tecnológica no setor, visando à realização de atividades de pesquisa, desenvolvimento e inovação que envolvam risco tecnológico, para solução de problema técnico específico ou obtenção de produto, serviço ou processo inovador (art. 20 da Lei 10.973/2004, alterado pela Lei 13.243/2016).

O art. 75, VI, da Lei 14.133/2021, assim como estabelecia o art. 24, IX, da Lei 8.666/1993, admite a dispensa de licitação para contratação que possa acarretar comprometimento da segurança nacional. A diferença entre os dois diplomas legais relaciona-se à competência para dispor sobre os casos autorizadores da dispensa: enquanto a Lei 8.666/1993 remetia a estipulação dos casos ao decreto do Presidente da República, ouvido o Conselho de Defesa Nacional, a atual legislação remete a definição dos casos ao Ministro de Estado da Defesa, mediante demanda dos comandos das Forças Armadas ou dos demais ministérios.

O art. 75, VII, da Lei 14.133/2021 equivale ao art. 24, III, da Lei 8.666/1993 e autoriza a dispensa de licitação nos casos de guerra, estado de defesa, estado de sítio, intervenção federal ou de grave perturbação da ordem. O traço distintivo entre os dois textos normativos reside no detalhamento maior contido na atual Lei de Licitações que, ao lado dos "casos de guerra ou grave perturbação da ordem", já indicados pela Lei 8.666/1993, menciona, ainda, estado de defesa, estado de sítio e intervenção federal. Em nossa opinião, contudo, não há grande relevância na "inovação", uma vez que as hipóteses "acrescentadas" pela atual Lei poderia ser inserida no gênero "grave perturbação da ordem".

O art. 75, VIII, da Lei 14.133/2021, a seu turno, apresenta semelhanças com o art. 24, IV, da Lei 8.666/1993 para permitir a dispensa de licitação em contratações emergenciais. No tocante à emergência e à calamidade pública, as situações deverão ser analisadas concretamente. Exemplos: inundação causada por fortes chuvas pode acarretar a necessidade de contratações emergenciais (compra de medicamentos, contratação de serviços médicos, locação de imóveis para funcionarem como abrigos etc.); anulação de determinada licitação e a justificativa, no caso concreto, de que a repetição do certame será incompatível com a urgência da contratação etc. De acordo com a Lei 14.133/2021, é possível a dispensa de licitação nos casos de emergência ou de calamidade pública, quando caracterizada urgência de atendimento de situação que possa ocasionar prejuízo ou comprometer a continuidade dos serviços públicos ou a segurança de pessoas, obras, serviços, equipamentos e outros bens, públicos ou particulares, e somente para aquisição dos bens necessários ao atendimento da situação emergencial ou calamitosa e para as parcelas de obras e serviços que possam ser concluídas no prazo máximo de 1 (um) ano, contado da data de ocorrência da emergência ou da calamidade, vedadas a prorrogação dos respectivos contratos e a recontratação de empresa já contratada com base no disposto neste inciso.

Não obstante as semelhanças entre o art. 75, VIII, da Lei 14.133/2021 e o art. 24, IV, da Lei 8.666/1993, é possível constatar, ao menos, duas importantes diferenças entre os referidos dispositivos legais, a saber: a) enquanto a legislação anterior estabelecia o prazo máximo de 6 (seis) meses para contratação, a atual Lei amplia o prazo para 1 (um) ano, vedada a prorrogação para além do prazo máximo nas duas normas; e b) ao contrário da legislação anterior, a atual Lei proíbe a recontratação de empresa já contratada emergencialmente, com fundamento no referido dispositivo legal.

Registre-se que a proibição de prorrogação se relaciona ao prazo máximo fixado pela legislação na contratação emergencial, mas não impede as prorrogações, nos contratos celebrados por prazos inferiores, até o limite legalmente fixado.

Assim, por exemplo, se o contrato emergencial foi celebrado, inicialmente, por prazo inferior a 1(um) ano, o ajuste poderia ser prorrogado até completar o referido limite. Nesse caso, naturalmente, o contrato continuaria sendo executado pela mesma empresa. Ao chegar no limite máximo de 1 (um) ano, o contrato não poderia ser novamente prorrogado e a Administração Pública não poderia recontratar a empresa que executava, até então, o contrato emergencial, na forma da previsão literal do art. 75, VIII, da Lei 14.133/2021.

Entendemos que tanto as proibições de prorrogação do prazo, após um ano de contrato emergencial, e de recontratação emergencial da mesma empresa não podem ser absolutas.

No contexto da Lei 8.666/1993, o art. 24, IV, estabelece a vedação da prorrogação após atingido o limite máximo de 180 dias e isso não impedia, segundo relevante parcela da doutrina, a prorrogação quando demonstrada a permanência da situação emergencial ou a celebração de novo contrato emergencial com a mesma empresa, desde que demonstrada a vantajosidade. É verdade que o novo prazo máximo de 1 (um) ano para contratação emergencial diminui as chances de perpetuação da situação de emergência ou de calamidade pública para além do referido prazo, mas, em situações extremas, verificada a necessidade de manutenção da execução do objeto contratual poderiam ser relativizadas a vedações legais.

A interpretação literal do art. 75, VIII, da Lei 14.133/2021 impediria a prorrogação ou a contratação da mesma empresa, ainda que houvesse a necessidade concreta da contratação, em razão da permanência da emergência ou da calamidade, e resultaria na eventual celebração de novo contrato emergencial com outra empresa, mesmo com que os valores apresentados e as demais condições contratuais apresentem desvantagens em relação àquelas constantes do contrato emergencial anterior.

Em suma, o ideal, em nossa opinião, seria a apresentação de justificativas robustas por parte da Administração Pública, ao final do prazo de 1 (um) ano, que revelassem a necessidade e a vantagem de eventual prorrogação excepcional ou a recontratação da mesma empresa, se as condições forem mais favoráveis que aquelas apresentadas pelas empresas consultadas no processo de contratação direta.

De qualquer forma, independentemente das críticas apresentadas ao dispositivo, o fato é que o art. 75, VIII, da Lei 14.133/2021 fixa o prazo máximo de 1 (um) ano, vedadas a prorrogação dos respectivos contratos e a recontratação de empresa já contratada emergencialmente. A respeito do tema, o STF reconheceu a constitucionalidade do referido dispositivo legal e afirmou que "a vedação incide na recontratação fundada na mesma situação emergencial ou calamitosa que extrapole o prazo máximo legal de 1 (um) ano, e não impede que a empresa participe de eventual licitação substitutiva à dispensa de licitação e seja contratada diretamente por outro fundamento previsto em lei, incluindo uma nova emergência ou calamidade pública, sem prejuízo do controle de abusos ou ilegalidades na aplicação da norma".[115]

Segundo o art. 75, § 6.º, da Lei 14.133/2021, nas contratações emergenciais indicadas no inc. VIII do *caput* do referido artigo, insere-se a contratação por dispensa com objetivo de manter a continuidade do serviço público, e deverão ser observados os valores praticados pelo mercado na forma do art. 23 da referida Lei e adotadas as providências necessárias para a conclusão do processo licitatório, sem prejuízo de apuração de responsabilidade dos agentes públicos que deram causa a situação emergencial (emergência "fabricada" ou "provocada").

Registre-se, aqui, a viabilidade de contratação emergencial mesmo na hipótese em que a situação de emergência seja atribuída ao agente público (**emergência "fabricada" ou "provocada"**), sob pena de não se atender ao interesse da coletividade. Nesse caso, todavia, a Administração, após a contratação, deverá apurar a responsabilidade do agente (ex.: agente público, por desídia, permite a expiração do prazo de contrato em vigor, cujo objeto é o fornecimento de serviços contínuos a determinado hospital. A contratação emergencial é admitida, mas o agente deverá ser responsabilizado).[116]

Cabe destacar, ainda, o regime jurídico especial previsto na Lei 14.981/2024, que dispõe sobre as medidas excepcionais para contratação de bens, obras e serviços, inclusive de engenharia, destinados ao enfrentamento de impactos decorrentes de estado de calamidade pública.

A aplicação das medidas excepcionais previstas na Lei 14.981/2024 depende do preenchimento das seguintes condições (art. 1.º, § 1.º): a) declaração ou reconhecimento do estado de calamidade pública pelo Chefe do Poder Executivo do Estado ou do DF ou pelo Poder Executivo federal, nos termos do disposto na Lei 12.608/2012 e na LC 101/2000 (LRF); e b) ato específico do Poder Executivo federal ou do Chefe do Poder Executivo do Estado ou do DF, com a autorização para aplicação das medidas excepcionais e a indicação do prazo dessa autorização.

A partir da literalidade do dispositivo normativo em comento, em situações de calamidade pública envolvendo os Municípios, a declaração ou o reconhecimento do estado de calamidade e a autorização para adoção de medidas excepcionais não seriam responsabilidades dos respectivos prefeitos, mas, sim, dos Chefes dos Poderes Executivos estaduais ou federal. Nesse ponto, entendemos que o art. 1.º, § 1.º, da Lei 14.981/2024 deve ser interpretado em conformidade com a Constituição Federal para abranger a possibilidade de decretação ou reconhecimento do estado de calamidade pública, além da autorização

---

[115] STF, ADI 6.890/DF, Rel. Min. Cristiano Zanin, Tribunal Pleno, *DJe* 18.09.2024.

[116] OLIVEIRA, Rafael Carvalho Rezende. *Licitações e contratos administrativos*. 4. ed. São Paulo: Método, 2015. p. 68; GARCIA, Flávio Amaral. *Licitações e contratos administrativos*. 3. ed. Rio de Janeiro: Lumen Juris, 2010. p. 47; JUSTEN FILHO, Marçal. *Comentários à Lei de Licitações e Contratos Administrativos*. 9. ed. São Paulo: Dialética, 2002. p. 241; RIGOLIN, Ivan Barbosa. *Contrato administrativo*. Belo horizonte: Fórum, 2007. p. 91; NIEBUHR, Joel de Menezes. *Dispensa e inexigibilidade de licitação pública*. Belo Horizonte: Fórum, 2011. p. 250; TCU, Plenário, Acórdão 1.599/2011, Rel. Min. Ubiratan Aguiar, 15.06.2011, *Informativo de Jurisprudência sobre Licitações e Contratos do TCU* n. 67; Orientação Normativa/AGU 11: "A contratação direta com fundamento no inc. IV do art. 24 da Lei n.º 8.666, de 1993, exige que, concomitantemente, seja apurado se a situação emergencial foi gerada por falta de planejamento, desídia ou má gestão, hipótese que, quem lhe deu causa será responsabilizado na forma da lei".

para adoção das medidas excepcionais, pelos municípios, por meio dos respectivos Chefes do Poder Executivo, em razão da autonomia federativa estabelecida no art. 18 da CRFB.

De acordo com o art. 2.º da Lei 14.981/2024, a Administração Pública pode: a) dispensar a licitação para a aquisição de bens, a contratação de obras e de serviços, inclusive de engenharia; b) reduzir pela metade os prazos mínimos de que tratam o art. 55 e o § 3.º do art. 75 da Lei 14.133/2021, para a apresentação das propostas e dos lances, nas licitações ou nas contratações diretas com disputa eletrônica; c) prorrogar contratos para além dos prazos estabelecidos na Lei 8.666/1993 e na Lei 14.133/2021, por, no máximo, doze meses, contados da data de encerramento do contrato; d) firmar contrato verbal, nos termos do disposto no § 2.º do art. 95 da Lei 14.133/2021, desde que o seu valor não seja superior a R$ 100.000,00 (cem mil reais), nas hipóteses cuja urgência não permita a formalização do instrumento contratual; e e) adotar o regime especial para a realização de registro de preços.

O art. 75, IX, da Lei 14.133/2021 corresponde ao art. 24, VIII, da Lei 8.666/1993 e permite a dispensa de licitação para a aquisição, por pessoa jurídica de direito público interno, de bens produzidos ou serviços prestados por órgão ou entidade que integrem a Administração Pública e que tenham sido criados para esse fim específico, desde que o preço contratado seja compatível com o praticado no mercado.

Ao contrário da legislação anterior, contudo, o novo dispositivo legal não exige que o órgão ou a entidade administrativa contratada tenha sido criada em data anterior à vigência da Lei de Licitações.

A controvérsia que deve permanecer com a redação do art. 75, IX, da Lei 14.133/2021 refere-se à interpretação da expressão "órgão ou entidade que integrem a Administração Pública". A discussão reside em saber se a dispensa somente seria possível se as entidades administrativas contratadas integrarem a mesma Administração Pública do Ente público contratante ou qualquer entidade administrativa, ainda que integrante da Administração Pública de outro Ente federado. De nossa parte, quanto à redação do art. 24, VIII, da Lei 8.666/1993, que se assemelha ao inciso IX do art. 75 da Lei 14.133/2021, sempre sustentamos que a dispensa deveria englobar apenas a contratação de entidade administrativa da Administração do Ente contratante, vedada a contratação direta, nesse caso, de empresas estatais exploradoras de atividades econômicas, ainda que integrantes da sua estrutura administrativa, sob pena de se admitir tratamento privilegiado para essas estatais econômicas em detrimento das demais empresas privadas em detrimento do art. 173, § 1.º, II, da CRFB.

O art. 75, X, da Lei 14.133/2021, que possui a mesma redação do art. 24, VI, da Lei 8.666/1993, autoriza a dispensa de licitação quando a União tiver que intervir no domínio econômico para regular preços ou normalizar o abastecimento.

Nesse caso, o Estado atua como agente normativo e regulador da ordem econômica, devendo reprimir o abuso do poder econômico (dominação dos mercados, eliminação da concorrência e aumento arbitrário de preços), na forma dos arts. 173, § 4.º, e 174 da CRFB. Somente a União pode se valer dessa dispensa, pois é o Ente que possui competência para intervir no domínio econômico.[117]

---

[117] Nesse sentido: PEREIRA JUNIOR, Jessé Torres. *Comentários à Lei das Licitações e Contratações da Administração Pública*. 7. ed. Rio de Janeiro: Renovar, 2007. p. 302-303; CARVALHO FILHO, José dos Santos. *Manual de direito administrativo*. 22. ed. Rio de Janeiro: Lumen Juris, 2009. p. 246. Em sentido contrário, admitindo a intervenção no

Da mesma forma o art. 75, XI, da Lei 14.133/2021 basicamente repete o disposto no art. 24, XXVI, da Lei 8.666/1993 e autoriza a dispensa de licitação para celebração de contrato de programa com ente federativo ou com entidade de sua Administração Pública indireta que envolva prestação de serviços públicos de forma associada nos termos autorizados em contrato de consórcio público ou em convênio de cooperação. Os contratos de programa estão previstos no art. 13 da Lei 11.107/2005 e regulam as obrigações entre Entes federativos ou para com consórcio público no âmbito de gestão associada em que haja a prestação de serviços públicos ou a transferência total ou parcial de encargos, serviços, pessoal ou de bens necessários à continuidade dos serviços transferidos.

O art. 75, XII, da Lei 14.133/2021, de forma equivalente ao disposto no art. 24, XXXII, da Lei 8.666/1993, prevê a dispensa de licitação para contratação em que houver transferência de tecnologia de produtos estratégicos para o Sistema Único de Saúde (SUS), conforme elencados em ato da direção nacional do SUS, inclusive por ocasião da aquisição desses produtos durante as etapas de absorção tecnológica, e em valores compatíveis com aqueles definidos no instrumento firmado para a transferência de tecnologia.

Sem equivalente específico no art. 24 da Lei 8.666/1993, o art. 75, XIII, da Lei 14.133/2021 dispõe sobre a dispensa de licitação para de profissionais para compor a comissão de avaliação de critérios de técnica, quando se tratar de profissional técnico de notória especialização.

O art. 75, XIV, da Lei 14.133/2021, correspondente ao art. 24, XX, da Lei 8.666/1993, admite a dispensa de licitação para contratação de associação de pessoas com deficiência, sem fins lucrativos e de comprovada idoneidade, por órgão ou entidade da Administração Pública, para a prestação de serviços, desde que o preço contratado seja compatível com o praticado no mercado e os serviços contratados sejam prestados exclusivamente por pessoas com deficiência. A norma, em comento, tem o claro objetivo de fomentar a inclusão dos portadores de deficiência no mercado de trabalho, cumprindo a denominada "função social do contrato administrativo".[118]

O art. 75, XV, da Lei 14.133/2021 autoriza a contratação, sem licitação, de instituição brasileira que tenha por finalidade estatutária apoiar, captar e executar atividades de ensino, pesquisa, extensão, desenvolvimento institucional, científico e tecnológico e estímulo à inovação, inclusive para gerir administrativa e financeiramente essas atividades, ou para contratação de instituição dedicada à recuperação social da pessoa presa, desde que o contratado tenha inquestionável reputação ética e profissional e não tenha fins lucrativos. A referida hipótese de dispensa de licitação basicamente coincide com aquela indicada no art. 24, XIII, da Lei 8.666/1993.

A hipótese de dispensa indicada no inciso XVI do art. 75 da Lei 14.133/2021, corresponde ao art. 24, XXXIV, da Lei 8.666/1993. É dispensável a licitação para a

---

domínio econômico por Estados e Municípios e, por consequência, a utilização dessa modalidade de dispensa: SOUTO, Marcos Juruena Villela. *Direito administrativo contratual*. Rio de Janeiro: Lumen Juris, 2004. p. 105.

[118] JUSTEN FILHO, Marçal. *Comentários à lei de licitações e contratos administrativos*. 18. ed. São Paulo: Thomson Reuters Brasil, 2019. p. 552.

aquisição, por pessoa jurídica de direito público interno, de insumos estratégicos para a saúde produzidos por fundação que, regimental ou estatutariamente, tenha por finalidade apoiar órgão da Administração Pública direta, sua autarquia ou fundação em projetos de ensino, pesquisa, extensão, desenvolvimento institucional, científico e tecnológico e de estímulo à inovação, inclusive na gestão administrativa e financeira necessária à execução desses projetos, ou em parcerias que envolvam transferência de tecnologia de produtos estratégicos para o SUS, nos termos do inciso XII deste caput, e que tenha sido criada para esse fim específico em data anterior à entrada em vigor desta Lei, desde que o preço contratado seja compatível com o praticado no mercado.

Outras duas hipóteses de dispensa de licitação relacionadas à contratação de entidades privadas sem fins lucrativos foram inseridas pela Lei 14.628/2023 no art. 75 da Lei 14.133/2021. O inciso XVII do art. 75 da Lei 14.133/2021 prevê a dispensa para contratação de entidades privadas sem fins lucrativos para a implementação de cisternas ou outras tecnologias sociais de acesso à água para consumo humano e produção de alimentos, a fim de beneficiar as famílias rurais de baixa renda atingidas pela seca ou pela falta regular de água. Já o inciso XVIII do mesmo dispositivo legal permite a dispensa para contratação de entidades privadas sem fins lucrativos, para a implementação do Programa Cozinha Solidária, que tem como finalidade fornecer alimentação gratuita preferencialmente à população em situação de vulnerabilidade e risco social, incluída a população em situação de rua, com vistas à promoção de políticas de segurança alimentar e nutricional e de assistência social e à efetivação de direitos sociais, dignidade humana, resgate social e melhoria da qualidade de vida.

Mencione-se, por fim, que algumas hipóteses de dispensa de licitação do art. 24 da Lei 8.666/1993 (incisos X, XI, XVI, XXII, XXIII, XXIV, XXX, XXXIII e XXXV) não foram mantidas no elenco do art. 75 da Lei 14.133/2021.

Contudo, duas situações antes tratadas como dispensa de licitação receberam novo tratamento legislativo.

Em primeiro lugar, o inciso X do art. 24 da Lei 8.666/1993 estabelecia a dispensa para a compra ou locação de imóvel destinado ao atendimento das finalidades precípuas da administração, cujas necessidades de instalação e localização condicionem a sua escolha, desde que o preço seja compatível com o valor de mercado, segundo avaliação prévia. A referida hipótese passou a ser tratada como inexigibilidade de licitação, na forma do art. 74, V, da Lei 14.133/2021. Concordamos com o novo tratamento legislativo, uma vez que a hipótese revela a inviabilidade de competição.[119]

Em segundo lugar, o inciso XI do art. 24 da Lei 8.666/1993 admitia a dispensa de licitação na contratação de remanescente de obra, serviço ou fornecimento, em consequência de rescisão contratual, desde que atendida a ordem de classificação da licitação anterior e aceitas as mesmas condições oferecidas pelo licitante vencedor, inclusive quanto ao preço, devidamente corrigido. Todavia, a situação não caracterizava, verdadeiramente, uma hipótese de contratação direta, uma vez que a licitação foi realizada,

---

[119] OLIVEIRA, Rafael Carvalho Rezende. *Licitações e contratos administrativos: teoria e prática*. 9. ed. São Paulo: Método, 2020. p. 70.

mas de inadimplemento contratual. Por essa razão, a Lei 14.133/2021 disciplina o tema no capítulo da formalização dos contratos administrativos. De acordo com o art. 90, § 7.º, será facultada à Administração a convocação dos demais licitantes classificados para a contratação de remanescente de obra, de serviço ou de fornecimento em consequência de rescisão contratual, observados os critérios estabelecidos nos §§ 2.º e 4.º do referido dispositivo legal.

### 17.9.3 Licitação dispensada para alienação de bens (art. 76 da Lei 14.133/2021)

A Lei 14.133/2021, ao tratar do regime jurídico da alienação de bens, estabeleceu algumas hipóteses de licitação dispensada.

É possível a licitação dispensada nos casos de alienação de bens imóveis da Administração indicados no art. 76, I, da Lei 14.133/2021, e, nas hipóteses de alienação dos bens móveis previstos no art. 76, II, da referida Lei. As hipóteses indicadas nos incisos I e II do art. 76 da Lei 14.133/2021 assemelham-se àquelas indicadas nos incisos I e II do art. 17 da Lei 8.666/1993.

De acordo com a doutrina tradicional, a licitação dispensada apresenta três características básicas:

a) **rol taxativo**;
b) **o objeto do contrato é restrito: alienação de bens**; e
c) **ausência de discricionariedade do administrador**, pois o próprio legislador dispensou previamente a licitação.

Sob o manto da Lei 8.666/1993, havia controvérsia sobre a (in)existência de discricionariedade do administrador público no afastamento da licitação na alienação de bens. Em razão da expressão "dispensada", a maioria da doutrina sustentava a ausência de discricionariedade, pois o próprio legislador teria dispensado ("dispensa legal") a licitação, inexistindo liberdade administrativa para decidir de maneira diversa.[120]

De nossa parte entendíamos que o legislador não poderia retirar do administrador, de maneira absoluta, a possibilidade de realização de licitação, quando houvesse viabilidade de competição.[121] Ora, se a regra constitucional é a licitação, o legislador ordinário não possui legitimidade para impedir a licitação quando houver competição, mas apenas a possibilidade de elencar hipóteses excepcionais em que a licitação não será obrigatória, segundo a ponderação do administrador diante do caso concreto. Seria

---

[120] GARCIA, Flávio Amaral. *Licitações e contratos administrativos*. 3. ed. Rio de Janeiro: Lumen Juris, 2010. p. 44; PEREIRA JUNIOR, Jessé Torres. *Comentários à Lei das Licitações e Contratações da Administração Pública*. 7. ed. Rio de Janeiro: Renovar, 2007. p. 216.

[121] OLIVEIRA, Rafael Carvalho Rezende. *Licitações e contratos administrativos*. 2. ed. São Paulo: Método, 2013. p. 62. Em sentido semelhante, Marçal Justen Filho sustenta que o legislador, no art. 17, autorizou a contratação direta, mas essa autorização não é vinculante para o administrador, que pode escolher entre realizar ou não a licitação (JUSTEN FILHO, Marçal. *Comentários à Lei de Licitações e Contratos Administrativos*. 9. ed. São Paulo: Dialética, 2002. p. 235).

sempre legítima a decisão administrativa que prestigiasse a exigência constitucional de licitação.

Com a Lei 14.133/2021, a expressão "dispensada" é novamente utilizada no art. 76, I e II, o que deve ensejar, ao contrário do que sustentamos, a manutenção da tese de ausência de discricionariedade do gestor público e a ausência absoluta de licitação.

Ademais, as hipóteses de dispensa de licitação elencadas nos incisos I e II do art. 76 da Lei 14.133/2021 devem ser consideradas taxativas, uma vez que, nas hipóteses de viabilidade de licitação, a regra constitucional é a licitação, "ressalvados os casos especificados na legislação", na forma do art. 37, XXI, da CRFB.

É oportuno salientar que a dispensa de licitação não afasta as demais exigências legais para alienação de bens das entidades da Administração. Assim, na alienação de bens, mesmo nos casos de licitação dispensada, deve ser demonstrado o "interesse público devidamente justificado" e realizada a avaliação prévia do bem. Em relação aos bens imóveis da Administração direta e das autarquias e fundações, exige-se, ainda, a autorização legislativa prévia para efetivação da alienação.

Assim, em razão das semelhanças dos textos do art. 17, I e II, da Lei 8.666/1993 e do art. 76, I e II, da Lei 14.133/2021, deve permanecer a polêmica.

Por fim, as hipóteses de dispensa de licitação elencadas nos incisos I e II do art. 76 da Lei 14.133/2021 devem ser consideradas taxativas, uma vez que, nas hipóteses de viabilidade de licitação, a regra constitucional é a licitação, "ressalvados os casos especificados na legislação", na forma do art. 37, XXI, da CRFB.

É oportuno salientar que a dispensa de licitação não afasta as demais exigências legais para alienação de bens das entidades da Administração. Assim, na alienação de bens, mesmo nos casos de licitação dispensada, deve ser demonstrado o "interesse público devidamente justificado" e realizada a avaliação prévia do bem. Em relação aos bens imóveis da Administração direta e das autarquias e fundações, exige-se, ainda, a autorização legislativa prévia para efetivação da alienação.

Por fim, em razão das semelhanças dos textos do art. 17, I e II, da Lei 8.666/1993 e do art. 76, I e II, da Lei 14.133/2021 deve permanecer a polêmica sobre a compatibilidade de alguns casos de licitação dispensada com o texto constitucional, pois o legislador federal não poderia invadir a autonomia dos demais Entes Federados em relação à gestão do seu respectivo patrimônio público. O STF,[122] no julgamento da ADI 927 MC/RS, concedeu interpretação conforme à Constituição ao art. 17, I, "b" (doação de bem imóvel) e "c" (permuta de bem imóvel) e II, "b" (permuta de bem móvel) e § 1.º, da Lei 8.666/1993. As referidas hipóteses, com algumas adaptações, foram incorporadas ao art. 76, I, "b" e "c" e II, "b" e § 2.º, da Lei 14.133/2021. É possível concluir que todos os entes federados possuem competência para legislar sobre a gestão dos seus bens, inclusive sobre as hipóteses de licitação dispensada. Trata-se de uma prerrogativa inerente à autonomia política desses entes, notadamente no aspecto do poder de autoadministração dos seus serviços e bens, que decorre do princípio federativo (art. 18 da CRFB).

---

[122] STF, Tribunal Pleno, ADI 927 MC/RS, Rel. Min. Carlos Velloso, *DJ* 11.11.1994, p. 30635.

## 17.9.4 Quadro sinótico: contratação direta na Lei 14.133/2021

| Contratação direta<br><br>Características | Licitação inexigível ou inexigibilidade de licitação (art. 74) | Licitação dispensável ou dispensa de licitação (art. 75) | Licitação dispensada (art. 76) |
|---|---|---|---|
| Atuação do administrador | Vinculada | Discricionária | Vinculada (tese majoritária) Discricionária (posição do autor) |
| Hipóteses | Exemplificativas | Taxativas | Taxativas |

## 17.10 MODALIDADES DE LICITAÇÃO

As modalidades de licitação referem-se aos procedimentos e formalidades que deverão ser observados pela Administração Pública em cada licitação.

O art. 28 da Lei 14.133/2021 elenca as seguintes modalidades de licitação: **a) pregão, b) concorrência, c) concurso, d) leilão** e **e) diálogo competitivo**.

A Lei 14.133/2021 extinguiu as modalidades "tomada de preços" e "convite", anteriormente previstas na Lei 8.666/1993, e instituiu nova modalidade de licitação: o "diálogo competitivo".[123]

Com a extinção da tomada de preços e do convite, a escolha das modalidades de licitação deixará de observar o critério do valor estimado da contratação. Com efeito, o vulto econômico da contratação representava o principal critério de escolha entre a concorrência, a tomada de preços e o convite nos termos do art. 23, I e II, da Lei 8.666/1993 e do Decreto 9.412/2018. O concurso, o leilão e o pregão, modalidades que já eram encontradas no ordenamento jurídico, já não possuíam relação direta com o valor da contratação. O diálogo competitivo, inovação apresentada pela Lei 14.133/2021, não possui vinculação expressa com o vulto do contrato, mas os parâmetros de sua utilização, atrelados, por exemplo, às inovações tecnológicas e complexidade técnica, direcionam, possivelmente, para contratos de maior vulto.

A partir da Lei 14.133/2021, a definição da modalidade de licitação a ser utilizada pela Administração Pública dependerá do objeto a ser contratado, conforme destacado no quadro abaixo:

| Modalidades de licitação | Objeto |
|---|---|
| Pregão | Aquisição de bens e serviços comuns, inclusive serviços comuns de engenharia. |
| Concorrência | Contratação de bens e serviços especiais e de obras e serviços comuns e especiais de engenharia. |
| Concurso | Escolha de trabalho técnico, científico ou artístico. |

---

[123] Na legislação anterior, o art. 22 da Lei 8.666/1993 enumerava cinco modalidades de licitação (concorrência, tomada de preços, convite, concurso e leilão) e a Lei 10.520/2002 tratava do pregão.

| Modalidades de licitação | Objeto |
|---|---|
| Leilão | Alienação de bens imóveis ou de bens móveis inservíveis ou legalmente apreendidos. |
| Diálogo competitivo | Contratação de obras, serviços e compras em que a Administração Pública realiza diálogos com licitantes previamente selecionados mediante critérios objetivos, com o intuito de desenvolver uma ou mais alternativas capazes de atender às suas necessidades, devendo os licitantes apresentar proposta final após o encerramento dos diálogos. |

A Administração não pode criar outras modalidades de licitação ou combinar as modalidades existentes (art. 28, § 2.º, da Lei 14.133/2021). A referida vedação dirige-se ao administrador, não impedindo que o legislador posterior institua novas modalidades, uma vez que a Lei não possui qualquer superioridade hierárquica em relação às demais legislações e não tem o condão de limitar a atuação posterior do legislador.

### 17.10.1 Pregão

O pregão, que seguirá o rito previsto no art. 17, será adotado sempre que o objeto possuir padrões de desempenho e qualidade que possam ser objetivamente definidos pelo edital, por meio de especificações usuais de mercado (art. 29 da Lei 14.133/2021).

Conforme dispõe o art. 6.º, XLI, da Lei 14.133/2021, o pregão é a modalidade de licitação obrigatória para aquisição de bens e serviços comuns, cujo critério de julgamento poderá ser o de menor preço ou o de maior desconto. Os bens e serviços comuns são "aqueles cujos padrões de desempenho e qualidade podem ser objetivamente definidos pelo edital, por meio de especificações usuais de mercado" (art. 6.º, XIII, da Lei 14.133/2021).

Por outro lado, o pregão é inaplicável às contratações de serviços técnicos especializados de natureza predominantemente intelectual e de obras e serviços de engenharia (art. 29, parágrafo único).

Admite-se a utilização do pregão para contratação de serviços comuns de engenharia, assim considerados aqueles que tenham por objeto "ações, objetivamente padronizáveis em termos de desempenho e qualidade, de manutenção, de adequação e de adaptação de bens móveis e imóveis, com preservação das características originais dos bens", na forma do art. 6.º, XXI, a, da Lei 14.133/2021.

A utilização do pregão para contratações de obras e serviços de engenharia sempre despertou polêmica. A atual Lei de Licitações, nesse ponto, consagrou a tese predominante que admitia o pregão para serviços comuns de engenharia, vedada a sua aplicação para contratos de obras (Súmula 257 do TCU e arts. 1.º, 3.º, VIII, e 4.º, I e III, do Decreto 10.024/2019). O ideal, em nossa opinião, seria a alteração da legislação para se introduzir a noção de "obras comuns", de modo a viabilizar o pregão para pequenas obras que não envolvem complexidades.

Quanto ao critério de julgamento no pregão, deve ser utilizado o menor preço ou o maior desconto (art. 6.º, XLI). Aqui, entendemos que o legislador deveria ter mencionado, também, o critério do maior preço (ou maior oferta) para os casos de contratações que envolvam pagamentos ao Poder Público, na linha da jurisprudência do TCU.[124]

### 17.10.2 Concorrência

A concorrência respeitará o rito indicado no art. 17 e será adotada para os casos em que não for possível a utilização do pregão (art. 29 da Lei 14.133/2021). Assim, por exemplo, a contratação de obras deve ser realizada, em regra, por meio da concorrência, em razão da vedação da utilização do pregão.

A Lei 14.133/2021, inspirada no rito procedimental previsto na legislação específica do pregão e em normas posteriores, positiva a tendência de realização da fase de julgamento antes da etapa de habilitação, o que garante maior eficiência e celeridade ao certame. Abandona-se, portanto, a lógica tradicional indicada na Lei 8.666/1993, que estabelecia a obrigatoriedade de realização da habilitação antes do julgamento. Com isso, a partir da Lei 14.133/2021, os procedimentos da concorrência e do pregão são semelhantes e as referidas modalidades de licitação são diferenciadas, basicamente, pelo objeto a ser contratado e pelo critério de julgamento utilizado na licitação.

Na concorrência, poderão ser utilizados os seguintes critérios de julgamento (art. 6.º, XXXVIII): a) menor preço; b) melhor técnica ou conteúdo artístico; c) técnica e preço; d) maior retorno econômico; e) maior desconto.

### 17.10.3 Concurso

O concurso é a modalidade de licitação para escolha de trabalho técnico, científico ou artístico, cujo critério de julgamento será o de melhor técnica ou conteúdo artístico, e concessão de prêmio ou remuneração ao vencedor (art. 6.º, XXXIX, da Lei 14.133/2021).

O concurso observará as regras e condições do seu edital, que indicará (art. 30 da Lei 14.133/2021): a) a qualificação exigida dos participantes; b) as diretrizes e formas de apresentação do trabalho; c) as condições de realização e o prêmio ou remuneração a ser concedido ao vencedor.

Nos concursos destinados à elaboração de projeto, o vencedor deverá ceder todos os direitos patrimoniais a ele relativos à Administração Pública, nos termos do art. 93, autorizando sua execução conforme juízo de conveniência e oportunidade das autoridades competentes (art. 30, parágrafo único).

### 17.10.4 Leilão

O leilão é a modalidade de licitação para alienação de bens imóveis ou de bens móveis inservíveis ou legalmente apreendidos a quem oferecer o maior lance (art. 6.º, XL, da Lei 14.133/2021).

É possível perceber, aqui, sensível mudança em relação ao leilão regulado na Lei 8.666/1993 e, em última análise, à modalidade de licitação exigida para alienação de bens da Administração.

---

[124] TCU, Plenário, Acórdão 3.048/2008, Rel. Min. Augusto Nardes, 10.12.2008; TCU, Plenário, Acórdão 180/2015, Rel. Min. Bruno Dantas, 04.02.2015; TCU, Plenário, Acórdão 1.940/2015, Rel. Min. Walton Alencar Rodrigues, 05.08.2015.

Isso porque os arts. 17, I e II, e 22, § 5.º, da Lei 8.666/1993 estabeleciam, como regra geral, a utilização da concorrência para alienação de bens imóveis e do leilão dos bens móveis. Excepcionalmente, a utilização do leilão era permitida para alienação de bens imóveis, cuja aquisição derivasse de procedimentos judiciais ou de dação em pagamento (art. 19, III, da Lei 8.666/1993).

A partir da Lei 14.133/2021, o leilão poderá ser utilizado para alienação de bens imóveis e móveis, sem distinção.

Essa não foi a única novidade no regime jurídico do leilão. Ao contrário da Lei 8.666/1993, a Lei 14.133/2021 estabeleceu regras mais detalhadas para realização do leilão.

O leilão pode ser cometido a leiloeiro oficial ou a servidor designado pela autoridade competente da Administração, devendo o regulamento dispor sobre seus procedimentos operacionais (art. 31 da Lei 14.133/2021).

Se optar pela realização de leilão por intermédio de leiloeiro oficial, a Administração deverá selecioná-lo mediante credenciamento ou licitação na modalidade pregão e adotará o critério de julgamento de maior desconto para as comissões a serem cobradas, utilizando como parâmetro máximo os percentuais definidos na lei que regula a referida profissão, observados os valores dos bens a serem leiloados (art. 31, § 1.º).

O leilão será precedido da divulgação do edital em sítio eletrônico oficial, que conterá (art. 31, § 2.º): a) a descrição do bem, com suas características, e, tratando-se de imóvel, sua situação e suas divisas, com remissão à matrícula e aos registros; b) o valor pelo qual o bem foi avaliado, o preço mínimo pelo qual poderá ser alienado, as condições de pagamento e, se for o caso, a comissão do leiloeiro designado; c) o lugar onde estiverem os móveis, os veículos e os semoventes; d) o sítio, na rede mundial de computadores, e o período em que se realizará o leilão, salvo se excepcionalmente for realizado sob a forma presencial por comprovada inviabilidade técnica ou desvantagem para a Administração, hipótese em que serão indicados o local, o dia e a hora de sua realização; e) a especificação de eventuais ônus, gravames ou pendências existentes sobre os bens a serem leiloados.

Além da divulgação no sítio eletrônico oficial, o edital do leilão será afixado em local de ampla circulação de pessoas na sede da Administração, podendo ainda ser divulgado por outros meios necessários para ampliar a publicidade e a competitividade da licitação (art. 31, § 3.º).

O leilão não exigirá qualquer registro cadastral prévio e não terá fase de habilitação, devendo ser homologado assim que concluída a fase de lances, superada a fase recursal e efetivado o pagamento pelo licitante vencedor, na forma definida no edital (art. 31, § 4.º).

### 17.10.5 Diálogo competitivo

O diálogo competitivo é a modalidade de licitação para contratação de obras, serviços e compras em que a Administração Pública realiza diálogos com licitantes previamente selecionados mediante critérios objetivos com o intuito de desenvolver uma ou mais alternativas capazes de atender às suas necessidades, devendo os licitantes apresentar proposta final após o encerramento do diálogo (art. 6.º, XLII, da Lei 14.133/2021).[125]

---

[125] O diálogo entre a Administração Pública e o mercado durante a fase de planejamento da licitação já era possível, conforme dispõe o Enunciado 29 da I Jornada de Direito Administrativo realizada pelo Centro de Estudos Judiciários

O diálogo competitivo, também denominado "diálogo concorrencial", foi adotado no âmbito da União Europeia e, por certo, serviu de inspiração para o legislador nacional incorporá-lo à Lei de Licitações como nova modalidade de licitação.[126]

Segundo o art. 32 da Lei 14.133/2021, o diálogo competitivo somente será utilizado nos seguintes casos: a) objeto que envolva as seguintes condições: a.1) inovação tecnológica ou técnica; a.2) o órgão ou entidade não possa ter sua necessidade satisfeita sem a adaptação de soluções disponíveis no mercado; e a.3) especificações técnicas não possam ser definidas com precisão suficiente pela Administração; b) quando houver a necessidade de definir e identificar os meios e as alternativas que possam vir a satisfazer suas necessidades, com destaque para os seguintes aspectos: b.1) a solução técnica mais adequada; b.2) os requisitos técnicos aptos a concretizar a solução já definida; e b.3) a estrutura jurídica ou financeira do contrato.

O diálogo competitivo deverá observar, ainda, as seguintes regras (art. 32, § 1.º): a) ao divulgar o edital em sítio eletrônico oficial, a Administração apresentará suas necessidades e as exigências já definidas, estabelecendo prazo mínimo de 25 dias úteis para manifestação de interesse de participação na licitação; b) os critérios empregados para pré-seleção dos licitantes deverão ser previstos em edital e serão admitidos todos os interessados que preencherem os requisitos objetivos estabelecidos;[127] c) é vedada a divulgação de informações de modo discriminatório que possa implicar vantagem para algum licitante; d) a Administração não poderá revelar a outros licitantes as soluções propostas ou as informações sigilosas comunicadas por um licitante sem o seu consentimento; e) a fase de diálogo poderá ser mantida até que a Administração, em decisão fundamentada, identifique a solução ou as soluções que atendam às suas necessidades; f) as reuniões com os licitantes pré-selecionados serão registradas em ata e gravadas mediante utilização de recursos tecnológicos de áudio e vídeo; g) possibilidade de previsão no edital de fases sucessivas, caso em que cada fase poderá restringir as soluções ou as propostas a serem discutidas; h) com a declaração de conclusão do diálogo, a Administração deverá juntar aos

---

do Conselho da Justiça Federal (CEJ/CJF): "A Administração Pública pode promover comunicações formais com potenciais interessados durante a fase de planejamento das contratações públicas para a obtenção de informações técnicas e comerciais relevantes à definição do objeto e elaboração do projeto básico ou termo de referência, sendo que este diálogo público-privado deve ser registrado no processo administrativo e não impede o particular colaborador de participar em eventual licitação pública, ou mesmo de celebrar o respectivo contrato, tampouco lhe confere a autoria do projeto básico ou termo de referência."

[126] A Diretiva 2004/18/CE do Parlamento Europeu e do Conselho, que trata da coordenação dos processos de adjudicação dos contratos de empreitada de obras públicas, dos contratos públicos de fornecimento e dos contratos públicos de serviços, define o "diálogo concorrencial" como "procedimento em que qualquer operador econômico pode solicitar participar e em que a entidade adjudicante conduz um diálogo com os candidatos admitidos nesse procedimento, tendo em vista desenvolver uma ou várias soluções aptas a responder às suas necessidades e com base na qual, ou nas quais, os candidatos selecionados serão convidados a apresentar uma proposta" (art. 11, c, da Diretiva 2004/18/CE). Disponível em: <http://eur-lex.europa.eu/legal-content/PT/TXT/?uri=celex%3A32004L0018>. Acesso em: 5 jan. 2021. Diversos países europeus incorporaram em seus ordenamentos jurídicos nacionais a previsão do diálogo concorrencial, tais como: Portugal (arts. 30.º e 204.º a 218.º do Código de Contratos Públicos), França (*Dialogue compétitif*: arts. 26, I, 3.º, 36 e 67 do *Code des marchés publics*), Espanha (Diálogo Competitivo: arts. 163 a 167 da Lei 30/2007 – *Contratos del Sector Público*) etc.

[127] De acordo com a Orientação Normativa 82/2024 da AGU: "No processo licitatório na modalidade do diálogo competitivo é possível estabelecer no edital de pré-seleção critérios de exclusão a serem observados pelos licitantes para participação e durante o desenvolvimento dos diálogos, sob pena de exclusão da fase competitiva".

autos do processo licitatório os registros e as gravações da fase de diálogo e iniciará a fase competitiva com a divulgação de edital contendo a especificação da solução que atenda às suas necessidades e os critérios objetivos a serem utilizados para seleção da proposta mais vantajosa, abrindo prazo, não inferior a 60 dias úteis, para todos os licitantes apresentarem suas propostas, que deverão conter todos os elementos necessários para a realização do projeto; i) a Administração poderá solicitar esclarecimentos ou ajustes às propostas apresentadas, desde que não impliquem discriminação ou distorçam a concorrência entre as propostas; j) a Administração definirá a proposta vencedora de acordo com critérios divulgados no início da fase competitiva, assegurando o resultado da contratação mais vantajoso; k) o diálogo competitivo será conduzido por comissão composta de pelo menos três servidores efetivos ou empregados públicos pertencentes aos quadros permanentes da Administração, admitindo-se a contratação de profissionais para assessoramento técnico da comissão.[128]

É possível perceber que o diálogo competitivo é dividido em três etapas: **a) pré-seleção:** seleção prévia dos interessados que participarão da licitação, na forma dos critérios objetivos identificados no primeiro edital; **b) diálogo:** identificação da solução que melhor atende às necessidades da Administração e diálogo com os pré-selecionados para definição do objeto a ser contratado; e **c) competição:** publicação do segundo edital, com a especificação da solução escolhida, os critérios objetivos para definição da proposta mais vantajosa, a apresentação das propostas pelos licitantes e a definição, ao final, do vencedor que celebrará o contrato com a Administração Pública.

## 17.11 PROCEDIMENTO

### 17.11.1 Fases do processo de licitação e a preferência pela forma eletrônica

O processo de licitação é dividido em duas fases: a) interna ou preparatória; e b) externa. Enquanto a fase interna da licitação engloba os atos iniciais e preparatórios praticados por cada órgão e entidade administrativa para efetivação da licitação, a fase externa envolve a publicação do instrumento convocatório e os demais atos subsequentes.

De acordo com o art. 17 da Lei 14.133/2021, o processo licitatório observará as seguintes fases, em sequência: preparatória; divulgação do edital de licitação; apresentação de propostas e lances, quando for o caso; julgamento; habilitação; recursal; e homologação. Não obstante a ausência de menção expressa no referido dispositivo, é preciso lembrar, ainda, da adjudicação que, na forma do art. 71, IV, da Lei de Licitações, antecede a homologação.

Em consequência, as fases do processo de licitação observarão a seguinte sequência: **a) preparatória; b) divulgação do edital de licitação; c) apresentação de propostas e lances, quando for o caso; d) julgamento; e) habilitação; f) recursal; g) adjudicação; e h) homologação.**

---

[128] Nesse caso, os profissionais contratados assinarão termo de confidencialidade e abster-se-ão de atividades que possam configurar conflito de interesses (art. 32, § 2.º, da Lei 14.133/2021).

Ao estabelecer, como regra geral, a realização do julgamento antes da etapa de habilitação, a atual Lei segue a tendência já observada nas Leis 10.520/2002 (Pregão), 8.987/1995 (concessão e permissão de serviços públicos), 11.079/2004 (PPPs), 12.462/2011 (RDC), 13.303/2016 (Lei das Estatais) e outros diplomas legais. Excepcionalmente, mediante ato motivado com explicitação dos benefícios decorrentes e desde que expressamente previsto no edital, a fase de habilitação poderá anteceder as fases de apresentação de propostas e de julgamento (art. 17, § 1.º, da Lei 14.133/2021).

As licitações deverão ser realizadas, preferencialmente, eletronicamente, admitida a utilização da forma presencial na hipótese de comprovada inviabilidade técnica ou desvantagem para a Administração, devendo a sessão pública ser registrada em ata e gravada mediante utilização de recursos tecnológicos de áudio e vídeo (art. 17, § 2.º).[129]

A preferência pela realização das licitações eletrônicas, em vez das presenciais, já representava uma tendência no ordenamento jurídico pátrio. Mencione-se, por exemplo, o pregão que, segundo os órgãos de controle, deveria ser, preferencialmente, realizado de forma eletrônica.[130] A tendência dos procedimentos eletrônicos foi reforçada em âmbito federal com a edição do Decreto 10.024/2019 que, em seu art. 1.º, § 1.º, estabeleceu a obrigatoriedade da utilização da modalidade eletrônica para os órgãos da Administração Pública federal direta, as autarquias, as fundações e os fundos especiais.

No campo das licitações públicas, a utilização da forma eletrônica acarreta, potencialmente, aumento de competitividade e de isonomia no certame, reduzindo os custos de participação dos interessados.

A Administração poderá, na etapa do julgamento, em relação ao licitante provisoriamente vencedor, realizar análise e avaliação da conformidade das propostas, mediante execução de homologação de amostras, exame de conformidade e prova de conceito, entre outros testes de interesse da Administração, de modo a comprovar sua aderência às especificações definidas no termo de referência ou no projeto básico (art. 17, § 3.º).

A Administração poderá exigir certificação por organização independente acreditada pelo Inmetro como condição para aceitação de (art. 17, § 6.º): a) estudos, anteprojetos, projetos básicos e projetos executivos; b) conclusão de fases ou de objetos de contratos; c) adequação do material e do corpo técnico apresentados por empresa para fins de habilitação.

### 17.11.2 Fase interna ou preparatória

Conforme destacado anteriormente, a fase interna ou preparatória da licitação envolve os atos iniciais e preparatórios praticados por cada órgão e entidade administrativa para efetivação da licitação.

---

[129] Nas licitações realizadas em formato eletrônico, a Administração poderá determinar, como condição de validade e eficácia, que os licitantes pratiquem seus atos em formato eletrônico (art. 17, § 4.º). Na hipótese excepcional de licitação sob a forma presencial a que refere o § 2.º, a sessão pública de apresentação de propostas deverá ser gravada em áudio e vídeo, juntando-se a gravação aos autos do processo licitatório depois de seu encerramento (art. 17, § 5.º).

[130] Sobre a preferência pelo pregão eletrônico ao invés do presencial, vide: TCU, Plenário, Acórdão 1.515/11, Rel. Min. Raimundo Carreiro, 08.06.2011.

A fase preparatória, que não era detalhada na Lei 8.666/1993, recebe maior destaque na Lei 14.133/2021, o que revela preocupação salutar com os atos preparatórios da licitação, uma vez que a descrição do objeto, a definição das regras do edital, a pesquisa de preços e outros atos iniciais impactam diretamente a eficiência da licitação e do próprio contrato.[131] De fato, inúmeros problemas podem ser evitados com a realização adequada dos atos preparatórios da licitação.

A preocupação com o planejamento da Administração na realização das licitações e nas contratações é evidenciada no art. 18 da Lei 14.133/2021, que exige, na fase preparatória, a compatibilização com o plano de contratações anual (art. 12, VII) e com as leis orçamentárias, bem como a abordagem de todas as considerações técnicas, mercadológicas e de gestão que podem interferir na contratação, compreendendo: a) descrição da necessidade da contratação fundamentada em estudo técnico preliminar, caracterizando o interesse público envolvido; b) definição do objeto para atender à necessidade, por meio de termo de referência, anteprojeto, projeto básico ou projeto executivo, conforme o caso;[132] c) definição das condições de execução e pagamento, das garantias exigidas e ofertadas e das condições de recebimento; d) orçamento estimado, acompanhado das composições dos preços utilizados para sua formação; e) elaboração do edital de licitação; f) elaboração de minuta de contrato, quando necessária, hipótese em que constará obrigatoriamente como anexo do edital de licitação; g) regime de fornecimento de bens, de prestação de serviços ou de execução de obras e serviços de engenharia, observados os potenciais de economia de escala; h) modalidade de licitação, o critério de julgamento, o modo de disputa, e a adequação e eficiência da forma de combinação destes parâmetros para os fins de seleção da proposta apta a gerar o resultado de contratação mais vantajoso para a Administração Pública, considerando todo o ciclo de vida do objeto; i) motivação circunstanciada das condições editalícias, tais como justificativa das exigências de qualificação técnica, mediante indicação das parcelas de maior relevância técnica e valor significativo do objeto, justificativa dos critérios de pontuação e julgamento das propostas técnicas, nas licitações com julgamento por melhor técnica ou técnica e preço, e justificativa das regras pertinentes à participação de empresas em consórcio; j) análise dos riscos que possam comprometer o sucesso da licitação e a boa execução contratual; k) motivação sobre o momento da divulgação do orçamento da licitação, observado o art. 24.

O estudo técnico preliminar (ETP) é o documento constitutivo da primeira etapa do planejamento de uma contratação que caracteriza o interesse público envolvido e a sua melhor solução e dá base ao anteprojeto, ao termo de referência ou ao projeto básico a serem elaborados caso se conclua pela viabilidade da contratação (art. 6.º, XX). Na etapa inicial do procedimento, o referido estudo demonstra a necessidade da contratação,

---

[131] Nas contratações realizadas durante o estado de calamidade pública, o art. 3.º da Lei 14.981/2024 estabelece regime jurídico mais flexível, destacando-se: a) dispensa da elaboração de ETP, quando se tratar de aquisição e contratação de obras e serviços comuns, inclusive de engenharia; b) o gerenciamento de riscos da contratação será exigível somente durante a gestão do contrato; e c) possibilidade de apresentação simplificada de termo de referência, de anteprojeto ou de projeto básico.

[132] Os incisos XXIII, XXIV e XXV do art. 6.º da Lei 14.133/2021 definem, respectivamente, o termo de referência, o anteprojeto e o projeto básico, bem como apresentam os seus elementos constitutivos.

deverá evidenciar o problema a ser resolvido e a sua melhor solução, de modo a permitir a avaliação da viabilidade técnica e econômica da contratação.[133]

Nos estudos técnicos preliminares para contratações de obras e serviços comuns de engenharia, se demonstrada a inexistência de prejuízos para aferição dos padrões de desempenho e qualidade almejados, a possibilidade de especificação do objeto poderá ser indicada apenas em termo de referência, dispensada a elaboração de projetos (art. 18, § 3.º).

O art. 19 da Lei 14.133/2021 dispõe que os órgãos da Administração com competências regulamentares relativas às atividades de administração de materiais, de obras e serviços e de licitações e contratos deverão: a) instituir instrumentos que permitam, preferencialmente, a centralização dos procedimentos de aquisição e contratação de bens e serviços; b) criar catálogo eletrônico de padronização de compras, serviços e obras, admitida a adoção do catálogo do Poder Executivo federal por todos os Entes federativos; c) instituir sistema informatizado de acompanhamento de obras, inclusive com recursos de imagem e vídeo; d) instituir, com auxílio dos órgãos de assessoramento jurídico e de controle interno, modelos de minutas de editais, de termos de referência, de contratos padronizados e de outros, admitida a adoção das minutas do Poder Executivo federal por todos os Entes federativos; e) promover a adoção gradativa de tecnologias e processos integrados que permitam a criação, a utilização e a atualização de modelos digitais de obras e serviços de engenharia. As exigências em comento são justificadas pela busca da economia de escala e maior racionalidade nas contratações, além da eficiência e transparência na fiscalização dos contratos.

No novo regime jurídico das contratações públicas, o catálogo eletrônico de padronização poderá ser utilizado em licitações cujo critério de julgamento seja o de menor preço ou o de maior desconto e conterá toda a documentação e os procedimentos próprios da fase interna de licitações, assim como as especificações dos respectivos objetos, conforme disposto em regulamento (art. 19, § 1.º). A eventual não utilização do catálogo

---

[133] A Administração Pública deve inserir os seguintes elementos no estudo técnico preliminar (art. 18, § 1.º): a) necessidade da contratação, considerado o problema a ser resolvido sob a perspectiva do interesse público; b) demonstração da previsão da contratação no plano de contratações anual, sempre que elaborado, de modo a indicar o seu alinhamento com o planejamento da Administração; c) requisitos da contratação; d) estimativas das quantidades para a contratação, acompanhadas das memórias de cálculo e dos documentos que lhes dão suporte, que considerem interdependências com outras contratações, de modo a possibilitar economia de escala; e) levantamento de mercado, que consiste na análise das alternativas possíveis, e justificativa técnica e econômica da escolha do tipo de solução a contratar; f) estimativa do valor da contratação, acompanhada dos preços unitários referenciais, das memórias de cálculo e dos documentos que lhe dão suporte, que poderão constar de anexo classificado, se a Administração optar por preservar o seu sigilo até a conclusão da licitação; g) descrição da solução como um todo, inclusive das exigências relacionadas à manutenção e à assistência técnica, quando for o caso; h) justificativas para o parcelamento ou não da solução; i) demonstrativo dos resultados pretendidos em termos de economicidade e de melhor aproveitamento dos recursos humanos, materiais ou financeiros disponíveis; j) providências a serem adotadas pela Administração previamente à celebração do contrato, inclusive quanto à capacitação de servidores ou de empregados para fiscalização e gestão contratual; k) contratações correlatas e/ou interdependentes; l) possíveis impactos ambientais e respectivas medidas mitigadoras, incluídos requisitos de baixo consumo de energia e de outros recursos, bem como logística reversa para desfazimento e reciclagem de bens e refugos, quando aplicável; m) posicionamento conclusivo sobre a adequação da contratação para o atendimento da necessidade a que se destina. Enquanto os elementos indicados nas alíneas *a*, *d*, *f*, *h* e *m* são obrigatórios, os demais podem ser dispensados, desde que apresentadas as justificativas, na forma do art. 18, § 1.º.

eletrônico de padronização ou dos modelos de minutas deverá ser justificada por escrito e anexada ao respectivo processo licitatório (art. 19, § 2.º).

Nas licitações de obras e serviços de engenharia e arquitetura, sempre que adequada ao objeto da licitação, será preferencialmente adotada a Modelagem da Informação da Construção (*Building Information Modelling* – BIM) ou tecnologias e processos integrados similares ou mais avançados que venham a substituí-la (art. 19, § 3.º).[134]

De acordo com o art. 20 da Lei 14.133/2021, os itens de consumo adquiridos para suprir as demandas das estruturas da Administração Pública deverão ser de qualidade comum, não superior à necessária para cumprir as finalidades às quais se destinam, vedada a aquisição de artigos de luxo.

Os Poderes Executivo, Legislativo e Judiciário definirão em regulamento os limites para o enquadramento dos bens de consumo nas categorias comum e luxo (art. 20, § 1.º).[135]

### 17.11.3 Administração Pública Consensual e Gerencial: audiências públicas, consultas públicas e repartição de riscos

A partir da tendência consagrada em outros diplomas legais, que justificam a nomenclatura utilizada pela doutrina para fazer referência à Administração contemporânea ("Administração Pública Consensual" ou "Administração Pública Democrática"), o art. 21 da Lei 14.133/2021 prevê instrumentos de participação direta (audiências e consultas públicas) nas licitações, o que garante maior legitimidade ao procedimento.

Outra tendência refere-se à repartição de riscos entre os contratantes que, apesar de não ter recebido tratamento expresso na Lei 8.666/1993, recebeu especial atenção da legislação específica. Assim, de forma semelhante ao que já existia na PPP (arts. 4.º, VI, e 5.º, III, da Lei 11.079/2004) e no RDC (art. 9.º, § 5.º, da Lei 12.462/2011), o art. 22 da Lei 14.133/2021 permite que o instrumento convocatório contemple matriz de alocação de riscos entre o contratante e o contratado, hipótese em que o cálculo do valor

---

[134] Em âmbito federal, já era possível perceber o fomento à BIM ou "Modelagem da Informação da Construção" na execução direta ou indireta de obras e serviços de engenharia, na forma dos Decretos 9.983/2019 e 10.306/2020. Trata-se de um "conjunto de tecnologias e processos integrados que permite a criação, a utilização e a atualização de modelos digitais de uma construção, de modo colaborativo, que sirva a todos os participantes do empreendimento, em qualquer etapa do ciclo de vida da construção (art. 3.º, II, do Decreto 10.306/2020). Não constitui, portanto, novo regime de execução de obras e serviços de engenharia, mas, sim, um modelo digital, coordenado e colaborativo que conta com a participação dos profissionais envolvidos na concepção e na gestão de uma construção em todas as suas etapas, o que garante maior transparência e eficiência da contratação.

[135] Em âmbito federal, o art. 2.º do Decreto 10.818/2021, que regulamenta o art. 20 da Lei 14.133/2021, apresenta as seguintes definições: "I – bem de luxo – bem de consumo com alta elasticidade-renda da demanda, identificável por meio de características tais como: a) ostentação; b) opulência; c) forte apelo estético; ou d) requinte; II – bem de qualidade comum – bem de consumo com baixa ou moderada elasticidade-renda da demanda; III – bem de consumo – todo material que atenda a, no mínimo, um dos seguintes critérios: a) durabilidade – em uso normal, perde ou reduz as suas condições de uso, no prazo de dois anos; b) fragilidade – facilmente quebradiço ou deformável, de modo irrecuperável ou com perda de sua identidade; c) perecibilidade – sujeito a modificações químicas ou físicas que levam à deterioração ou à perda de suas condições de uso com o decorrer do tempo; d) incorporabilidade – destinado à incorporação em outro bem, ainda que suas características originais sejam alteradas, de modo que sua retirada acarrete prejuízo à essência do bem principal; ou e) transformabilidade – adquirido para fins de utilização como matéria-prima ou matéria intermediária para a geração de outro bem; e IV – elasticidade-renda da demanda – razão entre a variação percentual da quantidade demandada e a variação percentual da renda média".

estimado da contratação poderá considerar taxa de risco compatível com o objeto da licitação e os riscos atribuídos ao contratado, de acordo com metodologia predefinida pelo Ente federativo.[136]

A matriz deverá promover a alocação eficiente dos riscos de cada contrato, estabelecendo a responsabilidade que cabe a cada parte contratante e, também, mecanismos que afastem a ocorrência do sinistro e que mitiguem os efeitos deste, caso ocorra durante a execução contratual (art. 22, § 1.º).

É salutar a exigência de alocação eficiente dos riscos, com implementação de mecanismos que mitiguem os efeitos de eventual sinistro. Trata-se de exigência que, não obstante o silêncio da maioria dos diplomas legais, já era apresentada pela doutrina. A imputação dos riscos à parte que possui melhores condições de gerenciá-los, acarreta, naturalmente, maior segurança jurídica e economicidade à contratação.[137]

O contrato deverá refletir a alocação realizada pela matriz de riscos, especialmente quanto (art. 22, § 2.º): a) às hipóteses de alteração para o restabelecimento da equação econômico-financeira do contrato nos casos em que o sinistro seja considerado na matriz de riscos como causa de desequilíbrio não suportada pela parte que pretende o restabelecimento; b) à possibilidade de resolução quando o sinistro majorar excessivamente ou impedir a continuidade da execução contratual; c) à contratação de seguros obrigatórios, previamente definidos no contrato e cujo custo de contratação integrará o preço ofertado.

### 17.11.4 Valor estimado da contratação

Em relação à estimativa do valor a ser contratado, momento de grande importância para verificação da economicidade da futura avença, o art. 23 da Lei 14.133/2021 dispõe que deverá ser compatível com os valores praticados pelo mercado, levando-se em consideração os preços constantes em bancos de dados públicos e as quantidades a serem contratadas, observadas a potencial economia de escala e as peculiaridades do local de execução do objeto.

Nas licitações para aquisição de bens e contratação de serviços em geral, conforme regulamento, o valor estimado será definido com base no melhor preço aferido com a utilização dos seguintes parâmetros, adotados de forma combinada ou não (art. 23, § 1.º): a) composição de custos unitários menores ou iguais à mediana do item correspondente no painel de preços ou no banco de preços em saúde disponíveis no Portal Nacional de Contratações Públicas (PNCP); b) contratações similares feitas pela Administração

---

[136] A matriz de riscos será obrigatória nas contratações de obras e serviços de grande vulto, assim considerados os contratos com valor estimado superior a R$ 250.902.323,87, bem como nos regimes de contratação integrada e semi-integrada, na forma dos arts. 6.º, XXII, e 22, § 3.º, da Lei 14.133/2021 e do Decreto 12.343/2024. Nas contratações integradas ou semi-integradas, os riscos decorrentes de fatos supervenientes à contratação associados à escolha da solução de projeto básico pelo contratado deverão ser alocados como de sua responsabilidade na matriz de riscos (art. 22, § 4.º, da Lei 14.133/2021).

[137] Em abono à nossa tese, o Enunciado 28 da I Jornada de Direito Administrativo realizada pelo Centro de Estudos Judiciários do Conselho da Justiça Federal (CEJ/CJF), ao dispor sobre as concessões comuns e especiais, prevê: "Na fase interna da licitação para concessões e parcerias público-privadas, o Poder Concedente deverá indicar as razões que o levaram a alocar o risco no concessionário ou no Poder Concedente, tendo como diretriz a melhor capacidade da parte para gerenciá-lo."

Pública, em execução ou concluídas no período de um ano anterior à data da pesquisa de preços, inclusive mediante sistema de registro de preços, observado o índice de atualização de preços correspondente; c) utilização de dados de pesquisa publicada em mídia especializada, tabela de referência formalmente aprovada pelo Poder Executivo federal, sítios eletrônicos especializados ou de domínio amplo, desde que contenham a data e hora de acesso; d) pesquisa direta com no mínimo três fornecedores mediante solicitação formal de cotação, desde que seja apresentada justificativa da escolha desses fornecedores e que não tenham sido obtidos os orçamentos com mais de três meses de antecedência da data de divulgação do edital; e) pesquisa na base nacional de notas fiscais eletrônicas, na forma de regulamento.

Nas licitações para contratação de obras e serviços de engenharia, conforme regulamento, o valor estimado, acrescido do percentual de benefícios e despesas indiretas (BDI) de referência e dos encargos sociais (ES) cabíveis, será definido com a utilização de parâmetros na seguinte ordem (art. 23, § 2.º): a) composição de custos unitários menores ou iguais à mediana do item correspondente do Sistema de Custos Referenciais de Obras (Sicro), para serviços e obras de infraestrutura de transportes, ou do Sistema Nacional de Pesquisa de Custos e Índices de Construção Civil (Sinapi), para as demais obras e serviços de engenharia; b) utilização de dados de pesquisa publicada em mídia especializada, tabela de referência formalmente aprovada pelo Poder Executivo federal, sítios eletrônicos especializados ou de domínio amplo, desde que contenham a data e a hora de acesso; c) contratações similares feitas pela Administração Pública, em execução ou concluídas no período de um ano anterior à data da pesquisa de preços, observado o índice de atualização de preços correspondente; d) pesquisa na base nacional de notas fiscais eletrônicas, na forma de regulamento.

Nas contratações realizadas por Municípios, Estados e Distrito Federal, desde que não envolvam recursos da União, o valor previamente estimado da contratação poderá ser definido com a utilização de outros sistemas de custos já adotados pelo respectivo Ente federativo (art. 23, § 3.º).

Nos casos de contratação direta, por inexigibilidade ou por dispensa, quando não for possível estimar o valor do objeto, na forma prevista nos §§ 1.º, 2.º e 3.º do art. 23, o contratado deverá comprovar previamente que os preços estão em conformidade com os praticados, em contratações semelhantes de objetos de mesma natureza, com a apresentação de notas fiscais emitidas para outros contratantes no período de até um ano anterior à data da contratação pela Administração ou por outro meio idôneo (art. 23, § 4.º).

Nas licitações para contratação de obras e serviços de engenharia sob o regime de execução de contratação integrada e semi-integrada, o valor estimado da contratação será calculado nos termos do § 2.º do art. 23 da Lei 14.133/2021, acrescido ou não de parcela referente à remuneração do risco, e, sempre que necessário e o anteprojeto permitir, a estimativa de preço será baseada em orçamento sintético, balizado em sistema de custo definido no inciso I do § 2.º do referido dispositivo legal, reservada a utilização de metodologia expedita ou paramétrica e de avaliação aproximada baseada em outras contratações similares às frações do empreendimento não suficientemente detalhadas no anteprojeto. Nesse caso, será exigido, no mínimo, o mesmo nível de detalhamento dos licitantes ou contratados no orçamento que compuser suas respectivas propostas (art. 23, §§ 5.º e 6.º).

A instituição de normas jurídicas reguladoras da estimativa do valor contratual representa importante avanço em relação ao regime previsto na Lei 8.666/1993, que não dedicava tratamento específico sobre o tema. Na prática, os critérios para fixação de valores eram indicados por regulamentos ou pelos órgãos de controle, bem como pela praxe administrativa.

A fixação de critérios legais para estimativa do valor garante uniformização na atuação da Administração Pública, além de garantir potencial incremento de economicidade e de segurança jurídica aos atores envolvidos nas licitações públicas.

Quanto à divulgação do orçamento estimado da contratação, a Lei 14.133/2021 prevê a possibilidade de publicidade diferida ou sigilo temporário.

Não obstante a regra seja a publicidade dos atos estatais, é permitida a fixação do caráter sigiloso do orçamento estimado, desde que haja motivos relevantes devidamente justificados. Nesse caso, o sigilo não prevalece para os órgãos de controle interno e externo, bem como será afastado, tornando-se público, apenas e imediatamente após a fase de julgamento de propostas, sem prejuízo da divulgação do detalhamento dos quantitativos e das demais informações necessárias para a elaboração das propostas (art. 24 da Lei 14.133/2021). O art. 24, II, do PL 4.253/2020, que deu origem à Lei 14.133/2021, estabelecia que o orçamento seria divulgado apenas e imediatamente após a fase de julgamento de propostas, mas o dispositivo foi vetado pelo Presidente da República, uma vez que inviabilizaria, por exemplo, a manutenção do sigilo na fase de negociação, que é posterior ao julgamento e estratégica para a definição da contratação. Na licitação em que for adotado o critério de julgamento de maior desconto, o preço estimado ou o máximo aceitável constará do edital da licitação (art. 24, parágrafo único, da Lei 14.133/2021).[138]

Trata-se de regra distinta daquela consagrada no art. 40, § 2.º, II, da Lei 8.666/1993, que exige a apresentação, no anexo do edital de licitação, do orçamento estimado em planilhas de quantitativos e preços unitários.

A necessidade de modificação da regra tradicional de licitação, com a previsão do orçamento sigiloso, pode ser justificada pela necessidade de evitar que a divulgação do orçamento influencie a elevação dos valores constantes das propostas e a formação de cartel entre os licitantes, dado que, sem a ciência do preço estimado pela Administração, fica mais difícil de fazer combinações entre concorrentes.

## 17.11.5 Edital

O edital de licitação deve conter o objeto da licitação e as regras relativas à convocação, ao julgamento, à habilitação, aos recursos e às penalidades da licitação, à fiscalização e à gestão do contrato, à entrega do objeto e às condições de pagamento (art. 25 da Lei 14.133/2021).

---

[138] Lembre-se de que o orçamento sigiloso, com a publicidade diferida, já era adotado no Regime Diferenciado de Contratações Públicas (art. 6.º da Lei 12.462/2011) e na Lei das Estatais (art. 34, *caput* e § 3.º, da Lei 13.303/2016). O orçamento sigiloso também é recomendado pela Organização para Cooperação e Desenvolvimento Econômico (OCDE. Guidelines for fighting bid rigging in public procurement (Diretrizes para combater o conluio entre concorrentes em contratações públicas). Disponível em: <http://www.oecd.org/dataoecd/27/19/42851044.pdf>, p. 7. Acesso em: 5 jan. 2021).

Sempre que o objeto a ser contratado permitir, a Administração adotará minutas padronizadas de edital e de contrato com cláusulas uniformes (art. 25, § 1.º).

Desde que não se produzam prejuízos à competitividade do processo licitatório e à eficiência do respectivo contrato, devidamente demonstrado em estudo técnico preliminar, o edital poderá prever a utilização de mão de obra, materiais, tecnologias e matérias-primas existentes no local da execução, conservação e operação do bem, serviço ou obra (art. 25, § 2.º).

Todos os elementos do edital, incluindo minutas de contratos, projetos, anteprojetos e termos de referência e outros anexos, deverão ser disponibilizados em sítio eletrônico oficial, na mesma data em que for disponibilizado o edital e sem a necessidade de registro ou identificação para acesso (art. 25, § 3.º).

Nas contratações de obras, serviços e fornecimentos de grande vulto, o edital deverá prever a obrigatoriedade de implantação de programa de integridade pelo licitante vencedor, no prazo de seis meses contados da celebração do contrato, conforme regulamento que disporá sobre as medidas a serem adotadas, a forma de comprovação e as penalidades pelo seu descumprimento (art. 25, § 4.º). Em âmbito federal, o referido dispositivo legal é regulamentado pelo Decreto 12.304/2024 que dispõe sobre os parâmetros e a avaliação dos programas de integridade, cabendo à CGU estabelecer a metodologia de avaliação e os critérios mínimos para considerar o programa de integridade como implantado, desenvolvido ou aperfeiçoado.

Considera-se contrato de grande vulto aquele que possui valor superior a R$ 250.902.323,87 (art. 6.º, XXII, da Lei 14.133/2021 e Decreto 12.343/2024). Nesse ponto, entendemos que os Estados, o DF e os Municípios possuem autonomia federativa para definição de valores adequados às suas respectivas realidades financeiras, especialmente pelo fato de que a fixação de valores menores implementaria, com maior intensidade, a obrigatoriedade da integridade nas relações público-privadas, conferindo maior efetividade ao princípio da moralidade.[139]

Lembre-se de que a exigência de programas de integridade por empresas contratadas pela Administração Pública foi inicialmente prevista em leis estaduais, agora consagrada na Lei 14.133/2021.[140] Frise-se, contudo, que a existência do programa de integridade não é uma condição para habilitação da pessoa jurídica interessada na respectiva licitação, mas uma exigência direcionada à empresa vencedora do certame, sob pena de sanção.

---

[139] Nesse sentido, o STF considerou constitucional a norma municipal que exigiu a instituição de programa de integridade em contratações menores que aquele indicado na Lei 14.133/2021, em razão da necessidade de adaptação da exigência à realidade econômico-financeira do Ente federado, com fundamento no princípio da moralidade (2.ª Turma, RE 1.410.340 AgR/SP, Rel. Min. Dias Toffoli, *DJe* 06.10.2023).

[140] Diversos Estados e o DF possuíam leis que exigiam a instituição de programas de integridade por empresas contratadas: Rio de Janeiro (Lei 7.753/2017), Distrito Federal (Lei 6.112/2018, alterada pela Lei 6.308/2019); Rio Grande do Sul (Lei 15.228/2018); Amazonas (Lei 4.730/2019); Goiás (Lei 20.489/2019); Pernambuco (Lei 16.722/2019). Sobre os programas de integridade nas contratações públicas, vide: OLIVEIRA, Rafael Carvalho Rezende. *Licitações e contratos administrativos: teoria e prática*. 9. ed. São Paulo: Método, 2020. p. 374-376; OLIVEIRA, Rafael Carvalho Rezende; ACOCELLA, Jéssica. A exigência de programas de *compliance* e integridade nas contratações públicas: os Estados-membros na vanguarda. *Governança corporativa e compliance*. 2. ed. Salvador: Juspodivm, 2020. p. 73-98. É verdade que a preocupação com a institucionalização de programas de integridade já era encontrada, por exemplo, na Lei 12.846/2013 (Lei Anticorrupção) e na Lei 13.303/2016 (Lei das Estatais).

O edital poderá prever a responsabilidade do contratado pela obtenção do licenciamento ambiental e realização da desapropriação autorizada pelo poder público (art. 25, § 5.º). Os licenciamentos ambientais de obras e serviços de engenharia licitados e contratados nos termos desta Lei terão prioridade de tramitação nos órgãos e entidades integrantes do Sistema Nacional do Meio Ambiente (Sisnama) e deverão ser orientados pelos princípios da celeridade, da cooperação, da economicidade e da eficiência (art. 25, § 6.º).

Independentemente do prazo de execução do contrato, é obrigatória a previsão no edital de índice de reajustamento de preço com data-base vinculada à data do orçamento estimado, com a possibilidade de ser estabelecido mais de um índice específico ou setorial, em conformidade com a realidade de mercado dos respectivos insumos (art. 25, § 7.º).

Nas licitações de serviços contínuos, observado o interregno mínimo de um ano, é obrigatória a previsão no edital do critério de reajustamento, que será (art. 25, § 8.º): a) por reajustamento em sentido estrito, quando não houver regime de dedicação exclusiva de mão de obra ou predominância de mão de obra, mediante previsão de índices específicos ou setoriais com data-base vinculada à da apresentação da proposta; b) por repactuação, quando houver regime de dedicação exclusiva de mão de obra ou predominância de mão de obra, mediante demonstração analítica da variação dos custos.[141]

O edital poderá, na forma disposta em regulamento, exigir que o contratado destine um percentual mínimo da mão de obra responsável pela execução do objeto da contratação a (art. 25, § 9.º): a) mulher vítima de violência doméstica;[142] e b) oriundo ou egresso do sistema prisional, na forma estabelecida em regulamento. Trata-se de previsão relacionada à função regulatória da licitação, utilizada como instrumento de promoção de valores sociais.

A minuta do edital de licitação deve ser analisada pelo órgão jurídico da Administração que realizará controle prévio de legalidade mediante análise jurídica da contratação (art. 53 da Lei 14.133/2021). Trata-se de previsão semelhante àquela constante do art. 38, parágrafo único, da Lei 8.666/1993. Contudo, a atual Lei de Licitações apresenta maior detalhamento sobre o controle preventivo de juridicidade exercido pela advocacia pública ou assessoria jurídica do órgão ou entidade.

Na elaboração do parecer jurídico, o órgão de assessoramento jurídico da Administração deverá (art. 53, § 1.º, da Lei 14.133/2021): a) apreciar o processo licitatório conforme critérios objetivos prévios de atribuição de prioridade; e b) redigir sua manifestação com

---

[141] Nesse ponto, a Lei 14.133/2021 mantém a distinção tradicional entre o reajuste em sentido estrito e a repactuação. Ao contrário do reajuste, em que as partes estipulam o índice que reajustará automaticamente o valor do contrato, a repactuação é implementada mediante a demonstrarão analítica da variação dos componentes dos custos do contrato. Sobre o tema, vide: OLIVEIRA, Rafael Carvalho Rezende; HALPERN, Erick. A repactuação nos contratos administrativos: regime jurídico atual e análise econômica do direito. *Revista Brasileira de Direito Público – RBDP*, Belo Horizonte, ano 18, n. 69, p. 33-55, abr.-jun. 2020. Os incisos LVIII e LIX do art. 6.º da Lei 14.133/2021 apresentam as definições de reajustamento em sentido estrito e repactuação.

[142] Em âmbito federal, o Decreto 11.430/2023 dispõe sobre a exigência, em contratações públicas, de percentual mínimo de mão de obra constituída por mulheres vítimas de violência doméstica. De acordo com o art. 3.º do referido Decreto, nas contratações de serviços contínuos com regime de dedicação exclusiva de mão de obra, com, no mínimo, 25 colaboradores, deve ser respeitado o percentual mínimo de 8% das vagas para mulheres vítimas de violência doméstica. A referida exigência deve ser mantida durante toda a execução contratual e a indisponibilidade de mão de obra com a qualificação necessária para atendimento do objeto contratual não caracteriza descumprimento da legislação (art. 3.º, §§ 2.º e 4.º).

linguagem simples e compreensível e de forma clara e objetiva, com apreciação de todos os elementos indispensáveis à contratação e exposição dos pressupostos de fato e de direito levados em consideração na análise jurídica.

O art. 53, § 2.º, do PL 4.253/2020, que deu origem à Lei 14.133/2021, dispunha que a autoridade máxima da Administração poderia rejeitar o parecer jurídico que desaprovasse, no todo ou em parte, a continuidade da contratação, mas, nesse caso, a autoridade responderia pessoal e exclusivamente pelas irregularidades que eventualmente foram imputadas. Contudo, o referido dispositivo foi vetado, uma vez que poderia ensejar a interpretação de que o parecerista seria corresponsável pelo ato de gestão, contrariando a posição tradicional da jurisprudência e trazendo insegurança à atividade de assessoramento jurídico, além de desestimular o gestor a tomar medidas não chanceladas pela assessoria jurídica, mesmo que convicto da correção e melhor eficiência dessas medidas, o que pode coibir avanços e inovações. Em nossa opinião, independentemente do veto presidencial, o gestor público não está vinculado ao parecer jurídico e pode decidir de forma diversa, desde que apresente as necessárias justificativas, abrindo-se o caminho para eventual responsabilidade civil nos casos de dolo ou erro grosseiro, na forma do art. 28 da LINDB.

A fase externa da licitação inicia com a publicação do edital. Encerrada a instrução do processo sob os aspectos técnico e jurídico, a autoridade determinará a divulgação do edital de licitação no Portal Nacional de Contratações Públicas (PNCP) e do seu extrato no Diário Oficial, observadas as exigências contidas no art. 54 (art. 53, § 3.º, da Lei 14.133/2021).

O assessoramento jurídico da Administração também realizará controle prévio de legalidade de contratações diretas, acordos, termos de cooperação, convênios, ajustes, adesões a atas de registro de preços, outros instrumentos congêneres e de seus respectivos termos aditivos (art. 53, § 4.º).

A análise jurídica é dispensável nos casos previamente definidos em ato da autoridade jurídica máxima competente, que deverá considerar o baixo valor, a baixa complexidade da contratação, a entrega imediata do bem ou a utilização de editais e instrumentos de contrato, convênio ou outros ajustes previamente padronizados pelo órgão da advocacia pública ou pela unidade de assessoramento jurídico (art. 53, § 5.º).[143]

Questão que deve permanecer controvertida refere-se à consequência da ausência do parecer jurídico prévio sobre a juridicidade da minuta do edital e/ou da contratação direta nas hipóteses que não estiverem dispensadas, na forma autorizada pela atual legislação. Sempre sustentamos que a ausência do controle preventivo configura irregularidade administrativa, que deveria ensejar a devida apuração de responsabilidade por meio de processo disciplinar, mas não acarretaria, necessariamente e automaticamente, a nulidade da licitação e do contrato administrativo, especialmente quando os atos praticados não apresentassem irregularidades insanáveis ou prejuízos ao interesse público, tendo em vista

---

[143] A Orientação Normativa AGU 69/2021 prevê: "Não é obrigatória manifestação jurídica nas contratações diretas de pequeno valor com fundamento no art. 75, I ou II, e § 3.º da Lei n.º 14.133, de 1.º de abril de 2021, salvo se houver celebração de contrato administrativo e este não for padronizado pelo órgão de assessoramento jurídico, ou nas hipóteses em que o administrador tenha suscitado dúvida a respeito da legalidade da dispensa de licitação. Aplica-se o mesmo entendimento às contratações diretas fundadas no art. 74, da Lei n.º 14.133, de 2021, desde que seus valores não ultrapassem os limites previstos nos incisos I e II do art. 75, da Lei n.º 14.133, de 2021".

o princípio do formalismo moderado.[144] Em nossa opinião, o art. 147 da Lei 14.133/2021 reforça a tese de que a ausência do controle preventivo não deve acarretar, obrigatoriamente, a invalidação da licitação e do contrato, uma vez que a nulidade somente será declarada caso não seja possível o saneamento da irregularidade.

A publicidade do edital de licitação será realizada mediante divulgação e manutenção do inteiro teor do ato convocatório e de seus anexos no Portal Nacional de Contratações Públicas (PNCP), na forma do art. 54 da Lei 14.133/2021. Revela-se, ainda, obrigatória a publicação de extrato do edital no Diário Oficial da União, do Estado, do Distrito Federal ou do Município, ou, no caso de consórcio público, do Ente de maior nível entre eles, bem como em jornal diário de grande circulação (art. 54, § 1.º).

Ao lado da publicidade obrigatória, o art. 54, § 2.º, permite a divulgação adicional e a manutenção do inteiro teor do edital e de seus anexos em sítio eletrônico oficial do Ente federativo do órgão ou entidade responsável pela licitação ou, no caso de consórcio público, do Ente de maior nível entre eles, admitida, ainda, a divulgação direta a interessados devidamente cadastrados para esse fim.

Quanto à menção ao "ente de maior nível" no caso dos consórcios públicos, nos §§ 1.º e 2.º do art. 54 da Lei 14.133/2021, entendemos que o legislador se equivocou, uma vez que inexiste hierarquia entre os Entes federados. O ideal, em nossa opinião, seria atribuir o dever de divulgação no Diário Oficial do Ente federado do Chefe do Executivo indicado como representante legal do consórcio.

Por fim, após a homologação do processo licitatório, serão disponibilizados no PNCP e, discricionariamente, no sítio eletrônico do Ente federado, os documentos elaborados na fase preparatória que porventura não tenham integrado o edital e seus anexos (art. 54, § 3.º).[145]

### 17.11.6 Margem de preferência

O art. 26 da Lei 14.133/2021 admite a fixação de margem de preferência nos seguintes casos: a) bens manufaturados e serviços nacionais que atendam a normas técnicas brasileiras;[146] e b) bens reciclados, recicláveis ou biodegradáveis, conforme regulamento.

De acordo com o art. 26, § 1.º, a referida margem de preferência: a) será definida em decisão fundamentada do Poder Executivo federal para os bens manufaturados e serviços nacionais que atendam a normas técnicas brasileiras; b) poderá ser de até 10% sobre o preço dos demais bens e serviços não indicados na margem de preferência; c) poderá ser

---

[144] OLIVEIRA, Rafael Carvalho Rezende. *Licitações e contratos administrativos: teoria e prática*. 9. ed. São Paulo: Método, 2020. p. 122. No mesmo sentido: JUSTEN FILHO, Marçal. *Comentários à Lei de Licitações e Contratos Administrativos*. 18. ed. São Paulo: Thomson Reuters Brasil, 2019. p. 871-872; DI PIETRO, Maria Sylvia Zanella. *Temas polêmicos sobre licitações e contratos*. 5. ed. São Paulo: Malheiros, 2001. p. 166.

[145] A definição de sítio eletrônico oficial é apresentada pelo art. 6.º, LII, da Lei 14.133/2021: "sítio da internet, certificado digitalmente por autoridade certificadora, no qual o ente federativo divulga de forma centralizada as informações e os serviços de governo digital dos seus órgãos e entidades".

[146] O art. 6.º da Lei 14.133/2021 apresenta as seguintes definições: "XXXVI – serviço nacional: serviço prestado em território nacional, nas condições estabelecidas pelo Poder Executivo federal; XXXVII – produto manufaturado nacional: produto manufaturado produzido no território nacional de acordo com o processo produtivo básico ou com as regras de origem estabelecidas pelo Poder Executivo federal".

estendida a bens manufaturados e serviços originários de Estados-parte do Mercosul, desde que haja reciprocidade com o País prevista em acordo internacional aprovado pelo Congresso Nacional e ratificado pelo Presidente da República.

No tocante aos bens manufaturados nacionais e serviços nacionais resultantes de desenvolvimento e inovação tecnológica no País definidos conforme regulamento do Poder Executivo federal, poderá ser estabelecida margem de preferência de até 20% (art. 26, § 2.º).

A margem de preferência não se aplica aos bens manufaturados nacionais e aos serviços nacionais se a capacidade de produção desses bens ou de prestação desses serviços no País for inferior: a) à quantidade a ser adquirida ou contratada; ou b) aos quantitativos fixados em razão do parcelamento do objeto, quando for o caso (art. 26, § 5.º).

Na contratação de bens, serviços e obras, os editais poderão, mediante prévia justificativa da autoridade competente, exigir que o contratado promova, em favor de órgão ou entidade integrante da Administração Pública ou daqueles por ela indicados a partir de processo isonômico, medidas de compensação comercial, industrial ou tecnológica ou acesso a condições vantajosas de financiamento, cumulativamente ou não, na forma estabelecida pelo Poder Executivo federal (art. 26, § 6.º).

A margem de preferência consagrada na Lei 14.133/2021 é diferente, portanto, daquela indicada na Lei 8.666/1993, que abrangia (art. 3.º, §§ 5.º a 12): a) produtos manufaturados e serviços nacionais, que atendam a normas técnicas brasileiras; e b) bens e serviços produzidos ou prestados por empresas que comprovem cumprimento de reserva de cargos prevista em lei para pessoa com deficiência ou para reabilitado da Previdência Social e que atendam às regras de acessibilidade previstas na legislação. A margem de preferência, a ser definida pelo Poder Executivo Federal, não pode ultrapassar 25% do preço dos concorrentes não beneficiados com a preferência.

Por outro lado, de forma semelhante à previsão do art. 3.º, § 12, da Lei 8.666/1993, a Lei 14.133/2021 prevê que nas contratações destinadas à implantação, à manutenção e ao aperfeiçoamento dos sistemas de tecnologia de informação e comunicação considerados estratégicos em ato do Poder Executivo federal, a licitação poderá ser restrita a bens e serviços com tecnologia desenvolvida no País produzidos de acordo com o processo produtivo básico de que trata a Lei 10.176/2001 (art. 26, § 7.º, da Lei 14.133/2021).

Será divulgada em sítio eletrônico oficial, a cada exercício financeiro, a relação de empresas favorecidas pela margem de preferência, com indicação do volume de recursos destinados a cada uma delas (art. 27 da Lei 14.133/2021).

É oportuno destacar que a atual Lei de Licitações transformou em exigência de habilitação (art. 63, IV, da Lei 14.133/2021) a tradicional margem de preferência em favor das empresas que comprovem cumprimento de reserva de cargos prevista em lei para pessoa com deficiência ou para reabilitado da Previdência Social e que atendam às regras de acessibilidade previstas na legislação (art. 3.º, § 5.º, II, da Lei 8.666/1993).

### 17.11.7 Apresentação de propostas e lances

Após a divulgação do edital, os licitantes deverão apresentar as suas propostas e lances. Na hipótese excepcional de inversão de fases, com a realização da habilitação antes do julgamento, os licitantes deverão encaminhar, de forma simultânea, os documentos de habilitação e de proposta.

O art. 55 da Lei 14.133/2021 estabelece prazos mínimos para apresentação de propostas e lances, contados a partir da data de publicação do edital de licitação.[147]

As eventuais modificações no edital implicarão nova divulgação na mesma forma em que o instrumento convocatório houver sido publicado originalmente, além do cumprimento dos mesmos prazos dos atos e procedimentos originais, exceto quando a alteração não comprometer a formulação das propostas (art. 55, § 1.º).

O modo de disputa poderá ser, isolado ou conjuntamente (art. 56 da Lei 14.133/2021): a) aberto, hipótese em que os licitantes apresentarão suas ofertas por meio de lances públicos e sucessivos, crescentes ou decrescentes; e b) fechado, hipótese em que as propostas permanecerão em sigilo até a data e hora designadas para sua divulgação.

A utilização isolada do modo de disputa fechado será vedada quando adotados os critérios de julgamento de menor preço ou de maior desconto (art. 56, § 1.º, da Lei 14.133/2021).

Já o modo de disputa aberto é vedado quando adotado o critério de julgamento de técnica e preço (art. 56, § 2.º).

Os lances intermediários são assim definidos (art. 56, § 3.º): a) iguais ou inferiores ao maior já ofertado, quando adotado o critério de julgamento de maior lance; e b) iguais ou superiores ao menor já ofertado, quando adotados os demais critérios de julgamento.[148]

Após a definição da melhor proposta, se a diferença em relação à proposta classificada em segundo lugar for de pelo menos 5% (cinco por cento), a Administração poderá admitir o reinício da disputa aberta, nos termos estabelecidos no instrumento convocatório, para a definição das demais colocações (art. 56, § 4.º).

Nas licitações de obras ou serviços de engenharia, após o julgamento, o licitante vencedor deverá reelaborar e apresentar à Administração, por meio eletrônico, as planilhas com indicação dos quantitativos e dos custos unitários, bem como do detalhamento das bonificações e despesas indiretas (BDI) e dos encargos sociais (ES), com os respectivos valores adequados ao valor final da proposta vencedora, admitida a utilização dos preços unitários, no caso de empreitada por preço global, empreitada integral, contratação semi-

---

[147] Os prazos são: a) aquisição de bens: a.1) 8 dias, quando adotados os critérios de julgamento de menor preço ou de maior desconto; a.2) 15 dias úteis, nas demais hipóteses; b) contratação de serviços e obras: b.1) 10 dias úteis, quando adotados os critérios de julgamento de menor preço ou de maior desconto no caso de serviços comuns e de obras e serviços comuns de engenharia; b.2) 25 dias úteis, quando adotados os critérios de julgamento de menor preço ou de maior desconto no caso de serviços especiais e de obras e serviços especiais de engenharia; b.3) 60 dias úteis, nas hipóteses em que o regime de execução seja o de contratação integrada; b.4) 35 dias úteis, nas hipóteses em que o regime de execução for o de contratação semi-integrada ou nas demais hipóteses não abrangidas nas anteriores; c) 15 dias úteis para licitação em que se adote o critério de julgamento de maior lance; d) 35 dias úteis para licitação em que se adote o critério de julgamento de técnica e preço ou de melhor técnica ou conteúdo artístico. Os prazos previstos neste artigo poderão, mediante decisão fundamentada, ser reduzidos até a metade nas licitações realizadas pelo Ministério da Saúde, no âmbito do Sistema Único de Saúde (art. 55, § 2.º).

[148] A apresentação de lances intermediários nas licitações não encontrava previsão na Lei 8.666/1993, mas era admitida no RDC (art. 17, § 2.º, da Lei 12.462/2011), nas licitações promovidas por empresas estatais (arts. 52 e 53 da Lei 13.303/2016) e no pregão (art. 3.º, V e art. 31, parágrafo único, do Decreto 10.024/2019).

integrada e contratação integrada, exclusivamente para eventuais adequações indispensáveis no cronograma físico-financeiro e para balizar excepcional aditamento posterior do contrato (art. 56, § 5.º).

O edital de licitação poderá estabelecer intervalo mínimo de diferença de valores entre os lances, que incidirá tanto em relação aos lances intermediários quanto em relação à proposta que cobrir a melhor oferta (art. 57 da Lei 14.133/2021).

A Lei 14.133/2021, assim como permitia a Lei 8.666/1993, admite a exigência, no momento da apresentação da proposta, da comprovação do recolhimento de quantia a título de garantia de proposta, como requisito de pré-habilitação, que não poderá ser superior a 1% do valor estimado para a contratação (art. 58, *caput* e § 1.º). A garantia de proposta poderá ser prestada nas seguintes modalidades (arts. 58, § 4.º, e 96, § 1.º, da Lei 14.133/2021): a) caução em dinheiro ou em títulos da dívida pública; b) seguro-garantia; ou c) fiança bancária. A garantia de proposta será devolvida aos licitantes no prazo de 10 dias úteis, contado da assinatura do contrato ou da data em que for declarada fracassada a licitação (art. 58, § 2.º). Implicará execução do valor integral da garantia de proposta a recusa em assinar o contrato ou a não apresentação dos documentos para a contratação (art. 58, § 3.º).

O limite e as formas de apresentação de garantia da proposta indicadas na Lei 14.133/2021 são, basicamente, aquelas indicadas no arts. 31, III, da Lei 8.666/1993. A diferença é que a garantia da proposta passa a ser considerada como requisito de pré-habilitação. É preciso destacar que a garantia de proposta, indicada no art. 58, não se confunde com a garantia do contrato, regulada pelo art. 96 da atual Lei de Licitações. Enquanto a primeira espécie pretende garantir propostas consistentes nas licitações, a segunda busca garantir a satisfatória execução do contrato. Não obstante o objetivo de afastar interessados "aventureiros" e somente permitir a apresentação de propostas consistentes, a exigência de garantia de proposta como condição de participação em licitações deve ser analisada com a máxima cautela pela Administração Pública, uma vez que pode restringir a competitividade, com o afastamento de potenciais interessados na contratação.[149]

### 17.11.8 Julgamento

A Lei 14.133/2021, inspirada na Lei 10.520/2002, que regulava o pregão, e nas leis especiais posteriores (exs.: Lei 12.462/2011 – RDC, Lei 13.303/2016 – empresas estatais), previu a realização do julgamento antes da fase de habilitação, admitindo-se, excepcionalmente, mediante ato motivado e com expressa previsão no edital, a efetivação da habilitação antes do julgamento.

---

[149] Ao tratar do art. 31, III, da Lei 8.666/1993, Marçal Justen Filho apontava a sua inconstitucionalidade. Segundo o autor: "a exigência de 'garantias' para participação na licitação é incompatível com o disposto no art. 37, XXI, da CF/1988. Por isso, o inc. III do art. 31 é inconstitucional." Registre-se que, no pregão, havia vedação à exigência de garantia de proposta, na forma do art. 5.º, I, da Lei 10.520/2002 (JUSTEN FILHO, Marçal. *Comentários à Lei de Licitações e Contratos Administrativos*. 18. ed. São Paulo: Thomson Reuters Brasil, 2019. p. 809). De forma diversa, Jessé Torres Pereira Júnior sustenta que a garantia de proposta é constitucional (PEREIRA JUNIOR, Jessé Torres. *Comentários à Lei das Licitações e Contratações da Administração Pública*. 8. ed. Rio de Janeiro: Renovar, 2009. p. 421).

Na fase de julgamento e em conformidade com o disposto no edital, a Administração Pública deve adotar um dos critérios de julgamento previstos no art. 33 da Lei 14.133/2021, a saber: a) menor preço; b) maior desconto; c) melhor técnica ou conteúdo artístico; d) técnica e preço; e) maior lance, no caso de leilão; e f) maior retorno econômico.

As propostas serão desclassificadas quando (art. 59 da Lei 14.133/2021): a) contiverem vícios insanáveis; b) não obedecerem às especificações técnicas pormenorizadas no edital; c) apresentarem preços manifestamente inexequíveis ou permanecerem acima do orçamento estimado para a contratação; d) não tiverem sua exequibilidade demonstrada, quando exigido pela Administração; e e) apresentarem desconformidade com quaisquer outras exigências do edital, desde que insanável.

A verificação da conformidade das propostas poderá ser feita exclusivamente em relação à proposta mais bem classificada (art. 59, § 1.º). A Administração poderá realizar diligências para aferir a exequibilidade das propostas ou exigir dos licitantes que ela seja demonstrada (art. 59, § 2.º).

No caso de obras e serviços de engenharia, para efeito de avaliação da exequibilidade e de sobrepreço, serão considerados o preço global, os quantitativos e os preços unitários relevantes, observado o critério de aceitabilidade de preços unitário e global a ser fixado no edital, conforme as especificidades do mercado correspondente (art. 59, § 3.º). No caso de obras e serviços de engenharia, serão consideradas inexequíveis as propostas cujos valores forem inferiores a 75% do valor orçado pela Administração (art. 59, § 4.º).[150]

Admite-se a exigência de garantia adicional do licitante vencedor cuja proposta for inferior a 85% (oitenta e cinco por cento) do valor orçado pela Administração, equivalente à diferença entre esse último e o valor da proposta, sem prejuízo das demais garantias exigíveis na forma da lei (art. 59, § 5.º).

Em caso de empate entre duas ou mais propostas, serão utilizados os seguintes critérios de desempate, nesta ordem (art. 60 da Lei 14.133/2021): a) disputa final, hipótese em que os licitantes empatados poderão apresentar nova proposta em ato contínuo à classificação; b) avaliação do desempenho contratual prévio dos licitantes, para o que deverão preferencialmente ser utilizados registros cadastrais para efeito de atesto de cumprimento de obrigações previstas na Lei de Licitações; c) desenvolvimento pelo licitante de ações de equidade entre homens e mulheres no ambiente de trabalho, conforme regulamento[151]; e d) desenvolvimento pelo licitante de programa de integridade, conforme orientações dos órgãos de controle.[152]

Verifica-se que, ao contrário da legislação anterior, o art. 60 da Lei 14.133/2021 não mencionou o sorteio como critério de desempate. Não obstante o silêncio do legislador,

---

[150] De acordo com o TCU, o critério definido no art. 59, § 4.º, da Lei 14.133/2021 configura uma presunção relativa de inexequibilidade de preços, devendo a Administração, nos termos do § 2.º do referido dispositivo legal, conceder à licitante a oportunidade de demonstrar a exequibilidade de sua proposta. TCU, Acórdão 465/2024, Plenário, Rel. Ministro-Substituto Augusto Sherman.

[151] Em âmbito federal, o Decreto 11.430/2023 dispõe sobre a utilização do desenvolvimento, pelo licitante, de ações de equidade entre mulheres e homens no ambiente de trabalho como critério de desempate em licitações.

[152] Em âmbito federal, o Decreto 12.304/2024 trata do critério de desempate relacionado ao desenvolvimento pelo licitante de programa de integridade, a partir da metodologia de avaliação e dos critérios mínimos fixados pela CGU.

sustentamos a possibilidade de inclusão nos editais do sorteio como último critério de desempate.

Em igualdade de condições, não havendo desempate, será assegurada preferência, sucessivamente, aos bens e serviços (art. 60, § 1.º): a) produzidos ou prestados por empresas estabelecidas no território do órgão ou entidade da Administração Pública estadual licitante ou no Estado em que se localiza o órgão ou entidade da Administração Pública municipal licitante; b) produzidos ou prestados por empresas brasileiras; c) produzidos ou prestados por empresas que invistam em pesquisa e no desenvolvimento de tecnologia no País; e d) empresas que comprovem a prática de mitigação, nos termos da Lei 12.187/2009 (Política Nacional sobre Mudança do Clima – PNMC).

No mesmo sentido, a AGU, por meio do Parecer 00031/2024/DECOR/CGU/AGU, opinou pela viabilidade de utilização do sorteio como último critério de desempate, desde que haja previsão no edital, vide. A possibilidade de utilização do sorteio foi reconhecida pelo art. 28, § 2º, da IN SEGES/ME 73/2022, com a redação dada pela IN SEGES/MGI 79/2024, que prevê: "Permanecendo empate após aplicação de todos os critérios de desempate de que trata o caput, proceder-se-á a sorteio das propostas empatadas a ser realizado em ato público, para o qual todos os licitantes serão convocados, vedado qualquer outro processo.

Os referidos critérios não prejudicam a aplicação do empate ficto ou presumido em favor das MEs e EPPs previsto no art. 44 da LC 123/2006 (art. 60, § 2.º, da Lei 14.133/2021).

Após a definição do resultado do julgamento, a Administração poderá negociar condições mais vantajosas com o primeiro colocado (art. 61 da Lei 14.133/2021). A negociação poderá ser feita com os demais licitantes, segundo a ordem de classificação inicialmente estabelecida, quando o primeiro colocado, em determinado momento, mesmo após a negociação, for desclassificado por sua proposta permanecer acima do preço máximo definido pela Administração (art. 60, § 1.º). De acordo com o art. 61, § 2.º, a negociação será conduzida por agente de contratação ou comissão de contratação, na forma de regulamento, e, depois de concluída, terá seu resultado divulgado a todos os licitantes e anexado aos autos do processo licitatório.

### 17.11.9 Habilitação

Na fase de habilitação, a Administração deve verificar a capacidade do licitante de realizar o objeto da licitação, englobando as seguintes exigências (art. 62 da Lei 14.133/2021): a) jurídica; b) técnica; c) fiscal, social e trabalhista;[153] e d) econômico-financeira.

Em geral, as exigências de licitação contidas na Lei 14.133/2021 equivalem àquelas contidas no art. 27 da Lei 8.666/1993, que previa: a) habilitação jurídica; b) qualificação técnica; c) qualificação econômico-financeira; d) regularidade fiscal e trabalhista; e e) cumprimento do disposto no inciso XXXIII do art. 7.º da Constituição Federal. Com a Lei 14.133/2021, a regularidade trabalhista e o cumprimento do art. 7.º, XXXIII, da CRFB

---

[153] O STF considerou constitucional a exigência de Certidão Negativa de Débitos Trabalhistas (CNDT) nos processos licitatórios como requisito de comprovação de regularidade trabalhista (STF, ADIs 4.716/DF e ADI 4.742/DF, Rel. Min. Dias Toffoli, julgamento virtual finalizado em 27.09.2024).

foram inseridas na habilitação "fiscal, social e trabalhista" (arts. 61, III, e 67, V e VI). Contudo, a Lei 14.133/2021 apresentou algumas novidades em relação à documentação de habilitação, como será demonstrado a seguir.

Na fase de habilitação, a Administração (art. 63 da Lei 14.133/2021): a) poderá exigir dos licitantes a declaração de que atendem aos requisitos de habilitação, respondendo o declarante pela veracidade das informações prestadas, na forma da lei; b) deve exigir a apresentação dos documentos de habilitação apenas pelo licitante vencedor, exceto quando a fase de habilitação anteceder a de julgamento; c) somente poderá exigir os documentos relativos à regularidade fiscal em momento posterior ao julgamento das propostas, e apenas do licitante mais bem classificado; e d) será exigida declaração do licitante de que cumpre as exigências de reserva de cargos prevista em lei para pessoa com deficiência e para reabilitado da Previdência Social, bem como em outras normas específicas.

O edital de licitação deve exigir declaração dos licitantes, sob pena de desclassificação, de que suas propostas econômicas compreendem a integralidade dos custos para atendimento dos direitos trabalhistas assegurados na Constituição Federal e nas leis trabalhistas, normas infralegais, convenções coletivas de trabalho e termos de ajustamento de conduta vigentes na data de entrega das propostas (art. 63, § 1.º).

Admite-se que o edital exija, sob pena de inabilitação, a necessidade de o licitante atestar que conhece o local e as condições de realização da obra ou serviço, ficando assegurado ao licitante o direito de realização de vistoria prévia (art. 63, § 2.º). Nesse caso, edital de licitação sempre deverá prever a possibilidade de substituição da vistoria por declaração formal assinada pelo responsável técnico da licitante acerca do conhecimento pleno das condições e peculiaridades da contratação (art. 63, § 3.º). Caso o licitante decida realizar vistoria prévia, a Administração deverá disponibilizar data e horário diferentes para os eventuais interessados (art. 63, § 4.º).

Após a entrega dos documentos para habilitação, não é permitida a substituição ou a apresentação de documentos, salvo em sede de diligência, para (art. 64 da Lei 14.133/2021): a) complementação de informações acerca dos documentos já apresentados pelos licitantes e desde que necessária para apurar fatos existentes à época da abertura do certame; e b) atualização de documentos cuja validade tenha expirado após a data de recebimento das propostas. Cabe registrar que a possibilidade de substituição de documentos de habilitação não encontrava expressa previsão na Lei 8.666/1993 e revela importante avanço na relativização de formalidades que poderiam colocar em risco a competitividade.

Em razão do formalismo moderado, a comissão de licitação, na fase de habilitação, poderá sanar erros ou falhas que não alterem a substância dos documentos e sua validade jurídica, mediante despacho fundamentado registrado e acessível a todos, atribuindo-lhes eficácia para fins de habilitação e classificação (art. 64, § 1.º). Mais uma vez andou bem a atual Lei de Licitações, abrindo caminho para possibilidade de saneamento de erros ou falhas formais que não modificam o conteúdo e a validade da documentação apresentada pelos licitantes.

Nos casos em que a fase de habilitação anteceder a de julgamento, uma vez encerrada aquela, não caberá exclusão de licitante por motivo relacionado à habilitação, salvo em razão de fatos supervenientes ou só conhecidos após o julgamento (art. 64, § 2.º).

As condições de habilitação serão definidas no edital (art. 65 da Lei 14.133/2021). As empresas criadas no exercício financeiro da licitação deverão atender a todas as exigências da habilitação, ficando autorizadas a substituir os demonstrativos contábeis pelo balanço de abertura (art. 65, § 1.º). De acordo com o art. 65, § 2.º, da Lei 14.133/2021, a habilitação pode ser realizada por processo eletrônico de comunicação a distância, nos termos dispostos em regulamento. Aqui, o legislador reitera a lógica indicada no art. 17, § 2.º, do mesmo diploma legal que prevê a realização da licitação, preferencialmente, sob a forma eletrônica.

A documentação de habilitação jurídica, técnica, fiscal, social, trabalhista e econômico-financeira poderá ser (art. 70 da Lei 14.133/2021): a) apresentada em original, por cópia ou por qualquer outro meio expressamente admitido pela Administração; b) substituída por registro cadastral emitido por órgão ou entidade pública, desde que previsto no edital e o registro tenha sido feito em obediência ao disposto na Lei de Licitações; e c) dispensada total ou parcialmente nas contratações para entrega imediata, na alienação de bens e direitos pela Administração Pública e nas contratações em valores inferiores a 1/4 (um quarto) do limite para dispensa de licitação para compras em geral e para a contratação de produto para pesquisa e desenvolvimento até o valor de R$ 376.353,48, atualizado pelo Decreto 12.343/2024.[154]

Em relação às empresas estrangeiras, que não funcionem no País, deverá ser exigida a apresentação de documentos equivalentes de habilitação, na forma de regulamento emitido pelo Poder Executivo federal (art. 70, parágrafo único, da Lei 14.133/2021).

A habilitação jurídica tem por objetivo demonstrar a capacidade de o licitante exercer direitos e assumir obrigações, limitando-se a documentação a ser apresentada pelo licitante à comprovação de existência jurídica da pessoa e, quando cabível, de autorização para o exercício da atividade a ser contratada (art. 66 da Lei 14.133/2021).

A demonstração da qualificação técnico-profissional e técnico-operacional será realizada por meios dos seguintes documentos (art. 67 da Lei 14.133/2021): a) apresentação de profissional, devidamente registrado no conselho profissional competente, quando for o caso, detentor de atestado de responsabilidade técnica por execução de obra ou serviço de características semelhantes, para fins de contratação; b) certidões ou atestados, regularmente emitidos pelo conselho profissional competente, quando for o caso, que demonstrem capacidade operacional na execução de serviços similares de complexidade tecnológica e operacional equivalente ou superior, bem como documentos comprobatórios emitidos na forma do § 3.º do art. 88; c) indicação das instalações, do aparelhamento e do pessoal técnico adequados e disponíveis para a realização do objeto da licitação, bem como da qualificação de cada um dos membros da equipe técnica que se responsabilizará pelos trabalhos; d) prova de atendimento de requisitos previstos em lei especial, quando for o caso; e) registro ou inscrição na entidade profissional competente; e f) declaração

---

[154] Nas contratações formalizadas durante o estado de calamidade pública, o art. 4.º da Lei 14.981/2024 permite que, nas hipóteses de restrição de fornecedores ou de prestadores de serviço, a autoridade competente, excepcionalmente e mediante justificativa, dispense a apresentação de documentação relacionada às regularidades fiscal e econômico-financeira, e delimite os requisitos de habilitação jurídica e técnica ao que for estritamente necessário para a execução adequada do objeto contratual.

de que o licitante tomou conhecimento de todas as informações e das condições locais para o cumprimento das obrigações objeto da licitação. Salvo na hipótese de contratação de obras e serviços de engenharia, as exigências mencionadas nas alíneas a e b, a critério da Administração, poderão ser substituídas por outra prova de que o profissional ou a empresa possui conhecimento técnico e experiência prática na execução de serviços de características semelhantes, hipótese em que as provas alternativas aceitáveis deverão ser previstas em regulamento (art. 67, § 3.º).

A exigência de atestados restringir-se-á às parcelas de maior relevância ou valor significativo do objeto da licitação, assim consideradas aquelas que tenham valor individual igual ou superior a 4% do valor total estimado da contratação (art. 67, § 1.º).

É admitida a exigência de atestados com quantidades mínimas de até 50% das parcelas a que se refere o § 1.º, sendo vedadas limitações de tempo e locais específicos relativas aos atestados (art. 67, § 2.º).

O edital poderá prever, para aspectos técnicos específicos, que a qualificação técnica poderá ser demonstrada por meio de atestados relativos a potencial subcontratado, limitado a 25% do objeto a ser licitado, hipótese em que mais de um licitante poderá apresentar atestado relativo ao mesmo potencial subcontratado (art. 67, § 9.º).

Em relação às habilitações fiscal, social e trabalhista, os licitantes deverão apresentar os seguintes documentos (art. 68 da Lei 14.133/2021): a) inscrição no Cadastro de Pessoas Físicas (CPF) e/ou no Cadastro Nacional da Pessoa Jurídica (CNPJ); b) inscrição no cadastro de contribuintes estadual e/ou municipal, se houver, relativo ao domicílio ou sede do licitante, pertinente ao seu ramo de atividade e compatível com o objeto contratual; c) regularidade perante a Fazenda federal, estadual e/ou municipal do domicílio ou sede do licitante, ou outra equivalente, na forma da lei; d) a regularidade relativa à Seguridade Social e ao Fundo de Garantia do Tempo de Serviço (FGTS), demonstrando situação regular no cumprimento dos encargos sociais instituídos por lei; e) regularidade perante a Justiça do Trabalho; e f) cumprimento do disposto no inciso XXXIII do art. 7.º da Constituição Federal. A comprovação de atendimento ao disposto nas alíneas c, d e e deverá ser feita na forma da legislação específica (art. 68, § 2.º).

É possível substituir ou suprir, no todo ou em parte, os documentos de habilitação fiscal, social e trabalhista por outros meios hábeis a comprovar a regularidade do licitante, inclusive por meio eletrônico (art. 68, § 1.º). Contudo, a referida dispensa dos documentos de habilitação não pode abranger, sob pena de inconstitucionalidade, a documentação de regularidade relativa à Seguridade Social indicada no art. 68, IV, da Lei de Licitações, em razão da exigência contida no art. 195, § 3.º, da CRFB.

Não obstante a ausência de previsão no art. 68 da Lei de Licitações, a regularidade social na fase de habilitação compreende a apresentação de declaração do licitante de que cumpre as exigências de reserva de cargos prevista em lei para pessoa com deficiência e para reabilitado da Previdência Social, bem como em outras normas específicas, na forma do art. 63, IV, da Lei 14.133/2021.

Na fase de habilitação econômico-financeira, o licitante deve demonstrar a aptidão econômica para cumprir as obrigações decorrentes do futuro contrato por meio dos seguintes documentos (art. 69 da Lei 14.133/2021): a) balanço patrimonial, demonstração de resultado de exercício e demais demonstrações contábeis dos 2 (dois) últimos exercícios sociais;[155] e b) certidão negativa de feitos sobre falência expedida pelo distribuidor da sede do licitante.

Quanto à certidão negativa de falência, a atual Lei de Licitações manteve a lógica contida no art. 31, II, da Lei 8.666/1993, não abrangendo, portanto, a recuperação judicial. Nesse ponto, conforme decidido pelo STJ, em relação à Lei 8.666/1993, a sociedade empresária em recuperação judicial pode participar de licitação, desde que demonstre, na fase de habilitação, a sua viabilidade econômica.[156]

A critério da Administração, poderá ser exigida declaração, assinada por profissional habilitado da área contábil, atestando que o licitante atende aos índices econômicos previstos no edital (art. 69, § 1.º).

Na habilitação econômico-financeira, são vedadas: a) a exigência de valores mínimos de faturamento anterior e de índices de rentabilidade ou lucratividade (art. 69, § 2.º); e b) a exigência de índices e valores não usualmente adotados para a avaliação de situação financeira suficiente ao cumprimento das obrigações decorrentes da licitação (art. 69, § 5.º).

Por outro lado, é admitida a exigência da relação dos compromissos assumidos pelo licitante que importem em diminuição de sua capacidade econômico-financeira, excluídas parcelas já executadas de contratos firmados (art. 69, § 3.º).[157]

Nas compras para entrega futura e na execução de obras e serviços, a Administração poderá estabelecer, no edital, a exigência de capital mínimo ou de patrimônio líquido mínimo equivalente a até 10% (dez por cento) do valor estimado da contratação (art. 69, § 4.º).[158]

### 17.11.10 Encerramento da licitação

Após as fases de julgamento e habilitação, e exauridos os recursos administrativos, o processo licitatório será encaminhado à autoridade superior, que poderá (art. 71 da Lei 14.133/2021): a) determinar o retorno dos autos para saneamento de irregularidades que forem supríveis; b) revogar a licitação por motivo de conveniência e oportunidade; c) proceder à anulação da licitação, de ofício ou mediante provocação de terceiros, sempre que presente ilegalidade insanável; e d) adjudicar o objeto e homologar a licitação.

---

[155] Os documentos limitar-se-ão ao último exercício no caso de a pessoa jurídica ter sido constituída há menos de 2 (dois) anos (art. 69, § 6.º).

[156] STJ, 1.ª Turma, AREsp 309.867/ES, Rel. Min. Gurgel de Faria, DJe 08.08.2018, Informativo de Jurisprudência n. 631 do STJ. De acordo com o TCU: "Admite-se a participação, em licitações, de empresas em recuperação judicial, desde que amparadas em certidão emitida pela instância judicial competente afirmando que a interessada está apta econômica e financeiramente a participar de procedimento licitatório" (TCU, Plenário, Acórdão 1.201/2020, Representação, Rel. Min. Vital do Rêgo, Informativo de Jurisprudência sobre Licitações e Contratos do TCU n. 391). Em outra oportunidade, o TCU decidiu: "A certidão negativa de recuperação judicial é exigível por força do art. 31, inciso II, da Lei 8.666/1993, porém a apresentação de certidão positiva não implica a imediata inabilitação do licitante, cabendo ao pregoeiro ou à comissão de licitação diligenciar no sentido de aferir se a empresa já teve seu plano de recuperação concedido ou homologado judicialmente (Lei 11.101/2005)." (TCU, Plenário, Acórdão 2.265/2020, Representação, Rel. Min. Benjamin Zymler, Informativo de Jurisprudência sobre Licitações e Contratos do TCU n. 398).

[157] Exigência semelhante era apresentada pelo art. 31, § 4.º, da Lei 8.666/1993.

[158] De forma semelhante ao que dispõe o art. 31, § 3.º, da Lei 8.666/1993.

As referidas hipóteses são aplicáveis, no que couber, às contratações diretas e aos procedimentos auxiliares da licitação (art. 71, § 4.º).

A Lei de Licitações apresenta nítida preocupação com o saneamento de irregularidades eventualmente verificadas no processo de licitação, deixando a anulação dos atos que apresentarem vícios insanáveis.

Inexistindo justificativa para eventual revogação ou anulação do certame, a autoridade competente promoverá a adjudicação do objeto e a homologação da licitação. Verifica-se, portanto, que a Lei de Licitações, ao tratar da etapa de encerramento da licitação, indica a realização da adjudicação antes da homologação.

Nesse ponto, a Lei 8.666/1993 não apresentava clareza quanto à ordem dos referidos atos. Ao contrário, a legislação apresentava redação aparentemente contraditória nos arts. 38, VII, e 43, VI, da Lei 8.666/1993, o que acarretava controvérsia doutrinária. Com a redação do art. 71, IV, da Lei 14.133/2021, a questão parece resolvida com a realização da adjudicação antes da homologação, da mesma forma como já acontecia no pregão (art. 4.º, XX ao XXII, da Lei 10.520/2002), no RDC (art. 28, IV, da Lei 12.462/2011) e nas empresas estatais (art. 51, IX e X, da Lei 13.303/2016).

A adjudicação é o ato formal por meio do qual a Administração atribui ao licitante vencedor o objeto da licitação. A homologação, por sua vez, é o ato administrativo que atesta a validade do procedimento e confirma o interesse na contratação. É uma espécie de "despacho saneador" da licitação.

## 17.12 ANULAÇÃO E REVOGAÇÃO DA LICITAÇÃO

Ao final do processo de licitação ou de contratação direta, a autoridade administrativa poderá revogar a licitação por motivo de conveniência e oportunidade ou proceder à anulação da licitação, de ofício ou mediante provocação de terceiros, sempre que presente ilegalidade insanável, na forma do art. 71 da Lei 14.133/2021.

Enquanto a anulação da licitação é um dever que decorre da ilegalidade no procedimento, quando o vício for insanável, a revogação é uma faculdade de desfazimento do procedimento por razões de interesse público, em razão de fatos supervenientes devidamente comprovados.

A anulação pode ser declarada pelo próprio Poder Executivo (autotutela) ou por outro Poder (Judiciário ou Legislativo), no exercício do controle externo. A revogação, por sua vez, somente pode ser efetivada pelo Poder Público que promoveu a licitação.

Na declaração de nulidade, a autoridade indicará expressamente os atos que contenham vícios insanáveis, tornando sem efeito todos os subsequentes que dele dependam, e dará ensejo à apuração de responsabilidade de quem lhes deu causa (art. 71, § 1.º).

A nulidade não exonera a Administração do dever de indenizar o contratado pelo que este houver executado até a data em que ela for declarada e por outros prejuízos regularmente comprovados, contanto que não lhe seja imputável, promovendo-se a responsabilização de quem lhe tenha dado causa (art. 149 da Lei 14.133/2021).

A revogação da licitação deverá decorrer de fato superveniente devidamente comprovado (art. 71, § 2.º).

Em qualquer caso, a anulação e a revogação deverão ser precedidas da prévia manifestação dos interessados (art. 71, § 3.º).

A sistemática da anulação e da revogação do certame prevista na atual Lei de Licitações assemelha-se àquela contida na Lei 8.666/1993.

Nesse sentido, tal como previsto no art. 49, § 3.º, da Lei 8.666/1993, o art. 71, § 3.º, Lei 14.133/2021 exige a manifestação prévia dos interessados para o desfazimento do processo de licitação (anulação ou revogação), com fundamento nos princípios constitucionais do contraditório e da ampla defesa.

O art. 149 da Lei 14.133/2021, assim como previa o art. 59, parágrafo único, da Lei 8.666/1993, dispõe que a nulidade não exonera a Administração do dever de indenizar o contratado pelo que este houver executado até a data em que ela for declarada ou tomada eficaz, bem como por outros prejuízos regularmente comprovados, desde que não lhe seja imputável, com a promoção da responsabilização de quem praticou a ilegalidade.

Tradicionalmente, parcela da doutrina sustentava, no contexto do regime da Lei 8.666/1993, que a anulação não acarretaria, em regra, direito à indenização e a revogação, por sua vez, geraria o direito à indenização pelas despesas realizadas pelo licitante vencedor.[159]

Não obstante o silêncio da Lei 14.133/2021 quanto à existência do dever de indenizar o licitante vencedor na hipótese de revogação do certame – silêncio também presente na Lei 8.666/1993 –, entendemos que seria necessário reconhecer o dever de ressarcimento do primeiro colocado pelas despesas realizadas, em razão da responsabilidade civil pré-negocial da Administração caracterizada pela violação aos princípios da boa-fé e da confiança legítima.[160]

Na hipótese de revogação, o licitante vencedor será ressarcido pelas despesas efetuadas para participação na licitação e, no caso da anulação do contrato em curso, o contratado será indenizado pelo que este houver executado até a data do desfazimento do contrato.[161]

Cabe destacar que a decisão de desfazimento da licitação ou do contrato administrativo deve considerar as suas consequências práticas, jurídicas e administrativas, na forma dos arts. 20 e 21 da LINDB, inseridos pela Lei 13.655/2018.

Ao tratar da etapa de encerramento da licitação, a atual Lei de Licitações indica a realização da adjudicação antes da homologação.

Nesse ponto, cabe destacar que a Lei 8.666/1993 não apresentava clareza quanto à ordem dos referidos atos. Ao contrário, a legislação apresentava redação aparentemente contraditória nos arts. 38, VII, e 43, VI, da Lei 8.666/1993, o que acarretava controvérsia doutrinária. Com a redação do art. 71, IV, da Lei 14.133/2021, a questão parece resolvida

---

[159] Nesse sentido: SOUTO, Marcos Juruena Villela. *Direito administrativo contratual*. Rio de Janeiro: Lumen Juris, 2004. p. 207. Da mesma forma, o STJ decidiu: "Na anulação não há direito algum para o ganhador da licitação; na revogação, diferentemente, pode ser a Administração condenada a ressarcir o primeiro colocado pelas despesas realizadas".

[160] Nesse sentido, no contexto da Lei 8.666/1993: OLIVEIRA, Rafael Carvalho Rezende. *Licitações e contratos administrativos: teoria e prática*. 9. ed. São Paulo: Método, 2020. p. 135.

[161] Vide: BORGES, Alice González. Pressupostos e limites da revogação e da anulação das licitações. *JAM Jurídica*, ano 11, n. 12, p. 8-9, dez. 2006.

com a realização da adjudicação antes da homologação, da mesma forma como já acontecia no pregão (art. 4.º, XX ao XXII, da Lei 10.520/2002), no RDC (art. 28, IV, da Lei 12.462/2011) e nas empresas estatais (art. 51, IX e X, da Lei 13.303/2016).

A adjudicação é o ato formal por meio do qual a Administração atribui ao licitante vencedor o objeto da licitação. A homologação, por sua vez, é o ato administrativo que atesta a validade do procedimento e confirma o interesse na contratação.

## 17.13 RECURSOS ADMINISTRATIVOS

A impugnação do edital de licitação e a solicitação de esclarecimento sobre os seus termos podem ser apresentadas por qualquer cidadão, devendo protocolar o pedido até 3 (três) dias úteis antes da data de abertura das propostas, cabendo à Administração, no prazo de 3 (três) dias úteis, publicar em seu sítio eletrônico oficial as respectivas respostas (art. 164, *caput* e parágrafo único, da Lei 14.133/2021). As respostas apresentadas aos pedidos de esclarecimentos sobre as regras editalícias vinculam não apenas os licitantes, mas o próprio órgão ou entidade responsável pela realização do certame (princípio da vinculação ao edital).[162]

De acordo com o art. 165 da Lei 14.133/2021, é possível a interposição de: **a) recurso**, no prazo de 3 (três) dias úteis contado da data de intimação ou de lavratura da ata, em face: a.1) do ato que defira ou indefira pedido de pré-qualificação de interessado ou de inscrição em registro cadastral, sua alteração ou cancelamento; a.2) do julgamento das propostas; a.3) do ato de habilitação ou inabilitação de licitante; a.4) da anulação ou revogação da licitação; a.5) da extinção do contrato, quando determinada por ato unilateral e escrito da Administração; e **b) pedido de reconsideração**, no prazo de 3 (três) dias úteis contado da data de intimação, relativamente a ato do qual não caiba recurso hierárquico.

Assim, a Lei 14.133/2021 manteve o recurso, em sentido estrito, e o pedido de reconsideração como vias adequadas para rever as decisões proferidas nas licitações e contratações públicas, mas deixou de mencionar a representação, que era indicada no art. 109 da Lei 8.666/1993 para discutir decisões contra as quais não seria possível o recurso hierárquico.

Nos recursos interpostos contra decisões proferidas nas fases de julgamento e habilitação devem ser observadas as seguintes regras (art. 165, § 1.º, da Lei 14.133/2021): a) a intenção de recorrer deve ser manifestada imediatamente, sob pena de preclusão, iniciando-se o prazo para apresentação das razões recursais na data de intimação ou de lavratura da ata de habilitação ou inabilitação ou, na hipótese de adoção de inversão de fases prevista no § 1.º do art. 17, da ata de julgamento; e b) a apreciação se dará em fase única.

É preciso notar que a interposição do recurso pressupõe o cumprimento de duas etapas pelo licitante interessado: a) a manifestação da intenção de recorrer, que deve ser apresentada imediatamente, sob pena de preclusão; e b) a interposição efetiva do recurso, no prazo indicado na legislação, com a apresentação das razões para eventual reforma da decisão recorrida.

---

[162] STJ, 1.ª Seção, MS 13.005/DF, Rel. Min. Denise Arruda, *DJe* 17.11.2008.

A atual Lei de Licitações estabeleceu, em princípio, uma fase recursal única para discussão das decisões proferidas nas etapas de julgamento e de habilitação. A fase única não se resume à decisão dos recursos, com a análise dos argumentos eventuais apresentados contra as decisões proferidas nas fases de habilitação e julgamento, mas engloba, também, o momento para apresentação das razões recursais.

O recurso será dirigido à autoridade que editou o ato ou proferiu a decisão recorrida, a qual, se não a reconsiderar no prazo de 3 (três) dias úteis, o encaminhará acompanhado de sua motivação à autoridade superior, que deverá proferir sua decisão no prazo máximo de 10 (dez) dias úteis contados do recebimento dos autos (art. 165, § 2.º).

O acolhimento de recurso implicará invalidação apenas de ato insuscetível de aproveitamento (art. 165, § 3.º).

O prazo para apresentação de contrarrazões será o mesmo do recurso e terá início na data de intimação pessoal ou de divulgação que informe ter havido interposição de recurso (art. 165, § 4.º).

O art. 165, § 5.º, da Lei 14.133/2021 assegura ao licitante vista dos elementos indispensáveis à defesa de seus interesses, o que é essencial para o contraditório e para a ampla defesa.

Contra as sanções previstas nos incisos I, II e III do art. 156 (advertência, multa e impedimento de licitar e contratar), caberá recurso, no prazo de 15 dias úteis, contado da data de intimação, que será dirigido à autoridade que proferiu a decisão recorrida, a qual, se não a reconsiderar no prazo de cinco dias úteis, o encaminhará acompanhado de sua motivação à autoridade superior, que deverá proferir sua decisão no prazo máximo de 20 dias úteis contados do recebimento dos autos (art. 166, *caput* e parágrafo único, da Lei 14.133/2021).

Por outro lado, contra a sanção prevista no inciso IV do art. 156 (declaração de inidoneidade), caberá apenas pedido de reconsideração, que deverá ser apresentado no prazo de 15 dias úteis contado da data de intimação e decidido no prazo máximo de 20 dias úteis contados do seu recebimento (art. 167 da Lei 14.133/2021).

O recurso e o pedido de reconsideração terão efeito suspensivo do ato ou da decisão recorrida, até que sobrevenha decisão final da autoridade competente (art. 168 da Lei 14.133/2021). Na elaboração de suas decisões, a autoridade competente será auxiliada pelo órgão de assessoramento jurídico, que deverá dirimir dúvidas e subsidiá-la com as informações necessárias (art. 168, parágrafo único).

## 17.14 COOPERATIVAS NAS LICITAÇÕES

A participação de cooperativas em licitações sempre gerou discussões doutrinárias, uma vez que as referidas entidades possuem "privilégios" trabalhistas e tributários não aplicados às empresas, o que poderia gerar vantagens competitivas e violação ao princípio da isonomia.

De um lado, parcela da doutrina condiciona a participação das cooperativas à inclusão, em suas propostas, dos valores que seriam devidos em relação aos encargos trabalhistas e tributários para igualar as condições com as demais empresas licitantes.[163] De outro

---

[163] Nesse sentido, no contexto da Lei 8.666/1993: JUSTEN FILHO, Marçal. *Comentários à Lei de Licitações e Contratos Administrativos*. 9. ed. São Paulo: Dialética, 2002. p. 303-305; CARVALHO FILHO, José dos Santos. *Manual de direito administrativo*. 22. ed. Rio de Janeiro: Lumen Juris, 2009. p. 236-237.

lado, existe o entendimento de que as cooperativas poderiam participar normalmente de licitações, uma vez que o próprio texto constitucional exigiu o tratamento diferenciado (art. 5.º, XVIII; art. 146, III, c; e art. 174, § 2.º, da CRFB).[164]

De nossa parte, sempre sustentamos a possibilidade de participação de cooperativas em licitações. Frise-se que o art. 86 da Lei 5.764/1971 admite que as cooperativas forneçam bens e serviços a não associados, desde que tal faculdade atenda aos objetivos sociais e estejam de conformidade com a presente lei. Nesse caso, os resultados positivos obtidos pelas cooperativas nessas operações serão considerados como renda tributável (art. 111 da Lei 5.764/1971).

Em determinados casos, admite-se a vedação de participação de cooperativas em licitações para contratações de serviços submetidos à legislação trabalhista. Dessa forma, se a natureza do serviço pressupõe subordinação jurídica entre os empregados e o contratado, bem como pessoalidade e habitualidade, deve ser vedada a participação de sociedades cooperativas nas licitações, uma vez que tais entidades poderiam ser consideradas "cooperativas fraudulentas" ou meras intermediadoras de mão de obra (ex.: os serviços de auxiliar administrativo e de secretariado não poderiam ser executados por cooperativas). A vedação, portanto, é justificada pela natureza do serviço que será prestado, incompatível com as características das cooperativas, conforme têm decidido o STJ e o TCU,[165] evitando-se a eventual responsabilidade subsidiária do Poder Público pelo inadimplemento dos encargos trabalhistas, na forma do Enunciado 331 do TST.[166]

De forma semelhante, o art. 16 da Lei 14.133/2021 permite a participação de cooperativas nos procedimentos licitatórios quando cumpridas as seguintes exigências: a)

---

[164] Nesse sentido, no âmbito da Lei 8.666/1993: SOUTO, Marcos Juruena Villela. Igualdade e competitividade em face de participação de cooperativas nas licitações. *Direito administrativo em debate*. 2.ª série. Rio de Janeiro: Lumen Juris, 2007. p. 309-322; PEREIRA JUNIOR, Jessé Torres. *Comentários à Lei das Licitações e Contratações da Administração Pública*. 7. ed. Rio de Janeiro: Renovar, 2007. p. 175-178.

[165] Nesse sentido: STJ, 2.ª Turma, REsp 1.141.763/RS, Rel. Min. Eliana Calmon, DJ 04.03.2010, *Informativo de Jurisprudência do STJ* n. 424; STJ, 2.ª Turma, REsp 1.185.638/RS, Rel. Min. Mauro Campbell Marques, DJe 10.09.2010. Essa é a orientação consagrada, inclusive, na Súmula 281 do TCU, que dispõe: "É vedada a participação de cooperativas em licitação quando, pela natureza do serviço ou pelo modo como é usualmente executado no mercado em geral, houver necessidade de subordinação jurídica entre o obreiro e o contratado, bem como de pessoalidade e habitualidade".

[166] Enunciado 331 do TST: "I – A contratação de trabalhadores por empresa interposta é ilegal, formando-se o vínculo diretamente com o tomador dos serviços, salvo no caso de trabalho temporário (Lei 6.019, de 03.01.1974). II – A contratação irregular de trabalhador, mediante empresa interposta, não gera vínculo de emprego com os órgãos da Administração Pública direta, indireta ou fundacional (art. 37, II, da CF/1988). III – Não forma vínculo de emprego com o tomador a contratação de serviços de vigilância (Lei 7.102, de 20.06.1983) e de conservação e limpeza, bem como a de serviços especializados ligados à atividade-meio do tomador, desde que inexistente a pessoalidade e a subordinação direta. IV – O inadimplemento das obrigações trabalhistas, por parte do empregador, implica a responsabilidade subsidiária do tomador dos serviços quanto àquelas obrigações, desde que haja participado da relação processual e conste também do título executivo judicial. V – Os entes integrantes da Administração Pública direta e indireta respondem subsidiariamente, nas mesmas condições do item IV, caso evidenciada a sua conduta culposa no cumprimento das obrigações da Lei 8.666, de 21.06.1993, especialmente na fiscalização do cumprimento das obrigações contratuais e legais da prestadora de serviço como empregadora. A aludida responsabilidade não decorre de mero inadimplemento das obrigações trabalhistas assumidas pela empresa regularmente contratada. VI – A responsabilidade subsidiária do tomador de serviços abrange todas as verbas decorrentes da condenação referentes ao período da prestação laboral". O referido enunciado foi alterado após a decisão do STF proferida no julgamento da ADC 16/DF (*Informativo de Jurisprudência do STF* n. 610).

a constituição e o funcionamento da cooperativa devem observar as regras estabelecidas na legislação aplicável, em especial a Lei 5.764/1971, a Lei 12.690/2012 e a LC 130/2009; b) as cooperativas devem apresentar demonstrativo de atuação em regime cooperado, com repartição de receitas e despesas entre os cooperados; c) qualquer cooperado, com igual qualificação, deve ser capaz de executar o objeto contratado, sendo vedado à Administração indicar nominalmente pessoas; e d) tratando-se de cooperativas de trabalho, reguladas pela Lei 12.690/2012, o objeto da licitação se refere a serviços especializados constantes do objeto social da cooperativa, a serem executados de forma complementar à sua atuação.

## 17.15 MICROEMPRESAS E EMPRESAS DE PEQUENO PORTE (LC 123/2006) E O TRATAMENTO DIFERENCIADO NAS LICITAÇÕES

O texto constitucional estabelece a necessidade de tratamento diferenciado às microempresas e às empresas de pequeno porte (arts. 146, III, "d", 170, IX, e 179 da CRFB). Em consequência, a LC 123/2006, alterada pela LC 147/2014 e pela LC 155/2016, instituiu normas gerais relativas ao tratamento diferenciado e favorecido a ser dispensado às microempresas e empresas de pequeno porte, sendo, posteriormente, regulamentada pelo Decreto 8.538/2015.[167]

O Estatuto das microempresas e das empresas de pequeno porte consagrou algumas novidades em relação às licitações e contratos administrativos que também são aplicáveis às cooperativas, que tenham receita bruta anual equivalente às da empresa de pequeno porte, na forma do art. 34 da Lei 11.488/2007.[168]

### 17.15.1 Saneamento de falhas na regularidade fiscal e trabalhista

A LC 123/2006 prevê a possibilidade de saneamento de falhas nos documentos de regularidade fiscal na fase de habilitação.

A regularidade fiscal e trabalhista é exigida apenas para efeitos de assinatura do contrato, e não para participação dessas entidades na licitação (art. 42). As microempresas e empresas de pequeno porte devem apresentar os documentos relacionados à regularidade fiscal e trabalhista na fase de habilitação, mesmo que esses documentos contenham vícios ou restrições (art. 43).

Em caso de restrições, o licitante tem o prazo de cinco dias úteis, contados da declaração do vencedor do certame, prorrogável por igual período, a critério da Administração

---

[167] De acordo com a legislação, consideram-se microempresas as sociedades empresárias, as sociedades simples, a empresa individual de responsabilidade limitada e os empresários, devidamente registrados, que aufiram, em cada ano-calendário, receita bruta igual ou inferior a R$ 360.000,00. Ao revés, essas entidades serão consideradas empresas de pequeno porte se auferirem, em cada ano-calendário, receita bruta superior a R$ 360.000,00 e igual ou inferior a R$ 3.600.000,00 (art. 3.º, I e II, da LC 123/2006). A partir de 01.01.2018, os referidos valores para empresa de pequeno porte serão de R$ 360.000,00 e igual ou inferior a R$ 4.800.000,00 (art. 3.º, II, da LC 123/2006, alterado pela LC 155/2016, e art. 11, III, da LC 155/2016).

[168] Art. 34 da Lei 11.488/2007: "Aplica-se às sociedades cooperativas que tenham auferido, no ano-calendário anterior, receita bruta até o limite definido no inciso II do *caput* do art. 3.º da Lei Complementar n.º 123, de 14 de dezembro de 2006, nela incluídos os atos cooperados e não cooperados, o disposto nos Capítulos V a X, na Seção IV do Capítulo XI, e no Capítulo XII da referida Lei Complementar".

Pública, para a regularização da documentação, pagamento ou parcelamento do débito e emissão de eventuais certidões negativas ou positivas com efeito de certidão negativa (art. 43, § 1.º).[169] Na hipótese de ausência de regularização da documentação fiscal no prazo assinalado, ocorrerá a decadência do direito à contratação, sem prejuízo das sanções previstas na Lei 14.133/2021, abrindo-se a possibilidade de convocação dos licitantes remanescentes, na ordem de classificação, para a assinatura do contrato ou a revogação da licitação (art. 43, § 2.º).

### 17.15.2 Empate ficto ou presumido

O art. 44 da LC 123/2006 presume o empate nas hipóteses em que as propostas apresentadas pelas microempresas e empresas de pequeno porte forem iguais ou até 10% superiores à melhor proposta (a diferença percentual será de 5% em caso de pregão). O empate ficto pressupõe que a melhor proposta tenha sido apresentada por empresa de grande porte, dado que o objetivo é fomentar a contratação de empresas de microempresas e empresas de pequeno porte (art. 45, § 2.º).

Apesar do silêncio da Lei, entendemos que o empate ficto somente será possível se a licitação for pautada pelo critério "menor preço", não sendo viável a presunção do empate nos tipos de licitação fundados na técnica ("melhor técnica" ou "técnica e preço)", tendo em vista que a legislação, ao tratar do empate ficto e do desempate, utilizou constantemente a expressão "preço" (art. 44, § 2.º; art. 45, I e III, da LC 123/2006). Todavia, em âmbito federal, o art. 5.º, § 8.º, do Decreto 8.538/2015 aplica a presunção do empate, também, ao critério "técnica e preço".[170]

Em caso de empate ficto, a microempresa ou empresa de pequeno porte com melhor classificação poderá apresentar proposta de preço inferior àquela considerada vencedora do certame, situação em que será adjudicado em seu favor o objeto licitado (art. 45, I). Caso não seja apresentada proposta mais vantajosa, a Administração convocará as microempresas ou empresas de pequeno porte remanescentes, que estiverem dentro dos limites percentuais do empate ficto, na ordem classificatória, para o exercício do mesmo direito (art. 45, II). Se houver duas ou mais entidades empatadas com valores iguais (empate real), a escolha da licitante que poderá oferecer, em primeiro lugar, nova proposta será definida mediante sorteio (art. 45, III).[171]

Na hipótese em que as microempresas ou empresas de pequeno porte, devidamente convocadas para desempatarem a licitação, não apresentarem propostas mais vantajosas, o

---

[169] Antes da alteração promovida pela LC 147/2014, o prazo para regularização da documentação era de dois dias úteis. Registre-se que o art. 43, § 1.º, da LC 123/2006 conferiu discricionariedade ao administrador para prorrogar esse prazo ("prorrogáveis por igual período, a critério da Administração Pública").

[170] No sentido da aplicação apenas ao critério "menor preço", vide: JUSTEN FILHO, Marçal. *O estatuto da microempresa e as licitações públicas*. São Paulo: Dialética, 2007. p. 69; GARCIA, Flavio Amaral. As microempresas e as empresas de pequeno porte nas licitações públicas – aspectos polêmicos. *Licitações e contratos administrativos*. 2. ed. Rio de Janeiro: Lumen Juris, 2007. p. 86. Em sentido contrário, admitindo o empate ficto nos tipos de licitação "melhor técnica" e "técnica e preço": FERNANDES, Jorge Ulisses Jacoby. *Licitações e o novo estatuto da pequena e microempresa: reflexos práticos da LC n.º 123/06*. Belo Horizonte: Fórum, 2007. p. 37.

[171] No caso de pregão, a microempresa ou empresa de pequeno porte melhor classificada será convocada para apresentar nova proposta no prazo máximo de cinco minutos após o encerramento dos lances, sob pena de preclusão (art. 45, § 3.º).

objeto licitado será adjudicado em favor da proposta originalmente vencedora do certame (art. 45, § 1.º).

### 17.15.3 Possibilidade de licitações diferenciadas

Os arts. 47 a 49 da LC 123/2006 estabelecem, por fim, hipóteses especiais de licitações direcionadas, direta ou indiretamente, às microempresas e empresas de pequeno porte, a saber:

a) licitações (até o valor de R$ 80.000,00 – mesmo limite do convite) reservadas única e exclusivamente para as microempresas e empresas de pequeno porte;

b) exigência de que o licitante vencedor realize subcontratações de microempresas ou empresas de pequeno porte até o limite de 30% do objeto da licitação (nesse caso, o art. 45, § 2.º, admite que os empenhos e pagamentos sejam destinados diretamente às microempresas e empresas de pequeno porte subcontratadas);

c) reserva de cota de até 25% do objeto para a contratação de microempresas e empresas de pequeno porte, em certames para a aquisição de bens e serviços de natureza divisível.

De acordo com a autorização prevista no art. 48, § 3.º, da LC 123/2006, alterado pela LC 147/2014, a Administração, ao aplicar os benefícios indicados acima, poderá, justificadamente, estabelecer a prioridade de contratação para as microempresas e empresas de pequeno porte sediadas local ou regionalmente, até o limite de 10% (dez por cento) do melhor preço válido. O intuito é garantir a promoção do desenvolvimento econômico e social nos âmbitos municipal e regional, a ampliação da eficiência das políticas públicas e o incentivo à inovação tecnológica, diretrizes elencadas no art. 47 da LC 123/2006, com redação dada pela LC 147/2014.

Não obstante a aparente faculdade, prevista na redação originária dos arts. 47 e 48 da LC 123/2006, na instituição do tratamento diferenciado e simplificado para as microempresas e empresas de pequeno porte (o art. 47 da LC 123/2006 utilizava a expressão "poderá"), sempre sustentamos que a hipótese seria de obrigatoriedade/vinculação por parte da Administração, tendo em vista a necessidade de efetivação das normas constitucionais que impõem o referido tratamento diferenciado em favor daquelas entidades (arts. 146, III, "d", 170, IX, e 179 da CRFB).[172] A obrigatoriedade do tratamento diferenciado, defendida nas edições anteriores desta obra, foi prestigiada na alteração promovida pela LC 147/2014, que utilizou a expressão "deverá" nos arts. 47, *caput*, e 48, I e III, da LC 123/2006.

Cabe destacar, contudo, que, na forma do art. 49 da LC 123/2006, alterado pela LC 147/2014, as sobreditas licitações diferenciadas não se aplicam quando: a) não houver, no mínimo, três fornecedores competitivos enquadrados como microempresas ou empresas

---

[172] Nesse sentido: MOTTA, Carlos Pinto Coelho. *Eficácia nas licitações e contratos*. 12. ed. Belo Horizonte: Del Rey, 2011. p. 999; SANTANA, Jair Eduardo; GUIMARÃES, Edgar. *Licitações e o novo estatuto da pequena e microempresa*: reflexos práticos da LC n.º 123/06. 2. ed. Belo Horizonte: Fórum, 2009. p. 128.

de pequeno porte sediados no local ou regionalmente e capazes de cumprir as exigências estabelecidas no instrumento convocatório; b) o tratamento diferenciado e simplificado para as microempresas e empresas de pequeno porte não for vantajoso para a administração pública ou representar prejuízo ao conjunto ou complexo do objeto a ser contratado; c) a licitação for inexigível ou dispensável, nos termos dos arts. 74 e 75 da Lei 14.133/2021.[173]

### 17.15.4 Exigências para aplicação do tratamento diferenciado previsto na LC 123/2006

O tratamento diferenciado dispensado às microempresas (ME) e empresas de pequeno porte (EPP) não está vinculado ao tratamento tributário diferenciado. A LC 123/2006 não impõe a utilização do Simples Nacional por ME e EPP, nem condiciona o recebimento de benefícios nas licitações à questão tributária.[174]

Por outro lado, a ME e a EPP, que pretenderem usufruir do tratamento favorecido nas licitações, deverão apresentar declaração afirmando que cumprem os requisitos legais para a qualificação como ME ou EPP, na forma do art. 13, § 2.º, do Decreto 8.538/2015. A ausência da referida declaração não impede a participação na licitação, mas afasta o tratamento favorável.

É oportuno destacar, ainda, que o tratamento diferenciado deverá ser aplicado à ME e à EPP, inclusive, nas hipóteses em que a própria contratação pública, por seu vulto econômico, acarretar a desqualificação da entidade como ME e EPP, em razão da majoração da receita bruta anual e descumprimento dos limites fixados no art. 3.º, I e II, da LC 123/2006. Vale dizer: a perda da qualificação de ME ou EPP no curso da execução do contrato não acarreta a rescisão do pacto, pois o ordenamento jurídico, ao estabelecer o regime diferenciado, teve por objetivo fomentar a contratação de ME e de EPP pelo Estado, abrindo caminho para sua consolidação e crescimento, inexistindo previsão legal e razoabilidade na "punição" (rescisão contratual) da entidade que aumenta a sua receita bruta após celebrar contrato com o Poder Público.[175]

Quanto à efetividade do tratamento diferenciado, a aplicação das duas primeiras novidades (saneamento de falhas e empate ficto) decorre diretamente da Lei, independentemente de regulamentação específica ou de previsão no edital de licitação.[176] Em relação à terceira novidade (possibilidade de licitações diferenciadas), a sua efetivação

---

[173] A referência à Lei 8.666/1993 contida no art. 49 da LC 123/2006 deve ser considerada como referência à Lei 14.133/2021, na forma do art. 189 deste último diploma legal.

[174] Em abono à nossa tese, o TCU decidiu: "O fato de a empresa estar excluída do regime de tributação do Simples Nacional por realizar cessão ou locação de mão de obra (art. 17, inciso XII, da Lei Complementar 123/2006) não implica o seu impedimento para participar de certames licitatórios auferindo os benefícios da referida lei complementar, pois o que confere a condição de micro ou empresa de pequeno porte é a receita bruta obtida em cada ano-calendário, e não o regime de tributação". TCU, Plenário, Acórdão 1.100/14, Rel. Min. Benjamin Zymler, 30.04.2014 (*Informativo de Jurisprudência sobre Licitações e Contratos do TCU* n. 195).

[175] No mesmo sentido: SANTANA, Jair Eduardo; GUIMARÃES, Edgar. *Licitações e o novo estatuto da pequena e microempresa*: reflexos práticos da LC n.º 123/06. 2. ed. Belo Horizonte: Fórum, 2009. p. 37-39; GARCIA, Flávio Amaral. *Licitações e contratos administrativos*. 3. ed. Rio de Janeiro: Lumen Juris, 2010. p. 82.

[176] TCU, Plenário, Acórdão 2505/2009, Rel. Min. Augusto Nardes, *DOU* 30.10.2009; TCU, Plenário, Acórdão 2144/2007, Rel. Min. Aroldo Cedraz, *DOU* 15.10.2007. Da mesma forma, a Orientação Normativa/AGU 7 dispõe: "O tratamento

dependia de regulamentação específica no âmbito de cada Ente federado, conforme exigência contida na redação originária do art. 47 da LC 123/2006 ("desde que previsto e regulamentado na legislação do respectivo ente"), bem como a previsão do tratamento diferenciado no edital de licitação (art. 49, I, da LC 123/2006). Atualmente, as licitações diferenciadas decorrem diretamente da Lei e a sua implementação não está condicionada à regulamentação ou à previsão editalícia, na forma do art. 47, *caput* e parágrafo único, da LC 123/2006, com a alteração promovida pela LC 147/2014.[177]

### 17.15.5 Cédula de crédito microempresarial

Outra novidade no Estatuto das microempresas e empresas de pequeno porte é a denominada "cédula de crédito microempresarial", título de crédito previsto no art. 46 da LC 123/2006. A microempresa e a empresa de pequeno porte, titular de direitos creditórios decorrentes de empenhos liquidados por órgãos e entidades estatais não pagos em até trinta dias, contados da data de liquidação, poderão emitir a mencionada cédula.

### 17.15.6 ME e EPP na Lei 14.133/2021

De acordo com o art. 4.º, *caput* e § 1.º, da Lei 14.133/2021, aplicam-se às licitações e contratos as disposições constantes dos arts. 42 a 49 da LC 123/2006 (Estatuto das Microempresas – MEs e empresa de pequeno porte – EPPs), salvo nos seguintes casos: a) licitação para aquisição de bens ou contratação de serviços em geral, ao item cujo valor estimado for superior à receita bruta máxima admitida para fins de enquadramento como EPP; e b) contratação de obras e serviços de engenharia, às licitações cujo valor estimado for superior à receita bruta máxima admitida para fins de enquadramento como EPP.

A obtenção de benefícios a que se refere o *caput* do art. 4.º fica limitada às MEs e EPPs que, no mesmo ano-calendário de realização da licitação, ainda não tenham celebrado contratos com a Administração Pública em valores somados que extrapolem a receita bruta máxima admitida para fins de enquadramento como empresa de pequeno porte, devendo o órgão ou entidade exigir do licitante declaração de observância desse limite na licitação (art. 4.º, § 2.º).

Nas contratações com prazo de vigência superior a um ano, será considerado o valor anual do contrato na aplicação dos limites previstos nos §§ 1.º e 2.º do art. 4.º da Lei de Licitações e Contratos Administrativos (art. 4.º, § 3.º).

---

favorecido de que tratam os arts. 43 a 45 da Lei Complementar 123, de 2006, deverá ser concedido às microempresas e empresas de pequeno porte independentemente de previsão editalícia".

[177] Art. 47, *caput* e parágrafo único, da LC 123/2006, com redação dada pela LC 147/2014: "Art. 47. Nas contratações públicas da administração direta e indireta, autárquica e fundacional, federal, estadual e municipal, deverá ser concedido tratamento diferenciado e simplificado para as microempresas e empresas de pequeno porte objetivando a promoção do desenvolvimento econômico e social no âmbito municipal e regional, a ampliação da eficiência das políticas públicas e o incentivo à inovação tecnológica. Parágrafo único. No que diz respeito às compras públicas, enquanto não sobrevier legislação estadual, municipal ou regulamento específico de cada órgão mais favorável à microempresa e empresa de pequeno porte, aplica-se a legislação federal". Saliente-se que o art. 49, I, da LC 123/2006, que exigia previsão editalícia, para aplicação dos benefícios às MEs e EPPs, foi revogado pela LC 147/2014. A Orientação Normativa/AGU 7 dispõe: "O tratamento favorecido de que tratam os arts. 43 a 45 da Lei Complementar n.º 123, de 2006, deverá ser concedido às microempresas e empresas de pequeno porte independentemente de previsão editalícia".

Além do regime jurídico previsto na LC 123/2006, a Lei 14.133/2021 consagra, ainda, os seguintes tratamentos diferenciados às ME e EPP:

a) inaplicabilidade aos consórcios compostos, em sua totalidade, de ME e EPP da exigência de fixação de acréscimo de 10 a 30% sobre o valor exigido de licitante individual para a habilitação econômico-financeira (art. 15, § 2.º);

b) o Procedimento de Manifestação de Interesse (PMI) poderá ser restrito a *startups*, assim considerados os microempreendedores individuais, as microempresas e as empresas de pequeno porte, de natureza emergente e com grande potencial, que se dediquem a pesquisa, desenvolvimento e implementação de novos produtos ou serviços baseados em soluções tecnológicas inovadoras que possam causar alto impacto, exigindo-se, na seleção definitiva da inovação, validação prévia fundamentada em métricas objetivas, de modo a demonstrar o atendimento das necessidades da Administração (art. 81, § 4.º); e

c) possibilidade de alteração da ordem cronológica de pagamento, mediante prévia justificativa da autoridade competente e posterior comunicação ao órgão de controle interno da Administração e ao tribunal de contas competente, para pagamentos a ME e EPP, desde que demonstrado o risco de descontinuidade do cumprimento do objeto do contrato (art. 141, § 1.º, II).

## 17.16 A PARTICIPAÇÃO DE CONSÓRCIOS EMPRESARIAIS NAS LICITAÇÕES

Os consórcios empresariais encontram-se regulados pelos arts. 278 e 279 da Lei 6.404/1976. As características básicas dos consórcios podem ser assim resumidas: a) trata-se de reunião de sociedades, por meio de contrato, para execução de determinado empreendimento; b) o consórcio não possui personalidade jurídica e as sociedades consorciadas preservam a sua autonomia; c) as empresas consorciadas assumem as obrigações previstas no contrato de consórcio, não havendo presunção de solidariedade; e d) o consórcio é transitório, com prazo de duração previsto no ajuste.

De acordo com o art. 15 da Lei 14.133/2021, salvo vedação devidamente justificada no processo licitatório, é permitida a participação de consórcio na licitação, desde que sejam observadas as seguintes exigências: a) comprovação de compromisso público ou particular de constituição de consórcio, subscrito pelos consorciados; b) indicação de empresa líder do consórcio, que será responsável por sua representação perante a Administração; c) admissão, para efeito de habilitação técnica, do somatório dos quantitativos de cada consorciado e, para efeito de habilitação econômico-financeira, do somatório dos valores de cada consorciado; d) impedimento, na mesma licitação, de participação de empresa consorciada, isoladamente ou por meio de mais de um consórcio; e) responsabilidade solidária dos integrantes pelos atos praticados em consórcio, tanto na fase de licitação quanto na de execução do contrato.

Verifica-se, aqui, uma mudança importante em relação à disciplina dos consórcios nas licitações previstas na Lei 8.666/1993. Ao contrário da regra tradicional (art. 33 da Lei 8.666/1993), que exigia expressa previsão no instrumento convocatório como condição para participação de consórcios nas licitações, a nova regra prevista no art. 15 da Lei

14.133/2021 garante a participação dos consórcios, salvo expressa vedação no processo licitatório.

A Administração Pública deverá atuar com maior cautela na elaboração do instrumento convocatório, notadamente para estabelecer, de forma tecnicamente justificada, limites quanto ao número de pessoas jurídicas que poderão integrar o mesmo consórcio (art. 15, § 4.º).

De acordo com o art. 15, §§ 1.º e 2.º, da Lei 14.133/2021, o edital pode estabelecer, para o consórcio, acréscimo de 10% (dez por cento) até 30% (trinta por cento) sobre o valor exigido para a habilitação econômico-financeira de licitante individual, sendo inaplicável esse acréscimo para consórcios compostos, em sua totalidade, por micro e pequenas empresas.[178]

O licitante vencedor é obrigado a promover, antes da celebração do contrato, a constituição e o registro do consórcio.

A Lei 14.133/2021 deixou de exigir que no consórcio constituído por empresas brasileiras e estrangeiras, a liderança caberia, obrigatoriamente, à empresa brasileira. De fato, parcela da doutrina criticava o art. 33, § 1.º, da Lei 8.666/1993, que estabelecia a referida exigência, em razão da própria possibilidade, no regime anterior, de contratação, por parte da Administração, de empresas estrangeiras, bem como pela interferência indevida do legislador na liberdade de concorrência e de exercício de profissões.[179]

A eventual substituição de consorciado deverá ser expressamente autorizada pelo órgão ou pela entidade contratante, condicionada à comprovação de que a nova empresa do consórcio possui, no mínimo, os mesmos quantitativos para efeito de habilitação técnica e os mesmos valores para efeito de qualificação econômico-financeira apresentados pela empresa substituída para fins de habilitação do consórcio no processo licitatório que originou o contrato (art. 15, § 5.º, da Lei 14.133/2021).

## 17.17 LICITAÇÕES INTERNACIONAIS

As licitações internacionais, na forma da definição contida no art. 6.º, XXV, da Lei 14.133/2021, são aquelas processadas em território nacional que permitem a participação de licitantes estrangeiros, com a possibilidade de cotação de preços em moeda estrangeira, ou aquelas que estipulam que o objeto contratual pode ou deve ser executado, no todo ou em parte, em território estrangeiro.

Nas licitações internacionais, o edital deverá ajustar-se às diretrizes da política monetária e do comércio exterior e atender às exigências dos órgãos competentes (art. 52 da Lei 14.133/2021).

---

[178] No âmbito da Lei 8.666/1993, o TCU firmou entendimento pela irregularidade da exigência de garantia de proposta para todas as empresas participantes de consórcio, mesmo que de modo proporcional à participação de cada uma. A garantia poderia ser satisfeita por qualquer uma das integrantes, ainda que tivesse participação minoritária.

[179] JUSTEN FILHO, Marçal. *Comentários à Lei de Licitações e Contratos Administrativos*. 18. ed. São Paulo: Thomson Reuters Brasil, 2019. p. 839; SCHWIND, Rafael Wallbach. *Licitações internacionais*: participação de estrangeiros e licitações realizadas com financiamento externo. Belo Horizonte: Fórum, 2013. p. 71.

Quando for permitida a cotação de preço em moeda estrangeira por parte do licitante estrangeiro, essa possibilidade será franqueada ao licitante brasileiro. Nesse caso, contudo, o pagamento feito ao licitante brasileiro eventualmente contratado será efetuado em moeda corrente nacional (art. 52, §§ 1.º e 2.º).

Igualmente, as garantias de pagamento ao licitante brasileiro serão equivalentes àquelas oferecidas ao licitante estrangeiro e as propostas de todos os licitantes estarão sujeitas às mesmas regras e condições, na forma estabelecida no edital (art. 52, §§ 3.º e 5.º).

O edital não poderá prever condições de habilitação, classificação e julgamento que, mesmo usuais em licitações nacionais, constituam barreiras de acesso ao licitante estrangeiro, admitida a previsão de margem de preferência para bens de capital produzidos no País e serviços nacionais que atendam as normas técnicas brasileiras (art. 52, § 6.º).

## 17.18 RESUMO DO CAPÍTULO

### LICITAÇÃO

| Noções Gerais | |
|---|---|
| Licitação | É o processo administrativo utilizado pela Administração Pública e pelas demais pessoas indicadas pela lei, com o objetivo de selecionar e contratar o interessado que apresente a proposta apta a gerar o resultado de contratação mais vantajoso, cumpridos, ainda, os objetivos de garantir a isonomia, de incrementar a competição, de promover o desenvolvimento nacional sustentável, de incentivar a inovação e de prevenir o sobrepreço, os preços manifestamente inexequíveis e o superfaturamento. |
| Competência legislativa e aplicação da Lei de Licitações | – União: competência privativa para elaborar normas gerais (nacionais), aplicáveis a todos os Entes federados;<br>– União, Estados, Distrito Federal e Municípios: competência autônoma para elaboração de normas específicas (federais, estaduais, distritais e municipais), com o objetivo de atenderem as peculiaridades socioeconômicas, respeitadas as normas gerais.<br>A Lei de Licitações não se aplica às empresas estatais que são regidas pela Lei 13.303/2016 (Lei das Estatais) e às demais hipóteses ressalvadas na legislação. |
| Princípios da licitação | O art. 5.º da Lei 14.133/2021 apresenta os seguintes princípios: a) legalidade; b) impessoalidade; c) moralidade; d) publicidade; e) eficiência; f) interesse público; g) probidade administrativa; h) igualdade; i) planejamento; j) transparência; k) eficácia; l) segregação de funções; m) motivação; n) vinculação ao edital; o) julgamento objetivo; p) segurança jurídica; q) razoabilidade; r) competitividade; s) proporcionalidade; t) celeridade; u) economicidade; v) desenvolvimento nacional sustentável, devendo ser observadas, ainda, as disposições da LINDB.<br>O rol apresentado pela Lei 14.133/2021 é exemplificativo. |
| Função regulatória da licitação | A licitação não se presta, tão somente, para que a Administração realize a contratação de bens e serviços a um menor custo; o referido instituto tem espectro mais abrangente, servindo como instrumento para o atendimento de finalidades públicas outras, consagradas constitucionalmente. |

| Objeto da licitação | |
|---|---|
| Obras e serviços de engenharia | A obra é "toda atividade estabelecida, por força de lei, como privativa das profissões de arquiteto e engenheiro que implica intervenção no meio ambiente por meio de um conjunto harmônico de ações que, agregadas, formam um todo que inova o espaço físico da natureza ou acarreta alteração substancial das características originais de bem imóvel" (art. 6.º, XII, da Lei 14.133/2021). |
| Serviços | De acordo com o art. 6.º, XI, da Lei de Licitações, serviço é "atividade ou conjunto de atividades destinadas a obter determinada utilidade, intelectual ou material, de interesse da Administração". |
| Compras | É a aquisição remunerada de bens para fornecimento de uma só vez ou parceladamente, considerada imediata aquela com prazo de entrega de até 30 (trinta) dias da data prevista para apresentação da proposta (art. 6.º, X, da Lei 14.133/2021). |
| Alienações | São todas as transferências de domínio de bens da Administração Pública a terceiros. Depende do cumprimento dos seguintes requisitos (art. 101 do CC e art. 76 da Lei 14.133/2021): desafetação; motivação; avaliação; prévia; licitação (leilão); autorização legislativa para alienação dos bens públicos imóveis das pessoas jurídicas de direito público. |
| Locação | O contrato de locação de bens imóveis é regulado, predominantemente, pelo direito privado (Lei 8.245/1991). A locação de imóveis deverá ser precedida de licitação e avaliação prévia do bem, do seu estado de conservação, dos custos de adaptações e do prazo de amortização dos investimentos necessários (art. 51 da Lei 14.133/2021). É inexigível a licitação na aquisição ou locação de imóvel cujas características de instalações e localização tornem necessária sua escolha (art. 73, V, da Lei 14.133/2021). |
| Destinatários da licitação | – Entes da Administração direta (União, Estados, Distrito Federal e Municípios);<br>– Entidades da Administração indireta (autarquias, empresas públicas, sociedades de economia mista e fundações estatais); e<br>– Demais entidades controladas direta ou indiretamente pelo Estado.<br>Obs.: as empresas estatais estão submetidas à legislação própria (Lei 13.303/2016), afastando-se, como regra, a Lei 14.133/2021. |
| Contratação direta | **Hipóteses:**<br>a) inexigibilidade de licitação ou licitação inexigível (art. 74 da Lei 14.133/2021);<br>b) dispensa de licitação ou licitação dispensável (art. 75 da Lei 14.133/2021); e<br>c) licitação dispensada (art. 76 da Lei 14.133/2021). |

| Procedimentos auxiliares das licitações e contratações | |
|---|---|
| Credenciamento | É o processo administrativo de chamamento público em que a Administração Pública convoca interessados em prestar serviços ou fornecer bens para que, preenchidos os requisitos necessários, credenciem-se no órgão ou na entidade para executar o objeto quando convocados. |
| Pré-qualificação | É o procedimento seletivo prévio à licitação, convocado por meio de edital, destinado à análise das condições de habilitação, total ou parcial, dos interessados ou do objeto. |
| Procedimento de manifestação de interesse (PMI) | É a possibilidade de solicitação à iniciativa privada, mediante publicação de edital de chamamento público, da propositura e da realização de estudos, investigações, levantamentos e projetos de soluções inovadoras que contribuam com questões de relevância pública. |

| Procedimentos auxiliares das licitações e contratações | |
|---|---|
| Sistema de registro de preços (SRP) | Conjunto de procedimentos para realização, mediante contratação direta ou licitação nas modalidades pregão ou concorrência, de registro formal de preços relativos a prestação de serviços, a obras e a aquisição e locação de bens para contratações futuras. |
| Registro cadastral | Os órgãos e as entidades da Administração Pública deverão utilizar o sistema de registro cadastral unificado disponível no PNCP, para efeito de cadastro unificado de licitantes, na forma que dispuser regulamento. O registro cadastral corresponde à antecipação da análise dos documentos dos interessados, que somente seriam exigidos na fase de habilitação da futura licitação, bem como estipula a avaliação de desempenho das empresas que já foram contratadas pela Administração. |

| Inexigibilidade, dispensa e licitação dispensada | | |
|---|---|---|
| Inexigibilidade de licitação | **Características:**<br>a) rol exemplificativo; e<br>b) vinculação do administrador. | **Hipóteses:**<br>**Exemplos** de inexigibilidade:<br>a) Fornecedor exclusivo;<br>b) Artistas consagrados;<br>c) Serviços técnicos especializados de natureza predominantemente intelectual com profissionais ou empresas de notória especialização;<br>d) Credenciamento;<br>e) Aquisição ou locação de imóvel cujas características de instalações e localização tornem necessária sua escolha. |
| Dispensa de licitação | **Características:**<br>a) rol taxativo;<br>b) discricionariedade do administrador. | **Hipóteses:**<br>a) Valor reduzido;<br>b) Situações emergenciais;<br>c) Licitação deserta e fracassada;<br>d) Contratação emergencial;<br>e) Intervenção no domínio econômico;<br>f) Demais hipóteses indicadas no art. 75 da Lei 14.133/2021. |
| Licitação dispensada | **Características:**<br>a) rol taxativo;<br>b) o objeto do contrato é restrito: alienação de bens; e<br>c) ausência de discricionariedade do administrador, pois o próprio legislador dispensou previamente a licitação.<br>Obs.: em relação à ausência de discricionariedade do administrador, entendemos que não se pode admitir que o legislador retire do administrador, de maneira absoluta, a possibilidade de realização de licitação, quando houver, é claro, viabilidade de competição. | **Bens imóveis:** a) dação em pagamento; b) doação para outro órgão ou entidade da Administração Pública; c) permuta por outros imóveis; d) investidura; e) venda a outro órgão ou entidade da Administração Pública; f) alienação gratuita ou onerosa, aforamento, concessão de direito real de uso, locação e permissão de uso de bens imóveis residenciais construídos, destinados ou efetivamente usados em programas de habitação ou de regularização fundiária de interesse social desenvolvidos por órgão ou entidade da Administração Pública; g) alienação gratuita ou onerosa, aforamento, concessão de direito real de uso, locação e permissão de uso de bens imóveis comerciais de âmbito local, com área de até 250 m² e destinado a programas de regularização fundiária de interesse social desenvolvidos por órgão ou entidade da Administração Pública; h) alienação e concessão de direito real de uso, gratuita ou onerosa, de terras públicas rurais da União e do Incra; i) legitimação de posse do art. 29 da Lei 6.383/1976; j) legitimação fundiária e a legitimação de posse da Lei 13.465/2017.<br>**Bens móveis:** a) doação para fins e uso de interesse social; b) permuta entre órgãos ou entidades da Administração Pública; c) venda de ações, que poderão ser negociadas em Bolsa; d) venda de títulos; e) venda de bens produzidos ou comercializados por entidades da Administração Pública; f) venda de materiais e equipamentos sem utilização previsível por quem deles dispõe para outros órgãos ou entidades da Administração Pública. |

## MODALIDADES DE LICITAÇÃO

| | |
|---|---|
| **Pregão** | É a modalidade de licitação obrigatória para aquisição de bens e serviços comuns, cujo critério de julgamento poderá ser o de menor preço ou o de maior desconto. Será adotado sempre que o objeto possuir padrões de desempenho e qualidade que possam ser objetivamente definidos pelo edital, por meio de especificações usuais de mercado. É inaplicável às contratações de serviços técnicos especializados de natureza predominantemente intelectual e de obras e serviços de engenharia, salvo os serviços comuns de engenharia. |
| **Concorrência** | É a modalidade adotada para os casos em que não for possível a utilização do pregão. Poderão ser utilizados os seguintes **critérios** de julgamento: a) menor preço; b) melhor técnica ou conteúdo artístico; c) técnica e preço; d) maior retorno econômico; e) maior desconto. |
| **Concurso** | É a modalidade de licitação para escolha de trabalho técnico, científico ou artístico, cujo critério de julgamento será o de melhor técnica ou conteúdo artístico, e concessão de prêmio ou remuneração ao vencedor. |
| **Leilão** | É a modalidade de licitação para alienação de bens imóveis ou de bens móveis inservíveis ou legalmente apreendidos a quem oferecer o maior lance. |
| **Diálogo competitivo** | É a modalidade de licitação para contratação de obras, serviços e compras em que a Administração Pública realiza diálogos com licitantes previamente selecionados mediante critérios objetivos com o intuito de desenvolver uma ou mais alternativas capazes de atender às suas necessidades, devendo os licitantes apresentar proposta final após o encerramento do diálogo.<br>Somente será utilizado nos **seguintes casos:** a) objeto que envolva as seguintes condições: a.1) inovação tecnológica ou técnica; a.2) o órgão ou entidade não possa ter sua necessidade satisfeita sem a adaptação de soluções disponíveis no mercado; e a.3) especificações técnicas não possam ser definidas com precisão suficiente pela Administração; b) quando houver a necessidade de definir e identificar os meios e as alternativas que possam vir a satisfazer suas necessidades, com destaque para os seguintes aspectos: b.1) a solução técnica mais adequada; b.2) os requisitos técnicos aptos a concretizar a solução já definida; b.3) a estrutura jurídica ou financeira do contrato; e c) quando os de disputa aberto e fechado não permitirem apreciação adequada das variações entre propostas. |

# CAPÍTULO 18

# CONTRATOS ADMINISTRATIVOS

## 18.1 CONCEITO E ESPÉCIES DE CONTRATOS DA ADMINISTRAÇÃO PÚBLICA: CONTRATO ADMINISTRATIVO X CONTRATO PRIVADO

A Administração Pública, por meio de seus agentes, deve exteriorizar a sua vontade para desempenhar as atividades administrativas e atender o interesse público. A manifestação de vontade administrativa pode ser **unilateral** (atos administrativos), **bilateral** (contratos da Administração) ou **plurilateral** (consórcios e convênios).

A expressão "**contratos da Administração**" é o gênero que comporta todo e qualquer ajuste bilateral celebrado pela Administração Pública. São duas as espécies de contratos da Administração:[1]

a) **Contratos administrativos:** são os ajustes celebrados entre a Administração Pública e o particular, regidos predominantemente pelo direito público, para execução de atividades de interesse público. É natural, aqui, a presença das cláusulas exorbitantes (art. 104 da Lei 14.133/2021) que conferem superioridade à Administração em detrimento do particular, independentemente de previsão contratual. As características básicas dos contratos administrativos são: **(i) verticalidade:** desequilíbrio contratual em favor da Administração, tendo em

---

[1] Conforme leciona Eduardo García de Enterría, a distinção entre contratos administrativos e contratos privados, inspirada no Direito francês, foi cunhada, inicialmente, a partir da diferença entre atos de autoridade e atos de gestão com o objetivo de definir a competência jurisdicional nos países que utilizam a dualidade de jurisdição. Em seguida, influenciada pelo critério material do serviço público, adotado pela Escola de Bordeaux, a referida dicotomia passou a ser fundamentada no conteúdo do contrato: enquanto nos contratos administrativos a relação jurídica é desigual, em virtude das cláusulas exorbitantes em favor da Administração, os contratos privados são caracterizados pela relativa igualdade das partes (GARCÍA DE ENTERRÍA, Eduardo. *Curso de derecho administrativo*. 12. ed. Madrid: Civitas, 2005. v. I, p. 689-693).

vista a presença das cláusulas exorbitantes; e **(ii) regime predominantemente de direito público**, aplicando-se, supletivamente, as normas de direito privado. Ex.: contratos de concessão de serviço público, de obras públicas, de concessão de uso de bem público etc.

b) **Contratos privados da Administração ou contratos semipúblicos:** são os ajustes em que a Administração Pública e o particular estão em situação de relativa igualdade, regidos predominantemente pelo direito privado. Naturalmente, as cláusulas exorbitantes desnaturariam esses contratos, aproximando-os dos contratos administrativos típicos, razão pela qual a presença dessas cláusulas nos contratos privados depende da vontade das partes e a sua aplicação está condicionada à expressa previsão contratual. As características básicas dos contratos privados da Administração são: **(i) horizontalidade:** equilíbrio contratual relativo, em razão da ausência, em regra, das cláusulas exorbitantes; e **(ii) regime predominantemente de direito privado**, devendo ser observadas, no entanto, algumas normas de direito público (ex.: licitação, cláusulas necessárias etc.). Ex.: contratos de compra e venda, de seguro, de locação (quando a Administração for locatária) etc.

Nas duas espécies de contratos da Administração (contratos administrativos e contratos privados da Administração), a Administração é parte do ajuste (elemento subjetivo), e o objetivo é a satisfação do interesse público (elemento objetivo). A principal diferença encontra-se na igualdade ou desigualdade entre as partes contratantes e, por consequência, o regime jurídico, que será predominantemente aplicado (elemento formal).[2]

## 18.2 FONTES NORMATIVAS E COMPETÊNCIA LEGISLATIVA

A União possui competência privativa para legislar sobre normas gerais de contratação que devem ser observadas por todos os Entes federados que possuem competência para dispor sobre normas específicas estaduais, distritais e municipais (art. 22, XXVII, da CRFB).[3]

No âmbito da legislação infraconstitucional, merece destaque a Lei 14.133/2021, que estabelece normas gerais para licitações e contratos administrativos. Todavia, existem inúmeras leis especiais que tratam de licitação e de determinadas modalidades contratuais (ex.: Lei 8.987/1995: concessão e permissão de serviços públicos; Lei 11.079/2004: Parcerias Público-Privadas etc.).

---

[2] Nesse sentido: CARVALHO FILHO, José dos Santos. *Manual de direito administrativo*. 22. ed. Rio de Janeiro: Lumen Juris, 2009. p. 168. Registre-se, todavia, que a tendência é a relativização da distinção entre os contratos administrativos e os contratos privados da Administração, especialmente a partir da releitura das cláusulas exorbitantes e uniformização do regime jurídico, inclusive no Direito Comunitário Europeu. Nesse sentido: ESTORNINHO, Maria João. *Curso de direito dos contratos públicos*. Coimbra: Almedina, 2012. p. 316. Não obstante isso, a doutrina e a jurisprudência pátrias sustentam, ainda, a dicotomia mencionada acima, razão pela qual a abordagem, utilizada na presente obra, observará, em princípio, a distinção entre contratos administrativos e contratos privados da Administração.

[3] Remetemos o leitor ao que dissemos sobre as fontes normativas (17.2) e a competência legislativa em matéria de licitação (17.3).

## 18.3 SUJEITOS DO CONTRATO

As partes no contrato administrativo são a Administração Pública (contratante) e o particular (contratado), na forma do art. 6.º, VII e VIII da Lei 14.133/2021.

Questão que pode gerar dúvidas relaciona-se com a possibilidade ou não de contratos administrativos entre entidades da Administração (ex.: União e Estado).

**Primeira posição:** possibilidade de contratos administrativos entre pessoas administrativas, tendo em vista a natureza das partes contratantes (entidades administrativas). Nesse sentido: Hely Lopes Meirelles e José dos Santos Carvalho Filho.[4]

**Segunda posição:** o ajuste entre pessoas administrativas não possui caráter contratual, mas sim de convênio ou consórcio, tendo em vista a comunhão de interesses. Nesse sentido: Diógenes Gasparini, Jessé Torres Pereira Junior.[5]

A partir da visão tradicional, que diferencia os contratos dos atos administrativos complexos (convênios e instrumentos análogos), não será possível, em princípio, a celebração de contrato administrativo entre entidades estatais, pois, nesse caso, em razão da comunhão de interesses, teríamos verdadeiros convênios.

Já a figura contratual seria admitida nas relações firmadas por pessoas administrativas com empresas estatais que prestam atividades econômicas em regime de concorrência com as empresas privadas. De acordo com o art. 173, § 1.º, II, da CRFB, as estatais econômicas atuantes no mercado concorrencial subordinam-se, no que couber, ao mesmo regime jurídico das empresas privadas e buscam o lucro. Por essa razão, é possível a caracterização do contrato administrativo com prerrogativas em favor do Ente federado contratante e sujeições da estatal econômica contratada.

É preciso destacar, contudo, que a legislação vem admitindo a celebração de contratos administrativos entre Entes federados, tal como ocorre, por exemplo, nos contratos de consórcios públicos previstos na Lei 11.107/2005.[6]

De qualquer forma, na eventual celebração de contratos administrativos entre entidades integrantes da Administração Pública, são inaplicáveis as cláusulas exorbitantes, previstas no art. 104 da Lei 14.133/2021, uma vez que a superioridade contratual de uma das partes seria incompatível com a igualdade federativa (arts. 18 e 19, III, da CRFB).[7]

Outra questão interessante refere-se à viabilidade de contratos administrativos por entidades administrativas, com personalidade de direito privado (empresas públicas,

---

[4] MEIRELLES, Hely Lopes. *Direito administrativo brasileiro*. 22. ed. São Paulo: Malheiros, 1997. p. 195; CARVALHO FILHO, José dos Santos. *Manual de direito administrativo*. 22. ed. Rio de Janeiro: Lumen Juris, 2009. p. 170-171.
[5] GASPARINI, Diógenes. *Direito administrativo*. 12. ed. São Paulo: Saraiva, 2007. p. 645; PEREIRA JUNIOR, Jessé Torres. *Comentários à Lei das Licitações e Contratações da Administração Pública*. 7. ed. Rio de Janeiro: Renovar, 2007. p. 53-54.
[6] A Lei 11.107/2005 conferiu caráter contratual aos consórcios públicos. De qualquer forma, ainda que tratados como contratos, esses ajustes não se confundiriam com os contratos em sentido estrito, no qual os interesses das partes são antagônicos.
[7] De acordo com o TCU, nos contratos celebrados entre entidades da Administração Pública, são inaplicáveis as cláusulas exorbitantes, porquanto se trata de avenças acordadas por entidades detentoras de prerrogativas de Poder Público, em que há situação de igualdade entre as partes (TCU, Acórdão 1953/2018 Plenário, Representação, Rel. Min. Benjamin Zymler, 22.08.2018, *Informativo de Jurisprudência sobre Licitações e Contratos do TCU* n. 353).

sociedades de economia mista e fundações estatais de direito privado), de um lado, e particulares, de outro lado.

**Primeira posição:** os contratos administrativos são celebrados exclusivamente por Entes da Administração Direta (União, Estados, DF e Municípios) e por entidades de direito público da Administração Indireta (autarquias e fundações estatais de direito público). As entidades administrativas com personalidade de direito privado não celebram contratos administrativos, mas, sim, contratos privados da Administração. Nesse sentido: Jessé Torres Pereira Junior.[8]

**Segunda posição:** as entidades de direito privado da Administração Pública podem celebrar contratos administrativos quando prestarem serviços públicos. Em relação às empresas públicas e às sociedades de economia mista, deve ser feita a distinção entre os seus objetos: enquanto as estatais econômicas somente celebram contratos privados da Administração, tendo em vista a submissão, em regra, ao mesmo regime jurídico das empresas privadas (art. 173, § 1.º, II da CRFB), as estatais que prestam serviços públicos podem celebrar contratos administrativos vinculados à prestação do serviço público. Nesse sentido: Diógenes Gasparini e Marcos Juruena Villela Souto.[9]

Sustentamos a possibilidade de celebração de contratos administrativos por entidades de direito privado quando prestadoras de serviços públicos, visto que a atividade administrativa desempenhada por essas pessoas atrai a incidência do regime de direito público.[10] Contudo, é preciso destacar que o art. 68 da Lei 13.303/2016 (Lei das Estatais) dispõe que os contratos celebrados por empresas estatais, independentemente da atividade (serviços públicos ou atividades econômicas), são regulados pela referida Lei e pelos preceitos de direito privado.

## 18.4 CARACTERÍSTICAS

Os contratos administrativos são regidos, predominantemente, por normas de direito público. O reconhecimento de prerrogativas em favor da Administração Pública e a importância da atividade administrativa desempenhada revelam a necessidade de aplicação do regime de direito público. Em consequência, os contratos administrativos possuem características específicas que podem ser assim resumidas: formalismo moderado, bilateralidade, comutatividade, personalíssimo (*intuitu personae*), desequilíbrio e instabilidade.

### 18.4.1 Formalismo moderado

A atuação administrativa, ao contrário da atuação privada, exige maiores formalidades, tendo em vista a gestão da "coisa pública". Por essa razão, a Constituição e a legislação

---

[8] PEREIRA JUNIOR, Jessé Torres. *Comentários à Lei das Licitações e Contratações da Administração Pública*. 7. ed. Rio de Janeiro: Renovar, 2007. p. 616.

[9] GASPARINI, Diógenes. *Direito administrativo*. 12. ed. São Paulo: Saraiva, 2007. p. 645; SOUTO, Marcos Juruena Villela. *Direito administrativo contratual*. Rio de Janeiro: Lumen Juris, 2004. p. 278.

[10] Nesse sentido, o STJ considerou que o contrato celebrado pela Empresa de Correios e Telégrafos (ECT) com empresa privada, selecionada mediante licitação, para construção de duas agências dos correios, deve ser considerado "contrato administrativo", sujeito ao Direito Administrativo (possibilidade de cláusulas exorbitantes), pois não se trata de relação de direito privado ou de consumo (STJ, 1.ª Turma, REsp 527.137/PR, Rel. Min. Luiz Fux, *DJ* 31.05.2004, p. 191).

infraconstitucional exigem o cumprimento de algumas formalidades para celebração de contratos administrativos. Ex.: exigência de licitação prévia, salvo os casos excepcionais admitidos pela legislação; forma escrita do contrato, sendo vedados os contratos verbais, salvo os de pequenas compras (art. 95, § 2.º, da Lei 14.133/2021); cláusulas necessárias que devem constar do ajuste (art. 92 da Lei 14.133/2021).

Em relação à forma escrita do contrato, é pertinente uma ponderação. Considera-se "nulo e de nenhum efeito o contrato verbal com a Administração", salvo as contratações de pequenas compras ou serviços de pronto pagamento, assim entendidos aqueles de valor não superior a R$ 12.545,11 (art. 95, § 2.º, da Lei 14.133/2021 e Decreto 12.343/2024).

Todavia, o referido dispositivo legal deve ser interpretado em conformidade com os princípios gerais do Direito, pois a interpretação literal levaria à conclusão de que os contratos verbais, que não envolvam pequenas compras e serviços, não seriam considerados válidos e não produziriam efeitos, inclusive o efeito do pagamento. Ocorre que essa interpretação prejudicaria o particular de boa-fé que forneceu o bem ou prestou o serviço e acarretaria o enriquecimento sem causa da Administração. Por esta razão, a doutrina e a jurisprudência têm reconhecido o dever da Administração contratante de pagar ao contratado pela execução do ajuste verbal, em homenagem aos princípios da boa-fé e da vedação do enriquecimento sem causa. Nesse sentido: STJ, TJRJ, Marçal Justen Filho, Marcos Juruena Villela Souto, Enunciado 8 da PGE/RJ e Orientação Normativa/AGU 4.[11]

O reconhecimento da execução do objeto contratual e o respectivo pagamento (incluído o lucro do particular) são formalizados por meio do Termo de Ajuste de Contas (ou "contrato de efeitos pretéritos").[12]

### 18.4.2 Bilateralidade

A formalização de todo e qualquer contrato (público ou privado) depende da manifestação de vontade das partes contratantes. Ademais, a bilateralidade é encontrada na produção de efeitos, pois o ajuste estabelece obrigações recíprocas para as partes. As cláusulas regulamentares (ou de serviço) são inseridas no contrato pela Administração, havendo liberdade para manifestação de vontade do particular no tocante às cláusulas

---

[11] STJ, 2.ª Turma, REsp 317.463/SP, Rel. Min. João Otávio de Noronha, DJ 03.05.2004, p. 126; TJRJ, 15.ª Câmara Cível, Ap 2000.001.10525, Des. Jose Pimentel Marques, j. 07.02.2001; JUSTEN FILHO, Marçal. *Comentários à Lei de Licitações e Contratos Administrativos*. 9. ed. São Paulo: Dialética, 2002. p. 243; SOUTO, Marcos Juruena Villela. *Direito administrativo contratual*. Rio de Janeiro: Lumen Juris, 2004. p. 391-394. Enunciado 8 da PGE/RJ: "Os serviços prestados pelo particular de boa-fé sem cobertura contratual válida deverão ser indenizados (art. 59, parágrafo único, da Lei n.º 8.666/1993). O Termo de Ajuste de Contas é o instrumento hábil para promover a indenização dos serviços executados (Lei Estadual n.º 287/1979, art. 90, parágrafo 2.º, I c/c Decreto Estadual n.º 3.149/1980, art. 67, II), impondo-se ao administrador público o dever de apurar a responsabilidade dos agentes que deram causa à situação de nulidade"; Orientação Normativa/AGU 4: "A despesa sem cobertura contratual deverá ser objeto de reconhecimento da obrigação de indenizar nos termos do art. 59, parágrafo único, da Lei n.º 8.666, de 1993, sem prejuízo da apuração da responsabilidade de quem lhe der causa". Quando a nulidade do certame ou do contrato é imputada ao próprio contratado ou quando comprovada a sua má-fé, não há direito à indenização. STJ, 2.ª Turma, AgRg no REsp 1.394.161/SC, Rel. Min. Herman Benjamin, DJ 16.10.2013, p. 126, *Informativo de Jurisprudência do STJ* n. 529.

[12] A nomenclatura usual na prática é "Termo de Ajuste de Contas". A expressão "contrato de efeitos pretéritos" é utilizada por Marcos Juruena Villela Souto (*Direito administrativo contratual*. Rio de Janeiro: Lumen Juris, 2004. p. 391).

econômicas (preço, reajuste etc.). Esse é o traço distintivo entre os contratos e os atos administrativos, pois, neste último caso, a formatação do ato depende da manifestação unilateral da Administração.

### 18.4.3 Comutatividade

As obrigações das partes contratantes são equivalentes e previamente estabelecidas. A equação financeira inicial do contrato, determinada a partir da proposta vencedora na licitação, deve ser preservada durante toda a vigência do contrato. Trata-se do princípio constitucional do equilíbrio econômico-financeiro do contrato, previsto no art. 37, XXI, da CRFB ("cláusulas que estabeleçam obrigações de pagamento, mantidas as condições efetivas da proposta, nos termos da lei"). A equação financeira inicial deve ser preservada contra o decurso do tempo, bem como nos casos de fatos extraordinários não imputáveis ao contratado. Por essa razão, a legislação contempla alguns instrumentos para efetivação desse princípio, com destaque para o reajuste e a revisão do contrato.

### 18.4.4 Personalíssimo (*intuitu personae*)

O contrato é celebrado com o licitante que apresentou a melhor proposta. A escolha impessoal do contratado faz com que o contrato tenha que ser por ele executado, sob pena de burla aos princípios da impessoalidade e da moralidade.[13]

Todavia, não se pode emprestar caráter absoluto a essa exigência, admitindo-se, nas hipóteses legais, a alteração subjetiva do contrato (ex.: o art. 122 da Lei 14.133/2021 admite a subcontratação parcial, até o limite permitido ou autorizado pela Administração).[14]

### 18.4.5 Desequilíbrio

É tradicional a afirmação de que, ao contrário do que ocorre nos contratos privados, as partes contratantes nos contratos administrativos estão em posição de desigualdade, tendo em vista a presença das cláusulas exorbitantes que consagram prerrogativas à Administração e sujeições ao contratado. O art. 104 da Lei 14.133/2021 elenca as cláusulas exorbitantes (alteração unilateral, extinção unilateral, fiscalização, aplicação de sanções e ocupação provisória).

### 18.4.6 Instabilidade

A Administração possui a prerrogativa de alterar unilateralmente as cláusulas regulamentares ou, até mesmo, extinguir os contratos administrativos, tendo em vista a neces-

---

[13] Em sentido contrário à tese defendida pela doutrina majoritária, Marçal Justen Filho sustenta a inexistência de personalismo nos contratos administrativos. Em suas palavras: "Ao ver deste autor, o personalismo do contrato administrativo apenas pode verificar-se quando tiver ocorrido escolha discricionária do sujeito a ser contratado pela Administração Pública. Com a prática da licitação, elimina-se essa discricionariedade – e, com ela, também se exclui o personalismo da contratação" (Considerações acerca da modificação subjetiva dos contratos administrativos. *FCGP*, Belo Horizonte, ano 4, n. 41, p. 5435, maio 2005).

[14] Ressalte-se que, na linha consagrada no TCU, "é inadmissível subcontratação total, por ofensa às normas regentes dos contratos administrativos" (TCU, Plenário, Acórdão 21.89/11, Rel. Min. José Jorge, 17.08.2011, *Informativo de Jurisprudência sobre Licitações e Contratos do TCU* n. 76).

sidade de atender o interesse público (art. 104, I e II, da Lei 14.133/2021). A mutabilidade natural do interesse público, em razão da alteração da realidade social, política e econômica, acarreta a maleabilidade (instabilidade) nos contratos administrativos. Enquanto nos contratos privados sempre vigorou a ideia, hoje muito mitigada pelas teorias revisionistas, do *pacta sunt servanda*, nos contratos administrativos a instabilidade é uma nota essencial.

## 18.5 FORMALIZAÇÃO DO CONTRATO, GARANTIAS E ALOCAÇÃO DE RISCOS

O formalismo moderado, conforme analisado anteriormente, é uma das características dos contratos administrativos, segundo a qual a Administração deve obedecer aos procedimentos previstos na legislação para formatação válida do ajuste. Algumas formalidades podem ser destacadas, a saber: a) forma escrita, salvo os ajustes para pequenas compras e serviços de pronto pagamento (art. 95, § 2.º, da Lei 14.133/2021); b) cláusulas necessárias (art. 92 da Lei 14.133/2021); etc.

### 18.5.1 Formalização dos contratos

Os contratos administrativos são regulados por suas cláusulas e normas de direito público, com a aplicação, supletiva, dos princípios da teoria geral dos contratos e as disposições de direito privado (art. 89 da Lei 14.133/2021).[15]

A Administração convocará regularmente o licitante vencedor para assinar o termo de contrato ou aceitar ou retirar o instrumento equivalente, dentro do prazo e nas condições estabelecidos no edital de licitação, sob pena de decair o direito à contratação, sem prejuízo das sanções previstas na Lei de Licitações (art. 89 da Lei 14.133/2021).[16]

É facultado à Administração, quando o convocado não assinar o termo de contrato ou não aceitar ou retirar o instrumento equivalente no prazo e nas condições estabelecidos, convocar os licitantes remanescentes, na ordem de classificação, para a celebração do contrato nas condições propostas pelo licitante vencedor (art. 90, § 2.º).

Na hipótese de nenhum dos licitantes aceitar a contratação, a Administração, observado o valor estimado e sua eventual atualização nos termos do edital, poderá (art. 90, § 4.º): a) convocar os licitantes remanescentes para negociação, na ordem de classificação, visando à obtenção de preço melhor, mesmo que acima do preço do adjudicatário; e b) restando frustrada a negociação de melhor condição, adjudicar e celebrar o contrato nas condições ofertadas pelos licitantes remanescentes, atendida a ordem classificatória.

Decorrido o prazo de validade da proposta indicado no edital sem convocação para a contratação, ficam os licitantes liberados dos compromissos assumidos (art. 90, § 3.º).

---

[15] Todo contrato deve mencionar os nomes das partes e os de seus representantes, a finalidade, o ato que autorizou sua lavratura, o número do processo da licitação ou da contratação direta e a sujeição dos contratantes às normas desta Lei e às cláusulas contratuais (art. 89, § 1.º). Os contratos devem estabelecer com clareza e precisão as condições para sua execução, expressas em cláusulas que definam os direitos, as obrigações e as responsabilidades das partes, em conformidade com os termos do edital de licitação e da proposta vencedora ou com os termos do ato que autorizou a contratação direta e da respectiva proposta (art. 89, § 2.º).

[16] O prazo de convocação poderá ser prorrogado uma vez, por igual período, mediante solicitação da parte durante seu transcurso, devidamente justificada, e desde que o motivo apresentado seja aceito pela Administração (art. 90, § 1.º).

A recusa injustificada do adjudicatário em assinar o contrato ou em aceitar ou retirar o instrumento equivalente no prazo estabelecido pela Administração caracteriza o descumprimento total da obrigação assumida, sujeitando-o às penalidades legalmente estabelecidas e à imediata perda da garantia de proposta em favor dos órgãos licitantes (art. 90, § 5.º).[17]

A Administração pode convocar os demais licitantes classificados para a contratação de remanescente de obra, serviço ou fornecimento em consequência de rescisão contratual, observados os mesmos critérios estabelecidos nos §§ 2º e 4.º (art. 90, § 7.º).

Os contratos e seus aditamentos terão forma escrita, serão juntados ao processo que deu origem à contratação, divulgados e mantidos à disposição do público em sítio eletrônico oficial (art. 91 da Lei 14.133/2021).[18] Admite-se a forma eletrônica na celebração de contratos e de termos aditivos, atendidas as exigências previstas em regulamento (art. 91, § 3.º).

Antes de formalizar ou prorrogar o prazo de vigência do contrato, a Administração deverá consultar o Cadastro Nacional de Empresas Inidôneas e Suspensas (CEIS) e o Cadastro Nacional de Empresas Punidas (CNEP), emitir as certidões negativas de inidoneidade, de impedimento e de débitos trabalhistas e juntá-las ao respectivo processo (art. 91, § 4.º).

Os contratos administrativos possuem as seguintes cláusulas necessárias (art. 92 da Lei 14.133/2021, alterado pela Lei 14.770/2023): a) o objeto e seus elementos característicos; b) a vinculação ao edital de licitação e à proposta do licitante vencedor ou ao ato que tiver autorizado a contratação direta e à respectiva proposta; c) a legislação aplicável à execução do contrato, inclusive quanto aos casos omissos; d) o regime de execução ou a forma de fornecimento; e) o preço e as condições de pagamento, os critérios, a data-base e a periodicidade do reajustamento de preços e os critérios de atualização monetária entre a data do adimplemento das obrigações e a do efetivo pagamento;[19] f) os critérios e a periodicidade da medição, quando for o caso, e o prazo para liquidação e para pagamento; g) os prazos de início das etapas de execução, conclusão, entrega, observação e recebimento definitivo, quando for o caso; h) o crédito pelo qual correrá a despesa, com a indicação da classificação funcional programática e da categoria econômica; i) a matriz de risco, quando for o caso; j) o prazo para resposta ao pedido de repactuação de preços, quando for o caso; k) o prazo para resposta ao pedido de restabelecimento do equilíbrio

---

[17] A referida regra não se aplica aos licitantes remanescentes convocados na forma do inciso I do § 4.º do art. 89 da Lei de Licitações (art. 90, § 6.º).

[18] Admite-se a manutenção em sigilo de contratos e de termos aditivos quando imprescindível à segurança da sociedade e do Estado, nos termos da legislação que regula o acesso à informação (art. 91, § 1.º). Contratos relativos a direitos reais sobre imóveis formalizam-se por instrumento lavrado em cartório de notas, cujo teor deve ser mantido à disposição do público em sítio eletrônico oficial (art. 91, § 2.º).

[19] Independentemente do prazo de duração, o contrato deverá conter cláusula que estabeleça o índice de reajustamento de preço, com data-base vinculada à data do orçamento estimado, e poderá ser estabelecido mais de um índice específico ou setorial, em conformidade com a realidade de mercado dos respectivos insumos (art. 92, § 3.º). Nos contratos de serviços contínuos, observado o interregno mínimo de 1 (um) ano, o critério de reajustamento de preços será por (art. 92, § 4.º): a) reajustamento em sentido estrito, quando não houver regime de dedicação exclusiva de mão de obra ou predominância de mão de obra, mediante previsão de índices específicos ou setoriais; e b) repactuação, quando houver regime de dedicação exclusiva de mão de obra ou predominância de mão de obra, mediante demonstração analítica da variação dos custos. O regime jurídico da repactuação é detalhado no art. 135 da Lei de Licitações.

econômico-financeiro, quando for o caso; l) as garantias oferecidas para assegurar sua plena execução, quando exigidas, inclusive as que forem oferecidas pelo contratado no caso de antecipação de valores a título de pagamento;[20] m) o prazo de garantia mínima do objeto, observados os prazos mínimos estabelecidos nesta Lei e nas normas técnicas aplicáveis, e as condições de manutenção e assistência técnica, quando for o caso; n) os direitos e as responsabilidades das partes, as penalidades cabíveis e os valores das multas e suas bases de cálculo; o) as condições de importação e a data e a taxa de câmbio para conversão, quando for o caso; p) a obrigação do contratado de manter, durante toda a execução do contrato, em compatibilidade com as obrigações por ele assumidas, todas as condições exigidas para a habilitação na licitação, ou para qualificação, na contratação direta; q) a obrigação de o contratado cumprir as exigências de reserva de cargos prevista em lei, bem como em outras normas específicas, para pessoa com deficiência, para reabilitado da Previdência Social e para aprendiz; r) o modelo de gestão do contrato, observados os requisitos definidos em regulamento; e s) os casos de extinção.

Ademais, nos contratos celebrados pela Administração Pública com pessoas físicas ou jurídicas, inclusive as domiciliadas no exterior, deverá constar necessariamente cláusula que declare competente o foro da sede da Administração para dirimir qualquer questão contratual, ressalvadas as seguintes hipóteses: a) licitação internacional para a aquisição de bens e serviços cujo pagamento seja feito com o produto de financiamento concedido por organismo financeiro internacional de que o Brasil faça parte, ou por agência estrangeira de cooperação; b) contratação com empresa estrangeira para a compra de equipamentos fabricados e entregues no exterior precedida de autorização do Chefe do Poder Executivo; c) aquisição de bens e serviços realizada por unidades administrativas com sede no exterior (art. 92, § 1.º).

A divulgação no Portal Nacional de Contratações Públicas (PNCP) é condição indispensável para a eficácia do contrato e seus aditamentos e deverá ocorrer nos seguintes prazos, contados de sua assinatura (art. 94, I e II): a) 20 dias, no caso de licitação; e b) 10 dias, no caso de contratação direta.[21]

---

[20] A Orientação Normativa 76/2023 da AGU prevê: "I – Nos contratos administrativos regidos pela Lei n.º 14.133, de 2021, em regra, é vedado o pagamento antecipado, parcial ou total, do objeto contratado, sendo excepcionalmente admitido desde que, motivadamente, seja justificado o preenchimento cumulativo dos seguintes requisitos: a) a medida proporcione sensível economia de recursos ou represente condição indispensável para a consecução do objeto; b) haja previsão expressa no edital de licitação ou no instrumento formal de contratação direta; e c) contenha no instrumento convocatório ou no contrato como cautela obrigatória a exigência de devolução do valor antecipado caso não haja execução do objeto no prazo contratual. II – A partir do exame das circunstâncias que são próprias de cada caso concreto, e para resguardar o interesse público e prejuízos ao erário, poderá, ainda, a administração exigir garantias adicionais para fins de admissão do pagamento antecipado, na forma do art. 92, inciso XII, e art. 96, da Lei n.º 14.133, de 2021, bem como poderá adotar outras cautelas, tais como: comprovação da execução de parte ou de etapa inicial do objeto pelo contratado para a antecipação do valor remanescente; emissão de título de crédito pelo contratado; acompanhamento da mercadoria, em qualquer momento do transporte, por representante da administração; exigência de certificação do produto ou do fornecedor; dentre outras".

[21] Já os contratos celebrados em caso de urgência terão eficácia a partir da sua assinatura e deverão ser publicados nos prazos previstos nos incisos I e II do art. 93, sob pena de nulidade (art. 94, § 1.º). A divulgação, quando referente à contratação de profissional do setor artístico por inexigibilidade, deverá identificar os custos do cachê do artista, dos músicos ou da banda, quando houver, do transporte, da hospedagem, da infraestrutura, da logística do evento e das demais despesas específicas (art. 94, § 2.º). No caso de obras, a Administração divulgará em sítio

O instrumento de contrato é obrigatório, salvo nas hipóteses elencadas a seguir, em que a Administração poderá substituí-lo por outro instrumento hábil, tal como carta-contrato, nota de empenho de despesa, autorização de compra ou ordem de execução de serviço (art. 95 da Lei 14.133/2021):[22] a) dispensa de licitação em razão de valor; e b) compras com entrega imediata e integral dos bens adquiridos, dos quais não resultem obrigações futuras, inclusive quanto a assistência técnica, independentemente de seu valor.

A Lei 14.133/2021, em seu art. 95, § 2.º, dispõe que será nulo e de nenhum efeito o contrato verbal com a Administração, salvo o de pequenas compras ou prestação de serviços de pronto pagamento, assim entendidas aquelas de valor não superior a R$ 12.545,11, atualizado pelo Decreto 12.343/2024.[23]

### 18.5.2 Garantias

O edital pode exigir a prestação das seguintes garantias nas contratações de obras, serviços e compras (art. 96, *caput* e § 1.º, da Lei 14.133/2021, alterado pela Lei 14.770/2023): a) caução em dinheiro ou em títulos da dívida pública emitidos sob a forma escritural mediante registro em sistema centralizado de liquidação e de custódia autorizado pelo Banco Central do Brasil e avaliados por seus valores econômicos, conforme definido pelo Ministério da Fazenda; b) seguro-garantia; e c) fiança bancária emitida por banco ou instituição financeira devidamente autorizada a operar no País pelo Banco Central do Brasil; e d) título de capitalização custeado por pagamento único, com resgate pelo valor total.[24]

O seguro-garantia tem por objetivo garantir o fiel cumprimento das obrigações assumidas pelo contratado perante à Administração, inclusive as multas, os prejuízos e as indenizações decorrentes de inadimplemento, observadas as seguintes regras (art. 97

---

eletrônico oficial, em até 25 dias úteis após a assinatura do contrato, os quantitativos e os preços unitários e totais que contratar e, em até 45 dias úteis após a conclusão do contrato, os quantitativos executados e os preços praticados (art. 94, § 3.º). Já as contratações formalizadas durante a decretação de estado de calamidade pública, na forma do art. 13 da Lei 14.981/2024, serão disponibilizadas no PNCP no prazo de sessenta dias, contado da data da aquisição ou da contratação.

[22] Nas hipóteses de substituição do instrumento de contrato, devem ser observadas, no que couber, as cláusulas necessárias previstas no art. 90 da Lei (art. 95, § 1.º). A Orientação Normativa 84/2024 da AGU estabelece: "I – É possível a substituição do instrumento de contrato a que alude o art. 92 da Lei nº 14.133, de 2021, por outro instrumento mais simples, com base no art. 95, inciso I, do mesmo diploma legal, sempre que: a) o valor de contratos relativos a obras, serviços de engenharia e de manutenção de veículos automotores se encaixe no valor atualizado autorizativo da dispensa de licitação prevista no inciso I do art. 75, da Lei n.º 14.133, de 2021; ou b) o valor de contratos relativos a compras e serviços em geral se encaixe no valor atualizado que autoriza a dispensa de licitação prevista no inciso II do art. 75, da Lei nº 14.133, de 2021. II – Não importa para a aplicação do inciso I do art. 95, da Lei n.º 14.133, de 2021, se a contratação resultou de licitação, inexigibilidade ou dispensa".

[23] No estado de calamidade pública, admite-se a celebração de contrato verbal com valor não superior a R$ 100.000,00 (cem mil reais), nas hipóteses em que a urgência não permitir a formalização do instrumento contratual (art. 2.º da Lei 14.981/2024).

[24] Na hipótese de suspensão do contrato por ordem ou inadimplemento da Administração, o contratado ficará desobrigado de renovar a garantia ou de endossar a apólice de seguro até a ordem de reinício da execução ou o adimplemento pela Administração (art. 96, § 2.º). Em relação ao seguro-garantia, o edital fixará prazo mínimo de 1 (um) mês, contado da data da homologação da licitação e anterior à assinatura do contrato, para a prestação da garantia pelo contratado (art. 96, § 3.º).

da Lei 14.133/2021): a) o prazo de vigência da apólice será igual ou superior ao prazo estabelecido no contrato principal e deverá acompanhar as modificações referentes à vigência deste mediante a emissão do respectivo endosso pela seguradora; b) o seguro-garantia continuará em vigor mesmo se o contratado não tiver pago o prêmio nas datas convencionadas. Aqui, a imposição legal de manutenção da vigência do seguro-garantia mesmo na hipótese de inadimplemento do prêmio pelo segurado pode gerar efeitos negativos à contratação pública. Em razão do aumento dos riscos nos contratos de seguro, a citada exigência pode afastar o interesse das seguradoras ou incrementar demasiadamente o valor dos seguros e, por consequência, dos contratos celebrados com a Administração Pública.[25]

Nas contratações de obras, serviços e fornecimentos, a garantia poderá ser de até 5% do valor inicial do contrato, autorizada a majoração desse percentual para até 10%, desde que justificada mediante análise da complexidade técnica e dos riscos envolvidos (art. 98 da Lei 14.133/2021).[26]

A garantia prestada pelo contratado será liberada ou restituída após a fiel execução do contrato ou após sua extinção por culpa exclusiva da Administração, e, quando em dinheiro, atualizada monetariamente (art. 100 da Lei 14.133/2021).

Nos casos de contratos que impliquem entrega de bens pela Administração, dos quais o contratado ficará depositário, ao valor da garantia deverá ser acrescido o valor desses bens (art. 101 da Lei 14.133/2021). As disposições contidas nos arts. 100 e 101 da atual Lei de Licitações são similares àquelas encontradas no art. 56, §§ 4.º e 5.º, da Lei 8.666/1993.

Na contratação de obras e serviços de engenharia, o edital poderá exigir a prestação da garantia na modalidade seguro-garantia e prever a obrigação da seguradora de, em caso de inadimplemento pelo contratado, assumir a execução e concluir o objeto do contrato, hipótese em que (art. 102 da Lei 14.133/2021): a) a seguradora deverá firmar o contrato, inclusive os aditivos, como interveniente anuente, e poderá: a.1) ter livre acesso às instalações em que for executado o contrato principal; a.2) acompanhar a execução do contrato principal; a.3) ter acesso a auditoria técnica e contábil; a.4) requerer esclarecimentos ao responsável técnico pela obra ou pelo fornecimento; b) é autorizada a emissão de empenho em nome da seguradora, ou a quem ela indicar para a conclusão do contrato, desde que demonstrada sua regularidade fiscal; c) a seguradora poderá subcontratar a conclusão do contrato, total ou parcialmente.

---

[25] Nos contratos de execução continuada ou de fornecimento contínuo de bens e serviços, será permitida a substituição da apólice de seguro-garantia na data da renovação ou do aniversário, desde que mantidas as mesmas condições e coberturas da apólice vigente e desde que nenhum período fique descoberto, ressalvado o disposto no § 2.º do art. 95 da Lei (art. 97, parágrafo único).

[26] Aqui é possível perceber que a atual Lei de Licitações manteve, em regra, a sistemática do art. 56, §§ 2.º e 3.º, da Lei 8.666/1993, fixando o limite de 5%, com a possibilidade, em casos de complexidade técnica e riscos maiores, do aumento da garantia para até 10% do valor inicial do contrato. Contudo, ao contrário da legislação anterior, a atual Lei de Licitações permite a fixação de percentual maior para garantia nas contratações de obras e serviços de engenharia de grande vulto. Nesses casos, poderá ser exigida a prestação de garantia, na modalidade seguro-garantia, com cláusula de retomada prevista no art. 102 da Lei, em percentual equivalente a até 30% do valor inicial do contrato (art. 99 da Lei 14.133/2021). Registre-se que nas contratações de serviços e fornecimentos contínuos com vigência superior a 1 ano, assim como nas subsequentes prorrogações, será utilizado o valor anual do contrato para definição e aplicação dos referidos percentuais (art. 98, parágrafo único, da Lei 14.133/2021).

Na hipótese de inadimplemento do contratado, serão observadas as seguintes regras (art. 102, parágrafo único): a) caso a seguradora execute e conclua o objeto do contrato, estará isenta da obrigação de pagar a importância segurada indicada na apólice; e b) caso a seguradora não assuma a execução do contrato, pagará a integralidade da importância segurada indicada na apólice.

Verifica-se, portanto, que a Lei 14.133/2021 trata do seguro-garantia, na modalidade de *performance bond* (garantia de desempenho contratual), segundo o qual a seguradora assume o dever de adimplir as obrigações contratuais, diretamente ou mediante a contratação de terceiros, na hipótese de inadimplemento do contrato administrativo.

A estipulação de seguro-garantia, com a obrigação da seguradora de assumir a execução e concluir o objeto do contrato (*step in rights*), demonstra a preocupação com o efetivo cumprimento do contrato e a finalização das obras públicas.[27] É certo que a previsão do seguro-garantia (*performance bond*) na contratação de obras e serviços de engenharia contratos acarreta aumento dos custos dos contratos administrativos, mas, quando bem planejado, pode servir como importante instrumento de superação do problema das obras públicas não concluídas em razão do inadimplemento contratual.

### 18.5.3 Alocação de riscos

A Lei 14.133/2021, em seu art. 103, admite a repartição de riscos nos contratos administrativos, com a previsão de matriz de alocação de riscos, alocando-os entre contratante e contratado mediante indicação daqueles a serem assumidos pelo setor público ou pelo setor privado ou daqueles a serem compartilhados.[28]

A alocação de riscos considerará, em compatibilidade com as obrigações e os encargos atribuídos às partes no contrato, a natureza do risco, o beneficiário das prestações a que se vincula e a capacidade de cada setor para melhor gerenciá-lo (art. 103, § 1.º). Serão

---

[27] No âmbito das concessões, existe previsão semelhante do *step in rights* por parte dos financiadores e garantidores, na forma do art. 5.º, § 2.º, I, da Lei 11.079/2004: "Art. 5.º (...) § 2.º Os contratos poderão prever adicionalmente: I – os requisitos e condições em que o parceiro público autorizará a transferência do controle ou a administração temporária da sociedade de propósito específico aos seus financiadores e garantidores com quem não mantenha vínculo societário direto, com o objetivo de promover a sua reestruturação financeira e assegurar a continuidade da prestação dos serviços, não se aplicando para este efeito o previsto no inciso I do parágrafo único do art. 27 da Lei nº 8.987, de 13 de fevereiro de 1995".

[28] A matriz de riscos, conforme dispõe o art. 6.º, XXVII, da Lei de Licitações, é a "cláusula contratual definidora de riscos e de responsabilidades entre as partes e caracterizadora do equilíbrio econômico-financeiro inicial do contrato, em termos de ônus financeiro decorrente de eventos supervenientes à contratação, contendo, no mínimo, as seguintes informações: a) listagem de possíveis eventos supervenientes à assinatura do contrato que possam causar impacto em seu equilíbrio econômico-financeiro e previsão de eventual necessidade de prolação de termo aditivo por ocasião de sua ocorrência; b) no caso de obrigações de resultado, estabelecimento das frações do objeto com relação às quais haverá liberdade para os contratados inovarem em soluções metodológicas ou tecnológicas, em termos de modificação das soluções previamente delineadas no anteprojeto ou no projeto básico; c) no caso de obrigações de meio, estabelecimento preciso das frações do objeto com relação às quais não haverá liberdade para os contratados inovarem em soluções metodológicas ou tecnológicas, devendo haver obrigação de aderência entre a execução e a solução predefinida no anteprojeto ou no projeto básico, consideradas as características do regime de execução no caso de obras e serviços de engenharia." A matriz de riscos será obrigatória nas contratações de obras e serviços de grande vulto, bem como nos regimes de contratação integrada e semi-integrada, na forma dos arts. 6.º, XXII, e 22, § 3.º.

preferencialmente transferidos ao contratado os riscos que tenham cobertura oferecida por seguradoras (art. 103, § 2.º).

Entendemos que a solução adotada pela Lei 14.133/2021, nos §§ 1.º e 2.º do art. 103, foi adequada. A imputação dos riscos para a parte que possui melhores condições de gerenciá-los refletirá, naturalmente, na maior segurança jurídica e economicidade da contratação.[29] Isso porque a alocação dos riscos contratuais será quantificada para fins de projeção dos reflexos de seus custos no valor estimado da contratação (art. 103, § 3.º).

A matriz de alocação de riscos definirá o equilíbrio econômico-financeiro inicial do contrato em relação a eventos supervenientes e deverá ser observada na solução de eventuais pleitos das partes (art. 103, § 4.º). Sempre que forem atendidas as condições do contrato e da matriz de alocação de riscos, considera-se mantido equilíbrio econômico-financeiro, renunciando as partes aos pleitos de reequilíbrio relacionados aos riscos assumidos, exceto no que se refere (art. 103, § 5.º): a) às alterações unilaterais determinadas pela Administração; e b) ao aumento ou à redução, por legislação superveniente, dos tributos diretamente pagos pelo contratado em decorrência do contrato.

## 18.6 CLÁUSULAS EXORBITANTES

Os contratos administrativos são caracterizados pelo desequilíbrio das partes, uma vez que as cláusulas exorbitantes, previstas no art. 104 da Lei 14.133/2021, conferem prerrogativas à Administração e sujeições ao contratado, independentemente de previsão editalícia ou contratual.

Registre-se a inadmissibilidade de cláusulas exorbitantes em desfavor da Administração Pública[30] e nos negócios jurídicos celebrados entre entidades integrantes da Administração Pública, em razão do princípio da igualdade federativa (arts. 18 e 19, III, da CRFB).[31]

É importante salientar que o exercício de prerrogativas por parte da Administração no âmbito dos contratos administrativos dependerá de decisão motivada e ampla defesa e contraditório.

Conforme dispõe o art. 104 da Lei 14.133/2021, a Administração Pública possui as seguintes prerrogativas nos contratos administrativos: a) modificação unilateral para melhor adequação às finalidades de interesse público, respeitados os direitos do contratado; b) extinção unilateral; c) fiscalização da execução; d) aplicação de sanções motivadas pela inexecução total ou parcial do ajuste; e e) ocupação provisória de bens móveis e imóveis, pessoal e serviços vinculados ao objeto do contrato, nas hipóteses de: e.1) risco à prestação de serviços essenciais; e.2) necessidade de acautelar apuração administrativa de faltas contratuais pelo contratado, inclusive após rescisão do contrato.

---

[29] Em relação aos contratos de concessão comum e especial (PPP), o Enunciado 28 da I Jornada de Direito Administrativo realizada pelo Centro de Estudos Judiciários do Conselho da Justiça Federal (CEJ/CJF) dispõe: "Na fase interna da licitação para concessões e parcerias público-privadas, o Poder Concedente deverá indicar as razões que o levaram a alocar o risco no concessionário ou no Poder Concedente, tendo como diretriz a melhor capacidade da parte para gerenciá-lo."

[30] De acordo com o Súmula 205 do TCU: "É inadmissível, em princípio, a inclusão, nos contratos administrativos, de cláusula que preveja, para o Poder Público, multa ou indenização, em caso de rescisão".

[31] TCU, Acórdão 1.953/2018 Plenário, Representação, Rel. Min. Benjamin Zymler, 22.08.2018, *Informativo de Jurisprudência sobre Licitações e Contratos do TCU* n. 353.

As cláusulas econômico-financeiras e monetárias dos contratos não poderão ser alteradas sem prévia concordância do contratado (art. 104, § 1.º). Na hipótese em que a Administração alterar unilateralmente o contrato, as cláusulas econômico-financeiras do contrato deverão ser revistas para que se mantenha o equilíbrio contratual (art. 104, § 2.º).

É possível apontar duas espécies de alteração unilateral, a saber: **a) alteração qualitativa** (art. 124, I, *a*): alteração do projeto ou das especificações, para melhor adequação técnica aos seus objetivos; ou **b) alteração unilateral quantitativa** (art. 124, I, *b*): alteração da quantidade do objeto contratual, nos limites permitidos pela Lei.

Existem requisitos que devem ser observados na alteração unilateral, tais como:

a) **necessidade de motivação**;
b) **a alteração deve decorrer de fato superveniente à contratação (desconhecido no momento da contratação)**, pois no momento da instauração da licitação a Administração efetivou a delimitação do objeto contratual, o que condicionou a apresentação das propostas pelos licitantes;
c) **impossibilidade de descaracterização do objeto contratual** (ex.: não se pode alterar um contrato de compra de materiais de escritório para transformá-lo em contrato de obra pública);
d) **necessidade de preservação do equilíbrio econômico-financeiro do contrato**;
e) **apenas as cláusulas regulamentares (ou de serviço) podem ser alteradas unilateralmente**, mas não as cláusulas econômicas (financeiras ou monetárias), na forma do art. 104, § 1.º, da Lei 14.133/2021 (ex.: a Administração pode alterar o contrato para exigir a construção de 120 casas populares, em vez de 100 casas, inicialmente previstas quando da assinatura do contrato; pode ser alterado contrato de pavimentação de 100 km de determinada rodovia para se estender a pavimentação por mais 10 km);
f) **os efeitos econômicos da alteração unilateral das cláusulas regulamentares devem respeitar os percentuais previstos no art. 125 da Lei 14.133/2021:** nas alterações unilaterais qualitativas e quantitativas,[32] o contratado será obrigado a aceitar, nas mesmas condições contratuais, acréscimos ou supressões de até 25% do valor inicial atualizado do contrato que se fizerem nas obras, nos serviços ou nas compras, e, no caso de reforma de edifício ou de equipamento, o limite para os acréscimos será de 50%.

---

[32] Antes da promulgação da Lei 14.133/2021, havia controvérsia doutrinária sobre o alcance do referido limite, que estava previsto no art. 65, § 1.º, da Lei 8.666/1993. Enquanto parcela da doutrina sustentava a aplicação dos limites apenas às alterações unilaterais quantitativas, outra corrente doutrinária defendia a aplicação dos limites para quaisquer alterações unilaterais, inclusive as qualitativas. De nossa parte, sempre sustentamos, inclusive nas edições anteriores do presente livro, a aplicação dos limites às alterações unilaterais qualitativas e quantitativas, em razão dos princípios da segurança jurídica, da boa-fé, da economicidade, da razoabilidade, entre outros. Com a redação do art. 125 da Lei 14.133/2021, a polêmica deve acabar, uma vez que o referido dispositivo, ao estabelecer os limites, faz referência ao art. 124, I, do mesmo diploma legal, que trata das duas espécies de alteração unilateral. Frise-se, ainda, que, nos contratos celebrados durante a decretação de estado de calamidade pública, o art. 14 da Lei 14.981/2024 autoriza a estipulação de cláusula que permita acréscimos ou supressões, limitados a 50% do valor inicial atualizado do contrato.

Em relação ao regime jurídico das cláusulas exorbitantes contido na Lei 14.133/2021, entendemos que o legislador perdeu uma oportunidade de avançar no tratamento e na relativização dessas cláusulas.

Ao contrário do entendimento convencional majoritário, que define as cláusulas exorbitantes como inerentes aos contratos administrativos, ainda que não haja previsão contratual, sustentamos que a implementação das referidas cláusulas dependeria de expressa previsão contratual e de análise motivada por parte da Administração Pública.

Ao positivar tratamento normativo semelhante ao fixado no art. 58 da Lei 8.666/1993, o art. 104 da Lei 14.133/2021 abre caminho para manutenção do entendimento tradicional que sustenta a aplicação automática das cláusulas exorbitantes aos contratos administrativos, independentemente de previsão contratual.

Contudo, nada impede a apresentação de uma visão crítica ao entendimento tradicional, com a relativização da tese da aplicação automática das cláusulas exorbitantes, com fundamento nos seguintes argumentos:[33]

a) relativização do princípio da supremacia do interesse público sobre o privado: o interesse público e os direitos fundamentais não são necessariamente colidentes e não são hierarquizados pela Constituição Federal;

b) princípios da segurança jurídica, da eficiência e da economicidade: as prerrogativas unilaterais em favor do Estado desequilibram a relação contratual, gerando insegurança e risco ao particular que, naturalmente, embutirá o risco incerto em sua proposta apresentada durante o procedimento licitatório, elevando o preço a ser cobrado do Poder Público.

A partir da interpretação aqui sugerida, as cláusulas exorbitantes dependeriam de previsão expressa no instrumento contratual, cabendo ao Poder Público motivar a sua inserção no ajuste.[34] Frise-se que a inaplicabilidade das cláusulas exorbitantes aos contratos administrativos não coloca em risco o atendimento do interesse público, pois, na hipótese de alteração da situação fática no curso do contrato que exija alteração das regras pactuadas, poderia a Administração Pública promover a alteração consensual do ajuste ou, em caso de impossibilidade, efetuar nova contratação, eventualmente com dispensa de licitação, se a hipótese, por óbvio, estiver inserida no rol do art. 75 da Lei 14.133/2021.

---

[33] Sobre o tema, vide trabalho de nossa autoria: OLIVEIRA, Rafael Carvalho Rezende. A releitura do direito administrativo à luz do pragmatismo jurídico. *RDA*, v. 256, p. 129-163, jan.-abr. 2011.

[34] Nesse sentido, Diogo de Figueiredo Moreira Neto propõe a flexibilização das cláusulas exorbitantes que seriam incluídas discricionariamente em cada contrato administrativo. Com o intuito de se reforçarem a legitimidade e a segurança jurídica do particular, a técnica da flexibilização proposta pelo autor é conjugada com a "**teoria da dupla motivação**", por meio da qual a Administração deve, em primeiro lugar, motivar a adoção ou o afastamento em tese da cláusula exorbitante nos contratos administrativos e, em segundo lugar, motivar a utilização concreta de determinada cláusula exorbitante prevista contratualmente (MOREIRA NETO, Diogo de Figueiredo. O futuro das cláusulas exorbitantes nos contratos administrativos. In: ARAGÃO, Alexandre Santos de; MARQUES NETO, Floriano de Azevedo (Coord.). *Direito administrativo e seus novos paradigmas*. Belo Horizonte: Fórum, 2008. p. 581-582 e 586).

Por fim, existem outras prerrogativas administrativas na legislação, tal como ocorre no art. 139 da Lei 14.133/2021 que, ao dispor sobre a extinção unilateral do contrato pela Administração, admite as seguintes medidas, sem prejuízo da aplicação das sanções legais: a) assunção imediata do objeto do contrato, no estado e local em que se encontrar, por ato próprio da Administração; b) ocupação e utilização do local, das instalações, dos equipamentos, do material e do pessoal empregados na execução do contrato e necessários a sua continuidade;[35] c) execução da garantia contratual, para: c.1) ressarcimento da Administração Pública por prejuízos decorrentes da não execução; c.2) pagamento de verbas trabalhistas, fundiárias e previdenciárias, quando cabível; c.3) pagamento de valores das multas devidas à Administração Pública; c.4) exigência da assunção da execução e conclusão do objeto do contrato pela seguradora, quando cabível; e d) retenção dos créditos decorrentes do contrato até o limite dos prejuízos causados à Administração Pública e das multas aplicadas.

## 18.7 EQUILÍBRIO ECONÔMICO-FINANCEIRO DOS CONTRATOS

O princípio da manutenção do equilíbrio econômico-financeiro do contrato encontra-se consagrado no art. 37, XXI, da CRFB, que estabelece a necessidade de manutenção das "condições efetivas da proposta" vencedora na licitação ou na contratação direta.

A equação econômica é definida no momento da apresentação da proposta (e não da assinatura do contrato) e leva em consideração os encargos do contratado e o valor pago pela Administração, devendo ser preservada durante toda a execução do contrato.

É importante ressaltar que o princípio da manutenção do equilíbrio econômico-financeiro pode ser invocado tanto pelo particular (contratado) quanto pelo Poder Público (contratante). Assim, por exemplo, na hipótese de aumento de custos contratuais, em virtude de situações não imputadas ao contratado, o Poder Público deverá majorar o valor a ser pago pela execução do contrato ao contratado. Ao contrário, se os custos contratuais diminuírem, o Poder Público deverá minorar os valores a serem pagos ao contratado.[36]

A legislação consagra diversos mecanismos para evitar o desequilíbrio dessa equação econômica no curso do contrato, com destaque para o reajuste, a revisão, a atualização financeira e a repactuação.

É relevante notar que a extinção do contrato não configura óbice para o reconhecimento do desequilíbrio econômico-financeiro requerido durante sua vigência, hipótese em que será concedida indenização por meio de termo indenizatório (art. 131 da Lei 14.133/2021). Nesse caso, o pedido de restabelecimento do equilíbrio econômico-finan-

---

[35] A assunção imediata do objeto do contrato e a ocupação, previstas nas alíneas *a* e *b* acima, ficam a critério da Administração, que poderá dar continuidade à obra ou ao serviço por execução direta ou indireta (art. 139, § 1.º). A efetivação da ocupação deve ser precedida de autorização expressa do ministro de Estado, secretário estadual ou secretário municipal competente, conforme o caso (art. 139, § 2.º).

[36] No mesmo sentido: NIEBUHR, Joel de Menezes. *Licitação pública e contrato administrativo*. 2. ed. Belo Horizonte: Fórum, 2011. p. 883; FIGUEIREDO, Lúcia Valle. Contratos administrativos: a equação econômico-financeira do contrato de concessão. Aspectos pontuais. *Direito público*: estudos. Belo Horizonte: Fórum, 2007. p. 113.

ceiro deve ser formulado durante a vigência do contrato e antes de eventual prorrogação nos termos do art. 106 (art. 131, parágrafo único, da referida Lei).

### 18.7.1 Reajuste

O reajuste é cláusula necessária dos contratos administrativos cujo objetivo é preservar o valor do contrato em razão da inflação. Independentemente do prazo de execução do contrato, é obrigatória a previsão no edital de índice de reajustamento de preço com data-base vinculada à data do orçamento estimado, com a possibilidade de ser estabelecido mais de um índice específico ou setorial, em conformidade com a realidade de mercado dos respectivos insumos (art. 25, § 7.º e art. 92, V e § 3.º, da Lei 14.133/2021).

Em virtude da previsibilidade das oscilações econômicas que acarretarão desequilíbrio no contrato, as partes elegem, previamente, determinado índice que atualizará automaticamente o ajuste (ex.: IGP-M, IPCA).

O reajuste possui periodicidade anual e deve ser estipulado por "índices de preços gerais, setoriais ou que reflitam a variação dos custos de produção ou dos insumos utilizados nos contratos" (art. 2.º, § 1.º, da Lei 10.192/2001).[37]

Ressalte-se, contudo, que a periodicidade anual do reajuste deve levar em consideração a data de apresentação da proposta ou do orçamento a que a proposta se referir (art. 25, § 7.º e art. 92, V e § 3.º, da Lei 14.133/2021; e art. 3.º, § 1.º, da Lei 10.192/2001).[38] Dessa forma, o prazo de 12 meses para o reajustamento não é contado da assinatura do contrato, o que permite concluir que o reajuste é possível mesmo nos contratos com prazo inferior a um ano (ex.: licitante apresenta a proposta vencedora em maio de 2020, mas o contrato, com prazo de dez meses, é assinado em agosto de 2020. Em maio de 2021, o licitante poderá pleitear o reajuste).[39] É possível, inclusive, que o reajuste ocorra antes

---

[37] "Art. 2.º É admitida estipulação de correção monetária ou de reajuste por índices de preços gerais, setoriais ou que reflitam a variação dos custos de produção ou dos insumos utilizados nos contratos de prazo de duração igual ou superior a um ano. § 1.º É nula de pleno direito qualquer estipulação de reajuste ou correção monetária de periodicidade inferior a um ano."

[38] Lei 14.133/2021: "art. 25 (...) § 7.º Independentemente do prazo de duração do contrato, será obrigatória a previsão no edital de índice de reajustamento de preço, com data-base vinculada à data do orçamento estimado e com a possibilidade de ser estabelecido mais de um índice específico ou setorial, em conformidade com a realidade de mercado dos respectivos insumos"; e "art. 92. São necessárias em todo contrato cláusulas que estabeleçam: (...) V – o preço e as condições de pagamento, os critérios, a data-base e a periodicidade do reajustamento de preços e os critérios de atualização monetária entre a data do adimplemento das obrigações e a do efetivo pagamento; (...) § 3.º Independentemente do prazo de duração, o contrato deverá conter cláusula que estabeleça o índice de reajustamento de preço, com data-base vinculada à data do orçamento estimado, e poderá ser estabelecido mais de um índice específico ou setorial, em conformidade com a realidade de mercado dos respectivos insumos."; Lei 10.192/2001: "Art. 3.º Os contratos em que seja parte órgão ou entidade da Administração Pública direta ou indireta da União, dos Estados, do Distrito Federal e dos Municípios, serão reajustados ou corrigidos monetariamente de acordo com as disposições desta Lei, e, no que com ela não conflitarem, da Lei n.º 8.666, de 21 de junho de 1993. § 1.º A periodicidade anual nos contratos de que trata o caput deste artigo será contada a partir da data limite para apresentação da proposta ou do orçamento a que essa se referir".

[39] Nesse sentido: JUSTEN FILHO, Marçal. Comentários à Lei de Licitações e Contratos Administrativos. 9. ed. São Paulo: Dialética, 2002. p. 462; GARCIA, Flávio Amaral. Licitações e contratos administrativos. 3. ed. Rio de Janeiro: Lumen Juris, 2010. p. 276-277; MOREIRA, Egon Bockmann; GUIMARÃES, Fernando Vernalha. Licitação pública: A Lei Geral de Licitação – LGL e o Regime Diferenciado de Contratação – RDC. São Paulo: Malheiros, 2012. p. 171.

da assinatura do contrato, desde que ultrapassado o prazo de 12 meses da apresentação da proposta.[40]

Se o edital e o contrato não estabelecerem a cláusula do reajuste, considera-se irreajustável o valor da proposta. A matéria se insere nos direitos disponíveis das partes e a inflação não é um fato imprevisível, razão pela qual seria vedada a invocação da teoria da imprevisão para atualizar o valor do contrato. Ademais, os licitantes, quando apresentaram suas propostas, tomaram ciência do edital e da minuta do contrato e, portanto, aquiesceram com os seus termos, inserindo em suas propostas o "custo" da ausência do reajuste. A concessão do reajuste violaria os princípios da isonomia e da vinculação ao instrumento convocatório.[41]

Não há necessidade de formalização de termo aditivo para efetivação do reajustamento, que pode ser implementado por mero apostilamento (art. 136, I, da Lei 14.133/2021).

Em resumo, as características do reajuste são:

a) cláusula contratual;
b) incide sobre as cláusulas econômicas do contrato (valor do contrato);
c) refere-se aos fatos previsíveis;
d) "preserva" o equilíbrio econômico-financeiro do contrato;
e) depende da periodicidade mínima de 12 meses, contados da data-base do orçamento estimado; e
f) é realizado por apostilamento.

### 18.7.2 Revisão

A revisão refere-se aos fatos supervenientes e imprevisíveis (ex.: caso fortuito e força maior) ou previsíveis, mas de consequências incalculáveis (ex.: alteração unilateral do contrato) que desequilibram a equação econômica do contrato (arts. 104, § 2.º, 124, II, *d*, e 130 da Lei 14.133/2021).

Em virtude da impossibilidade de se prever a amplitude do desequilíbrio, constatado o fato superveniente, as partes formalizarão a revisão do contrato para restaurar o equilíbrio perdido.[42]

---

[40] Nesse sentido: FIGUEIREDO, Lúcia Valle. Contratos administrativos: a equação econômico-financeira do contrato de concessão. Aspectos pontuais. *Direito público*: estudos. Belo Horizonte: Fórum, 2007. p. 112; TCU, Plenário, Acórdão 474/2005, Rel. Min. Augusto Sherman Cavalcanti, *DOU* 09.05.2005.

[41] Nesse sentido, a partir da legislação anterior à Lei 14.133/2021: CARVALHO FILHO, José dos Santos. *Manual de direito administrativo*. 22. ed. Rio de Janeiro: Lumen Juris, 2009. p. 192; GARCIA, Flávio Amaral. *Licitações e contratos administrativos*. 3. ed. Rio de Janeiro: Lumen Juris, 2010. p. 279-281; SOUTO, Marcos Juruena Villela. *Direito administrativo contratual*. Rio de Janeiro: Lumen Juris, 2004. p. 334. Sobre o tema, confira-se, ainda, importante decisão do STJ: "Processual civil e administrativo. Contrato administrativo. Reajuste de preços. Ausência de autorização contratual. Descabimento. 1. O reajuste do contrato administrativo é conduta autorizada por lei e convencionada entre as partes contratantes que tem por escopo manter o equilíbrio financeiro do contrato. 2. Ausente previsão contratual, resta inviabilizado o pretendido reajustamento do contrato administrativo. 3. Recurso especial conhecido em parte e, nessa parte, não provido" (REsp 730.568/SP, Rel. Min. Eliana Calmon, 2.ª Turma, *DJ* 26.09.2007, p. 202). Marçal Justen Filho, por sua vez, sustenta que a ausência de cláusula de reajuste não importa exclusão do direito à recomposição de preços (*Comentários à Lei de Licitações e Contratos Administrativos*. 9. ed. São Paulo: Dialética, 2002. p. 380).

[42] Discute-se a possibilidade de revisão dos contratos administrativos no caso em que os salários dos empregados da contratada foram alterados por acordo ou convenção coletiva de trabalho. O STJ não tem admitido a revisão

A revisão representa um direito do contratado e um dever do Estado que deve ser observado independentemente de previsão contratual sempre na hipótese em que for constatado o desequilíbrio do ajuste.[43]

Da mesma forma, a revisão, ao contrário do reajuste, não incide apenas em relação às cláusulas econômicas ou de preço, mas, também, em relação às cláusulas regulamentares (ex.: revisão para prorrogar o prazo de execução do contrato).[44]

A revisão contratual deve ser implementada por meio de termo aditivo, uma vez que não está inserida nas hipóteses de apostilamento indicadas no art. 136 da Lei 14.133/2021.

Em suma, as características da revisão são:

a) decorre diretamente da lei (incide independentemente de previsão contratual);
b) incide sobre qualquer cláusula contratual (cláusulas regulamentares ou econômicas);
c) refere-se aos fatos imprevisíveis ou previsíveis, mas de consequências incalculáveis;
d) "restaura" o equilíbrio econômico-financeiro do contrato;
e) não depende de periodicidade mínima; e
f) é realizada por termo aditivo.

### 18.7.3 Atualização monetária

A atualização monetária, assim como o reajuste, tem o objetivo de preservar o valor do contrato em razão da inflação. O art. 92, V, da Lei 14.133/2021, que trata das cláusulas necessárias do contrato administrativo, prevê a necessidade de cláusula para dispor sobre "os critérios de atualização monetária entre a data do adimplemento das obrigações e a do efetivo pagamento".

Assim como ocorre com o reajustamento, não há necessidade de termo aditivo para implementação da atualização monetária, admitindo-se a sua efetivação por apostilamento (art. 136, II, da Lei 14.133/2021).

### 18.7.4 Repactuação

A repactuação, na forma do art. 6.º, LIX, da Lei 14.133/2021, pode ser considerada uma "forma de manutenção do equilíbrio econômico-financeiro de contrato utilizada para

---

dos contratos nessa hipótese, pois o dissídio coletivo não é fato imprevisível. Nesse caso, as variações dos salários decorrentes do dissídio estão inseridas no reajuste anual pactuado pelas partes (STJ, 2.ª Turma, REsp 650.613/SP, Rel. Min. João Otávio de Noronha, DJ 23.11.2007, p. 454). A revisão somente seria admitida excepcionalmente quando o dissídio estabelecesse aumentos de salários acima da inflação do período, pois essa consequência não seria prevista pelas partes. Nesse sentido: GARCIA, Flávio Amaral. *Licitações e contratos administrativos*. 3. ed. Rio de Janeiro: Lumen Juris, 2010. p. 281-283.

[43] Nesse sentido dispõe a Orientação Normativa/AGU 22: "O reequilíbrio econômico-financeiro pode ser concedido a qualquer tempo, independentemente de previsão contratual, desde que verificadas as circunstâncias elencadas na letra 'd' do inc. II do art. 65, da Lei n.º 8.666, de 1993".

[44] Nesse sentido: MOREIRA NETO, Diogo de Figueiredo. *Curso de direito administrativo*. 15. ed. Rio de Janeiro: Forense, 2009. p. 192.

serviços contínuos com regime de dedicação exclusiva de mão de obra ou predominância de mão de obra, por meio da análise da variação dos custos contratuais, devendo estar prevista no edital com data vinculada à apresentação das propostas, para os custos decorrentes do mercado, e com data vinculada ao acordo, à convenção coletiva ou ao dissídio coletivo ao qual o orçamento esteja vinculado, para os custos decorrentes da mão de obra".

Nas licitações de serviços contínuos, observado o interregno mínimo de um ano, é obrigatória a previsão no edital do critério de reajustamento, que será (art. 25, § 8.º e art. 92, § 4.º, da Lei 14.133/2021): a) por reajustamento em sentido estrito, quando não houver regime de dedicação exclusiva de mão de obra ou predominância de mão de obra, mediante previsão de índices específicos ou setoriais com data-base vinculada à da apresentação da proposta; b) por repactuação, quando houver regime de dedicação exclusiva de mão de obra ou predominância de mão de obra, mediante demonstração analítica da variação dos custos.

Nesse ponto, a Lei 14.133/2021 mantém a distinção tradicional entre o reajuste em sentido estrito e a repactuação. Ao contrário do reajuste, em que as partes estipulam o índice que reajustará automaticamente o valor do contrato, a repactuação é implementada mediante a demonstração analítica da variação dos componentes dos custos do contrato com dedicação exclusiva ou predominância de mão de obra.[45]

Nos contratos para serviços contínuos com regime de dedicação exclusiva de mão de obra ou com predominância de mão de obra, o prazo para resposta ao pedido de repactuação de preços será preferencialmente de 1 (um) mês, contado da data do fornecimento da documentação prevista no § 6.º do art. 135 da Lei (art. 92, § 6.º).

De acordo com o art. 135 da Lei 14.133/2021, os preços dos contratos para serviços contínuos com regime de dedicação exclusiva de mão de obra ou com predominância de mão de obra serão repactuados para manutenção do equilíbrio econômico-financeiro, mediante demonstração analítica da variação dos custos contratuais, com data vinculada: a) à da apresentação da proposta, para custos decorrentes do mercado; b) ao acordo, à convenção coletiva ou ao dissídio coletivo ao qual a proposta esteja vinculada, para os custos de mão de obra.

A Administração não se vinculará às disposições contidas em acordos, convenções ou dissídios coletivos de trabalho que tratem de matéria não trabalhista, de pagamento de participação dos trabalhadores nos lucros ou resultados do contratado, ou que estabeleçam direitos não previstos em lei, como valores ou índices obrigatórios de encargos sociais ou previdenciários, bem como de preços para os insumos relacionados ao exercício da atividade (art. 135, § 1.º).

É vedado a órgão ou entidade contratante vincular-se às disposições previstas nos acordos, convenções ou dissídios coletivos de trabalho que tratem de obrigações e direitos que somente se aplicam aos contratos com a Administração Pública (art. 135, § 2.º).

---

[45] Sobre o tema, vide: OLIVEIRA, Rafael Carvalho Rezende; HALPERN, Erick. A repactuação nos contratos administrativos: regime jurídico atual e Análise Econômica do Direito. *Revista Brasileira de Direito Público – RBDP*, Belo Horizonte, ano 18, n. 69, p. 33-55, abr.-jun. 2020. Os incisos LVIII e LIX do art. 6.º da Lei de Licitações apresentam as definições de reajustamento em sentido estrito e repactuação.

A repactuação deverá observar o interregno mínimo de 1 (um) ano, contado da data da apresentação da proposta ou da data da última repactuação (art. 135, § 3.º).[46]

Ademais, a repactuação poderá ser dividida em tantas parcelas quanto forem necessárias, observado o princípio da anualidade do reajuste de preços da contratação, podendo ser realizada em momentos distintos para discutir a variação de custos que tenham sua anualidade resultante em datas diferenciadas, como os decorrentes de mão de obra e os decorrentes dos insumos necessários à execução dos serviços (art. 135, § 4.º).[47]

Quando a contratação envolver mais de uma categoria profissional, a repactuação poderá ser dividida em tantos quanto forem os acordos, convenções ou dissídios coletivos de trabalho das categorias envolvidas na contratação (art. 135, § 5.º).[48]

A repactuação será precedida de solicitação do contratado, acompanhada de demonstração analítica da variação dos custos, por meio de apresentação da planilha de custos e formação de preços, ou do novo acordo, convenção ou sentença normativa que fundamenta a repactuação (art. 135, § 6.º). A necessidade de demonstração analítica da variação dos custos contratuais por parte do contratado já consta do *caput* do próprio art. 135 da referida Lei.

De acordo com o art. 136, I, da Lei 14.133/2021, não há necessidade de celebração de termo aditivo para implementação da repactuação contratual, que pode ser registrada por simples apostila.

## 18.8 DURAÇÃO DOS CONTRATOS

A distinção entre os contratos por prazo certo e os contratos por escopo, com reflexos na função do prazo estipulado nos respectivos ajustes, foi consagrada na Lei 14.133/2021. De acordo com o art. 6.º, XVII, da referida Lei, os serviços não contínuos ou contratados por escopo impõem ao contratado o dever de realizar a prestação de um serviço específico em período predeterminado, podendo ser prorrogado, desde que justificadamente, pelo prazo necessário à conclusão do objeto.

De fato, o prazo exerce função distinta nos contratos por prazo certo e nos contratos por escopo (ou objeto).

Nos contratos por prazo certo, o prazo contratual é fundamental para o cumprimento das obrigações contratadas. O contratado cumprirá as suas obrigações até o final do prazo estabelecido no ajuste (ex.: na contratação de serviços de limpeza, a contratada deverá

---

[46] Registre-se que o prazo mínimo de 1 (um) ano e a necessidade de demonstração analítica da variação dos custos constituem exigências previstas no art. 12 do Decreto federal 9.507/2018 e no art. 55 da IN 05/2017 do Ministério do Planejamento, Desenvolvimento e Gestão (MPDG). A Orientação Normativa/AGU 25 prevê: "No contrato de serviço continuado com dedicação exclusiva de mão de obra, o interregno de um ano para que se autorize a repactuação deverá ser contado da data do orçamento a que a proposta se referir, assim entendido o acordo, convenção ou dissídio coletivo de trabalho, para os custos decorrentes de mão de obra, e a data limite para a apresentação da proposta em relação aos demais insumos." Ver, também: TCU, Plenário, Acórdão 1.827/2008, Rel. Min. Benjamin Zymler.

[47] O texto do § 4.º do art. 135 da atual Lei de Licitações assemelha-se ao texto do art. 54, § 2.º, da IN 05/2017 do MPDG.

[48] Previsão semelhante poderia ser encontrada no § 3.º do art. 54 da IN 05/2017 do MPDG.

limpar a repartição pública durante a vigência do prazo contratual). Considera-se extinto o contrato com o advento do termo final.

Por outro lado, nos contratos por escopo, o ajuste será cumprido, independentemente do prazo, com o cumprimento do objeto contratual (ex.: no contrato para construção de determinado prédio público, o ajuste considera-se adimplido com a finalização da construção, independentemente do tempo necessário). Os contratos somente se encerram com a entrega do objeto contratado.

Isso não quer dizer que o tempo não seja importante nessas espécies de contratos. Em verdade, o prazo contratual será fundamental para constatação de eventual mora no cumprimento da obrigação contratual. Ultrapassado o prazo avençado, o contratado continua obrigado a cumprir suas obrigações contratuais, acrescentadas dos ônus do atraso.

Ao dispor sobre o contrato de escopo, o art. 111 da Lei 14.133/2021 estabelece que o prazo de vigência será automaticamente prorrogado quando seu objeto não for concluído no período firmado no contrato, revelando que o prazo não é essencial para caracterização da vigência e da eventual extinção do ajuste, mas, sim, a execução do seu objeto.

Na hipótese de não cumprimento do escopo contratual por culpa do contratado, abrem-se dois caminhos (art. 111, parágrafo único): a) o contratado será constituído em mora, sendo-lhe aplicáveis as respectivas sanções administrativas; ou b) a Administração poderá optar pela extinção do contrato, adotando as medidas admitidas em lei para a continuidade da execução contratual. Na segunda hipótese, apesar da omissão textual, a Administração, ao determinar a extinção do contrato, deverá aplicar, também, as sanções administrativas ao contratado, em razão do seu inadimplemento.

Quanto aos contratos por prazo certo, a duração dos contratos será a prevista em edital, devendo ser observada, no momento da contratação e a cada exercício financeiro, a disponibilidade de créditos orçamentários, bem como a previsão no plano plurianual, quando ultrapassar um exercício financeiro (art. 105 da Lei 14.133/2021).[49]

O intuito do legislador é admitir a contratação apenas nas hipóteses em que a Administração tenha recursos necessários para pagar o contratado, garantindo-se, destarte, responsabilidade e planejamento com os gastos públicos. Desta forma, se os créditos orçamentários estão previstos na lei orçamentária anual (art. 165, III, da CRFB), os contratos possuem, em regra, prazo de até um ano, não podendo ultrapassar o exercício financeiro.[50]

Contudo, existem exceções à regra do prazo anual.

---

[49] Não representa novidade a vinculação da vigência contratual à disponibilidade orçamentária. Trata-se de preocupação que já era identificada no art. 57 da Lei 8.666/1993, como decorrência natural da previsão contida no art. 167, I e II, da CRFB. Lembre-se de que, nas contratações formalizadas durante a decretação de estado de calamidade pública, o art. 15 da Lei 14.981/2024 estabelece o prazo de duração de até um ano, prorrogável por igual período, desde que as condições e os preços permaneçam vantajosos para a Administração Pública, enquanto perdurar a necessidade de enfrentamento da situação de calamidade pública. Nas contratações de obras e de serviços de engenharia com escopo predefinido, o prazo de conclusão do objeto contratual será de, no máximo, três anos, na forma do § 1.º do art. 15 da Lei 14.981/2024. Nos contratos de escopo predefinido, o prazo de vigência será automaticamente prorrogado quando seu objeto não for concluído no período firmado no contrato, em razão do disposto no art. 15, § 2.º, da Lei 14.981/2024 e no art. 111 da Lei 14.133/2021.

[50] De acordo com o art. 34 da Lei 4.320/1964, que institui normas gerais de Direito Financeiro, o exercício financeiro coincidirá com o ano civil (1.º de janeiro até 31 de dezembro).

Nesse sentido, o art. 105 da Lei 14.133/2021 dispõe que os contratos que ultrapassarem um exercício financeiro deverão ter previsão no plano plurianual.

Ademais, admite-se a celebração de contratos com prazo de até 5 (cinco) anos, nas hipóteses de serviços e fornecimentos contínuos, observadas as seguintes diretrizes (art. 106 da Lei 14.133/2021): a) a autoridade competente da entidade contratante deverá atestar a maior vantagem econômica vislumbrada em razão da contratação plurianual; b) a Administração deverá atestar, no início da contratação e de cada exercício, a existência de créditos orçamentários vinculados à contratação e a vantagem em sua manutenção; c) a Administração terá a opção de extinguir o contrato, sem ônus, quando não dispuser de créditos orçamentários para sua continuidade ou quando entender que o contrato não mais lhe oferece vantagem.[51]

A sobredita regra, que admite a fixação de prazo de até 5 (cinco) anos, também é aplicável ao aluguel de equipamentos e à utilização de programas de informática (art. 106, § 2.º).

Os contratos de serviços e fornecimentos contínuos poderão ser renovados sucessivamente, respeitada a vigência máxima decenal, desde que essa possibilidade esteja prevista em edital e que seja atestado pela autoridade competente que as condições e os preços permanecem vantajosos para a Administração, permitida a negociação com o contratado ou a extinção contratual sem ônus para qualquer das partes (art. 107 da Lei 14.133/2021).

O tratamento dispensado pela atual Lei de Licitações aos contratos de serviços e fornecimentos contínuos apresenta novidades importantes em relação ao regime jurídico literalmente indicado na Lei 8.666/1993.

Em primeiro lugar, a Lei 14.133/2021 não se limita a dispor sobre os contratos de serviços contínuos, tal como fazia o art. 57, II, da Lei 8.666/1993, passando a tratar, também, dos contratos de fornecimento contínuo de bens.[52]

Realmente, não fazia sentido admitir contratos com maior duração para prestação de serviços contínuos (ex.: contratos de limpeza, de manutenção, de vigilância) e não permitir o mesmo tratamento para o fornecimento contínuo de bens (ex.: contratos de fornecimento de medicamentos, de material de higiene). A continuidade, presente nos dois objetos licitados, demonstra a necessidade permanente do serviço ou do bem a ser fornecido à Administração Pública, o que revela a previsibilidade de futura disponibilidade orçamentária e justifica a fixação de prazos contratuais maiores, com o intuito de evitar custos desnecessários oriundos da realização anual de licitações para objetos semelhantes, garantindo, ao final, maior economicidade.

Em segundo lugar, a Lei 14.133/2021 prevê que os contratos de serviços e fornecimentos contínuos serão celebrados com prazo de até 5 (cinco) anos, admitindo a sua prorrogação sucessiva até o limite de 10 (dez) anos.

---

[51] Consideram-se serviços e fornecimentos contínuos aqueles contratados pela Administração Pública para a manutenção da atividade administrativa, decorrentes de necessidades permanentes ou prolongadas, na forma do art. 6.º, XV.

[52] O art. 57, II, da Lei 8.666/1993 expressamente mencionava "serviços a serem executados de forma contínua", excluindo da sua incidência as compras. Nesse sentido: JUSTEN FILHO, Marçal. *Comentários à lei de licitações e contratos administrativos*. 18. ed. São Paulo: Thomson Reuters Brasil, 2019. p. 1.209.

Nesse ponto, a Lei 14.133/2021, apesar de consagrar, como regra, o limite de 5 (cinco) anos, inicialmente previsto no art. 57 da Lei 8.666/1993, rompe com o regime jurídico anterior ao admitir que o prazo seja prorrogado e alcance o limite de 10 (dez) anos.[53]

Aliás, a possibilidade de estipulação imediata de prazo de até 5 (cinco) anos nos contratos de serviços contínuos coloca um ponto final na discussão existente na vigência da Lei 8.666/1993.

Isso porque parcela da doutrina sustentava a necessidade de celebração do contrato pelo prazo de até um ano, com as eventuais prorrogações, por iguais e sucessivos períodos, até o limite do prazo quinquenal.[54]

De nossa parte, sempre sustentamos a possibilidade de estipulação, desde logo, de prazo superior a um ano, mas inferior a 5 (cinco) anos, desde que apresentadas as respectivas justificativas, especialmente pela potencial economia de escala gerada pela contratação com prazo alargado e a redução de custos gerada pela desnecessidade de repetição de procedimentos licitatórios para contratações similares.[55]

Com o novo regime jurídico instituído pela Lei 14.133/2021, a polêmica, provavelmente, deve ser superada ou enfraquecida, uma vez que o art. 106 permite a celebração de "contratos com prazo de até 5 (cinco) anos nas hipóteses de serviços e fornecimentos contínuos", com a possibilidade de prorrogações até o limite do prazo decenal, na forma do art. 107.

Isso não significa, contudo, a ausência de cautelas na celebração de contratos de serviços e fornecimentos contínuos. Ao revés, o art. 106 da Lei 14.133/2021 impõe as seguintes exigências: a) a autoridade competente do órgão ou entidade contratante deve atestar a maior vantagem econômica vislumbrada em razão da contratação plurianual; b) no início da contratação e de cada exercício, a Administração contratante deverá atestar a existência de créditos orçamentários vinculados à contratação e a vantagem em sua manutenção; c) a Administração contratante poderá extinguir o contrato, sem ônus, quando não dispuser de créditos orçamentários para sua continuidade ou quando verificar que o contrato não mais lhe oferece vantagem.

---

[53] O art. 57, § 4.º, da Lei 8.666/1993 permitia, em caráter excepcional, mediante justificativa e autorização da autoridade superior, a prorrogação, ao final do quinto ano de vigência, do prazo do contrato de serviços contínuos por até 12 (doze) meses.

[54] Nesse sentido, defendendo a necessidade de que o prazo inicial respeitasse a vigência do crédito orçamentário, sem ultrapassar o dia 31 de dezembro do ano em que o ajuste foi celebrado, vide: NIEBUHR, Joel de Menezes. *Licitação pública e contrato administrativo*. 2. ed. Belo Horizonte: Fórum, 2011. p. 728.

[55] OLIVEIRA, Rafael Carvalho Rezende. *Licitações e contratos administrativos: teoria e prática*. 9. ed. São Paulo: Método, 2020. p. 256. De forma semelhante, vide: JUSTEN FILHO, Marçal. *Comentários à lei de licitações e contratos administrativos*. 18. ed. São Paulo: Thomson Reuters Brasil, 2019. p. 1.210; FURTADO, Lucas Rocha. *Curso de licitações e contratos administrativos*. 3. ed. Belo Horizonte: Fórum, 2010. p. 447. O entendimento consolidado na AGU admitia a estipulação de prazo superior a um ano: Orientação Normativa/AGU 1: "A vigência do contrato de serviço contínuo não está adstrita ao exercício financeiro"; e Orientação Normativa/AGU 38: "Nos contratos de prestação de serviços de natureza continuada deve-se observar que: a) o prazo de vigência originário, de regra, é de até 12 meses; b) excepcionalmente, este prazo poderá ser fixado por período superior a 12 meses nos casos em que, diante da peculiaridade e/ou complexidade do objeto, fique tecnicamente demonstrado o benefício advindo para a administração; e c) é juridicamente possível a prorrogação do contrato por prazo diverso do contratado originariamente".

Em relação ao art. 106, III, da Lei 14.133/2021, a mencionada possibilidade de extinção do contrato, sem ônus, em razão da ausência de orçamento suficiente ou constatação da ausência de vantagem na continuidade da relação contratual, parece desproporcional e ineficiente sob o aspecto econômico.

Isso porque a extinção prematura da avença, por ausência de planejamento administrativo ou por uma decisão baseada no argumento genérico da ausência de vantagem para Administração Pública, incrementa, consideravelmente, o risco do contratado, que não tem como exigir da Administração o cumprimento integral do contrato no prazo inicialmente estipulado.

O aumento do risco, naturalmente, repercute na economia contratual, uma vez que o contratado embutirá esse fator em sua proposta, elevando os preços cobrados da Administração Pública.

É importante destacar que o § 1.º do art. 106 da Lei 14.133/2021, que apresenta redação confusa, prevê que a referida faculdade de extinção, sem ônus, da relação contratual por decisão administrativa somente pode ocorrer "na próxima data de aniversário do contrato e não poderá ocorrer em prazo inferior a 2 (dois) meses, contado da referida data".

Ao que parece, se considerarmos a "data de aniversário" como o momento no qual o ajuste completa um ano de vigência, o legislador, no § 1.º do art. 106, pretendeu impedir que a Administração determine a extinção do contrato nos primeiros 14 meses (um ano + dois meses) de vigência contratual.

Talvez a intenção do legislador seja fixar o prazo de 2 (dois) meses para evitar a extinção abrupta da relação contratual, mas permaneceria o problema da falta do orçamento, que justifica, inclusive, a extinção sem ônus.

Seria possível interpretar que a intenção do legislador teria sido fixar o prazo de 2 (dois) meses, contados retroativamente da "data de aniversário" do contrato, mas essa interpretação não seria lógica ou razoável, uma vez que o dispositivo em comento já teria proibido a extinção, sem ônus, antes da própria "data de aniversário".

De qualquer forma, repita-se, a prerrogativa de extinguir o ajuste, prematuramente, por razões que são imputadas exclusivamente à Administração, sem qualquer ônus, pode gerar, na prática, a permanência da lógica da duração dos contratos de serviços contínuos tradicionalmente prevista no art. 57, II, da Lei 8.666/1993.

Explica-se: o contratado, ao considerar que somente tem a garantia de executar o contrato por um ano e dois meses, levará esse período em consideração na precificação de sua proposta, desconsiderando o período subsequente (a lei, como visto, permite, em regra, o prazo inicial de até cinco anos). Ora, no regime da Lei 8.666/1993, era comum a celebração de contrato de serviços contínuos pelo prazo de 1 (um) ano, com a possibilidade de prorrogações sucessivas até o limite quinquenal. Em termos práticos, o inciso III e o § 1.º do art. 106 da Lei 14.133/2021 acabam com a possibilidade de economia de escala nas contratações com prazos alongados, já que, efetivamente, o contratado não teria o direito de exigir da Administração o respeito ao prazo inicialmente fixado ou indenização na hipótese de extinção prematura por conduta da Administração.

Outras hipóteses de contratação por prazo superior a 1 (um) ano são mencionadas no art. 108 da Lei 14.133/2021. Conforme dispõe o referido comando legal, o contrato poderá ser celebrado com prazo de até 10 (dez) anos em algumas hipóteses que admitem, inclusive, a contratação direta, mediante dispensa de licitação (art. 75, IV, alíneas *f* e *g*, V, VI, XII e XVI), a saber: a) bens ou serviços produzidos ou prestados no País que envolvam, cumulativamente, alta complexidade tecnológica e defesa nacional; b) materiais de uso das Forças Armadas, com exceção de materiais de uso pessoal e administrativo, quando houver necessidade de manter a padronização requerida pela estrutura de apoio logístico dos meios navais, aéreos e terrestres, mediante autorização por ato do comandante da força militar; c) contratação com o objetivo de cumprir os arts. 3.º, 3.º-A, 4.º, 5.º e 20 da Lei 10.973/2004, observados os princípios gerais de contratação constantes da referida Lei; d) contratação que possa acarretar comprometimento da segurança nacional, nos casos estabelecidos pelo Ministro de Estado da Defesa, mediante demanda dos comandos das Forças Armadas ou dos demais ministérios; e) contratação em que houver transferência de tecnologia de produtos estratégicos para o Sistema Único de Saúde (SUS), conforme elencados em ato da direção nacional do SUS, inclusive por ocasião da aquisição desses produtos durante as etapas de absorção tecnológica, e em valores compatíveis com aqueles definidos no instrumento firmado para a transferência de tecnologia; e f) aquisição, por pessoa jurídica de direito público interno, de insumos estratégicos para a saúde produzidos por fundação que, regimental ou estatutariamente, tenha por finalidade apoiar órgão da Administração Pública direta, sua autarquia ou fundação em projetos de ensino, pesquisa, extensão, desenvolvimento institucional, científico e tecnológico e de estímulo à inovação, inclusive na gestão administrativa e financeira necessária à execução desses projetos, ou em parcerias que envolvam transferência de tecnologia de produtos estratégicos para o SUS, nos termos do inciso XII do *caput* deste artigo, e que tenha sido criada para esse fim específico em data anterior à entrada em vigor da atual Lei de Licitações, desde que o preço contratado seja compatível com o praticado no mercado.

Nas contratações que gerem receita e nos contratos de eficiência que gerem economia para a Administração, o prazo será de (art. 110 da Lei 14.133/2021): a) até 10 (dez) anos, nos contratos sem investimentos; b) até 35 (trinta e cinco), nos contratos com investimentos, assim considerados aqueles que implicam a elaboração de benfeitorias permanentes, realizadas exclusivamente às expensas do contratado, que serão revertidas ao patrimônio da Administração Pública ao término do contrato.

Conforme já destacado, no contrato de escopo predefinido, o prazo de vigência será automaticamente prorrogado quando seu objeto não for concluído no período pactuado e se o descumprimento for imputado ao contratado, o ajuste poderá continuar, com a caracterização da mora e a aplicação das respectivas sanções administrativas, ou ser extinto pela Administração, que adotará as medidas necessárias para a execução do escopo (art. 111, *caput* e parágrafo único).

Outra exceção ao prazo anual refere-se ao contrato firmado sob o regime de fornecimento ou prestação de serviço associado que terá sua vigência máxima definida pela soma do prazo relativo ao fornecimento inicial ao prazo relativo ao serviço de operação e manutenção, este limitado ao prazo de 5 (cinco) anos contados da data de recebimento do objeto inicial, autorizada a prorrogação na forma do art. 107 (art. 113 da Lei 14.133/2021).

Mencione-se, ainda, o contrato, com previsão de operação continuada de sistemas estruturantes de tecnologia da informação, que poderá ter vigência máxima de 15 (quinze) anos (art. 114 da Lei 14.133/2021).

Assim como sustentamos na vigência da Lei 8.666/1993, entendemos que, no contexto da Lei 14.133/2021, a vinculação da duração do contrato à vigência dos créditos orçamentários aplica-se exclusivamente aos casos em que a Administração tenha a obrigação de pagar o contratado com recursos orçamentários. Em consequência, a regra do prazo anual é inaplicável às contratações que não dependem de recursos orçamentários, bem como às hipóteses ressalvadas por leis específicas. Exemplificativamente, podem ser citados alguns contratos em que o prazo pode ser superior a um ano: concessão de serviço público (Lei 8.987/1995), pois a remuneração do concessionário é efetivada, em regra, por meio de tarifa; contrato de concessão de uso de bem público e outros em que o Poder Público é credor dos valores que devem ser pagos pelo contratado.

É relevante mencionar que os prazos contratuais previstos no novo diploma legal das licitações não excluem ou revogam os prazos contratuais dispostos em lei especial (art. 112 da Lei 14.133/2021).

Não obstante a regra das contratações por prazo determinado, admite-se a contratação por prazo indeterminado nos casos em que a Administração seja usuária de serviço público oferecido em regime de monopólio, desde que comprovada, a cada exercício financeiro, a existência de créditos orçamentários vinculados à contratação (art. 109 da Lei 14.133/2021).[56]

Por fim, a Lei 14.133/2021 não estabeleceu tratamento detalhado sobre a prorrogação dos contratos administrativos, limitando-se a tratar do tema juntamente com a definição da duração dos contratos administrativos (arts. 105 a 114).

A regra é a licitação e a exceção é a prorrogação dos contratos. A continuidade da relação contratual, efetivada por meio da alteração do prazo inicial de vigência, evita a realização de nova licitação para celebração de novo contrato. Portanto, a prorrogação somente será válida se respeitar as exigências legais.

A prorrogação dos contratos administrativos deve cumprir os seguintes requisitos:[57] (i) justificativa por escrito; (ii) autorização da autoridade competente para celebração do contrato; (iii) manutenção das demais cláusulas do contrato; (iv) necessidade de manu-

---

[56] Tradicionalmente, na vigência da Lei 8.666/1993, o TCU admitia a celebração de alguns contratos privados por prazo indeterminado, notadamente o contrato de locação: "Os prazos estabelecidos no art. 57 da Lei 8.666/1993 não se aplicam aos contratos de locação, por força do que dispõe o art. 62, § 3.º, inciso I, da mesma lei" (TCU, Plenário, Acórdão 170/05, Rel. Min. Ubiratan Aguiar, *DOU* 10.03.2005). No mesmo sentido: NIEBUHR, Joel de Menezes. *Licitação pública e contrato administrativo*. 2. ed. Belo Horizonte: Fórum, 2011. p. 737-738; Enunciado 22 da Procuradoria do Estado do RJ: "Os contratos de locação de imóveis, nos quais a Administração Pública figure como locatária, podem ser prorrogados por prazo indeterminado, nos termos do art. 56, parágrafo único, da Lei 8.245/1991"; Orientação Normativa/AGU 6: "A vigência do contrato de locação de imóveis, no qual a Administração Pública é locatária, rege-se pelo art. 51 da Lei n.º 8.245, de 1991, não estando sujeita ao limite máximo de sessenta meses, estipulado pelo inc. II do art. 57, da Lei n.º 8.666, de 1993".

[57] De acordo com o TCU, no contexto da Lei 8.666/1993, toda e qualquer prorrogação contratual deve observar, no mínimo, as seguintes exigências: a) existência de previsão para prorrogação no edital e no contrato; b) objeto e escopo do contrato inalterados pela prorrogação; c) interesse da Administração e do contratado declarados expressamente; d) vantagem da prorrogação devidamente justificada nos autos do processo administrativo; e) manutenção das condições de habilitação pelo contratado; e f) preço contratado compatível com o mercado

tenção de equilíbrio econômico-financeiro do contrato; e (v) a prorrogação somente pode ocorrer nos casos expressamente previstos na Lei. Não devem ser admitidas, portanto, as prorrogações automáticas ou tácitas. Em cada caso, o administrador deve decidir pela prorrogação de acordo com as exigências legais.

A prorrogação é consensual (não pode ser imposta pela Administração) e pode ser feita por prazo inferior, igual ou superior ao prazo inicialmente pactuado.

Por fim, alguns autores, como Hely Lopes Meirelles, estabeleciam distinção entre prorrogação dos contratos e renovação dos contratos. A renovação do contrato, compreendida como a "inovação, no todo em parte do ajuste, mantido, porém, seu objeto inicial",[58] teria a finalidade de manter a continuidade do serviço mediante a recontratação direta do atual contratado (ex.: contrato original extinto, havendo, ainda, pequena parte do objeto para ser concluída; necessidade de ampliação não prevista inicialmente no contrato). Todavia, entendemos que a renovação do contrato não configura instituto autônomo, pois nos casos exemplificados teremos novo contrato celebrado sem licitação ou prorrogação/alteração do objeto do contrato em andamento.[59]

## 18.9 INEXECUÇÃO CONTRATUAL

Normalmente, o que se espera das partes contratantes é o cumprimento adequado das obrigações assumidas no ajuste. Todavia, em alguns casos pode haver inexecução total ou parcial do contrato por culpa de uma das partes ou por fatos extraordinários ou imprevisíveis.

### 18.9.1 Inexecução culposa

A inexecução culposa é aquela atribuída à culpa (ou dolo) de uma das partes contratantes.

Na hipótese de inexecução contratual imputada ao inadimplemento do particular, a Administração aplicará as sanções administrativas (art. 156 da Lei 14.133/2021) e, se for o caso, rescindirá unilateralmente o contrato, respeitados, em qualquer caso, os princípios constitucionais da ampla defesa, do contraditório e da proporcionalidade.

Se a culpa for da Administração ("fato da Administração"), a inexecução acarreta a revisão das cláusulas do contrato (prorrogação do prazo contratual, revisão dos valores devidos etc.), com o intuito de preservar o princípio constitucional do equilíbrio econômico-financeiro do contrato, ou a rescisão do ajuste com a indenização do contratado.

#### 18.9.1.1 Exceção de contrato não cumprido (exceptio non adimpleti contractus)

Questão que sempre despertou polêmica refere-se à possibilidade de o contratado suscitar a exceção de contrato não cumprido a fim de paralisar o cumprimento de suas obrigações contratuais, enquanto a Administração estiver inadimplente.

---

fornecedor do objeto contratado (TCU. *Licitações & contratos*: orientações e jurisprudência do TCU. 4. ed. Brasília, 2010. p. 765-766).

[58] MEIRELLES, Hely Lopes. *Direito administrativo brasileiro*. 22. ed. São Paulo: Malheiros, 1997. p. 218.

[59] Com a mesma opinião, não admitindo a figura da renovação do contrato, vide: CARVALHO FILHO, José dos Santos. *Manual de direito administrativo*. 22. ed. Rio de Janeiro: Lumen Juris, 2009. p. 198.

É admitida a *exceptio non adimpleti contractus* nos casos autorizados pela legislação, em razão dos seguintes argumentos: (i) princípio da legalidade: atualmente, a legislação prevê a *exceptio* no art. 137, § 3.º, II, da Lei 14.133/2021; (ii) princípio da supremacia do interesse público: esse princípio, que vem sendo relativizado por grande parte da doutrina, não pode significar um escudo protetor para ilícitos (contratuais e extracontratuais) administrativos; e (iii) princípio da continuidade do serviço público: nem todos os contratos administrativos têm por objeto a prestação de serviço público. Todavia, a *exceptio* não poderá ser invocada, em princípio, nos contratos que efetivamente envolvam serviços públicos ou atividades essenciais à coletividade.

Especificamente em relação aos contratos de concessão de serviço público, o princípio da continuidade realmente será, em regra, um obstáculo à "exceção de contrato não cumprido". Dessa forma, o parágrafo único do art. 39 da Lei 8.987/1995 dispõe que "os serviços prestados pela concessionária não poderão ser interrompidos ou paralisados, até a decisão judicial transitada em julgado".

Conforme já ressaltado anteriormente, ainda que a regra seja a impossibilidade de *exceptio non adimpleti contractus* nos contratos de concessão, deve ser admitida a sua incidência em situações excepcionais, quando alguns direitos fundamentais da concessionária (e a própria existência da empresa) estiverem ameaçados. Todavia, nessas hipóteses excepcionais, a suspensão das obrigações da concessionária depende de decisão judicial liminar, tendo em vista o princípio da inafastabilidade do controle judicial (art. 5.º, XXXV da CRFB).[60]

### 18.9.2 Inexecução sem culpa

A inexecução sem culpa relaciona-se à inexecução contratual em virtude de fatos não imputáveis às partes. Nesse caso, duas serão as possibilidades: (i) continuidade do ajuste com a revisão do contrato para reequilibrar a equação econômico-financeira inicial; ou (ii) extinção do contrato, caso não haja possibilidade de prosseguimento do ajuste.[61]

As hipóteses tradicionais de inexecução sem culpa são a teoria da imprevisão, o fato do príncipe e o caso fortuito e a força maior. Todavia, a legislação confere, em regra, o mesmo tratamento (e consequências) a essas teorias, na forma do art. 124, II, "d", da Lei 14.133/2021.[62]

---

[60] Nesse sentido: JUSTEN FILHO, Marçal. *Teoria geral das concessões de serviço público*. São Paulo: Dialética, 2003. p. 610-611; ARAGÃO, Alexandre Santos de. *Direito dos serviços públicos*. Rio de Janeiro: Forense, 2007. p. 660.

[61] Essas duas possibilidades estão consagradas no Código Civil na parte relativa à resolução dos contratos por onerosidade excessiva. O art. 478 do CC prevê a resolução (extinção) dos contratos de execução continuada ou diferida quando "a prestação de uma das partes se tornar excessivamente onerosa, com extrema vantagem para a outra, em virtude de acontecimentos extraordinários e imprevisíveis". Por outro lado, o art. 479 do CC admite a continuidade do contrato desde que ocorra a modificação equitativa das condições do contrato.

[62] Lei 14.133/2021: "Art. 124. Os contratos regidos por esta Lei poderão ser alterados, com as devidas justificativas, nos seguintes casos: (...) II – por acordo entre as partes: (...) d) para restabelecer o equilíbrio econômico-financeiro inicial do contrato em caso de força maior, caso fortuito ou fato do príncipe ou em decorrência de fatos imprevisíveis ou previsíveis de consequências incalculáveis, que inviabilizem a execução do contrato tal como pactuado, respeitada, em qualquer caso, a repartição objetiva de risco estabelecida no contrato; (...) § 2.º Será aplicado o disposto na alínea "d" do inciso II do *caput* deste artigo às contratações de obras e serviços de engenharia, quando

É importante salientar que o desequilíbrio do contrato, por eventos extraordinários, pode acarretar prejuízos ou benefícios ao particular contratado. Imagine-se, por exemplo, o aumento da alíquota do tributo que incide sobre o objeto contratual (fato do príncipe). Nesse caso, o particular será prejudicado, pois os custos da execução serão incrementados, nascendo o direito à revisão para maior do preço pactuado. Todavia, se a alíquota for diminuída, o particular será beneficiado com a diminuição dos custos e a Administração poderá reduzir o valor devido no ajuste, conforme dispõe o art. 139 da Lei 14.133/2021.[63]

### 18.9.2.1 Teoria da imprevisão

A teoria da imprevisão é aplicada aos eventos imprevisíveis, supervenientes e extracontratuais de natureza econômica (álea extraordinária econômica), não imputáveis às partes, que desequilibram desproporcionalmente o contrato.[64]

No Direito Administrativo, a referida teoria tem relação com a cláusula *rebus sic stantibus* aplicada no Direito Civil, que determina o cumprimento do contrato enquanto presentes as mesmas condições do momento da contratação. Alteradas essas circunstâncias, as partes ficariam liberadas do cumprimento da avença.

### 18.9.2.2 Fato do príncipe

Fato do príncipe é o fato extracontratual praticado pela Administração que repercute no contrato administrativo (ex.: aumento da alíquota do tributo que incide sobre o objeto contratual). Trata-se de um fato genérico e extracontratual imputável à Administração Pública, que acarreta o aumento dos custos do contrato administrativo (álea extraordinária administrativa).

Não se deve confundir o **fato do príncipe** com o **fato da Administração**. Enquanto o fato do príncipe é extracontratual, o fato da Administração é contratual (inexecução das cláusulas contratuais por culpa da Administração contratante, por exemplo: atraso no pagamento).

Existem controvérsias doutrinárias no tocante à delimitação do fato do príncipe.

**Primeiro entendimento:** somente o fato extracontratual praticado pela entidade administrativa que celebrou o contrato será fato do príncipe. Se o fato for imputado à outra esfera federativa, ambas as partes contratantes (Administração e particular) serão

---

a execução for obstada pelo atraso na conclusão de procedimentos de desapropriação, desocupação, servidão administrativa ou licenciamento ambiental, por circunstâncias alheias ao contratado."

[63] Lei 14.133/2021: "Art. 130. Caso haja alteração unilateral do contrato que aumente ou diminua os encargos do contratado, a Administração deverá restabelecer, no mesmo termo aditivo, o equilíbrio econômico-financeiro inicial." Nesse sentido: FIGUEIREDO, Lúcia Valle. Contratos administrativos: a equação econômico-financeira do contrato de concessão. Aspectos pontuais. *Direito público*: estudos. Belo Horizonte: Fórum, 2007. p. 113.

[64] A teoria da imprevisão (*théorie de l'imprévision*) foi consagrada pelo Conselho de Estado francês no julgamento do caso "Gaz de Bordeaux", de 30.03.1916. Naquele caso, a concessionária pretendia a revisão do contrato administrativo de produção de gás, pois o preço do carbono, matéria-prima necessária à produção do gás, foi elevado excessivamente por conta da I Guerra Mundial. O Conselho de Estado estabeleceu as condições de aplicação da teoria da imprevisão e garantiu o direito à revisão do contrato (LONG, M.; WEIL, P.; BRAIBANT, G.; DEVOLVÉ, P.; GENEVOIS, B. *Les grands arrêts de la jurisprudence administrative*. 16. ed. Paris: Dalloz, 2007. p. 189-197).

surpreendidas, ensejando a aplicação da teoria da imprevisão. Nesse sentido: Maria Sylvia Zanella Di Pietro, Diógenes Gasparini.[65]

**Segundo entendimento:** os fatos praticados pela Administração Pública em geral (entidade contratante ou não) são considerados fatos do príncipe. Nesse sentido: José dos Santos Carvalho Filho.[66]

Assim, por exemplo, em caso de aumento da alíquota do ISS pelo Município, acarretando aumento de custos no contrato de terceirização de serviços celebrado pelo Estado com determinada empresa privada, será considerado pela primeira corrente como teoria da imprevisão e pela segunda corrente, como fato do príncipe.

Entendemos que o primeiro entendimento é o mais adequado à luz da nossa realidade federativa, mas a discussão não possui, em princípio, efeitos práticos, uma vez que os efeitos da aplicação das duas teorias (imprevisão e fato do príncipe) são, normalmente, semelhantes (art. 124, II, "d", da Lei 14.133/2021).

### 18.9.2.3 Caso fortuito e força maior

É tradicional a dificuldade na distinção entre caso fortuito e força maior. Alguns entendem que o caso fortuito é o evento imprevisível da natureza (ex.: enchente, tempestade) e a força maior decorre de evento humano (ex.: greve). Outros pensam justamente o contrário. Entendemos que a controvérsia nessa distinção não possui maior relevância prática, pois a ordem jurídica define as duas situações (caso fortuito e força maior) como eventos inevitáveis e imprevisíveis (art. 393, parágrafo único, do CC) e atribui consequências semelhantes (art. 137, V, da Lei 14.133/2021).

Ao contrário do art. 79, § 2.º, da Lei 8.666/1993, que estabelecia o dever de indenização inclusive na hipótese de extinção contratual sem culpa da Administração (caso fortuito e força maior), o art. 138, § 2.º, da Lei 14.133/2021 estabeleceu a responsabilidade da Administração apenas nos casos de sua culpa exclusiva.

## 18.10 EXTINÇÃO DOS CONTRATOS

Os contratos administrativos normalmente se extinguem pelo decurso do prazo contratual ou pela execução do objeto.

No entanto, a extinção do contrato pode ocorrer de forma prematura quando houver impossibilidade de continuidade do ajuste (extinção culposa ou não), bem como quando constatada ilegalidade na licitação ou no próprio contrato (anulação do contrato).

### 18.10.1 Motivos para extinção dos contratos administrativos

Após fundamentação formal, ampla defesa e contraditório, os contratos administrativos poderão ser extintos pelos seguintes motivos (art. 137 da Lei 14.133/2021):[67] a) não

---

[65] DI PIETRO, Maria Sylvia Zanella. *Direito administrativo*. 22. ed. São Paulo: Atlas, 2009. p. 279; GASPARINI, Diógenes. *Direito administrativo*. 12. ed. São Paulo: Saraiva, 2007. p. 686.

[66] CARVALHO FILHO, José dos Santos. *Manual de direito administrativo*. 22. ed. Rio de Janeiro: Lumen Juris, 2009. p. 204.

[67] Os procedimentos e critérios para verificação da ocorrência dos motivos da extinção poderão ser definidos em regulamento (art. 137, § 1.º).

cumprimento ou o cumprimento irregular de normas editalícias ou de cláusulas contratuais, especificações, projetos ou prazos; b) desatendimento às determinações regulares emitidas pela autoridade designada para acompanhar e fiscalizar sua execução ou por autoridade superior; c) alteração social ou a modificação da finalidade ou da estrutura da empresa que restrinja sua capacidade de concluir o contrato; d) decretação de falência, insolvência civil, dissolução da sociedade ou falecimento do contratado; e) caso fortuito ou força maior, regularmente comprovados, impeditivos da execução do contrato; f) o atraso ou a impossibilidade de obtenção da licença prévia ou da licença de instalação ou alteração substancial do anteprojeto que venha a resultar dessas licenças, ainda que obtidas no prazo previsto; g) o atraso ou a impossibilidade de liberação das áreas sujeitas a desapropriação, desocupação ou servidão administrativa; h) razões de interesse público, justificadas pela máxima autoridade do órgão ou da entidade contratante; e i) o não cumprimento das obrigações relativas à reserva de cargos prevista em lei para pessoa com deficiência, para reabilitado da Previdência Social ou aprendiz, bem como em outras normas específicas.

O art. 137 da Lei 14.133/2021 indica os motivos de extinção prematura da relação contratual, exigindo motivação, ampla defesa e contraditório para sua formalização, o que não exclui, evidentemente, a denominada extinção natural do contrato que ocorre com o cumprimento integral das obrigações ou com o advento do prazo de vigência fixado no instrumento contratual.

As hipóteses elencadas no art. 137 da Lei 14.133/2021 são, em grande medida, parecidas com os casos indicados no art. 78 da antiga Lei 8.666/1993. Além de alguns ajustes de redação, o novo dispositivo legal inseriu novas situações que podem justificar a extinção prematura do contrato, notadamente aquelas indicadas nos incisos VI, VII e IX do art. 137.

Ao invés da utilização do termo "rescisão", a atual Lei optou pela nomenclatura "extinção", que apresenta sentido ampliado, abrangendo os casos de término da relação contratual, com ou sem culpa das partes. Nesse ponto, o termo utilizado pela legislação atual parece melhor que aquele constante da antiga Lei 8.666/1993. De fato, não há uniformidade doutrinária sobre as nomenclaturas utilizadas nos casos de extinção dos contratos. Parcela da doutrina tem diferenciado os termos "rescisão" (inadimplemento de uma das partes), "resolução" (impossibilidade de continuidade do contrato, sem culpa das partes) e "resilição" (vontade das partes que não desejam prosseguir com o contrato), admitindo-se a resilição unilateral (denúncia) ou bilateral (distrato). Dessa forma, nem todas as hipóteses do art. 78 da Lei 8.666/1993 e do art. 137 da Lei 14.133/2021 envolveriam tecnicamente rescisão do contrato. Algumas hipóteses revelam condutas imputáveis ao contratado (ex.: não cumprimento ou cumprimento irregular das cláusulas contratuais; decretação da falência do contratado); outras situações constituem motivos imputáveis à Administração (ex.: razões de interesse público); e existem casos que não são imputáveis às partes (ex.: caso fortuito e força maior).[68]

---

[68] No contexto da Lei 8.666/1993, vide: GARCIA, Flávio Amaral. *Licitações e contratos administrativos*. 3. ed. Rio de Janeiro: Lumen Juris, 2010. p. 233. É importante lembrar que a Lei 8.987/1995, que trata das concessões e permissões de serviços públicos, adota a expressão "rescisão" apenas para os casos de inadimplemento da Administração, empregando o termo "caducidade" para extinção do contrato por culpa do concessionário.

Conforme já destacado, a formalização da extinção contratual nas hipóteses previstas no art. 137 da Lei 14.133/2021 exige motivação, ampla defesa e contraditório. No dever de motivação, a Administração Pública deve demonstrar que a extinção é a solução proporcional a ser adotada no caso concreto, inexistindo outra medida menos restritiva que permita a continuidade da relação contratual (ex.: reequilíbrio contratual, prorrogação do prazo, alterações contratuais). Igualmente, a motivação não pode ser restrita à apresentação de argumentos abstratos, devendo considerar as consequências práticas da decisão administrativa, na forma dos arts. 20 e 21 da Lei de Introdução às Normas do Direito Brasileiro – LINDB.

Além das hipóteses de extinção contratual indicadas anteriormente, o § 2.º do art. 137 da Lei 14.133/2021 apresenta situações que acarretam o direito do contratado à extinção do contrato, a saber: a) supressão, por parte da Administração, de obras, serviços ou compras que acarrete modificação do valor inicial do contrato além do limite permitido no art. 125; b) suspensão de sua execução, por ordem escrita da Administração, por prazo superior a três meses; c) repetidas suspensões que totalizem 90 dias úteis, independentemente do pagamento obrigatório de indenizações pelas sucessivas e contratualmente imprevistas desmobilizações e mobilizações e outras previstas; d) atraso superior a dois meses, contado da emissão da nota fiscal, dos pagamentos ou de parcelas de pagamentos devidos pela Administração por despesas de obras, serviços ou fornecimentos; e) não liberação nos prazos contratuais, por parte da Administração, de área, local ou objeto para execução de obra, serviço ou fornecimento e das fontes de materiais naturais especificadas no projeto, inclusive devido a atraso ou descumprimento das obrigações relacionadas a desapropriação, desocupação de áreas públicas ou licenciamento ambiental atribuídas pelo contrato à Administração.

Os casos de extinção indicados no art. 137, § 2.º, Lei 14.133/2021 apresentam algumas novidades em relação à legislação anterior.

Em relação à extinção do contrato em razão da suspensão de sua execução por ordem da Administração, a legislação anterior autorizava a implementação do término contratual após 120 dias de suspensão. A atual legislação, nesse ponto, reduziu a tolerância quanto ao prazo de suspensão, admitindo-se o desfazimento contratual após três meses de suspensão ou após repetidas suspensões que totalizem 90 dias úteis.

Quanto à extinção contratual ocasionada pelo atraso do pagamento pela Administração Pública, a legislação anterior admitia a rescisão nos atrasos superiores a 90 dias. A atual legislação, a seu turno, permite a extinção do contrato nos casos de atrasos de pagamentos superiores a dois meses, contados da emissão da nota fiscal, dos pagamentos ou de parcelas de pagamentos devidos pela Administração por despesas de obras, serviços ou fornecimentos.

É preciso apontar, ainda, duas observações sobre os referidos casos de suspensão da execução contratual e atraso de pagamentos (art. 137, § 2.º, II, III, IV e § 3.º da Lei 14.133/2021): a) não podem ser implementadas em caso de calamidade pública, de grave perturbação da ordem interna ou de guerra, bem como quando decorrerem de ato ou fato que o contratado tenha praticado, do qual tenha participado ou para o qual tenha contribuído; e b) assegura a *exceptio non adimpleti contractus* ao contratado, que tem o direito de optar pela suspensão do cumprimento das obrigações assumidas até a normalização da situação, admitido o restabelecimento do equilíbrio econômico-financeiro do contrato, na forma da alínea d do inciso II do *caput* do art. 124 da Lei de Licitações.

Os emitentes das garantias previstas no art. 96 deverão ser notificados pelo contratante quanto ao início de processo administrativo para apuração de descumprimento de cláusulas contratuais (art. 137, § 4.º).

### 18.10.2 Extinção unilateral, consensual, judicial ou arbitral

A extinção do contrato pode ser (art. 138 da Lei 14.133/2021): **a) determinada por ato unilateral e escrito da Administração**, exceto no caso de descumprimento decorrente de sua própria conduta; **b) consensual**, por acordo entre as partes, conciliação, mediação ou comitê de resolução de disputas, desde que haja interesse da Administração; **c) determinada por decisão judicial ou arbitral**, nos termos da legislação e, nessa última, na forma de cláusula compromissória ou convenção de arbitragem.

É possível perceber que a atual legislação confirma a possibilidade de convenção de arbitragem para dirimir conflitos nos contratos administrativos, na linha já permitida pelo art. 1.º, §§ 1.º e 2.º, e art. 2.º, § 3.º, da Lei 9.307/1996, alterada pela Lei 13.129/2015, além de outras normas legais específicas. Aliás, os arts. 151 a 154 da Lei 14.133/2021 admitem a utilização de meios alternativos (ou adequados) de prevenção e resolução de controvérsias, notadamente a conciliação, a mediação, o comitê de resolução de disputas e a arbitragem.

Quanto às duas primeiras hipóteses de extinção indicadas nos incisos I e II do art. 138 (administrativa e consensual), o término da relação contratual deverá ser precedido de autorização escrita e fundamentada da autoridade competente e reduzida a termo no respectivo processo (art. 138, § 1.º).

Na hipótese em que a extinção decorrer de culpa exclusiva da Administração Pública, o contratado será ressarcido pelos prejuízos regularmente comprovados que houver sofrido, tendo ainda direito a (art. 138, § 2.º): a) devolução de garantia; b) pagamentos devidos pela execução do contrato até a data da rescisão; c) pagamento do custo da desmobilização. Nesse ponto, é possível notar que, ao contrário do art. 79, § 2.º, da Lei 8.666/1993, que estabelece o dever de indenização inclusive na hipótese de extinção contratual sem culpa da Administração (caso fortuito e força maior), o art. 138, § 2.º, da Lei 14.133/2021 estabeleceu a responsabilidade da Administração apenas nos casos de sua culpa exclusiva.

A extinção unilateral pela Administração acarreta as seguintes consequências, sem prejuízo da aplicação das sanções legais (art. 139 da Lei 14.133/2021): a) assunção imediata do objeto do contrato, no estado e local em que se encontrar, por ato próprio da Administração; b) ocupação e utilização do local, das instalações, dos equipamentos, do material e do pessoal empregados na execução do contrato e necessários a sua continuidade;[69] c)

---

[69] A efetivação da ocupação deve ser precedida de autorização expressa do ministro de Estado, secretário estadual ou secretário municipal competente, conforme o caso (art. 138, § 2.º).

execução da garantia contratual, para: c.1) ressarcimento da Administração Pública por prejuízos decorrentes da não execução; c.2) pagamento de verbas trabalhistas, fundiárias e previdenciárias, quando cabível; c.3) pagamento de valores das multas devidas à Administração Pública; c.4) exigência da assunção da execução e conclusão do objeto do contrato pela seguradora, quando cabível; e d) retenção dos créditos decorrentes do contrato até o limite dos prejuízos causados à Administração Pública e às multas aplicadas.

A assunção imediata do objeto do contrato e a ocupação, previstas nas alíneas a e b acima, ficam a critério da Administração, que poderá dar continuidade à obra ou ao serviço por execução direta ou indireta (art. 139, § 1.º).

### 18.10.3 Meios alternativos de resolução de controvérsias: conciliação, mediação, comitê de resolução de disputas (*dispute boards*) e a arbitragem

A Lei 14.133/2021, seguindo as tendências do ordenamento jurídico e da doutrina, admite a utilização de meios alternativos (ou adequados) de prevenção e resolução de controvérsias nas contratações administrativas, notadamente, a conciliação, a mediação, o comitê de resolução de disputas (*dispute board*) e a arbitragem (art. 151).[70]

Trata-se de elenco que não exclui outras possibilidades de resolução de conflitos. Mencione-se, por exemplo, a negociação, que representa uma forma de autocomposição do conflito pelas próprias partes, sem a participação de terceiros.

A negociação, a mediação e a conciliação são formas de autocomposição de conflitos, uma vez que as partes, com ou sem o auxílio de terceiro, solucionarão suas controvérsias.

Na negociação, as próprias partes buscam a solução do conflito, sem a participação de terceiros.

Em relação à mediação e à conciliação, a diferença entre os instrumentos é tênue. Enquanto na mediação o mediador, neutro e imparcial, auxilia as partes na composição do conflito, na conciliação, o conciliador, mantida a neutralidade e a imparcialidade, pode exercer papel mais ativo na condução do diálogo, na apresentação de sugestões e na busca pelo acordo.[71]

---

[70] Não obstante a previsão dos meios alternativos para solução de conflitos em leis específicas, o ano de 2015 foi marcante para consolidação normativa. Naquele ano, três diplomas legais confirmaram a tendência na utilização de mecanismos extrajudiciais de solução de conflitos e pacificação social, a saber: a) a Lei 13.105/2015 instituiu o novo CPC e estabeleceu a arbitragem, a conciliação e a mediação como importantes instrumentos de solução de controvérsias (art. 3.º, §§ 1.º, 2.º e 3.º); b) a Lei 13.129/2015 alterou a Lei de Arbitragem para permitir, expressamente a sua utilização pela Administração Pública (art. 1.º, §§ 1.º e 2.º e art. 2.º, § 3.º, da Lei 9.307/1996); e c) a Lei 13.140/2015 (Lei de Mediação) tratou da mediação entre particulares como meio de solução de controvérsias e da autocomposição de conflitos no âmbito da Administração Pública. Para aprofundamento das discussões sobre a arbitragem na Administração Pública, vide: OLIVEIRA, Rafael Carvalho Rezende. Licitações e contratos administrativos. 7. ed. São Paulo: Método, 2018. item 3.11.3; SCHMIDT, Gustavo da Rocha; FERREIRA, Daniel Brantes; OLIVEIRA, Rafael Carvalho Rezende. Comentários à Lei de Arbitragem. Barueri: Método, 2021.

[71] Em razão da importância da autocomposição de conflitos, o CNJ editou a Resolução 125/2010, que dispõe sobre a Política Judiciária Nacional de tratamento adequado dos conflitos de interesses no âmbito do Poder Judiciário e prevê a oferta pelos órgãos judiciários de mecanismos de soluções de controvérsias, em especial os chamados meios consensuais, como a mediação e a conciliação. Destaque-se, ainda, a instituição da Câmara de Mediação e de Conciliação da Administração Pública Federal, no âmbito da Advocacia-Geral da União (AGU), que tem procurado reduzir a litigiosidade entre órgãos, entidades administrativas e particulares.

A utilização da mediação e da autocomposição de conflitos na Administração Pública foi consagrada na Lei 13.140/2015, que, em seu art. 32, dispõe que os Entes federados poderão instituir câmaras de prevenção e resolução administrativa de conflitos, no âmbito dos respectivos órgãos da Advocacia Pública, com competência para: a) dirimir conflitos entre órgãos e entidades da Administração Pública; b) avaliar a admissibilidade dos pedidos de resolução de conflitos, por meio de composição, no caso de controvérsia entre particular e pessoa jurídica de direito público; e c) promover, quando couber, a celebração de termo de ajustamento de conduta.[72] A referida Lei prevê, por exemplo: a) a mediação coletiva de conflitos relacionados à prestação de serviços públicos (art. 33, parágrafo único); b) a transação por adesão em controvérsias jurídicas pacificadas na jurisprudência do STF e dos tribunais superiores, bem como nos casos em que houver parecer do Advogado-Geral da União, aprovado pelo Presidente da República (art. 35); c) dirimir controvérsia jurídica entre órgãos e entidades da Administração relativa a tributos administrados pela Secretaria da Receita Federal do Brasil ou a créditos inscritos em dívida ativa da União (art. 38); e d) resolução de conflitos entre particulares, que versem sobre atividades reguladas ou supervisionadas por órgãos ou entidades administrativas (art. 43).

A arbitragem, por sua vez, representa forma de heterocomposição de conflitos, pois o terceiro, *expert* e imparcial (árbitro), por convenção privada das partes envolvidas, decide o conflito, e não o Estado-juiz.[73]

Além dos métodos tradicionais de resolução de conflitos, mencionados acima, é possível mencionar, ainda, os *dispute boards*, utilizados de forma pioneira nos Estados Unidos na década de 1970, durante a construção do *Eisenhower Tunnel* no Colorado. O *dispute board*, também conhecido como Comitê de Resolução de Conflitos, pode ser considerado órgão colegiado, geralmente formado por três *experts*, indicados pelas partes no momento da celebração do contrato, que têm por objetivo acompanhar a sua execução, com poderes para emitir recomendações e/ou decisões, conforme o caso.[74]

---

[72] De acordo com o art. 32, *caput* e parágrafos, da Lei 13.140/2015: a) as regras sobre a composição e o funcionamento das câmaras serão estabelecidas em regulamento de cada Ente federado; b) a submissão do conflito às câmaras é facultativa; c) na hipótese de consenso entre as partes, o acordo será reduzido a termo e constituirá título executivo extrajudicial; d) excluem-se da mediação as controvérsias que somente possam ser resolvidas por atos ou concessão de direitos sujeitos a autorização do Poder Legislativo; e) incluem-se na competência das câmaras a prevenção e a resolução de conflitos que envolvam equilíbrio econômico-financeiro de contratos celebrados pela Administração com particulares. Na forma do art. 34 da referida Lei, a instauração de procedimento administrativo para a resolução consensual de conflito no âmbito da Administração Pública suspende a prescrição.

[73] A previsão da arbitragem no ordenamento jurídico é antiga, cabendo mencionar, exemplificativamente: Constituição/1824 (art. 160); Código Comercial/1850; Decreto 3.084/1898; Código Civil/1916 (arts. 1.037/1.048); DL 2.300/1986 (art. 45); Código de Processo Civil/1973 (arts. 1.072/1.102); Constituição/1988 (art. 114, § 1.º); Lei 9.307/1996 (Lei de Arbitragem); Código Civil/2002 (arts. 851/853); Código de Processo Civil/2015 (art. 3.º, § 1.º).

[74] Sobre o tema, vide: WALD, Arnoldo. A arbitragem contratual e os *dispute boards*. *Revista de Arbitragem e Mediação*, v. 2, n. 6, p. 9-24, jul.-set. 2005. Na forma do regulamento da *International Chamber of Commerce (ICC)*, existem três tipos de *dispute boards*: a) *Dispute Review Boards (DRBs)*: emitem recomendações sobre determinada controvérsia, sem caráter vinculante imediato; b) *Dispute Adjudication Boards (DABs)*: decidem as controvérsias contratuais, com caráter vinculante; e c) *Combined Dispute Boards (CDBs)*: emitem recomendações e, em determinados casos, decidem disputas contratuais. Disponível em: <http://www.iccwbo.org/products-and-services/arbitration-and-adr/dispute-boards/dispute-board-rules/#article_4>. Acesso em: 2 jun. 2015.

Não obstante a existência de alguma controvérsia inicial sobre o tema, sempre sustentamos a juridicidade da arbitragem nas contratações públicas, uma vez que se trata de forma moderna de solução de lides que atende às exigências de eficiência administrativa (princípio da eficiência), notadamente pela celeridade e tecnicidade da decisão. A tese defendida nas primeiras edições desta obra foi consagrada na Lei 13.129/2015, que alterou a Lei 9.307/1996 (Lei de Arbitragem), para estabelecer, de forma expressa, que a Administração Pública, direta e indireta, por meio da autoridade competente para realização de acordos e transações, poderá estabelecer convenção de arbitragem de direito (e não por equidade) para dirimir conflitos relativos a direitos patrimoniais disponíveis, respeitado o princípio da publicidade (art. 1.º, §§ 1.º e 2.º, e art. 2.º, § 3.º, da Lei 9.307/1996).[75]

Os meios alternativos de resolução de controvérsias relacionam-se com os direitos patrimoniais disponíveis, tais como as questões relacionadas ao restabelecimento do equilíbrio econômico-financeiro do contrato, ao inadimplemento de obrigações contratuais por quaisquer das partes e ao cálculo de indenizações (art. 151, parágrafo único, da Lei 14.133/2021). Trata-se, em nossa opinião, de rol exemplificativo de direitos patrimoniais disponíveis.

Conforme autorizado pelo art. 153 da Lei 14.133/2021, os contratos poderão ser aditados para permitirem a adoção dos meios alternativos de resolução de controvérsia.

A arbitragem, por sua vez, será sempre de direito e observará o princípio da publicidade (art. 152 da Lei 14.133/2021). Trata-se de previsão semelhante àquela constante do art. 2.º, § 3.º, da Lei 9.307/1996 (Lei de Arbitragem).

O processo de escolha dos árbitros, dos colegiados arbitrais e dos comitês de resolução de disputas observará critérios isonômicos, técnicos e transparentes (art. 154 da Lei 14.133/2021). Nesse ponto, a legislação reforça a tese que sustentamos em outra oportunidade, segundo a qual a escolha dos árbitros e das câmaras arbitrais revela hipótese de inexigibilidade de licitação, em razão da inviabilidade de competição, o que não exclui a necessidade de critérios isonômicos, técnicos e transparentes por parte da Administração Pública, o que pode ser garantido, por exemplo, por meio do credenciamento (ou cadastramento) por parte da Administração Pública de instituições arbitrais que cumprirem os requisitos básicos e proporcionais fixados pela Administração. O mesmo raciocínio,

---

[75] Em âmbito federal, o Decreto 10.025/2019 dispõe sobre a arbitragem para dirimir litígios que envolvam a Administração Pública Federal nos setores portuário e de transporte rodoviário, ferroviário, aquaviário e aeroportuário. Os Enunciados 10, 15, 18, 19 e 39 da I Jornada de Direito Administrativo realizada pelo Centro de Estudos Judiciários do Conselho da Justiça Federal (CEJ/CJF) dispõem: 10 – "Em contratos administrativos decorrentes de licitações regidas pela Lei n. 8.666/1993, é facultado à Administração Pública propor aditivo para alterar a cláusula de resolução de conflitos entre as partes, incluindo métodos alternativos ao Poder Judiciário como Mediação, Arbitragem e *Dispute Board*"; 15 – "A administração pública promoverá a publicidade das arbitragens da qual seja parte, nos termos da Lei de Acesso à Informação"; 18 – "A ausência de previsão editalícia não afasta a possibilidade de celebração de compromisso arbitral em conflitos oriundos de contratos administrativos"; 19 – "As controvérsias acerca de equilíbrio econômico-financeiro dos contratos administrativos integram a categoria das relativas a direitos patrimoniais disponíveis, para cuja solução se admitem meios extrajudiciais adequados de prevenção e resolução de controvérsias, notadamente a conciliação, a mediação, o comitê de resolução de disputas e a arbitragem"; e 39 – "A indicação e a aceitação de árbitros pela Administração Pública não dependem de seleção pública formal, como concurso ou licitação, mas devem ser objeto de fundamentação prévia e por escrito, considerando os elementos relevantes."

como previsto na Lei de Licitações, aplica-se, naturalmente, à escolha dos comitês de resolução de disputas.

Registre-se que a instituição da arbitragem interrompe a prescrição desde a data do requerimento de sua instauração (prescrição retroativa), na forma do art. 19, § 2.º, da Lei 9.307/1996, alterado pela Lei 13.129/2015.

## 18.11 SANÇÕES ADMINISTRATIVAS

A Lei 14.133/2021 apresenta rol detalhado das infrações administrativas que podem acarretar a responsabilização do licitante ou do contratado. Nesse sentido, o art. 155 da citada Lei prevê a responsabilidade do licitante ou do contratado pelas seguintes infrações: a) dar causa à inexecução parcial do contrato; b) dar causa à inexecução parcial do contrato que cause grave dano à Administração, ao funcionamento dos serviços públicos ou ao interesse coletivo; c) dar causa à inexecução total do contrato; d) deixar de entregar a documentação exigida para o certame; e) não manter a proposta, salvo se em decorrência de fato superveniente, devidamente justificado; f) não celebrar o contrato ou não entregar a documentação exigida para a contratação, quando convocado dentro do prazo de validade de sua proposta; g) ensejar o retardamento da execução ou da entrega do objeto da licitação sem motivo justificado; h) apresentar declaração ou documentação falsa exigida para o certame ou prestar declaração falsa durante a licitação ou a execução do contrato; i) fraudar a licitação ou praticar ato fraudulento na execução do contrato; j) comportar-se de modo inidôneo ou cometer fraude fiscal; k) praticar atos ilícitos visando a frustrar os objetivos da licitação; e l) praticar ato lesivo previsto no art. 5.º da Lei 12.846/2013 (Lei Anticorrupção).

Em razão das infrações praticadas pelos licitantes ou contratados, a Administração Pública, após ampla defesa e contraditório, poderá aplicar as seguintes sanções (art. 156 da Lei 14.133/2021):[76] a) advertência; b) multa; c) impedimento de licitar e contratar; d) declaração de inidoneidade para licitar ou contratar. Embora não conste da redação do art. 156 da Lei de Licitações, a necessidade de observar a ampla defesa e o contraditório na aplicação das referidas sanções decorre do art. 5.º da CRFB.

As quatro sanções indicadas no art. 156 da Lei 14.133/2021 correspondem às sanções anteriormente elencadas no art. 87 da Lei 8.666/1993. Contudo, a atual legislação apresenta regras detalhadas sobre a aplicação das penalidades administrativas, o que representa importante avanço legislativo no âmbito do poder sancionador do Estado, com a fixação de balizas que garantem maior segurança jurídica e proteção aos direitos fundamentais dos particulares.

Na aplicação das sanções serão considerados os seguintes parâmetros (art. 156, § 1.º, da Lei 14.133/2021): a) a natureza e a gravidade da infração cometida; b) as peculiaridades

---

[76] A Orientação Normativa 78/2023 da AGU estabelece: "O regime jurídico das sanções previstas na Lei n.º 14.133, de 2021 não é aplicável aos contratos firmados com base na legislação anterior, nem alterará as sanções já aplicadas ou a serem aplicadas com fundamento na legislação anterior, em respeito à proteção do ato jurídico perfeito". De forma diversa, entendemos que seria possível a aplicação retroativa das normas sancionadoras mais benéficas da Lei 14.133/2021, em razão da interpretação extensiva do princípio da retroatividade da lei mais benéfica, expressamente indicado no âmbito do Direito Penal (art. 5.º, XL, da CRFB: "a lei penal não retroagirá, salvo para beneficiar o réu") e que seria aplicável também no Direito Administrativo Sancionador.

do caso concreto; c) as circunstâncias agravantes ou atenuantes; d) os danos causados à Administração Pública; e) a implantação ou aperfeiçoamento de programa de integridade, conforme normas e orientações dos órgãos de controle. Os parâmetros aqui indicados são relevantes para assegurar a proporcionalidade da sanção.

Quanto ao último parâmetro mencionado acima, fica evidenciada a relevância do *compliance* na Lei 14.133/2021. Além de constituir um parâmetro para aplicação das sanções administrativas, o legislador trata do programa de integridade em outros dispositivos, a saber: a) art. 25, § 4.º: exige a sua implementação nas contratações de obras, serviços e fornecimentos de grande vulto; b) art. 60, IV: indica a existência do programa de integridade como critério de desempate na licitação; c) art. 163, parágrafo único: exige a implantação ou aperfeiçoamento de programa de integridade como condição para reabilitação do licitante ou contratado nas infrações indicadas nos incisos VIII e XII do art. 155 da Lei. Em âmbito federal, o Decreto 12.304/2024 dispõe sobre os parâmetros e a avaliação dos programas de integridade, nas hipóteses de contratação de obras, serviços e fornecimentos de grande vulto, de desempate de propostas e de reabilitação de licitante ou contratado.

A aplicação das referidas sanções não exclui, em hipótese alguma, a obrigação de reparação integral do dano causado à Administração Pública (art. 156, § 9.º).

Com exceção da multa, a atual Lei estabeleceu uma correlação entre as sanções e as infrações administrativas enumeradas no art. 155.

Em relação à advertência, a sua aplicação fica adstrita à infração administrativa prevista no art. 155, I (inexecução parcial do contrato), quando não se justificar a imposição de penalidade considerada mais grave (art. 156, § 2.º).

Quanto à multa, que pode ser aplicada ao responsável pela prática de qualquer infração arrolada no art. 155 da Lei de Licitações, podem ser destacadas as seguintes características: a) o seu valor será calculado na forma do edital ou do contrato, e não poderá ser inferior a 0,5% nem superior a 30% do valor do contrato licitado ou celebrado com contratação direta (art. 156, § 3.º); b) assim como estabelece o art. 87, § 2.º, da Lei 8.666/1993, o art. 156, § 7.º, da Lei 14.133/2021 permite que a multa seja aplicada cumulativamente com as demais sanções; c) se a multa aplicada e as indenizações cabíveis forem superiores ao valor de pagamento eventualmente devido pela Administração ao contratado, além da perda deste, a diferença será descontada da garantia prestada ou cobrada judicialmente (art. 156, § 8.º); e d) na aplicação da multa será facultada a defesa do interessado no prazo de 15 dias úteis contado da sua intimação (art. 157 da Lei 14.133/2021).

No tocante ao "impedimento de licitar e contratar", a sanção será aplicada ao responsável pelas infrações administrativas previstas nos incisos II a VII do art. 155, quando não se justificar a imposição de penalidade mais grave, impedindo-o de licitar ou contratar no âmbito da Administração Pública direta e indireta do Ente federativo que aplicou a sanção, pelo prazo máximo de 3 (três) anos (art. 156, § 4.º).[77]

---

[77] Durante a decretação de estado de calamidade pública, o art. 13, §§ 2.º e 3.º, da Lei 14.981/2024 autoriza, excepcionalmente, a contratação de sociedade empresária punida com a sanção de impedimento ou de suspensão de contratar com o Poder Público, quando a empresa, comprovadamente, for a única fornecedora do bem ou

A declaração de inidoneidade, por sua vez, será aplicada ao responsável pelas infrações administrativas previstas nos incisos VIII a XII do art. 155, bem como pelas infrações administrativas previstas nos incisos II a VII do referido artigo que justifiquem a imposição de penalidade mais grave, impedindo-o de licitar ou contratar no âmbito da Administração Pública direta e indireta de todos os Entes federativos, pelo prazo mínimo de 3 (três) anos e máximo de 6 (seis) anos (art. 156, § 6.º).

Nesse ponto, a Lei 14.133/2021 pretende resolver a controvérsia em relação aos efeitos territoriais ou espaciais das sanções de impedimento (ou suspensão) para participar de licitações e contratações e a declaração de inidoneidade. A opção foi pela atribuição de efeito restritivo para a sanção de "impedimento de licitar e contratar", que somente será observada perante o Ente sancionador, e de efeito extensivo para a sanção de "declaração de inidoneidade", aplicável nacionalmente a todos os Entes federados.

Lembre-se de que, tradicionalmente, existiam três entendimentos sobre o tema, a partir da interpretação da antiga Lei 8.666/1993. O primeiro entendimento sustentava o caráter restritivo para as duas sanções, com efeitos apenas perante o Ente sancionador, tendo em vista a autonomia federativa e o princípio da competitividade aplicável às licitações.[78]

O segundo entendimento estabelecia uma distinção entre as duas sanções a partir do critério da amplitude dos seus efeitos territoriais. Enquanto a suspensão de participação em licitação e impedimento de contratar com a Administração incidiria apenas em relação ao Ente sancionador (efeitos restritivos), a declaração de inidoneidade produziria efeitos em todo o território nacional (efeitos extensivos). Essa distinção advém dos conceitos de "Administração Pública" e "Administração" que eram consagrados, respectivamente, nos incisos XI e XII do art. 6.º da Lei 8.666/1993. De acordo com a referida Lei, a "Administração Pública" abrange a Administração direta e indireta da União, dos Estados, do Distrito Federal e dos Municípios (XI) e a "Administração" é o "órgão, entidade ou unidade administrativa pela qual a Administração Pública opera e atua concretamente" (XI). Em consequência, ao utilizar a expressão "Administração Pública" para declaração de inidoneidade e "Administração" para suspensão para contratar com o Poder Público, o art. 87 da Lei 8.666/1993 teria instituído uma diferença de amplitude dos efeitos dessas sanções.[79]

O terceiro entendimento, que foi adotado pelo STJ, com fundamento na legislação anterior, apontava o caráter extensivo dos efeitos das duas sanções que impediriam

---

prestadora do serviço, exigindo-se, nesse caso, a prestação de garantia nas modalidades de que trata o art. 96 da Lei 14.133/2021, que não poderá exceder a 10% do valor do contrato.

[78] Nesse sentido: SOUTO, Marcos Juruena Villela. *Direito Administrativo contratual*. Rio de Janeiro: Lumen Juris, 2004. p. 355; TORRES, Ronny Charles Lopes de. *Leis de licitações comentadas*. 11. ed. Salvador: Juspodivm, 2021. p. 953 e 961; Enunciado 21 da Procuradoria do Estado do RJ: "Não serão admitidas na licitação as empresas punidas, no âmbito da Administração Pública Estadual, com as sanções prescritas nos incisos III e IV do art. 87 da Lei 8.666/1993"; O TCU tem restringido os efeitos das sanções aos órgãos e entidades administrativas integrantes do Ente sancionador (TCU, Plenário, Acórdão 2.596/2012, Rel. Min. Ana Arraes, 26.09.2012; TCU, Plenário, Acórdão 3.439/12, Rel. Min. Valmir Campelo, *DOU* 10.12.2012.

[79] PEREIRA JUNIOR, Jessé Torres. *Comentários à Lei das Licitações e Contratações da Administração Pública*. 7. ed. Rio de Janeiro: Renovar, 2007. p. 886.

a empresa punida de participar de licitações ou ser contratada por qualquer Ente federado.[80]

Com a Lei 14.133/2021, a polêmica mencionada acima é resolvida em favor da distinção entre os efeitos espaciais ou territoriais das duas sanções. De acordo com os §§ 4.º e 5.º do art. 156 da Lei, enquanto a sanção de "impedimento de licitar e contratar" possui efeito restritivo e impede a participação em licitação ou a contratação da empresa punida no âmbito da Administração Pública direta e indireta do Ente federativo sancionador, a sanção de declaração de inidoneidade possui efeito extensivo, com o afastamento da empresa sancionada das licitações e contratações promovidas pela Administração Pública direta e indireta de todos os Entes federativos.

Ademais, a Lei 14.133/2021 alterou os prazos das referidas sanções. O prazo do impedimento para participação de licitações e contratações, que era de 2 (dois) anos, passaria a ser de 3 (três) anos. Em relação à declaração de inidoneidade, o prazo mínimo de 2 (dois) anos é ampliado para 3 (três) anos, com a fixação, agora, de prazo máximo de 6 (seis) anos.

Andou bem o legislador ao fixar prazo máximo para declaração de inidoneidade, uma vez que a ausência de limite temporal no âmbito da Lei 8.666/1993 abria o perigoso caminho para perpetuação de uma sanção, em afronta ao art. 5.º, XLVII, b, que proíbe penas de caráter perpétuo.

Outrossim, a declaração de inidoneidade será precedida de análise jurídica e observará as seguintes regras (art. 155, § 6.º, da Lei 14.133/2021): a) quando aplicada por órgão do Poder Executivo, será de competência exclusiva de ministro de Estado, de secretário estadual ou de secretário municipal e, quando aplicada por autarquia ou fundação, será de competência exclusiva da autoridade máxima da entidade; e b) quando aplicada por órgãos dos Poderes Legislativo e Judiciário e pelo Ministério Público no desempenho da função administrativa, será de competência exclusiva de autoridade de nível hierárquico equivalente às autoridades indicadas anteriormente na letra a.

O devido processo legal para aplicação das sanções de "impedimento de licitar e contratar" e de "declaração de inidoneidade para licitar ou contratar" encontra-se detalhado no art. 158 da Lei 14.133/2021.

A aplicação das duas sanções depende da instauração de processo de responsabilização, a ser conduzido por comissão, composta por dois ou mais servidores estáveis, que avaliará fatos e circunstâncias conhecidos e intimará o licitante ou o contratado para, no prazo de 15 dias úteis, contado da intimação, apresentar defesa escrita e especificar as provas que pretenda produzir (art. 158, *caput*).

Em órgão ou entidade da Administração Pública cujo quadro funcional não seja formado por servidores estatutários, a sobredita comissão será composta por dois ou mais empregados públicos pertencentes aos seus quadros permanentes, preferencialmente com no mínimo 3 (três) anos de tempo de serviço no órgão ou entidade (art. 158, § 1.º).

---

[80] STJ, 2.ª Turma, REsp 151.567/RJ, Rel. Min. Francisco Peçanha Martins, *DJ* 14.04.2003, p. 208. Vide também: OLIVEIRA, Rafael Carvalho Rezende. *Licitações e contratos administrativos: teoria e prática*. 9. ed. São Paulo: Método, 2020. p. 279/284; CARVALHO FILHO, José dos Santos. *Manual de direito administrativo*. 22. ed. Rio de Janeiro: Lumen Juris, 2009. p. 213.

Na hipótese de deferimento de pedido de produção de novas provas ou de juntada de provas julgadas indispensáveis pela comissão, o licitante ou o contratado poderá apresentar alegações finais no prazo de 15 dias úteis contado da intimação (art. 158, § 2.º).

Serão indeferidas pela comissão, mediante decisão fundamentada, provas ilícitas, impertinentes, desnecessárias, protelatórias ou intempestivas (art. 158, § 3.º).

A prescrição ocorrerá em 5 (cinco) anos, contados da ciência da infração pela Administração, e será (art. 158, § 4.º): a) interrompida pela instauração do processo de responsabilização a que se refere o *caput*; b) suspensa pela celebração de acordo de leniência, nos termos da Lei 12.846/2013; c) suspensa por decisão judicial que inviabilize a conclusão da apuração administrativa.

No âmbito da Lei 8.666/1993 não havia previsão específica de prazo prescricional para aplicação das sanções. Sempre sustentamos que as sanções deveriam ser aplicadas dentro do prazo prescricional quinquenal, com fundamento na aplicação analógica das normas legais que estabelecem prazo de prescrição nas relações jurídico-administrativas (exs.: art. 1.º da Lei 9.873/1999; arts. 173 e 174 do CTN; art. 21 da Lei 4.717/1965; art. 23, I, da Lei 8.429/1992; art. 46 da Lei 12.529/2011; Decreto 20.910/1932; art. 24 da Lei 12.846/2013 – Lei Anticorrupção etc.).[81]

Com a redação do § 4.º do art. 158 da Lei 14.133/2021, resta consagrada a tese da prescrição quinquenal. Contudo, o citado parágrafo refere-se às sanções de "impedimento de licitar e contratar" e de "declaração de inidoneidade para licitar ou contratar", indicadas no *caput* do dispositivo, sem alcançar, a priori, as demais sanções. Apesar do silêncio da Lei, entendemos que o mesmo prazo deverá ser observado para aplicação da advertência e da multa.

Os atos previstos como infrações administrativas que também sejam tipificados como atos lesivos na Lei 12.846/2013 (Lei Anticorrupção) serão apurados e julgados conjuntamente, nos mesmos autos, aplicando-se o rito procedimental e observada a autoridade competente definida na referida Lei (art. 159 da Lei 14.133/2021).

No âmbito da Lei 14.133/2021, é possível a celebração do acordo de leniência com a pessoa jurídica que descumprir, total ou parcialmente, o contrato, com o objetivo de isentar ou atenuar as sanções administrativas elencadas no art. 156 da Lei de Licitações. Não obstante a menção às sanções tipificadas nos arts. 86 a 88 da antiga Lei 8.666/1993, a viabilidade de celebração do acordo de leniência, com fundamento no art. 17 da Lei 12.846/2013, no âmbito da atual Lei de Licitações é justificada pelo art. 189 da Lei 14.133/2021, que prevê a sua incidência nas hipóteses previstas na legislação que façam referência expressa à Lei 8.666/1993.

O parágrafo único do art. 159 do PL 4.253/2020, que deu origem à Lei 14.133/2021, estabelecia que a Administração Pública poderia celebrar acordo de leniência nos termos da Lei Anticorrupção para isentar a pessoa jurídica das sanções previstas no art. 156 da Lei de Licitações e, se houvesse manifestação favorável do tribunal de contas competente, das sanções previstas na sua respectiva lei orgânica. Ocorre que o referido dispositivo foi vetado, sob o argumento de que a previsão da participação da Corte de Contas na celebração do acordo de leniência violaria o princípio da separação de poderes.

---

[81] OLIVEIRA, Rafael Carvalho Rezende. *Licitações e contratos administrativos*: teoria e prática. 9. ed. São Paulo: Método, 2020. p. 280.

Em nossa opinião, o dispositivo vetado não condicionava a celebração do acordo de leniência à participação obrigatória da Corte de Contas, mas apenas admitia a participação do referido órgão de controle externo no ajuste, com o objetivo de abranger as sanções de sua competência, o que geraria maior segurança jurídica para pessoa jurídica integrante do acordo.

Aliás, cabe registrar que o STF, em 2020, coordenou a celebração de acordo de cooperação técnica entre a Controladoria-Geral da União (CGU), a Advocacia-Geral da União (AGU), o Ministério Público Federal (MPF), o Tribunal de Contas da União (TCU) e o Ministério de Justiça e Segurança Pública (MJSP) para tratar do combate à corrupção, especialmente dos acordos de leniência, reconhecendo o papel institucional das Cortes de Contas na celebração dos referidos acordos.[82]

A possibilidade (não obrigatoriedade) de participação da Corte de Contas nos acordos de leniência para abarcar as sanções de sua competência, que são gravíssimas (ex.: declaração de inidoneidade, tipificada no art. 46 da Lei 8.443/1992 – Lei Orgânica do TCU), garantiria maior segurança jurídica aos envolvidos e constituiria um incentivo positivo para celebração dos referidos acordos.

Destaca-se que a celebração de acordos no regime sancionatório da Lei de Licitações e Contratos Administrativos não se restringe aos acordos de leniência previstos na Lei 12.846/2013 (Lei Anticorrupção). É verdade que, apesar de prever importantes mecanismos alternativos de solução de controvérsias (ex.: conciliação, mediação, comitê de resolução de disputas e arbitragem), a Lei 14.133/2021 pecou por não ter avançado no tratamento dos acordos substitutivos de sanção. Contudo, a ausência de previsão normativa específica não impede a celebração de acordos substitutivos de sanção, com fundamento nos arts. 26 e 27 da LINDB.[83]

Outro destaque na Lei 14.133/2021 é a possibilidade de desconsideração da personalidade jurídica quando utilizada com abuso do direito para facilitar, encobrir ou dissimular a prática dos atos ilícitos previstos na Lei de Licitação ou para provocar confusão patrimonial, sendo estendidos todos os efeitos das sanções aplicadas à pessoa jurídica aos seus administradores e sócios com poderes de administração, à pessoa jurídica sucessora ou à empresa, do mesmo ramo, com relação de coligação ou controle, de fato ou de direito, com o sancionado, observados, em todos os casos, o contraditório, a ampla defesa e a obrigatoriedade de análise jurídica prévia (art. 160 da Lei 14.133/2021).

Frise-se que a possibilidade de desconsideração da personalidade jurídica por decisão administrativa no âmbito do Direito Público Sancionador encontrava previsão no art. 14 da Lei Anticorrupção. Com a Lei 14.133/2021, a mesma prerrogativa passa a ser admitida nos processos sancionadores nas licitações e contratações públicas.

Os órgãos e as entidades dos Poderes Executivo, Legislativo e Judiciário de todos os Entes federativos deverão, no prazo máximo 15 dias úteis contados da aplicação, informar e manter atualizados os dados relativos às sanções por eles aplicadas, para fins de publicidade no Cadastro Nacional de Empresas Inidôneas e Suspensas (CEIS) e no Cadastro

---

[82] Disponível em: <http://www.stf.jus.br/arquivo/cms/noticiaNoticiaStf/anexo/Acordo6agosto.pdf>. Acesso em: 4 jan. 2021.

[83] Nesse sentido: OLIVEIRA, Rafael Carvalho Rezende; CARMO, Thiago Gomes do. Acordos substitutivos de sanção e seus desafios. *Revista de Direito Público da Economia*, Belo Horizonte, v. 19, n. 76, out.-dez. 2021.

Nacional de Empresas Punidas (CNEP), instituídos no âmbito do Poder Executivo federal (art. 161 da Lei 14.133/2021).

É prevista a incidência de multa de mora em caso de atraso injustificado na execução do contrato, na forma prevista em edital ou em contrato. A imposição da multa de mora não impede que a Administração a converta em compensatória e promova a extinção unilateral do contrato com a aplicação cumulada de outras sanções previstas na Lei de Licitações (art. 162, parágrafo único).

Aqui é oportuno registrar que a multa prevista no art. 156, II, não se confunde com aquela prevista no art. 162 da Lei 14.133/2021. Enquanto a primeira é aplicável a partir das infrações indicadas no art. 155 e submete-se aos limites previstos no art. 156, § 3.º, a segunda é aplicada na hipótese de mora do contratado.

É admitida a reabilitação do licitante ou contratado perante a própria autoridade que aplicou a penalidade, exigindo-se, cumulativamente (art. 163 da Lei 14.133/2021): a) a reparação integral do dano causado à Administração Pública; b) o pagamento da multa; c) o transcurso do prazo mínimo de 1 (um) ano da aplicação da penalidade, no caso de impedimento de licitar e contratar, ou de 3 (três) anos da aplicação da penalidade, no caso de declaração de inidoneidade; d) o cumprimento das condições de reabilitação definidas no ato punitivo; e) análise jurídica prévia, com posicionamento conclusivo quanto ao cumprimento dos requisitos definidos neste artigo.

Enquanto a legislação anterior restringia a reabilitação à declaração de inidoneidade, na forma do art. 87, IV, da Lei 8.666/1993, a Lei 14.133/2021 permite a reabilitação também para a sanção de "impedimento de licitar". Contudo, os prazos mínimos para reabilitação são diversos e serão contados da aplicação da penalidade: a) impedimento de licitar e contratar: um ano e b) declaração de inidoneidade: 3 (três) anos.

A sanção pelas infrações previstas no art. 155, VIII (apresentação de declaração ou documentação falsa exigida para o certame ou de declaração falsa durante a licitação ou a execução do contrato) e XII (prática de ato lesivo previsto no art. 5.º da Lei Anticorrupção), exigirá, como condição de reabilitação do licitante ou contratado, a implantação ou o aperfeiçoamento de programa de integridade pelo responsável (art. 163, parágrafo único, da Lei 14.133/2021). Trata-se de importante incentivo para o autossaneamento (*self-cleaning*) das empresas punidas, que deverão adotar medidas corretivas e preventivas que reduzam o risco de prática de ilícitos para recuperarem a sua condição de potencial contratante do Poder Público.

Aqui, abre-se caminho para discussão quanto à razoabilidade de restringir a necessidade de implantação ou aperfeiçoamento de programa de integridade para reabilitação do agente econômico apenas nas duas infrações referidas, especialmente pelo fato de que as demais infrações, que ensejam a declaração de inidoneidade, apresentam grau semelhante de gravidade (além das infrações anteriormente indicadas, ensejam a inidoneidade as seguintes infrações, na forma do art. 156, § 5.º, da Lei 14.133/2021: fraudar a licitação ou praticar ato fraudulento na execução do contrato; comportar-se de modo inidôneo ou cometer fraude de qualquer natureza; e praticar atos ilícitos com vistas a frustrar os objetivos da licitação).[84]

---

[84] Sobre o tema: OLIVEIRA, Rafael Carvalho Rezende; CARMO, Thiago Gomes do. O *self-cleaning* e a sua aplicação sob a perspectiva da Lei nº 14.133/2021. *Solução em Licitações e Contratos – SLC*, v. 51, p. 39-52, 2022.

## 18.12 FISCALIZAÇÃO E CONTROLE DAS LICITAÇÕES E DOS CONTRATOS

### 18.12.1 Fiscalização dos contratos administrativos

A função fiscalizatória é fundamental para o regular cumprimento dos contratos administrativos, com a verificação constante da sua execução e impactos significativos sobre diversos atos que serão praticados ao longo da avença, tais como: realização de pagamentos, decisões sobre pedidos de reequilíbrio contratual, avaliação de desempenho da contratada, recebimento contratual, aplicação de sanções etc.[85]

Não por outra razão, a Lei 14.133/2021 confere destaque à fiscalização contratual, notadamente nos seguintes aspectos: a) definição dos modelos de gestão e fiscalização na fase preparatória da licitação (arts. 6.º, XXII, f, e XXV, e; 18, § 1.º; e 25); b) manutenção da fiscalização como cláusula exorbitante (art. 104, III); c) regras específicas sobre a fiscalização contratual (arts. 117 a 119); d) previsão de extinção contratual, em decorrência do descumprimento das determinações do fiscal (art. 137, II); e) eventual responsabilidade da Administração Pública nas hipóteses de falha na fiscalização (arts. 120 e 121); f) atuação no recebimento do objeto do contrato (art. 140); g) impactos da fiscalização na avaliação do desempenho da contratada (arts. 88, § 3.º, e 144) etc.

É possível perceber a íntima ligação entre a fiscalização contratual e a governança pública. Os diversos instrumentos de governança previstos na Lei de Licitações (exs.: Plano de Contratações Anual – PCA, gestão por competências, gestão de riscos, controle preventivo, entre outros) reforçam o ambiente íntegro das contratações, com ênfase no planejamento, na eficiência e *accountability*, destacando-se, por exemplo, nos parâmetros para a gestão dos contratos administrativos, a fixação de diretrizes para a nomeação de gestores e fiscais de contrato, com base no perfil de competências, e evitando a sobrecarga de atribuições. Assim, a implementação da governança pública e da integridade nas relações público-privadas depende, entre outros fatores, da adequada gestão e fiscalização dos contratos administrativos, papel que foi bem destacado na Lei 14.133/2021.

Ao contrário da legislação anterior, especialmente a Lei 8.666/1993, a Lei 14.133/2021 apresenta clara intenção de distinguir as figuras do gestor e do fiscal dos contratos, em atenção ao princípio da segregação de funções. Contudo, a distinção efetiva entre os referidos atores somente é apresentada no campo regulamentar.[86] Não obstante a possibilidade de tratamentos jurídicos diversos, a partir dos respectivos regulamentos, é possível afirmar, em linhas gerais, que o gestor do contrato coordena e supervisiona as atividades do(s) fiscal(is), com a prerrogativa de decidir, salvo delegação, sobre questões contratuais

---

[85] Sobre o tema, vide: OLIVEIRA, Rafael Carvalho Rezende. A fiscalização dos contratos administrativos na nova Lei de Licitações: dos carimbos à inteligência artificial. *Revista LEX de Direito Administrativo*, v. 9, p. 7-34, set.-dez. 2023.

[86] De acordo com o art. 8.º, § 3.º, da Lei 14.133/2021, cabe ao regulamento definir as atribuições dos agentes responsáveis pelas licitações e contratações públicas, com a delimitação, inclusive, da "atuação de fiscais e gestores de contratos". Em âmbito federal, o Decreto 11.246/2022 dispõe sobre "as regras para a atuação do agente de contratação e da equipe de apoio, o funcionamento da comissão de contratação e a atuação dos gestores e fiscais de contratos". Em grande medida, a distinção entre o gestor e o fiscal do contrato, assim como o elenco das espécies de fiscalização, apresenta nítida inspiração no regime jurídico previsto no capítulo V da Instrução Normativa (IN) 5/2017, que trata das regras e diretrizes do procedimento de contratação de serviços sob o regime de execução indireta no âmbito da Administração Pública federal.

relevantes, como, por exemplo, prorrogação, alteração, reequilíbrio, pagamento, aplicação de sanções, extinção dos contratos. Os fiscais, por sua vez, acompanham mais de perto a rotina do cumprimento do objeto contratual e possuem o papel de auxiliar o gestor, com a apresentação de informações e subsídios relevantes para tomada de decisões (exs.: acompanhamento do efetivo cumprimento do objeto contratado, na forma do regramento fixado no edital, e da manutenção dos requisitos de habilitação pela contratada).

Em âmbito federal, existem as seguintes espécies de fiscalização contratual:[87] a) fiscalização técnica: envolve o acompanhamento do contrato, com o objetivo de avaliar se a execução do objeto observa os termos do edital e do contrato administrativo; b) fiscalização administrativa: engloba o acompanhamento dos aspectos administrativos contratuais quanto às obrigações previdenciárias, fiscais e trabalhistas, além de auxiliar o gestor com informações relevantes para o reequilíbrio contratual e adoção de providências tempestivas nas hipóteses de inadimplemento; c) fiscalização setorial: constitui a tarefa de acompanhamento da execução contratual "nos aspectos técnicos ou administrativos quando a prestação do objeto ocorrer concomitantemente em setores distintos ou em unidades desconcentradas de um órgão ou uma entidade".

A referida distinção entre a fiscalização técnica, administrativa e setorial realizada por regulamento federal não é expressamente prevista na Lei 14.133/2021, constituindo-se, portanto, em opção adotada pela Administração Pública federal no exercício da sua competência regulamentar. Desse modo, os demais Entes da Federação possuem a liberdade para adoção da mesma solução ou de outra que seja mais adequada à sua realidade.

É relevante destacar que a definição do modelo de gestão e de fiscalização deverá ser indicada nos atos de planejamento que integram a fase preparatória da licitação, com destaque para o ETP, o TR, o projeto básico e o edital, e deverá levar em consideração a complexidade dos contratos administrativos. Admite-se, portanto, a indicação de apenas um fiscal para contratos mais simples e de dois ou mais fiscais para contratos complexos.

No exercício de suas atribuições, os fiscais dos contratos serão auxiliados pelos órgãos de assessoramento jurídico e de controle interno da Administração, que deverão dirimir dúvidas e subsidiá-los com informações relevantes para prevenção de riscos de inadimplemento contratual, na forma do art. 117, § 3.º, da Lei 14.133/2021.

Independentemente da espécie de fiscalização, a atuação da Administração Pública, incluída a atividade exercida pelo fiscal, deve se restringir à verificação da regularidade da execução contratual a partir das cláusulas da avença e do conteúdo do edital, vedada a ingerência na organização interna e no gerenciamento empresarial da pessoa contratada. Assim, por exemplo, não pode o fiscal do contrato indicar, nominalmente, os funcionários da empresa que prestarão os serviços ou indicar as pessoas que serão contratadas pela empresa.

Os fiscais dos contratos, assim como os demais agentes públicos indicados para o desempenho das atividades relacionadas aos processos de licitações e contratação públicas, devem preencher os seguintes requisitos (art. 7.º da Lei 14.133/2021): a) a indicação deve recair, preferencialmente, sobre servidores efetivos ou empregados públicos dos quadros permanentes da Administração Pública; b) os agentes devem exercer atribuições

---

[87] Art. 19 do Decreto 11.246/2022.

relacionadas a licitações e contratos ou possuir formação compatível ou qualificação atestada por certificação profissional emitida por escola de governo criada e mantida pelo poder público; e c) os agentes não podem ser cônjuges ou companheiros de licitantes ou contratados habituais da Administração, assim como não podem ter com eles vínculo de parentesco, colateral ou por afinidade, até o terceiro grau, ou de natureza técnica, comercial, econômica, financeira, trabalhista e civil.

Ademais, a autoridade administrativa deverá observar o princípio da segregação de funções, vedada a designação do mesmo agente público para atuação simultânea em funções mais suscetíveis a riscos, de modo a reduzir a possibilidade de ocultação de erros e de ocorrência de fraudes na respectiva contratação (art. 7.º, § 1.º).

Questão interessante se refere à (im)possibilidade de o agente público indicado para função de fiscal de contratos apresentar recusa à nomeação. Aqui, é preciso destacar que, em princípio, o agente público não pode recursar a nomeação, em razão da hierarquia administrativa e da legalidade da nomeação.[88]

Ao invés da recusa, portanto, o agente público indicado, se entender que não possui a qualificação ou a disponibilidade necessária para o exercício da função de fiscal, deve expor as razões ao seu superior hierárquico, com o intuito não apenas de solicitar a necessária capacitação, mas, também, de se proteger contra futuras e eventuais imputações de ilícitos no exercício de sua função, além de induzir que a referida imputação de responsabilidade também recaia sobre a autoridade superior que efetuou a sua nomeação.[89]

Lembre-se, aqui, a possibilidade de responsabilização da autoridade nomeante quando o fiscal nomeado não possuir a devida capacitação para o exercício da função (culpa in eligendo) ou quando caracterizada a sua omissão na hipótese de falhas reiteradas e conhecidas por parte do fiscal (culpa in vigilando).[90]

Entendemos que, em situações excepcionalíssimas, o agente público indicado poderia recusar a nomeação para a função de fiscal, quando demonstrada, no caso concreto, a ilegalidade manifesta da nomeação, tal como ocorreria, por exemplo, com a nomeação de cônjuge da pessoa física contratada ou de diretor(a) da pessoa jurídica contratada. Nesse

---

[88] Nesse sentido, o Tribunal de Contas da União, no contexto da Lei 8.666/1993, decidiu: "O servidor designado para exercer o encargo de fiscal não pode oferecer recusa, porquanto não se trata de ordem ilegal. Entretanto, tem a opção de expor ao superior hierárquico as deficiências e limitações que possam impedi-lo de cumprir diligentemente suas obrigações. A opção que não se aceita é uma atuação a esmo (com imprudência, negligência, omissão, ausência de cautela e de zelo profissional), sob pena de configurar grave infração à norma legal" (TCU, Plenário, Acórdão 2.917/2010, Rel. Min. Valmir Campelo, j. 03.11.2010).

[89] Em âmbito federal, o art. 11, §§ 1.º e 2.º, do Decreto 11.246/2022 dispõe que, na hipótese de deficiência ou de limitações técnicas que possam impedir o cumprimento diligente das suas atribuições, o agente público deverá comunicar o fato ao seu superior hierárquico e a autoridade competente poderá providenciar a qualificação prévia do servidor ou designar outro servidor com a qualificação requerida.

[90] No mesmo sentido: TORRES, Ronny Charles Lopes de. *Leis de licitações públicas comentadas*. 12 ed. São Paulo: Juspodivm, 2021. p. 606. De acordo com o TCU: "A responsabilidade da autoridade delegante pelos atos delegados não é automática ou absoluta, sendo imprescindível para definir essa responsabilidade a análise das situações de fato que envolvem o caso concreto. A autoridade delegante pode ser responsabilizada sempre que verificada a fiscalização deficiente dos atos delegados (*culpa in vigilando*), o conhecimento do ato irregular praticado ou a má escolha do agente delegado (*culpa in eligendo*)" (TCU, Plenário, Acórdão 6.934/2015, Rel. Min. Benjamin Zymler, j. 03.11.2015).

caso, em âmbito federal, seria aplicável o art. 116, IV, da Lei 8.112/1990, que prevê o dever do servidor de "cumprir as ordens superiores, exceto quando manifestamente ilegais".

Com o intuito de permitir que a função fiscalizadora seja exercida com maior eficiência, a legislação prevê não apenas o auxílio por parte dos órgãos de assessoramento jurídico e de controle interno da Administração, mas, também, a possibilidade de contratação de terceiros para assistir e subsidiar o fiscal com as informações pertinentes a essa regular execução do contrato, na forma do art. 117, § 3.º, da Lei 14.133/2021.

É possível, inclusive, a contratação direta, por inexigibilidade de licitação, de serviços de fiscalização, supervisão ou gerenciamento de obras, considerados serviços técnicos especializados de natureza predominantemente intelectual, que envolvam profissionais ou empresas de notória especialização (art. 74, III, d, da Lei). Admite-se, ainda, a contratação dos autores do anteprojeto e dos projetos básico e executivo para o apoio da atividade de gestão e de fiscalização da contratação, na forma permitida pelo art. 14, § 2.º.

Cabe frisar que a eventual contratação de pessoas físicas ou jurídicas para auxiliar a atividade do fiscal do contrato não altera a competência e a responsabilidade do próprio fiscal para exercer as suas atribuições no contrato administrativo. Nesse caso, a pessoa contratada assumirá responsabilidade civil objetiva pela veracidade e pela precisão das informações prestadas, firmará termo de compromisso de confidencialidade e não poderá exercer atribuição própria e exclusiva de fiscal de contrato, não afastando a responsabilidade do fiscal nos limites das informações recebidas do terceiro contratado (art. 117, *caput*, e § 4.º).

Em razão dos desafios encontrados na execução integral e tempestiva dos contratos de obras e serviços de engenharia, demonstrados pelo número excessivo de obras públicas inacabadas,[91] a Lei 14.133/2021 instituiu mecanismos para tentar contribuir para a mudança desse cenário. Nesse contexto, um instrumento jurídico de destaque na busca da maior eficiência dos contratos de obras e serviços de engenharia é o seguro-garantia, na modalidade de performance bond (garantia de desempenho contratual), segundo o qual a seguradora assume o dever de adimplir as obrigações contratuais, diretamente ou mediante a contratação de terceiros, na hipótese de inadimplemento do contrato administrativo (art. 102).

Há uma íntima relação entre o seguro-garantia e a fiscalização dos contratos de obras e serviços de engenharia, uma vez que a seguradora possui interesse em auxiliar o fiscal do contrato para evitar o inadimplemento contratual e a assunção de responsabilidade pela finalização da obra ou do serviço de engenharia. Em razão dos riscos assumidos pela seguradora que, em caso de inadimplemento da empreiteira (tomadora do seguro), deverá promover, diretamente ou mediante a contratação de terceiros, a conclusão da obra, a própria seguradora será incentivada a acompanhar de perto a execução contratual, com a apresentação de informações relevantes relacionadas ao risco de inadimplemento contratual para subsidiar a atuação do fiscal do contrato.

---

[91] Em auditoria operacional realizada pelo TCU, em 2019, sob a relatoria do Ministro Vital do Rêgo, com a análise de mais de 30 mil obras públicas financiadas com recursos federais, restou diagnosticado que mais de 30% foram consideradas como paralisadas ou inacabadas (TCU, Plenário, Acórdão 1.079/2019, Rel. Min. Vital do Rêgo, j.15.05.2019).

Destaca-se, por fim, a relevância da utilização de novas tecnologias, inclusive com desenvolvimento de ferramentas de inteligência artificial (IA),[92] com o objetivo de garantir maior celeridade e eficiência aos certames e contratos, inclusive na atividade fiscalizatória.

Em diversas oportunidades, a Lei 14.133/2021 demonstra a relevância da tecnologia e das inovações: a) o incentivo à inovação é considerado um dos objetivos do processo licitatório (art. 11, IV);[93] b) o processo deve ser, preferencialmente, eletrônico, com a prática de atos digitais (art. 12, VI, e 17, § 2.º);[94] c) Portal Nacional de Contratações Públicas (PNCP), sítio eletrônico oficial destinado à divulgação centralizada das licitações e contratações públicas (art. 174); d) obrigatoriedade de instituição de sistema informatizado de acompanhamento de obras, inclusive com recursos de imagem e vídeo (art. 19, III); e) as contratações públicas deverão submeter-se a práticas contínuas e permanentes de gestão de riscos e de controle preventivo, "inclusive mediante adoção de recursos de tecnologia da informação" (art. 169).

É preciso superar a ideia da fiscalização meramente formal, resumida à análise dos documentos da contratação, sem a necessária verificação, *in loco*, do adimplemento quantitativo e qualitativo do contrato não se revela suficiente para garantir a eficiência contratual.

A fiscalização formalista e analógica deve ser substituída por uma fiscalização digital e eficiente, o que exige não apenas a capacitação dos fiscais e a distribuição racional de suas atividades, mas, também, a instituição de instrumentos tecnológicos, com o intuito de implementar maior eficiência na atividade fiscalizadora.

### 18.12.2 Controle das licitações e dos contratos

Os contratos podem ser controlados pela própria Administração (controle interno) ou pelos demais Poderes (controle externo).

---

[92] Sobre o tema, vide: VALE, Luís Manoel Borges do; PEREIRA, João Sergio dos Santos Soares. *Teoria geral do processo tecnológico*. São Paulo: Thomson Reuters Brasil, 2023. A utilização da IA no âmbito da atividade controladora já vem sendo experimentada por diversos órgãos e entidades da Administração pública. O TCU, por exemplo, tem utilizado diversas ferramentas de inteligência artificial na sua atividade de controle da Administração Pública, tais como: (i) ALICE (Análise de Licitações e Editais); (ii) MONICA (Monitoramento Integrado para o Controle de Aquisições); (iii) ADELE (Análise de Disputa em Licitações Eletrônicas), (iv) SOFIA (Sistema de Orientação sobre Fatos e Indícios para o Auditor); (v) CARINA (Crawler e Analisador de Registros da Imprensa Nacional) e (vi) ÁGATA (Aplicação Geradora de Análise Textual com Aprendizado).

[93] Outros instrumentos indicados na Lei 14.133/2021 também contribuem para contratação de soluções inovadoras, como, por exemplo, o diálogo competitivo, a contratação integrada, a realização de PMI para contratação de *startups* etc. Sobre o tema, vide: OLIVEIRA, Rafael Carvalho Rezende; CARMO, Thiago Gomes do. Administração pública experimental: licitação e contratação de soluções inovadoras. *Boletim de Licitações e Contratos*, Curitiba, v. 19, n. 217, p. 412-421, maio 2023.

[94] Aliás, a utilização de tecnologias é uma característica da denominada Administração Pública Digital ou Governo Digital e não se restringe ao campo das contratações públicas. Mencione-se, a título de exemplo, a Lei 14.129/2021, que dispõe sobre princípios, regras e instrumentos para o Governo Digital. No rol dos princípios e diretrizes do Governo Digital e da eficiência pública, o art. 3.º do referido diploma legal destaca, exemplificativamente: (i) o uso da tecnologia para otimizar processos de trabalho da Administração Pública (inciso VIII); (ii) o estímulo ao uso das assinaturas eletrônicas nas interações e nas comunicações entre órgãos públicos e entre estes e os cidadãos (inciso XXII); (iii) a adoção preferencial, no uso da internet e de suas aplicações, de tecnologias, de padrões e de formatos abertos e livres (inciso XXV); (iv) a promoção do desenvolvimento tecnológico e da inovação no setor público (inciso XXVI) etc.

Quanto ao controle interno, a Administração, no exercício da autotutela, pode revogar atos inconvenientes ou inoportunos e deve anular atos ilegais. A Administração deve anular as licitações e os contratos administrativos ilegais e pode revogar certames e extinguir ajustes por razões de interesse público.

Por outro lado, o controle externo será exercido pelo Poder Judiciário e pelo Poder Legislativo, com auxílio do respectivo Tribunal de Contas. É inadmissível o controle externo dos contratos a partir dos critérios de conveniência e oportunidade, sob pena de violação do princípio da separação de poderes.

É importante ressaltar que o Tribunal de Contas realiza o controle de legalidade, legitimidade, economicidade dos atos das entidades da Administração direta e indireta (art. 70 da CRFB).

No âmbito das contratações públicas, que devem ser submetidas a práticas contínuas e permanentes de gestão de riscos e de controle preventivo, inclusive mediante adoção de recursos de tecnologia da informação, além do controle social, devem ser destacadas as três linhas de defesa previstas no art. 169 da Lei 14.133/2021: **a) primeira linha de defesa**: servidores e empregados públicos, agentes de licitação e autoridades que atuam na estrutura de governança do órgão ou entidade; **b) segunda linha de defesa**: unidades de assessoramento jurídico e de controle interno do próprio órgão ou entidade; **c) terceira linha de defesa**: órgão central de controle interno da Administração e tribunal de contas.

De forma positiva, verifica-se a maior preocupação legislativa com a governança pública, destacando-se a relevância da gestão de riscos e do controle preventivo, que aumentam a eficiência e diminuem os riscos da prática de irregularidades nas contratações públicas.

Destaca-se que as hipóteses de controle institucional elencadas no art. 169 da Lei de Licitações não são taxativas, uma vez que não impedem outras formas de controle preventivo, inclusive por parte do Ministério Público.

Importante destacar, ainda, que o controle institucional convive com o controle social, na forma destacada no *caput* do art. 169, que pode ser exercido por qualquer pessoa e pressupõe transparência na atuação da Administração Pública para que as informações estejam disponibilizadas para sociedade civil.

Com o objetivo de garantir transparência nas licitações e nas contratações públicas, em reforço à publicidade dos atos estatais e ao efetivo controle social e institucional, o art. 174 da Lei 14.133/2021 institui o Portal Nacional de Contratações Públicas (PNCP).

Registre-se que o art. 54, § 1.º, do PL 4.253/2021, que deu origem à atual Lei de Licitações, exigia a publicação de extrato do edital no Diário Oficial e em jornal de grande circulação, mas o referido dispositivo foi vetado, uma vez que se tratava de medida desnecessária e antieconômica, sendo certo que a divulgação no PNCP garantiria a devida publicidade.

Em consequência, é fácil perceber que, ao invés da obrigatoriedade de publicidade no Diário Oficial, na forma tradicionalmente indicada pelo art. 21 da Lei 8.666/1993, a Lei 14.133/2021 prevê a publicidade do edital na rede mundial de computadores por meio do PNCP e do sítio eletrônico oficial do Ente federado.

Com efeito, a publicação nos Diários Oficiais não atingia o efeito esperado de levar as informações às pessoas, pois, quando muito, tratava-se de "publicidade formal" dos atos estatais, mas não de "publicidade material", uma vez que a imensa maioria da população não tem acesso ou o hábito (ou tempo) de ler o Diário Oficial.

A publicidade do edital por meio da rede mundial de computadores tem o potencial de reduzir custos e facilitar a transparência das informações, inclusive por meio de cadastramento de interessados nos sítios oficiais da Administração Pública para acompanhamento de assuntos que entenderem pertinentes.

A implementação das práticas previstas no art. 169 da Lei de Licitações será de responsabilidade da alta administração do órgão ou entidade e levará em consideração os custos e os benefícios decorrentes de sua implementação, optando-se pelas medidas que promovam relações íntegras e confiáveis, com segurança jurídica para todos os envolvidos, e que produzam o resultado mais vantajoso para a Administração, com eficiência, eficácia e efetividade nas contratações públicas (art. 169, § 1.º).

Para a realização de suas atividades, os órgãos de controle deverão ter acesso irrestrito aos documentos e às informações necessárias à realização dos trabalhos, inclusive aqueles classificados pelo órgão ou entidade, nos termos da Lei 12.527/2011 (Lei de Acesso à Informação), tornando-se o órgão de controle com o qual foi compartilhada eventual informação sigilosa corresponsável pela manutenção do seu sigilo (art. 169, § 2.º, da Lei 14.133/2021).

Os integrantes das três linhas de defesa referidas acima deverão adotar as seguintes condutas (art. 169, § 3.º): a) quando constatarem simples impropriedade formal, adotarão medidas para o seu saneamento e para a mitigação de riscos de sua nova ocorrência, preferencialmente com o aperfeiçoamento dos controles preventivos e com a capacitação dos agentes públicos responsáveis; b) quando constatarem irregularidade que configure dano à Administração, sem prejuízos das medidas previstas na alínea a, deverão adotar as providências necessárias para apuração das infrações administrativas, observadas a segregação de funções e a necessidade de individualização das condutas, bem como remeter ao Ministério Público competente cópias dos documentos cabíveis para apuração dos demais ilícitos de sua competência.

Os órgãos de controle adotarão critérios de oportunidade, materialidade, relevância e risco e considerarão as razões apresentadas pelos órgãos e entidades responsáveis e os resultados obtidos com a contratação (art. 170 da Lei 14.133/2021).

As razões apresentadas pelos órgãos e entidades responsáveis deverão ser encaminhadas aos órgãos de controle até a conclusão da fase de instrução do processo e não poderão ser desentranhadas dos autos (art. 170, § 1.º).

A omissão na prestação das informações não impedirá as deliberações dos órgãos de controle, nem retardará a aplicação de qualquer de seus prazos de tramitação e de deliberação (art. 170, § 2.º).

Os órgãos de controle desconsiderarão os documentos impertinentes, meramente protelatórios, ou de nenhum interesse para o esclarecimento dos fatos (art. 170, § 3.º).

Qualquer licitante, contratado ou pessoa física ou jurídica poderá representar aos órgãos de controle interno ou ao tribunal de contas competente contra irregularidades na aplicação desta lei (art. 170, § 4.º).

Na fiscalização de controle será observado o seguinte (art. 171 da Lei 14.133/2021): a) oportunidade de manifestação aos gestores sobre possíveis propostas de encaminhamento que terão impacto significativo nas rotinas de trabalho dos órgãos e entidades fiscalizados, a fim de que eles disponibilizem subsídios para avaliação prévia da relação entre custo e benefício dessas possíveis proposições; b) adoção de procedimentos objetivos e imparciais e elaboração de relatórios tecnicamente fundamentados, baseados exclusivamente nas evidências obtidas e organizados de acordo com as normas de auditoria do respectivo órgão de controle, evitando que interesses pessoais e interpretações tendenciosas interfiram na apresentação e no tratamento dos fatos levantados; c) definição de objetivos, nos regimes de empreitada por preço global, empreitada integral, contratação semi-integrada e contratação integrada, atendidos os requisitos técnicos, legais, orçamentários e financeiros, de acordo com as finalidades para as quais foi feita a contratação, devendo ainda ser perquirida a conformidade do preço global com os parâmetros de mercado para o objeto contratado, considerada inclusive a dimensão geográfica.

A Lei 14.133/2021 reconhece a prerrogativa do Tribunal de Contas para suspender cautelarmente o processo licitatório, hipótese na qual o tribunal deverá se pronunciar definitivamente sobre o mérito da irregularidade que deu causa à suspensão no prazo de 25 dias úteis, contado do recebimento das informações a que se refere o § 2.º do art. 171, prorrogável por igual período uma única vez, e definirá objetivamente (art. 171, § 1.º): a) as causas da ordem de suspensão; b) como será garantido o atendimento do interesse público obstado pela suspensão da licitação, em se tratando de objetos essenciais ou de contratação por emergência.

O legislador, nesse ponto, reconhece o poder de cautela do Tribunal de Contas, mas fixa prazo para decisão sobre o mérito da irregularidade, com o objetivo de evitar a perpetuação da suspensão do certame que impediria a contratação do objeto necessário ao atendimento do interesse público.

Ao ser intimado da ordem de suspensão do processo licitatório, o órgão ou a entidade deverá, no prazo de 10 (dez) dias úteis, admitida a prorrogação (art. 171, § 2.º): a) informar as medidas adotadas para cumprimento da decisão; b) prestar todas as informações cabíveis; c) proceder à apuração de responsabilidade, se for o caso. O descumprimento da determinação contida na intimação ensejará apuração de responsabilidade e obrigação de reparação de prejuízo causado ao erário (art. 171, § 4.º).

A decisão que examinar o mérito da cautelar deverá definir as medidas necessárias e adequadas, em face das alternativas possíveis, para o saneamento do processo licitatório ou determinar a sua anulação (art. 171, § 3.º). Aqui, a Lei incorpora a solução adotada pelo art. 20, parágrafo único, da LINDB que, ao tratar das decisões proferidas pelas esferas administrativa, controladora e judicial, exige que a motivação demonstre a necessidade e a adequação da medida imposta ou da invalidação de ato, contrato, ajuste, processo ou norma administrativa, inclusive em face das possíveis alternativas. Aliás, a atuação dos órgãos de controle, em qualquer caso, deve sempre observar os parâmetros da LINDB, o que inclui o controle exercido sobre os atos praticados nas licitações e contratações públicas, o que é reforçado pelo art. 5.º, *in fine*, da Lei de Licitações.

Há controvérsia doutrinária antiga quanto à possibilidade de sustação de contratos administrativos pela Corte de Contas, posto que a Constituição Federal dispõe, expressamente, que a prerrogativa para sustar o contrato irregular é do Congresso Nacional. Se a medida em comento não for adotada, no prazo de 90 dias, o Tribunal de Contas "decidirá a respeito", sem qualquer alusão à sustação do contrato (art. 71, X e §§ 1.º e 2.º, da CRFB). Existem dois entendimentos em relação ao tema:

**Primeira posição:** o Tribunal de Contas não pode sustar contratos administrativos, prerrogativa reconhecida constitucionalmente ao Congresso, mas apenas rejeitar as contas por irregularidade naquela determinada despesa contratual. Nesse sentido: Luís Roberto Barroso e Marcos Juruena Villela Souto.[95]

**Segunda posição:** o Tribunal de Contas pode sustar contratos administrativos. Nesse sentido: Egon Bockmann Moreira, Jessé Torres Pereira Junior, Marianna Montebello Willeman e Jorge Ulisses Jacoby Fernandes.[96]

Em nossa opinião, o Tribunal de Contas pode sustar os efeitos dos contratos administrativos, quando constatadas irregularidades, na hipótese de omissão, no prazo de 90 dias, do Congresso ou do Poder Executivo. Trata-se do reconhecimento da importância estabelecida pelo texto constitucional à Corte de Contas que não se subordina hierarquicamente ao Poder Legislativo. Nesse caso, a sustação dos contratos pela Corte de Contas deve observar o seguinte rito (art. 71, X e §§ 1.º e 2.º, da CRFB e art. 45, §§ 2.º e 3.º, da Lei 8.443/1992): 1.º) verificada a irregularidade em determinado contrato, o Tribunal de Contas assinará prazo para que o responsável adote as providências necessárias ao exato cumprimento da lei; 2.º) caso permaneça a irregularidade, o Tribunal comunicará o fato à Casa Legislativa respectiva para sustação do contrato, solicitando imediatamente a adoção das medidas cabíveis ao Poder Executivo; e 3.º) se a Casa Legislativa ou o Poder Executivo, no prazo de 90 dias, não efetivar as medidas solicitadas, o Tribunal de Contas sustará os contratos (art. 71, X e §§ 1.º e 2.º, da CRFB).

Outro ponto que merece menção se refere ao art. 172 do PL 4.253/2020, que deu origem à Lei 14.133/2021. O referido dispositivo estabelecia que os órgãos de controle deveriam se orientar pelos enunciados das súmulas do TCU, de modo a garantir uniformidade de entendimentos e propiciar segurança jurídica aos interessados. Todavia, o citado dispositivo foi vetado, em razão da violação ao princípio da separação de poderes e do pacto federativo.

Realmente, a proposta de redação do art. 172 do PL 4.253/2020 era inconstitucional e acabaria por reconhecer ao TCU um papel de "controlador dos controladores", instituindo

---

[95] BARROSO, Luís Roberto. Tribunais de contas: algumas competências controvertidas. *Temas de direito constitucional*. 2. ed. Rio de Janeiro: Renovar, 2002. p. 237-238; SOUTO, Marcos Juruena Villela. *Direito administrativo contratual*. Rio de Janeiro: Lumen Juris, 2004. p. 441-442.

[96] MOREIRA, Egon Bockmann. Notas sobre os sistemas de controle dos atos e contratos administrativos. *Fórum Administrativo*, Belo Horizonte, ano 5, n. 5, p. 6085-6086, set. 2005; PEREIRA JUNIOR, Jessé Torres. *Comentários à Lei das Licitações e Contratações da Administração Pública*. 7. ed. Rio de Janeiro: Renovar, 2007. p. 998; WILLEMAN, Marianna Montebello. O controle de licitações e contratos administrativos pelos tribunais de contas. In: SOUTO, Marcos Juruena Villela (Org.). *Direito administrativo*: estudos em homenagem a Francisco Mauro Dias. Rio de Janeiro: Lumen Juris, 2009. p. 305; FERNANDES, Jorge Ulisses Jacoby. Controle das licitações pelo Tribunal de Contas. *RDA*, n. 239, p. 104, jan.-mar. 2005.

uma espécie de jurisdição nacional vinculante para os demais órgãos de controle, inclusive dos Estados, DF e Municípios. Aliás, o próprio TCU destaca o seu papel de uniformizador da atuação de outros órgãos de controle, o que pode ser verificado pela Súmula 222 do Tribunal, que dispõe: "Decisões do Tribunal de Contas da União, relativas à aplicação de normas gerais de licitação, sobre as quais cabe privativamente à União legislar, devem ser acatadas pelos administradores dos Poderes da União, dos Estados, do Distrito Federal e dos Municípios".

Não obstante a relevância do TCU, as suas atribuições não podem ferir a autonomia dos demais órgãos de controle.

Quanto ao controle externo, cada Estado possui o seu próprio Tribunal de Contas, com competências atribuídas pelo texto constitucional para o exercício do controle externo dos Estados e dos Municípios, com exceção dos Municípios do Rio de Janeiro e de São Paulo, que possuem os seus próprios Tribunais de Contas municipais. A pretensão legislativa de submissão dos Tribunais de Contas estaduais, distritais e municipais às súmulas do TCU afronta a autonomia federativa consagrada no art. 18 da CRFB, bem como contraria a autonomia institucional dos referidos Tribunais de Contas prevista no art. 75 da CRFB. Com isso, cabe ao respectivo Tribunal de Contas estadual, distrital ou municipal estabelecer os seus próprios precedentes e emitir as suas próprias súmulas, sem qualquer subordinação ou deferência obrigatória às súmulas do TCU.

Mas não é só isso. A proposta legislativa violaria os arts. 70 e 74 da CRFB, que reconhecem a relevância do controle interno de cada Poder, sem estabelecer a sua subordinação aos Tribunais de Contas. Registre-se que o controle interno da Administração Pública também é exercido pelos órgãos da advocacia pública (arts. 131 a 135 da CRFB). Nesse caso, além da afronta federativa, em razão da existência de órgãos de advocacia pública para cada Ente federado, a atribuição de caráter vinculante aos enunciados das súmulas do TCU violaria a autonomia constitucional dos referidos órgãos jurídicos que não estão subordinados ou vinculados às súmulas do TCU.

Assim, as súmulas do TCU são relevantes para garantir a uniformidade e a segurança jurídica na atuação da própria Corte de Contas, mas não podem servir de instrumento de interferência na autonomia dos demais órgãos de controle, interno e externo, federais, estaduais, distritais e municipais. Não se desconsidera a relevância do dever de coerência no âmbito da Administração Pública, mas não cabe ao TCU o papel de implementar esse dever. A própria Administração Pública de cada Ente federado, inclusive com o auxílio dos órgãos de controle interno, deve atuar com respeito aos seus precedentes administrativos, observando, ainda, os precedentes judiciais, na forma do art. 927 do CPC.[97]

Por fim, a Lei 14.133/2021, em seu art. 173, determina que os tribunais de contas deverão, por meio de suas respectivas escolas de contas, promover eventos de capacitação para os servidores efetivos e empregados públicos designados para o desempenho das

---

[97] OLIVEIRA, Rafael Carvalho Rezende. *Precedentes no Direito Administrativo*. Rio de Janeiro: Forense, 2018; OLIVEIRA, Rafael Carvalho Rezende. O papel da advocacia pública no dever de coerência na Administração Pública. *Revista Estudos Institucionais*, v. 5, n. 2, p. 382-400, maio-ago. 2019.

funções essenciais à execução desta Lei, incluindo cursos presenciais e à distância, redes de aprendizagem, seminários e congressos sobre contratações públicas.

## 18.13 RESPONSABILIDADE CIVIL NOS CONTRATOS ADMINISTRATIVOS

### 18.13.1 Responsabilidade primária do contratado e responsabilidade subsidiária do Estado pela má execução do contrato

O contratado é responsável pelos danos causados diretamente à Administração ou a terceiros em razão da execução do contrato, não excluindo ou reduzindo essa responsabilidade a fiscalização ou o acompanhamento pelo contratante (art. 120 da Lei 14.133/2021).

É verdade que o art. 70 da antiga Lei 8.666/1993, ao tratar da responsabilidade civil do contratado, mencionava, literalmente, "culpa ou dolo" do contratado, expressões que não foram utilizadas pelo art. 120 da atual Lei.

Entendemos, contudo, que a ausência das expressões "culpa ou dolo" no novo diploma legal não alteram a regra da responsabilidade civil subjetiva do contratado, uma vez que a eventual objetivação da responsabilidade dependeria da previsão legal expressa ou decorreria de atividade normalmente desenvolvida que, por sua natureza, acarretasse risco para os direitos de terceiros, na forma do art. 927, parágrafo único, do Código Civil.

Portanto, o contratado possui responsabilidade primária pela má execução do contrato. Em princípio, não há que falar em solidariedade entre o Poder Público e o contratado pelos danos causados a terceiros. A responsabilidade do Estado é subsidiária.[98]

Registre-se, no entanto, a existência de entendimento doutrinário, específico para as concessões de serviços públicos, que sustenta a solidariedade entre o Estado e a concessionária, uma vez que a prestação de serviços públicos é caracterizada como relação de consumo, sendo aplicável, destarte, a solidariedade prevista para os acidentes de consumo.[99]

Entendemos que, mesmo nas hipóteses de concessão de serviços públicos, a responsabilidade do Estado é subsidiária e não solidária, tendo em vista a existência de regra especial que afasta a regra geral do CDC. Trata-se do art. 25 da Lei 8.987/1995 que imputa à concessionária a responsabilidade por "todos os prejuízos causados ao poder concedente, aos usuários ou a terceiros, sem que a fiscalização exercida pelo órgão competente exclua ou atenue essa responsabilidade".[100]

Nas contratações em geral, a responsabilidade civil da contratada é subjetiva, exigindo, portanto, a comprovação de dolo ou culpa. Todavia, no caso das concessões de serviços públicos, as concessionárias respondem objetivamente pelos danos causados aos usuários

---

[98] Nesse sentido: CARVALHO FILHO, José dos Santos. *Manual de direito administrativo*. 22. ed. Rio de Janeiro: Lumen Juris, 2009. p. 541.
[99] Nesse sentido: TEPEDINO, Gustavo. A evolução da responsabilidade civil no direito brasileiro e suas controvérsias na atividade estatal. *Temas de direito civil*. 3. ed. Rio de Janeiro: Renovar, 2004. p. 216.
[100] A responsabilidade subsidiária do poder concedente por danos causados por concessionárias de serviços públicos também é sustentada por: DI PIETRO, Maria Sylvia Zanella. *Direito administrativo*. 22. ed. São Paulo: Atlas, 2009. p. 296.

e não usuários dos serviços, na forma do art. 37, § 6.º, da CRFB, art. 25 da Lei 8.987/1995 e art. 14 do CDC.[101]

### 18.13.2 Responsabilidade do Estado nas terceirizações pelos encargos trabalhistas e previdenciários

De acordo com o art. 121 da Lei 14.133/2021, o contratado é responsável exclusivo pelos encargos trabalhistas, previdenciários, fiscais e comerciais resultantes da execução do contrato.

A inadimplência do contratado em relação aos encargos trabalhistas, fiscais e comerciais não transfere à Administração a responsabilidade por seu pagamento e não pode onerar o objeto do contrato ou restringir a regularização e o uso das obras e das edificações, inclusive perante o registro de imóveis (art. 121, § 1.º).

Exclusivamente nas contratações de serviços contínuos com regime de dedicação exclusiva de mão de obra, a Administração responderá solidariamente pelos encargos previdenciários e subsidiariamente pelos encargos trabalhistas se comprovada falha na fiscalização do cumprimento das obrigações do contratado (art. 121, § 2.º).

Quanto à responsabilidade exclusiva do contratado pelos encargos trabalhistas, previdenciários, fiscais e comerciais resultantes da execução do contrato, o art. 121, *caput* e § 1.º, da Lei 14.133/2021 manteve o regime até então previsto no art. 71, *caput* e § 1.º, da Lei 8.666/1993.

Em relação às contratações de serviços contínuos com regime de dedicação exclusiva de mão de obra, o art. 121, § 2.º, da Lei 14.133/2021, como já destacado, dispõe que a Administração responderá solidariamente pelos encargos previdenciários e subsidiariamente pelos encargos trabalhistas se comprovada falha na fiscalização do cumprimento das obrigações do contratado.

Enquanto a responsabilidade solidária pelos encargos previdenciários nos contratos de serviços contínuos com dedicação exclusiva de mão de obra já era imposta pelo art. 71, § 2.º, da antiga Lei 8.666/1993, a responsabilidade subsidiária da Administração pelos encargos trabalhistas, limitada aos casos de comprovada falha na fiscalização do cumprimento das obrigações do contratado, representa a incorporação legislativa da tese consagrada no STF.[102]

A preocupação com o cumprimento das obrigações trabalhistas é encontrada no art. 121, § 3.º, da Lei 14.133/2021. Nas contratações de serviços contínuos com regime de dedicação exclusiva de mão de obra, para assegurar o cumprimento de obrigações trabalhistas pelo contratado, a Administração, mediante disposição em edital ou em contrato, poderá, entre outras medidas: a) exigir caução, fiança bancária ou contratação

---

[101] STF, Tribunal Pleno, RExt 591.874/MS, Rel. Min. Ricardo Lewandowski, DJe-237, 18.12.2009, p. 1820, *Informativos de Jurisprudência do STF* n. 557 e n. 563.
[102] Teses de Repercussão Geral STF: a) Tema 246: "O inadimplemento dos encargos trabalhistas dos empregados do contratado não transfere automaticamente ao Poder Público contratante a responsabilidade pelo seu pagamento, seja em caráter solidário ou subsidiário, nos termos do art. 71, § 1.º, da Lei 8.666/93."; b) Tema 725: "É lícita a terceirização ou qualquer outra forma de divisão do trabalho entre pessoas jurídicas distintas, independentemente do objeto social das empresas envolvidas, mantida a responsabilidade subsidiária da empresa contratante".

de seguro-garantia com cobertura para verbas rescisórias inadimplidas; b) condicionar o pagamento à comprovação de quitação das obrigações trabalhistas vencidas relativas ao contrato; c) efetuar o depósito de valores em conta vinculada;[103] d) em caso de inadimplemento, efetuar diretamente o pagamento das verbas trabalhistas, que serão deduzidas do pagamento devido ao contratado; e) estabelecer que os valores destinados a férias, a décimo terceiro salário, a ausências legais e a verbas rescisórias dos empregados do contratado que participarem da execução dos serviços contratados serão pagos pelo contratante ao contratado somente na ocorrência do fato gerador.

### 18.13.3 Responsabilidade pessoal do parecerista nas licitações

Discussão interessante refere-se à eventual responsabilidade do Procurador ou do advogado público na emissão de pareceres nas licitações e nos contratos administrativos.

Tradicionalmente, no contexto da legislação anterior de licitações (art. 38, parágrafo único, da Lei 8.666/1993), o STF, inicialmente, afirmou que a responsabilidade dos pareceristas seria apenas nos casos de erro grave inescusável ou dolo, tendo em vista o caráter opinativo dos pareceres.[104]

Contudo, a Corte Suprema alterou o seu posicionamento para admitir a responsabilidade dos advogados públicos e assessores jurídicos pela emissão de "pareceres vinculantes". A Corte efetuou distinção entre três hipóteses de pareceres:

a) **facultativo:** "a autoridade não se vincula ao parecer proferido, sendo que seu poder de decisão não se altera pela manifestação do órgão consultivo";

b) **obrigatório:** "a autoridade administrativa se vincula a emitir o ato tal como submetido à consultoria, com parecer favorável ou contrário, e, se pretender praticar ato de forma diversa da apresentada à consultoria, deverá submetê-lo a novo parecer"; e

c) **vinculante:** "a lei estabelece a obrigação de decidir à luz de parecer vinculante; essa manifestação de teor jurídico deixa de ser meramente opinativa e o administrador não poderá decidir senão nos termos da conclusão do parecer ou, então, não decidir".

No tocante aos pareceres vinculantes, o STF admite a potencial responsabilidade solidária entre o parecerista e o administrador, uma vez que o parecer favorável seria pressuposto de perfeição do ato, havendo a "partilha do poder de decisão". Em relação aos demais pareceres, com caráter opinativo, o parecerista responde apenas em caso de culpa grave (erro grosseiro) ou dolo.[105]

---

[103] Os valores depositados na conta vinculada são absolutamente impenhoráveis (art. 120, § 4.º).

[104] STF, Tribunal Pleno, MS 24.073/DF, Rel. Min. Carlos Velloso, DJ 31.10.2003, p. 15.

[105] STF, Tribunal Pleno, MS 24.631/DF, Rel. Min. Joaquim Barbosa, DJe-18 01.02.2008, *Informativo de Jurisprudência do STF* n. 475. Do mesmo modo, o TCU já afirmou que o parecer jurídico em processo licitatório, emitido na forma do parágrafo único do art. 38 da antiga Lei 8.666/1993, não constituía ato meramente opinativo e pode levar à responsabilização do emitente (TCU, Plenário, Acórdão 1.337/11, Rel. Min. Walton Alencar Rodrigues, 25.05.2011, *Informativo de Jurisprudência sobre Licitações e Contratos do TCU* n. 64). Em outra oportunidade, no entanto, o TCU entendeu ser

Entendemos, todavia, que a responsabilidade pela emissão do parecer somente é possível quando comprovado erro grosseiro ou o dolo do parecerista, tendo em vista os seguintes argumentos:

a) o dever de administrar cabe à autoridade administrativa, e não ao consultor jurídico, sob pena de violação ao princípio da segregação de funções;

b) existem diversas interpretações jurídicas que podem ser razoavelmente apresentadas em cada situação concreta, não sendo possível responsabilizar o advogado público que apresentou interpretação razoável;

c) inviolabilidade do advogado, público ou privado, que responde apenas nos casos de dolo ou culpa (arts. 2.º, § 3.º; 3.º, § 1.º; 32; todos do Estatuto da OAB); e

d) a responsabilidade do advogado público, sem a perquirição da má-fé ou dolo, viola o princípio da eficiência, pois a responsabilização indiscriminada faz com que o advogado público atue com receio, sem pensar na melhor decisão a ser tomada à luz da eficiência, mas apenas na possibilidade de sofrer sanções por suas opiniões (seria mais conveniente para o advogado negar a prática de atos para evitar a sua responsabilização, naquilo que se convencionou chamar de "Administração Pública do medo").[106] O argumento foi reforçado pelo art. 28 da LINDB inserido pela Lei 13.655/2018, que estabeleceu a responsabilidade pessoal dos agentes públicos apenas por suas decisões ou opiniões técnicas em caso de "dolo ou erro grosseiro". Em matéria de responsabilidade civil do advogado público, deve ser observado o art. 184 do CPC, que prevê a responsabilidade pessoal e regressiva apenas no caso de "dolo ou fraude".[107]

## 18.14 CONTRATOS DAS EMPRESAS ESTATAIS

A Lei 13.303/2016 (Lei das Estatais) estabelece as normas aplicáveis aos contratos celebrados por empresas públicas e sociedades de economia mista que, independentemente do objeto, possuem as seguintes características:[108]

---

necessária a caracterização de erro grosseiro ou inescusável, com dolo ou culpa, para responsabilização de parecerista jurídico em processo licitatório (TCU, Acórdão 1.857/11, Rel. Min. André Luis de Carvalho, 13.07.2011, *Informativo de Jurisprudência sobre Licitações e Contratos do TCU* n. 71). Sobre a distinção entre pareceres facultativos, obrigatórios e vinculantes, vide: CHAPUS, Réné. *Droit Administratif General*. 15. ed. Paris: Montcherestien, 2001. t. I, p. 1113-1115.

[106] Em sentido semelhante: SOUTO, Marcos Juruena Villela. Responsabilização de advogado ou procurador por pareceres em contratação direta de empresa. *Direito administrativo em debate*. 2.ª série. Rio de Janeiro: Lumen Juris, 2007. p. 341-354; MOREIRA NETO, Diogo de Figueiredo. A responsabilidade do advogado de Estado. *Revista de Direito da Procuradoria-Geral*, Rio de Janeiro, n. 63, p. 95-118, 2008; MENDONÇA José Vicente Santos de. A responsabilidade pessoal do parecerista público em quatro *standards*. *RBDP*, v. 27, p. 177-199, 2009.

[107] Tema 940 das Teses de Repercussão Geral do STF: "A teor do disposto no art. 37, § 6.º, da Constituição Federal, a ação por danos causados por agente público deve ser ajuizada contra o Estado ou a pessoa jurídica de direito privado prestadora de serviço público, sendo parte ilegítima para a ação o autor do ato, assegurado o direito de regresso contra o responsável nos casos de dolo ou culpa". Segundo o STF, o art. 37, § 6.º, da CRFB apresenta duas garantias: a) primeira garantia: a vítima deve ser ressarcida pelos danos causados pelo Estado; e b) segunda garantia: os agentes públicos somente podem ser responsabilizados perante o próprio Estado, não sendo lícito admitir que a vítima de per saltum acione diretamente o agente.

[108] As características das licitações promovidas por empresas estatais foram abordadas no Capítulo 17, item 17.8.2.

a) os contratos são regulados por suas cláusulas, pela Lei 13.303/2016 e pelos preceitos de direito privado, o que denota a caracterização como contratos privados da Administração Pública (art. 68 da Lei das Estatais).[109] Entendemos, contudo, que os contratos celebrados por empresas estatais que tenham por objeto a prestação de serviços públicos deveriam ser considerados contratos administrativos, conforme destacado no item 18.3;
b) são cláusulas necessárias (art. 69 da Lei): b.1) o objeto e seus elementos característicos; b.2) o regime de execução ou a forma de fornecimento; b.3) o preço e as condições de pagamento, os critérios, a data-base e a periodicidade do reajustamento de preços e os critérios de atualização monetária entre a data do adimplemento das obrigações e a do efetivo pagamento; b.4) os prazos de início de cada etapa de execução, de conclusão, de entrega, de observação, quando for o caso, e de recebimento; b.5) as garantias oferecidas para assegurar a plena execução do objeto contratual, quando exigidas; b.6) os direitos e as responsabilidades das partes, as tipificações das infrações e as respectivas penalidades e valores das multas; b.7) os casos de rescisão do contrato e os mecanismos para alteração de seus termos; b.8) a vinculação ao instrumento convocatório da respectiva licitação ou ao termo de dispensas ou inexigibilidade, bem como ao lance ou proposta do licitante vencedor; b.9) a obrigação do contratado de manter, durante a execução do contrato, em compatibilidade com as obrigações por ele assumidas, as condições de habilitação e qualificação exigidas no curso do procedimento licitatório; b.10) matriz de riscos;
c) possibilidade de exigência de prestação de garantia nas contratações de obras, serviços e compras, cabendo ao contratado optar por uma das seguintes modalidades: caução em dinheiro, seguro garantia ou fiança bancária (art. 70, *caput* e § 1.º, da Lei);[110]
d) não se admite contratos por prazo indeterminado e os prazos não podem ultrapassar cinco anos, salvo em duas hipóteses (art. 71, *caput* e parágrafo único, da Lei): d.1) projetos contemplados no plano de negócios e investimentos da estatal; e d.2) casos em que a pactuação por prazo superior a cinco anos seja prática rotineira de mercado e a imposição desse prazo inviabilize ou onere excessivamente a realização do negócio;
e) impossibilidade de alteração unilateral do contrato (art. 72 da Lei), admitindo-se apenas alterações por acordo das partes nas hipóteses previstas no art. 81 da Lei. O art. 81, §§ 1.º e § 2.º, da Lei das Estatais estabelece limites para as altera-

---

[109] De acordo com o Enunciado 17 da I Jornada de Direito Administrativo realizada pelo Centro de Estudos Judiciários do Conselho da Justiça Federal (CEJ/CJF): "Os contratos celebrados pelas empresas estatais, regidos pela Lei n. 13.303/16, não possuem aplicação subsidiária da Lei n. 8.666/93. Em casos de lacuna contratual, aplicam-se as disposições daquela Lei e as regras e os princípios de direito privado".

[110] A garantia não excederá a 5% do valor do contrato e terá seu valor atualizado nas mesmas condições nele estabelecidas, admitindo-se a elevação para 10% para obras, serviços e fornecimentos de grande vulto envolvendo complexidade técnica e riscos financeiros elevados (art. 70, §§ 2.º e 3.º, da Lei). A garantia prestada pelo contratado será liberada ou restituída após a execução do contrato, devendo ser atualizada monetariamente na hipótese de caução em dinheiro (art. 70, § 4.º, da Lei).

ções contratuais.[111] A criação, a alteração ou a extinção de quaisquer tributos ou encargos legais, bem como a superveniência de disposições legais, quando ocorridas após a data da apresentação da proposta, com comprovada repercussão nos preços contratados, implicarão a revisão destes para mais ou para menos, conforme o caso (art. 81, § 5.º, da Lei). Em caso de alteração do contrato que aumente os encargos do contratado, a estatal deverá restabelecer, por aditamento, o equilíbrio econômico-financeiro inicial, sendo vedada a celebração de aditivos decorrentes de eventos supervenientes alocados, na matriz de riscos, como de responsabilidade da contratada (art. 81, §§ 6.º e 8.º, da Lei);

f) vedação de contratos verbais, salvo no caso de pequenas despesas de pronta entrega e pagamento das quais não resultem obrigações futuras por parte da estatal, o que não afasta o dever de registro contábil dos valores despendidos e a exigência de recibo por parte dos respectivos destinatários (art. 73, *caput* e parágrafo único, da Lei). Contudo a Lei não define o que seriam "pequenas despesas", o que pode abrir a possibilidade para aplicação analógica do art. 95, § 2.º, da Lei 14.133/2021;

g) qualquer interessado poderá obter cópia autenticada de seu inteiro teor ou de qualquer de suas partes, admitida a exigência de ressarcimento dos custos (art. 74 da Lei);

h) responsabilidade objetiva do contratado por danos causados diretamente a terceiros ou à estatal na execução do contrato (art. 76 da Lei);

i) responsabilidade do contratado pelos encargos trabalhistas, fiscais e comerciais resultantes da execução do contrato, inexistindo, em caso de inadimplemento, responsabilidade da estatal pelo pagamento dos referidos encargos (art. 77, *caput* e § 1.º, da Lei). Entendemos que seria possível imputar a responsabilidade subsidiária da Administração Pública em casos de omissão culposa na fiscalização do cumprimento das obrigações contratuais e legais da prestadora de serviço como empregadora;[112]

j) admite-se a subcontratação parcial da obra, serviço ou fornecimento, até o limite admitido, em cada caso, pela estatal, conforme previsto no edital (art. 78 da Lei). É vedada, no entanto, a subcontratação de empresa ou consórcio que tenha

---

[111] "Art. 81. (...) § 1.º O contratado poderá aceitar, nas mesmas condições contratuais, os acréscimos ou supressões que se fizerem nas obras, serviços ou compras, até 25% (vinte e cinco por cento) do valor inicial atualizado do contrato, e, no caso particular de reforma de edifício ou de equipamento, até o limite de 50% (cinquenta por cento) para os seus acréscimos. § 2.º Nenhum acréscimo ou supressão poderá exceder os limites estabelecidos no § 1.º, salvo as supressões resultantes de acordo celebrado entre os contratantes."

[112] Teses de Repercussão Geral do STF: a) Tema 246: "O inadimplemento dos encargos trabalhistas dos empregados do contratado não transfere automaticamente ao Poder Público contratante a responsabilidade pelo seu pagamento, seja em caráter solidário ou subsidiário, nos termos do art. 71, § 1.º, da Lei n.º 8.666/93"; e b) Tema 725: "É lícita a terceirização ou qualquer outra forma de divisão do trabalho entre pessoas jurídicas distintas, independentemente do objeto social das empresas envolvidas, mantida a responsabilidade subsidiária da empresa contratante". Registre-se que o § 2.º do art. 77 do PL 555/2015, que resultou na Lei das Estatais e estabelecia a responsabilidade solidária das estatais pelos encargos previdenciários decorrentes da execução do contrato, foi vetado pelo Presidente da República, sob o argumento de que o art. 31 da Lei 8.212/1991 não mais prevê a referida solidariedade, salvo nas contratações de construção civil, na forma do art. 30 da mesma Lei.

participado da licitação ou, direta ou indiretamente, da elaboração de projeto básico ou executivo (art. 78, § 2.º, da Lei);[113]

k) os direitos patrimoniais e autorais de projetos ou serviços técnicos especializados desenvolvidos por profissionais autônomos ou por empresas contratadas passam a ser propriedade da estatal que os tenha contratado, sem prejuízo da preservação da identificação dos respectivos autores e da responsabilidade técnica a eles atribuída (art. 80 da Lei);

l) o contrato deve prever as sanções administrativas decorrentes de atraso injustificado na execução do contrato, sujeitando o contratado a multa de mora, na forma prevista no instrumento convocatório ou no contrato, que será aplicada após regular processo administrativo e descontada da garantia do respectivo contratado (art. 82, *caput*, §§ 2.º e 3.º, da Lei);[114]

m) as estatais podem aplicar, após a ampla defesa, as seguintes sanções ao contratado inadimplente (art. 83 da Lei): advertência; multa, na forma prevista no instrumento convocatório ou no contrato; e suspensão temporária de participação em licitação e impedimento de contratar com a entidade sancionadora, por prazo não superior a dois anos.[115] A multa é a única sanção que pode ser aplicada, de forma cumulativa, com as demais sanções, e se a multa for superior ao valor da garantia prestada, além da perda desta, responderá o contratado pela sua diferença, que será descontada dos pagamentos eventualmente devidos pela estatal ou cobrada judicialmente (art. 83, §§ 1.º e 2.º, da Lei).

## 18.15 CONVÊNIOS ADMINISTRATIVOS, TERMOS DE COLABORAÇÃO, TERMOS DE FOMENTO E INSTRUMENTOS CONGÊNERES

Tradicionalmente, os convênios administrativos são considerados ajustes formalizados entre entidades administrativas ou entre a Administração Pública e as entidades privadas sem fins lucrativos que têm por objetivo a consecução de objetivos comuns e o atendimento do interesse público. Nesse contexto, as principais diferenças entre os convênios e os contratos podem ser sintetizadas da seguinte forma:

a) **quanto aos interesses envolvidos nos ajustes:** enquanto os contratos administrativos são caracterizados pela existência de interesses contrapostos das partes (o Poder Público tem por objetivo promover o interesse público e o particular pretende

---

[113] As empresas de prestação de serviços técnicos especializados deverão garantir que os integrantes de seu corpo técnico executem pessoal e diretamente as obrigações a eles imputadas, quando a respectiva relação for apresentada em procedimento licitatório ou em contratação direta (art. 78, § 3.º, da Lei).

[114] Se a multa for de valor superior ao valor da garantia prestada, além da perda desta, responderá o contratado pela sua diferença, a qual será descontada dos pagamentos eventualmente devidos pela estatal ou, ainda, quando for o caso, cobrada judicialmente (art. 82, § 3.º, da Lei).

[115] A suspensão temporária de participação em licitação e o impedimento de contratar com a entidade sancionadora, por prazo não superior a dois anos, poderão ser aplicados também a quem: a) tenham sofrido condenação definitiva por praticarem, por meios dolosos, fraude fiscal no recolhimento de quaisquer tributos; b) tenham praticado atos ilícitos visando a frustrar os objetivos da licitação; c) demonstrar não possuir idoneidade para contratar com a estatal em virtude de atos ilícitos praticados (art. 84 da Lei).

auferir lucro), os convênios administrativos são caracterizados pela comunhão de interesses dos conveniados (os partícipes possuem os mesmos interesses);

b) **quanto à remuneração:** nos contratos, os contratados recebem remuneração pela prestação de determinado objeto (obra, serviço etc.), e o valor, ao ingressar no patrimônio privado, deixa de ser considerado "dinheiro público", razão pela qual o contratado pode dispor livremente sobre a sua destinação. Por outro lado, nos convênios, o valor repassado pelo Poder Público ao particular continua sendo reputado "dinheiro público", que deve ser necessariamente aplicado no objeto do convênio, o que acarreta a necessidade de prestação de contas pelo particular ao Poder Público (inclusive Tribunal de Contas) para demonstrar que a verba foi utilizada para atendimento das finalidades do ajuste;

c) **quanto à necessidade de licitação:** a celebração de contratos pela Administração Pública depende, em regra, da realização de licitação prévia, na forma do art. 37, XXI, da CRFB. Ao contrário, a formalização de convênios não depende de licitação, o que não afasta a necessidade de instauração, quando possível, de processo seletivo que assegure o tratamento impessoal entre os potenciais interessados; e

d) **quanto ao prazo:** os contratos administrativos são celebrados, normalmente, por prazo determinado. Em relação aos convênios, espécies de atos administrativos complexos, admite-se que os ajustes não estabeleçam prazo determinado, não obstante seja recomendável a fixação de sua duração para fins de planejamento e controle.

Ressalte-se que a nomenclatura conferida ao instrumento jurídico não é fundamental para caracterização da sua natureza jurídica, mas, sim, o seu conteúdo. Os convênios aparecem na legislação, por vezes, com nomes distintos ("convênio", "termo de parceria", "termo de cooperação", "contratos de gestão", "contratos de repasse" etc.).

A cooperação associativa é uma característica dos convênios, razão pela qual os partícipes têm a liberdade de ingresso e de retirada (denúncia) a qualquer momento, sendo vedada cláusula de permanência obrigatória.

Os convênios podem ser firmados entre entidades administrativas ou entre estas e entidades privadas sem fins lucrativos. Na primeira hipótese, os convênios são instrumentos de descentralização (ou desconcentração) administrativa; no segundo caso, os convênios funcionam como mecanismos de implementação do fomento, viabilizando o exercício de atividades sociais relevantes por entidades privadas.

A Lei 14.133/2021 não apresentou disposições detalhadas sobre os convênios, limitando-se a dispor, em seu art. 184, que as suas disposições legais serão aplicadas, no que couber e na ausência de norma específica, aos convênios, acordos, ajustes e outros instrumentos congêneres celebrados por órgãos e entidades da Administração Pública, na forma estabelecida em regulamento do Poder Executivo federal.[116]

---

[116] Registre-se que, no fomento à cultura, o art. 2.º, § 4.º, da Lei 14.903/2024 (Marco regulatório do fomento à cultura) veda a aplicação da Lei 14.133/2021 aos instrumentos específicos do regime jurídico próprio de fomento à cultura referidos no *caput* e no § 1.º do citado dispositivo legal.

Desde a promulgação da Lei 13.019/2014, que estabeleceu o novo marco regulatório das parcerias entre a Administração Pública e as organizações da sociedade civil (OSCs), o tema dos convênios sofreu relevante alteração. A referida Lei prevê três instrumentos jurídicos de parcerias com o Terceiro Setor: a) Termo de colaboração (art. 2.º, VII, da Lei): instrumento de parceria para consecução de finalidades públicas *propostas pela Administração* que envolvam a transferência de recursos financeiros; b) Termo de fomento (art. 2.º, VIII, da Lei): instrumento de parceria para consecução de finalidades públicas *propostas pelas organizações da sociedade civil* que envolvam a transferência de recursos financeiros; e c) Acordo de cooperação (art. 2.º, VIII-A, da Lei): instrumento de parceria para a consecução de finalidades de interesse público e recíproco que não envolvam a transferência de recursos financeiros. Registre-se, ainda, que o art. 84, parágrafo único, da Lei afirma que a nomenclatura "convênios" ficará restrita exclusivamente às parcerias firmadas entre os entes federados e às parcerias no âmbito do SUS.

Não obstante a literalidade da Lei, entendemos que as "novas expressões" não alteram a substância dos vínculos jurídicos, sendo certo que o legislador é pródigo em criar novos nomes para os tradicionais convênios (exs.: contratos de gestão, contratos de repasse, termos de parcerias, termos de cooperação etc.). Aliás, não vislumbramos qualquer relevância jurídica na distinção legal entre o termo de colaboração e o termo de fomento a partir do responsável pela iniciativa do projeto, uma vez que nos dois casos o regime jurídico será o mesmo. Por fim, a expressão convênios é mencionada na Constituição (exs.: arts. 39, § 2.º e 199, § 1.º; da CRFB) e em leis especiais (ex.: art. 18, X, da Lei 8.080/1990), o que demonstra a subsistência da expressão no ordenamento jurídico.[117]

## 18.16 RESUMO DO CAPÍTULO

### CONTRATOS ADMINISTRATIVOS

| | |
|---|---|
| **Contratos da Administração** | **a) Contratos administrativos:** são os ajustes celebrados entre a Administração Pública e o particular, regidos predominantemente pelo direito público, para execução de atividades de interesse público. |
| | **b) Contratos privados da Administração ou contratos semipúblicos:** são os ajustes em que a Administração Pública e o particular estão em situação de relativa igualdade, regidos predominantemente pelo direito privado. |
| **Fontes normativas e competência legislativa** | A União possui competência privativa para legislar sobre normas gerais de contratação. Todos os entes federados possuem competência para normas específicas.<br>A Lei 14.133/2021 dispõe sobre as normas para licitações e contratos da Administração Pública. Há, também, inúmeras leis especiais que tratam de determinadas modalidades contratuais. |

---

[117] De acordo com a Súmula 286 do TCU, "a pessoa jurídica de direito privado destinatária de transferências voluntárias de recursos federais feitas com vistas à consecução de uma finalidade pública responde solidariamente com seus administradores pelos danos causados ao erário na aplicação desses recursos".

| Sujeitos do contrato | Administração Pública (contratante) e o particular (contratado). |
|---|---|
| Características | a) Formalismo moderado;<br>b) Bilateralidade;<br>c) Comutatividade;<br>d) Personalíssimo (*intuitu personae*);<br>e) Desequilíbrio;<br>f) Instabilidade. |
| Formalização do contrato, garantias e alocação de riscos | Pode ser feita com ou sem instrumento contratual, conforme art. 95 da Lei 14.133/2021. Os contratos e seus aditamentos terão forma escrita, com a possibilidade de forma eletrônica atendidas as exigências previstas em regulamento (art. 91, § 3.º).<br>O edital pode exigir as seguintes garantias nas contratações de obras, serviços e compras (art. 96, *caput* e § 1.º, da Lei 14.133/2021): a) caução em dinheiro ou em títulos da dívida pública; b) seguro-garantia; e c) fiança bancária emitida por banco ou instituição financeira devidamente autorizada a operar no País pelo Banco Central do Brasil; e d) título de capitalização custeado por pagamento único, com resgate pelo valor total.<br>O contrato pode estipular a repartição de riscos, com a previsão de matriz de alocação de riscos (art. 103). |
| Cláusulas exorbitantes | Conferem prerrogativas à Administração e sujeições ao contratado, independentemente de previsão editalícia ou contratual. Exemplos:<br>a) alteração unilateral;<br>b) rescisão unilateral;<br>c) fiscalização;<br>d) aplicação de sanções;<br>e) ocupação provisória. |
| Equilíbrio econômico-financeiro dos contratos | Reajuste | As características do reajuste são:<br>a) cláusula contratual;<br>b) incide sobre as cláusulas econômicas do contrato (valor do contrato);<br>c) refere-se aos fatos previsíveis;<br>d) "preserva" o equilíbrio econômico-financeiro do contrato; e<br>e) depende da periodicidade mínima de 12 meses, contados da data-base do orçamento estimado; e de apresentação da proposta ou do orçamento a que a proposta se referir; e<br>f) é realizado por apostilamento. |
| | Revisão | As características da revisão são:<br>a) decorre diretamente da lei (incide independentemente de previsão contratual);<br>b) incide sobre qualquer cláusula contratual (cláusulas regulamentares ou econômicas);<br>c) refere-se aos fatos imprevisíveis ou previsíveis, mas de consequências incalculáveis;<br>d) "restaura" o equilíbrio econômico-financeiro do contrato; e<br>e) não depende de periodicidade mínima; e<br>f) é realizada por termo aditivo. |
| | Atualização monetária | Tem o objetivo de preservar o valor do contrato em razão da inflação. É realizada por apostilamento. |

| | | |
|---|---|---|
| **Equilíbrio econômico-financeiro dos contratos** | Repactuação | É uma forma de manutenção do equilíbrio econômico-financeiro de contrato utilizada para serviços contínuos com regime de dedicação exclusiva de mão de obra ou predominância de mão de obra, por meio da análise da variação dos custos contratuais, devendo estar prevista no edital com data vinculada à apresentação das propostas, para os custos decorrentes do mercado, e com data vinculada ao acordo, à convenção coletiva ou ao dissídio coletivo ao qual o orçamento esteja vinculado, para os custos decorrentes da mão de obra. A repactuação deverá observar o interregno mínimo de um ano, contado da data da apresentação da proposta ou da data da última repactuação. A repactuação será precedida de solicitação do contratado, acompanhada de demonstração analítica da variação dos custos. É realizada por apostilamento. |
| **Duração dos contratos** | | – Contratos por prazo certo e contratos por escopo;<br>– Regra geral da duração (Lei 14.133/2021): vigência do crédito orçamentário.<br>Exceções (exemplos):<br>a) projetos previstos no Plano Plurianual;<br>b) serviços contínuos;<br>c) contratos indicados no art. 108;<br>d) contratos que gerem receita e nos contratos de eficiência que gerem economia para a Administração;<br>e) contrato firmado sob o regime de fornecimento ou prestação de serviço associado; |
| **Duração dos contratos** | | f) contrato, com previsão de operação continuada de sistemas estruturantes de tecnologia da informação;<br>g) possibilidade de contrato por prazo determinado nos casos em que a Administração seja usuária de serviço público oferecido em regime de monopólio, desde que comprovada, a cada exercício financeiro, a existência de créditos orçamentários vinculados à contratação. |
| **Prorrogação dos contratos** | | **Requisitos:**<br>a) justificativa por escrito;<br>b) autorização da autoridade competente para celebração do contrato;<br>c) manutenção das demais cláusulas do contrato;<br>d) necessidade de manutenção de equilíbrio econômico-financeiro do contrato;<br>e) a prorrogação somente pode ocorrer nos casos expressamente previstos na Lei.<br>TCU exige a previsão da prorrogação no edital e no contrato. |
| **Inexecução contratual** | | – Inexecução **culposa**:<br>a) exceção de contrato não cumprido (*exceptio non adimpleti contractus*);<br>– Inexecução **sem culpa**:<br>a) teoria da imprevisão: é aplicada aos eventos imprevisíveis, supervenientes e extracontratuais de natureza econômica (álea extraordinária econômica), não imputáveis às partes, que desequilibram desproporcionalmente o contrato;<br>b) fato do príncipe: é o fato extracontratual praticado pela Administração que repercute no contrato administrativo;<br>c) caso fortuito e força maior. |

| | |
|---|---|
| **Extinção dos contratos** | Os contratos administrativos normalmente se extinguem pelo decurso do prazo contratual ou pela execução do objeto. No entanto, a extinção do contrato pode ocorrer de forma prematura quando houver impossibilidade de continuidade do ajuste (extinção culposa ou não), bem como quando constatada ilegalidade na licitação ou no próprio contrato (anulação do contrato).<br>É possível a utilização de meios alternativos de prevenção e resolução de controvérsias nas contratações administrativas, notadamente, a conciliação, a mediação, o comitê de resolução de disputas (*dispute board*) e a arbitragem. |
| **Sanções administrativas** | a) advertência;<br>b) multa;<br>c) impedimento de licitar e contratar pelo prazo máximo de três anos, que inviabiliza a participação em licitações e contratos no âmbito da Administração Pública direta e indireta do Ente federativo que aplicou a sanção; e<br>d) declaração de inidoneidade pelo prazo mínimo de três anos e máximo de seis anos, que inviabiliza a participação em licitações e contratos no âmbito da Administração Pública direta e indireta de todos os Entes federativos.<br>A prescrição ocorrerá em cinco anos, contados da ciência da infração pela Administração. |
| **Fiscalização e controle das licitações e dos contratos** | Gestor do contrato: coordena e supervisiona as atividades do(s) fiscal(is), com a prerrogativa de decidir, salvo delegação, sobre questões contratuais relevantes.<br>Fiscal do contrato: acompanha mais de perto a rotina do cumprimento do objeto contratual e possui o papel de auxiliar o gestor, com a apresentação de informações e subsídios relevantes para tomada de decisões.<br>Três linhas de defesa no controle das licitações e dos contratos: a) primeira linha de defesa: servidores e empregados públicos, agentes de licitação e autoridades que atuam na estrutura de governança do órgão ou entidade; b) segunda linha de defesa: unidades de assessoramento jurídico e de controle interno do próprio órgão ou entidade; c) terceira linha de defesa: órgão central de controle interno da Administração e tribunal de contas. |

| | | |
|---|---|---|
| **Responsabilidade civil** | **Responsabilidade primária do contratado e responsabilidade subsidiária do Estado pela má execução do contrato** | Nas contratações em geral, a responsabilidade civil da contratada é subjetiva, exigindo, portanto, a comprovação de dolo ou culpa. Todavia, no caso das concessões de serviços públicos, as concessionárias respondem objetivamente pelos danos causados aos usuários e não usuários dos serviços. |
| | **Responsabilidade do Estado nas terceirizações pelos encargos trabalhistas e previdenciários** | **Encargos previdenciários:** a legislação impõe a responsabilidade solidária entre a Administração Pública e o contratado;<br>**Encargos trabalhistas:** a eventual responsabilidade da Administração Pública é subsidiária e está condicionada à demonstração de omissão culposa na fiscalização do cumprimento das obrigações contratuais e legais da prestadora de serviço como empregadora. |

| | | |
|---|---|---|
| Responsabilidade civil | Responsabilidade pessoal do parecerista nas licitações | O membro da advocacia pública somente será civil e regressivamente responsabilizado quando agir com dolo ou fraude na elaboração do parecer jurídico (art. 184 do CPC). |
| Diferenças entre convênios administrativos e contratos | Quanto aos interesses envolvidos nos ajustes | **Contratos:** existência de interesses contrapostos das partes; **Convênios:** são caracterizados pela comunhão de interesses dos conveniados. |
| | Quanto à remuneração | **Contratos:** os contratados recebem remuneração pela prestação de determinado objeto e o valor, ao ingressar no patrimônio privado, deixa de ser considerado "dinheiro público"; **Convênios:** o valor repassado pelo Poder Público ao particular continua sendo reputado "dinheiro público". |
| | Quanto à necessidade de licitação | **Contratos:** em regra, depende de licitação prévia; **Convênios:** não depende de licitação. |
| | Quanto ao prazo | **Contratos:** celebrados, sempre, por prazo determinado; **Convênios:** admite-se que os ajustes não estabeleçam prazo determinado, não obstante seja recomendável a fixação de sua duração para fins de planejamento e controle. |

# CAPÍTULO 19

# INTERVENÇÃO DO ESTADO NA ORDEM ECONÔMICA

## 19.1 ESTADO E ORDEM ECONÔMICA: ESTADO LIBERAL, ESTADO SOCIAL E ESTADO REGULADOR

A intervenção estatal na economia sofreu transformações ao longo do tempo em virtude das mutações da concepção do Estado, especialmente pela íntima relação entre o Estado e a economia, sendo possível apontar três fases principais:[1]

a) **Estado Liberal de Direito (Estado Abstencionista):** o papel do Estado Liberal (Estado Mínimo), que surge no século XVIII como resposta ao Estado Absolutista, concentrava-se na proteção dos direitos individuais e políticos, destacando-se no campo econômico a liberdade econômica (livre-iniciativa) e a propriedade privada, com ausência de interferência estatal direta na ordem econômica que seria regulada pela "mão invisível" do mercado.[2]

b) **Estado Social de Direito (Estado prestador ou intervencionista):** o Estado Social de Direito (*Welfare State*, Estado Providência), notadamente a partir da II Guerra Mundial, em razão da desigualdade material entre os indivíduos ocasionada pela abstenção do Estado Liberal, é marcado pela intervenção estatal

---

[1] Na visão de Vital Moreira, a evolução na relação entre o Estado e a economia pode ser dividida em três momentos: a) Estado Liberal: o papel econômico do Estado se resumia à "polícia" econômica; b) Estado Social: o Estado era empresário e prestador de serviços públicos; e c) Estado Regulador: a intervenção estatal é efetivada por meio da regulação (MOREIRA, Vital. Serviço público e concorrência. *Os caminhos da privatização da Administração Pública*. Coimbra: Coimbra Editora, 2001. p. 224).

[2] ESTORNINHO, Maria João. *A fuga para o direito privado*: contributo para o estudo da actividade de direito privado da Administração Pública. Coimbra: Almedina, 1999. p. 42.

na economia, por meio da prestação direta de atividades econômicas (empresas estatais) e forte dirigismo econômico (ex.: restrição à liberdade contratual e à fixação de preços pelo mercado), com a finalidade de satisfazer direitos sociais e diminuir a desigualdade social.[3]

c) **Estado Democrático de Direito (Estado Regulador):** a ineficiência do Estado Social justificou a adoção do denominado Estado Regulador (Estado Subsidiário ou Neoliberal), com a diminuição do aparato estatal, especialmente com a devolução de atividades econômicas e delegação de serviços públicos aos particulares, que passariam a ser fomentados e regulados por órgãos ou entidades regulatórias (ex.: agências reguladoras), transformando a intervenção estatal direta (prestação) em indireta (regulação).

Nesse ponto, cabe registrar que a desestatização, implementada na década de 90 no Brasil, significa a redução ou a retirada da presença do Estado das atividades econômicas em sentido estrito, reservadas constitucionalmente à iniciativa privada, e da execução direta dos serviços públicos, nesse último caso, delegados ao mercado, por meio da concessão ou permissão. São espécies de **desestatização**:[4] a) **desregulamentação**: redução quantitativa das normas restritivas da atividade econômica; b) **privatização**: alienação do controle societário sobre determinada estatal à iniciativa privada; c) **concessão/permissão**: transferência da execução de serviços públicos, por contrato, ao mercado, preservando o Estado (Poder Concedente), a titularidade da atividade; d) **terceirização**: contratação de entidades privadas, normalmente mediante licitação, para prestação de serviços ao Estado.

## 19.2 FUNDAMENTOS E PRINCÍPIOS DA ORDEM ECONÔMICA

A ordem econômica, apoiada na valorização do trabalho humano e na livre-iniciativa, tem por objetivo assegurar a todos existência digna, conforme os ditames da justiça social, na forma do art. 170 da CRFB.[5]

Os dois **fundamentos da ordem econômica** são:

1) **valorização do trabalho humano:** proteção do trabalhador, o que sugere intervenção estatal para sua efetivação; e

2) **livre-iniciativa:** liberdade para o desenvolvimento da atividade econômica pelo indivíduo, independentemente de autorização de órgãos públicos, salvo nos casos previstos em lei (art. 170, parágrafo único, da CRFB), razão pela qual qualquer in-

---

[3] Diversos textos constitucionais passaram a estabelecer normas de intervenção do Estado na economia, cabendo mencionar, exemplificativamente, a Constituição mexicana de 1917, a Constituição alemã de 1919 e, no Brasil, a Constituição de 1934.

[4] SOUTO, Marcos Juruena Villela. *Desestatização*: privatização, concessões, terceirizações e regulação. 4. ed. Rio de Janeiro: Lumen Juris, 2001. p. 30-31.

[5] A Lei 13.874/2019 (Lei da Liberdade Econômica) estabelece normas de proteção à livre-iniciativa e ao livre exercício de atividade econômica e disposições sobre a atuação do Estado como agente normativo e regulador. O art. 1.º, § 2.º, da referida Lei determina a interpretação das normas de ordenação pública sobre atividades econômicas privadas em favor da liberdade econômica, da boa-fé e do respeito aos contratos, aos investimentos e à propriedade.

tervenção estatal na ordem econômica deve ser justificada a partir da proteção da dignidade da pessoa humana e da justiça social, bem como a exploração direta da atividade econômica pelo Estado somente será possível de forma subsidiária (princípio da subsidiariedade) por meio das empresas estatais e para defesa da segurança nacional ou de interesse coletivo, conforme definidos em lei (art. 173 da CRFB).

Além dos princípios fundadores da ordem econômica (valorização do trabalho humano e livre-iniciativa) e dos demais princípios constitucionais, os princípios da ordem econômica encontram-se destacados pelo art. 170 da CRFB, a saber: soberania nacional; propriedade privada; função social da propriedade; livre concorrência;[6] defesa do consumidor; defesa do meio ambiente, inclusive mediante tratamento diferenciado conforme o impacto ambiental dos produtos e serviços e de seus processos de elaboração e prestação; redução das desigualdades regionais e sociais; busca do pleno emprego; tratamento favorecido para as empresas de pequeno porte constituídas sob as leis brasileiras e que tenham sua sede e administração no País.

É possível perceber a vinculação necessária entre o desenvolvimento econômico e social, conciliando a livre-iniciativa com ditames da justiça social. Em rigor, os fundamentos e os princípios da ordem econômica confundem-se com aqueles que justificam a existência da República Federativa: soberania (art. 1.º, I, da CRFB); dignidade da pessoa humana (art. 1.º, III, da CRFB); os valores sociais do trabalho e da livre-iniciativa (art. 1.º, IV, da CRFB); construção da sociedade livre, justa e solidária (art. 3.º, I, da CRFB); garantia do desenvolvimento nacional (art. 3.º, II, da CRFB); erradicação da pobreza e da marginalização, bem como redução das desigualdades sociais e regionais (art. 3.º, III, da CRFB).

## 19.3 ESPÉCIES DE INTERVENÇÃO DO ESTADO NA ORDEM ECONÔMICA

A intervenção do Estado na economia pode ser dividida em duas categorias:[7]

a) **intervenção direta:** atuação do Estado no mercado como produtor de bens e serviços (art. 173 da CRFB); e

b) **intervenção indireta:** imposição de normas, regulação, fomento etc. (art. 174 da CRFB).[8]

---

[6] Tema 967 das Teses de Repercussão Geral do STF: "1. A proibição ou restrição da atividade de transporte privado individual por motorista cadastrado em aplicativo é inconstitucional, por violação aos princípios da livre-iniciativa e da livre concorrência; e 2. No exercício de sua competência para regulamentação e fiscalização do transporte privado individual de passageiros, os Municípios e o Distrito Federal não podem contrariar os parâmetros fixados pelo legislador federal (CF/1988, art. 22, XI)". Mencione-se, também, a Súmula Vinculante 49 do STF: "Ofende o princípio da livre concorrência lei municipal que impede a instalação de estabelecimentos comerciais do mesmo ramo em determinada área".

[7] Alguns autores diferenciam os termos "intervenção" e "atuação" estatal no domínio econômico. Nesse sentido, Eros Grau afirma que a intervenção refere-se à ação do Estado no setor privado (mercado) com o exercício de atividade econômica em sentido restrito. A atuação estatal na economia, por sua vez, compreende a ação do Estado no setor público e privado, referindo-se à atividade econômica em sentido amplo (GRAU, Eros Roberto. *A ordem econômica na Constituição de 1988*. 14. ed. São Paulo: Malheiros, 2010. p. 92).

[8] TAVARES, André Ramos. A intervenção do Estado no domínio econômico. *Direito administrativo econômico*. São Paulo: Atlas, 2011. p. 248-253; MONCADA, Luís S. Cabral de. *Direito econômico*. 6. ed. Coimbra: Coimbra Editora, 2012. p. 48-50.

Em seguida, serão estudados os principais meios de intervenção estatal na economia:

a) **planejamento e disciplina**;
b) **regulação** (Estado Regulador);
c) **fomento**;
d) **repressão ao abuso do poder econômico** (Direito da Concorrência ou Antitruste); e
e) **exploração direta da atividade econômica** (Estado Empresário).[9]

## 19.4 PLANEJAMENTO

### 19.4.1 Conceito

A intervenção na ordem econômica, assim como as demais atividades administrativas, depende do planejamento prévio por parte do Estado.[10] Trata-se de um dever (e não de mera liberalidade do Estado) cujo objetivo é garantir o Direito Fundamental à Boa Administração Pública.[11]

O planejamento público pode ser conceituado como a programação que tem por propósito selecionar objetivos, indicar meios e definir as metas que deverão ser implementadas pela atuação estatal. Em virtude da pluralidade de interesses públicos, que devem ser satisfeitos pelo Estado, e da escassez de recursos financeiros, o planejamento é fundamental para escolhas racionais das prioridades públicas.

Existem duas etapas no planejamento:

1.ª) **diagnóstico:** análise da situação existente, com a identificação das carências e das necessidades da sociedade e do mercado; e

2.ª) **prognóstico:** definição e desenvolvimento das ações necessárias ao atendimento da finalidade pública.[12]

Em relação ao planejamento econômico, a ação estatal tem por objetivo direcionar a ordem econômica, estabelecendo intervenções estatais diretas ou indiretas necessárias ao desenvolvimento equilibrado, apoiado nos valores consagrados no art. 170 da CRFB.

---

[9] Não há consenso no elenco dos instrumentos de intervenção econômica. Diogo de Figueiredo Moreira Neto, por exemplo, menciona quatro espécies de intervenção: a) regulatória; b) concorrencial; c) monopolista; e d) sancionatória (*Mutações do direito público*. Rio de Janeiro: Renovar, 2006. p. 401). Celso Antônio Bandeira de Mello, por sua vez, indica três formas de intervenção: a) poder de polícia; b) incentivos à iniciativa privada; e c) atuação empresarial (*Curso de direito administrativo*. 21. ed. São Paulo: Malheiros, 2006. p. 757). Marcos Juruena Villela Souto, por fim, menciona quatro mecanismos de intervenção: a) planejamento do desenvolvimento econômico; b) incentivo (fomento público); c) repressão ao abuso de poder econômico; e d) exploração direta da atividade econômica (*Direito administrativo da economia*. 3. ed. Rio de Janeiro: Lumen Juris, 2003. p. 16).

[10] Alguns autores sustentam que o planejamento não configura modalidade de intervenção do Estado na ordem econômica, mas apenas um método prévio que torna a intervenção racional (GRAU, Eros Roberto. *A ordem econômica na Constituição de 1988*. 14. ed. São Paulo: Malheiros, 2010. p. 150).

[11] Nesse sentido: FREITAS, Rafael Véras. O dever de planejamento como corolário ao direito fundamental à boa administração pública. In: SOUTO, Marcos Juruena Villela (Org.). *Direito administrativo*: estudos em homenagem a Francisco Mauro Dias. Rio de Janeiro: Lumen Juris, 2009. p. 251.

[12] Nesse sentido: MONCADA, Luís S. Cabral de. *Direito econômico*. 6. ed. Coimbra: Coimbra Editora, 2012. p. 669.

## 19.4.2 Fundamentos

O dever de planejamento estatal da ordem econômica, que tem por fundamento principal o princípio da eficiência, é previsto no art. 174 da CRFB, segundo o qual compete ao Estado exercer, na forma da lei, as funções de fiscalização, incentivo e planejamento, sendo este determinante para o setor público (**planejamento impositivo**) e indicativo para o setor privado (**planejamento indicativo**).[13]

A importância do planejamento também é destacada pela legislação infraconstitucional, senão vejamos:

a) planejamento fiscal: "a responsabilidade na gestão fiscal pressupõe a ação planejada e transparente" (art. 1.º, § 1.º, da LC 101/2000 – LRF);

b) planejamento da Administração federal: o planejamento é mencionado no art. 7.º do Decreto-lei 200/1967 como importante instrumento de promoção do desenvolvimento econômico-social e da segurança nacional;

c) planejamento urbanístico: importância do plano diretor, aprovado pela Câmara Municipal e obrigatório para cidades com mais de vinte mil habitantes, que é considerado o instrumento básico da política de desenvolvimento e de expansão urbana (art. 182, § 1.º, da CRFB) etc.

Conforme assinalado anteriormente, o planejamento é determinante para o setor público. A expressão setor público (estatal ou não estatal) envolve as entidades administrativas, de direito público ou de direito privado, bem como as empresas privadas prestadoras de serviços públicos, próprios (ex.: concessionárias e permissionárias de serviços de transporte e de energia) ou impróprios (ex.: saúde e educação).[14]

Por outro lado, em razão do princípio da livre-iniciativa, o planejamento é meramente indicativo para o setor privado, inclusive para as empresas estatais econômicas que se submetem, em regra, ao mesmo tratamento jurídico dispensado às demais empresas privadas (art. 173, § 1.º, II, da CRFB). Nesse caso, a atividade de planejamento pretende orientar e conformar o mercado, garantindo a sua racionalidade.

## 19.4.3 Instrumentos de planejamento

Existem inúmeros instrumentos político-jurídicos para efetivação do planejamento. Em âmbito federal, por exemplo, o art. 7.º do Decreto-lei 200/1967 prevê os seguintes instrumentos básicos de planejamento:

a) **plano geral de governo:** institui as prioridades públicas, com a indicação dos meios para concretizá-las em determinado período (art. 84, XI, da CRFB);

---

[13] O planejamento é mencionado, ainda, em outros dispositivos constitucionais, tais como: arts. 21, IX, 29, XII, 84, XI e XXIII, 182, § 1.º, 214 da CRFB, entre outros.

[14] Nesse sentido: MARQUES NETO, Floriano de Azevedo; QUEIROZ, João Eduardo Lopes. Planejamento. *Direito administrativo econômico*. São Paulo: Atlas, 2011. p. 697.

b) **programas gerais** (ex.: desenvolvimento nacional – arts. 3.º, II, e 165, § 4.º, da CRFB), **setoriais** (ex.: desenvolvimento da educação – art. 214 da CRFB) e **regionais** (ex.: desenvolvimento regional – art. 43 da CRFB), **de duração plurianual**;

c) **orçamento-programa anual**: por meios da legislação orçamentária (Plano Plurianual – PPA, Lei de Diretrizes Orçamentárias – LDO e Lei Orçamentária Anual – LOA), os entes federados estimam as receitas e as despesas necessárias para implementação dos objetivos públicos no respectivo período; e

d) **programação financeira de desembolso**: definição dos momentos efetivos de desembolso da verba pública necessária à implementação de determinado projeto.

A instrumentalização do planejamento ocorre, normalmente, por meio dos planos (gerais, regionais ou setoriais) que são aprovados por lei, na forma dos arts. 48, IV, 84, XI, e 174, § 1.º, da CRFB.[15] Por essa razão, os planos são considerados atos normativos vinculativos para o setor público, que devem ser cumpridos pelos agentes públicos, sob pena de crime de responsabilidade (art. 85, VII, da CRFB).[16]

A elaboração dos planos deve respeitar a autonomia política dos entes federativos e as suas respectivas competências. Compete à União "elaborar e executar planos nacionais e regionais de ordenação do território e de desenvolvimento econômico e social" (art. 21, IX, da CRFB). Os Estados, por sua vez, podem planejar a execução de suas atividades, bem como instituir, mediante lei complementar, regiões metropolitanas, aglomerações urbanas e microrregiões, constituídas por agrupamentos de Municípios limítrofes, para integrar a organização, o planejamento e a execução de funções públicas de interesse comum (art. 25, § 3.º, da CRFB). Por fim, os Municípios têm o dever de planejar a execução dos assuntos de interesse local, bem como o uso, o parcelamento e a ocupação do solo urbano (art. 30, I e VIII, da CRFB).

A concretização dos planos e programas governamentais tem sido marcada pela contratualização e procedimentalização, especialmente a formalização de acordos entre órgãos e entidades administrativas (ex.: contrato de autonomia ou gestão previsto no art.

---

[15] O art. 15 do Decreto-lei 200/1967 dispõe que "a ação administrativa do Poder Executivo obedecerá a programas gerais, setoriais e regionais de duração plurianual, elaborados através dos órgãos de planejamento, sob a orientação e a coordenação superiores do Presidente da República". A importância da atividade de planejamento é reforçada pelo art. 18 do referido diploma legal: "toda atividade deverá ajustar-se à programação governamental e ao orçamento-programa e os compromissos financeiros só poderão ser assumidos em consonância com a programação financeira de desembolso".

[16] Nesse sentido: SOUTO, Marcos Juruena Villela. *Direito administrativo da economia*. 3. ed. Rio de Janeiro: Lumen Juris, 2003. p. 29-30. Não há consenso, todavia, na utilização das expressões "planificação" e "planejamento". Sérgio de Andréa Ferreira, por exemplo, sustenta que "planejamento é o processo, planificação é o resultado e o plano o documento que o formaliza" (FERREIRA, Sérgio de Andréa. Eficácia jurídica dos planos de desenvolvimento econômico. *RDA*, n. 140, p. 19, abr.-jun. 1980). Floriano de Azevedo Marques Neto, por sua vez, afirma: "a planificação seria o processo pelo qual são definidos os pressupostos do planejamento; o planejamento é todo o arcabouço axiológico, conceitual e teórico voltado para a seleção de objetivos, fixação de metas e previsão e disposição de meios para efetivá-las. Já o instrumento jurídico-normativo que formaliza o planejamento, para que esse possa ser executado, é o plano" (MARQUES NETO, Floriano de Azevedo; QUEIROZ, João Eduardo Lopes. Planejamento. *Direito administrativo econômico*. São Paulo: Atlas, 2011. p. 685).

37, § 8.º, da CRFB), bem como com as entidades privadas (ex.: contratos de gestão com OS, termos de parceria com OSCIPs, convênios com planos de trabalho aprovados pela autoridade competente, concessões de serviços públicos etc.), com o objetivo de garantir uma gestão mais eficiente por meio de fixação de metas, prazos, critérios de desempenho.

Outra característica importante do planejamento é o reforço do seu caráter democrático por meio da sua abertura à participação popular (ex.: orçamento participativo, audiências e consultas públicas etc.).

## 19.5 REGULAÇÃO (ESTADO REGULADOR)

### 19.5.1 Regulação: conceito

O termo "regulação" é polissêmico, admitindo, ao menos, três sentidos diversos:[17]

a) **sentido amplo:** regulação é toda forma de intervenção estatal, correspondendo ao conceito genérico de intervenção estatal na economia, o que engloba tanto a atuação direta do Estado como o estabelecimento de condições para o exercício de atividades econômicas;

b) **sentido intermediário:** regulação estatal equivale ao condicionamento, coordenação e disciplina da atividade privada, excluindo-se, portanto, a atuação direta do Estado na economia;

c) **sentido restrito:** regulação seria somente o condicionamento da atividade econômica por lei ou ato normativo.

No presente capítulo, o vocábulo "regulação" será utilizado no sentido intermediário mencionado anteriormente, sendo possível apontar três prerrogativas inerentes à atividade regulatória:

a) a edição de normas;
b) a implementação concreta das normas; e
c) a fiscalização do cumprimento das normas e punição das infrações.

A regulação é uma forma de **intervenção indireta** do Estado na economia que não se confunde com a atuação empresarial do Estado (**intervenção direta**), que será estudada adiante em item específico. Não se trata, todavia, de simples adoção de uma postura passiva de poder de polícia (na modalidade fiscalizatória), mas, sim, de uma postura ativa na imposição de comportamentos aos mercados que serão regulados.[18]

### 19.5.2 Regulação x regulamentação

A regulação (art. 174 da CRFB) não se confunde com a regulamentação (art. 84, IV, da CRFB). Enquanto a regulação representa uma função administrativa, processualizada

---

[17] MOREIRA, Vital. *Autorregulação profissional e Administração Pública*. Coimbra: Almedina, 1997. p. 35.
[18] SALOMÃO FILHO, Calixto. *Regulação da atividade econômica* (princípios e fundamentos jurídicos). 2. ed. São Paulo: Malheiros, 2008. p. 20.

e complexa, que compreende o exercício de função normativa, executiva e judicante, a regulamentação é caracterizada como função política, inerente ao chefe do Executivo, que envolve a edição de atos administrativos normativos (atos regulamentares), complementares à lei.[19]

A atividade regulatória é mais ampla que a atividade regulamentar ou normativa, pois, além da prerrogativa de editar atos normativos nos respectivos setores regulados, a regulação compreende outras prerrogativas, tais como o poder-dever fiscalizatório, sancionatório etc. Registre-se que o art. 174 da CRFB dispõe que o Estado deve atuar como "agente normativo e regulador", reforçando a distinção entre atividade regulatória e normativa.[20]

### 19.5.3 Formas de regulação: regulação estatal, regulação pública não estatal e autorregulação

A regulação, em seu sentido amplo, compreende quatro possibilidades, a saber:

a) **regulação estatal:** exercida pela Administração Direta ou por entidades da Administração Indireta (ex.: agências reguladoras);

b) **regulação pública não estatal:** exercida por entidades da sociedade, mas por delegação ou por incorporação das suas normas ao ordenamento jurídico estatal (ex.: entidades desportivas, na forma do art. 217, I, da CRFB);

c) **a autorregulação:** realizada por instituições privadas, geralmente associativas, sem nenhuma delegação ou chancela estatal (ex.: Conselho Nacional de Autorregulamentação Publicitária – CONAR, selos de qualidade ou de certificação de produtos); e

d) **a desregulação:** quando ausente a regulação institucionalizada, pública ou privada, ficando os agentes sujeitos à mão invisível do mercado.[21]

A regulação estatal não se confunde com a autorregulação. No primeiro caso, a regulação estatal da economia é uma espécie de heterorregulação, pois é exercida por órgão ou entidade estatal sobre os agentes econômicos, com nítida distinção entre os agentes reguladores e os regulados. No segundo caso, a autorregulação é aquela em que os próprios agentes regulados exercem o papel de reguladores da atividade econômica, representando uma forma de regulação coletiva, exercida pelos próprios interessados, fora do âmbito estatal. A autorregulação pode ser "privada", quando a regulação é estabelecida pelos particulares sem a influência estatal, ou "pública", formalizada também pelos particulares, mas com a chancela ou reconhecimento do Estado.[22]

---

[19] SOUTO, Marcos Juruena Villela. *Direito administrativo regulatório*. 2. ed. Rio de Janeiro: Lumen Juris, 2005. p. 29; MOREIRA NETO, Diogo de Figueiredo. *Direito regulatório*. Rio de Janeiro: Renovar, 2003. p. 132-133. Sobre a distinção, remetemos o leitor para o Capítulo 14, item 14.3.1.2.

[20] MARQUES NETO, Floriano de Azevedo. *Agências reguladoras independentes*. Belo Horizonte: Fórum, 2009. p. 37-38.

[21] Nesse sentido: ARAGÃO, Alexandre Santos de. *Agências reguladoras e a evolução do direito administrativo econômico*. Rio de Janeiro: Forense, 2002. p. 33.

[22] MOREIRA, Vital. *Autorregulação profissional e Administração Pública*. Coimbra: Almedina, 1997. p. 52-54. Sobre as diferenças entre regulação estatal e autorregulação, vide também: MEDAUAR, Odete. Regulação e autorregulação.

## 19.5.4 Evolução da regulação e o papel do Estado Regulador

A discussão quanto aos fundamentos da regulação pode ser resumida às duas linhas de pensamento a seguir destacadas:[23]

a) **Escola do Interesse Público:** a regulação deve ser intensificada e justificada pela necessidade de satisfação do interesse público ou do bem comum; e

b) **Escola de Chicago (Econômica ou Neoclássica):** a regulação tem por objetivo garantir o adequado funcionamento do mercado, corrigindo as suas falhas (*Market failures*), quais sejam:[24]

   b.1) **monopólio e poder de mercado:** o monopólio é o cenário em que existe apenas uma empresa responsável pelo fornecimento do produto ou do serviço, sem qualquer concorrência, que poderá determinar unilateralmente os preços com o objetivo de maximizar seus lucros;

   b.2) **externalidades:** os custos e os benefícios gerados pelo desempenho de atividades econômicas não são absorvidos integralmente pelos agentes econômicos (produtores e consumidores) que se relacionam no mercado, mas também por terceiros que não fazem parte diretamente das transações econômicas;[25]

   b.3) **"bens coletivos":** de acordo com o conceito econômico (e não jurídico), bens públicos seriam bens não rivais (o consumo por um indivíduo não impede o consumo do mesmo bem ou serviço por outro consumidor) e não exclusivos (pessoas que não pagam pelo bem ou serviço, denominadas "caroneiros" ou *free riders*, usufruem das suas utilidades);

   b.4) **assimetrias de informações:** desequilíbrio de informações entre as partes em determinada transação que fomenta condutas oportunistas anteriores (seleção adversa) ou posteriores (risco moral ou *moral hazard*) à compra do bem ou à prestação do serviço.

---

*RDA*, v. 228, p. 123-128, abr.-jun. 2002; MARQUES NETO, Floriano de Azevedo. Regulação estatal e autorregulação na economia contemporânea. *RDPE*, ano 9, n. 33, p. 79-94, jan.-mar. 2011.

[23] SALOMÃO FILHO, Calixto. *Regulação da atividade econômica* (princípios e fundamentos jurídicos). 2. ed. São Paulo: Malheiros, 2008. p. 22-32.

[24] COOTER, Robert; ULEN, Thomas. *Law & Economics*. 5. ed. Boston: Pearson, 2008. p. 43-47; VIEGAS, Cláudia; MACEDO, Bernardo. Falhas de mercado: causas, efeitos e controles. *Direito econômico*: direito econômico regulatório. São Paulo: Saraiva, 2010. p. 81-109. Os defensores da Escola de Chicago, adeptos do liberalismo econômico, sustentam a ausência ou a diminuição da intervenção do Estado na economia, uma vez que a eficiência econômica seria alcançada pelo próprio mercado ("mão invisível do mercado"). STIGLER, George J. A teoria da regulação. In: MATTOS, Paulo (Coord.). *Regulação econômica e democracia*: o debate norte-americano. São Paulo: Editora 34, 2004. p. 23-48. É oportuno registrar que o liberalismo econômico não se confunde com o liberalismo político. Enquanto o primeiro relaciona-se com a não intervenção do Estado no domínio econômico (Estado mínimo), o segundo sustenta a necessidade de proteção dos direitos fundamentais (Estado Liberal de Direito).

[25] As externalidades podem ser divididas em duas categorias: a) negativas: o desempenho regular da atividade acarreta ônus (custo externo ou social) que serão suportados por terceiros (ex.: poluição de rios causada por fábricas); e b) positivas: é a produção de efeitos benéficos (benefícios externos ou sociais) para pessoas estranhas às transações econômicas (ex.: empresa que fornece cursos de capacitação para pessoas de determinada cidade com o intuito de qualificar a mão de obra para possível contratação).

As duas visões, contudo, são insuficientes para justificação da regulação no Estado contemporâneo. A intervenção "forte" do Estado na ordem econômica, em virtude da assimetria de informações entre Estado e mercado, pode gerar as denominadas **"falhas de governo"** (*government failures*),[26] com destaque para os seguintes problemas:

a) **"paternalismo estatal"** (*Nanny State* ou "Estado Babá"):[27] por meio de uma redução significativa da autonomia dos indivíduos;

b) **"teoria da captura"**: a captura da regulação pelos regulados, com a satisfação dos interesses dos grupos econômicos regulados em detrimento dos consumidores;

c) **asfixia regulatória** (*regulatory takings*):[28] inviabilidade do exercício de atividades econômicas em virtude do excesso de restrições estatais, configurando, em alguns casos, desapropriação indireta do direito de exercer determinada atividade econômica. Por outro lado, a intervenção "leve" na economia não considera a distribuição da riqueza, o que acarreta a permanência e o incremento das desigualdades materiais entre os indivíduos, inviabilizando o desenvolvimento sustentável e igualitário.

Ao longo da história, a intensidade da regulação variou conforme a realidade social e econômica do momento. Assim, por exemplo, na primeira metade do século XX, em virtude da I Guerra Mundial e da crise de 1929, o intervencionismo estatal foi incrementado em razão da constatação da insuficiência da autorregulação do mercado.

Posteriormente, o excesso de intervenção estatal na economia acarretou a ineficiência das atividades administrativas, abrindo caminho para a desregulação da economia. A partir da década de 80, diversos países iniciaram um movimento de ajuste fiscal e de privatizações, com destaque para a Grã-Bretanha, Estados Unidos e Nova Zelândia. No Brasil, a reformulação do papel e do tamanho do Estado foi implementada na década de 90, por meio de alterações legislativas importantes que liberalizaram a economia e efetivaram a desestatização. No âmbito constitucional, as Emendas Constitucionais 06/1995

---

[26] As falhas de governo são apresentadas pela Teoria da Escolha Pública (*Public Choice*), segundo a qual o governo e o mercado são instituições que buscam a maximização de seus próprios interesses. O objetivo principal dos governantes seria a obtenção do maior número de votos em eleições, e não necessariamente o atendimento do interesse público (MITCHELL, William C.; SIMMONS, Randy T. *Beyond politics*: markets, welfare and the failure of bureaucracy. Oxford: Westview Press, 1994; TULLOCK, Gordon; SELDON, Arthur; BRADY, Gordon L. *Government Failure*: a primer in public choice. Washington: Cato Institute, 2002.

[27] Sobre o tema, vide: HARSANYI, David. *O Estado babá*. Rio de Janeiro: Litteris, 2011; ALEMANY GARCÍA, Macario. El concepto y la justificación del paternalismo. *Doxa, Cuadernos de Filosofía del Derecho*, n. 28, p. 265-303, 2005; GARZÓN VALDÉS, Ernesto. ¿Es éticamente justificable el paternalismo jurídico?. *Doxa, Cuadernos de Filosofía del Derecho*, n. 5, p. 154-173, 1988.

[28] A origem da *regulatory takings* remonta ao caso *Pennsylvania Coal v. Mahon* – 260 US 393, 415 (1922), quando a Suprema Corte reconheceu o direito à indenização em virtude das fortes restrições à mineração de carvão imposta por uma lei da Pennsylvania (*Kohler Act*) (EPSTEIN, Richard A. *Takings*: private property and the power of eminent domain. Cambridge: Harvard University Press, 1985; FISCHEL, William A. *Regulatory takings*: law, economics, and politics. Cambridge: Harvard University Press, 1995). Com o intuito de evitar o "abuso do poder regulatório", o art. 4.º da Lei 13.874/2019 (Lei da Liberdade Econômica) impõe limites à regulação da atividade econômica por parte da Administração Pública.

e 07/1995 abriram a economia para o capital estrangeiro e as Emendas Constitucionais 05/1995, 08/1995 e 09/1995 atenuaram os monopólios estatais. Nesse período, foi instituído o Programa Nacional de Desestatização (PND) pela Lei 8.031/1990, substituída, posteriormente, pela Lei 9.491/1997, bem como foram criadas as agências reguladoras com a incumbência de controlarem, no sentido amplo do termo, determinados setores da economia e os serviços públicos delegados.[29]

A sobredita reformulação do papel do Estado é caracterizada, de um lado, pela diminuição da sua intervenção direta nas relações econômicas e na prestação de serviços públicos (**Estado prestador**), e, de outro lado, pelo incremento das modalidades de intervenção indireta, por meio da regulação (**Estado regulador**).

O aparelho estatal foi reduzido e a "**Administração Pública burocrática**" foi substituída pela "**Administração Pública gerencial**" a partir da Reforma Administrativa instituída pela EC 19/1998. Enquanto a Administração Pública burocrática se preocupa com os processos, a Administração Pública gerencial é orientada para a obtenção de resultados (eficiência), sendo marcada pela descentralização de atividades e pela avaliação de desempenho a partir de indicadores definidos em contratos (contrato de gestão ou de desempenho).[30]

É possível perceber que o debate tradicional focava a intensidade, maior ou menor, da regulação estatal a partir de ideologias opostas e que preconceitos metafísicos que confrontavam a regulação e a abstenção do Estado na ordem econômica como uma dicotomia entre o Bem e o Mal.

No entanto, constata-se uma virada importante nesse debate com a substituição da intensidade pela qualidade da regulação. Em vez de menos regulação, o ponto central da discussão atual é a efetivação da melhor regulação.[31]

Na atualidade, o Estado Regulador tem por objetivo garantir a efetividade dos direitos fundamentais, com a correção das falhas de mercado, a implementação, quando possível, da concorrência e a proteção dos consumidores.

### 19.5.5 Análise de Impacto Regulatório (AIR)

A necessidade de implementação da governança regulatória, com a diminuição das assimetrias informacionais e racionalização da atividade estatal, abriu caminho para institucionalização da denominada Análise de Impacto Regulatório (AIR), que pode ser conceituada como um processo que envolve a avaliação dos efeitos atuais e futuros da

---

29 Mencionem-se, por exemplo: Lei 9.427/1996 (ANEEL); Lei 9.472/1997 (ANATEL); Lei 9.478/1997 (ANP); Lei 9.782/1999 (ANVISA); Lei 9.961/2000 (ANS); Lei 9.984/2000 (ANA); Lei 10.233/2001 (ANTT e ANTAQ); Lei 10.454/2002 (ANCINE), entre outras.

30 PEREIRA, Luiz Carlos Bresser. Gestão do setor público: estratégia e estrutura para um novo Estado. *Reforma do Estado e Administração Pública gerencial*. 7. ed. Rio de Janeiro: FGV, 2008. p. 29.

31 Sobre o tema, vide: WEATHERILL, Stephen. The challenge of better regulation. *Better Regulation*, Oxford: Hart Publishing, 2007. p. 1-17. Nesse sentido, por exemplo, Susan Rose-Ackerman propõe uma nova agenda pública para reformar, e não para desmantelar o Estado Regulador, buscando melhorar a responsabilidade dos agentes políticos e os desenhos dos programas públicos (ROSE-ACKERMAN, Susan. *Rethinking the progressive agenda*: the reform of Regulatory State. New York: The Free Press, 1992. p. 187).

regulação, por meio do planejamento e da participação social, conferindo maior legitimidade para as políticas regulatórias.[32]

Ressalte-se que a AIR não funciona apenas como instrumento para definição da intensidade e/ou da qualidade da regulação estatal. Em verdade, a própria decisão quanto à necessidade de instituição da regulação é discutida na AIR. Durante o processo, as alternativas à regulação direta (ex.: subsídios, disponibilização de informação ao público, instituição de taxas, autorregulação etc.) devem ser ponderadas para se eleger a melhor decisão para o setor.[33]

Os fundamentos da AIR podem ser assim resumidos:

a) **princípio da eficiência, pragmatismo e Análise Econômica do Direito (AED):** ponderação entre as consequências previstas no ordenamento e que devem ser implementadas por meio da regulação ("Administração de Resultados").[34] De acordo com a Análise Econômica do Direito, a economia, especialmente a microeconomia, deve ser utilizada para resolver problemas legais e, por outro lado, o Direito acaba por influenciar a Economia. Na medida em que todos os direitos possuem custos e o orçamento é limitado, a eficiência estatal dependerá da ponderação entre os custos e os benefícios da decisão regulatória a ser tomada, sendo relevante a análise do impacto econômico das ações estatais.[35] É importante salientar, contudo, que a AIR não deve ser pautada exclusivamente por critérios econômicos, especialmente pelo fato de que a Administração tem o dever de

---

[32] Sobre a AIR, vide: OLIVEIRA, Rafael Carvalho Rezende. *Novo perfil da regulação estatal*: Administração Pública de Resultados e Análise de Impacto Regulatório. São Paulo: Método, 2015; OLIVEIRA, Rafael Carvalho Rezende. Governança e análise de impacto regulatório. *Revista de Direito Público da Economia – RDPE*, Belo Horizonte: Fórum, ano 9, n. 36, out.-dez. 2011; OLIVEIRA, Rafael Carvalho Rezende. Análise de impacto regulatório e pragmatismo jurídico: levando as consequências regulatórias a sério. *Revista Quaestio Iuris*, v. 14, p. 463-480, 2021; KIRKPATRICK, Colin; PARKER, David. Regulatory impact assessment: an overview. *Regulatory impact assessment*: towards better regulation? Massachusetts: Edward Elgar Publishing, 2007; Introductory Handbook for Undertaking Regulatory Impact Analysis (RIA), OECD (2008), p. 3. Disponível em: <http://www.oecd.org/dataoecd/48/14/44789472.pdf>. Acesso em: 7 jul. 2011.

[33] Em abono à tese sempre sustentada nesta obra, o Enunciado 38 da I Jornada de Direito Administrativo realizada pelo Centro de Estudos Judiciários do Conselho da Justiça Federal (CEJ/CJF) dispõe: "A realização de Análise de Impacto Regulatório (AIR) por órgãos e entidades da administração pública federal deve contemplar a alternativa de não regulação estatal ou desregulação, conforme o caso."

[34] O pragmatismo não possui concepção unívoca, mas há relativo consenso de que as suas características básicas são: a) antifundacionalismo: rejeita a existência de entidades metafísicas ou conceitos abstratos, estáticos e definitivos no Direito; b) contextualismo: a interpretação jurídica é norteada por questões práticas e o Direito é visto como prática social; e c) consequencialismo: as decisões devem ser tomadas a partir de suas consequências práticas (olhar para o futuro e não para o passado) (POGREBINSCHI, Thamy. *Pragmatismo*: teoria social e política. Rio de Janeiro: Relume Dumará, 2005. p. 27-62; OLIVEIRA, Rafael Carvalho Rezende. A releitura do direito administrativo à luz do pragmatismo jurídico. *RDA*, v. 256, p. 129-163, 2011. A relevância do pragmatismo jurídico, destacada nas edições iniciais desta obra, foi confirmada, por exemplo, nos arts. 20 e 21 da LINDB, inseridos pela Lei 13.655/2018, que exigem a consideração e a demonstração das consequências práticas, jurídicas e administrativas das decisões estatais.

[35] HOLMES, Stephen; SUNSTEIN, Cass R. *The cost of rights*: why liberty depends on taxes. New York: W. W. Norton & Company, 1999; AMARAL, Gustavo. *Direito, escassez & escolha*. 2. ed. Rio de Janeiro: Lumen Juris, 2010; GALDINO, Flávio. *Introdução à teoria dos custos do direito*. Direitos não nascem em árvores. Rio de Janeiro: LUMEN Juris, 2005. Sobre a análise econômica do Direito, vide: COOTER, Robert; ULEN, Thomas. *Law & Economics*. 5. ed. Boston: Pearson, 2008.

considerar outros aspectos igualmente fundamentais: diminuição da pobreza, qualidade do serviço ou do bem, durabilidade, confiabilidade, universalização do serviço para o maior número possível de pessoas etc. Nem sempre a medida mais barata será a mais eficiente ("o barato pode custar caro");

b) **pluralismo jurídico e a visão sistêmica do direito:** o pluralismo jurídico e a Teoria dos Sistemas acarretam a necessidade de uma política regulatória que leve em consideração os diversos interesses jurídicos que devem ser protegidos e promovidos pelo Estado, bem como a autonomia e a coordenação entre o sistema jurídico e os demais sistemas (ex.: sociedade, economia etc.) e entre os subsistemas regulados.[36] O sistema jurídico é um sistema dinâmico complexo que possui capacidade autorreguladora e autogerativa. Em razão da denominada "clausura organizacional", o sistema jurídico autopoiético é autorreferencial (*self-reference*), uma vez que possui autonomia para processar, segundo seus critérios (código valorativo e binário: lícito e ilícito), as mensagens enviadas pelo ambiente. Vale dizer: o sistema jurídico é fechado operacionalmente (ou normativamente) e aberto cognitivamente em relação aos demais sistemas sociais.[37] No campo específico da regulação, a aplicação da Teoria dos Sistemas tem, ao menos, duas implicações importantes: a) determinar a necessidade de instituição da regulação estatal sobre os sistemas sociais e econômicos, sendo certo que, em determinadas hipóteses, a autorregulação pode ser a melhor opção para o desenvolvimento de certos setores ("Direito reflexivo");[38] e b) pautar a coordenação entre os diversos setores regulados, a partir de uma visão sistêmica que acarreta troca de informações e soluções específicas fornecidas por cada setor autônomo (ex.: a autonomia do setor de energia não afasta a necessidade de abertura cognitiva e coordenação com o setor que regula o sistema hídrico);

c) **legitimidade democrática:** a AIR representa um reforço à legitimidade das decisões regulatórias na medida em que efetiva os ideais de democracia deliberativa. A decisão regulatória, nesse cenário, não pode ser justificada por argumentos abstratos, distorcidos do contexto e sem consideração das respectivas consequências (sociais e econômicas). Daí a necessidade de reforçar a legitimidade e melhorar a qualidade da regulação por meio da procedimentalização e da participação dos interessados (empresários, usuários e consumidores) na elaboração da política regulatória, conferindo maior legitimidade democrática à regulação.

---

[36] A importância da avaliação dos efeitos sistêmicos na análise de custo-benefício é apontada por: SUNSTEIN, Cass R. Cognition and Cost-Benefit Analysis. In: ADLER, Matthew D.; POSNER, Eric A. *Cost-Benefit Analysis*: legal, economic and philosophical perspectives. Chicago: The University of Chicago Press, 2001. p. 234.

[37] Sobre a *autopoiese*, vide, por exemplo: LUHMANN, Niklas. *Introdução à teoria dos sistemas*. 2. ed. Rio de Janeiro: Vozes, 2010; VILLAS BÔAS FILHO, Orlando. *Teoria dos sistemas e o direito brasileiro*. São Paulo: Saraiva, 2009.

[38] Gunther Teubner, ao tratar do "direito reflexivo" (*reflexive law*), afirma que a racionalidade reflexiva, surgida com a crise do Estado Social, impõe limites ao papel do legislador e não deve ser justificada pela autonomia perfeita ou pela regulação coletiva dos comportamentos humanos. De acordo com o autor, a reflexividade pressupõe a "autonomia regulada", ou seja, a autorregulação dos sistemas sociais por meio de normas de organização e de procedimento que deixem espaço para a participação dos indivíduos (TEUBNER, Gunther. Substantive and reflexive elements in modern law. *Law & Society Review*, v. 17, n. 2, p. 254-255 e 274-275, 1983).

O processo de implementação da AIR passa necessariamente por três fases:

1) **inicial (expositiva):** definição dos objetivos e das consequências da ação regulatória proposta ou já existente;
2) **intermediária (debate/ponderação):** debate, com a participação dos regulados (empresários, usuários e consumidores), para definição dos critérios de escolha da melhor decisão, com a atribuição de pesos valorativos às alternativas apresentadas; e
3) **final (decisória):** implementação ou revisão da regulação.[39]

Não existe, todavia, uma metodologia uniforme ou imune às falhas para definir qual é a melhor decisão a ser tomada em cada caso concreto. Ao revés, a experiência do direito comparado demonstra a utilização de metodologias distintas que podem ser utilizadas para avaliação dos impactos da regulação, por exemplo, a Análise Custo-Benefício (ACB) e a Análise do custo-efetividade (ACE).[40] Da mesma forma, o objeto da AIR pode ser mais amplo ou restrito, bem como a sua utilização pode ser facultativa ou obrigatória.

Para fins didáticos, apresentaremos três classificações distintas para a AIR. Quanto à metodologia, a AIR divide-se em:

a) **Análise Custo-Benefício (ACB):** o regulador deve levar em consideração todos os custos e os benefícios envolvidos na regulação por ele proposta, inclusive aqueles que não podem ser auferidos economicamente. Trata-se de um método regulatório que convida os reguladores a identificarem os efeitos positivos e negativos da regulação e quantificá-los na medida do possível, auxiliando a decisão pública;[41] ou

b) **Análise do custo-efetividade (ACE):** é marcada pela definição prévia das metas regulatórias que devem ser implementadas pela forma menos custosa. Ao contrário da ACB, em que se discutem os custos e os benefícios da regulação, a ACE pressupõe a decisão prévia, legislativa e/ou administrativa, quanto aos resultados da regulação.

---

[39] Com o intuito de facilitar a elaboração da AIR, a OCDE indica os seis momentos básicos que devem ser observados pelo formulador da política regulatória: 1) definição do contexto e dos objetivos políticos; 2) identificação de todas as opções possíveis, regulatórias e não regulatórias, que permitam atingir o objetivo político; 3) identificação e quantificação dos impactos das opções consideradas, incluindo os custos, benefícios e os efeitos distributivos; 4) desenvolvimento de estratégias de execução e cumprimento de cada opção apresentada, incluindo uma avaliação da sua eficácia e eficiência; 5) previsão de mecanismos de monitoramento para avaliação do sucesso da política proposta, bem como para o desenvolvimento de futuras respostas regulatórias; 6) incorporação sistemática da consulta pública para fornecer a oportunidade de participação de todos os interessados no processo regulatório. Vide: Building an Institutional Framework for Regulatory Impact Analysis (RIA): Guidance for Policy Makers, OECD (2008), p. 16. Disponível em: <http://www.oecd.org/dataoecd/44/15/40984990.pdf>. Acesso em: 7 jul. 2011.

[40] Sobre os métodos analíticos da AIR, vide: JACOBS, Scott H. Current trends in the process and methods of regulatory impact assessment: mainstreaming RIA into policy process. *Regulatory impact assessment:* towards better regulation? Massachusetts: Edward Elgar Publishing, 2007. p. 17-35; SALGADO Lucia Helena; BORGES, Eduardo Bizzo de Pinho. *Análise de impacto regulatório*: uma abordagem exploratória. Brasília: IPEA, 2010. p. 10 e ss.

[41] Nesse sentido: SUNSTEIN, Cass R. Cognition and Cost-Benefit Analysis. In: ADLER, Matthew D.; POSNER, Eric A. *Cost-Benefit Analysis*: legal, economic and philosophical perspectives. Chicago: The University of Chicago Press, 2001. p. 228.

A partir do critério a abrangência, a AIR que pode ser:

a) **Análises Gerais (AGs):** levam em consideração os impactos que a regulação proporcionará a toda a sociedade e à economia de modo geral. Trata-se de análise que avalia as consequências inter e extrassistêmicas da regulação; ou

b) **Análises Parciais (APs):** analisam os impactos da regulação para determinado setor da economia ou da sociedade. Registre-se que as análises gerais e parciais não são excludentes.

Por fim, a terceira classificação leva em consideração a obrigatoriedade ou não de realização da AIR:

a) **AIR obrigatória:** imposição, pelo legislador, da obrigatoriedade de realização da AIR na elaboração ou revisão de ações regulatórias; ou

b) **AIR facultativa:** o regulador poderá optar pela sua implementação. Entendemos que, em virtude dos imperativos de planejamento e de eficiência da ação estatal, a decisão pela não efetivação da AIR deve ser fundamentada.

A AIR tem sido amplamente utilizada no Direito comparado e, no Brasil, a sua relevância tem sido incrementada nos últimos anos, em razão da maior preocupação com a qualidade da regulação. O Decreto 4.176/2002, que estabeleceu normas e diretrizes para a elaboração, a redação, a alteração, a consolidação e o encaminhamento ao Presidente da República de projetos de atos normativos de competência dos órgãos executivos federais, pode ser considerado um marco inicial da AIR no Brasil, uma vez que o seu Anexo I exigia a avaliação do impacto produzido pelos atos normativos propostos pelo Executivo federal.[42] Registre-se que o referido Decreto encontra-se revogado.

Outro marco importante para o fortalecimento da AIR no Brasil foi a edição do Decreto 6.062/2007, que instituiu o "**Programa de Fortalecimento da Capacidade Institucional para Gestão em Regulação – PRO-REG**", com o objetivo de fortalecer os mecanismos institucionais para gestão regulatória, com ênfase na autonomia decisória das agências reguladoras e no aprimoramento do controle institucional e social.[43] O Decreto em comento foi revogado pelo Decreto 11.738/2023, que dispõe, atualmente, sobre o Programa de Fortalecimento da Capacidade Institucional para Gestão em Regulação – PRO-REG.

Inspirado nas práticas adotadas pelos países-membros da OCDE, o PRO-REG prevê a necessidade de implementação da Análise de Impacto Regulatório como importante ferramenta de apoio à decisão regulatória.[44] Nesse contexto, o PRO-REG, optou

---

[42] Nesse sentido: SALGADO Lucia Helena; BORGES, Eduardo Bizzo de Pinho. *Análise de impacto regulatório*: uma abordagem exploratória. Brasília: IPEA, 2010. p. 17.

[43] Sobre o PRO-REG, vide: <www.regulação.gov.br>. Acesso em: 7 jul. 2011.

[44] A AIR tem sido utilizada, por exemplo, nos EUA, Reino Unido e na União Europeia. Sobre o tema, vide: OLIVEIRA, Rafael Carvalho Rezende. Governança e análise de impacto regulatório. *Revista de Direito Público da Economia – RDPE*, Belo Horizonte: Fórum, ano 9, n. 36, out.-dez. 2011.

por instituir, inicialmente, projetos-piloto em quatro agências reguladoras (ANVISA, ANEEL, ANCINE e ANS) para avaliar os resultados da AIR em agências reguladoras distintas.[45]

Com o advento da Lei 13.848/2019, que trata das agências reguladoras federais, a AIR passou a ser exigida para adoção e propostas de alteração de atos normativos de interesse geral dos agentes econômicos, consumidores ou usuários dos serviços prestados. O art. 6.º, §§ 1.º e 2.º, da referida Lei remete ao regulamento a tarefa de dispor sobre o conteúdo e a metodologia da AIR, sobre os quesitos mínimos a serem objeto de exame, bem como sobre os casos em que será obrigatória sua realização e aqueles em que poderá ser dispensada, cabendo ao Regimento interno de cada agência dispor sobre a sua operacionalização.

As propostas de edição e alteração de atos normativos nas agências devem ser precedidas de consulta pública, na forma do art. 9.º da Lei 13.848/2019.

A relevância da AIR, destacada nas edições anteriores desta obra, foi reconhecida, ainda, pelo art. 5.º da Lei 13.874/2019, denominada "Lei da Liberdade Econômica", que impõe a realização de AIR, na forma de regulamento, para elaboração e alteração de atos normativos de interesse geral de agentes econômicos ou de usuários dos serviços, editados por órgãos e entidades da Administração Pública federal, não se restringindo, portanto, às agências reguladoras.

O sucesso da AIR para melhoria da política regulatória brasileira depende, no entanto, de esforços por parte dos governantes e da sociedade no aprofundamento do debate. Por essa razão, são apresentadas, nesse momento, algumas sugestões de aprimoramento da AIR no ordenamento pátrio:[46]

1) **institucionalização:** edição de normas legais e regulamentares que estabeleçam a obrigatoriedade da AIR para edição de determinados atos regulatórios, salvo casos excepcionais devidamente justificados;

2) **padronização mínima:** a AIR deve observar uma padronização mínima, prevista em normas gerais, com o objetivo de garantir uniformidade às regulações, sem desmerecer as exigências específicas a serem definidas no âmbito de cada setor regulado;

3) **agenda regulatória:** estipulação de agendas regulatórias (compatíveis com o orçamento anual e com o Plano Plurianual) com a definição dos objetivos regulatórios que deverão ser alcançados, tendo em vista a necessidade de plane-

---

[45] Fonte: Avaliação dos projetos-piloto para implementação da Análise do Impacto Regulatório – AIR nas agências reguladoras federais. Disponível em: <www.regulação.gov.br>. Acesso em: 7 jul. 2011.

[46] É possível perceber, nos últimos anos, a implementação significativa de algumas das referidas sugestões, com a ampliação da utilização da AIR por agências reguladoras brasileiras e o reconhecimento da sua importância pelo ordenamento jurídico, notadamente após a promulgação da Lei 13.848/2019 (Lei das Agências Reguladoras) e da Lei 13.874/2019 (Lei de Liberdade Econômica). José Vicente Santos de Mendonça também apresenta algumas sugestões pertinentes, tais como: a) tornar a discussão acessível aos profissionais do Direito; b) consagrar a AIR na legislação; c) criar estruturas institucionais especializadas; d) estabelecer um método consistente; e e) mostrá-la como politicamente neutra (MENDONÇA, José Vicente Santos de. Análise de impacto regulatório: o novo capítulo das agências reguladoras. Revista Justiça e Cidadania, Rio de Janeiro, p. 33-34, 15 set. 2010).

jamento na ação estatal. A Agência Nacional de Saúde Suplementar (ANS), por exemplo, criou a sua primeira agenda regulatória estabelecendo um cronograma de atividades prioritárias para o período 2011/2012;[47]

4) **participação popular:** reforço da previsão e da efetivação dos instrumentos de participação popular (audiências e consultas públicas) na formulação e no controle dos atos regulatórios, inclusive no procedimento da AIR;

5) **transparência:** ampla divulgação dos atos necessários à implementação da AIR, com a publicação na imprensa e na internet, com a criação de *site* específico para centralizar as informações relevantes dos diversos setores regulados; e

6) **monitoramento e revisão:** monitoramento periódico, com o objetivo de analisar a eficiência da norma regulatória e a eventual necessidade de revogação e/ou alteração, especialmente por meio da Avaliação de Resultado Regulatório (ARR).

### 19.5.6 Regulação e promoção da concorrência

Conforme analisado anteriormente, a regulação tem como um de seus objetivos principais a garantia da concorrência no mercado e na prestação de serviços públicos.[48]

Os principais mecanismos para promoção da concorrência podem ser assim resumidos:

a) liberdade de entrada;
b) liberdade relativa de preços;
c) fragmentação da estrutura da prestação dos serviços públicos (*unbundling*); e
d) compartilhamento de infraestrutura (*essential facility doctrine*).[49]

#### 19.5.6.1 Liberdade de entrada

A denominada "liberdade de entrada" compreende a eliminação ou diminuição de barreiras para prestação de atividades socialmente relevantes e de serviços públicos. Além dos esforços que devem ser envidados pelos agentes reguladores, a legislação deve ser orientada para o novo cenário concorrencial dos serviços públicos, afastando os entraves à competição (ex.: previsão de autorizações vinculadas para prestação de serviços de telecomunicações no regime privado, na forma do art. 131, § 1.º, da Lei 9.472/1997; incentivo à concorrência na prestação de serviços públicos, viabilizando, quando possível, a prestação de serviço por empresas diversas, conforme previsão contida no art. 16 da Lei 8.987/1995).[50]

---

[47] A agenda regulatória da ANS pode ser consultada no seguinte endereço eletrônico: <http://www.ans.gov.br/portal/site/_hotsite_agenda_regulatoria/hotsite_SITE_ANS.html>. Acesso em: 7 jul. 2011.

[48] Sobre o conflito entre as agências reguladoras e o CADE na defesa da concorrência em setores regulados, remetemos o leitor para o item 19.7.5 do presente Capítulo.

[49] Em sentido semelhante: ORTIZ, Gaspar Ariño. *Princípios de derecho público económico*. 3. ed. Granada: Comares, 2004. p. 609-617.

[50] "Art. 16. A outorga de concessão ou permissão não terá caráter de exclusividade, salvo no caso de inviabilidade técnica ou econômica justificada no ato a que se refere o art. 5.º desta Lei." O art. 29, XI, da Lei 8.987/1995 determina que o poder concedente deve incentivar a competitividade. O art. 2.º do Decreto 2.655/1998, por exemplo, dispõe

## 19.5.6.2 Liberdade relativa de preços

A liberdade relativa de preços é possível quando houver competição na prestação do serviço. Em vez de impor o preço, o Regulador deve permitir, na medida do possível, a sua fixação a partir da concorrência entre os agentes regulados com o intuito de gerar maior eficiência.

Tradicionalmente, o valor da tarifa sempre foi calculado levando em consideração o custo histórico do serviço (COS: *cost-of-service*) ou a taxa de retorno (ROR: *rate-of-return* ou *cost-plus*), o que sempre gerou dificuldades, tendo em vista a dificuldade de definição prévia de todos os custos e investimentos que deveriam integrar a base de cálculo, bem como a ausência de preocupação com o desempenho (eficiência) do prestador do serviço.

No entanto, a atual regulação tarifária (regulação por incentivos), preocupada com a eficiência do serviço, busca outros critérios, por exemplo, o preço-teto (*price cap*), no qual o regulador estabelece um valor-teto para a tarifa, reajustada anualmente pela taxa de inflação, descontada de um índice de ganho de produtividade prefixado. Nesse caso, os ganhos de produtividade, superiores ao valor projetado pelo regulador, são revertidos à concessionária e compartilhados com os consumidores a partir da aplicação de um redutor de tarifa em revisões periódicas.[51]

## 19.5.6.3 Fragmentação do serviço público (unbundling)

A desverticalização ou fragmentação do serviço público (*unbundling*)[52] implica a dissociação das diversas etapas de prestação do serviço, atribuindo-as a particulares diversos, com o intuito de evitar a concentração econômica ou abuso econômico. Ex.: o fornecimento de energia elétrica pode ser fragmentado em diversas etapas, tais como a geração, transmissão, distribuição e comercialização.[53]

Há, basicamente, três formas de desverticalização, que devem ser adotadas de acordo com o princípio da proporcionalidade, conforme o grau de concentração e de risco para a implementação e manutenção de um mercado competitivo:[54]

---

que "as atividades de geração e de comercialização de energia elétrica, inclusive sua importação e exportação, deverão ser exercidas em caráter competitivo, assegurado aos agentes econômicos interessados livre acesso aos sistemas de transmissão e distribuição, mediante o pagamento dos encargos correspondentes e nas condições gerais estabelecidas pela ANEEL".

[51] Para uma análise específica da regulação tarifária, vide: ALMEIDA, Aline Paola Correa Braga Camara de. *As tarifas e as demais formas de remuneração dos serviços públicos*. Rio de Janeiro: Lumen Juris, 2009; LUCINDA, Cláudio R. Regulação tarifária: princípios introdutórios. *Direito econômico*: direito econômico regulatório. São Paulo: Saraiva, 2010. p. 239-265.

[52] Sobre a separação das atividades reguladas por meio da desverticalização, vide LASHERAS. Miguel Angel. *La regulación económica de los servicios públicos*. Barcelona: Ariel, 1999. p. 161-162.

[53] Nesse sentido, dispõe o art. 1.º do Decreto 2.655/1998: "Art. 1.º A exploração dos serviços e instalações de energia elétrica compreende as atividades de geração, transmissão, distribuição e comercialização, as quais serão desenvolvidas na conformidade da legislação específica e do disposto neste regulamento".

[54] Sobre as três formas de desconcentração (contábil, jurídica e societária) que propiciam a desverticalização, vide: ARAGÃO, Alexandre Santos de. *Direito dos serviços públicos*. Rio de Janeiro: Forense, 2007. p. 437-438; NESTER, Alexandre Wagner. *Regulação e concorrência*: compartilhamento de infraestruturas e redes. São Paulo: Dialética, 2006. p. 57-58.

a) **contábil:** a empresa deve manter contabilidades distintas para cada uma das etapas da cadeia produtiva, de modo independente, a permitir identificação de qualquer prática de subsídio de uma etapa à outra e seu impacto sobre a formação dos preços e destes na concorrência com os demais agentes econômicos;[55]

b) **jurídica:** cada segmento regulado deve ser obrigatoriamente explorado por pessoa jurídica diversa, com a imposição, por exemplo, de criação de subsidiárias;[56]

c) **societária:** impede que um mesmo grupo econômico concentre a exploração de mais de uma etapa do ciclo dos serviços públicos.[57]

### 19.5.6.4 Compartilhamento compulsório das redes e infraestruturas (essential facilities doctrine)

De acordo com a teoria das *essential facilities*, a infraestrutura monopolizada por determinado agente econômico e considerada essencial para o desempenho da atividade deve ser compartilhada pelos concorrentes.[58]

São requisitos para aplicação da referida teoria:

a) controle da *essential facility* por um monopolista;
b) inviabilidade prática ou razoável de duplicação da *essential facility*;
c) restrição de uso da *essential facility* por outros competidores; e
d) viabilidade técnica de acesso à *essential facility*.[59]

---

[55] A desverticalização contábil é exigida, por exemplo, nas atividades de exploração de energia elétrica, conforme disposição contida no art. 3.º do Decreto 2.655/1998: "Art. 3.º No exercício das atividades vinculadas à exploração de energia elétrica serão observadas as seguintes regras: I – o concessionário de distribuição contabilizará, em separado, as receitas, despesas e custos referentes à distribuição, à comercialização para consumidores cativos e à comercialização para consumidores livres; II – o concessionário de transmissão contabilizará, em separado, as receitas, despesas e custos referentes às instalações de rede básica e os relativos às demais instalações de transmissão; III – os concessionários de serviço público de energia elétrica contabilizarão, em separado, as receitas, despesas e custos referentes às atividades vinculadas à concessão e os relativos a outras atividades econômicas porventura exercidas".

[56] A obrigatoriedade de desverticalização jurídica foi imposta, por exemplo, à Petrobras pelo art. 65 da Lei 9.478/1997: "Art. 65. A PETROBRAS deverá constituir uma subsidiária com atribuições específicas de operar e construir seus dutos, terminais marítimos e embarcações para transporte de petróleo, seus derivados e gás natural, ficando facultado a essa subsidiária associar-se, majoritária ou minoritariamente, a outras empresas."

[57] Mencione-se como exemplo o art. 4.º, § 7.º, da Lei 9.074/1995: "Art. 4.º [...] § 7.º As concessionárias e as autorizadas de geração de energia elétrica que atuem no Sistema Interligado Nacional – SIN não poderão ser coligadas ou controladoras de sociedades que desenvolvam atividades de distribuição de energia elétrica no SIN."

[58] A origem da *essential facility doctrine* remonta ao caso *United States v. Terminal Railroad Association*, julgado pela Suprema Corte dos Estados Unidos em 1912. 224 US 383 (1912). Na hipótese, a Suprema Corte determinou que o grupo econômico, que monopolizava os terminais ferroviários da cidade de St. Louis, permitisse o acesso das instalações férreas (*essencial facilities*) por terceiros, em condições razoáveis, sob pena de dissolução do referido grupo controlador. Sobre o tema, vide: NESTER, Alexandre Wagner. *Regulação e concorrência*: compartilhamento de infraestruturas e redes. São Paulo: Dialética, 2006. p. 78.

[59] Os requisitos foram apresentados em 1983, pela Corte de Apelação do 7.º Circuito da Justiça Federal norte-americana, por ocasião do julgamento do caso *MCI Communications v. AT&T*. 708 F.2d 1081, 1132 (7th Cir. 1983). Vide: The Essential Facilities Concept. Organization for Economic Cooperation and Development (OECD), Paris, 1996, p. 88. Disponível em: <http://www.oecd.org>. Acesso em: 10 fev. 2011.

Nesse caso, o regulador obrigará o monopolista a compartilhar a sua infraestrutura com os seus concorrentes, mediante o recebimento de preço razoável que permita o acesso por terceiros interessados e, ao mesmo tempo, remunere o titular da *facility* pelos investimentos realizados.[60]

A regulação, nesses casos, justifica-se em razão das limitações e "falhas" do mercado, tendo em vista que as instalações essenciais são monopolizadas (monopólios naturais). O objetivo do regulador é a criação de um espaço possível e saudável de competição, mediante a aplicação do "princípio da obrigatoriedade de interconexão"[61] ou do livre acesso às redes ("indústrias de rede"), em razão dos quais os operadores devem possibilitar aos demais agentes econômicos o acesso às redes de transporte e distribuição, como acontece com o gás, a eletricidade, as telecomunicações etc.[62]

A expressão *essential facility* tem sido traduzida pela doutrina nacional como "instalações essenciais", "infraestrutura essencial", "insumos essenciais" ou "bens essenciais". Apesar de sua relação inicial com o compartilhamento de bens materiais (ferrovias, por exemplo), a referida teoria tem, hoje, aplicação mais abrangente e inclui, também, o compartilhamento compulsório de bens imateriais (ex.: listas de assinantes de telefone, direitos do autor etc.).[63]

A imposição do compartilhamento da infraestrutura é justificada pela necessidade de cumprimento da função social da propriedade (art. 5.º, XXII e XXIII, da CRFB), em consonância com o princípio constitucional da livre concorrência e da defesa do consumidor (arts. 170, IV, V, e 173, § 4.º, da CRFB), bem como com a consagração do Estado Regulador (art. 174 da CRFB).

O compartilhamento de infraestrutura pode ser dividido em duas espécies:[64]

a) **compartilhamento interno:** com os serviços do mesmo setor regulado. Ex.: no setor de telecomunicações, a Lei 13.116/2015 estabelece normas gerais para implantação e compartilhamento da infraestrutura de telecomunicações e a Lei 9.472/1997 dispõe sobre o compartilhamento de "postes, dutos, condutos e servidões pertencentes ou controlados por prestadora de serviços de telecomunicações ou de outros serviços de interesse público" (art. 73), cabendo à ANATEL a homologação do acordo e a fixação das condições de interconexão (art. 153, *caput*, §§ 1.º e 2.º); e

---

[60] Há controvérsia quanto à natureza jurídica do compartilhamento compulsório das infraestruturas. Alguns sustentam tratar-se de servidão administrativa. Nesse sentido: DI PIETRO, Maria Sylvia Zanella. *Parcerias na Administração Pública*. 5. ed. São Paulo: Atlas, 2005. p. 427-430. Outros afirmam a natureza de contrato regulamentado (com cláusulas predeterminadas coercitivamente) e autorizado (sujeito à prévia aprovação da Administração) ou, ainda, contrato forçado (quando imposto pela agência reguladora diante do impasse das partes). Nesse sentido: ARAGÃO, Alexandre Santos de. *Direito dos serviços públicos*. Rio de Janeiro: Forense, 2007. p. 473.

[61] SOUTO, Marcos Juruena Villela. *Desestatização*: privatização, concessões, terceirizações e regulação. 4. ed. Rio de Janeiro: Lumen Juris, 2001. capítulo IV.

[62] SOUTO, Marcos Juruena Villela. *Direito administrativo regulatório*. 2. ed. Rio de Janeiro: Lumen Juris, 2005. p. 115.

[63] SUNDFELD, Carlos Ari; CÂMARA, Jacintho Arruda. A regulação e as listas telefônicas. *Revista Eletrônica de Direito Administrativo Econômico (REDAE)*, Salvador: IBDP, n. 19, p. 9, ago.-set.-out. 2009. Disponível em: <www.direitodoestado.com.br>. Acesso em: 10 fev. 2011.

[64] SALOMÃO FILHO, Calixto. *Regulação da atividade econômica* (princípios e fundamentos jurídicos). 2. ed. São Paulo: Malheiros, 2008. p. 76.

b) **compartilhamento externo:** entre serviços de setores regulados distintos, em razão da necessidade de diálogo institucional entre as agências responsáveis por setores que possuem interesses comuns em relação à determinada infraestrutura. Ex.: Resolução Conjunta ANEL/ANATEL/ANP 01/1999, que aprova o "Regulamento Conjunto para Compartilhamento de Infraestrutura entre os Setores de Energia Elétrica, Telecomunicações e Petróleo".

Questão interessante é saber se a empresa, que detém a infraestrutura, pode suspender o compartilhamento em caso de inadimplemento da "empresa ingressante", sem violar a necessidade de continuidade da prestação do serviço público. Entendemos que a instituição e a permanência do compartilhamento compulsório dependem do pagamento do preço ajustado, razão pela qual o inadimplemento justifica a suspensão do compartilhamento. É essencial, no entanto, a interferência prévia da autoridade reguladora para adoção de medidas que impeçam a eventual descontinuidade do serviço público.[65]

### 19.5.7 Controle de preços

O Estado possui a prerrogativa de estabelecer, por meio de lei, o regime jurídico para prestação de serviços públicos, inclusive a respectiva política tarifária (art. 175, parágrafo único, III, da CRFB). Dessa forma, o controle estatal sobre os valores das tarifas (preços públicos), que remuneram os serviços públicos, é previsto no texto constitucional e decorre da titularidade do Estado sobre tais atividades.

Todavia, no tocante às atividades econômicas, a fixação de preços (privados) é inerente ao princípio da livre-iniciativa, razão pela qual o controle prévio e reiterado de preços no mercado, em princípio, deve ser considerado inconstitucional.

Ocorre que o princípio da livre-iniciativa não possui caráter absoluto, admitindo-se a sua ponderação com outros princípios constitucionais. Em consequência, é possível o controle de preços (tabelamento ou congelamento de preços), em casos excepcionais, justificados e limitados no tempo, com o intuito de corrigir falhas de mercado, que colocam em risco o princípio constitucional da livre concorrência, bem como garantir a proteção do consumidor e reduzir as desigualdades sociais.

O STF, ao julgar a constitucionalidade da Lei 8.039/1990, que estabeleceu critérios de reajuste das mensalidades escolares, afirmou que o Estado pode regular, por via legislativa, a política de preços de bens e de serviços quando constatado o abuso do poder econômico no aumento arbitrário dos lucros.[66] Em outra oportunidade, o STF afirmou que a intervenção do Poder Público no domínio econômico para fixar preços, no setor

---

[65] SUNDFELD, Carlos Ari. Estudo jurídico sobre o preço de compartilhamento de infraestrutura de energia elétrica. *Revista Diálogo Jurídico*, Salvador, CAJ – Centro de Atualização Jurídica, v. I, n. 7, p. 20, out. 2001. Disponível em: <http://www.direitopublico.com.br>. Acesso em: 9 fev. 2011; ARAGÃO, Alexandre Santos de. *Direito dos Serviços Públicos*, Rio de Janeiro: Forense, 2007, p. 464-465.

[66] STF, Tribunal Pleno, ADI 319 QO/DF, Rel. Min. Moreira Alves, *DJ* 30.04.1993, p. 7.563.

sucroalcooleiro, abaixo dos custos de produção afronta o princípio da livre-iniciativa e acarreta a responsabilidade civil do Poder Público.[67]

Em síntese, o controle estatal dos preços deve respeitar alguns parâmetros, tais como:

a) excepcionalidade da medida, pautada pela razoabilidade e justificada na necessidade de garantia do funcionamento adequado do mercado concorrencial, evitando lucros abusivos;

b) essencialidade da atividade econômica que será controlada;

c) temporariedade do controle de preços;

d) impossibilidade de fixação de preços em patamar inferior aos respectivos custos.[68]

### 19.5.8 Regulação por incentivos ou por "empurrões" (nudge)

No âmbito da Administração de resultados, marcada pelo consensualismo, em vez de imposição de sanções negativas ao regulado, que não cumpre as metas estabelecidas no ordenamento jurídico ou nos ajustes eventualmente celebrados, o regulador deve estabelecer também mecanismos indutivos, com a previsão de incentivos positivos para as hipóteses em que as metas forem implementadas pelo agente regulado.

Destaque-se que a sanção, na atualidade, possui caráter bifronte, admitindo duas conotações: **a) sanções negativas (ordenamento repressivo)**: coação/punição pelo descumprimento do ordenamento; e **b) sanções positivas (ordenamento promocional)**: premiação pelo adimplemento das normas em vigor.[69]

Aliás, sob a ótica da análise econômica do Direito, os seres humanos, ao efetuar escolhas, ponderam os custos e benefícios em busca da maximização dos benefícios. As regras jurídicas, por sua, vez, moldam e direcionam os incentivos para influenciar a decisão a ser tomada pelo indivíduo, adequando-a à satisfação do interesse público.

Não se trata de afastar a autoridade e a repressão da regulação, mas sim de inserir, no cardápio de opções de atividades, a atuação por meio de incentivos ou recomendações que induzam o comportamento dos atores regulados, sem necessidade de coerção, naquilo que se convencionou denominar *soft law* (Direito brando ou suave).

A atuação por incentivos é encontrada, primordialmente, no fomento e na regulação estatais que estabelecem prêmios para os atores econômicos e sociais que atuarem de determinada forma ou atingirem as metas fixadas pela Administração Pública, assim como ocorre (ex.: metas fixadas nas parcerias com o Terceiro Setor; concessões com remuneração variável de acordo com o desempenho da concessionária).

---

[67] STF, 2.ª Turma, RE 422.941/DF, Rel. Min. Carlos Velloso, DJ 24.03.2006, p. 55. No caso, o Instituto Nacional do Açúcar e do Álcool (IAA), com fundamento no art. 9.º da Lei 4.870/1965, contratou a FGV para apurar os preços do setor e, contrariando os estudos encomendados, fixou os preços abaixo dos custos de produção.

[68] Sobre a possibilidade, excepcional e limitada, de controle estatal de preços, vide: REALE, Miguel: Controle ministerial de preços. *RDP*, n. 89, v. 22, p. 235-241, jan.-mar. 1989; FERRAZ JR., Tércio Sampaio. Congelamento de preços – tabelamentos oficiais. *RDP*, n. 91, p. 76-86, jul.-set. 1989; BARROSO, Luís Roberto. A ordem econômica constitucional e os limites à atuação estatal no controle de preços. *Temas de direito constitucional*. Rio de Janeiro: Renovar, 2003. t. II, p. 78.

[69] BOBBIO, Norberto. *Da estrutura à função*: novos estudos de teoria do Direito. São Paulo: Manole, 2007. p. 24.

Nesse ponto, destaca-se a regulação por incentivos ou por empurrões (*nudge*), que, inspirada na economia comportamental, imputa ao Estado o papel de "arquiteto de escolhas" que organiza o contexto em que as pessoas decidem, de forma a orientar a decisão sem substituir as opções dos indivíduos.[70]

De acordo com os neurocientistas e psicólogos, existem dois sistemas de pensamento nas pessoas: sistema automático (rápido e instintivo) e sistema reflexivo (deliberativo e consciente). Em razão da escassez de tempo e da assimetria de informações, é impossível exigir que todas as escolhas dos indivíduos sejam reflexivas e levem em consideração todas as variáveis no contexto decisório. Os empurrões regulatórios pretendem facilitar as escolhas automáticas que as pessoas fazem no dia a dia.

Em estudo seminal sobre o tema na década de 1970, os israelenses Amos Tversky e Daniel Kahneman identificaram três heurísticas ou "regras de ouro" sobre a forma de pensamento: **a) ancoragem (*anchoring*)**: as pessoas normalmente pensam e decidem a partir de dados e informações que possuem previamente ou que são colocadas nas perguntas (ex.: as pessoas costumam fazer maiores doações quando, na pergunta, são colocadas opções de valores maiores); **b) disponibilidade (*availability*)**: as pessoas costumam analisar os riscos envolvidos em suas escolhas a partir de exemplos vivenciados (ex.: alguém que vivenciou um terremoto normalmente supervaloriza o risco de sua ocorrência) ou divulgados pela imprensa (ex.: logo após a ocorrência de ataque terrorista, as pessoas assustadas supervalorizarão os riscos da ocorrência de um novo ataque); e **c) representatividade (*representativeness*)**: pensamentos e escolhas a partir de estereótipos (ex.: o elevado número de casos de câncer em determinado bairro pode acarretar a falsa ideia de que existe uma epidemia nacional).[71]

O Estado, nesse contexto, deveria arquitetar as escolhas dos indivíduos por meio da apresentação das informações e das alternativas possíveis, especialmente nos casos em que há lapso temporal entre os custos e os benefícios da decisão (ex.: fomentar a dieta para garantir melhor saúde no futuro), decisões sobre questões pouco frequentes ou sem *feedback* e situações envolvendo assimetria de informações ou ausência de tempo para avaliar as opções envolvidas. São exemplos de empurrões regulatórios: a fixação de informação, nos pacotes de cigarro, demonstrando os malefícios do fumo, o que induz a diminuição do consumo e a melhoria da saúde da população; a colocação de alimentos saudáveis nas prateleiras das cantinas escolares, na altura dos olhos dos estudantes e na frente de outros alimentos menos saudáveis, com o objetivo de incentivar o consumo daqueles que geram maiores benefícios à saúde etc.

### 19.5.9 Acordos decisórios ou substitutivos na regulação

No Direito Regulatório, marcado por questões técnicas e complexas, bem como pela fixação de parâmetros legais abertos para os agentes regulados, a maleabilidade regulató-

---

[70] THALER, Richard H.; SUNSTEIN, Cass. *Nudge: Improving Decisions about Health, Wealth, and Happiness*. New York: Penguin, 2009. p. 3. Sobre a regulação por incentivo, vide: OLIVEIRA, Rafael Carvalho Rezende. *Novo perfil da regulação estatal*: Administração Pública de Resultados e Análise de Impacto Regulatório. São Paulo: Método, 2015.

[71] TVERSKY, Amos; KAHNEMAN, Daniel. Julgamento sob incerteza: heurísticas e vieses. In: KAHNEMAN, Daniel. *Rápido e devagar*: duas formas de pensar. Rio de Janeiro: Objetiva, 2012. p. 524-539.

ria, inclusive na aplicação de sanções, é uma necessidade que se impõe para viabilizar o atendimento do interesse público.

Em consequência, a atuação regulatória deve ser pautada pela máxima efetivação dos direitos fundamentais subjacentes à regulação da economia e dos serviços públicos, o que permite a relativização da concepção legalista do direito, com a flexibilização do rigor do formalismo legal, desde que acompanhada da competente justificativa e razoabilidade.

Da mesma forma, o consensualismo delineador do perfil da atual Administração Pública acarreta mudanças relevantes na atuação administrativa, que deixa de ser marcada exclusivamente pela imposição unilateral da vontade estatal e cede espaço para uma atuação administrativa consensualizada.

Em razão da pluralidade de interesses públicos e da necessidade de maior eficiência na ação administrativa, a legitimidade dos atos estatais não está restrita ao cumprimento da letra fria da lei, devendo respeitar o ordenamento jurídico em sua totalidade (juridicidade).

Por essa razão, os acordos decisórios são previstos e incentivados no controle das políticas públicas, tal como ocorre, por exemplo, nos seguintes casos: a) Termo de Ajustamento de Conduta (TAC): art. 5.º, § 6.º, da Lei 7.347/1985 (Ação Civil Pública – ACP); b) Termo de Compromisso: art. 11, § 5.º, da Lei 6.385/1976 (Comissão de Valores Mobiliários – CVM); c) Acordos terminativos de processos administrativos: art. 46 da Lei 5.427/2009 (Lei do Processo Administrativo do Estado do Rio de Janeiro); d) Termo do compromisso de cessação de prática e acordo de leniência: arts. 85 e 86 da Lei 12.529/2011 (Sistema Brasileiro de Defesa da Concorrência – SBDC); e) Acordo de leniência: art. 16 da Lei 12.846/2013 (Lei Anticorrupção; f) acordos e compromissos administrativos (art. 26 da LINDB, inserido pela Lei 13.655/2018) etc.

Em determinadas hipóteses, a aplicação da sanção tipificada em lei pode frustrar a efetividade dos resultados esperados pela legislação que poderiam ser implementados por outras vias alternativas definidas pelo Poder Público. Imagine-se, por exemplo, a celebração de acordo decisório (Termo de Ajuste de Gestão – TAG) entre o regulador e o agente econômico, que infringe a legislação ambiental, com o intuito de substituir a multa prevista em lei por imposição de investimento do mesmo montante financeiro na restauração do meio ambiente (compensações ambientais).[72] Nesse caso, o acordo decisório que substitui a possibilidade da multa por investimentos satisfaz com maior intensidade o resultado subjacente à própria sanção regulatória, qual seja, a restauração do dano gerado pela atuação ilícita do agente regulado. Em vez de aplicar a multa e cobrá-la, pela via administrativa e/ou judicial, com a consequente (e potencial) arrecadação e posterior aplicação dos recursos na restauração do bem jurídico lesado, o regulador, por meio do acordo decisório, estabeleceria, *prima facie*, a obrigação do agente regulado de investir o mesmo montante diretamente na recuperação do dano causado, evitando desperdício de tempo e de recursos públicos.[73]

---

[72] Em abono à tese aqui sustentada, o Decreto federal 6.514/2008, alterado pelo Decreto 9.179/2017, regulamenta o "Programa de Conversão de Multas Ambientais" emitidas por órgãos e entidades da União integrantes do Sistema Nacional do Meio Ambiente – Sisnama, permitindo que a multa simples seja convertida em serviços de preservação, melhoria e recuperação da qualidade do meio ambiente.

[73] Sobre os acordos decisórios ou substitutivos na Administração, vide: OLIVEIRA, Rafael Carvalho Rezende. *Princípios do direito administrativo*. 2. ed. São Paulo: Método, 2013. p. 151-156; SUNDFELD, Carlos Ari; CÂMARA, Jacintho

Não se pode perder de vista que a sanção não é um fim em si mesmo, mas um instrumento de restauração ou compensação dos danos ocasionados pelo ilícito praticado. Ao lado da sanção, existem outros instrumentos que possuem o condão de atingir o interesse público de forma mais eficiente e econômica, tal como ocorre com o acordo que substitui processos sancionatórios por medidas preventivas e compensatórias do dano. Não se trata de dispor do interesse público, mas, ao contrário, da escolha do melhor instrumento para sua implementação.

A possibilidade de celebração de acordos decisórios ou substitutivos nas agências reguladoras encontra fundamento genérico nos princípios da legalidade e da eficiência, no art. 5.º, § 6.º, da Lei 7.347/1985, que trata da proteção do consumidor e de outros direitos coletivos, no art. 26 da LINDB, bem como nas leis e regulamentos setoriais regulatórios (ex.: ANS: art. 29 da Lei 9.656/1998, com a redação dada pela MP 2.177-44/01; ANTT: arts. 16 a 18 da Resolução 442/2004; ANTAQ: arts. 83 a 87 da Resolução 3.259/2014 etc.).

De qualquer forma, a celebração de acordos decisórios ou substitutivos de sanções depende do cumprimento de alguns requisitos, a saber: a) previsão legal (genérica ou específica); b) concordância do agente regulado; c) justificativa ou motivação que deve ser expressa no acordo; d) proporcionalidade, com a demonstração de que a medida alternativa adotada é adequada, necessária e representa melhor custo-benefício que a sanção inicialmente prevista na norma jurídica.

### 19.5.10 Sandbox regulatório

A evolução do Direito pressupõe doses de experimentalismos jurídicos que, utilizados de forma planejada e justificada, apontem as soluções inovadoras que podem regular melhor determinado desafio concreto.

É um desafio estabelecer uma regulação eficiente no âmbito de uma sociedade complexa e de riscos, com constantes inovações tecnológicas. Existe o risco de paralisia regulatória, em razão da precaução estatal, justificada pela assimetria de informações e pelos riscos envolvidos no exercício da atividade econômica, bem como pelo medo de responsabilização dos agentes públicos.

Os gestores públicos têm se esquivado de prolatar decisões administrativas em situações que não se amoldam à literalidade do dispositivo normativo ou que apresentam dúvidas interpretativas, notadamente em hipóteses que envolvam a definição do alcance dos princípios jurídicos e dos conceitos jurídicos indeterminados, mesmo nos casos que são precedidos de posicionamentos da Advocacia Pública favoráveis à tomada da decisão.[74]

Em consequência, institui-se uma barreira à adoção de qualquer solução heterodoxa, que apresente cunho inovador, incentivando-se comportamentos conservadores e formalistas na Administração Pública, ainda que não coincidam com o melhor atendimento

---

Arruda. Acordos substitutivos nas sanções regulatórias. *RDPE*, Belo Horizonte, ano 9, n. 34, p. 23, abr.-jun. 2011; MARQUES NETO, Floriano de Azevedo; CYMBALISTA, Tatiana Matiello. Os acordos substitutivos do procedimento sancionatório e da sanção. *RBDP*, Belo Horizonte, ano 8, n. 31, p. 68, out.-dez. 2010.

[74] Sobre o tema: OLIVEIRA, Rafael Carvalho Rezende; HALPERN, Erick. O mito do "quanto mais controle, melhor" na Administração Pública. *Revista Brasileira de Direito Público*, v. 71, p. 91-116, 2020.

do interesse público na perspectiva do gestor público. É preciso lutar contra isso, criando incentivos para a gestão pública se tornar mais eficiente e menos formalista.

A situação é agravada na atualidade, em razão do cenário de complexidades, riscos e incertezas. Afigura-se difícil formular a decisão sobre o conteúdo, a forma e o momento da intervenção regulatória diante da ausência do conhecimento sobre todos os aspectos fáticos e científicos envolvidos. A tendência dos reguladores é a paralisia em vez da inovação.

Em suma, o medo não pode pautar o cotidiano da Administração e constituir impedimento para atuação dos agentes públicos na realização de suas atribuições. O arranjo institucional da Administração Pública deve incentivar a busca da eficiência, inclusive com o fomento de soluções heterodoxas ("fora da caixa") devidamente justificadas.

Nesse contexto, o *sandbox* (caixa de areia, na tradução literal) regulatório permite a instituição de nova regulação em ambiente delimitado, no tempo e/ou no espaço, permitindo a análise controlada dos custos e dos benefícios do experimento público.

A Lei Complementar 182/2021, que instituiu o marco legal das *startups* e do empreendedorismo inovador, define, em seu art. 2.º, II, o *sandbox* regulatório como o "conjunto de condições especiais simplificadas para que as pessoas jurídicas participantes possam receber autorização temporária dos órgãos ou das entidades com competência de regulamentação setorial para desenvolver modelos de negócios inovadores e testar técnicas e tecnologias experimentais, mediante o cumprimento de critérios e de limites previamente estabelecidos pelo órgão ou entidade reguladora e por meio de procedimento facilitado". É possível estabelecer uma analogia entre o *sandbox* e os parquinhos de diversão, onde se pode experimentar sob o olhar de terceiros: nos parquinhos, os adultos; na regulação, o Estado Regulador.

De acordo com o art. 11 da LC 182/2021, os órgãos e as entidades da Administração Pública com competência de regulamentação setorial poderão, individualmente ou em colaboração, no âmbito de programas de ambiente regulatório experimental (*sandbox regulatório*), afastar a incidência de normas sob sua competência em relação à entidade regulada ou aos grupos de entidades reguladas.

É possível constatar a utilização embrionária do *sandbox* regulatório pela Comissão de Valores Mobiliários (CVM), pelo Conselho Monetário Nacional (CMN), pelo Banco Central do Brasil, pelo Conselho Nacional de Seguros Privados ("CNSP"), além de outros órgãos e entidades administrativas.

## 19.6 FOMENTO
### 19.6.1 Conceito

O fomento público pode ser definido como incentivos estatais, positivos ou negativos, que induzem ou condicionam a prática de atividades desenvolvidas em determinados setores econômicos e sociais, com o intuito de satisfazer o interesse público.

Trata-se de importante instrumento de intervenção estatal na ordem econômica (ex.: incentivos fiscais para produção de determinados bens) e na ordem social (ex.: parcerias com o Terceiro Setor). No presente tópico, destacaremos o fomento na ordem econômica.

A atividade pública de fomento tem fundamento no art. 174 da CRFB, segundo o qual cabe ao Estado exercer, na forma da lei, as funções de planejamento, fiscalização e **incentivo** da atividade econômica.

O fomento público pode ser desenvolvido pela Administração Pública Direta ou por entidades públicas ou privadas da Administração Indireta.[75]

### 19.6.2 Características

O fomento público possui as seguintes características:

a) **consensual:** o fomento tem caráter indutivo (premial) e não impositivo ou coercitivo, ou seja, o Estado orienta e induz comportamentos privados, mas os particulares não são obrigados a aderirem ao fomento;[76]

b) **setorial:** os incentivos são destinados a determinados setores econômicos ou sociais, previamente destacados no planejamento estatal;

c) **justificativa:** o planejamento e a execução do fomento devem ser justificados pelo Estado, com a demonstração da necessidade de tratamento favorável a determinado setor e os respectivos benefícios coletivos;

d) **impessoalidade:** os beneficiários da atividade de fomento devem ser selecionados por meio de processo objetivo, com base em requisitos razoáveis previamente definidos pelo Estado, em razão do princípio da impessoalidade; e

e) **transitoriedade:** o fomento deve ser, em regra, transitório.[77]

### 19.6.3 Limites

A atividade de fomento representa um dever do Estado que deve ser exercido dentro dos limites fixados pela ordem jurídica.

Em primeiro lugar, o princípio da legalidade, que limita a atuação estatal em geral, tem aplicação relativizada na atividade de fomento, pois a exigência de reserva legal tem por objetivo proteger os indivíduos em relação às atuações estatais restritivas aos direitos fundamentais. Todavia, no fomento, a atividade estatal é caracterizada por estímulos aos particulares com a finalidade de efetivar os direitos fundamentais e implementar benefícios coletivos, razão pela qual a exigência de reserva legal é afastada ou relativizada.[78]

---

[75] O Banco do Brasil, a Caixa Econômica Federal e o BNDES, empresas estatais (gênero) integrantes da Administração Indireta federal, destacam-se como algumas das principais entidades fomentadoras do País.

[76] Nesse sentido: MOREIRA NETO, Diogo de Figueiredo. *Curso de direito administrativo*. 15. ed. Rio de Janeiro: Forense, 2009. p. 584. Destaque-se que a sanção, na atualidade, possui caráter bifronte, admitindo duas conotações: a) sanções negativas (ordenamento repressivo): coação/punição pelo descumprimento do ordenamento; e b) sanções positivas (ordenamento promocional): premiação pelo adimplemento das normas em vigor (BOBBIO, Norberto. *Da estrutura à função*: novos estudos de teoria do direito. São Paulo: Manole, 2007. p. 24).

[77] SOUTO, Marcos Juruena Villela. Estímulos positivos. *Direito administrativo em debate*. Rio de Janeiro: Lumen Juris, 2004. p. 350. No entanto, a transitoriedade não se aplica, por exemplo, ao fomento às microempresas e empresas de pequeno porte, enquanto permanecerem com estas qualificações, na forma do art. 179 da CRFB. Nesse sentido: MENDONÇA, José Vicente Santos de. Uma teoria do fomento público: critérios em prol de um fomento público democrático, eficiente e não paternalista. *Revista de Direito da Procuradoria-Geral do Estado*, Rio de Janeiro, n. 65, p. 145, 2010.

[78] Nesse sentido: OLIVEIRA, Rafael Carvalho Rezende. *A constitucionalização do direito administrativo*. 2. ed. Rio de Janeiro: Lumen Juris, 2010. p. 46; GIANNINI, Massimo Severo. *Derecho administrativo*. Madrid: Ministerio para las

De qualquer forma, é oportuno destacar que a Constituição Federal exige reserva legal para alguns instrumentos específicos de fomento, tais como:

a) benefícios tributários (subsídio, isenção, anistia etc.), na forma do art. 150, § 6.º, da CRFB;

b) necessidade de lei complementar para fixação do tratamento tributário diferenciado para cooperativas, microempresas e empresas de pequeno porte (art. 146, III, c e d, da CRFB) etc.

Outros limites ao fomento são os princípios da impessoalidade, da moralidade, da razoabilidade e da publicidade.[79] A concessão de incentivos a determinado indivíduo ou grupo de indivíduos, em detrimento do restante da coletividade, deve ser pautada por critérios objetivos que garantam uma escolha impessoal. Os benefícios devem ser moralmente legítimos e razoáveis, na estrita necessidade de superação de desigualdades materiais e satisfação do interesse público. Por fim, o fomento deve ser transparente, exigindo-se publicidade ampla dos atos praticados, notadamente para possibilitar o respectivo controle social e institucional.

### 19.6.4 Classificações de fomento

#### 19.6.4.1 Quanto ao conteúdo: fomento positivo e negativo

Em primeiro lugar, quanto ao conteúdo, o fomento pode ser dividido em duas espécies:[80]

a) **fomento positivo:** instrumentalizado por meio de outorga de prestações, bens ou vantagens aos beneficiários com o intuito de incentivar a prática de determinadas atividades (ex.: cessão de bens públicos atrelada ao desenvolvimento de atividade socialmente relevante); e

b) **fomento negativo:** imposição de obstáculos ou a não concessão de privilégios com o objetivo de dificultar, por meios indiretos, a prática de comportamentos contrários aos objetivos públicos fomentados pelo Estado (ex.: majoração de tributos com o intuito de desestimular a comercialização de determinados bens noviços à saúde).

---

Administraciones Públicas (MAP), 1991. v. I, p. 112; SANTAMARÍA PASTOR, Juan Alfonso. *Principios de derecho administrativo general*. Madrid: Iustel, 2004. v. I, p. 83.

[79] Nesse sentido: OLIVEIRA, Rafael Carvalho Rezende. *A constitucionalização do direito administrativo*. 2. ed. Rio de Janeiro: Lumen Juris, 2010. p. 46; GIANNINI, Massimo Severo. *Derecho administrativo*. Madrid: Ministerio para las Administraciones Públicas (MAP), 1991. v. I, p. 112; SANTAMARÍA PASTOR, Juan Alfonso. *Principios de derecho administrativo general*. Madrid: Iustel, 2004. v. I, p. 83; ORTIZ, Gaspar Ariño. *Principios de derecho público económico*. 3. ed. Granada: Comares, 2004. p. 348-355.

[80] JORDANA DE POZAS, Luis. Ensayo de una teoría del fomento en el derecho administrativo. *Revista de Estudios Políticos*, n. 48, p. 51, nov.-dez. 1949. Disponível em: <http://www.cepc.es/rap/Publicaciones/Revistas/2/REP_048_040.pdf>. Acesso em: 2 maio 2010; MENDONÇA, José Vicente Santos de. Uma teoria do fomento público: critérios em prol de um fomento público democrático, eficiente e não paternalista. *Revista de Direito da Procuradoria-Geral do Estado*, Rio de Janeiro, n. 65, p. 145, 2010; MARQUES NETO, Floriano de Azevedo. O fomento como instrumento de intervenção estatal na ordem econômica. *RDPE*, Belo Horizonte, n. 32, p. 65, out.-dez. 2010.

### 19.6.4.2 Quanto ao destinatário: fomento econômico e social

Outra classificação funda-se no destinatário ou no campo de incidência da atividade fomentada, admitindo duas espécies de fomento:[81]

a) **fomento econômico:** incentivos às empresas que atuam na ordem econômica (ex.: tratamento favorecido às microempresas e empresas de pequeno porte, na forma do art. 170, IX, da CRFB); e

b) **fomento social:** relaciona-se aos indivíduos e à sociedade civil que compõe a ordem social (ex.: incentivos à educação, conforme dispõem os arts. 150, VI, c, e 213 da CRFB).

### 19.6.4.3 Quanto aos meios: fomento honorífico, econômico e jurídico

Por fim, a partir dos meios de fomento ou vantagens outorgadas, podem ser mencionadas três categorias de fomento:[82]

a) **fomento honorífico:** recompensas públicas reconhecidas a alguém que teve comportamento exemplar (ex.: condecoração conferida ao policial por ato de bravura);

b) **fomento econômico:** vantagens de ordem econômica (ex.: empréstimos públicos em condições diferenciadas); e

c) **fomento jurídico:** tratamento jurídico favorável, com vantagens econômicas indiretas (ex.: cessão de bens e de servidores públicos para Organizações Sociais).

## 19.6.5 Instrumentos de fomento

### 19.6.5.1 Benefícios ou incentivos fiscais

Os benefícios ou incentivos fiscais podem ser exemplificados pelas isenções e redução de alíquotas de determinados tributos com o intuito de fomentar determinada atividade privada (ex.: tratamento tributário diferenciado e favorecido para as microempresas e para as empresas de pequeno porte, na forma do art. 146, III, *d*, da CRFB).

---

[81] Nesse sentido: SOUTO, Marcos Juruena Villela. Estímulos positivos. *Direito administrativo em debate*. Rio de Janeiro: Lumen Juris, 2004. p. 348. Mencione-se, ainda, que alguns autores, a partir dos meios de fomento ou vantagens outorgadas, apontam três categorias de fomento: a) honorífico: recompensas públicas reconhecidas a alguém que teve comportamento exemplar (ex.: condecoração conferida ao policial por ato de bravura); b) econômicos: vantagens de ordem econômica (ex.: empréstimos públicos em condições diferenciadas); e c) jurídicos: tratamento jurídico favorável, com vantagens econômicas indiretas (ex.: cessão de bens e de servidores públicos para Organizações Sociais) (JORDANA DE POZAS, Luis. Ensayo de una teoría del fomento en el derecho administrativo. *Revista de Estudios Políticos*, n. 48, p. 52-53, nov.-dez. 1949. Disponível em: <http://www.cepc.es/rap/Publicaciones/Revistas/2/ REP_048_040.pdf>. Acesso em: 2 maio 2010).

[82] JORDANA DE POZAS, Luis. Ensayo de una teoría del fomento en el derecho administrativo. *Revista de Estudios Políticos*, n. 48, p. 52-53, nov.-dez. 1949. Disponível em: <http://www.cepc.es/rap/Publicaciones/Revistas/2/ REP_048_040.pdf>. Acesso em: 2 maio 2010.

A concessão de benefícios fiscais depende, todavia, do cumprimento das exigências constitucionais e legais, especialmente a necessidade de previsão orçamentária (art. 165, §§ 2.º, 3.º e 6.º, da CRFB), bem como o respeito ao princípio da isonomia e o equilíbrio federativo, evitando a guerra fiscal entre os Estados. Quando houver renúncia de receita, a concessão ou ampliação de benefícios tributários deverá preencher os requisitos elencados no art. 14 da LC 101/2000 (Lei de Responsabilidade Fiscal).[83]

### 19.6.5.2 Benefícios ou incentivos creditícios

Os benefícios ou incentivos creditícios (não fiscais) referem-se ao tratamento favorável de acesso ao crédito, destacando-se, por exemplo, a celebração de contratos de empréstimos bancários com condições especiais (ex.: juros reduzidos).

Diferentemente dos empréstimos, os subsídios ou subvenções são repasses de dinheiro público aos particulares a fundo perdido, sem qualquer obrigação de reembolso, com o objetivo de conformar, apoiar ou estimular determinada atividade de interesse público.[84]

Os subsídios ou subvenções podem ser divididas em duas categorias, na forma do art. 12, § 3.º, da Lei 4.320/1964:

a) subvenções sociais: destinadas às instituições públicas ou privadas de caráter assistencial ou cultural, sem finalidade lucrativa;

b) subvenções econômicas: concedidas às empresas públicas ou privadas de caráter industrial, comercial, agrícola ou pastoril.

### 19.6.5.3 Outros instrumentos (rol exemplificativo)

Existem, ainda, outros instrumentos viabilizadores do fomento estatal, tais como: assistência técnica dispensada pela Administração a determinados setores da economia, financiamentos de pesquisas etc.

---

[83] "Art. 14. A concessão ou ampliação de incentivo ou benefício de natureza tributária da qual decorra renúncia de receita deverá estar acompanhada de estimativa do impacto orçamentário-financeiro no exercício em que deva iniciar sua vigência e nos dois seguintes, atender ao disposto na lei de diretrizes orçamentárias e a pelo menos uma das seguintes condições: I – demonstração pelo proponente de que a renúncia foi considerada na estimativa de receita da lei orçamentária, na forma do art. 12, e de que não afetará as metas de resultados fiscais previstas no anexo próprio da lei de diretrizes orçamentárias; II – estar acompanhada de medidas de compensação, no período mencionado no caput, por meio do aumento de receita, proveniente da elevação de alíquotas, ampliação da base de cálculo, majoração ou criação de tributo ou contribuição. § 1.º A renúncia compreende anistia, remissão, subsídio, crédito presumido, concessão de isenção em caráter não geral, alteração de alíquota ou modificação de base de cálculo que implique redução discriminada de tributos ou contribuições, e outros benefícios que correspondam a tratamento diferenciado. § 2.º Se o ato de concessão ou ampliação do incentivo ou benefício de que trata o caput deste artigo decorrer da condição contida no inciso II, o benefício só entrará em vigor quando implementadas as medidas referidas no mencionado inciso. § 3.º O disposto neste artigo não se aplica: I – às alterações das alíquotas dos impostos previstos nos incisos I, II, IV e V do art. 153 da Constituição, na forma do seu § 1.º; II – ao cancelamento de débito cujo montante seja inferior ao dos respectivos custos de cobrança."

[84] MONCADA, Luís S. Cabral de. Direito econômico. 6. ed. Coimbra: Coimbra Editora, 2012. p. 591.

## 19.7 REPRESSÃO AO ABUSO DO PODER ECONÔMICO E PROTEÇÃO DA CONCORRÊNCIA (DIREITO ANTITRUSTE OU DA CONCORRÊNCIA)

### 19.7.1 Fundamentos do Direito Antitruste ou Direito da Concorrência

No Brasil, somente a partir da Constituição de 1934 (art. 115) admitiu-se a interferência estatal na organização da ordem econômica, abrindo caminho para edição de legislação antitruste.[85]

A Constituição de 1988 menciona a livre concorrência como princípio da ordem econômica (art. 170, IV, da CRFB) e determina que "a lei reprimirá o abuso do poder econômico que vise à dominação dos mercados, à eliminação da concorrência e ao aumento arbitrário dos lucros" (art. 173, § 4.º, da CRFB).

No âmbito infraconstitucional, a Lei 12.529/2011 dispõe sobre o Sistema Brasileiro de Defesa da Concorrência (SBDC), a prevenção e repressão às infrações contra a ordem econômica e altera dispositivos da legislação penal relacionados ao tema.

A concorrência possui caráter instrumental ("concorrência-instrumento"), pois serve de meio para efetivação de direitos fundamentais, notadamente a dignidade da pessoa humana (arts. 3.º e 170 da CRFB).[86] Além de corrigir as incorreções dos mercados, o Estado também atua na condução dos mercados, implementando políticas públicas e garantindo o desenvolvimento sustentável.

### 19.7.2 Sistema Brasileiro de Defesa da Concorrência (SBDC)

A Lei 12.529/2011, que revogou diversas disposições da Lei 8.884/1994, estrutura o Sistema Brasileiro de Defesa da Concorrência (SBDC) e dispõe sobre a prevenção e a repressão às infrações contra a ordem econômica.[87]

O **SBDC** é formado pelo **Conselho Administrativo de Defesa Econômica (CADE)** e pela **Secretaria de Acompanhamento Econômico do Ministério da Fazenda (SEAE)**, substituída por outras secretarias.[88]

O **CADE** é uma autarquia, vinculada ao Ministério da Justiça, com sede e foro no Distrito Federal, constituída pelos seguintes órgãos:

---

[85] A preocupação com a fixação de normas jurídicas sobre direito concorrencial ou antitruste teve início no Canadá e nos Estados Unidos. No Canadá, a primeira norma concorrencial foi o *Act for the Prevention and Supression of Comniations formed in Restraint of Trade*, editado em 1889. O Direito Antitruste americano, por sua vez, é marcado basicamente por dois diplomas legais: o *Sherman Act* (1890), originado do projeto de lei apresentado pelo senador americano John Sherman, e o *Clayton Antitrust Act* (1914). A responsabilidade pela aplicação das normas garantidoras da concorrência é conferida à *Federal Trade Commission* (FTC), agência reguladora criada em 1914, pelo Federal Trade Commission Act, e responsável pela aplicação das normas garantidoras da concorrência. Sobre a evolução do Direito da Concorrência, vide: OLIVEIRA, Gesner; RODAS, João Grandino. *Direito e economia da concorrência*. Rio de Janeiro: Renovar, 2004. p. 3-24.

[86] Nesse sentido: FORGIONI, Paula A. *Os fundamentos do antitruste*. 4. ed. São Paulo: RT, 2010. p. 179.

[87] Compete à União, aos Estados e ao Distrito Federal legislar concorrentemente sobre direito econômico, inclusive direito da concorrência (art. 24, I, da CRFB). Sobre a política concorrencial no Brasil, vide: GOMES, José Maria Machado. A política de proteção à concorrência no Brasil. *Direito empresarial público* II. Rio de Janeiro: Lumen Juris, 2004. p. 17 e ss.

[88] De acordo com o art. 3.º da Lei 12.529/2011, o SBDC é formado pelo CADE e pela SEAE.

a) **Tribunal Administrativo de Defesa Econômica:** exerce a função judicante, destacando-se a atribuição para decidir sobre a existência de infração à ordem econômica, aplicação das sanções administrativas, aprovação dos termos do compromisso de cessação de prática e do acordo em controle de concentrações, análise dos processos administrativos de atos de concentração econômica etc. (art. 9.º da Lei 12.529/2011);[89]

b) **Superintendência-Geral:** funções de investigação, de caráter preparatório e preventivo, bem como funções instrutórias e executivas, com atribuição para promover procedimento preparatório de inquérito administrativo e inquérito administrativo para apuração de infrações à ordem econômica, instaurar processo administrativo para imposição de sanções administrativas por infrações à ordem econômica e procedimento para apuração de ato de concentração, realizar atividade instrutória (ex.: requisições de documentos, inspeções), remeter ao Tribunal, para julgamento, os processos administrativos que instaurar, quando entender configurada infração da ordem econômica, adotar as medidas administrativas necessárias à execução e ao cumprimento das decisões do Plenário etc. (art. 13 da Lei 12.529/2011);[90] e

c) **Departamento de Estudos Econômicos:** elabora estudos e pareceres econômicos (art. 17 da Lei 12.529/2011).[91]

Além dos mencionados órgãos, o CADE conta, ainda, com uma Procuradoria Federal Especializada com atribuição para prestar consultoria e assessoramento jurídico à autarquia, representá-la judicial e extrajudicialmente, promover a execução judicial de suas decisões, entre outras atribuições legais (art. 15 da Lei 12.529/2011).[92]

---

[89] O Presidente e os seis Conselheiros do Tribunal Administrativo são cidadãos com mais de 30 anos de idade, de notório saber jurídico ou econômico e reputação ilibada, nomeados pelo Presidente da República, depois de aprovados pelo Senado Federal, para exercício de suas funções, com dedicação exclusiva, pelo mandato de quatro anos, não coincidentes, vedada a recondução (art. 6.º, caput, §§ 1.º e 2.º, da Lei 12.529/2011). A perda do mandato do Presidente e dos Conselheiros do CADE só poderá ocorrer em virtude de decisão do Senado Federal, por provocação do Presidente da República, ou em razão de condenação penal irrecorrível por crime doloso, ou de processo disciplinar de conformidade com o que prevê a Lei 8.112/1990 e a Lei 8.429/1992 (art. 7.º da Lei 12.529/2011). A perda do cargo será justificada no descumprimento das vedações previstas no art. 8.º da Lei 12.529/2011, bem como na hipótese de faltas a três reuniões ordinárias consecutivas ou 20 intercaladas, ressalvados os afastamentos temporários autorizados pelo Plenário (art. 7.º, parágrafo único, da referida Lei).

[90] A Superintendência-Geral é composta por um Superintendente-Geral e dois Superintendentes-Adjuntos, com dedicação exclusiva (art. 12, caput e § 4.º, da Lei 12.529/2011). O Superintendente-Geral será escolhido dentre cidadãos com mais de 30 anos de idade, notório saber jurídico ou econômico e reputação ilibada, nomeado pelo Presidente da República, depois de aprovado pelo Senado Federal, para exercer mandato de dois anos, permitida a recondução para um único período subsequente, aplicando-lhe as mesmas normas de impedimentos, perda de mandato, substituição e as vedações aplicáveis ao Presidente e aos Conselheiros do Tribunal (art. 12, §§ 1.º, 2.º e 3.º, da Lei 12.529/2011).

[91] O Departamento de Estudos Econômicos é dirigido por um Economista-Chefe, nomeado, conjuntamente, pelo Superintendente-Geral e pelo Presidente do Tribunal, dentre brasileiros de ilibada reputação e notório conhecimento econômico, que poderá participar das reuniões do Tribunal, sem direito a voto (arts. 17 e 18, caput e § 1.º, da Lei 12.529/2011).

[92] O Procurador-Chefe será nomeado pelo Presidente da República, depois de aprovado pelo Senado Federal, dentre cidadãos brasileiros com mais de 30 anos de idade, de notório conhecimento jurídico e reputação ilibada, para exercício do mandato de dois anos, permitida sua recondução para um único período (arts. 16, caput e § 1.º, da Lei 12.529/2011).

Outrossim, o Ministério Público Federal atua perante o CADE, com atribuição para emitir parecer, nos processos administrativos para imposição de sanções administrativas por infrações à ordem econômica, de ofício ou a requerimento do Conselheiro-Relator (art. 20 da Lei 12.529/2011).

As decisões do Tribunal Administrativo de Defesa Econômica são definitivas no âmbito administrativo, sendo vedada a revisão pelo Poder Executivo por meio do recurso hierárquico impróprio (art. 9.º, § 2.º, da Lei 12.529/2011).

A antiga Secretaria de Acompanhamento Econômico (SEAE) possuía atribuições diversas, nos aspectos referentes à promoção da concorrência, tais como: opinar sobre propostas de alterações de atos normativos de interesse geral dos agentes econômicos, de consumidores ou usuários dos serviços prestados submetidos à consulta pública pelas agências reguladoras, sobre os pedidos de revisão de tarifas e as minutas, sobre proposições legislativas em tramitação no Congresso Nacional, nos aspectos referentes à promoção da concorrência; elaborar estudos setoriais que sirvam de insumo para a participação do Ministério da Fazenda na formulação de políticas públicas setoriais; propor a revisão de leis, regulamentos e outros atos normativos da administração pública federal, estadual, municipal e do Distrito Federal que afetem ou possam afetar a concorrência nos diversos setores econômicos do País etc. (art. 19 da Lei 12.529/2011). Lembre-se, mais uma vez, de que a SEAE foi extinta e sucedida pela Secretaria de Promoção da Produtividade e Advocacia da Concorrência (SEPRAC) e pela Secretaria de Acompanhamento Fiscal, Energia e Loteria (SEFEL).

A defesa da concorrência pode ser preventiva (ex.: manifestação prévia sobre os atos de concentração) ou repressiva (ex.: aplicação de sanções administrativas).

### 19.7.3 Condutas anticoncorrenciais

As condutas anticoncorrenciais podem ser divididas em duas categorias:

a) **Práticas restritivas horizontais:** envolvem práticas restritivas da concorrência entre empresas concorrentes, com o objetivo de maximizar o lucro e prejudicar o consumidor. São condutas horizontais restritivas à concorrência:

a.1) cartéis: representam acordos entre concorrentes com o objetivo eliminar ou diminuir a concorrência (ex.: acordo na fixação de preços ou para participar de licitações),[93] cabendo notar que alguns fatores podem favorecer a formação de cartéis, tais como o alto grau de concentração do mercado, a existência de barreiras à entrada de novos competidores, a homogeneidade de produtos e de custos etc.;[94]

---

[93] Configuram infração à ordem econômica, por exemplo, acordar, combinar, manipular ou ajustar com concorrente, sob qualquer forma, os preços de bens ou serviços ofertados individualmente e os preços, condições, vantagens ou abstenção em licitação pública (art. 36, § 3.º, I, *a* e *d*, da Lei 12.529/2011). Sobre o tema, vide: FREITAS, Rafael Véras de. O combate aos cartéis nas licitações (visando à Copa do Mundo e às Olimpíadas de 2016). *RDPE*, n. 33, p. 169-204, jan.-mar. 2011.

[94] O CADE, por exemplo, condenou a Cosipa, Usiminas e a CSN por formação de cartel na comercialização de aço, consistente no paralelismo das condutas das referidas empresas e reunião prévia para efetivação de aumento de preços (CADE, Processo Administrativo 08000.015337/94-48, Conselheiro Relator Ruy Santacruz, *DOU* 02.12.1999).

a.2) preços predatórios: são aqueles fixados, de forma deliberada, abaixo do custo do produto ou do serviço, com o intuito de eliminar concorrentes[95] etc.;

b) **Práticas restritivas verticais:** são restrições impostas por produtores de bens ou serviços em determinado mercado sobre mercados relacionados verticalmente ao longo da cadeia produtiva. São condutas restritivas verticais:

b.1) fixação de preços de revenda: o produtor estabelece, mediante contrato, o preço (mínimo, máximo ou rígido) a ser praticado pelos distribuidores/revendedores;

b.2) restrições territoriais e de base de clientes: o produtor estabelece imitações quanto à área de atuação dos distribuidores/revendedores, restringindo a concorrência e a entrada em diferentes regiões;

b.3) acordos de exclusividade: os compradores se comprometem a adquirir bens e serviços de determinado fornecedor (ou vice-versa), com exclusividade;[96]

b.4) recusa de negociação: o fornecedor ou comprador, ou conjunto de fornecedores ou compradores, de determinado bem ou serviço estabelece, unilateralmente, as condições em que se dispõe a negociá-lo;

b.5) venda casada: o fornecedor de determinado bem ou serviço impõe para a sua venda a condição de que o comprador também adquira outro bem ou serviço;

b.6) discriminação de preços: o produtor utiliza seu poder de mercado para fixar preços diferentes para o mesmo produto/serviço, discriminando entre compradores, individualmente ou em grupos, de forma a se apropriar de parcela do excedente do consumidor e assim elevar seus lucros.

É oportuno ressaltar que os acordos horizontais, entre empresas concorrentes, e os verticais, entre empresas que atuam em determinada cadeia produtiva, não são necessariamente anticoncorrenciais ou ilícitos. Em determinados casos, quando não houver abuso do poder de mercado (influência na definição de preços e quantidades vendidas) e prejuízo à concorrência no setor, os acordos serão considerados lícitos.[97]

### 19.7.4 Infrações à ordem econômica: responsabilidades, sanções e prescrição

As normas concorrenciais aplicam-se às pessoas físicas ou jurídicas de direito público ou privado, bem como a quaisquer associações de entidades ou pessoas, constituídas de fato ou de direito, ainda que temporariamente, com ou sem personalidade jurídica, mesmo que exerçam atividade sob regime de monopólio legal (art. 31 da Lei 12.529/2011).

---

[95] Constitui infração à ordem econômica "vender mercadoria ou prestar serviços injustificadamente abaixo do preço de custo" (art. 36, § 3.º, XV, da Lei 12.529/2011).

[96] O CADE já teve a oportunidade de sancionar empresa que se negou a fornecer à outra empresa peças de manutenção de central telefônica, sob o argumento de que haveria contrato de exclusividade, razão pela qual somente venderia seus produtos aos distribuidores autorizados e usuários finais (CADE, Processo Administrativo 08012.000172/1998-42, Conselheiro Relator Celso Campilongo, DOU 13.05.2003).

[97] OLIVEIRA, Gesner; RODAS, João Grandino. *Direito e economia da concorrência*. Rio de Janeiro: Renovar, 2004. p. 41 e 51.

As empresas, as entidades integrantes de grupo econômico (de fato ou de direito) e seus dirigentes ou administradores respondem de forma solidária e objetiva pelas infrações à ordem econômica (arts. 32, 33 e 36 da Lei 12.529/2011). Admite-se, ainda, a desconsideração da personalidade jurídica quando houver abuso de direito, excesso de poder, infração da lei, fato ou ato ilícito ou violação dos estatutos ou contrato social, bem como na hipótese de falência, estado de insolvência, encerramento ou inatividade da pessoa jurídica provocados por má administração (arts. 34, *caput* e parágrafo único, da Lei 12.529/2011).

As infrações à ordem econômica geram a aplicação de sanções pecuniárias (multas) e de obrigações de fazer ou não fazer (ex.: publicação, custeada pelo infrator, do extrato da decisão condenatória em jornal indicado na decisão; proibição de contratar com instituições financeiras oficiais e participar de licitação por prazo não inferior a cinco anos; inscrição do infrator no Cadastro Nacional de Defesa do Consumidor etc.).[98]

As multas serão inscritas em Dívida Ativa e cobradas por execução fiscal pelo CADE, por meio de sua respectiva Procuradoria, na forma da Lei 6.830/1980 (Lei de Execução Fiscal), admitindo-se a inclusão do devedor no CADIN (Cadastro Informativo de créditos não quitados do setor público federal).[99]

As ações punitivas da Administração Pública relacionadas às infrações da ordem econômica prescrevem em cinco anos, contados da data da prática do ilícito ou, no caso de infração permanente ou continuada, do dia em que tiver cessada a prática do ilícito (art. 46 da Lei 12.529/2011). Ressalte-se que, na hipótese em que o fato também constituir crime, a prescrição reger-se-á pelo prazo previsto na lei penal (art. 46, § 4.º, da Lei 12.529/2011).

Configura-se a prescrição intercorrente quando o procedimento administrativo ficar paralisado por mais de três anos, sem prejuízo da apuração da responsabilidade funcional decorrente da paralisação (art. 46, § 3.º, da Lei 12.529/2011).

O prazo prescricional será interrompido pela prática de ato administrativo ou judicial, que tenha por objeto a apuração da infração à ordem econômica, bem como pela notificação ou intimação da investigada (art. 46, § 1.º, da Lei 12.529/2011). Por outro lado, o prazo será suspenso durante a vigência do compromisso de cessação ou do acordo em controle de concentrações (art. 46, § 2.º, da Lei 12.529/2011).

### 19.7.5 Controle da concorrência nos setores regulados: CADE x agências reguladoras

A concorrência nos setores regulados acarreta potencial conflito de competências entre autarquias distintas: o CADE e as agências reguladoras.

É possível perceber que a ordem jurídica estabelece intervenções distintas em matéria de concorrência. De um lado, o CADE atua no mercado em geral, que é pautado pelo princípio da livre-iniciativa, devendo preservar a livre concorrência por meio de sua atuação judicante (análise das operações de concentração e cooperação econômica, bem

---

[98] As sanções pecuniárias e não pecuniárias encontram-se previstas, respectivamente, nos arts. 37 e 38 da Lei 12.529/2011.

[99] A Resolução CADE 45/2007, que aprova o Regimento Interno do CADE, dispõe sobre o procedimento a ser adotado na cobrança das penalidades pecuniárias.

como investigação e punição de condutas anticompetitivas). Por outro lado, as agências reguladoras foram criadas para exercerem funções complexas (normativas, administrativas e judicantes), inclusive aquelas relacionadas à promoção da concorrência, em relação às atividades econômicas em mercados específicos e à prestação de serviços públicos.

Em razão da especialidade, deveria ser reconhecida, em princípio, a competência das agências reguladoras para promoção da concorrência nos setores econômicos regulados, salvo previsão legal em contrário ou a celebração de instrumentos jurídicos específicos (ex.: convênios) entre o CADE e as autarquias. Em relação aos serviços públicos, em que não há livre-iniciativa e incidem exigências distintas daquelas encontradas nas atividades econômicas em geral (ex.: exigência de solidariedade etc.), não haveria que falar em atuação do CADE, mas, sim, das agências reguladoras.[100]

Em sentido semelhante, o STJ e a Advocacia-Geral da União (AGU) manifestam-se pela prevalência do Banco Central sobre o CADE para analisar e aprovar os atos de concentração das instituições integrantes do sistema financeiro nacional, bem como de regular as condições de concorrência entre instituições financeiras, com fundamento no princípio da especialidade.[101]

Todavia, parcela da doutrina sustenta a prevalência do CADE em detrimento das agências reguladoras, especialmente com o intuito de evitar a incoerência e a fragmentação da política de concorrência.[102] Aliás, essa é a tendência da legislação regulatória, que prevê a competência do CADE para decidir sobre os assuntos relacionados à concorrência nos setores regulados. Em relação aos serviços de telecomunicações, por exemplo, o art. 7.º, § 2.º, da Lei 9.472/1997 determina que a ANATEL submeterá ao CADE a aprovação dos atos de concentração econômica.[103] No mesmo sentido, o art. 10 da Lei 9.478/1997 dispõe que a ANP, ao tomar conhecimento de fato que possa configurar indício de infração da ordem econômica, deverá comunicá-lo imediatamente ao CADE e à SDE/MJ, para que estes adotem as providências cabíveis, no âmbito da legislação pertinente. A referida tendência,

---

[100] Nesse sentido: SOUTO, Marcos Juruena Villela. As agências reguladoras e os princípios constitucionais. *Direito administrativo em debate*. 2.ª série. Rio de Janeiro: Lumen Juris, 2007. p. 41-43; AMARAL, Flávio. Conflito de competência entre o CADE e as agências reguladoras que atuam no campo dos serviços públicos. *Direito empresarial público*. Rio de Janeiro: Lumen Juris, 2002. p. 239-245; SUNDFELD, Carlos Ari. O CADE e a competição nos serviços públicos. *Revista Trimestral de Direito Público*, São Paulo: Malheiros, v. 33, p. 54, 2001. Alexandre Santos de Aragão, por sua vez, afirma que, no silêncio da lei, deve prevalecer a competência do CADE em detrimento das competências das agências reguladoras quando se tratar de atividades econômicas em sentido estrito. Ao revés, tratando-se de serviços públicos, tendo em vista as suas peculiaridades, a última palavra deve ser das agências, salvo dispositivo legal em sentido contrário (ARAGÃO, Alexandre Santos de. *Agências reguladoras e a evolução do direito administrativo econômico*. Rio de Janeiro: Forense, 2002. p. 295).

[101] STJ, 1.ª Seção, REsp 1094218/DF, Rel. Min. Eliana Calmon, *DJe* 12.04.2011; AGU, Parecer AGU/LA-01/2001 (Anexo ao Parecer GM-020). Disponível em: <http://www.agu.gov.br>. Acesso em: 20 fev. 2011. O Parecer 09/2009/MP/CGU/AGU, que manteve esse posicionamento, tem efeito vinculante para a Administração Pública, na forma dos arts. 40 e 41 da LC 73/1993. Nesse sentido, Eros Grau e Paula Forgioni também defendem a competência do Banco Central para apreciação dos atos de concentração de instituições financeiras, bem como a necessidade de cumprimento do Parecer GM-020 pelo CADE (GRAU, Eros; FORGIONI, Paula A. CADE v. BACEN: conflitos de competência entre autarquias e a função da Advocacia-Geral da União. *Revista de Direito Público da Economia*, ano 2, n. 8, p. 51-77, out.-dez. 2004.

[102] NUSDEO, Ana Maria de Oliveira. Agências reguladoras e concorrência. *Direito administrativo econômico*. São Paulo: Malheiros, 2006. p. 178-187.

[103] O art. 19, XIX, da Lei 9.472/1997 dispõe, ainda, que a ANATEL deve controlar, prevenir e reprimir as infrações da ordem econômica, ressalvadas as competências pertencentes ao Conselho Administrativo de Defesa Econômica (CADE).

mencionada nas edições anteriores deste livro, foi confirmada com a promulgação da Lei 13.848/2019, que, em seus arts. 25 a 28, estabeleceu que as agências reguladoras e os órgãos de defesa da concorrência devem atuar em estreita cooperação, privilegiando a troca de experiências, cabendo ao CADE decidir sobre a aplicação da legislação concorrencial.

## 19.8 EXPLORAÇÃO DIRETA DA ATIVIDADE ECONÔMICA (ESTADO EMPRESÁRIO)

### 19.8.1 Estado empresário: requisitos

Cabe à iniciativa privada, normalmente, o livre exercício da atividade econômica, independentemente de autorização estatal, salvo nos casos previstos em lei, tendo em vista o princípio da livre-iniciativa previsto no art. 170, *caput* e parágrafo único, da CRFB.

Todavia, excepcionalmente, o Estado pode executar diretamente atividades empresariais (Estado Empresário), com intuito lucrativo, quando preenchidos os requisitos elencados no art. 173 da CRFB, a saber:

a) **casos expressamente previstos na Constituição** (ex.: exploração de atividades relacionadas ao petróleo e ao gás natural, na forma do art. 177 da CRFB) **ou demonstração do imperativo da segurança nacional ou relevante interesse coletivo, conforme definidos em lei;**
b) **a intervenção ocorrerá por meio da instituição de empresas públicas e sociedades de economia mista.**

É possível perceber que a intervenção direta do Estado na economia funda-se no princípio da subsidiariedade, justificando-se a sua atuação empresarial apenas nos casos em que a iniciativa privada não for capaz de satisfazer os interesses públicos envolvidos.[104]

### 19.8.2 Intervenção concorrencial do Estado empresário

As empresas estatais são pessoas jurídicas de direito privado, controladas pelo Estado, que integram a Administração Indireta e prestam serviços públicos ou atividades econômicas.[105]

Inserem-se no gênero "empresas estatais" as empresas públicas, as sociedades de economia mista, as respectivas subsidiárias e as demais entidades privadas sob controle do Estado.

A exploração direta da atividade econômica por empresas estatais submete-se, em princípio, ao regime jurídico normalmente aplicável às demais empresas privadas (art. 173, § 1.º, II, da CRFB). Ao atuar no mercado, domínio próprio dos particulares, o Estado Empresário se despe do seu poder de autoridade e atua em relativa igualdade com os particulares, tendo em vista o princípio constitucional da livre concorrência.

---

[104] Nesse sentido: SOUTO, Marcos Juruena Villela. *Direito administrativo empresarial*. Rio de Janeiro: Lumen Juris, 2006. p. 2; ARAGÃO, Alexandre Santos de. *Curso de direito administrativo*. Rio de Janeiro: Forense, 2012. p. 122.
[105] O estudo aprofundado das empresas estatais foi apresentado no Capítulo 8.

Por essa razão, as estatais econômicas não podem receber benefícios tributários distintos daqueles reconhecidos para as empresas concorrentes, bem como qualquer outro benefício público não extensível às empresas privadas em geral.

### 19.8.3 Intervenção monopolista do Estado empresário

#### 19.8.3.1 Estruturas de mercado: concorrência perfeita, concorrência imperfeita, oligopólio (e oligopsônio), monopólio (monopsônio) e monopólio bilateral

O mercado, compreendido com a interação entre produtores e consumidores, tem como principal função determinar os preços, que, por sua vez, são a principal informação com a qual os agentes econômicos trabalham para tomar suas decisões de consumo e produção.

Em uma concorrência perfeita, a economia atinge uma ótima alocação de recursos sem a necessidade de mecanismos complementares ao funcionamento do próprio mercado, o que pressupõe a ausência de barreiras à entrada de novas empresas, a existência de produtos homogêneos, em que a escolha do consumidor se fundamente basicamente no preço do bem, visto que não há distinções significativas entre os bens oferecidos pelos diversos produtores, sendo livre a circulação de informações entre os agentes econômicos.

Ocorre que o modelo de concorrência perfeito é ideal e abstrato, com pequena probabilidade de incidência no mundo real. A doutrina costuma apontar cinco estruturas possíveis de mercado que variam de acordo com a intensidade da concorrência:[106]

a) **concorrência perfeita:** é o modelo em que a concorrência é perfeita, tendo em vista o equilíbrio (atomização do mercado), a pluralidade de compradores e vendedores, a homogeneidade dos produtos e dos serviços, a ausência de falhas de mercado e a fixação de preços (de mercado) pela lei da oferta e da procura (ex.: feira livre);

b) **concorrência imperfeita:** é a hipótese em que existem diversos compradores e vendedores, que concorrem entre si, mas não há, por exemplo, equilíbrio entre os concorrentes e homogeneidade de bens e serviços (ex.: mercado de vestuário);

c) **oligopólio (e oligopsônio):** enquanto o oligopólio é o regime de mercado em que o poder de oferta de bens e de serviços está concentrado nas mãos de poucos vendedores ou fornecedores (ex.: indústria automobilística), o oligopsônio refere-se à situação em que poder de compra está concentrado nas mãos de poucos compradores (ex.: comerciantes de produtos agropecuários);

d) **monopólio (e monopsônio):** há monopólio, de um lado, no caso em que existe apenas um vendedor ou fornecedor, que determina o preço (não há preço de mercado, pois a sua fixação é feita pelo monopolista) e a quantidade dos respectivos bens e serviços que serão oferecidos aos consumidores (ex.: monopólios

---

[106] Nesse sentido: NUSDEO, Fábio. *Curso de economia*: introdução ao direito econômico. 5. ed. São Paulo: RT, 2008. p. 267-277.

públicos previstos na CRFB), e monopsônio, de outro lado, quando existe um único comprador (ex.: único abatedouro que adquire aves em determinada região); e

e) **monopólio bilateral:** é o modelo oposto ao da concorrência perfeita e também de pouca viabilidade prática, em que existe monopólio no lado do vendedor/fornecedor – monopolista – e do lado do comprador – monopsonista (ex.: contrato de transferência de tecnologia, com exclusividade, entre duas sociedades).

Verifica-se, portanto, que o monopólio é a antítese da concorrência, possibilitando ao monopolista a fixação dos preços e a quantidade de seus produtos e serviços, em detrimento dos princípios que regem a ordem econômica, razão pela qual sua configuração somente será permitida em situações excepcionais.

### 19.8.3.2 Espécies de monopólio: de fato e de direito

O monopólio pode ser dividido em duas espécies:

a) **monopólio de fato:** decorre da atuação espontânea de determinado agente privado em um mercado que, em razão do seu poder econômico, exclui completamente a concorrência;

b) **monopólio de direito:** decorre da determinação legal (ex.: monopólios públicos).[107]

Enquanto o monopólio de fato é, normalmente, vedado e punido pelo Direito Concorrencial, o monopólio de direito é previsto no ordenamento e deve ser respeitado pelos atores econômicos.[108]

Em relação ao monopólio de fato, é possível, ainda, mencionar o denominado **monopólio natural** relativo ao exercício de atividade econômica em setores que, por suas características econômicas ou tecnológicas, afastam a possibilidade de concorrência. O monopólio natural justifica-se por duas razões:

a) justificativa econômica: os custos da atividade econômica são mais baixos quando apenas uma empresa exerce a atividade; e

b) justificativa tecnológica ou estrutural: o exercício da atividade econômica depende da infraestrutura que só pode ser utilizada por um agente, sem possibilidade de duplicação (ex.: redes de abastecimento de água e esgoto).[109]

A regulação dos monopólios naturais busca a instituição da concorrência nos diversos segmentos de determinada atividade econômica, quando não houver obstáculos estruturais

---

[107] TÁCITO, Caio. Participação da iniciativa privada no transporte de gás natural – Monopólio. *Temas de direito público*. Rio de Janeiro: Renovar, 1997. v. II, p. 1.136.

[108] NESTER, Alexandre Wagner. *Regulação e concorrência*: compartilhamento de infraestruturas e redes. São Paulo: Dialética, 2006. p. 37.

[109] NUSDEO, Fábio. *Curso de economia*: introdução ao direito econômico. 5. ed. São Paulo: RT, 2008. p. 274-275; NESTER, Alexandre Wagner. *Regulação e concorrência*: compartilhamento de infraestruturas e redes. São Paulo: Dialética, 2006. p. 38.

ou tecnológicos intransponíveis, tal como ocorre com o compartilhamento compulsório das redes e infraestruturas (*essential facilities doctrine*).

### 19.8.3.3 Monopólios públicos ou estatais

Os monopólios públicos ou estatais são as atividades econômicas titularizadas, por determinação constitucional, pelo Poder Público que pode prestá-las diretamente, por meio de estatais ou por meio de contratação de empresas privadas.

É possível afirmar que os monopólios públicos são monopólios de direito, com previsão expressa no ordenamento jurídico.

As hipóteses de monopólios estatais são:

a) a pesquisa e a lavra de recursos minerais e o aproveitamento dos potenciais de energia hidráulica (art. 176 da CRFB);

b) a pesquisa e a lavra das jazidas de petróleo e gás natural e outros hidrocarbonetos fluidos, a refinação do petróleo, a importação e exportação dos produtos e derivados básicos, o transporte marítimo do petróleo bruto de origem nacional e seus derivados básicos, bem como o transporte, por meio de conduto, de petróleo bruto, seus derivados e gás natural de qualquer origem (art. 177, I a IV, da CRFB); e

c) a pesquisa, a lavra, o enriquecimento, o reprocessamento, a industrialização e o comércio de minérios e minerais nucleares e seus derivados, com exceção dos radioisótopos (arts. 21, XXIII, e 177, V, da CRFB).

Além dos monopólios federais, o art. 25, § 2.º, da CRFB estabelece o monopólio estadual de serviços de gás canalizado.[110]

Os monopólios estatais são aqueles elencados taxativamente na Constituição, sendo admissível a instituição de novos monopólios apenas por emenda constitucional, mas não por lei, tendo em vista os princípios constitucionais da livre-iniciativa e da livre concorrência, bem como a ausência de delegação constitucional ao legislador ordinário para eventual criação de novos monopólios.[111]

É relevante notar que os monopólios públicos não se confundem com os serviços públicos. As atividades econômicas (*lato sensu*) dividem-se em duas espécies:

---

[110] Nesse sentido: MOREIRA NETO, Diogo de Figueiredo. *Curso de direito administrativo*. 15. ed. Rio de Janeiro: Forense, 2009. p. 535; TÁCITO, Caio. Participação da iniciativa privada no transporte de gás natural – Monopólio. *Temas de direito público*. Rio de Janeiro: Renovar, 1997. v. II, p. 1.137. Em sentido contrário, admitindo apenas monopólios federais, vide: ARAGÃO, Alexandre Santos de. *Curso de direito administrativo*. Rio de Janeiro: Forense, 2012. p. 453.

[111] Ao contrário da Constituição anterior (art. 163 da EC 1/1969), que permitia a instituição de monopólios por lei federal, a atual Constituição de 1988 não prevê tal faculdade. No mesmo sentido da impossibilidade de instituição de novos monopólios por meio da legislação infraconstitucional, vide: MOREIRA NETO, Diogo de Figueiredo. A ordem econômica na Constituição de 1988. *Revista de Direito da Procuradoria-Geral do Estado do Rio de Janeiro*, v. 42, p. 65, 1990; TÁCITO, Caio. Participação da iniciativa privada no transporte de gás natural – Monopólio. *Temas de direito público*. Rio de Janeiro: Renovar, 1997. v. II, p. 1.137; ARAGÃO, Alexandre Santos de. *Curso de direito administrativo*. Rio de Janeiro: Forense, 2012. p. 453; EIZIRIK, Nelson. Monopólio estatal da atividade econômica. *RDA*, n. 194, p. 69, out.-dez. 1993. Em sentido contrário, admitindo a instituição de monopólios por lei ordinária, vide: GRAU, Eros Roberto. *A ordem econômica na Constituição de 1988*. 14. ed. São Paulo: Malheiros, 2010. p. 290; SOUZA NETO, Cláudio Pereira de; MENDONÇA, José Vicente Santos de. Fundamentalização e fundamentalismo na interpretação do princípio constitucional da livre iniciativa. *A constitucionalização do direito*. Rio de Janeiro: Lumen Juris, 2007. p. 727.

a) atividades econômicas em sentido estrito que podem ser prestadas em regime de concorrência ou de monopólio;[112] e
b) serviços públicos de titularidade do Estado.[113]

Tanto no monopólio de atividade econômica em sentido estrito quanto no serviço público existe a titularidade da atividade pelo Estado (*publicatio*). Todavia, podem ser apontadas, ao menos, duas diferenças básicas:

1) **critério dos interesses envolvidos:** enquanto o monopólio justifica-se por razões estratégicas e fiscais, o serviço público tem por fundamento a satisfação de necessidades materiais da coletividade, com forte vinculação ao princípio da dignidade da pessoa;

2) **critério do fundamento normativo:** os monopólios públicos somente podem ser criados pela Constituição e os serviços públicos, por seu turno, podem ser instituídos pela Constituição ou pela legislação infraconstitucional.[114]

## 19.9 RESUMO DO CAPÍTULO

**INTERVENÇÃO DO ESTADO NA ORDEM ECONÔMICA**

| | |
|---|---|
| **Fases** | – Estado Liberal de Direito (Estado Abstencionista);<br>– Estado Social de Direito (Estado prestador ou intervencionista);<br>– Estado Democrático de Direito (Estado Regulador). |
| **Fundamentos da ordem econômica** | **Valorização do trabalho humano:** proteção do trabalhador, o que sugere intervenção estatal para sua efetivação;<br>**Livre-iniciativa:** liberdade para o desenvolvimento da atividade econômica pelo indivíduo, independentemente de autorização de órgãos públicos, salvo nos casos previstos em lei. |
| **Princípios** | Além dos princípios fundadores da ordem econômica (valorização do trabalho humano e livre-iniciativa) e dos demais princípios constitucionais, os princípios da ordem econômica encontram-se destacados pelo art. 170 da CRFB: soberania nacional; propriedade privada; função social da propriedade; livre concorrência; defesa do consumidor; defesa do meio ambiente; redução das desigualdades regionais e sociais; busca do pleno emprego; e tratamento favorecido para as empresas de pequeno porte constituídas sob as leis brasileiras e que tenham sua sede e administração no País. |

---

[112] O exercício da atividade empresarial pelo Estado, em regime de concorrência, submete-se ao regime de direito privado, na forma do art. 173, § 1.º, II, da CRFB. Por outro lado, as atividades exploradas pelo Estado em regime de monopólio submetem-se ao regime jurídico (de direito público ou de direito privado) que será adotado pela legislação infraconstitucional. Nesse sentido: FURTADO, Lucas Rocha. *Curso de direito administrativo.* 2. ed. Belo Horizonte: Fórum, 2010. p. 723.

[113] GRAU, Eros Roberto. *A ordem econômica na Constituição de 1988.* 14. ed. São Paulo: Malheiros, 2010. p. 101. De acordo com o autor, enquanto o "monopólio" relaciona-se com a atividade econômica em sentido estrito, a expressão "privilégio" refere-se à prestação de serviços públicos (p. 139).

[114] Nesse sentido: ARAGÃO, Alexandre Santos de. *Curso de direito administrativo.* Rio de Janeiro: Forense, 2012. p. 452-453.

| Espécies de intervenção | **Intervenção direta:** atuação do Estado no mercado como produtor de bens e serviços;<br>**Intervenção indireta:** imposição de normas, regulação, fomento etc. |
|---|---|

| Planejamento ||
|---|---|
| Conceito | Programação que tem por propósito selecionar objetivos, indicar meios e definir as metas que deverão ser implementadas pela atuação estatal. |
| Etapas | – Diagnóstico;<br>– Prognóstico. |
| Fundamentos | O fundamento principal é o princípio da eficiência, previsto no art. 174 da CRFB. |
| Instrumentos | – Plano geral de governo;<br>– Programas gerais;<br>– Orçamento-programa anual;<br>– Programação financeira de desembolso. |

| Regulação ||
|---|---|
| Regulação (Estado regulador) | **Sentido amplo:** regulação é toda forma de intervenção estatal;<br>**Sentido intermediário:** regulação estatal equivale ao condicionamento, coordenação e disciplina da atividade privada;<br>**Sentido restrito:** regulação seria somente o condicionamento da atividade econômica por lei ou ato normativo. |
| Regulação x regulamentação | A regulação representa uma função administrativa, processualizada e complexa, que compreende o exercício de função normativa, executiva e judicante (art. 174 da CRFB); a regulamentação é caracterizada como função política, inerente ao chefe do Executivo, que envolve a edição de atos administrativos normativos (atos regulamentares), complementares à lei (art. 84, IV, da CRFB). |
| Formas de regulação | **Regulação estatal:** exercida pela Administração Direta ou por entidades da Administração Indireta (ex.: agências reguladoras);<br>**Regulação pública não estatal:** exercida por entidades da sociedade, mas por delegação ou por incorporação das suas normas ao ordenamento jurídico estatal (ex.: entidades desportivas);<br>**Autorregulação:** realizada por instituições privadas, geralmente associativas, sem nenhuma delegação ou chancela estatal (ex.: Conselho Nacional de Autorregulamentação Publicitária); e<br>**Desregulação:** quando ausente a regulação institucionalizada, pública ou privada, ficando os agentes sujeitos à mão invisível do mercado. |
| Evolução da regulação e o papel do Estado Regulador | **Escola do Interesse Público:** a regulação deve ser intensificada e justificada pela necessidade de satisfação do interesse público ou do bem comum; e<br>**Escola de Chicago (Econômica ou Neoclássica):** a regulação tem por objetivo garantir o adequado funcionamento do mercado, corrigindo as suas falhas (*Market failures*). |

| | Regulação | | |
|---|---|---|---|
| **Análise de impacto regulatório (AIR)** | Conceito | Processo que envolve a avaliação dos efeitos atuais e futuros da regulação, por meio do planejamento e da participação social, conferindo maior legitimidade para as políticas regulatórias. | |
| **Análise de impacto regulatório (AIR)** | Fundamentos | **Princípio da eficiência, pragmatismo e Análise Econômica do Direito (AED):** ponderação entre as consequências previstas no ordenamento e que devem ser implementadas por meio da regulação ("Administração de Resultados"). **Pluralismo jurídico e a visão sistêmica do direito:** acarretam a necessidade de uma política regulatória que leve em consideração os diversos interesses jurídicos que devem ser protegidos e promovidos pelo Estado, bem como a autonomia e a coordenação entre o sistema jurídico e os demais sistemas. **Legitimidade democrática:** a AIR representa um reforço à legitimidade das decisões regulatórias na medida em que efetiva os ideais de democracia deliberativa. | |
| | Processo de implementação | Dividido em três fases: – Inicial (expositiva); – Intermediária; (debate/ponderação); – Final (decisória). | |
| | Classificação | Quanto à metodologia | a) Análise Custo-Benefício; b) Análise do custo-efetividade. |
| | | Quanto ao critério de abrangência | a) Análises gerais; b) Análises parciais. |
| | | Quanto à obrigatoriedade ou não de realização da AIR | a) AIR obrigatória; b) AIR facultativa. |
| **Regulação e promoção da concorrência** | Principais mecanismos | – Liberdade de entrada; – Liberdade relativa de preços; – Fragmentação da estrutura da prestação dos serviços públicos (*unbundling*); e – Compartilhamento de infraestrutura (*essential facility doctrine*). | |
| **Controle de preços** | | Deve respeitar alguns parâmetros, tais como: – Excepcionalidade da medida, pautada pela razoabilidade e justificada na necessidade de garantia do funcionamento adequado do mercado concorrencial, evitando lucros abusivos; – Essencialidade da atividade econômica que será controlada; – Temporariedade do controle de preços; – Impossibilidade de fixação de preços em patamar inferior aos respectivos custos. | |

| | Regulação |
|---|---|
| Regulação por incentivos ou por "empurrões" (*nudge*) | **Imposição de sanções negativas** ao regulado, que não cumpre as metas estabelecidas no ordenamento jurídico ou nos ajustes eventualmente celebrados.<br>**Mecanismos indutivos**, com a previsão de **incentivos positivos** para as hipóteses em que as metas forem implementadas pelo agente regulado.<br>A sanção, na atualidade, possui caráter bifronte, admitindo duas conotações:<br>a) **sanções negativas (ordenamento repressivo)**<br>b) **sanções positivas (ordenamento promocional)**<br>Não se trata de afastar a autoridade e a repressão da regulação, mas sim de inserir, no cardápio de opções de atividades, a atuação por meio de incentivos ou recomendações que induzam o comportamento dos atores regulados, sem necessidade de coerção, naquilo que se convencionou denominar *soft law* (Direito brando ou suave). |
| Acordos decisórios ou substitutivos na regulação | **Hipóteses:**<br>– Termo de Ajustamento de Conduta;<br>– Termo de Compromisso;<br>– Acordo de leniência; entre outros.<br>**Requisitos:**<br>– Previsão legal;<br>– Concordância do agente regulado;<br>– Justificativa ou motivação que deve ser expressa no acordo;<br>– Proporcionalidade. |
| Sandbox regulatório | *Sandbox* (caixa de areia, na tradução literal) regulatório permite a instituição de nova regulação em ambiente delimitado, no tempo e/ou no espaço, permitindo a análise controlada dos custos e dos benefícios do experimento público.<br>*Sandbox* regulatório (art. 2.º, II, da LC 182/2021): como o "conjunto de condições especiais simplificadas para que as pessoas jurídicas participantes possam receber autorização temporária dos órgãos ou das entidades com competência de regulamentação setorial para desenvolver modelos de negócios inovadores e testar técnicas e tecnologias experimentais, mediante o cumprimento de critérios e de limites previamente estabelecidos pelo órgão ou entidade reguladora e por meio de procedimento facilitado".<br>Os órgãos e as entidades da Administração Pública com competência de regulamentação setorial poderão, individualmente ou em colaboração, no âmbito de programas de ambiente regulatório experimental *(sandbox* regulatório), afastar a incidência de normas sob sua competência em relação à entidade regulada ou aos grupos de entidades reguladas (art. 11 da LC 182/2021). |

| | Fomento |
|---|---|
| Conceito | Incentivos estatais, positivos ou negativos, que induzem ou condicionam a prática de atividades desenvolvidas em determinados setores econômicos e sociais, com o intuito de satisfazer o interesse público. |
| Características | – Consensual;<br>– Setorial;<br>– Justificativa;<br>– Impessoalidade;<br>– Transitoriedade. |

| Fomento | | |
|---|---|---|
| **Limites** | – Princípio da reserva legal;<br>– Princípio da impessoalidade;<br>– Princípio da moralidade;<br>– Princípio da razoabilidade;<br>– Princípio da publicidade. | |
| **Classificação** | Quanto ao conteúdo | a) fomento positivo;<br>b) negativo. |
| | Quanto ao destinatário | a) fomento econômico;<br>b) fomento social. |
| | Quanto aos meios | a) honorífico;<br>b) econômico;<br>c) jurídico. |
| **Instrumentos de fomento** | – Benefícios ou incentivos fiscais;<br>– Benefícios ou incentivos creditícios;<br>– Assistência técnica dispensada pela Administração a determinados setores da economia;<br>– Financiamentos de pesquisas. | |

| Direito Antitruste ou da Concorrência | |
|---|---|
| **Fundamentos** | – Arts. 170, IV, e 173, § 4.º, da CRFB;<br>– Lei 12.529/2011. |
| **Sistema Brasileiro de Defesa da Concorrência (SBDC)** | Formado pelo Conselho Administrativo de Defesa Econômica (CADE) e pela Secretaria de Acompanhamento Econômico do Ministério da Fazenda (SEAE), substituída por outras secretarias. |
| **CADE** | Autarquia vinculada ao Ministério da Justiça, com sede e foro no Distrito Federal. É constituído pelos seguintes órgãos:<br>– Tribunal Administrativo de Defesa Econômica;<br>– Superintendência-Geral;<br>– Departamento de Estudos Econômicos. |
| **Condutas anticoncorrenciais** | – Práticas restritivas horizontais:<br>a) cartéis;<br>b) preços predatórios.<br>– Práticas restritivas verticais:<br>a) fixação de preços de revenda;<br>b) restrições territoriais e de base de clientes;<br>c) acordos de exclusividade;<br>d) recusa de negociação;<br>e) venda casada;<br>f) discriminação de preços. |
| **Infrações à ordem econômica: responsabilidades, sanções e prescrição** | – As empresas, as entidades integrantes de grupo econômico (de fato ou de direito) e seus dirigentes ou administradores respondem de forma solidária e objetiva pelas infrações à ordem econômica;<br>– As infrações geram a aplicação de sanções pecuniárias (multas) e de obrigações de fazer ou não fazer;<br>– As multas serão inscritas em Dívida Ativa e cobradas por execução fiscal pelo CADE;<br>– As ações punitivas da Administração Pública relacionadas às infrações da ordem econômica prescrevem em cinco anos, contados da data da prática do ilícito ou, no caso de infração permanente ou continuada, do dia em que tiver cessada a prática do ilícito. |

| | Estado empresário | |
|---|---|---|
| Estado empresário: requisitos | a) casos expressamente previstos na Constituição ou demonstração do imperativo da segurança nacional ou relevante interesse coletivo, conforme definidos em lei;<br>b) a intervenção ocorrerá por meio da instituição de empresas públicas e sociedades de economia mista. | |
| Intervenção concorrencial do Estado Empresário | A exploração direta da atividade econômica por empresas estatais submete-se, em princípio, ao regime jurídico normalmente aplicável às demais empresas privadas. Ao atuar no mercado, domínio próprio dos particulares, o Estado Empresário se despe do seu poder de autoridade e atua em relativa igualdade com os particulares, tendo em vista o princípio constitucional da livre concorrência. | |
| Intervenção monopolista do Estado Empresário | Estruturas de mercado | a) concorrência perfeita;<br>b) concorrência imperfeita;<br>c) oligopólio (e oligopsônio);<br>d) monopólio (e monopsônio);<br>e) monopólio bilateral. |
| | Monopólios públicos ou estatais | Os monopólios estatais são aqueles elencados taxativamente na Constituição, sendo admissível a instituição de novos monopólios apenas por emenda constitucional, mas não por lei, tendo em vista os princípios constitucionais da livre-iniciativa e da livre concorrência (arts. 21, XXIII, 25, § 2.º, 176, 177, I a V, da CRFB). |

# CAPÍTULO 20

# INTERVENÇÃO DO ESTADO NA PROPRIEDADE

## 20.1 FUNDAMENTOS DA INTERVENÇÃO ESTATAL NA PROPRIEDADE

O Estado possui a prerrogativa de impor restrições e condicionamentos razoáveis à propriedade alheia para atender o interesse público.

O direito de propriedade, assim como os demais direitos fundamentais, não possui caráter absoluto. Ainda que a propriedade atenda a função social, é possível a intervenção estatal para restringi-la ou condicioná-la de modo a satisfazer o interesse público.

Apenas a propriedade que atende a função social delineada pelo ordenamento jurídico tem *status* de direito fundamental (art. 5.º, XXII e XXIII, da CRFB).[1] Dessa forma, o descumprimento da função social acarreta a aplicação de sanções ao particular, admitindo-se, inclusive, a retirada forçada da propriedade por meio da desapropriação. Ex.: desapropriação de imóvel urbano não edificado (art. 182, § 4.º, III, da CRFB); desapropriação do imóvel rural improdutivo (art. 184 da CRFB); expropriação de propriedades rurais e urbanas com cultivo de plantas psicotrópicas ilegais ou a exploração de trabalho escravo (art. 243 da CRFB, com redação dada pela EC 81/2014).

É lícito afirmar que a intervenção estatal na propriedade é fruto do exercício do poder de polícia do Estado e é justificada por dois argumentos:

---

[1] A necessidade de cumprimento da função social da propriedade foi ratificada no art. 1.228, § 1.º, do CC: "Art. 1.228. O proprietário tem a faculdade de usar, gozar e dispor da coisa, e o direito de reavê-la do poder de quem quer que injustamente a possua ou detenha. § 1.º O direito de propriedade deve ser exercido em consonância com as suas finalidades econômicas e sociais e de modo que sejam preservados, de conformidade com o estabelecido em lei especial, a flora, a fauna, as belezas naturais, o equilíbrio ecológico e o patrimônio histórico e artístico, bem como evitada a poluição do ar e das águas".

a) cumprimento da função social da propriedade (arts. 5.º, XXIII, e 170, III, da CRFB); e
b) satisfação do interesse público.

## 20.2 MODALIDADES: INTERVENÇÕES RESTRITIVAS E SUPRESSIVAS

As intervenções do Estado na propriedade alheia podem ser divididas em dois grupos:

a) **intervenções restritivas ou brandas:** o Estado impõe restrições e condições à propriedade, sem retirá-la do seu titular. Não há consenso doutrinário em relação às modalidades de intervenções restritivas, especialmente em razão da ausência de diploma legal uniformizando as espécies e os respectivos regimes jurídicos.[2] Todavia, é possível elencar as seguintes espécies de intervenção restritiva: servidão, requisição, ocupação temporária, limitações e tombamento;[3]
b) **intervenções supressivas ou drásticas:** o Estado retira a propriedade do seu titular originário, transferindo-a para o seu patrimônio, com o objetivo de atender o interesse público. As intervenções supressivas são efetivadas por meio das diferentes espécies de desapropriações.

## 20.3 SERVIDÃO ADMINISTRATIVA

### 20.3.1 Conceito

A servidão administrativa é o direito real público que permite a utilização de imóvel alheio pelo Estado ou por seus delegatários com o objetivo de atender o interesse público. Ex.: servidão de passagem instituída sobre imóvel particular para permitir a passagem de ambulâncias de determinado hospital público; servidão para passagem de oleodutos ou aquedutos; servidão para instalação de placas informativas (nomes de ruas etc.); passagem de fios elétricos por propriedade alheia.

Os traços característicos essenciais da servidão administrativa são basicamente os mesmos encontrados nas servidões privadas reguladas pelo art. 1.378 do CC.[4] Nas servidões (administrativa ou privada), existem dois prédios pertencentes a donos diversos: prédio dominante (beneficiário da servidão) e prédio serviente (aquele que sofre a restrição). O prédio serviente deve se sujeitar à restrição estipulada em favor do prédio dominante.

---

[2] Celso Antônio Bandeira de Mello, por exemplo, aponta apenas a requisição e a servidão como espécies de sacrifícios de direito que não retiram a propriedade do terceiro. A ocupação temporária estaria inserida na noção de requisição e o tombamento, no conceito de servidão. A limitação administrativa, na visão do autor, não seria propriamente uma espécie de sacrifício de direito, mas sim o delineamento do perfil do direito de propriedade (MELLO, Celso Antônio Bandeira de. *Curso de direito administrativo*. 21. ed. São Paulo: Malheiros, 2006. p. 860-865).

[3] No mesmo sentido: DI PIETRO, Maria Sylvia Zanella. *Direito administrativo*. 22. ed. São Paulo: Atlas, 2009. p. 124; CARVALHO FILHO, José dos Santos. *Manual de direito administrativo*. 18. ed. Rio de Janeiro: Lumen Juris, 2007. p. 740; MOREIRA NETO, Diogo de Figueiredo. *Curso de direito administrativo*. 15. ed. Rio de Janeiro: Forense, 2009. p. 417.

[4] Art. 1.378 do CC: "A servidão proporciona utilidade para o prédio dominante, e grava o prédio serviente, que pertence a diverso dono, e constitui-se mediante declaração expressa dos proprietários, ou por testamento, e subsequente registro no Cartório de Registro de Imóveis".

Além da obrigação de tolerância ou de não fazer, o proprietário do prédio serviente tem, eventualmente, obrigações positivas (ex.: limpar o terreno, podar árvores etc.).

É verdade que, em determinados casos, a servidão administrativa não depende necessariamente da existência do prédio dominante, pois a restrição imposta ao prédio serviente pode ser justificada exclusivamente pela necessidade de prestação de serviços de utilidade pública (ex.: instalação de torres na propriedade privada para passagem de fios condutores de eletricidade).[5] O essencial é que a servidão seja justificada pela necessidade de atendimento do interesse público.

Não obstante as semelhanças, a **servidão administrativa** se distingue da **servidão privada** por duas razões:

a) **fundamentos:** enquanto a servidão administrativa fundamenta-se no interesse público, a servidão privada atende interesses privados; e

b) **regime jurídico:** as servidões administrativas são reguladas, primordialmente, por normas de direito público e as servidões privadas são regidas por normas de direito privado.

A servidão administrativa pode ser instituída pelo Poder Público ou por seus delegatários. Neste último caso, os delegatários dependem de autorização legal ou negocial para promover os atos necessários à efetivação da servidão e serão responsáveis pelas respectivas e eventuais indenizações.

## 20.3.2 Fontes normativas

As servidões administrativas são citadas em diversos diplomas legais, sendo lícito mencionar os seguintes exemplos: art. 40 do Decreto-lei 3.365/1941 (fundamento genérico para as servidões administrativas); art. 151, "c", do Decreto 24.643/1934 – Código de Águas (servidões permanentes ou temporárias exigidas para as obras hidráulicas e para o transporte e distribuição da energia elétrica); arts. 117 a 138 do Decreto 24.643/1934 – Código de Águas (servidões de aquedutos); arts. 29, IX, e 31, VI, da Lei 8.987/1995 (após a declaração de necessidade ou utilidade pública, as concessionárias podem instituir as servidões, desde que autorizadas pelo edital e pelo contrato de concessão, caso em que serão responsáveis pelas indenizações devidas); art. 10 da Lei 9.074/1995 (a ANEEL, agência reguladora, tem a prerrogativa de instituir servidão administrativa para implantação de instalações de concessionários, permissionários e autorizados de energia elétrica); art. 100 da Lei 9.472/1997 (instituição de servidões para prestação de serviços de telecomunicações, cabendo à concessionária a implementação da medida e o pagamento da indenização e das demais despesas envolvidas); art. 2.º, § 1.º, II, da Lei 11.107/2005 (os consórcios públicos podem instituir servidões), entre outros.

---

[5] Nesse sentido: SALLES, José Carlos de Moraes. *A desapropriação à luz da doutrina e da jurisprudência*. 5. ed. São Paulo: RT, 2006. p. 780; CÂMARA FILHO, Roberto Mattoso. *A desapropriação por utilidade pública*. Rio de Janeiro: Lumen Juris, 1994. p. 509-510.

## 20.3.3 Objeto

As servidões administrativas, que possuem o mesmo núcleo básico das servidões privadas, incidem apenas sobre bens imóveis, na forma da legislação em vigor.[6] Os imóveis (prédio dominante e prédio serviente) devem ser vizinhos, mas não precisam ser contíguos. Portanto, não há servidão sobre bens móveis ou direitos.

## 20.3.4 Instituição

As servidões administrativas podem ser instituídas por meio das seguintes formas:

a) **acordo:** após declaração de utilidade pública, as partes concordam com a instituição da servidão. O acordo, formalizado por escritura pública, será registrado no Registro de Imóveis.[7] É importante notar que a Súmula 415 do STF reconhece o direito à proteção possessória às servidões de trânsito aparentes, mesmo inexistindo o respectivo título e registro;[8]

b) **sentença judicial:** quando não houver acordo entre as partes, o Poder Público deverá propor ação judicial para constituir a servidão. O procedimento utilizado deve ser análogo ao procedimento exigido para a desapropriação (art. 40 do Decreto-lei 3.365/1941);

c) **usucapião:** a instituição da servidão por usucapião é prevista no art. 1.379 do CC.[9]

Há divergência doutrinária sobre a possibilidade de instituição de servidão por meio de lei.

**Primeira posição:** a servidão somente pode ser instituída por acordo ou sentença judicial, precedida do decreto de utilidade pública, não sendo possível a instituição por meio de lei. Nesse sentido: José dos Santos Carvalho Filho e Marçal Justen Filho.[10]

**Segunda posição:** é possível a instituição de servidão por meio de lei. Exemplos: servidão sobre as margens dos rios navegáveis, servidão ao redor de aeroportos. Nesse sentido: Maria Sylvia Zanella Di Pietro e Hely Lopes Meirelles.[11]

---

[6] Nesse sentido: CARVALHO FILHO, José dos Santos. *Manual de direito administrativo*. 18. ed. Rio de Janeiro: Lumen Juris, 2007. p. 741-742; DI PIETRO, Maria Sylvia Zanella. *Direito administrativo*. 22. ed. São Paulo: Atlas, 2009. p. 150; JUSTEN FILHO, Marçal. *Curso de direito administrativo*. 4. ed. São Paulo: Saraiva, 2009. p. 517; MEIRELLES, Hely Lopes. *Direito administrativo brasileiro*. 22. ed. São Paulo: Malheiros, 1997. p. 538 e 540. Em sentido contrário, admitindo, também, a servidão sobre bens móveis: FIGUEIREDO, Lúcia Valle. *Curso de direito administrativo*. São Paulo: Malheiros, 1995. p. 201; SALLES, José Carlos de Moraes. *A desapropriação à luz da doutrina e da jurisprudência*. 5. ed. São Paulo: RT, 2006. p. 786.

[7] Art. 167, I, "6", da Lei 6.015/1973.

[8] Súmula 415 do STF: "Servidão de trânsito não titulada, mas tornada permanente, sobretudo pela natureza das obras realizadas, considera-se aparente, conferindo direito à proteção possessória".

[9] Código Civil: "Art. 1.379. O exercício incontestado e contínuo de uma servidão aparente, por dez anos, nos termos do art. 1.242, autoriza o interessado a registrá-la em seu nome no Registro de Imóveis, valendo-lhe como título a sentença que julgar consumado a usucapião. Parágrafo único. Se o possuidor não tiver título, o prazo da usucapião será de vinte anos". Em relação ao prazo para consumação do usucapião, mencione-se o Enunciado 251 do CJF da III Jornada de Direito Civil: "O prazo máximo para o usucapião extraordinário de servidões deve ser de 15 anos, em conformidade com o sistema geral de usucapião previsto no Código Civil".

[10] CARVALHO FILHO, José dos Santos. *Manual de direito administrativo*. 18. ed. Rio de Janeiro: Lumen Juris, 2007. p. 743-744; JUSTEN FILHO, Marçal. *Curso de direito administrativo*. 4. ed. São Paulo: Saraiva, 2009. p. 519.

[11] DI PIETRO, Maria Sylvia Zanella. *Direito administrativo*. 22. ed. São Paulo: Atlas, 2009. p. 150-151; MEIRELLES, Hely Lopes. *Direito administrativo brasileiro*. 22. ed. São Paulo: Malheiros, 1997. p. 540.

A controvérsia doutrinária, nesse caso, passa pela distinção entre servidões e limitações administrativas. Os autores, que não admitem a instituição de servidões diretamente pela lei, distinguem as servidões e as limitações a partir do critério de instituição dessas intervenções: enquanto as servidões são instituídas por atos que individualizam o seu objeto (acordo ou sentença judicial), as limitações administrativas, em virtude do seu caráter genérico, são instituídas por lei ou ato normativo.

Por outro lado, os autores que admitem a utilização da lei como instrumento para instituição de servidões e de limitações buscam outro critério para distinguir essas duas espécies de intervenção: a limitação é instituída para satisfazer o interesse público genérico e abstrato (ex.: proteção do meio ambiente), a servidão, por sua vez, pressupõe a existência de interesse público corporificado em favor do prédio dominante que deve ser satisfeito.[12]

Entendemos que as servidões administrativas devem se referir a imóveis determinados, razão pela qual a instituição somente pode ocorrer por meio de atos que individualizem o seu objeto. Dessa forma, toda e qualquer restrição imposta por lei à propriedade deve ser considerada como limitação administrativa.

### 20.3.5 Extinção

As servidões são consideradas, em regra, perpétuas, não havendo prazo de duração estipulado pelas partes, pois as servidões são justificadas pelo interesse que deve ser satisfeito, e não pela qualidade das partes. A perpetuidade, portanto, significa que a servidão deve perdurar enquanto houver a necessidade de satisfação do interesse público que justificou a sua instituição.

Desse modo, é possível apontar algumas hipóteses de extinção da servidão:

a) desaparecimento do bem gravado (ex.: inundação permanente do imóvel objeto da servidão de trânsito);

b) incorporação do bem serviente ao patrimônio público (a servidão pressupõe necessariamente dois prédios titularizados por pessoas diferentes);

c) desafetação do bem dominante (ex.: desafetação do imóvel que era utilizado como hospital público).

### 20.3.6 Indenização

De acordo com o art. 40 do Decreto-lei 3.365/1941, o Poder Público pode instituir servidões, mediante indenização. Apesar do caráter peremptório da norma, a indenização somente será devida se houver comprovação do dano pelo particular. Não seria razoável impor dever de indenizar o proprietário que não comprova qualquer prejuízo, sob pena de se admitir o seu enriquecimento sem causa (ex.: colocação de placas com nomes de ruas na propriedade privada).[13]

---

[12] DI PIETRO, Maria Sylvia Zanella. *Direito administrativo*. 22. ed. São Paulo: Atlas, 2009. p. 149-150.
[13] Nesse sentido: GASPARINI, Diógenes. *Direito administrativo*. 12. ed. São Paulo: Saraiva, 2007. p. 748.

O prazo prescricional para propositura da ação indenizatória é de cinco anos, na forma do art. 10, parágrafo único, do Decreto-lei 3.365/1941.

## 20.4 REQUISIÇÃO

### 20.4.1 Conceito

A requisição administrativa é a intervenção autoexecutória na qual o Estado utiliza-se de bens imóveis, móveis e de serviços particulares no caso de iminente perigo público. Ex.: requisição de hospitais privados, serviços médicos e de ambulâncias em razão de epidemia para tratamento dos doentes; requisição de barcos e de ginásios privados na hipótese de inundação para salvamento e alojamento dos desabrigados; requisição policial de um automóvel para perseguir um criminoso em fuga.

O fundamento da requisição administrativa é o estado de necessidade pública, com a caracterização do iminente perigo público, que denota situação urgente que não poderia aguardar a celebração de contratos administrativos ou a imissão provisória na posse em determinada ação de desapropriação.

Destaca-se, aqui, a exigência de proporcionalidade da requisição administrativa que não pode substituir outras medidas menos restritivas capazes de atender o interesse público em situações emergenciais. Assim, por exemplo, a utilização da requisição administrativa em situações que poderiam ser resolvidas por meio da atuação consensual da Administração Pública, notadamente com a celebração de contratações emergenciais, revela conduta violadora do princípio da proporcionalidade, notadamente do subprincípio da necessidade.

A expressão "iminente perigo público" constitui conceito jurídico indeterminado e a sua invocação pela Administração Pública deve ser acompanhada de robusta motivação que leve em consideração as consequências práticas da decisão estatal, na forma do art. 20 da LINDB.

É preciso destacar que o iminente perigo público deve decorrer de eventos imprevisíveis, revelando-se descabida a sua caracterização decorrente de ações ou omissões da Administração Pública que denotam a falta ou a ineficiência do planejamento público. A partir de uma espécie de "iminente perigo público fabricado" ou "perigo previsível", oriundo da desídia e/ou da falta de planejamento da própria Administração Pública, não é concebível abrir caminho para "coação" ou "punição" do proprietário.

### 20.4.2 Fontes normativas

As requisições administrativas estão previstas no art. 5.º, XXV, da CRFB, que dispõe: "no caso de iminente perigo público, a autoridade competente poderá usar de propriedade particular, assegurada ao proprietário indenização ulterior, se houver dano".

Não se deve confundir a competência para implementar requisições com a competência para legislar sobre o instituto. Todos os Entes federados podem se valer das requisições administrativas, mas a competência legislativa é exclusivamente reconhecida à União, na forma do art. 22, III, da CRFB.[14]

---

[14] O STF reafirmou a autonomia dos Entes federados para requisição de bens e serviços durante a pandemia do novo coronavírus, com fundamento no art. 3.º, VII, da Lei 13.979/2020, com a afirmação da impossibilidade de exigência

Vários diplomas legais tratam, em alguma medida, das requisições administrativas, podendo ser citados exemplificativamente: Decreto-lei 4.812/1942 (requisições civis e militares necessárias à defesa e à segurança nacional); Decreto-lei 2/1966 (requisição de bens ou serviços essenciais ao abastecimento da população); art. 25 da Lei 6.439/1977 (requisição de bens e serviços essenciais à continuidade das atividades de interesse da população a cargo das entidades do Sistema Nacional de Previdência e Assistência Social – SINPAS); art. 54 da Lei 7.565/1986 (requisição de aeronaves para busca e salvamento); art. 15, XIII, da Lei 8.080/1990 (requisição no âmbito do Sistema Único de Saúde – SUS); art. 1.228, § 3.º, do Código Civil de 2002 (requisição em caso de perigo público iminente); art. 3.º, VII, da Lei 13.979/2020 (requisição de bens e serviços de pessoas naturais e jurídicas, com o pagamento posterior de indenização justa, como uma das medidas para enfrentamento do coronavírus).

### 20.4.3 Objeto

As requisições administrativas incidem sobre bens imóveis, móveis e serviços particulares.

Trata-se de medida estatal restritiva que não acarreta a perda da propriedade, salvo na hipótese dos bens fungíveis ou consumíveis (ex.: alimentos), em razão da impossibilidade de devolução dos citados bens. Nessa última hipótese, a requisição, com a consequente perda da propriedade, se assemelharia à desapropriação, mas com ela não se confundiria: enquanto a desapropriação deve observar o processo formal previsto na legislação de regência e a indenização é prévia, a requisição é autoexecutória e a indenização é posterior.

Ao incidir sobre os bens (móveis ou imóveis), a requisição, como já explicitado, representa intervenção no direito fundamental de propriedade (art. 5.º, XII e XIII; e art. 170, II e III, da CRFB). No tocante à requisição de serviços, a intervenção reflete sobre a liberdade dos particulares, notadamente a liberdade de iniciativa e de profissão (art. 1.º, IV; art. 5.º, XIII; e art. 170, *caput* e parágrafo único, da CRFB).

Na forma do art. 5.º, XXV, da CRFB, apenas a propriedade "particular" pode ser objeto da requisição administrativa.

A questão que se coloca é saber se a requisição pode ser instituída sobre bens e serviços públicos. O texto constitucional menciona a requisição de bens e serviços públicos durante o Estado de Defesa (art. 136, § 1.º, II, da CRFB)[15] e o Estado de Sítio (art. 139, VI e VII).[16] O STF, ao analisar a requisição federal de hospitais públicos municipais, entendeu que a requisição administrativa tem por objeto, em regra, os bens e os serviços

---

de autorização do Ministério da Saúde para implementação de requisições administrativas pelos Estados, DF e Municípios no exercício das respectivas competências constitucionais (STF, ADI 6.362/DF, Tribunal Pleno, Rel. Min. Ricardo Lewandowski, j. 02.09.2020, *Informativo de Jurisprudência do STF* n. 989).

[15] "Art. 136. [...] § 1.º O decreto que instituir o estado de defesa determinará o tempo de sua duração, especificará as áreas a serem abrangidas e indicará, nos termos e limites da lei, as medidas coercitivas a vigorarem, dentre as seguintes: [...] II – ocupação e uso temporário de bens e serviços públicos, na hipótese de calamidade pública, respondendo a União pelos danos e custos decorrentes."

[16] "Art. 139. Na vigência do estado de sítio decretado com fundamento no art. 137, I, só poderão ser tomadas contra as pessoas as seguintes medidas: [...] VI – intervenção nas empresas de serviços públicos; VII – requisição de bens."

privados (art. 5.º, XXV, da CRFB) e que a requisição de bens e serviços públicos possui caráter excepcional e somente pode ser efetivada após a observância do procedimento constitucional para declaração formal do Estado de Defesa e do Estado de Sítio.[17] Em outra oportunidade, o STF afirmou a impossibilidade de requisição administrativa, pela União, de bens insumos contratados por unidade federativa e destinados à execução do plano local de imunização, cujos pagamentos já foram empenhados.[18] Não é possível, destarte, a requisição de bens públicos em situação de normalidade institucional.

### 20.4.4 Instituição e extinção

Em razão do estado de necessidade pública, o Poder Público possui a prerrogativa de requisitar bens e serviços para afastar o iminente perigo público, independentemente da propositura de ação judicial. A emergência da situação justifica a autoexecutoriedade da medida.

A autoexecutoriedade não afasta, de forma absoluta, a necessidade de observância do devido processo legal e do contraditório para sua implementação (art. 5.º, LIV e LV, da CRFB).[19]

A complexidade das situações concretas pode revelar níveis de intensidade diversos de "iminente perigo público" que demonstrariam a possibilidade ou não da instauração prévia do processo administrativo. Assim, por exemplo, seria possível exigir a instauração prévia de processo administrativo para requisitar a troca ou a manutenção de aparelhos hospitalares oriundos de fornecedor exclusivo que se nega a celebrar o contrato com a Administração Pública.

Apenas em situação de extrema urgência seria viável a implementação imediata da requisição, sem a prévia instauração do processo administrativo. É o caso, por exemplo, da requisição imediata de imóvel privado para abrigar pessoas desabrigadas por inundação ou incêndio dos respectivos imóveis. Nesse caso, a exigência de prévio processo administrativo poderia comprometer a satisfação do interesse público, com o afastamento da situação de perigo, admitindo-se, portanto, a formalização posterior do processo administrativo para garantir, de forma diferida no tempo, o devido processo legal, a ampla defesa e o contraditório, além da definição do valor da indenização.

Enquanto perdurar o perigo iminente, a requisição permanecerá válida. Considera-se, portanto, extinta a requisição quando desaparecer a situação de perigo.

---

[17] STF, Tribunal Pleno, MS 25.295/DF, Rel. Min. Joaquim Barbosa, *DJ* 05.10.2007, p. 22. Afirmou-se a impossibilidade de requisição dos Hospitais Miguel Couto e Souza Aguiar de propriedade do Município do Rio de Janeiro. Além da necessidade de observância do processo prévio para declaração do Estado de Defesa e do Estado de Sítio, entendeu-se haver intervenção federal no Município do Rio de Janeiro, o que seria vedado pela Constituição. No mesmo sentido: STF, ADI 3.454/DF, Rel. Min. Dias Toffoli, Tribunal Pleno, *DJe* 17.08.2022, *Informativo de Jurisprudência do STF* n. 1.059.

[18] STF, Tribunal Pleno, ACO 3463 MC-Ref/SP, Rel. Min. Ricardo Lewandowski, *DJe* 17.03.2021, *Informativo de Jurisprudência do STF* n. 1.008.

[19] OLIVEIRA, Rafael Carvalho Rezende. Requisição administrativa: dos livros à realidade da administração pública. Disponível em: <https://www.conjur.com.br/2022-jul-05/rafael-oliveira-requisicao-administrativa-livros-realidade>. Acesso em: 5 jul. 2022.

## 20.4.5 Indenização

O art. 5.º, XXV, da CRFB, ao tratar da requisição, assegura o direito à "indenização ulterior, se houver dano" ao proprietário do bem requisitado. Verifica-se, destarte, que a indenização apresenta, no caso, duas características:

a) é eventual: está condicionada à efetiva comprovação do dano; e

b) somente será efetivada ulteriormente, ou seja, após a requisição do bem.

A indenização deve ser justa, abrangendo não apenas os danos emergentes, mas, também, os lucros cessantes. Entendemos que o valor da indenização deve levar em consideração o valor de mercado do bem ou do serviço requisitado, assim considerado aquele praticado no momento da efetivação da intervenção estatal, em cenário de perigo público iminente, que pode revelar cenário de escassez apto a justificar valores distintos daqueles praticados em situação de normalidade institucional.

Quanto ao momento, o pagamento da indenização deve ser realizado após o término da requisição.

A exigência de "indenização ulterior", contida no art. 5.º, XXV, da CRFB, é justificada, uma vez que, apenas após a utilização do bem ou do serviço pela autoridade competente, será possível averiguar a existência e a amplitude do prejuízo causado ao proprietário, sendo certo que a indenização não poderá acarretar enriquecimento sem causa para a Administração Pública ou para o particular.

Todavia, em situações de requisições que se prolongam no tempo (por meses, por exemplo), seria razoável a fixação de indenização mensal ao proprietário, notadamente com o intuito de garantir a subsistência do proprietário. Assim, por exemplo, a indenização mensal poderia ser fixada para garantir que a pessoa física, que não possui outro imóvel ou depende da renda até então gerada pelo imóvel requisitado, possa residir em outro local durante a intervenção. Na hipótese de pessoa jurídica, proprietária do imóvel requisitado, a indenização mensal poderia ser necessária para garantir, por exemplo, a própria manutenção da empresa em determinados casos.

Caso não haja o pagamento espontâneo da indenização pela Administração Pública, o proprietário possuirá o prazo prescricional de cinco anos para propositura da ação indenizatória, na forma do art. 10, parágrafo único, do Decreto-lei 3.365/1941.

## 20.5 OCUPAÇÃO TEMPORÁRIA

### 20.5.1 Conceito

A ocupação temporária é a intervenção branda por meio da qual o Estado ocupa, por prazo determinado e em situação de normalidade, a propriedade privada para execução de obra pública ou a prestação de serviços públicos. Ex.: ocupação temporária de terreno privado para alojamento de operários e alocação de máquinas com o objetivo de realizar a pavimentação de estradas; utilização de escolas privadas para alocação de urnas de votação e de pessoal (mesários etc.) em época de eleições.

Trata-se de intervenção que se aproxima da requisição administrativa. Todavia, enquanto a requisição pressupõe perigo público iminente (estado de necessidade), a ocupação pode ser utilizada regularmente pelo Poder Público em situações de normalidade institucional.

### 20.5.2 Fontes normativas

A ocupação temporária encontra-se prevista no art. 36 do Decreto-lei 3.365/1941, que autoriza a "ocupação temporária, que será indenizada, afinal, por ação própria, de terrenos não edificados, vizinhos às obras e necessários à sua realização". Outras normas fazem referência à ocupação temporária, por exemplo: art. 13, parágrafo único, da Lei 3.924/1961 (ocupação temporária de propriedade particular para escavações e pesquisas no interesse da arqueologia e da pré-história); art. 58, V, da Lei 8.666/1993 e art. 104, V, da Lei 14.133/2021 (ocupação provisória de bens móveis e imóveis e utilização de pessoal e serviços vinculados ao objeto do contrato, nas hipóteses de risco à prestação de serviços essenciais ou necessidade de acautelar apuração administrativa de faltas contratuais pelo contratado, inclusive após extinção do contrato); art. 35, § 3.º, da Lei 8.987/1995 (ocupação das instalações e a utilização, pelo poder concedente, de todos os bens reversíveis, com o objetivo de garantir a continuidade do serviço público).

### 20.5.3 Objeto

Normalmente, a ocupação temporária tem por objeto o bem imóvel do particular, necessário para execução de obra pública ou a prestação de serviços públicos. Existe controvérsia em relação à possibilidade de ocupação temporária de bens móveis e de serviços.

**Primeira posição:** somente o bem imóvel pode ser ocupado temporariamente, tendo em vista que o art. 36 do Decreto-lei 3.365/1941 utilizou a expressão "terrenos não edificados". Nesse sentido: José dos Santos Carvalho Filho, Diógenes Gasparini.[20]

**Segunda posição:** a ocupação temporária tem por objeto bens imóveis, móveis e serviços. Nesse sentido: Marçal Justen Filho.[21]

Não obstante a regra seja a ocupação temporária de bens imóveis, entendemos que, a partir da interpretação sistemática do ordenamento jurídico vigente, o objeto da ocupação pode abranger os bens móveis e os serviços (ex.: art. 58, V, da Lei 8.666/1993 e art. 104, V, da nova Lei de Licitações).

### 20.5.4 Instituição e extinção

A legislação não estabeleceu regras específicas sobre a instituição da ocupação temporária, razão pela qual parte da doutrina afirma o seu caráter autoexecutável.[22] Outros autores entendem que as formalidades para instituição da ocupação temporária dependem

---

[20] CARVALHO FILHO, José dos Santos. *Manual de direito administrativo*. 18. ed. Rio de Janeiro: Lumen Juris, 2007. p. 751; GASPARINI, Diógenes. *Direito administrativo*. 12. ed. São Paulo: Saraiva, 2007. p. 747.

[21] JUSTEN FILHO, Marçal. *Curso de direito administrativo*. 4. ed. São Paulo: Saraiva, 2009. p. 526.

[22] Nesse sentido: FIGUEIREDO, Lúcia Valle. *Curso de direito administrativo*. São Paulo: Malheiros, 1995. p. 204.

da modalidade de ocupação: a) ocupação temporária vinculada à desapropriação: é imprescindível ato formal de instituição (decreto), especialmente pela maior duração da ocupação e pelo dever de indenizar o proprietário; e b) ocupação temporária desvinculada da desapropriação: a ocupação é autoexecutória e dispensa ato formal.[23]

Diversamente, entendemos que a ocupação temporária, em qualquer caso, depende da edição prévia de decreto, bem como do acordo com o proprietário ou sentença judicial. Trata-se da aplicação do procedimento previsto na Lei de Desapropriação à ocupação temporária, assim como ocorre nas servidões. A autoexecutoriedade é justificada na requisição em razão do iminente perigo público, mas a ocupação temporária é efetivada em situação de normalidade institucional, razão pela qual deve ser prestigiado o postulado do direito fundamental de propriedade. Caso não haja acordo, inclusive sobre a caução exigida no art. 36 do Decreto-lei 3.365/1941, o Poder Público deverá propor ação judicial para formalização da ocupação.

A ocupação temporária deve ser efetivada, em regra, por prazo determinado. Expirado o prazo da ocupação, cessa a intervenção. Caso não haja prazo prefixado, a ocupação cessará com a execução da obra ou do serviço que justificou a sua instituição.

### 20.5.5 Indenização

O art. 36 do Decreto-lei 3.365/1941 dispõe que a ocupação temporária será indenizada por ação própria.

Parcela da doutrina sustenta que a indenização será sempre devida se a ocupação temporária estiver vinculada ao processo de desapropriação, tendo em vista a norma acima citada. Todavia, em relação às ocupações temporárias desvinculadas da desapropriação, a indenização somente será devida se houver efetiva comprovação do prejuízo pelo particular.[24]

Entendemos, no entanto, que, em qualquer caso, a indenização depende necessariamente da comprovação do dano pelo proprietário do bem ocupado, sob pena de se admitir o pagamento de indenização sem a ocorrência do efetivo prejuízo, o que acarretaria enriquecimento sem causa do proprietário do bem ocupado.

O prazo prescricional para propositura da ação indenizatória é de cinco anos, na forma do art. 10, parágrafo único, do Decreto-lei 3.365/1941.

### 20.6 LIMITAÇÕES ADMINISTRATIVAS

### 20.6.1 Conceito

As limitações administrativas são restrições estatais impostas por atos normativos à propriedade, que acarretam obrigações negativas e positivas aos respectivos proprietários, com o objetivo de atender a função social da propriedade. Ex.: limites de altura para os prédios (gabarito de prédios); obrigação de permitir o ingresso de agentes da fiscalização tributária e da vigilância sanitária; obrigação de instalar extintores de incêndio nos prédios;

---

[23] CARVALHO FILHO, José dos Santos. *Manual de direito administrativo*. 18. ed. Rio de Janeiro: Lumen Juris, 2007. p. 753.
[24] CARVALHO FILHO, José dos Santos. *Manual de direito administrativo*. 18. ed. Rio de Janeiro: Lumen Juris, 2007. p. 752.

parcelamento e edificação compulsórios de terrenos para atender a função social delimitada no Plano Diretor.

As limitações delimitam o perfil do direito de propriedade, pois a propriedade somente será considerada direito fundamental se atender à função social (art. 5.º, XXII e XXIII, da CRFB), que será estabelecida por meio de atos normativos. Quando efetivada após a aquisição da propriedade, a limitação é considerada modalidade de intervenção branda.

### 20.6.2 Fontes normativas

As limitações administrativas, assim como as demais modalidades de intervenção estatal na propriedade, fundamentam-se na necessidade de cumprimento da função social (arts. 5.º, XXIII, e 170, III, da CRFB) e na satisfação do interesse público. Trata-se do exercício regular do poder de polícia estatal, com a estipulação de restrições e condicionantes à propriedade alheia.

### 20.6.3 Objeto

As limitações administrativas, conforme já assinalado, impõem obrigações positivas e negativas aos proprietários. O objeto das limitações administrativas é amplo, englobando os bens (móveis e imóveis) e os serviços. É oportuno lembrar que as limitações decorrem do exercício do poder de polícia, razão pela qual as limitações incidem sobre as propriedades e as atividades privadas.

### 20.6.4 Instituição e extinção

As limitações administrativas são impostas, primariamente, por lei e, secundariamente, por atos administrativos normativos.

A extinção das limitações ocorre com a revogação da legislação ou dos atos normativos.

### 20.6.5 Indenização

As limitações administrativas não geram, em regra, o dever de indenizar, pois as restrições à propriedade são fixadas de maneira genérica e abstrata. Os destinatários sofrem ônus e bônus proporcionais. Aplica-se, aqui, a mesma lógica da irresponsabilidade civil do Estado por atos normativos.

Todavia, as limitações administrativas serão, excepcionalmente, indenizáveis quando:[25]

a) acarretarem danos desproporcionais ao particular ou grupo de particulares: o fundamento da indenização é a teoria da repartição dos encargos sociais, segundo a qual a sociedade, que se beneficia com a atuação estatal, deve ter o ônus

---

[25] De acordo com o STJ, na limitação administrativa, é indevido, em regra, o pagamento de indenização aos proprietários dos imóveis, a não ser que comprovem efetivo prejuízo, ou limitação além das já existentes. Naquela oportunidade, o tribunal de origem estabeleceu o dever de indenização, em razão da comprovação do prejuízo, pois, a partir do advento da lei municipal, os loteamentos foram enquadrados na zona de proteção ambiental, situação que contribuiu para a desvalorização imobiliária dos respectivos lotes, diminuindo-lhes o valor econômico (STJ, 2.ª Turma, AREsp 551.389/RN, Rel(a). Min(a). Assusete Magalhães, j. 05.08.2023).

de compensar o particular que sofreu prejuízos desproporcionais (ex.: limitação que determina o fechamento de ruas para tráfego de veículos, causando prejuízo desproporcional ao proprietário de um posto de gasolina ou edifício-garagem); e

b) configurarem verdadeira desapropriação indireta: as limitações podem, em certos casos, impor restrições tão fortes que retirarão as faculdades inerentes do direito de propriedade de alguns particulares (ex.: criação de reserva ambiental que, na prática, inviabiliza o direito de propriedade de determinados proprietários).

É importante notar que, se as limitações administrativas precedem à aquisição da propriedade, não cabe indenização ao novo proprietário, pois, nessa hipótese, o imóvel já foi adquirido com a respectiva limitação legal.[26]

Frise-se, por oportuno, que a desapropriação indireta pode ser verificada em toda e qualquer intervenção do Estado na propriedade (servidão, requisição, ocupação temporária, limitações ou tombamento) quando a restrição significar para um ou alguns particulares a retirada das prerrogativas substanciais da propriedade.

O prazo prescricional para propositura da ação indenizatória fundada em limitações administrativas é de cinco anos, na forma do art. 10, parágrafo único, do Decreto-lei 3.365/1941.[27] Entendemos que não deve ser aplicado o prazo prescricional para as ações indenizatórias de desapropriação indireta, pois o prazo dessas ações tem relação direta com o prazo para o usucapião extraordinário. A Súmula 119 do STJ fixou o prazo da ação de desapropriação indireta em 20 anos (atualmente, o prazo seria de 15 anos, na forma do art. 1.238 do CC), pois a pretensão indenizatória apenas seria extinta com a aquisição da propriedade pelo Poder Público. No entanto, a "desapropriação indireta" decorrente de limitações administrativas não possui relação com a posse do bem pelo Poder Público, razão pela qual não haverá usucapião em seu favor, tornando-se inaplicável o entendimento sumulado.

## 20.7 TOMBAMENTO

### 20.7.1 Conceito

O tombamento é a intervenção estatal restritiva que tem por objetivo proteger o patrimônio cultural brasileiro. Exemplos de bens tombados pelo IPHAN (Instituto do Patrimônio Histórico e Artístico Nacional): Centro Histórico de Salvador; conjunto arquitetônico e paisagístico da Pampulha e de Ouro Preto (Minas Gerais); Casa de Gilberto Freyre (Recife); Estação da Luz (São Paulo); Corcovado, Estádio do Maracanã, Morro do Pão de Açúcar e conjunto arquitetônico e paisagístico de Parati (Rio de Janeiro).[28]

---

[26] STJ, 1.ª Seção, EREsp 209.297/SP, Rel. Min. Luiz Fux, *DJ* 13.08.2007, p. 318.
[27] Nesse sentido: STJ, 1.ª Turma, REsp 1.015.497/SC, Rel. Min. Luiz Fux, *DJe* 02.03.2010, *Informativo de Jurisprudência do STJ* n. 422. No caso em comento, o STJ afastou a incidência da sua Súmula 119 e utilizou como fundamento para o prazo quinquenal o Decreto 20.910/1932, quando o fundamento mais adequado seria, a nosso ver, o art. 10, parágrafo único do Decreto-lei 3.365/1941.
[28] Disponível em: <http://www.iphan.gov.br>. Acesso em: 1.º mar. 2010.

Na forma do art. 216 da CRFB, o patrimônio cultural brasileiro é constituído por "bens de natureza material e imaterial, tomados individualmente ou em conjunto, portadores de referência à identidade, à ação, à memória dos diferentes grupos formadores da sociedade brasileira". Incluem-se nessa categoria, por exemplo, as criações científicas, artísticas e tecnológicas; as obras, objetos, documentos, edificações e demais espaços destinados às manifestações artístico-culturais; os conjuntos urbanos e sítios de valor histórico, paisagístico, artístico, arqueológico, paleontológico, ecológico e científico etc.

O art. 1.º do Decreto-lei 25/1937, que trata do tombamento, dispõe que o patrimônio histórico e artístico nacional é constituído pelo conjunto dos bens móveis e imóveis considerados relevantes para o interesse público, seja por sua vinculação a fatos memoráveis da história do Brasil, seja por seu excepcional valor arqueológico ou etnográfico, bibliográfico ou artístico.

Inspirado na tradição portuguesa, o ordenamento pátrio utilizou a expressão tombar, que significa registrar, inventariar ou inscrever bens nos arquivos do Reino ("Livro do Tombo"), guardados na Torre do Tombo em Portugal.[29]

O tombamento é instituído por meio de processo administrativo,[30] com a oitiva do proprietário, e se consuma com a inscrição do bem no Livro do Tombo. O art. 4.º do Decreto-lei 25/1937 prevê quatro Livros:

a) Livro do Tombo Arqueológico, Etnográfico e Paisagístico;
b) Livro do Tombo Histórico;
c) Livro do Tombo das Belas Artes; e
d) Livro do Tombo das Artes Aplicadas.

Não há consenso a respeito da natureza do tombamento. Alguns autores sustentam que o tombamento é uma espécie de servidão administrativa.[31] Entendemos, todavia, que o tombamento é espécie autônoma de intervenção estatal restritiva na propriedade.[32] O tombamento não possui natureza real e incide sobre qualquer bem que tenha valor cultural, artístico, histórico arqueológico ou paisagístico.

Ao lado do tombamento, existem outras formas de proteção do patrimônio cultural, por exemplo, a desapropriação, o exercício regular do poder de polícia, a propositura de ações judiciais coletivas (ação popular, ação civil pública) etc. De acordo com o art. 216, § 1.º, da CRFB, o Poder Público, com o auxílio da comunidade, "promoverá e protegerá o

---

[29] Vide: MEIRELLES, Hely Lopes. *Direito administrativo brasileiro*. 22. ed. São Paulo: Malheiros, 1997. p. 491, nota 96.
[30] A natureza processual/procedimental do tombamento é mencionada também por: DI PIETRO, Maria Sylvia Zanella. *Direito administrativo*. 22. ed. São Paulo: Atlas, 2009. p. 139. Em sentido contrário, Diógenes Gasparini e José dos Santos Carvalho Filho afirmam que o tombamento é ato administrativo: GASPARINI, Diógenes. *Direito administrativo*. 12. ed. São Paulo: Saraiva, 2007. p. 752; CARVALHO FILHO, José dos Santos. *Manual de direito administrativo*. 18. ed. Rio de Janeiro: Lumen Juris, 2007. p. 762/763.
[31] MELLO, Celso Antônio Bandeira de. *Curso de direito administrativo*. 21. ed. São Paulo: Malheiros, 2006. p. 862; GASPARINI, Diógenes. *Direito administrativo*. 12. ed. São Paulo: Saraiva, 2007. p. 750.
[32] No mesmo sentido: CARVALHO FILHO, José dos Santos. *Manual de direito administrativo*. 18. ed. Rio de Janeiro: Lumen Juris, 2007. p. 762; DI PIETRO, Maria Sylvia Zanella. *Direito administrativo*. 22. ed. São Paulo: Atlas, 2009. p. 147.

patrimônio cultural brasileiro, por meio de inventários, registros, vigilância, tombamento e desapropriação, e de outras formas de acautelamento e preservação".

### 20.7.2 Fontes normativas

O tombamento, como já assinalado, possui previsão no art. 216 da CRFB como uma das formas de proteção do patrimônio cultural brasileiro. No âmbito infraconstitucional, o Decreto-lei 25/1937 contém as regras básicas do tombamento (Lei do Tombamento).

Todos os entes federados possuem competência para promover o tombamento. Nesse sentido, o art. 23, III, da CRFB afirma que é da competência comum da União, dos Estados, do Distrito Federal e dos Municípios, a proteção dos documentos, das obras e de outros bens de valor histórico, artístico e cultural, dos monumentos, das paisagens naturais notáveis e dos sítios arqueológicos.

Em relação à competência legislativa, o art. 24, VII, da CRFB prevê a competência concorrente da União, dos Estados e do Distrito Federal para legislarem sobre "proteção ao patrimônio histórico, cultural, artístico, turístico e paisagístico". A União, nesse caso, deve elaborar as normas gerais (art. 24, § 1.º, da CRFB).

Questão controvertida refere-se à competência legislativa dos Municípios em matéria de tombamento.

**Primeira posição:** os Municípios não possuem competência para legislarem sobre tombamento, pois a Constituição reconheceu apenas a competência legislativa concorrente aos demais Entes federados (art. 24, VII, da CRFB). Nesse sentido: Diógenes Gasparini e Maria Sylvia Zanella Di Pietro.[33]

**Segunda posição:** há competência legislativa dos Municípios em matéria de tombamento, pois o art. 24, VII, deve ser interpretado em consonância com os arts. 23, III, e 30, I, II e IX, da CRFB. Os Municípios podem legislar sobre tombamento levando em consideração o interesse local ou, em caráter suplementar, a legislação federal e estadual. Nesse sentido: José dos Santos Carvalho Filho, Diogo de Figueiredo Moreira Neto, Tércio Sampaio Ferraz Junior.[34]

Concordamos com a segunda orientação. Deve ser reconhecida a competência legislativa dos Municípios no tocante ao tombamento a partir da interpretação sistemática do texto constitucional (arts. 23, III, e 30, I, II e IX). Ao se reconhecer a competência municipal para legislar sobre assunto de interesse predominantemente local, admite-se a possibilidade de promulgação de leis locais que protegem o respectivo patrimônio cultural.[35]

---

[33] GASPARINI, Diógenes. *Direito administrativo*. 12. ed. São Paulo: Saraiva, 2007. p. 752; DI PIETRO, Maria Sylvia Zanella. *Direito administrativo*. 22. ed. São Paulo: Atlas, 2009. p. 137.

[34] CARVALHO FILHO, José dos Santos. *Manual de direito administrativo*. 18. ed. Rio de Janeiro: Lumen Juris, 2007. p. 765; MOREIRA NETO, Diogo de Figueiredo. *Curso de direito administrativo*. 15. ed. Rio de Janeiro: Forense, 2009. p. 422; FERRAZ JUNIOR, Tércio Sampaio. Do tombamento na ordenação da publicidade na paisagem urbana – Reflexões em torno da Lei Municipal n.º 14.223/06, que dispõe sobre a ordenação dos elementos que compõem a paisagem urbana no Município de São Paulo. *Interesse Público*, n. 49, p. 18, maio-jun. 2008.

[35] A competência do Município para legislar sobre tombamento foi reconhecida expressamente no art. 44, XIV, da Lei Orgânica do Município do Rio de Janeiro que dispõe: "Art. 44. Cabe à Câmara Municipal, com a sanção do Prefeito, legislar sobre todas as matérias de competência do Município e especialmente sobre: [...] XIV – tombamento de bens móveis ou imóveis e criação de áreas de especial interesse".

Em âmbito federal, o IPHAN (Instituto do Patrimônio Histórico e Artístico Nacional), autarquia vinculada ao Ministério da Cultura, exerce as atribuições relacionadas ao tombamento.[36]

### 20.7.3 Objeto

O objeto do tombamento é o mais amplo possível, incluindo os bens imóveis (ex.: igreja secular) e móveis (ex.: quadro histórico).

O tombamento pode incidir, inclusive, em relação aos bens públicos. Trata-se do tombamento de ofício previsto no art. 5.º do Decreto-lei 25/1937.

Há controvérsia, no entanto, em relação ao tombamento de bens públicos "de baixo para cima" (tombamento de bens federais por Estados e tombamento de bens federais e estaduais por Municípios).

**Primeira posição:** impossibilidade do tombamento dos bens públicos dos Entes "maiores" pelos Entes menores. O tombamento deve seguir a lógica da supremacia do interesse: o interesse nacional (bens federais) prevalece sobre o interesse regional (bens estaduais) que, por sua vez, se sobrepõe ao interesse local (bens municipais). Aplica-se, por analogia, o art. 2.º, § 2.º, do Decreto-lei 3.365/1941, que consagra a hierarquia desses interesses na desapropriação.[37] Nesse sentido: José dos Santos Carvalho Filho.[38]

**Segunda posição:** os Municípios podem tombar bens públicos estaduais e federais, assim como os Estados podem tombar bens públicos federais. Nesse sentido: STF e STJ.[39]

Em nossa opinião, deve ser admitido o tombamento de bens públicos federais pelos Estados e Municípios e de bens públicos estaduais, pelos Municípios, tendo em vista dois argumentos:

a) o art. 2.º, § 2.º, do Decreto-lei 3.365/1941, além de consagrar hierarquia de duvidosa constitucionalidade entre os interesses tutelados pelos Entes federados, deve ser interpretado restritivamente, pois se trata de norma excepcional (a desapropriação é uma exceção ao direito fundamental de propriedade); e

b) deve ser realizado o processo de ponderação entre as normas constitucionais em conflito no caso: de um lado, o princípio federativo (art. 18 da CRFB) e, de outro lado, a proteção do patrimônio cultural (art. 216, § 1.º, da CRFB).

A admissão do tombamento traduz a maior efetividade das duas normas em conflito (princípio da unidade constitucional), pois, nesse caso, o tombamento não afasta o princípio

---

[36] Lei 8.113/1990 e Decreto 6.844/2009. No Estado do Rio de Janeiro, o INEPAC (Instituto Estadual do Patrimônio Cultural) é responsável pelo tombamento (ex.: tombamento do Parque Laje, do Campo de Santana, do Teatro Municipal). Disponível em: <http://www.inepac.rj.gov.br>.

[37] Art. 2.º, § 2.º, do Decreto-lei 3.365/1941: "Os bens do domínio dos Estados, Municípios, Distrito Federal e Territórios poderão ser desapropriados pela União, e os dos Municípios pelos Estados, mas, em qualquer caso, ao ato deverá preceder autorização legislativa".

[38] CARVALHO FILHO, José dos Santos. *Manual de direito administrativo*. 18. ed. Rio de Janeiro: Lumen Juris, 2007. p. 765.

[39] STF, ACO 1.208 AgR/MS, Tribunal Pleno, Rel. Min. Gilmar Mendes, *DJe*-278 04.12.2017; STJ, RMS 18.952/RJ, 2.ª Turma, Rel. Min. Eliana Calmon, *DJ* 30.05.2005, p. 266, *Informativo de Jurisprudência do STJ* n. 244.

federativo, pois o bem permanece na propriedade do Ente federado, e efetiva a proteção do bem de valor cultural (ao contrário, a impossibilidade do tombamento tornaria inaplicável o art. 216 para se consagrar o art. 18, ambos da CRFB).

Cabe ressaltar que a legislação veda o tombamento de determinados bens (vedações jurídicas de tombamento). O art. 3.º do Decreto-lei 25/1937 exclui do patrimônio histórico e artístico nacional as obras de origem estrangeira das representações diplomáticas ou consulares acreditadas no País; que adornem quaisquer veículos de empresas estrangeiras, que façam carreira no País; que sejam trazidas para exposições comemorativas, educativas ou comerciais; que sejam importadas por empresas estrangeiras expressamente para adorno dos respectivos estabelecimentos, entre outras. Essas obras, ao serem excluídas do conceito de patrimônio histórico e artístico nacional, não são passíveis de tombamento.

### 20.7.4 Tombamento x registro

A proteção do patrimônio cultural brasileiro pode ser efetivada de várias maneiras, na forma do art. 216, § 1.º, da CRFB, tais como: inventários, registros, vigilância, tombamento e desapropriação, e de outras formas de acautelamento e preservação.

Verifica-se que o tombamento e o registro são espécies de proteção do patrimônio cultural brasileiro. Enquanto o tombamento é regulado pelo Decreto-lei 25/1937 e visa proteger os bens imóveis e móveis, o registro é tratado no Decreto 3.551/2000 e tem por objetivo a proteção dos bens imateriais.

A proteção dos bens imateriais de valor cultural é realizada mediante o "registro", e não propriamente pelo tombamento, conforme dispõe o Decreto 3.551/2000. Esses bens devem ser registrados em um dos quatro Livros mencionados no referido diploma normativo, a saber:

a) Livro de Registro dos Saberes: inscrição dos conhecimentos e modos de fazer enraizados no cotidiano das comunidades;

b) Livro de Registro das Celebrações: inscrição dos rituais e festas que marcam a vivência coletiva do trabalho, da religiosidade, do entretenimento e de outras práticas da vida social;

c) Livro de Registro das Formas de Expressão: inscrição das manifestações literárias, musicais, plásticas, cênicas e lúdicas; e

d) Livro de Registro dos Lugares: inscrição dos mercados, feiras, santuários, praças e demais espaços onde se concentram e reproduzem práticas culturais coletivas.

O Decreto 3.551/2000 admite a abertura de outros Livros e a inscrição dos bens tem sempre como referência a "continuidade histórica do bem e sua relevância nacional para a memória, a identidade e a formação da sociedade brasileira". Os bens imateriais registrados são considerados "Patrimônio Cultural do Brasil".

São exemplos de bens imateriais registrados: frevo, Ofício das Baianas de Acarajé, modo artesanal de fazer queijo minas.[40]

---

[40] Disponível em: <http://www.iphan.gov.br>. Acesso em: 1.º mar. 2010.

Contudo, existem importantes semelhanças entre o tombamento e o registro: o objetivo é o mesmo (proteção da cultura), a entidade responsável pela proteção é a mesma (em âmbito federal: IPHAN) e a proteção ocorre por meio de procedimentos semelhantes (inscrição do bem em Livro específico).[41]

### 20.7.5 Classificações

A primeira classificação leva em consideração o procedimento necessário para efetivação do tombamento. De acordo com essa classificação, o tombamento pode ser classificado em três espécies:

a) **tombamento de ofício** (art. 5.º do Decreto-lei 25/1937): é o tombamento de bens públicos que se instrumentaliza de ofício pelo Ente federado que deve enviar notificação à entidade proprietária do bem;

b) **tombamento voluntário** (art. 7.º do Decreto-lei 25/1937): é realizado mediante consentimento, expresso ou implícito, do proprietário. O tombamento voluntário pode ser efetivado: b.1) por requerimento do próprio proprietário, hipótese em que o órgão ou entidade técnica verificará se o bem tem relevância para o patrimônio histórico e cultural; ou b.2) por iniciativa do Poder Público, quando o particular, após a notificação para manifestação no prazo de 15 dias, deixa de impugnar ou concorda expressamente a intenção do tombamento; e

c) **tombamento compulsório** (arts. 8.º e 9.º do Decreto-lei 25/1937): é aquele realizado contra a vontade do proprietário. Após ser notificado, o proprietário apresenta impugnação, dentro do prazo de 15 dias, no processo de tombamento. Nessa hipótese, o órgão ou entidade técnica apresentará nova manifestação, devendo o Conselho Consultivo do Serviço do Patrimônio Histórico e Artístico Nacional proferir decisão. A decisão do IPHAN no sentido do tombamento depende de homologação do Ministro da Cultura, na forma do art. 1.º da Lei 6.292/1975.

Em todos os casos (tombamento de ofício, voluntário e compulsório), o tombamento é consumado com a inscrição do bem no Livro do Tombo (art. 10 do Decreto-lei 25/1937).

A segunda classificação, mencionada no art. 10 do Decreto-lei 25/1937, fundamenta-se na produção de efeitos e divide o tombamento em duas modalidades:

a) **tombamento provisório:** após a notificação do proprietário e antes de ultimado o processo com a inscrição do bem no Livro do Tombo, o bem considera-se provisoriamente tombado. Os efeitos do tombamento são antecipados para se proteger o bem durante o processo administrativo;

b) **tombamento definitivo:** é aquele verificado após a conclusão do processo de tombamento, com a inscrição do bem no Livro do Tombo.

---

[41] Seria possível, inclusive, sustentar que o registro é uma espécie de tombamento específica para os bens imateriais. Aliás, Maria Sylvia Zanella Di Pietro, sem citar o registro, admite o tombamento de bens imateriais: *Direito administrativo.* 22. ed. São Paulo: Atlas, 2009. p. 139.

A terceira classificação tem por fundamento a amplitude ou abrangência do tombamento:

a) **tombamento individual:** refere-se a bem determinado.

b) **tombamento geral:** tem por objeto todos os bens situados em um bairro ou cidade (ex.: tombamento de Brasília e da cidade de Tiradentes).[42]

Por fim, a quarta classificação leva em conta o alcance do tombamento sobre determinado bem:[43]

a) **tombamento total:** quando a totalidade do bem é tombado;

b) **tombamento parcial:** quando apenas parte do bem é tombado (ex.: tombamento da fachada de uma casa histórica).

## 20.7.6 Instituição e cancelamento

O tombamento é instituído, após regular processo administrativo, com respeito aos princípios da ampla defesa e do contraditório, com a inscrição do bem no Livro do Tombo.

A instituição depende de processo específico para cada bem que apresente valor cultural, artístico, histórico arqueológico ou paisagístico. Conforme assinalado anteriormente, o rito processual varia de acordo com o tipo de tombamento (de ofício, voluntário ou compulsório). Em cada processo, o proprietário terá a oportunidade de apresentar a sua concordância ou discordância com a intenção do tombamento. Obviamente, a discordância levará em consideração irregularidades do processo administrativo ou deverá ser necessariamente acompanhada de razões técnicas hábeis a refutar o parecer técnico do órgão ou entidade competente.

Discute-se a possibilidade de instituição do tombamento por meio da lei. Entendemos que, ressalvado o tombamento instituído pela Constituição (art. 216, § 5.º, da CRFB: "Ficam tombados todos os documentos e os sítios detentores de reminiscências históricas dos antigos quilombos"), o tombamento somente pode ser instituído por ato do Poder Executivo, sendo inviável a formalização por meio da legislação.[44] A impossibilidade de tombamento legal decorre da necessidade de análise técnica da presença do valor cultural

---

[42] DI PIETRO, Maria Sylvia Zanella. *Direito administrativo*. 22. ed. São Paulo: Atlas, 2009. p. 141; STJ, 1.ª Turma, REsp 840.918/DF, Rel. Min. Teori Albino Zavascki, *DJe* 02.02.2010; STJ, 2.ª Turma, REsp 1.098.640/MG, Rel. Min. Humberto Martins, *DJe* 25.06.2009, *Informativo de Jurisprudência do STJ* n. 398. Por outro lado, José dos Santos Carvalho Filho não admite o tombamento geral, uma vez que o ato limitativo de natureza genérica e abstrata é incompatível com o instituto (CARVALHO FILHO, José dos Santos. *Manual de direito administrativo*. 18. ed. Rio de Janeiro: Lumen Juris, 2007. p. 763-764).

[43] No âmbito do Estado do Rio de Janeiro, o art. 2.º, § 1.º, do Decreto-lei 2/1969 dispõe que o "tombamento poderá ser total ou parcial, especificando-se no segundo caso, com a maior precisão possível, a parte ou as partes tombadas".

[44] No mesmo sentido: STF, AI 714.949/RJ, Rel. Min. Luís Roberto Barroso, *DJe*-087 12/05/2015; STF, ADI 1.706/DF, Rel. Min. Eros Grau, Tribunal Pleno, *DJe*-17212/09/2008, p. 7 (*Informativo de Jurisprudência do STF* 501); CARVALHO FILHO, José dos Santos. Manual de direito administrativo. 18. ed. Rio de Janeiro: Lumen Juris, 2007. p. 764; GASPARINI, Diógenes. *Direito administrativo*. 12. ed. São Paulo: Saraiva, 2007. p. 752. Em sentido contrário, admitindo a instituição de tombamento por lei, vide: MACHADO, Paulo Affonso Leme. Ação civil pública e tombamento. São Paulo: RT, 1986. p. 75; STF, ACO 1.208 AgR/MS, Tribunal Pleno, Rel. Min. Gilmar Mendes, *DJe*-278 04.12.2017. Nesse último

do bem, o que se dá por meio da instauração do devido processo administrativo perante o órgão ou entidade administrativa composta por especialistas no assunto, com a observância da ampla defesa e do contraditório.

É importante ressaltar que a Constituição da República instituiu tombamento de "todos os documentos e os sítios detentores de reminiscências históricas dos antigos quilombos" (art. 216, § 5.º, da CRFB). Ressalvada essa hipótese, o tombamento somente será instituído por meio de atos administrativos.

O fato de ser instituído por atos do Poder Executivo não impede o tombamento geral de um bairro ou cidade, desde que seja dada publicidade suficiente ao processo de tombamento, oportunizando o conhecimento de todos os proprietários afetados.[45]

O tombamento realizado pelo IPHAN pode ser cancelado ("destombamento"),[46] de ofício ou mediante recurso, pelo Presidente da República, tendo em vista razões de interesse público (Decreto 3.866/1941). Isto não significa que o chefe do Executivo possa discordar da conclusão do IPHAN, inserindo-se na discricionariedade técnica atribuída àquela autarquia. Nesse caso, o Chefe do Executivo pode cancelar o tombamento com fundamento em outro interesse público que, mediante o processo de ponderação, deva prevalecer sobre a proteção do patrimônio cultural. Ex.: o Presidente poderia cancelar o tombamento e o Ministério da Cultura deixar de instituí-lo quando o bem estivesse localizado em área que seria inundada para instalação de usina hidrelétrica.

### 20.7.7 Efeitos

O tombamento produz efeitos para o proprietário do bem tombado, para o Poder Público e para terceiros (arts. 11 a 21 do Decreto-lei 25/1937).[47] Esses efeitos, conforme já comentado, são provisoriamente observados desde a notificação do particular no curso do processo de tombamento.

   a) **efeitos para o proprietário:** a.1) dever de proteger o bem tombado, impedindo a sua destruição, demolição ou mutilação do bem; a.2) dever de conservação do bem, exigindo-se a autorização do órgão ou entidade competente para sua reparação, pintura ou restauração, sob pena de multa; a.3) caso não possua recursos para conservar o bem, o proprietário deve notificar o órgão ou entidade competente para realização das obras necessárias (nesse caso, a solução prática,

---

jugado, o STF admitiu o tombamento provisório por lei de efeitos concretos, o que demandaria a continuidade dos atos de tombamento pelo Executivo.

[45] O STJ, ao tratar do tombamento da cidade de Tiradentes (MG), afirmou que o tombamento geral não depende da individualização de todos os bens no ato do tombamento, bem como não exige a prévia notificação de cada proprietário. No caso específico, o IPHAN havia notificado o chefe da Administração Pública local (STJ, 2.ª Turma, REsp 1.098.640/MG, Rel. Min. Humberto Martins, DJe 25.06.2009, Informativo de Jurisprudência do STJ n. 398).

[46] FERREIRA, Sérgio de Andréa. O direito de propriedade e as limitações e ingerências administrativas. São Paulo: RT, 1980. p. 109.

[47] Frise-se que o art. 22 do DL 25/1937, que estabelecia o direito de preferência do Poder Público na hipótese de alienação onerosa do bem tombado, foi revogado pelo art. 1.072, I, do novo CPC. Além da proteção específica prevista na Lei do Tombamento, os bens tombados são tutelados também pela legislação penal: art. 165 do CP e arts. 62 a 65 da Lei 9.605/1998.

a nosso ver, seria a desapropriação do bem, com o intuito de transferir a propriedade ao Poder Público, que passaria a fazer a conservação regular do bem e o utilizaria para o atendimento do interesse público);[48] a.4) o bem móvel tombado não pode deixar o País, salvo quando houver autorização expressa do órgão ou entidade responsável e por prazo determinado; a.5) notificação do Poder Público no caso de furto ou extravio do bem tombado, sob pena de multa;

b) **efeitos para o Poder Público:** b.1) vigilância permanente do bem tombado, podendo inspecioná-lo quando julgar conveniente; b.2) necessidade de manutenção do bem, quando o proprietário não tiver recursos para realização de obras; b.3) direito de preferência na aquisição do bem.

Em relação ao direito de preferência da União, dos Estados e dos Municípios, nesta ordem, na aquisição do bem tombado, nos casos de alienação onerosa, o art. 22 do Decreto-lei 25/1937, sempre sustentamos que a ordem de preferência seria incompatível com a Constituição de 1988, uma vez que não existe hierarquia entre os Entes federativos. A referida ordem de preferência se justificaria pelo momento histórico em que a referida legislação foi promulgada, acentuando-se a concentração de poderes no Ente central (União), característica típica dos Estados autoritários consubstanciada à época na Constituição de 1937 ("Polaca"), razão pela qual a interpretação conforme a atual Constituição levaria à conclusão de que a preferência deveria ser reconhecida apenas ao Ente federado que efetivamente tombou o bem e assumiu, em relação a ele, obrigações diferenciadas. Todavia, a referida discussão perdeu, em parte, o objeto com a revogação do art. 22 do DL 25/1937 pelo art. 1.072, I, do CPC, extinguindo-se, desta forma, o direito de preferência na alienação extrajudicial dos bens tombados. Todavia, o direito de preferência em questão permanece na alienação judicial dos bens tombados (arts. 889, VIII, e 892, § 3.º, do CPC);

c) **efeitos para terceiros:** os proprietários dos imóveis vizinhos ao bem tombado não poderão, sem prévia autorização do órgão ou entidade competente, realizar construções que impeçam ou reduzam a visibilidade do bem tombado, nem poderão afixar anúncios ou cartazes (art. 18). A dificuldade, no caso, é definir o âmbito de incidência dessa restrição ("vizinhança"). Entendemos que, em âmbito federal, compete ao IPHAN delimitar de maneira objetiva a expressão vizinhança e informar ao respectivo Município, responsável pela concessão das licenças para construir. O particular de boa-fé, que executa obras apoiadas em licenças legítimas, não pode ser prejudicado, sendo certo que, em caso de ordem de demolição da construção, deverá ser reconhecido direito à indenização perante o IPHAN, em caso de ausência de comunicação do Poder Público Municipal, ou perante o Município, quando, ciente da abrangência da vizinhança do bem tombado, concedeu a licença para construir, criando expectativa legítima no particular.

---

[48] Frise-se que a desapropriação constitui também uma importante forma de proteção do patrimônio cultural (art. 216, § 1.º, da CRFB e art. 19, § 1.º, do Decreto-lei 25/1937).

As restrições impostas aos proprietários vizinhos ao bem tombado são consideradas por alguns autores como verdadeira servidão administrativa.[49] Em nosso entendimento, as restrições, por decorrerem diretamente da lei, devem ser consideradas como limitações administrativas.

### 20.7.8 Indenização

A indenização ao proprietário do bem tombado depende, necessariamente, da comprovação do respectivo prejuízo, sob pena de enriquecimento sem causa do proprietário do bem ocupado.

O prazo prescricional para propositura da ação indenizatória é de cinco anos, na forma do art. 10, parágrafo único, do Decreto-lei 3.365/1941.

## 20.8 RESUMO DO CAPÍTULO

**INTERVENÇÃO DO ESTADO NA PROPRIEDADE**

| | | |
|---|---|---|
| **Fundamentos** | – Cumprimento da função social da propriedade (arts. 5.º, XXIII, e 170, III, da CRFB); e – Satisfação do interesse público. | |
| **Modalidades** | **Intervenções restritivas ou brandas:** o Estado impõe restrições e condições à propriedade, sem retirá-la do seu titular (servidão, requisição, ocupação temporária, limitações e tombamento); **Intervenções supressivas ou drásticas:** o Estado retira a propriedade do seu titular originário, transferindo-a para o seu patrimônio, com o objetivo de atender o interesse público. As intervenções supressivas são efetivadas por meio das diferentes espécies de desapropriações. | |
| **Servidão administrativa** | Conceito | É o direito real público que permite a utilização da propriedade alheia pelo Estado ou por seus delegatários com o objetivo atender o interesse público. |
| | Objeto | As servidões administrativas, que possuem o mesmo núcleo básico das servidões privadas, incidem apenas sobre bens imóveis, na forma da legislação em vigor. Os imóveis (prédio dominante e prédio serviente) devem ser vizinhos, mas não precisam ser contíguos. Não há servidão sobre bens móveis ou direitos. |
| | Instituição | Podem ser instituídas por meio das seguintes formas: – Acordo; – Sentença judicial; – Usucapião. Obs.: discussão sobre a possibilidade de instituição por lei. |

---

[49] DI PIETRO, Maria Sylvia Zanella. *Direito administrativo*. 22. ed. São Paulo: Atlas, 2009. p. 144.

| | | |
|---|---|---|
| **Servidão administrativa** | Extinção | Em regra, é perpétua. É possível, porém, apontar algumas hipóteses de extinção:<br>– desaparecimento do bem gravado (ex.: inundação permanente do imóvel objeto da servidão de trânsito);<br>– incorporação do bem serviente ao patrimônio público (a servidão pressupõe necessariamente dois prédios titularizados por pessoas diferentes);<br>– desafetação do bem dominante (ex.: desafetação do imóvel que era utilizado como hospital público). |
| | Indenização | Será devida se houver comprovação do dano pelo particular. |
| **Requisição** | Conceito | É a intervenção autoexecutória na qual o Estado utiliza-se de bens imóveis, móveis e de serviços particulares no caso de iminente perigo público. |
| | Objeto | Incidem sobre bens imóveis, móveis e serviços particulares. |
| | Instituição e extinção | A emergência da situação justifica a autoexecutoriedade da medida. Enquanto perdurar o perigo iminente, a requisição permanecerá válida. Considera-se, portanto, extinta a requisição quando desaparecer a situação de perigo. |
| | Indenização | O art. 5.º, XXV, da CRFB, ao tratar da requisição, assegura ao proprietário do bem requisitado "indenização ulterior, se houver dano". |
| **Ocupação temporária** | Conceito | É a intervenção branda por meio da qual o Estado ocupa, por prazo determinado e em situação de normalidade, a propriedade privada para execução de obra pública ou a prestação de serviços públicos. |
| | Objeto | Normalmente, a ocupação temporária tem por objeto o bem imóvel do particular, necessário para execução de obra pública ou a prestação de serviços públicos. Existe controvérsia em relação à possibilidade de ocupação temporária de bens móveis e de serviços. |
| | Indenização | Em qualquer caso, a indenização depende necessariamente da comprovação do dano pelo proprietário do bem ocupado. |
| **Limitações administrativas** | Conceito | São restrições estatais impostas por atos normativos à propriedade, que acarretam obrigações negativas e positivas aos respectivos proprietários, com o objetivo de atender a função social da propriedade. |
| | Objeto | O objeto das limitações administrativas é amplo, englobando os bens (móveis e imóveis) e os serviços. |
| | Instituição e extinção | As limitações administrativas são impostas, primariamente, por lei e, secundariamente, por atos administrativos normativos.<br>A extinção das limitações ocorre com a revogação da legislação ou dos atos normativos. |

| | | |
|---|---|---|
| **Limitações administrativas** | **Indenização** | As limitações administrativas não geram, em regra, o dever de indenizar, pois as restrições à propriedade são fixadas de maneira genérica e abstrata. Os destinatários sofrem ônus e bônus proporcionais.<br>Todavia, as limitações administrativas serão, excepcionalmente, indenizáveis quando:<br>– Acarretarem danos desproporcionais ao particular ou grupo de particulares;<br>– Configurarem verdadeira desapropriação indireta. |
| **Tombamento** | **Conceito** | É a intervenção estatal restritiva que tem por objetivo proteger o patrimônio cultural brasileiro. |
| | **Objeto** | O objeto do tombamento é amplo, incluindo os bens imóveis (ex.: igreja secular) e móveis (ex.: quadro histórico).<br>O tombamento pode incidir, inclusive, em relação aos bens públicos. |
| | **Tombamento x registro** | – Enquanto o tombamento é regulado pelo Decreto-lei 25/1937 e visa proteger os bens imóveis e móveis, o registro é tratado no Decreto 3.551/2000 e tem por objetivo a proteção dos bens imateriais; |
| | | – A proteção dos bens imateriais de valor cultural é realizada mediante o "Registro", e não propriamente pelo tombamento, conforme dispõe o Decreto 3.551/2000;<br>– O objetivo é o mesmo (proteção da cultura), a entidade responsável pela proteção é a mesma (em âmbito federal: IPHAN) e a proteção ocorre por meio de procedimentos semelhantes (inscrição do bem em Livro específico). |
| | **Classificações** | |

| | | |
|---|---|---|
| | Quanto ao procedimento | a) tombamento de ofício;<br>b) tombamento voluntário;<br>c) tombamento compulsório. |
| | Quanto à produção de efeitos | a) tombamento provisório;<br>b) tombamento definitivo. |
| | Quanto à amplitude ou abrangência | a) tombamento individual;<br>b) tombamento geral. |
| | Quanto ao alcance do tombamento sobre determinado bem | a) tombamento total;<br>b) tombamento parcial. |

| | | |
|---|---|---|
| | **Instituição e cancelamento** | O tombamento é instituído, após regular processo administrativo, com respeito aos princípios da ampla defesa e do contraditório, com a inscrição do bem no Livro do Tombo.<br>O rito processual varia de acordo com o tipo de tombamento (de ofício, voluntário ou compulsório).<br>Apesar da polêmica, entendemos que não cabe a instituição do tombamento por meio de lei.<br>O tombamento realizado pelo IPHAN pode ser cancelado ("destombamento"), de ofício ou mediante recurso, pelo Presidente da República, tendo em vista razões de interesse público (Decreto 3.866/1941). |

| Tombamento | Efeitos | O tombamento produz efeitos para o proprietário do bem tombado, para o Poder Público e para terceiros (arts. 11 a 21 do Decreto-lei 25/1937). Esses efeitos são provisoriamente observados desde a notificação do particular no curso do processo de tombamento. |
|---|---|---|
| | Indenização | A indenização ao proprietário do bem tombado depende, necessariamente, da comprovação do respectivo prejuízo. O prazo prescricional para propositura da ação indenizatória é de cinco anos, na forma do art. 10, parágrafo único, do Decreto-lei 3.365/1941. |

# CAPÍTULO 21

# DESAPROPRIAÇÃO

## 21.1 CONCEITO

Desapropriação é a intervenção do Estado na propriedade alheia, transferindo-a, compulsoriamente e de maneira originária, para o seu patrimônio, com fundamento no interesse público e após o devido processo legal, normalmente mediante indenização.

A partir do conceito sugerido, é possível apontar algumas características básicas do instituto.

Em primeiro lugar, a desapropriação é uma forma drástica (ou supressiva) de intervenção na propriedade privada (e, em alguns casos, pública), pois o Estado retira o bem do proprietário originário. Trata-se de uma prerrogativa do Estado, razão pela qual o particular, respeitados os limites normativos, deve se sujeitar à desapropriação.

Em segundo lugar, o Poder Público, por meio da desapropriação, adquire de maneira originária a propriedade do bem. A desapropriação é forma de aquisição originária da propriedade, pois independe da vontade do titular anterior.[1] O bem desapropriado não pode ser reivindicado posteriormente e libera-se de eventuais ônus reais, devendo os credores se sub-rogar no preço pago pelo Poder Público (art. 31 do Decreto-lei 3.365/1941).[2]

Em terceiro lugar, a retirada da propriedade deve ser necessariamente justificada no atendimento do interesse público (utilidade pública, necessidade pública ou interesse social), sob pena de desvio de finalidade (tredestinação) e antijuridicidade da intervenção.

---

[1] Na outra forma de aquisição (aquisição derivada), a vontade do proprietário anterior é fundamental para transferência da propriedade. A desapropriação é causa de perda da propriedade, independentemente do registro no Registro de Imóveis (art. 1.275, V e parágrafo único, do CC).

[2] Nesse sentido: MEIRELLES, Hely Lopes. *Direito administrativo brasileiro*. 22. ed. São Paulo: Malheiros, 1997. p. 515; MELLO, Celso Antônio Bandeira de. *Curso de direito administrativo*. 21. ed. São Paulo: Malheiros, 2006. p. 827-828; GASPARINI, Diógenes. *Direito administrativo*. 12. ed. São Paulo: Saraiva, 2007. p. 769-770; CARVALHO FILHO, José dos Santos. *Manual de direito administrativo*. 18. ed. Rio de Janeiro: Lumen Juris, 2007. p. 783.

Ademais, a desapropriação depende da observância do devido processo legal, pois, caso contrário, teremos verdadeira desapropriação indireta.

Por fim, a desapropriação, normalmente, pressupõe a indenização prévia, justa e em dinheiro, mas o texto constitucional, como será demonstrado a seguir, admite exceções em relação às desapropriações sancionatórias.

O art. 1.228, § 4.º, do Código Civil consagrou a denominada **expropriação social privada** ao dispor: "O proprietário também pode ser privado da coisa se o imóvel reivindicado consistir em extensa área, na posse ininterrupta e de boa-fé, por mais de cinco anos, de considerável número de pessoas, e estas nela houverem realizado, em conjunto ou separadamente, obras e serviços considerados pelo juiz de interesse social e econômico relevante". Trata-se de instituto inovador, regulado pelo Direito Privado, que não se confunde com a desapropriação (a expropriação social privada não é de iniciativa do Ente federado, inexistindo decreto expropriatório, bem como a indenização será devida pelos possuidores do imóvel reivindicado, na forma do art. 1.228, § 5.º, do CC).[3] Da mesma forma, não se iguala ao usucapião (a expropriação social privada é onerosa).

Há entendimento de que a indenização seria devida pelo Poder Público em determinados casos. Nesse sentido, vide o Enunciado 308 aprovado na IV Jornada de Direito Civil, promovida pelo Centro de Estudos Judiciários do Conselho da Justiça Federal: "A justa indenização devida ao proprietário em caso de desapropriação judicial (art. 1.228, § 5.º) somente deverá ser suportada pela Administração Pública no contexto das políticas públicas de reforma urbana ou agrária, em se tratando de possuidores de baixa renda e desde que tenha havido intervenção daquela nos termos da lei processual. Não sendo os possuidores de baixa renda, aplica-se a orientação do Enunciado 84 da I Jornada de Direito Civil". O Enunciado 84 aprovado na I Jornada de Direito Civil dispõe: "A defesa fundada no direito de aquisição com base no interesse social (art. 1.228, §§ 4.º e 5.º, do novo Código Civil) deve ser arguida pelos réus da ação reivindicatória, eles próprios responsáveis pelo pagamento da indenização".

Destaca-se, por fim, a preocupação do legislador com a desapropriação de imóveis de pessoas de baixa renda. Nesse caso, a desapropriação de imóvel caracterizado como núcleo urbano informal ocupado predominantemente por população de baixa renda, nos termos do § 2.º do art. 9.º da Lei 13.465/2017, deve ser acompanhada de medidas compensatórias pelo expropriante, tais como (art. 4.º-A, *caput* e § 1.º, do Decreto-lei 3.365/1941): a realocação de famílias em outra unidade habitacional, a indenização de benfeitorias ou a compensação financeira suficiente para assegurar o restabelecimento da família em outro local, exigindo-se, para este fim, o prévio cadastramento dos ocupantes.

---

[3] Há entendimento de que a indenização seria devida pelo Poder Público em determinados casos. Nesse sentido, vide o Enunciado 308 aprovado na IV Jornada de Direito Civil, promovida pelo Centro de Estudos Judiciários do Conselho da Justiça Federal: "A justa indenização devida ao proprietário em caso de desapropriação judicial (art. 1.228, § 5.º) somente deverá ser suportada pela Administração Pública no contexto das políticas públicas de reforma urbana ou agrária, em se tratando de possuidores de baixa renda e desde que tenha havido intervenção daquela nos termos da lei processual. Não sendo os possuidores de baixa renda, aplica-se a orientação do Enunciado 84 da I Jornada de Direito Civil". O Enunciado 84 aprovado na I Jornada de Direito Civil dispõe: "A defesa fundada no direito de aquisição com base no interesse social (art. 1.228, §§ 4.º e 5.º, do novo Código Civil) deve ser arguida pelos réus da ação reivindicatória, eles próprios responsáveis pelo pagamento da indenização".

## 21.2 MODALIDADES E FONTES NORMATIVAS

O próprio texto constitucional que consagra, de um lado, o direito fundamental de propriedade estabelece, de outro lado, os respectivos limites e exceções.

A propriedade será passível de desapropriação regular pelo Poder Público, desde que a intervenção estatal seja fundamentada no interesse público (art. 5.º, XXIV, da CRFB). Trata-se da desapropriação ordinária de competência comum de todos os Entes federados.

Não se deve confundir a competência administrativa para desapropriar com a competência para legislar sobre o assunto. Todos os Entes podem desapropriar bens, mas apenas a União pode legislar sobre desapropriação, na forma do art. 22, II, da CRFB.

Em alguns casos, a desapropriação fundamenta-se no desatendimento da função social da propriedade (arts. 182, § 4.º, III, 184 e 243 da CRFB). Nessa hipótese, as desapropriações possuem caráter sancionatório (desapropriações sancionatórias) e somente podem ser processadas pelo Ente federado indicado no texto constitucional.

### 21.2.1 Desapropriação por utilidade pública, necessidade pública ou interesse social

O art. 5.º, XXIV, da CRFB consagra a desapropriação por utilidade pública, necessidade pública ou interesse social. Enquanto as desapropriações por utilidade e necessidade pública estão previstas no Decreto-lei 3.365/1941,[4] a desapropriação por interesse social é regulada pela Lei 4.132/1962.[5]

Trata-se da desapropriação ordinária que pode ser utilizada por todos os Entes federados, ainda que a propriedade atenda a sua função social, pois não há, aqui, sanção ao particular, mas, sim, necessidade de atender o interesse público. Por essa razão, é imprescindível a indenização prévia, justa e em dinheiro.

As duas principais características da desapropriação ordinária são:

a) **competência:** todos os Entes federados podem desapropriar por meio dessa modalidade; e

b) **indenização:** sempre será devida a indenização prévia, justa e em dinheiro.

### 21.2.2 Desapropriação urbanística

O art. 182, § 4.º, III, da CRFB e a Lei 10.257/2001 (Estatuto da Cidade) tratam da desapropriação urbanística.[6]

A desapropriação urbanística refere-se ao imóvel localizado na área urbana que não atende a respectiva função social (imóvel não edificado, subutilizado ou não utilizado).

---

[4] A expressão "necessidade pública" se insere no conceito amplo de "utilidade pública". Tudo o que é necessário (urgente) é também útil ao interesse público. A recíproca, no entanto, não é verdadeira.

[5] Existem, ainda, diplomas legais específicos que tratam da desapropriação, por exemplo, o Decreto-lei 1.075/1970 que regula a imissão de posse, *initio litis*, em imóveis residenciais urbanos.

[6] Essa modalidade também é conhecida como desapropriação-sanção. Todavia, o caráter sancionatório da mesma forma é encontrado nas próximas modalidades de desapropriação (rural e confiscatória), razão pela qual preferimos a nomenclatura "desapropriação urbanística" ou "desapropriação-sanção urbanística".

Além da Lei federal (Lei 10.257/2001 – Estatuto da Cidade), exige-se a promulgação de "lei específica para área incluída no plano diretor" que determinará o parcelamento, a edificação ou a utilização do bem, devendo fixar as condições e os prazos para implementação desta obrigação (art. 5.º do Estatuto da Cidade).

Apenas os Municípios que possuem plano diretor podem se valer dessa modalidade de desapropriação (art. 41, III, do Estatuto da Cidade).[7] A propriedade urbana cumpre sua função social quando atende às exigências fundamentais de ordenação da cidade expressas no plano diretor, aprovado por lei municipal (art. 39 do Estatuto da Cidade).

Trata-se de desapropriação que só pode ser utilizada pelos Municípios e pelo Distrito Federal, quando do exercício da competência municipal.[8]

Ademais, é importante frisar que essa desapropriação sancionatória possui caráter subsidiário, pois o art. 182, § 4.º, da CRFB estabelece uma ordem sucessiva de medidas e de sanções que deve ser observada pelo Poder Público:

**Primeiro:** notificação do proprietário para parcelamento, edificação ou utilização compulsórios (art. 182, § 4.º, I, da CRFB e arts. 5.º e 6.º do Estatuto da Cidade).[9]

**Segundo:** fixação do IPTU progressivo no tempo, caso seja desatendido o prazo da notificação. Nesse caso, a alíquota somente poderá ser majorada por até cinco anos consecutivos, respeitada a alíquota máxima de quinze por cento (art. 182, § 4.º, II, da CRFB e art. 7.º do Estatuto da Cidade).

**Terceiro:** desapropriação do imóvel, com pagamento em títulos da dívida pública, previamente aprovados pelo Senado, resgatáveis em até dez anos, em prestações anuais, iguais e sucessivas, assegurados o valor real da indenização e os juros legais de seis por cento ao ano (art. 182, § 4.º, III, da CRFB e art. 8.º, § 1.º, do Estatuto da Cidade).

A indenização, portanto, não será prévia, nem em dinheiro, mas, sim, em títulos da dívida pública. De acordo com o art. 8.º, § 2.º, do Estatuto da Cidade, o valor real da indenização levará em conta os seguintes critérios:

a) refletirá o valor da base de cálculo do IPTU, descontado o montante incorporado em função de obras realizadas pelo Poder Público na área onde o mesmo se localiza após a notificação de que trata o § 2.º do art. 5.º desta Lei; e

---

[7] Dispõe o art. 41 do Estatuto da Cidade: "Art. 41. O plano diretor é obrigatório para cidades: I – com mais de vinte mil habitantes; II – integrantes de regiões metropolitanas e aglomerações urbanas; III – onde o Poder Público municipal pretenda utilizar os instrumentos previstos no § 4.º do art. 182 da Constituição Federal; IV – integrantes de áreas de especial interesse turístico; V – inseridas na área de influência de empreendimentos ou atividades com significativo impacto ambiental de âmbito regional ou nacional". No mesmo sentido, exigindo plano diretor para efetivação da desapropriação urbanística: DI PIETRO, Maria Sylvia Zanella. *Direito administrativo*. 22. ed. São Paulo: Atlas, 2009. p. 161.

[8] O art. 182, § 4.º, III, da CRFB menciona apenas o "Poder Público municipal". Todavia, a norma deve ser aplicada também ao DF que dispõe de competências estaduais e municipais (art. 32 da CRFB), o que é ratificado pelo art. 51 do Estatuto da Cidade ("Art. 51. Para os efeitos desta Lei, aplicam-se ao Distrito Federal e ao Governador do Distrito Federal as disposições relativas, respectivamente, a Município e a Prefeito"). No mesmo sentido: GASPARINI, Diógenes. *Direito administrativo*. 12. ed. São Paulo: Saraiva, 2007. p. 794.

[9] Os prazos da notificação estão previstos no art. 5.º, § 4.º do Estatuto da Cidade que dispõe: "§ 4.º Os prazos a que se refere o *caput* não poderão ser inferiores a: I – um ano, a partir da notificação, para que seja protocolado o projeto no órgão municipal competente; II – dois anos, a partir da aprovação do projeto, para iniciar as obras do empreendimento".

b) não computará expectativas de ganhos, lucros cessantes e juros compensatórios. Os títulos não terão poder liberatório para pagamento de tributos (art. 8.º, § 3.º, do Estatuto).

A partir da incorporação do bem ao patrimônio público, o Município terá o prazo de cinco anos para proceder ao adequado aproveitamento do imóvel (art. 8.º, § 4.º, do Estatuto). O aproveitamento poderá ser efetivado diretamente pelo Poder Público ou por meio de alienação ou concessão a terceiros, observando-se, nesses casos, o devido procedimento licitatório (art. 8.º, § 5.º, do Estatuto). O adquirente, no caso, permanece com as mesmas obrigações de parcelamento, edificação ou utilização do imóvel (art. 8.º, § 6.º, do Estatuto).

Além do caráter sancionatório (subsidiário), as duas principais características da desapropriação urbanística são:

a) **competência:** Município ou Distrito Federal; e
b) **indenização:** títulos da dívida pública, resgatáveis em até dez anos.

### 21.2.3 Desapropriação rural

A desapropriação rural refere-se ao imóvel rural que não atende a sua função social, conforme dispõe o art. 184 da CRFB. No âmbito infraconstitucional, as normas substantivas da desapropriação rural encontram-se previstas na Lei 8.629/1993 e as normas processuais, na LC 76/1993.[10]

Trata-se de modalidade de desapropriação que sanciona o proprietário que não cumpre a função social do imóvel rural[11] e somente pode ser utilizada pela União com o objetivo único de implementar reforma agrária (art. 184 da CRFB).[12]

A função social é atendida quando a propriedade rural cumpre os seguintes requisitos (art. 186 da CRFB e art. 9.º da Lei 8.629/1993): aproveitamento racional e adequado; utilização adequada dos recursos naturais disponíveis e preservação do meio ambiente; cumprimento das disposições que regulam as relações de trabalho; e exploração que favoreça o bem-estar dos proprietários e dos trabalhadores.

A desapropriação rural (sancionatória) não se confunde com a desapropriação de imóvel rural por interesse social para fins de reforma agrária. Enquanto a desapropriação rural é de competência exclusiva da União e representa uma sanção ao particular que descumpre a função social do imóvel rural e recebe títulos da dívida agrária, a segunda é a desapropriação ordinária que pode ser implementada por qualquer Ente federado e

---

[10] A LC n.º 76/1993 foi promulgada com fundamento no art. 184, § 3.º, da CRFB ("Cabe à lei complementar estabelecer procedimento contraditório especial, de rito sumário, para o processo judicial de desapropriação").

[11] A definição de imóvel rural consta do art. 4.º da Lei 8.629/1993: "Art. 4.º Para os efeitos desta lei, conceituam-se: I – Imóvel Rural – o prédio rústico de área contínua, qualquer que seja a sua localização, que se destine ou possa se destinar à exploração agrícola, pecuária, extrativa vegetal, florestal ou agroindustrial".

[12] Súmula 354 do STJ: "A invasão do imóvel é causa de suspensão do processo expropriatório para fins de reforma agrária".

exige o pagamento de indenização prévia, justa e em dinheiro. Com base nessa distinção, o STF e o STJ já admitiram a desapropriação por interesse social de imóveis rurais por Estado da Federação para fins de reforma agrária, com fundamento na regra geral (art. 5.º, XXIV, da CRFB e Lei 4.132/1962).[13]

Na desapropriação rural, a indenização é efetivada por meio de títulos da dívida agrária, com cláusula de preservação do valor real, resgatáveis no prazo de até vinte anos, a partir do segundo ano de sua emissão (art. 184 da CRFB).

As benfeitorias úteis e necessárias serão indenizadas em dinheiro (art. 184, § 1.º, da CRFB e art. 5.º, § 1.º, da Lei 8.629/1993). Todavia, a indenização, nesse caso, deve seguir a regra do precatório (art. 100 da CRFB).[14]

As operações de transferência de imóveis desapropriados para fins de reforma agrária são isentas de impostos federais, estaduais e municipais (art. 184, § 5.º, da CRFB).

Existem vedações constitucionais à utilização da desapropriação rural para fins de reforma agrária. Na forma do art. 185 da CRFB, essa modalidade de desapropriação não pode ser utilizada em relação aos seguintes bens:

a) pequena e média propriedade rural, assim definida em lei,[15] desde que seu proprietário não possua outra; e

b) propriedade produtiva.[16]

Além do caráter sancionatório e da finalidade específica (reforma agrária), as duas principais características da desapropriação rural são:

a) **competência:** União; e

b) **indenização:** títulos da dívida agrária, resgatáveis em até vinte anos.

### 21.2.4 Expropriação confiscatória

A expropriação confiscatória está prevista no art. 243 da CRFB, alterado pela EC 81/2014, e regulada na Lei 8.257/1991.[17] Trata-se da expropriação de propriedades rurais

---

[13] STF, SS 2.217/RS, Rel. Min. Maurício Correa, DJ 09.09.2003, *Informativo de Jurisprudência do STF* n. 320; STJ, 1.ª Turma, REsp 691.912/RS, Rel. p/ acórdão Min. Teori Albino Zavascki, DJ 09.05.2005, p. 311, *Informativo de Jurisprudência do STJ* n. 241; STJ, 2.ª Turma, RMS 13.959/RS, Rel. Min. João Otávio de Noronha, DJ 03.10.2005, p. 155, *Informativo de Jurisprudência do STJ* n. 259. Contra, entendendo que a desapropriação para reforma agrária é da competência exclusiva da União: STJ, 2.ª Turma, REsp 20.896/SP, Rel. Min. Eliana Calmon, DJ 13.12.1999, p. 128.

[14] Nesse sentido: STF, Tribunal Pleno, ADI 1.187 MC/DF, Rel. Min. Ilmar Galvão, DJ 16.02.1996, p. 2.997; STF, Tribunal Pleno, RE 247.866/CE, Rel. Min. Ilmar Galvão, DJ 24.11.2000, p. 105, *Informativo de Jurisprudência do STF* n. 197.

[15] As definições de pequena e média propriedade rural são fornecidas pelos incisos II e III do art. 4.º da Lei 8.629/1993: "Art. 4.º Para os efeitos desta lei, conceituam-se: [...] II – Pequena Propriedade – o imóvel rural: a) de área até quatro módulos fiscais, respeitada a fração mínima de parcelamento; III – Média Propriedade – o imóvel rural: a) de área superior a 4 (quatro) e até 15 (quinze) módulos fiscais".

[16] Considera-se produtiva a propriedade que, explorada econômica e racionalmente, atinge, simultaneamente, graus de utilização da terra e de eficiência na exploração, segundo índices fixados pelo órgão federal competente. Essa definição e os graus de utilização e de eficiência na exploração constam do art. 6.º da Lei 8.629/1993.

[17] O Decreto 577/1992 confere à Polícia Federal e ao INCRA as atribuições para identificação das glebas e respectiva expropriação.

e urbanas de qualquer região do País onde forem localizadas culturas ilegais de plantas psicotrópicas ou a exploração de trabalho escravo, na forma da lei, que serão destinadas à reforma agrária e a programas de habitação popular, sem qualquer indenização ao proprietário e sem prejuízo de outras sanções previstas em lei, observado, no que couber, o disposto no art. 5.º da CRFB.

De acordo com o parágrafo único do art. 243 da CRFB, com redação dada pela EC 81/2014, todos os bens que tenham valor econômico e que forem apreendidos em decorrência do tráfico ilícito de entorpecentes e drogas afins e da exploração de trabalho escravo serão confiscados e reverterão ao fundo especial, com destinação específica, na forma da lei.

A competência para promover a expropriação é exclusiva da União, sendo desnecessária a expedição do decreto expropriatório. O rito da ação de desapropriação está estabelecido na Lei 8.257/1991.

Nesse caso, temos verdadeiro confisco autorizado pelo texto constitucional, uma vez que a propriedade será retirada do particular sem qualquer indenização. Efetivada a expropriação, a União deve proceder à reforma agrária e à implementação de programas de habitação popular.

É importante notar que a expropriação deve englobar toda a propriedade, ainda que o cultivo ocorra em parte do terreno, conforme entendimento do STF.[18] O proprietário tem o dever de zelar por sua propriedade, sendo responsável por sua utilização indevida. Admitir a expropriação apenas parcial da área em que efetivamente for encontrado o cultivo ilegal seria prestigiar a desídia e a má-fé, pois o particular, por exemplo, faria o cultivo em pequenas porções da propriedade com o intuito de tornar inútil a expropriação para o assentamento dos colonos.

Frise-se, ainda, que a expropriação confiscatória prevista no art. 243 da CRFB pode ser afastada desde que o proprietário comprove que não incorreu em culpa, ainda que *in vigilando* ou *in elegendo*.[19]

As duas principais características da expropriação confiscatória são:

a) **competência:** União; e
b) **indenização:** não há.

## 21.3 OBJETO

Todo e qualquer bem ou direito que possua valoração econômica pode ser desapropriado pelo Poder Público (art. 2.º do Decreto-lei 3.365/1941).

Ressalte-se que a desapropriação deve ser justificada a partir do princípio da proporcionalidade. Não se deve admitir, por exemplo, a desapropriação de bens que são facilmente encontrados no mercado e que não possuem singularidade (ex.: mesas e cadeiras

---

[18] Nesse sentido: STF, Tribunal Pleno, RE 543.974/MG, Rel. Min. Eros Grau, *DJe*-099 29.05.2009, p. 1.477, *Informativo de Jurisprudência do STF* n. 540.

[19] Nesse sentido: STF, Tribunal Pleno, RE 635.336/PE, Rel. Min. Gilmar Mendes, julgado com repercussão geral em 14.12.2016.

escolares, canetas, papel). Nesse caso, a desapropriação seria desproporcional, pois não há necessidade de compelir o proprietário à intervenção drástica do Estado, sendo menos gravosa a compra do bem, precedida de licitação. Em síntese, a desapropriação, portanto, depende da necessidade de aquisição compulsória de determinado bem, tendo em vista as suas especificidades para o atendimento do interesse público.

Destaque-se que os bens inalienáveis podem ser desapropriados, considerando que o interesse público prevalece sobre a característica de inalienabilidade.

O Estado pode, inclusive, desapropriar ações de empresas privadas. Nesse sentido, a Súmula 476 do STF estabelece: "Desapropriadas as ações de uma sociedade, o poder desapropriante, imitido na posse, pode exercer, desde logo, todos os direitos inerentes aos respectivos títulos".

Todavia, a desapropriação de ações, cotas e direitos representativos do capital de instituições, que dependam de autorização da União para funcionarem e se subordinam à sua fiscalização, depende necessariamente de prévia autorização, por decreto do Presidente da República (art. 2.º, § 3.º, do Decreto-lei 3.365/1941). O STF editou a Súmula 157 com o seguinte teor: "É necessária prévia autorização do Presidente da República para desapropriação, pelos estados, de empresa de energia elétrica".

Em determinadas situações, o bem não poderá ser desapropriado, em razão da sua própria natureza ou de vedação legal. Existem duas espécies de impossibilidades:[20]

**a) Impossibilidades materiais:** a natureza dos bens impede a respectiva desapropriação. Ex.: moeda corrente (a indenização na desapropriação seria efetivada por moeda corrente);[21] direitos personalíssimos (direito à vida, à honra etc.); pessoas físicas ou jurídicas (são sujeitos, e não objeto de direitos).[22]

**b) Impossibilidades jurídicas:** o ordenamento jurídico veda a desapropriação de determinados bens. Ex.: impossibilidade de desapropriação rural sancionatória da pequena e média propriedade rural, desde que seu proprietário não possua outro imóvel rural, e da propriedade produtiva (art. 185, I e II, da CRFB). Discute-se, na doutrina, se o cadáver pode ser desapropriado.[23] Apesar de não apresentar qualquer relevância prática, entendemos ser inviável a desapropriação, tendo em vista dois argumentos jurídicos: ausência de proporcionalidade-necessidade (possibilidade de utilização de cadáveres de indigentes para pesquisas científicas, respeitadas as limitações e condicionantes legais) e impossibilidade de fixação do valor indenizatório, uma vez que não é um bem do comércio.

---

[20] As nomenclaturas são utilizadas por: CARVALHO FILHO, José dos Santos. *Manual de direito administrativo*. 18. ed. Rio de Janeiro: Lumen Juris, 2007. p. 779.

[21] Admite-se, no entanto, a desapropriação de moedas antigas ou raras que não estejam mais em circulação (ex.: o Estado desapropria essas moedas para construção de museu). No mesmo sentido: MEIRELLES, Hely Lopes. *Direito administrativo brasileiro*. 22. ed. São Paulo: Malheiros, 1997. p. 515.

[22] É possível, no entanto, a desapropriação de bens e direitos das pessoas físicas e jurídicas (ex.: desapropriação de ações de uma empresa). Nesse sentido: STF, Tribunal Pleno, RE 65.646/SP, Rel. Min. Themístocles Cavalcanti, *DJ* 29.11.1968.

[23] A favor da desapropriação: CARVALHO FILHO, José dos Santos. *Manual de direito administrativo*. 18. ed. Rio de Janeiro: Lumen Juris, 2007. p. 779. Contra a desapropriação: SALLES, José Carlos de Moraes. *A desapropriação à luz da doutrina e da jurisprudência*. 5. ed. São Paulo: RT, 2006. p. 123.

## 21.3.1 Bens públicos

A legislação em vigor admite a desapropriação de bens públicos desde que sejam observados os estritos termos do art. 2.º, §§ 2.º e 2.º-A, do Decreto-lei 3.365/1941,[24] quais sejam:

a) **autorização legislativa:** o expropriante deve ser autorizado por sua respectiva Casa Legislativa, salvo na hipótese de desapropriação amigável, quando a citada autorização é dispensada; e

b) **desapropriação de "cima para baixo":** a União pode desapropriar bens públicos estaduais e municipais, assim como os Estados podem desapropriar bens públicos municipais.

Verifica-se que a norma em comento estabeleceu uma espécie de hierarquia entre os interesses envolvidos: o interesse nacional (União) prevalece sobre o interesse regional (Estados) que, por sua vez, tem primazia sobre o interesse local dos Municípios. Em consequência, os bens públicos federais são inexpropriáveis e os Municípios não podem desapropriar bens públicos de outros Entes federados.[25]

No entanto, existem diferentes interpretações em relação ao art. 2.º, § 2.º, do Decreto-lei 3.365/1941, conforme demonstrado abaixo:

**Primeira posição:** não é possível a desapropriação de bens públicos, sob pena de violação à autonomia dos Entes federados (princípio federativo). Nesse sentido: Fábio Konder Comparato.[26]

**Segunda posição (majoritária):** aplicação literal do art. 2.º, § 2.º, do Decreto-lei 3.365/1941, exigindo a presença dos dois requisitos citados para consumação da desapropriação de bens públicos. Apenas seria possível a desapropriação de bens públicos de "cima para baixo". Nesse sentido: José Carlos de Moraes Salles, Maria Sylvia Zanella Di Pietro, José dos Santos Carvalho Filho, Diógenes Gasparini e STF.[27]

**Terceira posição:** é possível a desapropriação de bens públicos de "cima para baixo" e "de baixo para cima", tendo em vista a igualdade entre os Entes federados. Nesse sentido: Marçal Justen Filho.[28]

Entendemos, ainda que de forma minoritária, que a desapropriação de bens públicos não pode ser fundamentada na hierarquia de interesses consagrada no art. 2.º, § 2.º, do

---

[24] "Art. 2.º [...] § 2.º Será exigida autorização legislativa para a desapropriação dos bens de domínio dos Estados, dos Municípios e do Distrito Federal pela União e dos bens de domínio dos Municípios pelos Estados."

[25] O enunciado da Súmula 479 do STF dispõe: "As margens dos rios navegáveis são de domínio público, insuscetíveis de expropriação e, por isso mesmo, excluídas de indenização".

[26] COMPARATO, Fábio Konder. Pareceres – Princípio federal – Bens estaduais não podem ser desapropriados – Caso Banespa. *RTDP* 11/82.

[27] SALLES, José Carlos de Moraes. *A desapropriação à luz da doutrina e da jurisprudência*. 5. ed. São Paulo: RT, 2006. p. 129-132; DI PIETRO, Maria Sylvia Zanella. *Direito administrativo*. 22. ed. São Paulo: Atlas, 2009. p. 171; CARVALHO FILHO, José dos Santos. *Manual de direito administrativo*. 18. ed. Rio de Janeiro: Lumen Juris, 2007. p. 780; GASPARINI, Diógenes. *Direito administrativo*. 12. ed. São Paulo: Saraiva, 2007. p. 785-786; STF, AC 1.225 MC/RR, Rel. Min. Celso de Mello, DJ 22.06.2006, *Informativo de Jurisprudência do STF* n. 432.

[28] JUSTEN FILHO, Marçal. *Curso de direito administrativo*. 4. ed. São Paulo: Saraiva, 2009. p. 537. Sobre o tema, criticando a literalidade do art. 2.º, § 2.º, do Decreto-lei 3.365/1941, vide também: ANDRADE, Letícia Queiroz de. *Desapropriação de bens públicos (à luz do princípio federativo)*. São Paulo: Malheiros, 2006.

Decreto-lei 3.365/1941. A hierarquia dos interesses, no caso, acarreta, por consequência, a hierarquia entre os Entes federados, com primazia para União em detrimento dos demais Entes autônomos. Essa concentração de poder nas mãos da União somente pode ser explicada pelo período em que a norma foi promulgada, momento de escuridão da democracia ocasionado pela Constituição autoritária de 1937 ("Polaca"). O atual texto constitucional não estabelece qualquer hierarquia entre os Entes federados; ao contrário, estabelece o federalismo cooperativo, respeitada a repartição constitucional de competências.[29]

Por essa razão, a desapropriação de bens públicos de "baixo para cima", a nosso sentir, deve ser também permitida. Em qualquer hipótese, a desapropriação de bens públicos depende da ponderação de interesses no caso concreto, respeitado o princípio da proporcionalidade. Ex.: desapropriação de bem dominical estadual por Município para criação de hospital público. O interesse público secundário, preponderantemente econômico, subjacente do bem dominical estadual, pode ceder espaço para o interesse público primário promovido pela desapropriação.

É oportuno ressaltar que o poder de desapropriar bens públicos circunscreve-se ao território do Poder Público expropriante (ex.: o Município não pode desapropriar bem localizado em outro Município).

Da mesma forma, não se tem admitido a desapropriação entre Entes federados de igual natureza, ainda que os bens se encontrem localizados no território do expropriante.[30] Apesar de majoritário, discordamos desse entendimento, pois consideramos que a desapropriação de bens públicos depende da ponderação de interesses, e não da qualidade do sujeito ativo e passivo da desapropriação.

Por fim, segundo o entendimento majoritário, a hierarquia de interesses deve ser observada também na hipótese em que Entes federados distintos pretenderem desapropriar o mesmo bem particular (ex.: União, Estado e Município iniciam o processo de desapropriação em relação ao mesmo bem. Nesse caso, prevalece o interesse da União).[31]

### 21.3.2 Bens da Administração Indireta

Os Entes federados podem desapropriar bens das entidades da Administração Indireta. Há controvérsias, no entanto, em relação à desapropriação de bens das entidades

---

[29] Tanto isso é verdade que a União não pode legislar sobre interesse local, sob pena de invadir área legislativa reservada aos Municípios (art. 30, I, da CRFB). Da mesma forma, a Constituição, mesmo em situações excepcionais, não admite a intervenção federal em Municípios, salvo naqueles localizados em Territórios (arts. 34 e 35 da CRFB). Aliás, é oportuno mencionar que o STF, no tocante à cobrança da dívida ativa, declarou inconstitucional a definição de hierarquia na cobrança judicial dos créditos da dívida pública da União aos estados e Distrito Federal e esses aos Municípios (art. 187, parágrafo único, do CTN e art. 29, parágrafo único, da LEF), em razão da violação ao art. 19 da CRFB (STF, ADPF 357/DF, Rel. Min. Cármen Lúcia, Tribunal Pleno, *DJe* 07.10.2021, *Informativo de Jurisprudência do STF* n. 1.023).

[30] Nesse sentido: SALLES, José Carlos de Moraes. *A desapropriação à luz da doutrina e da jurisprudência*. 5. ed. São Paulo: RT, 2006. p. 134-136; MELLO, Celso Antônio Bandeira de. Desapropriação de bens públicos – Parecer. *Revista de Direito Público*, v. 29, p. 58, 1974; GASPARINI, Diógenes. *Direito administrativo*. 12. ed. São Paulo: Saraiva, 2007. p. 785-786; CARVALHO FILHO, José dos Santos. *Manual de direito administrativo*. 18. ed. Rio de Janeiro: Lumen Juris, 2007. p. 783.

[31] Nesse sentido: STF, Tribunal Pleno, RE 172.816/RJ, Rel. Min. Paulo Brossard, *DJ* 13.05.1994, p. 11.365.

administrativas, integrante da Administração Indireta "maior", por Entes da Federação "menores" (ex.: Município pretende desapropriar bens de estatais e autarquias estaduais e federais; Estados pretendem desapropriar bens das estatais e autarquias federais).

**Primeira posição:** Entes federados podem desapropriar bens da Administração Indireta "superior", tendo em vista que a autonomia política dos Entes federados prevalece sobre a autonomia meramente administrativa das entidades administrativas. Nesse sentido: Sérgio de Andréa Ferreira.[32]

**Segunda posição:** possibilidade de desapropriação dos bens desvinculados do objeto institucional da entidade administrativa. Os bens afetados às finalidades institucionais das entidades administrativas não podem ser desapropriados por Entes "menores", tendo em vista o princípio da continuidade dos serviços públicos e a hierarquia dos interesses, salvo com a concordância do chefe do Executivo respectivo da entidade desapropriada, na forma do art. 2.º, § 3.º, do Decreto-lei 3.365/1941. Nesse sentido: Hely Lopes Meirelles, Maria Sylvia Zanella Di Pietro e Diógenes Gasparini.[33]

**Terceira posição:** impossibilidade de desapropriação, em razão da maior hierarquia da pessoa federativa a que está vinculada a entidade administrativa. De acordo com esse entendimento, o bem será inexpropriável, independentemente da sua vinculação ou não às finalidades institucionais da respectiva entidade administrativa. A desapropriação apenas seria possível de forma amigável, com a concordância do chefe do Executivo respectivo da entidade desapropriada. O art. 2.º, § 3.º, do Decreto-lei 3.365/1941 dispõe que a desapropriação das ações, cotas e direitos representativos do capital das pessoas jurídicas, que dependem de autorização da União para funcionarem, somente pode ser implementada com a prévia autorização, por decreto, do Presidente da República. Com maior razão, a autorização do chefe do Executivo será necessária para desapropriação de bens das entidades que integram a Administração Indireta. Nesse sentido: José dos Santos Carvalho Filho, STJ e STF.[34]

Entendemos que a questão deve partir da premissa de que os bens da Administração Indireta podem ser públicos ou privados, dependendo da natureza da respectiva entidade administrativa.

No caso das autarquias e das fundações estatais de direito público, os bens são públicos, razão pela qual deve ser observado o art. 2.º, § 2.º, do Decreto-lei 3.365/1941. Em sua literalidade, interpretação que prevalece atualmente, a norma veda a desapropriação dos bens públicos dos Entes "maiores" por Entes "menores". No entanto, entendemos que a desapropriação de bens públicos, nesses casos, é possível, desde que o processo de ponderação de interesses indique a prevalência do interesse do Ente expropriante sobre o interesse do Ente ou entidade que será sujeito passivo da desapropriação.

---

[32] FERREIRA, Sérgio de Andréa. *Direito administrativo didático*. 3. ed. Rio de Janeiro: Forense, 1985. p. 197.
[33] MEIRELLES, Hely Lopes. *Direito administrativo brasileiro*. 22. ed. São Paulo: Malheiros, 1997. p. 516; DI PIETRO, Maria Sylvia Zanella. *Direito administrativo*. 22. ed. São Paulo: Atlas, 2009. p. 171; GASPARINI, Diógenes. *Direito administrativo*. 12. ed. São Paulo: Saraiva, 2007. p. 787-788.
[34] CARVALHO FILHO, José dos Santos. *Manual de direito administrativo*. 18. ed. Rio de Janeiro: Lumen Juris, 2007. p. 781; STJ, 1.ª Turma, REsp 214.878/SP, Rel. Min. Garcia Vieira, *DJ* 17.12.1999, p. 330, *Informativo de Jurisprudência do STJ* n. 35; REsp 71.266/SP, Rel. Min. Antônio de Pádua Ribeiro, 2.ª Turma, *DJ* 09.10.1995, p. 33.543; STF, Tribunal Pleno, RE 172.816/RJ, Rel. Min. Paulo Brossard, *DJ* 13.05.1994, p. 11.365.

Em relação às empresas públicas, sociedades de economia mista e fundações estatais de direito privado, os seus respectivos bens são privados, hipótese em que a doutrina e a jurisprudência têm exigido a observância do art. 2.º, § 3.º, do Decreto-lei 3.365/1941, ou seja, a autorização, por decreto, do respectivo chefe do Executivo. Entendemos, contudo, que a referida norma refere-se exclusivamente à desapropriação das "ações, cotas e direitos representativos do capital", não se aplicando aos bens integrantes do patrimônio das entidades administrativas, razão pela qual a desapropriação forçada seria possível, observada sempre a ponderação entre os interesses envolvidos. Com maior razão, a desapropriação de bens integrantes de estatais executoras de atividades econômicas que se submetem, em regra, ao mesmo tratamento jurídico dispensado às empresas privadas (art. 173, § 1.º, II, da CRFB).

## 21.4 PROCEDIMENTO

O procedimento para consumação da desapropriação pode ser dividido em duas fases:

a) **fase declaratória (competência para desapropriar):** o Poder Público declara a necessidade de desapropriação de determinado bem para o atendimento do interesse público, iniciando o procedimento de desapropriação; e

b) **fase executória (competência para promover a desapropriação):** adoção dos atos materiais (concretos) pelo Poder Público ou seus delegatários, devidamente autorizados por lei ou contrato, com o intuito de consumar a retirada da propriedade do proprietário originário.

### 21.4.1 Fase declaratória

A fase declaratória inicia o procedimento de desapropriação. Trata-se da declaração formal do Poder Público que demonstra a necessidade de desapropriação de determinado bem para o atendimento da utilidade pública, necessidade pública ou interesse social.

A declaração deve individualizar, com precisão, o bem que será desapropriado, sendo vedada a afirmação genérica de que determinada área possui utilidade pública, necessidade pública ou interesse social. O Poder Público deve apontar a finalidade da desapropriação, não se admitindo a mera indicação de dispositivo legal para justificar a sua atuação.[35]

#### 21.4.1.1 Competência declaratória

Possuem competência declaratória para iniciar o procedimento da desapropriação:

a) **Entes federados:** União, Estados, Distrito Federal e Municípios possuem competência declaratória. Trata-se da regra geral e a declaração deve ser formalizada por decreto (arts. 2.º e 6.º do Decreto-lei 3.365/1941).

---

[35] De forma semelhante, o Enunciado 4 da I Jornada de Direito Administrativo realizada pelo Centro de Estudos Judiciários do Conselho da Justiça Federal (CEJ/CJF) prevê: "O ato declaratório da desapropriação, por utilidade ou necessidade pública, ou por interesse social, deve ser motivado de maneira explícita, clara e congruente, não sendo suficiente a mera referência à hipótese legal."

b) **Agência Nacional de Energia Elétrica (ANEEL); Agência Nacional de Transportes Terrestres (ANTT); Departamento Nacional de Infraestrutura de Transportes (DNIT); Agência Nacional do Petróleo, Gás Natural e Biocombustíves (ANP); e Agência Nacional de Mineração (ANM):** por expressa previsão legal, algumas autarquias possuem competência declaratória (ANEEL: art. 10 da Lei 9.074/1995; ANTT: art. 24, XIX, da Lei 10.233/2001; DNIT: art. 82, IX, da Lei 10.233/2001; ANP: art. 8.º, VIII, da Lei 9.478/1997; e ANM: art. 2.º, XXI, da Lei 13.575/2017). A declaração, no entanto, não será formalizada por decreto, uma vez que esse ato administrativo é privativo do chefe do Executivo, mas, sim, por portaria.

c) **Poder Legislativo:** o procedimento da desapropriação pode ser iniciado pelo Poder Legislativo, competindo ao Executivo praticar os atos necessários à sua efetivação (art. 8.º do Decreto-lei 3.365/1941). Há divergência em relação à formalização dessa declaração. Para alguns, a declaração deve ser formalizada por lei (nesse caso, a lei seria de efeitos concretos).[36] Para outros, a declaração deve constar de decreto legislativo,[37] posição que se nos afigura mais adequada, especialmente pela similitude com a regra geral, que menciona o decreto (art. 6.º do Decreto-lei 3.365/1941).

### 21.4.1.2 Efeitos da declaração

A declaração formal de utilidade pública, necessidade pública ou interesse social acarreta consequências importantes, a saber:

a) **autorização para que as autoridades administrativas do expropriante ou seus representantes autorizados ingressem no bem**, objeto da declaração, podendo recorrer, em caso de oposição, ao auxílio de força policial (art. 7.º do Decreto-lei 3.365/1941);

b) **início do prazo de caducidade do decreto expropriatório**. Na desapropriação por utilidade pública, o Poder Público tem o prazo de cinco anos, contados da data da expedição do respectivo decreto, para promover a desapropriação (realização do acordo com o proprietário ou propositura da ação judicial). Caso não seja promovida a desapropriação dentro do prazo, ocorrerá a caducidade do decreto e o bem não poderá ser objeto de nova declaração pelo período de um ano (art. 10 do Decreto-lei 3.365/1941). Na desapropriação por interesse social, o prazo de caducidade é de dois anos (art. 3.º da Lei 4.132/1962);

c) **fixação do estado do bem para definição da futura indenização das benfeitorias**. O proprietário, após a declaração, pode implementar benfeitorias no

---

[36] Nesse sentido: SALLES, José Carlos de Moraes. *A desapropriação à luz da doutrina e da jurisprudência*. 5. ed. São Paulo: RT, 2006. p. 106; DI PIETRO, Maria Sylvia Zanella. *Direito administrativo*. 22. ed. São Paulo: Atlas, 2009. p. 163; GASPARINI, Diógenes. *Direito administrativo*. 12. ed. São Paulo: Saraiva, 2007. p. 797.

[37] Nesse sentido: CARVALHO FILHO, José dos Santos. *Manual de direito administrativo*. 18. ed. Rio de Janeiro: Lumen Juris, 2007. p. 792. Segundo o autor, a declaração por lei geraria um problema prático-jurídico, pois o Executivo certamente vetaria o projeto de lei.

bem, mas a respectiva indenização depende da observância do art. 26, § 1.º, do Decreto-lei 3.365/1941: as benfeitorias necessárias serão sempre indenizáveis; as benfeitorias úteis somente serão indenizadas se houver autorização do Poder Público; e as benfeitorias voluptuárias não serão indenizadas. É importante ressaltar, ainda, o teor da Súmula 23 do STF que dispõe: "Verificados os pressupostos legais para o licenciamento da obra, não o impede a declaração de utilidade pública para desapropriação do imóvel, mas o valor da obra não se incluirá na indenização, quando a desapropriação for efetivada".

### 21.4.2 Fase executória

A fase executória compreende os atos materiais necessários à efetivação concreta da desapropriação.

Inicialmente, a fase executória desenvolve-se na esfera administrativa. Nesse momento, o Poder Público deve oferecer proposta ao proprietário para aquisição do bem, objeto da declaração. O Poder Público deve notificar o proprietário, com a apresentação da oferta de indenização. A notificação deve conter (art. 10-A do DL 3.365/1941, incluído pela Lei 13.867/2019): a) cópia do ato de declaração de utilidade pública; b) planta ou descrição dos bens e suas confrontações; c) valor da oferta; e d) informação de que o prazo para aceitar ou rejeitar a oferta é de quinze dias e de que o silêncio será considerado rejeição.

Se houver a concordância do particular, as partes celebrarão o respectivo negócio jurídico e, tratando-se de bem imóvel, procederão à transcrição no Registro de Imóveis (RGI). Trata-se da denominada "desapropriação amigável".[38]

Caso não haja acordo na via administrativa, a fase executória se desdobrará na fase judicial com a propositura da ação de desapropriação.

São possíveis a mediação e a arbitragem no processo de desapropriação para a definição dos valores de indenização. Nesse caso, o particular indicará um dos órgãos ou instituições especializados em mediação ou arbitragem previamente cadastrados pelo órgão responsável pela desapropriação. Admite-se a eleição de câmara de mediação criada pelo Poder Público, nos termos do art. 32 da Lei 13.140/2015 (na forma do art. 10-B, *caput* e § 2.º, do DL 3.365/1941, incluído pela Lei 13.867/2019).

#### 21.4.2.1 *Competência executória*

A competência executória é mais ampla que a competência declaratória. Possuem competência executória:

a) entes federados (União, Estado, DF e Municípios), ANEEL, ANTT, DNIT, ANP e ANM: as pessoas que possuem competência declaratória para iniciar o processo podem, obviamente, promover os atos necessários à concretização da retirada do bem. Aplica-se, aqui, a regra "quem pode o mais pode o menos". Frise-se,

---

[38] Art. 167, I, n.º 34 da Lei 6.015/1973.

no entanto, que o Poder Legislativo possui competência declaratória, mas não a executória, na forma do art. 8.º do Decreto-lei 3.365/1941;

b) pessoas indicadas no art. 3.º do Decreto-lei 3.365/1941, desde que expressamente autorizadas por lei ou contrato: concessionários (concessões comuns e PPPs), permissionários, autorizatários e arrendatários; entidades públicas; entidades que exerçam funções delegadas do poder público; e contratado pelo poder público para fins de execução de obras e serviços de engenharia sob os regimes de empreitada por preço global, empreitada integral e contratação integrada.

## 21.5 AÇÃO DE DESAPROPRIAÇÃO: ASPECTOS RELEVANTES

Em caso de impossibilidade de acordo na via administrativa, o Poder Público (ou as pessoas que possuem competência executória) deve propor a ação judicial de desapropriação em face do proprietário do bem.

A ação de desapropriação possui peculiaridades importantes que serão destacadas nos itens a seguir.

### 21.5.1 Imissão provisória na posse

O Poder Público não precisa aguardar o desfecho do processo para acessar o bem e promover o interesse público. Admite-se a sua imissão na posse do bem no curso do processo judicial com o objetivo de satisfazer desde logo o interesse público.[39] A imissão provisória na posse encontra-se prevista no art. 15 do Decreto-lei 3.365/1941.[40]

A imissão provisória na posse pressupõe o preenchimento de dois requisitos legais:

a) **declaração de urgência:** compete ao Poder Público avaliar discricionariamente a urgência na imissão provisória, não sendo lícito ao Judiciário substituir o mérito administrativo. Basta a alegação de urgência, não sendo necessária a sua comprovação. Não existe um momento específico para essa declaração, o que pode ocorrer no próprio decreto expropriatório, na petição inicial ou em petição avulsa no curso do processo judicial. Todavia, uma vez alegada a urgência, que não poderá ser renovada, o Poder Público tem o prazo improrrogável de 120 dias para requerer a imissão provisória, na forma do art. 15, § 2.º, do Decretolei 3.365/1941;

b) **depósito prévio:** o Poder Público deve efetuar previamente o depósito de acordo com os critérios previstos no art. 15, § 1.º, do Decreto-lei 3.365/1941. Alguns autores, com razão, sustentam que esses critérios não são suficientes para fixação do valor justo, pois não se aproximam do valor de mercado do bem quando da imissão.[41] Não obstante esses critérios ensejarem a fixação de valor inferior

---

[39] A imissão provisória deve ser registrada no RGI (art. 15, § 4.º, do Decreto-lei 3.365/1941).

[40] Ressalte-se que a imissão provisória na posse nas desapropriações de imóveis residenciais urbanos, ocupados pelos respectivos proprietários ou promitentes compradores, possui rito especial previsto no Decreto-lei 1.075/1970.

[41] Nesse sentido: CARVALHO FILHO, José dos Santos. *Manual de direito administrativo*. 18. ed. Rio de Janeiro: Lumen Juris, 2007. p. 803.

ao valor de mercado do bem, o que nos parece injusto, o STF considerou que a referida norma foi recepcionada pela Constituição vigente, conforme dispõe o enunciado da Súmula 652: "Não contraria a constituição o art. 15, § 1.º, do Decreto-lei 3.365/1941 (Lei da desapropriação por utilidade pública)".[42]

O expropriado, réu da ação, poderá levantar, independentemente de concordância do Poder Público, até 80% do depósito efetivado na imissão provisória (art. 33, § 2.º, do Decreto-lei 3.365/1941). Não encontramos parâmetro razoável para limitar o levantamento ao percentual indicado, uma vez que o valor depositado é incontroverso. Na verdade, o proprietário, ao discordar do valor, requer que este seja incrementado. Por essa razão, entendemos, *de lege ferenda*, que deveria ser admitido o levantamento do valor integral do depósito. O levantamento do valor independe da emissão de precatório, pois ainda não há sentença no processo, devendo ser efetivado por alvará judicial.

O levantamento do preço depende do preenchimento de algumas condições (art. 34 do Decreto-lei 3.365/1941): a) prova de propriedade; b) quitação de dívidas fiscais que recaiam sobre o bem expropriado; e c) publicação de editais, com o prazo de 10 dias, para conhecimento de terceiros. Caso exista dúvida fundada sobre o domínio, o valor permanecerá depositado até a definição, em ação própria, do legítimo proprietário (art. 34, parágrafo único, do Decreto-lei 3.365/1941).

Na hipótese de concordância, reduzida a termo, do expropriado, a decisão concessiva da imissão provisória na posse implicará a aquisição da propriedade pelo expropriante com o consequente registro da propriedade na matrícula do imóvel, admitindo-se, ainda que o expropriado questione o preço ofertado em juízo, na forma do art. 34-A, *caput* e § 1.º, do Decreto-lei 3.365/1941, incluído pela Lei 13.465/2017.

Trata-se de dispositivo de duvidosa constitucionalidade, uma vez que permite a consumação da transferência da propriedade no curso da ação de desapropriação, sem a definição prévia do valor justo da indenização, uma vez que o expropriado poderia continuar com a discussão do referido valor, o que afronta o art. 5.º, XXIV, da CRFB. A imissão provisória na posse seria transformada em verdadeira antecipação da aquisição da propriedade.

De qualquer forma, partindo-se da presunção relativa de constitucionalidade da norma, uma vez consumada a imissão provisória na posse, com a concordância expressa do expropriado, este poderá levantar 100% do depósito realizado pelo Poder Público, deduzidos os débitos tributários (art. 34-A, §§ 2.º e 3.º, do Decreto-lei 3.365/1941, incluído pela Lei 13.465/2017).

Ofertada a contestação, sem discussão quanto à validade do decreto expropriatório, será implementada a imediata transferência da propriedade do imóvel para o expropriante, independentemente de concordância expressa do expropriado, com o prosseguimento do processo para discussão do valor da indenização (art. 34-A, § 4.º, do Decreto-lei 3.365/1941, incluído pela Lei 14.421/2022).

---

[42] Nesse caso, o Decreto-lei 1.075/1970 estipula critérios mais justos para definição do valor do depósito prévio na imissão provisória nas desapropriações de imóveis residenciais urbanos.

Aqui, igualmente, o legislador apresenta solução de duvidosa constitucionalidade, uma vez que permite a transferência da propriedade do imóvel antes da definição do valor justo da indenização, em contrariedade ao disposto no art. 5.º, XXIV, da CRFB.

Tradicionalmente, tem sido questionada a constitucionalidade da imissão provisória na posse, podendo ser apontados os dois principais entendimentos sobre o assunto:

**Primeira posição:** a imissão provisória na posse seria incompatível com o art. 5.º, XXIV, da CRFB que exige a "justa e prévia indenização em dinheiro". No caso, o proprietário seria afastado do seu bem sem o recebimento do valor integral e definitivo da indenização. Nesse sentido: Lucia Valle Figueiredo.[43]

**Segunda posição (majoritária):** a imissão provisória na posse não contraria o art. 5.º, XXIV, da CRFB, pois a indenização prévia e justa em dinheiro somente é exigida para retirada definitiva da propriedade, e não para perda temporária da posse do bem. Ademais, a imissão tem por objetivo antecipar a satisfação do interesse público. Esse é o entendimento majoritário atualmente na doutrina, restando consolidado, inclusive, na jurisprudência do STF e do STJ. Nesse sentido: Maria Sylvia Zanella Di Pietro, José dos Santos Carvalho Filho, Diógenes Gasparini.[44]

Entendemos que a imissão provisória é constitucional, mas o valor do depósito prévio deveria levar em consideração critérios que o aproximassem do valor de mercado do bem no momento da imissão, e não apenas os critérios elencados no art. 15, § 1.º, do Decreto-lei 3.365/1941, em razão do princípio da razoabilidade.

Por fim, é importante mencionar a questão relativa à responsabilidade pelos encargos incidentes sobre o imóvel após a imissão provisória na posse. Nesse caso, o particular permanece proprietário do bem, perdendo, no entanto, a respectiva posse direta, o que poderia levar à conclusão de que ele continuaria responsável pelo pagamento dos impostos (ex.: IPTU) e demais encargos incidentes sobre o imóvel. No entanto, tal conclusão seria demasiadamente injusta e irrazoável, pois, na prática, o particular não tem mais a posse direta do seu bem e aguarda apenas o desfecho do processo expropriatório para o recebimento da indenização integral e a consumação da transferência da propriedade. Seria injusto que o Poder Público utilizasse o bem às expensas do particular. Por essa razão, o STJ já decidiu que o proprietário somente é responsável pelos impostos, inclusive o IPTU, até a efetivação da imissão na posse provisória.[45]

## 21.5.2 Defesa do réu e extensão do controle judicial

A legislação em vigor limita a defesa do réu no processo de desapropriação, bem como o alcance da análise judicial em relação aos pressupostos de utilidade pública, necessidade pública e interesse social.

---

[43] FIGUEIREDO, Lúcia Valle. *Curso de direito administrativo*. 2. ed. São Paulo: Malheiros, 1995. p. 216, nota 17.
[44] DI PIETRO, Maria Sylvia Zanella. *Direito administrativo*. 22. ed. São Paulo: Atlas, 2009. p. 179-181; CARVALHO FILHO, José dos Santos. *Manual de direito administrativo*. 18. ed. Rio de Janeiro: Lumen Juris, 2007. p. 801-804 GASPARINI, Diógenes. *Direito administrativo*. 12. ed. São Paulo: Saraiva, 2007. p. 802-807.
[45] REsp 239.687/SP, Rel. Min. Garcia Vieira, 1.ª Turma, *DJ* 20.03.2000, p. 51, *Informativo de Jurisprudência do STJ* n. 47.

Nesse sentido, o art. 9.º do Decreto-lei 3.365/1941 dispõe: "Ao Poder Judiciário é vedado, no processo de desapropriação, decidir se se verificam ou não os casos de utilidade pública".[46] Da mesma forma, o art. 20 do Decreto-lei 3.365/1941 prevê: "A contestação só poderá versar sobre vício do processo judicial ou impugnação do preço; qualquer outra questão deverá ser decidida por ação direta".

Portanto, no processo de desapropriação a discussão tem por objeto:

a) **eventual vício processual** (ausência de uma das condições para o regular exercício do direito de ação ou dos pressupostos processuais); e

b) **preço** (proprietário não concorda com o valor ofertado pelo Poder Público, hipótese em que a perícia judicial determinará o valor considerado justo).

Entendemos que deve ser admitida, também, a discussão quanto aos aspectos extrínsecos (ex.: forma, caducidade) do decreto expropriatório.[47] Não se admite, contudo, a discussão quanto à existência dos pressupostos da desapropriação (utilidade pública, necessidade pública ou interesse social), devendo a questão ser debatida em processo autônomo.

Discute-se na doutrina a constitucionalidade dessa limitação da defesa judicial do proprietário-réu:

**Primeira posição:** os arts. 9.º e 20 do Decreto-lei 3.365/1941, que limitam a defesa do réu, contrariam o princípio constitucional da ampla defesa consagrado no art. 5.º, LV, da CRFB. Nesse sentido: Marçal Justen Filho.[48]

**Segunda posição (majoritária):** constitucionalidade de limitação da defesa do réu e da análise judicial no processo de desapropriação. Nesse sentido: José Carlos de Moraes Salles, Maria Sylvia Zanella Di Pietro, José dos Santos Carvalho Filho, Diógenes Gasparini.[49]

O ideal, a nosso sentir, seria a alteração da legislação para se admitir a discussão de outras questões no próprio processo de desapropriação. A alegação de que a limitação das questões, que podem ser suscitadas no processo de desapropriação, tem por objetivo garantir a celeridade processual necessária ao desfecho do processo e ao atendimento do interesse público pode ser superada pela possibilidade de imissão provisória na posse.

---

[46] De forma semelhante, o art. 9.º da LC 76/1993, que trata do processo judicial da desapropriação rural, dispõe: "A contestação deve ser oferecida no prazo de quinze dias e versar matéria de interesse da defesa, excluída a apreciação quanto ao interesse social declarado".

[47] Nesse sentido: SALLES, José Carlos de Moraes. *A desapropriação à luz da doutrina e da jurisprudência*. 5. ed. São Paulo: RT, 2006. p. 266; MEIRELLES, Hely Lopes. *Direito administrativo brasileiro*. 22. ed. São Paulo: Malheiros, 1997. p. 527. Nesse sentido, o Enunciado 3 da I Jornada de Direito Administrativo realizada pelo Centro de Estudos Judiciários do Conselho da Justiça Federal (CEJ/CJF) dispõe: "Não constitui ofensa ao artigo 9.º do Decreto-Lei n. 3.365/1941 o exame por parte do Poder Judiciário, no curso do processo de desapropriação, da regularidade do processo administrativo de desapropriação e da presença dos elementos de validade do ato de declaração de utilidade pública".

[48] JUSTEN FILHO, Marçal. *Curso de direito administrativo*. 4. ed. São Paulo: Saraiva, 2009. p. 550-551.

[49] SALLES, José Carlos de Moraes. *A desapropriação à luz da doutrina e da jurisprudência*. 5. ed. São Paulo: RT, 2006. p. 263; DI PIETRO, Maria Sylvia Zanella. *Direito administrativo*. 22. ed. São Paulo: Atlas, 2009. p. 166-167; CARVALHO FILHO, José dos Santos. *Manual de direito administrativo*. 18. ed. Rio de Janeiro: Lumen Juris, 2007. p. 800-801; GASPARINI, Diógenes. *Direito administrativo*. 12. ed. São Paulo: Saraiva, 2007. p. 801-802.

Com a imissão na posse, o Poder Público tem condições de atender o interesse público no início da demanda.

Perfilhamos, todavia, o entendimento majoritário, pois a limitação na defesa do réu encontra-se prevista na legislação que delimitou o devido processo legal respectivo. E nisso não há novidade, pois o ordenamento jurídico consagra exemplos de procedimentos que limitam as alegações das partes e que não foram considerados inconstitucionais (ex.: art. 612 do CPC). Ademais, no caso da desapropriação, a legislação consagra a ampla defesa, mas de forma diferida no tempo e no espaço, pois o réu deve propor a respectiva "ação direta" para questionar aquilo que foi vedado no curso do processo de desapropriação.

Ressalte-se, por fim, que a doutrina, de modo geral, não tem admitido a reconvenção no processo de desapropriação,[50] pois a reconvenção é uma nova ação dentro do mesmo processo (art. 343 do CPC), o que contrariaria o art. 20 do Decreto-lei 3.365/1941, que remete as questões, que não podem ser alegadas na contestação, à "ação direta" em processo autônomo.

### 21.5.3 Direito de extensão

O direito de extensão é o direito de o proprietário exigir que a desapropriação parcial se transforme em total quando a parte remanescente, de forma isolada, não possuir valoração ou utilidade econômica razoável. Evita-se, dessa forma, que o proprietário, na prática, perca a integralidade da propriedade com o recebimento de indenização parcial.

Em verdade, o direito de extensão pode ser considerado um remédio contra a desapropriação indireta, uma que o Poder Público, ao desapropriar formalmente parte do terreno, deixando para o proprietário parte irrisória que, isoladamente, não possui qualquer utilidade econômica (ex.: não é possível instituir lote), realiza, concretamente, a desapropriação integral do bem. Ou seja: a integralidade do bem é desapropriada, mas ocorre o pagamento parcial da indenização. A parte do bem que não foi objeto da desapropriação regular restou retirada, indiretamente e sem o devido processo legal, do proprietário (desapropriação indireta). Em consequência, o proprietário, ao invocar o direito de extensão, faz com que o Poder Público realize a indenização integral do bem.

Não há uniformidade na doutrina em relação ao reconhecimento do direito de extensão:

**Primeira posição:** inexistência do direito de extensão, tendo em vista a ausência de previsão na legislação geral (Decreto-lei 3.365/1941 e Lei 4.132/1962), salvo eventuais exceções consagradas em leis especiais. Todavia, os defensores dessa tese sustentam que o particular tem direito à compensação pelo esvaziamento econômico da parte remanescente do bem que não foi objeto da desapropriação formal. Nesse sentido: Sérgio de Andréa Ferreira.[51]

---

[50] Nesse sentido: SALLES, José Carlos de Moraes. *A desapropriação à luz da doutrina e da jurisprudência*. 5. ed. São Paulo: RT, 2006. p. 433; CARVALHO FILHO, José dos Santos. *Manual de direito administrativo*. 18. ed. Rio de Janeiro: Lumen Juris, 2007. p. 801.

[51] FERREIRA, Sérgio de Andréa. *Direito administrativo didático*. 3. ed. Rio de Janeiro: Forense, 1985. p. 198.

**Segunda posição (majoritária):** possibilidade do direito de extensão. Nesse sentido: Hely Lopes Meirelles, José Carlos de Moraes Salles, Diógenes Gasparini e José dos Santos Carvalho Filho.[52]

A discussão acima descrita, a nosso sentir, não gera maiores consequências práticas, pois há uniformidade no sentido de que o particular terá direito à indenização/compensação pelo remanescente do bem. De qualquer forma, sustentamos que o direito de extensão encontra-se previsto no art. 12 do Decreto 4.956/1903, que tratava da desapropriação. A referida norma não foi revogada, tácita ou expressamente, pelo atual Decreto-lei 3.365/1941. Ademais, o art. 4.º da LC 76/1993, que dispõe sobre o procedimento sumário da desapropriação para fins de reforma agrária, consagra o direito de extensão nos seguintes termos: "Art. 4.º Intentada a desapropriação parcial, o proprietário poderá requerer, na contestação, a desapropriação de todo o imóvel, quando a área remanescente ficar: I – reduzida a superfície inferior à da pequena propriedade rural; ou II – prejudicada substancialmente em suas condições de exploração econômica, caso seja o seu valor inferior ao da parte desapropriada". Ainda que não houvesse norma legal nesse sentido, o direito de extensão poderia ser invocado diretamente do art. 5.º, XXIV, da CRFB que exige a justa indenização na desapropriação.

O direito de extensão pode ser invocado pelo réu em sua contestação, pois envolve, em última análise, discussão de preço (justa indenização), na forma autorizada pelo art. 20 do Decreto-lei 3.365/1941.[53]

Alguns autores sustentam que o direito de extensão deve ser suscitado, necessariamente, no processo administrativo ou na contestação apresentada no processo de desapropriação, sob pena de preclusão (nesse sentido: Hely Lopes Meirelles e Diógenes Gasparini).[54] Não concordamos com esse entendimento. Em nossa opinião, o direito de extensão pode ser alegado na contestação ou em momento posterior por meio de ação autônoma (ação indenizatória fundada na desapropriação indireta da parte remanescente), desde que proposta dentro do prazo prescricional, sob pena de se admitir a retirada do bem sem a respectiva indenização (nesse sentido: José dos Santos Carvalho Filho).[55]

### 21.5.4 Indenização

Na desapropriação por utilidade pública e por interesse social (art. 5.º, XXIV, da CRFB), a indenização deve ser prévia, justa e em dinheiro.

A indenização deve ser integral, englobando os danos emergentes, os lucros cessantes, as despesas processuais, os juros, a correção monetária e os honorários advocatícios.[56]

---

[52] MEIRELLES, Hely Lopes. *Direito administrativo brasileiro*. 22. ed. São Paulo: Malheiros, 1997. p. 529; SALLES, José Carlos de Moraes. *A desapropriação à luz da doutrina e da jurisprudência*. 5. ed. São Paulo: RT, 2006. p. 773; GASPARINI, Diógenes. *Direito administrativo*. 12. ed. São Paulo: Saraiva, 2007. p. 802; CARVALHO FILHO, José dos Santos. *Manual de direito administrativo*. 18. ed. Rio de Janeiro: Lumen Juris, 2007. p. 836.

[53] STJ, 2.ª Turma, REsp 816.535/SP, Rel. Min. Castro Meira, *DJ* 16.02.2007 p. 307.

[54] MEIRELLES, Hely Lopes. *Direito administrativo brasileiro*. 22. ed. São Paulo: Malheiros, 1997. p. 529; GASPARINI, Diógenes. *Direito administrativo*. 12. ed. São Paulo: Saraiva, 2007. p. 802.

[55] Com a mesma opinião: CARVALHO FILHO, José dos Santos. *Manual de direito administrativo*. 18. ed. Rio de Janeiro: Lumen Juris, 2007. p. 837.

[56] STJ: "Não incide imposto de renda sobre as verbas decorrentes de desapropriação (indenização, juros moratórios e juros compensatórios), seja por necessidade ou utilidade pública, seja por interesse social, por não constituir

Em regra, o pagamento deve ser feito em dinheiro por meio do sistema do precatório (art. 100 da CRFB). As entidades de direito público devem incluir nos seus orçamentos a verba necessária ao pagamento de seus débitos, "oriundos de sentenças transitadas em julgado, constantes de precatórios judiciários apresentados até 2 de abril, fazendo-se o pagamento até o final do exercício seguinte, quando terão seus valores atualizados monetariamente" (art. 100, § 5.º, da CRFB). De acordo com o STF, a submissão da desapropriação ao regime de precatórios não viola o comando constitucional de indenização prévia e justa. Contudo, se o Poder Público não estiver em dia com os precatórios, havendo necessidade de complementação da indenização, ao final do processo expropriatório, deverá o pagamento ser feito mediante depósito judicial direto ao expropriado.[57]

Excepcionalmente, o pagamento pode ser efetivado sem a necessidade de precatório. É o que ocorre nos seguintes casos:

a) **valor reduzido da indenização (RPV):** os créditos de pequeno valor atualmente são pagos por meio da Requisição de Pequeno Valor (RPV), na forma dos arts. 100, §§ 3.º e 4.º, da CRFB e art. 87 do ADCT; e

b) **desapropriação promovida por pessoas privadas delegatárias de atividades administrativas:** as empresas estatais (empresas públicas e sociedades de economia mista) e os concessionários e permissionários de serviços públicos, quando promovem a ação de desapropriação, não se submetem à regra do precatório. É importante lembrar que a regra do precatório apenas se aplica às pessoas de direito público (Fazenda Pública).

Nas desapropriações sancionatórias urbanística e rural, o pagamento da indenização não é prévio, nem em dinheiro, mas, sim, por meio de títulos. Enquanto na desapropriação urbanística a indenização é realizada por títulos da dívida pública, resgatáveis em até dez anos, em parcelas anuais, iguais e sucessivas (art. 182, § 4.º, III, da CRFB), na desapropriação rural a indenização é implementada por títulos da dívida agrária, resgatáveis no prazo de até 20 anos, a partir do segundo ano de sua emissão (art. 184 da CRFB).

Por fim, na desapropriação confiscatória não há indenização, nem em dinheiro, nem em títulos (art. 243 da CRFB).

### 21.5.4.1 Juros moratórios

Os juros moratórios têm por objetivo recompor os prejuízos pelo atraso no efetivo pagamento da indenização.

---

ganho ou acréscimo patrimonial" (Tese 9 da edição 49 da *Jurisprudência em Teses* do STJ) e "Na desapropriação é devida a indenização correspondente aos danos relativos ao fundo de comércio" (Tese 6 da edição 49 da *Jurisprudência em Teses* do STJ). Sobre a tese 6, vide nossos comentários na obra: DI PIETRO, Maria Sylvia Zanella; NOHARA, Irene Patrícia (Coord.). *Teses jurídicas dos tribunais superiores*. Direito Administrativo, Tomo II, São Paulo: RT, 2017. O Enunciado 31 da I Jornada de Direito Administrativo realizada pelo Centro de Estudos Judiciários do Conselho da Justiça Federal (CEJ/CJF) dispõe: "A avaliação do bem expropriado deve levar em conta as condições mercadológicas existentes à época da efetiva perda da posse do bem."

[57] Tema 865 da Tese de Repercussão Geral do STF.

Tradicionalmente, o termo *a quo* para incidência dos juros moratórios era o trânsito em julgado da sentença proferida no processo de desapropriação. Nesse sentido dispunha a Súmula 70 do STJ: "Os juros moratórios, na desapropriação direta ou indireta, contam-se desde o trânsito em julgado da sentença".[58]

Atualmente, a referida súmula não tem incidência em relação às pessoas jurídicas de direito público, tendo em vista a regra do precatório que afasta a caracterização da mora com o trânsito em julgado da sentença.

Após o trânsito em julgado, o valor fixado na sentença será objeto de precatório que, uma vez inscrito até 2 de abril, deverá ser pago até o final do exercício seguinte. Esse é o prazo para pagamento estipulado pelo próprio texto constitucional (art. 100, § 5.º, da CRFB, alterado pela EC 62/2009). Por essa razão, o art. 15-B do Decreto-lei 3.365/1941 dispõe que os juros incidem "a partir de 1.º de janeiro do exercício seguinte àquele em que o pagamento deveria ser feito, nos termos do art. 100 da Constituição".[59]

Duas situações ilustram a incidência dos juros moratórios:

**Primeira hipótese:** inscrição do precatório até 01.07.2008. O pagamento deve ser realizado até 31.12.2009. O termo inicial dos juros moratórios é 01.01.2010;

**Segunda hipótese:** inscrição do precatório após 01.07.2008 e antes de 01.07.2009. O pagamento deve ser realizado até 31.12.2010. O termo inicial dos juros moratórios é 01.01.2011.

É oportuno salientar que nas ações de desapropriação propostas por pessoas de direito privado, delegatárias de atividades administrativas (empresas estatais, fundações estatais de direito privado e concessionárias), o termo inicial dos juros moratórios será o trânsito em julgado da sentença, na forma da Súmula 70 do STJ. Percebe-se, destarte, que a citada Súmula permanece em vigor em relação às ações de desapropriação propostas por entidades privadas, mas não é aplicável às ações propostas por pessoas de direito público.[60]

A base de cálculo dos juros moratórios é o valor da indenização fixado na sentença.

Por fim, é importante definir o percentual dos juros moratórios. De acordo com o disposto no art. 15-B do Decreto-lei 3.365/1941, os juros moratórios são devidos à razão de até seis por cento ao ano. Todavia, não nos parece razoável admitir percentual variável e sua fixação em patamar inferior a 6% ao ano, sob pena de contrariedade ao mandamento constitucional que exige justa indenização (art. 5.º, XXIV, da CRFB).

Por essa razão, o percentual dos juros moratórios deve observar o art. 406, § 1.º, do CC, com a redação dada pela Lei 14.905/2024, com a utilização da taxa referencial do Sistema Especial de Liquidação e de Custódia (Selic), deduzido o índice de atualização

---

[58] O STJ afirmou que as Súmulas 12, 70 e 102 somente se aplicam às situações ocorridas até 12.1.2000, data anterior à vigência da MP 1.997-34 que alterou o DL 3.365/1941 (*Informativo de Jurisprudência do STJ* n. 684).

[59] A Súmula Vinculante 17 do STF dispõe: "durante o período previsto no parágrafo 1.º do artigo 100 da Constituição, não incidem juros de mora sobre os precatórios que nele sejam pagos".

[60] De forma semelhante, o STJ decidiu: "Nas desapropriações realizadas por concessionária de serviço público, não sujeita a regime de precatório, a regra contida no art. 15-B do Decreto-Lei n. 3.365/41 é inaplicável, devendo os juros moratórios incidir a partir do trânsito em julgado da sentença" (Tese 16 da edição 49 da *Jurisprudência em Teses* do STJ).

monetária de que trata o parágrafo único do art. 389 do CC. Caso a taxa legal apresente resultado negativo, este será considerado igual a 0 (zero) para efeito de cálculo dos juros no período de referência (art. 406, § 3.º, do CC, com a redação dada pela Lei 14.905/2024).

### 21.5.4.2 Juros compensatórios

Os juros compensatórios têm por objetivo compensar a perda prematura da posse do bem, em decorrência da imissão provisória na posse. Em outras palavras, os juros compensatórios compensam os danos correspondentes a lucros cessantes comprovadamente sofridos pelo proprietário, não incidindo nas indenizações relativas às desapropriações que tiverem como pressuposto o descumprimento da função social da propriedade, previstas nos arts. 182, § 4.º, III, e 184 da CRFB (art. 15-A, *caput* e § 1.º, do Decreto-lei 3.365/1941, com redação dada pela Lei 14.620/2023).

Incidem juros compensatórios não apenas nas desapropriações diretas, mas, também, nas ações indenizatórias por apossamento administrativo ou por desapropriação indireta e nas ações indenizatórias com fundamento em restrições decorrentes de atos do poder público, excluídos os juros compensatórios em relação ao período anterior à aquisição da propriedade ou da posse titulada pelo autor da ação (art. 15-A, §§ 2.º e 3.º, do Decreto-lei 3.365/1941, com redação dada pela Lei 14.620/2023).

O termo inicial para contagem dos juros compensatórios é a data da imissão provisória na posse do bem objeto da ação de desapropriação, na forma do art. 15-A do Decreto-lei 3.365/1941.

No tocante à base de cálculo, o art. 15-A do Decreto-lei 3.365/1941 estabelece que os juros compensatórios incidem sobre o valor da diferença eventualmente apurada entre o valor ofertado em juízo e o valor efetivamente fixado na sentença.

A regra, no entanto, prejudica o particular, que só pode levantar 80% (e não a integralidade) do valor depositado na imissão provisória na posse, e afronta a exigência constitucional de indenização justa. Por essa razão, o STF, ao analisar a constitucionalidade da norma em comento, efetivou interpretação conforme a Constituição "para se ter como constitucional o entendimento de que essa base de cálculo será a diferença eventualmente apurada entre 80% do preço ofertado em juízo e o valor do bem fixado na sentença".[61] Ex.: Poder Público oferece R$ 100.000,00. O proprietário levanta 80% do valor depositado (R$ 80.000,00). A sentença estabelece como valor justo o montante de 200.000,00. A aplicação literal do art. 15-A do Decreto-lei 3.365/1941 levaria à conclusão de que a base de cálculo seria R$ 100.000,00. Todavia, de acordo com a interpretação do STF, a base de cálculo, no caso, será a diferença entre 80% do preço ofertado e o valor fixado na sentença, ou seja, R$ 120.000,00 (cento e vinte mil reais).

Quanto ao percentual dos juros compensatórios, a Súmula 618 do STF estabelecia: "Na desapropriação, direta ou indireta, a taxa dos juros compensatórios é de 12% ao ano". Posteriormente, o art. 15-B do Decreto-lei 3.365/1941, alterado por Medida Provisória, limitou o percentual dos juros compensatórios para até 6% ao ano.

---

[61] STF, ADI 2.332/DF, Rel. Min. Roberto Barroso, j. 17.05.2018, *Informativos de Jurisprudência do STF* n. 240 e 902.

Após conceder medida cautelar para suspender a eficácia da referida norma, o STF, no julgamento do mérito da ação direta de inconstitucionalidade, considerou constitucional o percentual de juros compensatórios de 6% ao ano, mas declarou inconstitucional o vocábulo "até" que autorizava a fixação em patamar inferior a 6%.[62] A partir do entendimento fixado pela Suprema Corte, sem modulação de efeitos, a Súmula 618 do STF somente será aplicada no momento anterior à alteração normativa do art. 15-B do Decreto-lei 3.365/1941 que reduziu de 12% para 6% o percentual dos juros compensatórios.[63]

As normas sobre os juros compensatórios aplicam-se também às ações ordinárias de indenização por apossamento administrativo ou desapropriação indireta, bem como às ações que visem a indenização por restrições decorrentes de atos do Poder Público, em especial aqueles destinados à proteção ambiental, incidindo os juros sobre o valor fixado na sentença, na forma do art. 15-A, § 3.º, do Decreto-lei 3.365/1941.[64]

Cabe registrar que o STF declarou inconstitucional o § 4.º do art. 15-A do Decreto-lei 3.365/1941, que excluía os juros compensatórios relativos a período anterior à aquisição da propriedade ou posse titulada pelos autores das ações mencionadas no § 3.º do mesmo dispositivo legal.[65]

A Súmula 12 do STJ dispõe que, na desapropriação, "são cumuláveis juros compensatórios e moratórios". De modo semelhante, a Súmula 102 do STJ afirma que "a incidência dos juros moratórios sobre os compensatórios, nas ações expropriatórias, não constitui anatocismo vedado em lei".[66] A vedação em relação aos juros compostos, contida no art. 15-A do Decretolei 3.365/1941, refere-se apenas aos juros de mesma natureza. Atualmente, não há que falar em anatocismo em virtude dos períodos distintos de incidência dos juros compensatórios e moratórios: enquanto os juros compensatórios incidem até a data da expedição do precatório original, os juros moratórios incidem a partir de "1.º de janeiro do exercício seguinte àquele em que o pagamento deveria ser feito, nos termos do art. 100 da Constituição".[67]

### 21.5.4.3 Honorários advocatícios

O art. 27, § 1.º, do Decreto-lei 3.365/1941, alterado por medidas provisórias, consagra a regra em relação aos honorários advocatícios na desapropriação.

Em primeiro lugar, os honorários somente serão devidos se o valor da indenização fixado na sentença for superior ao valor ofertado pelo Poder Público na fase administrativa.

---

[62] STF, ADI 2.332/DF, Rel. Min. Roberto Barroso, j. 17.05.2018, *Informativos de Jurisprudência do STF* n. 240 e 902.
[63] Nesse sentido, o STJ cancelou a sua Súmula 408 e fixou a seguinte tese no julgamento do Tema Repetitivo 126: "O índice de juros compensatórios na desapropriação direta ou indireta é de 12% até 11.6.1997, data anterior à vigência da MP 1577/97". (*Informativo de Jurisprudência do STJ* n. 684).
[64] O referido dispositivo legal foi declarado constitucional pelo STF (ADI 2.332/DF, Rel. Min. Roberto Barroso, j. 17.05.2018, *Informativos de Jurisprudência do STF* n. 240 e 902).
[65] STF, ADI 2.332/DF, Rel. Min. Roberto Barroso, j. 17.05.2018, *Informativos de Jurisprudência do STF* n. 240 e 902.
[66] O STJ afirmou que as Súmulas 12, 70 e 102 somente se aplicam às situações ocorridas até 12.1.2000, data anterior à vigência da MP 1.997-34 que alterou o DL 3.365/1941 (*Informativo de Jurisprudência do STJ* n. 684).
[67] STJ, 1.ª Seção, REsp 1.118.103/SP, Rel. Min. Teori Albino Zavascki, DJe 08.03.2010, *Informativo de Jurisprudência do STJ* n. 424.

Trata-se da aplicação do ônus da sucumbência.[68] Ex.: Poder Público oferece R$ 100.000,00 e a sentença fixa o valor justo em R$ 150.000,00. Os honorários incidem sobre a diferença, ou seja, R$ 50.000,00.

Em segundo lugar, a atual redação do art. 27, § 1.º, do Decreto-lei 3.365/1941 determina que os honorários sejam fixados entre meio e cinco por cento do valor da diferença, excepcionando a regra prevista no art. 85, § 2.º, do CPC.[69]

Por fim, o art. 27, § 1.º, do Decreto-lei 3.365/1941 estabelece um teto para o valor dos honorários: R$ 151.000,00. O STF, todavia, declarou a inconstitucionalidade do referido limite.[70]

### 21.5.5 Desistência da ação de desapropriação: requisitos

O Poder Público, assim como os autores das ações judiciais em geral, pode desistir da ação de desapropriação. A desistência, de acordo com o STF, ainda que manifestada após a apresentação da contestação, não depende da concordância do réu, sendo inaplicável o art. 485, § 4.º, do CPC.[71] Ainda que se pretendesse exigir a concordância do réu, o Poder Público poderia revogar o decreto expropriatório, na via administrativa, o que ensejaria a extinção do processo por ausência superveniente do interesse processual (art. 485, VI, do CPC).

Existem, no entanto, limites ao pedido de desistência por parte do Poder Público. Embora a legislação seja omissa, é possível apontar os seguintes **requisitos para a desistência**:

a) Somente é possível até o pagamento, ainda que parcial, da indenização fixada na sentença.[72] Em verdade, entendemos que a desistência não é possível após o trânsito em julgado da sentença, sob pena de transformar o pedido de desistência em sucedâneo da ação rescisória.

O pedido de desistência deve ser formulado antes do término do processo de desapropriação. Com o pagamento, ocorre a transferência da propriedade, o que obstaria a desistência. É importante esclarecer, contudo, que apenas o pagamento da indenização fixada na sentença impede a desistência, mas não o pagamento decorrente da imissão provisória na posse. O problema é que a legislação não define o que será feito com o valor levantado

---

[68] Merecem destaque duas súmulas do STJ que tratam dos honorários advocatícios na ação de desapropriação: a) Súmula 131 do STJ: "Nas ações de desapropriação incluem-se no cálculo da verba advocatícia as parcelas relativas aos juros compensatórios e moratórios, devidamente corrigidas"; b) Súmula 141 do STJ: "Os honorários de advogado em desapropriação direta são calculados sobre a diferença entre a indenização e a oferta, corrigidas monetariamente".

[69] STJ: "O pedido de desistência na ação expropriatória afasta a limitação dos honorários estabelecida no art. 27, § 1.º, do Decreto n.º 3.365/41" (Tese 11 da edição 49 da *Jurisprudência em Teses* do STJ) e "São aplicáveis às desapropriações indiretas os limites percentuais de honorários advocatícios constantes do art. 27, § 1.º, do Decreto-Lei n. 3.365/1941" (Tese 12 da edição 49 da *Jurisprudência em Teses* do STJ).

[70] STF, ADI 2.332/DF, Rel. Min. Roberto Barroso, j. 17.05.2018, *Informativos de Jurisprudência do STF* n. 240 e 902.

[71] STF, 1.ª Turma, RE 99.528/MG, Rel. Min. Néri da Silveira, *DJ* 20.03.1992, p. 3.324.

[72] STJ, 2.ª Turma, REsp 402.482/RJ, Rel. Min. Eliana Calmon, *DJ* 12.08.2002, p. 202, *Informativo de Jurisprudência do STJ* n. 128.

pelo réu (80% do valor depositado) em razão da imissão provisória na posse. Lembre-se de que a imissão provisória na posse gerou a perda da posse do bem pelo particular que, por essa razão, deverá ser indenizado pelos prejuízos sofridos, que podem ser inferiores ou superiores ao valor levantado. A nosso sentir, a eventual devolução parcial do valor ou a sua complementação deve ser discutida em ação autônoma a ser proposta posteriormente.

b) Devolução do bem nas mesmas condições em que ele foi retirado do particular.[73] Essa exigência somente faz sentido nas desapropriações em que foi efetivada a imissão provisória na posse. O Poder Público deve devolver o bem nas condições originárias, não sendo lícito obrigar o particular a receber bem diverso ou alterado substancialmente. O ônus da prova na demonstração da existência de fato impeditivo para desistência na ação de desapropriação é do réu/desapropriado, na forma do art. 373, II, do CPC.[74]

Por outro lado, a desistência da ação de desapropriação acarreta **duas consequências** importantes:

a) o Poder Público deve indenizar o proprietário por meio de ação indenizatória autônoma; e

b) a sentença de extinção do processo de desapropriação deve condenar o Poder Público ao pagamento das despesas processuais e dos honorários advocatícios, na forma do art. 90 do CPC.[75]

### 21.5.6 Intervenção do Ministério Público

Há discussão doutrinária sobre a necessidade de intervenção do Ministério Público nas ações de desapropriação, especialmente em virtude da ausência de tratamento do assunto no Decreto-lei 3.365/1941 e na Lei 4.132/1962. Sobre o tema, existem duas opiniões:

**Primeira posição:** intervenção obrigatória do Ministério Público, na forma do art. 178, I, do CPC, tendo em vista a presença do interesse público, na supressão estatal do direito fundamental de propriedade, bem como pela aplicação analógica do art. 18, § 2.º, da LC 76/1993, que exige a intervenção ministerial nas ações de desapropriação de imóvel rural para fins de reforma agrária.

**Segunda posição (majoritária):** inexistência da obrigatoriedade de intervenção do Ministério Público, em razão da ausência de norma legal nesse sentido, salvo na ação de desapropriação rural para fins de reforma agrária. Nesse sentido: José Carlos de Moraes Salles, STJ e CNMP.[76]

---

[73] STJ, 2.ª Turma, REsp 450.383/RS, Rel. Min. João Otávio de Noronha, *DJ* 18.08.2006, p. 365, *Informativo de Jurisprudência do STJ* n. 291.

[74] STJ, 2.ª Turma, REsp 1.368.773/MS, Rel. p/ acórdão Min. Herman Benjamin, *DJe* 02.02.2017, *Informativo de Jurisprudência do STJ* n. 562.

[75] "Art. 90. Proferida sentença com fundamento em desistência, em renúncia ou em reconhecimento do pedido, as despesas e os honorários serão pagos pela parte que desistiu, renunciou ou reconheceu."

[76] SALLES, José Carlos de Moraes. *A desapropriação à luz da doutrina e da jurisprudência*. 5. ed. São Paulo: RT, 2006. p. 692. STJ, 1.ª Seção, EREsp 486.645/SP, Rel. Min. Mauro Campbell Marques, *DJe* 21.08.2009; EREsp 506.226/DF, Rel.

Entendemos que a intervenção do Ministério Público nas ações de desapropriação não é obrigatória, consoante os seguintes argumentos:

a) inexistência de previsão expressa no Decreto-lei 3.365/1941 e na Lei 4.132/1962;
b) impossibilidade de aplicação analógica do art. 18, § 2.º, da LC 76/1993 que deve ser considerada lei especial, aplicável apenas à desapropriação sancionatória (prevista no art. 184 da CRFB), sendo vedada a analogia a partir de normas sancionatórias;
c) inexistência de interesse público geral que justifique a aplicação do art. 178, I, do CPC, sendo certo que na ação de desapropriação a discussão restringe-se aos vícios processuais e ao preço, não se admitindo a análise de utilidade pública, necessidade pública ou interesse social.

## 21.6 TRANSFERÊNCIA DA PROPRIEDADE

Discute-se na doutrina o momento exato da consumação da transferência da propriedade na ação de desapropriação.

**Primeira posição:** a transferência da propriedade ocorre com a inscrição da sentença judicial no RGI. Nesse sentido: Pontes de Miranda e Eurico Sodré.[77]

**Segunda posição (majoritária):** a consumação da desapropriação, com a transferência da propriedade, é efetivada com o pagamento da indenização. Nesse sentido: José Carlos de Moraes Salles, Diógenes Gasparini, José dos Santos Carvalho Filho, Marçal Justen Filho e Celso Antônio Bandeira de Mello.[78]

A transferência da propriedade, em nossa visão, se consuma com o pagamento da indenização. No momento em que o Poder Público deposita o preço justo e integral da indenização, ocorre a transferência da propriedade, pois a desapropriação configura-se forma de aquisição originária da propriedade e o art. 5.º, XXIV, da CRFB condiciona a sua efetivação ao pagamento da indenização prévia.

Não por outra razão, sustentamos, em tópico anterior, a inconstitucionalidade do art. 34-A, *caput* e § 4.º, do Decreto-lei 3.365/1941, que estabelecem a possibilidade de transferência antecipada da propriedade no momento da imissão provisória na posse nas hipóteses em que o expropriado concordar com a referida imissão ou apresentar contestação sem discutir a validade do decreto expropriatório.

---

Min. Humberto Martins, 1.ª Seção, *DJe* 05.06.2013. Registre-se que o STJ exige a intervenção do MP nas ações de desapropriação de imóvel rural para fins de reforma agrária, bem como nas ações de desapropriação direta ou indireta quando envolver, frontal ou reflexamente, proteção ao meio ambiente, interesse urbanístico ou improbidade administrativa (Teses 4 e 5 da edição 46 da Jurisprudência em Teses do STJ).

[77] PONTES DE MIRANDA, Francisco Cavalcanti. *Comentários à Constituição de 1967*. 2. ed. São Paulo: RT, 1971. t. V, p. 475; SODRÉ, Eurico. *A desapropriação*. 3. ed. São Paulo: Saraiva, 1955. p. 177-178.
[78] SALLES, José Carlos de Moraes. *A desapropriação à luz da doutrina e da jurisprudência*. 5. ed. São Paulo: RT, 2006. p. 505; GASPARINI, Diógenes. *Direito administrativo*. 12. ed. São Paulo: Saraiva, 2007. p. 779; CARVALHO FILHO, José dos Santos. *Manual de direito administrativo*. 18. ed. Rio de Janeiro: Lumen Juris, 2007. p. 808; JUSTEN FILHO, Marçal. *Curso de direito administrativo*. 4. ed. São Paulo: Saraiva, 2009. p. 550; MELLO, Celso Antônio Bandeira de. *Curso de direito administrativo*. 21. ed. São Paulo: Malheiros, 2006. p. 844.

## 21.7 DESAPROPRIAÇÃO POR ZONA

A desapropriação por zona abrange a área contígua necessária ao desenvolvimento de obras públicas e as zonas que se valorizarem extraordinariamente, em decorrência da realização do serviço (art. 4.º do Decreto-lei 3.365/1941).[79]

É possível perceber a existência de dois fundamentos para desapropriação por zona:

a) desapropriação de imóveis necessários à realização de obras públicas; e

b) desapropriação de imóveis que serão valorizados extraordinariamente em decorrência da realização de obras e da prestação de serviços públicos. Nesse último caso, o Poder Público desapropria os imóveis e, após a respectiva valorização extraordinária, aliena-os a terceiros pelo preço atualizado. O intuito é evitar que determinados particulares sejam beneficiados de maneira desigual com a execução de obras públicas ou com a prestação de serviços públicos, o que violaria o princípio da impessoalidade (isonomia).

Entendemos, todavia, que a desapropriação por zona deve ser interpretada à luz do princípio da proporcionalidade. Lembre-se de que a atuação estatal para ser proporcional depende do preenchimento dos testes (subprincípios) da adequação, necessidade e proporcionalidade em sentido estrito.

Em relação ao primeiro caso (desapropriação por zona para execução de obras), somente é possível a desapropriação se a ocupação temporária não for suficiente para realização de obras públicas. Se o Poder Público, por exemplo, tiver condições de ocupar temporariamente terrenos não edificados e realizar a respectiva obra, a desapropriação afigurar-se-á desnecessária e desproporcional. O fim (realização da obra) poderá ser alcançado com a menor restrição ao direito de propriedade com a ocupação temporária (meio).

Quanto ao segundo caso (desapropriação por zona de imóveis que serão valorizados extraordinariamente), entendemos que esse fundamento é inconstitucional por violar o princípio da proporcionalidade, notadamente o subprincípio da necessidade,[80] pois existe outra medida estatal menos restritiva ao direito de propriedade que atinge o mesmo fim: a contribuição de melhoria prevista no art. 145, III, da CRFB.

## 21.8 RETROCESSÃO

### 21.8.1 Conceito e natureza jurídica

A retrocessão é o direito de o expropriado exigir a devolução do bem desapropriado que não foi utilizado pelo Poder Público para atender o interesse público. Nesse caso, o Poder

---

[79] De acordo com o art. 4.º, parágrafo único, do Decreto-lei 3.365/1941: "Quando a desapropriação executada pelos autorizados a que se refere o art. 3.º destinar-se a planos de urbanização, de renovação urbana ou de parcelamento ou reparcelamento do solo previstos no plano diretor, o edital de licitação poderá prever que a receita decorrente da revenda ou da utilização imobiliária integre projeto associado por conta e risco do contratado, garantido ao poder público responsável pela contratação, no mínimo, o ressarcimento dos desembolsos com indenizações, quando essas ficarem sob sua responsabilidade."

[80] Com a mesma opinião: MELLO, Celso Antônio Bandeira de. *Curso de direito administrativo*. 21. ed. São Paulo: Malheiros, 2006. p. 845.

Público retirou o bem do seu titular originário sem observar os objetivos constitucionais que legitimam a desapropriação: atendimento da utilidade pública, necessidade pública e interesse social.

Não há uniformidade em relação à natureza jurídica da retrocessão:

**Primeira posição:** direito pessoal. O expropriado pode pleitear indenização, mas não a devolução do bem, tendo em vista o disposto em duas normas: a) art. 35 do Decreto-lei 3.365/1941: ainda que haja nulidade no processo de desapropriação, a discussão deve ser resolvida mediante a propositura de ação de perdas e danos; e b) art. 519 do CC: direito de preempção ou preferência, tipicamente obrigacional, do expropriado na aquisição do bem. Nesse sentido: José dos Santos Carvalho Filho e Diógenes Gasparini.[81]

**Segunda posição:** direito real. O expropriado pode exigir a devolução do bem desapropriado que não foi utilizado para atender o interesse público, uma vez que o art. 5.º, XXIV, da CRFB apenas admite a desapropriação para atendimento da utilidade pública, necessidade pública e interesse social, sendo inconstitucional a desapropriação que não satisfaz essas finalidades. Portanto, considerada inconstitucional (nula) a desapropriação, o bem deve ser devolvido ao seu proprietário. Nesse sentido: STJ, José Carlos de Moraes Salles, Celso Antônio Bandeira de Mello.[82]

**Terceira posição:** direito misto. O expropriado pode optar por exigir a devolução do bem (natureza real) ou por pleitear perdas e danos (natureza pessoal). Nesse sentido: Maria Sylvia Zanella Di Pietro.[83]

Entendemos que a retrocessão é direito real. Apesar do caráter pessoal atribuído pela legislação ordinária, a interpretação deve prestigiar as normas constitucionais sobre o tema. A Constituição reconhece o caráter fundamental do direito de propriedade (art. 5.º, XXII e XXIII, da CRFB) e a desapropriação representa uma exceção a esse direito. Por essa razão, a desapropriação apenas se justifica se obedecidos os pressupostos e limites elencados no art. 5.º, XXIV, da CRFB. A desapropriação que não efetiva a utilidade pública, a necessidade pública e o interesse social deve ser considerada inconstitucional, e o bem devolvido ao particular. Caso não haja possibilidade de devolução do bem, em razão de sua deterioração ou alteração substancial, o particular poderá pleitear perdas e danos.

### 21.8.2 Tredestinação lícita x tredestinação ilícita

A retrocessão pressupõe a tredestinação, ou seja, a ocorrência do desvio de finalidade por parte do Poder Público que deixa de satisfazer o interesse público com o bem desapropriado.

É importante ressaltar que a tredestinação divide-se em duas espécies:

---

[81] CARVALHO FILHO, José dos Santos. *Manual de direito administrativo*. 18. ed. Rio de Janeiro: Lumen Juris, 2007. p. 840; GASPARINI, Diógenes. *Direito administrativo*. 12. ed. São Paulo: Saraiva, 2007. p. 781.

[82] STJ, 1.ª Turma, REsp 623.511/RJ, Rel. Min. Luiz Fux, *DJ* 06.06.2005, p. 186; REsp n.º 868.655/MG, Rel. Min. Eliana Calmon, 2.ª Turma, *DJ* 14.03.2007, p. 241, *Informativo de Jurisprudência do STJ* n. 312; SALLES, José Carlos de Moraes. *A desapropriação à luz da doutrina e da jurisprudência*. 5. ed. São Paulo: RT, 2006. p. 823; MELLO, Celso Antônio Bandeira de. *Curso de direito administrativo*. 21. ed. São Paulo: Malheiros, 2006. p. 850-851.

[83] DI PIETRO, Maria Sylvia Zanella. *Direito administrativo*. 22. ed. São Paulo: Atlas, 2009. p. 187.

a) **tredestinação lícita:** o Poder Público não satisfaz o interesse público previsto no decreto expropriatório, mas, sim, outro interesse público (ex.: em vez de construir a escola, conforme previsão constante do decreto expropriatório, o Poder Público constrói um hospital); e

b) **tredestinação ilícita:** em vez de atender o interesse público, o expropriante utiliza o bem desapropriado para satisfazer interesses privados (ex.: Poder Público publica edital de licitação para alienar o bem desapropriado, demonstrando de forma inequívoca que o bem não será utilizado para satisfazer interesses públicos).

Conforme já decidiu o STJ,[84] apenas a tredestinação ilícita acarreta a retrocessão, pois na tredestinação lícita o Poder Público concede destinação pública ao bem, ainda que diversa da inicialmente programada. Nesse sentido, o art. 519 do CC admite a retrocessão somente quando a coisa expropriada "não tiver o destino para que se desapropriou, ou não for utilizada em obras ou serviços públicos".

Aliás, o art. 5.º, § 6.º, do Decreto-lei 3.365/1941, ao tratar da comprovada inviabilidade ou da perda objetiva de interesse público em manter a destinação do bem prevista no decreto expropriatório, estabelece que o expropriante deverá adotar uma das seguintes medidas, nesta ordem de preferência: a) destinar a área não utilizada para outra finalidade pública (tredestinação lícita); ou b) alienar o bem a qualquer interessado, na forma prevista em lei, assegurado o direito de preferência à pessoa física ou jurídica desapropriada.

Existem hipóteses legais de vedação da tredestinação e da retrocessão. É o que ocorre, por exemplo, com o art. 5.º, § 3.º, do Decreto-lei 3.365/1941, que dispõe: "Ao imóvel desapropriado para implantação de parcelamento popular, destinado às classes de menor renda, não se dará outra utilização nem haverá retrocessão".

Da mesma forma, não nos parece possível a retrocessão na desapropriação amigável, pois se trata de verdadeiro contrato de compra e venda.

### 21.8.3 Tredestinação e omissão

Em determinadas hipóteses, o Poder Público desapropria o bem, mas não atende o interesse público, nem favorece, indevidamente, interesses privados, permanecendo inerte. A questão é saber se a simples demora ou omissão ("adestinação") do Estado é capaz de configurar tredestinação.

**Primeira posição (majoritária):** a mera omissão do Estado não configura tredestinação e não gera direito à retrocessão. Em razão da ausência de prazo legal para destinação pública do bem desapropriado, apenas por meio de ato concreto e comissivo, que deixe clara a intenção de não utilizar o bem na satisfação do interesse público, será possível falar em tredestinação. Nesse sentido: José dos Santos Carvalho Filho, Celso Antônio Bandeira de Mello, Maria Sylvia Zanella Di Pietro, José Carlos de Moraes Salles.[85]

---

[84] STJ, 1.ª Turma, REsp 968.414/SP, Rel. Min. Denise Arruda, DJ 11.10.2007, p. 328, *Informativo de Jurisprudência do STJ* n. 331.

[85] CARVALHO FILHO, José dos Santos. *Manual de direito administrativo*. 18. ed. Rio de Janeiro: Lumen Juris, 2007. p. 843; MELLO, Celso Antônio Bandeira de. *Curso de direito administrativo*. 21. ed. São Paulo: Malheiros, 2006. p. 855; DI PIETRO, Maria Sylvia Zanella. *Direito administrativo*. 22. ed. São Paulo: Atlas, 2009. p. 188; SALLES, José Carlos de Moraes. *A desapropriação à luz da doutrina e da jurisprudência*, 5. ed. São Paulo: RT, 2006, p. 826.

**Segunda posição:** apesar de não haver prazo estipulado, em regra, na legislação para que o Poder Público conceda destinação pública ao bem desapropriado, seria possível a aplicação analógica do prazo de caducidade do decreto expropriatório. De acordo com esse raciocínio, na desapropriação por utilidade pública ou necessidade pública, o prazo seria de cinco anos (art. 10 do Decreto-lei 3.365/1941).[86] Caso a omissão permaneça, ao final do prazo de cinco anos estaria configurada a tredestinação, nascendo o direito à retrocessão. Nesse sentido: Miguel Seabra Fagundes.[87]

Entendemos que o Poder Público deve atender o interesse público dentro de um prazo razoável, tendo em vista os princípios constitucionais da razoabilidade e da moralidade, bem como a interpretação adequada do art. 5.º, XXIV, da CRFB. A omissão prolongada do Poder Público demonstra que a desapropriação não era necessária, pois o bem não foi utilizado para qualquer interesse público. É importante notar que a tendência atual, típica do Estado Democrático de Direito, é a amplitude da sindicabilidade das omissões administrativas e a exigência de eficiência administrativa, sendo inadmissível a inação estatal em prejuízo dos direitos fundamentais. Por essa razão, na ausência de prazo específico, deve ser aplicado, por analogia, o prazo de caducidade do decreto expropriatório como limite máximo para o atendimento do interesse público com o bem desapropriado, sob pena de omissão ilícita.

Questão diversa é a destinação diversa do bem desapropriado que foi inicialmente utilizado para o atendimento do interesse público. Nesse caso, não há dúvida de que o Poder Público, após destiná-lo ao interesse público, pode alterar a sua destinação e, inclusive, aliená-lo a terceiros.

### 21.8.4 Tredestinação, desdestinação e adestinação

Não devem ser confundidos os termos tredestinação, desdestinação e adestinação.[88]

A tredestinação, como já assinalado, é o desvio de finalidade por parte do Poder Público que utiliza o bem desapropriado para atender finalidade ilegítima (ex.: venda do bem desapropriado para empresa privada). Quando ilícita, gera o direito à retrocessão.

Por outro lado, a desdestinação envolve a supressão da afetação do bem desapropriado. Na hipótese, o bem desapropriado é inicialmente afetado ao interesse público, mas, posteriormente, ocorre a desafetação (ex.: bem desapropriado é utilizado como escola pública que vem a ser desativada). Nesse caso, não há que falar em retrocessão, pois o bem chegou a ser utilizado na satisfação do interesse público.

---

[86] O prazo de caducidade do decreto expropriatório e o prazo para efetiva utilização do bem variam nas demais modalidades de desapropriação: a) na desapropriação por interesse social, o prazo de caducidade é de dois anos (art. 3.º da Lei 4.132/1962); b) na desapropriação rural, a União tem o prazo de três anos, contados da data de registro do título translativo do domínio, para destinar a respectiva área aos beneficiários da reforma agrária (art. 16 da Lei 8.629/1993); e c) na desapropriação urbanística, o Município tem o prazo de cinco anos, contados da incorporação do bem ao patrimônio público, para dar o adequado aproveitamento ao imóvel, sob pena, inclusive, de improbidade administrativa (arts. 8.º, § 4.º, e 52, II, da Lei 10.257/2001).

[87] SEABRA FAGUNDES, Miguel. *Da desapropriação no direito brasileiro*. 2. ed. Rio de Janeiro: Freitas Bastos, 1949. p. 397.

[88] A distinção entre as expressões é apresentada por José Carlos de Moraes Salles (*A desapropriação à luz da doutrina e da jurisprudência*. 5. ed. São Paulo: RT, 2006. p. 828-829).

Por fim, a adestinação significa a ausência de qualquer destinação ao bem desapropriado, revelando hipótese de completa omissão do Poder Público (ex.: bem é desapropriado, mas permanece desafetado, na qualidade de bem dominical). Conforme afirmamos no tópico anterior, apesar de prevalecer o entendimento doutrinário no sentido de que a adestinação não gera retrocessão, entendemos que, após a configuração da omissão injustificada por prazo razoável (em regra: cinco anos, tendo em vista a aplicação analogia do art. 10 do Decreto-lei 3.365/1941), o particular teria direito à retrocessão.

### 21.8.5 Prescrição

O prazo prescricional para propositura da ação de retrocessão depende do entendimento em relação à natureza jurídica da própria retrocessão.

Para os autores que defendem a natureza pessoal da retrocessão, o prazo prescricional seria de cinco anos, conforme previsão contida no Decreto 20.910/1932.[89]

Por outro lado, os autores que sustentam o caráter real da retrocessão, posição com a qual concordamos, sustentam a aplicação do prazo prescricional de dez anos, na forma do art. 205 do CC, tendo em vista a inexistência de prazo prescricional específico e a inexistência de distinção entre ações pessoais e reais para fins de prescrição.[90]

## 21.9 DESAPROPRIAÇÃO INDIRETA

### 21.9.1 Conceito e natureza jurídica

A desapropriação indireta é a desapropriação que não observa o devido processo legal.

O fundamento legal da desapropriação indireta é o art. 35 do Decreto-lei 3.365/1941 que prevê: "Os bens expropriados, uma vez incorporados à Fazenda Pública, não podem ser objeto de reivindicação, ainda que fundada em nulidade do processo de desapropriação. Qualquer ação, julgada procedente, resolver-se-á em perdas e danos".

Verifica-se, destarte, que a ação de desapropriação indireta é uma ação indenizatória proposta em face do Poder Público, com fundamento na retirada substancial dos poderes inerentes da propriedade privada.

Em determinadas hipóteses, o Poder Público esbulha o bem privado, utilizando-o, em seguida, para satisfação do interesse público. Não obstante a ilicitude da ação estatal, a legislação e a jurisprudência reconhecem a impossibilidade de devolução do bem ao

---

[89] Nesse sentido: CARVALHO FILHO, José dos Santos. *Manual de direito administrativo*. 18. ed. Rio de Janeiro: Lumen Juris, 2007. p. 843; GASPARINI, Diógenes. *Direito administrativo*. 12. ed. São Paulo: Saraiva, 2007. p. 782. É interessante notar a discussão sobre a incidência do Decreto 20.910/1932 para fixação da prescrição nas ações indenizatórias propostas em face da Fazenda, tendo em vista o prazo trienal previsto atualmente no art. 206, § 3.º, V, do CC, conforme será demonstrado no tópico da responsabilidade civil do Estado.

[90] DI PIETRO, Maria Sylvia Zanella. *Direito administrativo*. 22. ed. São Paulo: Atlas, 2009. p. 188; SALLES, José Carlos de Moraes. *A desapropriação à luz da doutrina e da jurisprudência*. 5. ed. São Paulo: RT, 2006. p. 843; MELLO, Celso Antônio Bandeira de. *Curso de direito administrativo*. 21. ed. São Paulo: Malheiros, 2006. p. 857. De acordo com Celso Antônio, seriam possíveis duas interpretações: prazo de 10 anos (art. 205 do CC) ou o prazo da usucapião extraordinária de 15 anos (art. 1.238 do CC).

particular, tendo em vista a sua afetação ao interesse público, restando ao esbulhado o direito de ser indenizado.

Ressalte-se que, enquanto não houver a afetação do bem esbulhado ao interesse público, poderá o particular se valer das ações possessórias em face do Estado.

Em outros casos, a desapropriação indireta não depende da posse do bem pelo Poder Público. É possível a ocorrência da desapropriação indireta quando determinados atos estatais lícitos geram para um ou alguns particulares restrições substanciais que impedem o uso normal da propriedade. Ex.: limitação administrativa determina o fechamento de ruas para passagem de veículos, destinando-as aos pedestres. Ainda que lícita a intervenção estatal, ela gera direito à indenização aos proprietários do posto de gasolina e do estacionamento remunerado localizados nessas ruas, em razão da desapropriação indireta.

A desapropriação indireta, portanto, pode advir do apossamento administrativo ilícito do bem ou de atos estatais lícitos que retiram os poderes inerentes à propriedade particular. Por outro lado, o apossamento administrativo ilícito de determinado bem pode não acarretar necessariamente a desapropriação indireta. Ex.: apossamento administrativo de bem público federal por determinado Município. De acordo com o entendimento majoritário, o Ente federado "menor" não pode desapropriar bem do Ente federado "maior".

Não obstante considerarmos a ação de desapropriação indireta como ação pessoal, por se tratar de ação indenizatória, a jurisprudência do STF[91] e a do STJ[92] consolidaram o entendimento que se trata de ação real, pois a indenização teria íntima ligação com a perda da propriedade.

### 21.9.2 "Ação de desapropriação indireta": legitimidade, foro processual e prescrição

Em virtude do caráter real da ação de desapropriação indireta, devem ser destacadas três características importantes desta ação indenizatória:

a) **Legitimidade ativa:** caso o proprietário, autor da ação, seja casado, deverá o seu cônjuge comparecer em juízo, sob pena de extinção/invalidação do processo (arts. 73 e 74 do CPC).[93] Não obstante a regra de que apenas o proprietário pode propor ação de desapropriação indireta, o STJ já admitiu a sua propositura pelo possuidor;[94]

b) **Foro processual:** a ação deve ser proposta no foro da situação da coisa (*fórum rei sitae*), na forma do art. 47 do CPC.[95]

c) **Prescrição:** a pretensão prescreve com o decurso do tempo necessário para consumação da usucapião extraordinária (sem justo título e sem boa-fé), pois

---

[91] STF, Tribunal Pleno, ADI 2.260 MC/DF, Rel. Min. Moreira Alves, *DJ* 02.08.2002, p. 56, *Informativo de Jurisprudência do STF* n. 217.

[92] STJ, 2.ª Turma, AgRg no REsp 921.027/SC, Rel. Min. Humberto Martins, *DJe* 13.06.2008.

[93] STJ, 1.ª Turma, REsp 111.449/MG, Rel. Min. Garcia Vieira, *DJ* 19.12.1997, p. 67.453; STJ, 1.ª Turma, REsp 46.899/SP, Rel. Min. Cesar Asfor Rocha, *DJ* 06.06.1994, p. 14.253.

[94] STJ, 1.ª Turma, REsp 182.369/PR, Rel. Min. Milton Luiz Pereira, *DJ* 29.05.2000, p. 119, *Informativo de Jurisprudência do STJ* n. 53.

[95] STJ, 1.ª Seção, CC 46.771/RJ, Rel. Min. Denise Arruda, *DJ* 19.09.2005, p. 177.

o bem somente será adquirido formalmente pelo Poder Público com o pagamento (compra e venda) ou com a consumação do usucapião. Enquanto não houver a aquisição formal do bem, poderá o proprietário pleitear indenização. Por essa razão, o STJ, à época do Código Civil de 1916, editou a Súmula 119 que dispõe: "A ação de desapropriação indireta prescreve em vinte anos". No entanto, o texto da súmula deve ser atualizado em razão do Código Civil de 2002, que estabelece o prazo de quinze anos para a usucapião extraordinária (art. 1.238, *caput*, do CC), que será de dez anos na hipótese de o possuidor estabelecer no imóvel a sua moradia habitual ou realizar obras ou serviços de caráter produtivo (art. 1.238, parágrafo único, do CC). Nesse sentido, o STJ, em sede de recurso repetitivo (Tema 1.019), firmou a seguinte tese: "O prazo prescricional aplicável à desapropriação indireta, na hipótese em que o Poder Público tenha realizado obras no local ou atribuído natureza de utilidade pública ou de interesse social ao imóvel, é de 10 anos, conforme parágrafo único do art. 1.238 do CC."[96]

Ademais, outra peculiaridade importante refere-se aos juros compensatórios na ação de desapropriação indireta. Tanto na desapropriação direta quanto na indireta os juros incidem a partir da ocupação do imóvel. Todavia, a base de cálculo é diferente: enquanto na desapropriação direta a base de cálculo é a diferença entre o valor ofertado em Juízo e o valor fixado na sentença (art. 15-A do Decreto-lei 3.365/1941), na desapropriação indireta a base de cálculo é o valor da indenização (art. 15, § 3.º, do Decreto-lei 3.365/1941). Nesse sentido: Súmulas 69 e 114 do STJ.

Por fim, em relação às despesas processuais, a regra é que elas são devidas pela parte que praticar ou requerer determinado ato processual (art. 82 do CPC), sendo certo que o ônus da prova é do autor da ação quanto ao fato constitutivo do seu direito (art. 373, I, do CPC). Cabe à parte que requereu a prova pericial o pagamento dos respectivos honorários periciais (art. 95 do CPC).[97]

## 21.10 RESUMO DO CAPÍTULO

### DESAPROPRIAÇÃO

| Conceito | Desapropriação é a intervenção do Estado na propriedade alheia, transferindo-a, compulsoriamente e de maneira originária, para o seu patrimônio, com fundamento no interesse público e após o devido processo legal, normalmente mediante indenização. |
|---|---|

---

[96] O STF considerou inconstitucional a redação dada pela Medida Provisória 2.027-40/2000 e suas respectivas reedições ao art. 10, parágrafo único, do Decreto-lei 3.365/1941, que reduziu o prazo prescricional da ação de desapropriação indireta para cinco anos, tendo em vista a ofensa "a garantia constitucional da justa e prévia indenização em dinheiro" (STF, Tribunal Pleno, ADI 2.260 MC/DF, Rel. Min. Moreira Alves, *DJ* 02.08.2002, p. 56, *Informativo de Jurisprudência do STF* n. 217). A atual redação do dispositivo não menciona a desapropriação indireta.

[97] Nesse sentido: STJ, 2ª Turma, REsp 1.343.375/BA, Rel. Min. Eliana Calmon, *DJe* 17.09.2013, *Informativo de Jurisprudência do STJ* n. 530. Destaque-se que o STJ possui precedente em sentido contrário, afirmando que o ônus pelo pagamento dos honorários periciais na ação de desapropriação indireta é do Poder Público. STJ, 1ª Turma, REsp 788.817/GO, Rel. Min. Luiz Fux, *DJ* 23.08.2007, p. 213, *Informativo de Jurisprudência do STJ* n. 324.

| | |
|---|---|
| Modalidades | **Desapropriação por utilidade pública, necessidade pública ou interesse social:** as duas principais características da desapropriação ordinária são:<br>**a) competência:** todos os Entes federados podem desapropriar por meio dessa modalidade; e<br>**b) indenização:** sempre será devida a indenização prévia, justa e em dinheiro.<br>**Desapropriação urbanística:** refere-se ao imóvel localizado na área urbana que não atende a respectiva função social (imóvel não edificado, subutilizado ou não utilizado). Além do caráter sancionatório (subsidiário), as duas principais características da desapropriação urbanística são:<br>**a) competência:** Município ou Distrito Federal; e<br>**b) indenização:** títulos da dívida pública, resgatáveis em até dez anos.<br>**Desapropriação rural:** refere-se ao imóvel rural que não atende a sua função social, conforme dispõe o art. 184 da CRFB. Além do caráter sancionatório e da finalidade específica (reforma agrária), as duas principais características da desapropriação rural são:<br>**a) competência:** União; e<br>**b) indenização:** títulos da dívida agrária, resgatáveis em até vinte anos. |
| Modalidades | **Expropriação confiscatória:** trata-se da expropriação de propriedades rurais e urbanas de qualquer região do País onde forem localizadas culturas ilegais de plantas psicotrópicas ou a exploração de trabalho escravo, na forma da lei, que serão destinadas à reforma agrária e a programas de habitação popular, sem qualquer indenização ao proprietário e sem prejuízo de outras sanções previstas em lei, observado, no que couber, o disposto no art. 5.º da CRFB. As duas principais características da expropriação confiscatória são:<br>**a) competência:** União; e<br>**b) indenização:** não há. |
| Procedimento | **Fase declaratória:** o Poder Público declara a necessidade de desapropriação de determinado bem para o atendimento do interesse público, iniciando o procedimento de desapropriação;<br>**Fase executória:** adoção dos atos materiais (concretos) pelo Poder Público ou seus delegatários, devidamente autorizados por lei ou contrato, com o intuito de consumar a retirada da propriedade do proprietário originário. |
| Desapropriação por zona | Abrange a área contígua necessária ao desenvolvimento de obras públicas e as zonas que se valorizarem extraordinariamente, em decorrência da realização do serviço. |

| Ação de desapropriação ||
|---|---|
| Imissão provisória na posse | Pressupõe o preenchimento de dois requisitos legais:<br>– declaração de urgência;<br>– depósito prévio. |
| Defesa do réu e extensão do controle judicial | A discussão tem por objeto:<br>a) eventual vício processual;<br>b) preço. |

| Ação de desapropriação ||
|---|---|
| Direito de extensão | É o direito de o proprietário exigir que a desapropriação parcial se transforme em total quando a parte remanescente, de forma isolada, não possuir valoração ou utilidade econômica razoável. Evita-se, dessa forma, que o proprietário, na prática, perca a integralidade da propriedade com o recebimento de indenização parcial. |
| Indenização | Deve ser prévia, justa e em dinheiro, englobando os danos emergentes, os lucros cessantes, as despesas processuais, os juros, a correção monetária e os honorários advocatícios. |
| Juros moratórios | Têm por objetivo recompor os prejuízos pelo atraso no efetivo pagamento da indenização. |
| Juros compensatórios | Têm por objetivo compensar a perda prematura da posse do bem, em decorrência da imissão provisória na posse. |
| Honorários advocatícios | – Somente serão devidos se o valor da indenização fixado na sentença for superior ao valor ofertado pelo Poder Público na fase administrativa;<br>– Os honorários são fixados entre meio e cinco por cento do valor da diferença. |
| Desistência da ação de desapropriação: requisitos e consequências | **Requisitos:**<br>a) Somente é possível até o pagamento, ainda que parcial, da indenização fixada na sentença. Em verdade, entendemos que a desistência não é possível após o trânsito em julgado da sentença, sob pena de transformar o pedido de desistência em sucedâneo da ação rescisória;<br>b) Devolução do bem nas mesmas condições em que ele foi retirado do particular.<br>**Consequências:**<br>a) o Poder Público deve indenizar o proprietário por meio de ação indenizatória autônoma; e<br>b) a sentença de extinção do processo de desapropriação deve condenar o Poder Público ao pagamento das despesas processuais e dos honorários advocatícios. |
| Intervenção do Ministério Público | Apesar da polêmica, entendemos que não é obrigatória. |
| Transferência da propriedade | Consuma-se com o pagamento da indenização. No momento em que o Poder Público deposita o preço, ocorre a transferência da propriedade. |

| Retrocessão e desapropriação indireta ||
|---|---|
| Retrocessão | O direito de o expropriado exigir a devolução do bem desapropriado que não foi utilizado pelo Poder Público para atender o interesse público. Apenas a tredestinação ilícita acarreta a retrocessão.<br>**Tredestinação lícita:** o Poder Público não satisfaz o interesse público previsto no decreto expropriatório, mas sim outro interesse público;<br>**Tredestinação ilícita:** em vez de atender o interesse público, o expropriante utiliza o bem desapropriado para satisfazer interesses privados;<br>**Desdestinação:** envolve a supressão da afetação do bem desapropriado. Na hipótese, o bem desapropriado é inicialmente afetado ao interesse público, mas, posteriormente, ocorre a desafetação;<br>**Adestinação:** ausência de qualquer destinação ao bem desapropriado, revelando hipótese de completa omissão do Poder Público;<br>**Prescrição:** concordamos em aplicar o prazo prescricional de dez anos, na forma do art. 205 do CC, tendo em vista a inexistência de prazo prescricional específico e a inexistência de distinção entre ações pessoais e reais para fins de prescrição. |

| | Retrocessão e desapropriação indireta |
|---|---|
| Desapropriação indireta | É a desapropriação que não observa o devido processo legal. Trata-se de uma ação indenizatória proposta em face do Poder Público, com fundamento na retirada substancial dos poderes inerentes da propriedade privada.<br>**Legitimidade ativa:** caso o proprietário, autor da ação, seja casado, deverá o seu cônjuge comparecer em juízo, sob pena de extinção/invalidação do processo;<br>**Foro processual:** a ação deve ser proposta no foro da situação da coisa (*forum rei sitae*), na forma do art. 47 do CPC;<br>**Prescrição:** a pretensão prescreve com o decurso do tempo necessário para consumação do usucapião extraordinário (sem justo título e sem boa-fé), pois o bem somente será adquirido formalmente pelo Poder Público com o pagamento (compra e venda) ou com a consumação do usucapião (art. 1.238 do CC). STJ: "O prazo prescricional aplicável à desapropriação indireta, na hipótese em que o Poder Público tenha realizado obras no local ou atribuído natureza de utilidade pública ou de interesse social ao imóvel, é de 10 anos, conforme parágrafo único do art. 1.238 do CC" (Tema 1.019). |

# CAPÍTULO 22

# BENS PÚBLICOS

## 22.1 CONCEITO

Os bens públicos, na forma do art. 98 do CC, são aqueles integrantes do patrimônio das pessoas jurídicas de direito público interno (União, Estados, Distrito Federal, Municípios, autarquias e fundações estatais de direito público).[1]

Verifica-se que o legislador leva em consideração o critério da titularidade para distinguir os bens públicos e os bens privados. Os bens de titularidade das pessoas de direito público são públicos; os bens pertencentes às pessoas de direito privado são considerados privados.

No entanto, não há consenso doutrinário sobre o conceito de bens públicos, sendo possível apontar, em síntese, duas acepções:

**Primeira posição (critério subjetivo ou da titularidade):** os bens públicos são aqueles que integram o patrimônio das pessoas de direito público. É o conceito adotado no art. 98 do CC. Nesse sentido: José dos Santos Carvalho Filho, Lucas Rocha Furtado, Alexandre Santos de Aragão.[2]

**Segunda posição (concepção material ou funcionalista):** além dos bens integrantes das pessoas de direito público, também seriam considerados bens públicos aqueles

---

[1] Art. 98 do CC: "São públicos os bens do domínio nacional pertencentes às pessoas jurídicas de direito público interno; todos os outros são particulares, seja qual for a pessoa a que pertencerem". O art. 41 do CC, por sua vez, elenca as pessoas de direito público: "Art. 41. São pessoas jurídicas de direito público interno: I – a União; II – os Estados, o Distrito Federal e os Territórios; III – os Municípios; IV – as autarquias, inclusive as associações públicas; V – as demais entidades de caráter público criadas por lei".

[2] CARVALHO FILHO, José dos Santos. *Manual de direito administrativo*. 24. ed. Rio de Janeiro: Lumen Juris, 2011. p. 1.045; FURTADO, Lucas Rocha. *Curso de direito administrativo*. 2. ed. Belo Horizonte: Fórum, 2010. p. 837; ARAGÃO, Alexandre Santos de. *Curso de direito administrativo*. Rio de Janeiro: Forense, 2012. p. 472.

integrantes das pessoas jurídicas de direito privado afetados à prestação de serviços público. Nesse sentido: Celso Antônio Bandeira de Mello, Diógenes Gasparini.[3]

Conforme demonstrado anteriormente, o conceito adotado pelo legislador (art. 98 do CC) leva em conta a respectiva titularidade, razão pela qual somente serão considerados bens formalmente públicos aqueles integrantes das pessoas jurídicas de direito público.

Em consequência, os bens integrantes das entidades administrativas de direito privado (empresas públicas, sociedades de economia mista e fundações estatais de direito privado) e das demais pessoas jurídicas de direito privado serão considerados bens privados.

Contudo, os bens das pessoas jurídicas de direito privado, inclusive as concessionárias e permissionárias, que estiverem vinculados à prestação do serviço público sofrerão a incidência de algumas limitações inerentes aos bens públicos (ex.: impenhorabilidade), tendo em vista o princípio da continuidade do serviço público, com derrogação parcial do regime de direito privado, o que permite qualificá-los como bens materialmente públicos ou "quase públicos".[4]

Por essa razão, quanto às empresas estatais, executoras de atividades econômicas ou prestadoras de serviços públicos, os bens devem ser considerados privados, na forma do art. 173, § 1.º, II, da CRFB e art. 98 do CC, parte final. No entanto, no tocante às estatais prestadoras de serviços públicos, os bens afetados à prestação dos referidos serviços sofrerão a incidência de restrições normalmente aplicadas aos bens públicos.[5] A mesma conclusão pode ser aplicada aos bens das concessionárias e permissionárias afetados à prestação do serviço público (bens reversíveis).

É importante registrar que não há regime jurídico uniforme para todos os bens públicos. O ordenamento jurídico estabelece regras diferenciadas para as diversas categorias de bens públicos, variando de intensidade a aplicação do regime de direito público. Assim, por exemplo, ao contrário dos bens de uso comum do povo e dos bens de uso especial, os bens públicos dominicais, preenchidos os requisitos legais, podem ser alienados.

## 22.2 DOMÍNIO EMINENTE E DOMÍNIO PATRIMONIAL

O estudo dos bens públicos e do domínio público está intimamente relacionado às concepções de "domínio eminente" e de "domínio patrimonial".[6]

---

[3] MELLO, Celso Antônio Bandeira de. *Curso de direito administrativo*. 21. ed. São Paulo: Malheiros, 2006. p. 866; GASPARINI, Diógenes. *Direito administrativo*. 12. ed. São Paulo: Saraiva, 2007. p. 812. No mesmo sentido, o Enunciado 287 da IV Jornada de Direito Civil do Conselho da Justiça Federal dispõe: "O critério da classificação de bens indicado no art. 98 do Código Civil não exaure a enumeração dos bens públicos, podendo ainda ser classificado como tal o bem pertencente à pessoa jurídica de direito privado que esteja afetado à prestação de serviços públicos".

[4] Juarez Freitas utiliza a nomenclatura "bens quase públicos" para os bens das entidades privadas afetados à utilidade pública ou publicizados (FREITAS, Juarez. *Estudos sobre direito administrativo*. São Paulo: Malheiros, 1995. p. 70).

[5] Conforme demonstrado no capítulo relativo às empresas estatais, os respectivos bens somente poderão ser alienados se atendidos os requisitos dos arts. 49 e 50 da Lei 13.303/2016. Ademais, os bens afetados aos serviços públicos são considerados impenhoráveis, com fundamento no princípio da continuidade do serviço público, mas a jurisprudência do STJ tem admitido a prescrição aquisitiva (usucapião) de tais bens, o que permite concluir que os bens não são propriamente públicos.

[6] Sobre a distinção entre domínio eminente e domínio patrimonial, vide: FRANCO SOBRINHO, Manoel de Oliveira. *Curso de direito administrativo*. São Paulo: Saraiva, 1979. p. 252; MEIRELLES, Hely Lopes. *Direito administrativo brasi-*

Domínio eminente é a prerrogativa decorrente da soberania ou da autonomia federativa que autoriza o Estado a intervir, de forma branda (ex.: limitações, servidões etc.) ou drástica (ex.: desapropriação), em todos os bens que estão localizados em seu território, com o objetivo de implementar a função social da propriedade e os direitos fundamentais. O domínio eminente é exercido sobre todo e qualquer tipo de bem que esteja situado no respectivo território do ente Federado, a saber:

a) **bens públicos**;
b) **bens privados**; e
c) *res nullius* **ou bens adéspotas** (bens de ninguém).

Por outro lado, o domínio público patrimonial refere-se ao direito de propriedade do Estado, englobando todos os bens das pessoas estatais, submetidos ao regime jurídico especial de Direito Administrativo.

## 22.3 CLASSIFICAÇÕES

Os bens públicos, na forma do art. 98 do CC, são aqueles integrantes do patrimônio das pessoas jurídicas de direito público interno (União, Estados, Distrito Federal, Municípios, autarquias e fundações estatais de direito público).

### 22.3.1 Critério da titularidade: bens públicos federais, estaduais, distritais, municipais e interfederativos

Quanto à titularidade, os bens públicos podem ser divididos da seguinte forma:

a) **bens públicos federais (art. 20 da CRFB e Decreto-lei 9.760/1946)**: os bens que atualmente lhe pertencem e os que lhe vierem a ser atribuídos; as terras devolutas indispensáveis à defesa das fronteiras, das fortificações e construções militares, das vias federais de comunicação e à preservação ambiental, definidas em lei; os lagos, rios e quaisquer correntes de água em terrenos de seu domínio, ou que banhem mais de um Estado, sirvam de limites com outros países, ou se estendam a território estrangeiro ou dele provenham, bem como os terrenos marginais e as praias fluviais; as ilhas fluviais e lacustres nas zonas limítrofes com outros países; as praias marítimas; as ilhas oceânicas e as costeiras, excluídas, destas, as que contenham a sede de Municípios, exceto aquelas áreas afetadas ao serviço público e a unidade ambiental federal, e as referidas no art. 26, II; os recursos naturais da plataforma continental e da zona econômica exclusiva; o mar territorial; os terrenos de marinha e seus acrescidos; os potenciais de energia hidráulica; os recursos minerais, inclusive os do subsolo; as cavidades naturais subterrâneas e os sítios arqueológicos e pré-históricos; as terras tradicionalmente ocupadas pelos índios, entre outros;

---

leiro. 22. ed. São Paulo: Malheiros, 1997. p. 433; CARVALHO FILHO, José dos Santos. *Manual de direito administrativo*. 24. ed. Rio de Janeiro: Lumen Juris, 2011. p. 1.044.

b) **bens públicos estaduais (art. 26 da CRFB):** as águas superficiais ou subterrâneas, fluentes, emergentes e em depósito, ressalvadas, nesse caso, na forma da lei, as decorrentes de obras da União; as áreas, nas ilhas oceânicas e costeiras, que estiverem no seu domínio, excluídas aquelas sob domínio da União, Municípios ou terceiros; as ilhas fluviais e lacustres não pertencentes à União; as terras devolutas não compreendidas entre as da União. Trata-se de rol exemplificativo e não impede a titularidade de outros bens, tais como os imóveis onde funcionam as repartições públicas, as ações de titularidade do Estado nas respectivas empresas públicas e sociedades de economia mista, os créditos públicos tributários e não tributários estaduais etc.;
c) **bens públicos distritais:** o rol de bens públicos estaduais e municipais deve ser aplicado ao Distrito Federal, que concentra as atribuições conferidas aos Estados e Municípios;
d) **bens públicos municipais:** apesar de não serem mencionados na Constituição, os bens públicos municipais são aqueles integrantes do seu patrimônio, tais como as ruas, praças, parques, repartições públicas municipais, créditos tributários e não tributários municipais etc.; e
e) **bens públicos interfederativos:** são os bens integrantes das associações públicas (consórcios públicos de direito público), na forma do art. 6.º, I e § 1.º, da Lei 11.107/2005.

## 22.3.2 Critério da afetação pública: bens públicos de uso comum do povo, de uso especial e dominicais

A partir do critério da afetação do bem, os bens públicos, na forma do art. 99 do CC, podem ser divididos em três categorias:

a) **bens públicos de uso comum do povo (art. 99, I, do CC):** são os bens destinados ao uso da coletividade em geral (ex.: rios, mares, estradas, ruas e praças). Não obstante a destinação pública dos bens de uso comum, a legislação poderá impor restrições e condicionantes à sua utilização para melhor satisfação do interesse público, bem como o caráter gratuito ou oneroso do uso (art. 103 do CC);
b) **bens públicos de uso especial (art. 99, II, do CC):** são os bens especialmente afetados aos serviços administrativos e aos serviços públicos (ex.: repartições públicas do Executivo, Legislativo e Judiciário, aeroportos, escolas públicas, hospitais públicos); e
c) **bens públicos dominicais (art. 99, III, do CC):** são os bens públicos desafetados, ou seja, que não são utilizados pela coletividade ou para prestação de serviços administrativos e públicos. Ao contrário dos bens de uso comum e de uso especial, os bens dominicais podem ser alienados na forma da lei (arts. 100 e 101 do CC). Por essa razão, os bens dominicais também são denominados de bens públicos disponíveis ou do domínio privado do Estado.[7]

---

[7] Quanto ao aspecto jurídico, alguns autores diferenciam duas categorias de bens públicos: a) bens indisponíveis ou bens do domínio público do Estado (bens de uso comum e de uso especial); e b) bens disponíveis ou bens do

Há discussão doutrinária sobre a utilização dos termos **"bens dominicais"** e **"bens dominiais"**. Enquanto alguns autores afirmam a fungibilidade das expressões,[8] outros autores sustentam, com razão, que os bens dominiais é gênero que compreende todos os bens do domínio do Estado (bens de uso comum, de uso especial e os dominicais).[9]

## 22.4 AFETAÇÃO E DESAFETAÇÃO

A afetação (ou consagração) e a desafetação (ou desconsagração) relacionam-se com a vinculação ou não do bem público à determinada finalidade pública.

Afetação significa a atribuição fática ou jurídica de finalidade pública, geral ou especial, ao bem público. Os bens públicos afetados são os bens de uso comum do povo e os bens de uso especial. A instituição da afetação pode ocorrer de três formas:

a) lei (ex.: lei que institui Área de Proteção Ambiental – APA);

b) ato administrativo (ex.: ato administrativo que determina a construção de hospital público); e

c) fato administrativo (ex.: construção de escola pública em terreno privado, sem procedimento formal prévio, configurando desapropriação indireta).

Desafetação, ao contrário, é a retirada, fática ou jurídica, da destinação pública anteriormente atribuída ao bem público. Os bens desafetados são os bens públicos dominicais. Da mesma forma que a afetação, a desafetação pode ser implementada de três maneiras:

a) lei (ex.: lei que determina a desativação de repartição pública);

b) ato administrativo (ex.: ato administrativo que determina a demolição de escola pública com a transferência dos alunos para outra unidade de ensino); e

c) fato administrativo (ex.: incêndio destrói biblioteca pública municipal, inviabilizando a continuidade dos serviços).

É possível afirmar, portanto, que a afetação e a desafetação podem ser expressas (ou formais), quando efetivadas por manifestação formal de vontade da Administração (lei ou ato administrativo), ou tácitas (ou materiais), quando implementadas por eventos materiais (fatos administrativos).[10]

---

domínio privado do Estado (bens dominicais) (CRETELLA JÚNIOR, José. *Manual de direito administrativo*. 2. ed. Rio de Janeiro: Forense, 1979. p. 283; DI PIETRO, Maria Sylvia Zanella. *Direito administrativo*. 22. ed. São Paulo: Atlas, 2009. p. 667-668).

[8] MELLO, Celso Antônio Bandeira de. *Curso de direito administrativo*. 21. ed. São Paulo: Malheiros, 2006. p. 867.

[9] CARVALHO FILHO, José dos Santos. *Manual de direito administrativo*. 24. ed. Rio de Janeiro: Lumen Juris, 2011. p. 1.052.

[10] Prevalece na doutrina a tese de que a afetação e a desafetação podem ocorrer por ato jurídico ou fato administrativo. No mesmo sentido do texto, vide: FRANCO SOBRINHO, Manoel de Oliveira. *Curso de direito administrativo*. São Paulo: Saraiva, 1979. p. 259; CARVALHO FILHO, José dos Santos. *Manual de direito administrativo*. 24. ed. Rio de Janeiro: Lumen Juris, 2011. p. 1.055; MOREIRA NETO, Diogo de Figueiredo. *Curso de direito administrativo*. 15. ed.

A afetação e a desafetação formais devem respeitar o princípio da simetria e a hierarquia dos atos jurídicos. Assim, por exemplo, na hipótese em que a lei confere destinação a determinado bem público, a desafetação deve ocorrer por meio de lei, e não por meio de ato administrativo.

Registre-se, por derradeiro, que a afetação e a desafetação não podem decorrer da utilização ou não de determinado bem público pelos administrados. Portanto, a passagem de veículos por bem dominical não o transforma em rua (bem de uso comum do povo) e a ausência de visitantes no museu público não lhe retira o caráter de bem público de uso especial, transformando-o em dominical.[11]

## 22.5 REGIME JURÍDICO DOS BENS PÚBLICOS

Os bens públicos subordinam-se a regime jurídico distinto daquele aplicável aos bens privados em geral. Em resumo, as principais características dos bens públicos são: alienação condicionada, impenhorabilidade, imprescritibilidade e não onerabilidade.

### 22.5.1 Alienação condicionada ou inalienabilidade relativa

A alienação dos bens públicos depende do cumprimento dos requisitos previstos no ordenamento jurídico (arts. 100 e 101 do CC e art. 76 da Lei 14.133/2021), a saber:

a) **desafetação dos bens públicos:** apenas os bens dominicais podem ser alienados (os bens de uso comum e de uso especial, enquanto permanecerem com essa qualificação, não poderão ser alienados);

b) **justificativa ou motivação;**

c) **avaliação prévia** para definição do valor do bem;

d) **licitação:** a modalidade de licitação é o leilão, na forma do art. 76, I e II, da Lei 14.133/2021, ressalvadas as hipóteses de licitação dispensada previstas nos referidos incisos; e

e) **autorização legislativa para alienação dos bens imóveis:** lei específica deve autorizar a alienação dos imóveis públicos.

Cumpridos os requisitos legais, a alienação dos bens públicos pode ser formalizada por meio dos institutos jurídicos diversos, com destaque para os arrolados a seguir:

a) **contrato de compra e venda:** transferência do domínio do bem público a terceiro, mediante pagamento de preço certo e em dinheiro (art. 481 do CC);

b) **doação:** transferência, por liberalidade, do bem público para outrem (art. 538 do CC);[12]

---

Rio de Janeiro: Forense, 2009. p. 386; DI PIETRO, Maria Sylvia Zanella. *Direito administrativo.* 22. ed. São Paulo: Atlas, 2009. p. 673; GASPARINI, Diógenes. *Direito administrativo.* 12. ed. São Paulo: Saraiva, 2007. p. 818.

[11] Nesse sentido: DI PIETRO, Maria Sylvia Zanella. *Direito Administrativo*, 22. ed. São Paulo: Atlas, 2009, p. 673; ARAGÃO, Alexandre Santos de. *Curso de direito administrativo.* Rio de Janeiro: Forense, 2012. p. 475-476.

[12] Na hipótese de doação com encargo, exige-se licitação e a previsão obrigatória no ajuste dos encargos, prazo de seu cumprimento e cláusula de reversão, sob pena de nulidade do ato, dispensada a licitação em caso de interesse público devidamente justificado (art. 76, § 6.º, da Lei 14.133/2021).

c) **permuta:** troca do bem público por outro bem, público ou privado (art. 533 do CC);
d) **dação em pagamento:** é a dação de prestação diversa da que é devida para quitação de obrigação, com o consentimento do credor (art. 356 do CC);
e) **investidura:** existem duas hipóteses (art. 76, § 5.º, da Lei 14.133/2021): e.1) alienação aos proprietários de imóveis lindeiros de área remanescente ou resultante de obra pública, área esta que se tornar inaproveitável isoladamente, por preço nunca inferior ao da avaliação e desde que esse não ultrapasse o montante de 50% do valor máximo permitido para dispensa de licitação; e e.2) alienação, aos legítimos possuidores diretos ou, na falta destes, ao Poder Público, de imóveis para fins residenciais construídos em núcleos urbanos anexos a usinas hidrelétricas, desde que considerados dispensáveis na fase de operação dessas unidades e não integrem a categoria de bens reversíveis ao final da concessão;
f) **incorporação:** incorporação de bens ao patrimônio de entidade da Administração Indireta instituída pelo Estado;[13] e
g) **retrocessão:** alienação do bem desapropriado ao patrimônio do expropriado, que tem direito de preferência da aquisição, quando o bem não for utilizado para atendimento da utilidade pública, necessidade pública ou interesse social, o que caracteriza desvio de finalidade (tredestinação), na forma do art. 519 do CC.

Apesar de alguns autores mencionarem a "concessão de domínio" como forma de alienação de bens públicos, certo é que as concessões são utilizadas exclusivamente para viabilizar o uso privativo do bem público pelo particular, sem transferência da propriedade pública.[14] Da mesma forma, a legitimação de posse, prevista na Lei 6.383/1976, a nosso sentir, não tem por objeto a transferência do domínio, mas apenas o reconhecimento e a proteção da posse de bem público por determinado particular.[15]

Ressalte-se que o ordenamento consagra hipóteses de indisponibilidade absoluta de determinados bens públicos, a saber:

a) as terras devolutas ou arrecadadas pelos Estados, por ações discriminatórias, necessárias à proteção dos ecossistemas naturais (art. 225, § 5.º, da CRFB); e
b) as terras tradicionalmente ocupadas pelos índios (art. 231, § 4.º, da CRFB).

---

[13] A incorporação é mencionada pelos seguintes autores: GASPARINI, Diógenes. *Direito administrativo*. 12. ed. São Paulo: Saraiva, 2007. p. 866; CARVALHO FILHO, José dos Santos. *Manual de direito administrativo*. 24. ed. Rio de Janeiro: Lumen Juris, 2011. p. 1.103; MOREIRA NETO, Diogo de Figueiredo. *Curso de direito administrativo*. 15. ed. Rio de Janeiro: Forense, 2009. p. 389.
[14] No mesmo sentido: DI PIETRO, Maria Sylvia Zanella. *Direito administrativo*. 22. ed. São Paulo: Atlas, 2009. p. 684.
[15] O art. 29 da Lei 6.383/1976 reconhece o direito à legitimação da posse de área contínua até 100 hectares, tornada produtiva por seu ocupante com seu trabalho ou de sua família, desde que não seja proprietário de imóvel rural e comprove a morada permanente e cultura efetiva, pelo prazo mínimo de ano. O beneficiário da legitimação de posse, portador da "Licença de Ocupação", terá direito de preferência na aquisição do lote (art. 29, § 1.º), mas a eventual transferência será formalizada por contrato de compra e venda.

## 22.5.2 Impenhorabilidade

Os bens públicos são impenhoráveis. A penhora pode ser definida como ato de apreensão judicial de bens do devedor para satisfação do credor. A impossibilidade de constrição judicial dos bens públicos justifica-se pela necessidade de cumprimento dos requisitos legais para alienação, pelo princípio da continuidade do serviço público e, no caso específico das pessoas de direito público, pelo procedimento constitucional especial exigido para pagamento dos débitos oriundos de decisão judicial transitada em julgado (art. 100, *caput* e § 3.º, da CRFB: precatório e a Requisição de Pequeno Valor – RPV).[16]

Por essa razão, na execução por quantia certa em face da Fazenda Pública, não se prevê a indicação dos bens passíveis de penhora, devendo ser observados os ritos próprios estabelecidos nos arts. 534 e 535 do CPC (execução por título judicial) e 910 do CPC (execução por título extrajudicial).

## 22.5.3 Imprescritibilidade

Os bens públicos não podem ser adquiridos por usucapião, na forma dos arts. 183, § 3.º, e 191, parágrafo único, da CRFB; art. 102 do CC; art. 200 do Decreto-lei 9.760/1946. No mesmo sentido, a Súmula 340 do STF dispõe: "desde a vigência do Código Civil, os bens dominicais, como os demais bens públicos, não podem ser adquiridos por usucapião".

Aliás, de acordo com a Súmula 619 do STJ, "a ocupação indevida de bem público configura mera detenção, de natureza precária, insuscetível de retenção ou indenização por acessões e benfeitorias".[17]

Apesar do entendimento amplamente dominante da doutrina e na jurisprudência, que afirmam a imprescritibilidade de todos os bens públicos, entendemos que a prescrição aquisitiva (usucapião) poderia abranger os bens públicos dominicais ou formalmente públicos, tendo em vista os seguintes argumentos:

a) esses bens não atendem à função social da propriedade pública, qual seja, o atendimento das necessidades coletivas (interesses públicos primários), satisfazendo apenas o denominado interesse público secundário (patrimonial) do Estado;

b) em razão da relativização do princípio da supremacia do interesse público sobre o interesse privado por meio do processo de ponderação de interesses, pautado pela proporcionalidade, a solução do conflito resultaria na preponderância concreta dos direitos fundamentais do particular (dignidade da pessoa humana e direito à moradia) em detrimento do interesse público secundário do Estado (o

---

[16] A impenhorabilidade alcança os bens integrantes das pessoas de direito público e os bens das pessoas de direito privado afetados ao serviço público (STF, Tribunal Pleno, AC 669/SP, Rel. Min. Carlos Britto, *DJ* 26.05.2006, p. 7, *Informativo de Jurisprudência do STF* n. 404; STF, Tribunal Pleno, RExt 220.906/DF, Rel. Min. Maurício Corrêa, *DJ* 14.11.2002, p. 15, *Informativo de Jurisprudência do STF* n. 213).

[17] Cabe destacar, ainda, a Súmula 637 do STJ, que dispõe: "O ente público detém legitimidade e interesse para intervir, incidentalmente, na ação possessória entre particulares, podendo deduzir qualquer matéria defensiva, inclusive, se for o caso, o domínio".

bem dominical, por estar desafetado, não atende às necessidades coletivas, mas possui potencial econômico em caso de eventual alienação).[18]

Registre-se que o art. 23 da Lei 13.465/2017 estabeleceu a possibilidade de aquisição de bens públicos por particulares por meio da "legitimação fundiária" que constitui forma originária de aquisição do direito real de propriedade conferido por ato do poder público, exclusivamente no âmbito da Regularização Fundiária Urbana (Reurb), àquele que detiver em área pública ou possuir em área privada, como sua, unidade imobiliária com destinação urbana, integrante de núcleo urbano informal consolidado existente em 22.12.2016.[19]

### 22.5.4 Não onerabilidade

Por fim, os bens não podem ser onerados com garantia real, tendo em vista a própria característica da inalienabilidade ou alienação condicionada e a regra constitucional do precatório. Conforme dispõe o art. 1.420, *in fine*, do CC, "só os bens que se podem alienar poderão ser dados em penhor, anticrese ou hipoteca", o que afasta a possibilidade de utilização dos bens públicos para as garantias reais, dado que a alienação desses bens depende do cumprimento das exigências legais.

Entendemos, no entanto, que a impossibilidade de oneração de bem público não alcança os bens dominicais que, após o cumprimento dos requisitos legais, podem ser alienados.[20] Conforme assinalado acima, os bens alienáveis podem ser dados em garantia real, não havendo motivo para exclusão dos bens dominicais. Dessa forma, nada impede, por exemplo, que bens dominicais sejam dados em garantia nos contratos celebrados pela Administração Pública, desde que haja avaliação prévia do bem, justificativa, realização de licitação (obrigatória para celebração do próprio contrato) e, no caso de imóveis, prévia autorização legislativa.

### 22.6 FORMAS DE USO DO BEM PÚBLICO: COMUM, ESPECIAL E PRIVATIVO

A utilização dos bens públicos pode ser dividida em três categorias:

a) **uso comum**,
b) **uso especial** e
c) **uso privativo**.[21]

---

[18] A tese foi apresentada em outra obra: OLIVEIRA, Rafael Carvalho Rezende. *Administração Pública, concessões e terceiro setor*. 2. ed. Rio de Janeiro: Lumen Juris, 2011. p. 61-62. Em sentido semelhante: FREITAS, Juarez. Usucapião de terras devolutas em face de uma interpretação constitucional teleológica. *Revista Trimestral de Jurisprudência dos Estados*, v. 18, n. 121, fev. 1994; FORTINI, Cristiana. A função social dos bens públicos e o mito da imprescritibilidade. *Revista Brasileira de Direito Municipal (RBDM)*, n. 12, p. 113-122, abr.-jun. 2004; ROCHA, Sílvio Luís Ferreira da. *Função social da propriedade pública*. São Paulo: Malheiros, 2005. p. 153-159.

[19] Sobre a legitimação fundiária, vide item 22.8.1.

[20] Em sentido semelhante, vide: MARQUES NETO, Floriano de Azevedo. *Bens públicos*: função social e exploração econômica: o regime jurídico das utilidades públicas. Belo Horizonte: Fórum, 2009. p. 299.

[21] Nesse sentido: MOREIRA NETO, Diogo de Figueiredo. *Curso de direito administrativo*. 15. ed. Rio de Janeiro: Forense, 2009. p. 390.

O uso comum dos bens públicos é aquele facultado a todos os indivíduos, sem qualquer distinção. É o que ocorre com os bens de uso comum do povo. Ex.: ruas, praias, praças etc.

A utilização comum dos bens públicos pode ser dividida em duas espécies:

a) ordinária ou normal: o uso é compatível com a destinação do bem (ex.: passagem de veículos pela via pública); ou

b) extraordinária ou anormal: a utilização do bem depende do preenchimento de determinadas condições impostas pelo Poder Público (ex.: cobrança de pedágio em rodovias) ou a utilização é distinta da destinação usual do bem (ex.: utilização da via pública para realização de evento esportivo).[22]

A utilização especial, por sua vez, é franqueada à Administração Pública ou a determinados indivíduos que preencham os requisitos previstos na legislação. Trata-se de utilização normalmente relacionada aos bens de uso especial. Ex.: a utilização das escolas públicas é destinada apenas aos alunos matriculados; as repartições administrativas são de utilização dos respectivos servidores e dos particulares devidamente autorizados.

O uso privativo, por sua vez, ocorre nas hipóteses em que o Poder Público consente com a utilização do bem público por determinado indivíduo com exclusividade, em detrimento do restante da coletividade. Ex.: permissão para instalação de banca de jornal em via pública; autorização para estabelecimento comercial instalar mesas e cadeiras na calçada.

## 22.7 USO PRIVATIVO DO BEM PÚBLICO

O Poder Público, em situações determinadas e por meio de vínculos jurídicos especiais, pode consentir com o uso privativo dos bens públicos por determinada pessoa ou grupo de pessoas.[23]

Nesses casos, o consentimento estatal pode ser discricionário ou vinculado, oneroso ou gratuito, precário ou estável, dependendo da respectiva previsão legal. A gratuidade prevalece na utilização dos bens públicos pelos indivíduos em geral, mas a onerosidade deve ser a regra para o uso privativo de bens públicos, com exclusão dos demais indivíduos, excepcionada nos casos em que o uso do bem público acarreta benefícios para coletividade que justifiquem a ausência de contrapartida pecuniária do particular. Em qualquer hipótese, o consentimento deve ser individualizado, conferindo ao destinatário a prerrogativa de utilizar o bem público com exclusividade e nas condições fixadas no respectivo vínculo jurídico.

Em síntese, o uso privativo dos bens públicos deve preencher as seguintes características:[24]

---

[22] O art. 103 do CC dispõe: "O uso comum dos bens públicos pode ser gratuito ou retribuído, conforme for estabelecido legalmente pela entidade a cuja administração pertencerem".

[23] De acordo com a Súmula 619 do STJ, "A ocupação indevida de bem público configura mera detenção, de natureza precária, insuscetível de retenção ou indenização por acessões e benfeitorias". Ainda que a posse não possa ser oposta ao ente público proprietário do bem, o STJ já decidiu que ela pode ser oposta contra outros particulares, tornando admissíveis as ações possessórias entre invasores (STJ, 3.ª Turma, REsp 1.484.304/DF, Rel. Min. Moura Ribeiro, DJe 15.03.2016, Informativo de jurisprudência do STJ n. 579).

[24] MEDAUAR, Odete. Direito administrativo moderno. 12. ed. São Paulo: RT, 2008. p. 245.

a) compatibilidade com o interesse público;
b) consentimento da Administração;
c) cumprimento das condições fixadas pelo ordenamento e pela Administração;
d) remuneração, ressalvados os casos excepcionais de uso gratuito; e
e) precariedade, que pode variar de intensidade, com a possibilidade de cessar o uso privativo por vontade unilateral da Administração.

Os principais instrumentos públicos para viabilização do uso privativo dos bens públicos são: autorização, permissão, concessão e a cessão de uso. Cada ente federativo possui competência legislativa para estabelecer as formas de gestão dos seus respectivos bens, não havendo uniformidade nas expressões utilizadas. No caso de lacuna normativa, os próprios instrumentos jurídicos devem conter as condições para utilização privativa dos bens públicos.[25]

## 22.7.1 Autorização

A autorização de uso de bem público é ato administrativo, discricionário e precário, editado pelo Poder Público para consentir que determinada pessoa utilize privativamente bem público (ex.: autorização para fechamento de ruas para realização de eventos comemorativos).

Trata-se de ato discricionário que depende da avaliação de conveniência e oportunidade do Poder Público, inexistindo direito subjetivo do particular na hipótese.[26] Da mesma forma, o ato é precário e pode ser revogado a qualquer momento, independentemente de indenização. Por fim, a autorização de uso possui outras características, a saber: pode ser onerosa ou gratuita, independe de autorização legislativa e pode recair sobre bens móveis ou imóveis.

### 22.7.1.1 Autorização condicionada ou qualificada

A autorização de uso condicionada ou qualificada é aquela editada com a fixação de direitos e obrigações para o Poder Público e o destinatário. Trata-se de hipótese de autolimitação administrativa, uma vez que o Poder Público decide impor restrições a ele próprio e ao particular.

A licitação é a regra para celebração de contratos da Administração Pública. Em relação à autorização simples, que possui natureza jurídica de ato administrativo, editado sem prazo e sem condições especiais, ainda que inaplicável a exigência de licitação, deve

---

[25] No caso das concessões, havendo lacuna na respectiva legislação, podem ser aplicadas as normas gerais das concessões previstas na Lei 8.987/1995 e na Lei 11.079/2004. Nesse sentido: MARQUES NETO, Floriano de Azevedo. *Bens públicos*: função social e exploração econômica: o regime jurídico das utilidades públicas. Belo Horizonte: Fórum, 2009. p. 351.

[26] A maior ou menor discricionariedade dependerá do ordenamento jurídico. Em determinados casos, a legislação confere, excepcionalmente, caráter vinculado à autorização de uso, como ocorre, por exemplo, na autorização de uso de radiofrequência, conforme dispõe o art. 163, § 1.º, da Lei 9.472/1997.

ser realizado pelo Poder Público procedimento que assegure igualdade de oportunidades aos respectivos interessados, em razão do princípio da impessoalidade (art. 37 da CRFB).

No tocante à autorização condicionada ou qualificada, em virtude da contratualização do conteúdo da autorização de uso (art. 2.º, IV, da Lei 14.133/2021), a sua edição depende do respeito ao princípio da impessoalidade, com a realização de licitação.

Da mesma forma, o eventual descumprimento das condições fixadas pelo próprio Poder Público acarreta o dever de indenizar o particular, tendo em vista os princípios da boa-fé e da confiança legítima.[27] Assim, por exemplo, se a Administração resolve fixar prazo máximo para autorização de uso de determinado bem público, a revogação prematura, antes do prazo final, gera indenização.

### 22.7.1.2 Autorização de uso urbanística

A autorização de uso urbanística encontra-se prevista no art. 9.º da MP 2.220/2001, com redação dada pela Lei 13.465/2017, e será conferida, de forma gratuita, "àquele que, até 22 de dezembro de 2016, possuiu como seu, por cinco anos, ininterruptamente e sem oposição, até duzentos e cinquenta metros quadrados de imóvel público situado em área com características e finalidade urbanas para fins comerciais".

Nessa hipótese, a autorização de uso depende do cumprimento dos requisitos legais, anteriormente mencionados, admitindo-se que a autorização recaia sobre outro bem, nas seguintes hipóteses em que o imóvel ocupado: oferecer risco à vida ou à saúde dos ocupantes; destinar-se ao uso comum do povo, a projeto de urbanização, ao interesse da defesa nacional, da preservação ambiental e da proteção dos ecossistemas naturais, à construção de represas e obras congêneres; ou for situado em via de comunicação (arts. 4.º, 5.º e 9.º, § 3.º, da MP 2.220/2001).

### 22.7.2 Permissão

A permissão de uso é o ato administrativo, discricionário e precário, por meio do qual a Administração Pública consente com a utilização privativa de determinado bem público (ex.: permissão para instalação de bancas de jornal em imóveis públicos).[28]

Assim como ocorre com a autorização de uso, a permissão de uso de bem público é discricionária e precária. De acordo com a doutrina tradicional, enquanto na autorização predomina o interesse privado do autorizatário, na permissão o interesse do permissionário e o interesse público são satisfeitos com igual intensidade.[29]

---

[27] A exigência de licitação e o dever de indenização na hipótese de descumprimento da autorização qualificada são sustentados, por exemplo, pelos seguintes autores: DI PIETRO, Maria Sylvia Zanella. Direito administrativo. 22. ed. São Paulo: Atlas, 2009. p. 691 e 693; MARQUES NETO, Floriano de Azevedo. Bens públicos: função social e exploração econômica: o regime jurídico das utilidades públicas. Belo Horizonte: Fórum, 2009. p. 338. É oportuno ressaltar que, em determinados casos, a licitação será inexigível (ex.: autorização para uso de calçada em frente ao estabelecimento comercial).

[28] A Lei 13.311/2016 estabelece normas gerais para a ocupação e utilização de área pública urbana por equipamentos urbanos do tipo quiosque, trailer, feira e banca de venda de jornais e de revistas.

[29] A distinção entre autorização e permissão de uso de bem público, a partir da predominância do interesse satisfeito, é apresentada pelos seguintes autores: DI PIETRO, Maria Sylvia Zanella. Direito administrativo. 22. ed. São Paulo:

Discordamos, todavia, da sobredita distinção que não acarreta qualquer consequência prática ou jurídica. A autorização e a permissão de uso de bem público são instrumentos jurídicos equivalentes que possuem, na essência, as mesmas características: discricionariedade e precariedade. É irrelevante, a nosso sentir, a distinção doutrinária que leva em consideração a predominância do interesse satisfeito, mesmo porque o interesse público sempre será o Norte de qualquer ação administrativa, razão pela qual a autorização e a permissão podem ser consideradas fungíveis.

Da mesma forma, a intensidade da discricionariedade e da precariedade da autorização e da permissão de uso pode variar no ordenamento jurídico. Ex.: a permissão de uso de bens públicos às Organizações Sociais (OS), benefício atrelado ao contrato de gestão celebrado com o Poder Público, possui precariedade mitigada e será extinta com o próprio contrato de gestão ou com a desqualificação da OS (art. 12, § 3.º, da Lei 9.637/1998).[30]

Em alguns casos, a discricionariedade pode ser relativizada pela própria prática administrativa. Em algumas hipóteses, a discricionariedade pode ser reduzida a zero quando as circunstâncias normativas e concretas eliminarem a possibilidade de escolha por parte do agente público, deixando apenas uma única solução possível que deverá ser adotada. Assim, por exemplo, na hipótese em que a Administração autorizar ou permitir que determinada pessoa utilize privativamente o bem público, os demais interessados, que estiverem na mesma situação fática, deverão receber o mesmo tratamento (vinculado), impondo-se a edição de autorizações e permissões em casos semelhantes, salvo a impossibilidade material ou jurídica, devidamente justificada pela Administração.[31]

É oportuno ressaltar que a permissão de uso de bem público não se confunde com a permissão de serviço público. Enquanto a permissão de uso é ato administrativo, discricionário e precário, que tem por objetivo admitir o uso privativo do bem público por terceiro, a permissão de serviço público é contrato administrativo de delegação do serviço público para o permissionário, na forma do art. 175, parágrafo único, da CRFB e art. 40 da Lei 8.987/1995.

### 22.7.2.1 Permissão condicionada ou qualificada

Em razão da fungibilidade entre a autorização e a permissão de uso, os delineamentos apresentados anteriormente para a autorização podem ser aplicados à permissão. Por essa razão, a permissão de uso também pode ser considerada condicionada ou qualificada

---

Atlas, 2009. p. 692; CARVALHO FILHO, José dos Santos. *Manual de direito administrativo*. 24. ed. Rio de Janeiro: Lumen Juris, 2011. p. 1.078.

[30] Lei 9.637/1998: "Art. 12. Às organizações sociais poderão ser destinados recursos orçamentários e bens públicos necessários ao cumprimento do contrato de gestão. [...] § 3.º Os bens de que trata este artigo serão destinados às organizações sociais, dispensada licitação, mediante permissão de uso, consoante cláusula expressa do contrato de gestão."

[31] Em sentido semelhante: MARQUES NETO, Floriano de Azevedo. *Bens públicos*: função social e exploração econômica: o regime jurídico das utilidades públicas. Belo Horizonte: Fórum, 2009. p. 342. Sobre a "redução da discricionariedade a zero", remetemos o leitor ao livro: OLIVEIRA, Rafael Carvalho Rezende. *A constitucionalização do direito administrativo*. 2. ed. Rio de Janeiro: Lumen Juris, 2010. p. 78-79.

quando a Administração Pública estabelecer prazos e/ou condições para o uso privativo do bem público.

A edição do ato de permissão simples, sem prazo ou condições especiais, deve respeitar o princípio da impessoalidade, com procedimento prévio que assegure igualdade de oportunidades aos potenciais interessados, mas não é exigível a realização de licitação formal.

Em relação à permissão condicionada ou qualificada, cujo conteúdo foi contratualizado, a edição da permissão depende de licitação prévia (art. 2.º da Lei 14.133/2021), salvo as exceções legais, e a revogabilidade prematura impõe o dever de indenizar o permissionário, com fundamento nos princípios da boa-fé e da confiança legítima.[32]

### 22.7.3 Concessão

A concessão de uso de bem público é o contrato administrativo que tem por objetivo consentir o uso do bem público, de forma privativa, por terceiro, com fundamento no interesse público (ex.: concessão de uso de bens públicos para moradia de servidores públicos ou para exploração de grandes infraestruturas por empresas privadas).

Ao contrário da autorização e da permissão de uso, que possuem natureza jurídica de ato administrativo, a concessão de uso é contrato administrativo, razão pela qual deve ser precedida de licitação e formalizada por prazo determinado (art. 37, XXI, da CRFB e art. 2.º, IV, da Lei 14.133/2021) Quanto ao prazo, não se aplica a regra geral do prazo anual prevista no art. 105 da Lei 14.133/2021, tendo em vista a não utilização de recursos orçamentários na concessão de uso, admitida a fixação de prazos maiores, com fundamento no art. 110 da Lei 14.133/2021, que prevê prazos para os contratos que geram receita, o que inclui a concessão de uso, a saber: a) até 10 (dez) anos, nos contratos sem investimento da contratada; e b) até 35 (trinta e cinco) anos, nos contratos com investimento, assim considerados aqueles que impliquem a elaboração de benfeitorias permanentes, realizadas exclusivamente a expensas do contratado, que serão revertidas ao patrimônio da Administração Pública ao término do contrato.

Ademais, o descumprimento das cláusulas contratuais pelo Poder Público impõe o dever de indenizar o concessionário.

#### 22.7.3.1 Concessão de direito real de uso

A concessão de direito real de uso é o contrato administrativo por meio do qual a Administração Pública concede o uso privativo de bens públicos, de forma remunerada ou gratuita, por tempo certo ou indeterminado, como direito real resolúvel, com a finalidade de implementar a regularização fundiária de interesse social, urbanização, industrialização, edificação, cultivo da terra, aproveitamento sustentável das várzeas, preservação das comunidades tradicionais e seus meios de subsistência, uso do espaço aéreo ou outras modalidades de interesse social em áreas urbanas (arts. 7.º e 8.º do Decreto-lei 271/1967).

---

[32] Em determinados casos, o ordenamento jurídico afasta a necessidade de licitação para permissão de uso de bem público, tal como ocorre, por exemplo, nos casos indicados no art. 76, I, f e g, da Lei 14.133/2021.

Ao contrário da concessão de uso tradicional, que possui natureza pessoal e incide sobre qualquer espécie de bem público, a concessão de direito real de uso configura direito real (art. 1.225, XII, do CC) e recai sobre bens dominicais.

A concessão de direito real de uso poderá ser contratada por instrumento público ou particular, inscrito no RGI, que poderá ser rescindido na hipótese de o concessionário descumprir os termos pactuados, bem como será transferida por ato *inter vivos*, por sucessão legítima ou testamentária, salvo disposição contratual em contrário (art. 7.º, §§ 1.º, 3.º e 4.º, do Decreto-lei 271/1967).

A celebração do contrato de concessão de direito real de uso depende da prévia realização de licitação, na modalidade concorrência (art. 2.º, I, da Lei 14.133/2021), ressalvadas as exceções legais.[33]

### 22.7.3.2 Concessão de uso especial para fins de moradia

A concessão de uso especial para fins de moradia é o instrumento que tem por objetivo conceder ao particular que, até 22.12.2016, possuiu como seu, por cinco anos, ininterruptamente e sem oposição, até 250 m² de imóvel público situado em área com características e finalidade urbanas, utilizando-o para sua moradia ou de sua família, desde que não seja proprietário ou concessionário, a qualquer título, de outro imóvel urbano ou rural (art. 1.º da MP 2.220/2001, com redação dada pela Lei 13.465/2017).

Verifica-se que, na essência, a concessão de uso especial para fins de moradia possui pressupostos semelhantes àqueles exigidos para a usucapião especial de imóvel privado urbano previsto no art. 183 da CRFB. Em razão da vedação constitucional do usucapião de imóvel urbano (art. 183, § 3.º, da CRFB), o legislador infraconstitucional instituiu figura jurídica similar para proteger o indivíduo e sua família que ocupe imóvel público urbano como moradia nos termos elencados na legislação.

Cumpridos os requisitos legais, a concessão de uso especial para fins de moradia deverá ser reconhecida ao interessado, razão pela qual o instituto possui natureza de ato vinculado.[34] Dessa forma, o interessado que adimplir os requisitos legais possuirá direito adquirido à concessão, independentemente de licitação prévia.

Considerada direito real (art. 1.225, XI, do CC), a concessão de uso especial para fins de moradia deve ser registrada no RGI e será conferida, de forma gratuita, ao interessado que cumprir os requisitos acima elencados (art. 1.º, § 1.º, da MP 2.220/2001). O direito à concessão de uso não poderá ser reconhecido ao mesmo concessionário mais de uma vez (art. 1.º, § 2.º, da MP 2.220/2001).

O direito de concessão de uso especial para fins de moradia é transferível por ato *inter vivos* ou *causa mortis* e o herdeiro legítimo continua, de pleno direito, na posse de seu antecessor, desde que já resida no imóvel por ocasião da abertura da sucessão (arts. 1.º, § 3.º, e 7.º da MP 2.220/2001).

---

[33] A licitação é dispensada nos casos indicados no art. 76, I, f, g e h, da Lei 14.133/2021.
[34] Nesse sentido: CARVALHO FILHO, José dos Santos. *Manual de direito administrativo*. 24. ed. Rio de Janeiro: Lumen Juris, 2011. p. 1.087.

A concessão de uso especial para fins de moradia poderá ser instituída na própria via administrativa ou, em caso de recusa ou omissão da Administração, na via judicial, com posterior registro no RGI (art. 6.º da MP 2.220/2001).

A concessão de uso especial para fins de moradia aplica-se às áreas de propriedade da União, inclusive aos terrenos de marinha e acrescidos, mas não se aplica aos imóveis funcionais (art. 22-A, *caput* e § 1.º, da Lei 9.636/1998).

Nos casos em que a ocupação acarretar risco à vida ou à saúde dos respectivos ocupantes, o Poder Público deverá garantir ao possuidor o direito à concessão de uso em outro local (art. 4.º da MP 2.220/2001). Por outro lado, o Poder Público tem a faculdade de assegurar o direito à concessão real de uso em imóvel diverso quando o bem público ocupado pelo particular for de uso comum do povo, destinado a projeto de urbanização, de interesse da defesa nacional, da preservação ambiental e da proteção dos ecossistemas naturais, reservado à construção de represas e obras congêneres ou situado em via de comunicação (art. 5.º da MP 2.220/2001).

A extinção do direito à concessão de uso especial para fins de moradia, que deverá ser averbada no cartório de registro de imóveis, ocorre nos casos em que o concessionário descumpre as finalidades do instituto, a saber:

a) imóvel deixa de ser utilizado para moradia do possuidor ou de sua família; ou

b) quando o concessionário adquire a propriedade ou a concessão de uso de outro imóvel urbano ou rural (art. 8.º da MP 2.220/2001).

Por fim, o ordenamento consagra, ainda, a concessão coletiva de uso especial para fins de moradia que incide sobre os imóveis públicos urbanos, com mais de 250 m², que, até 22.12.2016, estavam ocupados por população de baixa renda para sua moradia, por cinco anos, ininterruptamente e sem oposição, onde não for possível identificar os terrenos ocupados por possuidor, desde que os possuidores não sejam proprietários ou concessionários, a qualquer título, de outro imóvel urbano ou rural (art. 2.º da MP 2.220/2001, alterado pela Lei 13.465/2017).

A concessão coletiva de uso especial para fins de moradia possui semelhanças com o usucapião coletivo previsto no art. 10 da Lei 10.257/2001. Ao contrário do usucapião, a concessão coletiva de uso não transfere a propriedade pública aos indivíduos.

O possuidor pode acrescentar sua posse à de seu antecessor, contanto que ambas sejam contínuas, para cumprir o prazo mínimo de cinco anos necessário à concessão coletiva de uso (art. 2.º, § 1.º, da MP 2.220/2001).

Na concessão coletiva de uso especial, será atribuída igual fração ideal de terreno a cada possuidor, independentemente da dimensão do terreno que cada um ocupe, salvo hipótese de acordo escrito entre os ocupantes, estabelecendo frações ideais diferenciadas (art. 2.º, § 2.º, da MP 2.220/2001). Em qualquer caso, a fração ideal atribuída a cada possuidor não poderá ser superior a 250 m² (art. 2.º, § 3.º, da MP 2.220/2001).

### 22.7.3.3 Concessão florestal

A concessão florestal é a delegação onerosa do direito de praticar manejo florestal sustentável para exploração de produtos e serviços em uma unidade de manejo, mediante licitação, à pessoa jurídica, em consórcio ou não, que atenda às exigências do respectivo edital de licitação e demonstre capacidade para seu desempenho, por sua conta e risco e por prazo determinado, na forma da Lei 11.284/2006 e do Decreto 12.046/2024.[35]

Trata-se de concessão para gestão de bem público imóvel (floresta) que deve ser devolvido ao Poder Público ao final do contrato. As licitações e os contratos de concessão florestal apresentam, em síntese, as seguintes características:

a) a concessão será sempre onerosa e precedida de licitação na modalidade concorrência (art. 13, § 1.º, da Lei 11.284/2006);
b) necessidade de licenciamento ambiental (art. 18);
c) na fase de habilitação, além das exigências contidas na Lei 14.133/2021, o interessado deve comprovar a ausência de débitos inscritos na dívida ativa relativos à infração ambiental nos órgãos competentes integrantes do Sisnama e a inexistência de decisões condenatórias, com trânsito em julgado, em ações penais relativas a crime contra o meio ambiente ou a ordem tributária ou a crime previdenciário, observada a reabilitação de que trata o art. 93 do Código Penal (art. 19, I e II);
d) apenas as pessoas jurídicas constituídas sob as leis brasileiras e que tenham sede e administração no País poderão participar da licitação (art. 19, § 1.º);
e) submissão da minuta do edital à audiência pública (art. 20, § 2.º);
f) tipo de licitação: combinação dos critérios técnica (menor impacto ambiental, maiores benefícios sociais diretos, maior eficiência e maior agregação de valor ao produto ou serviço florestal na região da concessão) e o maior preço ofertado como pagamento ao poder concedente pela outorga da concessão florestal (art. 26, I e II);
g) o prazo dos contratos de concessão florestal relaciona-se com o ciclo de colheita ou exploração, considerando o produto ou grupo de produtos com ciclo mais longo incluído no objeto da concessão, podendo ser fixado prazo equivalente a, no mínimo, um ciclo e, no máximo, 40 anos; em relação aos contratos de concessão exclusivos para exploração de serviços florestais o prazo será de, no mínimo, 5 e, no máximo, 20 anos (art. 35, *caput* e parágrafo único) etc.

## 22.7.4 Cessão de uso

A cessão é a transferência de uso de bens públicos, de forma gratuita ou com condições especiais, entre entidades da Administração Pública Direta e Indireta ou entre a Administração e as pessoas de direito privado sem finalidade lucrativa.[36] Ex.: cessão de uso

---

[35] Sobre as concessões florestais, vide: FREITAS, Rafael Véras de. A concessão de florestas e o desenvolvimento sustentável. *Revista de Direito Público da Economia*, n. 26, p. 107-133, abr.-jun. 2009.

[36] Em sentido semelhante: CARVALHO FILHO, José dos Santos. *Manual de direito administrativo*. 24. ed. Rio de Janeiro: Lumen Juris, 2011. p. 1.089.

de bem público estadual para determinado Município; cessão de bem público municipal para associação civil.

Não há, contudo, uniformidade doutrinária ou legislativa quanto ao uso do termo "cessão de uso", sendo possível apontar três acepções distintas:

a) sentido amplo: cessão é o termo genérico que engloba todos os instrumentos jurídicos que viabilizam o transpasse de bens públicos;

b) sentido intermediário: cessão é a transferência do uso do bem público para órgãos ou entidades administrativas ou pessoas jurídicas de direito privado sem finalidade lucrativa;

c) sentido restrito: cessão de bens públicos refere-se exclusivamente à transferência do uso de bens públicos entre órgãos públicos do mesmo ente da Federação.[37]

Por essa razão, é imprescindível a análise da legislação do respectivo ente federado para definição do objeto da cessão de uso de bem público. Em âmbito federal, a cessão de uso encontra-se regulada no art. 18 da Lei 9.636/1998 que prevê a cessão, gratuita ou em condições especiais, dos bens públicos federais aos Estados, Municípios e entidades, sem fins lucrativos, de caráter educacional, cultural, de assistência social ou de saúde, bem como às pessoas físicas ou jurídicas, tratando-se de interesse público ou social ou de aproveitamento econômico de interesse nacional. A cessão deve ser autorizada pelo Presidente da República, que poderá delegar tal atribuição, e será formalizada mediante termo ou contrato (art. 18, § 3.º, da Lei 9.636/1998). Nos casos de destinação à execução de empreendimento de fim lucrativo, a cessão será onerosa e, sempre que houver condições de competitividade, será precedida de licitação, ressalvadas as hipóteses de licitação dispensada indicada no § 6.º (art. 18, § 5.º, da Lei 9.636/1998). A cessão poderá estabelecer como contrapartida a obrigação de construir, reformar ou prestar serviços de engenharia em imóveis da União ou em bens móveis de interesse da União, admitida a contrapartida em imóveis da União que não sejam objeto da cessão. Nesse caso, a cessão será celebrada sob condição resolutiva até que a obrigação seja integralmente cumprida pelo cessionário. Descumprida a contrapartida, o instrumento de cessão se resolverá sem direito à indenização pelas acessões e benfeitorias nem qualquer outra indenização ao cessionário e a posse do imóvel será imediatamente revertida para a União (art. 18, §§ 10 a 12, da Lei 9.636/1998, alterado pela Lei 14.011/2020).

## 22.7.5 Uso privativo de bem público por instrumentos de direito privado

Além dos instrumentos de direito público, anteriormente citados (autorização, permissão, concessão e cessão), o ordenamento jurídico admite que o uso privativo dos bens públicos seja viabilizado por instrumentos jurídicos de direito privado, a saber: locação, comodato e enfiteuse.

---

[37] O sentido restrito é adotado por: GASPARINI, Diógenes. *Direito administrativo*. 12. ed. São Paulo: Saraiva, 2007. p. 860-861.

A competência para legislar sobre os referidos institutos do Direito Civil é da União (art. 22, I, da CRFB), mas todos os entes da federação podem utilizá-los para transferir o uso privativo de seus bens a terceiros.

Não obstante a previsão legal dos referidos instrumentos de direito privado para gestão dos bens públicos, a doutrina diverge sobre a sua juridicidade, como se passa a expor.

### 22.7.5.1 Locação

A locação é o contrato de direito privado que tem por objetivo transferir a posse direta do bem de propriedade do locador ao locatário, mediante o pagamento de remuneração (aluguel).

Conforme dispõe o art. 1.º, parágrafo único, a, 1, Lei 8.245/1991, a Lei de Locações não é aplicável aos contratos de locação de imóveis de propriedade da União, dos Estados e dos Municípios, de suas autarquias e fundações públicas que continuam reguladas pelo Código Civil (arts. 565 a 578) e pelas leis especiais. Em relação aos bens públicos federais, o contrato de locação encontra-se regulado nos arts. 64, § 1.º, e 86 a 98 do Decreto-lei 9.760/1946 que estabelecem a possibilidade de locação dos imóveis federais para residência de autoridades federais ou de outros servidores federais e, eventualmente, para outros interessados.

Apesar da previsão legal do contrato de locação de bens públicos, a doutrina diverge sobre a sua viabilidade jurídica, existindo duas interpretações sobre o tema:

**Primeira posição:** os bens públicos podem locados a terceiros na forma do Código Civil e da legislação especial. Nesse sentido: José dos Santos Carvalho Filho.[38]

**Segunda posição:** o uso privativo de bens públicos deve ser instrumentalizado por institutos de direito público, sendo inadmissível a locação dos referidos bens. Nesse sentido: Hely Lopes Meirelles, Diogo de Figueiredo Moreira Neto, Diógenes Gasparini.[39]

Entendemos que a locação é incompatível com a transferência do uso privativo dos bens públicos. O regime jurídico especial dos bens públicos, a necessidade de continuidade das atividades administrativas e as prerrogativas públicas relacionadas à definição da necessidade e da destinação dos bens públicos são obstáculos à utilização de contratos de direito privado para definição da gestão do patrimônio público.

Aliás, o próprio legislador federal, apesar de mencionar a "locação" de bens públicos federais, afasta a aplicação da Lei de Locações (art. 1.º, parágrafo único, a, 1, Lei 8.245/1991 e art. 87 do Decreto-lei 9.760/1946) e prevê a prerrogativa de a União rescindir, unilateralmente e a qualquer tempo, o contrato (art. 89, III e § 2.º, do Decreto-lei 9.760/1946). Ora, as referidas características demonstram que a relação contratual é de Direito Público, e não de Direito Privado, razão pela qual é possível concluir que o legislador federal se utilizou de forma equivocada do termo "locação", quando, em verdade, o instituto é a concessão de uso.

---

[38] CARVALHO FILHO, José dos Santos. *Manual de direito administrativo*. 24. ed. Rio de Janeiro: Lumen Juris, 2011. p. 1.094.

[39] MEIRELLES, Hely Lopes. *Direito administrativo brasileiro*. 22. ed. São Paulo: Malheiros, 1997. p. 445; MOREIRA NETO, Diogo de Figueiredo. *Curso de direito administrativo*. 15. ed. Rio de Janeiro: Forense, 2009. p. 393-394; GASPARINI, Diógenes. *Direito administrativo*. 12. ed. São Paulo: Saraiva, 2007. p. 862.

## 22.7.5.2 Comodato

O comodato é o contrato de direito privado que tem por objetivo emprestar, gratuitamente, coisas não fungíveis (art. 579 do CC). Ao contrário do contrato de locação, que é caracterizado pela onerosidade, o comodato é gratuito.

Reiteramos os mesmos comentários apresentados ao contrato de locação. A utilização de contratos privados para gestão do uso privativo de bens públicos não é juridicamente adequada, devendo a Administração Pública se valer dos institutos de Direito Público (autorização, permissão, concessão e cessão) que admitem a forma gratuita, mas conservam as prerrogativas da Administração Pública.

## 22.7.5.3 Enfiteuse ou aforamento

A enfiteuse ou aforamento é o instituto por meio do qual o Ente federado (senhorio direto que mantém o domínio direto) transfere a outrem (enfiteuta ou foreiro) o uso do bem público (domínio útil), mediante pagamento do foro anual.

A enfiteuse sobre bens privados era disciplinada, como direito real, pelos arts. 678 a 694 do CC/1916. Todavia, o art. 2.038 do CC/2002 vedou a instituição de novas enfiteuses e subenfiteuses, ressalvadas as já existentes, que continuam reguladas pelo Código Civil anterior.

Em relação aos bens públicos, a enfiteuse continua regulada por lei especial (art. 49 do ADCT, art. 2.038, § 2.º, do CC/2002 e arts. 99 a 124 do Decreto-lei 9.760/1946).

Em âmbito federal, o foro anual equivale a 0,6% sobre o valor do domínio pleno e o inadimplemento por três anos consecutivos, ou quatro anos intercalados, importará a caducidade da enfiteuse (art. 101, *caput* e parágrafo único, do Decretolei 9.760/1946).

A transferência onerosa, entre vivos, do domínio útil e da inscrição de ocupação de terreno da União ou de cessão de direito a eles relativos dependerá do prévio recolhimento do laudêmio pelo vendedor, em quantia correspondente a 5% do valor atualizado do domínio pleno do terreno, excluídas as benfeitorias, na forma do art. 3.º do Decreto-lei 2.398/1987, com redação dada pela Lei 13.465/2017.

## 22.8 ALIENAÇÃO E AQUISIÇÃO DE BENS PÚBLICOS

O patrimônio público é composto por bens, que por sua própria natureza, são considerados bens públicos (ex.: praias), e por bens que são adquiridos pela Administração Pública por diversas formas, conforme demonstrado a seguir.

### 22.8.1 Alienação: exigências e espécies

A alienação de bens públicos, conforme ressaltado anteriormente, deve cumprir, em regra, as seguintes exigências (arts. 100 e 101 do CC e art. 76 da Lei 14.133/2021): **a) desafetação dos bens públicos (bens públicos dominicais podem ser alienados); b) justificativa ou motivação; c) avaliação prévia; d) licitação (ressalvadas as hipóteses de licitação dispensada previstas no** art. 76, I e II, da Lei 14.133/2021); **e) autorização legislativa para alienação dos bens públicos imóveis.**

Além das formas comuns de alienação de bens, encontradas também no Direito Privado (exs.: venda, doação, permuta, dação em pagamento etc.), merecem ser destacadas algumas hipóteses específicas de alienação de bens públicos, tais como:

a) **investidura**: é a (i) alienação ao proprietário de imóvel lindeiro, de área remanescente ou resultante de obra pública que se tornar inaproveitável isoladamente, por preço que não seja inferior ao da avaliação nem superior a 50% do valor máximo permitido para dispensa de licitação de bens e serviços previsto na Lei de Licitações, bem como a (ii) alienação ao legítimo possuidor direto ou, na falta dele, ao poder público, de imóvel para fins residenciais construído em núcleo urbano anexo a usina hidrelétrica, desde que considerado dispensável na fase de operação da usina e que não integre a categoria de bens reversíveis ao final da concessão (art. 76, § 5.º, I e II, da Lei 14.133/2021);

b) **retrocessão:** a retrocessão é o direito de o expropriado exigir a devolução do bem desapropriado que não foi utilizado pelo Poder Público para atender o interesse público (art. 519 do CC), ausente a necessidade de licitação, em razão da sua incompatibilidade com o instituto que prevê o retorno do imóvel ao expropriado;[40]

c) **legitimação de posse:** não obstante a expressão fazer referência à posse, o instituto acarreta a transferência do domínio. O ocupante de terras públicas, que as tenha tornado produtivas com o seu trabalho e o de sua família, fará jus à legitimação da posse de área contínua até 100 hectares, desde que (i) não seja proprietário de imóvel rural e (ii) comprove a morada permanente e cultura efetiva, pelo prazo mínimo de 1 ano. A legitimação da posse consistirá no fornecimento de uma licença de ocupação, pelo prazo mínimo de mais 4 anos, findo o qual o ocupante terá a preferência para aquisição do lote, pelo valor histórico da terra nua, satisfeitos os requisitos de morada permanente e cultura efetiva e comprovada a sua capacidade para desenvolver a área ocupada (art. 29, § 1.º, da Lei 6.383/1976);

d) **legitimação fundiária:** constitui forma originária de aquisição do direito real de propriedade conferido por ato do poder público, exclusivamente no âmbito da Regularização Fundiária Urbana (Reurb), àquele que detiver em área pública ou possuir em área privada, como sua, unidade imobiliária com destinação urbana, integrante de núcleo urbano informal consolidado existente em 22.12.2016 (arts. 11, VII, 23 e 24 da Lei 13.465/2017).[41]

Na Reurb de Interesse Social (Reurb-S) de imóveis públicos, a União, os Estados, o DF e os Municípios, e as suas entidades vinculadas, quando titulares do domínio, ficam

---

[40] Sobre a retrocessão, vide item 21.8.1.
[41] A Reurb compreende duas modalidades (art. 13 da Lei 13.465/2017): a) Reurb de Interesse Social (Reurb-S): regularização fundiária aplicável aos núcleos urbanos informais ocupados predominantemente por população de baixa renda, assim declarados em ato do Poder Executivo municipal; e b) Reurb de Interesse Específico (Reurb-E): regularização fundiária aplicável aos núcleos urbanos informais ocupados por população não qualificada na Reurb-S.

autorizados a reconhecer o direito de propriedade aos ocupantes do núcleo urbano informal regularizado por meio da legitimação fundiária (art. 23, § 4.º, da Lei). O beneficiário deverá cumprir as seguintes condições: a) não é concessionário, foreiro ou proprietário de imóvel urbano ou rural; b) não foi contemplado com legitimação de posse ou fundiária de imóvel urbano com a mesma finalidade, ainda que situado em núcleo urbano distinto; e c) em caso de imóvel urbano com finalidade não residencial, seja reconhecido pelo poder público o interesse público de sua ocupação.

A legitimação fundiária sobre imóveis públicos, com a aquisição originária da propriedade, pode gerar dúvidas quanto à sua constitucionalidade, uma vez que representa uma tentativa de superação legislativa, por via indireta, da impossibilidade constitucional do usucapião sobre bens públicos, sem exigir tempo mínimo de posse e *animus domini*, além de não exigir os requisitos necessários para alienação de bens públicos, em especial a desafetação, a licitação e a autorização legislativa específica.[42]

De nossa parte, não vislumbramos a inconstitucionalidade material do instituto da legitimação fundiária sobre imóvel urbano, em razão dos seguintes argumentos: a) a legitimação fundiária não se confunde com o usucapião, afastando-se, com isso, a vedação constitucional (arts. 183, § 3.º, e 191, parágrafo único, da CRFB); b) a inalienabilidade dos bens públicos é relativa, cabendo ao legislador fixar as condições para respectiva alienação; c) a legitimação representa ato discricionário do Poder Público que tem por objetivo efetivar o cumprimento da função social da propriedade (art. 5.º, XXIII, da CRFB) e garantir o direito fundamental à moradia (art. 6.º da CRFB).

### 22.8.2 Aquisição por instrumentos de direito público e de direito privado

A aquisição pode ser instrumentalizada por **instrumentos de direito público** (ex.: desapropriação, reversão de bens nas concessões de serviços públicos, perdimento de bens em favor do Poder Público)[43] **ou instrumentos de direito privado** (ex.: contratos de compra e venda, doação, dação em pagamento, permuta).[44]

### 22.8.3 Aquisição originária e derivada

A aquisição de bens públicos pode ser **originária**, quando a aquisição independe da manifestação de vontade do antigo proprietário (ex.: usucapião, desapropriação, acessões),[45]

---

[42] Encontra-se pendente de julgamento no STF a ADI 5.771, proposta pelo MPF, que questiona a constitucionalidade da Lei 13.465/2017. Registre-se que a referida Lei foi resultado da conversão da MP 759/2016.

[43] O perdimento de bens em favor do Poder Público, admitido pelo art. 5.º, XLV, da CRFB, encontra-se previsto, por exemplo, no art. 91, II, do CP que dispõe "Art. 91. São efeitos da condenação: [...] II – a perda em favor da União, ressalvado o direito do lesado ou de terceiro de boa-fé: a) dos instrumentos do crime, desde que consistam em coisas cujo fabrico, alienação, uso, porte ou detenção constitua fato ilícito; b) do produto do crime ou de qualquer bem ou valor que constitua proveito auferido pelo agente com a prática do fato criminoso".

[44] Em relação à aquisição de bens por contratos, é importante sublinhar que a efetiva transferência da propriedade ocorre com o registro no RGI, no caso de bens imóveis (art. 1.245 do CC), e com a tradição, quando se tratar de bens móveis (art. 1.267 do CC).

[45] Código Civil: "Art. 1.248. A acessão pode dar-se: I – por formação de ilhas; II – por aluvião; III – por avulsão; IV – por abandono de álveo; V – por plantações ou construções".

ou **derivada**, nos casos em que há transmissão da propriedade pelo antigo proprietário ao Poder Público (ex.: contratos em geral).

Enquanto na aquisição originária o bem é adquirido de forma livre e desembaraçada, na aquisição derivada o bem permanece com todos os seus gravames. Por essa razão, na aquisição originária, as garantias reais incidentes sobre o imóvel (hipoteca penhor e anticrese) são extintas e o novo proprietário não é responsável pelos tributos que recaiam sobre o imóvel.[46]

### 22.8.4 Aquisição por ato *inter vivos* e por *causa mortis*

Da mesma forma, a aquisição pode ser instrumentalizada por **ato *inter vivos*** (ex.: contratos) ou por ***causa mortis*** (ex.: disposição testamentária que transfere aos entes da Federação ou, no caso de herança vacante, a transferência dos bens vagos, após cinco anos da abertura da sucessão, ao domínio do Município ou do Distrito Federal, incorporando-se ao domínio da União quando situados em território federal).[47]

## 22.9 PRINCIPAIS ESPÉCIES DE BENS PÚBLICOS

### 22.9.1 Terras devolutas

As terras devolutas são bens públicos que não possuem afetação pública (bens públicos dominicais), nem foram incorporados ao domínio privado (art. 5.º do Decreto-lei 9.760/1946).[48]

Historicamente, as terras públicas integravam o patrimônio da Coroa Portuguesa e, durante a colonização, foram instituídas as capitanias hereditárias com a distribuição de terras públicas aos particulares. As terras devolutas foram inicialmente reguladas pela Lei 601/1850 (Lei de Terras), que estabeleceu a necessidade de devolução ao patrimônio público das terras cedidas aos particulares e não cultivadas. A Constituição de 1891 (art. 64) transferiu as terras devolutas aos Estados, ressalvadas aquelas necessárias à defesa das fronteiras, fortificações e construções militares que permaneceram no patrimônio da União. Diversos Estados transferiram terras devolutas para os respectivos Municípios.[49]

---

[46] Na desapropriação, por exemplo, o art. 31 do Decreto-lei 3.365/1941 dispõe que "ficam sub-rogados no preço quaisquer ônus ou direitos que recaiam sobre o bem expropriado".

[47] Código Civil: "Art. 1.822. A declaração de vacância da herança não prejudicará os herdeiros que legalmente se habilitarem; mas, decorridos cinco anos da abertura da sucessão, os bens arrecadados passarão ao domínio do Município ou do Distrito Federal, se localizados nas respectivas circunscrições, incorporando-se ao domínio da União quando situados em território federal. [...] Art. 1.844. Não sobrevivendo cônjuge, ou companheiro, nem parente algum sucessível, ou tendo eles renunciado a herança, esta se devolve ao Município ou ao Distrito Federal, se localizada nas respectivas circunscrições, ou à União, quando situada em território federal". É importante notar que o Poder Público não é herdeiro, não se aplicando, nesse caso, o princípio de *saisine*, razão pela qual a transferência do bem para o patrimônio público ocorre com a declaração da vacância (STJ, 4.ª Turma, REsp 100.290/SP, Rel. Min. Barros Monteiro, *DJ* 26.08.2002, p. 220).

[48] Excepcionalmente, as terras devolutas serão consideradas indisponíveis, tal como ocorre com aquelas necessárias à proteção dos ecossistemas naturais, na forma do art. 225, § 5.º, da CRFB.

[49] Sobre a evolução histórica das terras devolutas, vide: DI PIETRO, Maria Sylvia Zanella. *Direito administrativo*. 22. ed. São Paulo: Atlas, 2009. p. 711-718.

Portanto, atualmente, é possível encontrar terras devolutas no patrimônio da União, dos Estados e dos Municípios. Em regra, as terras devolutas pertencem ao patrimônio dos Estados (art. 26, IV, da CRFB), ressalvadas as terras devolutas "indispensáveis à defesa das fronteiras, das fortificações e construções militares, das vias federais de comunicação e à preservação ambiental, que pertencem à União" (art. 20, II, da CRFB), bem como aquelas que historicamente foram transferidas ao patrimônio dos Municípios.

O processo discriminatório das terras devolutas, regulado pela Lei 6.383/1976, tem por objetivo estabelecer a linha divisória entre as terras públicas e privadas. No âmbito federal, a ação discriminatória é proposta pelo INCRA.

Há divergência, contudo, sobre o ônus da prova no tocante à comprovação do domínio e na presunção relativa (*juris tantum*) do caráter público ou privado do bem não registrado no RGI. De um lado, grande parte da doutrina, com a qual concordamos, sustenta que, na falta do registro, se presume que o bem integra o patrimônio público, incorporando o conceito de terra devoluta.[50] Por outro lado, alguns afirmam que os bens não registrados são presumidamente privados.[51]

### 22.9.2 Terrenos de marinha e seus acrescidos

De acordo com o art. 2.º do Decreto-lei 9.760/1946, "são terrenos de marinha, em uma profundidade de 33 (trinta e três) metros, medidos horizontalmente, para a parte da terra, da posição da linha do preamar médio de 1831:

a) os situados no continente, na costa marítima e nas margens dos rios e lagoas, até onde se faça sentir a influência das marés;

b) os que contornam as ilhas situadas em zona onde se faça sentir a influência das marés".[52]

O art. 3.º do Decreto-lei 9.760/1946, por sua vez, define os terrenos acrescidos de marinha como aqueles formados, natural ou artificialmente, para o lado do mar ou dos rios e lagoas, em seguimento aos terrenos de marinha.

---

[50] Nesse sentido: DI PIETRO, Maria Sylvia Zanella. *Direito administrativo*. 22. ed. São Paulo: Atlas, 2009. p. 715; CARVALHO FILHO, José dos Santos. *Manual de direito administrativo*. 24. ed. Rio de Janeiro: Lumen Juris, 2011. p. 1.107; FURTADO, Lucas Rocha. *Curso de direito administrativo*. 2. ed. Belo Horizonte: Fórum, 2010. p. 891; GASPARINI, Diógenes. *Direito administrativo*. 12. ed. São Paulo: Saraiva, 2007. p. 888.

[51] Nesse sentido: STJ, 4.ª Turma, REsp 964.223/RN, Rel. Min. Luis Felipe Salomão, DJe 04.11.2011, *Informativo de Jurisprudência do STJ* n. 485.

[52] É pertinente o alerta apresentado por José Cretella Júnior em relação à expressão "terrenos de marinha": "marinha é um vocábulo que significa relativo ao mar, do mar, junto ao mar e nada tem com a Marinha, que é um dos ramos em que se dividem as nossas Forças Armadas" (CRETELLA JÚNIOR, José. *Manual de direito administrativo*. 2. ed. Rio de Janeiro: Forense, 1979. p. 312). De acordo com o STF, é compatível com a atual ordem constitucional a norma que inclui entre os bens imóveis da União as zonas onde se faça sentir a influência das marés (Decreto-lei 9.760/1946, art. 1.º, c), uma vez que os bens pertencentes à União na data da promulgação da Constituição Federal de 1988 foram mantidos em sua titularidade e as zonas de influência das marés são consideradas como terrenos de marinha, integrantes do patrimônio da União (STF, Tribunal Pleno, ADPF 1.008/DF, Rel(a). Min(a). Cármen Lúcia, DJe 16.06.2023).

Os terrenos de marinha e seus acrescidos são bens públicos federais (art. 20, VII, da CRFB), cujo uso privativo pode ser transferido ao particular, normalmente, por meio de enfiteuse (art. 49, § 3.º, do ADCT, art. 2.038, § 2.º, do CC/2002 e arts. 99 a 124 do Decreto-lei 9.760/1946).

### 22.9.3 Terrenos marginais ou reservados

Os terrenos marginais ou reservados são aqueles que, banhados pelas correntes navegáveis, fora do alcance das marés, vão até a distância de 15 metros, medidos horizontalmente para a parte da terra, contados desde o ponto médio das enchentes ordinárias (art. 14 do Decreto 24.643/1934 – Código de Águas – e art. 4.º do Decreto-lei 9.760/1946).[53]

Tradicionalmente, conforme estabelecia o art. 31 do Código de Águas, os terrenos reservados às margens das correntes e lagos navegáveis pertenciam aos Estados, salvo se, por algum título, integrassem o domínio federal, municipal ou particular. Contudo, atualmente, em virtude do art. 20, III, que promoveu uma espécie de "expropriação constitucional, de natureza confiscatória", os terrenos marginais ou reservados integram o patrimônio da União.[54]

### 22.9.4 Terras indígenas

As terras tradicionalmente ocupadas pelos índios pertencem à União e são consideradas aquelas por eles habitadas em caráter permanente, as utilizadas para suas atividades produtivas, as imprescindíveis à preservação dos recursos ambientais necessários a seu bem-estar e as necessárias a sua reprodução física e cultural, segundo seus usos, costumes e tradições (arts. 20, XI, e 231, § 1.º, da CRFB). As referidas terras, em razão da sua destinação específica, são consideradas bens públicos de uso especial.

As terras indígenas possuem, em síntese, as seguintes características:

a) destinam-se à posse permanente dos índios, cabendo-lhes o usufruto exclusivo das riquezas do solo, dos rios e dos lagos nelas existentes (art. 231, § 2.º, da CRFB);

b) são inalienáveis, indisponíveis e imprescritíveis (art. 231, 4.º, da CRFB);

c) o aproveitamento dos recursos hídricos, incluídos os potenciais energéticos, a pesquisa e a lavra das riquezas minerais em terras indígenas dependem de autorização expressa do Congresso Nacional, ouvidas as comunidades afetadas, ficando-lhes assegurada participação nos resultados da lavra, na forma da lei (art. 231, § 3.º, da CRFB);

d) é vedada a remoção dos grupos indígenas de suas terras, salvo, *ad referendum* do Congresso Nacional, em caso de catástrofe ou epidemia que ponha em risco

---

[53] A Súmula 479 do STF dispõe: "As margens dos rios navegáveis são de domínio público, insuscetíveis de expropriação e, por isso mesmo, excluídas de indenização".

[54] MOREIRA NETO, Diogo de Figueiredo. *Curso de direito administrativo*. 15. ed. Rio de Janeiro: Forense, 2009. p. 399. No mesmo sentido: DI PIETRO, Maria Sylvia Zanella. *Direito administrativo*. 22. ed. São Paulo: Atlas, 2009. p. 709.

sua população, ou no interesse da soberania do País, após deliberação do Congresso Nacional, garantido, em qualquer hipótese, o retorno imediato logo que cesse o risco (art. 231, § 5.º, da CRFB); e

e) são nulos os atos que tenham por objeto a ocupação, o domínio e a posse das terras indígenas, bem como a exploração das riquezas naturais do solo, dos rios e dos lagos nelas existentes, ressalvado relevante interesse público da União, segundo o que dispuser lei complementar (art. 231, § 6.º, da CRFB).

Os índios, suas comunidades e organizações possuem legitimidade para ingressar em juízo em defesa de seus direitos e interesses, intervindo o Ministério Público em todos os atos do processo (art. 232 da CRFB).

### 22.9.5 Plataforma continental

Plataforma continental ou plataforma submarina é a extensão de terras submersas até a profundidade de cerca de 200 metros. De acordo com o art. 20, V, da CRFB, os recursos naturais da plataforma continental e da zona econômica exclusiva são considerados bens públicos integrantes do patrimônio da União.[55] Apesar de mencionar apenas os recursos naturais, é possível afirmar que a própria plataforma continental integra o patrimônio da União, uma vez que a Constituição anterior continha previsão expressa nesse sentido (art. 4.º, III, da Constituição de 1969) e os bens já integrantes do patrimônio federal permaneceram com essa titularidade, na forma do art. 20, I, da CRFB.

### 22.9.6 Ilhas

As ilhas são porções de terra que se elevam acima no nível das águas e podem ser divididas nas seguintes categorias:

a) ilhas marítimas (situadas no mar):

    a.1) ilhas marítimas costeiras (surgem no relevo da plataforma continental) e

    a.2) ilhas marítimas oceânicas (distantes da costa);

b) ilhas fluviais (situadas nos rios); e

c) ilhas lacustres (localizadas nos lagos).[56]

São bens dominicais, salvo as hipóteses em que forem afetadas a determinada utilidade pública (art. 25 do Decreto 24.643/1934 – Código de Águas).

Integram o patrimônio da União: as ilhas fluviais e lacustres nas zonas limítrofes com outros países; as praias marítimas; e as ilhas oceânicas e as costeiras, excluídas, destas, as que contenham a sede de Municípios, exceto aquelas áreas afetadas ao serviço público e a unidade ambiental federal, e as referidas no art. 26, II, da Constituição (art. 20, IV, da CRFB).

---

[55] A Lei 8.617/1993 dispõe sobre o mar territorial, a zona contígua, a zona econômica exclusiva e a plataforma continental.

[56] GASPARINI, Diógenes. Direito administrativo. 12. ed. São Paulo: Saraiva, 2007. p. 891; CARVALHO FILHO, José dos Santos. Manual de direito administrativo. 24. ed. Rio de Janeiro: Lumen Juris, 2011. p. 1.112.

Pertencem aos Estados: as áreas, nas ilhas oceânicas e costeiras, que estiverem no seu domínio, excluídas aquelas sob domínio da União, Municípios ou terceiros; e as ilhas fluviais e lacustres não pertencentes à União (art. 26, II e III, da CRFB).

São bens públicos municipais as ilhas costeiras que contenham a sede de Municípios, ressalvadas as áreas afetadas ao serviço público e a unidade ambiental federal (art. 20, IV, da CRFB).

### 22.9.7 Faixa de fronteiras

A faixa de fronteira é a área de até 150 km de largura, ao longo das fronteiras terrestres, considerada fundamental para defesa do território nacional (art. 20, § 2.º, da CRFB).

Na faixa de fronteira estão localizados bens públicos e privados. No tocante às terras devolutas indispensáveis à defesa das fronteiras, a propriedade é da União, na forma do art. 20, II, da CRFB.[57] Em relação aos bens privados inseridos nessa área, considerada indispensável à defesa do território nacional, a sua ocupação e utilização sofrem restrições estabelecidas pela legislação (art. 20, § 2.º, da CRFB e Lei 6.634/1979).[58]

### 22.9.8 Minas e jazidas

Jazida é "toda massa individualizada de substância mineral ou fóssil, aflorando à superfície ou existente no interior da terra, e que tenha valor econômico", e mina é "a jazida em lavra, ainda que suspensa" (art. 4.º do Decreto-lei 227/1967 – Código de Mineração).

As jazidas minerais são bens públicos da União e constituem propriedade distinta da do solo, que pode ser público ou privado, no tocante à exploração ou ao aproveitamento, garantida ao concessionário a propriedade do produto da lavra (art. 176 da CRFB).[59]

A pesquisa e a lavra dos recursos minerais dependem de autorização ou concessão da União, no interesse nacional, e somente serão efetuados por brasileiros ou empresa constituída sob as leis brasileiras, que tenha sua sede e administração no País, na forma da lei, que estabelecerá as condições específicas quando essas atividades se desenvolverem em faixa de fronteira ou terras indígenas (art. 176, § 1.º, da CRFB).

---

[57] A Súmula 477 do STF dispõe: "As concessões de terras devolutas situadas na faixa de fronteira, feitas pelos estados, autorizam, apenas, o uso, permanecendo o domínio com a união, ainda que se mantenha inerte ou tolerante, em relação aos possuidores".

[58] Compete ao Conselho de Defesa Nacional "propor os critérios e condições de utilização de áreas indispensáveis à segurança do território nacional e opinar sobre seu efetivo uso, especialmente na faixa de fronteira e nas relacionadas com a preservação e a exploração dos recursos naturais de qualquer tipo" (art. 91, § 1.º, III, da CRFB).

[59] O STF, ao declarar a constitucionalidade da Lei 9.478/1997 (Lei do Petróleo), afirmou: "[...]. 6. A distinção entre atividade e propriedade permite que o domínio do resultado da lavra das jazidas de petróleo, de gás natural e de outros hidrocarbonetos fluídos possa ser atribuída a terceiros pela União, sem qualquer ofensa à reserva de monopólio [art. 177 da CB/1988]. 7. A propriedade dos produtos ou serviços da atividade não pode ser tida como abrangida pelo monopólio do desenvolvimento de determinadas atividades econômicas. 8. A propriedade do produto da lavra das jazidas minerais atribuídas ao concessionário pelo preceito do art. 176 da Constituição do Brasil é inerente ao modo de produção capitalista. A propriedade sobre o produto da exploração é plena, desde que exista concessão de lavra regularmente outorgada. 9. Embora o art. 20, IX, da CB/1988 estabeleça que os recursos minerais, inclusive os do subsolo, são bens da União, o art. 176 garante ao concessionário da lavra a propriedade do produto de sua exploração" (STF, Tribunal Pleno, ADI 3.273/DF, Rel. p/ acórdão Min. Eros Grau, *DJ* 02.03.2007, p. 25, *Informativo de Jurisprudência do STF* n. 380).

A autorização de pesquisa será sempre por prazo determinado, e as autorizações e concessões não poderão ser cedidas ou transferidas, total ou parcialmente, sem prévia anuência do poder concedente (art. 176, § 3.º, da CRFB). Independe de autorização ou concessão o aproveitamento do potencial de energia renovável de capacidade reduzida (art. 176, § 4.º, da CRFB).

O proprietário do solo tem assegurada a participação nos resultados da lavra, na forma e no valor que dispuser a lei (art. 176, § 2.º, da CRFB). Da mesma forma, os entes da Federação têm direito à participação no resultado da exploração de petróleo ou gás natural, de recursos hídricos para fins de geração de energia elétrica e de outros recursos minerais no respectivo território, plataforma continental, mar territorial ou zona econômica exclusiva, ou compensação financeira por essa exploração (art. 20, § 1.º, da CRFB).

### 22.9.9 Domínio hídrico

A União possui competência privativa para legislar sobre águas (art. 22, IV, da CRFB). Da mesma forma, conforme dispõe a Constituição Federal, a União possui competência privativa para legislar sobre direito marítimo (art. 22, I); regime dos portos, navegação lacustre, fluvial, marítima, aérea e aeroespacial (art. 22, X); bem como instituir sistema nacional de gerenciamento de recursos hídricos e definir critérios de outorga de direitos de seu uso (art. 21, XIX, da CRFB e Lei 9.433/1997).

Quanto à proteção do meio ambiente, por sua vez, a competência legislativa é concorrente (art. 24, VI, da CRFB) e competência administrativa comum (art. 23, VI, da CRFB).

Em âmbito federal, a Agência Nacional de Águas (ANA), instituída pela Lei 9.984/2000, possui competência para implementar a Política Nacional de Recursos Hídricos.

Integram o domínio hídrico da União:

a) os lagos, rios e quaisquer correntes de água em terrenos de seu domínio, ou que banhem mais de um Estado, sirvam de limites com outros países, ou se estendam a território estrangeiro ou dele provenham, bem como os terrenos marginais e as praias fluviais (art. 20, III, da CRFB); e

b) o mar territorial (art. 20, VI, da CRFB).[60]

Pertencem aos Estados, por sua vez, as águas superficiais ou subterrâneas, fluentes, emergentes e em depósito, ressalvadas, nesse caso, na forma da lei, as decorrentes de obras da União (art. 26, I, da CRFB).

Em virtude da ausência de menção constitucional ao domínio hídrico por parte dos Municípios, a maioria da doutrina sustenta a inexistência de águas públicas municipais, razão pela qual perdeu vigência o art. 29, III, do Código de Águas que estabelecia a titularidade municipal sobre as águas situadas, exclusivamente, em seus territórios.[61]

---

[60] O art. 1.º da Lei 8.617/1993 define mar territorial como a área que "compreende uma faixa de doze milhas marítima de largura, medidas a partir da linha de baixa-mar do litoral continental e insular, tal como indicada nas cartas náuticas de grande escala, reconhecidas oficialmente no Brasil".

[61] Nesse sentido: JUSTEN FILHO, Marçal. Curso de direito administrativo. 4. ed. São Paulo: Saraiva, 2009. p. 958; DI PIETRO, Maria Sylvia Zanella. Direito administrativo. 22. ed. São Paulo: Atlas, 2009. p. 721; CARVALHO FILHO, José dos

Da mesma forma, em razão da ausência de previsão expressa constitucional às águas de titularidade de particulares, tem prevalecido o entendimento de que as águas são consideradas, em princípio, bens públicos, ressalvadas as hipóteses de águas particulares captadas das chuvas por particulares, bem como aquelas formadas em áreas privadas sem relevância para a coletividade em geral (ex.: pequenos tanques, piscinas).[62]

## 22.9.10 Espaço aéreo

O espaço aéreo é a área acima do território, terrestre ou hídrico, nacional. A União possui competência privativa para legislar sobre a utilização do espaço aéreo, especialmente as condições para a navegação aérea e aeroespacial (arts. 22, X, e 48, V, da CRFB), bem como para explorar, diretamente ou mediante autorização, concessão ou permissão a navegação aérea, aeroespacial e a infraestrutura aeroportuária (art. 21, XII, "c", da CRFB).

Quanto ao domínio, a propriedade do solo abrange a do espaço aéreo correspondente (art. 1.229 do CC), razão pela qual o espaço aéreo pode ser público ou privado.[63]

## 22.10 RESUMO DO CAPÍTULO

**BENS PÚBLICOS**

| | |
|---|---|
| Conceito | São aqueles integrantes do patrimônio das pessoas jurídicas de direito público interno (União, Estados, Distrito Federal, Municípios, autarquias e fundações estatais de direito público). |
| Domínio eminente | Prerrogativa decorrente da soberania que autoriza o Estado a intervir, de forma branda (ex.: limitações, servidões etc.) ou drástica (ex.: desapropriação), em todos os bens que estão localizados em seu território, com o objetivo de implementar a função social da propriedade e os direitos fundamentais. |
| | É exercido sobre todo e qualquer tipo de bem que esteja situado no respectivo território do Ente Federado. |
| Domínio patrimonial | Refere-se ao direito de propriedade do Estado, englobando todos os bens das pessoas estatais, submetidos ao regime jurídico especial de Direito Administrativo. |

---

Santos. *Manual de direito administrativo*. 24. ed. Rio de Janeiro: Lumen Juris, 2011. p. 1.117. Em sentido contrário, não admitindo a propriedade municipal sobre águas públicas, vide: MOREIRA NETO, Diogo de Figueiredo. *Curso de direito administrativo*. 15. ed. Rio de Janeiro: Forense, 2009. p. 403.

[62] No mesmo sentido, admitindo a existência de águas particulares: CARVALHO FILHO, José dos Santos. *Manual de direito administrativo*. 24. ed. Rio de Janeiro: Lumen Juris, 2011. p. 1.116; JUSTEN FILHO, Marçal. *Curso de direito administrativo*. 4. ed. São Paulo: Saraiva, 2009. p. 959; MOREIRA NETO, Diogo de Figueiredo. *Curso de direito administrativo*. 15. ed. Rio de Janeiro: Forense, 2009. p. 404. O Código de águas menciona águas públicas, de uso comum ou dominicais (art. 1.º), e águas privadas (art. 8.º). Alguns autores negam, peremptoriamente, a existência de águas privadas. Vide, por exemplo: DI PIETRO, Maria Sylvia Zanella. *Direito administrativo*. 22. ed. São Paulo: Atlas, 2009. p. 721.

[63] O art. 1.229 do CC dispõe: "A propriedade do solo abrange a do espaço aéreo e subsolo correspondentes, em altura e profundidade úteis ao seu exercício, não podendo o proprietário opor-se a atividades que sejam realizadas, por terceiros, a uma altura ou profundidade tais, que não tenha ele interesse legítimo em impedi-las".

| | | |
|---|---|---|
| **Classificações** | Critério da titularidade | a) bens públicos federais (art. 20 da CRFB e Decreto-lei 9.760/1946);<br>b) bens públicos estaduais (art. 26 da CRFB);<br>c) bens públicos distritais;<br>d) bens públicos municipais;<br>e) bens públicos interfederativos. |
| | Critério da afetação pública | a) bens públicos de uso comum do povo (art. 99, I, do CC);<br>b) bens públicos de uso especial (art. 99, II, do CC);<br>c) bens públicos dominicais (art. 99, III, do CC). |
| **Afetação e desafetação** | | **Afetação** significa a atribuição fática ou jurídica de finalidade pública, geral ou especial, ao bem público. Os bens públicos afetados são os bens de uso comum do povo e os bens de uso especial.<br>**Desafetação** é a retirada, fática ou jurídica, da destinação pública anteriormente atribuída ao bem público. Os bens desafetados são os bens públicos dominicais. |
| **Regime jurídico dos bens públicos** | Alienação condicionada ou inalienabilidade relativa | Tem como requisitos (arts. 100 e 101 do CC e art. 76 da Lei 14.133/2021):<br>a) desafetação dos bens públicos;<br>b) justificativa ou motivação;<br>c) avaliação prévia;<br>d) licitação;<br>e) autorização legislativa para alienação dos bens imóveis.<br>Cumpridos os requisitos legais, pode ser formalizada por instrumentos jurídicos diversos, tais como contrato de compra e venda, doação, permuta, entre outros. |
| | Impenhorabilidade | A penhora pode ser definida como ato de apreensão judicial de bens do devedor para satisfação do credor. |
| **Regime jurídico dos bens públicos** | Imprescritibilidade | Os bens públicos não podem ser adquiridos por usucapião. Apesar do entendimento dominante da doutrina e na jurisprudência, entendemos que a prescrição aquisitiva (usucapião) poderia abranger os bens públicos dominicais. |
| | Não onerabilidade | Os bens não podem ser onerados com garantia real, tendo em vista a própria característica da inalienabilidade ou alienação condicionada e a regra constitucional do precatório. Entendemos que a impossibilidade de oneração de bem público não alcança os bens dominicais. |

| | Formas de uso do bem público | |
|---|---|---|
| **Deve preencher as seguintes características** | a) compatibilidade com o interesse público;<br>b) consentimento da Administração;<br>c) cumprimento das condições fixadas pelo ordenamento e pela Administração;<br>d) remuneração, ressalvados os casos excepcionais de uso gratuito; e<br>e) precariedade, que pode variar de intensidade, com a possibilidade de cessar o uso privativo por vontade unilateral da Administração. | |
| **Uso privativo** | **Autorização:** ato administrativo, discricionário e precário, editado pelo Poder Público para consentir que determinada pessoa utilize privativamente bem público. | |
| | **Autorização condicionada ou qualificada:** é aquela editada com a fixação de direitos e obrigações para o Poder Público e o destinatário. | |
| | **Autorização de uso urbanística:** será conferida, de forma gratuita, "àquele que, até 22 de dezembro de 2016, possuiu como seu, por cinco anos, ininterruptamente e sem oposição, até duzentos e cinquenta metros quadrados de imóvel público situado em área urbana, utilizando-o para fins comerciais". | |
| | **Permissão:** ato administrativo, discricionário e precário, por meio do qual a Administração Pública consente com a utilização privativa de determinado bem público. | |
| | **Permissão condicionada ou qualificada:** nesta hipótese, a Administração Pública estabelece prazos e/ou condições para o uso privativo do bem público. | |
| | **Concessão:** contrato administrativo que tem por objetivo consentir o uso do bem público, de forma privativa, por terceiro, com fundamento no interesse público. | Tipos de concessão:<br>a) Concessão de direito real de uso;<br>b) Concessão de uso especial para fins de moradia;<br>c) Concessão florestal. |
| | **Cessão de uso:** cessão é a transferência de uso de bens públicos, de forma gratuita ou com condições especiais, entre entidades da Administração Pública Direta e Indireta ou entre a Administração e as pessoas de direito privado sem finalidade lucrativa. | |
| | **Uso privativo de bem público por instrumentos de direito privado** | a) Locação;<br>b) Comodato;<br>c) Enfiteuse ou aforamento. |
| **Alienação de bens públicos** | a) Investidura;<br>b) Retrocessão;<br>c) Legitimação de posse;<br>d) Legitimação fundiária. | |
| **Aquisição de bens públicos** | a) Aquisição por instrumentos de direito público e de direito privado;<br>b) Aquisição originária e derivada;<br>c) Aquisição por ato *inter vivos* e por *causa mortis*. | |

| Espécies de bens públicos | |
|---|---|
| Terras devolutas | São bens públicos que não possuem afetação pública (bens públicos dominicais), nem foram incorporados ao domínio privado. |
| Terrenos de marinha e seus acrescidos | "São terrenos de marinha, em uma profundidade de 33 (trinta e três) metros, medidos horizontalmente, para a parte da terra, da posição da linha do preamar médio de 1831:<br>a) os situados no continente, na costa marítima e nas margens dos rios e lagoas, até onde se faça sentir a influência das marés;<br>b) os que contornam as ilhas situadas em zona onde se faça sentir a influência das marés" (art. 2.º do Decreto-lei 9.760/1946). |
| Terrenos marginais ou reservados | São aqueles que, banhados pelas correntes navegáveis, fora do alcance das marés, vão até a distância de 15 metros, medidos horizontalmente para a parte da terra, contados desde o ponto médio das enchentes ordinárias. |
| Terras indígenas | São consideradas aquelas habitadas pelos índios em caráter permanente, as utilizadas para suas atividades produtivas, as imprescindíveis à preservação dos recursos ambientais necessários a seu bem-estar e as necessárias a sua reprodução física e cultural, segundo seus usos, costumes e tradições. |
| Plataforma continental | É a extensão de terras submersas até a profundidade de cerca de 200 metros. |
| Ilhas | a) patrimônio da União: as ilhas fluviais e lacustres nas zonas limítrofes com outros países; as praias marítimas; e as ilhas oceânicas e as costeiras, excluídas, destas, as que contenham a sede de Municípios, exceto aquelas áreas afetadas ao serviço público e a unidade ambiental federal, e as referidas no art. 26, II, da Constituição;<br>b) patrimônio dos Estados: as áreas, nas ilhas oceânicas e costeiras, que estiverem no seu domínio, excluídas aquelas sob domínio da União, Municípios ou terceiros; e as ilhas fluviais e lacustres não pertencentes à União;<br>c) patrimônio do Município: as ilhas costeiras que contenham a sede de Municípios, ressalvadas as áreas afetadas ao serviço público e a unidade ambiental federal. |
| Faixa de fronteiras | Área de até 150 km de largura, ao longo das fronteiras terrestres, considerada fundamental para defesa do território nacional. |
| Jazidas e minas | **Jazida** é "toda massa individualizada de substância mineral ou fóssil, aflorando à superfície ou existente no interior da terra, e que tenha valor econômico", e **mina** é "a jazida em lavra, ainda que suspensa" (art. 4.º do Decreto-lei 227/1967 – Código de Mineração). |
| Domínio hídrico | – Da União:<br>a) os lagos, rios e quaisquer correntes de água em terrenos de seu domínio, ou que banhem mais de um Estado, sirvam de limites com outros países, ou se estendam a território estrangeiro ou dele provenham, bem como os terrenos marginais e as praias fluviais (art. 20, III, da CRFB); e<br>b) o mar territorial (art. 20, VI, da CRFB).<br>– Dos Estados: as águas superficiais ou subterrâneas, fluentes, emergentes e em depósito, ressalvadas, nesse caso, na forma da lei, as decorrentes de obras da União (art. 26, I, da CRFB).<br>– Dos Municípios: a maioria da doutrina sustenta a inexistência de águas públicas municipais. |

| Espécies de bens públicos ||
|---|---|
| Espaço aéreo | É a área acima do território, terrestre ou hídrico, nacional. A União possui competência privativa para legislar sobre a utilização do espaço aéreo, especialmente as condições para a navegação aérea e aeroespacial, bem como para explorar, diretamente ou mediante autorização, concessão ou permissão a navegação aérea, aeroespacial e a infraestrutura aeroportuária. |

# CAPÍTULO 23

# AGENTES PÚBLICOS

## 23.1 CONCEITO

A expressão "agentes públicos" possui conotação genérica e engloba todas as pessoas físicas que exercem funções estatais.

Os agentes públicos são responsáveis pela manifestação de vontade do Estado e pelo exercício da função pública, que pode ser remunerada ou gratuita; definitiva ou temporária; com ou sem vínculo formal com o Estado. Esse conceito amplo foi adotado, por exemplo, no art. 2.º da Lei 8.429/1992, art. 73, § 1.º, da Lei 9.504/1997 e art. 327 do CP.

## 23.2 ESPÉCIES

Os agentes públicos podem ser divididos em, pelo menos, dois grupos:

a) **agentes públicos de direito:** são os agentes que possuem vínculos jurídicos formais e legítimos com o Estado, regularmente investidos nos cargos, empregos e funções públicas; e

b) **agentes públicos de fato:** são os particulares que, sem vínculos formais e legítimos com o Estado, exercem, de boa-fé, a função pública com o objetivo de atender o interesse público, inexistindo investidura prévia nos cargos, empregos e funções públicas.

Em síntese, as espécies de agentes públicos podem ser identificadas no quadro a seguir:

| | |
|---|---|
| I) Agentes públicos de direito | a) agentes políticos<br>b) servidores públicos<br>    b.1) estatutários<br>    b.2) trabalhistas ou celetistas<br>    b.3) temporários<br>c) particulares em colaboração |
| II) Agentes públicos de fato | a) putativos<br>b) necessários |

### 23.2.1 Agentes públicos de direito

Os agentes públicos de direito podem ser classificados em três categorias:

a) **agentes políticos;**
b) **servidores públicos;** e
c) **particulares em colaboração.**

#### 23.2.1.1 Agentes políticos

Há enorme controvérsia doutrinária em relação à conceituação dos agentes políticos, sendo possível apontar, para fins didáticos, dois grandes entendimentos sobre o assunto.

**Primeira posição** (conceito amplo): agentes políticos são os componentes do Governo nos seus primeiros escalões que atuam com independência funcional, com funções delineadas na Constituição, que não se encontram subordinados aos demais agentes, pois ocupam os órgãos de cúpula ("órgãos independentes"). Inserem-se nesse conceito os chefes do Executivo (Presidente da República, Governadores e Prefeitos), os membros das Casas Legislativas (Senadores, Deputados e vereadores), membros do Poder Judiciário (magistrados), membros do Ministério Público (Procuradores e Promotores) etc. Nesse sentido: Hely Lopes Meirelles.[1]

**Segunda posição** (conceito restritivo): agentes políticos são aqueles que ocupam local de destaque na estrutura estatal, responsáveis pelas decisões políticas fundamentais do Estado. Esse é o entendimento majoritário. Nesse sentido: José dos Santos Carvalho Filho, Celso Antônio Bandeira de Mello, Maria Sylvia Zanella Di Pietro, Diógenes Gasparini.[2]

Adotamos o conceito restritivo de agentes políticos que possuem as seguintes características:

a) o acesso ao cargo político ocorre por meio de eleição (ex.: chefes do Executivo) ou pela nomeação por agentes eleitos para ocuparem cargos em comissão (ex.: Ministros e Secretários estaduais e municipais);
b) a função política possui caráter transitório, tendo em vista o princípio republicano, e será exercida por prazo determinado (mandato); e
c) as decisões políticas fundamentais de Estado, caracterizadoras da função política, envolvem, primordialmente, a alocação de recursos orçamentários e o atendimento prioritário de determinados direitos fundamentais.

A partir do conceito restritivo e das características principais dos agentes políticos, verifica-se que essa categoria de agentes abrange os chefes do Executivo (Presidente, Governadores e Prefeitos), os seus auxiliares (Ministros, Secretários estaduais e Secretários municipais)

---

[1] MEIRELLES, Hely Lopes. *Direito administrativo brasileiro*. 22. ed. São Paulo: Malheiros, 1997. p. 72-74.
[2] CARVALHO FILHO, José dos Santos. *Manual de direito administrativo*. 22. ed. Rio de Janeiro: Lumen Juris, 2009. p. 560-561; MELLO, Celso Antônio Bandeira de. *Curso de direito administrativo*. 21. ed. São Paulo: Malheiros, 2006. p. 237-238; DI PIETRO, Maria Sylvia Zanella. *Direito administrativo*. 22. ed. São Paulo: Atlas, 2009. p. 510-512; GASPARINI, Diógenes. *Direito administrativo*. 12. ed. São Paulo: Saraiva, 2007. p. 156-159.

e os membros do Poder Legislativo (Senadores, Deputados e vereadores), excluindo-se desse conceito, por exemplo, os membros do Poder Judiciário e os membros do Ministério Público.

A discussão em torno do conceito de agente político possui relevância prática, cabendo mencionar dois casos exemplificativos:

a) o STF assentou a inaplicabilidade da sua Súmula Vinculante 13,[3] que veda o nepotismo na Administração Pública, aos agentes políticos;[4] e

b) controvérsias sobre a aplicabilidade da Lei 8.429/1992 a determinados agentes políticos, que cometem atos de improbidade caracterizados como crimes de responsabilidade.[5]

### 23.2.1.2 Servidores públicos

Os servidores públicos representam a grande maioria dos agentes públicos. São aqueles que possuem vínculos profissionais variados com o Estado e que desempenham a função pública de forma remunerada e não eventual. São espécies de servidores públicos: estatutários, celetistas (empregados públicos) e temporários.

### 23.2.1.3 Particulares em colaboração

Os particulares em colaboração, também conhecidos como agentes honoríficos, são aqueles que exercem, transitoriamente, a função pública, mediante delegação, requisição, nomeação ou outra forma de vínculo, mas não ocupam cargos ou empregos públicos. Exs.: jurados, mesários em eleições, empregados das empresas concessionárias e permissionárias de serviços públicos, notários e registradores, particulares requisitados para o serviço militar, estagiários contratados pela Administração Pública etc.[6]

---

[3] O enunciado da Súmula Vinculante 13 do STF dispõe: "A nomeação de cônjuge, companheiro, ou parente, em linha reta, colateral ou por afinidade, até o 3.º grau, inclusive, da autoridade nomeante ou de servidor da mesma pessoa jurídica, investido em cargo de direção, chefia ou assessoramento, para o exercício de cargo em comissão ou de confiança, ou, ainda, de função gratificada na Administração Pública direta e indireta, em qualquer dos Poderes da União, dos Estados, do Distrito Federal e dos Municípios, compreendido o ajuste mediante designações recíprocas, viola a Constituição Federal".

[4] Vide, por exemplo: STF, Tribunal Pleno, RE 579.951/RN, Rel. Min. Ricardo Lewandowski, DJe-202, 24.10.2008, p. 1876; STF, Rcl 6.650 MC-AgR/PR, Rel. Min. Ellen Gracie, DJe-222, 21.11.2008, p. 277. Embora o entendimento esteja consolidado na Corte, a vedação contida na referida súmula deveria ser aplicada também aos ocupantes de cargos políticos, uma vez que o princípio da moralidade tem aplicação abrangente para todo o Poder Público.

[5] De acordo com o STF, os agentes políticos, com exceção do Presidente da República (art. 85, V, da CRFB), encontram-se sujeitos a um duplo regime sancionatório, de modo que se submetem tanto à responsabilização civil pelos atos de improbidade administrativa quanto à responsabilização político-administrativa por crimes de responsabilidade (STF, Pet 3.240 AgR/DF, Tribunal Pleno, Rel. p/ acórdão Min. Roberto Barroso, DJe-17, 22.08.2018, Informativo de Jurisprudência do STF n. 901). Sobre a polêmica da aplicação da Lei de Improbidade Administrativa aos agentes políticos, vide: Capítulo 25, item 25.5.13.2.2.2.

[6] Diógenes Gasparini afirma que os particulares em colaboração são funcionários de fato (GASPARINI, Diógenes. Direito administrativo. 12. ed. São Paulo: Saraiva, 2007. p. 167). Não concordamos, todavia, com essa afirmação, pois, ao contrário do que ocorre com os agentes de fato, os particulares colaboradores possuem vínculos formais e legítimos com o Estado (delegação, requisição, nomeação etc.).

## 23.2.2 Agentes públicos de fato

Conforme já ressaltado, os agentes públicos de fato são os particulares que não possuem vínculos jurídicos válidos com o Estado, mas desempenham funções públicas com a intenção de satisfazer o interesse público. São os particulares que exercem a função pública sem a investidura prévia e válida.

É importante notar que a noção de agente de fato não se confunde com a de usurpador de função pública, uma vez que este último atua com má-fé para se beneficiar do exercício irregular da função pública e sua conduta é tipificada como crime pelo art. 328 do CP.

Os agentes públicos de fato dividem-se em duas categorias:

a) **agentes de fato putativos:** exercem a função pública em situação de normalidade e possuem a aparência de servidor público (ex.: agentes públicos que desempenham a função pública sem a aprovação em concurso público válido); e

b) **agentes de fato necessários:** exercem a função pública em situações de calamidade ou de emergência (ex.: particulares que, espontaneamente, auxiliam vítimas em desastres naturais).

A atuação dos agentes de fato acarreta dois questionamentos: a eventual necessidade de convalidação dos atos praticados e a responsabilidade civil do Estado pelos danos causados a terceiros.

Em virtude da teoria da aparência e da boa-fé dos administrados, os atos dos agentes putativos devem ser convalidados perante terceiros e o Estado será responsabilizado pelos danos causados. Ademais, a remuneração recebida pelo agente de fato putativo, em razão do exercício efetivo da função, não deverá ser devolvida ao Estado, sob pena de enriquecimento sem causa do Poder Público e desrespeito à boa-fé do agente.[7]

Da mesma forma, em relação aos atos dos agentes de fato necessários, os atos devem ser, em regra, convalidados quando beneficiam os terceiros de boa-fé.

No entanto, a doutrina não tem admitido a responsabilidade civil do Estado pelos danos causados por agentes de fato necessários, uma vez que não se pode invocar, aqui, a teoria da aparência.[8] Nada obsta, contudo, que o Estado seja responsabilizado pelo mau funcionamento do serviço que gerou a calamidade e incentivou a atuação do agente de fato. Ex.: os sinais de trânsito, em cruzamento movimentado, param de funcionar e um particular (agente de fato necessário) tenta normalizar o caos do trânsito, emitindo "ordens" aos motoristas dos veículos, não evitando, porém, a colisão de dois veículos. No caso, o Estado poderá ser responsabilizado pelo mau funcionamento do serviço (quebra do sinal de trânsito), e não propriamente pela atuação do agente de fato.

---

[7] Nesse sentido: MOREIRA NETO, Diogo de Figueiredo. *Curso de direito administrativo*. 15. ed. Rio de Janeiro: Forense, 2009. p. 323.

[8] DI PIETRO, Maria Sylvia Zanella. *Direito administrativo*. 22. ed. São Paulo: Atlas, 2009. p. 505.

## 23.3 SERVIDORES PÚBLICOS

### 23.3.1 Classificação

Quanto à natureza da função exercida, os servidores podem ser:

a) **civis** (art. 39 a 41 da CRFB); e
b) **militares** (art. 42 – Estados e art. 142, § 3.º – Forças Armadas).

De acordo com o regime jurídico, os servidores públicos são divididos em três categorias:

a) **estatutários** (relação de trabalho é regulada por normas específicas. A CRFB abandonou a expressão funcionário público);
b) **trabalhistas** (ou celetistas – CLT); e
c) **temporários** (art. 37, IX, da CRFB).

### 23.3.2 Regimes jurídicos funcionais

#### 23.3.2.1 Regime estatutário

O regime estatutário envolve as normas jurídicas que regem os servidores públicos estatutários ocupantes de cargos públicos. Trata-se de regime jurídico próprio das pessoas de direito público e dos respectivos órgãos públicos.

Lembre-se, contudo, de que os servidores das pessoas jurídicas de direito público não precisam ser regidos, necessariamente, pelo regime estatutário, admitindo-se também a fixação do regime celetista, em razão da extinção da obrigatoriedade do Regime Jurídico Único (RJU) com a alteração da EC 19/1998 promovida no art. 39 da CRFB.[9] As principais características do regime estatutário podem ser assim resumidas:

a) **pluralidade normativa:** cada Ente federativo possui autonomia para disciplinar as normas estatutárias que regem os seus respectivos servidores, pois o regime estatutário é o regime jurídico administrativo por excelência e as normas de Direito Administrativo encontram-se inseridas na autonomia política (autogoverno, auto-organização e autoadministração) da União, dos Estados, do Distrito Federal e dos Municípios (art. 18 da CRFB). A iniciativa das leis é do chefe do Executivo, consoante previsão do art. 61, § 1.º, II, c, da CRFB. Ex.: União: Lei 8.112/1990;[10] Estado do Rio de Janeiro: Lei 1.698/1990; Município do Rio de Janeiro: Lei 94/1979;

---

[9] STF, Tribunal Pleno, ADI 2.135/DF, Rel. Min. Cármen Lúcia, Redator do acórdão: Min. Gilmar Mendes, j. 06.11.2024.
[10] A Lei 8.112/1990 dispõe sobre o regime jurídico dos servidores públicos civis da União, das autarquias e das fundações públicas federais. Mencione-se que o STF estendeu ao pai genitor monoparental a licença maternidade de 120 dias prevista no art. 207 da referida Lei, em razão da necessidade de proteção integral da criança com absoluta prioridade e do princípio da paternidade responsável, na forma do art. 227 da CRFB (Tema 1.182 da Tese de Repercussão Geral do STF). Em outra oportunidade, com fundamento em garantias constitucionais e na

b) **vínculo legal:** o servidor estatutário, ao ser nomeado e empossado no cargo, submete-se às normas legais que disciplinam a sua relação funcional. Não há contrato de trabalho, mas sim termo de posse. A ausência de vínculo contratual, segundo o STJ,[11] demonstra a inexistência do direito à inalterabilidade da situação funcional, por predominar o interesse público na relação estatutária;
c) **competência para o processo e julgamento dos servidores estatutários:** Justiça comum (Justiça federal: estatutários federais; Justiça estadual: estatutários estaduais e municipais).[12]

Com a EC 45/2004 (Reforma do Judiciário), que alterou o art. 114, I, da CRFB,[13] surgiram opiniões no sentido da competência Justiça do Trabalho para processar os estatutários. Apesar da ausência de clareza da referida norma, o STF[14] fixou o entendimento de que a Justiça comum é a competente para julgar as demandas envolvendo os estauários, pois a expressão "relação de trabalho" vincula-se aos celetistas, não abrangendo as relações jurídico-administrativas.

Determinados servidores estatutários encontram-se submetidos a regimes estatutários próprios previstos nas respectivas leis orgânicas, como ocorre nos casos dos membros da Magistratura, do Ministério Público, do Tribunal de Contas, da Advocacia Pública e da Defensoria Pública, o que não impede a aplicação subsidiária, em âmbito federal, da Lei 8.112/1990.

Da mesma forma, os servidores públicos militares submetem-se a regimes estatutários próprios. Enquanto a União estabelece o regime estatutário dos militares integrantes das Forças Armadas (Marinha, Exército e Aeronáutica – art. 142, *caput* e § 3.º, da CRFB), os Estados e o Distrito Federal possuem competência para legislarem sobre o regime estatutário dos policiais militares e bombeiros militares (art. 42, *caput* e § 1.º, da CRFB).

Por fim, o regime estatutário não é aplicável, por exemplo, aos agentes políticos, particulares em colaboração, terceirizados, empregados das empresas estatais, empregados públicos das pessoas jurídicas de direito público (Lei 9.962/2000).

---

Convenção Internacional sobre os Direitos das Pessoas com Deficiência (CDPD), o STF determinou a aplicação analógica do art. 98, §§ 2.º e 3.º, da Lei 8.112/1990 aos servidores públicos estaduais e municipais para garantir aos pais ou cuidadores legais de pessoas com deficiência o direito à jornada de trabalho reduzida, sem necessidade de compensação de horário ou redução de vencimentos (STF, Tribunal Pleno, RE 1.237.867/SP, Rel. Min. Ricardo Lewandowski, *DJe* 12.01.2023, *Informativo de Jurisprudência do STF* n. 1.080).

[11] STJ, 6.ª Turma, RMS 9.341/CE, Rel. Min. Vicente Leal, *DJ* 18.12.2000 p. 238, *Informativo de Jurisprudência do STJ* n. 80.

[12] De acordo com o STF, compete à Justiça Comum o julgamento da ação ajuizada por servidor celetista contra o Poder Público, em que se pleiteia parcela de natureza administrativa (Tema 1.143 da Tese de Repercussão Geral). O STF também decidiu que compete à Justiça comum processar e julgar demandas em que se discute o recolhimento e o repasse de contribuição sindical de servidores públicos regidos pelo regime estatutário (Tema 994 da Tese de Repercussão Geral).

[13] "Art. 114. Compete à Justiça do Trabalho processar e julgar: I – as ações oriundas da relação de trabalho, abrangidos os entes de direito público externo e da administração pública direta e indireta da União, dos Estados, do Distrito Federal e dos Municípios."

[14] De acordo com o STF, a interpretação adequadamente constitucional da expressão "relação do trabalho" constante do art. 114, I, da CRFB, "deve excluir os vínculos de natureza jurídico-estatutária, em razão do que a competência da Justiça do Trabalho não alcança as ações judiciais entre o Poder Público e seus servidores" (ADI 3.395/DF, Rel. Min. Alexandre de Moraes, Tribunal Pleno, *DJe* 01.07.2020).

### 23.3.2.2  Regime trabalhista (celetista) e regime do emprego público

O regime trabalhista (celetista) é o regime próprio dos agentes públicos que ocupam empregos públicos nas entidades, com personalidade jurídica de direito privado, da Administração Pública indireta (empresas públicas, sociedades de economia mista e fundações estatais de direito privado). Trata-se da aplicação do regime de pessoal das empresas privadas (CLT) às entidades administrativas revestidas de caráter privado.

O regime celetista, no entanto, não será pautado exclusivamente pela CLT, uma vez que os empregados públicos são agentes públicos, submetidos aos princípios e regras constitucionais relativas aos agentes públicos em geral (ex.: necessidade de realização de concurso público, submissão ao teto remuneratório etc.).

Ao contrário dos servidores estatutários, os servidores (empregados) celetistas não gozam da estabilidade, mas a sua dispensa deve ser motivada.[15]

Sinteticamente, as características do regime celetista são:

a) **unicidade normativa:** a União detém competência privativa para legislar sobre direito do trabalho (art. 22, I, CRFB). Por essa razão, o STF concedeu liminar para declarar a inconstitucionalidade de determinada lei estadual que proibiu a dispensa, sem justa causa, de empregados de empresas públicas e sociedade de economia mista estaduais.[16] O fundamento principal da decisão foi a falta de competência do Estado para legislar sobre direito do trabalho;

b) **vínculo contratual:** os empregados públicos assinam contrato de trabalho que possui as regras que regerão a sua relação com a Administração;

c) **competência para o processo e julgamento dos empregados públicos:** Justiça do Trabalho (art. 114, I, da CRFB).[17]

Não obstante a sua aplicação natural aos agentes das pessoas jurídicas de direito privado, o regime celetista também poderá ser aplicado aos servidores das pessoas jurídicas de direito público, em razão da extinção da obrigatoriedade do Regime Jurídico Único (RJU).[18]

---

[15] De acordo com o STF: "Os empregados públicos das empresas públicas e sociedades de economia mista não fazem jus à estabilidade prevista no art. 41 da Constituição Federal, mas sua dispensa deve ser motivada" (Tema 131 da Tese de Repercussão Geral do STF).

[16] STF, Tribunal Pleno, ADI 1.302 MC/RN, Rel. Min. Marco Aurélio, DJ 20.10.1995, p. 35.256.

[17] Lembre-se, contudo, de que a Justiça comum é competente para processar e julgar controvérsias relacionadas à fase pré-contratual de seleção e de admissão de pessoal e eventual nulidade do certame em face da Administração Pública, direta e indireta, nas hipóteses em que adotado o regime celetista de contratação de pessoal (Tema 992 da Tese de Repercussão Geral do STF). Nesse caso, não há relação de trabalho na fase pré-contratual a atrair a competência da Justiça do Trabalho, prevalecendo o caráter público (administrativo) do concurso público. De forma semelhante, o STF afirmou a competência da Justiça comum para processar e julgar ação em que se discute a reintegração de empregados públicos dispensados em face da concessão de aposentadoria espontânea, em razão da inexistência de debate, na hipótese, sobre a relação de trabalho. (STF, 1.ª Turma, RE 655.283/DF, Red. p/ acórdão Min. Dias Toffoli, j. 16.6.2021, Informativo de Jurisprudência do STF n. 1.022).

[18] Lembre-se de que o STF declarou constitucional a alteração promovida pela EC 19/1998 que alterou o art. 39 da CRFB para extinguir a obrigatoriedade do RJU. STF, Tribunal Pleno, ADI 2.135/DF, Rel. Min. Cármen Lúcia, Redator do acórdão: Min. Gilmar Mendes, j. 06.11.2024.

Aliás, é pertinente lembrar que, em âmbito federal, ao lado do regime celetista, aplicável às entidades administrativas de direito privado (empresas públicas, sociedades de economia mista e fundações estatais de direito privado), foi instituído pela Lei 9.962/2000 o denominado "regime do emprego público" para os agentes dos órgãos da Administração direta e das entidades administrativas de direito público (autarquias e fundações estatais de direito público).

Não se pode olvidar que a Lei 9.962/2000 possui caráter federal (e não nacional), aplicando-se exclusivamente às entidades públicas federais. Isto porque a União possui competência privativa para legislar sobre direito do trabalho (art. 22, I, da CRFB) e a referida lei é categórica ao restringir o seu alcance às pessoas administrativas federais. Com isso, não é admissível a aplicação do regime do emprego público aos agentes públicos estaduais e municipais. Nesse caso, os agentes deverão submeter-se ao regime celetista que possui aplicação nacional.

O regime do emprego público é constituído por normas previstas na Lei 9.962/2000, bem como pela Consolidação das Leis do Trabalho (CLT) e legislação correlata.[19] Em outras palavras: o regime do emprego público determina, basicamente, a aplicação do regime celetista aos empregados públicos federais integrantes das entidades públicas, com a ressalva de que serão observadas as normas específicas previstas na citada Lei.

Os empregados públicos federais das entidades públicas formalizarão vínculo contratual com a Administração (contrato por prazo indeterminado), após a prévia aprovação em concurso público. O contrato, no caso, só poderá ser rescindido unilateralmente pela Administração e o empregado demitido nas hipóteses elencadas no art. 3.º da Lei 9.962/2000, quais sejam:

a) prática de falta grave, prevista no art. 482 da CLT;
b) acumulação ilegal de cargos, empregos ou funções públicas;
c) necessidade de redução de quadro de pessoal, por excesso de despesa, na forma do art. 169 da CRFB e da LC 101/2000; e
d) insuficiência de desempenho, apurada em processo administrativo, no qual se assegure pelo menos um recurso hierárquico dotado de efeito suspensivo, que será apreciado em trinta dias, e o prévio conhecimento dos padrões mínimos exigidos para continuidade da relação de emprego, obrigatoriamente estabelecidos de acordo com as peculiaridades das atividades exercidas.[20]

Ainda que não se reconheça expressamente a estabilidade para esses empregados, não se pode olvidar que as restrições apontadas revelam uma importante restrição do poder demissório da Administração.

---

[19] Dispõe o art. 1.º da Lei 9.962/2000: "O pessoal admitido para emprego público na Administração federal direta, autárquica e fundacional terá sua relação de trabalho regida pela Consolidação das Leis do Trabalho, aprovada pelo Decreto-lei n.º 5.452, de 1.º de maio de 1943, e legislação trabalhista correlata, naquilo que a lei não dispuser em contrário".

[20] Segundo o art. 3.º, parágrafo único, da Lei 9.962/2000, essas restrições para demissão dos empregados públicos federais não se aplicam às contratações de pessoal decorrentes da autonomia de gestão de que trata o § 8.º do art. 37 da Constituição Federal.

## 23.3.2.3 Regime especial

O regime especial aplica-se aos agentes públicos contratados por tempo determinado (temporários), com fundamento no art. 37, IX, da CRFB.[21]

A norma constitucional em referência, considerada de eficácia limitada, remete ao legislador o estabelecimento dos casos de contratação por prazo determinado. Em razão da autonomia federativa e da própria redação da norma em comento, conclui-se pela competência autônoma de cada Ente federado para legislar sobre a matéria.[22]

Os agentes temporários são contratados pela Administração Pública para exercerem funções públicas em caráter temporário e excepcional, mas eles não ocupam cargos ou empregos públicos.

Ao contrário do que ocorre na investidura de servidores estatutários e de empregados públicos, a contratação de agentes públicos por tempo determinado não exige a prévia realização de concurso público.

Isto não quer dizer, por certo, que a Administração Pública tem a possibilidade de contratar livremente (sem qualquer critério) os agentes temporários, pois, ainda que inaplicável a regra do concurso público (art. 37, II, da CRFB), a contratação deve respeitar os princípios constitucionais da impessoalidade e da moralidade, com a realização de processo seletivo simplificado, consoante dispõe o art. 3.º da Lei 8.745/1993.

As contratações com prazo determinado, por representarem uma exceção à regra constitucional do concurso público, devem ser efetuadas com a estrita observância dos seguintes requisitos:[23]

a) **existência de lei regulamentadora com a previsão dos casos de contratação temporária**;

b) **prazo determinado da contratação** (a legislação deve estipular os prazos);

c) **necessidade temporária** (não é possível utilizar essa contratação para o exercício de funções burocráticas ordinárias e permanentes); e

---

[21] "Art. 37 [...] IX – a lei estabelecerá os casos de contratação por tempo determinado para atender a necessidade temporária de excepcional interesse público."

[22] Nesse sentido: CARVALHO FILHO, José dos Santos. *Manual de direito administrativo*. 22. ed. Rio de Janeiro: Lumen Juris, 2009. p 574; DI PIETRO, Maria Sylvia Zanella. *Direito administrativo*. 22. ed. São Paulo: Atlas, 2009. p. 513.

[23] O Plenário do STF declarou inconstitucionais leis estaduais e municipais, que tratavam da contratação temporária de servidores, com hipóteses abrangentes e genéricas de contratações temporárias sem concurso público e sem especificação da contingência fática que evidencie situação de emergência (*Informativos de Jurisprudência do STF* n. 1.055, 858, 780, 740, 742 e 748). Por outro lado, o STF, após reconhecer a constitucionalidade do art. 9.º, III, da Lei 8.745/1993, fixou a seguinte tese: "É compatível com a Constituição Federal a previsão legal que exija o transcurso de 24 (vinte e quatro) meses, contados do término do contrato, antes de nova admissão de professor temporário anteriormente contratado" (Tema 403 da Tese de Repercussão Geral do STF). O STJ já admitiu a contratação temporária mediante o assentamento expresso da motivação para a referida providência (crescente número de demandas e enorme passivo de procedimentos administrativos), da existência de disponibilidade orçamentária para o seu custeio e da comprovação de que as atividades a serem desempenhadas, ainda que permanentes do órgão, são de natureza temporária para suprir interesse público relevante (mormente diante da inexistência de cargos vagos para a realização imediata de concurso público). MS 20.335/DF, Rel. Min. Benedito Gonçalves, 1.ª Seção, *DJe* 29.04.2015, *Informativo de Jurisprudência do STJ* n. 560.

d) **excepcional interesse público** (a contratação deve ser precedida de motivação que demonstre de maneira irrefutável o excepcional interesse público).[24]

Além das peculiaridades comentadas, o regime especial possui outras três características importantes:

a) **pluralidade normativa:** os Entes federados podem legislar autonomamente sobre as hipóteses de contratação temporária e estabelecer os respectivos procedimentos. Ex.: União: Lei 8.745/1993; Município do Rio de Janeiro: Lei 1.978/1993;[25]
b) **vínculo contratual:** o contrato, no entanto, é regido pela legislação específica, e não, necessariamente, pela CLT;
c) **competência para o processo e julgamento dos agentes temporários:** Justiça comum. A questão não é pacífica, pois esses agentes possuem vínculos contratuais com a Administração, o que se assemelha aos vínculos dos empregados públicos celetistas. Por outro lado, como afirmado, o regime temporário será fixado autonomamente pelas pessoas federativas, característica semelhante àquela do regime estatutário. De acordo com o STF, as demandas relacionadas aos agentes temporários são da competência da Justiça comum, tendo em vista o caráter jurídico-administrativo do regime.[26]

## 23.3.3 Extinção da obrigatoriedade do Regime Jurídico Único (RJU)

De acordo com o art. 39 da CRFB, em sua redação originária, os Entes federados deveriam instituir o denominado Regime Jurídico Único (RJU) para os servidores da administração pública direta, das autarquias e das fundações públicas. O objetivo é estabelecer um regime uniforme para as pessoas de direito público.

Em primeiro lugar, é importante notar que o art. 39 da CRFB, em sua redação originária, não instituiu o RJU, mas apenas exigiu a sua implementação no âmbito de cada pessoa federada. A criação efetiva do regime único, dessa forma, somente ocorreu com a

---

[24] STF: "Nos termos do art. 37, IX, da Constituição Federal, para que se considere válida a contratação temporária de servidores públicos, é preciso que: a) os casos excepcionais estejam previstos em lei; b) o prazo de contratação seja predeterminado; c) a necessidade seja temporária; d) o interesse público seja excepcional; e) a contratação seja indispensável, sendo vedada para os serviços ordinários permanentes do Estado que estejam sob o espectro das contingências normais da Administração" (Tema 612 da Tese de Repercussão Geral do STF). Registre-se que o STF não admitiu a contratação temporária pelo INPI para atender necessidade permanente – atividades relativas à implementação, ao acompanhamento e à avaliação de atividades, projetos e programas na área de competência daquela entidade (vide *Informativo de Jurisprudência do STF* n. 184). Em outra oportunidade, o STF asseverou a inconstitucionalidade de utilização do regime especial para a contratação de defensores públicos, pois a atividade desenvolvida pela Defensoria Pública é permanente e essencial à jurisdição, não se harmonizando com a contratação precária (STF, Tribunal Pleno, ADI 3.700/RN, Rel. Min. Carlos Britto, DJe-043, 06.03.2009, p. 107, *Informativo de Jurisprudência do STF* n. 524).
[25] Registre-se que a Lei 4.599/2005 do Estado do Rio de Janeiro foi declarada inconstitucional pelo Plenário do STF (*Informativo de Jurisprudência do STF* n. 748).
[26] STF, Recl 4.351 MC-AgR/PE, Rel. p/ acórdão Min. Dias Toffoli, Tribunal Pleno, *Informativo de Jurisprudência do STF* 807; ADI 3.395 MC/DF, Rel. Min. Cezar Peluso, Tribunal Pleno, *DJ* 10.11.2006, p. 49, *Informativo de Jurisprudência do STF* n. 423; Rcl 7109 AgR/MG, Rel. Min. Menezes Direito, Tribunal Pleno, DJe-148 07.08.2009, *Informativo de Jurisprudência do STF* n. 541. No mesmo sentido, decidiu o STJ: 3.ª Seção, CC 106.748/MG, Rel. Min. Jorge Mussi, DJe 30.09.2009, *Informativo de Jurisprudência do STJ* n. 408.

promulgação das leis específicas federal, estaduais e municipais. Em âmbito federal, por exemplo, o regime único estatutário foi efetivamente instituído pela Lei 8.112/1990.

Nunca houve consenso doutrinário a respeito da identificação do regime jurídico que deveria ser considerado como "único". Existem, pelo menos, três entendimentos sobre o assunto:

**Primeira posição:** o regime único deve ser necessariamente o regime estatutário. Nesse sentido: Marçal Justen Filho, Diógenes Gasparini, Dirley da Cunha Júnior, Diogo de Figueiredo Moreira Neto, Flávio Garcia Cabral e Leandro Sarai.[27]

**Segunda posição:** os Entes federados podem optar entre o regime estatutário e o celetista como o regime uniforme para toda a Administração Direta, autarquias e fundações de direito público. Nesse sentido: José dos Santos Carvalho Filho.[28]

**Terceira posição:** o regime único pode ser dividido em um regime uniforme para a Administração Direta e outro para autarquias e fundações. Nesse sentido: Toshio Mukai.[29]

De nossa parte, sempre sustentamos que o Regime Jurídico Único (RJU) deveria ser necessariamente o estatutário.[30] Registre-se, inicialmente, que os autores que defendiam a possibilidade de escolha do regime único celetista faziam a ressalva de que os agentes executores de potestades públicas deveriam ser regidos, necessariamente, pelo regime estatutário, o que revelava a inexistência do regime propriamente "único", mas, sim, dois regimes diferentes no interior de pessoas públicas.

Ademais, as normas constitucionais, que tratam dos servidores públicos, consagram características diferenciadas em relação ao regime celetista (arts. 39 a 41 da CRFB). A ideia de que o regime "normal" dos servidores públicos não seria o regime celetista é confirmada pelo art. 39, § 3.º, da CRFB, que determina a aplicação de determinados direitos dos celetistas aos servidores públicos. Verifica-se, com isso, que as normas constitucionais conferem regime jurídico aos servidores públicos diferente do regime celetista encontrado nas pessoas jurídicas de direito privado.

Contudo, o referido art. 39 da DRFB foi alterado pela EC 19/1998, que retirou do texto constitucional a obrigatoriedade de instituição do RJU, abrindo caminho para que as

---

[27] JUSTEN FILHO, Marçal. *Curso de direito administrativo*. 4. ed. São Paulo: Saraiva, 2009. p. 713. GASPARINI, Diógenes. *Direito administrativo*. 12. ed. São Paulo: Saraiva, 2007. p. 201; CUNHA JÚNIOR, Dirley da. *Curso de direito administrativo*. 9. ed. Salvador: Juspodivm, 2010. p. 277; MOREIRA NETO, Diogo de Figueiredo. *Regime jurídico único dos servidores públicos na Constituição de 1988*. 2. ed. Rio de Janeiro: Lumen Juris, 1991. p. 34 e 52; CABRAL, Flávio Garcia; SARAI, Leandro. *Manual de direito administrativo*. Leme: Mizuno, 2022. p. 761.

[28] CARVALHO FILHO, José dos Santos. *Manual de direito administrativo*. 22. ed. Rio de Janeiro: Lumen Juris, 2009. p 578-580.

[29] MUKAI, Toshio. *Administração Pública na Constituição de 1988*. São Paulo: Saraiva, 1989. p. 62.

[30] O STJ, com fundamento na obrigatoriedade do RJU e na natureza autárquica dos Conselhos profissionais, exigiu o regime de pessoal estatutário para estas entidades (STJ, 5.ª Turma, REsp 820.696/RJ, Rel. Min. Arnaldo Esteves Lima, *DJe* 17.11.2008). Em âmbito federal, a Lei 8.112/1990 estabeleceu o RJU estatutário. Registre-se que o STF, por apertada maioria, afastou o RJU e admitiu a aplicação do regime celetista aos conselhos profissionais que seriam pessoas jurídicas de Direito Público não estatal, pois gozam de ampla autonomia e independência e não estão submetidos ao controle institucional, político ou administrativo de um ministério ou da Presidência da República, além de receberem contribuições parafiscais pagas pela respectiva categoria (STF, ADC 36/DF, ADI 5.367/DF, ADPF 367/DF, Rel. p/ acórdão Min. Alexandre de Moraes, j. 04.09.2020).

pessoas jurídicas de direito público decidam, discricionariamente, o regime mais adequado para os seus servidores, admitido o regime estatutário e/ou celetista.

É possível perceber que a questão relacionada à obrigatoriedade de instituição do RJU passou por mutações importantes nos últimos anos. Após a alteração implementada pela EC 19/1998 no art. 39 da CRFB, o STF concedeu liminar, no âmbito da ADI 2.135/DF, para declarar inconstitucional a redação conferida pela referida Emenda Constitucional. Com essa decisão, voltou a vigorar o Regime Jurídico Único (RJU) – regime estatutário – para as pessoas de direito público. Contudo, no julgamento do mérito da referida ADI, o STF, por maioria, declarou a constitucionalidade da EC 19/1998 na parte que alterou o art. 39 a CRFB, o que acarreta o fim da obrigatoriedade do RJU. Para melhor compreensão do regime de pessoal das pessoas públicas, a partir da decisão antes apontada, é oportuno pontuar os três momentos mais importantes da evolução desse regime:

**1.º momento – promulgação da CRFB** (necessidade do regime jurídico único): o art. 39 da CRFB, em sua redação originária, exigiu a instituição, por meio de lei, do regime jurídico único para os servidores da Administração Direta e das pessoas de direito público da Administração Indireta. Conforme mencionado, ainda que a Constituição não tenha definido qual seria o regime de pessoal desses servidores, a doutrina e a legislação entenderam que esse deveria ser o regime estatutário, eminentemente administrativo e diferente do regime de pessoal celetista das entidades privadas.

**2.º momento – Reforma Administrativa – EC 19/1998** (fim da obrigatoriedade do regime jurídico único): foi alterado o art. 39 da CRFB e se retirou do dispositivo a expressão "regime jurídico único". Com isso, acabou a obrigatoriedade da adoção do citado regime único, sendo lícita a adoção do regime celetista em alguns casos. Observe-se que a emenda constitucional em comento acabou com a obrigatoriedade do regime único, mas, como esse regime foi criado pela lei, a sua extinção efetiva dependia da legislação. Em âmbito federal, a Lei 9.962/2000 extinguiu o regime único ao admitir o regime do emprego público no âmbito das pessoas públicas. A doutrina e o STF[31] sempre entenderam que, apesar do silêncio da lei, a escolha do regime (estatutário ou celetista) não representava um "cheque em branco" para o Poder Público, devendo ser adotado, necessariamente, o regime estatutário para as atividades típicas de Estado (atividades-fim), uma vez que, em razão da importância da atividade para a coletividade, seria fundamental a estabilidade dos agentes públicos. Para as atividades instrumentais (atividades-meio) das pessoas públicas, haveria a liberdade para a escolha do regime.

**3.º momento – Decisão liminar do STF na ADI 2.135/DF** (retorno da obrigatoriedade do regime jurídico único): o STF concedeu liminar, em sede de ADI, para declarar inconstitucional a redação, estabelecida pela EC 19/1998, do art. 39 da CRFB. Em razão

---

[31] O STF, por exemplo, considerou inconstitucional o regime celetista para os agentes dos quadros das agências reguladoras (Lei 9.986/2000), pois o único regime possível seria o estatutário, tendo em vista o exercício de poder de polícia. Em verdade, no caso, o Ministro Marco Aurélio concedeu liminar, na ADI, para declarar inconstitucional o regime celetista e, antes do referendo da liminar pela Corte, os dispositivos da Lei 9.986/2000, que previam o regime celetista, foram revogados, razão pela qual foi declarada a perda do objeto daquela ação (STF, ADI 2.310 MC/DF, Rel. Min. Marco Aurélio, DJ 01.02.2001, p. 5).

do efeito repristinatório das decisões proferidas em sede de controle concentrado, voltou a vigorar a redação originária do art. 39 da CRFB que exige a instituição do regime jurídico único.

**4.º momento – Julgamento definitivo pela STF da ADI 2.135/DF** (fim da obrigatoriedade do regime jurídico único): o STF, por maioria, julgou improcedente o pedido formulado na ADI 2.135, com o reconhecimento da constitucionalidade da alteração promovida pela EC 19/1998 no art. 39 da CRFB. No referido julgamento, a Suprema Corte atribuiu eficácia prospectiva (*ex nunc*) à decisão, esclarecendo, ainda, ser vedada a transmudação de regime dos atuais servidores, como medida para evitar tumultos administrativos e previdenciários.[32]

Assim, a partir da orientação consagrada pelo STF, com a declaração da constitucionalidade do art. 39, alterado pela EC 19/1998, não há mais a obrigatoriedade de instituição do RJU, abrindo a possibilidade para que as pessoas jurídicas de direito público definam, discricionariamente, o regime mais adequado para os respectivos servidores que poderá ser estatutário e/ou celetista.

Não obstante a ausência de menção expressa na decisão do STF, entendemos que as carreiras típicas de Estado, notadamente aquelas previstas na CRFB, devem receber tratamento jurídico diverso, com a imposição do regime estatutário, em razão da necessidade de maior independência dos seus membros e do recebimento da remuneração por meio de subsídios. Assim, por exemplo, os membros da magistratura (art. 95, I, da CRFB), do ministério público (art. 128, § 5.º, I, a, da CRFB) e dos tribunais de contas (art. 73, § 3.º), que ocupam cargos vitalícios, continuariam regidos pelos respectivos estatutos. Da mesma forma, por exemplo, os membros da Advocacia Pública (arts. 131 e 132 da CRFB) e da Defensoria Pública (art. 134 da CRFB), bem como os integrantes dos órgãos da segurança pública (art. 144 da CRFB).

## 23.4 CARGOS PÚBLICOS

### 23.4.1 Cargo, emprego e função pública

Os agentes públicos ocupam cargos ou empregos públicos, exercendo as funções administrativas previstas na legislação. É oportuno distinguir as expressões cargo, emprego e função.

Considera-se cargo público o local situado na organização interna da Administração direta e das entidades administrativas de direito público, provido por servidor público estatutário, com denominação, direitos, deveres e sistemas de remuneração previstos em lei.

O emprego público, por sua vez, indica o vínculo contratual estabelecido entre os servidores celetistas e as entidades administrativas de direito privado, ressalvados os empregos públicos das pessoas públicas federais previstos na Lei 9.962/2000, conforme mencionado no item 23.3.2.2.

A função pública, por sua vez, compreende o conjunto de atribuições conferidas por lei aos agentes públicos. O art. 37, V, da CRFB, por exemplo, refere-se às funções

---

[32] STF, Tribunal Pleno, ADI 2.135/DF, Rel. Min. Cármen Lúcia, Redator do acórdão: Min. Gilmar Mendes, j. 06.11.2024.

de confiança. As atribuições ou atividades dos agentes públicos são funções administrativas.

Todos os ocupantes de cargos e empregos públicos exercem, necessariamente, funções administrativas. Todavia, admite-se, excepcionalmente, o exercício de função pública independentemente da investidura em cargos ou empregos, tal como ocorre, por exemplo, nos casos dos servidores temporários (art. 37, IX, da CRFB) e dos particulares em colaboração (ex.: jurados, mesários eleitorais).

### 23.4.2 Classe, carreira, quadro e lotação

Classe é a reunião de cargos da mesma categoria funcional, com identidade de atribuições, responsabilidade e vencimentos. Na precisa lição de Hely Lopes Meirelles, "as classes constituem os degraus de acesso na carreira".[33]

Carreira é o agrupamento de classes da mesma categoria profissional, dispostas hierarquicamente. A classe superior será reservada aos ocupantes da classe inferior e proporcionará ao agente o aumento de suas responsabilidades e da sua remuneração.

Quadro é o conjunto de carreiras, cargos isolados e funções de uma mesma entidade da Administração direta ou indireta do Poder Executivo, Legislativo e Judiciário.

Lotação é o número de servidores que exercem função pública em cada repartição pública das entidades estatais. A lotação pode ser dividida em duas espécies:

a) numérica ou básica: corresponde à discriminação e à quantificação dos cargos e funções; e

b) nominal ou supletiva: contém a relação dos cargos e funções com os nomes dos seus respectivos ocupantes.

### 23.4.3 Criação, transformação e extinção de cargos, empregos e funções

A criação, transformação e extinção dos cargos, empregos e funções devem ser efetivadas, em regra, por meio de lei, conforme previsão contida no art. 48, X, da CRFB.[34]

Da mesma forma, o art. 84, XXV, da CRFB[35] determina que o provimento e a extinção de cargos competem ao chefe do Executivo, na forma da lei, que também poderá declarar a desnecessidade de cargos (art. 41, § 3.º, da CRFB).[36]

O poder de iniciativa para deflagrar o processo legislativo de criação de cargos públicos é compartilhado pelos Poderes e órgãos com forte autonomia constitucional. No

---

[33] MEIRELLES, Hely Lopes. *Direito administrativo brasileiro*. 22. ed. São Paulo: Malheiros, 1997. p. 366.
[34] "Art. 48. Cabe ao Congresso Nacional, com a sanção do Presidente da República, não exigida esta para o especificado nos arts. 49, 51 e 52, dispor sobre todas as matérias de competência da União, especialmente sobre: [...] X – criação, transformação e extinção de cargos, empregos e funções públicas, observado o que estabelece o art. 84, VI, *b*."
[35] "Art. 84. Compete privativamente ao Presidente da República: [...] XXV – prover e extinguir os cargos públicos federais, na forma da lei."
[36] "Art. 41. [...] § 3.º Extinto o cargo ou declarada a sua desnecessidade, o servidor estável ficará em disponibilidade, com remuneração proporcional ao tempo de serviço, até seu adequado aproveitamento em outro cargo."

âmbito do Poder Executivo, a iniciativa da lei é do chefe do Executivo, na forma do art. 61, § 1.º, II, "a", da CRFB.[37] Quanto aos cargos do Poder Judiciário, a iniciativa é conferida ao Presidente do tribunal respectivo (art. 96, II, "b", da CRFB).[38] Em relação aos cargos do Ministério Público, o Procurador-Geral detém o poder de iniciativa do processo legislativo (art. 127, § 2.º, da CRFB).[39] A iniciativa legislativa para dispor sobre os cargos da Defensoria Pública é do respectivo Defensor Público Geral.[40] Os cargos do Poder Legislativo podem ser criados por atos administrativos, como será demonstrado a seguir.

A exigência de lei, no entanto, é afastada em hipóteses excepcionais, a saber:

a) os empregos públicos no âmbito das pessoas jurídicas de direito privado da Administração Indireta (empresas públicas, sociedades de economia mista e fundações estatais de direito privado) não são criados por lei, mas sim por atos internos dessas entidades, nos termos do respectivo Estatuto Social.[41] Isso porque o art. 61, § 1.º, II, "a", da CRFB prevê a iniciativa privativa do chefe do Executivo para as leis que disponham sobre "criação de cargos, funções ou empregos públicos na **administração direta e autárquica** ou aumento de sua remuneração", inexistindo exigência expressa de lei para criação de empregos públicos no âmbito da Administração Indireta. Registre-se que as entidades administrativas com personalidade de direito privado não são criadas por lei, mas a partir da autorização legislativa. A instituição efetiva ocorre com o registro dos seus atos constitutivos. Ora, se essas entidades são instituídas por atos infralegais e recebem organização de direito privado, é razoável concluir que os respectivos empregos sejam criados por atos internos;

b) o art. 84, VI, "b", da CRFB,[42] alterado pela EC 32/2001, admite a extinção, por decreto, de cargos públicos vagos. Com isso, ainda que os cargos sejam criados por lei, o Chefe do Executivo poderá extingui-los, quando vagos, por ato administrativo (decreto);

---

[37] "Art. 61. [...] § 1.º São de iniciativa privativa do Presidente da República as leis que: [...] II – disponham sobre: a) criação de cargos, funções ou empregos públicos na administração direta e autárquica ou aumento de sua remuneração."

[38] "Art. 96. Compete privativamente: [...] II – ao Supremo Tribunal Federal, aos Tribunais Superiores e aos Tribunais de Justiça propor ao Poder Legislativo respectivo, observado o disposto no art. 169: [...] b) a criação e a extinção de cargos e a remuneração dos seus serviços auxiliares e dos juízes que lhes forem vinculados, bem como a fixação do subsídio de seus membros e dos juízes, inclusive dos tribunais inferiores, onde houver, [...]".

[39] "Art. 127, § 2.º Ao Ministério Público é assegurada autonomia funcional e administrativa, podendo, observado o disposto no art. 169, propor ao Poder Legislativo a criação e extinção de seus cargos e serviços auxiliares, provendo--os por concurso público de provas ou de provas e títulos, a política remuneratória e os planos de carreira; a lei disporá sobre sua organização e funcionamento."

[40] A iniciativa legislativa do Defensor Público Geral, afastando a iniciativa do Chefe do Executivo, decorre da autonomia funcional e administrativa da Defensoria, bem como da aplicação do art. 96, II, b, da CRFB, na forma do art. 134, §§ 2.º e 4.º, da CRFB (STF, Tribunal Pleno, ADI 5.943/SC, Rel. Min. Gilmar Mendes, DJe 25.01.2023).

[41] Nesse sentido: SUNDFELD, Carlos Ari; SOUZA, Rodrigo Pagani de. As empresas estatais, o concurso público e os cargos em comissão. *Revista de Direito Administrativo*, v. 243, p. 38-39, set.-nov. 2006; FERREIRA, Sérgio de Andréa. Empresa estatal – funções de confiança – Constituição Federal – Art. 37, n.º II (parecer). *Revista de Direito Administrativo*, v. 227, p. 412, jan.-mar. 2002.

[42] "Art. 84. Compete privativamente ao Presidente da República: [...] VI – dispor, mediante decreto, sobre: [...] b) extinção de funções ou cargos públicos, quando vagos."

c) a criação, transformação e extinção de cargos na Câmara dos Deputados e no Senado Federal são efetivadas por meio de ato administrativo (resolução), conforme dispõem os arts. 51, IV, e 52, XIII, da CRFB.[43] As Casas Legislativas podem praticar autonomamente esses atos, não se sujeitando à sanção do Chefe do Executivo (art. 84, *caput*, da CRFB);[44]

d) admite-se a utilização do decreto para transformação de cargos, sem aumento de despesa, tendo em vista tratar-se de mera reestruturação interna da Administração, em consonância com o art. 84, VI, "a", da CRFB.[45]

### 23.4.4 Acessibilidade dos cargos, empregos e funções públicas

Na forma do art. 37, I, da CRFB, "os cargos, empregos e funções públicas são acessíveis aos brasileiros que preencham os requisitos estabelecidos em lei, assim como aos estrangeiros, na forma da lei".

Os brasileiros, natos e naturalizados,[46] detêm o direito de acesso aos cargos, empregos e funções públicas, desde que observados os requisitos constitucionais (concurso público, em regra) e legais, pois a norma constitucional menciona os brasileiros, sem fazer qualquer distinção expressa entre os brasileiros natos e naturalizados, razão pela qual deve ser observada a regra do art. 12, § 2.º, da CRFB, que dispõe: "A lei não poderá estabelecer distinção entre brasileiros natos e naturalizados, salvo nos casos previstos nesta Constituição".

Apenas em casos excepcionais, a Constituição limita o acesso dos cargos estratégicos aos brasileiros natos (cargos privativos), como ocorre, por exemplo, nas hipóteses mencionadas no art. 12, § 3.º, da CRFB (Presidente e Vice-Presidente da República; Presidente da Câmara dos Deputados; Presidente do Senado Federal; Ministro do Supremo Tribunal Federal; carreira diplomática; oficial das Forças Armadas; e Ministro de Estado da Defesa).

Além dos brasileiros, os estrangeiros poderão ter acesso aos cargos, empregos e funções públicas nos casos especificados na legislação. Vale lembrar que a redação originária da Constituição não continha norma expressa admitindo esse acesso por estrangeiros. Apenas com a EC 11/1996, que alterou o art. 207, § 1.º, da CRFB, restou consagrada a

---

[43] "Art. 51. Compete privativamente à Câmara dos Deputados: [...] IV – dispor sobre sua organização, funcionamento, polícia, criação, transformação ou extinção dos cargos, empregos e funções de seus serviços, e a iniciativa de lei para fixação da respectiva remuneração, observados os parâmetros estabelecidos na lei de diretrizes orçamentárias." "Art. 52. Compete privativamente ao Senado Federal: [...] XIII – dispor sobre sua organização, funcionamento, polícia, criação, transformação ou extinção dos cargos, empregos e funções de seus serviços, e a iniciativa de lei para fixação da respectiva remuneração, observados os parâmetros estabelecidos na lei de diretrizes orçamentárias."

[44] Nesse sentido: MELLO, Celso Antônio Bandeira de. *Curso de direito administrativo*. 21. ed. São Paulo: Malheiros, 2006. p. 241-242; CARVALHO FILHO, José dos Santos. *Manual de direito administrativo*. 22. ed. Rio de Janeiro: Lumen Juris, 2009. p. 586.

[45] "Art. 84. Compete privativamente ao Presidente da República: [...] VI – dispor, mediante decreto, sobre: a) organização e funcionamento da administração federal, quando não implicar aumento de despesa nem criação ou extinção de órgãos públicos."

[46] Art. 12, I e II, da CRFB.

possibilidade de admissão por universidades de professores, técnicos e cientistas estrangeiros, na forma da lei.[47]

O acesso aos cargos e empregos públicos depende, em regra, da aprovação em concurso público, tema que será analisado adiante.

### 23.4.5 Classificação dos cargos

São duas as classificações mais importantes de cargos públicos.

Quanto à posição que ocupam no quadro funcional, os cargos podem ser classificados em:

a) **cargos isolados:** são cargos únicos em determinada categoria de servidores públicos, o que não permite a progressão funcional. A criação de cargos isolados deve ser considerada excepcional, pois é da natureza da organização administrativa o escalonamento hierárquico dos agentes ocupantes de cargos;

b) **cargos de carreira:** são divididos em classes, tendo em vista a complexidade e a responsabilidade das funções, admitindo, por isso, a progressão funcional dos seus ocupantes.

Outra classificação leva em consideração as garantias e as características inerentes aos ocupantes dos cargos públicos que são divididos em:

a) **cargos efetivos:** são os cargos que garantem aos seus ocupantes a estabilidade, após o preenchimento dos requisitos constitucionais previstos no art. 41, *caput* e § 4.º, da CRFB (estágio probatório de três anos e aprovação por meio de avaliação especial de desempenho). O ingresso no cargo efetivo exige necessariamente a realização de concurso público. A demissão do servidor estável só ocorrerá nos casos expressamente previstos na Constituição (arts. 41, § 1.º, e 169, § 4.º, da CRFB): (i) sentença judicial transitada em julgado; (ii) processo administrativo com ampla defesa e contraditório; (iii) avaliação periódica de desempenho, na forma da lei complementar; e (iv) necessidade de observância dos limites de despesa com pessoal ativo e inativo fixados na LC 101/2000;

b) **cargos vitalícios:** são os que consagram maiores garantias contra a demissão de seus ocupantes, pois, uma vez reconhecida a vitaliciedade, o agente só perderá o cargo por processo judicial com sentença transitada em julgado (ex.: art. 95, I, da CRFB). O ingresso nesses cargos depende, em regra, da realização de concurso público, mas existem hipóteses em que o concurso é desnecessário (ex.: quinto constitucional, Ministros do STF e do STJ);

c) **cargos em comissão:** são ocupados transitoriamente por agentes públicos nomeados e exonerados (exoneração *ad nutum*) livremente pela autoridade com-

---

[47] O art. 5.º, § 3.º, da Lei 8.112/1990, alterado pela Lei 9.515/1997, estabelece: "As universidades e instituições de pesquisa científica e tecnológica federais poderão prover seus cargos com professores, técnicos e cientistas estrangeiros, de acordo com as normas e os procedimentos desta Lei".

petente. Por essa razão, o ingresso nos referidos cargos não depende da realização de concurso (art. 37, II, da CRFB), e a escolha dos ocupantes pode recair sobre servidores ou pessoas que não integram o quadro funcional, nos limites fixados em lei (art. 37, V, da CRFB).[48]

Vale ressaltar que a liberdade de nomeação para os cargos em comissão deve ser relativizada pelos princípios constitucionais da Administração Pública. Por isso, o STF, com fundamento nos princípios da moralidade e da impessoalidade, editou a Súmula Vinculante 13 para vedar o nepotismo (direto e cruzado) na Administração direta e indireta de todos os Poderes.[49]

Da mesma forma, a lei pode limitar a nomeação e a exoneração de determinados agentes ocupantes de cargos em comissão, como ocorre, por exemplo, com os dirigentes das agências reguladoras. Nesse caso, a nomeação depende da aprovação do Senado e a demissão somente será possível por meio de sentença judicial transitada em julgado ou processo administrativo com ampla defesa e contraditório (arts. 5.º e 9.º da Lei 9.986/2000). Mencione-se, ainda, o direito à licença-maternidade e à estabilidade provisória à servidora gestante, independentemente do regime jurídico aplicável, se contratual ou administrativo, ainda que ocupe cargo em comissão ou seja contratada por tempo determinado.[50]

### 23.4.6 Cargo em comissão x função de confiança

Os cargos em comissão e as funções de confiança relacionam-se exclusivamente às atribuições de direção, chefia e assessoramento.

Enquanto as funções de confiança são exercidas exclusivamente por servidores estatutários, ocupantes de cargos efetivos, os cargos em comissão podem ser ocupados por qualquer pessoa, servidor público ou não, cabendo à legislação ordinária estabelecer os casos, condições e percentuais mínimos de cargos comissionados destinados aos servidores de carreira (art. 37, V, da CRFB, alterado pela EC 19/1998).

---

[48] Tema 1.010 das Teses de Repercussão Geral do STF: "a) A criação de cargos em comissão somente se justifica para o exercício de funções de direção, chefia e assessoramento, não se prestando ao desempenho de atividades burocráticas, técnicas ou operacionais; b) tal criação deve pressupor a necessária relação de confiança entre a autoridade nomeante e o servidor nomeado; c) o número de cargos comissionados criados deve guardar proporcionalidade com a necessidade que eles visam suprir e com o número de servidores ocupantes de cargos efetivos no ente federativo que os criar; e d) as atribuições dos cargos em comissão devem estar descritas, de forma clara e objetiva, na própria lei que os instituir" (28.09.2018). Cada Ente federado tem autonomia para definir as condições e percentuais mínimos para o preenchimento dos cargos em comissão para servidores de carreira, a depender de suas necessidades burocráticas (STF, Tribunal Pleno, ADO 44/DF, Rel. Min. Gilmar Mendes, DJe 25.04.2023, *Informativo de Jurisprudência do STF* n. 1.091).

[49] Súmula Vinculante 13 do STF: "A nomeação de cônjuge, companheiro ou parente em linha reta, colateral ou por afinidade, até o terceiro grau, inclusive, da autoridade nomeante ou de servidor da mesma pessoa jurídica investido em cargo de direção, chefia ou assessoramento, para o exercício de cargo em comissão ou de confiança ou, ainda, de função gratificada na administração pública direta e indireta em qualquer dos Poderes da União, dos Estados, do Distrito Federal e dos Municípios, compreendido o ajuste mediante designações recíprocas, viola a Constituição Federal". De acordo com a Suprema Corte, a vedação do nepotismo não se aplica aos seguintes cargos: a) cargos providos por concurso público (STF, ADI 524/ES, Rel. Min. Ricardo Lewandowski, Tribunal Pleno, *DJe*-151 03.08.2015, *Informativo de Jurisprudência* do STF 786) e b) cargos políticos (STF, RExt 579.951/RN, Rel. Min. Ricardo Lewandowski, Tribunal Pleno, *DJe*-202 24.10.2008, p. 1876, *Informativo de Jurisprudência do STF* n. 516).

[50] Tema 542 da Tese de Repercussão Geral do STF.

## 23.4.7 Provimento

O provimento é o ato administrativo de preenchimento dos cargos públicos vagos.[51] Existem duas espécies de provimento:

a) **originário:** quando o ocupante não possui relação anterior com o cargo para o qual foi inserido, iniciando nova relação estatutária. Nesse caso, o provimento começa essa nova relação com o titular do cargo. Ressalte-se que o provimento originário leva em consideração a ausência de vínculo anterior apenas em relação ao cargo que é objeto de preenchimento e, por essa razão, será originário o provimento de agentes que nunca ocuparam cargos previamente (ex.: provimento do cargo por particular aprovado em concurso público) ou que ocuparam outros cargos submetidos a estatuto jurídico diverso (ex.: provimento do cargo por servidor público aprovado em novo concurso público);

b) **derivado:** relaciona-se ao servidor público que possui vínculo prévio com cargos públicos da mesma entidade (ex.: Procurador de terceira categoria é provido no cargo de segunda categoria).

Em âmbito federal, o art. 8.º da Lei 8.112/1990 prevê as seguintes formas de provimento:

a) nomeação;
b) promoção;
c) readaptação;
d) reversão;
e) aproveitamento;
f) reintegração; e
g) recondução.

No sentido oposto aos atos de provimento, é possível mencionar os atos de desprovimento do cargo, responsáveis pela ruptura do vínculo funcional do servidor público. Os atos de desprovimento, previstos no art. 33 da Lei 8.112/1990 (ex.: exoneração, demissão, aposentadoria, falecimento), acarretam a vacância do cargo.

### 23.4.7.1 Provimento originário

O provimento originário é formalizado por meio da nomeação. A nomeação gera direito à posse para os aprovados em concurso público (Súmula 16 do STF).

---

[51] Alguns sustentam que o provimento é fato administrativo e não ato administrativo, pois o provimento seria o evento material (fato) de preenchimento dos cargos vagos que deve ser formalizado por meio de atos administrativos (nomeação, promoção etc.). Nesse sentido: CARVALHO FILHO, José dos Santos. *Manual de direito administrativo*. 22. ed. Rio de Janeiro: Lumen Juris, 2009. p. 587-588. Na defesa da natureza de ato administrativo, citem-se, por exemplo: MELLO, Celso Antônio Bandeira de. *Curso de direito administrativo*. 21. ed. São Paulo: Malheiros, 2006. p. 291; DI PIETRO, Maria Sylvia Zanella. *Direito administrativo*. 22. ed. São Paulo: Atlas, 2009. p. 600.

Conforme já assinalado, a nomeação para os cargos efetivos depende da aprovação em concurso público. A exigência também se aplica aos cargos vitalícios, salvo as exceções constitucionais (ex.: quinto constitucional, Ministros do STF e do STJ). Em relação aos cargos em comissão, a nomeação não exige a prévia aprovação em concurso.

### 23.4.7.2  Provimento derivado

O provimento derivado pode ser formalizado pelos seguintes atos administrativos: promoção, readaptação, reversão, aproveitamento, reintegração e recondução.

É importante notar que a ascensão (ou transposição) e a transferência, formas de provimento derivado, foram consideradas inconstitucionais pelo STF, uma vez que tais provimentos permitiam a investidura de servidor sem prévia aprovação em concurso público.[52] Na ascensão, o servidor deixa o cargo de classe mais elevada de uma carreira para ingressar em cargo da classe inicial de carreira diversa (ex.: inspetor da polícia é elevado ao cargo de delegado de polícia). A transferência, por sua vez, é o deslocamento de servidor do seu cargo de origem para outro de igual denominação em quadro funcional diverso (ex.: defensor público do Estado do RJ é transferido para o cargo de defensor público do Estado de SP). Nesse sentido, a Súmula Vinculante 43 do STF dispõe: "É inconstitucional toda modalidade de provimento que propicie ao servidor investir-se, sem prévia aprovação em concurso público destinado ao seu provimento, em cargo que não integra a carreira na qual anteriormente investido".

Contudo, o art. 93, VIII-B, da CRFB, incluído pela EC 130/2023, admite a permuta de magistrados de comarca de igual entrância e dentro do mesmo segmento de justiça, inclusive entre os juízes de segundo grau, vinculados a diferentes tribunais, na esfera da justiça estadual, federal ou do trabalho.[53]

Da mesma maneira, a readmissão, que consubstanciava o ato discricionário pelo qual o servidor exonerado retornava ao serviço, não foi recepcionada pelo atual texto constitucional, tendo em vista a violação à regra do concurso público.

---

[52] STF, Tribunal Pleno, ADI 231/RJ, Rel. Min. Moreira Alves, *DJ* 13.11.1992. A ascensão e a transferência foram retiradas do art. 8.º da Lei 8.112/1990 pela Lei 9.527/1997. A respeito da ascensão, o STF considerou inconstitucional a interpretação de disposições legais que viabilizem a promoção a cargo de nível superior a servidores que ingressaram por concurso público para cargo de nível médio (STF, Tribunal Pleno, ADI 6.355/PE, Rel. Min. Cármen Lúcia, *DJe* 9.6.2021). Tema 1.128 da Tese de Repercussão Geral do STF: "É inconstitucional dispositivo de Constituição estadual que permite transposição, absorção ou aproveitamento de empregado público no quadro estatutário da Administração Pública estadual sem prévia aprovação em concurso público, nos termos do art. 37, II, da Constituição Federal". Destaca-se a possibilidade de mera alteração da nomenclatura de cargo público, com a manutenção da similitude entre as atribuições dos cargos envolvidos, os requisitos de escolaridade para ingresso e a equivalência salarial (estrutura remuneratória) (STF, ADI 6.615/MT, Rel. Min. Gilmar Mendes, Tribunal Pleno, DJe 26.09.2024).

[53] Quanto aos membros do Ministério Público, o STF considerou inconstitucional a norma estadual que autorizava a remoção por permuta, em âmbito nacional, entre membros dos Ministérios Públicos dos estados e do Distrito Federal e Territórios, em razão da violação do princípio federativo, da autonomia dos estados (arts. 1.º; 25 e 60, § 4.º, I, da CRFB), da independência do Ministério Público (arts. 128, § 5.º e 129, § 4.º, da CRFB), da regra do concurso público (art. 37, II, da CRFB) e da Súmula Vinculante 43 da Suprema Corte (STF, Tribunal Pleno, ADI 6.780/RN, Rel. Min. Nunes Marques, DJe 31.10.2023).

### 23.4.7.2.1 Promoção

Promoção é a progressão funcional em que o servidor é deslocado de cargo de classe inferior para outro cargo de classe superior dentro da mesma carreira (ex.: magistrado de primeira instância é promovido para o cargo de desembargador).[54]

### 23.4.7.2.2 Readaptação

Readaptação é o provimento derivado do servidor em cargo de atribuições e responsabilidades compatíveis com a limitação que tenha sofrido em sua capacidade física ou mental, verificada por perícia médica, mantida a remuneração do cargo de origem (ex.: motorista acometido por problemas de visão é readaptado para o cargo de auxiliar administrativo).[55]

### 23.4.7.2.3 Reversão

É o retorno do servidor aposentado ao cargo quando ocorrer uma das seguintes hipóteses: (i) declaração por junta médica oficial da insubsistência dos motivos determinantes para aposentadoria por invalidez; e (ii) declaração de ilegalidade do ato de concessão da aposentadoria.

Ressalte-se que o art. 25, II, da Lei 8.112/1990 prevê ainda a hipótese de reversão "no interesse da administração" desde que preenchidos os seguintes requisitos: (i) o aposentado deve solicitar a reversão (a Administração não pode reverter, no caso, de ofício); (ii) a aposentadoria deve ter sido voluntária; (iii) o aposentado era estável quando do exercício de suas funções; (iv) a solicitação do aposentado deve ser formulada dentro do período cinco anos, contado da concessão da aposentadoria; e (v) a reversão dependerá da existência de cargo vago.

Contudo, a reversão a pedido do aposentado e no simples interesse do Poder Público deve ser considerada inconstitucional, pois viola a exigência constitucional do concurso público, contida no art. 37, II, da CRFB. Com a concessão da aposentadoria, o vínculo funcional é rompido e o aposentado deixa de ser servidor ativo ocupante de cargo. O "retorno" (*rectius*: ingresso) ao cargo dependerá necessariamente da aprovação prévia em concurso público, salvo nas hipóteses de reversão em que os motivos da invalidez desaparecem ou na hipótese de ilegalidade na aposentadoria.[56]

---

[54] De acordo com o STJ, é ilegal o ato de não concessão de progressão funcional de servidor público, quando atendidos todos os requisitos legais, a despeito de superados os limites orçamentários previstos na LRF, referentes a gastos com pessoal de ente público, tendo em vista que a progressão é direito subjetivo do servidor público, decorrente de determinação legal, estando compreendida na exceção prevista no inciso I do parágrafo único do art. 22 da LC 101/2000 (Tese firmada no Tema Repetitivo 1.075 do STJ).

[55] Art. 37, § 13, da CRFB, incluído pela EC 103/2019 (Reforma da Previdência): "O servidor público titular de cargo efetivo poderá ser readaptado para exercício de cargo cujas atribuições e responsabilidades sejam compatíveis com a limitação que tenha sofrido em sua capacidade física ou mental, enquanto permanecer nesta condição, desde que possua a habilitação e o nível de escolaridade exigidos para o cargo de destino, mantida a remuneração do cargo de origem."

[56] Nesse sentido: CARVALHO FILHO, José dos Santos. *Manual de direito administrativo*. 22. ed. Rio de Janeiro: Lumen Juris, 2009. p. 592.

### 23.4.7.2.4 Aproveitamento

Aproveitamento é o retorno do servidor colocado em disponibilidade para cargo com atribuições, responsabilidades e vencimentos compatíveis com o anteriormente ocupado.[57] Na forma do art. 41, § 3.º, da CRFB, com a extinção do cargo ou a declaração de sua desnecessidade, o servidor estável permanecerá em disponibilidade, com remuneração proporcional ao tempo de serviço, até o aproveitamento em outro cargo.[58] Caso o servidor não tenha adquirido a estabilidade à época da extinção ou declaração de desnecessidade do cargo, ele não poderá se beneficiar da disponibilidade e do aproveitamento posterior, devendo ser desligado do serviço.

O aproveitamento, conforme já decidiu o STF,[59] também poderá ocorrer nas hipóteses de transformação ou reclassificação de cargos e de carreiras em que os servidores serão aproveitados nos cargos com novas denominações, mas com atribuições, responsabilidades e vencimentos semelhantes.[60] Contudo, o STF considera "inconstitucional o aproveitamento de servidor, aprovado em concurso público a exigir formação de nível médio, em cargo que pressuponha escolaridade superior".[61]

### 23.4.7.2.5 Reintegração

Reintegração é o retorno do servidor ao cargo de origem após a declaração (administrativa ou judicial) de ilegalidade da sua demissão, com ressarcimento da remuneração e vantagens não percebidas (art. 41, § 2.º, da CRFB e art. 28 da Lei 8.112/1990).

Ademais, o servidor reintegrado deve ser beneficiado com o reconhecimento de todos os seus direitos estatutários inerentes ao tempo que ficou ilegalmente afastado do cargo (ex.: contagem do tempo de serviço, promoções).

Apesar de alguns Estatutos garantirem a reintegração apenas na hipótese em que a ilegalidade da demissão seja reconhecida por sentença judicial, entendemos que a Administração, no exercício da autotutela, tem o dever de declarar ilegal a demissão para se reconhecer o direito à reintegração. Não se poderia conceber a restrição, no caso, do exercício do dever da Administração de anular os seus atos ilegais.

A reintegração acarreta o retorno do servidor ao cargo ocupado anteriormente, e o atual ocupante do cargo será reconduzido ao seu cargo de origem, sem direito a in-

---

[57] Art. 30 da Lei 8.112/1990.
[58] O STF declarou inconstitucional norma da Constituição do Estado do Rio de Janeiro que impôs o prazo de um ano para aproveitamento do servidor em disponibilidade, tendo em vista que tal exigência não decorre direta ou indiretamente dos pressupostos essenciais à aplicação do instituto definidos no art. 41, § 3.º, da CRFB (*Informativo de Jurisprudência do STF* n. 736).
[59] STF, Tribunal Pleno, ADI 1.591 EI/RS, Rel. Min. Sepúlveda Pertence, *DJ* 12.09.2003, p. 29; ADI 2.713/DF, Rel. Min. Ellen Gracie, Tribunal Pleno, *DJ* 07.03.2003, p. 33; ADI 2.335/SC, Rel. p/ acórdão Min. Gilmar Mendes, Tribunal Pleno, *DJ* 19.12.2003, p. 49.
[60] O STF declarou constitucional a Lei Complementar 988/2006 do Estado de São Paulo que viabilizou a opção pela carreira da Defensoria Pública aos Procuradores do Estado, tendo em vista que os cargos da Procuradoria exigiam o preenchimento por concurso e englobavam a assistência jurídica aos hipossuficientes (STF, Tribunal Pleno, ADI 3.720/SP, Rel. Min. Marco Aurélio, *DJe-55*, 28.03.2008, p. 323).
[61] Tema 697 da Tese de Repercussão Geral do STF.

denização, aproveitado em outro cargo ou colocado em disponibilidade (art. 41, § 2.º, da CRFB). No entanto, se o servidor reintegrado não puder ser reintegrado ao seu cargo originário, em razão da sua extinção, ele será colocado em disponibilidade, com remuneração proporcional.

Conforme leciona Diogo de Figueiredo Moreira Neto, a anistia, com a descriminalização e a extinção dos efeitos da condenação penal, responsáveis pela demissão, não acarreta a reintegração, pois trata-se de "ato de alta discrição política" do Poder Legislativo, sem qualquer repercussão na esfera administrativa (art. 48, VIII, da CRFB).[62]

### 23.4.7.2.6 Recondução

Recondução é o retorno do servidor estável ao cargo de origem, tendo em vista a sua inabilitação em estágio probatório relativo a outro cargo ou a reintegração do servidor ao cargo.[63] Caso o cargo de origem esteja ocupado, o servidor será aproveitado em outro cargo de atribuições e vencimentos compatíveis com o anteriormente ocupado.[64]

Em relação ao primeiro fundamento da recondução, a Lei menciona a "inabilitação" em estágio probatório. Contudo, pensamos que a recondução também deve ser reconhecida na hipótese em que o servidor desiste do estágio probatório para retornar ao cargo de origem. A intenção da norma foi permitir a recondução ao cargo original enquanto não consumada a estabilidade relativa ao serviço prestado no cargo atual, pois, nesse caso, o servidor permanece com vínculo funcional ao cargo no qual se estabilizou. Certamente, a estabilidade no novo cargo não será reconhecida quando houver inabilitação ou desistência do servidor durante o estágio probatório.[65]

Entendemos que a recondução, no caso de inabilitação em estágio probatório relacionado ao outro cargo, depende da permanência do vínculo funcional do servidor com o cargo de origem. Ou seja: apenas será reconduzido o servidor ao seu cargo anterior se permanecer vinculado a este. Se, por exemplo, o servidor for exonerado a pedido do cargo de origem, não poderá ele retornar (recondução) posteriormente.

Dessa forma, o servidor deve requerer, em princípio, licença não remunerada do cargo original para ser investido no novo cargo. Não há óbice para acumulação dos dois cargos, pois trata-se de acumulação não remunerada.

---

[62] MOREIRA NETO, Diogo de Figueiredo. *Curso de direito administrativo*. 15. ed. Rio de Janeiro: Forense, 2009. p. 349-350.

[63] Art. 29 da Lei 8.112/1990. Em relação à recondução do servidor ao cargo de origem, em razão da reintegração de servidor ao cargo atual, dispõe o art. § 2.º do art. 28 da referida Lei: "Encontrando-se provido o cargo, o seu eventual ocupante será reconduzido ao cargo de origem, sem direito à indenização ou aproveitado em outro cargo, ou, ainda, posto em disponibilidade".

[64] Art. 29, parágrafo único, da Lei 8.112/1990.

[65] "Estágio probatório. Funcionário estável da Imprensa Nacional admitido, por concurso público, ao cargo de Agente de Polícia do Distrito Federal. Natureza, inerente ao estágio, de complemento do processo seletivo, sendo, igualmente, sua finalidade a de aferir a adaptabilidade do servidor ao desempenho de suas novas funções. Consequente possibilidade, durante o seu curso, de desistência do estágio, com retorno ao cargo de origem (art. 20, § 2.º, da Lei 8.112/1990). Inocorrência de ofensa ao princípio da autonomia das Unidades da Federação, por ser mantida pela União a Polícia Civil do Distrito Federal (Constituição, art. 21, XIV). Mandado de segurança deferido" (STF, Tribunal Pleno, MS 22.933/DF, Rel. Min. Octavio Gallotti, *DJ* 13.11.1998, p. 5). O mesmo entendimento foi adotado em outro caso: MS 23.577/DF, Rel. Min. Carlos Velloso, Tribunal Pleno, *DJ* 14.06.2002, p. 128.

## 23.4.8 Investidura, posse e exercício

Não há uniformidade em relação ao conceito de investidura. Segundo o art. 7.º da Lei 8.112/1990, a investidura em cargo público ocorre com a posse.

No entanto, a posse pressupõe a edição de atos formais anteriores que objetivam prover os cargos públicos (nomeação, promoção etc.).

Parece adequado sustentar que a investidura engloba os atos que devem ser praticados de forma a possibilitar a vinculação do servidor ao Estado e o exercício legítimo de funções administrativas. Nesse caso, a investidura pressupõe o provimento do cargo e a posse do agente.

Nos casos de provimento originário, a investidura inicia-se com a nomeação.

Em seguida, a investidura é aperfeiçoada com a posse, ato formal pelo qual o servidor aceita a sua nomeação e assume os direitos e deveres do cargo.

Por outro lado, a desinvestidura refere-se aos atos de desligamento do servidor do cargo, emprego ou função, por exemplo, a demissão e a exoneração. A consequência, no caso, será a vacância do cargo.

Conforme já salientado, a posse é um direito do servidor nomeado (Súmula 16 do STF) e, em relação aos cargos federais, deverá ocorrer no prazo de até 30 dias contados da publicação do ato de provimento (art. 13, § 1.º, da Lei 8.112/1990).[66]

Formalizada a investidura, o servidor inicia o seu exercício que significa o efetivo desempenho das funções inerentes ao cargo. O exercício é fundamental para o reconhecimento de determinados direitos dos servidores e para o recebimento da remuneração. Mencione-se, por exemplo, o estágio probatório, necessário para aquisição da estabilidade, que leva em consideração o "efetivo exercício" das funções (art. 41 da CRFB).

## 23.4.9 Vacância

Vacância é o fato administrativo que demonstra a ausência de ocupação de determinado cargo. As situações ensejadoras da vacância podem ser assim enumeradas (art. 33 da Lei 8.112/1990):

a) exoneração;
b) demissão;
c) promoção;
d) readaptação;
e) aposentadoria;
f) posse em outro cargo inacumulável; e
g) falecimento.

---

[66] Em âmbito federal, a posse e o exercício da função são condicionados à apresentação da declaração de bens e valores que compõem o seu patrimônio privado, a fim de ser arquivada no serviço de pessoal competente, na forma do art. 13 da Lei 8.429/1992.

Em relação aos empregos públicos, é comum a utilização da nomenclatura "dispensa" para os casos de desligamento motivado do empregado público.

Não se deve confundir a exoneração com a demissão. A exoneração não constitui penalidade e representa o desligamento do servidor por sua própria vontade (exoneração a pedido). Em relação aos cargos em comissão e às funções de confiança, a exoneração é livre (*ad nutum*) e pode ser efetivada por vontade unilateral da Administração. Por outro lado, a demissão constitui penalidade que rompe o vínculo funcional do servidor que cometeu ilícito administrativo grave.

### 23.4.10 Acumulação de cargos, empregos e funções

Em regra, o texto constitucional veda a acumulação remunerada de cargos, empregos e funções públicas (art. 37, XVI e XVII, da CRFB).

A referida proibição incide sobre as seguintes entidades: Administração direta, Administração indireta (autarquias, empresas públicas, sociedades de economia mista, suas subsidiárias, e fundações) e as sociedades controladas, direta ou indiretamente, pelo Poder Público.

Todavia, admite-se, excepcionalmente, a acumulação de cargos, empregos e funções em determinadas situações.

Em primeiro lugar, o art. 37, XVI, da CRFB veda a acumulação remunerada. Por essa razão, não existe vedação para acumulação não remunerada de cargos, empregos e funções. O servidor, por exemplo, pode acumular dois cargos e receber a remuneração relativa a apenas um deles. No caso, veda-se a percepção de duas remunerações.

Não se pode olvidar que, mesmo na acumulação não remunerada, deve haver compatibilidade de horários entre os cargos, sob pena de admitir o exercício ineficiente da função pública, o que violaria o princípio constitucional da eficiência e as exigências legais de desempenho inerentes à função exercida.

Por outro lado, a acumulação remunerada de cargos, empregos e funções é permitida, excepcionalmente, nos casos em que o servidor cumprir os requisitos constitucionais exigidos no art. 37, XVI, da CRFB, a saber:

a) **compatibilidade de horários;**[67]

---

[67] Registre-se que o STF reconheceu a ilicitude da acumulação de cargos quando ambos estiverem submetidos ao regime de 40 horas semanais e um deles exigir dedicação exclusiva (STF, MS 26.085/DF, Tribunal Pleno, Rel. Min. Carmen Lúcia, *DJ* 13.06.2008, p. 27). O STF decidiu que a limitação da jornada semanal a 60 horas seria inconstitucional, em razão da ausência desse requisito na Constituição (STF, RE 1.023.290 AgR/SE, 2.ª Turma, Rel. Min. Celso de Mello, *DJe*-251, 06.11.2017; RE 633.298 AgR/MG, 2.ª Turma, Rel. Min. Ricardo Lewandowski, *DJe*-032, 14.02.2012; RE 117.6440 AgR/DF, 1.ª Turma, Rel. Min. Alexandre de Moraes, *DJe*-098 13.05.2019). Tema 1.081 da Tese de Repercussão Geral do STF: "As hipóteses excepcionais autorizadoras de acumulação de cargos públicos previstas na Constituição Federal sujeitam-se, unicamente, a existência de compatibilidade de horários, verificada no caso concreto, ainda que haja norma infraconstitucional que limite a jornada semanal." Em razão do posicionamento da Suprema Corte, a Primeira Seção do STJ alterou o seu posicionamento para afirmar que a acumulação, na hipótese, não se sujeita ao limite de 60 horas semanais (REsp 1.767.955/RJ, Rel. Min. Og Fernandes, *DJe* 03.04.2019).

b) **obediência ao teto remuneratório**, na forma do art. 37, XI, da CRFB (segundo o STF, nas situações jurídicas em que a Constituição Federal autoriza a acumulação de cargos, o teto remuneratório é considerado em relação à remuneração de cada um deles, e não ao somatório do que recebido);[68] e

c) **casos previstos na Constituição** (ex.: dois cargos de professor; um cargo de professor com outro técnico ou científico;[69] dois cargos ou empregos privativos de profissionais de saúde, com profissões regulamentadas[70]).

Saliente-se ser apenas possível a acumulação de duas fontes remuneratórias. A norma constitucional em comento utiliza as expressões "dois cargos", "um cargo [...] com outro" e "dois cargos ou empregos". Não se afigura possível a acumulação de três fontes remuneratórias, como já decidiram o STF e o STJ.[71]

A cumulação ilegal de cargos, empregos e funções públicas acarreta a demissão do servidor, na forma do art. 132, XII, da Lei 8.112/1990. Ocorre que essa penalidade não é aplicada automaticamente. Detectada a acumulação ilegal de dois cargos, fora das hipóteses permitidas pela CRFB, o servidor será notificado para optar por um dos cargos dentro do prazo de dez dias. Se a opção for feita no prazo, restará configurada a boa-fé do servidor e ele será exonerado do outro cargo, sem aplicação de penalidade. Somente na hipótese de acumulação ilegal e comprovada má-fé, será aplicada a pena de demissão, destituição ou cassação de aposentadoria (art. 133, *caput* e parágrafos, da Lei 8.112/1990).

Além dos casos previstos no art. 37, XVI, da CRFB, a acumulação remunerada lícita é permitida nas seguintes hipóteses:

a) **art. 38, III, da CRFB:** servidor pode acumular o seu cargo, emprego ou função com o mandato de vereador, desde que haja compatibilidade de horários;

b) **art. 95, parágrafo único, I, da CRFB:** proíbe que os juízes exerçam, ainda que em disponibilidade, outro cargo ou função, "salvo uma de magistério"; e

---

[68] STF: "Nos casos autorizados constitucionalmente de acumulação de cargos, empregos e funções, a incidência do art. 37, inciso XI, da Constituição Federal pressupõe consideração de cada um dos vínculos formalizados, afastada a observância do teto remuneratório quanto ao somatório dos ganhos do agente público" (Temas 377 e 384 da Tese de Repercussão Geral do STF, Tribunal Pleno, RE 612.975/MT, Rel. Min. Marco Aurélio, *DJe*-203 08.09.2017, *Informativo de Jurisprudência do STF* n. 862).

[69] De acordo com o STF, o cargo de natureza técnica envolve conhecimentos especializados de alguma área do saber, razão pela qual não se enquadram nessa categoria os cargos com funções meramente burocráticas, de caráter repetitivo e que não exigissem formação específica, assim como ocorre nas atividades de agente administrativo, descritas como atividades de nível médio (STF, 1.ª Turma, RMS 28.497/DF, Rel(a). p/ acórdão Min(a). Cármen Lúcia, *DJe*-213 30.10.2014, *Informativo de Jurisprudência do STF* n. 747). O STJ admitiu a acumulação do cargo de professor com o de tradutor e intérprete de LIBRAS, sob o fundamento de que o conceito de "cargo técnico ou científico" não remete, essencialmente, a um cargo de nível superior, mas à atividade desenvolvida, em atenção ao nível de especificação, capacidade e técnica necessárias para o correto exercício do trabalho (STJ, 2.ª Turma, REsp 1.569.547/RN, Rel. Min. Humberto Martins, *DJe* 02.02.2016, *Informativo de Jurisprudência do STJ* n. 575).

[70] Além dos médicos, enfermeiros e outras profissões, a acumulação também é permitida aos agentes comunitários de saúde e aos agentes de combate às endemias, na forma do art. 2.º-A da Lei 11.350/2006, incluído pela Lei 14.536/2023.

[71] STF, 2.ª Turma, RE 141.376/RJ, Rel. Min. Néri da Silveira, *DJ* 22.02.2002, p. 54, *Informativo de Jurisprudência do STF* n. 244; STJ, 5.ª Turma, AgRg no RMS 14.937/PR, Rel. Min. Felix Fischer, *DJ* 23.06.2003, *Informativo de Jurisprudência do STJ* n. 175. No mesmo sentido: DI PIETRO, Maria Sylvia Zanella. *Direito administrativo*. 22. ed. São Paulo: Atlas, 2009. p. 547-548; CARVALHO FILHO, José dos Santos. *Manual de direito administrativo*. 22. ed. Rio de Janeiro: Lumen Juris, 2009. p. 629.

c) **art. 128, § 5.º, da CRFB:** é vedado aos membros do Ministério Público o exercício, ainda que em disponibilidade, de "qualquer outra função pública, salvo uma de magistério".

Quanto à acumulação de cargos por magistrados e promotores, o tema merece atenção. Em relação ao magistrado, o art. 95, parágrafo único, I, da CRFB proíbe a acumulação com outras funções, salvo "uma função de magistério". Por outro lado, no tocante aos promotores, o art. 128, § 5.º, da CRFB obsta a acumulação de "qualquer outra função pública, salvo uma de magistério". Existem duas interpretações sobre o tema:

**Primeiro entendimento:** enquanto o magistrado só pode exercer uma função de magistério, no setor público ou privado, o promotor pode exercer outra função pública de magistério, inexistindo restrição, contudo, para o exercício do magistério particular. Nesse sentido: Maria Sylvia Zanella Di Pietro.[72]

**Segundo entendimento:** a restrição ao exercício de uma função de magistério deve ser aplicada apenas às instituições administrativas, sendo permitido ao magistrado e ao promotor o exercício do magistério em entidades privadas, sempre com a necessidade de observar a compatibilidade de horários. Nesse sentido: José dos Santos Carvalho Filho.[73]

Esse nos parece o melhor entendimento. As vedações previstas no texto constitucional referem-se exclusivamente aos cargos, empregos e funções públicas, não englobando os empregos e funções na iniciativa privada. Lembre-se de que uma das condições colocadas para acumulações dessa natureza é justamente a necessidade de respeito ao teto remuneratório que, por óbvio, não abrange as remunerações e verbas recebidas na iniciativa privada. Ademais, não seria razoável concluir que, apesar de redações não idênticas, a Constituição pretendesse estabelecer tratamento diferenciado, nesta questão, entre magistrados e promotores.[74]

Em relação aos militares das Forças Armadas, o art. 142, § 3.º, II e III, da CRFB, alterado pela EC 77/2014, veda a acumulação com cargos e empregos civis, ressalvada a hipótese prevista no art. 37, inciso XVI, c, da CRFB que permite a acumulação do cargo de médico militar com outro cargo ou emprego privativo de profissionais de saúde, com profissões regulamentadas.

Os militares estaduais e distritais, segundo o art. 42, § 3.º, da CRFB, alterado pela EC 101/2019, podem acumular cargos e empregos em todos os casos indicados no art. 37, XVI, da CRFB, respeitada a compatibilidade de horários e o teto remuneratório.

---

[72] DI PIETRO, Maria Sylvia Zanella. *Direito administrativo*. 22. ed. São Paulo: Atlas, 2009. p. 548.
[73] CARVALHO FILHO, José dos Santos. *Manual de direito administrativo*. 22. ed. Rio de Janeiro: Lumen Juris, 2009. p. 630.
[74] O STF, ao analisar a constitucionalidade da Resolução 336/2003 do Conselho da Justiça Federal, suspendeu a restrição de acumulação de apenas um único cargo de magistério, público ou privado, imposta aos magistrados federais (STF, Tribunal Pleno, ADI 3.126 MC/DF, Rel. Min. Gilmar Mendes, *DJ* 06.05.2005, p. 6). Atualmente, a acumulação de cargos por magistrados e promotores de justiça encontra-se regulada, respectivamente, pela Resolução 34/2007 do CNJ e Resolução 3 do CNMP.

Quanto à acumulação de proventos de aposentadoria, duas observações importantes:

a) a Constituição veda a acumulação de proventos de aposentadoria com vencimentos dos cargos, empregos ou funções, salvo nos casos de acumulação permitida pelo texto constitucional, os cargos eletivos e os cargos em comissão declarados em lei de livre nomeação e exoneração (art. 37, § 10, da CRFB); e

b) a acumulação de duas aposentadorias somente será possível nas situações em que a Constituição admite a acumulação remunerada (art. 40, § 6.º, da CRFB).

## 23.5 ESTABILIDADE

A estabilidade é a garantia de permanência no serviço público reconhecida ao servidor público estatutário, ocupante de cargo efetivo, após três anos de efetivo exercício da função e aprovação na avaliação especial de desempenho (art. 41 da CRFB).

É possível afirmar que a aquisição da estabilidade depende do cumprimento de dois requisitos:

a) efetivo exercício por três anos da função, período denominado por estágio probatório (art. 41, *caput*, da CRFB); e

b) avaliação especial de desempenho por comissão instituída para essa finalidade (art. 41, § 4.º, da CRFB).

### 23.5.1 Alcance da estabilidade: servidores estatutários

Inicialmente, a estabilidade somente é reconhecida aos servidores estatutários, não alcançando os empregados públicos (regime trabalhista), uma vez que a norma constitucional se dirige categoricamente aos "servidores nomeados para cargo de provimento efetivo".[75]

Embora não se reconheça a estabilidade aos empregados públicos, a legislação pode limitar a discricionariedade do administrador na demissão ou na exoneração, como ocorre, por exemplo, no art. 3.º da Lei 9.962/2000, que trata dos empregados públicos federais.

Da mesma forma, os ocupantes de cargos em comissão não possuem estabilidade, tendo em vista a transitoriedade desses cargos e a liberdade do administrador para nomear e exonerar os seus integrantes. Aqui, mais uma vez, admite-se que a legislação, em determinados casos, estabeleça restrições ou exigências diferenciadas para nomeação e exoneração (ex.: arts. 5.º e 9.º da Lei 9.986/2000 que limitam a liberdade de nomeação e exoneração dos dirigentes das agências reguladoras).

Em relação aos ocupantes de cargos vitalícios, a garantia é a vitaliciedade, e não a estabilidade. Como será demonstrado adiante, trata-se de uma garantia maior dos servidores contra a perda de seus cargos.

---

[75] O TST editou a Súmula 390 que dispõe: "I – O servidor público celetista da administração direta, autárquica ou fundacional é beneficiário da estabilidade prevista no art. 41 da CF/1988". Discordamos do enunciado, pois o art. 41 da CRFB, como já assinalado, reconhece a estabilidade apenas aos ocupantes de cargos efetivos, o que não abrange, por certo, os empregos públicos. Registre-se que a súmula não reconhece a estabilidade "ao empregado de empresa pública ou de sociedade de economia mista, ainda que admitido mediante aprovação em concurso público, não é garantida a estabilidade prevista no art. 41 da CF/1988".

## 23.5.2 Estágio probatório: prazo de três anos

O estágio probatório é o período de efetivo exercício dentro do qual será avaliada a aptidão do servidor estatutário para o cargo. Atualmente, o estágio probatório é de três anos, na forma do art. 41 da CRFB, alterado pela EC 19/1998.

Até o advento da referida Emenda Constitucional, o prazo para aquisição da estabilidade era de dois anos.[76] Diversas leis, publicadas à época, não foram modificadas e atualizadas para adequação ao novo prazo constitucional de estágio probatório. Exemplos: art. 20 da Lei 8.112/1990 (servidores estatutários federais), art. 22 da LC 73/1993 (Lei Orgânica da Advocacia-Geral da União).

Em razão disso, o STJ, inicialmente, entendeu pela necessidade de diferenciação entre os prazos de estágio probatório e de estabilidade, fazendo uma dissociação completa entre os dois institutos. Portanto, o Tribunal entendeu que o estágio probatório continuaria sendo de dois anos e o prazo para aquisição da estabilidade seria de três anos.[77]

Posteriormente, o STJ modificou seu entendimento para consolidar a ideia de que o prazo do estágio probatório é de três anos, mesmo prazo necessário à aquisição da estabilidade.[78] Trata-se de solução adequada e compatível com a ordem constitucional, pois a diferenciação entre os prazos de estabilidade e de estágio levaria a uma situação incongruente: o servidor seria considerado apto, mas não estável. Ademais, o art. 41, § 4.º, da CRFB exige a avaliação especial de desempenho ao final do prazo de três anos, como condição para estabilidade, o que demonstra que o servidor ainda está sendo testado (avaliado).

O servidor em estágio probatório, uma vez que ainda não adquiriu a estabilidade, não possui a garantia de permanência no serviço. A sua demissão e exoneração não são restringidas pelo texto constitucional. Todavia, a perda do cargo, no caso, depende, necessariamente, do respeito ao princípio da ampla defesa e do contraditório, conforme assentado na Súmula 21 do STF.[79]

Durante o estágio probatório, o servidor não é protegido contra a extinção do cargo (Súmula 22 do STF).[80] Em caso de extinção ou declaração de desnecessidade do cargo, o servidor não será colocado em disponibilidade remunerada, pois esse direito é exclusivo do servidor estável, conforme previsão contida no art. 41, § 3.º, da CRFB. O servidor não estável será, no caso, exonerado, não podendo ser aproveitado em outro cargo.

Da mesma forma, a reintegração e a recondução são direitos reconhecidos ao servidor estável (art. 41, § 2.º, da CRFB). Portanto, em princípio, o servidor não estável não tem direito à reintegração ainda que reconhecida a ilegalidade da demissão. Se houver reinte-

---

[76] O art. 28 da EC 19/1998, com o intuito de resguardar a segurança jurídica, esclareceu que o novo prazo de três anos não seria aplicado aos servidores que ainda não tivessem adquirido a estabilidade quando da publicação da Emenda.

[77] STJ, 3.ª Seção, MS 12.418/DF, Rel. Min. Maria Thereza de Assis Moura, *DJe* 08.05.2008; MS 12.389/DF, Rel. Min. Jane Silva (desembargadora convocada do TJMG), 3.ª Seção, *DJe* 04.08.2008, *Informativo de Jurisprudência do STJ* n. 361.

[78] STJ, 3.ª Seção, MS 1.253/DF, Rel. Min. Felix Fischer, *DJe* 18.08.2009, *Informativo de Jurisprudência do STJ* n. 391.

[79] Súmula 21 do STF: "Funcionário em estágio probatório não pode ser exonerado nem demitido sem inquérito ou sem as formalidades legais de apuração de sua capacidade".

[80] Súmula 22 do STF: "O estágio probatório não protege o funcionário contra a extinção do cargo".

gração de servidor estável, o atual ocupante do cargo só será reconduzido se for estável, pois, caso contrário, será exonerado.

### 23.5.3 Efetivo exercício

A aquisição da estabilidade pressupõe o "efetivo exercício" da função pelo período de três anos. Exige-se que o servidor exerça efetivamente as suas atribuições para que a Administração tenha condições de avaliar a sua aptidão para o cargo. O afastamento do cargo impede que a Administração avalie de maneira efetiva e eficiente o servidor. Portanto, nas hipóteses de afastamento ou licença, o prazo de avaliação (estágio probatório) deve ser prorrogado pelo mesmo período do afastamento. Ex.: servidor público permanece afastado do serviço por oito meses em razão de licença médica. O estágio probatório, no caso, deve ser prorrogado por oito meses.[81]

### 23.5.4 Avaliação especial de desempenho

Exige-se para aquisição da estabilidade a aprovação do servidor por comissão instituída para essa finalidade. Em consequência, não basta o decurso do lapso temporal de três anos de efetivo exercício para que o servidor seja considerado estável, pois deve ele ser aprovado, ao final do mencionado prazo, por comissão instituída pelo Poder Público. Trata-se de exigência que busca garantir a eficiência na Administração, pois somente os servidores aptos permanecerão no serviço.

Questão interessante é saber se o servidor adquire a estabilidade ao final do período de três anos quando a Administração, por omissão, deixa de instituir a comissão. Ao que parece, nesse caso deve ser reconhecida a estabilidade do servidor, pois a avaliação especial é um ônus da própria Administração, que pretende ter a certeza da competência e capacidade do agente, e a sua ausência não pode prejudicar o servidor. Essa também é a opinião de José dos Santos Carvalho Filho que sustenta a ocorrência, no caso, de uma avaliação tácita positiva.[82]

Nesse sentido o STF[83] reconheceu a estabilidade de determinado servidor que exerceu as suas funções por mais de três anos, mas não foi submetido à avaliação especial de desempenho. No caso, servidor público federal estável tomou posse em cargo no Município

---

[81] Nesse sentido: STJ, 5.ª Turma, RMS 19.884/DF, Rel. Min. Félix Fischer, *DJ* 10.12.2007, p. 397, *Informativo de Jurisprudência do STJ* n. 338. O art. 20, § 5.º, da Lei 8.112/1990 dispõe: "O estágio probatório ficará suspenso durante as licenças e os afastamentos previstos nos arts. 83, 84, § 1.º, 86 e 96, bem assim na hipótese de participação em curso de formação, e será retomado a partir do término do impedimento".

[82] CARVALHO FILHO, José dos Santos. *Manual de direito administrativo*. 22. ed. Rio de Janeiro: Lumen Juris, 2009. p. 634. Em sentido contrário, o Enunciado 37 da I Jornada de Direito Administrativo realizada pelo Centro de Estudos Judiciários do Conselho da Justiça Federal (CEJ/CJF) prevê: "A estabilidade do servidor titular de cargo público efetivo depende da reunião de dois requisitos cumulativos: (i) o efetivo desempenho das atribuições do cargo pelo período de 3 (três) anos; e (ii) a confirmação do servidor no serviço mediante aprovação pela comissão de avaliação responsável (art. 41, *caput* e § 4.º, da CRFB c/c arts. 20 a 22 da Lei n. 8.112/1990). Assim, não há estabilização automática em virtude do tempo, sendo o resultado positivo em avaliação especial de desempenho uma condição indispensável para a aquisição da estabilidade."

[83] STF, Tribunal Pleno, MS 24.543/DF, Rel. Min. Carlos Velloso, *DJ* 12.09.2003, p. 29, *Informativo de Jurisprudência do STF* n. 317.

da São Paulo. Após o efetivo exercício da função no cargo municipal por três anos e cinco meses, pretendeu o servidor retornar ao cargo federal por meio de recondução. Ocorre que a recondução, prevista no art. 29, I, da Lei 8.112/1990, só poderia ocorrer no caso se o servidor tivesse sido reprovado no estágio probatório relativo ao cargo municipal, o que não ocorrera, pois, na linha da Corte, a estabilidade foi adquirida ao final dos três anos, ainda que inexistente a avaliação especial de desempenho.

### 23.5.5 Estabilidade no serviço, e não no cargo

A estabilidade possui pertinência com o serviço, e não com o cargo. Adimplidos os requisitos constitucionais, o servidor adquire estabilidade no serviço público. Por essa razão, em caso, por exemplo, de promoção para cargo mais elevado da mesma carreira, o servidor não precisará se submeter novamente ao estágio probatório e à avaliação especial de desempenho. Apesar da mudança de cargo, o servidor permaneceu no mesmo serviço e na mesma carreira.

Nesse sentido, o STJ[84] já asseverou que "a estabilidade diz respeito ao serviço público, e não ao cargo", razão pela qual "o servidor estável, ao ser investido em novo cargo, não está dispensado de cumprir o estágio probatório nesse novo cargo". Todavia, caso o novo cargo esteja inserido na mesma carreira e submetido ao mesmo estatuto funcional, o servidor fica dispensado do estágio probatório.[85]

### 23.5.6 Estabilidade extraordinária ou estabilização constitucional

Ao lado da estabilidade ordinária, prevista no art. 41 da CRFB, existe a denominada estabilidade extraordinária reconhecida pelo art. 19 do ADCT. A partir da referida norma, são considerados estáveis (estabilização constitucional) os servidores públicos civis federais, estaduais, distritais e municipais, da Administração direta, das autarquias e das fundações públicas, em exercício há pelo menos cinco anos quando da promulgação da Constituição e que não foram admitidos na forma do art. 37 da CRFB.

De acordo com o STF, o art. 19 do ADCT alcança apenas os servidores das pessoas jurídicas de direito público e não se estende, portanto, aos empregados das pessoas jurídicas de direito privado.[86] Ademais, a Suprema Corte decidiu que os servidores que adquiriram essa estabilidade excepcional possuem apenas o direito de permanecer na função para as quais foram admitidos, devendo submeter-se a certame público para serem efetivados no cargo, na forma do art. 37, II, da CRFB.[87]

---

[84] STJ, 2.ª Turma, RMS 859/RJ, Rel. Min. José de Jesus Filho, *DJ* 17.2.1992, p. 1.364.

[85] STJ, 5.ª Turma, RMS 13.649/RS, Rel. Min. Jorge Scartezzini, *DJ* 17.2.2003, p. 307. No caso, dispensou-se novo estágio probatório para servidora estável, ocupante do cargo de Oficial de Justiça Avaliadora de Joinville, que toma posse no cargo de Oficial de Justiça Avaliadora de Curitiba, tendo em vista tratar-se de "cargo idêntico, na mesma Administração Federal, no mesmo Poder Judiciário, no âmbito do mesmo Tribunal Regional Federal da Quarta Região".

[86] Tema 545 das Teses de Repercussão Geral do STF (7.8.2019).

[87] Tema 1.157 da Tese de Repercussão Geral do STF: "É vedado o reenquadramento, em novo Plano de Cargos, Carreiras e Remuneração, de servidor admitido sem concurso público antes da promulgação da Constituição Federal de 1988, mesmo que beneficiado pela estabilidade excepcional do artigo 19 do ADCT, haja vista que esta regra transitória não prevê o direito à efetividade, nos termos do artigo 37, II, da Constituição Federal e decisão proferida na ADI 3609 (Rel. Min. Dias Toffoli, Tribunal Pleno, *DJe* 30/10/2014)."

A estabilização constitucional alcança os servidores públicos estatutários e celetistas que preencheram o requisito temporal citado, mas não abrange os demais servidores que possuem vínculo precário com a Administração, tais como os ocupantes de cargos em comissão, os executores de funções confiança e outros cargos declarados por lei como de livre exoneração (art. 19, § 2.º, do ADCT).[88]

### 23.5.7 Estabilidade x efetividade

Enquanto a estabilidade está relacionada com a garantia de permanência do servidor estatutário no serviço, a efetividade é uma característica do cargo público.

Os cargos públicos efetivos são ocupados por servidores estatutários efetivos e não se confundem com os outros cargos públicos já estudados (de comissão e de provimento vitalício).

Ao tomar posse no cargo efetivo, o servidor estatutário torna-se efetivo, mas ainda não possui estabilidade. O servidor efetivo somente será estável quando adimplidos os respectivos requisitos constitucionais (efetivo exercício da função por três anos e aprovação por comissão especial de desempenho).

Conclui-se, portanto, que a efetividade não se vincula necessariamente com a estabilidade. Em verdade, são quatro as possibilidades:[89]

a) servidor efetivo e estável (estatutário que adquiriu a estabilidade);
b) servidor efetivo e não estável (estatutário que ainda não adquiriu a estabilidade);
c) servidor não efetivo e estável (servidores estabilizados pelo art. 19 do ADCT);
d) servidor não efetivo e não estável (empregados públicos celetistas).

### 23.5.8 Hipóteses de demissão e exoneração do servidor estável

O servidor estável possui garantia de permanência no serviço, mas essa garantia não tem caráter absoluto, pois a Administração pode determinar a perda do cargo nas hipóteses previstas no texto constitucional, quais sejam:

a) **processo judicial, com sentença transitada em julgado** (art. 41, § 1.º, I, da CRFB);
b) **processo administrativo, observado o direito à ampla defesa** (art. 41, § 1.º, II, da CRFB);[90]

---

[88] Os professores de nível superior também não foram beneficiados pela estabilização, conforme previsão do art. 19, § 3.º, do ADCT.

[89] Nesse sentido: CARVALHO FILHO, José dos Santos. *Manual de direito administrativo*. 22. ed. Rio de Janeiro: Lumen Juris, 2009. p. 639.

[90] A Súmula 650 do STJ prevê: "A autoridade administrativa não dispõe de discricionariedade para aplicar ao servidor pena diversa de demissão quando caraterizadas as hipóteses previstas no art. 132 da Lei n. 8.112/1990". A Súmula 651 do STJ, por sua vez, prevê: "Compete à autoridade administrativa aplicar a servidor público a pena de demissão em razão da prática de improbidade administrativa, independentemente de prévia condenação, por autoridade judicial, à perda da função pública". A Orientação Normativa 86/2024 da AGU dispõe: "Qualquer caso de demissão do serviço público, em decorrência de processo administrativo disciplinar, incompatibiliza o ex-servidor para nova

c) **insuficiência de desempenho, na forma da lei complementar** (art. 41, § 1.º, III, da CRFB); e

d) **excesso de gasto orçamentário com despesa de pessoal** (art. 169, § 4.º, da CRFB).

Em primeiro lugar, é importante observar que as três primeiras hipóteses de perda do cargo representam verdadeira demissão, pois são atos punitivos que dependem de infração funcional grave por parte do servidor. A quarta hipótese de perda do cargo (excesso de gasto orçamentário) consubstancia exoneração, pois não possui caráter punitivo e a sua efetivação depende do interesse da Administração.

Em segundo lugar, não se deve confundir a perda definitiva do cargo com o afastamento preventivo do servidor, pois a Administração e o Judiciário podem determinar o afastamento do servidor do seu cargo, respeitado o direito à ampla defesa, antes da decisão definitiva, para evitar o prejuízo da investigação da irregularidade. Nesse caso, o servidor afastado continuará recebendo vencimentos, pois o seu vínculo funcional ainda permanece válido.[91]

Vale ressaltar que o terceiro caso de demissão (insuficiência de desempenho) foi inserido pela EC 19/1998, que acrescentou o inciso III ao § 1.º do art. 41 da CRFB. Ocorre que a norma constitucional remete a disciplina dessa demissão à lei complementar, que ainda não foi promulgada. Desse modo, por se tratar de norma de eficácia limitada, enquanto não elaborada a referida lei, a sua aplicação permanece obstada.

Por fim, em relação à exoneração por excesso de gasto orçamentário com despesa de pessoal, também introduzida pela EC 19/1998, é relevante lembrar que os limites de despesa, no caso, estão fixados no art. 19 da LC 101/2000 (Lei de Responsabilidade Fiscal), que regulamentou o art. 169, *caput*, da CRFB:

a) União: 50%;

b) Estados: 60%; e

c) Municípios: 60% da receita corrente líquida.[92]

Para o cumprimento dos limites citados, o art. 169, § 3.º, da CRFB determina que os Entes federados deverão adotar, em primeiro lugar, as seguintes providências:

a) redução em pelo menos vinte por cento das despesas com cargos em comissão e funções de confiança;

b) exoneração dos servidores não estáveis.

---

investidura em cargo público federal pelo prazo de 8 (oito) anos, nos termos do art. 1.º, inciso I, alínea 'o', da Lei Complementar n.º 64, de 1990, cumulado com o art. 5.º, inciso II, da Lei n.º 8.112, de 1990".

[91] Nesse sentido dispõe o art. 147, *caput* e parágrafo único, da Lei 8.112/1990: "Art. 147. Como medida cautelar e a fim de que o servidor não venha a influir na apuração da irregularidade, a autoridade instauradora do processo disciplinar poderá determinar o seu afastamento do exercício do cargo, pelo prazo de até 60 (sessenta) dias, sem prejuízo da remuneração. Parágrafo único. O afastamento poderá ser prorrogado por igual prazo, findo o qual cessarão os seus efeitos, ainda que não concluído o processo".

[92] "Art. 19. Para os fins do disposto no *caput* do art. 169 da Constituição, a despesa total com pessoal, em cada período de apuração e em cada ente da Federação, não poderá exceder os percentuais da receita corrente líquida, a seguir discriminados: I – União: 50% (cinquenta por cento); II – Estados: 60% (sessenta por cento); III – Municípios: 60% (sessenta por cento)."

Constatada a insuficiência das duas medidas, a Administração poderá determinar a perda do cargo do servidor estável, com a exigência de que ato normativo de cada um dos Poderes especifique a atividade funcional, o órgão ou unidade administrativa objeto da redução de pessoal (art. 169, § 4.º, da CRFB).

A Lei 9.801/1999, que regulamenta o art. 169, § 4.º, da CRFB, dispõe sobre as normas gerais para perda de cargo público por excesso de despesa. Destaca-se, na Lei, a exigência de fixação de "critério geral impessoal" para a identificação dos servidores estáveis a serem exonerados dos respectivos cargos. Os critérios a serem escolhidos pela Administração são:

a) menor tempo de serviço público;
b) maior remuneração; e
c) menor idade.

O critério geral eleito poderá ser combinado com o critério complementar do menor número de dependentes com o objetivo de elaboração de uma listagem de classificação.[93] É importante salientar que a Lei 9.801/1999 possui caráter nacional e deve ser aplicada aos demais Entes federados, conforme dispõe o art. 169, § 7.º, da CRFB.

Dessa forma, a demissão do servidor estável, com fundamento no excesso com despesa pessoal, depende do cumprimento dos seguintes requisitos:

a) exoneração dos servidores que possuem vínculo precário com o Poder Público (ocupantes de cargo em comissão ou função de confiança e servidores não estáveis); e
b) ato normativo motivado com a indicação das atividades e dos órgãos que sofrerão redução de servidores estáveis.

## 23.6 VITALICIEDADE

A vitaliciedade revela a garantia de permanência no serviço atribuída ao titular de cargo vitalício. Trata-se de garantia mais forte que aquela conferida pela estabilidade, pois a perda do cargo do agente vitalício só pode ocorrer, em princípio, por meio de sentença judicial transitada em julgado.

### 23.6.1 Alcance da vitaliciedade: servidores vitalícios

Os cargos vitalícios encontram-se previstos no texto constitucional e garantem aos seus ocupantes a vitaliciedade. A Constituição da República garante a vitaliciedade aos seguintes servidores:

a) Ministros e Conselheiros dos Tribunais de Contas (art. 73, § 3.º);
b) magistrados (art. 95, I);
c) membros do Ministério Público (art. 128, § 5.º, I, "a").

---

[93] Art. 2.º, § 1.º, III, § 2.º, I a III, e § 3.º, da Lei 9.801/1999.

A vitaliciedade é uma garantia excepcional reconhecida, exclusivamente, aos servidores públicos acima mencionados, tendo em vista a importância de suas prerrogativas e responsabilidades dos seus agentes. É uma garantia não apenas do servidor, mas, também, do administrado, pois este sabe que a função será exercida com maior independência. Por essa razão, a vitaliciedade deve ser reconhecida exclusivamente aos servidores já beneficiados por essa garantia pelo texto constitucional, não sendo lícita a sua extensão a outros agentes públicos por meio de leis estaduais ou municipais.[94]

### 23.6.2 Vitaliciedade automática e diferida

Normalmente, a grande maioria dos ocupantes de cargo vitalício só adquire a vitaliciedade após "estágio de vitaliciamento" (similar ao estágio probatório, mas que com ele não se confunde) de dois anos. Enquanto não ultimado o referido prazo, o ocupante do cargo vitalício não possui vitaliciedade e, portanto, proteção especial contra a perda do cargo. É o que ocorre, por exemplo, com os magistrados e promotores aprovados em concurso público.

No entanto, a vitaliciedade será concedida automaticamente a determinados servidores a partir da investidura no cargo. Exemplos: advogado investido na função de magistrado pelo quinto constitucional; Ministros do STF e do STJ; membros dos Tribunais de Contas.

### 23.6.3 Hipóteses de demissão e exoneração do servidor vitalício

Embora a vitaliciedade assegure uma proteção fundamental ao servidor vitalício, ela não garante a permanência eterna no cargo. A vitaliciedade, por exemplo, não impede a extinção do cargo, hipótese em que o servidor ficará em disponibilidade remunerada (Súmula 11 do STF). Da mesma forma, o servidor vitalício sujeita-se à aposentadoria compulsória (Súmula 36 do STF).

Contudo, a demissão do servidor vitalício somente ocorrerá por meio de sentença judicial transitada em julgado.[95] Saliente-se, todavia, que a proteção só será concedida ao servidor que já tiver adquirido a vitaliciedade. Em alguns casos, a vitaliciedade não é adquirida automaticamente, pois depende da aprovação no estágio de vitaliciamento de dois anos (ex.: magistrados e promotores). Nesses casos, enquanto não ultrapassado o prazo de dois anos, o servidor poderá ser demitido por meio de processo administrativo, com observância do contraditório e da ampla defesa.

---

[94] STF, ADI 2.729/RN, Red. p/ acórdão Min. Gilmar Mendes, Tribunal Pleno, DJe 12.02.2014.

[95] O STF julgou inconstitucional Emenda à Constituição do Estado do Rio de Janeiro que permitia à Assembleia Legislativa o processo e julgamento dos crimes de responsabilidade dos Conselheiros do Tribunal de Contas daquele Estado com a aplicação da perda do cargo. Dentre outros fundamentos, a decisão afirmou a que a perda do cargo do servidor vitalício somente pode ocorrer por meio de decisão judicial, não sendo lícita a sua decretação por decisão do Poder Legislativo (STF, ADI 4.190 MC/RJ, Rel. Min. Celso de Mello, decisão monocrática, *DJe*-145 04.08.2009, *Informativo de Jurisprudência do STF* n. 553). Outro fundamento utilizado pela Corte para se declarar inconstitucional a referida norma estadual foi a ausência de competência dos Estados para legislarem sobre crimes de responsabilidade, tendo em vista a Súmula 722: "São da competência legislativa da União a definição dos crimes de responsabilidade e o estabelecimento das respectivas normas de processo e julgamento".

## 23.7 CONCURSO PÚBLICO

### 23.7.1 Conceito e alcance da regra do concurso

O concurso público é o processo administrativo por meio do qual a Administração Pública seleciona o melhor candidato para integrar os cargos e os empregos públicos, na forma do art. 37, II, da CRFB.

A exigência do concurso público fundamenta-se nos princípios constitucionais do Direito Administrativo, notadamente os princípios da impessoalidade (igualdade de tratamento aos candidatos), da moralidade (escolha objetiva do candidato, sem levar em consideração os laços de amizade) e da eficiência (por meio da competitividade, prestigia-se o mérito do candidato que apresentou qualidades necessárias ao exercício da função pública).

A regra do concurso público abrange os cargos e os empregos da Administração direta e indireta. Portanto, além dos Entes federados, as entidades administrativas com personalidade de direito público (autarquias e fundações estatais de direito público) e com personalidade de direito privado (empresas públicas, sociedades de economia mista, suas subsidiárias e as fundações estatais de direito privado) devem realizar concurso público para o preenchimento dos seus cargos e empregos.[96]

O provimento originário em cargos públicos sem a prévia aprovação em concurso deve ser considerado, em regra, inconstitucional, conforme dispõe a Súmula Vinculante 43 do STF.[97] As formas de provimento que contrariam essa exigência, tais como a ascensão (ou transposição) e a transferência, são inconstitucionais.[98]

Revela-se igualmente inconstitucional, em razão da ausência de concurso público, a reestruturação de quadro funcional por meio de aglutinação, em uma única carreira, de cargos diversos, quando a nova carreira tiver atribuições e responsabilidades diferentes dos cargos originais, conforme decidiu o STF.[99]

Ademais, o concurso público deve ser implementado por meio "de provas ou de provas e títulos". Em qualquer hipótese, o candidato deverá se submeter à prova de conhecimento para demonstrar que detém a capacidade necessária para o cargo ou emprego. Não é possível, de acordo com a regra constitucional, a realização de concurso com fundamento exclusivo nos títulos do candidato. Tem prevalecido o entendimento de que a prova de títulos pode ser eliminatória, e não apenas classificatória.[100]

---

[96] De acordo com o STF, as contratações de empregados, sem concurso, por parte da Administração, são nulas. Nesses casos, os empregados seriam desligados e teriam direito apenas aos salários referentes ao período trabalhado e ao levantamento dos depósitos efetuados no FGTS. STF, ADI 3.127/DF; Rel. Min. Teori Zavascki, Tribunal Pleno, DJe-153, 05.08.2015 (Informativo de Jurisprudência do STF n. 779); RE 705.140/RS, Rel. Min. Teori Zavascki, Tribunal Pleno, DJe-217, 05.11.2014 (Informativo de Jurisprudência do STF n. 756).

[97] Súmula Vinculante 43 do STF: "É inconstitucional toda modalidade de provimento que propicie ao servidor investir--se, sem prévia aprovação em concurso público destinado ao seu provimento, em cargo que não integra a carreira na qual anteriormente investido".

[98] STF, Tribunal Pleno, ADI 231/RJ, Rel. Min. Moreira Alves, DJ 13.11.1992. A ascensão e a transferência foram retiradas do art. 8.º da Lei 8.112/1990 pela Lei 9.527/1997.

[99] Tema 667 da Tese de Repercussão Geral do STF: "É inconstitucional, por dispensar o concurso público, a reestruturação de quadro funcional por meio de aglutinação, em uma única carreira, de cargos diversos, quando a nova carreira tiver atribuições e responsabilidades diferentes dos cargos originais."

[100] STF, Tribunal Pleno, MS 21.051/RJ, Rel. Min. Aldir Passarinho, DJ 12.04.1993, p. 4.158; STJ, 6.ª Turma, RMS 12.657/DF, Rel. Min. Paulo Medina, DJ 01.07.2004, p. 278; RMS 10.326/DF, 5.ª Turma, Rel. Min. José Arnaldo da Fonseca, DJ 31.05.1999;

Nas provas aplicadas nos concursos públicos, a banca examinadora pode exigir conhecimento sobre legislação superveniente à publicação do edital, desde que vinculada às matérias nele previstas.[101]

É importante lembrar que o STF declarou a constitucionalidade da denominada **"cláusula de barreira"**, prevista em editais de concurso público, que limita o número de candidatos participantes de cada fase da disputa, com o intuito de selecionar apenas os concorrentes que tiveram melhor classificação para prosseguir no certame.[102]

As normas gerais relativas aos concursos públicos estão previstas na Lei 14.965/2024 (Lei Geral dos Concursos Públicos), que entrará em vigor no dia 1.º de janeiro do quarto ano após a sua publicação oficial, podendo sua aplicação ser antecipada pelo ato que autorizar a abertura de cada concurso público (art. 13).

A referida legislação possui abrangência nacional e deve ser observada pela União, Estados, DF e Municípios, mas não é aplicável automaticamente nos seguintes concursos, salvo disposição expressa em sentido diverso no ato que autorizar a abertura dos concursos (art. 1.º, §§ 3.º e 4.º): a) para ingresso nas carreiras da magistratura, MP, Defensoria e Forças Armadas; e b) das empresas públicas e das sociedades de economia mista que não recebam recursos da União, Estados, DF e Municípios para pagamento de despesas de pessoal ou de custeio em geral. Os Estados, DF e Municípios podem optar por editar normas próprias, observados os princípios constitucionais da Administração Pública e da citada Lei (art. 13, § 2.º).

Em síntese, é possível mencionar os seguintes destaques da Lei Geral dos Concursos Públicos: a) autorização para abertura do concurso deve ser motivada, observadas as exigências mínimas contidas no art. 3.º (denominação e quantidade dos cargos e empregos públicos a serem providos, com descrição de suas atribuições etc.); b) planejamento e regras relativas à comissão organizadora (arts. 4.º a 6.º); c) normas a respeito da execução do certame, admitida a sua realização, total ou parcial, à distância, de forma online ou por plataforma eletrônica com acesso individual seguro e em ambiente controlado, desde que garantida a igualdade de acesso às ferramentas e aos dispositivos do ambiente virtual (arts. 7.º e 8.º); d) disposições sobre as provas do concurso público que podem ser classificatórias, eliminatórias ou classificatórias e eliminatórias, com o intuito de avaliar os conhecimentos, as habilidades e, quando for o caso, as competências necessárias ao desempenho das atribuições do cargo ou emprego público, de modo combinado ou distribuído por diferentes etapas (arts. 9.º e 10); e) possibilidade de realização de curso ou programa de formação, ressalvada disposição diversa em lei específica, que poderá ser de caráter eliminatório, classificatório ou eliminatório e classificatório (art. 11).

---

RMS 12.908/PE, 5.ª Turma, Rel. Min. Edson Vidigal, *DJ* 10.06.2002, p. 226, *Informativo de Jurisprudência do STJ* n. 128. Em sentido contrário, José dos Santos Carvalho Filho sustenta que a titulação dos candidatos não pode servir como parâmetro de aprovação ou reprovação (caráter eliminatório), mas tão somente como critério de classificação no certame (CARVALHO FILHO, José dos Santos. *Manual de direito administrativo*. 24. ed. Rio de Janeiro: Lumen Juris, 2011. p. 573).

[101] Tese 1 da edição 9 da Jurisprudência em Teses do STJ.
[102] STF, Tribunal Pleno, RE 635.739/AL, Rel. Min. Gilmar Mendes, *DJe*-193 03.10.2014 (Tema 376 da Tese de Repercussão Geral do STF e *Informativos de Jurisprudência do STF* n. 736 e 737). Tese 14 da edição 11 da Jurisprudência em Teses do STJ.

## 23.7.2 Inexigibilidade

A inobservância da regra constitucional do concurso público acarreta a nulidade das nomeações dos agentes, bem como a punição da autoridade administrativa responsável, na forma estabelecida nas respectivas legislações (art. 37, § 2.º, da CRFB).

Não obstante a regra seja o acesso aos cargos e empregos por meio da aprovação em concurso público, existem situações excepcionais de inexigibilidade do concurso, consagradas na Constituição. Aliás, é importante observar que apenas a Constituição poderia estabelecer as exceções às suas regras. Os casos de inexigibilidade do concurso podem ser assim enumerados:

a) **ocupantes dos cargos em comissão**, declarados em lei de livre nomeação e exoneração (art. 37, II, da CRFB);[103]

b) **servidores temporários** que são contratados por prazo determinado para atender a necessidade temporária de excepcional interesse público (art. 37, IX, da CRFB), devendo ser realizado, no entanto, processo seletivo simplificado para contratação desses servidores (art. 3.º da Lei 8.745/1993);

c) **Ministros do STF, STJ, TST, TSE e STM** (arts. 101, parágrafo único, 104, parágrafo único, 111-A, 119, II, e 123, parágrafo único, da CRFB);

d) **Ministros e Conselheiros dos Tribunais de Contas** (arts. 73, §§ 1.º e 2.º, e 75 da CRFB);

e) **magistrados que ingressam na carreira pelo quinto constitucional** (art. 94 da CRFB);

f) **agentes comunitários de saúde e agentes de combate às endemias** (art. 198, § 4.º, CRFB, com redação dada pela EC 51/2006);[104] e

g) **ex-combatentes que tenham efetivamente participado de operações bélicas durante a Segunda Guerra Mundial** (art. 53, I, do ADCT).

## 23.7.3 Prazo de validade e prorrogação

O prazo de validade (*rectius*: vigência) do concurso público será de até dois anos, com a possibilidade de uma prorrogação por igual período (art. 37, III, da CRFB). O prazo inicia-se a partir da publicação da homologação do resultado final do concurso público.[105]

---

[103] A exceção abrange, inclusive, os empregos em comissão das entidades administrativas com personalidade jurídica de direito privado (empresas públicas, sociedades de economia mista e fundações estatais de direito privado). Nesse sentido: SUNDFELD, Carlos Ari; SOUZA, Rodrigo Pagani de. As empresas estatais, o concurso público e os cargos em comissão. *Revista de Direito Administrativo*, v. 243, p. 36-37, set.-nov. 2006.

[104] Em relação aos agentes comunitários de saúde e agentes de combate às endemias, a norma constitucional não mencionou a necessidade de concurso, mas apenas a admissão por meio de "processo seletivo público". Contudo, o art. 9.º da Lei 11.350/2006, que regulamentou a citada norma constitucional, estabeleceu que o processo seletivo público será implementado por meio "de provas ou de provas e títulos", assim como ocorre com os concursos públicos em geral.

[105] Nesse sentido: STJ, 1.ª Turma, RMS 33.719/SP, Rel. Min. Benedito Gonçalves, *DJe* 12.06.2013; REsp 261.687/DF, Rel. Min. Edson Vidigal, 5.ª Turma, *DJ* 11.12.2000, p. 228.

Dentro do prazo de validade do concurso, os candidatos aprovados poderão ser nomeados e empossados nos cargos e empregos públicos. Findo o prazo de validade, sem que tenha havido a respectiva prorrogação, a Administração deverá realizar novo concurso público.

A prorrogação do prazo de validade do concurso depende do juízo discricionário da Administração, inexistindo, em princípio, direito subjetivo dos candidatos aprovados.[106]

Frise-se que a possibilidade de prorrogação do prazo de validade do concurso público deve constar expressamente da lei e/ou do edital, sob pena de o certame ser improrrogável.[107]

Ademais, a prorrogação, de acordo com a literalidade da norma constitucional, somente pode ocorrer "por igual período", expressão que, segundo o entendimento dominante, refere-se ao período de validade inicialmente previsto para o concurso (ex.: se o prazo inicial era de um ano, o concurso só poderá ser prorrogado por mais um ano).[108] Com isso, é possível afirmar que o prazo máximo de validade do concurso, incluída a eventual prorrogação, é de quatro anos.

Evidentemente, a prorrogação deve ser implementada durante o prazo inicial de validade do concurso. Com o término do prazo inicial ocorre a extinção do concurso, o que impediria a eventual prorrogação. Só é possível prorrogar prazos de processo em andamento, sob pena de admitir que a prorrogação tenha o poder de "ressuscitar" processos extintos. A Administração, no exercício da autotutela administrativa (Súmula 473 do STF), tem o dever de invalidar a prorrogação instituída após o término do prazo inicial de validade do concurso e as nomeações efetivadas durante essa prorrogação ilegal.[109]

Não há óbice, no entanto, para investidura do candidato após o prazo de validade do concurso, por força de decisão judicial, se a propositura da ação, com o objetivo de discutir essa questão, tenha ocorrido durante o prazo de validade.[110]

Por fim, a Administração pode iniciar novo concurso público mesmo na hipótese em que exista concurso público com prazo de validade ainda não expirado e com candidatos aprovados. De acordo com o art. 37, IV, da CRFB, os aprovados no concurso em andamento terão apenas prioridade sobre os novos concursados, não havendo óbice, portanto, para instauração de novo concurso durante o prazo de validade do certame anterior. Segundo

---

[106] STF, 2.ª Turma, RMS 23.788/DF, Rel. Min. Maurício Corrêa, *DJ* 16.11.2001, p. 23; STJ, 3.ª Seção, MS 9.909/DF, Rel. Min. Laurita Vaz, *DJ* 30.03.2005, p. 131. STJ: "A prorrogação do prazo de validade de concurso público é ato discricionário da Administração, sendo vedado ao Poder Judiciário o reexame dos critérios de conveniência e oportunidade adotados" (Tese 17 da edição 11 da Jurisprudência em Teses do STJ).

[107] Nesse sentido: GASPARINI, Diógenes. *Direito administrativo*. 12. ed. São Paulo: Saraiva, 2007. p. 181. Alguns exigem a previsão expressa no edital: FERNANDES, Jorge Ulisses Jacoby. Concurso público: prazo de validade e nomeação. *Fórum Administrativo*, Belo Horizonte, n. 75, p. 45, maio 2007.

[108] CARVALHO FILHO, José dos Santos. *Manual de direito administrativo*. 22. ed. Rio de Janeiro: Lumen Juris, 2009. p. 606.

[109] STF, 2.ª Turma, RE 352.258/BA, Rel. Min. Ellen Gracie, *DJ* 14.05.2004, p. 61, *Informativo de Jurisprudência do STF* n. 345. Em outra oportunidade, o STF exigiu o respeito aos princípios do devido processo legal, do contraditório e da ampla defesa no processo de invalidação dos atos de nomeação e posse de Defensores Públicos estaduais praticados durante a prorrogação extemporânea do prazo de validade original do concurso. No caso, enfatizou o Relator, os Defensores estavam em estágio probatório, o que impede a exoneração *ad nutum*, já que a exoneração/demissão dependerá da observância dos mencionados princípios constitucionais (Súmula 21 do STF) (STF, 2.ª Turma, RE 452.721/MT, Rel. Min. Gilmar Mendes, *DJ* 03.02.2006, p. 90, *Informativo de Jurisprudência do STF* n. 410).

[110] De acordo com o STJ, o término do prazo de validade do concurso não enseja a perda do objeto de ação ajuizada com a finalidade de sanar ilegalidade consistente na quebra da ordem classificatória, sob pena de o candidato lesado ser punido pela demora na prestação jurisdicional (STJ, 5.ª Turma, REsp 860.703/DF, Rel. Min. Arnaldo Esteves Lima, *DJe* 12.05.2008, *Informativo de Jurisprudência do STJ* n. 347).

o STF, a abertura de novo concurso, antes de expirado o prazo de validade do concurso anterior, não gera direito à nomeação para os aprovados no primeiro concurso, mas apenas prioridade sobre os novos concursados.[111]

### 23.7.4 Requisitos de participação e de aprovação

O texto constitucional remete ao legislador a incumbência de estabelecer os requisitos necessários para o acesso aos cargos e os empregos públicos, bem como para delimitar as exigências de participação e aprovação em concurso público (art. 37, I e II, da CRFB). É imprescindível a previsão legal de todos os requisitos necessários à investidura no cargo e no emprego, sendo vedada a criação de novos requisitos por mera previsão no edital do concurso.[112]

Os requisitos de acesso aos cargos e empregos públicos devem guardar estreita vinculação com a função que será desenvolvida pelo agente, sob pena de violação aos princípios da proporcionalidade, da moralidade, entre outros.

É possível dividir os requisitos em duas espécies:

a) **requisitos de inscrição:** exigências para inscrição e participação no certame (ex.: apresentação de documento de identidade); e

b) **requisitos do cargo:** relacionam-se diretamente com a função que será desempenhada (ex.: requisito de escolaridade, idade mínima).

A distinção possui relevância prática, pois os requisitos deverão ser comprovados em momentos distintos. Enquanto os requisitos de inscrição devem ser comprovados na data da inscrição do candidato no certame, os requisitos do cargo somente serão exigidos quando da posse do candidato já aprovado.[113] De acordo com a Súmula 266 do STJ, "o diploma ou habilitação legal para o exercício do cargo deve ser exigido na posse e não na inscrição para o concurso público".[114]

Registre-se que o STF[115] e o STJ[116] exigem a comprovação do requisito temporal de "três anos de atividade jurídica" para ingresso na Magistratura (art. 93, I, da CRFB) e no

---

[111] STF, 1.ª Turma, RMS 22.926/DF, Rel. Min. Ilmar Galvão, DJ 27.02.1998, p. 34, Informativo de Jurisprudência do STF n. 95. É oportuno frisar que, em âmbito federal, o art. 12, § 2.º, da Lei 8.112/1990 veda a abertura de novo concurso enquanto houver candidato aprovado em concurso anterior com prazo de validade não expirado.

[112] O STF afirmou a impossibilidade de fixação de limite de idade ou de altura no edital, sem a correspondente previsão legal (STF, 2.ª Turma, RE 559.823 AgR/DF, Rel. Min. Joaquim Barbosa, DJe-018 01.02.2008, p. 2608; RE 400.754 AgR/RO, Rel. Min. Eros Grau, 1.ª Turma, DJ 04.11.2005, p. 22; AI 460.131 AgR/DF, Rel. Min. Joaquim Barbosa, 1.ª Turma, DJ 25.06.2004, p. 13, Informativo de Jurisprudência do STF n. 352.

[113] O STF decidiu que a exigência de habilitação para o cargo (ex.: diploma e inscrição no Conselho Profissional) deve ocorrer no ato da posse, e não no momento da inscrição no concurso (STF, 1.ª Turma, RE 392.976/MG, Rel. Min. Sepúlveda Pertence, DJ 08.10.2004, p. 9; RE 184.425/RS, Rel. Min. Carlos Velloso, 2.ª Turma, DJ 12.06.1998, p. 66, Informativo de Jurisprudência do STF n. 47).

[114] STJ, 5.ª Turma, RMS 12.927/RS, Rel. Min. José Arnaldo da Fonseca, DJ 21.10.2002, p. 375, Informativo de Jurisprudência do STJ n. 147.

[115] STF: "A comprovação do triênio de atividade jurídica exigida para o ingresso no cargo de juiz substituto, nos termos do inciso I do art. 93 da Constituição Federal, deve ocorrer no momento da inscrição definitiva no concurso público" (Tema 509 da Tese de Repercussão Geral do STF).

[116] A comprovação da idade mínima, prevista na lei e no edital, deve ser realizada no momento da posse, e não na data da inscrição (STJ, 3.ª Seção, RMS 21.426/MT, Rel. Min. Félix Fischer, DJ 26.03.2007, p. 192, Informativo de Jurisprudência do STJ n. 310).

Ministério Público (art. 129, § 3.º, da CRFB) no momento da inscrição definitiva no certame, e não na data da posse.[117] Entendemos, contudo, que a comprovação do requisito temporal deve ser exigida somente no momento da posse, pois as citadas normas constitucionais exigem o requisito para "ingresso na carreira", o que efetivamente pressupõe aprovação prévia no concurso.[118]

Registre-se que o STF decidiu que a suspensão dos direitos políticos prevista no art. 15, III, da CRFB, em decorrência de condenação criminal transitada em julgado, não impede a nomeação e posse de candidato aprovado em concurso público, desde que não incompatível com a infração penal praticada, em respeito aos princípios da dignidade da pessoa humana e do valor social do trabalho, bem como em razão do dever do Estado em proporcionar as condições necessárias para a harmônica integração social do condenado. Nesse caso, o início do efetivo exercício do cargo ficará condicionado ao regime da pena ou à decisão judicial do juízo de execuções, que analisará a compatibilidade de horários.[119]

### 23.7.5 Discriminações legítimas e ilegítimas: idade, sexo, altura etc. As cotas raciais em concursos públicos

Os requisitos de acesso aos quadros funcionais da Administração serão estabelecidos por lei, de acordo com a natureza e a complexidade do cargo ou emprego público.

É verdade que a Constituição afirma que um dos objetivos da República Federativa do Brasil é a promoção do bem de todos, "sem preconceitos de origem, raça, sexo, cor, idade e quaisquer outras formas de discriminação" (art. 3.º, IV, da CRFB). Da mesma forma, o art. 5.º, I, da CRFB, que consagra o princípio da igualdade, determina que "todos são iguais perante a lei, sem distinção de qualquer natureza". Previsão análoga é ainda encontrada no art. 7.º, XXX, da CRFB.

Isto não impede, todavia, o estabelecimento de diferenciações de tratamento pelo legislador com fundamento nos critérios citados pela referida norma constitucional. São da essência da atividade legislativa, assevera Luís Roberto Barroso,[120] a discriminação e a classificação de pessoas à luz dos mais diversificados critérios. É fundamental que a discriminação legislativa com base em critérios suspeitos seja proporcional, razão pela qual o requisito exigido para participação em concursos deve corresponder às necessidades inerentes à função pública que será exercida.

Somente a análise de cada caso concreto, pautada pelo princípio da proporcionalidade, demonstrará a constitucionalidade ou não da discriminação/exigência inserida na norma legal e no edital do concurso. Essa é a orientação consagrada na Súmula 683 do

---

[117] A exigência de três anos de atividade jurídica foi inserida pela EC 45/2004, e, de acordo com o STF, "não encerra vinculação a atividade privativa de bacharel em direito" (MS 27.601/DF, Rel. Min. Marco Aurélio, 1.ª Turma, DJe-230 17/11/2015, Informativo de Jurisprudência do STF n. 800). STJ: "Nos concursos públicos para ingresso na Magistratura ou no Ministério Público a comprovação dos requisitos exigidos deve ser feita na inscrição definitiva e não na posse." (Tese 16 da edição 11 da Jurisprudência em Teses do STJ).
[118] No mesmo sentido: CARVALHO FILHO, José dos Santos. Manual de direito administrativo. 22. ed. Rio de Janeiro: Lumen Juris, 2009. p. 618-619.
[119] Tema 1.190 da Tese de Repercussão Geral do STF.
[120] BARROSO, Luís Roberto. Interpretação e aplicação da Constituição. 3. ed. São Paulo: Saraiva, 1999. p. 231.

STF: "O limite de idade para a inscrição em concurso público só se legitima em face do art. 7.º, XXX, da Constituição, quando possa ser justificado pela natureza das atribuições do cargo a ser preenchido".

Quanto ao critério da idade para ingresso na carreira, em âmbito federal, o art. 5.º, I, da Lei 8.112/1990 dispõe que a idade mínima de 18 anos é requisito para acesso aos cargos públicos efetivos federais. Outras legislações estabelecem limites de idade ainda maiores para investidura em determinados cargos públicos. O STF[121] considerou constitucional a fixação de idade mínima e máxima para ingresso no cargo de policial militar do Distrito Federal. O STJ[122] admitiu a exigência de idade mínima (25 anos) para investidura no cargo de magistrado.

Por outro lado, a limitação em razão da idade será inconstitucional quando não possuir relação necessária com o cargo que será ocupado. O STF decidiu ser inconstitucional a fixação da idade mínima de 35 anos para o cargo de Fiscal de Tributos Estaduais e de 45 anos para o cargo de médico municipal.[123]

Lembre-se, também, do tratamento diferenciado previsto no art. 440 do Código de Processo Penal aos jurados que possuem direito de preferência, em igualdade de condições, nas licitações públicas e nos concursos públicos, bem como nos casos de promoção funcional ou remoção voluntária.

O STF considerou inconstitucional a legislação estadual que isenta servidores públicos da taxa de inscrição em concursos públicos promovidos pela Administração Pública local, privilegiando, sem justificativa razoável para tanto, um grupo mais favorecido social e economicamente.[124]

Em relação à candidata, que esteja grávida à época da realização do teste de aptidão física do concurso público, o STF decidiu pela constitucionalidade da remarcação do referido teste, independentemente da previsão expressa em edital do concurso público. Ao contrário do que ocorre nas eventuais situações de problemas de saúde dos candidatos em concursos públicos, que configuram motivos particulares e individuais, inibidores de remarcação do teste físico, a maternidade, a família e o planejamento familiar recebem proteção constitucional reforçada, o que legitimaria a remarcação do teste físico.[125]

O STF, em repercussão geral, decidiu que, nos termos do art. 5.º, VIII, da CRFB, "é possível a realização de etapas de concurso público em datas e horários distintos dos previstos em edital, por candidato que invoca escusa de consciência por motivos de crença religiosa, desde que presente a razoabilidade da alteração, a preservação da igualdade entre

---

[121] STF, 1.ª Turma, AI 284.001 AgR/DF, Rel. Min. Moreira Alves, *DJ* 16.02.2001, p. 134, *Informativo de Jurisprudência do STF* n. 208.

[122] STJ, 6.ª Turma, RMS 14.156/PE, Rel. Min. Vicente Leal, *DJ* 16.09.2002, p. 234, *Informativo de Jurisprudência do STJ* n. 144. Contudo, o STF declarou a inconstitucionalidade de normas estaduais, legais ou constitucionais, que disponham sobre o ingresso na carreira da magistratura, em razão da usurpação da iniciativa legislativa privativa do STF, na forma do art. 93 da CRFB (STF, ADI 6.794/CE, ADI 6.795/MS, ADI 6.796/RO, Rel. Min. Gilmar Mendes, julgamento virtual finalizado em 24.9.2021, *Informativo de Jurisprudência do STF* n. 1.031).

[123] Vide, respectivamente: STF, Tribunal Pleno, RE 209.714/RS, Rel. Min. Ilmar Galvão, *DJ* 20.03.1998, p. 20; RE 165.305/RS, 1.ª Turma, Rel. Min. Ilmar Galvão, *DJ* 16.12.1994, p. 34.895.

[124] STF, ADI 5.818/CE, Redator do acórdão Min. Dias Toffoli, ADI 3.918/SE, Rel. Min. Dias Toffoli, julgamentos virtuais finalizados em 13.5.2022, *Informativo de Jurisprudência do STF* n. 1.054.

[125] Tema 973 das Teses de Repercussão Geral do STF (21.11.2018).

todos os candidatos e que não acarreta ônus desproporcional à administração pública, que deverá decidir de maneira fundamentada".[126]

Mencione-se, ainda, a impossibilidade de eliminação de candidato, em concurso público, na fase de investigação social, pelo simples fato de existir inquérito policial ou ação penal, sem a existência de sentença transitada em julgado, tendo em vista o princípio constitucional da presunção de inocência.[127] O mesmo raciocínio deve ser aplicado nos casos em que ocorreu a prescrição da pretensão penal ou a celebração de transação penal.[128]

Outrossim, conforme decidiu o STF, em sede de repercussão geral, os editais de concurso público não podem estabelecer restrição a pessoas com tatuagem, salvo situações excepcionais em razão de conteúdo que viole valores constitucionais (ex.: incitação à violência, obscenidade etc.), tendo em vista os princípios da igualdade, da dignidade da pessoa humana, da liberdade de expressão, da proporcionalidade e do livre acesso aos cargos públicos.[129]

Em relação à exigência de teste de aptidão física, a sua legitimidade depende do preenchimento dos seguintes requisitos: a) previsão legal, b) relação de pertinência com as atividades a serem desenvolvidas, c) utilização de critérios objetivos e d) possibilidade de recurso.[130]

Ademais, conforme decidiu o STF, afigura-se inconstitucional a interpretação que exclui o direito de candidatos com deficiência à adaptação razoável em provas físicas de concursos públicos. Igualmente, revela-se inconstitucional a submissão genérica de candidatos com e sem deficiência aos mesmos critérios em provas físicas, sem a demonstração da sua necessidade para o exercício da função pública.[131]

Com o advento da Lei 12.990/2014, foi estabelecida a reserva de 20% das vagas aos negros em concursos públicos para provimento de cargos efetivos e empregos públicos no âmbito da Administração Pública Direta e Indireta federal.[132]

---

[126] Tema 386 das Teses de Repercussão Geral do STF.

[127] Nesse sentido, STF: "Sem previsão constitucionalmente adequada e instituída por lei, não é legítima a cláusula de edital de concurso público que restrinja a participação de candidato pelo simples fato de responder a inquérito ou ação penal" (Tema 22 da Tese de Repercussão Geral do STF); STJ: "O candidato não pode ser eliminado de concurso público, na fase de investigação social, em virtude da existência de termo circunstanciado, inquérito policial ou ação penal sem trânsito em julgado ou extinta pela prescrição da pretensão punitiva" (Tese 13 da edição 9 da Jurisprudência em Teses do STJ). O STJ afastou o referido entendimento para o caso do delegado de polícia (Tese 14 da edição 9 da Jurisprudência em Teses do STJ). A Corte não admite a eliminação do candidato na fase da investigação social em razão da existência de registro em órgãos de proteção ao crédito (Tese 15 da edição 9 da Jurisprudência em Teses do STJ), mas admite, por outro lado, a eliminação quando o candidato omite, nessa fase, informações relevantes (Tese 16 da edição 9 da Jurisprudência em Teses do STJ).

[128] STF, ARE 713138 AgR/CE, Rel. Min. Rosa Weber, Primeira Turma, DJe-173 04.09.2013; STJ, REsp 1302206/MG, Rel. Min. Mauro Campbell Marques, Segunda Turma, DJe 04.10.2013.

[129] STF, RE 898.450/SP, Rel. Min. Luiz Fux, julgado em 17.08.2016, Informativos de Jurisprudência do STF n. 835 e n. 841.

[130] Tese 10 da edição 9 da Jurisprudência em Teses do STJ. Sobre o teste de aptidão física em concurso, o STJ também sedimentou as seguintes teses: "É vedada a realização de novo teste de aptidão física em concurso público no caso de incapacidade temporária, salvo previsão expressa no edital" (Tese 11 da edição 9 da Jurisprudência em Teses do STJ) e "É possível a realização de novo teste de aptidão física em concurso público no caso de gravidez, sem que isso caracterize violação do edital ou do princípio da isonomia" (Tese 12 da edição 9 da Jurisprudência em Teses do STJ).

[131] STF, Tribunal Pleno, ADI 6.476/DF, Rel. Min. Roberto Barroso, DJe 16.9.2021, Informativo de Jurisprudência do STF n. 1.028.

[132] O CNJ editou a Resolução 203/2015, que dispõe sobre a reserva aos negros, no âmbito do Poder Judiciário, de 20% das vagas oferecidas nos concursos públicos para provimento de cargos efetivos e de ingresso na magistratura.

A constitucionalidade das cotas raciais em concursos públicos tem sido objeto de discussão, especialmente por aparente afronta ao princípio da isonomia e ao sistema de mérito dos certames. Todavia, o STF já havia decidido pela constitucionalidade das cotas raciais em universidades públicas, com fundamento no princípio da igualdade material,[133] e a sua aplicação em concursos públicos federais encontra fundamento no art. 39 da Lei 12.288/2010 (Estatuto da Igualdade Racial), que exige a fixação dessa política de ação afirmativa no âmbito do setor público.

Em seguida, o STF declarou a constitucionalidade da própria Lei 12.990/2014 e fixou a seguinte tese: "É constitucional a reserva de 20% das vagas oferecidas nos concursos públicos para provimento de cargos efetivos e empregos públicos no âmbito da administração pública direta e indireta. É legítima a utilização, além da autodeclaração, de critérios subsidiários de heteroidentificação, desde que respeitada a dignidade da pessoa humana e garantidos o contraditório e a ampla defesa".[134] A Suprema Corte fixou os seguintes parâmetros:

a) os percentuais de reserva de vaga devem valer para todas as fases dos concursos;

b) a reserva deve ser aplicada em todas as vagas oferecidas no concurso público (não apenas no edital de abertura);

c) os concursos não podem fracionar as vagas de acordo com a especialização exigida para burlar a política de ação afirmativa, que só se aplica em concursos com mais de duas vagas; e

---

[133] "Arguição de descumprimento de preceito fundamental. Atos que instituíram sistema de reserva de vagas com base em critério étnico-racial (cotas) no processo de seleção para ingresso em instituição pública de ensino superior. Alegada ofensa aos arts. 1.º, *caput*, III, 3.º, IV, 4.º, VIII, 5.º, I, II, XXXIII, XLI, LIV, 37, *caput*, 205, 206, *caput*, I, 207, *caput*, e 208, V, todos da Constituição Federal. Ação julgada improcedente. I – Não contraria – ao contrário, prestigia – o princípio da igualdade material, previsto no *caput* do art. 5.º da Carta da República, a possibilidade de o Estado lançar mão seja de políticas de cunho universalista, que abrangem um número indeterminados de indivíduos, mediante ações de natureza estrutural, seja de ações afirmativas, que atingem grupos sociais determinados, de maneira pontual, atribuindo a estes certas vantagens, por um tempo limitado, de modo a permitir-lhes a superação de desigualdades decorrentes de situações históricas particulares. [...] VII – No entanto, as políticas de ação afirmativa fundadas na discriminação reversa apenas são legítimas se a sua manutenção estiver condicionada à persistência, no tempo, do quadro de exclusão social que lhes deu origem. Caso contrário, tais políticas poderiam converter-se benesses permanentes, instituídas em prol de determinado grupo social, mas em detrimento da coletividade como um todo, situação – é escusado dizer – incompatível com o espírito de qualquer Constituição que se pretenda democrática, devendo, outrossim, respeitar a proporcionalidade entre os meios empregados e os fins perseguidos [...]"(STF, Tribunal Pleno, ADPF 186/DF, Rel. Min. Ricardo Lewandowski, *DJe*-205 20.10.2014). Registre-se que o STF não admitiu a impetração de mandado de segurança para discutir a aplicação da Lei 12.990/2014 aos Poderes Legislativo e Judiciário, tendo em vista a Súmula 266 do STF (MS 33.072 AgR/DF, Tribunal Pleno, Rel(a). Min(a). Cármen Lúcia, *DJe* 28.11.2014). STF: "É constitucional o uso de ações afirmativas, tal como a utilização do sistema de reserva de vagas ('cotas') por critério étnico-racial, na seleção para ingresso no ensino superior público" (Tema 203 da Tese de Repercussão Geral do STF). Vide, também: STF, Tribunal Pleno, ADPF 186/DF, Rel. Min. Ricardo Lewandowski, *DJe*-205 20.10.2014). Registre-se que a Suprema Corte não admitiu a impetração de mandado de segurança para discutir a aplicação da Lei 12.990/2014 aos Poderes Legislativo e Judiciário, tendo em vista a Súmula 266 do STF (MS 33.072 AgR/DF, Tribunal Pleno, Rel. Min. Cármen Lúcia, *DJe* 28.11.2014).

[134] STF, ADC 41/DF, Rel. Min. Roberto Barroso, Tribunal Pleno, DJe-180 17.08.2017, Informativo de Jurisprudência do STF n. 868. Registre-se que o art. 6.º da Lei 12.990/2014 estabeleceu o prazo de 10 anos para a reserva de vagas em concursos públicos federais para pessoas negras. Contudo, o STF conferiu interpretação conforme a Constituição ao citado dispositivo legal para estender o marco temporal para avaliação da eficácia da ação afirmativa até a ulterior deliberação do Congresso Nacional (STF, ADI 7.654 MC-Ref/DF, Rel. Min. Flávio Dino, Tribunal Pleno, DJe 26.06.2024).

d) a ordem classificatória obtida a partir da aplicação dos critérios de alternância e proporcionalidade na nomeação dos candidatos aprovados deve produzir efeitos durante toda a carreira funcional do beneficiário da reserva de vagas.

Em síntese, é possível apresentar as principais características da reserva de vagas prevista na Lei 12.990/2014:

a) incide, exclusivamente, nos concursos públicos federais, não abrangendo os concursos públicos estaduais, distritais e municipais, cuja reserva de vagas dependerá da expressa previsão na legislação específica de cada unidade federativa;
b) circunscreve-se aos cargos e empregos do Poder Executivo federal, sendo inaplicável aos cargos do Poder Judiciário e do Poder Legislativo;
c) aplica-se aos concursos públicos que ofertarem, ao menos, três vagas e as vagas reservadas deverão constar, expressamente, do edital (art. 1.º, §§ 1.º e 3.º);
d) os candidatos interessados, que se autodeclararem "pretos ou pardos" no ato de inscrição do concurso público, poderão concorrer às vagas reservadas, sendo eliminado do certame ou exonerado do cargo ou emprego, após ampla defesa e contraditório, aquele que apresentar declaração falsa (art. 2.º, *caput* e parágrafo único);
e) a ação afirmativa é limitada no tempo, pois a Lei possui prazo de vigência de 10 anos, contados da data de sua publicação (art. 6.º).

### 23.7.6 Acesso da pessoa idosa aos cargos e empregos públicos

A Lei 10.741/2003 instituiu o denominado Estatuto da Pessoa Idosa com o objetivo de assegurar os direitos das pessoas com idade ou superior a 60 anos (art. 1.º).

No referido diploma legal, o art. 27 prevê a vedação de discriminação da pessoa idosa e de fixação de limite máximo de idade em concursos públicos "ressalvados os casos em que a natureza do cargo o exigir". É importante frisar que a referida norma não se aplica às pessoas idosas com mais de 75 anos de idade que pretendem ocupar cargos efetivos, uma vez que o servidor, ao completar essa idade, deve ser aposentado compulsoriamente (art. 40, § 1.º, II, da CRFB).

Conforme ressaltado anteriormente, é possível fixar, excepcionalmente, limites de idade quando as funções do cargo assim o exigirem (ex.: idade máxima para ingresso na polícia), bem como utilizar a idade como critério de desempate, tal como previsto no art. 27 do Estatuto da Pessoa Idosa, que estabelece, em caso de empate, a preferência para os candidatos com idade mais elevada.

### 23.7.7 Reserva de vagas para pessoas com deficiência

O art. 37, VIII, da CRFB exige que a lei estabeleça reserva de percentual dos cargos e empregos públicos para as pessoas com deficiência, bem como os critérios de sua admissão. Trata-se da consagração constitucional de política pública necessária à inserção das pessoas com deficiência no mercado de trabalho. A Lei 7.853/1989 dispõe sobre o apoio às pessoas com deficiência e sua integração social e a Lei 13.146/2015 instituiu o Estatuto da Pessoa com Deficiência e promoveu importantes alterações em outros diplomas legislativos, inclusive o Estatuto de Licitações.[135]

Ao regulamentar a citada Lei, o Decreto 3.298/1999 definiu, em seu art. 4.º, as espécies de deficiência (deficiência física, deficiência auditiva, deficiência visual, deficiência mental e deficiência múltipla). É assegurado à pessoa com deficiência o direito de se inscrever em concurso público e processos seletivos para a contratação temporária, em igualdade de condições com os demais candidatos. Deverão ser reservados, no mínimo, 5% do total das vagas aos candidatos com deficiência e, caso a aplicação desse percentual resulte em número fracionado, este deverá ser elevado até o primeiro número inteiro subsequente (art. 1.º, §§ 1.º e 3.º, do Decreto 9.508/2018).[136]

Em âmbito federal, o art. 5.º, § 2.º, da Lei 8.112/1990 assegura às pessoas com deficiência o direito de inscrição em concurso público para provimento de cargo cujas atribuições sejam compatíveis com a deficiência, devendo ser reservadas "até 20% (vinte por cento) das vagas oferecidas no concurso". Assim, na Administração Federal, existe limite mínimo (5%) e máximo (20%) para reserva de vagas em concursos.

Note-se, contudo, que, em determinados casos, não será possível a reserva de vagas para pessoas com deficiência, quando houver poucas vagas em aberto e não for possível alcançar os limites percentuais mínimos e máximos das vagas reservadas às pessoas com deficiência. Nesse sentido, o STF, em concurso público destinado ao preenchimento de dois cargos de serviços notariais e de registro do Distrito Federal, reconheceu a razoabilidade da inexistência de vagas reservadas às pessoas com deficiência, pois a obediência dos aludidos percentuais não levaria ao número inteiro (5% e 20% do total de duas vagas equivalem, respectivamente, a um décimo e quatro décimos de vaga). Nesse caso, o arredondamento para uma vaga geraria, ao final, a reserva de 50% das vagas disponíveis, o que não seria harmônico com o princípio da razoabilidade.[137]

---

[135] O art. 8.º, II, da Lei em comento, alterado pelo Estatuto da Pessoa com Deficiência, define como crime, punível com reclusão de 2 (dois) a 5 (cinco) anos, além da multa: "obstar inscrição em concurso público ou acesso de alguém a qualquer cargo ou emprego público, em razão de sua deficiência". Registre-se que a obrigação de empregar pessoas com deficiência no setor público foi assumida pelo Brasil no art. 27, 1, "g", da Convenção Internacional sobre os Direitos das Pessoas com Deficiência, ratificada pelo Decreto Legislativo 186/2008 e promulgada pelo Decreto Presidencial 6.949/2009. De acordo com o STF, é inconstitucional a exigência de comprovação de que a deficiência dificulta o exercício das atribuições do cargo postulado. A exclusão somente seria legítima se comprovada a incompatibilidade entre a deficiência e as funções inerentes ao cargo (STF, RMS 32732 AgR/DF, Rel. Min. Celso de Mello, Segunda Turma, DJe-148 01.08.2014, Informativo de Jurisprudência do STF n. 762). A Súmula 552 do STJ dispõe: "O portador de surdez unilateral não se qualifica como pessoa com deficiência para o fim de disputar as vagas reservadas em concursos públicos".

[136] Em relação às empresas estatais federais, a reserva de vagas deve respeitar o disposto no art. 93 da Lei 8.213/1991 (art. 1.º, § 2.º, do Decreto 9.508/2018).

[137] STF, Tribunal Pleno, MS 26.310/DF, Rel. Min. Marco Aurélio, DJe-134 31.10.07. Os Ministros Menezes Direito e Cármen Lúcia ficaram vencidos, pois entendiam que, no caso, deveria ser reservada ao menos uma vaga aos deficientes. STJ: "Deverão ser reservadas, no mínimo, 5% das vagas ofertadas em concurso público às pessoas com deficiência e, caso a aplicação do referido percentual resulte em número fracionado, este deverá ser elevado até o primeiro número inteiro subsequente, desde que respeitado o limite máximo de 20% das vagas ofertadas, conforme art. 37, §§ 1.º e 2.º, do Decreto n. 3.298/99, e art. 5.º, § 2.º, da Lei n. 8.112/90" (Tese 9 da edição 11 da Jurisprudência em Teses do STJ). Registre-se que o art. 37, §§ 1.º e 2.º, do Decreto n. 3.298/1999 foi revogado pelo Decreto 9.508/2018.

## 23.7.8 Exame psicotécnico

O exame psicotécnico tem o objetivo de constatar as condições psíquicas do candidato em concursos públicos. A validade da exigência do exame psicotécnico depende do cumprimento dos seguintes requisitos:

a)  previsão legal e editalícia (art. 37, I, da CRFB e Súmula Vinculante 44 do STF);[138]
b)  critérios objetivos (científicos) que permitam ao candidato exercer o direito à ampla defesa e ao contraditório; e
c)  possibilidade de interposição de recurso contra o resultado, que deve ser público.[139]

## 23.7.9 Estágio experimental

O estágio experimental não se confunde com o estágio probatório. Enquanto o estágio experimental integra uma etapa do concurso público (sistema de provas) e precede a investidura no cargo,[140] o estágio probatório refere-se ao servidor já nomeado e empossado no cargo público efetivo, funcionando como requisito para estabilidade.

Antes da nomeação, o servidor exerce as respectivas funções públicas em estágio experimental, e apenas com a sua aprovação nessa fase do concurso ocorrerá a nomeação no cargo. Trata-se de uma prova prática que integra o concurso público, mas, nesse caso, tendo em vista o exercício das funções inerentes ao cargo, é razoável admitir que a Administração exija do candidato a comprovação dos requisitos do cargo.[141] Normalmente, tais requisitos são exigidos no momento da posse.

O candidato não aprovado no estágio experimental será inabilitado do concurso público. Já o servidor não aprovado no estágio probatório será exonerado do cargo.[142]

## 23.7.10 Aprovação no concurso e o direito à nomeação

Inicialmente, a aprovação do candidato em concurso público, segundo entendimento tradicional da jurisprudência e da doutrina, não acarreta, em princípio, direito

---

[138] Súmula Vinculante 44 do STF: "Só por lei se pode sujeitar a exame psicotécnico a habilitação de candidato a cargo público". De acordo com o STF, no caso de declaração de nulidade de exame psicotécnico previsto em lei e em edital, é indispensável a realização de nova avaliação, com critérios objetivos, para prosseguimento no certame (STF, RE 1.133.146 RG/DF, Tribunal Pleno, Rel. Min. Luiz Fux, *DJe*-204, 26.09.2018).

[139] STJ, 2.ª Turma, REsp 1.221.968/DF, Rel. Min. Mauro Campbell Marques, *DJe* 10.03.2011, *Informativo de Jurisprudência do STJ* n. 464. STJ: "A exigência de exame psicotécnico é legítima quando prevista em lei e no edital, a avaliação esteja pautada em critérios objetivos, o resultado seja público e passível de recurso" (Tese 8 da edição 9 da Jurisprudência em Teses do STJ).

[140] STJ, 5.ª Turma, RMS 16.183/RJ, Rel. Min. Félix Fischer, *DJ* 01.07.2005, p. 562: "Recurso ordinário em mandado de segurança. Administrativo. Concurso público. Estágio experimental. Estágio probatório. Afastamento sem vencimento. Impossibilidade. I. O estágio experimental é etapa do concurso público para provimento do cargo e precede a investidura no cargo público, não se confundindo, por isso, com o estágio probatório, período em que o servidor público em exercício é avaliado pela Administração, observando-se requisitos estabelecidos em lei. [...]".

[141] Nesse sentido: CARVALHO FILHO, José dos Santos. *Manual de direito administrativo*. 22. ed. Rio de Janeiro: Lumen Juris, 2009. p. 620.

[142] No Rio de Janeiro, o estágio experimental encontra-se consagrado no art. 2.º, § 1.º, "3", do Estatuto dos Funcionários Públicos Civis do Estado do Rio de Janeiro (Decreto-lei 220/1975).

à nomeação e à posse, mas apenas expectativa de direto ao candidato. Apenas com a nomeação, surge o direito à posse (Súmula 16 do STF: "funcionário nomeado por concurso tem direito à posse").

No entanto, o candidato aprovado tem o direito (e não apenas expectativa) à nomeação e à posse quando, dentro do prazo de validade do concurso, houver inobservância, por parte da Administração, da ordem de classificação (Súmula 15 do STF: "dentro do prazo de validade do concurso, o candidato aprovado tem o direito à nomeação, quando o cargo for preenchido sem observância da classificação").

Reconhece-se, como regra, a liberdade para a Administração prover os cargos e empregos públicos de acordo com a necessidade atual do serviço, pois as demandas por determinado serviço, que justificaram a abertura do concurso público, podem desaparecer ao final do certame, não sendo necessária a contratação de agentes.

A exceção já citada refere-se à inobservância da ordem de classificação, pois, nesse caso, a própria Administração, ao convocar determinado candidato, demonstrou de forma cristalina a necessidade da contratação de pessoal. A discricionariedade, no caso, foi reduzida a zero e o administrador deverá nomear o candidato preterido.

Frise-se que o direito deve ser reconhecido apenas aos candidatos efetivamente preteridos e em número correspondente aos candidatos indevidamente nomeados. Exemplo: a Administração, sem observar a ordem de classificação, nomeia o quinto e o sexto colocado em determinado concurso. Nesse caso, a Administração, como demonstrou a necessidade de dois agentes, deverá nomear apenas o primeiro e o segundo colocado, exonerando, ainda, os outros candidatos indevidamente nomeados.

Da mesma forma, parcela da jurisprudência e da doutrina têm reconhecido o direito à nomeação dos candidatos aprovados quando a Administração, durante o prazo de validade do concurso, efetua contratações precárias para o exercício das mesmas funções que justificaram a realização do certame. Nessa hipótese, a Administração evidenciou a necessidade de pessoal para o exercício das funções, utilizando-se, todavia, do método inadequado para satisfazer tal necessidade, pois, em vez das contratações precárias, deveria ter nomeado os candidatos aprovados no procedimento constitucional do concurso.[143]

É preciso, contudo, aplicar com parcimônia o citado entendimento, pois, presumida a boa-fé na contratação precária, a Administração apenas demonstraria a necessidade precária da função, e não a necessidade permanente, o que afastaria o preenchimento do cargo por meio de concurso e abriria a possibilidade de contratações temporárias, na forma do art. 37, IX, da CRFB.

De forma semelhante, a mera requisição ou a cessão de servidores públicos não é suficiente para transformar a expectativa de direito do candidato aprovado fora do nú-

---

[143] STF, 2.ª Turma, RE 273.605/SP, Rel. Min. Néri da Silveira, DJ 28.06.2002, p. 143, Informativo de Jurisprudência do STF n. 265. De acordo com o STJ, a mera contratação temporária durante o prazo de validade do concurso não acarreta o direito subjetivo à nomeação dos aprovados fora do número de vagas previsto no edital: "O candidato aprovado fora do número de vagas previsto no edital possui mera expectativa de direito à nomeação, que se convola em direito subjetivo caso haja preterição em virtude de contratações precárias e comprovação da existência de cargos vagos" (Tese 6 da edição 11 da Jurisprudência em Teses do STJ).

mero de vagas em direito subjetivo à nomeação, uma vez que se revela imprescindível a comprovação da existência de cargos vagos.[144]

Por fim, os candidatos aprovados dentro do número de vagas previsto no edital do concurso têm o direito à nomeação e à posse. Ao elencar no edital as vagas para o cargo ou o emprego, a Administração se autovincularia aos seus termos, tendo em vista os princípios da boa-fé e da confiança legítima. A discricionariedade administrativa, em razão da vontade da própria autoridade, seria reduzida a zero, transformando-se em atuação vinculada, conforme já decidiram o STF e o STJ.[145]

Entendemos que o reconhecimento do direito à nomeação dos candidatos aprovados dentro das vagas enumeradas no edital representa verdadeiro avanço na proteção da boa-fé e da expectativa legítima dos administrados. Todavia, é preciso reconhecer que todos os direitos são relativos, o que sugere a possibilidade de ponderação em cada caso concreto quando a nomeação confrontar com normas constitucionais. Nesse sentido, por exemplo, após a ponderação dos interesses envolvidos no caso concreto, é possível reconhecer a legitimidade da ausência de nomeação de candidatos aprovados dentro das vagas previstas no edital quando a Administração comprovar que a nomeação ensejará violação aos limites de despesa de pessoal (art. 169 da CRFB c/c o art. 19 da LC 101/2000).[146]

Em resumo, o direito subjetivo à nomeação do candidato aprovado em concurso público existe em três situações:[147] a) preterição na nomeação por não observância da ordem de classificação; b) aprovação dentro do número de vagas previstas no edital; e c) surgimento de novas vagas ou abertura de novo concurso durante a validade do certame anterior, com a preterição de candidatos aprovados de forma arbitrária e imotivada por parte da Administração.

---

[144] Tese 5 da edição 11 da Jurisprudência em Teses do STJ.

[145] STF: "O candidato aprovado em concurso público dentro do número de vagas previsto no edital possui direito subjetivo à nomeação" (Tema 161 da Tese de Repercussão Geral do STF); STJ: "O candidato aprovado dentro do número de vagas previsto no edital tem direito subjetivo a ser nomeado no prazo de validade do concurso" (Tese 1 da edição 11 da Jurisprudência em Teses do STJ). É interessante notar que o STF, embora tenha reconhecido o "indiscutível atributo moralizador" da norma, declarou inconstitucional o art. 77, VII, da Constituição do Estado do Rio de Janeiro, que assegurava o direito à nomeação dos candidatos aprovados dentro do número de vagas fixado no edital, tendo em vista, especialmente, a violação do art. 61, § 1.º, II, "c", da CRFB, que estabelece a competência privativa do chefe do Executivo para deflagrar processo legislativo relativo ao regime jurídico dos servidores, o que não ocorre com a elaboração da Carta estadual (STF, Tribunal Pleno, ADI 2.931/RJ, Rel. Min. Carlos Britto, *DJ* 29.8.2006, p. 31, *Informativo de Jurisprudência do STF* n. 377).

[146] "Art. 19. Para os fins do disposto no *caput* do art. 169 da Constituição, a despesa total com pessoal, em cada período de apuração e em cada ente da Federação, não poderá exceder os percentuais da receita corrente líquida, a seguir discriminados: I – União: 50% (cinquenta por cento); II – Estados: 60% (sessenta por cento); III – Municípios: 60% (sessenta por cento)."

[147] Tema 784 de Repercussão Geral do STF: "O surgimento de novas vagas ou a abertura de novo concurso para o mesmo cargo, durante o prazo de validade do certame anterior, não gera automaticamente o direito à nomeação dos candidatos aprovados fora das vagas previstas no edital, ressalvadas as hipóteses de preterição arbitrária e imotivada por parte da administração, caracterizada por comportamento tácito ou expresso do Poder Público capaz de revelar a inequívoca necessidade de nomeação do aprovado durante o período de validade do certame, a ser demonstrada de forma cabal pelo candidato. Assim, o direito subjetivo à nomeação do candidato aprovado em concurso público exsurge nas seguintes hipóteses: I – Quando a aprovação ocorrer dentro do número de vagas dentro do edital; II – Quando houver preterição na nomeação por não observância da ordem de classificação; III – Quando surgirem novas vagas, ou for aberto novo concurso durante a validade do certame anterior, e ocorrer a preterição de candidatos de forma arbitrária e imotivada por parte da administração nos termos acima".

Quanto à última hipótese mencionada, é importante ressaltar a necessidade de comprovação da preterição dos candidatos aprovados, pois o STF, em sede de repercussão geral, firmou o entendimento de que o mero surgimento de novas vagas ou a abertura de novo concurso para o mesmo cargo, durante o prazo de validade do certame anterior, não gera automaticamente o direito à nomeação dos candidatos aprovados fora das vagas previstas no edital.[148]

Registre-se que o STJ tem entendido que os candidatos aprovados fora do número de vagas para os cadastros de reserva, ainda que surjam novas vagas durante o prazo de validade do certame, não possuem direito subjetivo, mas apenas expectativa de nomeação.[149] Por outro lado, a Corte tem reconhecido o direito à nomeação ao candidato aprovado fora do número de vagas quando o candidato, imediatamente anterior na ordem de classificação, for convocado e manifestar desistência.[150] Mencione-se, ainda, o entendimento do STJ no sentido de que "a abertura de novo concurso, enquanto vigente a validade do certame anterior, confere direito líquido e certo a eventuais candidatos cuja classificação seja alcançada pela divulgação das novas vagas".[151]

O STJ decidiu que, excepcionalmente, o candidato aprovado em concurso público fora do número de vagas tem direito subjetivo à nomeação caso surjam novas vagas durante o prazo de validade do certame, desde que haja manifestação inequívoca da administração sobre a necessidade de seu provimento e não tenha restrição orçamentária, ou qualquer obstáculo financeiro.[152]

Na linha da jurisprudência do STJ, o termo inicial do prazo decadencial para a impetração de mandado de segurança, na hipótese em que o candidato aprovado em concurso público não é nomeado, é o término do prazo de validade do concurso.[153] De acordo com o Tema 683 de Repercussão Geral do STF, a ação judicial visando ao reconhecimento do direito à nomeação de candidato aprovado fora das vagas previstas no edital deve ter por causa de pedir preterição ocorrida na vigência do certame.

De acordo com o STF, o candidato, não aprovado, que toma posse por força de decisão judicial liminar ou precária, posteriormente revogada, não tem o direito de permanecer no cargo, sendo inaplicáveis os princípios da segurança jurídica e da confiança legítima.[154]

---

[148] STF, RE 837311/PI, Rel. Min. Luiz Fux, Tribunal Pleno, DJe-072 18.04.2016, Informativo de Jurisprudência do STF n. 803.

[149] STF, RE 837.311/PI, repercussão geral, Rel. Min. Luiz Fux, Informativo de Jurisprudência do STF n. 811; STJ, 1ª Seção, RMS 17.886/DF, Rel. Min. Eliana Calmon, DJe 14.10.2013, Informativo de Jurisprudência do STJ n. 531.

[150] STJ: "A desistência de candidatos convocados, dentro do prazo de validade do concurso, gera direito subjetivo à nomeação para os seguintes, observada a ordem de classificação e a quantidade de vagas disponibilizadas" (Tese 2 da edição 11 da Jurisprudência em Teses do STJ).

[151] Tese 3 da edição 11 da Jurisprudência em Teses do STJ.

[152] STJ, MS 22.813/DF, 1.ª Seção, Rel. Min. Og Fernandes, DJe 22.06.2018, Informativo de Jurisprudência do STJ n. 630.

[153] Tese 20 da edição n.º 9 da Jurisprudência em Teses do STJ. O Tribunal decidiu, ainda, que o encerramento do concurso público não conduz à perda do objeto do mandado de segurança que busca aferir suposta ilegalidade praticada em alguma das etapas do processo seletivo (Tese 21 da edição 9 da Jurisprudência em Teses do STJ).

[154] Tema 476 da Tese de Repercussão Geral do STF, RE 608.482/RN, Rel. Min. Teori Zavascki, Tribunal Pleno, DJe 30.10.2014, Informativo de Jurisprudência do STF n. 753. Segundo a Suprema Corte, o candidato que toma posse em concurso público por força de decisão judicial precária assume o risco de posterior reforma desse julgado, que, em razão do efeito ex tunc, inviabiliza a aplicação da teoria do fato consumado. STJ: "Não se aplica a teoria

Cabe destacar que o STF, em sede de repercussão geral, decidiu que na hipótese de posse em cargo público determinada por decisão judicial, o servidor não faz jus a indenização, sob fundamento de que deveria ter sido investido em momento anterior, salvo situação de arbitrariedade flagrante.[155] Ademais, a Suprema Corte consolidou o entendimento de que a nomeação tardia de candidatos aprovados em concurso público, por meio de ato judicial, à qual atribuída eficácia retroativa, não gera direito às promoções ou progressões funcionais que alcançariam houvesse ocorrido, a tempo e modo, a nomeação, uma vez que as promoções ou progressões funcionais não se resolvem apenas mediante o cumprimento do requisito temporal.[156]

### 23.7.11 Direito à vista e à revisão das provas

A Administração Pública deve possibilitar o acesso à correção das questões constantes de provas em concursos públicos. O direito à vista das provas em concurso público é um corolário dos princípios da ampla defesa e do contraditório, bem como da publicidade dos atos administrativos. Apenas com a divulgação das notas e das provas corrigidas, o candidato tem conhecimento das razões que justificaram as suas notas e, com isso, tem a oportunidade de discutir a correção.[157]

Por outro lado, a revisão das provas significa a possibilidade de discussão das notas atribuídas às questões de determinado concurso público.

Entendemos que a revisão administrativa deve ser compreendida como um direito do candidato, independentemente de previsão no edital, pois o recurso administrativo é imprescindível ao exercício do direito à ampla defesa, bem como uma espécie de direito de petição assegurado constitucionalmente. Todavia, o STJ já afirmou que o recurso administrativo contra o gabarito das provas somente será possível se houver previsão no edital, pois, na visão do Tribunal, o edital é a lei do concurso, razão pela qual a inscrição no certame implica concordância com as regras nele contidas.[158]

Quanto à revisão judicial, a jurisprudência dos tribunais superiores, em regra, não tem admitido o controle judicial em relação aos critérios discricionários adotados por bancas examinadoras na formulação e na correção das provas de concursos públicos, tendo em vista o princípio da separação de poderes que impede a invasão do mérito administrativo. Excepcionalmente, todavia, permite-se a invalidação de questões objetivas

---

do fato consumado na hipótese em que o candidato toma posse em virtude de decisão liminar, salvo situações fáticas excepcionais" (Tese 12 da edição 11 da Jurisprudência em Teses do STJ). Registre-se, contudo, que o STJ, em caso peculiar, decidiu que na hipótese em que o exercício da função é amparado por decisões judiciais precárias e o servidor se aposenta, antes do julgamento final de mandado de segurança, por tempo de contribuição durante esse exercício e após legítima contribuição ao sistema previdenciário, a aposentadoria não pode ser cassada (STJ, MS 20.558-DF, Rel. Min. Herman Benjamin, *DJe* 31.03.2017, *Informativo de Jurisprudência do STJ* n. 600).

[155] Tema 671 da Tese de Repercussão Geral do STF.
[156] Tema 454 da Tese de Repercussão Geral do STF, RE 629.392/MT, Rel. Min. Marco Aurélio, j. 08.06.2017, *Informativo de Jurisprudência do STF* n. 868.
[157] Nesse sentido: STJ, 5.ª Turma, RMS 27.838/SP, Rel. Min. Laurita Vaz, *DJe* 19.12.2008.
[158] STJ, 5.ª Turma, RMS 23.491/MS, Rel. Min. Arnaldo Esteves Lima, *DJe* 19.05.2008.

em provas de concursos públicos quando houver flagrante ilegalidade ou desrespeito às regras constantes do edital.[159]

Nas provas objetivas ("múltipla escolha"), o controle é facilitado de certa forma, pois os enunciados das questões restringem as opções dos candidatos e da Banca Examinadora. Nesse caso, por exemplo, se o enunciado exige a marcação da única resposta correta, mas existem duas ou mais alternativas corretas, a questão deverá ser anulada. Frise-se que a questão deve ser anulada com a atribuição dos pontos para todos os candidatos, e não apenas para o candidato que se socorreu do Judiciário.[160]

Questão mais complexa, todavia, refere-se às provas discursivas, quando existe uma maior flexibilidade e subjetividade nos critérios de correção das questões. O controle judicial, no caso, deve ser exercido com parcimônia e não pode o magistrado reexaminar a conveniência e a oportunidade dos critérios adotados pelos examinadores do concurso. A maior margem de liberdade na correção e na valoração das respostas por parte da Banca examinadora não afasta, contudo, a possibilidade de controle judicial, inclusive com o auxílio de perícia, quando houver violação aos princípios constitucionais, pois a discricionariedade não se confunde com o arbítrio.[161]

Ressalte-se, todavia, que o Judiciário não poderá substituir a Banca Examinadora para atribuir a nota que entender correta, mas apenas decidir pela desproporcionalidade ou ilegalidade da nota atribuída. Na hipótese, após invalidar a atuação da Banca, deverá o Judiciário oportunizar nova correção por parte dos examinadores com a atribuição de nova nota à questão.

Por fim, vale lembrar a possibilidade de questões relacionadas às alterações legislativas supervenientes ao edital, quando as novas normas se referirem aos temas genericamente previstos no ato convocatório.[162]

### 23.7.12 Concursos públicos e nomeações em períodos eleitorais: limites e possibilidades

A legislação impõe limites para nomeações e contratações de agentes públicos durante o período eleitoral. Nesse sentido, o art. 73, V, da Lei 9.504/1997 (Lei das Eleições) proíbe as nomeações, contratações, admissões, demissões sem justa causa, supressão ou

---

[159] STF: "Não compete ao Poder Judiciário substituir a banca examinadora para reexaminar o conteúdo das questões e os critérios de correção utilizados, salvo ocorrência de ilegalidade ou de inconstitucionalidade" (Tema 485 da Tese de Repercussão Geral do STF, RE 632.853/CE Rel. Min. Gilmar Mendes, Tribunal Pleno, DJe-125, 29.06.2015 (Informativo de Jurisprudência do STF n. 782); STJ: "O Poder Judiciário não analisa critérios de formulação e correção de provas em concursos públicos, salvo nos casos de ilegalidade ou inobservância das regras do edital" (Tese 2 da edição 9 da Jurisprudência em Teses do STJ).

[160] STJ, 5ª Turma, REsp 174.291/DF, Rel. Min. Jorge Scartezzini, DJ 29.05.2000, p. 169.

[161] Nesse sentido: SILVA, Almiro do Couto e. Correção de prova de concurso público e controle jurisdicional. Revista Trimestral de Direito Público, São Paulo, n. 42, p. 5-18, abr.-jun. 2003; TRF 1.ª Região, 5.ª Turma, AC 1998.34.00.001170-0/DF, Rel. Fagundes de Deus, DJU 25.11.2003, p. 42.

[162] Nesse sentido, o STJ admitiu a formulação de questão envolvendo as alterações promovidas pela EC 45/2004, editada após a publicação do edital, pois as novas normas se inserem no tema "Poder Judiciário" previsto no edital (STJ, 6.ª Turma, RMS 21.617/ES, Rel. Min. Maria Thereza de Assis Moura, DJe 16.06.2008, Informativo de Jurisprudência do STJ n. 357).

readaptação de vantagens, impedimento ao exercício funcional, bem como remoções, transferências ou exonerações *ex officio*, na circunscrição do pleito, nos três meses que o antecedem e até a posse dos eleitos, sob pena de nulidade de pleno direito, ressalvadas as seguintes hipóteses: a) a nomeação ou exoneração de cargos em comissão e designação ou dispensa de funções de confiança; b) a nomeação para cargos do Poder Judiciário, do Ministério Público, dos Tribunais ou Conselhos de Contas e dos órgãos da Presidência da República; c) a nomeação dos aprovados em concursos públicos homologados até o início daquele prazo; d) a nomeação ou contratação necessária à instalação ou ao funcionamento inadiável de serviços públicos essenciais, com prévia e expressa autorização do Chefe do Poder Executivo;[163] e) a transferência ou remoção *ex officio* de militares, policiais civis e de agentes penitenciários. O objetivo das vedações é garantir a lisura no pleito eleitoral, proporcionando a igualdade de oportunidades entre os candidatos, evitando, assim, que estes se utilizem de seus cargos públicos para promoverem suas campanhas, o que resultaria em uma vantagem ilegal sobre os demais candidatos.

Verifica-se que a norma em comento não impede a realização do concurso público ou a posse dos candidatos, mas sim a nomeação dos candidatos aprovados e outras condutas relacionadas aos agentes públicos no período indicado. Ademais, as vedações seriam aplicáveis apenas na circunscrição do pleito eleitoral, ou seja, nas eleições presidenciais, a circunscrição é o país; nas eleições federais e estaduais, o estado; e nas municipais, o respectivo município (art. 86 do Código Eleitoral).[164]

Além da legislação eleitoral, o art. 21, parágrafo único, da LC 101/2000 (LRF) estabelece a nulidade do ato que resulte *aumento de despesa com pessoal* expedido nos 180 dias anteriores ao final do mandato do chefe dos Poderes ou órgãos dos Poderes Legislativo, incluído o Tribunal de Contas da União, Judiciário e Executivo, bem como o Ministério Público. A vedação tem o propósito de evitar o comprometimento dos orçamentos futuros e a inviabilização das novas gestões, com o *encerramento equilibrado das contas públicas*

---

[163] A exceção em comento decorre do princípio da continuidade dos serviços públicos. De acordo com o TSE, contudo, somente são excepcionados, pela norma, os serviços essenciais em sentido estrito, isto é, aqueles "vinculados à sobrevivência, saúde e segurança da população" (RESPE 27.563/MT, Rel. Min. Carlos Augusto Ayres de Freitas Britto, *DJ* 12.02.2007, p. 135).

[164] Nesse sentido, o TSE, por meio da Resolução 21.806/2004, no âmbito da Consulta 1.065/DF, afirmou: "Consulta. Recebimento. Petição. Art. 73, V, Lei n.º 9.504/97. Disposições. Aplicação. Circunscrição do pleito. Concurso público. Realização. Período eleitoral. Possibilidade. Nomeação. Proibição. Ressalvas legais. 1. As disposições contidas no art. 73, V, Lei n.º 9.504/97 somente são aplicáveis à circunscrição do pleito. 2. Essa norma não proíbe a realização de concurso público, mas, sim, a ocorrência de nomeações, contratações e outras movimentações funcionais desde os três meses que antecedem as eleições até a posse dos eleitos, sob pena de nulidade de pleno direito. 3. A restrição imposta pela Lei n.º 9.504/97 refere-se à nomeação de servidor, ato da administração de investidura do cidadão no cargo público, não se levando em conta a posse, ato subsequente à nomeação e que diz respeito à aceitação expressa pelo nomeado das atribuições, deveres e responsabilidades inerentes ao cargo. 4. A data limite para a posse de novos servidores da administração pública ocorrerá no prazo de trinta dias contados da publicação do ato de provimento, nos termos do art. 13, § 12, Lei n.º 8.112/90, desde que o concurso tenha sido homologado até três meses antes do pleito conforme ressalva da alínea c do inciso V do art. 73 da Lei das Eleições. 5. A lei admite a nomeação em concursos públicos e a consequente posse dos aprovados, dentro do prazo vedado por lei, considerando-se a ressalva apontada. Caso isso não ocorra, a nomeação e consequente posse dos aprovados somente poderão acontecer após a posse dos eleitos. 6. Pode acontecer que a nomeação dos aprovados ocorra muito próxima ao início do período vedado pela Lei Eleitoral, e a posse poderá perfeitamente ocorrer durante esse período. [...]".

*ao término do mandato*, sendo certo que a sua violação caracteriza a prática do crime tipificado no art. 359-G do Código Penal.[165]

Verifica-se que a LRF, assim como a legislação eleitoral, não impede a realização de concurso, mas a prática de atos que resultem aumento de despesa no período indicado.

Entendemos que a vedação imposta pela LRF se refere ao aumento arbitrário da despesa pública, que não venha acompanhado do respectivo aumento de receita (ex.: seria possível o aumento de despesa de pessoal compensado por exonerações de servidores comissionados). Vale dizer: a norma não veda o aumento nominal das despesas com pessoal (aquele expresso em valores), mas sim o aumento do percentual que as despesas com pessoal representam dentro do orçamento público.[166]

Por fim, a vedação acima deve ser afastada, também, para contratações temporárias de servidores, na forma do art. 37, IX, da CRFB, uma vez que a situação envolve excepcional interesse público.

## 23.8 SISTEMA REMUNERATÓRIO

O sistema remuneratório dos servidores públicos sempre foi considerado um ponto controvertido, mormente pela disparidade e confusão das nomenclaturas utilizadas pelos textos normativos. A Constituição, em sua redação originária, utilizava-se das expressões remuneração e vencimentos para referir-se ao sistema remuneratório dos servidores.

Não obstante as dificuldades mencionadas, é possível afirmar que os vencimentos (estipêndios) constituem, tradicionalmente, a forma de remuneração dos servidores públicos, composta por uma parte fixa (vencimento, no singular, ou vencimento-base) e uma parcela variável (vantagens pecuniárias).[167]

Enquanto o vencimento-base é representado por montante fixado em lei, as vantagens pecuniárias variam de acordo com as peculiaridades da função exercida por cada servidor e das respectivas circunstâncias fáticas (tempo de serviço, condições do serviço etc.).[168] As vantagens pecuniárias incidem, normalmente, sobre o vencimento do cargo e não sobre outras vantagens pagas ao servidor. Nesse sentido, a Súmula Vinculante 15 do

---

[165] Código Penal: "Art. 359-G. Ordenar, autorizar ou executar ato que acarrete aumento de despesa total com pessoal, nos cento e oitenta dias anteriores ao final do mandato ou da legislatura: (Incluído pela Lei 10.028, de 2000) Pena – reclusão, de 1 (um) a 4 (quatro) anos".

[166] Em sentido semelhante: DI PIETRO, Maria Sylvia Zanella. Arts. 18 a 28. In: MARTINS, Ives Gandra da Silva (Org.). *Comentários à Lei de Responsabilidade Fiscal*. São Paulo: Saraiva, 2001. p. 155. Na forma do art. 18, § 2.º, da LRF: "A despesa total com pessoal será apurada somando-se a realizada no mês em referência com as dos onze imediatamente anteriores, adotando-se o regime da competência".

[167] Lei 8.112/1990: "Art. 40. Vencimento é a retribuição pecuniária pelo exercício de cargo público, com valor fixado em lei"; e "Art. 41. Remuneração é o vencimento do cargo efetivo, acrescido das vantagens pecuniárias permanentes estabelecidas em lei".

[168] Tradicionalmente, a doutrina diferencia dois tipos de vantagens pecuniárias: a) adicionais: referem-se às funções em si mesmas; b) gratificações: relacionam-se com as condições fáticas do exercício da função. Todavia, conforme pertinente lembrança de José dos Santos Carvalho Filho, a distinção não tem importância atualmente, pois não é adotada na legislação, bem como, independentemente da nomenclatura, o cumprimento dos requisitos legais ensejará o pagamento da vantagem (CARVALHO FILHO, José dos Santos. *Manual de direito administrativo*. 22. ed. Rio de Janeiro: Lumen Juris, 2009. p. 700).

STF dispõe: "O cálculo de gratificações e outras vantagens do servidor público não incide sobre o abono utilizado para se atingir o salário mínimo".

O regime atual de subsídios, como forma de remuneração de determinados servidores públicos, foi inserido no texto constitucional pela Emenda Constitucional 19/1998, que alterou o art. 39, § 4.º, da CRFB.

Com isso, o sistema remuneratório dos servidores públicos, ocupantes de cargos públicos, pode ser dividido atualmente em duas espécies:

a) **Vencimentos:** representa o somatório da parcela fixa e das vantagens pecuniárias; e

b) **Subsídios:** parcela única, fixada em lei, sendo vedada a percepção de vantagens pecuniárias.

Aos agentes públicos é assegurado o direito de receber remuneração acima do salário mínimo. Nesse caso, a Súmula Vinculante 16 do STF prevê: "Os artigos 7.º, IV, e 39, § 3.º (redação da EC 19/1998), da Constituição, referem-se ao total da remuneração percebida pelo servidor". Com isso, a remuneração total do servidor deve ser superior ao salário mínimo, não necessariamente o vencimento-base.[169]

A fixação da remuneração (vencimentos e subsídios) depende de lei, na forma do art. 37, X, da CRFB.[170] No entanto, a iniciativa para o processo legislativo pode variar:

a) servidores públicos do Executivo: a iniciativa é do chefe do Executivo (art. 61, § 1.º, II, "a", da CRFB);

b) servidores do Judiciário: a iniciativa é dos tribunais (art. 96, II, "b", da CRFB);

c) servidores da Câmara e do Senado: iniciativa de cada Casa Legislativa (arts. 51, IV, e 52, XIII, da CRFB); e

d) servidores do Ministério Público: iniciativa do Procurador-Geral (art. 127, § 2.º, da CRFB).

A instituição do regime de subsídio por meio de pagamento da parcela única, sem adicionais (vantagens), tem por objetivo garantir maior transparência e controle dos gastos públicos com pessoal. Não obstante a louvável pretensão constitucional, certo é que o pagamento de subsídio não será realizado, necessariamente, em "parcela única", tendo em vista duas razões:

a) o art. 39, § 3.º, CRFB determina a aplicação de diversos direitos trabalhistas (ex.: décimo terceiro salário, adicional noturno, salário-família) aos servidores ocupantes de cargo público, sem qualquer distinção em relação ao respectivo

---

[169] Tema 900 das Teses de Repercussão Geral do STF: "É defeso o pagamento de remuneração em valor inferior ao salário mínimo ao servidor público, ainda que labore em jornada reduzida de trabalho."

[170] Na forma do art. 169, § 1.º, da CRFB, a concessão de aumento de remuneração depende de prévia dotação orçamentária, bem como de prévia autorização específica na lei de diretrizes orçamentárias, ressalvadas as empresas públicas e as sociedades de economia mista.

sistema de remuneração, razão pela qual deve ser reconhecida a aplicação dessa norma aos servidores que recebam subsídios;[171]

b) independentemente de previsão expressa na Constituição, deve ser reconhecido o direito ao pagamento de verbas indenizatórias, ao lado da parcela única, aos servidores que recebem subsídios, pois, caso contrário, o servidor sofreria danos irreparáveis pelo simples exercício da função.[172]

Dessa forma, ainda que o subsídio seja definido como forma de remuneração em parcela única, há hipóteses em que outras parcelas variáveis serão somadas a essa parcela fixa.

É importante reiterar que a única exigência constitucional para a instituição, legal e facultativa, dos subsídios é a organização dos servidores públicos em carreira (art. 39, § 8.º, da CRFB).[173] A "organização em carreira" pressupõe o escalonamento de cargos em níveis crescentes de responsabilidades (hierarquia administrativa).

O regime de subsídio não é impositivo para todos os agentes públicos. O texto constitucional exige a sua instituição para determinadas carreiras, mas abre a possibilidade de sua fixação para outras. É possível, destarte, afirmar que o regime de subsídio pode considerado:

a) **obrigatório:** para os agentes, expressamente referidos na Constituição, a saber:
   a.1) membro de Poder (Legislativo, Executivo e Judiciário), o detentor de mandato eletivo, os Ministros de Estado e os Secretários Estaduais e Municipais (art. 39, § 4.º, da CRFB);
   a.2) membro do Ministério Público (art. 128, § 5.º, I, "c");
   a.3) integrantes da Advocacia-Geral da União, Procuradores do Estado e do Distrito Federal e os Defensores Públicos (art. 135);
   a.4) Ministros dos Tribunais de Contas da União (art. 73, § 3.º); e
   a.5) servidores públicos policiais (art. 144, § 9.º).
b) **facultativo:** para os demais agentes públicos organizados em carreira.

É importante ressaltar, desde logo, que, em qualquer hipótese, a instituição do subsídio depende da lei. Ou seja: a aplicação do regime do subsídio não decorre diretamente da Constituição.

Independentemente da forma de remuneração, o STJ consolidou entendimento no sentido da obrigatoriedade de restituição ao erário nas hipóteses em que o pagamento dos

---

[171] A tese aqui sustentada foi adotada pelo STF, ADI 4.941/AL, Plenário, Rel. p/ o acórdão Min. Luiz Fux, *Informativo de Jurisprudência do STF* n. 947. Mencione-se, também, o Tema 484 das Teses de Repercussão Geral do STF: "2) O art. 39, § 4.º, da Constituição Federal não é incompatível com o pagamento de terço de férias e décimo terceiro salário" (01.02.2017).

[172] Nesse sentido: DI PIETRO, Maria Sylvia Zanella. *Direito administrativo*. 20. ed. São Paulo: Atlas, 2007. p. 497. Da mesma forma, o STF considerou constitucional, quando caracterizada a natureza indenizatória da verba, a concessão de auxílio destinado ao aperfeiçoamento profissional de membros de procuradoria estadual, remunerados sob a forma de subsídio (Tribunal Pleno, ADI 7.271/AP, Redator do acórdão: Min. Luís Roberto Barroso, *DJe* 03.11.2023).

[173] STF, Tribunal Pleno, ADI 3.923 MC/MA, Rel. Min. Eros Grau, j. 16.08.2007, *DJ* 15.02.2008, p. 397.

valores pleiteados pela Administração Pública ocorreu por força de decisão judicial precária, não cabendo em tais casos a aplicação do entendimento de que o servidor se encontrava de boa-fé, posto que sabedor da fragilidade e provisoriedade da tutela concedida.[174] Por outro lado, o STJ entende ser indevida a devolução ao erário de valores recebidos de boa-fé, por servidor público ou pensionista, em decorrência de erro administrativo operacional ou nas hipóteses de equívoco ou má interpretação da lei pela Administração Pública.[175] Contudo, o próprio STJ, nesse último caso, entende que "os pagamentos indevidos aos servidores públicos decorrentes de erro administrativo (operacional ou de cálculo), não embasado em interpretação errônea ou equivocada da lei pela Administração, estão sujeitos à devolução, ressalvadas as hipóteses em que o servidor, diante do caso concreto, comprove sua boa-fé objetiva, sobretudo com demonstração de que não lhe era possível constatar o pagamento indevido".[176]

Cabe registrar, ainda, que as vantagens de caráter temporário ou vinculadas ao exercício de função de confiança ou de cargo em comissão não podem ser incorporadas à remuneração do cargo efetivo (art. 39, § 9.º, da CRFB, incluído pela EC 103/2019 – Reforma da Previdência).[177]

### 23.8.1 Revisão da remuneração e vinculação

O direito à revisão geral da remuneração (vencimentos e subsídios) dos servidores encontra-se consagrado no art. 37, X, da CRFB.[178]

De acordo com a norma constitucional, a revisão geral deve obedecer aos seguintes requisitos:

a) **a efetivação da revisão depende de lei**. Cada Ente federado deverá elaborar lei própria, de iniciativa do respectivo chefe do Executivo (art. 61, § 1.º, II, "a", da CRFB), com os critérios da revisão (em âmbito federal, a Lei 10.331/2001 trata da revisão geral dos servidores públicos dos Poderes Executivo, Legislativo e Judiciário da União, das autarquias e fundações públicas federais);

---

[174] STJ, 1.ª Seção, EAREsp 58.820/AL, Rel. Min. Benedito Gonçalves, DJe 14.10.2014, Informativo de Jurisprudência do STJ n. 549.

[175] Tese firmada no Tema Repetitivo 531 do STJ: "Quando a Administração Pública interpreta erroneamente uma lei, resultando em pagamento indevido ao servidor, cria-se uma falsa expectativa de que os valores recebidos são legais e definitivos, impedindo, assim, que ocorra desconto dos mesmos, ante a boa-fé do servidor público".

[176] Tese firmada no Tema Repetitivo 1.009 do STJ. De forma semelhante, no tocante aos benefícios previdenciários, a Tese firmada no Tema Repetitivo 979 do STJ dispõe: "Com relação aos pagamentos indevidos aos segurados decorrentes de erro administrativo (material ou operacional), não embasado em interpretação errônea ou equivocada da lei pela Administração, são repetíveis, sendo legítimo o desconto no percentual de até 30% (trinta por cento) de valor do benefício pago ao segurado/beneficiário, ressalvada a hipótese em que o segurado, diante do caso concreto, comprova sua boa-fé objetiva, sobretudo com demonstração de que não lhe era possível constatar o pagamento indevido".

[177] A vedação da incorporação em comento não se aplica às parcelas remuneratórias decorrentes de incorporação de vantagens de caráter temporário ou vinculadas ao exercício de função de confiança ou de cargo em comissão efetivada até a data de entrada em vigor da EC 103/2019 (art. 13 da Emenda).

[178] "Art. 37. [...] X – a remuneração dos servidores públicos e o subsídio de que trata o § 4.º do art. 39 somente poderão ser fixados ou alterados por lei específica, observada a iniciativa privativa em cada caso, assegurada revisão geral anual, sempre na mesma data e sem distinção de índices."

b) **a revisão geral deve ser anual**, o que não impede a implementação da revisão antes desse período (a periodicidade anual, que deve ser realizada "sempre na mesma data", tem relação com o prazo da respectiva lei orçamentária, pois a revisão acarreta impactos orçamentários e a Administração possui limites com despesas de pessoal previstos na LC 101/2000); e
c) **não pode haver "distinção de índices"**, pois a revisão é "geral" e deve respeitar o princípio da isonomia.

Ao lado da revisão geral, existe a possibilidade de revisão específica da remuneração dos servidores. Enquanto a revisão geral pretende preservar o valor da remuneração em razão da inflação, a revisão específica ou setorial é efetivada em relação a determinadas carreiras, com o objetivo de prestigiar a remuneração de determinadas funções por outras razões (ex.: valorização de determinadas carreiras estratégicas).

Em relação à revisão geral, a iniciativa da lei, conforme já assinalado, é do respectivo chefe do Executivo (art. 61, § 1.º, II, "a", da CRFB). Por outro lado, quanto às revisões específicas, a iniciativa do processo legislativo é do dirigente de cada Poder (Executivo, Judiciário e Legislativo) ou de órgãos constitucionais dotados de forte autonomia (Ministério Público).[179]

O reajuste da remuneração dos servidores estaduais e municipais não pode ser vinculado a índices federais de correção monetária, conforme dispõe a Súmula Vinculante 42 do STF.[180] O intuito é evitar os "reajustes automáticos", pois os índices federais não levam em consideração a realidade orçamentária dos Estados e Municípios.[181]

É vedada a vinculação ou equiparação de quaisquer espécies remuneratórias para o efeito de remuneração dos servidores públicos (art. 37, XIII, da CRFB).

Por fim, é importante lembrar que, na hipótese de omissão legislativa, o Judiciário não pode determinar o aumento da remuneração, ainda que sob o argumento da isonomia, tendo em vista o enunciado da Súmula Vinculante 37 do STF: "Não cabe ao Poder Judiciário, que não tem função legislativa, aumentar vencimentos de servidores públicos sob o fundamento de isonomia".[182]

---

[179] Nesse sentido, o STF admitiu as revisões específicas efetivadas por meio de leis de iniciativa da Câmara dos Deputados e o Senado em relação aos respectivos servidores (STF, Tribunal Pleno, ADI 3.599/DF, Rel. Min. Gilmar Mendes, DJ 14.09.2007, p. 30, *Informativo de Jurisprudência do STF* n. 468).

[180] Súmula Vinculante 42: "É inconstitucional a vinculação do reajuste de vencimentos de servidores estaduais ou municipais a índices federais de correção monetária".

[181] O STF decidiu que o art. 27, § 2.º, da CRFB, ao determinar que o subsídio dos Deputados Estaduais não pode ser superior a 75% do subsídio dos Deputados Federais, não justifica a fixação do percentual em lei estadual, pois, nesse caso, o aumento dos subsídios dos legisladores federais ensejaria necessariamente aumento dos subsídios dos legisladores estaduais. Isso porque o percentual de 75% serve como limite de remuneração, mas não como índice de reajuste automático (STF, Tribunal Pleno, ADI 3.461 MC/ES, Rel. Min. Gilmar Mendes, DJe-163 25.08.2014, *Informativos de Jurisprudência do STF* n. 433 e 747). Em outra oportunidade, o STF não admitiu a fixação da remuneração dos servidores estaduais em múltiplos de salários mínimos, tendo em vista a impossibilidade de reajustamento automático da remuneração dos agentes públicos estaduais, mediante vinculação ao salário mínimo, fixado pelo Governo Federal (STF, AC 2.288 Referendo MC/PI, Rel. Min. Celso de Mello, j. 10.03.2009, *Informativo de Jurisprudência do STF* n. 538).

[182] Antes da referida Súmula Vinculante, a Súmula 339 do STF dispunha: "não cabe ao Poder Judiciário, que não tem função legislativa, aumentar vencimentos de servidores públicos sob fundamento de isonomia".

## 23.9 TETO REMUNERATÓRIO

O art. 37, XI, da CRFB, alterado pela EC 41/2003, estabeleceu limites remuneratórios para todos os agentes públicos das Administrações Públicas de todos os Poderes, com o objetivo de moralizar os gastos públicos com pessoal. Trata-se da regra do teto que se aplica a toda e qualquer espécie de remuneração e proventos. Atualmente, na forma da citada norma constitucional, o teto geral é o subsídio mensal dos Ministros do STF.[183]

De acordo com a referida norma, ao lado do teto geral, aplicável a todos os agentes públicos, existem tetos específicos (ou subtetos) relativos aos respectivos Entes federados. Os tetos remuneratórios podem ser sintetizados da seguinte forma:

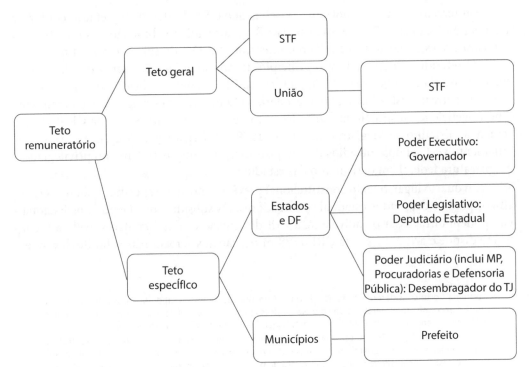

É importante tecer algumas considerações em relação ao teto remuneratório. Em primeiro lugar, o art. 37, § 12, da CRFB,[184] com redação da EC 47/2005, admite a fixação, mediante emendas às Constituições estaduais e Lei Orgânica distrital, de um subteto uniforme para os Estados e Distrito Federal, em que o limite único seria o subsídio mensal

---

[183] Com a nova redação do art. 37, XI, da CRFB, perdeu sentido a previsão contida no inciso XII do mesmo artigo que previa: "os vencimentos dos cargos do Poder Legislativo e do Poder Judiciário não poderão ser superiores aos pagos pelo Poder Executivo".

[184] "Art. 37. [...] § 12. Para os fins do disposto no inciso XI do *caput* deste artigo, fica facultado aos Estados e ao Distrito Federal fixar, em seu âmbito, mediante emenda às respectivas Constituições e Lei Orgânica, como limite único, o subsídio mensal dos Desembargadores do respectivo Tribunal de Justiça, limitado a noventa inteiros e vinte e cinco centésimos por cento do subsídio mensal dos Ministros do Supremo Tribunal Federal, não se aplicando o disposto neste parágrafo aos subsídios dos Deputados Estaduais e Distritais e dos Vereadores."

dos Desembargadores do respectivo Tribunal de Justiça.[185] O referido subteto único, no entanto, não se aplicaria aos Deputados Estaduais e Distritais, bem como aos vereadores.

Em segundo lugar, não obstante a regra do teto remuneratório seja aplicável, em princípio, às entidades da Administração Direta e Indireta, existe uma limitação prevista pela própria Constituição no tocante às empresas estatais. Nesse caso, o teto somente será aplicado às empresas públicas, às sociedades de economia mista e suas subsidiárias que sejam consideradas dependentes, ou seja, que recebam "recursos da União, dos Estados, do Distrito Federal ou dos Municípios para pagamento de despesas de pessoal ou de custeio em geral" (art. 37, § 9.º, da CRFB). As demais estatais (não dependentes) estão excluídas do teto.[186]

Em terceiro lugar, é importante ressaltar que o STF[187] deu interpretação conforme a Constituição ao art. 37, XI e § 12, da CRFB, para excluir a submissão dos membros da magistratura estadual ao subteto de remuneração (90,25% do subsídio dos Ministros do STF). O referido subteto violava o princípio da isonomia (art. 5.º, *caput* e I, da CRFB), considerado cláusula pétrea (art. 60, § 4.º, IV, da CRFB), pois estabelecia tratamento diferenciado entre magistrados estaduais e federais. O Judiciário é estruturado nacionalmente ("homogeneidade institucional"), sendo certo que o próprio art. 93, V, da CRFB,[188] que remete ao Estatuto da Magistratura (LC 35/1979: Lei Orgânica da Magistratura) o escalonamento vertical dos subsídios dos magistrados, não impõe tratamento privilegiado à magistratura federal em detrimento das estaduais.

Em quarto lugar, o texto constitucional prevê, em normas específicas, subtetos específicos para os deputados estaduais e vereadores. Os subsídios dos Deputados Estaduais não podem ultrapassar o equivalente a 75% dos subsídios dos Deputados Federais, conforme dispõe o art. 27, § 2.º, da CRFB.[189] Em relação aos vereadores, os limites levam em

---

[185] A Suprema Corte considerou incompatível com a Constituição Federal a Emenda à Constituição estadual que institui, como limite remuneratório único dos servidores públicos estaduais, o valor do subsídio dos ministros do STF (Tribunal Pleno, ADI 6.746/RO, Rel. Min. Rosa Weber, DJe 8.6.2021, *Informativo de Jurisprudência do STF* n. 1.019).

[186] Na forma do art. 2.º, III, da LRF, a empresa estatal dependente é a empresa controlada que recebe do ente controlador "recursos financeiros para pagamento de despesas com pessoal ou de custeio em geral ou de capital, excluídos, no último caso, aqueles provenientes de aumento de participação acionária". De acordo com o STF, o teto remuneratório não incide sobre os salários pagos por empresas estatais e suas subsidiárias que não dependentes do erário (Tribunal Pleno, ADI 6.584/DF, Rel. Min. Gilmar Mendes, DJe 02.6.2021, *Informativo de Jurisprudência do STF* n. 1.018).

[187] STF, Tribunal Pleno, ADI 3.854 MC/DF, Rel. Min. Cezar Peluso, DJ 29.6.2007, p. 22, *Informativo de Jurisprudência do STF* n. 457.

[188] "Art. 93. Lei complementar, de iniciativa do Supremo Tribunal Federal, disporá sobre o Estatuto da Magistratura, observados os seguintes princípios: [...] V – o subsídio dos Ministros dos Tribunais Superiores corresponderá a noventa e cinco por cento do subsídio mensal fixado para os Ministros do Supremo Tribunal Federal e os subsídios dos demais magistrados serão fixados em lei e escalonados, em nível federal e estadual, conforme as respectivas categorias da estrutura judiciária nacional, não podendo a diferença entre uma e outra ser superior a dez por cento ou inferior a cinco por cento, nem exceder a noventa e cinco por cento do subsídio mensal dos Ministros dos Tribunais Superiores, obedecido, em qualquer caso, o disposto nos arts. 37, XI e 39, § 4.º".

[189] "Art. 27. [...] § 2.º O subsídio dos Deputados Estaduais será fixado por lei de iniciativa da Assembleia Legislativa, na razão de, no máximo, setenta e cinco por cento daquele estabelecido, em espécie, para os Deputados Federais, observado o que dispõem os arts. 39, § 4.º, 57, § 7.º, 150, II, 153, III, e 153, § 2.º, I." De acordo com o STF, o referido dispositivo constitucional não justifica a fixação do percentual em lei estadual, uma vez que acarretaria reajustes automáticos dos subsídios dos Deputados Estaduais a partir dos aumentos determinados pela União, além da

consideração os subsídios dos Deputados Estaduais e variam de acordo com o número de habitantes, na forma do art. 29, VI, da CRFB:

a) Municípios com até dez mil habitantes: 20% do subsídio dos Deputados Estaduais;

b) Municípios com dez mil e um a cinquenta mil habitantes: 30% do subsídio dos Deputados Estaduais;

c) Municípios com cinquenta mil e um a cem mil habitantes: 40% do subsídio dos Deputados Estaduais;

d) Municípios com cem mil e um a trezentos mil habitantes: 50% do subsídio dos Deputados Estaduais;

e) Municípios com trezentos mil e um a quinhentos mil habitantes: 60% do subsídio dos Deputados Estaduais; e

f) Municípios com mais de quinhentos mil habitantes: 75% do subsídio dos Deputados Estaduais.

Ademais, independentemente da população do Município, "o total da despesa com a remuneração dos Vereadores não poderá ultrapassar o montante de cinco por cento da receita do Município" (art. 29, VII, da CRFB).

Em quinto lugar, a norma constitucional foi omissa em relação aos Procuradores dos Municípios. A partir de uma leitura apressada do art. 37, XI, da CRFB, alguns poderiam pensar que os Procuradores, por serem servidores municipais, deveriam se submeter ao teto municipal, e o paradigma, no caso, seria o subsídio do Prefeito.

No entanto, pensamos que o teto dos Procuradores Municipais deve ser o subsídio dos Desembargadores dos Tribunais de Justiça, pois a função exercida por esses servidores é essencial à atividade jurisdicional e a intenção da norma foi inserir no teto do Judiciário estadual todas as carreiras essenciais à Justiça. Ademais, a norma constitucional, ao estender o teto do Judiciário estadual aos membros do Ministério Público, da Defensoria Pública e aos Procuradores, não fez, nesse último caso, qualquer distinção entre Procuradores estaduais e municipais. A tese aqui sustentada foi posteriormente consagrada no STF.[190]

---

vedada equiparação ou vinculação entre cargos para fins de remuneração. STF, Tribunal Pleno, ADI 6.545/SC, Rel. do Acórdão Min. Alexandre de Moraes, DJe 14.06.2023, *Informativo de Jurisprudência do STF* n. 1.090.

[190] Tema 510 das Teses de Repercussão Geral do STF: "A expressão 'Procuradores', contida na parte final do inciso XI do art. 37 da Constituição da República, compreende os Procuradores Municipais, uma vez que estes se inserem nas funções essenciais à Justiça, estando, portanto, submetidos ao teto de noventa inteiros e vinte e cinco centésimos por cento do subsídio mensal, em espécie, dos Ministros do Supremo Tribunal Federal" (28.02.2019). Saliente-se, por oportuno, que a PEC que deu origem à EC 41/2003 referia-se expressamente aos Procuradores dos Estados. Todavia, ao se retirar essa limitação, constando do texto definitivo a expressão genérica "Procuradores", ficou evidente que a intenção do legislador (interpretação autêntica) foi abranger todos os Procuradores, inclusive municipais. Cabe destacar que o STF reconheceu a constitucionalidade de recebimento de honorários advocatícios pelos Procuradores estaduais, observado o teto previsto no art. 37, XI, da CRFB no somatório total às demais verbas remuneratórias recebidas mensalmente (ADI 6.135/GO, ADI 6.160/AP, ADI 6.161/AC, ADI 6.169/MS, ADI 6.177/PR, ADI 6.182/RO, Tribunal Pleno, Rela. Mina. Rosa Weber, j. 19.10.2020, *Informativo de Jurisprudência do STF* n. 995). Em outra oportunidade, o STF declarou a constitucionalidade, desde que observado o teto remuneratório, da norma estadual que destina aos procuradores estaduais honorários advocatícios incidentes na hipótese de quitação de

Em sexto lugar, o teto deve ser observado mesmo nos casos de acumulação remunerada de cargos, empregos e funções admitida pela Constituição (art. 37, XI, XVI e XVII, da CRFB), bem como na acumulação de proventos e de proventos e remuneração (arts. 37, XI e § 10, e 40, § 11, da CRFB). Todavia, a regra deve ser mitigada em relação aos agentes públicos que recebem subsídio equivalente ao teto e que podem acumular cargos, empregos e funções licitamente. Vejamos o caso dos Ministros do STF que podem exercer a função de magistério (art. 95, parágrafo único, I, da CRFB), mas seus subsídios são o próprio teto geral. Duas soluções seriam possíveis para dirimir o conflito entre essas normas constitucionais: vedar a acumulação no caso, prestigiando a regra do teto geral (não se poderia impor o exercício gratuito do magistério), ou admitir a acumulação, mitigando a regra do teto nesse caso específico. Ao que parece, a segunda interpretação é a que melhor se harmoniza com a Constituição, sob pena de se retirar dos magistrados da cúpula do Judiciário o direito constitucional de exercerem o magistério.[191]

Aliás, a própria Constituição determina que os Ministros do STF acumularão as suas funções com aquelas inerentes ao Tribunal Superior Eleitoral, nos limites colocados pelos arts. 119 e seguintes da CRFB. É ilógico supor que a Constituição imponha a acumulação dessas funções sem a correspondente contrapartida remuneratória. Por esta razão, o STF, em sessão administrativa realizada em 05.02.2004, entendeu que a denominada "gratificação de presença" (gratificação relativa às funções junto à Justiça Eleitoral)[192] não seria incluída no teto.[193]

Em sétimo lugar, o art. 37, XI, da CRFB inclui no cômputo do teto toda e qualquer forma de verba remuneratória, introduzindo os vencimentos, subsídios, proventos, pensões ou outra espécie remuneratória, bem como as vantagens pessoais ou de qualquer outra natureza. No entanto, as verbas indenizatórias (ex.: diárias, auxílio-alimentação, auxílio-transporte etc.) estão excluídas do teto, consoante previsão do art. 37, § 11, da CRFB, com redação dada pela EC 135/2024, que afasta do teto "as parcelas de caráter indenizatório expressamente previstas em lei ordinária, aprovada pelo Congresso Nacional, de caráter nacional, aplicada a todos os Poderes e órgãos constitucionalmente autônomos." Enquanto não editada a lei ordinária de caráter nacional indicada no art. 37, § 11, da CRFB, as parcelas de caráter indenizatório previstas na legislação vigente não serão computadas, para efeito do teto remuneratório, na forma do art. 3º da EC 135/2024. Essas verbas não remuneram o agente pelo exercício regular da função, mas, ao contrário, destinam-se a indenizar o agente pelos prejuízos advindos do exercício de suas funções. Por outro lado, o STF decidiu que as vantagens pessoais (exs.: adicionais por tempo de serviço, sexta parte, prêmio de produtividade e gratificações), mesmo que percebidas antes da EC 41/2003, devem ser inseridas no teto.[194]

---

dívida ativa em decorrência da utilização de meio alternativo de cobrança administrativa ou de protesto de título (ADI 5.910/RO, Rel. Min. Dias Toffoli, Tribunal Pleno, DJe 14.06.2022, Informativo de Jurisprudência do STF n. 1.056).

[191] De acordo com o STF: "Nos casos autorizados constitucionalmente de acumulação de cargos, empregos e funções, a incidência do art. 37, inciso XI, da Constituição Federal pressupõe consideração de cada um dos vínculos formalizados, afastada a observância do teto remuneratório quanto ao somatório dos ganhos do agente público" (Temas 377 e 384 da Tese de Repercussão Geral do STF).

[192] A Lei 8.350/1991 dispõe sobre as gratificações na Justiça Eleitoral.

[193] Nesse sentido: art. 8.º, III, "d", da Resolução 13 do CNJ e art. 4.º, III, "d", da Resolução 14 do CNJ.

[194] STF, RE 606.358/SP (repercussão geral), Rel. Min. Rosa Weber, Tribunal Pleno, Informativo de Jurisprudência do STF 800.

Da mesma forma, devem ser excluídas do teto as verbas elencadas no art. 39, § 3.º, da CRFB (ex.: décimo terceiro, adicional noturno, hora extra etc.).[195] Não é razoável exigir que o servidor, que recebe remuneração próxima ao teto, exerça suas funções fora do seu horário regular de trabalho ou no período noturno sem perceber os referidos adicionais.[196]

Em oitavo lugar, o art. 9.º da EC 41/2003 determinou a aplicação imediata do teto (art. 37, XI, da CRFB), devendo ser efetivada a redução das remunerações acima do novo limite.[197] Trata-se de norma evidentemente inconstitucional, pois o exercício do Poder Constituinte Derivado é limitado e não pode contrariar o direito fundamental à irredutibilidade das remunerações (art. 37, XV, da CRFB), bem como o direito adquirido (art. 5.º, XXXVI, da CRFB), considerados cláusulas pétreas (art. 60, § 4.º, IV, da CRFB).[198]

Frise-se que o direito à irredutibilidade das remunerações foi consagrado na redação originária da Constituição de 1988. Com o advento da EC 19/1998, o art. 37, XV, da CRFB foi alterado para inserir no seu texto a ideia de que a irredutibilidade ficaria condicionada ao teto. Ou seja: caso a remuneração ultrapassasse o teto, poderia haver redução remuneratória, conforme constou expressamente do art. 29 da EC 19/1998,[199] norma que também é inconstitucional por violar direito adquirido.

O STF, ao julgar a aplicação do teto e a diminuição dos proventos de determinados Ministros aposentados da própria Corte, afastou o recebimento de adicional por tempo de serviço e, portanto, admitiu a redução dos proventos, em razão da incidência do teto. Todavia, na mesma decisão e de maneira contraditória, a Corte reconheceu o direito de continuarem a perceber acréscimo de 20% sobre seus proventos, tendo em vista a irredutibilidade, "até que seu montante seja absorvido pelo subsídio fixado em lei para o Ministro do Supremo Tribunal Federal".[200] Em decisão posterior, o STF, diferentemente da tese aqui sustentada, decidiu que o teto estabelecido pela EC 41/2003 é de eficácia imediata, inexistindo direito adquirido por parte dos servidores que recebiam acima do limite antes da alteração constitucional.[201]

## 23.10 ASSOCIAÇÃO SINDICAL

A Constituição garante aos servidores públicos civis o direito à livre associação sindical (art. 37, VI). Esse direito é garantido exclusivamente aos servidores civis, pois

---

[195] Frise-se que as verbas mencionadas no art. 39, § 3.º, da CRFB representam, a nosso ver, uma exceção ao regime do subsídio (art. 39, § 4.º, da CRFB) que exige, em princípio, a remuneração por meio de "parcela única".

[196] Nesse sentido: MELLO, Celso Antônio Bandeira de. *Curso de direito administrativo*. 21. ed. São Paulo: Malheiros, 2006. p. 260-261.

[197] O art. 9.º da EC 41/2003 exigiu a aplicação do art. 17 do ADCT às remunerações e aos proventos de todos os agentes públicos. O art. 17 do ADCT, por sua vez, é uma norma originária da CRFB que exigiu a redução das remunerações em desacordo com a Constituição de 1988, afastada a possibilidade de invocação do direito adquirido.

[198] Nesse sentido: MOREIRA NETO, Diogo de Figueiredo. *Curso de direito administrativo*. 15. ed. Rio de Janeiro: Forense, 2009. p. 336; CARVALHO FILHO, José dos Santos. *Manual de direito administrativo*. 22. ed. Rio de Janeiro: Lumen Juris, 2009. p. 712-713; MELLO, Celso Antônio Bandeira de. *Curso de direito administrativo*. 21. ed. São Paulo: Malheiros, 2006. p. 262-263.

[199] "Art. 29. Os subsídios, vencimentos, remuneração, proventos da aposentadoria e pensões e quaisquer outras espécies remuneratórias adequar-se-ão, a partir da promulgação desta Emenda, aos limites decorrentes da Constituição Federal, não se admitindo a percepção de excesso a qualquer título."

[200] STF, Tribunal Pleno, MS 24.875/DF, Rel. Min. Sepúlveda Pertence, *DJ* 06.10.2006, p. 33, *Informativo de Jurisprudência do STF* n. 426.

[201] *Informativo de Jurisprudência do STF* n. 761.

a Constituição proíbe a sindicalização e a greve em relação aos servidores militares (art. 142, § 3.º, IV, da CRFB).

Por outro lado, a associação sindical dos servidores civis é livre, não sendo lícita a imposição, por meio de lei ou ato administrativo, de filiação obrigatória ao sindicato.

Ademais, aplicam-se à associação sindical dos servidores as normas constantes do art. 8.º da CRFB, que tratam da associação profissional e sindical dos trabalhadores em geral, com as devidas adaptações. Assim, por exemplo, a estabilidade sindical (art. 8.º, VIII, da CRFB) não abrange os ocupantes de cargos em comissão, pois, nesse caso, a nomeação e a exoneração são livres, tendo em vista a previsão específica constante do art. 37, II, da CRFB.[202]

Cabe registrar que o sindicato sofre sérias limitações em sua atuação perante a Administração Pública, principalmente em razão do princípio da legalidade. É inadmissível, por exemplo, a alteração de remuneração dos servidores por meio de convenção coletiva, na forma da Súmula 679 do STF.[203]

## 23.11 GREVE

Na forma do art. 37, VII, da CRFB, "o direito de greve será exercido nos termos e nos limites definidos em lei específica".[204] O direito de greve dos servidores deve ser exercido dentro de certos limites para não se colocar em risco o princípio da continuidade do serviço público.

É importante ressaltar que a Constituição trata do direito de greve em duas normas distintas:

a) **art. 9.º da CRFB (regulamentado pela Lei 7.783/1989):** direito de greve dos trabalhadores em geral; e

b) **art. 37, VII, da CRFB (pendente de regulamentação):** direito de greve dos servidores públicos.

Os empregados públicos das empresas estatais submetem-se ao art. 9.º da CRFB e podem exercer o direito de greve legitimamente em conformidade com a Lei 7.783/1989, pois o art. 173, § 1.º, II, da CRFB exige a sujeição das empresas estatais, no que couber, ao regime jurídico próprio das empresas privadas, inclusive quanto aos direitos e obrigações trabalhistas.[205] Da mesma forma, os empregados públicos (celetistas) das fundações estatais de direito privado podem se valer do direito de greve previsto no art. 9.º da CRFB.

Portanto, o art. 37, VII, da CRFB aplica-se aos servidores públicos das pessoas jurídicas de direito público.

---

[202] STF, 1.ª Turma, RE 183.884/SP, Rel. Min. Sepúlveda Pertence, DJ 13.08.1999, p. 16; RE 234.431/SC, Rel. Min. Sepúlveda Pertence, 1.ª Turma, DJ 13.08.1999, p. 16, Informativo de Jurisprudência do STF n. 416.

[203] Súmula 679 do STF: "a fixação de vencimentos dos servidores públicos não pode ser objeto de convenção coletiva".

[204] Até o advento da EC 19/1998, exigia-se lei complementar para regulamentar o direito de greve. Agora, basta lei ordinária.

[205] Nesse sentido: DI PIETRO, Maria Sylvia Zanella. Direito administrativo. 22. ed. São Paulo: Atlas, 2009. p. 545.

Conforme já averbado, ainda não foi promulgada a lei específica necessária à regulamentação do direito de greve dos servidores. Nesse ponto, devem ser feitas algumas considerações.

Em primeiro lugar, compete autonomamente a cada Ente federado legislar sobre o direito de greve dos seus respectivos servidores públicos, pois a matéria (servidor público) relaciona-se ao Direito Administrativo e deve ser preservada a autonomia federativa.[206]

Em segundo lugar, o STF[207] sempre considerou que o art. 37, VII, da CRFB era norma de eficácia limitada ou norma não autoaplicável, razão pela qual, enquanto não promulgada a lei específica, o direito de greve não poderia ser exercido de maneira legítima.

Contudo, o entendimento tradicional do STF foi alterado para se reconhecer o direito de greve, independentemente da elaboração da lei específica exigida no art. 37, VII, da CRFB. Na visão atual da Corte,[208] após o julgamento de mandados de injunção, o direito de greve pode ser exercido pelos servidores públicos, com fundamento na aplicação analógica da Lei 7.783/1989, especialmente os arts. 9.º a 11, que tratam das atividades essenciais, enquanto a omissão não for devidamente regulamentada por lei específica. É importante notar que, ao julgar essa questão, também modificou o seu entendimento tradicional em relação à efetividade do mandado de injunção, pois admitiu que o Judiciário, em vez de declarar a mora do legislador, supra a omissão legislativa.

De acordo com o STF, a Administração Pública deve efetuar o desconto dos dias de paralisação durante a greve, em razão da respectiva suspensão do vínculo funcional, admitindo-se a compensação em caso de acordo. O referido desconto, contudo, não será permitido se restar comprovado que a greve foi provocada por conduta ilícita da Administração (ex.: atraso no pagamento aos servidores públicos etc.).[209]

Em nossa opinião, a competência para julgamento das causas que discutem o direito de greve dos servidores celetistas deveria ser da Justiça do Trabalho, na forma do art. 114, I, da CRFB, cabendo à Justiça comum o julgamento das causas que envolvam os servidores estatutários. Todavia, a Suprema Corte, em sede de repercussão geral, decidiu que a competência para o julgamento das causas relacionadas ao direito de greve de servidor público celetista da Administração pública direta, autarquias e fundações públicas é da Justiça comum.[210]

---

[206] Nesse sentido: DI PIETRO, Maria Sylvia Zanella. *Direito administrativo.* 22. ed. São Paulo: Atlas, 2009. p. 544-545. Em sentido contrário: CARVALHO FILHO, José dos Santos. *Manual de direito administrativo.* 22. ed. Rio de Janeiro: Lumen Juris, 2009. p. 716; GASPARINI, Diógenes. *Direito administrativo.* 12. ed. São Paulo: Saraiva, 2007. p. 196.

[207] STF, Tribunal Pleno, MI 20/DF, Rel. Min. Celso de Mello, *DJ* 22.11.1996, p. 45.690.

[208] STF, Tribunal Pleno, MI 670/ES, Rel. p/ acórdão Min. Gilmar Mendes, *DJe*-206 31.10.2008, p. 1; MI 708/DF, Rel. Min. Gilmar Mendes, Tribunal Pleno, *DJe*-206 31.10.2008, p. 207; MI 712/PR, Rel. Min. Eros Grau, Tribunal Pleno, *DJe*-206 31.10.2008, p. 384. Vide: *Informativo de Jurisprudência do STF* n. 485.

[209] Tema 531 da Tese de Repercussão Geral do STF. De forma semelhante, o STJ decidiu: "É legítimo o ato da Administração que promove o desconto dos dias não trabalhados pelos servidores públicos participantes de movimento grevista" (Tese 1 da edição 76 da Jurisprudência em Teses do STJ). Em outra oportunidade, o STJ decidiu que a impossibilidade de obtenção dos registros acerca dos dias não trabalhados ou das horas compensadas não pode se tornar um óbice para descontar os dias não trabalhados pelos servidores públicos em decorrência de greve (1.ª Seção, Pet 12.329/DF, Rel. Min. Francisco Falcão, *DJe* 02.10.2023).

[210] O STF fixou a seguinte tese: "A justiça comum, federal ou estadual, é competente para julgar a abusividade de greve de servidores públicos celetistas da Administração pública direta, autarquias e fundações públicas" (Tema 544 da Tese de Repercussão Geral do STF, *Informativos de Jurisprudência do STF* n. 866 e 871).

É oportuno destacar que a greve é expressamente proibida para os servidores militares, na forma do art. 142, § 3.º, IV, da CRFB, vedação que foi reconhecida pelo STF também para os policiais civis.[211]

## 23.12 REGIME PREVIDENCIÁRIO DOS SERVIDORES PÚBLICOS

### 23.12.1 Espécies de Regimes de Previdência

Os regimes previdenciários previstos na Constituição podem ser divididos em duas espécies:

a) **Regime Geral da Previdência Social – RGPS** (arts. 201 e 202 da CRFB e Leis 8.212/1991 e 8.213/1991); e

b) **Regime Próprio da Previdência Social – RPPS** (art. 40 da CRFB e Lei 9.717/1998, alterada pela Lei 10.887/2004).

O Regime Geral da Previdência Social é organizado pelo Instituto Nacional do Seguro Social (INSS) e se aplica aos empregados das pessoas jurídicas de direito privado, abrangendo, no âmbito da Administração Pública, as seguintes categorias (art. 40, § 13, da CRFB, com redação da EC 103/2019):

a) **servidores trabalhistas integrantes das pessoas jurídicas de direito privado da Administração Indireta** (empresas públicas, sociedades de economia mista e fundações estatais de direito privado);

b) **empregados públicos** (Lei 9.962/2000);

c) **servidores ocupantes exclusivamente de cargos em comissão**; e

d) **servidores temporários** (art. 37, IX, da CRFB). Trata-se de regime estudado especificamente pelo Direito Previdenciário e não será objeto de detalhamento no presente livro.

Por outro lado, o Regime Próprio da Previdência Social é organizado por cada Ente federativo e engloba os seguintes servidores:[212]

a) **servidores públicos estatutários ocupantes de cargos efetivos** (servidores das pessoas jurídicas de direito público da Administração Direta e Indireta); e

b) **servidores ocupantes de cargos vitalícios** (magistrados, membros do Ministério Público e ministros e conselheiros dos Tribunais de Contas).

---

[211] STF: "1 – O exercício do direito de greve, sob qualquer forma ou modalidade, é vedado aos policiais civis e a todos os servidores públicos que atuem diretamente na área de segurança pública. 2 – É obrigatória a participação do Poder Público em mediação instaurada pelos órgãos classistas das carreiras de segurança pública, nos termos do art. 165 do CPC, para vocalização dos interesses da categoria" (Tema 541 da Tese de Repercussão Geral do STF).

[212] Tema 1.254 da Tese de Repercussão Geral do STF: "Somente os servidores públicos civis detentores de cargo efetivo (art. 40, CF, na redação dada pela EC 20/98) são vinculados ao regime próprio de previdência social, a excluir os estáveis nos termos do art. 19 do ADCT e os demais servidores admitidos sem concurso público".

Registre-se que a competência para legislar sobre previdência social é concorrente entre a União, Distrito Federal e Estados, na forma do art. 24, XII, da CRFB. Nesse caso, a União estabelece as normas gerais (Lei 9.717/1998, alterada pela Lei 10.887/2004) e o Distrito Federal e os Estados legislam de maneira suplementar (art. 24, §§ 1.º e 2.º, da CRFB). Os Municípios também possuem competência legislativa suplementar em matéria previdenciária, na forma do art. 30, II, da CRFB.[213]

Os requisitos e critérios fixados para o Regime Geral de Previdência Social são aplicáveis, no que couber, ao Regime Próprio da Previdência Social (art. 40, § 12, da CRFB).

O Regime Próprio da Previdência Social, previsto no art. 40 da CRFB, sofreu profundas alterações com as EC 20/1998, EC 41/2003 e EC 103/2019, que fixaram, inclusive, regras de transição. É vedada a existência de mais de um RPPS e de mais de um órgão ou entidade gestora desse regime em cada ente federativo, abrangidos todos os poderes, órgãos e entidades autárquicas e fundacionais, que serão responsáveis pelo seu financiamento, observados os critérios, os parâmetros e a natureza jurídica definidos em lei complementar (art. 40, §§ 20 e 22, da CRFB, com redação dada pela EC 103/2019).

### 23.12.2 Aposentadoria

*23.12.2.1 Conceito e natureza jurídica*

A aposentadoria, no âmbito da Administração Pública, é o direito constitucional de remuneração aos servidores que deixam de exercer atividades nos órgãos e nas entidades administrativas, após o preenchimento dos requisitos elencados no ordenamento jurídico. Os servidores aposentados são chamados de inativos e a remuneração percebida é denominada de proventos.

Trata-se de ato administrativo concedido pela autoridade administrativa competente, com apreciação posterior do respectivo Tribunal de Contas (art. 71, III, da CRFB). A manifestação do Tribunal de Contas restringe-se à concessão ou negativa do registro de aposentadoria, sendo vedada a alteração do seu conteúdo.

Apesar das controvérsias sobre a natureza jurídica da aposentadoria, tem prevalecido a tese de que se trata de ato administrativo complexo.[214] Por essa razão, de acordo com a jurisprudência do STF e do STJ, o termo inicial do prazo decadencial de cinco anos para que a Administração Pública anule ato de concessão da aposentadoria (art. 54 da Lei 9.784/1999) é a data da homologação da concessão pelo Tribunal de Contas.[215]

---

[213] DI PIETRO, Maria Sylvia Zanella. *Direito administrativo.* 22. ed. São Paulo: Atlas, 2009. p. 555.
[214] STJ, Corte Especial, MS 17.406/DF, Rel. Min. Maria Thereza de Assis Moura, DJe 26.09.2012, *Informativo de Jurisprudência do STJ* n. 502.
[215] STF, Tribunal Pleno, MS 25.552/DF, Rel. Min. Cármen Lúcia, DJe-097 30.05.2008; STJ, Corte Especial, EREsp 1.240.168/SC, Rel. Min. João Otávio de Noronha, DJe 18.05.2012, *Informativo de Jurisprudência do STJ* n. 508. Nesse sentido, a Súmula 278 do TCU dispõe: "Os atos de aposentadoria, reforma e pensão têm natureza jurídica de atos complexos, razão pela qual os prazos decadenciais a que se referem o § 2.º do art. 260 do Regimento Interno e o art. 54 da Lei 9.784/1999 começam a fluir a partir do momento em que se aperfeiçoam com a decisão do TCU que os considera legais ou ilegais, respectivamente".

É oportuno ressaltar que, nos processos dos Tribunais de Contas, o contraditório e a ampla defesa são assegurados nos casos de anulação ou revogação dos atos administrativos que beneficiam os particulares, "excetuada a apreciação da legalidade do ato de concessão inicial de aposentadoria, reforma e pensão", conforme dispõe a Súmula Vinculante 3 do STF. Verifica-se, dessa forma, que a análise pela Corte de Contas sobre a legalidade do ato de concessão inicial de aposentadoria não pressupõe a ampla defesa e o contraditório.

Quanto ao prazo decadencial de cinco anos (art. 54 da Lei 9.784/1999) na análise da legalidade da concessão inicial de aposentadoria pelo TCU, a jurisprudência do STF foi alterada ao longo do tempo. Inicialmente, com a flexibilização da Súmula Vinculante 3, a Suprema Corte entendeu que, na hipótese em que o Tribunal de Contas efetuasse a análise da legalidade após cinco anos da concessão inicial da aposentadoria, o contraditório e ampla defesa deveriam ser respeitados, mas permaneceria a possibilidade de controle de legalidade.[216] Vale dizer: o prazo de cinco anos não acarretaria a decadência, mas a necessidade de observância do contraditório e da ampla defesa. Posteriormente, contudo, o STF, em sede de repercussão geral, fixou o entendimento de que os Tribunais de Contas submetem-se ao prazo decadencial quinquenal no julgamento da legalidade do ato de concessão inicial de aposentadoria, a contar da chegada do processo na Corte de Contas.[217]

### 23.12.2.2 Modalidades de aposentadoria

O servidor público possui três espécies de aposentadoria (art. 40, § 1.º, da CRFB):

a) **por incapacidade permanente para o trabalho ou invalidez**;
b) **compulsória**; e
c) **voluntária**.[218]

A aposentadoria por incapacidade permanente para o trabalho (ou por invalidez) decorre da incapacidade física ou mental do servidor para o exercício das funções inerentes ao seu cargo, quando constatada a inviabilidade da sua readaptação (art. 40, § 1.º, I, da CRFB, alterado pela EC 103/2019 (Reforma da Previdência)). Revela-se obrigatória a realização de avaliações periódicas para verificação da continuidade das condições que ensejaram a concessão da aposentadoria, na forma de lei do respectivo ente federativo. Registre-se que a invalidez não precisa ocorrer no exercício da função pública. O rol de

---

[216] STF, Tribunal Pleno, MS 24.781/DF, Rel. p/ Acórdão Min. Gilmar Mendes, *DJe*-110 09.06.2011. Vide, também: *Informativo de Jurisprudência do STF* n. 365.

[217] Tema 445 da Tese de Repercussão Geral do STF: "Em atenção aos princípios da segurança jurídica e da confiança legítima, os Tribunais de Contas estão sujeitos ao prazo de 5 anos para o julgamento da legalidade do ato de concessão inicial de aposentadoria, reforma ou pensão, a contar da chegada do processo à respectiva Corte de Contas."

[218] A aposentadoria é considerada benefício previdenciário que não se confunde com a aposentadoria punitiva que tem natureza de sanção funcional aplicada, por exemplo, a magistrados e promotores de justiça que cometem ilícitos gravíssimos (arts. 93, VIII, e 130-A, § 2.º, III, da CRFB).

doenças ensejadoras da aposentadoria por invalidez encontra-se previsto na lei (em âmbito federal: art. 186, § 1.º, da Lei 8.112/1990) e tem caráter taxativo.[219]

A aposentadoria compulsória refere-se ao servidor ocupante de cargo efetivo que completa 70 anos de idade ou 75 anos de idade, na forma de lei complementar, com proventos proporcionais ao tempo de contribuição (art. 40, § 1.º, II, da CRFB, alterado pela EC 88/2015).[220] A LC 152/2015, que regulamentou a referida norma constitucional, dispõe, em seu art. 2.º, que a aposentadoria compulsória aos 75 anos de idade deve ser aplicada aos seguintes agentes públicos: a) servidores titulares de cargos efetivos da União, dos Estados, do DF e dos Municípios, incluídas suas autarquias e fundações; b) membros do Poder Judiciário; c) membros do Ministério Público; d) membros das Defensorias Públicas; e) membros dos Tribunais e dos Conselhos de Contas.

Registre-se, contudo, que, em nossa opinião, a LC 152/2015 contém inconstitucionalidade formal, uma vez que o PLC (Projeto de Lei Complementar) foi de iniciativa parlamentar, e não do Chefe do Executivo como determina o art. 61, § 1.º, II, da CRFB.[221] No tocante aos magistrados, a iniciativa é do STF (art. 93, VI, da CRFB).[222]

É oportuno destacar que a aposentadoria compulsória se aplica aos servidores ocupantes de cargos efetivos, não alcançando, portanto, aqueles que ocupam cargos em comissão.[223]

---

[219] STF: "A concessão de aposentadoria de servidor público por invalidez com proventos integrais exige que a doença incapacitante esteja prevista em rol taxativo da legislação de regência" (Tema 524 da Tese de Repercussão Geral do STF).

[220] Até o advento da EC 88/2015, a aposentadoria compulsória aplicava-se, exclusivamente, aos servidores que completassem 70 anos de idade. O art. 100 do ADCT, alterado pela EC 88/2015, determina a aplicação imediata do novo parâmetro de idade (75 anos) aos Ministros do STF, dos Tribunais Superiores e do TCU. A LC 152/2015, por sua vez, estendeu a aposentadoria compulsória a outros agentes públicos. Registre-se que a aposentadoria compulsória não se aplica aos notários e registradores, uma vez que não são titulares de cargo público efetivo (STF, Tribunal Pleno, ADI 2.602/MG, Rel. p/ acórdão Min. Eros Grau, DJ 31.03.2006, p. 6). Segundo o STF: "Não se aplica a aposentadoria compulsória prevista no artigo 40, parágrafo 1.º, inciso II, da Constituição Federal aos titulares de serventias judiciais não estatizadas, desde que não sejam ocupantes de cargo público efetivo e não recebam remuneração proveniente dos cofres públicos" (Tema 571 da Tese de Repercussão Geral do STF). Da mesma forma, é inaplicável aos servidores ocupantes exclusivamente de cargos em comissão. STJ, 2ª Turma, RMS 36.950/RO, Rel. Min. Castro Meira, DJe 26.04.2013, Informativo de Jurisprudência do STJ n. 523. O STF declarou a inconstitucionalidade de norma de Constituição estadual que estabeleceu limite etário para aposentadoria compulsória diverso do fixado pela CRFB (STF, ADIs 5.298/RJ e 5.304/RJ, Rel. Min. Luiz Fux, Tribunal Pleno, DJe 22.02.2024).

[221] Cabe notar que o PLC 274/2015 (124/2015 – na Câmara dos Deputados), que deu origem à LC 152/2015, foi vetado pela Presidente da República (Mensagem da Presidente da República 441/2015), com fundamento no vício de iniciativa, mas o veto foi derrubado pelo Congresso Nacional. Em casos análogos, o STF declarou a inconstitucionalidade das leis de iniciativa parlamentar que versavam sobre o regime jurídico dos servidores públicos, incluindo o regime de aposentadoria. Vide, por exemplo: STF, ADI 3.061/AP, Rel. Min. Carlos Britto, Tribunal Pleno, DJ 09.06.2006, p. 4, Informativo de Jurisprudência do STF n. 422).

[222] O STF, ao julgar medida cautelar na ADI relativa à redação dada pela EC 88/2015 ao art. 40, § 1.º, II, da CRFB, declarou inconstitucional, no tocante aos magistrados, a expressão "nas condições do art. 52 da Constituição Federal" e afirmou a "necessidade de lei complementar nacional de iniciativa do STF" (ADI 5.316 MC/DF, Rel. Min. Luiz Fux, Tribunal Pleno, DJe 06.08.2015, Informativo de Jurisprudência do STF n. 786). Interessante notar que, na 4.ª Sessão Administrativa realizada em 07.10.2015, o STF decidiu que "a aposentadoria dos magistrados aos 75 anos decorre do próprio sistema que rege a matéria no plano constitucional, de maneira que não haveria, em tese, vício formal no Projeto de Lei 274/2015".

[223] Nesse sentido: STF, RE 786.540/DF, Rel. Min. Dias Toffoli, julgado com repercussão geral em 15.12.2016.

A aposentadoria voluntária dos servidores públicos federais, por sua vez, depende do preenchimento dos seguintes requisitos cumulativos (art. 40, § 1.º, III, alterado pela EC 103/2019 – Reforma da Previdência – e art. 10 da referida Emenda): a) 62 (sessenta e dois) anos de idade, se mulher, e 65 (sessenta e cinco) anos de idade, se homem; e b) 25 (vinte e cinco) anos de contribuição, desde que cumprido o tempo mínimo de 10 (dez) anos de efetivo exercício no serviço público e de 5 (cinco) anos no cargo efetivo em que for concedida a aposentadoria.

Quanto aos servidores estaduais, distritais e municipais, a idade mínima será estipulada por meio de emendas às respectivas Constituições e Leis Orgânicas, cabendo à lei complementar do respectivo ente federativo dispor sobre o tempo de contribuição e os demais requisitos (art. 40, § 1.º, III, alterado pela EC 103/2019).

Não obstante a vedação da adoção de requisitos ou critérios diferenciados para concessão de benefícios em regime próprio de previdência social, o próprio texto constitucional prevê a possibilidade de aposentadoria especial, prevista em lei complementar, nos seguintes casos (art. 40, §§ 4.º e 5.º, da CRFB, com a redação dada pela EC 103/2019): a) servidores com deficiência, previamente submetidos a avaliação biopsicossocial realizada por equipe multiprofissional e interdisciplinar; b) ocupantes do cargo de agente penitenciário, de agente socioeducativo ou de policial dos órgãos de que tratam o inciso IV do *caput* do art. 51, o inciso XIII do *caput* do art. 52 e os incisos I a IV do art. 144 da CRFB; c) servidores cujas atividades sejam exercidas com efetiva exposição a agentes químicos, físicos e biológicos prejudiciais à saúde, ou associação desses agentes, vedada a caracterização por categoria profissional ou ocupação; d) professores, que terão idade mínima reduzida em 5 (cinco) anos em relação às idades decorrentes da aplicação do disposto no art. 40, § 1.º, III, da CRFB, desde que comprovem tempo de efetivo exercício das funções de magistério na educação infantil e no ensino fundamental e médio fixado em lei complementar do respectivo ente federativo.[224]

Ressalte-se que o servidor pode utilizar o tempo de contribuição federal, estadual ou municipal para comprovar o cumprimento do prazo constitucional de contribuição exigido para aposentadoria e o tempo de serviço correspondente será contado para fins de disponibilidade (art. 40, § 9.º, da CRFB, alterado pela EC 103/2019).

---

[224] Os requisitos de idade, tempo de contribuição e de serviço para aposentadorias especiais aos servidores federais foram fixados no art. 10, § 2.º, da EC 103/2019. Em razão da inércia na promulgação das leis complementares, exigidas na redação do art. 40, § 4.º, da CRFR, antes da alteração da EC 103/2019, o STF, por meio da Súmula Vinculante 33, tem reconhecido o direito à aposentadoria especial com aplicação analógica do art. 57 da Lei 8.213/1991. STF, Tribunal Pleno, MI 721/DF, Rel. Min. Marco Aurélio, *DJe*-152 30.11.2007, *Informativo de Jurisprudência do STF* n. 477. A Súmula Vinculante 33 do STF dispõe: "aplicam-se ao servidor público, no que couber, as regras do regime geral da previdência social sobre aposentadoria especial de que trata o artigo 40, § 4.º, inciso III, da Constituição Federal, até a edição de lei complementar específica". Contudo, o STF não reconheceu o direito à aposentadoria especial a guarda municipal (art. 40, § 4.º, II, da CRFB), em razão da ausência de legislação específica, da não inserção nos órgãos de segurança pública previstos no art. 144, I a V, da CRFB, além de suas atividades não serem inequivocamente perigosas (MI 6.515/DF, MI 6.770/DF, MI 6.773/DF, MI 6.780/DF, MI 6.874/DF, Rel. Min. Roberto Barroso, j. 20.06.2018, *Informativo de Jurisprudência do STF* n. 907). Em razão do caráter exaustivo do art. 40, § 4.º-B, da CRFB e da iniciativa legislativa do chefe do Poder Executivo (art. 61, § 1.º, II, da CRFB), o STF declarou inconstitucionais dispositivos da Constituição estadual que estendem benefícios previdenciários exclusivos dos servidores policiais aos membros do Ministério Público, do Poder Judiciário, da Defensoria Pública e dos Procuradores do Estado e dos Municípios, dos Oficiais de Justiça e Auditores Fiscais de tributos estaduais (STF, ADI 7.494/RO, Rel. Min. Cármen Lúcia, Tribunal Pleno, DJe 10.04.2024).

### 23.12.2.3 Proventos: fim da integralidade e da paridade

Com as alterações promovidas pela EC 41/2003, foram extintas as garantias de integralidade dos proventos e da paridade.

A integralidade garantia aos servidores inativos o recebimento de proventos no mesmo valor da última remuneração percebida no momento da concessão da aposentadoria. Atualmente, com o fim da integralidade, as regras para cálculo de proventos de aposentadoria serão disciplinadas em lei do respectivo ente federativo (art. 40, § 3.º, da CRFB, alterado pela EC 103/2019, e art. 10, § 4.º, da Emenda). Os proventos de aposentadoria não poderão ser inferiores ao valor do salário mínimo ou superiores ao limite máximo estabelecido para o Regime Geral de Previdência Social (art. 40, § 2.º, da CRFB, alterado pela EC 103/2019).

A paridade, por sua vez, significava a revisão dos proventos e pensões na mesma data prevista para remuneração dos servidores ativos, bem como garantia aos inativos o recebimento das mesmas vantagens atribuídas aos servidores em atividade.[225] Atualmente, é assegurado o reajustamento dos benefícios, preservando-lhes o valor real em caráter permanente, conforme critérios estabelecidos em lei (art. 40, § 8.º, alterado pela EC 41/2003).

Ao extinguir a integralidade e a paridade, a EC 41/2003 (arts. 3.º e 7.º) ressalvou da sua incidência os servidores que preenchiam os requisitos para aposentadoria à época da Emenda, bem como estabeleceu regras de transição.[226]

### 23.12.2.4 Acumulação de proventos

É vedada a acumulação de mais de uma aposentadoria pelo servidor público, ressalvadas as aposentadorias decorrentes dos cargos acumuláveis mencionados no texto constitucional, aplicando-se outras vedações, regras e condições para a acumulação de benefícios previdenciários estabelecidas no RGPS (art. 40, § 6.º, da CRFB, alterado pela EC 103/2019). Ex.: médico que acumula cargo municipal com cargo estadual poderá acumular os proventos de aposentaria. Nas hipóteses autorizadas de acumulação de proventos, o teto remuneratório previsto no art. 37, XI, da CRFB deverá ser respeitado (art. 40, § 11, da CRFB).

Da mesma forma, o texto constitucional veda a acumulação entre proventos e vencimentos, ressalvados os casos de cargos acumuláveis autorizados pela própria Constituição, os cargos eletivos e os cargos em comissão declarados em lei de livre nomeação e exoneração (art. 37, § 10, da CRFB). Ex.: professor aposentado pelo Município pode acumular seus proventos com os vencimentos oriundos do cargo de professor no âmbito do Estado.

Cabe destacar a hipótese em que o servidor aposentado pretende ocupar novo cargo efetivo, com a realização de concurso público, que não permite a acumulação entre os

---

[225] As verbas indenizatórias destinadas a cobrir os custos relacionados ao exercício efetivo da função pública não se incorporam à remuneração e à aposentadoria. Por esta razão, o STF editou a Súmula Vinculante 55 do STF que dispõe: "O direito ao auxílio-alimentação não se estende aos servidores inativos".

[226] STF: "Os servidores que ingressaram no serviço público antes da EC 41/2003, mas que se aposentaram após a referida emenda, possuem direito à paridade remuneratória e à integralidade no cálculo de seus proventos, desde que observadas as regras de transição especificadas nos arts. 2.º e 3.º da EC 47/2005" (Tema 139 da Tese de Repercussão Geral do STF).

proventos e os vencimentos, na forma acima mencionada. Nesse caso, o servidor deverá renunciar à aposentadoria para assumir novo cargo efetivo remunerado.[227]

### 23.12.3 Abono de permanência

O abono de permanência representa um estímulo financeiro para o servidor, que preenche os requisitos da aposentadoria voluntária por tempo de contribuição, permanecer na ativa. O valor do abono equivale, no máximo, ao valor da sua contribuição previdenciária até completar as exigências para aposentadoria compulsória, na forma do art. 40, § 19, da CRFB, alterado pela EC 103/2019.

### 23.12.4 Pensões

Além dos proventos devidos aos servidores aposentados, as pensões também são espécies de benefícios previdenciários. A pensão é o benefício previdenciário devido à família do servidor, ativo ou inativo, em virtude do seu falecimento.[228]

Observado que o benefício não pode ser inferior ao salário mínimo (art. 201, § 2.º, da CRFB), quando se tratar da única fonte de renda formal auferida pelo dependente, o benefício de pensão por morte será concedido nos termos de lei do respectivo ente federativo, a qual tratará de forma diferenciada a hipótese de morte dos agentes penitenciários, agentes socioeducativos e policiais (arts. 51, IV, 52, XIII, e 144, I a IV, da CRFB) decorrente de agressão sofrida no exercício ou em razão da função, na forma do art. 40, § 7.º, da CRFB, alterado pela EC 103/2019.

O valor da pensão será reajustado para preservar-lhe, em caráter permanente, o valor real (art. 40, § 8.º, da CRFB, alterado pela EC 41/2003).

As pensões devidas aos dependentes que preenchiam os respectivos requisitos à época da EC 41/2003 e da EC 103/2019 continuam submetidas à legislação então vigente (arts. 3.º e 7.º da EC 41/2003; art. 3.º da EC 103/2019).

É oportuno registrar, ainda, que o STF declarou a inconstitucionalidade da pensão vitalícia à viúva, à companheira e a dependentes de ex-agentes políticos falecidos no exercício do mandato. Em razão do caráter temporário e transitório dos cargos políticos do Poder Legislativo e do Poder Executivo municipal, não seria justificável a concessão de qualquer benefício a ex-ocupante do cargo ou seus dependentes de forma permanente, sob pena de afronta aos princípios da igualdade, impessoalidade, moralidade pública e responsabilidade com gastos públicos.[229]

---

[227] A renúncia à aposentadoria é admitida pelo STJ (REsp 1.334.488/SC, Rel. Min. Herman Benjamin, 1.ª Seção, *DJe* 14.05.2013, *Informativo de Jurisprudência do STJ* n. 520).

[228] De acordo com o STJ, não ocorre a prescrição do fundo de direito no pedido de concessão de pensão por morte, no caso de inexistir manifestação expressa da Administração negando o direito reclamado, estando prescritas apenas as prestações vencidas no quinquênio que precedeu à propositura da ação STJ, 1.ª Seção, EDCL nos EREsp 1.269.726-MG, Rel. Min. Manoel Erhardt (Desembargador convocado do TRF da 5ª Região), por unanimidade, j. 25.8.2021, *Informativo de Jurisprudência do STJ* n. 706.

[229] STF, Tribunal Pleno, ADPF 764/CE, Rel. Min. Gilmar Mendes, *DJe* 27.9.2021, *Informativo de Jurisprudência do STF* n. 1.027; STF, Tribunal Pleno, ADPF 975/CE, Rel. Min. Cármen Lúcia, julgamento virtual finalizado em 7.10.2022, *Informativo de Jurisprudência do STF* n. 1.071.

### 23.12.5 Contribuições previdenciárias

O Regime Próprio da Previdência Social dos servidores públicos possui caráter contributivo e solidário (art. 40, *caput*, da CRFB, alterado pela EC 103/2019).

O custeio da previdência ocorre por meio de contribuições do respectivo ente público, dos servidores ativos e inativos e dos pensionistas. O custeio da previdência tem por objetivo garantir o recebimento dos futuros benefícios previdenciários, preservando-se o equilíbrio financeiro e atuarial do sistema. Por essa razão, "nenhum benefício ou serviço da seguridade social poderá ser criado, majorado ou estendido sem a correspondente fonte de custeio total" (art. 195, § 5.º, da CRFB).

A União, os Estados, o Distrito Federal e os Municípios instituirão contribuição, cobrada de seus servidores ativos, aposentados e pensionistas, para o custeio do respectivo regime previdenciário, que poderão ter alíquotas progressivas de acordo com o valor da base de contribuição ou dos proventos de aposentadoria e de pensões (art. 149, § 1.º, da CRFB, alterado pela EC 103/2019).[230] Em âmbito federal, a alíquota da contribuição previdenciária será de 14%, na forma do art. 11 da EC 103/2019.[231]

### 23.12.6 Fundo previdenciário

Os entes federados podem instituir fundos previdenciários, por meio de lei, integrados pelos recursos provenientes de contribuições e por bens, direitos e ativos de qualquer natureza, com o objetivo de garantir recursos para o pagamento de proventos de aposentadoria e pensões concedidas aos respectivos servidores e seus dependentes, em adição aos recursos dos respectivos tesouros (art. 249 da CRFB, incluído pela EC 20/1998).

Cada ente federado tem autonomia para instituir o respectivo fundo, por meio de lei, observadas as normas gerais estabelecidas na Lei 9.717/1998, alterada pela Lei 13.846/2019. Os recursos do Fundo Previdenciário somente poderão ser utilizados para pagamento de benefícios previdenciários dos respectivos regimes, ressalvadas as despesas administrativas (art. 1.º, III), e, em caso de descumprimento, o ente sofrerá as seguintes sanções (art. 7.º): suspensão das transferências voluntárias de recursos pela União; impedimento para celebrar acordos, contratos, convênios ou ajustes, bem como receber empréstimos, financiamentos, avais e subvenções em geral de órgãos ou entidades da Administração direta e indireta da União; e suspensão de empréstimos e financiamentos por instituições financeiras federais.

---

[230] O art. 149 da CRFB prevê também: "§ 1.º-A. Quando houver déficit atuarial, a contribuição ordinária dos aposentados e pensionistas poderá incidir sobre o valor dos proventos de aposentadoria e de pensões que supere o salário mínimo. § 1.º-B. Demonstrada a insuficiência da medida prevista no § 1.º-A para equacionar o déficit atuarial, é facultada a instituição de contribuição extraordinária, no âmbito da União, dos servidores públicos ativos, dos aposentados e dos pensionistas. § 1.º-C. A contribuição extraordinária de que trata o § 1.º-B deverá ser instituída simultaneamente com outras medidas para equacionamento do déficit e vigorará por período determinado, contado da data de sua instituição."

[231] O art. 11, § 1.º, da EC 103/2019 estabelece os parâmetros para redução ou majoração da alíquota, considerado o valor da base de contribuição ou do benefício recebido. Registre-se que o STF considerou constitucional a contribuição sobre os proventos e pensões dos servidores inativos (ADI 3.105/DF, Tribunal Pleno, Rel. p/ acórdão Min. Cezar Peluso, *DJ* 18.02.2005, p. 4; ADI 3.128/DF, Tribunal Pleno, Rel. p/ acórdão Min. Cezar Peluso, *DJ* 18.02.2005, p. 4, *Informativo de Jurisprudência do STF* n. 357). De acordo com o STF: "Não incide contribuição previdenciária sobre verba não incorporável aos proventos de aposentadoria do servidor público, tais como terço de férias, serviços extraordinários, adicional noturno e adicional de insalubridade" (Tema 163 da Tese de Repercussão Geral do STF).

## 23.12.7 Previdência complementar

Os entes federados poderão instituir, por lei de iniciativa do respectivo Chefe do Poder Executivo, regime de previdência complementar para os respectivos servidores, admitindo-se, nesse caso, a fixação do valor das aposentadorias e pensões no patamar máximo estabelecido para os benefícios do Regime Geral de Previdência Social (art. 40, § 14, da CRFB, alterado pela EC 103/2019).[232]

O regime de previdência complementar oferecerá plano de benefícios somente na modalidade contribuição definida, observará o disposto no art. 202 da CRFB e será efetivado por intermédio de entidade fechada de previdência complementar ou de entidade aberta de previdência complementar (art. 40, § 15, da CRFB, alterado pela EC 103/2019).[233]

O art. 202 da CRFB, mencionado pelo art. 40, § 15, da CRFB, dispõe que o regime de previdência privada será regulado por lei complementar. Portanto, respeitados os termos da legislação complementar, cada ente federado instituirá o regime de previdência complementar por meio da respectiva lei ordinária de iniciativa do chefe do Executivo.

A submissão ao regime de previdência complementar é facultativa para os servidores que ingressarem no serviço público até a data da publicação do ato de instituição do correspondente regime (art. 40, § 16, da CRFB, incluído pela EC 20/1998). Entendemos que o regime de previdência complementar não pode ser imposto ao servidor que tenha ingressado antes ou depois da instituição do regime, devendo ser reconhecida a faculdade no ingresso da previdência complementar.[234]

## 23.13 RESUMO DO CAPÍTULO

**AGENTES PÚBLICOS**

| | Agentes públicos civis |
|---|---|
| | **Políticos:** |
| **De direito** | a) o acesso ao cargo político ocorre por meio de eleição (ex.: chefes do Executivo) ou pela nomeação por agentes eleitos para ocuparem cargos em comissão (ex.: Ministros e Secretários estaduais e municipais); |
| | b) a função política possui caráter transitório, tendo em vista o princípio republicano, e será exercida por prazo determinado (mandato); e |
| | c) as decisões políticas fundamentais de Estado, caracterizadoras da função política, envolvem, primordialmente, a alocação de recursos orçamentários e o atendimento prioritário de determinados direitos fundamentais. |

---

[232] O art. 37, § 15, da CRFB, incluído pela EC 103/2019 (Reforma da Previdência), dispõe: "É vedada a complementação de aposentadorias de servidores públicos e de pensões por morte a seus dependentes que não seja decorrente do disposto nos §§ 14 a 16 do art. 40 ou que não seja prevista em lei que extinga regime próprio de previdência social".

[233] Antes da alteração promovida pela EC 103/2019, o art. 40, § 15, da CRFB dispunha que as entidades de previdência complementar deveriam ser fechadas e de natureza pública.

[234] Nesse sentido: IBRAHIM, Fábio Zambitte. *Curso de direito previdenciário*. 17. ed. Niterói: Impetus, 2012. p. 790.

| Agentes públicos civis ||
|---|---|
| De direito | **Servidores públicos:** possuem vínculos profissionais variados com o Estado e que desempenham a função pública de forma remunerada e não eventual. São espécies de servidores públicos: estatutários, celetistas (empregados públicos) e temporários. |
| | **Particulares em colaboração:** exercem, transitoriamente, a função pública e não ocupam cargos ou empregos públicos. Ex.: jurados e mesários em eleições. |
| De fato | **Putativos:** exercem a função pública em situação de normalidade e possuem a aparência de servidor público. |
| | **Necessários:** exercem a função pública em situações de calamidade ou de emergência. |

| Regimes jurídicos funcionais ||||
|---|---|---|---|
| Regime Jurídico \ Características | Competência Legislativa | Vínculo | Foro competente |
| Estatutário | Pluralidade legislativa (Autonomia federativa) | Legal | Justiça Federal: Servidor federal Justiça estadual: Servidor estadual ou municipal |
| Celetista | Unidade legislativa – CLT (União) | Contratual | Justiça do Trabalho |
| Temporário | Pluralidade legislativa (Autonomia federativa) | Contratual | Justiça Federal: Servidor federal Justiça estadual: Servidor estadual ou municipal |

| Cargos públicos ||||
|---|---|---|---|
| Cargo \ Características | Acesso | Garantia | Demissão/Exoneração |
| Efetivos | Concurso público | Estabilidade | Sentença judicial transitada em julgado, processo administrativo, insuficiência de desempenho e excesso de gasto orçamentário com despesa de pessoal. |
| Vitalícios | Regra: Concurso público Exceções: Ministros de Tribunais Superiores, Tribunais de Contas e quinto constitucional | Vitaliciedade | Sentença judicial transitada em julgado |
| Comissionados | Livre | Inexistência | Livre |

| Provimento | | |
|---|---|---|
| Originário | \multicolumn{2}{l\|}{Formalizado por meio da **nomeação**. A nomeação gera direito à posse para os aprovados em concurso público (Súmula 16 do STF).} |
| Derivado | Promoção | É a progressão funcional em que o servidor é deslocado de cargo de classe inferior para outro cargo de classe superior dentro da mesma carreira. |
| Derivado | Readaptação | Provimento derivado do servidor em cargo de atribuições e responsabilidades compatíveis com a limitação que tenha sofrido em sua capacidade física ou mental, verificada por perícia médica, mantida a remuneração do cargo de origem. |
| Derivado | Reversão | Retorno do servidor aposentado ao cargo quando ocorrer uma das seguintes hipóteses: (i) declaração por junta médica oficial da insubsistência dos motivos determinantes para aposentadoria por invalidez; (ii) declaração de ilegalidade do ato de concessão da aposentadoria; e (iii) reversão "no interesse da administração" desde que preenchidos os requisitos legais (controvérsia sobre essa última hipótese). |
| Derivado | Aproveitamento | Retorno do servidor colocado em disponibilidade para cargo com atribuições, responsabilidades e vencimentos compatíveis com o anteriormente ocupado. |
| Derivado | Reintegração | Retorno do servidor ao cargo de origem após a declaração (administrativa ou judicial) de ilegalidade da sua demissão, com ressarcimento da remuneração e vantagens não percebidas. |
| Derivado | Recondução | É o retorno do servidor estável ao cargo de origem, tendo em vista a sua inabilitação em estágio probatório relativo a outro cargo ou a reintegração do servidor ao cargo. |

| Estabilidade | |
|---|---|
| Alcance | Reconhecida aos servidores estatutários. Embora não se reconheça a estabilidade aos empregados públicos, a legislação pode limitar a discricionariedade do administrador na demissão ou na exoneração. |
| Estágio probatório | Período de efetivo exercício dentro do qual será avaliada a aptidão do servidor estatutário para o cargo. Atualmente, o estágio probatório é de três anos. |
| Hipóteses de demissão e exoneração de servidor estável | a) processo judicial, com sentença transitada em julgado;<br>b) processo administrativo, observado o direito à ampla defesa;<br>c) insuficiência de desempenho, na forma da lei complementar; e<br>d) excesso de gasto orçamentário com despesa de pessoal. |

| Vitaliciedade ||
|---|---|
| **Alcance** | Reconhecida aos servidores titulares de cargo vitalício: Ministros e Conselheiros dos Tribunais de Contas; magistrados; e membros do Ministério Público. |
| **Estágio de vitaliciamento** | Vitaliciedade diferida: adquire-se a vitaliciedade após "estágio de vitaliciamento" (similar ao estágio probatório de dois anos (é o caso de magistrados e promotores).<br>Vitaliciedade automática: concedida automaticamente a determinados servidores a partir da investidura no cargo (ex.: quinto constitucional, Ministros dos Tribunais Superiores e membros dos Tribunais de Contas). |
| **Hipóteses de demissão e exoneração de servidor vitalício** | Sentença judicial transitada em julgado. |

| Aposentadoria |||
|---|---|---|
| **Espécies de Regimes de Previdência** | | a) **Regime Geral da Previdência Social – RGPS** (INSS): servidores trabalhistas (celetistas) das pessoas de direito privado, empregados públicos (Lei 9.962/2000), servidores ocupantes exclusivamente de cargos em comissão; e servidores temporários; e<br>b) **Regime Próprio da Previdência Social – RPPS** (entidade de cada ente federativo): servidores públicos estatutários ocupantes de cargos efetivos e de cargos vitalícios nas pessoas jurídicas de direito público. |
| **Modalidades de aposentadoria** | a) por incapacidade permanente para o trabalho ou invalidez | Incapacidade física ou mental do servidor para o exercício das funções inerentes ao seu cargo, quando constatada a inviabilidade da sua readaptação, sendo obrigatória a realização de avaliações periódicas para verificação da continuidade das condições que ensejaram a concessão da aposentadoria, na forma de lei do respectivo ente federativo. |
| | b) compulsória | Servidor ocupante de cargo efetivo que completa 75 anos de idade, com proventos proporcionais ao tempo de contribuição. |
| | c) voluntária | **Servidor federal** – requisitos cumulativos: a) 62 anos de idade, se mulher, e 65 anos de idade, se homem; e b) 25 anos de contribuição, desde que cumprido o tempo mínimo de 10 anos de efetivo exercício no serviço público e de 5 anos no cargo efetivo em que for concedida a aposentadoria.<br>**Servidores estaduais, distritais e municipais:** a idade mínima será estipulada por meio de emendas às respectivas Constituições e Leis Orgânicas, cabendo à lei complementar do respectivo ente dispor sobre o tempo de contribuição e os demais requisitos. |

| Aposentadoria | |
|---|---|
| **Modalidades de aposentadoria** | **Aposentadoria especial: a)** servidores com deficiência, previamente submetidos a avaliação biopsicossocial realizada por equipe multiprofissional e interdisciplinar; **b)** ocupantes do cargo de agente penitenciário, de agente socioeducativo ou de policial dos órgãos de que tratam o inciso IV do *caput* do art. 51, o inciso XIII do *caput* do art. 52 e os incisos I a IV do art. 144 da CRFB; **c)** servidores cujas atividades sejam exercidas com efetiva exposição a agentes químicos, físicos e biológicos prejudiciais à saúde, ou associação desses agentes, vedada a caracterização por categoria profissional ou ocupação; **d)** professores. |

# CAPÍTULO 24

# RESPONSABILIDADE CIVIL DO ESTADO

## 24.1 CONCEITO

A responsabilidade civil do Estado significa o dever de reparação dos danos causados pela conduta estatal, comissiva ou omissiva.

## 24.2 RESPONSABILIDADE CIVIL E SACRIFÍCIO DE DIREITOS

É tradicional a distinção entre a responsabilidade civil por danos causados pela atuação estatal e o sacrifício de direitos promovido pelo Poder Público. Enquanto a responsabilidade civil do Estado pressupõe violação a direitos, normalmente mediante conduta contrária ao ordenamento jurídico (ex.: indenização por erro médico ocorrido em hospital público), gerando o dever de ressarcimento dos prejuízos causados, o sacrifício de direitos envolve situações em que a própria ordem jurídica confere ao Estado a prerrogativa de restringir ou suprimir direitos patrimoniais de terceiros, mediante o devido processo legal e o pagamento de indenização (ex.: desapropriação).[1]

Na responsabilidade civil, a lesão aos direitos de terceiros é efeito reflexo da atuação estatal, lícita ou ilícita. Por outro lado, o sacrifício de direitos compreende atuação estatal,

---

[1] Nesse sentido: ALESSI, Renato. *La responsabilità della pubblica amministrazione*. 3. ed. Milão: Giuffrè, 1955. p. 115-139; GARCÍA DE ENTERRÍA, Eduardo. *Curso de derecho administrativo*. 9. ed. Madrid: Civitas, 2004. v. II, p. 358; SANTAMARÍA PASTOR, Juan Alfonso. *Principios de derecho administrativo general*. Madrid: Iustel, 2004. v. II, p. 483; CAHALI, Yussef Said. *Responsabilidade civil do Estado*. 3. ed. São Paulo: RT, 2007. p. 13; MELLO, Celso Antônio Bandeira de. *Curso de direito administrativo*. 21. ed. São Paulo: Malheiros, 2006, p. 948; SUNDFELD, Carlos Ari. *Direito Administrativo Ordenador*, São Paulo: Malheiros, 2003, p. 95.

autorizada pelo ordenamento, que tem por objetivo principal (direto) restringir ou extinguir direitos de terceiros, mediante pagamento de indenização.

## 24.3 EVOLUÇÃO DA RESPONSABILIDADE CIVIL DO ESTADO

A evolução da responsabilidade civil do Estado é marcada pela busca crescente da proteção do indivíduo e da limitação da atuação estatal, conforme será demonstrado a seguir.

### 24.3.1 Fase da irresponsabilidade civil do Estado

A irresponsabilidade civil do Estado remonta aos Estados Absolutistas que atuavam com autoridade (soberania) e sem qualquer limitação. Nesse período, a figura do Monarca se confundia com o próprio Estado, como demonstra a célebre frase atribuída a Luis XIV ("L'État c'est moi": o Estado sou eu), bem como o poder estatal era normalmente encarado como poder divino, o que justificava a impossibilidade de atribuir falhas aos governantes ("The king can do no wrong": o rei não erra; "Le roi ne peut mal faire": o rei não pode fazer mal).

A erosão da ideia de irresponsabilidade estatal se inicia com as Revoluções Liberais, especialmente a Revolução Francesa de 1789, e o surgimento do Estado de Direito, limitado pela ordem jurídica, com destaque para a atuação submetida à lei (princípio da legalidade), separação de funções estatais (princípio da separação de poderes) e o reconhecimento de direitos fundamentais que deveriam ser promovidos e protegidos pelo Estado. Ressalte-se, contudo, que a tese da irresponsabilidade perdurou durante o estágio inicial do Estado Liberal, sendo afastada, posteriormente, pela evolução da legislação e da jurisprudência.[2]

### 24.3.2 Fase da responsabilidade subjetiva

Superada a fase da irresponsabilidade estatal, inicia-se a etapa de responsabilização do Estado com fundamento na culpa dos agentes públicos.

#### 24.3.2.1 Teoria da culpa individual (atos de império x atos de gestão)

Todavia, a responsabilidade do Estado dependeria da distinção entre atos de império e atos de gestão, influenciada pela denominada "Teoria do Fisco", que diferenciava o Estado "propriamente dito", dotado de soberania, e o Estado "Fisco", que se relacionava com particulares sem poder de autoridade.[3] No primeiro caso (atos de império), o Estado

---

[2] Na França, a responsabilidade civil do Estado, apoiada em normas de direito público, é afirmada inicialmente pelo Tribunal de Conflitos quando do julgamento do caso "Blanco", em 1873. Nesse sentido: RIVERO, Jean. *Droit Administratif*. 8. ed. Paris: Dalloz, 1977. p. 265. Na Inglaterra e nos Estados Unidos, a tese da irresponsabilidade somente foi abandonada com a edição do *Crown Proceedings Act* de 1947 e do *Federal Tort Claims Act* de 1946, respectivamente (GARCÍA DE ENTERRÍA, Eduardo. *Curso de derecho administrativo*. 9. ed. Madrid: Civitas, 2004. v. II, p. 361-362).

[3] Sobre a Teoria do Fisco e da dupla personalidade do Estado, vide: ESTORNINHO, Maria João. *A fuga para o direito privado*: contributo para o estudo da actividade de direito privado da Administração Pública. Coimbra: Almedina, 1999. p. 23-26.

em posição de supremacia em relação ao particular, em razão de sua soberania, não seria responsabilizado por eventuais danos (ex.: poder de polícia). No segundo caso (atos de gestão), o Estado se despe do seu poder de autoridade e atua em igualdade com o particular (ex.: contratos), abrindo caminho para sua responsabilidade com fundamento no Direito Civil.

Nesse caso, a responsabilidade dependeria da identificação do agente público e da demonstração da sua culpa, o que dificultava, na prática, a reparação dos danos suportados pelas vítimas, especialmente em virtude da complexidade da organização administrativa.

### 24.3.2.2 Teoria da culpa anônima (culpa do serviço)

A partir da consagração da teoria da *Faute du service* (culpa do serviço ou culpa anônima ou falta do serviço), a responsabilidade civil do Estado dependeria tão somente da comprovação, por parte da vítima, de que o serviço público não funcionou de maneira adequada. Em vez de identificar o agente público culpado (culpa individual), a vítima deveria comprovar a falha do serviço (culpa anônima).[4] Assim, por exemplo, em caso de enchente, basta que a vítima comprove o entupimento dos bueiros de águas pluviais, sem a necessidade de identificar o agente público omisso.

A teoria da culpa .anônima pode ser caracterizada por uma das seguintes situações:

a) serviço não funcionou;
b) serviço funcionou mal; e
c) serviço funcionou com atraso.

### 24.3.3 Fase da responsabilidade civil objetiva

No atual estágio de evolução da responsabilidade civil do Estado, o ordenamento jurídico pátrio consagrara a teoria da responsabilidade objetiva, dispensando a vítima de comprovar a culpa (individual ou anônima) para receber a reparação pelos prejuízos sofridos em virtude da conduta estatal.

### 24.3.4 A responsabilidade civil do Estado no ordenamento jurídico brasileiro

A teoria da irresponsabilidade civil do Estado jamais vigorou no Brasil. Apesar de não constar nos textos das Constituições de 1824 e 1891, que previam apenas a responsabilidade pessoal dos agentes públicos, a responsabilidade do Estado sempre foi reconhecida pela legislação ordinária, doutrina e jurisprudência.

O art. 15 do Código Civil de 1916 consagrou a responsabilidade subjetiva do Estado. A responsabilidade subjetiva e solidária entre o Estado e seus agentes públicos restou consagrada nas Constituições de 1934 (art. 171) e 1937 (art. 158).[5]

---

[4] A teoria da *faute du service* tem origem no Conselho de Estado francês, especialmente a partir dos casos "Blanco" e "Pelletier", julgados em 1873. Nesse sentido: CASSAGNE, Juan Carlos. *Derecho administrativo*. 8. ed. Buenos Aires: Abeledo-Perrot, 2006. t. I, p. 464.

[5] Art. 15 do CC/1916: "Art. 15. As pessoas jurídicas de direito público são civilmente responsáveis por atos dos seus representantes que nessa qualidade causem danos a terceiros, procedendo de modo contrário ao direito ou fal-

Apenas com o advento da Constituição de 1946 (art. 194), o ordenamento jurídico consagra a teoria da responsabilidade objetiva das pessoas jurídicas de direito público, que é mantida na Constituição de 1967 (art. 105) e na EC 1/1969 (art. 107).[6]

O art. 37, § 6.º, da Constituição de 1988 consolida, definitivamente, a responsabilidade civil objetiva das pessoas de direito público e alarga a sua incidência para englobar as pessoas jurídicas de direito privado prestadoras de serviços públicos, assegurando o direito de regresso em face de seus respectivos agentes que respondem de forma subjetiva. De acordo com a referida norma: "As pessoas jurídicas de direito público e as de direito privado prestadoras de serviços públicos responderão pelos danos que seus agentes, nessa qualidade, causarem a terceiros, assegurado o direito de regresso contra o responsável nos casos de dolo ou culpa". O art. 43 do Código Civil de 2002, ao contrário do Código anterior, reafirma a responsabilidade objetiva do Estado prevista na atual Constituição.

Atualmente, portanto, a regra é a responsabilidade objetiva das pessoas de direito público e das pessoas de direito privado prestadoras de serviços públicos, bem como a responsabilidade pessoal e subjetiva dos agentes públicos.

## 24.4 RESPONSABILIDADE CIVIL EXTRACONTRATUAL E CONTRATUAL

A responsabilidade civil do Estado pode derivar de danos causados no âmbito de relações jurídicas contratuais (ou negociais) ou extracontratuais. Na responsabilidade civil contratual, o dever de ressarcimento pressupõe a existência de vínculo negocial especial válido e a inexecução contratual pelo Estado. Por outro lado, a responsabilidade civil extracontratual relaciona-se com os danos causados por atuações estatais voltadas aos cidadãos em geral.

A responsabilidade civil objetiva do Estado e das pessoas jurídicas prestadoras de serviços públicos, prevista no art. 37, § 6.º, da CRFB, é de índole extracontratual, uma vez que a referida norma menciona danos causados a "terceiros", ou seja, pessoas que não possuem vínculo específico com o causador do dano. Dessa forma, a regra não se aplica aos danos causados às pessoas que possuem vínculo jurídico especial, contratual (ex.: empresas contratadas pelo Estado) ou institucional (ex.: servidores públicos estatutários), com a Administração Pública. Por essa razão, o STF afastou a aplicação da referida norma constitucional no caso envolvendo furto de automóvel em estacionamento fechado, mantido pelo Município, tendo em vista o descumprimento das cláusulas do contrato de depósito.[7]

---

tando a dever prescrito por lei, salvo o direito regressivo contra os causadores do dano". Art. 171 da Constituição de 1934: "Os funcionários públicos são responsáveis solidariamente com a Fazenda nacional, estadual ou municipal, por quaisquer prejuízos decorrentes de negligência, omissão ou abuso no exercício dos seus cargos". A redação foi mantida no art. 158 da Constituição de 1937.

[6] Art. 194 da Constituição de 1946: "As pessoas jurídicas de direito público interno são civilmente responsáveis pelos danos que os seus funcionários, nessa qualidade, causem a terceiros. Parágrafo único. Caber-lhes-á ação regressiva contra os funcionários causadores do dano, quando tiver havido culpa destes". Textos similares foram previstos no art. 105 da Constituição de 1967 e no art. 107 da EC 1/1969.

[7] STF, 1.ª Turma, RE 255.731/SP, Rel. Min. Sepúlveda Pertence, DJ 26.11.1999, p. 135, Informativo de Jurisprudência do STF n. 170. É oportuno mencionar, todavia, que, em outras situações envolvendo relações contratuais, a Suprema Corte aplicou o art. 37, § 6.º, da CRFB, tal como ocorreu, por exemplo, na consagração da responsabilidade

Registre-se a possibilidade de configuração da responsabilidade pré-contratual do Estado, com fundamento nos princípios da boa-fé e da confiança legítima (ex.: dever de indenizar o licitante vencedor na hipótese de desfazimento da licitação após a homologação).[8]

## 24.5 RESPONSABILIDADE CIVIL OBJETIVA: ATO LÍCITO E ILÍCITO

Em regra, a responsabilidade civil está relacionada à violação de um dever jurídico, motivo pelo qual o ato ilícito é a fonte geradora da responsabilidade. Vale dizer: a violação de um dever jurídico preexistente acarreta o dever jurídico sucessivo de reparação (responsabilidade).[9] Todavia, o ordenamento jurídico prevê a responsabilidade por atos lícitos em situações excepcionais, tal como ocorre, por exemplo, no art. 188, II, c/c os arts. 929 e 930 do CC.[10]

Em relação à responsabilidade civil do Estado, a regra é a sua configuração na hipótese de atos ilícitos. A doutrina, contudo, tem admitido a responsabilidade civil do Estado por ato lícito em duas situações:

a) **expressa previsão legal** (ex.: responsabilidade da União por danos provocados por atentados terroristas contra aeronaves de matrícula brasileira, na forma da Lei 10.744/2003); e

b) **sacrifício desproporcional ao particular** (ex.: ato jurídico que determina o fechamento permanente de rua para tráfego de veículos, inviabilizando a continuidade de atividades econômicas prestadas por proprietários de postos de gasolina ou de estacionamento de veículos).[11]

---

civil objetiva das concessionárias de serviços públicos pelos danos causados aos usuários do serviço público de transporte (STF, Tribunal Pleno, RE 591.874/MS, Rel. Min. Ricardo Lewandowski, DJe-237 18.12.2009, *Informativo de Jurisprudência do STF* n. 557 e 563). No sentido da natureza extracontratual da responsabilidade prevista no art. 37, § 6.º, da CRFB, vide: MELO, Marco Aurélio Bezerra de. *Direito civil*: responsabilidade civil. 3. ed. Rio de Janeiro: Forense, 2019. p. 438.

[8] Sobre o tema, vide: OLIVEIRA, Rafael Carvalho Rezende. *Licitações e contratos administrativos*. 2. ed. São Paulo: Método, 2012. p. 119; SILVA, Almiro do Couto e. Responsabilidade pré-negocial e culpa *in contrahendo* no direito administrativo brasileiro. *RDA*, Rio de Janeiro, n. 217, p. 163 e ss., 1999.

[9] CAVALIERI FILHO, Sergio. *Programa de responsabilidade civil*. 7. ed. São Paulo: Atlas, 2007. p. 2.

[10] Código Civil: "Art. 188. Não constituem atos ilícitos: [...] II – a deterioração ou destruição da coisa alheia, ou a lesão a pessoa, a fim de remover perigo iminente. [...] Art. 929. Se a pessoa lesada, ou o dono da coisa, no caso do inciso II do art. 188, não forem culpados do perigo, assistir-lhes-á direito à indenização do prejuízo que sofreram. Art. 930. No caso do inciso II do art. 188, se o perigo ocorrer por culpa de terceiro, contra este terá o autor do dano ação regressiva para haver a importância que tiver ressarcido ao lesado. [...]".

[11] Nesse sentido, admitindo a responsabilidade civil do Estado por ato lícito, mencionem-se, por exemplo: GARCÍA DE ENTERRÍA, Eduardo. *Curso de derecho administrativo*. 9. ed. Madrid: Civitas, 2004. v. II, p. 375-377; GONZÁLEZ PÉREZ, Jesús. *Responsabilidad patrimonial de las administraciones públicas*. 4. ed. Madrid: Civitas, 2006. p. 434-435; CASSAGNE, Juan Carlos. *Derecho administrativo*. 8. ed. Buenos Aires: Abeledo-Perrot, 2006. t. I, p. 497; DI PIETRO, Maria Sylvia Zanella. *Direito administrativo*. 22. ed. São Paulo: Atlas, 2009. p. 647; STOCO, Rui. *Tratado de responsabilidade civil*. 6. ed. São Paulo: RT, 2004. p. 1.163; WILLEMAN, Flávio de Araújo. A responsabilidade civil das pessoas de direito público e o Código Civil de 2002 (Lei nacional 10.406/2002). *Fórum Administrativo*, Belo Horizonte, ano 5, n. 56, p. 6.254-6.256, out. 2005; STF, Tribunal Pleno, RE 571.969/DF, Rel. Min. Cármen Lúcia, DJe-181 18.09.2014 (*Informativo de Jurisprudência do STF* n. 738). Por outro lado, Marçal Justen Filho afirma que a responsabilidade civil do Estado depende da comprovação do ato ilícito, admitindo apenas uma hipótese de responsabilidade por ato lícito: quando houver opção expressa do legislador (JUSTEN FILHO, Marçal. *Curso de direito administrativo*. 4. ed. São Paulo: Saraiva, 2009. p. 1.081).

No campo da responsabilidade objetiva do Estado, a ilicitude desloca-se da conduta estatal para o resultado (dano antijurídico). Independentemente da conduta do agente (lícita ou ilícita), a responsabilidade do Estado restará configurada quando comprovado o dano ilícito, anormal, desproporcional, causado à vítima. Portanto, ainda que a conduta estatal seja lícita, restará caracterizada a responsabilidade do Estado quando demonstrada a ilicitude do dano.

## 24.6 FUNDAMENTOS DA RESPONSABILIDADE OBJETIVA: TEORIA DO RISCO ADMINISTRATIVO E REPARTIÇÃO DOS ENCARGOS SOCIAIS

A responsabilidade civil do Estado apoia-se em dois fundamentos importantes: **teoria do risco administrativo** e **repartição dos encargos sociais**.[12]

A teoria do risco administrativo pressupõe que o Estado assume prerrogativas especiais e tarefas diversas em relação aos cidadãos que possuem riscos de danos inerentes.

Em razão dos benefícios gerados à coletividade pelo desenvolvimento das atividades administrativas, os eventuais danos suportados por determinados indivíduos devem ser suportados, igualmente, pela coletividade. O ressarcimento dos prejuízos é efetivado pelo Estado com os recursos públicos, ou seja, oriundos das obrigações tributárias e não tributárias suportadas pelos cidadãos. Dessa forma, a coletividade, que se beneficia com a atividade administrativa, tem o ônus de ressarcir aqueles que sofreram danos em razão dessa mesma atividade. Trata-se da adoção do princípio da repartição dos encargos sociais, vinculado ao princípio da igualdade (isonomia).

Outra teoria que procura justificar a responsabilidade civil do Estado é a teoria do risco integral, segundo a qual o Estado assumiria integralmente o risco de potenciais danos oriundos de atividades desenvolvidas ou fiscalizadas por ele. Enquanto a teoria do risco administrativo admite a alegação de causas excludentes do nexo causal por parte do Estado, a teoria do risco integral afasta tal possibilidade. Assim, por exemplo, de acordo com o risco integral, o Estado seria responsabilizado mesmo na hipótese de caso fortuito e força maior. O ordenamento jurídico brasileiro adotou, como regra, a teoria do risco administrativo, mas parcela da doutrina e da jurisprudência defende a adoção do risco integral em situações excepcionais. Exs.: responsabilidade por danos ambientais ou ecológicos (art. 225, § 3.º, da CRFB e art. 14, § 1.º, da Lei 6.938/1981); responsabilidade por danos nucleares (art. 21, XXIII, *d*, da CRFB); responsabilidade da União perante terceiros no caso de atentado terrorista, ato de guerra ou eventos correlatos, contra aeronaves de matrícula brasileira operadas por empresas brasileiras de transporte aéreo, excluídas as empresas de táxi aéreo (art. 1.º da Lei 10.744/2003).[13]

---

[12] MEIRELLES, Hely Lopes. *Direito administrativo brasileiro*. 22. ed. São Paulo: Malheiros, 1997. p. 562-563; CARVALHO FILHO, José dos Santos. *Manual de direito administrativo*. 24. ed. Rio de Janeiro: Lumen Juris, 2011. p. 504-507. O STF, no Tema 1.237 de Repercussão Geral, decidiu: "(i) O Estado é responsável, na esfera cível, por morte ou ferimento decorrente de operações de segurança pública, nos termos da Teoria do Risco Administrativo; (ii) É ônus probatório do ente federativo demonstrar eventuais excludentes de responsabilidade civil; (iii) A perícia inconclusiva sobre a origem de disparo fatal durante operações policiais e militares não é suficiente, por si só, para afastar a responsabilidade civil do Estado, por constituir elemento indiciário".

[13] Nesse sentido, por exemplo: *Informativo de Jurisprudência do STF* n. 745; CAVALIERI FILHO, Sergio. *Programa de responsabilidade civil*. 7. ed. São Paulo: Atlas, 2007. p. 136-137. Sobre a responsabilidade civil por danos ambientais, vide item 24.18 do presente Capítulo.

## 24.7 PRESSUPOSTOS DA RESPONSABILIDADE CIVIL DO ESTADO

A configuração da responsabilidade objetiva do Estado pressupõe três elementos:

a) **fato administrativo** (conduta comissiva ou omissiva atribuída ao Poder Público);
b) **dano**; e
c) **nexo causal**.

### 24.7.1 Conduta (fato administrativo)

A conduta administrativa (fato administrativo) é o primeiro elemento necessário à responsabilização estatal. O Estado somente pode ser responsabilizado pela atuação ou omissão de seus agentes públicos. É preciso, portanto, demonstrar que o dano tem relação direta com o exercício da função pública ou a omissão relevante dos agentes públicos.

Conforme assinalado anteriormente, não apenas a conduta administrativa ilícita, mas também a conduta lícita causadora de danos desproporcionais, acarreta a responsabilidade do Estado.

### 24.7.2 Dano

O segundo elemento fundamental para responsabilização do Estado é a comprovação do dano que pode ser definido como lesão a determinado bem jurídico da vítima. O dano pode ser dividido em duas categorias:

a) **material ou patrimonial:** lesão ao patrimônio da vítima, avaliado pecuniariamente. O dano material, por sua vez, divide-se em duas espécies:

   **a.1) dano emergente:** representa a diminuição efetiva e imediata do patrimônio da vítima (ex.: dano suportado pela destruição do veículo);

   **a.2) lucro cessante:** é a diminuição potencial do patrimônio (ex.: na hipótese de o veículo destruído ser como táxi, o lesado deixará de receber o ganho normalmente esperado com sua atividade profissional);

b) **moral ou extrapatrimonial:** lesão aos bens personalíssimos, tais como a honra, a imagem e a reputação do lesado.

As indenizações por danos materiais e morais, oriundos do mesmo fato, são passíveis de cumulação (Súmula 37 do STJ). Enquanto o dano material deve ser devidamente comprovado pela vítima, o dano moral existe *in re ipsa*, ou seja, decorre do ato lesivo.

Da mesma forma, é admitida a cumulação das indenizações por danos estéticos e morais desde que os valores possam ser apurados e quantificados de maneira autônoma (Súmula 387 do STJ).

O dano moral pode ser suportado não apenas por pessoas físicas, mas também por pessoas jurídicas, tendo em vista, neste último caso, a lesão à sua honra objetiva (Súmula 227 do STJ). Ao contrário da honra subjetiva, que tem relação com aquilo que cada ser humano pensa sobre si próprio, a honra objetiva está ligada à reputação da pessoa, física ou jurídica, perante a sociedade.

A jurisprudência do STJ tem afirmado a inconstitucionalidade da tarifação legal da indenização por danos morais, que deve ser fixada em cada caso concreto levando-se em consideração a efetiva extensão do dano suportado pela vítima, tendo em vista o disposto no art. 5.º, V e X, da CRFB. Nesse sentido, a Súmula 281 do STJ dispõe: "A indenização por dano moral não está sujeita à tarifação prevista na Lei de Imprensa".

### 24.7.3 Nexo de causalidade

O terceiro pressuposto da responsabilidade civil do Estado é o nexo de causalidade, que significa a relação de causa e efeito entre a conduta estatal e o dano suportado pela vítima.

Diversas teorias procuram explicar o nexo causal, especialmente nas hipóteses de causalidades múltiplas ou concausas, cabendo destacar, exemplificativamente, as seguintes:[14]

a) **Teoria da equivalência das condições (equivalência dos antecedentes ou *conditio sine qua non*):** de acordo com a presente teoria, elaborada por Von Buri, todos os antecedentes que contribuírem de alguma forma para o resultado são equivalentes e considerados causas do dano. A eliminação hipotética de uma dessas condições afastaria a ocorrência do resultado. A principal crítica à teoria é o regresso infinito do nexo de causalidade, acarretando insegurança jurídica e injustiça (ex.: em caso de homicídio, a responsabilidade seria estendida ao fabricante da arma).

b) **Teoria da causalidade adequada:** elaborada por Ludwig von Bar e desenvolvida por Johannes von Kries, a teoria considera como causa do evento danoso aquela que, em abstrato, seja a mais adequada para a produção do dano. Vale dizer: os antecedentes do evento não são equivalentes, devendo ser considerado como causa do dano apenas o antecedente que tiver maior probabilidade hipotética, a partir daquilo que normalmente ocorre na vida em sociedade, de produzir o resultado danoso. O problema dessa teoria é imputar o dano a alguém a partir de mero juízo de probabilidade (e não de certeza), que, em razão da ausência de critérios precisos, é pautado por incertezas.[15]

c) **Teoria da causalidade direta e imediata (ou teoria da interrupção do nexo causal):** os antecedentes do resultado não se equivalem e apenas o evento que se vincular direta e imediatamente com o dano será considerado causa necessária do dano. Apesar de sofrer críticas, notadamente por restringir o nexo causal, dificultando a responsabilização nos casos de danos indiretos ou remotos, a teoria da causalidade direta e imediata foi consagrada no art. 403 do CC.[16]

---

[14] Sobre as teorias do nexo de causalidade, vide: CRUZ, Gisela Sampaio da. *O problema do nexo causal na responsabilidade civil*. Rio de Janeiro: Renovar, 2005.

[15] Ao contrário da teoria da causalidade adequada, que propõe uma análise abstrata na definição da causa, a teoria da causalidade eficiente, defendida por Birkmeyer e outros autores, considera como causa aquela que, no caso concreto, é a mais eficiente para produzir o dano. Todavia, a teoria perdeu força pela ausência de critérios objetivos para eleger a causa do dano no caso concreto.

[16] O art. 403 do CC dispõe: "Ainda que a inexecução resulte de dolo do devedor, as perdas e danos só incluem os prejuízos efetivos e os lucros cessantes por efeito dela **direto e imediato**, sem prejuízo do disposto na lei processual"

## 24.8 CAUSAS EXCLUDENTES DO NEXO DE CAUSALIDADE

De acordo com a teoria do risco administrativo, adotada pelo art. 37, § 6.º, da CRFB, o Estado pode se defender nas ações indenizatórias por meio do rompimento do nexo de causalidade, demonstrando que o dano suportado pela vítima não foi causado pela ação ou omissão administrativa. São causas excludentes do nexo causal: fato exclusivo da vítima, fato de terceiro e caso fortuito ou força maior.

As causas excludentes decorrem da redação da referida norma constitucional que consagra a responsabilidade civil do Estado apenas pelos danos causados por seus agentes públicos, o que não ocorre nas hipóteses em que os danos são imputados à própria vítima, ao terceiro e aos eventos da natureza. Nessas situações não há ato ou fato administrativo que tenha causado o dano à vítima.

A caracterização da responsabilidade do Estado está atrelada à previsibilidade e à evitabilidade do evento danoso. O Estado não pode ser responsabilizado por eventos imprevisíveis ou previsíveis, mas de consequências inevitáveis.

### 24.8.1 Fato exclusivo da vítima

A primeira causa excludente do nexo causal refere-se à hipótese em que o dano é causado por fato exclusivo da própria vítima (autolesão), também denominada culpa exclusiva da vítima.

Assim, por exemplo, não há responsabilidade civil do Estado quando o particular comete suicídio. Todavia, nos casos em que o Estado contribuir, de alguma forma, por ação ou omissão com o suicídio, restará configurada a sua responsabilidade, tal como já decidiu o STJ em relação ao suicídio do preso no interior de uma penitenciária quando demonstrada a omissão do Estado no seu dever específico de garantir a integridade física e a vida dos presos.[17] É preciso cautela na responsabilização do Estado nos casos de suicídio para não transformá-lo em "segurador universal", razão pela qual é imprescindível a análise, no caso concreto, se o Estado poderia prever e evitar a ocorrência do dano. A imprevisibilidade e a inevitabilidade afastam a responsabilização estatal.

Em outra oportunidade, o STF reconheceu a responsabilidade civil objetiva do Estado em relação a profissional da imprensa ferido por agentes policiais durante cobertura jornalística, em manifestações em que haja tumulto ou conflitos entre policiais e manifestantes, admitida a excludente da culpa exclusiva da vítima nas hipóteses em que o referido profissional descumprir ostensiva e clara advertência sobre acesso a áreas delimitadas, em que haja grave risco à sua integridade física.[18]

---

(grifo nosso). Nesse sentido: TEPEDINO, Gustavo. Notas sobre o nexo de causalidade. *Temas de direito civil*. Rio de Janeiro: Renovar, 2006. t. II, p. 64; STF, 1.ª Turma, RE 130.764/PR, Rel. Min. Moreira Alves, *DJ* 07.08.1992, p. 11.782.

[17] Teses 9 e 10 da edição 61 da Jurisprudência em Teses do STJ. Posteriormente, o STJ afirmou a responsabilidade civil do Estado por permitir que militar, notoriamente depressivo, tivesse acesso à arma de fogo, tentando colocar fim à própria vida (STJ, 1.ª Turma, REsp 1.014.520/DF, Min. p/ acórdão Luiz Fux, *DJe* 01.07.2009, *Informativo de Jurisprudência do STJ* n. 397). Ainda de acordo com o STJ: "O Estado não responde civilmente por atos ilícitos praticados por foragidos do sistema penitenciário, salvo quando os danos decorrem direta ou imediatamente do ato de fuga" (Tese 11 da edição 61 da Jurisprudência em Teses do STJ).

[18] Tema 1.055 da Tese de Repercussão Geral do STF.

### 24.8.2 Fato de terceiro

A segunda causa excludente do nexo causal ocorre quando o dano é causado por fato de terceiro que não possui vínculo jurídico com o Estado. Ex.: o Estado não pode ser responsabilizado, em regra, por crimes ocorridos em seu território; as concessionárias de serviços públicos de transporte não são responsáveis por danos ocasionados por roubo no interior de seus veículos ou nas suas dependências[19] ou arremesso de pedras por terceiros contra os passageiros.[20]

### 24.8.3 Caso fortuito e força maior

Por fim, os eventos naturais ou humanos imprevisíveis que, por si sós, causam danos às pessoas caracterizam caso fortuito ou força maior e excluem o nexo causal. Ex.: Município não pode ser responsabilizado por inundação causada por chuva torrencial imprevisível. Todavia, o Poder Público municipal será responsável quando comprovada a sua contribuição para o evento danoso, por exemplo, a ausência de desentupimento dos bueiros de águas pluviais da cidade.

A doutrina diverge sobre a diferença entre caso fortuito e força maior. De um lado, alguns sustentam que o caso fortuito refere-se ao evento da natureza e a força maior, ao evento humano. Outra parcela da doutrina afirma justamente o contrário. Fato é que a discussão não acarreta qualquer consequência prática, uma vez que o ordenamento jurídico dispensa, no caso, tratamento idêntico às duas hipóteses, considerando-as causas excludentes do nexo de causalidade (art. 393 do CC). A propósito, o evento humano imprevisível se assemelha ao fato de terceiro estudado no item anterior.

A caracterização do caso fortuito como causa excludente do nexo causal tem sido relativizada pela doutrina e jurisprudência. A partir da distinção entre "fortuito externo" (risco estranho à atividade desenvolvida) e "fortuito interno" (risco inerente ao exercício da própria atividade), afirma-se que apenas o primeiro rompe o nexo causal. Vale dizer: nos casos de fortuito interno, o Estado será responsabilizado.[21]

### 24.8.4 Causas excludentes e atenuantes

Conforme verificado nos itens anteriores, os eventos **exclusivamente** atribuídos à vítima, ao terceiro ou à natureza não acarretam a responsabilidade do Estado e são qualificados como causas excludentes do nexo de causalidade.

Ao revés, comprovada a contribuição da ação ou omissão estatal para consumação do dano, ainda que haja participação da vítima, do terceiro ou de evento natural, o Estado

---

[19] STJ, 4.ª Turma, REsp 331.801/RJ, Rel. Min. Fernando Gonçalves, *DJ* 22.11.2004 p. 346, *Informativo de Jurisprudência do STJ* n. 224.

[20] STJ, 4.ª Turma, REsp 919.823/RS, Rel. Min. Aldir Passarinho Junior, *DJe* 29.03.2010, *Informativo de Jurisprudência do STJ* n. 425.

[21] Nesse sentido: a Súmula 94 do TJRJ dispõe: "Cuidando-se de fortuito interno, o fato de terceiro não exclui o dever do fornecedor de indenizar". Sobre a distinção entre fortuito externo e interno, vide: SCHREIBER, Anderson. *Novos paradigmas da responsabilidade civil*: da erosão dos filtros da reparação à diluição dos danos. 2. ed. São Paulo: Atlas, 2009. p. 66-68.

será responsabilizado. Nessa hipótese, existem causas concorrentes para o evento lesivo, devendo o Estado responder na medida da sua contribuição para o dano (art. 945 do CC). Enquanto as causas excludentes rompem o nexo de causalidade e afastam a responsabilidade do Estado, as causas atenuantes (concorrência de causas) apenas diminuem o valor da indenização, que será arcado pelo Estado.

## 24.9 PESSOAS RESPONSÁVEIS À LUZ DO ART. 37, § 6.º, DA CRFB

A responsabilidade objetiva prevista no art. 37, § 6.º, da CRFB alcança as pessoas jurídicas de direito público e as pessoas de direito privado prestadoras de serviços públicos.

### 24.9.1 Pessoas jurídicas de direito público

As pessoas jurídicas de direito público, que respondem de forma objetiva, com fundamento no art. 37, § 6.º, da CRFB, são as entidades integrantes da Administração Direta (União, Estados, Distrito Federal e Municípios) ou Indireta (autarquias e fundações autárquicas).

### 24.9.2 Pessoas jurídicas de direito privado prestadoras de serviços públicos

Da mesma forma, a responsabilidade objetiva se aplica às pessoas jurídicas de direito privado que prestam serviços públicos. Inserem-se nessa categoria as entidades de direito privado da Administração Indireta (empresas públicas, sociedades de economia mista e fundações estatais de direito privado) e as concessionárias e permissionárias de serviços públicos.

#### 24.9.2.1 *Responsabilidade das estatais: serviços públicos e atividade econômica*

No tocante às empresas públicas e sociedades de economia mista, é oportuno lembrar que tais entidades podem prestar serviços públicos ou atividades econômicas. A distinção quanto ao objeto da estatal é importante para fins de responsabilidade: no primeiro caso (estatais que prestam serviços públicos), a responsabilidade é objetiva, na forma do art. 37, § 6.º, da CRFB; no segundo caso (estatais econômicas), a responsabilidade, em regra, será subjetiva, pois, além de não ser aplicável o art. 37, § 6.º, da CRFB, deve ser observado o mesmo regime jurídico aplicável às empresas privadas em geral (art. 173, § 1.º, II, da CRFB). Eventualmente, as estatais econômicas poderão responder de maneira objetiva com fundamento na legislação infraconstitucional, por exemplo, quando firmarem relações de consumo (arts. 12 e 14 do CDC).

Caso as estatais não possuam bens suficientes para arcar com as suas dívidas, surgirá a responsabilidade subsidiária do respectivo Ente federado. Alguns autores sustentam que a responsabilidade subsidiária do Estado só existe em relação às estatais de serviços públicos, mas não se aplicaria às estatais econômicas, tendo em vista o art. 173, § 1.º, II, da CRFB, uma vez que a responsabilidade subsidiária, neste último caso, representaria uma garantia maior para os credores da estatal, colocando-a em desigualdade com as empresas concorrentes da iniciativa privada.²² Entendemos, contudo, que existe responsabilidade subsidiária do Estado por danos causados por estatais econômicas e de serviços públicos, pois ambas são entidades integrantes da Administração Indireta e sujeitas ao controle estatal.²³

### 24.9.2.2 Responsabilidade das concessionárias e permissionárias de serviços públicos

Quanto às concessionárias e permissionárias de serviços públicos, a responsabilidade será objetiva, independentemente da vítima (usuário ou terceiro).²⁴

Entendemos, no entanto, que o fundamento normativo da responsabilidade objetiva pode variar em função da vítima:

a) usuário do serviço público: em virtude da relação contratual entre o usuário e a concessionária, seria inaplicável o art. 37, § 6.º, da CRFB, que trata da responsabilidade extracontratual, mas, de qualquer forma, a responsabilidade seria objetiva, em virtude do disposto no art. 25 da Lei 8.987/1995, que menciona o usuário e o terceiro, e no art. 14 do CDC; e

b) terceiro: a responsabilidade é objetiva, na forma do art. 37, § 6.º, da CRFB, art. 25 da Lei 8.987/1995 e art. 17 do CDC (terceiro é consumidor por equiparação).

Nas Parcerias Público-Privadas (PPPs), a responsabilidade civil extracontratual deve levar em consideração as modalidades de parcerias e os seus respectivos objetos. As PPPs patrocinadas têm por objeto a prestação de serviços públicos, razão pela qual a responsabilidade da parceria privada (concessionária) será objetiva, na forma do art. 37, § 6.º, da CRFB. Quanto às PPPs administrativas, estas podem envolver a prestação de serviços públicos, quando a responsabilidade será objetiva, ou a prestação de serviços administrativos (serviços privados prestados ao Estado), hipótese em que a responsabilidade, em regra, será subjetiva (art. 927, *caput*, do Código Civil), sendo inaplicável o art. 37, § 6.º, da CRFB.²⁵

### 24.9.2.3 Responsabilidade do Terceiro Setor

Por fim, no tocante às entidades integrantes do Terceiro Setor (Sistema "S", "OS" e "OSCIPs"), não há consenso doutrinário sobre a incidência do art. 37, § 6.º, da CRFB.

---

[22] Nesse sentido: MELLO, Celso Antônio Bandeira de. *Curso de direito administrativo*. 21. ed. São Paulo: Malheiros, 2006. p. 198-199; GASPARINI, Diógenes. *Direito administrativo*. 12. ed. São Paulo: Saraiva, 2007. p. 444 e 457.

[23] Nesse sentido: CARVALHO FILHO, José dos Santos. *Manual de direito administrativo*. 18. ed. Rio de Janeiro: Lumen Juris, 2007. p. 457-458.

[24] Durante algum tempo, o STF entendeu que a concessionária de serviços públicos responderia de forma objetiva apenas em relação aos danos causados aos usuários, afastando o art. 37, § 6.º, da CRFB na hipótese de danos causados aos terceiros (STF, 2.ª Turma, RE 262.651/SP, Rel. Min. Carlos Velloso, *DJ* 06.05.2005, p. 38, *Informativo de Jurisprudência do STF* n. 370). Atualmente, a Suprema Corte afirma a responsabilidade objetiva das concessionárias de serviços públicos, com fulcro no art. 37, § 6.º, da CRFB, independentemente da qualidade da vítima (usuário ou não do serviço público) – Tema 130 da Tese de Repercussão Geral do STF.

[25] Sobre o tema, vide: OLIVEIRA, Rafael Carvalho Rezende. *Administração Pública, concessões e terceiro setor*. 2. ed. Rio de Janeiro: Lumen Juris, 2011. p. 293.

**Primeira posição:** responsabilidade objetiva, uma vez que tais entidades possuem vínculos jurídicos com o Poder Público e as atividades que elas desempenham se enquadram no conceito amplo de serviço público.[26]

**Segunda posição:** a responsabilidade dos Serviços Sociais Autônomos é objetiva, em razão dos mesmos argumentos apontados pela primeira corrente, citada acima. Em relação às OS e OSCIPs, apesar da existência de vínculos jurídicos (contrato de gestão e termo de parceria) e da natureza social da atividade, a responsabilidade seria subjetiva em virtude da "parceria desinteressada".[27]

**Terceira posição:** responsabilidade subjetiva das entidades do Terceiro Setor que não prestam serviços públicos propriamente ditos, sendo inaplicável o art. 37, § 6.º, da CRFB.[28]

Conforme sustentamos em obra específica sobre o tema, a responsabilidade das entidades do Terceiro Setor é subjetiva, pois as atividades sociais por elas prestadas não são caracterizadas como serviços públicos, mas, sim, como atividades privadas socialmente relevantes prestadas em nome próprio, sem a necessidade de delegação formal do Estado.[29] Os vínculos jurídicos formalizados entre o Estado e o Terceiro Setor não objetivam a delegação de atividades estatais, mas o fomento de atividades privadas que satisfazem interesses sociais.

### 24.9.3 Responsabilidade primária e subsidiária

As pessoas jurídicas de direito público e as de direito privado prestadoras de serviços públicos possuem responsabilidade objetiva e primária pelos danos que seus agentes causarem a terceiros, na forma do art. 37, § 6.º, da CRFB.

Outrossim, as empresas contratadas pelo Poder Público respondem primariamente pelos danos causados por seus prepostos. Nesse caso, a responsabilidade será, em regra, subjetiva, na forma do art. 70 da Lei 8.666/1993 e art. 120 da nova Lei de Licitações,[30] salvo na hipótese das concessionárias e permissionárias de serviços públicos, que possuem responsabilidade objetiva, em razão do art. 37, § 6.º, da CRFB, art. 25 da Lei 8.987/1995 e art. 14 do CDC.

---

[26] FORTINI, Cristiana. Organizações sociais: natureza jurídica da responsabilidade civil das organizações sociais em face dos danos causados a terceiros. *Revista Eletrônica sobre a Reforma do Estado*, Salvador, n. 6, p. 6, jun.-jul.-ago. 2006. Disponível em: <http://www.direitodoestado.com.br>. Acesso em: 28 out. 2007.

[27] CARVALHO FILHO, José dos Santos. *Manual de direito administrativo*. 24. ed. Rio de Janeiro: Lumen Juris, 2011. p. 509.

[28] Nesse sentido: SOUTO, Marcos Juruena Villela. *Direito administrativo em debate*. 2.ª série. Rio de Janeiro: Lumen Juris, 2007. p. 201; ARAÚJO, Valter Shuenquener de. Terceiro Setor: a experiência brasileira. *Revista da Seção Judiciária do Rio de Janeiro*, Rio de Janeiro: JFRJ, n. 14, p. 232, 2005.

[29] OLIVEIRA, Rafael Carvalho Rezende. *Administração Pública, concessões e terceiro setor*. 2. ed. Rio de Janeiro: Lumen Juris, 2011. p. 320-322.

[30] Cabe destacar que o art. 70 da Lei 8.666/1993, ao tratar da responsabilidade civil do contratado, menciona, literalmente, "culpa ou dolo" do contratado, expressões que não foram utilizadas pelo art. 120 da nova Lei de Licitações. Em nossa opinião, a ausência das expressões "culpa ou dolo" no novo diploma legal não altera a regra da responsabilidade civil subjetiva do contratado, uma vez que a eventual objetivação da responsabilidade dependeria da previsão legal expressa ou decorreria de atividade normalmente desenvolvida que, por sua natureza, acarretasse risco para os direitos de terceiros, na forma do art. 927, parágrafo único, do Código Civil.

Verifica-se, portanto, que as pessoas jurídicas respondem primariamente pelos danos causados por seus agentes e prepostos a terceiros. Em consequência, não há solidariedade entre o Poder Público e as entidades da Administração Indireta ou empresas por ele contratadas. A responsabilidade do Estado, nesses casos, é eventual e subsidiária.[31]

Registre-se, no entanto, a existência de entendimento doutrinário, específico para as concessões de serviços públicos, que sustenta a existência de solidariedade entre o Estado e a concessionária, uma vez que a prestação de serviços públicos é caracterizada como relação de consumo, sendo aplicável, destarte, a solidariedade prevista para os acidentes de consumo.[32] Entendemos que, mesmo nas hipóteses de concessão de serviços públicos, a responsabilidade do Estado é subsidiária e não solidária, tendo em vista o princípio da especialidade: art. 25 da Lei 8.987/1995, regra especial, prevalece sobre o CDC, regra geral.

## 24.10 RESPONSABILIDADE CIVIL DO ESTADO POR OMISSÃO

A doutrina e a jurisprudência divergem sobre a natureza da responsabilidade civil nos casos de omissão estatal. Apesar da revogação do art. 15 do CC de 1916, que fundamentava a responsabilidade subjetiva do Estado, pelo art. 43 do atual CC, que reafirma a responsabilidade objetiva prevista no art. 37, § 6.º, da CRFB, a celeuma permanece. Sobre o tema existem três entendimentos:

**Primeira posição:** responsabilidade objetiva, pois o art. 37, § 6.º, da CRFB não faz distinção entre condutas comissivas ou omissivas. Nesse sentido: Hely Lopes Meirelles.[33]

**Segunda posição:** responsabilidade subjetiva, com presunção de culpa do Poder Público (presunção *juris tantum* ou relativa), tendo em vista que o Estado, na omissão, não é o causador do dano, mas atua de forma ilícita (com culpa) quando descumpre o dever legal de impedir a ocorrência do dano. O art. 37, § 6.º, da CRFB, ao mencionar os danos causados a terceiros, teve o objetivo de restringir a sua aplicação às condutas comissivas, uma vez que a omissão do Estado, nesse caso, não seria "causa", mas "condição" do dano. Nesse sentido: Oswaldo Aranha Bandeira de Mello, Celso Antônio Bandeira de Mello, Maria Sylvia Zanella Di Pietro, Diógenes Gasparini, Lúcia Valle Figueiredo e Rui Stoco.[34]

**Terceira posição:** nos casos de omissão genérica, relacionadas ao descumprimento do dever genérico de ação, a responsabilidade é subjetiva. Por outro lado, nas hipóteses

---

[31] No mesmo sentido: CARVALHO FILHO, José dos Santos. *Manual de direito administrativo*. 24. ed. Rio de Janeiro: Lumen Juris, 2011. p. 521. Igualmente, o STF decidiu: "O Estado responde subsidiariamente por danos materiais causados a candidatos em concurso público organizado por pessoa jurídica de direito privado (art. 37, § 6.º, da CRFB/88), quando os exames são cancelados por indícios de fraude" (Tema 512 da Tese de Repercussão Geral do STF).

[32] Nesse sentido: TEPEDINO, Gustavo. A evolução da responsabilidade civil no direito brasileiro e suas controvérsias na atividade estatal. *Temas de direito civil*. 3. ed. Rio de Janeiro: Renovar, 2004. p. 216.

[33] MEIRELLES, Hely Lopes. *Direito administrativo brasileiro*. 22. ed. São Paulo: Malheiros, 1997. p. 567.

[34] MELLO, Oswaldo Aranha Bandeira de. *Princípios gerais de direito administrativo*. Rio de Janeiro: Forense, 1979. v. II, p. 487; MELLO, Celso Antônio Bandeira de. *Curso de direito administrativo*. 21. ed. São Paulo: Malheiros, 2006. p. 966-971; DI PIETRO, Maria Sylvia Zanella. *Direito administrativo*. 22. ed. São Paulo: Atlas, 2009. p. 652; GASPARINI, Diógenes. *Direito administrativo*. 12. ed. São Paulo: Saraiva, 2007. p. 990; FIGUEIREDO, Lúcia Valle. *Curso de direito administrativo*. 2. ed. São Paulo: Malheiros, 1995. p. 176; STOCO, Rui. *Tratado de responsabilidade civil*. 6. ed. São Paulo: RT, 2004. p. 963.

de omissão específica, quando o Estado descumpre o dever jurídico específico, a responsabilidade é objetiva. Nesse sentido: Guilherme Couto de Castro e Sergio Cavalieri Filho.[35]

Entendemos ser objetiva a responsabilidade civil do Estado em virtude de suas omissões juridicamente relevantes, pois o art. 37, § 6.º, da CRFB e o art. 43 do CC, que consagram a teoria do risco administrativo, não fazem distinção entre ação e omissão estatal. Ainda que a omissão não seja causa do resultado danoso, como afirma a segunda posição anteriormente citada, certo é que a inação do Estado contribui para a consumação do dano. É preciso distinguir a omissão natural e a omissão normativa. Enquanto a primeira relaciona-se com a ausência de movimento ou comportamento físico, sem a produção de qualquer resultado (da inércia nada surge), a omissão normativa, por sua vez, pressupõe o descumprimento de um dever jurídico, gerando, com isso, consequências jurídicas, inclusive a responsabilidade civil. Dessa forma, a responsabilidade por omissão estatal revela o descumprimento do dever jurídico de impedir a ocorrência de danos.

Todavia, somente será possível responsabilizar o Estado nos casos de omissão específica, quando demonstradas a previsibilidade e a evitabilidade do dano, notadamente pela aplicação da teoria da causalidade direta e imediata quanto ao nexo de causalidade (art. 403 do CC). Vale dizer: a responsabilidade restará configurada nas hipóteses em que o Estado tem a possibilidade de prever e de evitar o dano, mas permanece omisso. Nas omissões genéricas, em virtude das limitações naturais das pessoas em geral, que não podem estar em todos os lugares ao mesmo tempo, e da inexistência do nexo de causalidade, não há que falar em responsabilidade estatal, sob pena de considerarmos o Estado segurador universal e adotarmos a teoria do risco integral.[36] Assim, por exemplo, o Estado não é responsável pelos crimes ocorridos em seu território. Todavia, se o Estado é notificado sobre a ocorrência de crimes constantes em determinado local e permanece omisso, haverá responsabilidade.

Outro exemplo típico de omissão específica do Estado, que enseja o dever de indenizar, é o caso envolvendo a guarda de pessoas e coisas perigosas. Conforme já decidiram os tribunais superiores, o Estado responde objetivamente pelos danos sofridos por presidiário no interior do estabelecimento prisional.[37] Segundo o STF, o Estado possui responsabilidade objetiva pelos danos causados aos detentos em decorrência da falta ou insuficiência das condições legais de encarceramento.[38] Em outra oportunidade, o STF adotou a tese, em

---

[35] CASTRO, Guilherme Couto de. *A responsabilidade civil objetiva no direito brasileiro*. Rio de Janeiro: Forense, 1997. p. 37; CAVALIERI FILHO, Sergio. *Programa de responsabilidade civil*. 7. ed. São Paulo: Atlas, 2007. p. 231.

[36] Nesse sentido: WILLEMAN, Flávio de Araújo. A responsabilidade civil das pessoas de direito público e o Código Civil de 2002 (Lei nacional 10.406/2002). In: *Fórum Administrativo*, Belo Horizonte, ano 5, n. 56, p. 6.258-6.261, out. 2005.

[37] STF: "Em caso de inobservância do seu dever específico de proteção previsto no art. 5.º, inciso XLIX, da Constituição Federal, o Estado é responsável pela morte de detento" (Tema 592 da Tese de Repercussão Geral do STF); STJ, 1.ª Turma, REsp 847687/GO, Rel. Min. José Delgado, DJ 25.06.2007, p. 221, *Informativo de Jurisprudência do STJ* n. 301; STJ, 1.ª Turma, REsp 936342/ES, Rel. p/ acórdão Min. Luiz Fux, DJe 20.05.2009, *Informativo de Jurisprudência do STJ* n. 376.

[38] STF: "Considerando que é dever do Estado, imposto pelo sistema normativo, manter em seus presídios os padrões mínimos de humanidade previstos no ordenamento jurídico, é de sua responsabilidade, nos termos do art. 37, § 6.º,

repercussão geral, de que o Poder Público apenas pode ser responsabilizado na hipótese de omissão específica: "Para que fique caracterizada a responsabilidade civil do Estado por danos decorrentes do comércio de fogos de artifício, é necessário que exista a violação de um dever jurídico específico de agir, que ocorrerá quando for concedida a licença para funcionamento sem as cautelas legais ou quando for de conhecimento do poder público eventuais irregularidades praticadas pelo particular".[39]

## 24.11 AGENTES PÚBLICOS E A RESPONSABILIDADE CIVIL DO ESTADO

A configuração da responsabilidade objetiva das pessoas jurídicas de direito público e das pessoas jurídicas de direito privado prestadoras de serviços públicos está necessariamente relacionada à ação ou omissão de determinado agente público no exercício da atividade administrativa. Portanto, o agente público ocupa papel de destaque na responsabilização do Estado.

### 24.11.1 Dualidade de regimes de responsabilidade civil no art. 37, § 6.º, da CRFB: responsabilidade objetiva do Estado e responsabilidade subjetiva do agente público

O art. 37, § 6.º, da CRFB consagra dois regimes jurídicos distintos de responsabilidade:

1) responsabilidade objetiva das pessoas jurídicas de direito público e das pessoas jurídicas de direito privado prestadoras de serviços públicos; e

2) responsabilidade pessoal e subjetiva dos agentes públicos.

A norma constitucional em comento, ao tratar da responsabilidade pessoal dos agentes públicos, exigiu a comprovação do dolo ou culpa, sem qualquer gradação do elemento subjetivo. Contudo, o art. 28 da LINDB exige a demonstração do dolo ou erro grosseiro (culpa grave) para responsabilização dos agentes públicos, o que pode gerar dúvidas quanto à sua constitucionalidade.[40] De nossa parte, não vislumbramos ofensa ao texto constitucional na gradação da culpa, por parte do legislador ordinário, para responsabilização pessoal do agente público, notadamente pela razoabilidade da restrição.[41]

---

da Constituição, a obrigação de ressarcir os danos, inclusive morais, comprovadamente causados aos detentos em decorrência da falta ou insuficiência das condições legais de encarceramento" (Tema 365 da Tese de Repercussão Geral do STF).

[39] Tema 366 da Tese de Repercussão Geral do STF.

[40] Art. 28 da LINDB, inserido pela Lei 13.655/2018: "O agente público responderá pessoalmente por suas decisões ou opiniões técnicas em caso de dolo ou erro grosseiro". Todavia, o TCU afirmou que o referido dispositivo legal não provocou modificação nos requisitos necessários para a responsabilidade financeira por débito, com a demonstração do dolo ou da culpa, sem qualquer gradação (Acórdão 2.391/2018, Plenário, Tomada de Contas Especial, Rel. Min. Benjamin Zymler, *Boletim de Jurisprudência do TCU* n. 241).

[41] Aliás, não seria a primeira restrição fixada pelo legislador infraconstitucional na configuração da responsabilidade pessoal e subjetiva de agentes públicos. Mencione-se, por exemplo, a responsabilidade dos magistrados (art. 143 do CPC e art. 49 da LC 35/1979) e dos membros do MP (art. 181 do CPC) que está, tradicionalmente, condicionada à comprovação do dolo ou fraude. Proteção semelhante é assegurada aos advogados públicos (art. 184 do CPC) e defensores públicos (art. 187 do CPC).

## 24.11.2 O vocábulo "agentes" e seu alcance

A responsabilidade do Estado relaciona-se à atuação de todo e qualquer agente público. Por essa razão, o art. 37, § 6.º, da CRFB utiliza o vocábulo "agentes", que tem conteúdo abrangente e engloba toda e qualquer pessoa física no exercício da função pública: agentes públicos de direito (agentes políticos; servidores públicos estatutários, celetistas e temporários; e particulares em colaboração) e de fato (putativos e necessários).[42]

O Estado somente será responsabilizado se o dano for causado por agente público "nessa qualidade" (art. 37, § 6.º, da CRFB), ou seja, deve haver uma ligação direta entre o dano e o exercício da função pública, ainda que o servidor esteja fora de sua jornada de trabalho. Dessa forma, os atos praticados por agentes em suas vidas privadas, oriundos de sentimentos pessoais, sem relação com a função pública, não acarretam responsabilidade do Estado, mas responsabilidade pessoal do agressor na forma do Código Civil.[43]

## 24.11.3 Litisconsórcio facultativo x Teoria da dupla garantia

Não há dúvida de que o Estado possui legitimidade para responder pelos danos causados por seus agentes. Todavia, há divergência doutrinária sobre a possibilidade de ser proposta ação indenizatória, diretamente, em face do agente público. Sobre o tema existem dois entendimentos:

**Primeira posição:** a ação somente pode ser proposta em face do Estado, não sendo lícito acionar diretamente o agente público. De acordo com a presente orientação, o art. 37, § 6.º, da CRFB teria consagrado a **"teoria da dupla garantia"**:

a) primeira garantia: a vítima deve ser ressarcida pelos danos causados pelo Estado; e

b) segunda garantia: os agentes públicos somente podem ser responsabilizados perante o próprio Estado, não sendo lícito admitir que a vítima de *per saltum* acione diretamente o agente.

Vale dizer: o Estado indeniza a vítima; o agente público indeniza, regressivamente, o Estado. Nesse sentido: STF, Hely Lopes Meirelles, Diogo de Figueiredo Moreira Neto.[44]

---

[42] Em relação aos agentes de fato putativos, a responsabilidade funda-se na teoria da aparência (o particular tem aparência de servidor público) e na boa-fé dos terceiros. Por outro lado, quanto aos agentes de fato necessários, a responsabilidade é justificada pelo funcionamento inadequado do serviço que contribuiu para situação emergencial.

[43] O STF condenou o Estado por atuação de policial que, em seu período de folga e em trajes civis, efetua disparo com arma de fogo pertencente à sua corporação, causando a morte de pessoa inocente (STF, RE 291.035/SP, Rel. Min. Celso de Mello, *DJ* 06.04.2006, p. 104, *Informativo de Jurisprudência do STF* n. 421). Em outra oportunidade, o STF afastou a responsabilidade do Estado na hipótese em que policial, utilizando-se de arma da corporação, causa dano à amante por motivos sentimentais (STF, 1.ª Turma, RE 363423/SP, Rel. Min. Carlos Britto, *DJe* 14.03.2008, p. 467, *Informativo de Jurisprudência do STF* n. 370). No segundo caso, o agente atuou por sentimento pessoal sem exercer a função pública ou praticar ato administrativo.

[44] Tema 940 da Tese de Repercussão Geral do STF: "A teor do disposto no art. 37, § 6.º, da Constituição Federal, a ação por danos causados por agente público deve ser ajuizada contra o Estado ou a pessoa jurídica de direito privado prestadora de serviço público, sendo parte ilegítima para a ação o autor do ato, assegurado o direito de regresso contra o responsável nos casos de dolo ou culpa"; MEIRELLES, Hely Lopes. *Direito administrativo brasileiro*. 22. ed.

**Segunda posição:** a ação pode ser proposta em face do Estado, do agente público ou de ambos, em litisconsórcio passivo. Nesse sentido: José dos Santos Carvalho Filho, Diógenes Gasparini, Celso Antônio Bandeira de Mello.[45]

Entendemos que deveria prevalecer a segunda orientação, uma vez que o art. 37, § 6.º, da CRFB tem por objetivo a proteção da vítima, e não do agente público, abrindo-se três possibilidades no polo passivo da ação indenizatória: a) pessoa de direito público ou de direito privado prestadora de serviços públicos (responsabilidade objetiva); b) agente público (responsabilidade subjetiva); e c) Estado e agente público (responsabilidade solidária).

Registre-se, contudo, que a teoria da dupla garantia foi consagrada expressamente para determinados agentes públicos, tais como os magistrados, escrivães, chefes de secretarias judiciais, oficiais de justiça, membros do Ministério Público, da Advocacia Pública e da Defensoria Pública, que respondem apenas de forma regressiva, inviabilizando-se a responsabilidade direta perante a vítima (arts. 143, 155, 181, 184 e 187 do CPC).[46]

Não obstante a polêmica sobre o tema, o STF consolidou o entendimento de que a ação por danos causados por agente público deve ser ajuizada contra o Estado ou a pessoa jurídica de direito privado prestadora de serviço público, sendo parte ilegítima para a ação o autor do ato, assegurado o direito de regresso contra o responsável nos casos de dolo ou culpa.[47]

### 24.11.4 Reparação do dano e ação regressiva em face do agente público

A reparação do dano pode ser instrumentalizada na via administrativa (acordo administrativo) ou na via judicial.

O agente público, em caso de dolo ou culpa, pode causar danos ao Estado ou a terceiros.

Na primeira hipótese, a responsabilidade será apurada por meio de processo administrativo, com ampla defesa e contraditório. Constatada a responsabilidade subjetiva do agente, o pagamento poderá ser realizado espontaneamente ou, caso contrário, por via judicial.[48]

Ressalte-se, contudo, que é ilegal impor o desconto em folha de pagamento dos agentes públicos do valor relativo ao ressarcimento ao erário, salvo se houver prévia autorização do agente ou procedimento administrativo com ampla defesa e contraditório.[49]

---

São Paulo: Malheiros, 1997. p. 569; MOREIRA NETO, Diogo de Figueiredo. *Curso de direito administrativo*. 15. ed. Rio de Janeiro: Forense, 2009. p. 345-346.

[45] CARVALHO FILHO, José dos Santos. *Manual de direito administrativo*. 24. ed. Rio de Janeiro: Lumen Juris, 2011. p. 530; GASPARINI, Diógenes. *Direito administrativo*. 12. ed. São Paulo: Saraiva, 2007. p. 984; MELLO, Celso Antônio Bandeira de. *Curso de direito administrativo*. 21. ed. São Paulo: Malheiros, 2006. p. 988. No mesmo sentido: STJ, 4.ª Turma, REsp 1.325.862/PR, Rel. Min. Luis Felipe Salomão, *DJ* 10.12.2007, p. 221, *Informativo de Jurisprudência do STJ* n. 532.

[46] Em âmbito federal, de forma semelhante, o art. 122, § 2.º, da Lei 8.112/1990 dispõe que, nos casos de danos causados a terceiros, "responderá o servidor perante a Fazenda Pública, em ação regressiva".

[47] Conforme destacado anteriormente, o entendimento foi definido no Tema 940 da Tese de Repercussão Geral do STF.

[48] Em âmbito federal, a Lei 4.619/1965 dispõe sobre a ação regressiva da União em face de seus agentes. O art. 2.º da referida Lei estabelece o prazo de 60 dias, contados do trânsito em julgado, para propositura da ação regressiva. Entendemos, contudo, que o interesse processual para ação regressiva surge apenas com o pagamento da indenização pelo Poder Público à vítima.

[49] Lei 8.112/1990: "Art. 45. Salvo por imposição legal, ou mandado judicial, nenhum desconto incidirá sobre a remuneração ou provento". De acordo com o STJ, os descontos em folha dos servidores públicos civis não podem

Na segunda hipótese, o terceiro, vítima do dano, poderá demandar em face do Estado (responsabilidade objetiva) ou do próprio agente público (responsabilidade subjetiva), salvo nos casos em que for adotada a teoria da dupla garantia, quando a única via seria o direcionamento do pedido de reparação em face do Estado.

De qualquer forma, o Estado, após indenizar a vítima, tem o dever de cobrar, regressivamente, o valor desembolsado perante o respectivo agente público, causador efetivo do dano, que agiu com dolo ou culpa.

O direito de regresso do Estado em face do agente público surge com o efetivo pagamento da indenização à vítima. Não basta, portanto, o trânsito em julgado da sentença que condena o Estado na ação indenizatória, pois o interesse jurídico na propositura da ação regressiva depende do efetivo desfalque nos cofres públicos. A propositura da ação regressiva antes do pagamento poderia ensejar enriquecimento sem causa do Estado.[50]

A cobrança regressiva em face do agente público deve ocorrer, inicialmente, na esfera administrativa. No caso de acordo administrativo, o agente providenciará o ressarcimento aos cofres públicos. Ausente o acordo, o Poder Público deverá propor a ação regressiva em face do agente público culpado.[51]

Apesar de relevante parcela da doutrina e jurisprudência entender que a ação de ressarcimento proposta pelo Poder Público em face de seus agentes é imprescritível, tendo em vista o disposto na parte final do § 5.º do art. 37 da CRFB, o STF, em sede de repercussão geral, decidiu que é prescritível (prazo de três anos, na forma do art. 206, § 3.º, V, do CC) a ação de reparação de danos à Fazenda Pública decorrente de ilícito civil originado de acidente de trânsito.[52] Registre-se que a referida decisão da Suprema Corte foi proferida em ação de ressarcimento proposta pela União em face de uma empresa de transporte rodoviário e de motorista a ela vinculado, em virtude de acidente automobilístico, mas a tese da prescritibilidade, em princípio, poderia ser aplicada às ações propostas pelo Poder Público em face de seus servidores em situações semelhantes.

Registre-se que o STF, em sede de repercussão geral, decidiu que são imprescritíveis as ações de ressarcimento ao erário fundadas na prática de ato doloso tipificado na Lei de Improbidade Administrativa, submetendo-se, contudo, à prescrição a pretensão de ressarcimento ao erário fundada em ato culposo de improbidade.[53]

---

ultrapassar o valor de 30% da remuneração ou do provento (arts. 2.º, § 2.º, e 6.º, § 5.º, da Lei 10.820/2003 c/c art. 45 da Lei 8.112/1990), os descontos em folha dos servidores militares devem respeitar o limite máximo de 70% da remuneração ou do provento (art. 14, § 3.º, da MP 2.215-10/2001) (STJ, EAREsp 272.665/PE, 1.ª Seção, Rel. Min. Mauro Campbell Marques, por unanimidade, j. 13.12.2017, DJe 18.12.2017, *Informativo de Jurisprudência do STJ* n. 618.

[50] Nesse sentido: CARVALHO FILHO, José dos Santos. *Manual de direito administrativo*. 24. ed. Rio de Janeiro: Lumen Juris, 2011. p. 535; GASPARINI, Diógenes. *Direito administrativo*. 12. ed. São Paulo: Saraiva, 2007. p. 986.

[51] STJ, 2.ª Turma, AgRg no AgRg no Ag 1.300.827/RR, Rel. Min. Mauro Campbell Marques, DJe 29.11.2010; STJ, 5.ª Turma, AgRg no REsp 1.116.855/RJ, Rel. Min. Arnaldo Esteves Lima, DJe 02.08.2010, *Informativo de Jurisprudência do STJ* n. 439.

[52] STF, RE 669.069/MG, Tribunal Pleno, Rel. Min. Teori Zavascki, DJe-082, 28.04.2016; STF, RE 669.069 ED/MG, Tribunal Pleno, Rel. Min. Teori Zavascki, DJe-136, 30.06.2016, *Informativo de Jurisprudência do STF* n. 813. A prescrição será analisada no item 24.12 deste Capítulo.

[53] STF, RE 852.475/SP, Rel. Min. Alexandre de Moraes, Red. p/ o acórdão Min. Edson Fachin, j. 08.08.2018 (*Informativo de Jurisprudência do STF* n. 910).

Em outra oportunidade, em sede de repercussão geral, o STF afirmou que prescreve a pretensão de ressarcimento ao erário fundada em decisão de Tribunal de Contas.[54]

### 24.11.5 Denunciação da lide

A denunciação da lide pode ser definida como uma ação regressiva proposta por uma das partes da ação principal em face de terceiro (arts. 125 a 129 do CPC). Há profunda controvérsia sobre a viabilidade de o Estado denunciar a lide ao seu agente, causador do dano, com fundamento no art. 125, II, do CPC, que prevê a obrigatoriedade da denunciação da lide "àquele que estiver obrigado, por lei ou pelo contrato, a indenizar, em ação regressiva, o prejuízo de quem for vencido no processo". Sobre o tema existem os seguintes entendimentos:[55]

**Primeira posição:** a denunciação da lide é uma faculdade do Estado. A ausência de denunciação ou o seu indeferimento não acarreta a nulidade do processo, nem impede a propositura de ação regressiva em caso de condenação do Poder Público. Nesse sentido: STJ.[56]

**Segunda posição:** impossibilidade de denunciação da lide quando a ação proposta em face do Estado tem por fundamento a responsabilidade objetiva ou a culpa anônima, sem a individualização do agente causador do dano, pois, nesse caso, o Estado estaria incluindo na lide novo fundamento não levantado pelo autor: a culpa ou o dolo do agente público. Todavia, cabe denunciação da lide se o autor da ação (vítima) identificar o agente público causador do dano, imputando-lhe culpa. Nesse sentido: Yussef Said Cahali e Maria Sylvia Zanella Di Pietro.[57]

**Terceira posição:** impossibilidade de denunciação da lide pelo Estado, pois a responsabilidade do Estado é objetiva e a do agente público, subjetiva, razão pela qual a denunciação acarretaria a inclusão da discussão da culpa na demanda, prejudicando a celeridade processual e frustrando o caráter protetivo da vítima contido no art. 37, § 6.º, da CRFB. Nesse sentido: José dos Santos Carvalho Filho, Celso Antônio Bandeira de Mello, Diogo de Figueiredo Moreira Neto e TJRJ.[58]

---

[54] Tema 889 da Tese de Repercussão Geral: "É prescritível a pretensão de ressarcimento ao erário fundada em decisão de Tribunal de Contas."

[55] No campo do Processo Civil, a doutrina sempre divergiu sobre a amplitude do art. 70, III, do CPC/1973 (art. 125, II, do CPC/2015): enquanto alguns autores adotam uma interpretação restritiva para admitir a denunciação apenas nos casos de garantia própria, relacionada à transmissão de direitos (ex.: evicção), outros autores defendem uma interpretação extensiva da norma para alcançar, também, as garantias impróprias, que, em verdade, configuram hipótese de responsabilidade de ressarcimento. Após tratar da referida discussão, Alexandre Câmara sustenta que, em razão da solidariedade entre o Estado e o agente público perante a vítima, o caso não seria de denunciação, mas de chamamento ao processo (art. 130, III, do CPC). Sobre o tema, vide: CÂMARA, Alexandre Freitas. *Lições de direito processual civil*. 23. ed. São Paulo: Atlas, 2012. v. 1, p. 224-225.

[56] STJ, 1.ª Seção, AgRg nos EREsp 136.614/SP Rel. Min. Castro Meira, *DJ* 09.08.2004, p. 164; Tese 18 da edição 61 da Jurisprudência em Teses do STJ.

[57] CAHALI, Yussef Said. *Responsabilidade civil do Estado*. 3. ed. São Paulo: RT, 2007. p. 151-176; DI PIETRO, Maria Sylvia Zanella. *Direito administrativo*. 22. ed. São Paulo: Atlas, 2009. p. 662.

[58] CARVALHO FILHO, José dos Santos. *Manual de direito administrativo*. 24. ed. Rio de Janeiro: Lumen Juris, 2011. p. 532; MELLO, Celso Antônio Bandeira de. *Curso de direito administrativo*. 21. ed. São Paulo: Malheiros, 2006. p. 989; MOREIRA NETO, Diogo de Figueiredo. *Curso de direito administrativo*. 15. ed. Rio de Janeiro: Forense, 2009. p. 659.

Em nossa opinião, a denunciação da lide pelo Estado deve ser obstada, em regra, conforme as razões expostas pela terceira posição. Todavia, a denunciação da lide deve ser admitida, por exemplo, à pessoa jurídica que possui responsabilidade objetiva, uma vez que não haveria a inclusão da culpa na discussão, inexistindo prejuízo à vítima (ex.: denunciação da lide à concessionária de serviços públicos).

## 24.12 PRESCRIÇÃO

A prescrição acarreta a extinção da pretensão de ressarcimento do lesado em razão da sua inércia pelo período de tempo fixado em lei. Tradicionalmente, o ordenamento jurídico consagra o prazo de cinco anos para a prescrição das ações pessoais propostas em face das pessoas de direito público e das pessoas de direito privado prestadoras de serviços públicos (art. 1.º do Decreto 20.910/1932, art. 2.º do Decreto-lei 4.597/1942 e art. 1.º-C da Lei 9.494/1997).[59]

No entanto, com a vigência do Código Civil de 2002, que estabeleceu o prazo prescricional de três anos para toda e qualquer pretensão de reparação civil (art. 206, § 3.º, V), surgiu grande controvérsia sobre a sua aplicação às ações propostas em face do Estado e a eventual derrogação da legislação anterior. Sobre o tema existem dois entendimentos:

**Primeira posição:** prescrição quinquenal das pretensões de ressarcimento em face do Estado, tendo em vista a aplicação do critério da especialidade para resolver o conflito normativo (lei especial prevalece e não é revogada pela lei geral): o Decreto 20.910/1932, recepcionado pela Constituição com *status* de lei ordinária, e a Lei 9.494/1997 são normas especiais que não foram revogadas pelo Código Civil, norma geral. Nesse sentido: Marçal Justen Filho, Odete Medauar, Maria Sylvia Zanella Di Pietro, Rui Stoco.[60]

**Segunda posição:** prescrição trienal, em razão de dois argumentos: a) a partir da interpretação sistemática e histórica, verifica-se que a intenção do legislador ao fixar o quinquenal no Decreto 20.910/1932 era proteger a segurança jurídica da coletividade e beneficiar o Estado, repetindo o prazo já estipulado no art. 178, § 10, VI, do CC/1916. Ressalte-se que o art. 177 do CC/1916, vigente à época, fixava o prazo prescricional alargado de 20 anos como regra geral. Com o advento do Código Civil de 2002 e a redução do prazo prescricional das ações de ressarcimento para três anos, haveria inversão no sistema que passaria a proteger com maior ênfase a segurança jurídica de pretensões entre indivíduos do que as pretensões formuladas em face do Estado; e b) o próprio art. 10 do Decreto 20.910/1932

---

Nesse sentido, o TJRJ editou a Súmula 50, que dispõe: "Em ação de indenização ajuizada em face de pessoa jurídica de Direito Público, não se admite a denunciação da lide ao seu agente ou a terceiro (art. 37, § 6.º, CF/1988)".

[59] Destaque-se a previsão da prescrição intercorrente prevista no art. 3.º do Decreto-lei 4.597/1942, que dispõe: "A prescrição das dívidas, direitos e ações a que se refere o Decreto 20.910, de 6 de janeiro de 1932, somente pode ser interrompida uma vez, e recomeça a correr, pela metade do prazo, da data do ato que a interrompeu, ou do último do processo para a interromper; consumar-se-á a prescrição no curso da lide sempre que a partir do último ato ou termo da mesma, inclusive da sentença nela proferida, embora passada em julgado, decorrer o prazo de dois anos e meio".

[60] JUSTEN FILHO, Marçal. *Curso de direito administrativo*. 4. ed. São Paulo: Saraiva, 2009. p. 1.118; MEDAUAR, Odete. *Direito administrativo moderno*. 12. ed. São Paulo: RT, 2008. p. 372; DI PIETRO, Maria Sylvia Zanella. *Direito administrativo*. 22. ed. São Paulo: Atlas, 2009. p. 664; STOCO, Rui. *Tratado de responsabilidade civil*. 6. ed. São Paulo: RT, 2004. p. 200-201.

estabelece que o prazo quinquenal "não altera as prescrições de menor prazo, constantes das leis e regulamentos", o que revela a necessidade de aplicação do prazo reduzido de três anos, previsto no Código Civil de 2002 às ações propostas em face do Estado. Nesse sentido: José dos Santos Carvalho Filho, Flávio Willeman, Carlos Roberto Gonçalves.[61]

Entendemos que o prazo prescricional de três anos, previsto no art. 206, § 3.º, V, do CC/2002, deveria ser aplicado às pretensões formuladas em face da Fazenda Pública. Além dos sólidos argumentos mencionados pela segunda corrente, é forçoso reconhecer que a aplicação de prazo prescricional menor para as pretensões entre particulares e de prazo maior para as ações pessoais propostas em face da Fazenda Pública ofenderia a razoabilidade ao conceder maior segurança jurídica aos interesses privados, e não aos interesses públicos. Vale ressaltar que, em razão da redução do prazo prescricional, deve ser observado o art. 2.028 do CC/2002 que determina a aplicação do prazo anterior (cinco anos) se, na data de entrada em vigor do Código, já houver transcorrido mais da metade do tempo estabelecido na lei revogada.

Contudo, a 1.ª Seção do STJ, após decisões divergentes da 1.ª e da 2.ª Turma, definiu que a prescrição das pretensões de reparação civil em face da Fazenda Pública é quinquenal, em virtude do caráter especial do art. 1.º do Decreto 20.910/1932 que prevalece sobre o Código Civil (lei geral).[62]

Igualmente, o prazo quinquenal é aplicado às ações indenizatórias propostas em face das pessoas jurídicas de direito privado prestadoras de serviços públicos, com fundamento no art. 1.º-C da Lei 9.494/1997.[63]

O STJ entendeu pela aplicabilidade do prazo quinquenal do Decreto 20.910/1932 às empresas estatais prestadoras de serviços públicos essenciais, não voltadas à exploração de atividade econômica com finalidade lucrativa e natureza concorrencial.[64]

---

[61] CARVALHO FILHO, José dos Santos. *Manual de direito administrativo*. 24. ed. Rio de Janeiro: Lumen Juris, 2011. p. 530; WILLEMAN, Flávio de Araújo. A responsabilidade civil das pessoas jurídicas de direito público e o Código Civil de 2002 (Lei nacional 10.406/2002). *Fórum Administrativo*, Belo Horizonte, ano 5, n. 56, p. 6.248-6.265, out. 2005; GONÇALVES, Carlos Roberto. *Responsabilidade civil*. 8. ed. São Paulo: Saraiva, 2003. p. 190.

[62] STJ, 1.ª Seção, EREsp 1.081.885/RR, Rel. Min. Hamilton Carvalhido, *DJe* 01.02.2011. STJ: "O prazo prescricional das ações indenizatórias ajuizadas contra a Fazenda Pública é quinquenal (Decreto n. 20.910/1932), tendo como termo a quo a data do ato ou fato do qual originou a lesão ao patrimônio material ou imaterial" (Tese 4 da edição 61 da Jurisprudência em Teses do STJ). Igualmente, o Enunciado 40 da I Jornada de Direito Administrativo realizada pelo Centro de Estudos Judiciários do Conselho da Justiça Federal (CEJ/CJF) dispõe: "Nas ações indenizatórias ajuizadas contra a Fazenda Pública aplica-se o prazo prescricional quinquenal previsto no Decreto n.º 20.910/1932 (art. 1.º), em detrimento do prazo trienal estabelecido no Código Civil de 2002 (art. 206, § 3.º, V), por se tratar de norma especial que prevalece sobre a geral." Em relação às relações jurídicas de trato sucessivo, a Súmula 85 do STJ dispõe: "Nas relações jurídicas de trato sucessivo em que a Fazenda Pública figure como devedora, quando não tiver sido negado o próprio direito reclamado, a prescrição atinge apenas as prestações vencidas antes do quinquênio anterior a propositura da ação". De forma semelhante, a Súmula 443 do STF estabelece: "A prescrição das prestações anteriores ao período previsto em lei não ocorre, quando não tiver sido negado, antes daquele prazo, o próprio direito reclamado, ou a situação jurídica de que ele resulta". Em relação à ação civil *ex delicto*, o prazo prescricional tem início a partir da data do trânsito em julgado da sentença penal condenatória (STJ, 2.ª Turma, REsp 997.761/MG, Rel. Min. Castro Meira, *DJe* 23.06.2008).

[63] Lei 9.494/1997: "Art. 1.º-C. Prescreverá em cinco anos o direito de obter indenização dos danos causados por agentes de pessoas jurídicas de direito público e de pessoas jurídicas de direito privado prestadoras de serviços públicos". Nesse sentido: STJ, REsp 1.277.724/PR, Rel. Min. João Otávio de Noronha, 2.ª Turma, j. 26.05.2015, *DJe* 10.6.2015, *Informativo STJ* n. 563.

[64] STJ, REsp 1.635.716/DF, Rel. Min. Regina Helena Costa, 1.ª Turma, *DJe* 11.10.2022, *Informativo STJ* n. 753.

Nas ações de cobrança em face das pessoas jurídicas de direito público ou pessoas jurídicas de direito privado prestadoras de serviços públicos, que não se confundem com as ações de reparação civil, o prazo prescricional permanece de cinco anos, com fundamento no Decreto 20.910/1932 e nos arts. 205 e 206, § 5.º, I, do CC.[65]

Quanto às ações de repetição de indébito propostas em face das concessionárias de serviços públicos, aplica-se o prazo prescricional decenal previsto no art. 205 do CC, tendo em vista a inexistência de norma específica sobre o assunto.[66]

Nas ações propostas pela Administração Pública para cobrança de créditos não tributários, o prazo prescricional é de cinco anos, na forma do art. 206, § 5.º, I, do CC, bem como pela aplicação analógica da legislação administrativa que prevê o prazo quinquenal.[67]

Quanto às ações propostas pelo Estado que objetivam o ressarcimento ao erário, não obstante relevante parcela da doutrina e jurisprudência entender que a pretensão é imprescritível, tendo em vista o disposto na parte final do § 5.º do art. 37 da CRFB, o STF, em sede de repercussão geral, decidiu que é prescritível a ação de reparação de danos à Fazenda Pública decorrente de ilícito civil decorrente de acidente de trânsito (prazo de três anos, na forma do art. 206, § 3.º, V, do CC).[68]

Em relação ao ressarcimento decorrente de atos de improbidade, a Suprema Corte decidiu, em sede de repercussão geral, que são imprescritíveis as ações de ressarcimento fundadas na prática de ato doloso de improbidade, submetendo-se, contudo, à prescrição a pretensão de ressarcimento fundada em ato culposo de improbidade.[69]

Além do ressarcimento decorrente de ato doloso de improbidade, considera-se imprescritível: a) a ação indenizatória proposta em face do Estado em razão de danos decorrentes de atos de tortura ocorridos durante o regime militar;[70] b) a reparação civil de dano ambiental;[71] e c) a pretensão de ressarcimento ao erário decorrente da exploração irregular do patrimônio mineral da União, porquanto indissociável do dano ambiental causado.[72]

---

[65] Transcrevam-se os arts. 205 e 206, § 5.º, I, do CC: "Art. 205. A prescrição ocorre em dez anos, quando a lei não lhe haja fixado prazo menor. Art. 206. Prescreve: [...] § 5.º Em cinco anos: I – a pretensão de cobrança de dívidas líquidas constantes de instrumento público ou particular".

[66] Nesse sentido, a Súmula 412 do STJ dispõe: "A ação de repetição de indébito de tarifas de água e esgoto sujeita-se ao prazo prescricional estabelecido no Código Civil". O STJ fixou a seguinte tese: "o prazo prescricional para as ações de repetição de indébito relativo às tarifas de serviços de água e esgoto cobradas indevidamente é de: (a) 20 (vinte) anos, na forma do art. 177 do Código Civil de 1916; ou (b) 10 (dez) anos, tal como previsto no art. 205 do Código Civil de 2002, observando-se a regra de direito intertemporal, estabelecida no art. 2.028 do Código Civil de 2002" (REsp 1.532.514/SP, 1.ª Seção, Rel. Min. Og Fernandes, DJe 17.05.2017, Informativo de Jurisprudência do STJ n. 603).

[67] Em sentido semelhante: STJ, 2.ª Turma, EREsp 1.435.077/RS, Rel. Min. Humberto Martins, DJe 26.08.2014, Informativo de Jurisprudência do STJ n. 545.

[68] Tema 666 da Tese de Repercussão Geral do STF: "É prescritível a ação de reparação de danos à Fazenda Pública decorrente de ilícito civil." No sentido da imprescritibilidade, vide: CARVALHO FILHO, José dos Santos. Manual de direito administrativo. 24. ed. Rio de Janeiro: Lumen Juris, 2011. p. 1.014-1.015; DI PIETRO, Maria Sylvia Zanella. Direito administrativo. 22. ed. São Paulo: Atlas, 2009. p. 829-830; GASPARINI, Diógenes. Direito administrativo. 12. ed. São Paulo: Saraiva, 2007. p. 993. Da mesma forma, a Súmula 282 do TCU dispõe: "As ações de ressarcimento movidas pelo Estado contra os agentes causadores de danos ao erário são imprescritíveis".

[69] Tema 897 da Tese de Repercussão Geral do STF.

[70] Tese 3 da edição 61 da Jurisprudência em Teses do STJ.

[71] Tema 999 da Tese de Repercussão Geral do STF.

[72] Tema 1.268 da Tese de Repercussão Geral do STF.

Quanto ao ressarcimento ao erário fundada em decisão de Tribunal de Contas, o STF, em repercussão geral, afirmou a incidência da prescrição.[73]

Ademais, a intervenção do MP nas ações de ressarcimento ao erário não é obrigatória, pois a simples presença do Poder Público na relação processual e do interesse patrimonial do Estado (interesse público secundário) não justifica a referida intervenção ministerial.[74]

## 24.13 RESPONSABILIDADE CIVIL POR ATOS LEGISLATIVOS

Em regra, a atuação legislativa não acarreta responsabilidade civil do Estado, especialmente pelo fato de que a própria existência do Estado pressupõe o exercício da função legislativa com a criação de direitos e obrigações para os indivíduos. O caráter genérico e abstrato das normas jurídicas, que afasta, em princípio, a configuração de efeitos (danos) individualizados, é o principal óbice à responsabilidade estatal.

Não concordamos com o argumento de que a irresponsabilidade por ato legislativo seria também fundada na ideia de soberania do Poder Legislativo, pois a soberania, tradicionalmente compreendida como poder incondicionado e de autodeterminação plena, somente pode ser reconhecida à República Federativa do Brasil, em seu conjunto (art. 1.º, I, da CRFB), sendo certo que os entes federados e seus respectivos órgãos possuem autonomia (art. 18 da CRFB) que deve ser exercida dentro dos limites fixados na Constituição da República, sob pena de responsabilização estatal. Aliás, a própria soberania, que tem sido redimensionada com a globalização, não impede, atualmente, a fixação de responsabilidade dos países no âmbito do Direito Internacional. Ademais, se o argumento da soberania fosse verdadeiro para o Legislativo, deveria ser aplicado também ao Executivo, o que acarretaria, de forma indevida, imunidade do Poder Público pelos danos causados a terceiros.

A responsabilidade do Estado legislador pode surgir em três situações excepcionais:

a) **leis de efeitos concretos e danos desproporcionais**;
b) **leis inconstitucionais**; e
c) **omissão legislativa**.[75]

---

[73] Tema 899 da Tese de Repercussão Geral do STF: "É prescritível a pretensão de ressarcimento ao erário fundada em decisão de Tribunal de Contas." O TCU, contudo, tem apresentado interpretação contrária à tese firmada pelo STF, para afastar o Tema 899 dos processos de controle externo em trâmite na Corte de Contas (TCU, Acórdão 2.018/2020, Plenário, Rel(a). Min(a). Ana Arraes, j. 05.08.2020).

[74] Nesse sentido: STJ, EREsp 1.151.639/GO, Rel. Min. Benedito Gonçalves, *DJe* 15.09.2014, *Informativo de Jurisprudência do STJ* n. 548.

[75] Na França, a responsabilidade civil do Estado pela atividade legislativa foi reconhecida, inicialmente, no *arrêt Fleurette*, julgado pelo Conselho de Estado em 1938. Naquele caso, a legislação proibia a comercialização de determinados produtos com o objetivo de proteger a indústria nacional de laticínios. O reconhecimento da responsabilidade do Estado legislador perante a empresa de laticínios *La Fleurette* fundamentou-se no "princípio da igualdade de todos perante os encargos sociais", superando a visão tradicional da irresponsabilidade por ato legislativo que se apoiava na ideia de soberania do Legislativo (*principe de l'égalité de tous devant les charges publiques*) (LONG, M.; WEIL, P.; BRAIBANT, G.; DEVOLVÉ, P.; GENEVOIS, B. *Les grands arrêts de la jurisprudence administrative*. 16. ed. Paris: Dalloz, 2007. p. 326-333).

## 24.13.1 Leis de efeitos concretos e danos desproporcionais

A primeira hipótese de responsabilidade estatal por ato legislativo refere-se à promulgação de leis de efeitos concretos. Ora, se o fundamento da irresponsabilidade estatal é o caráter genérico e abstrato das leis, deve ser reconhecida a possibilidade de responsabilidade civil nos casos em que as leis não possuem tais atributos. A lei de efeitos concretos é uma lei em sentido formal, uma vez que a sua produção pelo Poder Legislativo observa o processo de criação de normas jurídicas, mas é um ato administrativo em sentido material, em virtude dos efeitos individualizados.

Assim como ocorre com os atos administrativos individuais, a lei de efeitos concretos pode acarretar prejuízos às pessoas determinadas, gerando, com isso, responsabilidade civil do Estado. Ex.: Município deve indenizar o proprietário de posto de gasolina localizado em via pública que tem o acesso de veículos proibido por determinada lei municipal. Em verdade, ainda que a lei possua caráter geral, a responsabilidade poderá ser configurada se houver dano desproporcional e concreto a determinado indivíduo. Trata-se de responsabilidade do Estado por ato legislativo lícito, fundada no princípio da repartição dos encargos sociais.[76]

## 24.13.2 Leis inconstitucionais

A segunda hipótese de responsabilidade do Estado legislador ocorre com a promulgação de lei inconstitucional. Nesse caso, a atuação legislativa extrapola os limites formais e/ou materiais fixados pelo texto constitucional, configurando ato ilícito.

É imprescindível a comprovação do dano concreto oriundo da aplicação da norma inconstitucional. Comprovado o prejuízo individualizado pela incidência da lei inconstitucional, o ente federado respectivo deverá ser responsabilizado. Vale dizer: a legitimidade passiva na ação indenizatória será do Ente responsável pela lei inconstitucional, e não da Casa Legislativa, uma vez que esta é órgão estatal despido de personalidade jurídica.

Em razão da presunção de constitucionalidade das leis, a responsabilidade somente poderá ser suscitada quando a lei for declarada inconstitucional pelo Poder Judiciário. Não basta a declaração de inconstitucionalidade para configuração da responsabilidade, sendo imprescindível a comprovação do dano concreto pela incidência da lei inconstitucional. Apesar de alguns posicionamentos no sentido de que a referida declaração tenha que ocorrer em sede de controle concentrado de constitucionalidade, sustentamos que a responsabilidade estatal pode existir também no caso da declaração incidental de inconstitucionalidade (Ex.: ação de repetição de indébito, cumulada com pedido de indenização por danos materiais e morais em face do Estado, com fundamento na inconstitucionalidade de determinada lei).[77] A diferença, em nossa opinião, restringe-se

---

[76] Em abono à nossa tese, vide: COUTINHO, Alessandro Dantas; RODOR, Ronald Krüger. *Manual de Direito Administrativo*. São Paulo: Método, 2015. p. 924. Alguns autores fundamentam a responsabilidade civil por atos legislativos lícitos na garantia constitucional da propriedade privada e no princípio da dignidade da pessoa humana. Nesse sentido: MOTA, Maurício Jorge. *Responsabilidade civil do Estado legislador*. Rio de Janeiro: Lumen Juris, 1999. p. 185.

[77] O STJ possui precedente afirmando a necessidade de declaração de inconstitucionalidade em sede de controle concentrado para responsabilidade do Estado (STJ, 2.ª Turma, REsp 571.645/RS, Rel. Min. João Otávio de Noronha,

aos efeitos da decisão: no primeiro caso (controle concentrado), todos os lesados pela lei inconstitucional podem pleitear a reparação civil, tendo em vista o caráter *erga omnes* da decisão; no segundo caso (controle incidental), apenas aquele que foi parte do processo se beneficia da decisão que possui efeitos *inter partes*.

Na hipótese de declaração incidental e definitiva de inconstitucionalidade pelo STF, o Senado poderá suspender a executoriedade da lei (art. 52, X, da CRFB). Todavia, a resolução do Senado suspende apenas a execução da norma, sem reconhecer a sua invalidade, razão pela qual a coletividade não poderia invocar o referido ato senatorial para postular indenização em face do Estado. Nesse caso, apenas as partes beneficiadas com a decisão incidental de inconstitucionalidade proferida pelo STF poderão responsabilizar o Estado.[78]

Por fim, é importante registrar que a modulação de efeitos da decisão que declara a inconstitucionalidade da lei, prevista no art. 27 da Lei 9.868/1999, pode acarretar consequências na responsabilidade estatal.[79] Em nossa opinião, em caso de atribuição de efeitos *ex nunc* (não retroativos) ou prospectivos à declaração de inconstitucionalidade, inexistiria responsabilidade do Estado, pois os efeitos gerados pela respectiva lei foram considerados lícitos (constitucionais) pelo Judiciário.

### 24.13.3 Omissão legislativa

Além dos casos anteriormente assinalados, que tratam da atuação positiva do legislador, é possível, ainda, responsabilizar o Estado legislativo em caso de omissão, quando configurada a mora legislativa desproporcional.

Em relação aos casos em que a própria Constituição estabelece prazo para o exercício do dever de legislar, o descumprimento do referido prazo, independentemente de decisão judicial anterior, já é suficiente para caracterização da mora legislativa inconstitucional e consequente responsabilidade estatal.[80]

Nos demais casos, a inexistência de prazo para o exercício do dever de legislar por parte do Poder Legislativo impõe a necessidade de configuração da mora legislativa por

---

DJ 30.10.2006, p. 265, *Informativo de Jurisprudência do STJ* n. 297). No mesmo sentido: STOCO, Rui. *Tratado de responsabilidade civil*. 6. ed. São Paulo: RT, 2004. p. 1.141. Ao contrário, admitindo a responsabilidade na hipótese de declaração incidental de inconstitucionalidade, vide: PUCCINELLI JÚNIOR, André. *A omissão legislativa inconstitucional e a responsabilidade do Estado legislador*. São Paulo: Saraiva, 2007. p. 243; ZOCKUN, Maurício. *Responsabilidade patrimonial do Estado*. São Paulo: Malheiros, 2010. p. 170.

[78] No mesmo sentido: ZOCKUN, Maurício. *Responsabilidade patrimonial do Estado*. São Paulo: Malheiros, 2010. p. 171.

[79] O art. 27 da Lei 9.868/1999 dispõe: "Art. 27. Ao declarar a inconstitucionalidade de lei ou ato normativo, e tendo em vista razões de segurança jurídica ou de excepcional interesse social, poderá o Supremo Tribunal Federal, por maioria de dois terços de seus membros, restringir os efeitos daquela declaração ou decidir que ela só tenha eficácia a partir de seu trânsito em julgado ou de outro momento que venha a ser fixado". Tem prevalecido o entendimento de que a modulação de efeitos, apesar de prevista expressamente para o controle concentrado, também poderá ser aplicada em sede de controle incidental de inconstitucionalidade. Nesse sentido: BARROSO, Luís Roberto. *O controle de constitucionalidade no direito brasileiro*. 4. ed. São Paulo: Saraiva, 2009. p. 76. A modulação de efeitos também está consagrada no art. 11 da Lei 9.882/1999, que dispõe sobre o processo e julgamento da Arguição de Descumprimento de Preceito Fundamental (ADPF).

[80] CARVALHO FILHO, José dos Santos. *Manual de direito administrativo*. 24. ed. Rio de Janeiro: Lumen Juris, 2011. p. 524-525; FERRAZ, Luciano. Responsabilidade do Estado por omissão legislativa – caso do art. 37, X, da Constituição da República. *Responsabilidade civil do Estado*. São Paulo: Malheiros, 2006. p. 220.

decisão proferida em sede de mandado de injunção ou ação direta de inconstitucionalidade por omissão.[81] Com a decisão judicial que reconhece a omissão legislativa, o Estado é formalmente constituído em mora, abrindo-se caminho para respectiva responsabilidade.

No caso da ADI por omissão, o STF, ao julgar procedente a ação, intimará o Poder competente para a adoção das providências necessárias e, tratando-se de órgão administrativo, para fazê-lo em trinta dias, na forma do art. 103, § 2.º, da CRFB. Ultrapassado o prazo fixado ou ausente a providência legislativa dentro de prazo razoável, os lesados poderão pleitear a responsabilidade civil do respectivo Ente federado.[82] Da mesma forma, reconhecida a mora legislativa no âmbito do mandado de injunção, os respectivos impetrantes (decisão *inter partes*) podem responsabilizar o Estado.[83]

## 24.14 RESPONSABILIDADE CIVIL POR ATOS JUDICIAIS

Tradicionalmente, afirma-se que a atividade jurisdicional não implica responsabilidade civil do Estado, salvo as hipóteses expressamente previstas no ordenamento jurídico.[84]

Em síntese, três argumentos são tradicionalmente apontados (e, atualmente, criticados) para afastar a responsabilidade do Estado pela prestação jurisdicional:

a) **recorribilidade das decisões judiciais e a coisa julgada:** o ordenamento jurídico consagra mecanismos específicos para correção de equívocos cometidos na prestação jurisdicional, notadamente os recursos e as ações autônomas de impugnação. Portanto, evidenciado o erro de procedimento (*error in procedendo*) ou o erro de julgamento (*error in judicando*) por parte do magistrado, o interessado deve manejar os instrumentos jurídicos necessários à correção do problema. A formação da coisa julgada, fundada no princípio da segurança jurídica, impede a modificação da decisão judicial, tornando-a definitiva, hipótese em que o interessado não poderá alegar o suposto erro judicial para responsa-

---

[81] ZOCKUN, Maurício. *Responsabilidade patrimonial do Estado*. São Paulo: Malheiros, 2010. p. 164.

[82] O STF afastou a responsabilidade civil do Estado na hipótese em que o Poder Executivo, depois de reconhecida a sua mora pela Corte, sem a fixação de prazo, encaminhou, dentro de prazo razoável, projeto de lei para regulamentar o art. 37, X, da CRFB, que trata da revisão geral anual da remuneração dos servidores públicos (STF, 2.ª Turma, RE 424.584/MG, Rel. p/ Acórdão Min. Joaquim Barbosa, DJe-081 07.05.2010, *Informativo de Jurisprudência do STF* n. 568). No mesmo sentido: Tema 19 das Teses de Repercussão Geral do STF: "O não encaminhamento de projeto de lei de revisão anual dos vencimentos dos servidores públicos, previsto no inciso X do art. 37 da CF/1988, não gera direito subjetivo a indenização. Deve o Poder Executivo, no entanto, se pronunciar, de forma fundamentada, acerca das razões pelas quais não propôs a revisão" (25.09.2019).

[83] Em razão da ausência de regulamentação do art. 8.º, § 3.º, do ADCT, o STF reconheceu o estado de mora inconstitucional do Congresso Nacional que, embora previamente intimado quando do julgamento de mandado de injunção anterior, permaneceu omisso para assegurar aos impetrantes a possibilidade de ajuizamento imediato de ação de reparação civil (STF, Tribunal Pleno, MI 284/DF, Rel. p/ Acórdão Min. Celso de Mello, *DJ* 26.06.1992, p. 10.103).

[84] A jurisprudência do STF tem afirmado que a irresponsabilidade do Estado por atos judiciais somente pode ser excepcionada nas hipóteses expressamente previstas na lei (STF, 1.ª Turma, RE 69.568/SP, Rel. Min. Luiz Gallotti, *DJ* 18.12.1970; STF, 1.ª Turma, RE 111.609/AM, Rel. Min. Moreira Alves, *DJ* 19.03.1993, p. 4.281; STF, 1.ª Turma, RE 219.117/PR, Rel. Min. Ilmar Galvão, *DJ* 29.10.1999, p. 20; STF, 2.ª Turma, RE 429.518/SC, Rel. Min. Carlos Velloso, *DJ* 28.10.2004, p. 49).

bilizar o Estado. Apenas na hipótese de desconstituição da coisa julgada, com a demonstração do erro judiciário, seria possível responsabilizar o Estado;

b) **soberania:** a atuação jurisdicional seria emanação da soberania estatal. Conforme demonstrado no tópico anterior, quando abordamos a responsabilidade por ato legislativo, não há que falar em soberania na atuação jurisdicional, pois tal atributo é reconhecido apenas à República Federativa do Brasil, em sua unidade, e não aos entes federados e seus respectivos órgãos que detêm autonomia, limitada pela ordem jurídica;

c) **independência do magistrado:** a potencial responsabilidade estatal poderia abalar a independência do magistrado, gerando receio à função judicante. O argumento também não convence, uma vez que a função pública, qualquer que seja ela, acarreta responsabilidades, sendo certo que o magistrado tem o dever de exercer a função jurisdicional de acordo com o ordenamento jurídico.

É possível perceber, portanto, que os fundamentos tradicionais para irresponsabilidade do Estado Juiz não podem ser considerados óbices absolutos no estágio atual de desenvolvimento do Direito, que tem ampliado as hipóteses de responsabilidade.

Atualmente, a responsabilidade do Estado por atos judiciais, na forma do art. 5.º, LXXV e LXXVIII, da CRFB, pode ocorrer em três hipóteses:

a) **erro judiciário;**
b) **prisão além do tempo fixado na sentença;** e
c) **demora na prestação jurisdicional.**[85]

Por outro lado, no tocante aos atos administrativos editados no exercício da função atípica do Poder Judiciário, o fundamento da responsabilidade civil é o art. 37, § 6.º, da CRFB.

### 24.14.1 Erro judiciário

O erro judiciário, ensejador da responsabilidade estatal, é o erro substancial e inescusável.

Há discussão doutrinária sobre a amplitude da responsabilidade estatal pelo exercício da função jurisdicional. A questão é saber se a responsabilidade restringe-se ao erro judiciário verificado na esfera penal ou se é possível a responsabilização do Estado na hipótese de erro judiciário no processo civil.

**Primeiro entendimento:** a responsabilidade restringe-se ao erro judiciário oriundo da jurisdição penal, inexistindo responsabilidade por eventuais erros cometidos na jurisdição cível, pois o art. 5.º, LXXV, da CRFB, ao consagrar a responsabilidade por erro judiciário e prisão além do tempo fixado na sentença, teria abarcado a previsão contida no art. 630

---

[85] O art. 5.º da CRFB dispõe: "LXXV – o Estado indenizará o condenado por erro judiciário, assim como o que ficar preso além do tempo fixado na sentença [...] LXXVIII – a todos, no âmbito judicial e administrativo, são asseguradas a razoável duração do processo e os meios que garantam a celeridade de sua tramitação".

do CPP para reforçar, com *status* de direito fundamental (cláusula pétrea), a garantia de responsabilidade no âmbito da jurisdição penal, sem estender, contudo, tal garantia ao âmbito da jurisdição civil. Nesse sentido: José dos Santos Carvalho Filho, Odete Medauar, Diogo de Figueiredo Moreira Neto.[86]

**Segundo entendimento:** a responsabilidade estatal abrange a jurisdição penal e a civil, uma vez que o art. 5.º, LXXV, da CRFB não estabeleceu qualquer distinção. Nesse sentido: Ruy Rosado de Aguiar Júnior, Sergio Cavalieri Filho, Clèmerson Merlin Clève, Zulmar Fachin.[87]

Entendemos que a responsabilidade do Estado pelo exercício da função jurisdicional aplica-se às esferas penal e civil, sem distinção, tendo em vista os seguintes argumentos:

a) o art. 5.º, LXXV, da CRFB encontra-se inserido no catálogo de direitos fundamentais, que devem ser interpretados de maneira extensiva e não restritiva, com o intuito de garantir maior efetividade na responsabilização do Estado e na proteção dos indivíduos. É oportuno registrar que a norma constitucional não fez qualquer distinção entre as jurisdições, sendo vedado ao intérprete restringir o seu alcance;

b) o fato de abarcar a previsão contida no art. 630 do CPP não pode gerar a conclusão de que a referida norma constitucional deve ser interpretada em conformidade com a legislação processual penal, uma vez que a lógica é inversa: a interpretação da legislação infraconstitucional deve ser feita em conformidade com a Constituição.

Além da comprovação do erro judiciário, exige-se a desconstituição da coisa julgada, por meio da ação rescisória ou da revisão criminal, como condição para responsabilização do Estado.[88] Em virtude do princípio da segurança jurídica, não é possível admitir que a decisão judicial responsabilizadora do Estado conflite com a sentença anterior submetida aos efeitos da coisa julgada. Ora, se há coisa julgada, não existe erro judiciário.

Por fim, enquanto a responsabilidade do Estado por ato judicial típico submete-se ao art. 5.º, LXXV, da CRFB, a responsabilidade estatal pelos danos causados por atividade administrativa atípica, exercida pelo Poder Judiciário, fundamenta-se no art. 37, § 6.º, da CRFB.[89]

---

[86] CARVALHO FILHO, José dos Santos. *Manual de direito administrativo*. 24. ed. Rio de Janeiro: Lumen Juris, 2011. p. 527; MEDAUAR, Odete. *Direito administrativo moderno*. 12. ed. São Paulo: RT, 2008. p. 374; MOREIRA NETO, Diogo de Figueiredo. *Curso de direito administrativo*. 15. ed. Rio de Janeiro: Forense, 2009. p. 660.

[87] AGUIAR JÚNIOR, Ruy Rosado de. A responsabilidade civil do Estado pelo exercício da função jurisdicional no Brasil. *Interesse Público*, Porto Alegre: Notadez, v. 9, n. 44, p. 95, jul.-ago. 2007; CAVALIERI FILHO, Sergio. *Programa de responsabilidade civil*. 7. ed. São Paulo: Atlas, 2007. p. 251; CLÈVE, Clèmerson Merlin; FRANZONI, Júlia Ávila. Responsabilidade civil do Estado por atos jurisdicionais. *Revista de Direito Administrativo e Constitucional*, Belo Horizonte, ano 12, n. 47, p. 118, jan.-mar. 2012; FACHIN, Zulmar. *Responsabilidade patrimonial do Estado por ato jurisdicional*. Rio de Janeiro: Renovar, 2001. p. 198.

[88] Nesse sentido: AGUIAR JÚNIOR, Ruy Rosado de. A responsabilidade civil do Estado pelo exercício da função jurisdicional no Brasil. *Interesse Público*, Porto Alegre: Notadez, v. 9, n. 44, p. 97, jul.-ago. 2007; STOCO, Rui. *Tratado de responsabilidade civil*. 6. ed. São Paulo: RT, 2004. p. 1.011; SILVA, Juary C. *Responsabilidade do Estado por atos jurisdicionais e legislativos*. São Paulo: Saraiva, 1985. p. 175. Contra, entendendo ser desnecessária a desconstituição da coisa julgada: MEDAUAR, Odete. *Direito administrativo moderno*. 12. ed. São Paulo: RT, 2008. p. 374; FACHIN, Zulmar. *Responsabilidade patrimonial do Estado por ato jurisdicional*. Rio de Janeiro: Renovar, 2001. p. 201.

[89] CAVALIERI FILHO, Sergio. *Programa de responsabilidade civil*. 7. ed. São Paulo: Atlas, 2007. p. 251.

## 24.14.2 Prisão além do tempo fixado na sentença

Além do erro judiciário, a prisão além do tempo fixado na sentença também configura a responsabilidade civil do Estado.

É preciso, no entanto, esclarecer que o descumprimento do prazo prisional pode decorrer da atividade jurisdicional ou da atividade prestada pelo Executivo no tocante à administração penitenciária.[90] Na primeira hipótese, a responsabilidade advém da má prestação jurisdicional e a prisão além do tempo fixado na sentença configura, em última análise, uma espécie de erro judiciário objetivo ou qualificado, aplicando-se o art. 5.º, LXXV, da CRFB. No segundo caso, o erro foi cometido pela administração penitenciária a cargo do Poder Executivo, e a responsabilidade seria fundamentada também pelo art. 37, § 6.º, da CRFB.

Conforme mencionado anteriormente, a responsabilidade do Estado pela prestação jurisdicional pode ocorrer tanto na jurisdição penal quanto na jurisdição cível. É evidente que a maioria dos casos, envolvendo a prisão além do tempo fixado na sentença, é proveniente da esfera penal, em que a sanção privativa de liberdade é admitida como regra. No entanto, em hipóteses excepcionais de prisão civil (ex.: prisão por dívida alimentícia)[91] ou administrativa (ex.: prisão na esfera militar),[92] a eventual prisão além do tempo fixado na sentença também acarretará a responsabilidade estatal.

## 24.14.3 Demora na prestação jurisdicional

Por fim, a demora na prestação jurisdicional pode ensejar a responsabilidade do Estado, tendo em vista a violação do direito fundamental à razoável duração do processo consagrado no art. 5.º, LXXVIII, da CRFB, alterado pela EC 45/2004.[93]

A demora injustificada no processo judicial configura omissão desproporcional e, em última análise, negativa da prestação jurisdicional. Trata-se, em síntese, de erro judiciário praticado por omissão. Nesse caso, em razão da falta do serviço ou culpa anônima, o Estado deverá ser responsabilizado.[94]

---

[90] AGUIAR JÚNIOR, Ruy Rosado de. A responsabilidade civil do Estado pelo exercício da função jurisdicional no Brasil. *Interesse Público*, Porto Alegre: Notadez, v. 9, n. 44, p. 90, jul.-ago. 2007.

[91] O art. 5.º, LXVII, da CRFB dispõe: "não haverá prisão civil por dívida, salvo a do responsável pelo inadimplemento voluntário e inescusável de obrigação alimentícia e a do depositário infiel". Atualmente, admite-se apenas a prisão civil por obrigação alimentícia, uma vez que o STF afastou a possibilidade de prisão do depositário infiel, com fundamento no art. 7.º, § 7.º, da Convenção Americana sobre Direitos Humanos (Pacto de São José da Costa Rica) e no art. 11 do Pacto Internacional sobre Direitos Civis e Políticos. Dessa forma, o STF, com fundamento no art. 5.º, § 2.º, da CRFB, revogou a Súmula 619 e editou a Súmula Vinculante 25, que estabelece: "É ilícita a prisão civil de depositário infiel, qualquer que seja a modalidade do depósito".

[92] STF, 1.ª Turma, RE 191.400/SP, Rel. Min. Ilmar Galvão, *DJ* 02.02.2001, p. 141; STJ, 6.ª Turma, RMS 3.803/RJ, Rel. Min. Maria Thereza de Assis Moura, *DJ* 30.10.2006, p. 417.

[93] A duração razoável do processo também é consagrada, por exemplo, na Convenção Americana sobre Direitos Humanos (Pacto de São José da Costa Rica). que dispõe: "Artigo 8.º Garantias judiciais: 1. Toda pessoa tem direito a ser ouvida, com as devidas garantias e **dentro de um prazo razoável**, por um juiz ou tribunal competente, independente e imparcial, estabelecido anteriormente por lei, na apuração de qualquer acusação penal formulada contra ela, ou para que se determinem seus direitos ou obrigações de natureza civil, trabalhista, fiscal ou de qualquer outra natureza" (grifo nosso).

[94] CLÈVE, Clèmerson Merlin; FRANZONI, Júlia Ávila. Responsabilidade civil do Estado por atos jurisdicionais. *Revista de Direito Administrativo e Constitucional*, Belo Horizonte, ano 12, n. 47, p. 118, jan.-mar. 2012; CARVALHO FILHO, José dos Santos. *Manual de direito administrativo*. 24. ed. Rio de Janeiro: Lumen Juris, 2011. p. 527-528.

É preciso, contudo, cautela na responsabilidade estatal por demora na prestação jurisdicional. O simples descumprimento de determinado prazo processual pelo magistrado não possui o condão de gerar, por si só, a responsabilidade do Estado. Nesse ponto, além da violação do prazo processual ou da demora desproporcional, é fundamental a comprovação de dano desproporcional ao jurisdicionado, o que deve ser analisado e ponderado em cada caso concreto.[95]

### 24.14.4 Prisão cautelar e posterior absolvição

A privação da liberdade do indivíduo é medida excepcional que deve ser adotada nos estritos termos da lei. Evidentemente, no caso de prisão ilegal, restarão caracterizadas a atuação ilícita do Estado e a sua responsabilidade.

Há controvérsias, no entanto, sobre a configuração da responsabilidade do Estado na hipótese de prisão cautelar, decretada na forma da legislação em vigor, com posterior absolvição do acusado por negativa da autoria ou inexistência do fato, ou quando caracterizada a licitude do comportamento.

**Primeiro entendimento:** possibilidade de responsabilização do Estado, com fundamento no princípio da dignidade humana (art. 1.º, III, da CRFB). Nesse sentido: Diogo de Figueiredo Moreira Neto, Ruy Rosado de Aguiar Júnior.[96]

**Segundo entendimento:** ausência de responsabilidade do Estado, tendo em vista que a prisão cautelar, decretada em conformidade com o ordenamento jurídico, configura ato lícito e não pode ser considerada como "erro judiciário" mencionado no art. 5.º, LXXV, da CRFB. Ademais, a medida cautelar tem por objetivo garantir a instrução penal, não se exigindo juízo de mérito sobre a responsabilidade penal do acusado. Nesse sentido: Sergio Cavalieri Filho, Yussef Said Cahali, Rui Stoco.[97]

Em nossa opinião, não deve haver responsabilidade do Estado na hipótese de prisão cautelar decretada em conformidade com o ordenamento jurídico, tendo em vista os seguintes argumentos:

a) inexistência de "erro judiciário" e inaplicabilidade da regra especial da responsabilidade por ato judicial prevista no art. 5.º, LXXV, da CRFB;

---

[95] Sobre o tema, vide: MODESTO, Paulo. Responsabilidade do Estado pela demora na prestação jurisdicional. *Revista de Direito Administrativo*, n. 227, p. 291-308, jan.-mar. 2002.

[96] MOREIRA NETO, Diogo de Figueiredo. *Curso de direito administrativo*. 15. ed. Rio de Janeiro: Forense, 2009. p. 660; AGUIAR JÚNIOR, Ruy Rosado de. A responsabilidade civil do Estado pelo exercício da função jurisdicional no Brasil. *Interesse Público*, Porto Alegre: Notadez, v. 9, n. 44, p. 95-96, jul.-ago. 2007. O STF reconheceu a responsabilidade do Estado na hipótese de prisão em flagrante com posterior arquivamento do inquérito policial (STF, 2.ª Turma, RE 385943 AgR/SP, Rel. Min. Celso de Mello, DJe-030 19.02.2010, *Informativo de Jurisprudência do STF* n. 570).

[97] CAVALIERI FILHO, Sergio. *Programa de responsabilidade civil*. 7. ed. São Paulo: Atlas, 2007. p. 253; CAHALI, Yussef Said. *Responsabilidade civil do Estado*. 3. ed. São Paulo: RT, 2007. p. 482; STOCO, Rui. *Tratado de responsabilidade civil*. 6. ed. São Paulo: RT, 2004. p. 1.038. Nesse sentido, o STF decidiu: "Constitucional. Administrativo. Civil. Responsabilidade civil do Estado: atos dos juízes. CF, art. 37, § 6.º. I – A responsabilidade objetiva do Estado não se aplica aos atos dos juízes, a não ser nos casos expressamente declarados em lei. Precedentes do Supremo Tribunal Federal. II – Decreto judicial de prisão preventiva não se confunde com o erro judiciário – CF, art. 5.º, LXXV – mesmo que o réu, ao final da ação penal, venha a ser absolvido. III – Negativa de trânsito ao RE. Agravo não provido" (RE 429.518 AgR/SC, Rel. Min. Carlos Velloso, 2.ª Turma, *DJ* 28.10.2004, p. 49).

b) a decretação da prisão cautelar fundamenta-se na necessidade de garantir a instrução criminal e não por objetivo formular juízo definitivo quanto à culpabilidade do acusado;

c) caso se admita a responsabilidade na hipótese em comento, seria possível cogitar da responsabilidade estatal em todos os casos em que o indivíduo fosse processado, pois a mera existência do processo acarreta aborrecimento e custos, o que inviabilizaria a independência da atividade jurisdicional.

### 24.14.5 Responsabilidade pessoal do juiz

A responsabilidade pessoal dos agentes públicos em geral é subjetiva e pressupõe, portanto, a comprovação de dolo ou culpa, na forma do art. 37, § 6.º, parte final, da CRFB.

Os magistrados, por sua vez, submetem-se ao tratamento especial conferido pelo art. 143 do CPC, que prevê apenas a possibilidade de responsabilidade pessoal, em ação regressiva, em duas hipóteses:

a) dolo ou fraude; e

b) recusa, omissão ou retardamento, sem justo motivo, de providência que deva ordenar de ofício ou a requerimento da parte.[98]

De forma semelhante, a responsabilidade pessoal do membro do Ministério Público (art. 181 do CPC) e dos advogados públicos (art. 184 do CPC) somente pode ser discutida em ação regressiva e depende de dolo ou fraude, na forma do art. 181 do CPC.[99]

A responsabilidade pessoal do magistrado não afasta a possibilidade de responsabilização direta do Estado. Apesar de controvérsias sobre o tema, entendemos que a vítima pode acionar diretamente o magistrado, o Estado ou ambos, em litisconsórcio passivo facultativo, admitindo-se o direito de regresso do Estado em face do magistrado.[100]

### 24.15 RESPONSABILIDADE DO ESTADO, DOS NOTÁRIOS E REGISTRADORES

Os serviços notariais e de registro são exercidos em caráter privado por delegação do Poder Público (art. 236 da CRFB e Lei 8.935/1994). O ingresso na atividade notarial e de registro depende de concurso público, na forma do art. 236, § 3.º, da CRFB.

Há controvérsia doutrinária sobre a responsabilidade dos notários e registradores, bem como do Estado, pelos danos causados a terceiros. A controvérsia se justifica pela

---

[98] A novidade em relação ao CPC anterior (art. 133 do CPC/1973) e ao art. 49 da LC 35/1979 (Lei Orgânica da Magistratura Nacional – LOMAN) está na maior proteção ao magistrado que só poderá ser responsabilizado em ação regressiva e não diretamente pela vítima. Ressalte-se que parcela minoritária da doutrina afirma a inconstitucionalidade dos referidos dispositivos legais, uma vez que a responsabilidade direta seria do Estado, e não do juiz, na forma do art. 37, § 6.º, parte final, da CRFB. Em caso de dolo ou fraude, o juiz somente poderia responder regressivamente. Nesse sentido: FACHIN, Zulmar. *Responsabilidade patrimonial do Estado por ato jurisdicional*. Rio de Janeiro: Renovar, 2001. p. 215.

[99] Assim como ocorreu com os magistrados, o novo CPC garantiu maior proteção ao *Parquet* e aos advogados públicos quando estabeleceu que a responsabilidade pessoal dos referidos agentes somente poderá ser debatida em ação regressiva.

[100] Com a mesma opinião: CAVALIERI FILHO, Sergio. *Programa de responsabilidade civil*. 7. ed. São Paulo: Atlas, 2007. p. 255; STJ, 2.ª Turma, REsp 299.833/RJ, Rel. Min. Castro Meira, DJ 15.12.2006, p. 343, *Informativo de Jurisprudência do STJ* n. 304.

dificuldade no enquadramento dos notários e registradores (serventias extrajudiciais) na regra do art. 37, § 6.º, da CRFB, e na respectiva caracterização como agentes públicos ou delegatários de atividades públicas (pessoas de direito privado que prestam serviços públicos). Na primeira hipótese, a responsabilidade do Estado é direta e objetiva e a dos respectivos agentes públicos é subjetiva. No segundo caso, os notários e registradores, assim como os demais delegatários de serviços públicos, responderiam pessoalmente e de forma objetiva, subsistindo a responsabilidade subsidiária do Estado. Tradicionalmente, o debate poderia ser resumido da seguinte forma:

**Primeiro entendimento:** responsabilidade direta e objetiva do Estado, uma vez que os notários e registradores exercem função pública, mediante aprovação em concurso público, razão pela qual se enquadram no conceito de agente público. Haveria, ainda, responsabilidade pessoal e subjetiva dos notários e registradores. A vítima pode acionar o Estado e este tem a ação regressiva em face do titular do cartório; ou a vítima pode acionar diretamente o titular do Cartório, que terá ação regressiva contra seu funcionário causador do dano (art. 22 da Lei 8.935/1994; art. 38 da Lei 9.492/1997 e art. 37, § 6.º, da CRFB). Nesse sentido: Rui Stoco.[101]

**Segundo entendimento:** responsabilidade pessoal e objetiva dos notários e registradores, em razão da prestação de serviço público delegado, e subsidiária do Estado, na forma do art. 37, § 6.º, da CRFB e art. 22 da Lei n.º 8.935/1994. Nesse sentido: Hely Lopes Meirelles, Sergio Cavalieri Filho.[102]

**Terceiro entendimento:** responsabilidade solidária e objetiva dos notários, registradores e Estado, na forma do art. 37, § 6.º, da CRFB e art. 22 da Lei 8.935/1994. Nesse sentido: Yussef Said Cahali.[103]

O tema da responsabilidade civil dos notários e registradores recebeu novo capítulo com a promulgação da Lei 13.286/2016, que alterou o art. 22 da Lei 8.935/1994 para estabelecer a responsabilidade civil subjetiva dos notários e oficiais de registro. A atual disposição legal vai ao encontro do disposto no art. 38 da Lei 9.492/1997 que também prevê a responsabilidade civil subjetiva dos Tabeliães de Protesto de Títulos, assegurado o direito de regresso.

Não obstante isso, as controvérsias em torno do tema permaneceram, uma vez que a questão envolve a compatibilidade dos citados diplomas legais com os arts. 37, § 6.º, e 236, *caput*, da CRFB.

O STJ, por sua vez, possui decisões conflitantes, ora reconhecendo a responsabilidade direta e objetiva do Estado,[104] ora afirmando a responsabilidade pessoal e objetiva dos notários e registradores e subsidiária do Estado.[105]

Em sede de repercussão geral, o STF decidiu: "O Estado responde, objetivamente, pelos atos dos tabeliães e registradores oficiais que, no exercício de suas funções, causem dano a

---

[101] STOCO, Rui. *Tratado de responsabilidade civil*. 6. ed. São Paulo: RT, 2004. p. 577.
[102] MEIRELLES, Hely Lopes. *Direito administrativo brasileiro*. 22. ed. São Paulo: Malheiros, 1997. p. 75-76; CAVALIERI FILHO, Sergio. *Programa de responsabilidade civil*. 7. ed. São Paulo: Atlas, 2007. p. 255.
[103] CAHALI, Yussef Said. *Responsabilidade civil do Estado*. 3. ed. São Paulo: RT, 2007. p. 266.
[104] STJ, 2.ª Turma, AgRg no REsp 1.005.878/GO, Rel. Min. Humberto Martins, *DJe* 11.05.2009.
[105] STJ, 2.ª Turma, REsp 1.087.862/AM, Rel. Min. Herman Benjamin, *DJe* 19.05.2010, *Informativo de Jurisprudência do STJ* n. 421.

terceiros, assentado o dever de regresso contra o responsável, nos casos de dolo ou culpa, sob pena de improbidade administrativa".[106] Não obstante a palavra final do STF, em nossa opinião, os notários e registradores, de um lado, deveriam responder de forma primária e objetiva pelos danos causados a terceiros, e, de outro lado, o Estado seria responsabilizado de forma subsidiária, quando insuficientes os recursos dos delegatários para indenizar a vítima. O tratamento, a nosso ver, deve ser análogo ao dispensado à responsabilidade por danos causados pelas concessionárias de serviços públicos. A atividade delegada é exercida por conta e risco do delegatário, que possui, portanto, responsabilidade pessoal e direta pelos danos gerados no exercício da função. Nesse caso, a responsabilidade é do notário e do registrador, e não do cartório, tendo em vista a ausência de personalidade jurídica das serventias extrajudiciais.[107] Ademais, enquanto os servidores públicos são remunerados pelo próprio Estado (recursos orçamentários), os notários e registradores são remunerados por meio de emolumentos devidos pelos usuários das serventias. Por fim, ao contrário dos servidores públicos, os notários e registradores não se submetem à hierarquia administrativa, mas à fiscalização do Poder Judiciário.[108]

Portanto, sustentamos que os notários e registradores são particulares que atuam por delegação do Poder Público, devendo responder de forma pessoal e objetiva, conforme dispõem o art. 37, § 6.º, da CRFB (1.ª parte) e o art. 236 da CRFB, cabendo ao Estado responder apenas de forma subsidiária, devendo ser considerados inconstitucionais, em nosso juízo, o art. 22, caput, da Lei 8.935/1994, alterado pela Lei 13.286/2016, e o art. 38, caput, da Lei 9.492/1997.[109]

Na prática, contudo, os tribunais adotarão a tese consagrada no STF que fixou a responsabilidade objetiva do Estado pelos atos dos tabeliães e registradores oficiais, com o dever de regresso contra o responsável, nos casos de dolo ou culpa, sob pena de improbidade administrativa.

Por fim, o art. 22, parágrafo único, da Lei 8.935/1994, alterado pela Lei 13.286/2016, fixa o prazo prescricional de 3 (três) anos para pretensão de reparação civil, contado da data de lavratura do ato registral ou notarial.

## 24.16 RESPONSABILIDADE CIVIL POR DANOS CAUSADOS POR OBRAS PÚBLICAS

As obras públicas podem ser executadas diretamente por agentes públicos do Estado (execução direta da obra) ou por empresa contratada, normalmente, mediante licitação (execução indireta da obra). No primeiro caso, o Estado responde

---

[106] Tema 777 das Teses de Repercussão Geral do STF (27.02.2019).

[107] Nesse sentido: STJ, 3.ª Turma, REsp 1.097.995/RJ, Rel. Min. Massami Uyeda, DJe 06.10.2010. Em sentido contrário, Sergio Cavalieri Filho entende que os cartórios são considerados pessoas formais e respondem solidariamente com os notários e registradores (CAVALIERI FILHO, Sergio. Programa de responsabilidade civil. 7. ed. São Paulo: Atlas, 2007. p. 239).

[108] O STF afirmou a inaplicabilidade da aposentadoria compulsória (art. 40, § 1.º, II, da CRFB) aos notários e registradores, pois não são servidores públicos ocupantes de cargos públicos efetivos (STF, Tribunal Pleno, ADI 2602/MG, Rel. p/ Acórdão Min. Eros Grau, DJ 31.03.2006, p. 6, Informativo de Jurisprudência do STF n. 303 e 410).

[109] A tese foi sustentada no artigo: OLIVEIRA, Rafael Carvalho Rezende. O novo capítulo da responsabilidade civil dos notários e registradores públicos: a Lei 13.286/2016 e a necessidade do fim da novela. Revista Colunistas de Direito do Estado, 197, 2016, publicado em 24.04.2016. Disponível em: <www.direitodoestado.com.br/colunistas>.

objetivamente pelos danos causados a terceiros, na forma do art. 37, § 6.º, da CRFB. Em relação à segunda hipótese, contudo, a doutrina diverge sobre a responsabilidade civil do Estado:

**Primeiro entendimento:** o Estado responde diretamente pelos danos causados por empresas por ele contratadas, uma vez que a obra pública, em última análise, é de sua responsabilidade e a empresa privada, no caso, seria considerada "agente público". Nesse sentido: Sergio Cavalieri Filho e Yussef Said Cahali.[110]

**Segundo entendimento:** deve ser feita a distinção entre dano causado pelo simples fato da obra e danos oriundos da má execução da obra. Na primeira hipótese, o Estado responde diretamente e de maneira objetiva, inexistindo responsabilidade da empreiteira (ex.: obra que acarreta o fechamento de via pública por longo período, prejudicando comerciantes). Na segunda situação, a empreiteira responde primariamente e de maneira subjetiva, havendo, no entanto, responsabilidade subsidiária do Estado (ex.: ausência de sinalização no canteiro de obra que gera queda de pedestre). Nesse sentido: José Cretella Júnior, Hely Lopes Meirelles e José dos Santos Carvalho Filho.[111]

O segundo entendimento deve ser prestigiado. A distinção entre danos causados pelo simples fato da obra e pela má execução da obra é fundamental para fixação da natureza da responsabilidade e da própria pessoa responsável. Quando a simples existência da obra pública é a causa do dano, não havendo atuação culposa da empreiteira, a responsabilidade objetiva deve ser atribuída diretamente ao Estado, uma vez que o dano foi causado por ato administrativo que determinou a realização da obra. Por outro lado, a empreiteira possui responsabilidade primária e subjetiva quando causa danos a terceiros, subsistindo a responsabilidade subsidiária do Estado, conforme previsão contida no art. 70 da Lei 8.666/1993 e no art. 120 da nova Lei de Licitações.[112] Cabe ressaltar a inexistência de responsabilidade solidária entre o Estado e a empreiteira, uma vez que a solidariedade não se presume (art. 265 do CC). O argumento da culpa *in elegendo* da Administração na escolha da empreiteira, utilizado por parcela da doutrina para responsabilizar o Poder Público primariamente, não nos parece adequado, tendo em vista a ausência de discricionariedade na contratação que foi precedida de licitação pública.[113]

---

[110] CAVALIERI FILHO, Sergio. *Programa de responsabilidade civil*. 7. ed. São Paulo: Atlas, 2007. p. 241; CAHALI, Yussef Said. *Responsabilidade civil do Estado*. 3. ed. São Paulo: RT, 2007. p. 133.

[111] CRETELLA JÚNIOR, José. *O Estado e a obrigação de indenizar*. São Paulo: Saraiva, 1980. p. 337; MEIRELLES, Hely Lopes. *Direito administrativo brasileiro*. 22. ed. São Paulo: Malheiros, 1997. p. 568; CARVALHO FILHO, José dos Santos. *Manual de direito administrativo*. 24. ed. Rio de Janeiro: Lumen Juris, 2011. p. 517.

[112] Conforme já destacado, o art. 120 da nova Lei de Licitações não utiliza as expressões "culpa ou dolo" que eram previstas no art. 70 da Lei 8.666/1993, mas a responsabilidade deve ser considerada subjetiva, pois a eventual objetivação da responsabilidade dependeria da previsão legal expressa ou decorreria de atividade normalmente desenvolvida que, por sua natureza, acarretasse risco para os direitos de terceiros (art. 927, parágrafo único, do Código Civil).

[113] Nesse sentido: STJ, 3.ª Turma, REsp 467.252/ES, Rel. Min. Antônio de Pádua Ribeiro, *DJ* 28.2.2005, p. 318; STJ, 4.ª Turma, REsp 264.661/MG, Rel. p/ acórdão Min. Aldir Passarinho Junior, *DJ* 1.º.09.2003, p. 290, *Informativo de Jurisprudência do STJ* n. 120. Contra, admitindo a responsabilidade solidária do Estado e da empreiteira: STJ, 4.ª Turma, REsp 106.485/AM, Rel. Min. Cesar Asfor Rocha, *DJ* 4.9.2000, p. 155, *Informativo de Jurisprudência do STJ* n. 61.

## 24.17 RESPONSABILIDADE CIVIL POR ATOS DE MULTIDÕES (ATOS MULTITUDINÁRIOS)

Em regra, os danos causados por atos de multidões não geram responsabilidade civil do Estado, tendo em vista a inexistência do nexo de causalidade, pois tais eventos são praticados por terceiros (fato de terceiro) e de maneira imprevisível ou inevitável (caso fortuito/força maior). Não há ação ou omissão estatal causadora do dano.[114]

Excepcionalmente, o Estado será responsável quando comprovadas a ciência prévia da manifestação coletiva (previsibilidade) e a possibilidade de evitar a ocorrência de danos (evitabilidade). Assim, por exemplo, se o Estado é notificado sobre encontro violento de torcidas organizadas de times rivais e não adota as providências necessárias para evitar o confronto, restarão caracterizadas a sua omissão específica e, por consequência, a sua responsabilidade.

## 24.18 RESPONSABILIDADE CIVIL POR DANOS AMBIENTAIS

O art. 225 da CRFB consagra o direito ao meio ambiente ecologicamente equilibrado, bem de uso comum do povo, que deve ser defendido pelo Poder Público e pela coletividade.[115] Todos os entes da Federação (União, Estados, Distrito Federal e Municípios) devem adotar as medidas necessárias à proteção do meio ambiente (art. 23, VI e VII, da CRFB).

As condutas, comissivas ou omissivas, e as atividades lesivas ao meio ambiente sujeitam os infratores, pessoas físicas ou jurídicas, a sanções cíveis, penais e administrativas, na forma do art. 225, § 3.º, da CRFB. Da mesma forma, o art. 14, § 1.º, da Lei 6.938/1981, que dispõe sobre a Política Nacional do Meio Ambiente, estabelece que o poluidor é "obrigado, independentemente da existência de culpa, a indenizar ou reparar os danos causados ao meio ambiente e a terceiros, afetados por sua atividade".

Trata-se da efetivação do princípio do poluidor-pagador. De acordo com o art. 3.º, IV, da Lei 6.938/1981, considera-se "poluidor, a pessoa física ou jurídica, de direito público ou privado, responsável, direta ou indiretamente, por atividade causadora de degradação ambiental".

No tocante ao Poder Público "poluidor", comprovada a ação causadora do dano ambiental ou "dano ecológico" (ex.: concessão de licença para o exercício de atividade econômica em desacordo com a legislação ambiental) ou a omissão na fiscalização de atividades potencialmente nocivas ao meio ambiente (ex.: ausência de fiscalização de atividades desenvolvidas em área de preservação ambiental), no exercício do poder de polícia ambiental, restará caracterizada a respectiva responsabilidade civil objetiva e solidária entre os poluidores diretos e indiretos (art. 942 do CC).[116] Discute-se, no entanto, o fundamento dessa responsabilidade:

---

[114] CARVALHO FILHO, José dos Santos. *Manual de direito administrativo*. 24. ed. Rio de Janeiro: Lumen Juris, 2011. p. 516.

[115] A efetividade do direito fundamental em comento depende da adoção de uma série de medidas pelo Poder Público indicadas no art. 225, § 1.º, da CRFB.

[116] Nesse sentido: STJ, 1.ª Turma, REsp 997.538/RN, Rel. Min. José Delgado, *DJe* 23.06.2008; STJ, 2.ª Turma, REsp 1.071.741/SP, Rel. Min. Herman Benjamin, *DJe* 16.12.2010, *Informativo de Jurisprudência do STJ* n. 388). Em sentido contrário,

**Primeiro entendimento:** a responsabilidade objetiva ambiental funda-se na teoria do risco administrativo, admitindo-se a alegação, por parte do Estado, de causas excludentes do nexo de causalidade, sob pena de transformá-lo em segurador universal. Nesse sentido: Nesse sentido: Yussef Said Cahali, Toshio Mukai.[117]

**Segundo entendimento:** a teoria do risco integral fundamenta a responsabilidade objetiva ambiental que será caracterizada pela demonstração do dano ambiental, sendo vedada a alegação de causas excludentes do nexo causal. Nesse sentido: Paulo Afonso Leme Machado, Sergio Cavalieri Filho, STJ.[118]

Tem prevalecido a tese de que a responsabilidade do Estado por danos ambientais é objetiva com fundamento na teoria do risco integral. Registre-se, contudo, que a responsabilidade civil não se confunde com a responsabilidade administrativa ambiental, que envolve a aplicação de sanções administrativas e possui natureza subjetiva.[119]

De acordo com a Súmula 652 do STJ: "A responsabilidade civil da Administração Pública por danos ao meio ambiente, decorrente de sua omissão no dever de fiscalização, é de caráter solidário, mas de execução subsidiária."

## 24.19 RESUMO DO CAPÍTULO

**RESPONSABILIDADE CIVIL DO ESTADO**

| | |
|---|---|
| Conceito | É o dever de reparação dos danos causados pela conduta estatal, comissiva ou omissiva. |
| Evolução | 1. Fase da irresponsabilidade civil do Estado (Absolutismo); <br> 2. Fase da responsabilidade subjetiva: <br> 2.1. Teoria da culpa: a responsabilidade dependeria da identificação do agente público e da demonstração da sua culpa, o que dificultava, na prática, a reparação dos danos suportados pelas vítimas, especialmente em virtude da complexidade da organização administrativa; <br> 2.2. Teoria da culpa anônima: serviço não funcionou; serviço funcionou mal e; serviço funcionou com atraso. <br> 3. Fase da responsabilidade civil objetiva; <br> Obs.: No Brasil, a teoria da irresponsabilidade civil jamais vigorou. |

---

sustentando a natureza subjetiva da responsabilidade em caso de omissão ambiental: ZOCKUN, Carolina Zancaner. Da responsabilidade do Estado na omissão da fiscalização ambiental. *Responsabilidade civil do Estado*. São Paulo: Malheiros, 2006. p. 87.

[117] CAHALI, Yussef Said. *Responsabilidade civil do Estado*. 3. ed. São Paulo: RT, 2007. p. 311; MUKAI, Toshio. Responsabilidade civil objetiva por dano ambiental com base no risco criado e responsabilidade administrativa por dano ambiental. *Direito ambiental e urbanístico*. Belo Horizonte: Fórum, 2010. p. 27.

[118] MACHADO, Paulo Afonso Leme. *Direito ambiental brasileiro*. 14. ed. São Paulo: Malheiros, 2006. p. 336; CAVALIERI FILHO, Sergio. *Programa de responsabilidade civil*. 7. ed. São Paulo: Atlas, 2007. p. 136; STJ, 1.ª Turma, REsp 442.586/SP, Rel. Min. Luiz Fux, DJ 24.2.2003, p. 196; STJ, 2.ª Seção, REsp 1.114.398/PR, Rel. Min. Sidnei Beneti, DJe 16.2.2012, *Informativo de Jurisprudência do STJ* n. 490; STJ, 4.ª Turma, REsp 1.346.430/PR, Rel. Min. Luis Felipe Salomão, DJe 21.11.2012, *Informativo de Jurisprudência do STJ* n. 507; STJ, 2.ª Seção, REsp 1.354.536/SE, Rel. Min. Luis Felipe Salomão, DJe 05.05.2014, *Informativo de Jurisprudência do STJ* n. 538.

[119] STJ, EREsp 1.318.051/RJ, Rel. Min. Mauro Campbell Marques, Primeira Seção, DJe 12/06/2019, *Informativo de Jurisprudência do STJ* n. 650.

| | |
|---|---|
| **Responsabilidade civil extracontratual e contratual** | Na responsabilidade civil contratual, o dever de ressarcimento pressupõe a existência de vínculo negocial especial válido e a inexecução contratual pelo Estado. Por outro lado, a responsabilidade civil extracontratual relaciona-se com os danos causados por atuações estatais voltadas aos cidadãos em geral. |
| **Responsabilidade civil objetiva: ato lícito e ilícito** | A doutrina tem admitido a responsabilidade civil do Estado por ato lícito em duas situações:<br>a) expressa previsão legal;<br>b) sacrifício desproporcional ao particular. |
| **Teoria do risco administrativo e repartição dos encargos sociais** | **Teoria do risco administrativo:** pressupõe que o Estado assume prerrogativas especiais e tarefas diversas em relação aos cidadãos que possuem riscos de danos inerentes. Admite a alegação de causas excludentes do nexo causal; |
| | **Teoria do risco integral:** o Estado assumiria integralmente o risco de potenciais danos oriundos de atividades desenvolvidas ou fiscalizadas por ele. Não admite causas excludentes do nexo de causalidade. |
| **Pressupostos da responsabilidade civil do Estado** | Pressupõe três elementos:<br>– fato administrativo (conduta comissiva ou omissiva atribuída ao Poder Público);<br>– dano; e<br>– nexo causal. |
| **Causas excludentes do nexo de causalidade** | – Fato exclusivo da vítima;<br>– Fato de terceiro;<br>– Caso fortuito e força maior. |
| **Responsabilidade objetiva** | Alcança as pessoas jurídicas de direito público e as pessoas de direito privado prestadoras de serviços públicos. |
| **Responsabilidade civil do Estado por omissão** | Há controvérsias. Entendemos ser objetiva a responsabilidade civil do Estado em virtude de suas omissões juridicamente relevantes, pois o art. 37, § 6.º, da CRFB e o art. 43 do CC, que consagram a teoria do risco administrativo, não fazem distinção entre ação e omissão estatal. Todavia, somente será possível responsabilizar o Estado nos casos de omissão específica, quando demonstradas a previsibilidade e a evitabilidade do dano, notadamente pela aplicação da teoria da causalidade direta e imediata quanto ao nexo de causalidade (art. 403 do CC). |
| **Agentes públicos e a responsabilidade civil do Estado** | A responsabilidade do Estado relaciona-se à atuação de todo e qualquer agente público. O Estado, depois de indenizar a vítima, tem o dever de cobrar, regressivamente, o valor desembolsado perante o respectivo agente público, causador efetivo do dano, que agiu com dolo ou culpa. |
| **Prescrição** | – STJ: prescrição quinquenal das pretensões de ressarcimento em face do Estado (art. 1.º do Decreto 20.910/1932). |

| | |
|---|---|
| **Responsabilidade civil por atos legislativos** | Pode surgir em três situações excepcionais:<br>a) leis de efeitos concretos e danos desproporcionais;<br>b) leis inconstitucionais; e<br>c) omissão legislativa. |
| **Responsabilidade civil por atos judiciais** | Pode ocorrer em três hipóteses:<br>a) erro judiciário;<br>b) prisão além do tempo fixado na sentença; e<br>c) demora na prestação jurisdicional. |
| **Responsabilidade do Estado, dos notários e registradores** | Em sede de repercussão geral, o STF decidiu: "O Estado responde, objetivamente, pelos atos dos tabeliães e registradores oficiais que, no exercício de suas funções, causem dano a terceiros, assentado o dever de regresso contra o responsável, nos casos de dolo ou culpa, sob pena de improbidade administrativa". |
| **Responsabilidade civil por danos causados por obras públicas** | Distinção entre dano causado pelo simples fato da obra e danos oriundos da má execução da obra. Na primeira hipótese, o Estado responde diretamente e de maneira objetiva, inexistindo responsabilidade da empreiteira (ex.: obra que acarreta o fechamento de via pública por longo período, prejudicando comerciantes). Na segunda situação, a empreiteira responde primariamente e de maneira subjetiva, havendo, no entanto, responsabilidade subsidiária do Estado. |
| **Responsabilidade civil por atos de multidões (atos multitudinários)** | Em regra, os danos causados por atos de multidões não geram responsabilidade civil do Estado, tendo em vista a inexistência do nexo de causalidade, pois tais eventos são praticados por terceiros (fato de terceiro) e de maneira imprevisível ou inevitável (caso fortuito/força maior). Não há ação ou omissão estatal causadora do dano. Excepcionalmente, o Estado será responsável quando comprovadas a ciência prévia da manifestação coletiva (previsibilidade) e a possibilidade de evitar a ocorrência de danos (evitabilidade). |
| **Responsabilidade civil por danos ambientais** | Tem prevalecido a tese de que a responsabilidade do Estado por danos ambientais é objetiva com fundamento na teoria do risco integral.<br>Súmula 652 do STJ: "A responsabilidade civil da Administração Pública por danos ao meio ambiente, decorrente de sua omissão no dever de fiscalização, é de caráter solidário, mas de execução subsidiária". |

# CAPÍTULO 25

# CONTROLE DA ADMINISTRAÇÃO PÚBLICA

## 25.1 CONTROLE

No âmbito do Estado Democrático de Direito, a Administração Pública encontra-se limitada pelo ordenamento jurídico, devendo exercer suas funções (deveres-poderes) com o intuito de promover e defender os direitos fundamentais.

Em razão disso, o ordenamento consagra diversas espécies de controle da atuação administrativa que serão exercidas no âmbito da própria Administração ou por órgãos externos, conforme será destacado a seguir.

### 25.1.1 Espécies de controle

O controle da ação administrativa pode ser classificado a partir de vários critérios, conforme será destacado a seguir.

#### 25.1.1.1 Autocontrole (controle interno), controle externo e controle social

Quanto ao órgão, entidade ou pessoa responsável por sua efetivação, o controle pode ser dividido em três categorias:

a) **autocontrole (ou controle interno):** é efetivado pelo próprio Poder Executivo (ex.: revogação da autorização ou de outros atos discricionários pela Administração Pública);

b) **controle externo:** é exercido pelo Poder Judiciário (ex.: anulação determinada por sentença judicial de ato administrativo ilegal praticado pelo Poder Executivo) e pelo Poder Legislativo (ex.: sustação, determinada pelo Congresso Nacional, de ato normativo do Poder Executivo que extrapola o poder regulamentar ou os limites de delegação legislativa, na forma do art. 49, V, da CRFB), inclusive com o auxílio do Tribunal de Contas respectivo (ex.: fiscalização e aplicação de sanção ao agente público que causou lesão ao erário); e

c) **controle social:** é implementado pela sociedade civil, por meio da participação nos processos de planejamento, acompanhamento, monitoramento e avaliação das ações da gestão pública e na execução das políticas e programas públicos (ex.: participação em consulta pública ou audiência pública; direito de petição ou de representação etc.).

### 25.1.1.2 Controle prévio, concomitante e posterior

Por outro lado, tendo em vista o momento do controle, é possível apontar duas formas:

a) **controle prévio:** exercido antes da publicação do ato administrativo ou da tomada da decisão administrativa (ex.: controle de legalidade da minuta do edital e dos atos praticados na fase preparatória da licitação exercido pelo órgão de assessoramento jurídico da Administração, com fundamento no art. 53 da Lei 14.133/2021; controle prévio exercido pelo Senado sobre a nomeação de determinados agentes públicos dos Poderes Executivo e Judiciário, na forma do art. 52, III, da CRFB);

b) **controle concomitante:** realizado durante a emissão do ato ou do exercício da atividade administrativa (ex.: fiscalização da execução de uma obra pública ou da prestação de um serviço público); e

c) **controle posterior:** implementado sobre atos e atividades administrativas já praticados (ex.: anulação de ato administrativo ilegal, homologação do resultado de determinada licitação).

### 25.1.1.3 Controle de legalidade e controle do mérito

Por fim, quanto ao parâmetro do controle sobre a atuação administrativa, este tem sido dividido pela doutrina em duas categorias:

a) **controle de legalidade:** verificação, no âmbito interno (autotutela administrativa) ou externo, da compatibilidade formal do ato administrativo com a legislação infraconstitucional (anulação de ato administrativo ilegal); e

b) **controle do mérito:** avaliação da conveniência e da oportunidade relativas ao motivo e ao objeto, que ensejaram a edição do ato administrativo discricionário (revogação de ato administrativo discricionário válido por motivo de conveniência ou oportunidade).[1]

---

[1] CARVALHO FILHO, José dos Santos. *Manual de direito administrativo*. 15. ed. Rio de Janeiro: Lumen Juris, 2006. p. 109. Por esse conceito, normalmente consagrado pela doutrina, conclui-se que três elementos do ato administrativo

Em virtude dessa dicotomia, afirma-se que o Judiciário apenas pode controlar a legalidade dos atos dos demais Poderes, mas não poderia revogá-los por razões de conveniência e de oportunidade.[2]

Ressalte-se que o controle de legalidade foi ampliado para abranger a necessidade de compatibilidade dos atos administrativos com todo o ordenamento jurídico, e não apenas com a lei formal. A exigência de respeito à lei e ao Direito insere-se no denominado princípio da juridicidade.[3]

### 25.1.2 Controle e Direito Administrativo do medo

No âmbito do Estado Democrático de Direito, a Administração Pública encontra-se limitada pelo ordenamento jurídico, devendo exercer suas funções (deveres-poderes) com o intuito de promover e defender os direitos fundamentais. Sob o prisma do princípio republicano, os agentes públicos podem ser responsabilizados por suas ações nas esferas política, administrativa, civil e criminal.

Nesse contexto, a Constituição da República de 1988 transformou o controle incidente sobre a Administração Pública, com a ampliação dos limites formais e materiais de atuação dos agentes públicos, além do significativo alargamento das atribuições dos órgãos de controle externo, com especial destaque para o controle exercido pelo Ministério Público e Tribunais de Contas.

Não obstante os importantes avanços na prevenção e na repressão de ilícitos no âmbito da Administração Pública, o sistema de controle tem gerado algumas externalidades negativas, em razão do emaranhado de normas jurídicas (muitas vezes conflitantes), da sobreposição das inúmeras instâncias de controle (ex.: Controladoria, Advocacia Pública, Tribunal de Contas, Ministério Público Federal, agências reguladoras etc.) e do controle pautado pela lógica formalista e punitivista, que confunde o mero erro administrativo com a prática, intencional ou culposa, do ato ilícito ou que busca a punição do agente público que atuou fora da literalidade do ordenamento jurídico, ainda que tenha alcançado resultados positivos para o interesse público.

No âmbito das externalidades negativas geradas pelo controle formalista e sobreposto, destaca-se o fenômeno do "Direito Administrativo do medo" ou da "Administração Pública do medo",[4] na qual os agentes públicos evitam a tomada de decisões administrativas que não se fundamentam na literalidade da legislação ou que são apoiadas em normas

---

sempre serão vinculados (competência, forma e finalidade), enquanto os outros dois (motivo e objeto) serão ora vinculados, ora discricionários, dependendo da opção legislativa.

2 De acordo com a célebre lição de Seabra Fagundes: "Ao Poder Judiciário é vedado apreciar, no exercício do controle jurisdicional, o mérito dos atos administrativos. Cabe-lhe examiná-los, tão somente, sob o prisma da legalidade" (SEABRA FAGUNDES, M. *O controle dos atos administrativos pelo Poder Judiciário*. 7. ed. Rio de Janeiro: Forense, 2006. p. 179).

3 Sobre o tema, vide Capítulos 3, item 3.2.1, e 15, item 15.10.3.3.

4 Sobre o tema, vide: OLIVEIRA, Rafael Carvalho Rezende; HALPERN, Erick. O mito do "quanto mais controle, melhor" na Administração Pública. *Revista Brasileira de Direito Público*, v. 71, p. 91-116, 2020. De acordo com Rodrigo Valgas, o Direito Administrativo do medo é "a interpretação e aplicação das normas de Direito Administrativo e o próprio exercício da função administrativa pautados pelo medo em decidir dos agentes públicos, em face do alto risco de responsabilização decorrente do controle externo disfuncional, priorizando a autoproteção decisória e a fuga da

jurídicas abertas, que geram dúvidas interpretativas, com o intuito de afastar eventual responsabilização perante os órgãos de controle.

Nesse contexto, agravado pelo cenário de complexidades, riscos e incertezas da sociedade contemporânea, a consequência do medo dos agentes públicos é a ineficiência administrativa, com a paralisia decisória ("apagão das canetas" ou a lógica do "dorme tranquilo quem indefere"), a adoção de soluções administrativas conservadoras (fuga de decisões heterodoxas ou "fora da caixa") e o afastamento de profissionais competentes de posições estratégicas no setor público (ex.: medo de assumir posições de comando pelo risco incrementado de aplicação da sanção).

Em suma, o controle hipertrofiado e formalista da Administração Pública acarreta a institucionalização de uma Administração Pública amedrontada, pouco inovadora e ineficiente. Por isso, é preciso desmistificar a ideia de "quanto mais controle, melhor" não para propor, na outra extremidade, um controle inexistente ou reduzido, mas um controle equilibrado que respeite as capacidades institucionais da Administração Pública na formulação e na concretização das políticas públicas, sem a inversão dos papéis dos controladores e controlados.

Revela-se fundamental que os órgãos de controle levem as consequências práticas e jurídicas de suas decisões a sério para evitar o medo na tomada de decisões administrativas e a generalização do estereótipo de que os gestores públicos são desonestos. Assim, os órgãos de controle devem observar, no que couber, algumas diretrizes, tais como:[5] a) supressão de controles meramente formais ou cujo custo financeiro ou de oportunidade seja evidentemente superior ao próprio risco; b) controle externo *a posteriori* como regra e o controle prévio (ou concomitante) como exceção; c) controle primordialmente ablativo e não substitutivo, com respeito à capacidade institucional da Administração Pública; d) reforço da legitimidade das decisões dos órgãos de controle, com destaque para o diálogo com a Administração Pública e fundamentação qualificada de suas decisões, levando em consideração as respectivas consequências fáticas e jurídicas; e) maior deferência em relação às escolhas administrativas pautadas em princípios jurídicos ou conceitos abertos, salvo na hipótese de evidente violação ao comando normativo; f) eliminação de sobreposição de competências e de instrumentos de controle, com o diálogo interinstitucional entre as instâncias controladoras; g) dever de verificação da existência de alternativas compatíveis com as finalidades de interesse público dos atos ou procedimentos que sejam por eles impugnados; h) responsabilização pessoal do agente público apenas nos casos comprovados de dolo ou erro grosseiro; i) dever de uniformização de suas orientações e entendimentos jurídicos, pela formulação de um sistema de precedentes.

### 25.1.3   Controle e Lei de Introdução às Normas do Direito Brasileiro – LINDB

A hipertrofia do controle da Administração Pública, a sobreposição das instâncias controladoras e a lógica formalista e punitivista acarretam insegurança jurídica e ineficiência estatal.

---

responsabilização em prejuízo do interesse público" (SANTOS, Rodrigo Valgas dos. *Direito administrativo do medo*: risco e fuga da responsabilização dos agentes públicos, 2. ed. São Paulo: Thomson Reuters Brasil, 2022. p. 44).

[5] Algumas das diretrizes aqui indicadas serão destacadas no item 25.5.3 (Tendências do controle jurisdicional dos atos administrativos a partir de uma visão pragmática e institucional).

Nesse contexto, com o objetivo de garantir maior segurança jurídica e eficiência na interpretação e na aplicação do direito público, inclusive no controle da Administração Pública, a Lei 13.655/2018 inseriu os arts. 20 a 30 na LINDB, que consagram, em grande medida, os ideais do pragmatismo jurídico, marcado pelo antifundacionalismo, contextualismo e consequencialismo.

As principais diretrizes que devem ser observadas pelas instâncias de controle ("esferas administrativa, controladora e judicial"), abrangendo o controle interno e externo, podem ser assim resumidas: a) ônus reforçado da motivação das decisões estatais que devem ser proporcionais e levar em consideração os argumentos jurídicos, o contexto fático e as consequências da solução adotada (art. 20 da LINDB); b) exigência de indicação expressa das consequências jurídicas e administrativas da decisão que invalidar atos, negócios jurídicos e normas administrativas, com a indicação, se for o caso, das condições para que a regularização ocorra de modo proporcional e equânime e sem prejuízo aos interesses gerais (art. 21 da LINDB:); c) importância de avaliar o contexto da atuação administrativa submetida ao órgão de controle, impondo-se ao controlador a consideração dos obstáculos e das dificuldades reais do gestor público, inclusive na aplicação de sanções (art. 22 da LINDB); d) necessidade de fixação de regime de transição na imposição de novos deveres ou condicionamentos de direito, a partir da mudança de interpretação ou orientação da norma de conteúdo indeterminado (art. 23 da LINDB); e) proibição de que a mudança da orientação geral seja aplicada retroativamente para invalidar atos, negócios jurídicos e normas administrativas que já produziram regularmente seus efeitos (art. 24 da LINDB); f) reforço da consensualidade administrativa, com a possibilidade de celebração de acordos para eliminar irregularidade, incerteza jurídica ou situação contenciosa na aplicação do direito público (art. 26 da LINDB); g) possibilidade de imposição de compensação por benefícios indevidos ou prejuízos anormais ou injustos resultantes do processo ou da conduta dos envolvidos, inclusive por meio da celebração de compromisso processual (art. 27 da LINDB); h) garantia de maior segurança jurídica aos agentes públicos, com a responsabilidade pessoal por suas decisões ou opiniões técnicas apenas em caso de dolo ou erro grosseiro (art. 28 da LINDB); i) preocupação com a legitimidade administrativa ao estabelecer que a edição de atos normativos por autoridade administrativa, salvo os de mera organização interna, poderá ser precedida de consulta pública realizada, preferencialmente, de forma eletrônica, com a consideração das manifestações apresentadas (art. 29 da LINDB); j) incremento da coerência administrativa e da segurança jurídica, inclusive por meio de regulamentos, súmulas administrativas e respostas a consultas que terão caráter vinculante em relação ao órgão ou entidade a que se destinam, até eventual revisão posterior (art. 30 da LINDB).

## 25.2 CONTROLE ADMINISTRATIVO

### 25.2.1 Conceito

Controle administrativo é a prerrogativa reconhecida à Administração Pública para fiscalizar e corrigir, a partir dos critérios de legalidade ou de mérito, a sua própria atuação.

### 25.2.2 Tutela e autotutela administrativa

O controle exercido pela Administração Direta sobre os atos praticados pelas entidades que integram a Administração Indireta denomina-se **tutela administrativa** ou, em âmbito federal, **supervisão ministerial** (arts. 19 a 29 do Decreto-lei 200/1967). Em virtude da autonomia das entidades administrativas, a tutela somente será permitida quando houver previsão legal expressa. A relação entre o controlador e o controlado é de mera vinculação, e não de subordinação. Ex.: controle exercido pelo Ministério sobre os atos de determinada autarquia. Trata-se de **controle interno-externo**: interno em relação ao Poder controlador (no exemplo, o próprio Poder Executivo controla os seus atos) e externo quanto à pessoa jurídica responsável pelo controle (no exemplo, a União, por meio de seus Ministérios, controla, sob o aspecto finalístico, os atos das pessoas jurídicas federais).

O controle administrativo interno, exercido por determinada entidade administrativa sobre seus próprios órgãos, é denominado **autotutela**. Nesse caso, o controle é justificado pela hierarquia administrativa inerente à estruturação interna das pessoas administrativas e, por essa razão, independe de previsão legal. A Administração Pública deve anular seus próprios atos, quando constatada a ilegalidade, e pode revogá-los por razões de conveniência e oportunidade, respeitados os direitos adquiridos (art. 53 da Lei 9.784/1999 e Súmulas 346 e 473 do STF).[6] Ex.: o Presidente da República deve anular os atos ilegais praticados pelos respectivos Ministérios; o dirigente de uma autarquia deve anular o ato ilegal praticado pelo subordinado. Aqui, temos o **controle interno-interno**, uma vez que é exercido pelo mesmo Poder e pela mesma pessoa jurídica (no exemplo, o controle é exercido pelo próprio Poder Executivo e pela mesma pessoa jurídica que editou o ato controlado).

### 25.2.3 Meios de controle administrativo

O controle administrativo é exercido, em regra, por meio de processos administrativos, instaurados de ofício ou a requerimento do interessado.[7]

Em razão do direito constitucional de petição (art. 5.º, XXXIV, "a", da CRFB), qualquer pessoa tem o direito de peticionar ao Poder Público, independentemente do pagamento de taxas, em defesa de direitos ou contra ilegalidade ou abuso de poder. No âmbito do direito de petição, inserem-se os recursos administrativos.

A democratização da Administração Pública e o seu caráter gerencial, marcado pela busca da eficiência, reforçam, na atualidade, instrumentos de controle social (ex.: audiências e consultas públicas) e de gestão da atividade administrativa (ex.: contratos de gestão internos, que fixam metas de desempenho para órgão e entidades administrativas, na forma do art. 37, § 8.º, da CRFB, e contratos de gestão externos, que formalizam parcerias entre o Poder Público e as Organizações Sociais).

---

[6] Lei 9.784/1999: "Art. 53. A Administração deve anular seus próprios atos, quando eivados de vício de legalidade, e pode revogá-los por motivo de conveniência ou oportunidade, respeitados os direitos adquiridos". Súmula 346 do STF: "A Administração Pública pode declarar a nulidade dos seus próprios atos". Súmula 473 do STF: "A Administração pode anular seus próprios atos, quando eivados de vícios que os tornam ilegais, porque deles não se originam direitos; ou revogá-los, por motivo de conveniência ou oportunidade, respeitados os direitos adquiridos, e ressalvada, em todos os casos, a apreciação judicial".

[7] Sobre o processo administrativo, vide Capítulo 16.

## 25.3 CONTROLE LEGISLATIVO

### 25.3.1 Conceito

O controle legislativo ou parlamentar é aquele exercido pelo Poder Legislativo sobre os atos do Poder Executivo, a partir de critérios políticos ou financeiros e nos limites fixados pelo texto constitucional.

Os casos de controle parlamentar sobre o Poder Executivo devem constar expressamente da Constituição Federal, pois consagram verdadeiras exceções ao princípio constitucional da separação de poderes (art. 2.º da CRFB), não se admitindo, destarte, a sua ampliação por meio da legislação infraconstitucional.[8]

### 25.3.2 Casos de controle

A Constituição Federal consagra diversos casos de controle parlamentar sobre os atos do Poder Executivo, conforme destacado a seguir.

#### 25.3.2.1 Sustação de atos normativos

O Congresso Nacional pode sustar os atos normativos do Poder Executivo que exorbitem do poder regulamentar ou dos limites de delegação legislativa, na forma do art. 49, V, da CRFB.

#### 25.3.2.2 Convocação de autoridades e requisição de informações

As Casas Legislativas e suas comissões podem convocar Ministros de Estado e outras autoridades administrativas para prestarem, pessoalmente, informações sobre assunto previamente determinado, sob pena de crime de responsabilidade (art. 50 da CRFB).

Da mesma forma, as Mesas da Câmara dos Deputados e do Senado Federal poderão requisitar informações por escrito, no prazo de trinta dias, a Ministros de Estado e demais autoridades administrativas, importando em crime de responsabilidade o descumprimento da requisição ou a prestação de informações falsas (art. 50, § 2.º, da CRFB).

#### 25.3.2.3 Autorização e aprovação de ato administrativo

Em determinados casos, o Poder Legislativo possui a prerrogativa de autorizar ou aprovar a prática de atos administrativos (ex.: o Senado deve aprovar o nome indicado pelo Chefe do Executivo para ocupar o cargo de Procurador-Geral da República, na forma do art. 52, III, "e", da CRFB).

#### 25.3.2.4 Comissões Parlamentares de Inquérito (CPIs)

As Comissões Parlamentares de Inquérito (CPIs) são instituídas nas Casas Legislativas para apuração de fatos determinados e por prazo certo, com poderes de investigação próprios das autoridades judiciais (art. 58, § 3.º, da CRFB).[9]

---

[8] Nesse sentido: DI PIETRO, Maria Sylvia Zanella. *Direito administrativo*. 22. ed. São Paulo: Atlas, 2009. p. 739; CARVALHO FILHO, José dos Santos. *Manual de direito administrativo*. 24. ed. Rio de Janeiro: Lumen Juris, 2011. p. 918.

[9] "Art. 58. [...] § 3.º As comissões parlamentares de inquérito, que terão poderes de investigação próprios das autoridades judiciais, além de outros previstos nos regimentos das respectivas Casas, serão criadas pela Câmara dos

Em razão do poder de investigação, as CPIs podem determinar a realização de diligências, convocar Ministros de Estado, requisitar informações e documentos, tomar depoimentos etc. É importante registrar que a função de investigação da CPI não lhe autoriza anular os atos do Poder Executivo.[10]

### 25.3.2.5 Julgamento do chefe do Executivo: impeachment

O Senado Federal possui a prerrogativa de processar e julgar os crimes de responsabilidade cometidos pelo Presidente da República, Vice-Presidente e outras autoridades indicadas no art. 52, I e II, da CRFB.

Nesse caso, após a autorização da Câmara dos Deputados e sob a presidência do Ministro Presidente do STF, o Senado poderá condenar a autoridade administrativa à perda do cargo, com inabilitação, por oito anos, para o exercício de função pública, sem prejuízo das demais sanções judiciais cabíveis (arts. 51, I, e 52, parágrafo único, da CRFB).

Compete à União legislar sobre crimes de responsabilidade (Súmula Vinculante 46 do STF).[11] Atualmente, os referidos crimes encontram-se previstos nas Leis 1.079/1950, 7.106/1983 e Decreto-lei 201/1967.

### 25.3.2.6 Controle financeiro

O Poder Legislativo possui uma série de atribuições no controle financeiro dos atos do Poder Executivo.

Em primeiro lugar, o Congresso Nacional tem competência exclusiva para julgar anualmente as contas prestadas pelo Presidente da República e apreciar os relatórios sobre a execução dos planos de governo (art. 49, IX, da CRFB).

Mencionem-se, ainda, as prerrogativas do Senado Federal para dispor sobre: os limites globais para o montante da dívida consolidada de todos os Entes federativos (art. 52, VI, da CRFB); limites e condições para as operações de crédito externo e interno, bem como para a concessão de garantia da União nessas operações (art. 52, VII e VIII, da CRFB); etc.

Por fim, o Congresso, com o auxílio do Tribunal de Contas, exerce a fiscalização contábil, financeira, orçamentária, operacional e patrimonial da Administração Pública direta e indireta, sob os aspectos da legalidade, legitimidade, economicidade (art. 70 da CRFB).

---

Deputados e pelo Senado Federal, em conjunto ou separadamente, mediante requerimento de um terço de seus membros, para a apuração de fato determinado e por prazo certo, sendo suas conclusões, se for o caso, encaminhadas ao Ministério Público, para que promova a responsabilidade civil ou criminal dos infratores." No âmbito infraconstitucional, a Lei 1.579/1952 dispõe sobre as Comissões Parlamentares de Inquérito.

[10] MENDES, Gilmar Ferreira. Curso de direito constitucional. 4. ed. São Paulo: Saraiva, 2009. p. 904.
[11] A Súmula Vinculante 46 do STF dispõe: "A definição dos crimes de responsabilidade e o estabelecimento das respectivas normas de processo e julgamento são da competência legislativa privativa da União". Por essa razão, o STF declarou inconstitucionais dispositivos de Constituições estaduais que tratavam do processo e julgamento dos crimes de responsabilidade: STF, Tribunal Pleno, ADI 4.190 MC-REF/RJ, Rel. Min. Celso de Mello, DJe-105 11.06.2010, Informativo de Jurisprudência do STF n. 578; STF, Tribunal Pleno, ADI 2.220/SP, Rel. Min. Cármen Lúcia, DJe-232 07.12.2011, Informativo de Jurisprudência do STF n. 648.

## 25.4 CONTROLE DO TRIBUNAL DE CONTAS

### 25.4.1 Conceito e visão geral

O controle legislativo é exercido com o auxílio do Tribunal de Contas, na forma prevista nos arts. 70 a 75 da CRFB.

Os Tribunais de Contas foram topograficamente inseridos pelo texto constitucional no Poder Legislativo. Todavia, apesar de auxiliarem o Poder Legislativo em determinadas tarefas, os Tribunais de Contas, em virtude da sua forte independência, devem ser considerados órgãos constitucionais independentes que não estão inseridos na relação hierárquica dos três Poderes.[12]

Apesar de ser considerado "tribunal" com atribuição para "julgar" contas, o Tribunal de Contas não exerce função jurisdicional, mas, sim, função administrativa de natureza técnica, razão pela qual a validade dos seus atos pode ser apreciada pelo Poder Judiciário.

Isto não impede que os Tribunais de Contas, no exercício de suas atribuições, apreciem a constitucionalidade das leis e dos atos do Poder Público (Súmula 347 do STF).

As decisões dos Tribunais de Contas, quando resultarem imputação de débito ou multa, terão eficácia de título executivo extrajudicial, na forma do art. 71, § 3.º, da CRFB. No entanto, a Corte de Contas, por se tratar de órgão despersonalizado, não possui legitimidade para executar os referidos títulos, atribuição reconhecida aos respectivos Entes federativos por meio de suas Procuradorias.[13] O STJ tem admitido, também, que o Ministério Público, na defesa eminentemente do patrimônio público, e não da Fazenda Pública, atue como legitimado extraordinário na execução dos referidos títulos executivos.[14]

Os processos perante as Cortes de Contas devem assegurar o contraditório e a ampla defesa "quando da decisão puder resultar anulação ou revogação de ato administrativo que beneficie o interessado, excetuada a apreciação da legalidade do ato de concessão inicial de aposentadoria, reforma e pensão" (Súmula Vinculante 3 do STF).

Importante ressaltar que o Tribunal de Contas deve efetuar o controle da legalidade da concessão inicial da aposentadoria no prazo decadencial de cinco anos (art. 54 da Lei 9.784/1999). Destaca-se, aqui, a alteração da jurisprudência do STF que, inicialmente, flexibilizou a Súmula Vinculante 3 para afirmar que, na hipótese de análise da legalidade após cinco anos da concessão inicial da aposentadoria, a Corte de Contas deveria respeitar o contraditório e ampla defesa no controle.[15] Atualmente, o STF, em sede de repercussão geral, alterou a sua posição anterior para determinar a submissão do Tribunal de Contas

---

[12] MEDAUAR, Odete. *Direito administrativo moderno*. 12. ed. São Paulo: RT, 2008. p. 389; MOREIRA NETO, Diogo de Figueiredo. Algumas notas sobre órgãos constitucionalmente autônomos – um estudo de caso sobre os Tribunais de Contas no Brasil. *Revista de Direito Administrativo*, n. 223, p. 1-24, jan.-mar. 2001.

[13] STF, Tribunal Pleno, RE 223.037/SE, Rel. Min. Maurício Corrêa, *DJ* 02.08.2002, p. 61, *Informativo de Jurisprudência do STF* n. 266.

[14] STJ, 1.ª Seção, REsp 1.119.377/SP, Rel. Min. Humberto Martins, *DJe* 04.09.2009, *Informativo de Jurisprudência do STJ* n. 404.

[15] STF, Tribunal Pleno, MS 24.781/DF, Rel. p/ acórdão Min. Gilmar Mendes, *DJe*-110 09.06.2011. Vide, também: *Informativo de Jurisprudência do STF* n. 365.

ao prazo decadencial quinquenal no julgamento da legalidade do ato de concessão inicial de aposentadoria, a contar da chegada do processo na Corte de Contas.[16]

Os Ministros e Conselheiros dos Tribunais de Contas, nomeados a partir dos critérios fixados na Constituição,[17] possuem as mesmas prerrogativas dos membros da Magistratura (art. 73, § 3.º, da CRFB).

Mencione-se, ainda, que as normas sobre o TCU previstas na Constituição aplicam-se aos Tribunais de Contas estaduais, distritais e municipais (art. 75 da CRFB).

### 25.4.2 Critérios do controle: legalidade, legitimidade e economicidade

A fiscalização contábil, financeira e orçamentária será exercida pelo Tribunal de Contas a partir de três critérios, a saber:

a) **legalidade:** exame da compatibilidade formal do ato com a lei;
b) **legitimidade:** adequação do ato com os princípios consagrados no ordenamento jurídico (juridicidade); e
c) **economicidade:** relação de custo-benefício da medida adotada.[18]

### 25.4.3 Atribuições dos Tribunais de Contas

Os Tribunais de Contas possuem importantes atribuições previstas na Constituição Federal e nas suas respectivas Leis Orgânicas (ex.: Lei 8.443/1992 – Lei Orgânica do TCU) que podem ser assim sistematizadas: consultiva, fiscalizadora, julgadora, de registro, sancionadora, corretiva e de ouvidoria.

#### 25.4.3.1 Consultiva

A função consultiva pode ser exemplificada na prerrogativa de elaborar parecer prévio, que será encaminhado ao Parlamento, sobre as contas prestadas anualmente pelo Chefe do Poder Executivo (arts. 49, IX, e 71, I, da CRFB).

---

[16] Tema 445 da Tese de Repercussão Geral do STF: "Em atenção aos princípios da segurança jurídica e da confiança legítima, os Tribunais de Contas estão sujeitos ao prazo de 5 anos para o julgamento da legalidade do ato de concessão inicial de aposentadoria, reforma ou pensão, a contar da chegada do processo à respectiva Corte de Contas."

[17] Os Ministros do TCU são nomeados por indicação do Presidente da República, com a necessária aprovação do Senado (art. 52, III, "b", da CRFB), e devem preencher os seguintes requisitos: brasileiros com mais de trinta e cinco e menos de sessenta e cinco anos de idade; idoneidade moral e reputação ilibada; notórios conhecimentos jurídicos, contábeis, econômicos e financeiros ou de administração pública; e mais de dez anos de exercício de função ou de efetiva atividade profissional (art. 73, § 1.º, das CRFB). Os Ministros do TCU serão escolhidos da seguinte forma: um terço pelo Presidente da República, com aprovação do Senado Federal, sendo dois alternadamente dentre auditores e membros do Ministério Público junto ao Tribunal, indicados em lista tríplice pelo Tribunal, segundo os critérios de antiguidade e merecimento; e dois terços pelo Congresso Nacional (art. 73, § 2.º, das CRFB). Em relação aos Tribunais de Contas dos Estados, a Súmula 653 do STF dispõe: "No Tribunal de Contas Estadual, composto por sete conselheiros, quatro devem ser escolhidos pela Assembleia Legislativa e três pelo Chefe do Poder Executivo estadual, cabendo a este indicar um dentre auditores e outro dentre membros do Ministério Público, e um terceiro a sua livre escolha".

[18] Sobre a legalidade e a legitimidade no Direito Administrativo, vide: OLIVEIRA, Rafael Carvalho Rezende. *A constitucionalização do direito administrativo*: o princípio da juridicidade, a releitura da legalidade administrativa e a legitimidade das agências reguladoras. 2. ed. Rio de Janeiro: Lumen Juris, 2010.

## 25.4.3.2 Fiscalizadora

A fiscalização contábil, financeira e orçamentária representa uma das principais tarefas dos Tribunais de Contas. Assim, por exemplo, as Cortes de Contas podem:

a) realizar inspeções e auditorias de natureza contábil, financeira, orçamentária, operacional e patrimonial, nas unidades administrativas dos Poderes Legislativo, Executivo e Judiciário, bem como das entidades responsáveis pela gestão de recursos públicos (art. 71, IV, da CRFB);
b) fiscalizar as contas nacionais das empresas supranacionais de cujo capital social a União participe, de forma direta ou indireta, nos termos do tratado constitutivo;
c) fiscalizar a aplicação de quaisquer recursos repassados pela União mediante convênio, acordo, ajuste ou outros instrumentos congêneres, a Estado, ao Distrito Federal ou a Município (art. 71, VI, da CRFB) etc.

## 25.4.3.3 Julgadora

A Corte de Contas possui a prerrogativa para julgar as contas dos administradores e demais responsáveis por dinheiros, bens e valores públicos da Administração direta e indireta, bem como as contas daqueles que derem causa a perda, extravio ou outra irregularidade de que resulte prejuízo ao erário público (art. 71, II, da CRFB).

## 25.4.3.4 Registro

Os Tribunais de Contas apreciam, para fins de registro, a legalidade dos atos de admissão de pessoal, a qualquer título, na Administração direta e indireta, excetuadas as nomeações para cargo comissionados, bem como a das concessões de aposentadorias, reformas e pensões, ressalvadas as melhorias posteriores que não alterem o fundamento legal do ato concessório (art. 71, III, da CRFB).

## 25.4.3.5 Sancionadora

O texto constitucional admite a aplicação de sanções, pelas Cortes de Contas, aos responsáveis por ilegalidade de despesa ou irregularidade de contas (art. 71, VIII, da CRFB). A Lei 8.443/1992 (Lei Orgânica do TCU) prevê algumas prerrogativas sancionatórias, tais como:

a) declaração de inidoneidade, por até cinco anos, ao licitante que fraudar a licitação (art. 46);
b) multa (arts. 57 e 58);[19]
c) declaração de inabilitação, por um período de cinco a oito anos, dos responsáveis por irregularidades graves apuradas pelo TCU, para o exercício de cargo

---

[19] De acordo com o STF, "o Município prejudicado é o legitimado para a execução de crédito decorrente de multa aplicada por Tribunal de Contas estadual a agente público municipal, em razão de danos causados ao erário municipal" (Tema 642 da Tese de Repercussão Geral do STF).

em comissão ou função de confiança no âmbito da Administração Pública (art. 60) etc.

### 25.4.3.6 Corretiva

Os Tribunais de Contas podem determinar a correção de irregularidades administrativas, assinalando prazo para que o órgão ou entidade adote as providências necessárias ao exato cumprimento da lei, quando constatada ilegalidade (art. 71, IX, da CRFB). Em caso de desatendimento, o Tribunal poderá sustar a execução do ato impugnado, comunicando a decisão à Câmara dos Deputados e ao Senado Federal (art. 71, X, da CRFB).

Quanto à sustação de contratos administrativos pelos Tribunais de Contas, apesar das polêmicas envolvendo o tema, entendemos ser possível desde que observados os seguintes procedimentos (art. 71, X e §§ 1.º e 2.º, da CRFB e art. 45, §§ 2.º e 3.º, da Lei 8.443/1992):

1.º) constatada a irregularidade do contrato, o Tribunal assinará prazo para que o responsável adote as providências necessárias ao exato cumprimento da lei;

2.º) persistindo a irregularidade, o Tribunal comunicará o fato à Casa Legislativa respectiva para sustação do contrato, solicitando imediatamente a adoção das medidas cabíveis ao Poder Executivo; e

3.º) se a Casa Legislativa ou o Poder Executivo, no prazo de noventa dias, não efetivar as medidas solicitadas, o Tribunal de Contas sustará os contratos (art. 71, X e §§ 1.º e 2.º, da CRFB).[20]

### 25.4.3.7 Ouvidoria

Por fim, a Corte de Contas possui atribuição similar às Ouvidorias Públicas, recebendo denúncias de irregularidades ou ilegalidades apresentadas por qualquer cidadão, partido político, associação ou sindicato (art. 74, § 2.º, da CRFB). Registre-se que os responsáveis pelo controle interno devem informar as irregularidades e ilegalidades ao Tribunal de Contas, sob pena de responsabilidade solidária (art. 74, § 1.º, da CRFB).

## 25.5 CONTROLE JURISDICIONAL

O controle jurisdicional envolve a apreciação pelo Poder Judiciário da juridicidade dos atos oriundos dos Poderes Executivo, Legislativo e do próprio Judiciário.

### 25.5.1 Sistemas de controle jurisdicional

Existem dois sistemas de controle jurisdicional da Administração Pública no Direito Comparado:

a) **sistema da dualidade de jurisdição (sistema do contencioso administrativo ou da jurisdição administrativa):** originado na França e adotado em diversos países europeus (ex.: Alemanha, Portugal etc.), o sistema consagra duas ordens de jurisdição: a.1) ordinária ou comum: exercida pelo Judiciário sobre os atos

---

[20] Sobre o controle das licitações e dos contratos administrativos, vide Capítulo 18, item 18.13.

dos particulares em geral; e a.2) administrativa: exercida por juízes e Tribunais administrativos, que tem na cúpula o denominado Conselho de Estado, dotados de forte independência em relação ao Poder Executivo; e

b) **sistema da jurisdição una (unidade de jurisdição):** de origem inglesa e norte-americana, o sistema atribui ao Poder Judiciário o poder de decidir de maneira definitiva sobre a juridicidade de todos os atos praticados por particulares ou pela Administração Pública. É o sistema adotado no Brasil por meio do princípio da inafastabilidade do controle do Poder Judiciário (art. 5.º, XXXV, da CRFB).

### 25.5.2 Limites e possibilidades do controle jurisdicional

O controle jurisdicional sobre os atos oriundos dos demais Poderes (Executivo e Legislativo) restringe aos aspectos de legalidade (juridicidade), sendo vedado ao Poder Judiciário substituir-se ao administrador e ao legislador para definir, dentro da moldura normativa, qual a decisão mais conveniente ou oportuna para o atendimento do interesse público, sob pena de afronta ao princípio constitucional da separação de poderes.

Dessa forma, o Judiciário deve invalidar os atos ilegais da Administração, mas não pode revogá-los por razões de conveniência e oportunidade.[21]

### 25.5.3 Tendências do controle jurisdicional dos atos administrativos a partir de uma visão pragmática e institucional

A implementação do controle judicial dos atos administrativos em harmonia com as exigências de legitimidade democrática e de eficiência administrativa depende do reconhecimento das limitações institucionais do Poder Judiciário que, em razão da ausência de *expertise* (capacidade institucional) e da visão dos possíveis efeitos sistêmicos da solução a ser adotada (pragmatismo jurídico), deve atuar, em regra, com deferência às decisões técnicas e complexas dos órgãos técnicos da Administração Pública.[22]

---

[21] Nesse sentido, a Súmula 665 do STJ estabelece: "O controle jurisdicional do processo administrativo disciplinar restringe-se ao exame da regularidade do procedimento e da legalidade do ato, à luz dos princípios do contraditório, da ampla defesa e do devido processo legal, não sendo possível incursão no mérito administrativo, ressalvadas as hipóteses de flagrante ilegalidade, teratologia ou manifesta desproporcionalidade da sanção aplicada." O controle judicial dos atos administrativos discricionários é apresentado no Capítulo 15, item 15.10.3.

[22] No célebre caso *Chevron v. NRDC*, a Suprema Corte americana decidiu pela deferência judicial em relação às interpretações conferidas pelas agências às normas legais quando forem razoáveis e não contrariarem claramente a legislação. *Chevron U.S.A. Inc. v. Natural Resources Defense Council, Inc.*, 467 U.S. 837 (1984). Não obstante a sua relevância, o precedente Chevron ("doutrina Chevron") foi superado pela Suprema Corte, em 2024, no julgamento do caso Loper Bright Enterprises et. al. vs. Raimondo, Secretary of Commerce et. al., abrindo caminho, nos EUA, para maior interferência do Poder Judiciário nas decisões das agências reguladoras. A partir da teoria das capacidades institucionais, o Poder Judiciário enfrenta o denominado "dilema institucionalista" (*institutionalist dilemma*) que é a limitação racional do juiz na obtenção e no processamento das informações necessárias ao julgamento dos casos complexos, marcados por incertezas (VERMEULE, Adrian. *Judging under uncertainty*: an institutional theory of legal interpretation. Cambridge: Harvard University Press, 2006. p. 3). Em discussão envolvendo a validade da decisão do CADE, o STF decidiu: "1. A capacidade institucional na seara regulatória, a qual atrai controvérsias de natureza acentuadamente complexa, que demandam tratamento especializado e qualificado, revela a reduzida *expertise* do

Nesse contexto, a partir das viradas pragmática e institucional no processo interpretativo, apresentamos, a seguir, algumas tendências do controle judicial da atividade administrativa:[23]

a) **Relativização do formalismo e ênfase no resultado:** supressão de controles meramente formais ou cujo custo seja evidentemente superior ao risco e predomínio da verificação das consequências da ação administrativa. Ex.: não obstante a nulidade dos contratos administrativos verbais (art. 60, parágrafo único, da Lei 8.666/1993 e art. 95, § 2.º, da nova Lei de Licitações), tem prevalecido o entendimento doutrinário e jurisprudencial no sentido de que deve haver o pagamento por parte do Estado, tendo em vista a boa-fé do contratado e o princípio que veda o enriquecimento sem causa do Poder Público, que efetivamente se beneficiou da execução da avença.[24] A tendência aqui destacada foi confirmada nos arts. 20 e 21 da LINDB, inseridos pela Lei 13.655/2018, que exigem a consideração e a demonstração das consequências práticas, jurídicas e administrativas das decisões estatais.

b) **Predomínio do controle *a posteriori* em detrimento do controle preventivo:** o intuito é evitar que os órgãos de controle se transformem em administradores ou gestores. No tocante ao Judiciário, ainda que sejam ampliados os mecanismos de controle de eventuais omissões estatais, a atuação judicial deve ser limi-

---

Judiciário para o controle jurisdicional das escolhas políticas e técnicas subjacentes à regulação econômica, bem como de seus efeitos sistêmicos. (...) 6. A *expertise* técnica e a capacidade institucional do CADE em questões de regulação econômica demanda uma postura deferente do Poder Judiciário ao mérito das decisões proferidas pela Autarquia. O controle jurisdicional deve cingir-se ao exame da legalidade ou abusividade dos atos administrativos, consoante a firme jurisprudência desta Suprema Corte" (STF, 1.ª Turma, RE 1.083.955 AgR/DF, Rel. Min. Luiz Fux, DJe-122 07.06.2019, *Informativo de Jurisprudência do STF* n. 942). Em outra oportunidade, o STF declarou a inconstitucionalidade da lei que permitia a utilização de medicamento sem a concordância da Anvisa. De acordo com a Corte, o Congresso Nacional não pode autorizar, de forma abstrata e genérica, a distribuição de medicamento, uma vez que a competência para decidir sobre a questão pertence à Anvisa (STF, ADI 5.501/DF, Tribunal Pleno, Rel. Min. Marco Aurélio, j. 23.10.2020, *Informativo de Jurisprudência do STF* n. 996). Mencione-se, também, o Tema 991 da Tese de Repercussão Geral do STF: "Afronta o princípio da separação dos poderes a anulação judicial de cláusula de contrato de concessão firmado por Agência Reguladora e prestadora de serviço de telefonia que, em observância aos marcos regulatórios estabelecidos pelo Legislador, autoriza a incidência de reajuste de alguns itens tarifários em percentual superior ao do índice inflacionário fixado, quando este não é superado pela média ponderada de todos os itens".

[23] O tema foi aprofundado em artigo específico: OLIVEIRA, Rafael Carvalho Rezende. Ativismo judicial, pragmatismo e capacidades institucionais: as novas tendências do controle judicial dos atos administrativos. *Revista Brasileira de Direito Público*, v. 39, p. 1-40, 2012. Ao apresentar uma visão antirromântica do controle, Eduardo Jordão demonstra que o controle não é sempre bom nem de graça. Em sua visão, o controle depende do dispêndio de valores públicos relevantes para o funcionamento da máquina institucional e acarreta diversos ônus, como: a) valores incorridos pela Administração Pública para adequar as suas ações às determinações do controlador; b) custos sociais oriundos da postura cautelosa adotada pelos agentes públicos que temem eventuais contestações e sanções ("administrador assombrado pelo controlador" ou "Direito Administrativo do inimigo"; e c) ônus decorrente das opções determinadas pelo controlador, muitas vezes em substituição àquelas do administrador, com riscos econômicos de uma intervenção do órgão de controle em questões técnicas (JORDÃO, Eduardo. *Estudos Antirromânticos sobre controle da Administração Pública*. São Paulo: JusPodivm, 2022. p. 9-13).

[24] Nesse sentido: STJ, 2.ª Turma, REsp 317.463/SP, Rel. Min. João Otávio de Noronha, *DJ* 03.05.2004, p. 126; TJRJ, 15.ª Câmara Cível, Ap 2000.001.10525, Des. Jose Pimentel Marques, j. 07.02.2001; JUSTEN FILHO, Marçal. *Comentários à Lei de Licitações e Contratos Administrativos*. 9. ed. São Paulo: Dialética, 2002. p. 243; SOUTO, Marcos Juruena Villela. *Direito administrativo contratual*. Rio de Janeiro: Lumen Juris, 2004. p. 391-394.

tada à fixação de prazos e parâmetros para que o administrador e o legislador formulem as políticas públicas, evitando-se, com isso, a instituição do juiz-administrador. Isto não quer dizer que o controle preventivo não seja importante ou necessário, mas não devem ser admitidos excessos que invertam a ordem da separação de poderes.[25] Ex.: em que pese a possibilidade de solicitação pelos Tribunais de Contas e órgãos de controle interno, até o dia útil imediatamente anterior à data de recebimento das propostas, de "cópia de edital de licitação já publicado" para fins de controle, conforme previsão contida no art. 113, § 2.º, da Lei 8.666/1993, o STF declarou a inconstitucionalidade de norma que estipulava o dever genérico de envio de todas as minutas de editais de licitação e de contratos à Corte de Contas, tendo em vista o princípio da separação de poderes.[26] Registre-se que o controle exercido sobre a atividade administrativa deve levar em consideração os obstáculos e as dificuldades reais do gestor e as exigências das políticas públicas a seu cargo, bem como as circunstâncias práticas que houverem imposto, limitado ou condicionado a ação do agente (art. 22, *caput* e § 1.º, da LINDB, inseridos pela Lei 13.655/2018).

c) **Controle judicial primordialmente ablativo e não substitutivo:** a atividade judicial, em respeito às capacidades das instituições dos demais Poderes (teoria dos diálogos institucionais)[27] e às próprias limitações institucionais do Poder Judiciário (ex.: ausência de visão sistêmica das questões; falta de aparelhamento técnico adequado para análise de questões complexas que demandam conhecimentos extrajurídicos; exiguidade do tempo e excesso de trabalho para prolação de decisões rápidas etc.), deve ser predominantemente corretiva da atividade administrativa, sem substituí-la.[28] Há, aqui, um equilíbrio entre o controle judicial (*judicial review*) e a democracia, uma vez que o Judiciário cor-

---

[25] De forma semelhante, o Tema 698 da Tese de Repercussão Geral do STF dispõe: "1. A intervenção do Poder Judiciário em políticas públicas voltadas à realização de direitos fundamentais, em caso de ausência ou deficiência grave do serviço, não viola o princípio da separação dos poderes. 2. A decisão judicial, como regra, em lugar de determinar medidas pontuais, deve apontar as finalidades a serem alcançadas e determinar à Administração Pública que apresente um plano e/ou os meios adequados para alcançar o resultado. 3. No caso de serviços de saúde, o déficit de profissionais pode ser suprido por concurso público ou, por exemplo, pelo remanejamento de recursos humanos e pela contratação de organizações sociais (OS) e organizações da sociedade civil de interesse público (OSCIP)".

[26] STF, 1.ª Turma, RE 547.063/RJ, Rel. Min. Menezes Direito, *DJe*-236 12.12.2008, p. 638, *Informativo de Jurisprudência do STF* n. 523.

[27] Conforme demonstram Cecília de Almeida Silva e outros, as teorias dialógicas pressupõem uma relação de equilíbrio nas relações entre os Poderes, com a implantação de um sistema brando de controle de constitucionalidade (*weak-form judicial review*) que, de um lado, reconhece o papel dos juízes na verificação da compatibilidade dos atos estatais com a Constituição, mas, por outro lado, admite a "contradita" à decisão judicial em favor dos demais Poderes (SILVA, Cecília de Almeida. *Diálogos institucionais e ativismo*. Curitiba: Juruá, 2010. p. 57-58).

[28] Existem situações extremas em que o Judiciário deve suprir a omissão desproporcional dos demais Poderes, especialmente para efetivação de direitos fundamentais. Mencione-se, por exemplo, a recente orientação do STF que, ao julgar procedentes mandados de injunção, afastou a omissão legislativa para reconhecer o direito de greve dos servidores públicos estatutários, a partir da aplicação analógica da Lei 7.783/1989, que trata da greve dos empregados celetistas (STF, Tribunal Pleno, MI 670/ES, Rel. p/ acórdão Min. Gilmar Mendes, *DJe*-206 31.10.2008, p. 1; MI 708/DF, Rel. Min. Gilmar Mendes, Tribunal Pleno, *DJe*-206 31.10.2008, p. 207; MI 712/PR, Rel. Min. Eros Grau, Tribunal Pleno, *DJe*-206 31.10.2008, p. 384, *Informativo de Jurisprudência do STF* n. 485).

rige os desvios das ações/omissões administrativas sem afastar a reavaliação das decisões estatais pelas instâncias democráticas, notadamente nas questões que envolvem discricionariedade administrativa. Ex.: em relação ao controle dos atos regulatórios, o STJ reconheceu a impossibilidade de intromissão do Judiciário na decisão final quanto à emissão pela ANATEL de autorização para funcionamento de rádio comunitária, tendo em vista tratar-se de questão eminentemente técnica e complexa. Todavia, em razão de demora desproporcional em relação ao requerimento feito por entidade privada, o Judiciário pode assinalar prazo para que a Agência resolva o requerimento de autorização de funcionamento da emissora, em razão dos princípios da eficiência e da moralidade.[29]

d) **Reforço da legitimidade das decisões judiciais:** necessidade de maior legitimidade democrática da atuação jurisdicional, com destaque para exigências reforçadas de fundamentação das decisões judiciais e diálogo com a sociedade (democracia deliberativa).[30] Por essa razão, tem sido cada vez mais comum a presença do *amicus curiae* no controle concentrado de constitucionalidade dos atos normativos (art. 7.º, § 2.º, da Lei 9.868/1999),[31] bem como a realização de audiências públicas (art. 9.º, § 1.º, da Lei 9.868/1999).[32] Ex.: em 2008, o STF realizou audiências públicas no processo em que se discutia a (anti)juridicidade do aborto do feto anencéfalo (ADPF 54/DF) e, em 2009, para coleta de informações relacionadas ao direito à saúde, objeto de diversos processos perante a Corte.[33]

e) **Novos mecanismos de controle social e deferência judicial (autocontenção ou *judicial self-restraint*):** o ordenamento jurídico tem previsto, de forma crescente, instrumentos de participação do cidadão na elaboração de políticas públicas, bem como no controle da ação administrativa. Ex.: a Lei 9.784/1999, que dispõe sobre o processo administrativo federal, prevê, nos arts. 31 a 35, a realização de consultas e audiências públicas, bem como outras formas de participação do administrado na tomada de decisões em processos administrativos em geral; as leis de criação das agências reguladoras, outrossim, estabelecem instrumentos de participação do cidadão (usuário) na regulação do respectivo setor, como forma de reforçar a legitimação democrática da regulação (ANEEL – art. 4.º, § 3.º, da Lei 9.427/1996; ANATEL – arts. 3.º, X e XI, e 89, II, da Lei 9.472/1997; ANP – art. 19 da Lei 9.478/1997 etc.). A participação popular em procedimentos administrativos permite a elaboração da decisão pública a partir

---

[29] STJ, 1.ª Seção, EREsp 1.100.057/RS, Rel. Min. Eliana Calmon, *DJe* 10.11.2009, *Informativo de Jurisprudência do STJ* n. 413.

[30] A legitimidade do controle judicial relaciona-se, em grande medida, com a denominada "justificação pública", citada por John Rawls, que pressupõe a reflexão sobre os argumentos em eventual conflito, reduzindo os desacordos na sociedade (RAWLS, John. *Justiça como equidade*: uma reformulação. São Paulo: Martins Fontes, 2003. p. 36-40).

[31] Art. 7.º, § 2.º, da Lei 9.868/1999: "O relator, considerando a relevância da matéria e a representatividade dos postulantes, poderá, por despacho irrecorrível, admitir, observado o prazo fixado no parágrafo anterior, a manifestação de outros órgãos ou entidades".

[32] Art. 9.º, § 1.º, da Lei 9.868/1999: "O relator poderá, ainda, solicitar informações aos Tribunais Superiores, aos Tribunais federais e aos Tribunais estaduais acerca da aplicação da norma impugnada no âmbito de sua jurisdição".

[33] Disponível em: <www.stf.jus.br>. Acesso em: 2 jun. 2011.

das necessidades e expectativas da sociedade civil. Com isso, a atuação administrativa torna-se potencialmente mais adequada e legítima, evitando discussões posteriores que tendem a gerar instabilidade social. O próprio Judiciário, eventualmente provocado, deve assumir uma posição de maior deferência à legitimidade reforçada da decisão administrativa, apenas invalidando-a em casos de reconhecida e notória ilegalidade.

### 25.5.4 Fazenda Pública em juízo

As pessoas jurídicas de Direito Público da Administração Pública Direta (Entes federados) e Indireta (autarquias e fundações estatais de direito público), inseridas no conceito de "Fazenda Pública", gozam de prerrogativas processuais diferenciadas em relação às pessoas físicas e pessoas jurídicas de Direito Privado, ainda que integrantes da Administração (empresas públicas, sociedades de economia mistas e fundações estatais de direito privado).

As prerrogativas processuais da Fazenda Pública, justificadas pelo princípio da indisponibilidade do interesse público, podem ser assim exemplificadas:

a) **Foro privativo:** compete à Justiça Federal processar e julgar as causas em que a União, entidade autárquica ou empresa pública federal forem interessadas na condição de autoras, rés, assistentes ou oponentes, exceto as de falência, as de acidentes de trabalho e as sujeitas à Justiça Eleitoral e à Justiça do Trabalho (art. 109, I, da CRFB). As causas envolvendo as sociedades de economia mista, federais, estaduais e municipais são processadas perante a Justiça Estadual (Súmula 556 do STF).

b) **Representação judicial e intimação pessoal:** a União é representada em juízo pela Advocacia-Geral da União (art. 131 da CRFB) e, em relação à execução da dívida ativa de natureza tributária, pela Procuradoria-Geral da Fazenda Nacional (art. 131, § 3.º, da CRFB).[34] Os Estados e o Distrito Federal são representados por suas Procuradorias estaduais e distritais, respectivamente (art. 132 da CRFB).[35] Por fim, os Municípios que possuírem quadro próprio de Procu-

---

[34] Registre-se, contudo, que "a prerrogativa processual da Fazenda Pública Federal de receber intimações pessoais, nos termos do art. 17 da Lei 10.910/2004, não tem aplicação no âmbito do procedimento dos Juizados Especiais Federais" (Tema 549 da Tese de Repercussão Geral do STF). O STF decidiu que a procuradoria jurídica estadual ou municipal possui legitimidade para interpor recurso em face de acórdão de tribunal de justiça proferido em representação de inconstitucionalidade (ARE 873.804 AgR-segundo-ED-EDv-AgR/RJ, Rel. Min. Cármen Lúcia, j. 13.10.2022, *Informativo de Jurisprudência do STF* n. 1.072).

[35] Conforme já decidiu o STF, a regra é a unicidade institucional da representação judicial e da consultoria jurídica para os Estados e o Distrito Federal, que são atribuições exclusivas dos respectivos procuradores, admitindo-se, de modo excepcional, que as procuradorias de Assembleias Legislativas, Tribunais de Justiças e Tribunais de Contas assessorem seus órgãos internos e exerçam, em juízo, a defesa da autonomia de suas instituições (STF, ADI 825/AP, Rel. Min. Alexandre de Moraes, Tribunal Pleno, DJe 27.06.2019; ADI 7.177/PR, Rel. Min. Luís Roberto Barroso, Tribunal Pleno, DJe 22.08.2024). Com fundamento no princípio da unicidade, o STF declarou a inconstitucionalidade de normas estaduais que estabeleciam cargos de assessoramento jurídico em autarquias e fundações estaduais. A unicidade orgânica da advocacia pública estadual é afastada em casos excepcionais, tais como: a) manutenção dos órgãos de consultorias jurídicas já existentes na data da promulgação da CRFB (art. 69 do ADCT); b) procuradorias

radores, são representados pelas Procuradorias Municipais e, na sua falta, por advogados contratados.[36] O art. 183 do CPC prevê a necessidade de intimação pessoal dos advogados públicos.

c) **Prazos diferenciados:** as pessoas jurídicas de direito público possuem prazo em dobro para todas as suas manifestações processuais (art. 183 do CPC, não subsistindo a previsão de prazo quadruplicado para contestação que constava do art. 188 do CPC/1973),[37] salvo nas hipóteses em que a legislação específica estabelece prazos próprios, a forma do art. 183, § 2.º, do CPC (ex.: prazo de 20 dias, prorrogável por mais 20 dias, para contestar a ação popular, na forma do art. 7.º, IV, da Lei 4.717/1965).

d) **Inaplicabilidade do efeito material da revelia:** a ausência de contestação por parte da Fazenda Pública não acarreta a produção do efeito material da revelia (presunção relativa de veracidade dos fatos narrados pelo autor), tendo em vista a indisponibilidade do interesse público (art. 345, II, do CPC) e a presunção de veracidade e de legitimidade dos atos administrativos.[38] É oportuno lembrar que a revelia, além do efeito material mencionado, produz dois efeitos processuais: julgamento antecipado da lide (art. 355, II, do CPC) e desnecessidade de intimação do revel enquanto permanecer ausente do processo (art. 346 do CPC).[39]

e) **Restrição à concessão de liminares contra a Fazenda:** de acordo com o art. 1.059 do CPC, aplicam-se à tutela antecipada as restrições consagradas nos arts.

---

vinculadas ao Poder Legislativo e ao Tribunal de Contas, para a defesa de sua autonomia e independência perante os demais poderes; c) concessão de mandato ad judicia a advogados para causas especiais; e d) procuradorias jurídicas em universidades estaduais, em razão do princípio da autonomia universitária (STF, ADI 7.218/PB, Rel. Min. Dias Toffoli, Tribunal Pleno, DJe 10.04.2024). Em outra oportunidade, o STF declarou a constitucionalidade de norma estadual que estabeleceu que o cargo de advogado-geral do estado seja ocupado exclusivamente por membro estável da carreira da Advocacia Pública local e maior de trinta e cinco anos (STF, ADI 5.342/MG, Rel. Min. Nunes Marques, julgamento virtual finalizado em 20.09.2024).

[36] De nossa parte, sustentamos a necessidade de institucionalização da Advocacia Pública Municipal, com Procuradores aprovados em concurso e organizados em carreira, uma vez que a representação dos entes municipais e o controle de juridicidade dos respectivos atos dependem de Procuradores independentes e estáveis. Contudo, o STF decidiu que "a instituição de Procuradorias municipais depende da escolha política autônoma de cada município, no exercício da prerrogativa de sua auto-organização" (STF, ADI 6.331/PE, Rel. Min. Luiz Fux, Tribunal Pleno, DJe 25.04.2024). Na sequência, o STF decidiu que, uma vez criada a Procuradoria Municipal, há de se observar a unicidade institucional, com a exclusividade da Procuradoria para o exercício das funções de assessoramento e consultoria jurídica, bem assim de representação judicial e extrajudicial, ressalvadas as exceções consagradas pela Suprema Corte, tais como os cargos ou carreiras já existentes quando da promulgação da Constituição Federal (art. 69 do ADCT) ou cargos criados para a defesa de órgãos com autonomia institucional (STF, ADPF 1.037/AP, Rel. Min. Gilmar Mendes, Tribunal Pleno, DJe 22.08.2024).

[37] De acordo com o art. 219, caput e parágrafo único, do CPC, na contagem dos prazos processuais, estabelecidos por lei ou pelo juiz, computar-se-ão somente os dias úteis. O prazo para reconvenção, apresentada na contestação, deve ser também dobrado (art. 343 do CPC). Nesse sentido, sob a égide do CPC/1973, vide: BARBOSA MOREIRA, José Carlos. O novo processo civil brasileiro. 26. ed. Rio de Janeiro: Forense, 2008. p. 37.

[38] CUNHA, Leonardo José Carneiro. A Fazenda Pública em juízo. 6. ed. São Paulo: Dialética, 2008. p. 92-93; NEVES, Daniel Amorim Assumpção. Manual de processo civil. 2. ed. São Paulo: Método, 2010. p. 359.

[39] O STJ aplicou os efeitos materiais da revelia quando, regularmente citado, o Município deixa de contestar o pedido na hipótese em que o litígio envolver contratos de direito privado formalizados pela Administração, tendo em vista a disponibilidade dos interesses envolvidos (STJ, 4.ª Turma, REsp 1.084.745/MG, Rel. Min. Luis Felipe Salomão, DJe 30.11.2012).

1.º a 4.º da Lei 8.437/1992 (ex.: impossibilidade de liminar que esgote, no todo ou em parte, o objeto da ação) e no art. 7.º, § 2.º, da Lei 12.016/2009 (vedação de medida liminar que tenha por objeto a compensação de créditos tributários, a entrega de mercadorias e bens provenientes do exterior, a reclassificação ou equiparação de servidores públicos e a concessão de aumento ou a extensão de vantagens ou pagamento de qualquer natureza. Registre-se, contudo, que o art. 7.º, § 2.º, da Lei 12.016/2009 foi declarado inconstitucional pelo STF, em razão da violação do poder geral de cautela do magistrado, da garantia de pleno acesso à jurisdição e da própria defesa do direito líquido e certo, inexistindo impedimento, contudo, para exigência de contracautela para o deferimento de medida liminar, quando verificada a real necessidade da garantia em juízo, de acordo com as circunstâncias do caso concreto.[40]

f) **Suspensão de liminares e de sentenças:** as pessoas jurídicas de direito público podem requerer a suspensão de liminar ou de sentença perante o presidente do tribunal ao qual couber o conhecimento do respectivo recurso para evitar grave lesão à ordem, à saúde, à segurança e à economia públicas. A prerrogativa encontra-se consagrada em diversas leis, tais como: art. 15 da Lei 12.016/2009 (Lei do Mandado de Segurança); art. 12, § 1.º, da Lei 7.347/1985 (Lei da Ação Civil Pública); art. 4.º da Lei 8.437/1992 etc.

g) **Intervenção anômala ou *amicus curiae*:**[41] possibilidade de intervenção das pessoas jurídicas de direito público nas causas cuja decisão tenha potencial reflexos, diretos ou indiretos, de natureza econômica (art. 5.º, parágrafo único, da Lei 9.469/1997). Ao contrário do que ocorre nas intervenções tradicionais, que exigem a comprovação do interesse jurídico, a presente intervenção da Fazenda Pública seria justificada pelo interesse econômico.

h) **Remessa necessária (ou reexame necessário):** sujeitam-se ao duplo grau de jurisdição, não produzindo efeito senão depois de confirmadas pelo tribunal, as sentenças (i) proferidas contra a União, Estados, o Distrito Federal, Municípios, autarquias e fundações de direito público, bem como as que (ii) julgarem procedentes, no todo ou em parte, os embargos à execução fiscal (art. 496 do CPC).[42]

---

[40] STF, Tribunal Pleno, ADI 4.296/DF, Red. p/ acórdão Min. Alexandre de Moraes, *DJe* 11.10.2021, *Informativo de Jurisprudência do STF* n. 1.021.

[41] Há polêmicas sobre a natureza jurídica da intervenção em comento que é chamada por alguns autores de "intervenção anômala" ou "assistência anômala", e por outros de *amicus curiae*. Sobre a discussão, vide: CUNHA, Leonardo José Carneiro. *A Fazenda Pública em juízo*. 6. ed. São Paulo: Dialética, 2008. p. 162; NEVES, Daniel Amorim Assumpção. *Manual de processo civil*. 2. ed. São Paulo: Método, 2010. p. 197.

[42] O reexame necessário é afastado nas situações elencadas nos §§ 3.º e 4.º do art. 496 do CPC: "Art. 496. [...] § 3.º Não se aplica o disposto neste artigo quando a condenação ou o proveito econômico obtido na causa for de valor certo e líquido inferior a: I – 1.000 (mil) salários mínimos para a União e as respectivas autarquias e fundações de direito público; II – 500 (quinhentos) salários mínimos para os Estados, o Distrito Federal, as respectivas autarquias e fundações de direito público e os Municípios que constituam capitais dos Estados; III – 100 (cem) salários mínimos para todos os demais Municípios e respectivas autarquias e fundações de direito público. § 4.º Também não se aplica o disposto neste artigo quando a sentença estiver fundada em: I – súmula de tribunal superior; II – acórdão proferido pelo Supremo Tribunal Federal ou pelo Superior Tribunal de Justiça em julgamento de recursos repetitivos; III – entendimento firmado em incidente de resolução de demandas repetitivas ou de assunção de competência;

i) **Despesas judiciais e honorários sucumbenciais:** a Fazenda Pública somente pagará as despesas judiciais ao final do processo, quando vencida na demanda (art. 91 do CPC). A Fazenda Pública não precisa efetuar depósito prévio (5% sobre o valor da causa) para propositura da ação rescisória (art. 968, § 1.º, do CPC)[43] ou para interposição de recursos (art. 1.º-A da Lei 9.494/1997).[44] A Fazenda Pública é dispensada do preparo recursal (art. 1.007, § 1.º, do CPC). Quanto aos honorários sucumbenciais, nas causas em que a Fazenda Pública for parte, deverão ser respeitados os critérios e os percentuais indicados nos §§ 2.º e 3.º do art. 85 do CPC.[45]

j) **Execução contra a Fazenda:** a execução contra a Fazenda Pública segue o rito especial. Na execução por quantia certa, a fazenda será citada para, se quiser, opor embargos à execução no prazo de 30 dias, não se admitindo a penhora dos bens públicos (art. 910 do CPC e art. 1.º-B da Lei 9.494/1997).[46] As sentenças contrárias à Fazenda Pública, que tenham por objeto a liberação de recurso, inclusão em folha de pagamento, reclassificação, equiparação, concessão de aumento ou extensão de vantagens a servidores públicos, somente poderão ser executadas após o trânsito em julgado (art. 2.º-B da Lei 9.494/1997). Nas execuções não embargadas pela Fazenda, não serão devidos honorários advocatícios (art. 1.º-D da Lei 9.494/1997 e art. 85, § 7.º, do CPC).[47]

k) **Execução de créditos fazendários:** a execução dos valores devidos à Fazenda Pública (créditos tributários e não tributários) segue o rito especial previsto Lei 6.830/1980 (Lei de Execução Fiscal – LEF).

l) **Pagamento de débitos judiciais transitados em julgado:** o pagamento devido pela Fazenda Pública, em virtude de sentença transitada em julgado, deve ser

---

IV – entendimento coincidente com orientação vinculante firmada no âmbito administrativo do próprio ente público, consolidada em manifestação, parecer ou súmula administrativa".

[43] A dispensa do depósito prévio se aplica aos Entes federados, suas respectivas autarquias e fundações de direito público, Ministério Público, Defensoria Pública e aos que tenham obtido o benefício de gratuidade da justiça. Lembre-se de que o art. 488, parágrafo único, do CPC/1973 mencionava apenas os Entes federados, mas a jurisprudência do STJ aplicava a prerrogativa às pessoas jurídicas de direito público da Administração Indireta (Súmula 175 do STJ: "Descabe o depósito prévio nas ações rescisórias propostas pelo INSS").

[44] Súmula 483 do STJ: "O INSS não está obrigado a efetuar depósito prévio do preparo por gozar das prerrogativas e privilégios da Fazenda Pública".

[45] O art. 85, § 19, do CPC dispõe que os advogados públicos perceberão honorários de sucumbência, nos termos da lei. O STF considerou constitucional o repasse de honorários advocatícios sucumbenciais aos Advogados Públicos, tendo em vista que são os legítimos titulares de tais verbas, porém, limitou-os ao teto constitucional previsto no art. 37, XI, da CRFB (STF, ADIs 6.053/DF, 6.165/TO, 6.166/MA, 6.178/RN, 6.181/AC, 6.197/RR e ADPF 597). Mencione-se, ainda, o Tema 1.002 da Tese de Repercussão Geral do STF: "1. É devido o pagamento de honorários sucumbenciais à Defensoria Pública, quando esta representa parte vencedora em demanda ajuizada contra qualquer ente público, inclusive aquele que integra; 2. O valor recebido a título de honorários sucumbenciais deve ser destinado, exclusivamente, ao aparelhamento das Defensorias Públicas, vedado o seu rateio entre os membros da instituição".

[46] O regime especial aqui analisado restringe-se à execução por quantia certa em face da Fazenda, devendo ser aplicado o regime comum nas execuções para entrega de coisa e de obrigação de fazer e não fazer (CÂMARA, Alexandre Freitas. Lições de direito processual civil. 21. ed. São Paulo: Atlas, 2012. v. 2, p. 352).

[47] Conforme já decidiu o STJ: "Na ausência de impugnação à pretensão executória, não são devidos honorários advocatícios sucumbenciais em cumprimento de sentença contra a Fazenda Pública, ainda que o crédito esteja submetido a pagamento por meio de Requisição de Pequeno Valor – RPV" (Tese firmada no Tema Repetitivo 1.190 do STJ).

realizado, em regra, a partir da ordem cronológica dos precatórios (art. 100 da CRFB), regra inaplicável às obrigações de fazer.[48] As pessoas de direito público devem incluir, em seus respectivos orçamentos, os valores necessários para o pagamento dos precatórios apresentados até 2 de abril, fazendo-se o pagamento até o final do exercício seguinte, quando terão seus valores atualizados monetariamente (art. 100, § 5.º, da CRFB).[49] Os débitos de natureza alimentícia, especialmente aqueles enumerados no art. 100, § 2.º, da CRFB, com redação dada pela EC 94/2016 (titulares, originários ou por sucessão hereditária, com 60 anos de idade, portadores de doença grave e pessoas com deficiência, assim definidos na forma da lei), até o valor equivalente ao triplo fixado em lei para os créditos de pequeno valor, admitido o fracionamento para essa finalidade, serão pagos com preferência sobre todos os demais débitos. Excepcionalmente, no tocante às obrigações de pequeno valor, o pagamento não será realizado por precatório, mas, ao contrário, por Requisição de Pequeno Valor (RPV), na forma do art. 100, § 3.º, da CRFB.[50] Por fim, é vedada a expedição de precatórios complementares ou suplementares de valor pago, bem como o fracionamento, repartição ou quebra do valor da execução para fins de enquadramento de parcela do total nas denominadas "obrigações de pequeno valor" (art. 100, § 8.º, da CRFB).[51]

m) **Juros de mora e correção monetária:** os juros de mora somente serão devidos se houver o descumprimento do prazo para pagamento do precatório ("período de graça") previsto no art. 100, § 5.º, da CRFB, na forma da Súmula Vinculante 17 do STF.[52] De acordo com o STF: 1) O art. 1.º-F da Lei 9.494/1997, com a redação dada pela Lei 11.960/2009, na parte em que disciplina os juros moratórios

---

[48] Nas obrigações de pagar quantia certa, não é possível a execução provisória, em razão da sistemática dos precatórios. Contudo, em relação às obrigações de fazer, o STF fixou a tese: "a execução provisória de obrigação de fazer em face da Fazenda Pública não atrai o regime constitucional dos precatórios" (Tema 45 da Tese de Repercussão Geral do STF, RE 573.872/RS, Rel. Min. Edson Fachin, Tribunal Pleno, DJe-204 11.09.2017, Informativo de Jurisprudência do STF n. 866).

[49] De acordo com o Tema 1.335 de Repercussão Geral do STF: "1. Não incide a taxa SELIC, prevista no art. 3.º do EC n.º 113/2021, no prazo constitucional de pagamento de precatórios do § 5.º do art. 100 da Constituição. 2. Durante o denominado 'período de graça', os valores inscritos em precatório terão exclusivamente correção monetária, nos termos decididos na ADI 4.357-QO/DF e na ADI 4.425-QO/DF".

[50] As obrigações de pequeno valor podem ser definidas por lei própria de cada Ente federado, de acordo com a sua realidade econômica, sendo certo que o valor mínimo deverá ser, pelo menos, igual ao valor do maior benefício do regime geral de previdência social (art. 100, § 4.º, da CRFB). Enquanto não publicadas as leis específicas, serão consideradas obrigações de pequeno valor: a) União: até 60 salários mínimos (art. 3.º da Lei 10.259/2001); b) Estados e Distrito Federal: até 40 salários mínimos (art. 87, I, do ADCT); c) Municípios: até 30 salários mínimos (art. 87, II, do ADCT). De acordo com o Tema 1.326 de Repercussão Geral do STF: "A iniciativa legislativa para definição de obrigações de pequeno valor para pagamento de condenação judicial não é reservada ao chefe do Poder Executivo".

[51] Tema 1.317 da Tese de Repercussão Geral do STF: "A execução de créditos individuais e divisíveis decorrentes de título judicial coletivo, promovida por substituto processual, não caracteriza o fracionamento de precatório vedado pelo § 8.º do art. 100 da Constituição".

[52] Súmula Vinculante 17 do STF: "Durante o período previsto no parágrafo 1.º do artigo 100 da Constituição, não incidem juros de mora sobre os precatórios que nele sejam pagos." Tema 1.037 da Tese de Repercussão Geral do STF: "O enunciado da Súmula Vinculante 17 não foi afetado pela superveniência da Emenda Constitucional 62/2009, de modo que não incidem juros de mora no período de que trata o § 5.º do art. 100 da Constituição. Havendo o inadimplemento pelo ente público devedor, a fluência dos juros inicia-se após o 'período de graça'".

aplicáveis a condenações da Fazenda Pública, é inconstitucional ao incidir sobre débitos oriundos de relação jurídico-tributária, aos quais devem ser aplicados os mesmos juros de mora pelos quais a Fazenda Pública remunera seu crédito tributário, em respeito ao princípio constitucional da isonomia (CRFB, art. 5.º, caput); quanto às condenações oriundas de relação jurídica não tributária, a fixação dos juros moratórios segundo o índice de remuneração da caderneta de poupança é constitucional, permanecendo hígido, nesta extensão, o disposto no art. 1.º-F da Lei 9.494/1997 com a redação dada pela Lei 11.960/2009; e 2) O art. 1.º-F da Lei 9.494/1997, com a redação dada pela Lei 11.960/2009, na parte em que disciplina a atualização monetária das condenações impostas à Fazenda Pública segundo a remuneração oficial da caderneta de poupança, revela-se inconstitucional ao impor restrição desproporcional ao direito de propriedade (CRFB, art. 5.º, XXII), uma vez que não se qualifica como medida adequada a capturar a variação de preços da economia, sendo inidônea a promover os fins a que se destina.[53]

### 25.5.5 Instrumentos de controle judicial da Administração Pública

O ordenamento jurídico consagra diversos instrumentos de controle judicial da Administração Pública, tais como: *habeas corpus*, mandado de segurança individual e coletivo, mandado de injunção, *habeas data*, ação popular, ação civil pública e ação de improbidade administrativa.

### 25.5.6 *Habeas corpus*

#### 25.5.6.1 *Conceito e fontes normativas*

O *habeas corpus* é a ação constitucional que tem por objetivo corrigir ou evitar violência ou coação em sua liberdade de locomoção, por ilegalidade ou abuso de poder.

Historicamente, o *habeas corpus* é considerado a primeira garantia dos direitos fundamentais, cuja origem remonta à *Magna Charta* de 1215 do Rei João Sem-Terra e, posteriormente, ao *Habeas Corpus Act* de 1679.

No Brasil, o *habeas corpus* foi mencionado pela primeira vez no Código Criminal de 1830 (arts. 183 a 188) e, posteriormente, consagrado na Constituição de 1891 (art. 72, § 22). Naquele momento, o remédio constitucional possuía conotação ampla, não se restringindo à defesa da liberdade de locomoção, uma vez que era destinado à proteção do indivíduo que sofresse "violência, ou coação, por ilegalidade, ou abuso de poder". A utilização dessa ação constitucional para todo e qualquer constrangimento aos direitos individuais (ex.: matrícula em escolas públicas, exercício da profissão etc.) ficou conhecida como a "doutrina brasileira do *habeas corpus*".

Atualmente, o *habeas corpus* encontra-se consagrado no art. 5.º, LXVIII, da CRFB e regulado pelos arts. 647 a 667 do CPP.

---

[53] Tema 810 da Tese de Repercussão Geral do STF, RE 870.947/SE, Tribunal Pleno, Rel. Min. Luiz Fux, *DJe*-262, 20.11.2017.

## 25.5.6.2 Espécies de habeas corpus

O *habeas corpus* pode ser dividido em duas espécies:

a) ***habeas corpus* preventivo:** quando houver ameaça de violência ou coação à liberdade de locomoção do indivíduo, hipótese em que será expedido o denominado "salvo-conduto"; e

b) ***habeas corpus* repressivo ou liberatório:** tem por objetivo cessar a efetiva violência ou coação à liberdade de locomoção, caso em que a autoridade judiciária competente expedirá o "alvará de soltura".

### 25.5.6.3 Legitimidade

#### 25.5.6.3.1 Legitimidade ativa

A legitimidade para impetração do *habeas corpus* é universal, admitindo-se que toda e qualquer pessoa, nacional ou estrangeira, impetre a ação em seu favor ou de terceiros (art. 654, *caput*, do CPP). A ação pode ser proposta, inclusive, por incapazes, independentemente de representação ou assistência. Os analfabetos também são legitimados ativos, exigindo-se, no entanto, a assinatura a rogo (art. 654, § 1.º, "c", do CPP). Da mesma forma, o Ministério Público pode utilizar o referido remédio constitucional. As pessoas jurídicas podem impetrar *habeas corpus* em favor da liberdade de pessoas físicas. Por fim, admite-se que o próprio magistrado, responsável pelo julgamento da demanda, conceda *habeas corpus* de ofício, independentemente de provocação (art. 654, § 2.º, do CPP), mas não pode o magistrado, nessa qualidade, impetrar o remédio constitucional em favor de terceiro.

Em suma, qualquer pessoa pode impetrar *habeas corpus*, independentemente de assistência de advogado (art. 1.º, § 1.º, da Lei 8.906/1994 – Estatuto da OAB).

É importante registrar que a pessoa que impetra o *habeas corpus* é denominada impetrante e a pessoa que sofre a ameaça ou lesão em sua liberdade de locomoção é chamada de paciente. O impetrante pode utilizar o *habeas corpus* na defesa de sua liberdade de locomoção, quando será também paciente, ou de terceiros. Vale lembrar que o paciente será sempre pessoa física. A pessoa jurídica, pública ou privada, e os órgãos públicos poderão ser impetrantes, mas não pacientes.

#### 25.5.6.3.2 Legitimidade passiva

A legitimidade passiva na ação engloba as "autoridades" (agentes públicos em geral) e os particulares responsáveis pela ilegalidade ou abuso de poder que ameaça ou restringe a liberdade de locomoção do indivíduo. Os legitimados passivos são denominados de coatores.

Note-se que a ilegalidade pode ser praticada por qualquer pessoa, agentes públicos ou particulares. Ao revés, o "abuso de poder" somente pode ser imputado, por óbvio, aos agentes públicos que exercem poderes (funções) públicos.

### 25.5.6.4 Objeto

O *habeas corpus* tem por objeto a tutela da liberdade de locomoção dos indivíduos.

É inadmissível o *habeas corpus* quando não houver lesão ou ameaça de lesão ao direito de ir e vir dos indivíduos. Por essa razão, "não cabe *habeas corpus* contra decisão condenatória a pena de multa, ou relativo a processo em curso por infração penal a que a pena pecuniária seja a única cominada" (Súmula 693 do STF). Igualmente, "não cabe *habeas corpus* contra a imposição da pena de exclusão de militar ou de perda de patente ou de função pública" (Súmula 694 do STF). Por fim, "não cabe *habeas corpus* quando já extinta a pena privativa de liberdade" (Súmula 695 do STF).

Ademais, a própria Constituição da República veda a utilização do *habeas corpus* em relação a punições disciplinares militares (art. 142, § 2.º, c/c o art. 42, § 1.º, da CRFB). No entanto, a referida vedação refere-se exclusivamente ao exame do mérito da decisão disciplinar (ex.: não pode o Judiciário verificar se a punição disciplinar deveria ser privativa de liberdade ou outra prevista em lei), mas não impede o *habeas corpus* para controlar a legalidade formal da punição disciplinar (ex.: descumprimento dos requisitos legais na aplicação da prisão militar, tal como a prisão decretada por autoridade militar incompetente).[54]

### 25.5.6.5 Prazo

O *habeas corpus* não está sujeito a prazos e pode ser impetrado a qualquer momento, desde que verificada a lesão ou ameaça de lesão à liberdade de locomoção do indivíduo, por ilegalidade ou abuso de poder.

### 25.5.6.6 Competência

A competência para processo e julgamento do *habeas corpus* depende da qualificação da autoridade coatora ou do paciente, e pode ser assim resumida:

a) **STF: a.1)** quando o paciente for o Presidente da República, o Vice-Presidente, os membros do Congresso Nacional, seus próprios Ministros e o Procurador-Geral da República, os Ministros de Estado e os Comandantes da Marinha, do Exército e da Aeronáutica, os membros dos Tribunais Superiores, os do Tribunal de Contas da União e os chefes de missão diplomática de caráter permanente (art. 102, I, "d", da CRFB); **a.2)** quando o coator for Tribunal Superior ou quando o coator ou o paciente for autoridade ou funcionário cujos atos estejam sujeitos diretamente à jurisdição do Supremo Tribunal Federal, ou se trate de crime sujeito à mesma jurisdição em uma única instância (art. 102, I, "i", da CRFB). Compete ao STF julgar, em recurso ordinário, o *habeas corpus* decidido em única instância pelos Tribunais Superiores, se denegatória a decisão (art. 102, II, "a", da CRFB);

---

[54] Nesse sentido: MENDES, Gilmar Ferreira. *Curso de direito constitucional*. 4. ed. São Paulo: Saraiva, 2009. p. 571-572 e 656; MORAES, Guilherme Peña de. *Curso de Direito Constitucional*. 7. ed. São Paulo: Atlas, 2015. p. 656; OLIVEIRA, Eugênio Pacelli de. *Curso de processo penal*. 8. ed. Rio de Janeiro: Lumen Juris, 2007. p. 738; STF, 2.ª Turma, RE 338.840/RS, Rel. Min. Ellen Gracie, *DJ* 12.09.2003, p. 49, *Informativo de Jurisprudência do STF* n. 317.

b) **STJ: b.1)** quando o coator ou paciente for Governador do Estado ou do Distrito Federal, desembargadores dos Tribunais de Justiça dos Estados e do Distrito Federal, membros dos Tribunais de Contas dos Estados e do Distrito Federal, dos Tribunais Regionais Federais, dos Tribunais Regionais Eleitorais e do Trabalho, membros dos Conselhos ou Tribunais de Contas dos Municípios e os do Ministério Público da União que oficiem perante tribunais; **b.2)** quando o coator for tribunal sujeito à sua jurisdição, Ministro de Estado ou Comandante da Marinha, do Exército ou da Aeronáutica, ressalvada a competência da Justiça Eleitoral (art. 105, I, "c", da CRFB). Compete ao STJ julgar, em recurso ordinário, *habeas corpus* decidido em única ou última instância pelos Tribunais Regionais Federais ou pelos tribunais dos Estados, do Distrito Federal e Territórios, quando a decisão for denegatória (art. 105, II, "a", da CRFB);

c) **Tribunal Regional Federal:** quando a autoridade coatora for juiz federal (art. 108, I, "d", da CRFB);

d) **Juízes federais:** em matéria criminal de sua competência ou quando o constrangimento provier de autoridade federal cujos atos não estejam diretamente sujeitos a outra jurisdição (art. 109, VII, da CRFB);

e) **Justiça estadual:** nos demais casos, não contemplados nas alíneas anteriores. Aos juízes estaduais compete o julgamento do remédio constitucional contra autoridades despidas de foro por prerrogativa de função. Compete ao Tribunal de Justiça dos Estados o julgamento do *habeas corpus* impetrado contra atos de seus juízes de primeira instância e contra atos das Turmas Recursais dos Juizados Especiais Criminais.[55]

### 25.5.6.7 Procedimento, decisão e coisa julgada

O procedimento do *habeas corpus* é caracterizado pela celeridade e simplicidade, tendo em vista a importância do direito tutelado (liberdade de locomoção), conforme previsão contida nos arts. 647 ao 667 do CPP.

O impetrante deve apresentar pedido por escrito acompanhado de prova pré-constituída, sendo inadmissível a dilação probatória.

Da sentença que conceder ou negar a ordem de *habeas corpus* caberá recurso em sentido estrito (art. 581, X, do CPP). A sentença concessiva de *habeas corpus* está sujeita ao reexame necessário (art. 574, I, do CPP).

Quando a competência for originária dos tribunais estaduais e federais, caberá recurso especial e/ou extraordinário contra decisão concessiva da *habeas corpus*. Em caso de decisão denegatória, cabe recurso ordinário perante o STJ (art. 105, II, "a", da CRFB).

Por fim, cabe recurso ordinário direcionado ao STF para impugnar decisão denegatória de *habeas corpus* proferida, em única instância, pelos Tribunais Superiores (art. 102, II, "a", da CRFB).

---

[55] Nesse sentido: STF, Tribunal Pleno, HC 86.834/SP, Rel. Min. Marco Aurélio, *DJ* 09.03.2007, p. 26, *Informativo de Jurisprudência do STF* n. 437.

A decisão proferida quando do julgamento do *habeas corpus* sujeita-se à coisa julgada. Por essa razão, não é admissível a impetração de novo *habeas corpus* com fundamentos idênticos ao anteriormente julgado, salvo a existência de novas provas. Ademais, a denegação da ordem não impede a interposição de recurso ou a propositura de revisão criminal.

### 25.5.7 Mandado de segurança individual

#### 25.5.7.1 Conceito e fontes normativas

O mandado de segurança individual é a ação constitucional que tem por objetivo proteger direito líquido e certo, não amparado por *habeas corpus* ou *habeas data*, contra atos ilegais ou abuso de poder praticados pelo Estado ou por seus delegatários.

É uma garantia constitucional prevista no art. 5.º, LXIX, da CRFB. No âmbito infraconstitucional, o instituto é regulado na Lei 12.016/2009, que revogou a tradicional Lei 1.533/1951 e positivou orientações consagradas na jurisprudência dos tribunais superiores.

#### 25.5.7.2 Espécies de mandado de segurança

Quanto ao momento da impetração, o mandado de segurança pode ser dividido em duas categorias:

a) **mandado de segurança preventivo:** quando houver ameaça (justo receio) de lesão ao direito líquido e certo; e

b) **mandado de segurança repressivo:** quando buscar reparar a lesão efetiva ao direito líquido e certo.

Em relação ao objeto da impugnação e aos legitimados, o mandado de segurança pode ser classificado da seguinte forma:

a) **mandado de segurança individual:** defende direito líquido e certo do próprio impetrante; e

b) **mandado de segurança coletivo:** é impetrado por partido político com representação no Congresso Nacional ou por organização sindical, entidade de classe ou associação legalmente constituída e em funcionamento há pelo menos um ano, em defesa dos interesses de seus membros ou associados.

#### 25.5.7.3 Legitimidade

##### 25.5.7.3.1 Legitimidade ativa

A legitimidade ordinária para impetrar mandado de segurança individual (legitimidade ativa) pertence às pessoas físicas (nacionais ou estrangeiras) ou jurídicas (de direito público ou de direito privado) que sofrerem lesão ou ameaça de lesão a direito líquido e certo, na forma do art. 1.º da Lei 12.016/2009.

Apesar do silêncio da lei, a jurisprudência tem reconhecido a legitimidade ativa de determinados órgãos públicos, despidos de personalidade jurídica, mas dotados de personalidade judiciária para defesa de suas prerrogativas institucionais.[56]

É inviável a propositura da ação mandamental para postular, em nome próprio, a defesa de direito alheio, uma vez que seria hipótese de substituição processual sem autorização legal.[57]

Cabe destacar que o art. 3.º da Lei 12.016/2009 consagra hipótese de substituição processual ao estabelecer que "o titular de direito líquido e certo decorrente de direito, em condições idênticas, de terceiro poderá impetrar mandado de segurança a favor do direito originário, se o seu titular não o fizer, no prazo de 30 (trinta) dias, quando notificado judicialmente". Ex.: mandado de segurança impetrado pelo segundo colocado em concurso público em favor do primeiro colocado, que permanece inerte diante da nomeação irregular do terceiro colocado. Nesse caso, constatada a preterição da ordem de classificação do concurso, surge para o primeiro colocado o direito líquido e certo à nomeação e posse, na forma da Súmula 15 do STF. O mandado de segurança teria por objetivo anular a nomeação do terceiro colocado e determinar a nomeação do primeiro colocado, qualificando o impetrante como o próximo a ser chamado na ordem de classificação.[58]

Admite-se a formação de litisconsórcio ativo no mandado de segurança, mas o ingresso de litisconsorte ativo não será admitido após o despacho da petição inicial, tendo em vista o princípio do juiz natural (arts. 10, § 2.º, e 24 da Lei 12.016/2009).

O impetrante pode desistir do mandado de segurança a qualquer tempo, independentemente da anuência do réu, sendo inaplicável o art. 485, § 4.º, do CPC.

### 25.5.7.3.2 Legitimidade passiva

A legitimidade passiva do mandado de segurança sempre foi tema de grande controvérsia doutrinária, conforme demonstrado abaixo:

**Primeira posição:** a autoridade coatora tem legitimidade para figurar no polo passivo da relação processual. Nesse sentido: Hely Lopes Meirelles, Arnoldo Wald, Gilmar Ferreira Mendes, Vicente Greco Filho, Carlos Alberto Menezes Direito.[59]

**Segunda posição:** a legitimação passiva é da pessoa jurídica a que se vincula a autoridade apontada como coatora. Nesse sentido: Celso Agrícola Barbi, Sérgio Ferraz, Alexandre Freitas Câmara, TJRJ e STJ.[60]

---

[56] STJ, 2.ª Turma, RMS 12068/MG, Min. Francisco Peçanha Martins, *DJ* 11.11.2002, p. 169.
[57] STF, MS 33.844 MC/DF, Rel. Min. Celso de Mello, *Informativo de Jurisprudência do STF* 809.
[58] NEVES, Daniel Amorim Assumpção. *Ações constitucionais*. São Paulo: Método, 2011. p. 135.
[59] MEIRELLES, Hely; WALD, Arnoldo; MENDES, Gilmar Ferreira. *Mandado de segurança e ações constitucionais*. 33. ed. São Paulo: Malheiros, 2010. p. 67; GRECO FILHO, Vicente. *O novo mandado de segurança*. São Paulo: Saraiva, 2010. p. 13; DIREITO, Carlos Alberto Menezes. *Manual do mandado de segurança*. 4. ed. Rio de Janeiro: Renovar, 2003. p. 100.
[60] BARBI, Celso Agrícola. *Do mandado de segurança*. 11. ed. Rio de Janeiro: Forense, 2008. p. 141; FERRAZ Sérgio. *Mandado de segurança*. São Paulo: Malheiros, 2006. p. 89; CÂMARA, Alexandre Freitas. *Manual do mandado de segurança*. São Paulo: Atlas, 2013. p. 55-58; Súmula 114 do TJRJ: "Legitimado passivo do mandado de segurança é o ente público a que está vinculada a autoridade coatora"; STJ, 2.ª Turma, REsp 846.581/RJ, Rel. Min. Castro Meira, *DJe* 11.09.2008; STJ,

**Terceira posição:** litisconsórcio passivo necessário entre a autoridade coatora e a respectiva pessoa jurídica. Nesse sentido: Cassio Scarpinella Bueno.[61]

Entendemos que, atualmente, a legitimidade passiva é da autoridade coatora e da pessoa jurídica, que sofre os efeitos da sentença, formando-se litisconsórcio passivo necessário, tendo em vista o disposto nos arts. 6.º (a petição inicial indica a autoridade coatora e a pessoa jurídica que esta integra) e 14, § 2.º (estende à autoridade coatora o direito de recorrer), da Lei 12.016/2009.

### 25.5.7.4 Autoridade coatora

A autoridade coatora é o agente que exerce função pública e que possui poder decisório. Despachada a inicial, o juiz determinará a notificação da autoridade coatora para apresentação de informações no prazo de dez dias (art. 7.º, I, da Lei 12.016/2009).

Podem ser qualificados como "autoridade coatora" todo e qualquer agente público que exercer função pública, independentemente do respectivo vínculo. Dessa forma, não apenas os agentes que integram a estrutura formal das pessoas públicas estatais, mas também aqueles que integram pessoas jurídicas de direito privado, delegatárias de funções públicas, serão considerados autoridade coatora. Em suma: será autoridade toda e qualquer pessoa que exercer função pública com poder decisório.

A legislação equipara às autoridades os representantes ou órgãos de partidos políticos e os administradores de entidades autárquicas, bem como os dirigentes de pessoas jurídicas ou as pessoas naturais no exercício de atribuições do Poder Público, somente no que disser respeito a essas atribuições (art. 1.º, § 1.º, da Lei 12.016/2009).

Em relação às pessoas privadas que exercem função pública delegada, é fundamental distinguir os atos privados, normalmente editados por tais pessoas, com os atos materialmente administrativos editados quando do exercício da função pública. Isto porque não cabe mandado de segurança contra os atos privados (atos de gestão comercial) praticados pelos administradores de empresas públicas, de sociedade de economia mista e de concessionárias de serviço público, na forma do art. 1.º, § 2.º, da Lei 12.016/2009.[62]

Portanto, os atos editados no exercício da função pública por concessionárias de serviços públicos podem ser impugnados por mandado de segurança. Ex.: ato que determina o corte irregular do serviço público em relação a determinado usuário, que está adimplente com as suas obrigações, pode ser atacado por mandado de segurança. Igualmente, os atos editados por empresas públicas e sociedades de economia mista no âmbito de procedimentos administrativos ensejam o cabimento do mandado de segurança. Nesse sentido, a Súmula 333 do STJ dispõe: "Cabe mandado de segurança contra ato praticado em licitação promovida por sociedade de economia mista ou empresa pública".

---

1.ª Turma, REsp 647.409/MA, Rel. Min. Luiz Fux, *DJ* 28.02.2005, p. 233. No mesmo sentido: REDONDO, Bruno Garcia et al. *Mandado de segurança*: comentários à Lei n.º 12.016/09. São Paulo: Método, 2009. p. 57.

[61] Nesse sentido: BUENO, Cassio Scarpinella. *A nova lei do mandado de segurança*. 2. ed. São Paulo: Saraiva, 2010. p. 45.

[62] Em conformidade com o art. 1.º, § 2.º, da Lei 12.016/2019, o STF afirmou a impossibilidade de mandado de segurança contra atos de gestão comercial praticados por administradores de empresas públicas, sociedades de economia mista e concessionárias de serviço público (ADI 4.296/DF, Tribunal Pleno, Red. p/ acórdão Min. Alexandre de Moraes, *DJe* 11.10.2021, *Informativo de Jurisprudência do STJ* n. 1.021).

A qualificação da autoridade coatora como federal, estadual, distrital ou municipal dependerá das consequências patrimoniais do ato impugnado. Nesse sentido, o art. 2.º da Lei 12.016/2009 considera federal "a autoridade coatora se as consequências de ordem patrimonial do ato contra o qual se requer o mandado houverem de ser suportadas pela União ou entidade por ela controlada". A questão é relevante, por exemplo, para definição da competência, pois, na forma do art. 109, VIII, da CRFB, competem à Justiça Federal o processo e o julgamento dos mandados de segurança impetrados contra ato de autoridade federal.

Além do exercício da função pública, a definição da autoridade coatora depende da presença do poder decisório. Conforme dispõe o art. 1.º, § 2.º, III, da Lei 9.784/1999 (Lei do Processo Administrativo Federal), a expressão "autoridade" engloba "o servidor ou agente público dotado de poder de decisão". Vale dizer: o agente público que determina a edição do ato e que tem o poder de revê-lo será autoridade coatora, excluindo-se desta qualificação o agente que apenas executa ordens superiores. O entendimento deve ser prestigiado mesmo em face da literalidade do art. 6.º, § 3.º, da Lei 12.016/2009, que considera autoridade coatora "aquela que tenha praticado o ato impugnado ou da qual emane a ordem para a sua prática".[63]

Não obstante o entendimento de que a autoridade coatora não é parte no mandado de segurança, o STJ entende que a indicação equivocada da autoridade acarreta a extinção do processo sem julgamento do mérito, salvo nos casos em que o equívoco é facilmente perceptível e aquela erroneamente apontada pertence à mesma pessoa jurídica, bem como na hipótese de incidência da **teoria da encampação**, que permite o prosseguimento do *mandamus* impetrado em face de autoridade coatora diversa.[64]

A teoria da encampação possui os seguintes requisitos (Súmula 628 do STJ):

a) existência de vínculo hierárquico entre a autoridade coatora indicada equivocadamente e aquela que efetivamente ordenou a prática do ato impugnado;
b) ausência de modificação de competência definida no texto constitucional; e
c) defesa da legalidade do ato impugnado com ingresso no mérito do mandado de segurança.[65]

---

[63] Nesse sentido: NEVES, Daniel Amorim Assumpção. *Ações constitucionais*. São Paulo: Método, 2011. p. 139; BUENO, Cassio Scarpinella. *A nova lei do mandado de segurança*. 2. ed. São Paulo: Saraiva, 2010. p. 48.

[64] STJ: "A indicação equivocada da autoridade coatora não implica ilegitimidade passiva nos casos em que o equívoco é facilmente perceptível e aquela erroneamente apontada pertence à mesma pessoa jurídica de direito público" (Tese 1 da edição 43 da Jurisprudência em Teses do STJ) e "A teoria da encampação tem aplicabilidade nas hipóteses em que atendidos os seguintes pressupostos: subordinação hierárquica entre a autoridade efetivamente coatora e a apontada na petição inicial, discussão do mérito nas informações e ausência de modificação da competência" (Tese 3 da edição 43 da Jurisprudência em Teses do STJ). Alexandre Freitas Câmara sustenta que indicação equivocada da autoridade coatora não deve acarretar a extinção do processo, uma vez que a legitimidade passiva é da pessoa jurídica. A extinção somente deve ser decretada na hipótese de a referida indicação equivocada acarretar mudança na própria pessoa jurídica (*Manual do mandado de segurança*. São Paulo: Atlas, 2013. p. 58).

[65] Súmula 628 do STJ: "A teoria da encampação é aplicada no mandado de segurança quando presentes, cumulativamente, os seguintes requisitos: a) existência de vínculo hierárquico entre a autoridade que prestou informações e a que ordenou a prática do ato impugnado; b) manifestação a respeito do mérito nas informações prestadas; e c) ausência de modificação de competência estabelecida na Constituição Federal.".

Na hipótese de delegação da competência, a autoridade delegada (e não a delegante) deverá ser considerada autoridade coatora, na forma da Súmula 510 do STF que dispõe: "praticado o ato por autoridade, no exercício de competência delegada, contra ela cabe o mandado de segurança ou a medida judicial", pois a delegação suspende a competência do delegante durante o tempo de sua duração, razão pela qual a responsabilidade pelo ato, nesse período, é da autoridade delegada (Ex.: mandado de segurança impetrado contra ato praticado por Ministro de Estado, no exercício de função delegada pelo Presidente da República, na forma do art. 84, parágrafo único, da CRFB. A competência para processo e julgamento da ação será do STJ, com fundamento no art. 105, I, "b", da CRFB).[66]

Quanto ao órgão colegiado, responsável pela edição do ato atacado, a autoridade coatora é o Presidente do órgão.[67]

No tocante ao ato administrativo complexo, no qual dois órgãos concorrem para a formação de um único ato, a autoridade coatora é aquela que se manifesta por último, mas a jurisprudência tem exigido a notificação de todas as autoridades que participaram da elaboração do ato.[68]

Por outro lado, no ato administrativo composto, a autoridade coatora é aquela que se manifesta em primeiro lugar, estabelecendo o conteúdo do ato lesivo ao direito líquido e certo do interessado, uma vez que a manifestação de vontade da autoridade superior é de mera conferência (visto).[69]

### 25.5.7.5 Objeto

O mandado de segurança individual tem por objetivo tutelar direito líquido e certo de titularidade do próprio impetrante.

A expressão "direito líquido e certo", utilizada pelo legislador (art. 1.º da Lei 12.016/2009), não é feliz, pois a liquidez e a certeza referem-se aos fatos, e não ao direito. Logo, direito líquido e certo concerne à hipótese em que os fatos podem ser comprovados, por meio de documentos, com a impetração do mandado de segurança, independentemente de controvérsias quanto à interpretação da questão jurídica em debate, conforme dispõe a Súmula 625 do STF: "Controvérsia sobre matéria de direito não impede concessão de mandado de segurança".

É vedada a dilação probatória no curso do procedimento do mandado de segurança, exigindo-se do impetrante a apresentação de prova pré-constituída.

A exceção à exigência de prova pré-constituída encontra-se no art. 6.º, § 1.º, da Lei 12.016/2009, que menciona a hipótese em que o documento necessário à prova do fato

---

[66] Vale lembrar que a Súmula 510 do STF aborda a efetiva delegação de competências e de responsabilidades, não sendo aplicável à denominada "delegação de assinatura" que, a rigor, não transfere competência alguma, mas apenas a incumbência da assinatura, pelo "delegatário", de atos em nome do delegante, sem assumir, com isso, qualquer responsabilidade pelo respectivo conteúdo.

[67] Nesse sentido: MEIRELLES, Hely; WALD, Arnoldo; MENDES, Gilmar Ferreira. *Mandado de segurança e ações constitucionais*. 33. ed. São Paulo: Malheiros, 2010. p. 73.

[68] STF, Tribunal Pleno, MS 24.575/DF, Rel. Min. Eros Grau, *DJ* 04.03.2005, p. 12; MS 21.814/RJ Rel. Min. Néri da Silveira, Tribunal Pleno, *DJ* 10.06.1994, p. 14785; STJ, 5.ª Turma, REsp 113.378/DF, Rel. Min. Edson Vidigal, *DJ* 01.06.1998, p. 160.

[69] Nesse sentido: GRECO FILHO, Vicente. *O novo mandado de segurança*. São Paulo: Saraiva, 2010. p. 15; CÂMARA, Alexandre Freitas. *Manual do mandado de segurança*. São Paulo: Atlas, 2013. p. 72.

alegado pelo impetrante esteja em repartição pública, em poder de autoridade que se recuse a fornecê-lo por certidão ou em poder de terceiro. Nesse caso, o juiz ordenará, preliminarmente, por ofício, a exibição, no prazo de dez dias, do documento original ou da cópia autenticada.

Vale destacar que o mandado de segurança possui caráter residual, pois somente tutela o direito líquido e certo que não é amparado por *habeas corpus* e *habeas data* (art. 5.º, LXIX, da CRFB e art. 1.º da Lei 12.016/2009). Dessa forma, quando se tratar de direito de locomoção e direito à informação, os remédios adequados serão, respectivamente, o *habeas corpus* e *habeas data*, vedada a utilização do *mandamus*. O caráter residual foi destacado nas Súmulas 101 ("O mandado de segurança não substitui a ação popular") e 269 ("O mandado de segurança não é substitutivo de ação de cobrança") do STF.

### 25.5.7.6 Hipóteses de não cabimento do mandado de segurança

O ordenamento jurídico e a jurisprudência apontam determinadas hipóteses em que o mandado de segurança não poderá ser utilizado, tais como:

a) **atos de gestão comercial:** não cabe mandado de segurança para impugnar atos de gestão comercial, mas apenas atos de autoridade no exercício de função delegada (art. 1.º, § 2.º, da Lei 12.016/2009);

b) **atos sujeitos ao recurso administrativo com efeito suspensivo, independentemente de caução:** em verdade, o descabimento do mandado de segurança somente ocorrerá na hipótese de efetiva interposição de recurso administrativo pelo interessado, suspendendo os efeitos do ato impugnado, inexistindo interesse de agir para propositura de toda e qualquer ação judicial (art. 5.º, I, da Lei 12.016/2009). A mera previsão abstrata de recurso administrativo com efeito suspensivo, portanto, não impede o uso do *mandamus*, não se exigindo, ademais, que o interessado esgote a via administrativa antes da impetração do remédio constitucional, tendo em vista o princípio da inafastabilidade da jurisdição, consagrado no art. 5.º, XXXV, da CRFB;

c) **decisão judicial da qual caiba recurso com efeito suspensivo:** é vedada a impetração de mandado de segurança contra "decisão judicial da qual caiba recurso com efeito suspensivo" (art. 5.º, II, da Lei 12.016/2009). Tradicionalmente, a Súmula 267 do STF veda a utilização do mandado de segurança "contra ato judicial passível de recurso ou correição". A Lei do Mandado de Segurança restringe o descabimento do *mandamus* à decisão judicial que pode ser discutida por "recurso com efeito suspensivo". Apesar da literalidade da lei, o entendimento adequado é aquele que impede a impetração do mandado de segurança contra decisão judicial que tiver ou puder ter efeito suspensivo. Mencionem-se, por exemplo, as decisões interlocutórias, impugnadas por agravo de instrumento, que não têm, em regra, efeito suspensivo *ope legis*. Caso fosse exigido somente "recurso com efeito suspensivo", poder-se-ia supor pelo cabimento do mandado de segurança contra toda e qualquer decisão interlocutória. Por isso, deve ser afastado o *mandamus* nos casos em que o recurso tiver, ao menos, a aptidão para receber efeito suspensivo. Registre-se, no entanto, que, "a existência de recurso administrativo com efeito suspensivo não impede o uso do mandado de segurança contra omissão da autoridade", na forma da Súmula 429 do STF;[70]

d) **decisão judicial transitada em julgado:** a impossibilidade de impetração contra decisão judicial transitada em julgado tem por objetivo evitar que o mandado de segurança seja um sucedâneo da ação rescisória (art. 5.º, III, da Lei 12.016/2009 e Súmula 268 do STF);

e) **lei em tese:** não cabe mandado de segurança para atacar lei em tese ou atos normativos, tendo em vista o caráter geral e abstrato de tais atos (Súmula 266 do STF). Ao revés, cabe mandado de segurança contra lei de efeitos concretos que possui a roupagem de lei, uma vez que observa o procedimento para elaboração de normas jurídicas, mas conteúdo de ato administrativo, com conteúdo individualizado, passível de violação ao direito líquido e certo do respectivo destinatário;

f) **ato *interna corporis*:** não cabe mandado de segurança para impugnar atos *interna corporis*, relacionados com a organização interna e funcionamento das Casas Legislativas, conforme orientação do STF.[71] Isto não significa que todos os atos praticados pelos parlamentares estejam excluídos do mandado de segurança, sendo certo que aqueles que contrariarem a lei ou a Constituição poderão ser objeto de impugnação por mandado de segurança.[72]

Por fim, cabe registrar que a Lei 12.016/2009 não repetiu a vedação constante do art. 5.º, III, da Lei 1.533/1951, que vedava a impetração do mandado de segurança contra ato disciplinar. Dessa forma, os atos disciplinares podem ser impugnados pela via mandamental.

### 25.5.7.7 Prazo

O prazo para impetração do mandado de segurança é de 120 dias, contados da ciência, pelo interessado, do ato impugnado (art. 23 da Lei 12.016/2009).[73]

---

[70] No mesmo sentido: NEVES, Daniel Amorim Assumpção. *Ações constitucionais.* São Paulo: Método, 2011. p. 114; BUENO, Cassio Scarpinella. *A nova lei do mandado de segurança.* 2. ed. São Paulo: Saraiva, 2010. p. 36.

[71] O STF veda a utilização do mandado de segurança para impugnar atos *interna corporis* relacionados à interpretação das normas do Regimento Interno das Casas legislativas. Nesse sentido: STF, Tribunal Pleno, MS 25.588 AgR/DF, Rel. Min. Menezes Direito, DJe-084 08.05.2009; MS 21.754 AgR/DF Rel. p/ Acórdão Min. Francisco Rezek, Tribunal Pleno, DJ 21.02.1997, p. 2829.

[72] No mesmo sentido: MEIRELLES, Hely; WALD, Arnoldo; MENDES, Gilmar Ferreira. *Mandado de segurança e ações constitucionais.* 33. ed. São Paulo: Malheiros, 2010. p. 36.

[73] O termo inicial do prazo decadencial para a impetração de mandado de segurança no qual se discuta regra editalícia que tenha fundamentado eliminação em concurso público é a data em que o candidato toma ciência do ato administrativo que determina sua exclusão do certame, e não a da publicação do edital (STJ, Corte Especial, EREsp 1.124.254/PI, Rel. Min. Sidnei Beneti, DJe 12.08.2014, *Informativo de Jurisprudência do STJ* n. 545). Segundo o STJ: "O prazo decadencial para a impetração de mandado de segurança tem início com a ciência inequívoca do ato lesivo pelo interessado" (Tese 4 da edição 85 da Jurisprudência em Teses do STJ), "O termo

Trata-se de prazo decadencial que não admite suspensão ou interrupção.[74] Ultrapassado o prazo em comento, o interessado perde o direito de utilizar o mandado de segurança, mas poderá defender seus interesses por meio de ação sob o rito ordinário.

Apesar de controvérsias sobre o tema, o STF assentou a constitucionalidade do prazo decadencial para o mandado de segurança. Nesse sentido, a Súmula 632 do STF dispõe: "É constitucional lei que fixa o prazo de decadência para a impetração de mandado de segurança".[75]

É oportuno ressaltar que o referido prazo não se aplica aos casos de omissão continuada e às relações de trato sucessivo em que não haja negativa do próprio fundo de direito. Nesse caso, o prazo se renova mês a mês, uma vez que subiste a conduta omissiva ou de trato sucessivo, de forma que não se opera a decadência do fundo de direito.[76]

Todavia, o prazo decadencial será aplicável à omissão quando a legislação estabelecer prazo para edição de determinado ato. Findo o prazo legal para edição do ato administrativo, restará configurada omissão, iniciando-se a contagem do prazo decadencial do *mandamus* (ex.: findo o prazo de 60 dias para pagamento de indenização aos anistiados políticos, previsto no art. 18 da Lei 10.559/2002, inicia-se a contagem do prazo decadencial do mandado de segurança).[77] Da mesma forma, a omissão continuada cessa e o prazo decadencial começa a fluir na hipótese em que a Administração Pública, por ato inequívoco, demonstra sua recusa em relação à situação jurídica do particular (ex.: a abertura de novo concurso público demonstra a evidente recusa por parte da Administração de aproveitamento dos candidatos aprovados no concurso anterior, iniciando-se a partir desta data o prazo decadencial para impetração do mandado de segurança).[78]

---

inicial do prazo de decadência para impetração de mandado de segurança contra aplicação de penalidade disciplinar é a data da publicação do respectivo ato no Diário Oficial" (Tese 6 da edição 91 da Jurisprudência em Teses do STJ) e "O termo inicial do prazo decadencial para a impetração de ação mandamental contra ato que fixa ou altera sistema remuneratório ou suprime vantagem pecuniária de servidor público e não se renova mensalmente inicia-se com a ciência do ato impugnado" (Tese 7 da edição 91 da Jurisprudência em Teses do STJ).

[74] STJ: O prazo decadencial para impetração de mandado de segurança não se suspende nem se interrompe com a interposição de pedido de reconsideração na via administrativa ou de recurso administrativo desprovido de efeito suspensivo" (Tese 8 da edição 91 da Jurisprudência em Teses do STJ).

[75] Parcela da doutrina sustenta a inconstitucionalidade da fixação de prazo para propositura do mandado de segurança, sustentando que o correto seria a viabilidade do remédio constitucional enquanto houvesse a necessidade de proteger direito líquido e certo, tendo em vista tratar-se de garantia constitucional. Nesse sentido, por exemplo: BUENO, Cassio Scarpinella. *A nova lei do mandado de segurança*. 2. ed. São Paulo: Saraiva, 2010. p. 184.

[76] STF, 2.ª Turma, RMS 24.736 ED/DF, Rel. Min. Joaquim Barbosa, *DJe*-190 08.10.2010; STJ, 5.ª Turma, AgRg no RMS 25.893/AM Rel. Min. Napoleão Nunes Maia Filho, *DJe* 28.09.2009. De acordo com o STJ, o prazo decadencial para impetrar mandado de segurança contra redução do valor de vantagem integrante de proventos ou de remuneração de servidor público renova-se mês a mês, uma vez que, ao contrário da supressão de vantagem, configura relação de trato sucessivo, pois não equivale à negação do próprio fundo de direito (STJ, Corte Especial, EREsp 1.164.514/AM, Rel. Min. Napoleão Nunes Maia Filho, *DJe* 25.02.2016, Informativo de Jurisprudência do STJ n. 578). STJ: "O prazo decadencial para impetração de mandado de segurança contra ato omissivo da Administração renova-se mês a mês, por envolver obrigação de trato sucessivo" (Tese 11 da edição 43 da Jurisprudência em Teses do STJ).

[77] STF, 1.ª Turma, RMS 26.881/DF, Rel. Min. Carlos Britto, *DJe*-211 07.11.2008.

[78] STF, 1.ª Turma, RMS 23.987/DF, Rel. Min. Moreira Alves, *DJ* 02.05.200, p. 40.

O prazo decadencial de 120 dias também não é aplicado ao mandado de segurança preventivo, pois não há, nesse caso, "ato impugnado" definitivo, mas apenas receio de violação ao direito líquido e certo.[79]

### 25.5.7.8 Competência

A definição da competência para processo e julgamento do mandado de segurança depende, em regra, da qualificação da autoridade coatora (federal, estadual, distrital ou municipal). Trata-se de competência absoluta, pois leva em conta a função exercida pela pessoa indicada como autoridade coatora.[80]

De acordo com o texto constitucional, a competência pode ser assim resumida:

a) **STF:** o mandado de segurança contra atos do Presidente da República, das Mesas da Câmara dos Deputados e do Senado Federal, do Tribunal de Contas da União, do Procurador-Geral da República e do próprio Supremo Tribunal Federal (art. 102, I, "d", da CRFB). Compete ao STF julgar, em recurso ordinário, o mandado de segurança decidido em única instância pelos Tribunais Superiores, se denegatória a decisão (art. 102, II, "a", da CRFB);

b) **STJ:** o mandado de segurança contra ato de Ministro de Estado, dos Comandantes da Marinha, do Exército e da Aeronáutica ou do próprio Tribunal (art. 105, I, "b", da CRFB). Compete ao STJ julgar, em recurso ordinário, os mandados de segurança decididos em única instância pelos Tribunais Regionais Federais ou pelos tribunais dos Estados, do Distrito Federal e Territórios, quando denegatória a decisão (art. 105, II, "b", da CRFB);

c) **Tribunal Regional Federal:** mandados de segurança e os *habeas data* contra ato do próprio Tribunal ou de juiz federal (art. 108, I, "c", da CRFB);

d) **Juízes federais:** mandado de segurança impetrado pela União, entidade autárquica ou empresa pública federal (art. 109, I, da CRFB) e o mandado de segurança impetrado contra ato de autoridade federal, excetuados os casos de competência dos tribunais federais (art. 109, VIII, da CRFB);[81]

e) **Justiça estadual:** a competência é residual, pois abrange todas as demais hipóteses que não estão inseridas na competência dos tribunais superiores ou da

---

[79] STJ, 3.ª Seção, MS 10.760/DF, Rel. Min. Felix Fischer, *DJ* 17.09.2007, p. 204, *Informativo de Jurisprudência do STJ* n. 303.

[80] Nesse sentido: NEVES, Daniel Amorim Assumpção. *Ações constitucionais*. São Paulo: Método, 2011. p. 128; STJ, 4.ª Turma, EDcl no AgRg no REsp 1078875/RS, Rel. Min. Aldir Passarinho Junior, *DJe* 23.11.2010.

[81] O STJ consolidou entendimento no sentido de que competem à Justiça Federal o processo e julgamento do mandado de segurança impetrado contra ato praticado dirigente de sociedade de economia mista federal, na forma do art. 109, VIII, da CRFB (STJ, 1.ª Seção, AgRg no CC 112.642/ES, Rel. Min. Benedito Gonçalves, *DJe* 16.02.2011). No mesmo sentido, estabelece a Súmula 151 do TJRJ: "É competente a Justiça Federal comum para processar e julgar Mandado de Segurança contra ato ou omissão de dirigente de Sociedade de Economia Mista Federal, investido em função administrativa". STJ: "Compete à justiça federal comum processar e julgar mandado de segurança quando a autoridade apontada como coatora for autoridade federal, considerando-se como tal também os dirigentes de pessoa jurídica de direito privado investidos de delegação concedida pela União" (Tese 1 da edição 85 da Jurisprudência em Teses do STJ).

Justiça Federal. A competência dos tribunais e dos juízes estaduais encontra-se definida nas respectivas Constituições estaduais, normas de organização e divisão judiciárias, bem como nos Regimentos Internos dos tribunais. Compete aos tribunais de Justiça o julgamento dos mandados de segurança impetrados contra atos de seus desembargadores.[82]

Em relação aos atos oriundos dos Juizados Especiais, a Súmula 376 do STJ dispõe que a competência é da respectiva turma recursal.

Por fim, na hipótese de mandado de segurança impetrado contra ato de dirigente de universidade pública federal ou de universidade particular, que atua no exercício de função delegada da União, a competência será da Justiça Federal. Por outro lado, a competência será da Justiça estadual quando o *mandamus* for impetrado contra dirigente de universidade pública estadual.[83]

### 25.5.7.9 Decisão e coisa julgada

A sentença que julga procedente (concede a segurança) ou improcedente o pedido (denega a segurança) faz coisa julgada material, impedindo que o interessado discuta a questão posteriormente.

Ao contrário, a sentença que extingue o processo sem julgamento do mérito, na forma do art. 485, VI, do CPC, não impede a rediscussão da questão por meio de novo mandado de segurança, desde que impetrado dentro do prazo decadencial de 120 dias (art. 6.º, § 6.º, da Lei 12.016/2009) ou a propositura de ação própria (art. 19 da Lei 12.016/2009).

É oportuno destacar que o impetrante pode desistir da ação mandamental a qualquer tempo antes do trânsito em julgado, independentemente da anuência da autoridade apontada como coatora.[84]

De acordo com o STF, o pagamento dos valores devidos pela Fazenda Pública entre a data da impetração do mandado de segurança e a efetiva implementação da ordem concessiva deve observar o regime de precatórios previsto no art. 100 da CRFB.[85]

Ademais, o STF decidiu que o mandado de segurança não substitui a ação de cobrança (Súmula 269), razão pela qual a concessão da ordem não produz efeitos patrimoniais em relação ao período pretérito, os quais devem ser reclamados administrativamente ou pela via judicial (Súmula 271).[86]

---

[82] Nesse sentido, o art. 21 da LC 35/1979 (Lei Orgânica da Magistratura Nacional) dispõe: "Art. 21. Compete aos Tribunais, privativamente: [...] VI – julgar, originariamente, os mandados de segurança contra seus atos, os dos respectivos Presidentes e os de suas Câmaras, Turmas ou Seções". Vide, também: Súmula 41 do STJ ("O Superior Tribunal de Justiça não tem competência para processar e julgar, originariamente, mandado de segurança contra ato de outros tribunais ou dos respectivos órgãos"); Súmula 330 do STF ("O Supremo Tribunal Federal não é competente para conhecer de mandado de segurança contra atos dos tribunais de justiça dos estados"); e Súmula 624 do STF ("Não compete ao Supremo Tribunal Federal conhecer originariamente de mandado de segurança contra atos de outros tribunais").
[83] STJ, 1.ª Seção, CC 108.466/RS, Rel. Min. Castro Meira, *DJe* 01.03.2010.
[84] Tese 2 da edição 85 da Jurisprudência em Teses do STJ.
[85] STF, Plenário, RE 889.173 RG/MS, Rel. Min. Luiz Fux, *DJe*-160 17.08.2015.
[86] De acordo com o STJ: "O termo inicial dos juros de mora, em ação de cobrança de valores pretéritos ao ajuizamento de anterior mandado de segurança que reconheceu o direito, é a data da notificação da autoridade coatora no

No processo de mandado de segurança, não é admissível a interposição de embargos infringentes, nem a condenação ao pagamento dos honorários advocatícios (art. 25 da Lei 12.016/2009).[87]

Contra as decisões liminares caberá agravo de instrumento (art. 7.º, § 1.º, da Lei 12.016/2009) e, em relação à sentença, recurso de apelação.

O art. 7.º, § 2.º, da Lei 12.016/2009 não permitia a concessão de medidas liminares que buscassem "a compensação de créditos tributários, a entrega de mercadorias e bens provenientes do exterior, a reclassificação ou equiparação de servidores públicos e a concessão de aumento ou a extensão de vantagens ou pagamento de qualquer natureza". Contudo, o STF declarou a inconstitucionalidade da referida vedação, em razão da violação do poder geral de cautela do magistrado, da garantia de pleno acesso à jurisdição e da própria defesa do direito líquido e certo, o que não afasta a exigência, pelo magistrado, no âmbito do seu poder geral de cautela, da contracautela para o deferimento de medida liminar, quando verificada a real necessidade da garantia em juízo, de acordo com as circunstâncias do caso concreto.[88]

Cabe, ainda, pedido de suspensão de segurança, formulado pela pessoa jurídica de direito público interessada ou pelo Ministério Público, contra as decisões liminares e a sentença, quando houver risco de grave lesão à ordem, à saúde, à segurança e à economia públicas. O pedido será dirigido ao presidente do tribunal ao qual couber o conhecimento do respectivo recurso. Contra a decisão proferida na suspensão cabe agravo interno, sem efeito suspensivo, no prazo de cinco dias, que será levado a julgamento na sessão seguinte à sua interposição (art. 15 da Lei 12.016/2009).

### 25.5.8 Mandado de segurança coletivo

#### 25.5.8.1 Conceito e fontes normativas

O mandado de segurança coletivo é a ação constitucional que tem por objetivo proteger direitos coletivos e individuais homogêneos, líquidos e certos, não amparados por *habeas corpus* ou *habeas data*, contra atos ilegais ou abuso de poder praticados pelo Estado ou por seus delegatários.

É uma garantia constitucional prevista no art. 5.º, LXX, da CRFB e regulamentada pela Lei 12.016/2009. Em regra, o mandado de segurança coletivo submete-se às mesmas

---

mandado de segurança, quando o devedor é constituído em mora (art. 405 do Código Civil e art. 240 do CPC)." (Tese firmada no Tema Repetitivo 1.133 do STJ)

[87] As vedações constavam de súmulas dos tribunais superiores: **a) descabimento de embargos infringentes:** Súmula 597 do STF ("Não cabem embargos infringentes de acórdão que, em mandado de segurança decidiu, por maioria de votos, a apelação") e Súmula 169 do STJ ("São inadmissíveis embargos infringentes no processo de mandado de segurança"); e **b) impossibilidade de condenação ao pagamento de honorários:** Súmula 512 do STF ("Não cabe condenação em honorários de advogado na ação de mandado de segurança") e Súmula 105 do STJ ("Na ação de mandado de segurança não se admite condenação em honorários advocatícios").

[88] STF, Tribunal Pleno, ADI 4.296/DF, Red. p/ acórdão Min. Alexandre de Moraes, DJe 11.10.2021, *Informativo de Jurisprudência do STJ* n. 1.021. Na doutrina, a inconstitucionalidade era defendida, por exemplo, pelos seguintes autores: NEVES, Daniel Amorim Assumpção. Ações constitucionais. São Paulo: Método, 2011. p. 181; BUENO, Cassio Scarpinella. *A nova lei do mandado de segurança*. 2. ed. São Paulo: Saraiva, 2010. p. 71.

regras aplicáveis ao mandado de segurança individual, com as peculiaridades que serão apresentadas a seguir.

### 25.5.8.2 Legitimidade

Em relação ao mandado de segurança coletivo, a legitimidade ativa é extraordinária, uma vez que os legitimados atuam em nome próprio, mas na defesa de direitos de terceiros.

São legitimados para propositura da ação de mandado de segurança, na forma do art. 5.º, LXX, da CRFB e do art. 21 da Lei 12.016/2009:

a) partidos políticos com representação no Congresso Nacional, na defesa de seus interesses legítimos relativos a seus integrantes ou à finalidade partidária;

b) organizações sindicais;

c) entidades de classe; e

d) associações legalmente constituídas e em funcionamento há, pelo menos, um ano, em defesa de direitos líquidos e certos da totalidade, ou de parte, dos seus membros ou associados, na forma dos seus estatutos e desde que pertinentes às suas finalidades, dispensada, para tanto, autorização especial.[89]

Em relação à legitimidade ativa dos partidos políticos, é oportuno estabelecer duas considerações relevantes.

Em primeiro lugar, a representação dos partidos políticos no Congresso Nacional, no caso, é satisfeita com a presença de um representante em uma das Casas Legislativas (Câmara dos Deputados ou Senado Federal), sendo desnecessária a representação nas duas Casas concomitantemente.

Em segundo lugar, há controvérsia doutrinária em relação à amplitude da legitimidade ativa dos partidos políticos.

**Primeira posição (interpretação restritiva):** o STF e o STJ entendem que os partidos políticos somente podem defender os direitos de seus filiados, inexistindo legitimidade para defesa de interesses da sociedade.[90]

---

[89] A nova redação do art. 21 da Lei 12.016/2009 positivou o entendimento consagrado pelo STF nas Súmulas 629 ("A impetração de mandado de segurança coletivo por entidade de classe em favor dos associados independe da autorização destes") e 630 ("A entidade de classe tem legitimação para o mandado de segurança ainda quando a pretensão veiculada interesse apenas a uma parte da respectiva categoria"). A regra do art. 5.º, XXI, da CRFB ("XXI – as entidades associativas, quando expressamente autorizadas, têm legitimidade para representar seus filiados judicial ou extrajudicialmente") não se aplica ao mandado de segurança coletivo. Enquanto a citada norma constitucional trata de representação processual (a associação atua em nome alheio e na defesa de direito alheio), no mandado de segurança coletivo a associação tem legitimidade extraordinária para atuar em nome próprio na defesa de direito alheio.

[90] O STJ consolidou a tese de que o partido político somente pode impetrar mandado de segurança coletivo para defender os seus filiados e em questões políticas, quando autorizado por lei ou pelo estatuto (MS 197/DF, Rel. p/ Acórdão Min. Garcia Vieira, 1.ª Seção, *DJ* 20.08.1990 p. 7950). Da mesma forma, o STF já decidiu que o partido político não possui legitimidade para impetrar mandado de segurança coletivo para, substituindo todos os cidadãos na defesa de interesses individuais, impugnar majoração de tributo (STF, 1.ª Turma, RE 196.184/AM Rel. Min. Ellen Gracie, *DJ* 18.02.2005, p. 6, *Informativo de Jurisprudência do STF* n. 372).

**Segunda posição (interpretação ampliativa):** a doutrina majoritária propõe interpretação ampliativa para sustentar a legitimidade dos partidos políticos para impetração do mandado de segurança coletivo na defesa de seus filiados e de toda a sociedade, uma vez que o art. 21 da Lei 12.016/2009 menciona a defesa de interesses "relativos a seus integrantes ou à finalidade partidária".[91]

Entendemos que a interpretação ampliativa deve prevalecer, pois a "finalidade partidária" (art. 21 da Lei 12.016/2009), que pode ser objeto do mandado de segurança coletivo impetrado por partidos políticos, envolve a defesa da "autenticidade do sistema representativo" e a dos "direitos fundamentais definidos na Constituição Federal", conforme dispõe o art. 1.º da Lei 9.096/1995 (Lei Orgânica dos Partidos Políticos), não se restringindo à defesa dos interesses dos respectivos filiados partidários.

Quanto à legitimidade passiva, aplicam-se ao mandado de segurança coletivo as considerações apresentadas ao mandado de segurança individual.

### 25.5.8.3 Objeto

O mandado de segurança coletivo tem por objeto a tutela dos seguintes direitos (art. 21, parágrafo único, da Lei 12.016/2009):

a) **interesses ou direitos coletivos:** são direitos transindividuais, de natureza indivisível, de que seja titular grupo ou categoria de pessoas ligadas entre si ou com a parte contrária por uma relação jurídica básica (ex.: usuários de determinado plano de saúde lesados por aumento abusivo); e

b) **interesses ou direitos individuais homogêneos:** são aqueles que decorrem de origem comum e da atividade ou situação específica da totalidade ou de parte dos associados ou membros do impetrante (ex.: consumidores que adquiriram determinado bem com defeito de fábrica).

Verifica-se que a Lei do Mandado de Segurança não mencionou os interesses ou direitos difusos, havendo divergência doutrinária sobre o cabimento do mandado de segurança coletivo para tutela dos referidos interesses. Sobre o tema existem dois entendimentos:[92]

---

[91] BUENO, Cassio Scarpinella. *A nova lei do mandado de segurança*. 2. ed. São Paulo: Saraiva, 2010. p. 162; NEVES, Daniel Amorim Assumpção. *Ações constitucionais*, São Paulo: Método, 2011, p. 194; GOMES JUNIOR, Luiz Manoel; FAVRETO, Rogério et al. *Comentários à nova lei do mandado de segurança*. São Paulo: RT, 2009. p. 178; BENJAMIN, Antonio Herman V.; ALMEIDA, Gregório Assagra de. Legitimidade ativa e objeto material do mandado de segurança coletivo. *RT*, n. 895, p. 35, maio 2010; REDONDO, Bruno Garcia et al. *Mandado de segurança*: comentários à Lei n.º 12.016/09. São Paulo: Método, 2009. p. 152; MORAES, Alexandre de. A inconstitucionalidade parcial do *caput* do art. 21 da Lei de Mandado de Segurança (Lei n.º 12.016/09). *RDA*, n. 252, p. 12, set.-dez. 2009.

[92] Os direitos coletivos, em sentido amplo, encontram-se definidos no art. 81, parágrafo único, do CDC que dispõe: "Art. 81. [...] Parágrafo único. A defesa coletiva será exercida quando se tratar de: I – interesses ou direitos difusos, assim entendidos, para efeitos deste código, os transindividuais, de natureza indivisível, de que sejam titulares pessoas indeterminadas e ligadas por circunstâncias de fato; II – interesses ou direitos coletivos, assim entendidos, para efeitos deste código, os transindividuais, de natureza indivisível de que seja titular grupo, categoria ou classe de pessoas ligadas entre si ou com a parte contrária por uma relação jurídica base; III – interesses ou direitos individuais homogêneos, assim entendidos os decorrentes de origem comum".

**Primeira posição:** defende a constitucionalidade da norma em comento que restringe o objeto do mandado de segurança coletivo para a defesa dos direitos coletivos, em sentido estrito, e os individuais homogêneos, excluídos os direitos difusos. Nesse sentido: Hely Meirelles, Arnoldo Wald, Gilmar Ferreira Mendes.[93]

**Segunda posição:** o legislador não poderia restringir o objeto do mandado de segurança coletivo para afastar a tutela dos direitos difusos, razão pela qual o art. 21, parágrafo único, da Lei 12.016/2009 seria inconstitucional. Nesse sentido: Cassio Scarpinella Bueno, Eduardo Arruda Alvim, Daniel Amorim Assumpção Neves, Alexandre Freitas Câmara.[94]

Entendemos que o objeto do mandado de segurança coletivo deve abranger também os direitos difusos, uma vez que o *mandamus* representa uma garantia constitucional que deve ser interpretada de forma ampliativa. Apesar do silêncio do art. 21, parágrafo único, da Lei 12.016/2009, a norma deve ser interpretada conforme à Constituição (art. 5.º, LXX, "a") para permitir a defesa de todo e qualquer interesse coletivo em sentido amplo. Não obstante, o STF parece concordar com a tese restritiva, que afasta os interesses difusos do objeto da ação, quando afirma na Súmula 101: "O mandado de segurança não substitui a ação popular".

### 25.5.8.4 Decisão e coisa julgada

A sentença proferida no mandado de segurança coletivo faz coisa julgada material em relação aos membros do grupo ou categoria substituídos pelo impetrante (art. 22 da Lei 12.016/2009).[95]

A restrição dos efeitos da coisa julgada "aos membros do grupo ou categoria substituídos pelo impetrante" pode ser justificada pela restrição do objeto do mandado

---

[93] MEIRELLES, Hely; WALD, Arnoldo; MENDES, Gilmar Ferreira. *Mandado de segurança e ações constitucionais*. 33. ed. São Paulo: Malheiros, 2010. p. 132.

[94] BUENO, Cassio Scarpinella. *A nova lei do mandado de segurança*. 2. ed. São Paulo: Saraiva, 2010. p. 171-173; ALVIM, Eduardo Arruda. Aspectos do mandado de segurança coletivo à luz da Lei 12.016/09. *Revista Jurídica*, Porto Alegre, v. 58, n. 392, p. 18, jun. 2010; NEVES, Daniel Amorim Assumpção. *Ações constitucionais*. São Paulo: Método, 2011. p. 196; CÂMARA, Alexandre Freitas. *Manual do mandado de segurança*. São Paulo: Atlas, 2013. p. 360. No mesmo sentido, vide: GOMES JUNIOR, Luiz Manoel; FAVRETO, Rogério et al. *Comentários à nova lei do mandado de segurança*. São Paulo: RT, 2009. p. 178; BENJAMIN, Antonio Herman V.; ALMEIDA, Gregório Assagra de. Legitimidade ativa e objeto material do mandado de segurança coletivo. *RT*, n. 895, p. 52-55, maio 2010; REDONDO, Bruno Garcia et al. *Mandado de segurança*: comentários à Lei n.º 12.016/09. São Paulo: Método, 2009. p. 152.

[95] É possível a aplicação subsidiária ao mandado de segurança coletivo do art. 103 do CDC que dispõe: "Art. 103. Nas ações coletivas de que trata este código, a sentença fará coisa julgada: I – *erga omnes*, exceto se o pedido for julgado improcedente por insuficiência de provas, hipótese em que qualquer legitimado poderá intentar outra ação, com idêntico fundamento valendo-se de nova prova, na hipótese do inciso I do parágrafo único do art. 81; II – *ultra partes*, mas limitadamente ao grupo, categoria ou classe, salvo improcedência por insuficiência de provas, nos termos do inciso anterior, quando se tratar da hipótese prevista no inciso II do parágrafo único do art. 81; III – *erga omnes*, apenas no caso de procedência do pedido, para beneficiar todas as vítimas e seus sucessores, na hipótese do inciso III do parágrafo único do art. 81". Por outro lado, não se aplica ao mandado de segurança coletivo o disposto no art. 2.º-A da Lei 9.494/1997, que prevê: "A sentença civil prolatada em ação de caráter coletivo proposta por entidade associativa, na defesa dos interesses e direitos dos seus associados, abrangerá apenas os substituídos que tenham, na data da propositura da ação, domicílio no âmbito da competência territorial do órgão prolator".

de segurança coletivo (art. 21, parágrafo único, I e II, da Lei 12.016/2009) à defesa dos direitos coletivos, em sentido estrito, e individuais homogêneos.

Ocorre que importante parcela da doutrina sustenta a viabilidade de defesa de direitos difusos por esta via processual, posição com a qual concordamos. Nesse caso, portanto, os efeitos da coisa julgada, apesar do silêncio da Lei, deveriam abranger toda a coletividade.[96]

De acordo com o art. 22, § 1.º, da Lei 12.016/2009, "o mandado de segurança coletivo não induz litispendência para as ações individuais, mas os efeitos da coisa julgada não beneficiarão o impetrante a título individual se não requerer a desistência de seu mandado de segurança no prazo de 30 (trinta) dias a contar da ciência comprovada da impetração da segurança coletiva".[97]

Por fim, o STF declarou inconstitucional o art. 22, § 2.º, da Lei 12.016/2009, que limitava a concessão de liminar à oitiva prévia da pessoa jurídica de direito público, em razão da violação ao poder geral de cautela do magistrado, da garantia de pleno acesso à jurisdição e da defesa do direito líquido e certo.[98] Entendemos que a regra em comento pode ser relativizada em situações excepcionais quando evidenciada a possibilidade de lesão irreparável ao direito líquido e certo, admitindo-se a concessão de liminar *inaudita altera pars*, tendo em vista o princípio da inafastabilidade do controle judicial (art. 5.º, XXXV, da CRFB).[99]

### 25.5.9 Mandado de injunção

#### 25.5.9.1 Conceito e fontes normativas

O mandado de injunção é a ação constitucional que tem por objetivo suprir a omissão normativa e efetivar o exercício dos direitos e liberdades constitucionais e das prerrogativas inerentes à nacionalidade, à soberania e à cidadania.

Trata-se de instrumento jurídico previsto no art. 5.º, LXXI, da CRFB, e na Lei 13.300/2016. A demora na regulamentação, por lei ordinária, do mandado de injunção jamais impediu a sua efetividade, uma vez que se tratava de remédio constitucional autoaplicável, submetido, até então, à aplicação analógica do procedimento previsto para o mandado de segurança.[100]

Os pressupostos do mandado de injunção são:

a) norma constitucional de eficácia limitada (não autoaplicável) que reconheça direitos, liberdades ou prerrogativas;

b) ausência da norma regulamentadora da norma constitucional;

---

[96] Nesse sentido: NEVES, Daniel Amorim Assumpção. *Ações constitucionais*. São Paulo: Método, 2011. p. 197.
[97] O art. 22, § 1.º, da Lei 12.016/2009 é similar ao art. 104 do CDC. Todavia, enquanto a Lei do Mandado de Segurança impõe que o autor da ação individual desista do processo para se beneficiar dos efeitos da decisão proferida na ação coletiva, o CDC exige que o autor requeira a suspensão da ação individual.
[98] STF, ADI 4.296/DF, Red. p/ acórdão Min. Alexandre de Moraes, Tribunal Pleno, *DJe* 11.10.2021.
[99] No mesmo sentido, vide: BUENO, Cassio Scarpinella. *A nova lei do mandado de segurança*. 2. ed. São Paulo: Saraiva, 2010. p. 182. O art. 22, § 1.º, da Lei 12.016/2009 foi objeto de impugnação na ADI 4.296/DF, Rel. Min. Marco Aurélio, pendente de julgamento.
[100] STF, Tribunal Pleno, MI 107 QO/DF, Rel. Min. Moreira Alves, *DJ* 21.09.1990, p. 9782.

c) inviabilidade de exercício desses direitos, liberdades ou prerrogativas constitucionais pelo beneficiário direto da norma constitucional;

d) nexo de causalidade entre a omissão e a inviabilização dos direitos, liberdades e prerrogativas constitucionais.

### 25.5.9.2 Espécies de mandado de injunção

O mandado de injunção pode ser dividido em duas espécies:

a) **mandado de injunção individual:** tem por objetivo efetivar direitos, liberdades ou prerrogativas constitucionais do impetrante; e

b) **mandado de injunção coletivo:** tem por objetivo proteger os direitos, as liberdades e as prerrogativas que pertencem, indistintamente, a uma coletividade indeterminada de pessoas ou determinada por grupo, classe ou categoria (art. 12, parágrafo único, da Lei 13.300/2016).

### 25.5.9.3 Legitimidade

#### 25.5.9.3.1 Legitimidade ativa

A legitimidade ativa no mandado de injunção individual é ampla, uma vez que todos os prejudicados (pessoas naturais ou jurídicas) pela ausência de norma regulamentadora, que inviabiliza o exercício dos direitos citados no art. 5.º, LXXI, da CRFB, poderão se valer dessa ação constitucional (art. 3.º da Lei 13.300/2016).

Em relação ao mandado de injunção coletivo, a legitimidade é reconhecida aos seguintes órgãos e pessoas jurídicas (art. 12 da Lei 13.300/2016):

a) Ministério Público, quando a tutela requerida for especialmente relevante para a defesa da ordem jurídica, do regime democrático ou dos interesses sociais ou individuais indisponíveis;

b) partido político com representação no Congresso Nacional, para assegurar o exercício de direitos, liberdades e prerrogativas de seus integrantes ou relacionados com a finalidade partidária;

c) organização sindical, entidade de classe ou associação legalmente constituída e em funcionamento há pelo menos um ano, para assegurar o exercício de direitos, liberdades e prerrogativas em favor da totalidade ou de parte de seus membros ou associados, na forma de seus estatutos e desde que pertinentes a suas finalidades, dispensada, para tanto, autorização especial;

d) Defensoria Pública, quando a tutela requerida for especialmente relevante para a promoção dos direitos humanos e a defesa dos direitos individuais e coletivos dos necessitados.

#### 25.5.9.3.2 Legitimidade passiva

Há importante controvérsia em relação à legitimidade passiva no mandado de injunção. É possível destacar três entendimentos sobre o tema:

**Primeira posição (majoritária):** a legitimidade é da autoridade ou órgão público responsável pela omissão legislativa. Nesse sentido: Hely Lopes Meirelles, Arnoldo Wald, Gilmar Ferreira Mendes, José dos Santos Carvalho Filho, André Ramos Tavares.[101]

**Segunda posição:** a legitimidade é da pessoa (pública ou privada) que suportará o ônus da decisão, e não do órgão incumbido de editar a norma. Nesse sentido: Sérgio Bermudes, Regina Quaresma.[102]

**Terceira posição:** litisconsórcio passivo necessário entre a autoridade ou órgão responsável pela omissão legislativa e a pessoa (pública ou privada) que suportará o ônus da decisão. Nesse sentido: Vicente Greco Filho.[103]

Entendemos que a legitimidade passiva é da autoridade ou órgão responsável pela mora legislativa.

Por fim, cabe destacar que, na hipótese em que a lei é de iniciativa privativa do chefe do Executivo, este será réu no mandado de injunção, e não a Casa Legislativa.[104]

### 25.5.9.4 Objeto

O mandado de injunção tem por objetivo superar a omissão normativa que impede a efetivação dos direitos tutelados no art. 5.º, LXXI, da CRFB: "direitos e liberdades constitucionais e das prerrogativas inerentes à nacionalidade, à soberania e à cidadania".

A falta da norma regulamentadora pode ser: a) total: inexistência da norma; ou b) parcial: insuficiência da norma promulgada pelo legislador infraconstitucional para o exercício dos direitos, liberdades e prerrogativas indicados acima (art. 2.º, *caput* e parágrafo único, da Lei 13.300/2016).

Verifica-se, destarte, que o seu cabimento está intimamente relacionado às normas constitucionais de eficácia limitada que não possuem eficácia direta e imediata, dependendo da intermediação do legislador para serem efetivadas. Portanto, não cabe mandado de injunção que tenha por objeto normas constitucionais autoaplicáveis.[105]

Somente na hipótese de omissão normativa será viável o manejo do mandado de injunção, razão pela qual é inviável a sua utilização para discutir a constitucionalidade da norma legal regulamentadora ou seu eventual descumprimento.[106]

No mandado de injunção coletivo, o objeto envolve os direitos, as liberdades e as prerrogativas pertencentes, indistintamente, a uma coletividade indeterminada de pessoas ou determinada por grupo, classe ou categoria (art. 12, parágrafo único, da Lei 13.300/2016).

---

[101] MEIRELLES, Hely; WALD, Arnoldo; MENDES, Gilmar Ferreira. *Mandado de segurança e ações constitucionais*. 33. ed. São Paulo: Malheiros, 2010. p. 329; CARVALHO FILHO, José dos Santos. *Manual de direito administrativo*. 24. ed. Rio de Janeiro: Lumen Juris, 2011. p. 972; TAVARES, André Ramos. *Curso de direito constitucional*. 5. ed. São Paulo: Saraiva, 2007. p. 908.
[102] BERMUDES, Sérgio. O mandado de injunção. *RT*, n. 642, p. 24, abr. 1989; QUARESMA, Regina. *O mandado de injunção e a ação de inconstitucionalidade por omissão*: teoria e prática. Rio de Janeiro: Forense, 1995. p. 91 e 97.
[103] GRECO FILHO, Vicente. *O novo mandado de segurança*. São Paulo: Saraiva, 2010. p. 13.
[104] STF, Tribunal Pleno, MI 153 AgR/DF, Rel. Min. Paulo Brossard, *DJ* 30.03.1990, p. 2.339.
[105] STF, Tribunal Pleno, MI 74 QO/SP, Rel. Min. Carlos Madeira, *DJ* 14.04.1989, p. 5.456.
[106] STF, Tribunal Pleno, MI 609 AgR/RJ, Rel. Min. Octavio Gallotti, *DJ* 22.09.2000, p. 70.

## 25.5.9.5 Prazo

Não há prazo para impetração do mandado de injunção. Enquanto houver omissão normativa, o mandado de injunção poderá ser impetrado pelos respectivos legitimados.

A partir da superação da omissão inconstitucional, com a elaboração da norma regulamentadora faltante pelo órgão público competente, o mandado de injunção fica obstado. Nesse caso, se a elaboração da norma ocorrer no curso do processo, o mandado de injunção perderá o objeto (art. 11, parágrafo único, da Lei 13.300/2016).

## 25.5.9.6 Competência

A competência para processo e julgamento do mandado de injunção depende do órgão ou da autoridade responsável pela edição da norma regulamentadora faltante:

a) **STF:** compete julgar originariamente o mandado de injunção quando a elaboração da norma regulamentadora for atribuição do Presidente da República, do Congresso Nacional, da Câmara dos Deputados, do Senado Federal, das Mesas de uma dessas Casas Legislativas, do Tribunal de Contas da União, de um dos Tribunais Superiores, ou do próprio Supremo Tribunal Federal (art. 102, I, "q", da CRFB). Ademais, compete ao STF o julgamento de recurso ordinário interposto contra decisão denegatória do mandado de injunção decidido em única instância pelos Tribunais Superiores (art. 102, II, "a", da CRFB);

b) **STJ:** tem competência para julgar o mandado de injunção quando a elaboração da norma regulamentadora for atribuição de órgão, entidade ou autoridade federal, da administração direta ou indireta, excetuados os casos de competência do Supremo Tribunal Federal e dos órgãos da Justiça Militar, da Justiça Eleitoral, da Justiça do Trabalho e da Justiça Federal (art. 105, I, "h", da CRFB);

c) **Justiça Federal:** há controvérsia sobre a existência de competência da Justiça Federal (Tribunais Regionais Federais e Juízes federais) para o julgamento do mandado de injunção, uma vez que não há menção desta competência no rol taxativo do art. 109 da CRFB. Por outro lado, o art. 105, I, "h", da CRFB, ao definir a competência do STJ para o julgamento do mandado de injunção, ressalva expressamente os casos de competência da Justiça Federal ("excetuados os casos de competência do Supremo Tribunal Federal e dos órgãos da Justiça Militar, da Justiça Eleitoral"). De um lado, alguns autores sustentam a ausência de competência da Justiça Federal para o julgamento do mandado de injunção, tendo em vista que o rol taxativo do art. 109, I, da CRFB não menciona tal competência, bem como a competência do STJ para julgar a ação quando a omissão for imputada à autoridade federal. De outro lado, parcela da doutrina sustenta a competência da Justiça Federal quando a autoridade federal (art. 109 da CRFB) é a responsável pela edição da norma e não é indicada no art. 105, I, "h", da CRFB.[107]

---

[107] Nesse sentido: MEIRELLES, Hely; WALD, Arnoldo; MENDES, Gilmar Ferreira. *Mandado de segurança e ações constitucionais*. 33. ed. São Paulo: Malheiros, 2010. p. 327.

Nesse sentido, o STF reconheceu a competência da Justiça Federal para julgar mandado de injunção quando a omissão normativa foi imputada ao Banco Central, autarquia federal, na forma do art. 109, I, da CRFB. Nesse sentido: Hely Lopes Meirelles;[108]

d) **Justiça estadual:** a Constituição Federal não menciona a competência da Justiça Estadual (Tribunais de Justiça e Juízes estaduais) para o julgamento do mandado de injunção, mas isso não pode afastar a sua competência nos casos em que a autoridade responsável pela edição da norma faltante seja estadual (ex.: Governador, Assembleia Legislativa) ou municipal (Prefeito, Câmara de Vereadores), conforme previsão contida nas respectivas Constituições estaduais.

### 25.5.9.7 Procedimento, decisão e coisa julgada

O procedimento para o julgamento do mandado de injunção encontra-se previsto na Lei 13.300/2016, aplicando-se, subsidiariamente, a Lei de mandado de segurança (Lei 12.016/2009) e o Código de Processo Civil.

A petição inicial do mandado de injunção deve indicar, além do órgão impetrado, a pessoa jurídica que ele integra ou aquela a que está vinculado (art. 4.º da Lei 13.300/2016).

Recebida a inicial, será ordenada (art. 5.º da Lei): a) a notificação do impetrado para apresentar informações no prazo de 10 dias e b) a ciência do ajuizamento da ação ao órgão de representação judicial da pessoa jurídica interessada, devendo-lhe ser enviada cópia da petição inicial, para que, querendo, ingresse no feito.

A petição inicial será desde logo indeferida quando a impetração for manifestamente incabível ou manifestamente improcedente.

Contra a decisão do relator que indeferir a inicial, caberá agravo, no prazo de cinco dias, para o órgão colegiado competente para o julgamento da impetração (art. 6.º, *caput* e parágrafo único, da Lei).

A Lei 13.300/2016 não dispõe expressamente sobre a possibilidade de concessão de liminar. Não obstante o entendimento já adotado pelo STF no sentido do descabimento da liminar em mandado de injunção,[109] entendemos que a possibilidade decorre da aplicação analógica da Lei de mandado de segurança e do CPC (art. 14 da Lei 13.300/2016).

Após o prazo das informações, será ouvido o Ministério Público e, em seguida, os autos serão conclusos para decisão.

Há profunda controvérsia quanto aos efeitos da decisão judicial. Sobre o tema existem os seguintes entendimentos:[110]

---

[108] STF, Tribunal Pleno, MI 571 QO/SP, Rel. Min. Sepúlveda Pertence, *DJ* 20.11.1998, p. 5, *Informativo de Jurisprudência do STF* n. 126.

[109] STF, MI 342 AgR/SP, Rel. Min. Moreira Alves, Tribunal Pleno, *DJ* 06.12.1991, p. 80.

[110] Sobre os três entendimentos e as nomenclaturas das teorias (subsidiariedade, independência jurisdicional e resolutividade), vide: QUARESMA, Regina. *O mandado de injunção e a ação de inconstitucionalidade por omissão*: teoria e prática. Rio de Janeiro: Forense, 1995. p. 93. É possível encontrar, ainda, outras nomenclaturas para controvérsia: **a) teoria concretista: a.1) geral**: a decisão judicial cria a norma com efeitos *erga omnes* até a superveniência da lei; **a.2) individual direta**: decisão cria a norma faltante para o caso concreto; **a.3) individual intermediária**: o

**Primeira posição (teoria da subsidiariedade ou não concretista):** o Poder Judiciário se limita a reconhecer a omissão normativa, notificando o órgão ou entidade responsável pela edição da norma faltante para ciência de sua inércia. Nesse caso, a decisão seria declaratória e semelhante à decisão proferida na ação direta de inconstitucionalidade por omissão. Nesse sentido: Hely Meirelles, Arnoldo Wald e Gilmar Ferreira Mendes.[111]

**Segunda posição (teoria da independência jurisdicional ou concretista geral):** o Poder Judiciário poderia editar a norma faltante com eficácia para todas as situações idênticas. A decisão judicial seria constitutiva e *erga omnes*.

**Terceira posição (teoria concretista individual intermediária):** a decisão judicial estabelece prazo para o Legislativo elaborar a norma e, em caso de descumprimento do referido prazo, o direito será viabilizado pelo próprio Poder Judiciário.

**Quarta posição (teoria da resolutividade ou concretista individual direta):** a decisão judicial pode reconhecer a omissão legislativa e criar a norma faltante para o caso concreto, superando a lacuna legislativa e assegurando o direito, a liberdade ou a prerrogativa do impetrante. Nesse sentido: Luís Roberto Barroso, Regina Quaresma, Maria Sylvia Zanella Di Pietro, José dos Santos Carvalho Filho, Sérgio Bermudes, Celso Agrícola Barbi, José Afonso da Silva.[112]

Entendemos que o Poder Judiciário pode criar a norma faltante para o caso concreto com efeitos entre as partes do processo, viabilizando, desde logo, o exercício dos direitos constitucionais tutelados. A simples notificação do órgão competente para dar ciência de sua mora normativa tornaria o mandado de injunção inócuo. Da mesma forma, a eventual notificação com estipulação de prazo para elaboração da norma faltante pelo impetrado ou a criação da norma jurídica com efeitos *erga omnes* pelo Poder Judiciário colocaria em risco o princípio da separação de poderes.

A jurisprudência do STF evoluiu ao longo do tempo. Inicialmente, a tese da subsidiariedade foi adotada e a Corte se limitava a notificar o órgão responsável por sua omissão (ex.: MI 323/DF). Em seguida, admitiu-se a fixação de prazo para edição da norma faltante, sob pena de indenização ao prejudicado na via judicial própria (ex.: MI 283/DF).

Atualmente, o STF admite a criação da norma faltante pelo Poder Judiciário quando da procedência do mandado de injunção. Mencione-se, por exemplo, o direito de greve dos

---

Judiciário fixa prazo para o Legislativo elaborar a norma, sob pena de o direito do autor, ao final do referido prazo, ser assegurado; **b) não concretista:** decisão apenas reconhece a mora do Legislativo. MORAES, Alexandre de. *Direito constitucional.* 24. ed. São Paulo: Atlas, 2009. p. 175.

[111] MEIRELLES, Hely; WALD, Arnoldo; MENDES, Gilmar Ferreira. *Mandado de segurança e ações constitucionais.* 33. ed. São Paulo: Malheiros, 2010. p. 330. A jurisprudência tradicional do STF consagrou o mesmo entendimento: STF, Tribunal Pleno, MI 107/DF, Rel. Min. Moreira Alves, *DJ* 02.08.1991, p. 9916; STF, Tribunal Pleno, MI 323/DF, Rel. Min. Moreira Alves, *DJ* 09.12.1994, p. 34080.

[112] BARROSO, Luís Roberto. *O controle de constitucionalidade no direito brasileiro.* 4. ed. São Paulo: Saraiva, 2009. p. 138; QUARESMA, Regina. *O mandado de injunção e a ação de inconstitucionalidade por omissão:* teoria e prática. Rio de Janeiro: Forense, 1995. p. 93; DI PIETRO, Maria Sylvia Zanella. *Direito administrativo.* 22. ed. São Paulo: Atlas, 2009. p. 765; CARVALHO FILHO, José dos Santos. *Manual de direito administrativo.* 24. ed. Rio de Janeiro: Lumen Juris, 2011. p. 973; BERMUDES, Sérgio. O mandado de injunção. *RT*, n. 642, p. 24, abr. 1989; BARBI, Celso Agrícola. Mandado de injunção. In: TEIXEIRA, Sálvio de Figueiredo (Coord.). *Mandados de segurança e de injunção.* São Paulo: Saraiva, 1990. p. 391; SILVA, José Afonso da. Mandado de injunção. In: TEIXEIRA, Sálvio de Figueiredo (Coord.). *Mandados de segurança e de injunção.* São Paulo: Saraiva, 1990. p. 400-401.

servidores estatuários, consagrado no art. 37, VII, da CRFB e carente de regulamentação pelo legislador até o momento. Na hipótese, o STF determinou a aplicação analógica da Lei 7.783/1989, enquanto a omissão não for devidamente regulamentada por lei específica.[113]

Da mesma forma, ao julgar mandado de injunção relacionado à inércia na regulamentação da aposentadoria especial dos servidores públicos estatutários prevista no art. 40, § 4.º, da CRFB, o STF determinou a aplicação analógica do art. 57 da Lei 8.213/1991 que rege os trabalhadores em geral.[114]

A Lei 13.300/2016 adotou, em regra, a teoria concretista individual intermediária, uma vez que a injunção será deferida para fixar prazo razoável para que o impetrado promova a edição da norma regulamentadora (art. 8.º, I, da Lei).

Ultrapassado o referido prazo, sem a edição da norma regulamentadora, abre-se caminho para a aplicação da teoria concretista direta, a decisão judicial fixará as condições em que se dará o exercício dos direitos, das liberdades ou das prerrogativas reclamados ou, se for o caso, as condições em que poderá o interessado promover ação própria visando a exercê-los (art. 8.º, II, da Lei).

A decisão, no mandado de injunção individual, terá eficácia subjetiva limitada às partes e produzirá efeitos até o advento da norma regulamentadora (art. 9.º da Lei).

No mandado de injunção coletivo, a decisão fará coisa julgada limitadamente às pessoas integrantes da coletividade, do grupo, da classe ou da categoria substituídos pelo impetrante (art. 13 da Lei). Frise-se, que o mandado de injunção coletivo não induz litispendência em relação aos individuais, mas os efeitos da coisa julgada não beneficiarão o impetrante que não requerer a desistência da demanda individual no prazo de 30 dias a contar da ciência comprovada da impetração coletiva (art. 13, parágrafo único, da Lei).

É possível, no entanto, a concessão de eficácia ultra partes ou *erga omnes* à decisão nos mandados de injunção, individuais ou coletivos, quando isso for inerente ou indispensável ao exercício do direito, da liberdade ou da prerrogativa objeto da impetração (art. 9.º, § 1.º). Da mesma forma, com o trânsito em julgado da decisão, seus efeitos poderão ser estendidos aos casos análogos por decisão monocrática do relator (art. 9.º, § 2.º).

O indeferimento do pedido por insuficiência de prova não impede a renovação da impetração fundada em outros elementos probatórios (art. 9.º, § 3.º).

O art. 10 da Lei 13.300/2016 admite a propositura da ação de revisão da decisão proferida em sede de mandado de injunção. Nesse caso, sem prejuízo dos efeitos já produzidos, qualquer interessado poderá solicitar a revisão da decisão quando sobrevierem relevantes modificações das circunstâncias de fato ou de direito.

Conforme sustentamos em edições anteriores desta obra, a coisa julgada, no mandado de injunção, limitar-se-ia ao período da omissão, devendo ser afastada quando da edição

---

[113] STF, Tribunal Pleno, MI 670/ES, Rel. p/ acórdão Min. Gilmar Mendes, *DJe*-206 31.10.2008, p. 1; MI 708/DF, Rel. Min. Gilmar Mendes, Tribunal Pleno, *DJe*-206 31.10.2008, p. 207; MI 712/PR, Rel. Min. Eros Grau, Tribunal Pleno, *DJe*-206 31.10.2008, p. 384, *Informativo de Jurisprudência do STF* n. 485.
[114] STF, Tribunal Pleno, MI 721/DF, Rel. Min. Marco Aurélio, *DJe*-152 30.11.2007, *Informativo de Jurisprudência do STF* n. 477.

da norma faltante pelo órgão competente. Isto porque a decisão proferida no mandado de injunção tem por objetivo regulamentar o direito constitucional ainda não regulamentado pelo órgão competente, o que revela o caráter "temporário" dessa decisão judicial.[115] Não obstante a tese aqui defendida, o art. 11 da Lei 13.300/2016 dispõe que a norma regulamentadora superveniente produzirá efeitos *ex nunc* em relação aos beneficiados por decisão transitada em julgado, salvo se a aplicação da norma editada lhes for mais favorável. Caso a norma regulamentadora seja editada antes da decisão, a impetração do mandado de injunção restará prejudicada e o processo será extinto sem resolução de mérito (art. 11, parágrafo único, da Lei).

### 25.5.9.8 Mandado de injunção x ação direta de inconstitucionalidade por omissão

O mandado de injunção e a ação direta de inconstitucionalidade por omissão representam dois instrumentos jurídicos, consagrados na Constituição, que buscam corrigir as omissões inconstitucionais.

No entanto, existem importantes diferenças entre os dois institutos que podem ser exemplificadas no quadro comparativo a seguir:

| Ações<br>Critérios | Ação direta de inconstitucionalidade por omissão | Mandado de injunção |
|---|---|---|
| **Fonte normativa** | Art. 103, § 2.º, da CRFB | Art. 5.º, LXXI, da CRFB |
| **Legitimidade ativa** | Legitimados previstos no art. 103 da CRFB (legitimação extraordinária): Presidente da República; Mesa do Senado Federal; Mesa da Câmara dos Deputados; Mesa de Assembleia Legislativa ou da Câmara Legislativa do DF; Governador de Estado ou do DF; Procurador-Geral da República; Conselho Federal da Ordem dos Advogados do Brasil; partido político com representação no Congresso Nacional; confederação sindical ou entidade de classe de âmbito nacional | Todas as pessoas prejudicadas pela ausência da norma regulamentadora (legitimação ordinária ou extraordinária) |
| **Legitimidade passiva** | Órgão ou pessoa responsável pela produção da norma faltante | Apesar das controvérsias, entendemos que a legitimidade passiva é da autoridade ou órgão responsável pela mora legislativa |

---

[115] Nesse sentido: MAZZEI, Rodrigo. Mandado de injunção. In: DIDIER JR., Fredie (Org.). *Ações constitucionais*. 5. ed. Salvador: JusPodivm, 2011. p. 266-267. Ao contrário, Di Pietro sustenta que a coisa julgada da decisão proferida no mandado de injunção não pode ser alterada por norma legal ou regulamentar posterior (DI PIETRO, Maria Sylvia Zanella. *Direito administrativo*. 22. ed. São Paulo: Atlas, 2009. p. 765).

| Ações \ Critérios | Ação direta de inconstitucionalidade por omissão | Mandado de injunção |
|---|---|---|
| Objeto | Amplo: toda e qualquer omissão legislativa inconstitucional | Restrito: omissão normativa que torne inviável o exercício dos direitos e liberdades constitucionais e das prerrogativas inerentes à nacionalidade, à soberania e à cidadania |
| Competência | Competência originária do STF (art. 102, I, "a", da CRFB) | Competência dos tribunais em geral e dos juízes de primeira instância |
| Decisão | Eficácia *erga omnes* e notificação do Poder competente para a adoção das providências necessárias e, tratando-se de órgão administrativo, para fazê-lo em 30 dias | Eficácia *inter partes* e criação da norma faltante para o caso concreto, assegurando o direito, a liberdade ou a prerrogativa do impetrante |
| Tipo de controle da omissão inconstitucional | Controle abstrato | Controle incidental ou concreto |

### 25.5.10 *Habeas data*

#### 25.5.10.1 *Conceito e fontes normativas*

O *habeas data* é a ação constitucional que tem por objetivo assegurar o conhecimento, retificação ou anotação de informações relativas à pessoa do impetrante, constantes de registros ou bancos de dados de entidades governamentais ou de caráter público.

A referida garantia constitucional encontra-se prevista no art. 5.º, LXXII, da CRFB, regulamentada pela Lei 9.507/1997.

#### 25.5.10.2 *Legitimidade*

##### 25.5.10.2.1 Legitimidade ativa

O *habeas data* pode ser impetrado por qualquer pessoa, física ou jurídica, nacional ou estrangeira.

Os legitimados ativos somente podem utilizar o *habeas data* para requerer informações que lhes dizem respeito (legitimação ordinária), sendo vedada a sua utilização para pleitear informações de terceiros. Excepcionalmente, o STJ admite que o cônjuge supérstite impetre o remédio jurídico na defesa de interesse do falecido.[116]

É vedada a legitimidade extraordinária, tendo em vista a ausência de previsão legal nesse sentido (art. 18 do CPC). Dessa forma, inexiste o denominado "*habeas data* coletivo". É inviável, por exemplo, a impetração do *habeas data* pelo Ministério Público, salvo na hipótese excepcional em que as informações são de interesse do próprio *Parquet*.[117]

---

[116] STJ, 3.ª Seção, HD 147/DF, Rel. Min. Arnaldo Esteves Lima, *DJ* 28.02.2008, p. 69, *Informativo de Jurisprudência do STJ* n. 342.

[117] NEVES, Daniel Amorim Assumpção. *Ações constitucionais*. São Paulo: Método, 2011. p. 350.

### 25.5.10.2.2 Legitimidade passiva

Os legitimados passivos do *habeas data* são as "entidades governamentais ou de caráter público" (art. 5.º, LXXII, "a", da CRFB).

As entidades governamentais incluem todos os órgãos e entidades da Administração Pública Direta e Indireta dos Poderes Executivo, Legislativo e Judiciário.

Por outro lado, as entidades de caráter público são as entidades privadas, não integrantes da Administração Pública, responsáveis por registros ou banco de dados de acesso ao público em geral.[118] De acordo com o art. 1.º, parágrafo único, da Lei 9.507/1997, "considera-se de caráter público todo registro ou banco de dados contendo informações que sejam ou que possam ser transmitidas a terceiros ou que não sejam de uso privativo do órgão ou entidade produtora ou depositária das informações" (ex.: Serviço de Proteção ao Crédito – SPC).[119]

### 25.5.10.3 Objeto

O *habeas data* possui três objetivos distintos (art. 5.º, LXXII, da CRFB e art. 7.º da Lei 9.507/1997):

a) conhecimento de informações relativas à pessoa do impetrante, constantes de registros ou bancos de dados de entidades governamentais ou de caráter público;

b) para a retificação de dados, quando não se prefira fazê-lo por processo sigiloso, judicial ou administrativo; e

c) anotação nos assentamentos do interessado, de contestação ou explicação sobre dado verdadeiro, mas justificável, e que esteja sob pendência judicial ou amigável.[120]

Trata-se de remédio constitucional que garante o direito de informação, consagrado no art. 5.º, XIV, da CRFB, que dispõe: "é assegurado a todos o acesso à informação e resguardado o sigilo da fonte, quando necessário ao exercício profissional".[121]

---

[118] O STJ afirmou a inidoneidade do *habeas data* quando as informações solicitadas constarem de inquérito que tramita em segredo de justiça (AgRg nos EDcl no HD 98/DF, Rel. Min. Teori Albino Zavascki, 1.ª Seção, *DJ* 11.10.2004, p. 211). Em outra oportunidade, o STJ inadmitiu a utilização do *habeas data* para buscar dados de uso privativo do órgão depositário das informações (HD 56/DF, Rel. Min. Felix Fischer, 3.ª Seção, *DJ* 29.05.2000, p. 108).

[119] O art. 43, § 4.º, do CDC dispõe: "Art. 43. O consumidor, sem prejuízo do disposto no art. 86, terá acesso às informações existentes em cadastros, fichas, registros e dados pessoais e de consumo arquivados sobre ele, bem como sobre as suas respectivas fontes. [...] § 4.º Os bancos de dados e cadastros relativos a consumidores, os serviços de proteção ao crédito e congêneres são considerados entidades de caráter público".

[120] O STJ entende ser inviável que, em um mesmo *habeas data*, se assegure o conhecimento de informações e se determine a sua retificação (STJ, 1.ª Seção, HD 160/DF, Rel. Min. Denise Arruda, *DJe* 22.09.2008, *Informativo de Jurisprudência do STJ* n. 365).

[121] De acordo com o STJ, não cabe *habeas data* para acesso a dados do registro de procedimento fiscal, uma vez que o Registro de Procedimento Fiscal (RPF), documento de uso privativo da Receita Federal, não tem caráter público, nem pode ser transmitido a terceiros (STJ, 2.ª Turma, REsp 1.411.585/PE, Rel. Min. Humberto Martins, *DJe* 15.08.2014, *Informativo de Jurisprudência do STJ* n. 548).

Vale ressaltar, nesse ponto, que o *habeas data* é destinado ao conhecimento, retificação e anotação de informações relacionadas ao próprio impetrante. Por essa razão, o remédio constitucional não pode ser utilizado para obtenção das informações de interesse coletivo ou geral, mencionadas no art. 5.º, XXXIII, da CRFB ("todos têm direito a receber dos órgãos públicos informações de seu interesse particular, ou de interesse coletivo ou geral, que serão prestadas no prazo da lei, sob pena de responsabilidade, ressalvadas aquelas cujo sigilo seja imprescindível à segurança da sociedade e do Estado").[122] Para as informações de interesse coletivo e geral, no entanto, poderia o interessado se valer do mandado de segurança.

A utilização do *habeas data* está condicionada à recusa de informações por parte da autoridade administrativa (Súmula 2 do STJ). Nesse sentido, o art. 8.º, parágrafo único, da Lei 9.507/1997 dispõe que o *habeas data* depende da comprovação da recusa ao acesso das informações ou do decurso de mais de dez dias sem decisão administrativa e, no caso de retificação ou anotação de informações, do decurso de mais de 15 dias sem decisão da autoridade competente. O fornecimento pela Administração de informações incompletas ou insuficientes equivale à recusa e justifica a impetração do *habeas data*.[123]

A necessidade de recusa da autoridade administrativa não contraria o princípio constitucional da inafastabilidade da tutela jurisdicional. Em verdade, a exigência relaciona-se com o interesse processual. Com a recusa administrativa, expressa ou implícita, o interessado demonstraria a necessidade do remédio constitucional e da tutela jurisdicional para tutelar seus interesses.

### 25.5.10.4 Prazo

Ao contrário do mandado de segurança, que deve ser impetrado no prazo decadencial de 120 dias (art. 23 da Lei 12.016/2009), a Lei 9.507/1997 não estabeleceu prazo decadencial para impetração de *habeas data*. Igualmente, não foi fixado prazo prescricional, razão pela qual o *habeas data* pode ser utilizado a qualquer momento pelo interessado.[124]

### 25.5.10.5 Competência

A competência para processo e julgamento do *habeas data* encontra-se prevista nos arts. 102, I, "d", e II, "a"; 105, I, "b"; 108, I, "c"; 109, VIII; 114, IV; e 121, § 4.º, V, da CRFB, bem como no art. 20 da Lei 9.507/1997, conforme demonstrado a seguir:

a) **STF:** *habeas data* contra atos do Presidente da República, das Mesas da Câmara dos Deputados e do Senado Federal, do Tribunal de Contas da União, do Pro-

---

[122] Nesse sentido: DI PIETRO, Maria Sylvia Zanella. *Direito administrativo*. 22. ed. São Paulo: Atlas, 2009. p. 757; BUENO, Cassio Scarpinella. *Habeas data*. In: DIDIER JR., Fredie (Org.). *Ações constitucionais*. 5. ed. Salvador: Juspodivm, 2011. p. 69. Registre-se que o STJ não admite a impetração do *habeas data* para obtenção de informações constantes em inquérito sigiloso (AgRg nos EDcl no HD 98/DF, Rel. Min. Teori Albino Zavascki, 1.ª Seção, *DJ* 11.10.2004, p. 211, *Informativo de Jurisprudência do STJ* n. 222).

[123] STJ, 3.ª Seção, HD 149/DF, Rel. Min. Nilson Naves, *DJe* 26.08.2009.

[124] Nesse sentido, MEIRELLES, Hely; WALD, Arnoldo; MENDES, Gilmar Ferreira. *Mandado de segurança e ações constitucionais*. 33. ed. São Paulo: Malheiros, 2010. p. 366.

curador-Geral da República e do próprio Supremo Tribunal Federal. Compete ao STF julgar, em recurso ordinário, o *habeas data* decidido em única instância pelos Tribunais Superiores, se denegatória a decisão (art. 102, II, "a", da CRFB);

b) **STJ:** *habeas data* contra atos de Ministro de Estado ou do próprio Tribunal;
c) **Tribunal Regional Federal:** *habeas data* contra atos do próprio Tribunal ou de juiz federal;
d) **Juízes federais:** contra ato de autoridade federal, excetuados os casos de competência dos tribunais federais;
e) **Justiça estadual:** a competência é residual, pois abrange todas as demais hipóteses que não estão inseridas na competência dos tribunais superiores ou da Justiça Federal. A competência dos tribunais e dos juízes estaduais encontra-se definida nas respectivas Constituições estaduais, normas de organização e divisão judiciárias, bem como nos Regimentos Internos dos tribunais.

### 25.5.10.6 Procedimento, decisão e coisa julgada

O procedimento pode ser dividido em duas fases:

a) **Fase pré-judicial ou pré-processual** (arts. 2.º a 4.º da Lei 9.507/1997): o interessado, na via administrativa, deve apresentar requerimento de obtenção, retificação ou anotação de informações ao órgão ou entidade depositária do registro ou banco de dados. O pedido deve ser analisado no prazo de 48 horas e a decisão comunicada ao interessado em até 24 horas.

Na hipótese de recusa ou omissão por mais de dez dias para análise do pedido de conhecimento da informação, bem como omissão por mais de 15 dias para decisão quando ao pedido de retificação ou anotação de informação, o interessado poderá propor a ação judicial de *habeas data*, uma vez existente o interesse de agir, iniciando a fase judicial (art. 8.º, parágrafo único, I a III, da Lei 9.507/1997).

b) **Fase judicial ou judicial** (arts. 8.º a 21 da Lei 9.507/1997): o procedimento é similar ao previsto para o mandado de segurança. O interessado propõe a ação de *habeas data* perante o órgão jurisdicional competente, instruindo a petição inicial com documentos que demonstrem a recusa administrativa (prova pré-constituída). É vedada a dilação probatória. Ao despachar a inicial, o juiz notificará a autoridade coatora para apresentação de informações no prazo de dez dias. Em seguida, os autos são encaminhados ao Ministério Público (*custos legis*) para emissão de parecer no prazo de cinco dias. Ao final, os autos serão conclusos ao juiz para proferir decisão em cinco dias.

Os processos de *habeas data* terão prioridade sobre os demais processos, exceto *habeas corpus* e mandado de segurança (art. 19 da Lei 9.507/1997).

Apesar da omissão legal, entendemos ser possível a concessão de liminar na ação de *habeas data*, com fundamento no art. 294 do CPC.

A decisão que julgar procedente o pedido formulado no *habeas data* designará data e horário para que a autoridade coatora apresente ao impetrante as informações a seu respeito ou apresente em juízo a prova da retificação ou da anotação feita nos assentamentos do impetrante (art. 13 da Lei 9.507/1997).

A sentença concessiva, no caso de pedido de conhecimento de informações, possui natureza declaratória e, na hipótese de retificação ou anotação de informações, natureza constitutiva.

Na hipótese de decisão denegatória, sem apreciação do mérito, o pedido de *habeas data* poderá ser renovado, pois inexistente a coisa julgada material (art. 18 da Lei 9.507/1997).

O procedimento administrativo prévio e a ação de *habeas data* são gratuitos (art. 5.º, LXXVII, da CRFB e art. 21 da Lei 9.507/1997). Por essa razão, a decisão não condenará o vencido ao pagamento de custas ou de honorários advocatícios.

Cabe apelação contra a sentença que conceder ou negar o *habeas data* (art. 15, *caput*, da Lei 9.507/1997), bem como na extinção do processo sem julgamento do mérito. Quando a sentença conceder o *habeas data*, o recurso terá efeito meramente devolutivo (art. 15, parágrafo único, da Lei 9.507/1997). Ao revés, o recurso terá duplo efeito (devolutivo e suspensivo) nas demais hipóteses.

Não obstante a referência legal apenas ao recurso de apelação contra a sentença proferida pelo Juízo de primeiro grau, os demais recursos previstos no CPC e no texto constitucional devem ser admitidos. Assim, por exemplo, cabe recurso ordinário ao STF quando o *habeas data* for decidido originariamente pelos Tribunais Superiores, se denegatória a decisão (art. 102, II, "a", da CRFB). Da mesma forma, é admissível a interposição de agravo de instrumento, agravo interno, embargos de declaração, recurso especial, recurso extraordinário, entre outros.

Admite-se, ainda, a formulação de pedido de suspensão dos efeitos da decisão concessiva do *habeas data*. Nesse caso, o Presidente do Tribunal, competente para o conhecimento do recurso, pode ordenar a suspensão da execução da sentença, cabendo agravo interno para o respectivo Tribunal (art. 16 da Lei 9.507/1997).

### 25.5.11 Ação popular

#### 25.5.11.1 Conceito e fontes normativas

A ação popular é a ação constitucional que pode ser proposta por todo e qualquer cidadão com o objetivo de invalidar atos e contratos administrativos considerados ilegais e lesivos ao patrimônio público, à moralidade administrativa, ao meio ambiente e ao patrimônio histórico e cultural.

Trata-se de instrumento jurídico previsto no art. 5.º, LXXIII, da CRFB e na Lei 4.717/1965.

#### 25.5.11.2 Legitimidade

##### 25.5.11.2.1 Legitimidade ativa

A legitimidade para propositura da ação popular é do **cidadão**, ou seja, o indivíduo que se encontra no pleno gozo de seus direitos políticos ativos (capacidade de votar).

O autor da ação, por isso, deve instruir a petição inicial com o título de eleitor (art. 1.º, § 3.º, da Lei 4.717/1965).

Os eleitores, entre 16 e 18 anos de idade (relativamente incapazes – art. 4.º, I, do CC), podem figurar no polo ativo da relação processual. Discute-se, todavia, a necessidade de assistência: de um lado, alguns autores sustentam a necessidade de assistência, tendo em vista que a legitimidade ativa não se confunde com a capacidade civil e processual (art. 70 do CPC); de outro lado, parcela da doutrina, com a qual concordamos, afirma a desnecessidade de assistência, pois a ação popular seria inerente ao direito político do cidadão. Registre-se que a legitimidade ativa não se vincula ao domicílio eleitoral.

O cidadão possui legitimidade ativa, mas não detém capacidade postulatória, razão pela qual deverá ser representado em juízo por advogado, salvo na hipótese em que o próprio cidadão for advogado.

Admite-se o litisconsórcio ativo, sendo facultado a qualquer cidadão habilitar-se como litisconsorte ou assistente do autor da ação popular (art. 6.º, § 5.º, da Lei 4.717/1965).

O autor popular está isento de custas judiciais e do ônus da sucumbência, salvo comprovada má-fé (art. 5.º, LXXIII, da CRFB).

Não possuem legitimidade para utilização da ação popular:

a) **estrangeiros**, pois não possuem capacidade eleitoral ativa (art. 14, § 2.º, da CRFB), ressalvados os portugueses equiparados (art. 12, § 1.º, da CRFB);

b) **indivíduos com direitos políticos suspensos** (ex.: suspensão de direitos políticos decretada na ação de improbidade administrativa – art. 12 da Lei 8.429/1992);

c) **as pessoas jurídicas** (Súmula 365 do STF).

Da mesma forma, o Ministério Público, que atua como *custos legis* (fiscal da lei) na ação popular, não possui legitimidade ativa. Todavia, na hipótese de desistência do autor popular, o *Parquet* poderá ocupar o polo ativo da relação processual para promover o prosseguimento da ação (art. 9.º da Lei 4.717/1965).

### 25.5.11.2.2 Legitimidade passiva

A legitimidade passiva na ação popular engloba as seguintes pessoas (art. 5.º, LXXIII, da CRFB e arts. 1.º e 6.º da Lei 4.717/1965):

a) **entes da Administração Pública Direta** (União, Estados, Distrito Federal e Municípios);

b) **entidades da Administração Pública Indireta** (autarquias, empresas públicas, sociedades de economia mista e fundações estatais de direito público e de direito privado), incluídas as empresas incorporadas ao patrimônio público;

c) **entidades privadas com participação do Estado**, que são sociedades de mera participação acionária do Estado;

d) **entidades privadas que recebem subvenção dos cofres públicos**, incluídas aquelas para cuja criação ou custeio o erário haja concorrido ou concorra com mais de cinquenta por cento do patrimônio ou da receita anual (ex.: Serviços Sociais Autônomos – Sistema S, Organizações Sociais – OS, Organizações da Sociedade Civil de Interesse Público – OSCIPs etc.);

e) **autoridades, funcionários ou administradores** que houverem autorizado, aprovado, ratificado ou praticado o ato impugnado, ou que, por omissão, tiverem dado oportunidade à lesão; e

f) **beneficiários diretos do ato.**

Todos os legitimados devem figurar no polo passivo da relação processual, pois se trata de litisconsórcio passivo necessário simples.[125]

As pessoas jurídicas de direito público e de direito privado, uma vez citadas, podem encampar o pedido, atuando no polo ativo, em litisconsórcio com o autor popular (art. 6.º, § 3.º, da Lei 4.717/1965).

O prazo para apresentação da contestação de vinte dias, prorrogáveis por igual período, a requerimento do interessado, se particularmente difícil a produção de prova documental, será comum a todos os interessados (art. 7.º, IV, da Lei 4.717/1965). A prorrogação deve ser solicitada dentro do prazo original de vinte dias, sob pena de preclusão.

### 25.5.11.3 Objeto

A ação popular tem por objetivo anular os atos e contratos, ilegais e lesivos ao patrimônio público, à moralidade administrativa, ao meio ambiente e ao patrimônio histórico e cultural (art. 5.º, LXXIII, da CRFB).

Prevalece o entendimento de que é necessária a comprovação, por parte do autor, da ilegalidade e da lesividade (real ou presumida) aos bens tutelados pela ação popular.[126] A ilegalidade, no caso, deve ser considerada em seu sentido amplo (juridicidade) para abranger toda e qualquer violação ao ordenamento jurídico (regras e princípios). Já a lesividade pressupõe a demonstração de dano efetivo, salvo na hipótese em que a própria Lei enumera os casos de ilegalidade (art. 4.º da Lei 4.717/1965), quando a lesividade será presumida.

O pedido formulado na ação popular será a anulação do ato ilegal e lesivo, bem como a condenação dos responsáveis ao pagamento de indenização (art. 11 da Lei 4.717/1965).

### 25.5.11.4 Prazo

O prazo prescricional na ação popular é de cinco anos (art. 21 da Lei 4.717/1965), ressalvada a hipótese de ressarcimento ao erário, considerada, pela doutrina majoritária, imprescritível nos termos do art. 37, § 5.º, da CRFB.

---

[125] STJ, 1.ª Turma, REsp 879.999/MA, Rel. Min. Luiz Fux, *DJe* 22.09.2008, *Informativo de Jurisprudência do STJ* n. 366; REsp 258.122/PR, Rel. Min. João Otávio de Noronha, 2.ª Turma, *DJ* 05.06.2007, p. 302, *Informativo de Jurisprudência do STJ* n. 311.

[126] Nesse sentido: CARVALHO FILHO, José dos Santos. *Manual de direito administrativo*. 24. ed. Rio de Janeiro: Lumen Juris, 2011. p. 967.

## 25.5.11.5 Competência

A competência para processo e julgamento da ação popular é do Juízo de primeira instância, federal ou estadual, conforme a origem do ato impugnado (art. 5.º da Lei 4.717/1965). Não se aplica o foro por prerrogativa de função às ações populares.[127]

Excepcionalmente, nas situações previstas expressamente no texto constitucional, a competência poderá ser originária dos tribunais. O STF, por exemplo, determinou a sua competência para o julgamento da ação popular na hipótese de conflito federativo consubstanciado em causas e conflitos entre a União e os Estados, a União e o Distrito Federal, ou entre uns e outros, inclusive as respectivas entidades da administração indireta (art. 102, I, "f", da CRFB).[128]

## 25.5.11.6 Procedimento, decisão e coisa julgada

A ação popular segue, em regra, o procedimento ordinário, ressalvadas algumas peculiaridades, tais como a necessidade de instrução da petição inicial com o título de eleitor (art. 1.º, § 3.º, da Lei 4.717/1965) e o prazo de contestação de 20 dias, prorrogável por igual período, a requerimento do interessado, na hipótese de dificuldade na produção de prova documental (art. 7.º, IV, da Lei 4.717/1965), além das demais peculiaridades apontadas nos itens anteriores.

A sentença que julgar procedente o pedido decretará a invalidade do ato ilegal e lesivo, bem como condenará os responsáveis ao pagamento de indenização, custas judiciais, honorários advocatícios e outras despesas (arts. 11 e 12 da Lei 4.717/1965). Verifica-se que a sentença de procedência possui conteúdo constitutivo (anulação do ato) e condenatório (perdas e danos). Ademais, a apelação interposta contra a sentença de procedência tem efeito suspensivo (art. 19 da Lei 4.717/1965).

Por outro lado, a sentença de improcedência é meramente declaratória, inexistindo, em regra, condenação do autor ao pagamento de custas judiciais e do ônus da sucumbência, salvo na hipótese de comprovada má-fé (art. 5.º, LXXIII, da CRFB). Quando a lide for manifestamente temerária, a sentença condenará o autor ao pagamento do décuplo das custas (art. 13 da Lei 4.717/1965).

A sentença que concluir pela carência ou pela improcedência da ação está sujeita ao duplo grau de jurisdição (reexame necessário), não produzindo efeitos senão depois de confirmada pelo tribunal (art. 19 da Lei 4.717/1965).

Quanto à legitimidade recursal, além das partes e do Ministério Público (este último atua como *custos legis*), a Lei reconhece legitimidade para qualquer cidadão recorrer das decisões proferidas contra o autor da ação (art. 19, § 2.º, da Lei 4.717/1965).

---

[127] De acordo com o STF, "não é da competência originária do STF conhecer de ações populares, ainda que o réu seja autoridade que tenha na Corte o seu foro por prerrogativa de função para os processos previstos na Constituição" (Pet 3.152 AgR/PA Rel. Min. Sepúlveda Pertence, Tribunal Pleno, *DJ* 20.08.2004, p. 37), mesmo nas ações populares propostas em face do Presidente da República (STF, Pet 5.856/DF, Rel. Min. Celso de Mello, *Informativo de Jurisprudência do STF* 811).

[128] STF, Tribunal Pleno, ACO 622 QO/RJ Rel. Min. Ilmar Galvão, *DJe*-026 15.02.2008, *Informativo de Jurisprudência do STF* n. 487.

Por fim, a sentença terá eficácia de coisa julgada oponível *erga omnes*, salvo na hipótese de improcedência do pedido que permite a propositura de outra ação com idêntico fundamento, valendo-se de nova prova (art. 18 da Lei 4.717/1965).[129]

### 25.5.12 Ação civil pública

#### 25.5.12.1 Conceito e fontes normativas

A ação civil pública é o instrumento processual que tem por objetivo prevenir ou reprimir danos causados a qualquer interesse difuso ou coletivo. Não se trata, portanto, de mecanismo de controle exclusivamente da Administração, mas, sim, dos interesses coletivos em sentido amplo de toda a sociedade.

Trata-se de instrumento jurídico previsto no art. 129, III, da CRFB, regulamentado pela Lei 7.437/1985.

#### 25.5.12.2 Legitimidade

##### 25.5.12.2.1 Legitimidade ativa

A legitimidade para propositura da ação civil pública é restrita aos indicados no art. 5.º da Lei 7.347/1985, quais sejam:

a) **Ministério Público**;
b) **Defensoria Pública**;
c) **Entes federados** (União, Estados, Distrito Federal e Municípios);
d) **Entidades da Administração Pública Indireta** (autarquias, empresas públicas, sociedades de economia mista e fundações estatais de direito público e de direito privado); e
e) **Associações constituídas há, pelo menos, um ano e que tenham por finalidade institucional a proteção de interesses difusos ou coletivos** (ex.: defesa do meio ambiente, do consumidor etc.).

Em relação ao Ministério Público, a legitimidade restringe-se aos interesses coletivos em sentido estrito, difusos e individuais homogêneos indisponíveis, carecendo de legitimidade o órgão ministerial para tutelar direitos individuais homogêneos disponíveis, tendo em vista o disposto no art. 127 da CRFB: "O Ministério Público é instituição permanente, essencial à função jurisdicional do Estado, incumbindo-lhe a defesa da ordem jurídica, do regime democrático e dos interesses sociais e individuais indisponíveis".[130]

---

[129] Vide, também, o art. 103, I, do CDC: "Art. 103. Nas ações coletivas de que trata este código, a sentença fará coisa julgada: I – *erga omnes*, exceto se o pedido for julgado improcedente por insuficiência de provas, hipótese em que qualquer legitimado poderá intentar outra ação, com idêntico fundamento valendo-se de nova prova, na hipótese do inciso I do parágrafo único do art. 81".

[130] Nesse sentido: BARROSO, Luís Roberto. *O direito constitucional e a efetividade de suas normas*. Rio de Janeiro: Renovar, 2001. p. 228. Com o cancelamento da Súmula 470 do STJ e na linha do entendimento do STF, os tribunais superiores reconhecem a legitimidade do Ministério Público para pleitear, em ação civil pública, a indenização

A legitimidade do Ministério Público estadual e federal dependerá das atribuições de cada órgão ministerial. Portanto, o Ministério Público estadual não possui legitimidade para discutir direitos e interesses incluídos nas atribuições do Ministério Público federal, sendo vedado, inclusive, o litisconsórcio nesse caso.[131]

Ademais, o Ministério Público não possui legitimidade para defesa do interesse público secundário que pertence à pessoa jurídica interessada e deve ser defendido pelo respectivo órgão jurídico (Procuradorias federais, estaduais e municipais), tendo em vista o disposto no art. 129, IX, da CRFB.[132] Por essa razão, a Súmula 329 do STJ, ao estabelecer que "o Ministério Público tem legitimidade para propor ação civil pública em defesa do patrimônio público", deve ser compreendida nos termos aqui apontados.

Nas ações propostas por outros legitimados ativos, o Ministério Público atuará obrigatoriamente como fiscal da lei e assumirá o polo ativo da demanda em caso de desistência infundada ou abandono da ação por associação legitimada (art. 5.º, §§ 1.º e 3.º, da Lei 7.347/1985).

Quanto à Defensoria Pública, apesar da existência do entendimento de que a legitimidade seria apenas para a tutela dos interesses coletivos ou individuais homogêneos (excluídos os difusos) relativos aos "necessitados" (arts. 5.º, LXXIV, e 134 da CRFB), o STF definiu a questão ao reconhecer que a legitimidade englobaria a tutela de interesses coletivos em sentido estrito, difusos e individuais homogêneos.[133]

---

decorrente do DPVAT em benefício do segurado. STF, RE 631.111/GO, Tribunal Pleno, Rel. Min. Teori Zavascki, DJe-213, 30.10.2014, Informativo de Jurisprudência do STJ n. 753; STJ, REsp 858.056/GO, 2.ª Seção, Rel. Min. Marco Buzzi, DJe 05.06.2015, Informativo de Jurisprudência do STJ n. 563. A Súmula 643 do STF dispõe: "o Ministério Público tem legitimidade para promover ação civil pública cujo fundamento seja a ilegalidade de reajuste de mensalidades escolares". De acordo com o STF, o MP tem legitimidade para ajuizar ação civil pública para anular ato administrativo de aposentadoria que importe em lesão ao patrimônio público (STF, RE 409.356/RO, Rel. Min. Luiz Fux, j. 25.10.2018, Informativo de Jurisprudência do STF n. 921). Tema 850 das Teses de Repercussão Geral do STF: "O Ministério Público tem legitimidade para a propositura de ação civil pública em defesa de direitos sociais relacionados ao FGTS".

[131] Nesse sentido: RODRIGUES, Marcelo Abelha. Ação civil pública. In: DIDIER JR., Fredie (Org.). Ações constitucionais. 5. ed. Salvador: Juspodivm, 2011. p. 402; MEIRELLES, Hely; WALD, Arnoldo; MENDES, Gilmar Ferreira. Mandado de segurança e ações constitucionais. 33. ed. São Paulo: Malheiros, 2010. p. 225; STJ, 1.ª Turma, AgRg no REsp 976.896/RS, Rel. Min. Benedito Gonçalves, DJe 15.10.2009; STJ, 1.ª Turma, REsp 287.389/RJ, Rel. Min. Milton Luiz Pereira, DJ 14.10.2002, p. 190. Em sentido contrário, admitindo o litisconsórcio entre o MP estadual e o MP federal: REsp 382.659/RS, Rel. Min. Humberto Gomes de Barros, 1.ª Turma, DJ 19.12.2003 p. 322.

[132] "Art. 129. São funções institucionais do Ministério Público: [...] IX – exercer outras funções que lhe forem conferidas, desde que compatíveis com sua finalidade, sendo-lhe vedada a representação judicial e a consultoria jurídica de entidades públicas." Nesse sentido: REsp 1.126.242/RS, Rel. Min. Eliana Calmon, 2.ª Turma, DJe 20.11.2009 ("2. O Ministério Público Federal não ostenta legitimidade ativa ad causam para ajuizar ação civil pública objetivando o ressarcimento, em favor da União, de valor indevidamente recebido por trabalhador portuário avulso, oriundo do Fundo de Indenização do Trabalhador Portuário Avulso – FITP, porquanto a sua atuação, in casu, não denota defesa do erário, ao revés, revela repetição do indébito, ora rotulada de ação civil pública, em nome da União, que, inclusive, dispõe de Procuradoria para fazê-lo").

[133] STF, ADI 3.943/DF, Rel(a). Min(a). Cármen Lúcia, Tribunal Pleno, DJe-154, 06.08.2015, Informativo de Jurisprudência do STF 784; RE 733.433/MG, repercussão geral, Rel. Min. Dias Toffoli, Informativo de Jurisprudência do STF 808. No mesmo sentido, o STJ afirmou a legitimidade da Defensoria para propositura de ação civil pública em defesa de direitos individuais, ressaltando que a sua atuação não leva em consideração apenas os necessitados econômicos, mas também os necessitados jurídicos, não necessariamente carentes de recursos econômicos (EREsp 1.192.577/RS, Rel. Min. Laurita Vaz, Corte Especial, DJe 13.11.2015, Informativo de Jurisprudência do STJ 573). Em sentido contrário, defendendo a tese restritiva, com a exclusão dos interesses difusos: CARVALHO FILHO, José dos Santos. Manual de direito administrativo. 24. ed. Rio de Janeiro: Lumen Juris, 2011. p. 982. Destaca-se, ainda, que o STF afirmou que

Por fim, no tocante às associações, a expressão deve ser considerada em sentido amplo para abranger os sindicatos, as cooperativas e as demais formas de associativismo.[134] De acordo com o STF, as associações atuam como representantes dos associados, exigindo-se, desta forma, autorização específica e expressa dos associados para propositura da ação coletiva e, por esta razão, o STJ não admite que outra associação assuma o polo ativo de ação civil pública promovida por ente associativo que, no curso da ação, veio a se dissolver.[135]

### 25.5.12.2.2 Legitimidade passiva

A legitimidade passiva na ação civil pública engloba toda e qualquer pessoa, física ou jurídica, de direito público ou de direito privado, responsável pela ameaça ou lesão aos interesses e direitos coletivos tutelados pela Lei 7.347/1985.[136]

### 25.5.12.3 Objeto

O objeto da ação civil pública é a proteção de todo e qualquer interesse coletivo (ex.: meio ambiente, consumidor, ordem econômica, livre concorrência ou ao patrimônio artístico, estético, histórico, turístico e paisagístico).

Os direitos ou interesses coletivos (sentido amplo) podem ser divididos em três categorias, conforme dispõe o art. 81, parágrafo único, I a III, do CDC:

a) **difusos**: "os transindividuais, de natureza indivisível, de que sejam titulares pessoas indeterminadas e ligadas por circunstâncias de fato" (ex.: ação civil pública para defesa do meio ambiente);[137]

b) **coletivos em sentido estrito**: "os transindividuais, de natureza indivisível de que seja titular grupo, categoria ou classe de pessoas ligadas entre si ou com a parte contrária por uma relação jurídica base" (ex.: ação civil pública para manter curso de Ensino Médio no período noturno em determinada escola federal que teria sido ilegalmente suprimido pelo diretor da respectiva unidade de ensino);[138] e

c) **individuais homogêneos**: "os decorrentes de origem comum" (ex.: consumidores que adquirem computadores com defeito de determinada empresa).

---

a Defensoria Pública detém a prerrogativa de requisitar, de quaisquer autoridades públicas e de seus agentes, certidões, exames, perícias, vistorias, diligências, processos, documentos, informações, esclarecimentos e demais providências necessárias à sua atuação (*Informativos de Jurisprudência do STF* n. 1.045 e 1.067).

[134] Nesse sentido: BARROSO, Luís Roberto. *O direito constitucional e a efetividade de suas normas*. Rio de Janeiro: Renovar, 2001. p. 226.

[135] STF, RE 573.232/SC, Rel. Min. Marco Aurélio, Tribunal Pleno, *DJe* 19.09.2014, *Informativo de Jurisprudência do STJ* n. 746; STJ, REsp 1.405.697/MG, Rel. Min. Marco Aurélio Bellizze, 3ª Turma, *DJe* 08.10.2015, *Informativo de Jurisprudência do STJ* n. 570.

[136] Tema 1.004 da Tese de Repercussão Geral do STF: "Em ação civil pública proposta pelo Ministério Público do Trabalho em face de empresa estatal, com o propósito de invalidar a contratação irregular de pessoal, não é cabível o ingresso, no polo passivo da causa, de todos os empregados atingidos, mas é indispensável sua representação pelo sindicato da categoria".

[137] STJ, 2.ª Turma, AgRg no Ag 928.652/RS, Rel. Min. Herman Benjamin, *DJe* 13.11.2009.

[138] STJ, 2.ª Turma, REsp 933.002/RJ, Rel. Min. Castro Meira, *DJe* 29.06.2009, *Informativo de Jurisprudência do STJ* n. 399.

Os interesses e direitos difusos e coletivos em sentido estrito são **essencialmente coletivos** (objeto indivisível). Por outro lado, os interesses e direitos individuais homogêneos são **acidentalmente coletivos**, pois, na essência, não possuem natureza coletiva, havendo divisibilidade do objeto que pertence a cada um dos interessados.[139]

É inadmissível a propositura de ação civil pública para formular pretensões relacionadas aos tributos, contribuições previdenciárias, Fundo de Garantia do Tempo de Serviço (FGTS) ou outros fundos de natureza institucional, cujos beneficiários podem ser individualmente determinados (art. 1.º, parágrafo único, da Lei 7.347/1985).

Apesar de algumas resistências doutrinárias, a ação civil pública tem sido considerada importante instrumento de controle de políticas públicas, conforme jurisprudência consolidada do STF.[140] Excepcionalmente, a ação civil pública seria admitida no âmbito das políticas para resguardar o denominado "mínimo existencial" dos direitos fundamentais ou em flagrante antijuridicidade da ação/omissão administrativa.

É admissível a utilização da ação civil pública como instrumento de fiscalização incidental de constitucionalidade (questão prejudicial), sendo vedada, todavia, a imputação da inconstitucionalidade de determinada norma como pedido principal da demanda.[141]

### 25.5.12.4 Termo de Ajustamento de Conduta (TAC)

Os órgãos públicos legitimados poderão tomar dos interessados compromisso de ajustamento de sua conduta às exigências legais, mediante cominações, que terá eficácia de título executivo extrajudicial (art. 5.º, § 6.º, da Lei 7.347/1985 e art. 211 do ECA).

Apesar da polêmica sobre o caráter contratual ou unilateral do TAC, entendemos que o termo tem caráter de transação, especialmente pela definição da forma, prazo e condições para adequação da conduta à ordem jurídica.[142]

Quanto à legitimidade ativa para celebração do TAC, a legislação menciona de forma equivocada os "órgãos públicos", mas a expressão tem sido interpretada extensivamente para abranger, ao lado dos órgãos estatais legitimados para propositura da ACP, as entidades da Administração Pública Direta e Indireta. No tocante às empresas públicas e sociedades de economia mista, o assunto tem gerado controvérsias. Entendemos que as estatais prestadoras de serviços públicos podem celebrar os referidos termos, em virtude da atividade pública desempenhada, mas não as estatais econômicas, que se

---

[139] Nesse sentido: RODRIGUES, Marcelo Abelha. Ação civil pública. In: DIDIER JR., Fredie (Org.). *Ações constitucionais*. 5. ed. Salvador: Juspodivm, 2011. p. 375.

[140] *Informativos de Jurisprudência do STF* n. 345, 407, 520 e 632. Em sentido contrário, José dos Santos Carvalho Filho defende a impossibilidade de ação civil pública para controle de políticas públicas, tendo em vista o princípio da separação de poderes (CARVALHO FILHO, José dos Santos. *Manual de direito administrativo*. 24. ed. Rio de Janeiro: Lumen Juris, 2011. p. 981).

[141] Nesse sentido: STF, Tribunal Pleno, RE 511.961/SP, Rel. Min. Gilmar Mendes, DJe-213 13.11.2009; RE 424.993/DF, Rel. Min. Joaquim Barbosa, Tribunal Pleno, DJe-126 19.10.2007. Vide também: BARROSO, Luís Roberto. *O direito constitucional e a efetividade de suas normas*. 5. ed. Rio de Janeiro: Renovar, 2001. p. 242.

[142] Em sentido semelhante: NEVES, Daniel. *Manual de processo coletivo*. São Paulo: Método, 2013. p. 420-421; STJ, 2.ª Turma, REsp 299.400/RJ, Rel. p/ acórdão Min. Eliana Calmon, DJ 02.08.2006.

submetem, em regra, ao mesmo regime jurídico das empresas privadas (art. 173, § 1.º, II, da CRFB).[143]

### 25.5.12.5 Inquérito civil

O Ministério Público pode requisitar documentos ou instaurar inquérito civil para obtenção de informações e elementos de convicção necessários à propositura da ação civil pública (art. 129, III, da CRFB e art. 8.º, § 1.º, da Lei 7.347/1985).[144]

Embora o rol de legitimados para propositura da ação civil pública seja amplo, apenas o Ministério Público possui atribuição para instaurar inquérito civil.

Não é obrigatória a instauração do inquérito civil para propositura da ação civil pública. Dessa forma, o inquérito poderá ser dispensado e a ação diretamente proposta quando houver elementos de prova suficientes da convicção da ameaça ou da lesão ao erário.

O inquérito civil poderá ser arquivado pelo Ministério Público, por meio de decisão fundamentada, quando, esgotadas todas as diligências, o órgão se convencer da inexistência de fundamento para a propositura da ação (art. 9.º da Lei 7.347/1985).

Os autos do inquérito civil serão remetidos, sob pena de se incorrer em falta grave, no prazo de três dias, ao Conselho Superior do Ministério Público, que poderá homologar o arquivamento ou designar outro órgão do Ministério Público para o ajuizamento da ação (art. 9.º, § 1.º ao § 4.º, da Lei 7.347/1985).

### 25.5.12.6 Prazo

A Lei 7.347/1985 é silente em relação ao prazo prescricional para propositura da ação civil pública. Nesse caso, deve ser aplicado o prazo prescricional de cinco anos, tendo em vista a aplicação analógica (*analogia legis*) do art. 21 da Lei 4.717/1965 (Lei da Ação Popular), uma vez que as ações se inserem no microssistema de direitos coletivos.[145]

### 25.5.12.7 Competência

A ação civil pública deve ser proposta no foro do local onde ocorrer o dano, cujo juízo terá competência funcional para processar e julgar a causa (art. 2.º da Lei 7.347/1985).

Em regra, a ação deverá ser proposta perante o Juízo estadual, salvo nas hipóteses em que a União, as autarquias federais e as empresas públicas federais forem interessadas na condição de autoras, rés, assistentes ou oponentes, quando a competência será da Justiça Federal (art. 109, I, da CRFB).

---

[143] Nesse sentido: MAZZILLI, Hugo Nigro. *A defesa dos interesses difusos em juízo*. 22. ed. São Paulo: Saraiva, 2009. p. 407. Em sentido contrário, negando a legitimidade das estatais para celebração de TAC, vide: CARVALHO FILHO, José dos Santos. *Ação civil pública*: comentários por artigo (Lei n.º 7.347, de 24/7/85). 7. ed. Rio de Janeiro: Lumen Juris, 2009. p. 220.

[144] Vide também: art. 90 do CDC; art. 201, V, do ECA; art. 25, IV, da Lei 8.625/1993 (Lei Orgânica do Ministério Público); e art. 7.º, I, da LC 75/1993 (Lei Orgânica do Ministério Público da União).

[145] Nesse sentido: STJ, AgRg nos EREsp 1.070.896/SC, Rel(a). Min(a). Laurita Vaz, Corte Especial, *DJe* 10.05.2013.

### 25.5.12.8 Procedimento, decisão e coisa julgada

A concessão de liminar em face do Poder Público na ação civil pública depende da oitiva prévia do representante judicial da pessoa jurídica de direito público, que deverá se pronunciar no prazo de 72 horas (art. 2.º da Lei 8.437/1992). Conforme dissemos quando do estudo do mandado de segurança coletivo, a vedação de concessão de liminar *inaudita altera pars* (sem a oitiva da parte) deve ser temperada em situações excepcionais quando evidenciada a possibilidade de lesão irreparável aos direitos e interesses tutelados na ação, em consonância com o princípio da inafastabilidade do controle judicial (art. 5.º, XXXV, da CRFB).

Cabe agravo de instrumento contra a decisão liminar, bem como pedido de suspensão de liminar, formulado pela pessoa jurídica de direito público interessada perante o Presidente do Tribunal, competente para o conhecimento do respectivo recurso, com o objetivo de evitar grave lesão à ordem, à saúde, à segurança e à economia pública (art. 12, *caput* e § 1.º, da Lei 7.347/1985).

A multa aplicada liminarmente somente poderá ser exigida do réu após o trânsito em julgado da decisão favorável ao autor, mas será devida desde o dia em que se houver configurado o descumprimento (art. 12, § 2.º, da Lei 7.347/1985).

A sentença proferida em sede de ação civil pública poderá ter conteúdo condenatório (ex.: pagamento de indenização), constitutivo (ex.: invalidação de atos administrativos ilegais que ofendem interesses coletivos) ou declaratório (ex.: sentença de improcedência do pedido).

Na hipótese de condenação em dinheiro, a indenização pelo dano causado reverterá a um fundo gerido por um Conselho Federal ou por Conselhos Estaduais de que participarão necessariamente o Ministério Público e representantes da comunidade, sendo seus recursos destinados à reconstituição dos bens lesados (art. 13 da Lei 7.347/1985).[146]

Cabe destacar que o STF declarou inconstitucional o art. 16 da Lei 7.347/1985, com a redação conferida pela Lei 9.494/1997, que estabelecia que a sentença acarretaria, em regra, coisa julgada *erga omnes*, nos limites da competência territorial do órgão prolator, exceto se o pedido fosse julgado improcedente por insuficiência de provas, hipótese em que qualquer legitimado poderia intentar outra ação com idêntico fundamento, valendo-se de nova prova. Com a declaração de inconstitucionalidade, foi repristinada a redação original do art. 16 da Lei da ACP que não delimita os efeitos da sentença aos limites da competência territorial do seu órgão judicial prolator.[147]

Registre-se, ainda, que a sentença prolatada em ação de caráter coletivo proposta por entidade associativa, na defesa dos interesses e direitos dos seus associados, abrangerá

---

[146] Em âmbito federal, o Fundo de Defesa de Direitos Difusos (FDD) encontra-se regulamentado pelo Decreto 1.306/1994.

[147] Tema 1.075 da Tese de Repercussão Geral do STF: "I – É inconstitucional a redação do art. 16 da Lei 7.347/1985, alterada pela Lei 9.494/1997, sendo repristinada sua redação original. II – Em se tratando de ação civil pública de efeitos nacionais ou regionais, a competência deve observar o art. 93, II, da Lei 8.078/1990 (Código de Defesa do Consumidor). III – Ajuizadas múltiplas ações civis públicas de âmbito nacional ou regional e fixada a competência nos termos do item II, firma-se a prevenção do juízo que primeiro conheceu de uma delas, para o julgamento de todas as demandas conexas".

apenas os substituídos que tenham, na data da propositura da ação, domicílio no âmbito da competência territorial do órgão prolator, na forma do art. 2.º-A da Lei 9.494/1997. Na linha do entendimento consagrado no STF, os beneficiários do título executivo, no caso de ação proposta por associação, são aqueles que, residentes na área compreendida na jurisdição do órgão julgador, detinham, antes do ajuizamento, a condição de filiados e constaram da lista apresentada com a peça inicial.[148] Além da apelação, cabe pedido de suspensão dos efeitos da sentença, enquanto não transitada em julgado, com as mesmas características do pedido de suspensão das decisões liminares (art. 4.º, § 1.º, da Lei 8.437/1992).

Admite-se a concessão de efeito suspensivo aos recursos interpostos no âmbito da ação civil pública para evitar dano irreparável à parte (art. 14 da Lei 7.347/1985).

A sentença de improcedência proferida na ação civil pública está sujeita ao reexame necessário, tendo em vista a aplicação analógica da Lei da Ação Popular (art. 19 da Lei 4.717/1965).[149]

Na ação civil pública, não há adiantamento de custas, emolumentos, honorários periciais e quaisquer outras despesas, nem condenação da parte autora ao pagamento de honorários de advogado, custas e despesas processuais, salvo comprovada má-fé, hipótese em que a associação autora e os diretores responsáveis pela propositura da ação serão solidariamente condenados ao pagamento de honorários advocatícios e ao décuplo das custas, sem prejuízo da responsabilidade por perdas e danos (arts. 17 e 18 da Lei 7.347/1985).[150]

De acordo com o entendimento consagrado na jurisprudência, nas ações civis públicas propostas pelo Ministério Público, a sentença de procedência não condenará o réu ao pagamento de honorários advocatícios. Em razão do princípio da simetria, o Ministério Público não pode se beneficiar dos honorários quando for vencedor da ação, pois, quando perde a ação, a sua condenação ao pagamento de honorários somente teria cabimento em caso de comprovada má-fé.[151]

### 25.5.13 Ação de improbidade administrativa

#### 25.5.13.1 Conceito e fontes normativas

A ação de improbidade administrativa é o instrumento processual que tem por objetivo aplicar sanções aos agentes públicos ou terceiros que praticarem atos dolosos de improbidade administrativa.[152]

---

[148] Tema 499 da Tese de Repercussão Geral do STF, RE 612.043/PR, Rel. Min. Marco Aurélio, Tribunal Pleno, DJe-229 06.10-2017, Informativo de Jurisprudência do STF n. 864. De acordo com o parágrafo único do art. 2.º-A da Lei 9.494/1997: "Nas ações coletivas propostas contra a União, os Estados, o Distrito Federal, os Municípios e suas autarquias e fundações, a petição inicial deverá obrigatoriamente estar instruída com a ata da assembleia da entidade associativa que a autorizou, acompanhada da relação nominal dos seus associados e indicação dos respectivos endereços."

[149] Nesse sentido: STJ, 2.ª Turma, AgRg no REsp 1.219.033/RJ, Rel. Min. Herman Benjamin, DJe 25.04.2011.

[150] De acordo com o STJ, "não deve o Ministério Público, enquanto autor da ação civil pública, adiantar as despesas relativas a honorários periciais, por ele requerida. Contudo, isso não permite que o juízo obrigue a outra parte a fazê-lo" (EREsp 733.456/SP, Rel. Min. Humberto Martins, 1.ª Seção, DJe 29.04.2011, Informativo de Jurisprudência do STJ n. 424).

[151] Nesse sentido: STJ, 1.ª Seção, EREsp 895.530/PR, Rel. Min. Eliana Calmon, DJe 18.12.2009, Informativo de Jurisprudência do STJ n. 404.

[152] Para o estudo aprofundado do tema, vide a nossa obra: NEVES, Daniel Amorim Assumpção; OLIVEIRA, Rafael Carvalho Rezende. Improbidade administrativa. 9. ed. Rio de Janeiro: Forense, 2022.

A principal fonte constitucional da ação de improbidade é o art. 37, § 4.º, que dispõe: "Os atos de improbidade administrativa importarão a suspensão dos direitos políticos, a perda da função pública, a indisponibilidade dos bens e o ressarcimento ao erário, na forma e gradação previstas em lei, sem prejuízo da ação penal cabível".

Ressalte-se, ainda, a existência de outras normas constitucionais relevantes no tratamento da improbidade administrativa, tais como:

a) art. 14, § 9.º: remete à lei complementar a prerrogativa para fixar "outros casos de inelegibilidade e os prazos de sua cessação, a fim de proteger a probidade administrativa, a moralidade para o exercício de mandato, considerada a vida pregressa do candidato, e a normalidade e legitimidade das eleições contra a influência do poder econômico ou o abuso do exercício de função, cargo ou emprego na administração direta ou indireta";

b) art. 15, V: admite a perda ou a suspensão de direitos políticos no caso de improbidade administrativa, nos termos do art. 37, § 4.º;

c) art. 37, *caput*: enumera os princípios expressos que são aplicáveis à Administração Pública (legalidade, impessoalidade, moralidade, publicidade e eficiência);

d) art. 85, V: define como crime de responsabilidade os atos do Presidente da República que atentem contra a probidade na Administração.

No âmbito infraconstitucional, a Lei 8.429/1992 (Lei de Improbidade Administrativa – LIA), promulgada com fundamento no art. 37, § 4.º, da CRFB, define os sujeitos e os atos de improbidade, as respectivas sanções, as normas processuais, entre outras questões relacionadas ao tema.[153]

A LIA sofreu profundas alterações pela Lei 14.230/2021. A Reforma legislativa representa, em última análise, uma descaracterização da redação originária do texto legal, com a modificação de quase todos os dispositivos da Lei 8.429/1992. Formalmente, restou preservada a numeração da Lei 8.429/1992. Contudo, sob o aspecto material, o conteúdo da LIA foi intensamente alterado. Trata-se, de fato, de uma nova Lei com a mesma numeração.

A LIA tem aplicabilidade em âmbito nacional, salvo no tocante às normas de cunho eminentemente administrativo.

Isto porque a referida norma trata de atos de improbidade e das respectivas sanções que têm natureza, primordialmente, cível ou política, bem como estabelece normas sobre processo judicial, cabendo à União legislar privativamente sobre essas matérias, na forma do art. 22, I, da CRFB.

---

[153] Além da Lei de Improbidade Administrativa, existem outros diplomas legais que procuram combater a improbidade administrativa, conforme se verifica no seguinte rol exemplificativo: a) as leis que definem os denominados crimes de responsabilidade (ex.: Lei 1.079/1950 e Decreto-lei 201/1967); b) Lei 8.730/1993: estabelece a obrigatoriedade da declaração de bens e rendas para o exercício de cargos, empregos e funções nos Poderes Executivo, Legislativo e Judiciário; c) art. 52 da Lei 10.257/2001 (Estatuto da Cidade): define atos de improbidade praticados pelo Prefeito; d) art. 73, *caput* e § 7.º, da Lei 9.504/1997: enumera condutas que são vedadas aos agentes públicos nos pleitos eleitorais, qualificando-as como atos de improbidade administrativa, na forma do art. 11 da Lei de Improbidade Administrativa; e) art. 482, "a", da CLT: dispõe que o ato de improbidade constitui justa causa para rescisão do contrato de trabalho pelo empregador; f) estatutos funcionais (ex.: Lei 8.112/1990); g) leis do processo administrativo (ex.: Lei 9.874/1999) etc.

Excepcionalmente, os dispositivos da LIA, que possuem conteúdo essencialmente administrativo, serão considerados normas específicas ou federais, aplicáveis apenas à União Federal. Inexistente dispositivo constitucional que reconheça a competência da União para fixação de normas gerais sobre o tema, é preciso reconhecer a autonomia dos entes federados para elaboração de suas próprias normas. É o que ocorre, por exemplo, com o art. 13 que dispõe sobre a exigência de apresentação de declaração de imposto de renda e proventos de qualquer natureza, que tenha sido apresentada à Secretaria Especial da Receita Federal do Brasil, como condição para a posse e o exercício da função pelo agente público. Não obstante a salutar exigência, relevante para o acompanhamento da evolução patrimonial do agente público durante a sua vida funcional e controle do eventual enriquecimento ilícito, deve ser reconhecida a autonomia dos Entes federados para fixarem as exigências específicas para posse e exercício da função pública.

Etimologicamente, o vocábulo "probidade", do latim *probitate*, significa aquilo que é bom, relacionando-se diretamente à honradez, à honestidade e à integridade. A improbidade, ao contrário, deriva do latim *improbitate*, que significa imoralidade, desonestidade.[154]

Não obstante a dificuldade na conceituação da improbidade administrativa, é possível conceituá-la como o ato ilícito doloso, praticado por agente público ou terceiro, contra as entidades públicas e privadas, gestoras de recursos públicos, capaz de acarretar enriquecimento ilícito, lesão ao erário e violação aos princípios da Administração Pública.

A partir da Reforma da LIA, promovida pela Lei 14.230/2021, é possível conceituar a improbidade administrativa como o ato ilícito doloso, praticado por agente público ou terceiro, contra as entidades públicas e privadas, gestoras de recursos públicos, capaz de acarretar enriquecimento ilícito, lesão ao erário e violação aos princípios da Administração Pública.

*25.5.13.2 Legitimidade*

25.5.13.2.1 Legitimidade ativa

A legitimidade para propositura da ação de improbidade administrativa é reconhecida ao Ministério Público, na forma do art. 17 da LIA, alterado pela Lei 14.230/2021. Lembre-se de que, na redação originária, o referido dispositivo mencionava, ainda, a pessoa jurídica lesada como legitimada ativa.

Sustentamos, em outra oportunidade, a inconstitucionalidade da supressão da legitimidade ativa da pessoa jurídica lesada para propositura da ação de improbidade, uma vez que o texto constitucional não atribuiu, em caráter exclusivo, a adoção de medidas protetivas de proteção do patrimônio público apenas ao MP, além da afronta às atribuições constitucionais da Advocacia Pública (arts. 131 e 132 da CRFB). A tese foi acolhida pelo STF que declarou a inconstitucionalidade parcial, sem redução de texto, do *caput* do art. 17, para restabelecer a legitimidade ativa concorrente e disjuntiva entre o Ministério

---

[154] FERREIRA, Aurélio Buarque de Holanda. *Novo Aurélio século XXI*: o dicionário da língua portuguesa. 3. ed. Rio de Janeiro: Nova Fronteira, 1999. p. 1.086 e 1.640.

Público e as pessoas jurídicas interessadas para a propositura da ação de improbidade administrativa.[155]

### 25.5.13.2.2 Legitimidade passiva

A legitimidade passiva na ação de improbidade administrativa refere-se aos responsáveis pela prática do ato de improbidade administrativa (sujeitos ativos da improbidade), quais sejam: agentes públicos (art. 2.º da LIA) e terceiros (art. 3.º da LIA).

Destaque-se, desde logo, que as definições dos sujeitos passivos e ativos são relacionais e interligadas, ou seja, somente será considerado ato de improbidade administrativa aquele praticado pelos referidos sujeitos ativos contra os sujeitos passivos enumerados no art. 1.º da LIA.[156]

*25.5.13.2.2.1 Agentes públicos*

A expressão "agentes públicos" possui conotação genérica e engloba todas as pessoas físicas que exercem funções estatais. Em síntese, os agentes públicos podem ser divididos nas seguintes categorias:[157]

(i) agentes públicos de direito: a) agentes políticos; b) servidores públicos (estatutários, trabalhistas ou celetistas e temporários); e c) particulares em colaboração;

(ii) agentes públicos de fato: a) putativos; e b) necessários.

Esse conceito amplo foi adotado pelo art. 2.º, *caput*, da LIA alterado pela Lei 14.230/2021, que dispõe: "Art. 2.º Para os efeitos desta Lei, consideram-se agente público o agente político, o servidor público e todo aquele que exerce, ainda que transitoriamente ou sem remuneração, por eleição, nomeação, designação, contratação ou qualquer outra forma de investidura ou vínculo, mandato, cargo, emprego ou função nas entidades referidas no art. 1.º desta Lei".

Embora tenha adotado conceito amplo, o art. 2.º da LIA restringe, de alguma forma, a abrangência da noção de agente público, pois somente será considerado agente aquele que possua vinculação com as entidades indicadas no art. 1.º da LIA.

Vale dizer: somente será considerado agente público, para fins de improbidade administrativa, aquele que exercer atividades nas entidades mencionadas no art. 1.º

---

[155] STF, ADI 7.042/DF e ADI 7.043/DF, Rel. Min. Alexandre de Moraes, j. 31.08.2022. Sobre a nossa tese, vide: VALE, Luís Manoel Borges do; OLIVEIRA, Rafael Carvalho Rezende. Os impactos da reforma da Lei de Improbidade Administrativa na advocacia pública. *Revista Brasileira de Direito Público – RBDP*, n. 76, p. 9-29, jan./mar. 2022.

[156] Por essa razão, o STJ decidiu que não configura improbidade administrativa o ato praticado por agente público contra particular que não está em exercício de função estatal, nem recebeu repasses financeiros para esse múnus, ou seja, não indicado no art. 1.º da LIA. REsp 1.558.038/PE, Rel. Min. Napoleão Nunes Maia Filho, 1ª Turma, *DJe* 09.11.2015, *Informativo de Jurisprudência do STJ* 573.

[157] Sobre os agentes públicos, vide Capítulo 23. O STJ decidiu que "o estagiário que atua no serviço público, ainda que transitoriamente, remunerado ou não, se enquadra no conceito legal de agente público preconizado pela Lei 8.429/1992". REsp 1352035/RS, Rel. Min. Herman Benjamin, 2ª Turma, *DJe* 08/09/2015, *Informativo de Jurisprudência do STJ* 568.

da LIA, alterado pela Lei 14.230/2021, a saber:[158] a) Administração Pública Direta e Indireta de quaisquer Poderes (Executivo, Legislativo e Judiciário) da União, Estados, DF e Municípios; b) entidade privada que receba subvenção, benefício ou incentivo, fiscal ou creditício, de entes públicos ou governamentais; c) entidade privada para cuja criação ou custeio o erário haja concorrido ou concorra no seu patrimônio ou receita atual, limitado o ressarcimento de prejuízos, nesse caso, à repercussão do ilícito sobre a contribuição dos cofres públicos.

Por essa razão, os empregados e dirigentes das concessionárias e permissionárias de serviços públicos não se enquadram no conceito de agente público para fins de improbidade, pois o art. 1.º da LIA não menciona as entidades em comento.[159] As concessionárias e permissionárias, que não integram a Administração Pública e não dependem do erário para serem instituídas ou mantidas, são pessoas jurídicas de direito privado que prestam serviços públicos delegados, mediante remuneração. A aplicação das sanções de improbidade, no caso, somente seria possível com fundamento no art. 3.º da mencionada Lei, que trata dos terceiros, que não são agentes públicos.

Em relação à aplicação da Lei de Improbidade aos advogados, é importante estabelecermos uma distinção:

a) os advogados, que integram os quadros da Administração Pública (Advogados da União, Procuradores federais, estaduais, distritais e municipais) ou das demais entidades do art. 1.º da LIA, independentemente da natureza do vínculo, são considerados agentes públicos para fins de improbidade administrativa;

b) os advogados liberais, que não possuem vínculo jurídico com as entidades mencionadas no art. 1.º da LIA, não são considerados agentes públicos, afastando-se, portanto, a aplicação do art. 2.º da LIA.[160]

---

[158] Cabe destacar que o art. 23-C da LIA, incluído pela Lei 14.230/2021, pretendeu descaracterizar a improbidade administrativa dos atos ilícitos praticados contra os recursos públicos geridos por partidos políticos, a partir da previsão da responsabilização apenas na forma da Lei 9.096/1995 (Lei dos Partidos Políticos), que prevê, basicamente, sanções pecuniárias. Sustentamos a inconstitucionalidade do referido dispositivo legal, em razão da violação aos princípios constitucionais da isonomia, da razoabilidade e da proporcionalidade, além da afronta ao art. 37, caput e § 4.º, da CRFB (NEVES, Daniel Amorim Assumpção; OLIVEIRA, Rafael Carvalho Rezende. Improbidade administrativa. 9. ed. Rio de Janeiro: Forense, 2022. p. 50-52). Em abono à nossa tese, o STF, por meio de decisão monocrática, conferiu interpretação conforme ao art. 23-C da LIA para afirmar que atos que ensejam enriquecimento ilícito, perda patrimonial, desvio, apropriação, malbaratamento ou dilapidação de recursos públicos dos partidos políticos, ou de suas fundações, poderão ser responsabilizados nos termos da Lei 9.096/1995, mas sem prejuízo da incidência da LIA (STF, ADI 7.236/DF, Rel. Min. Alexandre de Moraes, decisão monocrática publicada em 27.12.2022).

[159] Nesse sentido: NEVES, Daniel Amorim Assumpção; OLIVEIRA, Rafael Carvalho Rezende. Improbidade administrativa. 8. ed. Rio de Janeiro: Forense, 2020. p. 70-72; CARVALHO FILHO, José dos Santos. Manual de direito administrativo. 24. ed. Rio de Janeiro: Lumen Juris, 2011. p. 990; GARCIA, Emerson; ALVES, Rogério Pacheco. Improbidade administrativa. 6. ed. Rio de Janeiro: Lumen Juris, 2011. p. 251-252. Em sentido contrário, inserindo as concessionárias e as permissionárias nas disposições da Lei 8.429/1992, vide: MARTINS JÚNIOR, Wallace Paiva. Probidade administrativa. 4. ed. São Paulo: Saraiva, 2009. p. 300-301; PAZZAGLINI FILHO, Marino. Lei de Improbidade Administrativa comentada: aspectos constitucionais, administrativos, civis, criminais, processuais e de responsabilidade fiscal. 5. ed. São Paulo: Atlas, 2011. p. 11.

[160] Registre-se, por oportuno, que o vínculo jurídico existente entre o advogado e a OAB não é suficiente para enquadrá-lo como agente público, uma vez que o referido vínculo não tem o condão de estabelecer relação de emprego entre o advogado e o Conselho Profissional, mas, sim, de permitir o controle da respectiva atividade profissional.

Os árbitros, por sua vez, não podem ser considerados agentes públicos para fins de improbidade administrativa, uma vez que as sanções de improbidade possuem natureza extrapenal, sendo-lhes inaplicável o art. 2.º da Lei 8.429/1992,[161] uma vez que o art. 17 da Lei 9.307/1996 apenas equipara o árbitro ao agente público para fins penais ("os árbitros, quando no exercício de suas funções ou em razão delas, ficam equiparados aos funcionários públicos, para os efeitos da legislação penal").

Por fim, os notários e registradores exercem atividade pública delegada (art. 236 da CRFB e da Lei 8.935/1994) encontram-se inseridos no conceito de agente público contido no art. 2.º da LIA, especialmente pelo exercício de funções nas serventias de registro público, que são destinatárias de emolumentos com natureza jurídica de taxa, espécie tributária, enquadrando-se no rol de entidades indicadas no art. 1.º da LIA.[162]

### 25.5.13.2.2.2 Agentes políticos e a Lei 8.429/1992

A aplicabilidade das sanções de improbidade aos agentes políticos sempre gerou controvérsias a partir da interpretação da redação originária do art. 2.º da LIA que não mencionava literalmente essa categoria de agentes. É verdade que o referido dispositivo legal foi alterado pela Lei 14.230/2021 e destacou expressamente os agentes políticos como sujeitos ativos da improbidade.

Sobre a polêmica existem, em síntese, três entendimentos:

**Primeiro entendimento:** os agentes políticos respondem pela improbidade com base na legislação especial, que versa sobre os crimes de responsabilidade, não lhes sendo aplicável a LIA,[163] pois a Constituição teria dispensado dois tratamentos distintos aos atos de improbidade:

a) os agentes públicos em geral sujeitam-se aos termos do art. 37, § 4.º, da CRFB, regulamentado pela LIA; e

b) os agentes políticos submetem-se às regras específicas do crime de responsabilidade, na forma dos arts. 52, I, 85, V, e 102, I, "c", entre outras normas, da CRFB, regulamentados pela Lei 1.079/1950, pelo Decreto-lei 201/1967 e pela Lei 7.106/1983.

**Segundo entendimento:** os agentes políticos sujeitam-se às sanções de improbidade administrativa, previstas na LIA, e às sanções por crime de responsabilidade, tipificadas na

---

Nesse sentido: GARCIA, Emerson; ALVES, Rogério Pacheco. *Improbidade administrativa*. 6. ed. Rio de Janeiro: Lumen Juris, 2011. p. 259.

[161] Nesse sentido: NEVES, Daniel Amorim Assumpção; OLIVEIRA, Rafael Carvalho Rezende. *Improbidade administrativa*. 8. ed. Rio de Janeiro: Forense, 2020. p. 73-74; GARCIA, Emerson; ALVES, Rogério Pacheco. *Improbidade administrativa*. 6. ed. Rio de Janeiro: Lumen Juris, 2011. p. 262.

[162] Nesse sentido: NEVES, Daniel Amorim Assumpção; OLIVEIRA, Rafael Carvalho Rezende. *Improbidade administrativa*. 8. ed. Rio de Janeiro: Forense, 2020. p. 74-75; GARCIA, Emerson; ALVES, Rogério Pacheco. *Improbidade administrativa*. 6. ed. Rio de Janeiro: Lumen Juris, 2011. p. 267. Sobre a natureza de taxa dos emolumentos, vide: STF, Tribunal Pleno, Rp 1.077/RJ, Rel. Min. Moreira Alves, *DJ* 28.09.1984, p. 15.955; STF, Tribunal Pleno, ADI 948/GO, Rel. Min. Francisco Rezek, *DJ* 17.03.2000, p. 2; STF, Tribunal Pleno, ADI 1.145/PB, Rel. Min. Carlos Velloso, *DJ* 08.11.2002, p. 20.

[163] Nesse sentido: MENDES, Gilmar Ferreira. *Curso de direito constitucional*. 4. ed. São Paulo: Saraiva, 2009. p. 814; COPOLA, Gina. *A improbidade administrativa no direito brasileiro*. Belo Horizonte: Fórum, 2011. p. 41.

Lei 1.079/1950, no Decreto-lei 201/1967 e na Lei 7.106/1983, que podem ser aplicadas de forma cumulativa sem que isso configure *bis in idem*.[164] Nesse sentido, já decidiu a Corte Especial do STJ que, ao admitir a compatibilidade material das sanções de improbidade administrativa e dos crimes de responsabilidade, ressalvou apenas a questão processual (competência constitucional) para aplicação das referidas sanções a determinados agentes políticos.[165]

**Terceiro entendimento:** os agentes políticos podem ser réus na ação de improbidade administrativa, com a consequente aplicação das sanções da LIA, salvo aquelas de natureza política que somente podem ser aplicadas por meio do respectivo processo por crime de responsabilidade, com fundamento na Lei 1.079/1950, no Decreto-lei 201/1967 e na Lei 7.106/1983.[166]

O terceiro entendimento parece ser o mais adequado. Não há que falar em imunidade do agente político à aplicação da Lei de Improbidade Administrativa. A interpretação sistemática do ordenamento jurídico demonstra que a intenção do legislador constituinte foi estabelecer regras especiais para os agentes políticos que cometerem atos de improbidade/crimes de responsabilidade em relação exclusivamente à aplicação de sanções políticas (perda do cargo e inabilitação temporária para o exercício de função pública), mas não no tocante às demais sanções que não possuem caráter político e que estão previstas no art. 12 da LIA.

Destarte, o ideal, em nossa opinião, seria permitir a responsabilização do agente político, pelo mesmo fato, com fundamento na legislação especial, que trata do crime de responsabilidade, e na LIA, ressalvada a aplicação de sanções políticas, sem que isso configure *bis in idem*.

É relevante notar, contudo, que o STF consolidou o entendimento para afirmar que os agentes políticos, com exceção do Presidente da República (art. 85, V, da CRFB),

---

[164] Nesse sentido: DECOMAIN, Pedro Roberto. *Improbidade administrativa*. São Paulo: Dialética, 2007. p. 39; MARTINS JÚNIOR, Wallace Paiva. *Probidade administrativa*. 4. ed. São Paulo: Saraiva, 2009. p. 312; SOBRANE, Sérgio Turra. *Improbidade administrativa:* aspectos materiais, dimensão difusa e coisa julgada. São Paulo: Atlas, 2010. p. 52; MARTINS JÚNIOR, Wallace Paiva. *Probidade administrativa*. 4. ed. São Paulo: Saraiva, 2009. p. 32.

[165] STJ, Corte Especial, Rcl 2.790/SC, Rel. Min. Teori Albino Zavascki, *DJe* 04.03.2010, *Informativo de Jurisprudência do STJ* n. 418. A tese 1 da edição 40 da Jurisprudência em Teses do STJ dispõe: "Os Agentes Políticos sujeitos a crime de responsabilidade, ressalvados os atos ímprobos cometidos pelo Presidente da República (art. 86 da CF) e pelos Ministros do Supremo Tribunal Federal, não são imunes às sanções por ato de improbidade previstas no art. 37, § 4.º, da CF". Em relação aos Prefeitos, o STJ tem admitido a propositura da ação de improbidade e a aplicação das sanções previstas no art. 12 da Lei 8.429/1992: "Os agentes políticos municipais se submetem aos ditames da Lei de Improbidade Administrativa, sem prejuízo da responsabilização política e criminal estabelecida no Decreto-Lei n. 201/1967" (Tese 2 da edição 40 da Jurisprudência em Teses do STJ).

[166] Nesse sentido: CARVALHO FILHO, José dos Santos. *Manual de direito administrativo*. 24. ed. Rio de Janeiro: Lumen Juris, 2011. p. 992; DI PIETRO, Maria Sylvia Zanella. *Direito administrativo*. 22. ed. São Paulo: Atlas, 2009. p. 817; GAJARDONI, Fernando da Fonseca; CRUZ, Luana Pedrosa de Figueiredo; CERQUEIRA, Luís Otávio Sequeira de; GOMES JUNIOR, Luiz Manoel; FAVRETO, Rogerio. *Comentários à Lei de Improbidade Administrativa*. São Paulo: RT, 2010. p. 47; PAZZAGLINI FILHO, Marino. *Lei de Improbidade Administrativa comentada:* aspectos constitucionais, administrativos, civis, criminais, processuais e de responsabilidade fiscal. 5. ed. São Paulo: Atlas, 2011. p. 143-144. A tese 3 da edição 40 da Jurisprudência em Teses do STJ dispõe: "A ação de improbidade administrativa proposta contra agente político que tenha foro por prerrogativa de função é processada e julgada pelo juiz de primeiro grau, limitada à imposição de penalidades patrimoniais e vedada a aplicação das sanções de suspensão dos direitos políticos e de perda do cargo do réu".

encontram-se sujeitos a um duplo regime sancionatório, de modo que se submetem tanto à responsabilização civil pelos atos de improbidade administrativa quanto à responsabilização político-administrativa por crimes de responsabilidade.[167]

No mesmo julgamento, o STF reiterou que o foro especial por prerrogativa de função previsto na Constituição Federal em relação às infrações penais comuns não é extensível às ações de improbidade administrativa, de natureza civil.

Ressalte-se que a LIA é plenamente aplicável aos ex-agentes políticos, hipótese em que ação de improbidade será processada e julgada pelo Juízo de primeiro grau.[168]

Ademais, a cessação do mandato eletivo, no curso do processo de ação de improbidade administrativa, implica perda automática da chamada prerrogativa de foro e deslocamento da causa ao juízo de primeiro grau, ainda que o fato que deu causa à demanda haja ocorrido durante o exercício da função pública.[169]

### 25.5.13.2.2.3 Membros da Magistratura, do Ministério Público e dos Tribunais de Contas: peculiaridades

Os magistrados, os membros do Ministério Público e os Ministros/Conselheiros dos Tribunais de Contas são agentes públicos que gozam da garantia da vitaliciedade, o que não impede a aplicação da Lei de Improbidade Administrativa.

A vitaliciedade revela-se uma garantia mais forte que a estabilidade, pois a perda do cargo do agente vitalício só pode ocorrer por meio de sentença judicial transitada em julgado (Ministros e Conselheiros dos Tribunais de Contas – art. 73, § 3.º, da CRFB; magistrados – art. 95, I, da CRFB; membros do Ministério Público – art. 128, § 5.º, I, "a", da CRFB). Nada impede, portanto, a aplicação das sanções de improbidade administrativa, inclusive a decretação da perda do cargo, por decisão judicial transitada em julgado, aos agentes vitalícios.

A polêmica, no entanto, refere-se à competência para aplicação da sanção de perda do cargo aos referidos agentes públicos.

De um lado, alguns autores sustentam que a competência para aplicação de todas as sanções de improbidade, inclusive a perda do cargo, é do Juízo de primeira instância, tendo em vista a inexistência do foro por prerrogativa de função na ação de improbidade administrativa.[170]

---

[167] STF, Tribunal Pleno, Pet 3.240 AgR/DF, Rel. p/ Acórdão Min. Roberto Barroso, *DJe* 22.08.2018. De forma semelhante, o tema 576 da tese de repercussão geral do STF dispõe: "o processo e julgamento de prefeito municipal por crime de responsabilidade (Decreto-lei 201/67) não impede sua responsabilização por atos de improbidade administrativa previstos na Lei 8.429/1992, em virtude da autonomia das instâncias".

[168] STF, Tribunal Pleno, Pet 3.421 AgR/MA, Rel. Min. Cezar Peluso, *DJe*-100 04.06.2010; STJ, 2.ª Turma, REsp 1.134.461/SP, Rel. Min. Eliana Calmon, *DJe* 12.08.2010, *Informativo de Jurisprudência do STJ* n. 441.

[169] STF, Tribunal Pleno, Rcl 3.021 AgR/SP, Rel. Min. Cezar Peluso, *DJe*-025 06.02.2009.

[170] Confira-se, por exemplo: STJ, REsp 1.191.613/MG, Rel. Min. Benedito Gonçalves, 1.ª Turma, *DJe* 17.04.2015 (*Informativo de Jurisprudência do STJ* 560); GARCIA, Emerson; ALVES, Rogério Pacheco. *Improbidade administrativa*. 6. ed. Rio de Janeiro: Lumen Juris, 2011. p. 510-511. Registre-se que o STJ admite que o MP instaure inquérito civil para apurar eventual improbidade praticada por magistrado, reconhecendo, inclusive, a possibilidade de notificação para depoimento pessoal. Nesse último caso, o comparecimento do magistrado seria uma faculdade e não um

De outro lado, parcela da doutrina admite a aplicação das sanções de improbidade, pelo Juízo de primeiro grau, aos magistrados e promotores, ressalvada a hipótese de sanção de perda do cargo, que somente poderá ser decretada pelo respectivo tribunal (estadual ou federal, dependendo do vínculo estadual ou federal dos agentes acusados).[171]

Entendemos que as sanções de improbidade previstas no art. 12 da Lei 8.429/1992 podem ser aplicadas pelo Juízo de primeiro grau aos magistrados e promotores que cometerem improbidade administrativa, com a ressalva da sanção de perda do cargo.

Em relação aos magistrados e membros do Ministério Público, a perda do cargo somente pode ser decretada por decisão do respectivo tribunal, na forma prevista nas respectivas Leis Orgânicas (arts. 26 e 27 da LC 35/1979 – Lei Orgânica da Magistratura; art. 38, § 2.º, da Lei 8.625/1993 – Lei Orgânica Nacional do Ministério Público; art. 18, II, "c", da LC 75/1993 – Lei Orgânica do Ministério Público da União). Dessa forma, a ação de improbidade administrativa proposta em face do magistrado e do membro do Ministério Público deve ser processada e julgada perante o Juízo de primeira instância, ressalvada a hipótese em que for formulado pedido de perda do cargo, que somente poderá ser apreciado pelo respectivo tribunal.

Nesse sentido, o STF decidiu ser competente para processo e julgamento das ações de improbidade administrativa propostas em face dos seus Ministros.[172] De forma análoga, o STJ fixou a sua competência para processo e julgamento da ação de improbidade administrativa, com possível aplicação da pena de perda do cargo, proposta em face de desembargador do Tribunal Regional do Trabalho (TRT), na forma do art. 105, I, "a", da CRFB.[173]

Com efeito, a Constituição estabelece regras especiais de competência para decretação da perda do cargo para determinados magistrados, membros do Ministério Público e dos Tribunais de Contas, a saber:

a) **competência do Senado:** Ministros do Supremo Tribunal Federal, os membros do Conselho Nacional de Justiça (CNJ) e do Conselho Nacional do Ministério Público (CNMP), o Procurador-Geral da República (art. 52, II e parágrafo único, da CRFB);

b) **competência do STF:** membros dos Tribunais Superiores e os do Tribunal de Contas da União (art. 102, I, "c", da CRFB); e

c) **competência do STJ:** desembargadores dos Tribunais de Justiça dos Estados e do Distrito Federal, os membros dos Tribunais de Contas dos Estados e do

---

dever, em razão do art. 33, IV, da LC 35/1979 (LOMAN). STJ, RMS 37.151/SP, Rel. para acórdão Min. Sérgio Kukina, 1.ª Turma, DJe 15.08.2017 (Informativo de Jurisprudência do STJ n. 609).

[171] Nesse sentido: CARVALHO FILHO, José dos Santos. Manual de direito administrativo. 24. ed. Rio de Janeiro: Lumen Juris, 2011. p. 1.006.

[172] STF, Tribunal Pleno, Pet 3.211 QO/DF, Rel. p/ acórdão Min. Menezes Direito, DJe-117 27.06.2008, Informativo de Jurisprudência do STF n. 498.

[173] STJ, Corte Especial, AgRg na Rcl 2.115/AM, Rel. Min. Teori Albino Zavascki, DJe 16.12.2009; STJ, Corte Especial, Rcl 4.927/DF, Rel. Min. Félix Fischer, DJe 29.06.2011, Informativo de Jurisprudência do STJ n. 477. Em sentido contrário, vide a decisão monocrática proferida pelo Min. Celso de Mello do STF, que fixou a competência do magistrado de primeira instância para processar e julgar ação civil de improbidade administrativa proposta em face de magistrado integrante do TRT (Informativo de Jurisprudência do STF n. 572).

Distrito Federal, os dos Tribunais Regionais Federais, dos Tribunais Regionais Eleitorais e do Trabalho, os membros dos Conselhos ou Tribunais de Contas dos Municípios e os do Ministério Público da União que oficiem perante tribunais (art. 105, I, "a", da CRFB).

Portanto, ressalvados os casos especiais indicados na Constituição da República, que preveem a competência do Senado, do STF e do STJ para decretação da perda do cargo, os magistrados e membros do Ministério Público podem perder seus respectivos cargos por decisão proferida pelo respectivo tribunal.

Em relação aos Ministros do TCU, a competência para aplicação das sanções de caráter político é do STF. Quanto aos Conselheiros dos Tribunais de Contas dos Estados (TCEs) e dos Municípios (TCMs do Rio de Janeiro e de São Paulo), a competência é do STJ.

Todavia, é oportuno ressaltar que o STJ já decidiu serem da competência do Juízo de primeiro grau o processo e o julgamento da ação de improbidade administrativa proposta em face de Conselheiro do TCE, uma vez que o foro por prerrogativa de função previsto no art. 105, I, "a", da CRFB seria aplicável apenas às ações penais.[174]

### 25.5.13.2.2.4 Terceiros

Além dos agentes públicos, os sujeitos ativos englobam, também, os particulares que induzam ou concorram dolosamente para a prática do ato de improbidade (art. 3.º da LIA, alterado pela Lei 14.230/2021).[175]

A aplicação das penalidades de improbidade administrativa aos terceiros pressupõe a comprovação do dolo, ou seja, a intenção do particular de induzir ou concorrer para a prática da improbidade.

É relevante registrar que a aplicação das sanções de improbidade elencadas no art. 12 da LIA aos terceiros pressupõe a prática de improbidade administrativa por agentes públicos, pois o art. 3.º da Lei 8.429/1992 exige condutas por parte de terceiros, vinculados aos agentes públicos.[176] Em abono à tese, o STJ tem exigido a presença do agente público no polo passivo da ação de improbidade administrativa como pressuposto para aplicação das sanções de improbidade aos particulares (terceiros).[177]

---

[174] STJ, Corte Especial, Rcl 2.723/SP, Rel. Min. Laurita Vaz, *DJe* 06.04.2009, *Informativo de Jurisprudência do STJ* n. 372.

[175] O art. 3.º, *caput*, da Lei 8.429/1992, alterado pela Lei 14.230/2021, dispõe: "As disposições desta Lei são aplicáveis, no que couber, àquele que, mesmo não sendo agente público, induza ou concorra dolosamente para a prática do ato de improbidade". A nova redação do referido dispositivo legal retirou da redação do referido dispositivo o trecho "ou dele se beneficie sob qualquer forma direta ou indireta". A expressão sempre gerou dificuldades de interpretação e insegurança jurídica, especialmente pelo risco de ampliação indevida da abrangência da LIA para alcançar particulares que não contribuíram intencionalmente para o ilícito.

[176] Nesse sentido: NEVES, Daniel Amorim Assumpção; OLIVEIRA, Rafael Carvalho Rezende. *Manual de improbidade administrativa*. São Paulo: Método, 2012. p. 69-70; DECOMAIN, Pedro Roberto. *Improbidade administrativa*. São Paulo: Dialética, 2007. p. 54; GARCIA, Emerson; ALVES, Rogério Pacheco. *Improbidade administrativa*. 6. ed. Rio de Janeiro: Lumen Juris, 2011. p. 269; CARVALHO FILHO, José dos Santos. *Manual de direito administrativo*. 24. ed. Rio de Janeiro: Lumen Juris, 2011. p. 992-993.

[177] A tese 8 da edição 38 da Jurisprudência em Teses do STJ dispõe: "É inviável a propositura de ação civil de improbidade administrativa exclusivamente contra o particular, sem a concomitante presença de agente público no polo passivo da demanda". Contudo, o STJ já admitiu o prosseguimento de ação de improbidade

O art. 3.º da LIA determina que as disposições legais sobre a improbidade são aplicáveis, "no que couber", aos terceiros, tendo em vista que algumas sanções são incompatíveis com os terceiros (ex.: perda do cargo).

Não obstante alguma controvérsia doutrinária no contexto da redação inicial da LIA, sempre sustentamos a possibilidade de aplicação das sanções de improbidade às pessoas jurídicas, tese que foi corroborada pela nova redação do art. 3.º, §§ 1.º e 2.º, e art. 12, §§ 3.º e 4.º, da LIA.[178]

É preciso notar, contudo, que o art. 3.º, § 2.º, da LIA, afasta as sanções de improbidade das pessoas jurídicas nas hipóteses em que os atos de improbidade administrativa também configurarem atos lesivos à Administração Pública previstos na Lei 12.846/2013 (Lei Anticorrupção).

### 25.5.13.3 Objeto

O objeto da ação de improbidade é o reconhecimento da prática da improbidade administrativa e da aplicação das respectivas sanções legais.

A configuração da improbidade administrativa depende da conduta dolosa do agente público e, eventualmente, do terceiro, com o objetivo específico de obter enriquecimento ilícito (art. 9.º), causar dano ao erário (art. 10) ou violar princípios da Administração Pública (art. 11).

Em decorrência da prática do ato de improbidade, o infrator será punido na forma do art. 12 da LIA.

### 25.5.13.4 Atos de improbidade administrativa

Os atos de improbidade administrativa encontram-se tipificados nos arts. 9.º (enriquecimento ilícito), 10 (dano ao erário) e 11 (violação aos princípios da Administração) da Lei 8.429/1992. Cabe mencionar, ainda, a tipificação de improbidade administrativa no art. 52 da Lei 10.257/2001 (Estatuto da Cidade), direcionada exclusivamente aos Prefeitos.

A Lei 14.230/2021 revogou o art. 10-A da LIA, que tratava dos "atos de improbidade administrativa decorrentes de concessão ou aplicação indevida de benefício financeiro

---

administrativa exclusivamente contra particular quando há pretensão de responsabilizar agentes públicos pelos mesmos fatos em outra demanda conexa. Primeira Turma, AREsp 1.402.806-TO, Rel. Min. Manoel Erhardt (Desembargador convocado do TRF da 5.ª Região), por unanimidade, j. 19.10.2021, *Informativo de Jurisprudência do STJ* n. 714.

[178] A favor da submissão das pessoas jurídicas às normas de improbidade no contexto da redação originária da LIA: NEVES, Daniel Amorim Assumpção; OLIVEIRA, Rafael Carvalho Rezende. *Improbidade administrativa*. 8. ed. Rio de Janeiro: Forense, 2020. p. 78-81; GARCIA, Emerson; ALVES, Rogério Pacheco. *Improbidade administrativa*. 6. ed. Rio de Janeiro: Lumen Juris, 2011. p. 269; FREITAS, Juarez. O princípio da moralidade e a Lei de Improbidade Administrativa. *Fórum Administrativo*, Belo Horizonte, n. 48, p. 5.083, fev. 2005; NEIVA, José Antonio Lisbôa. *Improbidade administrativa*: legislação comentada artigo por artigo. 2. ed. Rio de Janeiro: Impetus, 2011. p. 45; MARTINS JÚNIOR, Wallace Paiva. *Probidade administrativa*. 4. ed. São Paulo: Saraiva, 2009. p. 320; STJ, 2.ª Turma, REsp 1.122.177/MT, Rel. Min. Herman Benjamin, DJe 27.04.2011. Contra a aplicação da LIA às pessoas jurídicas, posicionavam-se: CARVALHO FILHO, José dos Santos. *Manual de direito administrativo*. 24. ed. Rio de Janeiro: Lumen Juris, 2011. p. 993; FAZZIO JÚNIOR, Waldo. *Atos de improbidade administrativa*: doutrina, legislação e jurisprudência. 2. ed. São Paulo: Atlas, 2008. p. 266.

ou tributário". Contudo, não houve extinção da referida tipificação de improbidade, mas o seu deslocamento para o inciso XXII do art. 10 da LIA.

A tipificação dos atos de improbidade administrativa previstos nos arts. 9.º (enriquecimento ilícito) e 10 (dano ao erário) da LIA possui textura aberta. O rol exemplificativo de condutas elencadas nos seus incisos é evidenciado, especialmente, pela utilização da expressão "notadamente", que demonstra que outras condutas também podem ser enquadradas nos referidos tipos de improbidade.[179] A qualificação da conduta como ato de improbidade, nessa linha de raciocínio, depende da presença dos pressupostos elencados no *caput* das três normas jurídicas em comento.

No tocante ao art. 11 da LIA, alterado pela Lei 14.230/2021, a configuração da improbidade por violação aos princípios da Administração Pública depende, necessariamente, da caracterização de uma das condutas descritas nos seus incisos. Em sua redação originária, o *caput* do art. 11 da LIA utilizava a expressão "notadamente", que também constava (e ainda consta) nos arts. 9.º e 10 da LIA. Ocorre que a reforma introduzida pela Lei 14.230/2021 suprimiu a citada expressão no dispositivo legal e inseriu no seu lugar a expressão "caracterizada por uma das seguintes condutas".

Assim, a partir da reforma da LIA, a improbidade por violação aos princípios depende da prática de uma das condutas descritas taxativamente nos incisos do art. 11, sendo insuficiente a violação aos princípios da Administração Pública para caracterização da improbidade administrativa. A ausência da improbidade, é oportuno destacar, não afasta, naturalmente, a aplicação de sanções disciplinares aos agentes públicos envolvidos.

### 25.5.13.4.1 Enriquecimento ilícito (art. 9.º da Lei 8.429/1992)

Os atos de improbidade, que acarretam enriquecimento ilícito, previstos no art. 9.º da LIA, alterado pela Lei 14.230/2021, referem-se às condutas dolosas que acarretem qualquer tipo de vantagem patrimonial indevida em razão do exercício de cargo, de mandato, de função, de emprego ou de atividade nas entidades referidas no art. 1.º da LIA.

A configuração da prática de improbidade administrativa tipificada no art. 9.º da LIA depende da presença dos seguintes requisitos:

a) recebimento da vantagem indevida, independentemente de prejuízo ao erário;
b) conduta dolosa por parte do agente ou do terceiro; e
c) nexo causal ou etiológico entre o recebimento da vantagem e a conduta daquele que ocupa cargo ou emprego, detém mandato, exerce função ou atividade nas entidades mencionadas no art. 1.º da LIA.

---

[179] Nesse sentido: NEVES, Daniel Amorim Assumpção; OLIVEIRA, Rafael Carvalho Rezende. *Manual de improbidade administrativa*. São Paulo: Método, 2012. p. 75; DI PIETRO, Maria Sylvia Zanella. *Direito administrativo*. 22. ed. São Paulo: Atlas, 2009. p. 820; CARVALHO FILHO, José dos Santos. *Manual de direito administrativo*. 24. ed. Rio de Janeiro: Lumen Juris, 2011. p. 994; MARTINS JÚNIOR, Wallace Paiva. *Probidade administrativa*. 4. ed. São Paulo: Saraiva, 2009. p. 207; DECOMAIN, Pedro Roberto. *Improbidade administrativa*. São Paulo: Dialética, 2007. p. 55; PAZZAGLINI FILHO, Marino. *Lei de Improbidade Administrativa comentada*: aspectos constitucionais, administrativos, civis, criminais, processuais e de responsabilidade fiscal. 5. ed. São Paulo: Atlas, 2011. p. 46, 65 e 104; FAZZIO JÚNIOR, Waldo. *Atos de improbidade administrativa*: doutrina, legislação e jurisprudência. 2. ed. São Paulo: Atlas, 2008. p. 95, 124 e 173.

A premissa central para configuração do enriquecimento ilícito é o recebimento da vantagem patrimonial indevida, quando do exercício da função pública, independentemente da ocorrência de dano ao erário (ex.: particular, que preenche os requisitos legais, requer ao Poder Público a emissão de licença para construir, ato administrativo vinculado. O agente público competente, no entanto, recebe determinada quantia em dinheiro, sem previsão legal, para acelerar a emissão da mencionada licença).

Há discussão doutrinária quanto à possibilidade de configuração do enriquecimento ilícito em virtude de omissão do agente público ou do terceiro.

Alguns autores sustentam que o enriquecimento ilícito pressupõe condutas comissivas, sendo inviável a sua configuração por simples omissão, pois a LIA, ao tipificar os atos de improbidade administrativa, refere-se expressamente à possibilidade de prática de improbidade por ação ou omissão nos casos dos arts. 10 e 11, silenciando-se em relação à possibilidade de configuração do enriquecimento ilícito (art. 9.º, *caput*) por simples omissão.[180]

Entendemos que a tipificação do enriquecimento ilícito admite condutas comissivas e omissivas. Não obstante o silêncio no *caput* do art. 9.º da LIA, as hipóteses enumeradas, exemplificativamente, como caracterizadoras do enriquecimento ilícito são plenamente compatíveis com as condutas omissivas dos agentes públicos. Menciona-se, por exemplo, o inciso I do art. 9.º da LIA, que qualifica como enriquecimento ilícito o recebimento de dinheiro, bem móvel ou imóvel, ou qualquer outra vantagem econômica, direta ou indireta, "a título de comissão, percentagem, gratificação ou presente de quem tenha interesse, direto ou indireto, que possa ser atingido ou amparado por **ação ou omissão decorrente das atribuições do agente público**".[181]

Os responsáveis pela prática de improbidade administrativa por enriquecimento ilícito, sem prejuízo das sanções penais, civis e administrativas previstas na legislação específica, estão sujeitos às sanções previstas no art. 12, I, da LIA, alterado pela Lei 14.230/2021, aplicadas isolada ou cumulativamente, a saber:

a) perda dos bens ou valores acrescidos ilicitamente ao patrimônio;
b) perda da função pública;[182]

---

[180] Nesse sentido: CARVALHO FILHO, José dos Santos. *Manual de direito administrativo*. 24. ed. Rio de Janeiro: Lumen Juris, 2011. p. 995.

[181] NEVES, Daniel Amorim Assumpção; OLIVEIRA, Rafael Carvalho Rezende. *Manual de improbidade administrativa*. São Paulo: Método, 2012. p. 80. No mesmo sentido: MARTINS JÚNIOR, Wallace Paiva. *Probidade administrativa*. 4. ed. São Paulo: Saraiva, 2009. p. 227 e 229. No mesmo sentido: FAZZIO JÚNIOR, Waldo. *Atos de improbidade administrativa: doutrina, legislação e jurisprudência*. 2. ed. São Paulo: Atlas, 2008. p. 94.

[182] Em relação à perda do cargo, o § 1.º do art. 12 da LIA prevê que a citada sanção atinge apenas o vínculo de mesma qualidade e natureza que o agente público ou político detinha com o Poder Público na época do cometimento da infração, podendo o magistrado, na hipótese de enriquecimento ilícito, e em caráter excepcional, estendê-la aos demais vínculos, consideradas as circunstâncias do caso e a gravidade da infração. Contudo, o STF, por meio de decisão monocrática, suspendeu a eficácia do referido dispositivo (STF, ADI 7.236/DF, Rel. Min. Alexandre de Moraes, decisão monocrática publicada em 27.12.2022). Importante destacar, ainda, que o STJ decidiu pela impossibilidade de aplicação da sanção de cassação de aposentadoria no âmbito da ação de improbidade, em razão da ausência de previsão da referida sanção na LIA, que poderia ser aplicada, contudo, no bojo do processo administrativo disciplinar (EREsp 1.496.347/ES, Rel. p/ acórdão: Min. Benedito Gonçalves, Primeira Seção, *DJe* 28.04.2021).

c) suspensão dos direitos políticos até 14 anos;[183]
d) pagamento de multa civil equivalente ao valor do acréscimo patrimonial;[184]
e) proibição de contratar com o Poder Público ou de receber benefícios ou incentivos fiscais ou creditícios, direta ou indiretamente, ainda que por intermédio de pessoa jurídica da qual seja sócio majoritário, pelo prazo não superior a 14 anos.[185]

De acordo com o § 3.º do art. 12 da LIA, na responsabilização da pessoa jurídica, o magistrado deverá considerar os efeitos econômicos e sociais das sanções, de modo a viabilizar a manutenção de suas atividades.

Na sequência, o § 4.º do art. 12 da LIA dispõe que a sanção de proibição de contratação com o Poder Público, em caráter excepcional e por motivos relevantes devidamente justificados, pode extrapolar o ente público lesado pelo ato de improbidade, observados os impactos econômicos e sociais das sanções, de forma a preservar a função social da pessoa jurídica.

As sanções aplicadas às pessoas jurídicas com base na LIA e na Lei 12.846/2013 (Lei Anticorrupção) deverão observar o princípio constitucional do *non bis in idem* (art. 12, § 7.º, da LIA, inserido pela Lei 14.230/2021). Ocorre que o risco de *bis in idem* seria afastado, *a priori*, pelo art. 3.º, § 2.º, da LIA que impede a aplicação das sanções de improbidade às pessoas jurídicas quando os atos de improbidade foram tipificados como atos lesivos e punidos com fundamento na Lei Anticorrupção.

O § 5.º do art. 12 da LIA dispõe que, nos casos de atos de menor ofensa aos bens jurídicos tutelados pela lei, a sanção limitar-se-á à aplicação de multa, sem prejuízo do ressarcimento do dano e da perda dos valores obtidos, quando for o caso. O desafio na interpretação do referido dispositivo legal será a definição daquilo que venha a ser considerado "atos de menor ofensa aos bens jurídicos", conferindo-se excessiva discricionariedade ao magistrado para fixar, casuisticamente e sem parâmetros legais mínimos, o que seria enquadrado no conceito indeterminado.

As sanções de improbidade por enriquecimento ilícito, em conformidade com o disposto no § 9.º do art. 12 da LIA, inserido pela Lei 14.230/2021, somente poderão ser executadas após o trânsito em julgado da sentença condenatória. Contudo, a autoridade judicial poderá determinar o afastamento do agente público do exercício do cargo, do emprego ou da função, sem prejuízo da remuneração, quando a medida for necessária à instrução processual ou para evitar a iminente prática de novos ilícitos, limitando o

---

[183] Em relação à contagem do prazo da sanção de suspensão dos direitos políticos, computar-se-á retroativamente o intervalo de tempo entre a decisão colegiada e o trânsito em julgado da sentença condenatória, na forma do § 10 do art. 12 da LIA, inserido pela Lei 14.230/2021. Contudo, o STF, por meio de decisão monocrática, suspendeu a eficácia do referido dispositivo (STF, ADI 7.236/DF, Rel. Min. Alexandre de Moraes, decisão monocrática publicada em 27.12.2022).

[184] A multa civil pode ser aumentada até o dobro, se o juiz considerar que, em virtude da situação econômica do réu, o valor calculado, na forma do inciso I do art. 12, é ineficaz para reprovação e prevenção do ato de improbidade (art. 12, § 2.º, da LIA).

[185] Em relação à sanção de proibição de contratação com o Poder Público, o § 8.º do art. 12 da LIA, incluído pela Lei 14.230/2021, prevê a sua inclusão no Cadastro Nacional de Empresas Inidôneas e Suspensas (CEIS) previsto na Lei 12.846/2013 (Lei Anticorrupção), observadas as limitações territoriais contidas em decisão judicial.

período do afastamento a 90 dias, prorrogável uma única vez, mediante decisão motivada (art. 20, §§ 1.º e 2.º, da LIA).

Na hipótese de enriquecimento ilícito, o art. 8.º da LIA, alterado pela Lei 14.230/2021, prevê a responsabilidade do sucessor ou do herdeiro de recomposição dos prejuízos até o limite do valor da herança ou do patrimônio transferido.

O art. 8.º-A da LIA, inserido pela Lei 14.230/2021, dispõe que a responsabilidade sucessória prevista no art. 8.º também será aplicada nas hipóteses de alteração contratual, de transformação, de incorporação, de fusão ou de cisão societária. Nos casos de fusão e de incorporação, a responsabilidade da sucessora será restrita à obrigação de reparação integral do dano causado, até o limite do patrimônio transferido, afastando-se a aplicação das sanções de improbidade decorrentes de atos e de fatos ocorridos antes da data da fusão ou da incorporação, exceto no caso de simulação ou de evidente intuito de fraude, devidamente comprovados, na forma do parágrafo único do art. 8.º-A da LIA, também incluído pela Lei 14.230/2021.

### 25.5.13.4.2 Danos ao erário (art. 10 da Lei 8.429/1992)

Os atos de improbidade, que causam lesão ao erário, consagrados no art. 10 da LIA, alterado pela Lei 14.230/2021, relacionam-se à ação ou omissão, dolosa, que acarreta efetiva e comprovada perda patrimonial, desvio, apropriação, malbaratamento ou dilapidação dos bens ou haveres da Administração Pública e demais entidades mencionadas no art. 1.º da LIA.

Com a reforma da LIA, foi extinta a modalidade culposa de improbidade. Ao alterar o *caput* do art. 10 da LIA, a Lei 14.230/2021 suprimiu a menção à culpa e passou a exigir "ação ou omissão dolosa". Vale dizer: a atual redação da LIA não aceita a modalidade culposa de improbidade administrativa, exigindo-se, em qualquer hipótese, a comprovação do dolo do agente público e do terceiro, o que é corroborado, inclusive, pelo § 1.º do art. 1.º da LIA, incluído pela Lei 14.230/2021.[186]

Outra inovação relevante no *caput* do art. 10 da LIA refere-se à inserção da exigência de efetiva e comprovada perda patrimonial, desvio, apropriação, malbaratamento ou dilapidação dos bens ou haveres das entidades referidas no art. 1.º da citada legislação. Na redação originária do citado dispositivo legal, não constava a exigência de efetiva e comprovada lesão ao erário, o que gerava o debate sobre a possibilidade de aplicação das sanções de improbidade por dano presumido ao erário (*in re ipsa*). A partir da nova redação do art. 10 da LIA, a configuração da improbidade por lesão ao erário, ao menos nos termos literais do dispositivo, exigirá a efetiva e comprovada lesão ao erário, o que afastaria a improbidade por dano presumido.

Mencione-se, ainda, que a Lei 14.230/2021 revogou o art. 10-A da LIA, que tratava dos "atos de improbidade administrativa decorrentes de concessão ou aplicação indevida de benefício financeiro ou tributário", e inseriu a conduta no inciso XXII do art. 10 da LIA. De acordo com o referido inciso, configura ato de improbidade administrativa por

---

[186] Conforme será destacado no item 25.5.13.9, o STF, no julgamento do Tema 1.199, em sede de repercussão geral, limitou a retroatividade da norma mais benéfica da Lei 14.230/2021, que revogou a modalidade culposa de improbidade, aos fatos anteriores que não ensejaram condenação transitada em julgado.

lesão ao erário a concessão, aplicação ou manutenção de benefício financeiro ou tributário contrário ao que dispõem o *caput* e o § 1.º do art. 8.º-A da Lei Complementar 116/2003. Em consequência, a improbidade prevista no art. 10, XXII, da LIA, será caracterizada nas seguintes hipóteses: a) fixação da alíquota mínima do ISS em patamar inferior a 2%; e b) concessão de isenções, incentivos ou benefícios tributários ou financeiros relativos ao ISS, que resultem em carga tributária menor que a decorrente da aplicação da alíquota mínima de 2%. O objetivo do legislador é evitar a denominada "guerra fiscal" entre os Municípios.

Cumpre mencionar que a reforma promovida pela Lei 14.230/2021 reforçou o entendimento de que a mera ilegalidade não se confunde com a improbidade administrativa.

Além da exigência do dolo e do efetivo prejuízo ao erário, o § 1.º do art. 10 da LIA afasta o ressarcimento ao erário nos casos em que não restar comprovada a perda patrimonial efetiva, ainda que haja a inobservância de formalidades legais ou regulamentares.

O § 2.º do art. 10 da LIA, inserido pela Lei 14.230/2021, dispõe que "a mera perda patrimonial decorrente da atividade econômica não acarretará improbidade administrativa, salvo se comprovado ato doloso praticado com essa finalidade". O parágrafo em comento trata do exercício de atividade econômica, o que englobaria algumas entidades mencionadas no art. 1.º da LIA, tais como as empresas públicas, sociedades de economia mista e suas subsidiárias, bem como as empresas privadas que recebam subvenção, benefício ou incentivo, fiscal ou creditício, da Administração Pública. Assim, os eventuais prejuízos ou insucessos no exercício da atividade econômica, ainda que venham a acarretar lesão ao erário, seriam enquadrados como erros de gestão, mas não improbidade administrativa, salvo se comprovado o dolo dos agentes públicos envolvidos.

A prática de improbidade administrativa tipificada no art. 10 da LIA pressupõe:

a) efetiva e comprovada lesão ao erário;
b) conduta dolosa, comissiva ou omissiva, do agente ou do terceiro; e
c) nexo causal ou etiológico entre a lesão ao erário e a conduta do agente público ou do terceiro.

O pressuposto central para tipificação do ato de improbidade, no caso, é a ocorrência de lesão ao erário, sendo irrelevante o eventual enriquecimento ilícito do agente público ou do terceiro (ex.: agente público que dolosamente realiza operação financeira de grande risco, sem autorização legal, causando perda financeira aos cofres públicos).

O art. 10 da LIA exige a ocorrência da "lesão ao erário" para configuração da improbidade administrativa que não se confunde com a expressão "patrimônio público".[187]

---

[187] Entendemos que a incidência do art. 10 da LIA depende necessariamente da efetiva comprovação da lesão ao patrimônio público econômico (erário) (NEVES, Daniel Amorim Assumpção; OLIVEIRA, Rafael Carvalho Rezende. *Improbidade administrativa*. 8. ed. Rio de Janeiro: Forense, 2020. p. 93-95). No mesmo sentido: FAZZIO JÚNIOR, Waldo. *Atos de improbidade administrativa*: doutrina, legislação e jurisprudência. 2. ed. São Paulo: Atlas, 2008. p. 338; PAZZAGLINI FILHO, Marino. *Lei de Improbidade Administrativa comentada*: aspectos constitucionais, administrativos, civis, criminais, processuais e de responsabilidade fiscal. 5. ed. São Paulo: Atlas, 2011. p. 62; COPOLA, Gina. *A improbidade administrativa no direito brasileiro*. Belo Horizonte: Fórum, 2011. p. 61 e 97; SOBRANE, Sérgio Turra. *Improbidade administrativa*: aspectos materiais, dimensão difusa e coisa julgada. São Paulo: Atlas, 2010. p. 52; MARTINS JÚNIOR, Wallace Paiva. *Probidade administrativa*. 4. ed. São Paulo: Saraiva, 2009. p. 250-251. Em sentido contrário, sustentando a caracterização da improbidade (art. 10 da LIA) quando houver dano ao patrimônio

A expressão "erário", no caso, compreende os recursos financeiros provenientes dos cofres públicos da Administração Pública direta e indireta, bem como aqueles destinados pelo Estado às demais entidades mencionadas no art. 1.º da LIA. Por outro lado, o vocábulo "patrimônio público" possui conotação mais ampla e compreende não apenas os bens e interesses econômicos, mas também aqueles com conteúdo não econômico (ex.: o art. 1.º, § 1.º, da Lei 4.717/1965 – Lei da Ação Popular – considera patrimônio público "os bens e direitos de valor econômico, artístico, estético, histórico ou turístico".

A prática de improbidade administrativa que causa lesão ao erário acarreta a aplicação das cominações elencadas no art. 12, *caput* e inciso II, da LIA, alterado pela Lei 14.230/2021, que podem ser aplicadas de forma isolada ou cumulativa, a saber:

a) ressarcimento integral do dano;
b) perda dos bens ou valores acrescidos ilicitamente ao patrimônio, se concorrer esta circunstância;
c) perda da função pública;[188]
d) suspensão dos direitos políticos até 12 anos;[189]
e) pagamento de multa civil equivalente ao valor do dano;[190]
f) proibição de contratar com o Poder Público ou de receber benefícios ou incentivos fiscais ou creditícios, direta ou indiretamente, ainda que por intermédio de pessoa jurídica da qual seja sócio majoritário, pelo prazo não superior a 12 anos.[191]

Apesar de não ser mencionado no inciso II do art. 12 da LIA, o ressarcimento integral do dano patrimonial efetivo e comprovado será sempre devido, com fundamento no *caput* do art. 12 da LIA. Aliás, o ressarcimento deve ser fixado mesmo nas hipóteses de atos de menor ofensa aos bens jurídicos tutelados pela LIA (art. 12, § 5.º) e de celebração de acordo de não persecução civil (art. 17-B, I).

---

público, em sentido amplo: GARCIA, Emerson; ALVES, Rogério Pacheco. *Improbidade administrativa*. 6. ed. Rio de Janeiro: Lumen Juris, 2011. p. 311; CARVALHO FILHO, José dos Santos. *Manual de direito administrativo*. 24. ed. Rio de Janeiro: Lumen Juris, 2011. p. 995.

[188] Em relação à perda do cargo, o § 1.º do art. 12 da LIA prevê que a citada sanção atinge apenas o vínculo de mesma qualidade e natureza que o agente público ou político detinha com o Poder Público na época do cometimento da infração. É importante dizer que o legislador apenas autoriza a extensão da referida punição aos demais vínculos na hipótese de enriquecimento ilícito (art. 9.º), consideradas as circunstâncias do caso e a gravidade da infração.

[189] Na contagem do prazo da suspensão dos direitos políticos, computar-se-á retroativamente o intervalo de tempo entre a decisão colegiada e o trânsito em julgado da sentença condenatória (art. 12, § 10, da LIA, inserido pela Lei 14.230/2021). Destaca-se, aqui, que o STF, por meio de decisão monocrática, suspendeu a eficácia do referido dispositivo (STF, ADI 7.236/DF, Rel. Min. Alexandre de Moraes, decisão monocrática publicada em 27.12.2022).

[190] De acordo o art. 12, § 2.º, da LIA, a multa civil pode ser aumentada até o dobro, se o juiz considerar que, em virtude da situação econômica do réu, o valor calculado, na forma do inciso II do art. 12, é ineficaz para reprovação e prevenção do ato de improbidade.

[191] De acordo com o § 8.º do art. 12 da LIA, incluído pela Lei 14.230/2021, a sanção de proibição de contratação com o Poder Público deve ser incluída no Cadastro Nacional de Empresas Inidôneas e Suspensas (CEIS) previsto na Lei 12.846/2013 (Lei Anticorrupção), observadas as limitações territoriais contidas em decisão judicial.

Na responsabilização da pessoa jurídica, o julgador deverá considerar os efeitos econômicos e sociais das sanções, de modo a viabilizar a manutenção de suas atividades, na forma do § 3.º do art. 12 da LIA.

Quanto à proibição de contratação com o Poder Público, em casos excepcionais e por motivos relevantes devidamente justificados, a sanção aplicada à pessoa jurídica poderá extrapolar o ente público lesado pelo ato de improbidade, observados os impactos econômicos e sociais das sanções, de forma a preservar a função social da pessoa jurídica (art. 12, § 4.º, da LIA).

No tocante às sanções aplicadas às pessoas jurídicas com base LIA e na Lei 12.846/2013 (Lei Anticorrupção), o magistrado deverá observar o princípio constitucional do *non bis in idem* (art. 12, § 7.º, da LIA). Lembre-se, contudo, de que o art. 3.º, § 2.º, da LIA impede a aplicação das sanções de improbidade às pessoas jurídicas quando os atos de improbidade foram tipificados como atos lesivos e punidos com fundamento na Lei Anticorrupção.

Nos casos de atos de menor ofensa aos bens jurídicos tutelados pela LIA, a sanção limitar-se-á à aplicação de multa, sem prejuízo do ressarcimento do dano e da perda dos valores obtidos, quando for o caso (art. 12, § 5.º, da LIA). Conforme já destacado, o legislador não definiu o que se enquadraria no conceito de "atos de menor ofensa", gerando, portanto, insegurança jurídica.

De acordo com o § 6.º do art. 12 da LIA, inserido pela Lei 14.230/2021, na hipótese de lesão ao patrimônio público, a reparação do dano deverá deduzir o ressarcimento ocorrido nas instâncias criminal, civil e administrativa que versem sobre os mesmos fatos. Trata-se de previsão legislativa que se preocupa em restringir a reparação do dano ao efetivo prejuízo comprovado, independentemente da instância (criminal, civil e administrativa) que tiver determinado a medida. Em nossa opinião, não obstante o art. 12, § 6.º, da LIA mencione o ressarcimento ao erário, seria aplicável o art. 22, § 3.º, da LINDB às sanções de improbidade administrativa.[192]

As sanções de improbidade por lesão ao erário somente poderão ser executadas após o trânsito em julgado da sentença condenatória (art. 12, § 9.º, da LIA, inserido pela Lei 14.230/2021). Lembre-se, contudo, a possibilidade de afastamento, mediante decisão judicial, do agente público do exercício do cargo, do emprego ou da função, sem prejuízo da remuneração, quando a medida for necessária à instrução processual ou para evitar a iminente prática de novos ilícitos, limitando o período do afastamento a 90 dias, prorrogável uma única vez, mediante decisão motivada (art. 20, §§ 1.º e 2.º, da LIA).

Assim como ocorre nos atos de improbidade por enriquecimento ilícito, na hipótese de lesão ao erário, o sucessor ou o herdeiro possui responsabilidade de recomposição dos prejuízos até o limite do valor da herança ou do patrimônio transferido (art. 8.º da LIA, alterado pela Lei 14.230/2021).

A responsabilidade sucessória também será aplicada nas hipóteses de alteração contratual, de transformação, de incorporação, de fusão ou de cisão societária (art. 8.º-A da

---

[192] O art. 22, § 3.º, da LINDB, ao tratar da interpretação de normas sobre gestão pública, apresenta preocupação semelhante ao dispor que "as sanções aplicadas ao agente serão levadas em conta na dosimetria das demais sanções de mesma natureza e relativas ao mesmo fato".

LIA, inserido pela Lei 14.230/2021). Nos casos de fusão e de incorporação, a responsabilidade da sucessora será restrita à obrigação de reparação integral do dano causado, até o limite do patrimônio transferido, afastando-se a aplicação das sanções de improbidade decorrentes de atos e de fatos ocorridos antes da data da fusão ou da incorporação, exceto no caso de simulação ou de evidente intuito de fraude, devidamente comprovados, na forma do parágrafo único do art. 8.º-A da LIA, também incluído pela Lei 14.230/2021.

### 25.5.13.4.3 Violação aos princípios da Administração Pública (art. 11 da Lei 8.429/1992)

Constitui ato de improbidade administrativa a conduta dolosa, comissiva ou omissiva, que contraria os princípios da Administração Pública, em desconformidade com os deveres de honestidade, imparcialidade e legalidade, caracterizada por uma das condutas descritas no art. 11 da LIA, alterado pela Lei 14.230/2021.

Ao lado das revogações e alterações de incisos no art. 11 da LIA, a Lei 14.230/2021 inseriu dois novos incisos (XI e XII), com condutas que caracterizam a improbidade administrativa por violação aos princípios da Administração Pública.

De acordo com o inciso XI do art. 11 da LIA, configura improbidade administrativa a nomeação de "cônjuge, companheiro ou parente em linha reta, colateral ou por afinidade, até o terceiro grau, inclusive, da autoridade nomeante ou de servidor da mesma pessoa jurídica investido em cargo de direção, chefia ou assessoramento, para o exercício de cargo em comissão ou de confiança ou, ainda, de função gratificada na administração pública direta e indireta em quaisquer dos Poderes da União, dos Estados, do Distrito Federal e dos Municípios, compreendido o ajuste mediante designações recíprocas". Trata-se da positivação da improbidade pela prática de nepotismo na Administração Pública, na forma da vedação constante da Súmula Vinculante 13 do STF.[193]

Quanto ao inciso XII do art. 11 da LIA, a improbidade será caracterizada na publicidade, no âmbito da Administração Pública e com recursos do erário, que contrarie o disposto no § 1.º do art. 37 da CRFB, de modo a promover inequívoco enaltecimento do agente público e personalização de atos, de programas, de obras, de serviços ou de campanhas dos órgãos públicos.

O § 1.º do art. 11 da LIA, inserido pela Lei 14.230/2021, apoiado na Convenção das Nações Unidas contra a Corrupção, promulgada pelo Decreto 5.687/2006, dispõe que somente haverá improbidade administrativa por violação aos princípios da Administração Pública quando for comprovado, na conduta funcional do agente público, o fim de obter proveito ou benefício indevido para si ou para outra pessoa ou entidade. A exigência contida no § 1.º é aplicável a todos os atos de improbidade administrativa tipificados na LIA ou em outras normas legais, na forma do § 2.º do art. 11 da LIA, inserido pela Lei 14.230/2021.

---

[193] Registre-se que o STJ, a partir da redação originária da LIA, decidiu que a contratação de parentes, sem concurso público, para cargos em comissão, realizada em data anterior à lei ou ao ato administrativo do respectivo ente federado que proibisse tal conduta, bem como antes da vigência da Súmula Vinculante 13 do STF, não configuraria ato de improbidade, em razão da ausência do dolo ou da má-fé do agente político. STJ, 1.ª Turma, REsp 1.193.248/MG, Min. Napoleão Nunes Maia Filho, DJe 18.08.2014 (Informativo de Jurisprudência do STJ n. 540).

É necessária a demonstração objetiva da prática de ilegalidade no exercício da função pública, com a indicação das normas constitucionais, legais ou infralegais violadas para caracterização da improbidade por violação aos princípios da administração pública (art. 11, § 3.º, da LIA, introduzido pela Lei 14.230/2021). Em consequência, não basta a alegação genérica, na petição inicial da ação de improbidade, de violação aos princípios da administração pública, cabendo ao Ministério Público indicar, de forma objetiva, o dispositivo normativo violado, inclusive com a indicação do inciso do art. 11 da LIA que se amoldaria ao caso.

A aplicação do art. 11 da LIA exige, ainda, a demonstração da lesividade relevante ao bem jurídico tutelado, independentemente de lesão ao erário e de enriquecimento ilícito do agente público, na forma do § 4.º do citado dispositivo legal, inserido pela Lei 14.230/2021.

O § 5.º do art. 11 da LIA, incluído pela Lei 14.230/2021, por sua vez, dispõe que "a mera nomeação ou indicação política por parte dos detentores de mandatos eletivos" não configura improbidade administrativa, exigindo-se a necessária demonstração do dolo do agente público. Mencione-se, por exemplo, que o STF tem afastado a incidência da Súmula Vinculante 13 dos cargos políticos, que poderiam ser providos por parentes da autoridade administrativa. Nesse caso, a partir da própria jurisprudência da Suprema Corte, a nomeação não configuraria ato ilícito ou improbidade, o que, independentemente das críticas que poderiam ser apresentadas, é reforçado pelo art. 11, § 5.º, da LIA.

A configuração da improbidade prevista no art. 11 da LIA, alterado pela Lei 14.230/2021, pressupõe:

a) violação aos princípios da Administração Pública, a partir de uma das condutas descritas nos incisos do art. 11;
b) conduta dolosa, comissiva ou omissiva;[194] e
c) nexo de causalidade entre a ação/omissão e a respectiva violação ao princípio aplicável à Administração.

É preciso destacar que a mera ilegalidade não se confunde com improbidade. A improbidade é uma espécie de ilegalidade qualificada pela intenção (dolo) de violar a legislação e pela gravidade da lesão à ordem jurídica. Vale dizer: a tipificação da improbidade depende da demonstração da má-fé ou da desonestidade, não se limitando à mera ilegalidade, bem como da grave lesão aos bens tutelados pela Lei de Improbidade Administrativa. Não por outra razão, o § 1.º do art. 17-C dispõe que "a ilegalidade sem a presença de dolo que a qualifique não configura ato de improbidade".

O pressuposto essencial para configuração do ato de improbidade, no caso, é prática de uma das condutas descritas nos incisos do art. 11 da LIA, com a violação aos princípios da Administração Pública, independentemente do enriquecimento ilícito do agente ou de lesão ao erário (ex.: nomeação de servidor público, sem concurso público, para cargo de provimento efetivo, com o intuito de beneficiar terceiro por laços de amizade).

---

[194] O STJ decidiu que a contratação de servidores públicos temporários sem concurso público, mas baseada em legislação local, por si só, não configura a improbidade administrativa prevista no art. 11 da Lei n. 8.429/1992, por estar ausente o elemento subjetivo (dolo) necessário para a configuração do ato de improbidade violador dos princípios da administração pública (Tese firmada no Tema Repetitivo 1.108 do STJ).

Os responsáveis pela improbidade por violação aos princípios sujeitam-se às sanções mencionadas no art. 12, III, da LIA, alterado pela Lei 14.230/2021, a saber:

a) pagamento de multa civil de até 24 vezes o valor da remuneração percebida pelo agente;[195]

b) proibição de contratar com o Poder Público ou de receber benefícios ou incentivos fiscais ou creditícios, direta ou indiretamente, ainda que por intermédio de pessoa jurídica da qual seja sócio majoritário, pelo prazo não superior a quatro anos.[196]

Na redação originária da Lei 8.429/1992, prevalecia o caráter residual do art. 11 e das sanções enumeradas no art. 12, III, da LIA, uma vez que tais normas somente seriam aplicadas nas hipóteses em que não houvesse enriquecimento ilícito ou lesão ao erário,[197] pois tanto o enriquecimento ilícito quanto a lesão ao erário envolvem, naturalmente, a violação aos princípios, mas a recíproca não é verdadeira, admitindo-se a violação aos princípios, independentemente do enriquecimento ilícito ou da lesão ao erário. Contudo, com a alteração promovida pela Lei 14.230/2021, as condutas enumeradas nos incisos do art. 11 da LIA passaram a ostentar caráter taxativo, o que retira o tradicional caráter residual do dispositivo legal.

Assim como ocorre nos demais atos de improbidade administrativa, na responsabilização da pessoa jurídica por violação aos princípios da Administração Pública, o julgador deverá considerar os efeitos econômicos e sociais das sanções, de modo a viabilizar a manutenção de suas atividades (art. 12, § 3.º, da LIA).

Em relação à proibição de contratação com o Poder Público, em casos excepcionais e por motivos relevantes devidamente justificados, a sanção poderá extrapolar o ente público lesado pelo ato de improbidade, observados os impactos econômicos e sociais das sanções, de forma a preservar a função social da pessoa jurídica (art. 12, § 4.º, da LIA).

Conforme destacado anteriormente, nas sanções aplicadas às pessoas jurídicas com base na LIA e na Lei 12.846/2013 (Lei Anticorrupção), o julgador deverá observar o princípio constitucional do *non bis in idem* (art. 12, § 7.º, da LIA). Aliás, o art. 3.º, § 2.º, da LIA impede a aplicação das sanções de improbidade às pessoas jurídicas quando os atos de improbidade foram tipificados como atos lesivos e punidos com fundamento na Lei Anticorrupção.

Reitere-se que, nos casos de atos de menor ofensa aos bens jurídicos tutelados pela LIA, a sanção limitar-se-á à aplicação de multa, sem prejuízo do ressarcimento do dano e da perda dos valores obtidos, quando for o caso (art. 12, § 5.º, da LIA).

---

[195] De acordo com o art. 12, § 2.º, da LIA, a multa civil pode ser aumentada até o dobro, se o juiz considerar que, em virtude da situação econômica do réu, o valor calculado, na forma do inciso III do art. 12, é ineficaz para reprovação e prevenção do ato de improbidade.

[196] A sanção de proibição de contratação com o Poder Público deve ser incluída no Cadastro Nacional de Empresas Inidôneas e Suspensas (CEIS) previsto na Lei 12.846/2013 (Lei Anticorrupção), observadas as limitações territoriais contidas em decisão judicial (art. 12, § 8.º, da LIA, incluído pela Lei 14.230/2021).

[197] Nesse sentido: MARTINS JÚNIOR, Wallace Paiva. *Probidade administrativa*. 4. ed. São Paulo: Saraiva, 2009. p. 279; PAZZAGLINI FILHO, Marino. *Lei de Improbidade Administrativa comentada*: aspectos constitucionais, administrativos, civis, criminais, processuais e de responsabilidade fiscal. 5. ed. São Paulo: Atlas, 2011. p. 100.

As sanções de improbidade por violação aos princípios somente poderão ser executadas após o trânsito em julgado da sentença condenatória (art. 12, § 9.º, da LIA, incluído pela Lei 14.230/2021).

Ao contrário do que ocorre com os atos de improbidade por enriquecimento ilícito e de lesão ao erário, na hipótese de violação aos princípios (art. 11), os arts. 8.º e 8.º-A da LIA não estabeleceram a responsabilidade para os sucessores ou herdeiros.

### 25.5.13.4.4 Ordem urbanística (art. 52 da Lei 10.257/2001 – Estatuto da Cidade)

Além dos três atos de improbidade, constantes da Lei 8.429/1992, existe, ainda, uma quarta hipótese de improbidade administrativa prevista no art. 52 da Lei 10.257/2001 (Estatuto da Cidade).[198]

O Estatuto da Cidade pretendeu tutelar a ordem urbanística, direito difuso também protegido pela Lei da Ação Civil Pública (art. 1.º, VI, da Lei 7.347/1985).

O art. 52 do Estatuto da Cidade enumera condutas que são classificadas como ímprobas, mas não define as respectivas sanções. Por essa razão, a aplicação da referida norma depende da interpretação conjugada da Lei 8.429/1992 (LIA), especialmente do seu art. 12, que define as sanções aplicáveis aos atos de improbidade administrativa. É preciso averiguar se a conduta, comissiva ou omissiva, praticada pelo Prefeito e mencionada no art. 52 do Estatuto da Cidade acarretou enriquecimento ilícito ou lesão ao erário para aplicação das sanções enumeradas, respectivamente, nos incisos I e II do art. 12 da LIA.

Com a reforma da LIA, promovida pela Lei 14.230/2021, restou impossibilitada a aplicação das sanções por violação aos princípios previstas no respectivo inciso III do art. 12 aos autores das condutas enumeradas no art. 52 do Estatuto da Cidade, uma vez que a configuração do ato de improbidade por violação aos princípios passou a exigir a prática de uma das condutas constantes do rol exaustivo do art. 11 da LIA.

A improbidade administrativa tipificada no art. 52 do Estatuto da Cidade relaciona-se ao Prefeito e ao Governador do Distrito Federal (art. 51 do Estatuto). Os demais agentes que concorrerem para a prática da improbidade responderão com fundamento na LIA.

### 25.5.13.5 Prazo

O art. 23 da LIA, que dispõe sobre o tema, sofreu profundas alterações com a reforma promovida pela Lei 14.230/2021.

---

[198] O art. 52 do Estatuto da Cidade dispõe: "Art. 52. Sem prejuízo da punição de outros agentes públicos envolvidos e da aplicação de outras sanções cabíveis, o Prefeito incorre em improbidade administrativa, nos termos da Lei 8.429, de 2 de junho de 1992, quando: I – (Vetado.); II – deixar de proceder, no prazo de cinco anos, o adequado aproveitamento do imóvel incorporado ao patrimônio público, conforme o disposto no § 4.º do art. 8.º desta Lei; III – utilizar áreas obtidas por meio do direito de preempção em desacordo com o disposto no art. 26 desta Lei; IV – aplicar os recursos auferidos com a outorga onerosa do direito de construir e de alteração de uso em desacordo com o previsto no art. 31 desta Lei; V – aplicar os recursos auferidos com operações consorciadas em desacordo com o previsto no § 1.º do art. 33 desta Lei; VI – impedir ou deixar de garantir os requisitos contidos nos incisos I a III do § 4.º do art. 40 desta Lei; VII – deixar de tomar as providências necessárias para garantir a observância do disposto no § 3.º do art. 40 e no art. 50 desta Lei; VIII – adquirir imóvel objeto de direito de preempção, nos termos dos arts. 25 a 27 desta Lei, pelo valor da proposta apresentada, se este for, comprovadamente, superior ao de mercado".

Em sua redação originária, o art. 23 da LIA estabelecia prazos distintos, especialmente em razão da qualidade do responsável pela prática do ato de improbidade.

De um lado, o inciso I do art. 23 da LIA fixava o prazo de 5 (cinco) anos de prescrição para aplicação das sanções de improbidade em face de agentes públicos que possuíam vínculos temporários e/ou precários com o Poder Público, a saber: agentes que exercem mandato, os ocupantes de cargos comissionados e os nomeados para funções de confiança.

De outro lado, em relação aos agentes ocupantes de cargos efetivos ou empregos na Administração Pública ou nas pessoas indicadas no art. 1.º da LIA, o inciso II do art. 23 da Lei dispunha que o prazo de prescrição para aplicação das sanções seria o mesmo prazo previsto em lei específica para faltas disciplinares puníveis com demissão a bem do serviço público.

O inciso III do art. 23 da LIA, por sua vez, estabelecia o prazo prescricional quinquenal, que teria início a partir da data da apresentação da prestação de contas final à Administração Pública, em relação aos atos de improbidade imputados às entidades que eram mencionadas no parágrafo único do art. 1.º da LIA (entidades beneficiadas com subvenção, benefício ou incentivo, fiscal ou creditício, de órgão público e entidades para cuja criação ou custeio o erário tivesse concorrido com menos de cinquenta por cento do patrimônio ou da receita anual).

Com a alteração promovida pela Lei 14.230/2021, o art. 23 da LIA passou a estabelecer o prazo prescricional único de 8 (oito) anos, contados a partir da ocorrência do fato ou, no caso de infrações permanentes, do dia em que cessou a permanência. A reforma da LIA, portanto, alterou o prazo prescricional e o respectivo termo inicial.

Sempre sustentamos a inconveniência dos prazos distintos de prescrição indicados na redação originária do art. 23 da LIA e a necessidade de alteração legislativa para uniformização do prazo prescricional para aplicação das sanções a todos aqueles que praticarem atos de improbidade administrativa, independentemente do *status* do acusado, cabendo ao magistrado proceder à dosimetria das sanções no caso concreto.[199]

Ademais, a redação originária do art. 23 da LIA era confusa e repleta de lacunas que geravam insegurança jurídica e colocavam em risco a efetividade das sanções de improbidade.[200] Assim, por exemplo, diversas discussões foram travadas sobre a definição do prazo prescricional em relação aos servidores temporários, servidores celetistas (empregados públicos), terceiros (particulares), servidores estatutários para atos que também configuravam crimes etc.

Por essa razão, entendemos pertinente a alteração do art. 23 da LIA pela Lei 14.230/2021 que fixou prazo uniforme de prescrição para aplicação das sanções de improbidade.

Além de facilitar a aplicação da norma, evitando discussões quanto aos prazos que não foram fixados de maneira clara e objetiva, o prazo único de prescrição demonstra

---

[199] NEVES, Daniel Amorim Assumpção; OLIVEIRA, Rafael Carvalho Rezende. *Improbidade administrativa*. 8. ed. Rio de Janeiro: Forense, 2020. p. 114.

[200] Para aprofundamento do tema, vide: OLIVEIRA, Rafael Carvalho Rezende. A prescrição nas ações de improbidade administrativa: questões atuais. *Revista do Superior Tribunal de Justiça*, Brasília, v. 28, n. 241, p. 647-668, jan./mar. 2016.

a importância de repressão do ato de improbidade, grave pela sua própria essência, independentemente do infrator.

Quanto ao termo inicial para contagem do prazo prescricional, constata-se que a opção adotada na nova redação do art. 23 da LIA, ao dispor que o prazo prescricional de 8 (oito) anos será contado a partir "da data da ciência da infração", difere do padrão encontrado em outras normas que integram o Direito Administrativo Sancionador que estabelecem o início do prazo a partir da ciência da infração pela Administração Pública, tais como: a) art. 158, § 4.º, da Lei 14.133/2021 (nova Lei de Licitações); b) art. 25 da Lei 12.846/2013 (Lei Anticorrupção); c) art. 142, § 1.º, da Lei 8.112/1990 (Estatuto dos servidores estatutários federais).

Cabe registrar que a reforma da LIA não estabeleceu tratamento específico sobre a prescrição do ressarcimento ao erário. Após inúmeros debates, no contexto da redação originária da LIA, o STF decidiu, em sede de repercussão geral, que são imprescritíveis as ações de ressarcimento ao erário fundadas na prática de ato doloso tipificado na Lei de Improbidade Administrativa, submetendo-se, contudo, à prescrição a pretensão de ressarcimento ao erário fundada em ato culposo de improbidade.[201] Lembre-se de que, na redação originária, a única possibilidade de ato culposo de improbidade era aquela tipificada no art. 10 da LIA.

De nossa parte, não concordávamos com a orientação da Suprema Corte, uma vez que não enxergamos a adoção no art. 37, § 5.º, da CRFB, que foi utilizado como parâmetro interpretativo, da distinção entre atos dolosos e culposos de improbidade para fins de ressarcimento nas ações de improbidade. O ideal, em nossa opinião, seria a submissão das ações de ressarcimento ao erário a prazos prescricionais com o intuito de efetivar o princípio da segurança jurídica.

De qualquer forma, em razão do silêncio da LIA e da extinção da modalidade culposa de improbidade, a partir do entendimento apresentado tradicionalmente pela Suprema Corte, é possível concluir pela imprescritibilidade do ressarcimento ao erário a partir da reforma introduzida pela Lei 14.230/2021, em razão da prática de qualquer ato de improbidade que deve ser, necessariamente, doloso.

Outro ponto que merece ser destacado refere-se à inserção do § 1.º no art. 23 da LIA, pela Lei 14.230/2021, para dispor sobre a suspensão do prazo prescricional. Segundo o referido dispositivo legal, a instauração de inquérito civil ou de processo administrativo para apuração dos ilícitos tipificados na LIA suspende o curso do prazo prescricional por, no máximo, 180 dias corridos, recomeçando a correr após a sua conclusão ou, caso não concluído o processo, esgotado o prazo de suspensão.

O inquérito civil para apuração do ato de improbidade, como destacado no § 2.º do art. 23 da LIA, inserido pela Lei 14.230/2021, será concluído no prazo de 365 (trezentos e sessenta e cinco) dias corridos, prorrogável uma única vez por igual período, mediante ato fundamentado submetido à revisão da instância competente do órgão ministerial, conforme dispuser a respectiva lei orgânica. Ao final do referido prazo, a ação de improbidade deverá

---

[201] STF, RE 852.475/SP, Rel. Min. Alexandre de Moraes, Red. p/ o ac. Min. Edson Fachin, j. 08.08.2018 (*Informativo de Jurisprudência do STF* n. 910).

ser proposta no prazo de 30 (trinta) dias, se não for caso de arquivamento do inquérito civil (art. 23, § 3.º, da LIA, inserido pela Lei 14.230/2021).

Outra inovação foi a previsão de causas interruptivas do prazo prescricional no § 4.º do art. 23 da LIA, a saber: a) ajuizamento da ação de improbidade administrativa; b) publicação da sentença condenatória; c) publicação de decisão ou acórdão de TJ ou TRF que confirma sentença condenatória ou que reforma sentença de improcedência; d) publicação de decisão ou acórdão do STJ que confirma acórdão condenatório ou que reforma acórdão de improcedência; e) publicação de decisão ou acórdão do STF que confirma acórdão condenatório ou que reforma acórdão de improcedência.

Com a interrupção da prescrição, o prazo recomeça a correr do dia da interrupção, pela metade do prazo previsto no *caput* do art. 23 da LIA. Trata-se da prescrição intercorrente de quatro anos que pode ocorrer após a propositura da ação de improbidade, na forma do § 5.º do art. 23 da LIA, inserido pela Lei 14.230/2021.[202]

Nesse caso, em conformidade com o disposto no § 8.º do art. 23 da LIA, incluído pela Lei 14.230/2021, o juiz ou o tribunal, após a oitiva do MP, deverá, de ofício ou a requerimento da parte interessada, reconhecer a prescrição intercorrente da pretensão sancionadora e decretá-la de imediato, caso, entre os marcos interruptivos, transcorra o prazo de 4 (quatro) anos.

Conforme previsão contida no § 6.º do art. 23 da LIA, inserido pela Lei 14.230/2021, a suspensão e a interrupção da prescrição produzem efeitos relativamente a todos os que concorreram para a prática do ato de improbidade.

Igualmente, nos atos de improbidade conexos que sejam objeto do mesmo processo, a suspensão e a interrupção relativas a qualquer deles estendem-se aos demais, em razão do disposto no § 7.º do art. 23 da LIA incluído pela Lei 14.230/2021.

É preciso destacar a possibilidade de prosseguimento da ação judicial de improbidade administrativa que formule pretensão de ressarcimento ao erário, ainda que sejam declaradas prescritas as sanções previstas no art. 12 da LIA.[203]

A reforma promovida no tratamento da prescrição das ações de improbidade não estabeleceu regras sobre o direito intertemporal, especialmente sobre a aplicação da nova redação do art. 23 da LIA, alterado pela Lei 14.230/2021, aos processos judiciais de improbidade em curso, o que deve abrir debates na comunidade jurídica.

Em princípio, a nova redação do art. 23 da LIA seria aplicável apenas aos fatos praticados após a reforma introduzida pela Lei 14.230/2021, uma vez que a prescrição é instituto de direito material e deve respeitar o princípio da irretroatividade das leis (art. 5.º, XXXVI, da CRFB).

Em nossa opinião, seria possível sustentar a retroatividade do novo regramento da prescrição nas hipóteses mais favoráveis ao acusado, em razão da aplicação analógica do princípio da retroatividade da lei mais benéfica, previsto no art. 5.º, XL, da CRFB, além

---

[202] Em sua redação originária, a LIA não previa a prescrição intercorrente e o STJ não admitia a sua incidência nas ações de improbidade. STJ, 1.ª Turma, AgInt no REsp 1.872.310/PR, Rel. Min. Benedito Gonçalves, *DJe* 08.10.2021; 2.ª Turma, AgInt no AREsp 1.592.282/PR, Rel. Min. Francisco Falcão, *DJe* 19.03.2021.

[203] Tese firmada no Tema Repetitivo 1.089 do STJ.

da incidência dos princípios constitucionais do Direito Administrativo Sancionador (art. 1.º, § 4.º, da LIA).

Não obstante a tese aqui defendida, o Supremo Tribunal Federal, no julgamento do Tema 1.199 com repercussão geral, decidiu pela irretroatividade do novo regime prescricional instituído pela Lei 14.230/2021, que somente seria aplicável a partir da publicação da referida lei.[204]

### 25.5.13.6 Competência

A competência para processo e julgamento da ação de improbidade administrativa é do Juízo de primeiro grau, tendo em vista a declaração de inconstitucionalidade do foro por prerrogativa de função previsto no art. 84, § 2.º, do CPP.[205] Nas ações propostas pelo Ministério Público Federal e nas ações com a presença (ativa ou passiva) das pessoas indicadas no art. 109, I, da CF, a competência será da Justiça Federal.[206] Nos demais casos, a competência será da Justiça Estadual.

### 25.5.13.7 Procedimento, decisão e coisa julgada

Os arts. 14 a 18 da Lei 8.429/1992, alterados pela Lei 14.230/2021, estabelecem as regras para o processo administrativo e judicial da improbidade administrativa.

Em relação ao processo administrativo, qualquer pessoa, física ou jurídica, poderá representar à autoridade administrativa competente para que seja instaurada investigação destinada a apurar a prática de ato de improbidade (art. 14, caput, da Lei 8.429/1992).[207] Trata-se de consagração do direito de petição, previsto no art. 5.º, XXXIV, da CF que não afasta a possibilidade de instauração de ofício do processo administrativo. A jurisprudência do STF e do STJ admite, inclusive, a denúncia anônima séria.[208]

---

[204] STF, ARE 843.989/PR, Rel. Min. Alexandre de Moraes, Tribunal Pleno, j. 18.08.2022.

[205] STF, Tribunal Pleno, ADI 2.797/DF, Rel. Min. Sepúlveda Pertence, j. 15.09.2005, DJ 19.12.2006, p. 37. O STJ afirmou a inaplicabilidade do foro por prerrogativa de função aos membros dos Tribunais de Contas nas ações de improbidade. STJ, Corte Especial, AgRg na Rcl 12.514/MT, Rel. Min. Ari Pargendler, DJe 26.09.2013, Informativo de Jurisprudência do STJ n. 527.

[206] O STJ afirmou que, nas ações de improbidade administrativa, a competência da Justiça Federal é definida em razão da presença das pessoas jurídicas de direito público previstas no art. 109, I, da CRFB na relação processual, e não em razão da natureza da verba federal sujeita à fiscalização do TCU (CC 174.764/MA, Rel. Min. Mauro Campbell Marques, Primeira Seção, j. 09.02.2022, Informativo de Jurisprudência do STJ n. 724). Em outra oportunidade, o STJ decidiu pela competência da Justiça estadual para processar e julgar a ação de improbidade com o objetivo de apurar irregularidades na prestação de contas, por ex-prefeito, relacionadas a verbas federais transferidas mediante convênio e incorporadas ao patrimônio municipal, a não ser que exista manifestação de interesse na causa por parte da União, de autarquia ou empresa pública federal (CC 131.323/TO, Rel. Min. Napoleão Nunes Maia Filho, 1.ª Seção, DJe 06.04.2015, Informativo de Jurisprudência do STJ 559).

[207] De acordo com o art. 19 da LIA, é crime, passível de detenção de seis a dez meses e multa, a representação por ato de improbidade contra agente público ou terceiro beneficiário, quando o autor da denúncia o sabe inocente.

[208] STF, HC 99.490/SP, Rel. Min. Joaquim Barbosa, j. 23.11.2010, DJe 01.02.2011; STF, HC 98.345/RJ, Rel. Min. Marco Aurélio, Rel. p/ acórdão Min. Dias Toffoli, j. 16.06.2010, DJe 17.09.2010; STJ, 2.ª Turma, RMS 32.065/PR, Rel. Mauro Campbell Marques, j. 17.02.2011, DJe 10.03.2011; STJ, RMS 30.510/RJ, Rel. Min. Eliana Calmon, j. 17.12.2009, DJe 10.02.2010; STJ, MS 13.348/DF, Rel. Min. Laurita Vaz, j. 27.05.2009, DJe 16.09.2009.

A autoridade administrativa rejeitará a representação, em despacho fundamentado, se esta não contiver as formalidades estabelecidas em lei. Entendemos, contudo, que o vício formal da representação não é causa para seu indeferimento liminar, cabendo à autoridade administrativa a intimação do representante para que saneie tal vício, numa espécie de emenda à representação.[209]

Nos termos do art. 14, § 3.º, da Lei 8.429/1992, alterado pela Lei 14.230/2021, atendidos os requisitos da representação, a autoridade determinará a imediata apuração dos fatos, observada a legislação que regula o processo administrativo disciplinar aplicável ao agente.

Segundo a previsão do art. 15, *caput*, da LIA, a comissão processante dará conhecimento ao Ministério Público e ao Tribunal de Contas ou Conselho de Contas da existência do processo administrativo.

O processo administrativo pode resultar na imposição de penas previstas pelas leis que regulamentam seu procedimento. Podem ser coincidentes ou não com as penas previstas no art. 12 da LIA, mas o que deve ficar claro é que a eventual aplicação de sanções ao agente público considerado ímprobo não decorre dessa lei, mas das leis que regulamentam os processos administrativos investigativos.[210] A existência de previsão na LIA de um processo administrativo para fins de investigação de atos de improbidade administrativa não afasta a possibilidade de o Ministério Público instaurar um inquérito civil.

O art. 16 da LIA, alterado pela Lei 14.230/2021, trata da indisponibilidade dos bens dos réus, a partir de pedido antecedente ou incidente, que tem o objetivo de garantir a integral recomposição do erário ou do acréscimo patrimonial resultante de enriquecimento ilícito.

Em regra, o MP, que é o legitimado para propositura da ação de improbidade, possui legitimidade para requerer a indisponibilidade dos bens do acusado. Excepcionalmente, contudo, a pessoa jurídica interessada poderia requerer a medida, caso ocorra a sua intervenção no processo, na forma do art. 17, § 14, da LIA.

A decretação de indisponibilidade dos bens depende, necessariamente, da demonstração no caso concreto de perigo de dano irreparável ou de risco ao resultado útil do processo, desde que o juiz se convença da probabilidade da ocorrência dos atos descritos na petição inicial com fundamento nos respectivos elementos de instrução, após a oitiva do réu em 5 dias, na forma do § 3.º do art. 16 da LIA. Admite-se, excepcionalmente, a decretação da indisponibilidade sem a oitiva prévia do réu, sempre que o contraditório prévio puder comprovadamente frustrar a efetividade da medida ou houver outras circunstâncias que recomendem a proteção liminar, não podendo a urgência ser presumida (art. 16, § 4.º, da LIA). A alteração promovida pela Lei 14.230/2021 nos referidos parágrafos do art. 16 da LIA pretende superar o entendimento tradicional que admitia a implementação da indisponibilidade nos casos de *periculum in mora* implícito ou presumido, exigindo-se a demonstração concreta do perigo de dano irreparável ou

---

[209] NEVES, Daniel Amorim Assumpção; OLIVEIRA, Rafael Carvalho Rezende. *Manual de improbidade administrativa*. São Paulo: Método, 2012. p. 182.

[210] A Súmula 651 do STJ dispõe: "Compete à autoridade administrativa aplicar a servidor público a pena de demissão em razão da prática de improbidade administrativa, independentemente de prévia condenação, por autoridade judiciária, à perda da função pública."

do risco ao resultado útil do processo, bem como da probabilidade da ocorrência dos atos de improbidade.[211]

Quando a indisponibilidade recair sobre os bens de terceiro, a sua decretação dependerá da demonstração da sua efetiva concorrência para os atos ilícitos apurados na ação de improbidade. Se a medida envolver bens dos sócios da pessoa jurídica, será necessária a instauração de incidente de desconsideração da personalidade jurídica, a ser processado na forma da lei processual (art. 16, § 7.º, da LIA).

O processamento do pedido de indisponibilidade de bens submete-se, no que couber, ao regime da tutela provisória de urgência previsto no CPC (art. 16, § 8.º).

Cabe agravo de instrumento contra a decisão que deferir ou indeferir o pedido de indisponibilidade de bens (art. 16, § 9.º, da LIA).

Quanto ao objeto da indisponibilidade, o art. 16, § 10, da LIA, dispõe que a medida recairá sobre bens que assegurem exclusivamente o integral ressarcimento do dano ao erário, sem incidir sobre os valores a serem eventualmente aplicados a título de multa civil ou sobre acréscimo patrimonial decorrente de atividade lícita.[212]

A decretação da indisponibilidade deve observar, ainda, outros parâmetros, tais como: a) O juiz deve observar os efeitos práticos da decisão, vedada a adoção de medida capaz de acarretar prejuízo à prestação de serviços públicos (art. 16, § 12); b) é vedada a decretação de indisponibilidade da quantia de até 40 salários mínimos depositados em caderneta de poupança, em outras aplicações financeiras ou em conta-corrente (art. 16, § 13); e c) a decretação de indisponibilidade não pode recair sobre o bem de família do réu, salvo se comprovado que o imóvel seja fruto de vantagem patrimonial indevida, na forma do art. 9.º da LIA (art. 16, § 14).

No tocante ao processo judicial, a ação principal seguirá o rito ordinário (art. 17, *caput*, da LIA), ressalvadas as peculiaridades previstas na Lei. A reforma promovida pela Lei 14.230/2021 acarretou importantes alterações no rito da ação de improbidade administrativa. Mencione-se, por exemplo, a extinção do instituto da defesa prévia.

---

[211] Sobre a possibilidade de *periculum in mora* presumido para decretação de indisponibilidade, vide: STJ, 1.ª Seção, RMS 1.366.721/BA, Rel. p/ acórdão Min. Ministro Og Fernandes, DJe 19.09.2014. Tese firmada no Tema Repetitivo 701 do STJ: "É possível a decretação da indisponibilidade de bens do promovido em Ação Civil Pública por Ato de Improbidade Administrativa, quando ausente (ou não demonstrada) a prática de atos (ou a sua tentativa) que induzam a conclusão de risco de alienação, oneração ou dilapidação patrimonial de bens do acionado, dificultando ou impossibilitando o eventual ressarcimento futuro".

[212] O art. 16, § 10, da LIA supera o entendimento tradicional do STJ que admitia a inclusão do valor da multa civil no cálculo da indisponibilidade (STJ, 2.ª Turma, AgInt nos EDcl no AREsp 1.411.373/RJ, Rel. Min. Assusete Magalhães, DJe 30.05.2019; STJ, 1.ª Turma, AgInt no REsp 1.756.370/SC, Rel. Min. Napoleão Nunes Maia Filho, DJe 04.04.2019). Se houver mais de um réu na ação de improbidade, a soma dos valores declarados indisponíveis não poderá ultrapassar o montante indicado na petição inicial como dano ao erário ou como enriquecimento ilícito (art. 16, § 5.º, da LIA). O valor da indisponibilidade considerará a estimativa de dano indicada na petição inicial, permitida a sua substituição por caução idônea, por fiança bancária ou por seguro-garantia judicial, a requerimento do réu, bem como a sua readequação durante a instrução do processo (art. 16, § 6.º, da LIA). Ademais, a ordem de indisponibilidade de bens deverá priorizar veículos de via terrestre, bens imóveis, bens móveis em geral, semoventes, navios e aeronaves, ações e quotas de sociedades simples e empresárias, pedras e metais preciosos e, apenas na inexistência desses, o bloqueio de contas bancárias, de forma a garantir a subsistência do acusado e a manutenção da atividade empresária ao longo do processo (art. 16, § 11, da LIA).

Em síntese, a ação e o processo judicial de improbidade possuem as seguintes características:

a) a ação deverá ser proposta no foro do local onde ocorrer o dano ou da pessoa jurídica prejudicada (art. 17, § 4.º-A);
b) a propositura da ação de improbidade prevenirá a competência do juízo para todas as ações posteriormente intentadas que possuam a mesma causa de pedir ou o mesmo objeto (art. 17, § 5.º);
c) a petição inicial, sob pena de rejeição, deverá individualizar a conduta do réu e indicar os elementos probatórios mínimos que demonstrem a prática dos atos tipificados nos arts. 9.º, 10 e 11 desta Lei e de sua autoria, salvo impossibilidade devidamente fundamentada, bem como será instruída com documentos ou justificação que contenham indícios suficientes da veracidade dos fatos e do dolo imputado ou com razões fundamentadas da impossibilidade de apresentação de qualquer dessas provas (art. 17, §§ 6.º e 6.º-B);
d) o juiz ordenará a citação dos réus para apresentação de contestação no prazo comum de 30 (trinta) dias, iniciado o prazo na forma do art. 231 do CPC (art. 17, § 7.º), bem como intimará a pessoa jurídica interessada para manifestar interesse na intervenção do processo (art. 17, § 14);
e) cabimento do agravo de instrumento contra as decisões interlocutórias, inclusive da decisão que rejeitar as questões preliminares suscitadas pelo réu em sua contestação (art. 17, §§ 9.º-A e 21);
f) caso haja a possibilidade de solução consensual, as partes poderão requerer ao juiz a interrupção do prazo para a contestação, por prazo não superior a 90 (noventa) dias (art. 17, § 10-A);
g) apresentada a contestação e, se for o caso, ouvido o autor, o juiz poderá adotar as seguintes condutas (art. 17, § 10-B): i) realizar o julgamento conforme o estado do processo, observada a eventual inexistência manifesta do ato de improbidade; ou ii) desmembrar o litisconsórcio, com vistas a otimizar a instrução processual;
h) após a réplica do MP, o juiz proferirá decisão na qual indicará com precisão a tipificação do ato de improbidade administrativa imputável ao réu, sendo-lhe vedado modificar o fato principal e a capitulação legal apresentada pelo autor, com a intimação das partes, na sequência, para especificação das provas que pretende produzir (art. 17, §§ 10-C e 10-E);
i) para cada ato de improbidade administrativa, deverá necessariamente ser indicado apenas um tipo dentre aqueles previstos nos arts. 9.º, 10 e 11 da LIA (art. 17, § 10-D);
j) as decisões de mérito serão nulas na hipótese de condenação do requerido por tipo diverso daquele definido na petição inicial ou de condenação sem a produção das provas por ele tempestivamente especificadas (art. 17, § 10-F);
k) o juiz julgará improcedente o pedido, em qualquer momento do processo, quando constatada a inexistência do ato de improbidade (art. 17, § 11);

l) caso a imputação envolva a desconsideração de pessoa jurídica, o magistrado observará o disposto nos arts. 133 a 137 do CPC (art. 17, § 15);

m) é possível, a qualquer momento e por meio de decisão motivada, impugnável por agravo de instrumento, a conversão da ação de improbidade em ação civil pública, regulada pela Lei 7.347/1985, se o magistrado identificar a existência de ilegalidades ou de irregularidades administrativas a serem sanadas sem que estejam presentes todos os requisitos para a imposição das sanções aos agentes incluídos no polo passivo da demanda (art. 17, §§ 16 e 17);

n) o réu possui o direito de ser interrogado sobre os fatos de que trata a ação de improbidade e a sua recusa ou o seu silêncio não implicarão confissão (art. 17, § 18);

o) não se aplicam à ação de improbidade (art. 17, § 19): i) a presunção de veracidade dos fatos alegados pelo autor em caso de revelia; ii) a imposição de ônus da prova ao réu, na forma dos §§ 1.º e 2.º do art. 373 do CPC, com a consequente proibição da distribuição dinâmica na ação de improbidade e a consagração do ônus da prova *in dubio pro reu*; iii) o ajuizamento de mais de uma ação de improbidade administrativa pelo mesmo fato, competindo ao Conselho Nacional do Ministério Público dirimir conflitos de atribuições entre membros de Ministérios Públicos distintos; iv) o reexame obrigatório da sentença de improcedência ou de extinção sem resolução de mérito;

p) de acordo com o § 20 do art. 17 da LIA, a assessoria jurídica, que emitiu o parecer atestando a legalidade prévia dos atos administrativos praticados pelo administrador público, ficará obrigada a defendê-lo judicialmente, caso este venha a responder ação por improbidade administrativa, até que a decisão transite em julgado. Entendemos que o referido dispositivo legal é inconstitucional, seja porque impõe a defesa do agente público pela advocacia pública nos casos dolosos de improbidade, seja porque interfere na autonomia dos demais Entes federados e de suas respectivas advocacias públicas.[213]

A sentença prolatada na ação de improbidade, além dos requisitos elencados no art. 489 do CPC, deve observar as seguintes exigências (art. 17-C da LIA):

a) indicar de modo preciso os fundamentos que demonstram os elementos indicados nos arts. 9.º, 10 e 11 da LIA, que não podem ser presumidos;[214]

b) considerar as consequências práticas da decisão, sempre que decidir com base em valores jurídicos abstratos;

---

[213] Lembre-se de que o STJ, antes da reforma promovida pela Lei 14.230/2021, entendia que a sentença que concluísse pela carência ou pela improcedência de ação de improbidade estaria sujeita ao reexame necessário, com base na aplicação subsidiária do art. 496 do CPC e por aplicação analógica do art. 19 da Lei 4.717/1965 (STJ, 1.ª Seção, EREsp 1.220.667-MG, Rel. Min. Herman Benjamin, *DJe* 30.06.2017, *Informativo de Jurisprudência do STJ* n. 607). Com a inclusão do art. 17, § 19, IV, na LIA, o reexame necessário não será observado e referido entendimento jurisprudencial deve ser superado.

[214] Exigência semelhante é encontrada no art. 20 da LINDB: "Nas esferas administrativa, controladora e judicial, não se decidirá com base em valores jurídicos abstratos sem que sejam consideradas as consequências práticas da decisão".

c) considerar os obstáculos e as dificuldades reais do gestor e as exigências das políticas públicas a seu cargo, sem prejuízo dos direitos dos administrados e das circunstâncias práticas que houverem imposto, limitado ou condicionado a ação do agente;[215]
d) considerar, para a aplicação das sanções, de forma isolada ou cumulativa: i) os princípios da proporcionalidade e da razoabilidade; ii) a natureza, a gravidade e o impacto da infração cometida; iii) a extensão do dano causado; iv) o proveito patrimonial obtido pelo agente; v) as circunstâncias agravantes ou atenuantes; vi) a atuação do agente em minorar os prejuízos e as consequências advindas de sua conduta omissiva ou comissiva; e vii) os antecedentes do agente;
e) considerar na aplicação das sanções a dosimetria das sanções relativas ao mesmo fato já aplicadas ao agente;[216]
f) considerar, na fixação das penas relativamente ao terceiro, quando for o caso, a sua atuação específica, não admitida a sua responsabilização por ações ou omissões para as quais não tiver concorrido ou das quais não tiver obtido vantagens patrimoniais indevidas;
g) indicar, na apuração da ofensa a princípios, critérios objetivos que justifiquem a imposição da sanção.

Nos casos de litisconsórcio passivo, a condenação ocorrerá no limite da participação e dos benefícios diretos, vedada qualquer solidariedade (art. 17-C, § 2.º, da LIA).

Não se aplica a remessa necessária às sentenças de improbidade administrativa (art. 17, § 19, IV, e art. 17-C, § 2.º, da LIA).[217]

De acordo com o art. 17-D da LIA, a ação por improbidade administrativa é repressiva, de caráter sancionatório, destinada à aplicação de sanções de caráter pessoal, "e não constitui ação civil, vedado seu ajuizamento para o controle de legalidade de políticas públicas e para a proteção do patrimônio público e social, do meio ambiente e de outros interesses difusos, coletivos e individuais homogêneos".[218]

---

[215] No mesmo sentido, o art. 22 da LINDB dispõe: "Na interpretação de normas sobre gestão pública, serão considerados os obstáculos e as dificuldades reais do gestor e as exigências das políticas públicas a seu cargo, sem prejuízo dos direitos dos administrados".

[216] De igual modo, o § 3.º do art. 22 da LINDB estabelece: "As sanções aplicadas ao agente serão levadas em conta na dosimetria das demais sanções de mesma natureza e relativas ao mesmo fato".

[217] Registre-se que o art. 10 da Lei 14.133/2021 (nova Lei de Licitações) estabeleceu representação judicial e extrajudicial pela advocacia pública dos agentes públicos que forem acusados de ilícitos praticados com apoio em parecer jurídico da assessoria jurídica do órgão público, ressalvados os casos de atos dolosos. Em outra oportunidade, sustentamos a inconstitucionalidade do referido dispositivo: VALE, Luís Manoel Borges do; OLIVEIRA, Rafael Carvalho Rezende. A inconstitucionalidade do art. 10 da Nova Lei de Licitações: a invasão de competência dos estados e municípios. *Solução em Licitações e Contratos – SLC* n. 41, p. 31-40, ago.2021.

[218] Segundo o parágrafo único do art. 17-D da LIA, o controle de legalidade de políticas públicas e a responsabilidade de agentes públicos, inclusive políticos, entes públicos e governamentais, por danos ao meio ambiente, ao consumidor, a bens e direitos de valor artístico, estético, histórico, turístico e paisagístico, a qualquer outro interesse difuso ou coletivo, à ordem econômica, à ordem urbanística, à honra e à dignidade de grupos raciais, étnicos ou religiosos e ao patrimônio público e social submetem-se aos termos da Lei n. 7.347/1985.

É difícil compreender a afirmação legal no sentido de que a ação de improbidade "não constitui ação civil". Isso porque a natureza cível da ação de improbidade é inescapável, uma vez que não se trataria de ação penal ou de processo administrativo disciplinar. Ao que parece, a intenção do legislador foi distinguir a ação de improbidade da ação civil pública regulada pela Lei 7.347/1985, o que pode ser corroborado pela possibilidade de conversão da ação de improbidade em ação civil pública (art. 17, § 16), bem como pela distinção de pretensões entre elas (art. 17-D, parágrafo único). Aliás, a natureza civil da ação de improbidade é corroborada pelo art. 17, *caput*, da LIA, que determina a aplicação do procedimento previsto no CPC, e pelo art. 17-C da LIA, que exige que a sentença observe o disposto no art. 489 do CPC.

Ademais, apesar de afirmar o caráter sancionatório da ação de improbidade, é preciso destacar a possibilidade de formulação de pedidos reparatórios (ressarcimento ao erário e perda ou reversão de bens e valores ilicitamente adquiridos), o que revela que a ação em comento possui natureza híbrida: reparatória e sancionatória.

A sentença de procedência, que reconhecer a prática da improbidade por enriquecimento ilícito (art. 9.º) ou por lesão ao erário (art. 10), condenará o réu ao ressarcimento dos danos e à perda ou à reversão dos bens e valores ilicitamente adquiridos, conforme o caso, em favor da pessoa jurídica prejudicada pelo ilícito (art. 18 da LIA).

Não obstante a legitimidade ativa para propositura da ação de improbidade seja do MP, caso haja a necessidade de liquidação do dano, a pessoa jurídica prejudicada procederá a essa determinação e ao ulterior procedimento para cumprimento da sentença referente ao ressarcimento do patrimônio público ou à perda ou à reversão dos bens (art. 18, § 1.º). Nesse caso, se a pessoa jurídica prejudicada não adotar as providências no prazo de seis meses, contado do trânsito em julgado da sentença condenatória, caberá ao MP proceder à respectiva liquidação do dano e ao cumprimento da sentença referente ao ressarcimento do patrimônio público ou à perda ou à reversão dos bens, sem prejuízo de eventual responsabilização pela omissão verificada (art. 18, § 3.º).[219]

Na fase de cumprimento da sentença, a partir do requerimento do réu, o juiz unificará eventuais sanções aplicadas com outras já impostas em outros processos, em razão da eventual continuidade de ilícito ou a prática de diversas ilicitudes, observado o seguinte (art. 18-A): a) no caso de continuidade de ilícito, o juiz promoverá a maior sanção aplicada, aumentada de 1/3, ou a soma das penas, o que for mais benéfico ao réu; e b) no caso de prática de novos atos ilícitos pelo mesmo sujeito, o juiz somará as sanções. Em qualquer caso, as sanções de suspensão de direitos políticos e de proibição de contratar ou de receber incentivos fiscais ou creditícios do poder público observarão o limite máximo de vinte anos (art. 18-A, parágrafo único).

A aplicação das sanções de improbidade não depende (i) da efetiva ocorrência de dano ao patrimônio público, salvo quanto à pena de ressarcimento e às condutas previstas

---

[219] O art. 18, § 3.º, da LIA, dispõe que na apuração do valor do ressarcimento, deverão ser descontados os serviços efetivamente prestados. Já o § 4.º do citado artigo prevê a possibilidade de autorização judicial para o parcelamento, em até 48 parcelas mensais corrigidas monetariamente, do débito resultante de condenação pela prática de improbidade administrativa se o réu demonstrar incapacidade financeira de saldá-lo de imediato.

no art. 10, ou (ii) da aprovação ou rejeição das contas pelo órgão de controle interno ou pelo Tribunal ou Conselho de Contas.[220]

A LIA relativiza a independência das instâncias de controle. Nesse sentido, as sentenças civis e penais produzirão efeitos em relação à ação de improbidade quando concluírem pela inexistência da conduta ou pela negativa da autoria (art. 21, § 3.º).

O § 4.º do art. 21 da LIA apresenta inovação ao intensificar os casos de comunicação entre as instâncias. Segundo o citado dispositivo legal, a absolvição criminal em ação que discuta os mesmos fatos, confirmada por decisão colegiada, impede o trâmite da ação de improbidade, havendo comunicação com todos os fundamentos de absolvição previstos no art. 386 do CPP.

Enquanto o § 3.º do art. 21 da LIA prevê a produção dos efeitos das sentenças civis e penais nas ações de improbidade, quando decidirem pela inexistência da conduta ou pela negativa da autoria, o § 4.º do art. 21 da LIA estabelece a comunicação de instâncias e a impossibilidade de prosseguimento da ação de improbidade em qualquer caso de absolvição penal confirmada por órgão colegiado.

Contudo, é oportuno destacar que o STF, por meio de decisão monocrática, suspendeu a eficácia do § 4.º do art. 21 da LIA.[221]

Por fim, o § 5.º do art. 21 da LIA, incluído pela Lei 14.230/2021, também revela a preocupação com a coerência no exercício do *jus puniendi* estatal e com a relativização da independência das instâncias punitivas ao dispor sobre a obrigatoriedade de compensação das sanções eventualmente aplicadas em outras esferas com as sanções prevista na LIA.

### 25.5.13.8 Acordo de Não Persecução Civil (ANPC)

O art. 17-B da LIA, alterado pela Lei 14.230/2021, prevê a possibilidade de celebração pelo MP do Acordo de Não Persecução Civil (ANPC), desde que dele advenham, ao menos, os seguintes resultados: a) o integral ressarcimento do dano;[222] b) a reversão à pessoa jurídica lesada da vantagem indevida obtida, ainda que oriunda de agentes privados.

Em outra oportunidade, sustemos a inconstitucionalidade da atribuição exclusiva do MP para celebração do ANPC, com as mesmas razões da inconstitucionalidade da previsão de legitimidade ativa do órgão ministerial para propositura da ação de improbidade. Em abono à nossa tese, o STF declarou a inconstitucionalidade parcial, sem redução de texto, do art. 17-B da LIA, para restabelecer a legitimidade ativa concorrente

---

[220] Os §§ 1.º e 2.º do art. 21 da LIA dispõem: "§ 1.º Os atos do órgão de controle interno ou externo serão considerados pelo juiz quando tiverem servido de fundamento para a conduta do agente público. § 2.º As provas produzidas perante os órgãos de controle e as correspondentes decisões deverão ser consideradas na formação da convicção do juiz, sem prejuízo da análise acerca do dolo na conduta do agente".

[221] STF, ADI 7.236/DF, Rel. Min. Alexandre de Moraes, decisão monocrática publicada em 27.12.2022.

[222] Conforme dispõe o § 3.º do art. 17-B da LIA, na apuração do valor do dano a ser ressarcido, deverá ser ouvido o respectivo Tribunal de Contas, que se manifestará, com a indicação dos parâmetros utilizados, no prazo de 90 dias. O referido dispositivo teve a sua eficácia suspensa por decisão monocrática do STF (ADI 7.236/DF, Rel. Min. Alexandre de Moraes, decisão monocrática publicada em 27.12.2022).

e disjuntiva entre o Ministério Público e as pessoas jurídicas interessadas para celebração do referido acordo.[223]

É oportuno lembrar que, na tutela coletiva, não só é possível, como frequente, a transação ou a celebração de acordos.[224]

O ANPC constitui instrumento de autocomposição no âmbito da improbidade administrativa, uma espécie de *pactum de non petendo*. Pode ser considerado um negócio jurídico misto por englobar, a rigor, questões de direito material (por exemplo, sanções, ressarcimento do dano) e de direito processual (por exemplo, a própria não judicialização). Em tais situações, os envolvidos podem promover trocas entre direito material e direito processual, com a realização de um *trade-off* entre formalidades processuais e benefícios de direito material.[225]

Quanto ao conteúdo do ANPC (ressarcimento integral do dano e reversão à pessoa jurídica lesada da vantagem indevida obtida), as referidas medidas, que devem integrar obrigatoriamente o ANPC, não possuem natureza sancionatória, mas sim reparatória. Verifica-se, portanto, que o legislador não exigiu a previsão obrigatória de sanções no acordo, abrindo-se caminho para o afastamento integral das sanções ou, eventualmente, para definição das sanções que sejam proporcionais no caso concreto.

De nossa parte, sustentamos a possibilidade de previsão de sanções premiais no ANPC (ex.: desconto para pagamento à vista ou antecipado do valor avençado no acordo, como forma de estimular a efetivação do cumprimento das obrigações financeiras; estipulação de obrigações de fazer e realização de investimentos em substituição do valor da multa, com a fixação de metas e benefícios ao investigado/demandado, caso o adimplemento ocorra antes dos respectivos marcos temporais).[226]

Na prática, o investigador/demandante relativiza ou exclui algumas sanções que, em tese, poderiam ser aplicadas ao investigado/demandado – deixando de propor a ação de improbidade ou de aguardar o trânsito em julgado da eventual condenação do réu – para implementar, desde logo, o integral ressarcimento do dano e a reversão à pessoa jurídica

---

[223] STF, ADI 7.042/DF e ADI 7.043/DF, Rel. Min. Alexandre de Moraes, j. 31.08.2022. Sobre a nossa tese, vide: VALE, Luís Manoel Borges do; OLIVEIRA, Rafael Carvalho Rezende. Os impactos da reforma da Lei de Improbidade Administrativa na advocacia pública. *Revista Brasileira de Direito Público – RBDP*, n. 76, p. 9-29, jan./mar. 2022.

[224] Em sua redação originária, o art. 17, § 1.º, da LIA vedava a realização de transação, acordo ou conciliação nas ações de improbidade. Sempre sustentamos a incompatibilidade da referida vedação, em razão da previsão de acordos no âmbito da tutela coletiva, inclusive na Lei Anticorrupção, e na legislação penal, além da possibilidade de mediação nas ações de improbidade, na forma do art. 36, § 4.º, da Lei 13.140/2015 (Lei de Mediação). Com a alteração promovida pela Lei 13.964/2019, o art. 17, § 1.º, da LIA passou a prever expressamente a possibilidade de celebração de "acordo de não persecução cível". Com a reforma promovida pela Lei 14.230/2021, o regime jurídico do referido acordo foi detalhado no art. 17-B da LIA. Sobre o tema, antes da reforma da LIA, vide: OLIVEIRA, Rafael Carvalho Rezende. A consensualidade no Direito Público Sancionador e os acordos nas ações de improbidade administrativa. *Revista Forense*, n. 427, p. 197-218, jan.-jun. 2018; NEVES, Daniel Amorim Assumpção; OLIVEIRA, Rafael Carvalho Rezende. *Manual de improbidade administrativa*. 4. ed. São Paulo: Método, 2016. p. 214-215.

[225] MAZZOLA, Marcelo; OLIVEIRA, Rafael Carvalho Rezende. Sanções premiais e o acordo de não persecução civil. *Consultor Jurídico*. Disponível em: <https://www.conjur.com.br/2022-mai-30/mazzolae-oliveira-sancoes-premiais-anpc>. Acesso em: 30 maio 2022.

[226] MAZZOLA, Marcelo; OLIVEIRA, Rafael Carvalho Rezende. Sanções premiais e o acordo de não persecução civil. *Consultor Jurídico*. Disponível em: <https://www.conjur.com.br/2022-mai-30/mazzolae-oliveira-sancoes-premiais-anpc>. Acesso em: 30 maio 2022.

lesada da vantagem indevida obtida, sem prejuízo de outras medidas razoáveis que podem ser previstas no acordo para o atendimento do interesse público. Sob a ótica do investigado/demandado, a assunção do compromisso de ressarcir o dano ao erário e devolver a vantagem indevida recebida à pessoa jurídica lesada, bem como de cumprir outras medidas eventualmente previstas no acordo, são incentivadas pela certeza do afastamento, ainda que parcial, das sanções previstas na LIA (além da própria não judicialização da ação de improbidade).

Entendemos que não há obrigatoriedade para oferecimento do ANPC por parte do MP, mas revela-se possível e recomendável que o referido órgão estabeleça aos seus membros, por meio de atos normativos, parâmetros objetivos para propositura dos acordos e seus respectivos conteúdos, com o intuito de garantir maior racionalidade e isonomia, sem afastar a discricionariedade inerente à atuação de cada membro do *Parquet*.[227] O mesmo raciocínio deve ser aplicado aos entes federativos e às suas respectivas advocacias públicas, que também podem celebrar o referido acordo. Em qualquer caso, a recusa na celebração do ANPC deve ser motivada.

De acordo com o art. 17-B, § 1.º, da LIA, a celebração do ANPC dependerá do preenchimento cumulativo dos seguintes requisitos: a) oitiva do ente federativo lesado, em momento anterior ou posterior à propositura da ação; b) aprovação, no prazo de até 60 dias, pelo órgão do MP competente para apreciar as promoções de arquivamento de inquéritos civis, se anterior ao ajuizamento da ação; e c) homologação judicial, independentemente de o acordo ocorrer antes ou depois do ajuizamento da ação de improbidade administrativa.[228]

A celebração do acordo deve levar em consideração a personalidade do agente, a natureza, as circunstâncias, a gravidade e a repercussão social do ato de improbidade, bem como as vantagens, para o interesse público, da rápida solução do caso (art. 17-B, § 2.º, da LIA).[229]

É possível a celebração do ANPC no curso da investigação, no curso da ação de improbidade ou no momento da execução da sentença condenatória (art. 17-B, § 4.º, da LIA).

Admite-se a inclusão no acordo da exigência de adoção de mecanismos e procedimentos internos de integridade, de auditoria e de incentivo à denúncia de irregularidades e a aplicação efetiva de códigos de ética e de conduta no âmbito da pessoa jurídica, se for o caso, bem como de outras medidas em favor do interesse público e de boas práticas administrativas (art. 17-B, § 6.º, da LIA).

---

[227] NEVES, Daniel Amorim Assumpção; OLIVEIRA, Rafael Carvalho Rezende. *Comentários à reforma da Lei de Improbidade Administrativa*. Rio de Janeiro: Forense, 2022. p. 99.

[228] É tradicional o debate sobre a amplitude do controle judicial no momento da homologação do ANPC. Enquanto alguns autores sustentam que o controle ficaria adstrito aos aspectos formais do acordo, outros afirmam que o controle seria amplo e abrangeria aspectos formais e materiais do ajuste. De nossa parte, entendemos que a homologação judicial do ANPC deve ficar restrita aos aspectos formais. NEVES, Daniel Amorim Assumpção; OLIVEIRA, Rafael Carvalho Rezende. *Comentários à reforma da Lei de Improbidade Administrativa*. Rio de Janeiro: Forense, 2022. p. 101. No mesmo sentido: BASTOS, Fabrício Rocha. *Acordo de não persecução cível*. Salvador: Liber Editora, 2021. p. 151.

[229] As negociações para a celebração do acordo ocorrerão entre o MP, de um lado, e, de outro, o investigado ou demandado e o seu defensor (art. 17-B, § 5.º, da LIA).

Na hipótese de descumprimento do acordo, o investigado ou o demandado ficará impedido de celebrar novo acordo pelo prazo de 5 anos, contado do conhecimento pelo MP do efetivo descumprimento (art. 17-B, § 7.º, da LIA).

Cabe destacar, por fim, que o STF admite a utilização da colaboração premiada no âmbito da ação de improbidade administrativa.[230]

### 25.5.13.9 Reforma da LIA pela Lei 14.230/2021 e retroatividade limitada da lei mais benéfica no Direito Administrativo Sancionador

Conforme destacado, a reforma da LIA, promovida pela Lei 14.230/2021, consagrou diversas normas mais benéficas aos acusados de improbidade administrativa, tais como: a) extinção da improbidade culposa; b) exigência de dolo específico; c) redução do valor máximo da multa; d) revogação de incisos do art. 11 da LIA (atos de improbidade por violação aos princípios) e taxatividade das condutas; e) prescrição retroativa; etc.

Entendemos que seria possível a aplicação retroativa das normas mais benéficas da LIA, alterada pela Lei 14.230/2021.

Isso porque o princípio da retroatividade da lei mais benéfica, expressamente indicado no âmbito do Direito Penal (art. 5.º, XL, da CRFB: "a lei penal não retroagirá, salvo para beneficiar o réu"), seria aplicável no âmbito do Direito Administrativo Sancionador.

Independentemente das eventuais tentativas de distinção entre o Direito Administrativo Sancionador e o Direito Penal, é possível sustentar que os dois ramos jurídicos decorrem de um *ius puniendi* estatal único, inexistindo diferença ontológica, mas apenas de regimes jurídicos, em conformidade com a discricionariedade conferida ao legislador.[231]

As sanções penais e administrativas, em razão de suas semelhanças, submetem-se a regime jurídico similar, com a incidência de princípios comuns que conformariam o Direito Público Sancionador, especialmente os direitos, garantias e princípios fundamentais consagrados no texto constitucional, tais como: a) legalidade, inclusive a tipicidade (art. 5.º, II e XXXIX; art. 37); b) princípio da irretroatividade (art. 5.º, XL); c) pessoalidade da pena (art. 5.º, XLV); d) individualização da pena (art. 5.º, XLVI); e) devido processo legal (art. 5.º, LIV); f) contraditório e ampla defesa (art. 5.º, LV); g) razoabilidade e proporcionalidade (arts. 1.º e 5.º, LIV); etc.[232]

---

[230] Tema 1.043 da Tese de Repercussão Geral do STF.

[231] Nesse sentido: OLIVEIRA, Regis Fernandes. *Infrações e sanções administrativas*. 2. ed. São Paulo: RT, 2005, p. 19-20; MELLO, Rafael Munhoz de. *Princípios constitucionais de direito administrativo sancionador: as sanções administrativas à luz da Constituição Federal de 1988*. São Paulo: Malheiros, 2007, p. 76; OSÓRIO, Fábio Medina. *Direito administrativo sancionador*. 5. ed. São Paulo: RT, 2015, p. 155. De acordo com Celso Antônio Bandeira de Mello: "Não há, pois, cogitar de qualquer distinção substancial entre infrações e sanções administrativas e infrações e sanções penais. O que as aparta é única e exclusivamente a autoridade competente para impor a sanção" (*Curso de direito administrativo*. 32. ed. São Paulo: Malheiros, 2015, p. 871). A respeito do *ius puniendi* estatal único, Eduardo García de Enterría e Tomás-Ramón Fernández afirmam que o "mesmo *ius puniendi* do Estado pode se manifestar tanto pela via judicial como pela via administrativa. GARCÍA DE ENTERRÍA, Eduardo; FERNÁNDEZ, Tomás-Ramón. *Curso de derecho administrativo*. 9. ed. Madri: Civitas, 2004. v. 2, p. 163.

[232] No mesmo sentido: BINENBOJM, Gustavo. O direito administrativo sancionador e o estatuto constitucional do poder punitivo estatal: possibilidades, limites e aspectos controvertidos da regulação no setor de revenda de combustíveis. *Revista de Direito da Procuradoria Geral*, Rio de Janeiro, edição especial: Administração Pública, risco

No rol exemplificativo, destaca-se o princípio da irretroatividade previsto no art. 5.º, XL, da CRFB que dispõe: "a lei penal não retroagirá, salvo para beneficiar o réu". Não obstante a expressa referência à "lei penal", o referido princípio deve ser aplicado, também, ao Direito Administrativo Sancionador, inclusive no campo da improbidade administrativa. Em consequência, a norma sancionadora mais benéfica deve retroagir para beneficiar o réu na interpretação e aplicação dos dispositivos da LIA.

A aplicação da retroatividade da norma sancionadora mais benéfica encontra previsão, ainda, no art. 9.º do Pacto de São José da Costa Rica, que não restringe a incidência do princípio ao Direito Penal, motivo pelo qual seria plenamente possível a sua aplicação às ações de improbidade administrativa.[233]

A possibilidade da retroatividade da norma mais benéfica no âmbito da improbidade administrativa é reforçada pelo art. 1.º, § 4.º, da LIA, inserido pela Lei 14.230/2021, que determina a aplicação dos princípios constitucionais do Direito Administrativo Sancionador ao sistema da improbidade.[234]

Assim como a aplicação do art. 5.º, XL, da CRFB impediu a aplicação retroativa da LIA para punir fatos praticados antes de sua vigência, em razão do seu caráter sancionatório e gravoso,[235] é preciso, agora, reconhecer a retroatividade das alterações promovidas pela Lei 14.230/2021 que sejam consideradas benéficas aos acusados de improbidade.

---

e segurança jurídica, 2014, p. 470. De maneira semelhante, Rafael Munhoz de Melo sustenta que a utilização de expressões próprias do direito penal em diversos incisos do art. 5.º da CRFB não impede a sua aplicação ao Direito Administrativo Sancionador, uma vez que os princípios jurídicos neles vinculados seriam corolários do Estado de Direito e sequer necessitariam de menção expressa no texto constitucional. MELO, Rafael Munhoz de. *Princípios constitucionais de direito administrativo sancionador*: as sanções administrativas à luz da Constituição Federal de 1988. São Paulo: Malheiros, 2007, p. 104.

[233] O art. 9.º do Pacto de São José da Costa Rica, na forma do anexo ao Decreto 678/1992, dispõe: "Ninguém pode ser condenado por ações ou omissões que, no momento em que forem cometidas, não sejam delituosas, de acordo com o direito aplicável. Tampouco se pode impor pena mais grave que a aplicável no momento da perpetração do delito. Se depois da perpetração do delito a lei dispuser a imposição de pena mais leve, o delinquente será por isso beneficiado". Conforme sustentamos em outra oportunidade, no âmbito do processo administrativo, a vedação da retroatividade da nova interpretação administrativa, prevista no art. 2.º, parágrafo único, XIII, da Lei 9.784/1999, fundamenta-se na necessidade de proteção da boa-fé e da confiança legítima do administrado, o que não impede a retroatividade da nova interpretação desde que esta seja favorável aos administrados. Assim, por exemplo, a nova interpretação no campo do Direito Administrativo Sancionador que beneficie determinado particular ou agente público, punido em processo administrativo anterior, pode retroagir para abrandar ou afastar a sanção. OLIVEIRA, Rafael Carvalho Rezende. *Precedentes no Direito Administrativo*. Rio de Janeiro: Forense, 2018, p. 135.

[234] Sobre a inserção das sanções de improbidade no Direito Administrativo Sancionador, vide: OSÓRIO, Fabio Medina. *Corrupción y mala gestión de la res publica: el problema de la improbidad administrativa*. Revista de Administración Pública, n. 149, p. 495, maio./ago. 1999. Igualmente, sempre sustentamos a inserção da improbidade administrativa no âmbito do Direito Administrativo Sancionador: OLIVEIRA, Rafael Carvalho Rezende. A consensualidade no Direito Público Sancionador e os acordos nas ações de improbidade administrativa. *Revista Forense*, 427, p. 197-218, jan./jun. 2018. Registre-se que o STJ já decidiu pela aplicabilidade do princípio da retroatividade da lei penal mais benéfica no Direito Administrativo Sancionador: STJ, 1.ª Turma, AgInt no REsp 2.024.133/ES, Rel(a). Min(a). Regina Helena Costa, *DJe* 16.03.2023; STJ, 1.ª Turma, RMS 37.031/SP, Rel(a). Min(a). Regina Helena Costa, *DJe* 20.02.2018; STJ, AR 1.304/RJ, Rel. p/ acórdão Min. Napoleão Nunes Maia Filho, Terceira Seção, *DJe* 26.08.2008.

[235] STJ, 1.ª Turma, REsp 1.153.656/DF, Rel. Min. Teori Albino Zavascki, *DJe* 18.05.2011; STJ, 1.ª Turma, REsp 1.206.338/MG, Rel. Min. Napoleão Nunes Maia Filho, *DJe* 18.12.2013; STJ, 2.ª Turma, REsp 1.129.121/GO, Rel. p/ Acórdão Min. Castro Meira, *DJe* 15.03.2013. NEVES, Daniel Amorim Assumpção; OLIVEIRA, Rafael Carvalho Rezende. *Improbidade administrativa*. 8. ed. Rio de Janeiro: Forense, 2021, p. 21/23.

Em consequência, os processos eventualmente existentes, fundados, por exemplo, na improbidade culposa, deverão ser extintos, com resolução de mérito pela impossibilidade jurídica do pedido acusatório.[236]

Igualmente, afigura-se possível a propositura de ação rescisória, dentro do prazo decadencial de dois anos, para desconstituição de sanções aplicadas, em função das modificações trazidas pelo novo regime jurídico da improbidade administrativa e que sejam benéficas aos réus.

Nesse ponto, pode haver dúvida a respeito da aplicação do prazo da ação rescisória (art. 975 do CPC) ou da ausência de prazo para desconstituição de sentenças condenatórias de improbidade a partir da aplicação analógica do dispositivo legal que trata da revisão criminal (art. 622 do CPP).

Ainda que sejam aplicáveis alguns princípios comuns ao Direito Penal e ao Direito Administrativo Sancionador, tal como ocorre com o princípio da retroatividade da lei mais benéfica (art. 5.º, XL, da CRFB), verifica-se a necessidade de matizes impostas pelo próprio ordenamento jurídico e pela autonomia reconhecida às referidas disciplinas jurídicas. Enquanto no Direito Penal, a retroatividade da lei mais benéfica é máxima, inexistindo limite temporal para propositura de revisão criminal para desconstituição de sentenças condenatórias, em razão da *abolitio criminis*, no Direito Administrativo Sancionador e no microssistema da tutela coletiva, onde se encontra o regime da improbidade administrativa, tem prevalecido a aplicação do limite temporal de dois anos para propositura da ação rescisória, o que é corroborado pelo art. 17 da LIA que determina a aplicação do CPC ao procedimento da ação de improbidade.

Não obstante a tese aqui sustentada, o Supremo Tribunal Federal, no julgamento do Tema 1.199, em sede de repercussão geral, limitou a retroatividade da norma mais benéfica da Lei 14.230/2021, que revogou a modalidade culposa de improbidade, aos fatos anteriores que não ensejaram condenação transitada em julgado. No mesmo julgamento, o STF afirmou a irretroatividade do novo regime prescricional instituído pela Lei 14.230/2021, que somente seria aplicável a partir da publicação da referida lei.

As teses de repercussão geral fixadas no julgamento do Tema 1.199 foram as seguintes: "1) É necessária a comprovação de responsabilidade subjetiva para a tipificação dos atos de improbidade administrativa, exigindo-se nos artigos 9.º, 10 e 11 da LIA a presença do elemento subjetivo dolo; 2) A norma benéfica da Lei 14.230/2021 revogação da modalidade culposa do ato de improbidade administrativa, é irretroativa, em virtude do artigo 5.º, inciso XXXVI, da Constituição Federal, não tendo incidência em relação à eficácia da coisa julgada; nem tampouco durante o processo de execução das penas e seus incidentes; 3) A nova Lei 14.230/2021 aplica-se aos atos de improbidade administrativa culposos praticados na vigência do texto anterior, porém sem condenação transitada em julgado, em virtude da revogação expressa do tipo culposo, devendo o juízo competente analisar eventual

---

[236] Registre-se que, sob a égide do CPC/2015, a possibilidade jurídica do pedido transmudou-se de condição da ação para uma questão de mérito do processo, cabendo ao magistrado julgar improcedente o pedido. Nesse sentido, por exemplo: STJ, 1.ª Seção, AR 3.667/DF, Rel. Min. Humberto Martins *DJe* 23.05.2016.

dolo por parte do agente. 4) O novo regime prescricional previsto na Lei 14.230/2021 é irretroativo, aplicando-se os novos marcos temporais a partir da publicação da lei".[237]

Verifica-se, portanto, que o STF restringiu a retroatividade da norma mais benéfica de improbidade, que extinguiu a modalidade culposa, aos processos em curso, sem condenação transitada em julgado, afastando a retroatividade das normas mais benéficas de prescrição.

### 25.5.14 Sistema brasileiro de combate à corrupção e a Lei 12.846/2013 (Lei Anticorrupção)

Com o objetivo de efetivar o princípio constitucional da moralidade administrativa e evitar a prática de atos de corrupção, o ordenamento jurídico consagra diversos instrumentos de combate à corrupção, tais como a Lei 8.429/1992 (Lei de Improbidade Administrativa), o Código Penal, as leis que definem os denominados crimes de responsabilidade (Lei 1.079/1950 e Decreto-lei 201/1967), a LC 135/2010 ("Lei da Ficha Limpa"), que alterou a LC 64/1990 para estabelecer novas hipóteses de inelegibilidade, dentre outros diplomas legais.[238]

A necessidade de proteção crescente da moralidade, nos âmbitos internacional e nacional, notadamente a partir das exigências apresentadas pela sociedade civil, justificou a promulgação da Lei 12.846/2013 (Lei Anticorrupção), que dispõe sobre a responsabilização administrativa e civil de pessoas jurídicas pela prática de atos contra a Administração Pública, nacional ou estrangeira. Em âmbito federal, a Lei Anticorrupção foi regulamentada pelo Decreto 11.129/2022.

Trata-se de inovação legislativa importante, pois permite que não apenas os sócios, os diretores e funcionários da empresa, mas, também, a própria pessoa jurídica seja submetida a um processo de responsabilização civil e administrativa por atos de corrupção.

Inicialmente, a referida Lei estabelece a **responsabilidade objetiva administrativa e civil das pessoas jurídicas pelos atos lesivos contra a Administração**, praticados em seu interesse ou benefício (art. 2.º da Lei 12.846/2013). Vale dizer: as sanções administrativas e cíveis serão aplicadas às pessoas jurídicas, independentemente de dolo ou culpa, sendo suficiente a comprovação da prática de ato lesivo tipificado na referida Lei para aplicação das respectivas sanções.[239]

---

[237] STF, ARE 843.989/PR, Rel. Min. Alexandre de Moraes, Tribunal Pleno, j. 18.08.2022.

[238] Registre-se que o Brasil é signatário de compromissos internacionais que exigem a adoção de medidas de combate à corrupção, tais como: a) Convenção sobre o Combate da Corrupção de Funcionários Públicos Estrangeiros em Transações Comerciais Internacionais: elaborada no âmbito da Organização para a Cooperação e Desenvolvimento Econômicos (OCDE), foi ratificada pelo Decreto Legislativo 125/2000 e promulgada pelo Decreto Presidencial 3.678/2000; b) Convenção Interamericana contra a Corrupção (CICC): elaborada pela Organização dos Estados Americanos (OEA), foi ratificada pelo Decreto Legislativo 152/2002, com reserva para o art. XI, § 1.º, inciso "C", e promulgada pelo Decreto Presidencial 4.410/2002; e c) Convenção das Nações Unidas contra a Corrupção (CNUCC): ratificada pelo Decreto Legislativo 348/2005 e promulgada pelo Decreto Presidencial 5.687/2006.

[239] Incluem-se no conceito de pessoas jurídicas, destinatárias da Lei Anticorrupção, "as sociedades empresárias e as sociedades simples, personificadas ou não, independentemente da forma de organização ou modelo societário adotado, bem como a quaisquer fundações, associações de entidades ou pessoas, ou sociedades estrangeiras, que tenham sede, filial ou representação no território brasileiro, constituídas de fato ou de direito, ainda que temporariamente" (art. 1.º, parágrafo único, da Lei 12.846/2013).

Lembre-se de que a responsabilidade civil objetiva das pessoas jurídicas por atos praticados por seus prepostos não representa verdadeira novidade, pois já encontrava previsão nos arts. 932, III, e 933 do CC. A novidade é a estipulação de sanções mais severas, com destaque para a possibilidade de dissolução compulsória da pessoa jurídica.

A responsabilidade da pessoa jurídica independe da responsabilidade pessoal dos seus dirigentes e das demais pessoas naturais que contribuam para o ilícito. Enquanto as pessoas jurídicas respondem objetivamente, a responsabilidade das pessoas naturais é subjetiva (art. 3.º, *caput*, §§ 1.º e 2.º, da Lei 12.846/2013).

Nas hipóteses de alteração contratual, transformação, incorporação, fusão ou cisão societária, a responsabilidade pelos atos lesivos permanece.[240] Em relação à fusão e à incorporação, a responsabilidade da sucessora restringe-se ao pagamento da multa e da reparação integral do dano, sendo inaplicáveis as demais sanções, salvo no caso de simulação ou fraude (art. 4.º, § 1.º, da Lei 12.846/2013). Quanto às sociedades controladoras, controladas, coligadas ou consorciadas, a responsabilidade é solidária pelos atos lesivos à Administração no tocante à obrigação de pagamento de multa e reparação integral do dano causado (art. 4.º, § 2.º, da Lei 12.846/2013).[241]

Os atos lesivos à Administração Pública são aqueles praticados por pessoas jurídicas contra o patrimônio público nacional ou estrangeiro, contra princípios da Administração Pública ou contra os compromissos internacionais assumidos pelo Brasil, conforme tipificação contida no art. 5.º da Lei 12.846/2013.[242] Trata-se de rol taxativo de condutas.

---

[240] A transformação societária "é a operação pela qual a sociedade passa, independentemente de dissolução e liquidação, de um tipo para outro", na forma do art. 220 da Lei 6.404/1976 (ex.: sociedade limitada se transforma em sociedade anônima). A incorporação "é a operação pela qual uma ou mais sociedades são absorvidas por outra, que lhes sucede em todos os direitos e obrigações" (art. 227 da Lei 6.404/1976). A fusão, por sua vez, "é a operação pela qual se unem duas ou mais sociedades para formar sociedade nova, que lhes sucederá em todos os direitos e obrigações" (art. 228 da Lei 6.404/1976). Por fim, a cisão "é a operação pela qual a companhia transfere parcelas do seu patrimônio para uma ou mais sociedades, constituídas para esse fim ou já existentes, extinguindo-se a companhia cindida, se houver versão de todo o seu patrimônio, ou dividindo-se o seu capital, se parcial a versão" (art. 229 da Lei 6.404/1976).

[241] Em regra, não se presume a solidariedade entre as empresas consorciadas (art. 278, § 1.º, da Lei 6.404/1976). Todavia, a legislação impõe a solidariedade quando os consórcios participam de licitações públicas (art. 33, V, da Lei 8.666/1993 e art. 15, V, da Lei 14.133/2021).

[242] "Art. 5.º Constituem atos lesivos à administração pública, nacional ou estrangeira, para os fins desta Lei, todos aqueles praticados pelas pessoas jurídicas mencionadas no parágrafo único do art. 1.º, que atentem contra o patrimônio público nacional ou estrangeiro, contra princípios da administração pública ou contra os compromissos internacionais assumidos pelo Brasil, assim definidos: I – prometer, oferecer ou dar, direta ou indiretamente, vantagem indevida a agente público, ou a terceira pessoa a ele relacionada; II – comprovadamente, financiar, custear, patrocinar ou de qualquer modo subvencionar a prática dos atos ilícitos previstos nesta Lei; III – comprovadamente, utilizar-se de interposta pessoa física ou jurídica para ocultar ou dissimular seus reais interesses ou a identidade dos beneficiários dos atos praticados; IV – no tocante a licitações e contratos: a) frustrar ou fraudar, mediante ajuste, combinação ou qualquer outro expediente, o caráter competitivo de procedimento licitatório público; b) impedir, perturbar ou fraudar a realização de qualquer ato de procedimento licitatório público; c) afastar ou procurar afastar licitante, por meio de fraude ou oferecimento de vantagem de qualquer tipo; d) fraudar licitação pública ou contrato dela decorrente; e) criar, de modo fraudulento ou irregular, pessoa jurídica para participar de licitação pública ou celebrar contrato administrativo; f) obter vantagem ou benefício indevido, de modo fraudulento, de modificações ou prorrogações de contratos celebrados com a administração pública, sem autorização em lei, no ato convocatório da licitação pública ou nos respectivos instrumentos contratuais; ou g) manipular ou fraudar o equilíbrio econômico-financeiro dos contratos celebrados com a administração pública; V – dificultar atividade de investigação ou fiscalização de órgãos, entidades ou agentes públicos, ou intervir em sua atuação, inclusive no

Registre-se que as condutas lesivas são semelhantes às condutas tipificadas em outros diplomas legais, tais como a Lei 8.429/1992, a Lei 8.666/1993 e a Lei 14.133/2021.

A Lei Anticorrupção possui **caráter extraterritorial**, sendo aplicável aos atos lesivos praticados por pessoa jurídica brasileira contra a administração pública estrangeira, ainda que cometidos no exterior (art. 28 da Lei 12.846/2013).

Em relação à responsabilidade administrativa das pessoas jurídicas, admite-se a aplicação de multa, que pode variar de 0,1% a 20% do faturamento bruto da pessoa jurídica no exercício anterior ao da instauração do processo administrativo, e da publicação extraordinária da decisão condenatória. As referidas sanções poderão ser aplicadas cumulativamente ou não, com a oitiva prévia da advocacia pública, sem prejuízo do dever de reparação integral do dano causado (art. 6.º da Lei 12.846/2013).

Na aplicação das sanções, a Administração levará em consideração os seguintes parâmetros (art. 7.º da Lei 12.846/2013): a) a gravidade da infração; b) a vantagem auferida ou pretendida pelo infrator; c) a consumação ou não da infração; d) o grau de lesão ou perigo de lesão; e) o efeito negativo produzido pela infração; f) a situação econômica do infrator; g) a cooperação da pessoa jurídica para a apuração das infrações; h) a existência de mecanismos e procedimentos internos de integridade, auditoria e incentivo à denúncia de irregularidades e a aplicação efetiva de códigos de ética e de conduta no âmbito da pessoa jurídica, na forma dos arts. 56 e 57 do Decreto 11.129/2022 (Programa de integridade ou *compliance*); e i) o valor dos contratos mantidos pela pessoa jurídica com o órgão ou entidade pública lesados.

Registre-se que a aplicação das sobreditas sanções não afeta os processos de responsabilização subjetiva e aplicação de penalidades decorrentes da Lei de Improbidade Administrativa (Lei 8.429/1992) e da Lei de Licitações (Lei 8.666/1993, Lei 14.133/2021 e legislação correlata), na forma do art. 30 da Lei 12.846/2013.

Contudo, as sanções previstas na Lei de Improbidade Administrativa não serão aplicadas à pessoa jurídica, caso o ato de improbidade administrativa seja também tipificado como ato lesivo à Administração Pública na Lei Anticorrupção, admitindo-se a aplicação das referidas sanções aos sócios, cotistas, diretores e colaboradores de pessoa jurídica apenas se restarem comprovados a participação e o recebimento de benefícios diretos na prática do ato ilícito, na forma do art. 3.º, §§ 1.º e 2.º, da Lei 8.429/1992, alterada pela Lei 14.230/2021.

O Processo Administrativo de Responsabilização (PAR) será instaurado pela autoridade máxima da Administração e será conduzido por comissão composta por dois ou mais servidores estáveis, admitindo-se a desconsideração da personalidade jurídica quando configurado abuso de poder, observados o contraditório e a ampla defesa (arts. 8.º, 10 e 14 da Lei 12.846/2013).[243]

---

âmbito das agências reguladoras e dos órgãos de fiscalização do sistema financeiro nacional". De acordo com o Enunciado 21 da I Jornada de Direito Administrativo realizada pelo Centro de Estudos Judiciários do Conselho da Justiça Federal (CEJ/CJF): "A conduta de apresentação de documentos falsos ou adulterados por pessoa jurídica em processo licitatório configura o ato lesivo previsto no art. 5.º, IV, 'd', da Lei n. 12.846/2013, independentemente de essa sagrar-se vencedora no certame ou ter a continuidade da sua participação obstada nesse".

[243] A autoridade que, após tomar conhecimento das supostas infrações, não adotar providências para a apuração dos fatos será responsabilizada penal, civil e administrativamente (art. 27 da Lei 12.846/2013). Em âmbito federal,

Admite-se a celebração do **acordo de leniência** entre a autoridade máxima do órgão ou entidade administrativa e as pessoas jurídicas responsáveis pela prática do ato lesivo que colaborem efetivamente com as investigações e o processo administrativo, desde que a colaboração resulte: a) a identificação dos demais envolvidos na infração, quando couber; b) a obtenção célere de informações e documentos que comprovem o ilícito sob apuração (art. 16 da Lei 12.846/2013). Registre-se, aqui, que a MP 703/2015, que alterou a Lei Anticorrupção, para dispor sobre os acordos de leniência, teve seu prazo de vigência encerrado em 29.05.2016.

A celebração do sobredito acordo dependerá do preenchimento cumulativo dos seguintes requisitos: a) a pessoa jurídica deve ser a primeira a se manifestar sobre seu interesse em cooperar para a apuração do ato ilícito; b) a pessoa jurídica deve cessar completamente seu envolvimento na infração investigada a partir da data de propositura do acordo; e c) a pessoa jurídica deve admitir a sua participação no ilícito e cooperar plena e permanentemente com as investigações e o processo administrativo, comparecendo, sob suas expensas, sempre que solicitada, a todos os atos processuais, até seu encerramento (art. 16, § 1.º, da Lei 12.846/2013).[244]

O acordo de leniência possui as seguintes características (Lei 12.846/2013):

a) isenção das sanções de publicação extraordinária da decisão condenatória e da proibição de receber incentivos, subsídios, subvenções, doações ou empréstimos de órgãos ou entidades públicas e de instituições financeiras públicas ou controladas pelo Poder Público, pelo prazo mínimo de um e máximo de cinco anos, bem como a redução de até dois terços da multa, subsistindo, todavia, o dever de reparação integral do dano (art. 16, §§ 2.º e 3.º). Registre-se que, na literalidade da Lei Anticorrupção, a celebração do acordo de leniência não afasta, em princípio, a sanção de dissolução compulsória da pessoa jurídica, o que, em nosso sentir, é inaceitável e desproporcional, uma vez que não haveria qualquer sentido, inclusive sob o aspecto dos incentivos econômicos, a celebração do acordo para atenuar e afastar determinadas sanções, com a permanência do risco de extinção da pessoa jurídica infratora. A própria concepção do acordo de leniência gira em torno do auxílio nas investigações e na sobrevivência da pessoa jurídica;

b) o acordo estipulará as condições necessárias para assegurar a efetividade da colaboração e o resultado útil do processo (art. 16, § 4.º);

c) os efeitos do acordo serão estendidos às pessoas jurídicas que integram o mesmo grupo econômico, de fato e de direito, desde que firmem o acordo em conjunto, respeitadas as condições nele estabelecidas (art. 16, § 5.º);

---

a CGU possui competência: a) concorrente para instaurar e julgar PAR; e b) exclusiva para avocar os processos instaurados para exame de sua regularidade ou para corrigir-lhes o andamento, inclusive promovendo a aplicação da penalidade administrativa cabível (art. 17 do Decreto 11.129/2022). A CGU possui competência para instaurar, apurar e julgar PAR pela prática de atos lesivos à administração pública estrangeira, na forma do art. 18 do Decreto 11.129/2022.

[244] Em âmbito federal, o acordo de leniência deve prever, por exemplo, a adoção, a aplicação ou o aperfeiçoamento de programa de integridade, além do prazo e das condições de monitoramento (art. 45, IV, do Decreto 11.129/2022).

d) a proposta de acordo de leniência somente se tornará pública após a efetivação do respectivo acordo, salvo no interesse das investigações e do processo administrativo (art. 16, § 6.º);
e) a proposta de acordo de leniência não importa em reconhecimento da prática do ato ilícito (art. 16, § 7.º);
f) descumprido o acordo, a pessoa jurídica não poderá celebrar novo acordo pelo prazo de três anos contados do conhecimento pela Administração Pública do referido descumprimento (art. 16, § 8.º);
g) a celebração do acordo de leniência interrompe o prazo prescricional dos ilícitos previstos na Lei Anticorrupção (art. 16, § 9.º);
h) de acordo com a Lei Anticorrupção, a CGU é o órgão competente para celebrar os acordos de leniência no âmbito do Poder Executivo federal, bem como no caso de atos lesivos praticados contra a administração pública estrangeira (art. 16, § 10);
i) possibilidade de celebração do acordo envolvendo os ilícitos previstos na Lei 8.666/1993 e na Lei 14.133/2021, com o intuito de isentar ou atenuar as respectivas sanções (art. 17);[245]
j) a aplicação das sanções tipificadas na Lei Anticorrupção não afeta os processos de responsabilização e aplicação de penalidades previstas na Lei de Improbidade Administrativa (Lei 8.429/1992)[246] e nas normas de licitações (Lei 8.666/1993, Lei 14.133/2021 etc.), na forma do art. 30 da Lei 12.846/2013.

Cabe destacar que, durante a vigência da MP 703/2015, diversas modificações foram inseridas no acordo de leniência, tais como: a) comprometimento da pessoa jurídica na implementação ou na melhoria de mecanismos internos de integridade; b) o acordo não beneficiava apenas a primeira pessoa jurídica que manifestasse seu interesse em cooperar; c) desnecessidade da confissão da pessoa jurídica sobre sua participação no ilícito; d) a suspensão do prazo prescricional com a formalização da proposta de acordo de leniência; e) os acordos celebrados com a participação das Advocacias Públicas e do Ministério Público impediam o ajuizamento ou o prosseguimento das ações anticorrupção, de improbidade e as demais ações de natureza civil; f) encaminhamento obrigatório do acordo de leniência assinado ao respectivo Tribunal de Contas para eventual instauração de procedimento administrativo contra a pessoa jurídica celebrante, com o objetivo de apurar prejuízo ao erário; g) previsão da possibilidade de proposta do acordo de leniência mesmo após eventual ajuizamento da ação judicial; h) necessidade de participação do CADE, do

---

[245] De acordo com a nova Lei de Licitações: "Art. 159. Os atos previstos como infrações administrativas nesta Lei ou em outras leis de licitações e contratos da Administração Pública que também sejam tipificados como atos lesivos na Lei n.º 12.846, de 1.º de agosto de 2013, serão apurados e julgados conjuntamente, nos mesmos autos, observados o rito procedimental e a autoridade competente definidos na referida Lei".
[246] Conforme destacado anteriormente, a partir da reforma da Lei de Improbidade, promovida pela Lei 14.230/2021, as sanções previstas na LIA não são aplicáveis à pessoa jurídica na hipótese em que o ato de improbidade administrativa for sancionado como ato lesivo à Administração Pública na Lei Anticorrupção, admitindo-se a aplicação das referidas sanções aos sócios, cotistas, diretores e colaboradores de pessoa jurídica apenas se restarem comprovados a participação e o recebimento de benefícios diretos na prática do ato ilícito (art. 3.º, §§ 1.º e 2.º, da Lei 8.429/1992, alterada pela Lei 14.230/2021).

Ministério da Justiça e do Ministério da Fazenda nos acordos de leniência quando os ilícitos envolvessem infrações à ordem econômica; i) possibilidade de estipulação no acordo de leniência sobre os reflexos nas sanções previstas na Lei de Improbidade Administrativa, nas normas de licitações e na Lei Antitruste etc. Essas características deixaram de subsistir como encerramento da vigência da MP 703/2015 em 29.05.2016.

A responsabilidade administrativa não afasta a responsabilidade civil pelos atos lesivos à Administração, tendo em vista a independência das instâncias (art. 18 da Lei 12.846/2013).

É oportuno notar que o ordenamento jurídico consagra acordos de leniência previstos no Direito Antitruste (art. 86 da Lei 12.529/2011) e na Lei Anticorrupção (art. 16 da Lei 12.846/2013). Inspirado na experiência norte-americana, o acordo de leniência foi introduzido no Direito Antitruste pátrio pela Lei 10.149/2000, que inseriu o art. 35-B da Lei 8.884/1994, posteriormente revogada pela Lei 12.529/2011. A partir da experiência relativamente exitosa, o acordo de leniência foi incorporado, com algumas adaptações, pela Lei 12.846/2013 (Lei Anticorrupção).

As principais semelhanças entre os acordos de leniência antitruste e anticorrupção podem ser assim resumidas: a) o acordo será celebrado com o primeiro envolvido que se qualificar para colaboração com as investigações; b) o interessado deve confessar a sua participação na infração, cessar a prática do ilícito e colaborar, efetivamente, com as investigações; c) sigilo na proposta de acordo;[247] d) ausência do reconhecimento da prática do ato ilícito e afastamento da confissão na hipótese de a proposta de leniência ser rejeitada; e) o descumprimento do acordo de leniência impede que o interessado celebre novo acordo pelo prazo de três anos.

Por outro lado, as principais diferenças entre os referidos acordos de leniência são:

a) **Acordo de leniência antitruste (art. 86 da Lei 12.529/2011)**: (i) competência: Superintendência-Geral do CADE; (ii) beneficiário: pessoas físicas ou jurídicas; (iii) acordo de leniência celebrado antes que o CADE tenha conhecimento da infração (leniência prévia): extinção das sanções; acordo celebrado após o conhecimento da infração pelo CADE: redução do valor da multa; (iv) leniência *plus* (leniência concomitante ou posterior): redução de um terço da penalidade aplicável ao interessado que não se qualifica para determinado acordo de leniência, com relação ao cartel do qual tenha participado (acordo de leniência original), mas que fornece informações acerca de um outro cartel sobre o qual o CADE não tinha qualquer conhecimento prévio (novo acordo de leniência com afastamento das sanções); (v) isenção (leniência prévia) ou atenuação (leniência posterior) das sanções administrativas, bem como extinção da punibilidade dos crimes contra a ordem econômica (Lei 8.137/1990), e nos demais crimes diretamente relacionados à prática de cartel, tais como os tipificados no Código Penal, alterado pela Lei 14.133/2021, bem como no art. 288 do Código Penal (associação criminosa).

---

[247] O STJ já decidiu que o sigilo do acordo de leniência celebrado com o CADE não pode ser oposto ao Poder Judiciário para fins de acesso aos documentos que instruem o respectivo procedimento administrativo (REsp 1.554.986/SP, Rel. Min. Marco Aurélio Bellizze, *DJe* 05.04.2016, *Informativo de Jurisprudência do STJ* n. 580).

b) **Acordo de leniência anticorrupção (art. 16 da Lei 12.846/2013)**: (i) competência da entidade administrativa lesada (em âmbito federal: Controladoria--Geral da União – CGU); (ii) beneficiário: pessoas jurídicas (não obstante a Lei estabeleça efeitos para as sanções previstas na Lei 8.666/1993 e na nova Lei de Licitações, o que poderia beneficiar pessoas físicas contratadas pela Administração); (iii) não diferencia o acordo de leniência celebrado antes ou depois das investigações por parte das autoridades competentes; (iv) não prevê a leniência plus; (v) redução do valor da multa e afastamento das sanções de publicação extraordinária, de proibição de receber benefícios (incentivos, subsídios, subvenções, doações ou empréstimos) de entidades públicas pelo prazo de um a cinco anos, bem como isenção ou atenuação das sanções previstas no art. 87 da Lei 8.666/1993 e no art. 156 da nova Lei de Licitações, mas não impede as demais sanções civis e não acarreta efeitos nas sanções penais.

Ocorre que a assimetria normativa relativa aos acordos de leniência acarreta, de certa forma, insegurança jurídica e coloca em risco a sua efetividade. A partir da perspectiva da Análise Econômica do Direito, as normas jurídicas são consideradas instrumentos de indução de comportamentos positivos e negativos dos atores econômicos. Nesse contexto, os acordos de leniência pretendem fomentar a colaboração dos envolvidos na investigação das infrações, garantindo maior efetividade na aplicação das sanções e na reparação dos danos, o que pode não ocorrer se o ordenamento não garantir segurança jurídica aos seus destinatários.

A legitimidade para propositura da ação judicial, que seguirá o rito da Lei 7.347/1985 (Lei da Ação Civil Pública), é reconhecida aos Entes federados e ao Ministério Público (arts. 19 e 21 da Lei 12.846/2013). Apesar da omissão legal, entendemos que a legitimidade deve ser reconhecida também às entidades da Administração Indireta, tendo em vista a sua autonomia administrativa e o objetivo do legislador em proteger a Administração Pública, sem distinção.[248]

Como a Lei 12.846/2013 se limita a regulamentar a responsabilização de pessoas jurídicas pela prática de atos contra a Administração Pública, naturalmente o polo passivo será formado exclusivamente pela pessoa jurídica que pratica ato lesivo previsto no art. 5.º da mesma Lei. Não há espaço para a presença de pessoas físicas no polo passivo, inclusive os agentes públicos envolvidos no ato ilícito. Não que as responsabilidades das pessoas físicas envolvidas na ilicitude sejam excluídas pela responsabilização da pessoa jurídica, elas só não serão objeto da ação judicial ora analisada, conforme dispõe o art. 3.º, *caput*, da Lei 12.846/2013.

As sanções judiciais, que podem ser aplicadas de forma isolada ou cumulativa, são: a) perdimento dos bens, direitos ou valores que representem vantagem ou proveito direta ou indiretamente obtidos da infração, ressalvado o direito do lesado ou de terceiro de boa-fé; b) suspensão ou interdição parcial de suas atividades; c) dissolução compulsória

---

[248] NEVES, Daniel Amorim Assumpção; OLIVEIRA, Rafael Carvalho Rezende. *Manual de improbidade administrativa*. 2. ed. São Paulo: Método, 2014. p. 283.

da pessoa jurídica;[249] d) proibição de receber incentivos, subsídios, subvenções, doações ou empréstimos de órgãos ou entidades públicas e de instituições financeiras públicas ou controladas pelo Poder Público, pelo prazo mínimo de um e máximo de cinco anos (art. 19 da Lei Anticorrupção).[250]

A pretensão para punição administrativa e civil das pessoas jurídicas por atos lesivos à Administração prescreve em cinco anos, contados da data da ciência da infração ou, no caso de infração permanente ou continuada, do dia em que tiver cessado. O prazo prescricional, na esfera administrativa ou judicial, será interrompido com a celebração do acordo de leniência ou a instauração do processo que tenha por objeto a apuração da infração (arts. 16, § 9.º, e 25, *caput* e parágrafo único, da Lei 12.846/2013). Registre-se, no entanto, que, na linha de parcela da doutrina, a pretensão de ressarcimento ao erário é imprescritível, na forma do art. 37, § 5.º, da CRFB.

Lembre-se, aqui, que o STF decidiu, em sede de repercussão geral, que são imprescritíveis as ações de ressarcimento ao erário fundadas na prática de ato doloso tipificado na Lei de Improbidade Administrativa, submetendo-se, contudo, à prescrição a pretensão de ressarcimento ao erário fundada em ato culposo de improbidade.[251] A dificuldade na aplicação do mesmo entendimento às ações coletivas fundadas na Lei Anticorrupção reside na ausência de discussão do elemento subjetivo nas referidas ações (responsabilidade objetiva), ao contrário do que ocorre nas ações de improbidade (responsabilidade subjetiva).

A ação judicial versada sobre a lei ora comentada deve ser considerada ação coletiva que tem por objetivo a tutela de direitos difusos. Trata-se de mais uma espécie de ação coletiva na tutela do patrimônio público, vindo a se somar com a ação popular, a ação civil pública e a ação de improbidade administrativa. A referida ação segue substancialmente o procedimento da ação civil pública com certas peculiaridades, exatamente como acontece com a ação de improbidade administrativa.[252]

Por fim, é possível que os pedidos típicos da ação de improbidade administrativa e da ação de responsabilização judicial sejam cumulados, desde que o autor tenha legitimidade para ambas as ações.[253]

---

[249] A dissolução compulsória da pessoa jurídica será determinada quando comprovada: a) utilização da personalidade jurídica de forma habitual para facilitar ou promover a prática de atos ilícitos; ou b) constituição da pessoa jurídica para ocultar ou dissimular interesses ilícitos ou a identidade dos beneficiários dos atos praticados (art. 19, § 1.º, da Lei 12.846/2013).

[250] Nas ações propostas pelo Ministério Público, poderão ser aplicadas também as sanções previstas no art. 6.º (multa e publicação extraordinária da decisão condenatória), desde que constatada a omissão das autoridades competentes para promover a responsabilização administrativa (art. 20 da Lei 12.846/2013). Registre-se que a multa e o perdimento de bens, direitos ou valores serão destinados preferencialmente aos órgãos ou entidades públicas lesadas (art. 24). Em âmbito federal, foi instituído o Cadastro Nacional de Empresas Punidas – CNEP, que reunirá as informações quanto às sanções e aos acordos de leniência formalizados com base na referida Lei (art. 22).

[251] STF, RE 852.475/SP, Rel. Min. Alexandre de Moraes, Red. p/ o acórdão Min. Edson Fachin, j. 08.08.2018 (*Informativo de Jurisprudência do STF* n. 910).

[252] NEVES, Daniel Amorim Assumpção; OLIVEIRA, Rafael Carvalho Rezende. *Manual de improbidade administrativa*. 2. ed. São Paulo: Método, 2014. p. 288.

[253] NEVES, Daniel Amorim Assumpção; OLIVEIRA, Rafael Carvalho Rezende. *Manual de improbidade administrativa*. 2. ed. São Paulo: Método, 2014. p. 291.

## 25.6 RESUMO DO CAPÍTULO

### CONTROLE DA ADMINISTRAÇÃO PÚBLICA

| Espécies de controle | |
|---|---|
| Quanto ao órgão, entidade ou pessoa responsável por sua efetivação | a) **Autocontrole (ou controle interno):** é efetivado pelo próprio Poder Executivo;<br>b) **Controle externo:** é exercido pelo Poder Judiciário e pelo Poder Legislativo, com o auxílio do Tribunal de Contas respectivo; e<br>c) **Controle social:** é implementado pela sociedade civil. |
| Quanto ao momento do controle | a) **controle prévio:** exercido antes da publicação do ato administrativo; e<br>b) **controle posterior:** implementado sobre o ato administrativo existente. |
| Quanto ao parâmetro do controle sobre a atuação administrativa | a) **controle de legalidade:** verificação, no âmbito interno (autotutela administrativa) ou externo, da compatibilidade formal do ato administrativo com o ordenamento jurídico (princípio da juridicidade); e<br>b) **controle do mérito:** avaliação da conveniência e da oportunidade relativas ao motivo e ao objeto, que ensejaram a edição do ato administrativo discricionário. |

| Controle administrativo | |
|---|---|
| Conceito | É a prerrogativa reconhecida à Administração Pública para fiscalizar e corrigir, a partir dos critérios de legalidade ou de mérito, a sua própria atuação. |
| Tutela e autotutela administrativa | O controle exercido pela Administração Direta sobre os atos praticados pelas entidades que integram a Administração Indireta denomina-se **tutela administrativa** ou supervisão ministerial.<br>O controle administrativo interno, exercido por determinada entidade administrativa sobre seus próprios órgãos, é denominado **autotutela**. |

| Controle legislativo | |
|---|---|
| Conceito | É aquele exercido pelo Poder Legislativo sobre os atos do Poder Executivo, a partir de critérios políticos ou financeiros e nos limites fixados pelo texto constitucional. |
| Casos de controle | – Sustação de atos normativos;<br>– Convocação de autoridades e requisição de informações;<br>– Autorização e aprovação de ato administrativo;<br>– Comissões Parlamentares de Inquérito (CPIs);<br>– Julgamento do chefe do Executivo: *impeachment*;<br>– Controle financeiro. |

| | Controle do Tribunal de Contas |
|---|---|
| Critérios de controle | Apesar de auxiliarem o Poder Legislativo em determinadas tarefas, os Tribunais de Contas, em virtude da sua forte independência, devem ser considerados órgãos constitucionais independentes que não estão inseridos na relação hierárquica dos três Poderes.<br>Os Tribunais de Contas exercem a fiscalização financeira e orçamentária a partir de três critérios:<br>**a) legalidade:** exame da compatibilidade formal do ato com a lei;<br>**b) legitimidade:** adequação do ato com os princípios consagrados no ordenamento jurídico (juridicidade); e<br>**c) economicidade:** relação de custo-benefício da medida adotada. |
| Atribuições | – Consultiva;<br>– Fiscalizadora;<br>– Julgadora;<br>– Registro;<br>– Sancionadora;<br>– Corretiva;<br>– Ouvidoria. |

| | Controle jurisdicional |
|---|---|
| Sistemas de controle | **a) dualidade de jurisdição (sistema do contencioso administrativo ou da jurisdição administrativa):** adotado em diversos países europeus;<br>**b) sistema da jurisdição una (unidade de jurisdição):** adotado no Brasil. |
| Fazenda Pública em juízo | Exemplos de prerrogativas processuais:<br>a) Foro privativo;<br>b) Representação judicial (AGU, Procuradoria-Geral da Fazenda Nacional e Procuradorias Estaduais ou Municipais, conforme o ente federativo envolvido);<br>c) Prazos diferenciados;<br>d) Inaplicabilidade do efeito material da revelia;<br>e) Restrição à concessão de liminares contra a Fazenda;<br>f) Suspensão de liminares e de sentenças;<br>g) Intervenção anômala ou amicus curiae;<br>h) Reexame necessário;<br>i) Despesas judiciais;<br>j) Ritos especiais na execução;<br>k) Pagamento de débitos (em regra, por meio de precatórios). |
| Instrumentos de controle judicial da Administração Pública | – Habeas corpus;<br>– Mandado de segurança individual e coletivo;<br>– Mandado de injunção;<br>– Habeas data;<br>– Ação popular;<br>– Ação civil pública;<br>– Ação de improbidade administrativa. |

| | Sistema Brasileiro de Combate à Corrupção |
|---|---|
| Lei 12.846/2013 | Estabelece a responsabilidade objetiva administrativa e civil das pessoas jurídicas pelos atos lesivos contra a Administração Pública (nacional ou estrangeira), praticados em seu interesse ou benefício (art. 2.º da Lei 12.846/2013). Vale dizer: as sanções administrativas e cíveis serão aplicadas às pessoas jurídicas, independentemente de dolo ou culpa, sendo suficiente a comprovação da prática de ato lesivo tipificado na referida Lei para aplicação das respectivas sanções. |
| Atos lesivos | São aqueles praticados por pessoas jurídicas contra o patrimônio público nacional ou estrangeiro, contra princípios da administração pública ou contra os compromissos internacionais assumidos pelo Brasil. |
| Acordo de leniência | **Partes:** celebrado entre a autoridade máxima do órgão ou entidade administrativa e as pessoas jurídicas responsáveis pela prática do ato lesivo que colaborem efetivamente com as investigações e o processo administrativo.<br>Necessário que da colaboração **resulte:** a) a identificação dos demais envolvidos na infração, quando couber; b) a obtenção célere de informações e documentos que comprovem o ilícito sob apuração.<br>**Requisitos (cumulativos):** a) a pessoa jurídica deve ser a primeira a se manifestar sobre seu interesse em cooperar para a apuração do ato ilícito; b) a pessoa jurídica deve cessar completamente seu envolvimento na infração investigada a partir da data de propositura do acordo; e c) a pessoa jurídica deve admitir a sua participação no ilícito e cooperar plena e permanentemente com as investigações e o processo administrativo, comparecendo, sob suas expensas, sempre que solicitada, a todos os atos processuais, até seu encerramento. O acordo de leniência anticorrupção (art. 16 da Lei 12.846/2013) possui **diferenças e semelhanças** com o **acordo de leniência antitruste (art. 86 da Lei 12.529/2011).** |
| Parâmetros para aplicação das sanções | a) a gravidade da infração; b) a vantagem auferida ou pretendida pelo infrator; c) a consumação ou não da infração; d) o grau de lesão ou perigo de lesão; e) o efeito negativo produzido pela infração; f) a situação econômica do infrator; g) a cooperação da pessoa jurídica para a apuração das infrações; h) a existência de mecanismos e procedimentos internos de integridade, auditoria e incentivo à denúncia de irregularidades e a aplicação efetiva de códigos de ética e de conduta no âmbito da pessoa jurídica, na forma dos arts. 41 e 42 do Decreto 8.420/2015 (Programa de integridade ou *compliance*); e i) o valor dos contratos mantidos pela pessoa jurídica com o órgão ou entidade pública lesados. |
| Sanções | Sem prejuízo do dever de reparação integral do dano, é possível a aplicação, cumulativa ou não, das seguintes **sanções administrativas:** a) multa, que pode variar de 0,1% a 20% do faturamento bruto da pessoa jurídica no exercício anterior ao da instauração do processo administrativo; e b) publicação extraordinária da decisão condenatória.<br>Podem ser aplicadas de forma isolada ou cumulativa as seguintes **sanções judiciais:**<br>a) perdimento dos bens, direitos ou valores que representem vantagem ou proveito direta ou indiretamente obtidos da infração, ressalvado o direito do lesado ou de terceiro de boa-fé;<br>b) suspensão ou interdição parcial de suas atividades;<br>c) dissolução compulsória da pessoa jurídica;<br>d) proibição de receber incentivos, subsídios, subvenções, doações ou empréstimos de órgãos ou entidades públicas e de instituições financeiras públicas ou controladas pelo Poder Público, pelo prazo mínimo de um e máximo de cinco anos. |

# REFERÊNCIAS BIBLIOGRÁFICAS

AGUIAR JÚNIOR, Ruy Rosado de. A responsabilidade civil do Estado pelo exercício da função jurisdicional no Brasil. *Interesse Público*, Porto Alegre: Notadez, v. 9, n. 44, jul.-ago. 2007.

ALEMANY GARCÍA, Macario. El concepto y la justificación del paternalismo. *Doxa, Cuadernos de Filosofia del Derecho*, n. 28, 2005.

ALESSI, Renato. *La responsabilità della pubblica amministrazione*. 3. ed. Milano: Giuffrè, 1955.

ALESSI, Renato. *Sistema istituzionale del diritto amministrativo italiano*. 2. ed. Milano: Giuffrè, 1960.

ALEXANDRE, Ricardo; DEUS, João de. *Direito Administrativo esquematizado*. São Paulo: Método, 2015.

ALEXY, Robert. *Teoria dos direitos fundamentais*. São Paulo: Malheiros, 2008.

ALMEIDA, Aline Paola Correa Braga Camara de. *As tarifas e as demais formas de remuneração dos serviços públicos*. Rio de Janeiro: Lumen Juris, 2009.

ALVIM, Eduardo Arruda. Aspectos do mandado de segurança coletivo à luz da Lei 12.016/09. *Revista Jurídica*, Porto Alegre, v. 58, n. 392, jun. 2010.

AMARAL, Diogo Freitas do. *Curso de direito administrativo*. Coimbra: Almedina, 2004. v. II.

AMARAL, Gustavo. *Direito, escassez & escolha*. 2. ed. Rio de Janeiro: Lumen Juris, 2010.

AMORIM, Victor Aguiar Jardim de. Modalidades e rito procedimental da licitação. In: DI PIETRO, Maria Sylvia Zanella (Coord.). *Licitações e contratos administrativos*: inovações da Lei 14.133, de 1º de abril de 2021. 2. ed. Rio de Janeiro: Forense, 2022.

AMORIM, Victor. A adesão de ata de registro de preços municipais na nova Lei de Licitações: por uma necessária interpretação conforme à Constituição do § 3.º do art. 86 da Lei nº 14.133/2021. Disponível em: <https://www.novaleilicitacao.com.br/2021/07/14/a-adesao-de-ata-de-registro-de-precos-municipais-na-nova-lei-de-licitacoes-por-uma-necessaria-interpretacao-conforme-a-constituicao-do-%C2%A73o-do-art-86-da-lei-no-14-133-2021/>. Acesso em: 20 mar. 2023.

ANDRADE, Adriano; MASSON, Cleber; ANDRADE, Landolfo. *Interesses difusos e coletivos esquematizado*. 3. ed. São Paulo: Forense, 2013.

ANDRADE, Letícia Queiroz de. *Desapropriação de bens públicos* (à luz do princípio federativo). São Paulo: Malheiros, 2006.

ANTUNES, Luís Filipe Colaço. *O Direito Administrativo sem Estado*. Coimbra: Coimbra Editora, 2008.

ARAGÃO, Alexandre Santos de. A concepção pós-positivista do princípio da legalidade. *RDA*, n. 236, abr.-jun. 2004.

ARAGÃO, Alexandre Santos de. *Agências reguladoras e a evolução do direito administrativo econômico*. Rio de Janeiro: Forense, 2002.

ARAGÃO, Alexandre Santos de. *Curso de direito administrativo*. Rio de Janeiro: Forense, 2012.

ARAGÃO, Alexandre Santos de. *Direito dos serviços públicos*, Rio de Janeiro: Forense, 2007.

ARAGÃO, Alexandre Santos de. Empresa público-privada. In: *Empresas públicas e sociedades de economia mista*. Belo Horizonte: Fórum, 2015.

ARAGÃO, Alexandre Santos de. Empresas estatais e o controle pelos Tribunais de Contas. *Revista de Direito Público da Economia*, Belo Horizonte: Fórum, n. 23, jul.-set. 2008.

ARAGÃO, Alexandre Santos de (Coord.). *O poder normativo das agências reguladoras*. Rio de Janeiro: Forense, 2006.

ARAGÃO, Alexandre Santos de. Teorias pluralistas das fontes de direito: *lex mercatoria*, ordenamentos setoriais, subsistemas, microssistemas jurídicos e redes normativas. *RTDC*, v. 36, 2008.

ARAÚJO, Valter Shuenquener de. Terceiro Setor: a experiência brasileira. *Revista da Seção Judiciária do Rio de Janeiro,* Rio de Janeiro: JFRJ, n. 14, 2005.

ATALIBA, Geraldo. Imunidade de instituições de educação e assistência. *Revista de Direito Tributário*, n. 55, jan.-mar. 1991.

ÁVILA, Humberto. Moralidade, razoabilidade e eficiência. *Revista Eletrônica de Direito do Estado*, Salvador: Instituto de Direito Público da Bahia, n. 4, out.-nov.-dez. 2005.

ÁVILA, Humberto. Repensando o "princípio da supremacia do interesse público sobre o particular". *Revista Trimestral de Direito Público*, São Paulo: Malheiros, n. 24, 1998.

ÁVILA, Humberto. *Teoria dos princípios*: da definição à aplicação dos princípios jurídicos, São Paulo: Malheiros, 2003.

AZEVEDO, Antonio Junqueira de. Natureza jurídica do contrato de consórcio. Classificação dos atos jurídicos quanto ao número de partes e quanto aos efeitos. Os contratos relacionais. A boa-fé nos contratos relacionais. Contratos de duração. Alteração das circunstâncias e onerosidade excessiva. Sinalagma e resolução contratual. Resolução parcial do contrato. Função social do contrato. *RT*, São Paulo, ano 94, v. 832, p. 120-123, fev. 2005.

BACELLAR FILHO, Romeu Felipe. *Processo administrativo disciplinar*. São Paulo: Saraiva, 2012.

BAPTISTA, Patrícia. A tutela da confiança legítima como limite ao exercício do poder normativo da Administração Pública – A proteção às expectativas dos cidadãos como limite à retroatividade normativa. *RDE,* n. 3, jul.-set. 2006.

BARACHO, José Alfredo de Oliveira. *O princípio da subsidiariedade*. Conceito e evolução. Rio de Janeiro: Forense, 1996.

BARBI, Celso Agrícola. *Do mandado de segurança*. 11. ed. Rio de Janeiro: Forense, 2008.

BARBI, Celso Agrícola. Mandado de injunção. In: TEIXEIRA, Sálvio de Figueiredo (Coord.). *Mandados de segurança e de injunção*. São Paulo: Saraiva, 1990.

BARBOSA MOREIRA, José Carlos. *O novo processo civil brasileiro*. 26. ed. Rio de Janeiro: Forense, 2008.

BARCELOS, Dawison; TORRES, Ronny Charles Lopes de. *Licitações e contratos nas empresas estatais*: regime licitatório e contratual da Lei 13.303/2016. Salvador: JusPodivm, 2018.

BARROS, Suzana de Toledo. *O princípio da proporcionalidade e o controle de constitucionalidade das leis restritivas de direitos fundamentais*. Brasília: Brasília Jurídica, 1996.

BARROS MONTEIRO, Washington de. *Curso de direito civil*: parte geral. 36. ed. São Paulo: Saraiva, 1999.

BARROSO, Luís Roberto. A ordem econômica constitucional e os limites à atuação estatal no controle de preços. *Temas de direito constitucional*. Rio de Janeiro: Renovar, 2003. t. II.

BARROSO, Luís Roberto. Apontamentos sobre o princípio da legalidade (delegações legislativas, poder regulamentar e repartição constitucional de competências legislativas). *Temas de direito constitucional*. Rio de Janeiro: Renovar, 2001.

BARROSO, Luís Roberto. A prescrição administrativa no direito brasileiro antes e depois da Lei n.º 9.873/99. *Temas de direito constitucional*. 2. ed. Rio de Janeiro: Renovar, 2002. t. I.

BARROSO, Luís Roberto. *Interpretação e aplicação da Constituição*. 3. ed. São Paulo: Saraiva, 1999.

BARROSO, Luís Roberto. Neoconstitucionalismo e constitucionalização do direito: o triunfo tardio do direito constitucional no Brasil. *RDA*, Rio de Janeiro: Renovar, n. 240, abr.-jun. 2005.

BARROSO, Luís Roberto. *O controle de constitucionalidade no direito brasileiro*. 4. ed. São Paulo: Saraiva, 2009.

BARROSO, Luís Roberto. *O direito constitucional e a efetividade de suas normas*. 5. ed. Rio de Janeiro: Renovar, 2001.

BARROSO, Luís Roberto. O Estado contemporâneo, os direitos fundamentais e a redefinição da supremacia do interesse público. Prefácio ao livro *Interesses públicos versus interesses privados*: desconstruindo o princípio de supremacia do interesse público. Rio de Janeiro: Lumen Juris, 2005.

BARROSO, Luís Roberto. Regime constitucional do serviço postal. Legitimidade da atuação da iniciativa privada. *Temas de direito constitucional*. Rio de Janeiro: Renovar, 2003. t. II.

BARROSO, Luís Roberto. Tribunais de contas: algumas competências controvertidas. *Temas de direito constitucional*. 2. ed. Rio de Janeiro: Renovar, 2002.

BASTOS, Fabrício Rocha. *Acordo de não persecução cível*. Salvador: Liber Editora, 2021.

BECK, Ulrich. *La société du risque*: sur la voie d'une autre modernité. Paris: Flammarion, 2008.

BEMQUERER, Marcos. *O regime jurídico das empresas estatais após a Emenda Constitucional n.º 19/1998*. Belo Horizonte: Fórum, 2012.

BENJAMIN, Antônio Herman de Vasconcellos e. In: OLIVEIRA, Juarez de (Coord.) *Comentários ao Código de Proteção ao Consumidor*. São Paulo: Saraiva, 1991.

BENJAMIN, Antônio Herman de Vasconcellos e; ALMEIDA, Gregório Assagra de. Legitimidade ativa e objeto material do mandado de segurança coletivo. *RT*, n. 895, maio 2010.

BERMUDES, Sérgio. O mandado de injunção. *RT*, n. 642, abr. 1989.

BINENBOJM, Gustavo. As Parcerias Público-Privadas (PPPs e a Constituição). *Revista de Direito da Associação dos Procuradores do Novo Estado do Rio de Janeiro*, Rio de Janeiro: Lumen Juris, v. XVII, p. 99, 2006.

BINENBOJM, Gustavo. *Uma teoria do direito administrativo*. Rio de Janeiro: Renovar, 2006.

BINENBOJM, Gustavo. O direito administrativo sancionador e o estatuto constitucional do poder punitivo estatal: possibilidades, limites e aspectos controvertidos da regulação no setor de revenda de combustíveis. *Revista de Direito da Procuradoria Geral*, Rio de Janeiro, edição especial: Administração Pública, risco e segurança jurídica, 2014.

BINENBOJM, Gustavo. Isenções e descontos tarifários de caráter assistencial em serviços públicos concedidos: requisitos de validade e eficácia. *Temas de direito administrativo e constitucional*. Rio de Janeiro: Renovar, 2008.

BOBBIO, Norberto. *Da estrutura à função*: novos estudos de teoria do direito. São Paulo: Manole, 2007.

BOBBIO, Norberto. *O futuro da democracia*. 9. ed. São Paulo: Paz e Terra, 2004.

BOBBIO, Norberto. *Teoria geral do direito*. 3. ed. São Paulo: Martins Fontes, 2010.

BONAVIDES, Paulo. *Curso de direito constitucional*. 13. ed. São Paulo: Malheiros, 2003.

BORBA, José Edwaldo Tavares. *Direito societário*. 12. ed. Rio de Janeiro: Renovar, 2010.

BORGES, Alice Gonzalez. Consórcios públicos, nova sistemática e controle. *REDAE*, Salvador: Instituto de Direito Público da Bahia, n. 6, maio-jun.-jul. 2006.

BORGES, Alice Gonzalez. *Normas gerais no Estatuto de Licitações e Contratos Administrativos*. São Paulo: RT, 1991.

BORGES, Alice Gonzalez. Pressupostos e limites da revogação e da anulação das licitações. *JAM Jurídica*, ano 11, n. 12, dez. 2006.

BORGES, Alice Gonzalez. Supremacia do interesse público: desconstrução ou reconstrução. *Revista Interesse Público*, Porto Alegre, v. 8, n. 37, maio-jun. 2006.

BRANCO, Paulo Gustavo Gonet. Aspectos de teoria geral dos direitos fundamentais. In: MENDES, Gilmar Ferreira. *Hermenêutica constitucional e direitos fundamentais*. Brasília: Brasília Jurídica, 2002.

BUENO, Cassio Scarpinella. *A nova lei do mandado de segurança*. 2. ed. São Paulo: Saraiva, 2010.

BUENO, Cassio Scarpinella. *Habeas data*. In: DIDIER JR., Fredie (Org.). *Ações constitucionais*. 5. ed. Salvador: Juspodivm, 2011.

BUENO, Cassio Scarpinella. *O Poder Público em juízo*. 2. ed. São Paulo: Saraiva, 2003.

BUSTAMANTE, Thomas da Rosa de. *Teoria do direito e decisão racional*: temas de teoria da argumentação jurídica. Rio de Janeiro: Renovar, 2008.

CABRAL, Flávio Garcia; SARAI, Leandro. *Manual de direito administrativo*. Leme: Mizuno, 2022.

CAHALI, Yussef Said. *Responsabilidade civil do Estado*. 3. ed. São Paulo: RT, 2007.

CÂMARA, Alexandre Freitas. *Lições de direito processual civil*. 23. ed. São Paulo: Atlas, 2012. v. 1.

CÂMARA, Alexandre Freitas. *Lições de direito processual civil*. 21. ed. São Paulo: Atlas, 2012. v. 2.

CÂMARA, Alexandre Freitas. *Manual do mandado de segurança*. São Paulo: Atlas, 2013.

CÂMARA FILHO, Roberto Mattoso. *A desapropriação por utilidade pública*. Rio de Janeiro: Lumen Juris, 1994.

CANOTILHO, José Joaquim Gomes. *Direito constitucional e teoria da Constituição*. 7. ed. Coimbra: Almedina, 2003.

CARBONELL, Eloísa; MUGA, José Luis. *Agencias y procedimiento administrativo en Estados Unidos de América*. Madrid: Marcial Pons, 1996.

CARBONELL, Miguel (Org.). *Neoconstitucionalismo(s)*. 2. ed. Madrid: Trotta, 2005.

CARVALHO, Paulo de Barros. *Curso de direito tributário*. 12. ed. São Paulo: Dialética, 2001.

CARVALHO FILHO, José dos Santos. *Manual de direito administrativo*. 35. ed. Barueri: Atlas, 2021.

CARVALHO FILHO, José dos Santos. *Manual de direito administrativo*. 22. ed. Rio de Janeiro: Lumen Juris, 2009.

CARVALHO FILHO, José dos Santos. *Ação civil pública*: comentários por artigo (Lei n.º 7.347, de 24.07.85). 7. ed. Rio de Janeiro: Lumen Juris, 2009.

CARVALHO FILHO, José dos Santos. *Improbidade administrativa*: prescrição e outros prazos extintivos. São Paulo: Atlas, 2012.

CARVALHO FILHO, José dos Santos. *Manual de direito administrativo*. 24. ed. Rio de Janeiro: Lumen Juris, 2011.

CARVALHO FILHO, José dos Santos. *Processo administrativo federal*. 4. ed. Rio de Janeiro: Lumen Juris, 2009.

CASSAGNE, Juan Carlos. *Derecho administrativo*. 8. ed. Buenos Aires: Abeledo-Perrot, 2006. t. I.

CASSAGNE, Juan Carlos. *Derecho administrativo*. 8. ed. Buenos Aires: Abeledo-Perrot, 2006. t. II.

CASSAGNE, Juan Carlos. *Le basi del diritto amministrativo*. 6. ed. Milano: Garzanti, 2000.

CASSAGNE, Juan Carlos. Sobre la fundamentación y los límites de la potestad reglamentaria de necesidad y urgencia en el derecho argentino. *Revista Española de Derecho Administrativo – REDA*, n. 73, jan.-mar. 1992.

CASSESE, Sabino. *La globalización jurídica*. Madrid: Marcial Pons, 2006.

CASTELLS, Manuel. *A sociedade em rede*. Rio de Janeiro: Paz e Terra, 1999.

CASTRO, Guilherme Couto de. *A responsabilidade civil objetiva no direito brasileiro*. Rio de Janeiro: Forense, 1997.

CASTRO NETO, Luiz de. *Fontes do direito administrativo*. São Paulo: CTE Editora, 1977.

CAVALIERI FILHO, Sergio. *Programa de responsabilidade civil*. 7. ed. São Paulo: Atlas, 2007.

CHAPUS, Réne. *Droit administratif général*. 15. ed. Paris: Montcherestien, 2001. t. I.

CHEVALLIER, Jacques. *Le service public*. 7. ed. Paris: PUF, 2008.

CLÈVE, Clèmerson Merlin; FRANZONI, Júlia Ávila. Responsabilidade civil do Estado por atos jurisdicionais. *Revista de Direito Administrativo e Constitucional*, Belo Horizonte, ano 12, n. 47 jan.-mar. 2012.

COMANDUCCI, Paolo. Formas de (neo)constitucionalismo: un análisis metateórico. In: CARBONELL, Miguel (Org.). *Neoconstitucionalismo(s)*. 2. ed. Madrid: Trotta, 2005.

COMPARATO, Fábio Konder. Pareceres – Princípio federal – Bens estaduais não podem ser desapropriados – Caso Banespa. *RTDP* 11/82.

CONSTANT, Benjamin. *Princípios políticos constitucionais*. Rio de Janeiro: Liber Juris, 1989.

COOTER, Robert; ULEN, Thomas. *Law & Economics*. 5. ed. Boston: Pearson, 2008.

COPOLA, Gina. *A improbidade administrativa no direito brasileiro*. Belo Horizonte: Fórum, 2011.

CORREIA, Arícia Fernandes. Reserva de administração e separação de poderes. In: BARROSO, Luís Roberto (Org.). *A reconstrução democrática do direito público no Brasil*. Rio de Janeiro: Renovar, 2007.

COTARELO, Ramon. *Del Estado del Bienestar al Estado del Malestar*. 2. ed. Madrid: Centro de Estudios Constitucionales, 1990.

COUTINHO, Alessandro Dantas; RODOR, Ronald Krüger. *Manual de Direito Administrativo*. São Paulo: Método, 2015.

COVIELLO, Pedro José Jorge. *La protección de la confianza del administrado*. Buenos Aires: Abeledo-Perrot, 2004.

CRETELLA JUNIOR, José. *Curso de direito administrativo*. 5. ed. Rio de Janeiro: Forense, 1977.

CRETELLA JUNIOR, José. *Curso de direito administrativo*. Rio de Janeiro: Forense, 1986.

CRETELLA JUNIOR, José. *Direito administrativo comparado*. São Paulo: Bushatsky, 1972.

CRETELLA JUNIOR, José. *O Estado e a obrigação de indenizar*. São Paulo: Saraiva, 1980.

CRETELLA JUNIOR, José. *Manual de direito administrativo*. 2. ed. Rio de Janeiro: Forense, 1979.

CRUZ, Gisela Sampaio da. *O problema do nexo causal na responsabilidade civil*. Rio de Janeiro: Renovar, 2005.

CUESTA, Rafael Entrena. Consideraciones sobre la teoría general de los contratos de la administración. *RAP*, n. 24, p. 71-72, 1957.

CUNHA, Leonardo José Carneiro. *A Fazenda Pública em juízo*. 6. ed. São Paulo: Dialética, 2008.

CUNHA, Paulo César Melo da. As atividades comunicadas e o controle do exercício das liberdades. In: OSÓRIO, Fabio Medina; SOUTO, Marcos Juruena Villela (Coord.). *Direito administrativo*: estudos em homenagem a Diogo de Figueiredo Moreira Neto. Rio de Janeiro: Lumen Juris, 2006.

CUNHA JÚNIOR, Dirley da. *Curso de direito administrativo*. 9. ed. Salvador: Juspodivm, 2010.

CYRINO, André Rodrigues. *O poder regulamentar autônomo do Presidente da República*: a espécie regulamentar criada pela EC n.º 32/2001. Belo Horizonte: Fórum, 2005.

DEBBASCH, Charles; COLIN, Frédéric. *Droit administratif*. 8. ed. Paris: Económica, 2007.

DECOMAIN, Pedro Roberto. *Improbidade administrativa*. São Paulo: Dialética, 2007.

DEVOLVÉ, Pierre. *Droit public de l'économie*. Paris: Dalloz, 1998.

DI PIETRO, Maria Sylvia Zanella. *Direito administrativo*. 22. ed. São Paulo: Atlas, 2009.

DI PIETRO, Maria Sylvia Zanella. Arts. 18 a 28. In: MARTINS, Ives Gandra da Silva (Org.). *Comentários à Lei de Responsabilidade Fiscal*. São Paulo: Saraiva, 2001.

DI PIETRO, Maria Sylvia Zanella. Os princípios da proteção à confiança, da segurança jurídica e da boa-fé na anulação do ato administrativo. *Direito público atual*: estudos em homenagem ao professor Nelson Figueiredo. Belo Horizonte: Fórum, 2008.

DI PIETRO, Maria Sylvia Zanella. *Parcerias na Administração Pública*: concessão, permissão, franquia, terceirização, parceria público-privada e outras formas. 5. ed. São Paulo: Atlas, 2005.

DI PIETRO, Maria Sylvia Zanella. Participação popular na Administração Pública. *RTDP*, v. 1, 1993.

DI PIETRO, Maria Sylvia Zanella. *Temas Polêmicos Sobre Licitações e Contratos*. 5. ed. São Paulo: Malheiros, 2001.

DIREITO, Carlos Alberto Menezes. *Manual do mandado de segurança*. 4. ed. Rio de Janeiro: Renovar, 2003.

DONIZETTI, Elpídio. *Ações constitucionais*. 2. ed. São Paulo: Atlas, 2010.

DUARTE, David. *Procedimentalização, participação e fundamentação*: para uma concretização do princípio da imparcialidade administrativa como parâmetro decisório. Coimbra: Almedina, 1996.

DUGUIT, Léon. *Las transformaciones generales del derecho*. Buenos Aires: Heliasta, 2001.

DUGUIT, Léon. *Traité de droit constitutionnel*. 2. ed. Paris: Ancienne Librairie Fontemoing, 1921. t. I.

DWORKIN, Ronald. *Taking rights seriously*. Cambridge: Harvard University, 1978.

EISENMANN, Charles. O direito administrativo e o princípio da legalidade. *RDA*, Rio de Janeiro: Renovar, v. 56, abr.-jun. 1959.

EIZIRIK, Nelson. Monopólio estatal da atividade econômica. *RDA*, n. 194, out.-dez. 1993.

EPSTEIN, Richard A. *Takings*: private property and the power of eminent domain. Cambridge: Harvard University Press, 1985.

ESTORNINHO, Maria João. *A fuga para o direito privado*: contributo para o estudo da actividade de direito privado da Administração Pública. Coimbra: Almedina, 1999.

ESTORNINHO, Maria João. *Curso de direito dos contratos públicos*. Coimbra: Almedina, 2012.

FACHIN, Zulmar. *Responsabilidade patrimonial do Estado por ato jurisdicional*. Rio de Janeiro: Renovar, 2001.

FAZZIO JÚNIOR, Waldo. *Atos de improbidade administrativa:* doutrina legislação e jurisprudência. 2. ed. São Paulo: Atlas, 2008.

FERNANDES, Jorge Ulisses Jacoby. Concurso público: prazo de validade e nomeação. *Fórum Administrativo*, Belo Horizonte, n. 75, maio 2007.

FERNANDES, Jorge Ulisses Jacoby. *Contratação direta sem licitação*. 7. ed. Belo Horizonte: Fórum, 2008.

FERNANDES, Jorge Ulisses Jacoby. Controle das licitações pelo tribunal de contas. *RDA*, n. 239, jan.-mar. 2005.

FERNANDES, Jorge Ulisses Jacoby. *Licitações e o novo estatuto da pequena e microempresa*: reflexos práticos da LC n.º 123/06. Belo Horizonte: Fórum, 2007.

FERNANDES, Jorge Ulisses Jacoby. *Sistema de registro de preços e pregão presencial e eletrônico*. Belo Horizonte: Fórum, 2009.

FERNÁNDEZ, Tomás-Ramón. Arbitrariedad y discrecionalidad en la doctrina jurisprudencial constitucional y administrativa. In: BANDRÉS SÁNCHEZ-CRUZAT, José Manuel. *Constitución y control de la actividad administrativa*. Madrid: CGPJ-Centro de Documentación Judicial, 2003.

FERNÁNDEZ, Tomás-Ramón. *Del arbitrio y de la arbitrariedad judicial*. Madrid: Iustel, 2005.

FERRAZ, Luciano. Função regulatória da licitação. *A&C Revista de Direito Administrativo e Constitucional*, v. 37, 2009.

FERRAZ, Luciano. Responsabilidade do Estado por omissão legislativa – caso do art. 37, X, da Constituição da República. *Responsabilidade civil do Estado*. São Paulo: Malheiros, 2006.

FERRAZ, Sérgio. *Mandado de segurança*. São Paulo: Malheiros, 2006.

FERRAZ, Sérgio. Processo administrativo: prazos e preclusões. *As leis de processo administrativo*: Lei Federal 9.784/99 e Lei Paulista 10.177/98. São Paulo: Malheiros, 2006.

FERRAZ, Sérgio. *3 estudos de direito*. São Paulo: RT, 1977.

FERRAZ JUNIOR, Tércio Sampaio. Do tombamento na ordenação da publicidade na paisagem urbana – Reflexões em torno da Lei Municipal n. 14.223/06, que dispõe sobre a ordenação dos elementos que compõem a paisagem urbana no Município de São Paulo. *Interesse Público*, n. 49, maio-jun. 2008.

FERRAZ JUNIOR, Tércio Sampaio. Congelamento de preços – tabelamentos oficiais. *RDP* 91, jul.-set. 1989.

FERREIRA, Aurélio Buarque de Holanda. *Novo Aurélio século XXI:* o dicionário da língua portuguesa. 3. ed. Rio de Janeiro: Nova Fronteira, 1999.

FERREIRA, Sérgio de Andréa. *Direito administrativo didático*. 3. ed. Rio de Janeiro: Forense, 1985.

FERREIRA, Sérgio de Andréa. Eficácia jurídica dos planos de desenvolvimento econômico. *RDA*, n. 140, abr.-jun. 1980.

FERREIRA, Sérgio de Andréa. Empresa estatal – funções de confiança – Constituição Federal – Art. 37, n. II (parecer). *Revista de Direito Administrativo*, v. 227, jan.-mar. 2002.

FERREIRA, Sérgio de Andréa. O direito administrativo das empresas governamentais brasileiras. *RDA*, n. 136, abr.-jun. 1979.

FERREIRA, Sérgio de Andréa. *O direito de propriedade e as limitações e ingerências administrativas*. São Paulo: RT, 1980.

FIGUEIREDO, Lucia Valle. *Curso de direito administrativo*. 6. ed. São Paulo: Malheiros, 2003.

FIGUEIREDO, Lucia Valle. *Direito público*: estudos, Belo Horizonte: Fórum, 2007.

FIGUEIREDO, Marcelo. *Probidade administrativa*. 6. ed. São Paulo: Malheiros, 2009.

FISCHEL, William A. *Regulatory takings*: Law, Economics, and Politics. Cambridge: Harvard University Press, 1995.

FORGIONI, Paula A. *Os fundamentos do antitruste*. 4. ed. São Paulo: RT, 2010.

FORTINI, Cristiana. A função social dos bens públicos e o mito da imprescritibilidade. *Revista Brasileira de Direito Municipal (RBDM)*, n. 12, p. 113-122, abr.-jun. 2004.

FORTINI, Cristiana. Organizações Sociais: natureza jurídica da responsabilidade civil das organizações sociais em face dos danos causados a terceiros. *Revista Eletrônica sobre a Reforma do Estado*, Salvador, n. 6, jun.-jul.-ago. 2006.

FRANCO SOBRINHO, Manoel de Oliveira. *Curso de direito administrativo*. São Paulo: Saraiva, 1979.

FREITAS, Juarez. *A interpretação sistemática do direito*. 5. ed. São Paulo: Malheiros, 2010.

FREITAS, Juarez. As PPPs: natureza jurídica. In: CARDOZO, José Eduardo Martins et al. (Org.). *Curso de direito econômico*. São Paulo: Malheiros, 2006. v. I.

FREITAS, Juarez. *Estudos sobre direito administrativo*. São Paulo: Malheiros, 1995.

FREITAS, Juarez. O princípio da moralidade e a Lei de Improbidade Administrativa. *Fórum Administrativo*, Belo Horizonte, n. 48, fev. 2005.

FREITAS, Juarez. Usucapião de terras devolutas em face de uma interpretação constitucional teleológica. *Revista Trimestral de Jurisprudência dos Estados*, v. 18, n. 121, fev. 1994.

FREITAS, Rafael Véras de. A concessão de florestas e o desenvolvimento sustentável. *Revista de Direito Público da Economia*, n. 26, p. 107-133, abr.-jun. 2009.

FREITAS, Rafael Véras de. O combate aos cartéis nas licitações (visando à Copa do Mundo e às Olimpíadas de 2016). *RDPE*, n. 33, jan.-mar. 2011.

FREITAS, Rafael Véras de. O dever de planejamento como corolário ao direito fundamental à boa administração pública. In: SOUTO, Marcos Juruena Villela (Org.). *Direito administrativo*: estudos em homenagem a Francisco Mauro Dias. Rio de Janeiro: Lumen Juris, 2009.

FURTADO, Lucas Rocha. *Curso de direito administrativo*. 2. ed. Belo Horizonte: Fórum, 2010.

FURTADO, Lucas Rocha. *Curso de licitações e contratos administrativos*. Belo Horizonte: Fórum, 2007.

GAJARDONI, Fernando da Fonseca; CRUZ, Luana Pedrosa de Figueiredo; CERQUEIRA, Luís Otávio Sequeira de; GOMES JUNIOR, Luiz Manoel; FAVRETO, Rogerio. *Comentários à Lei de Improbidade Administrativa*. São Paulo: RT, 2010.

GALDINO, Flávio. *Introdução à teoria dos custos do direito*. Direitos não nascem em árvores. Rio de Janeiro: Lumen Juris, 2005.

GARCIA, Emerson; ALVES, Rogério Pacheco. *Improbidade administrativa*. 6. ed. Rio de Janeiro: Lumen Juris, 2011.

GARCIA, Flávio Amaral. A relatividade da distinção atividade-fim e atividade-meio na terceirização aplicada à Administração Pública. *Licitações e contratos administrativos*. 3. ed. Rio de Janeiro: Lumen Juris, 2007.

GARCIA, Flávio Amaral. Conflito de competência entre o CADE e as agências reguladoras que atuam no campo dos serviços públicos. *Direito empresarial público*. Rio de Janeiro: Lumen Juris, 2002.

GARCIA, Flávio Amaral. *Licitações e contratos administrativos*. 2. ed. Rio de Janeiro: Lumen Juris, 2007.

GARCIA, Flávio Amaral. *Licitações e contratos administrativos*. 3. ed. Rio de Janeiro: Lumen Juris, 2010.

GARCÍA DE ENTERRÍA, Eduardo. *Curso de derecho administrativo*. 12. ed. Madrid: Civitas, 2005. v. I.

GARCÍA DE ENTERRÍA, Eduardo. *Curso de derecho administrativo*. 9. ed. Madrid: Civitas Ediciones, 2004. v. II.

GARCÍA DE ENTERRÍA, Eduardo. *La Constitución como norma y el Tribunal Constitucional*. 4. ed. Madrid: Civitas, 2006.

GARCÍA DE ENTERRÍA, Eduardo. *Legislación delegada, potestad reglamentaria y control judicial.* 3. ed. Madrid: Civitas, 1998.

GARCIA FIGUEROA, Alfonso. La teoría del derecho en tiempos de constitucionalismo. In: CARBONELL, Miguel (Org.). *Neoconstitucionalismo(s).* 2. ed. Madrid: Trotta, 2005.

GARCIA MACHO, Ricardo. Contenido y límites de La confianza legítima: estudio sistemático de la jurisprudencia del Tribunal de Justicia. *REDAE*, n. 56, out.-dez. 1987.

GARZÓN VALDÉS, Ernesto. ¿Es éticamente justificable el paternalismo jurídico?. *Doxa, Cuadernos de Filosofía del Derecho*, n. 5, 1988.

GASPARINI, Diógenes. *Direito administrativo.* 12. ed., São Paulo: Saraiva, 2007.

GIANNINI, Massimo Severo. *Derecho administrativo.* Madrid: MAP, 1991. v. I.

GOMES, José Maria Machado. A política de proteção à concorrência no Brasil. *Direito Empresarial Público* II. Rio de Janeiro: Lumen Juris, 2004.

GOMES JUNIOR, Luiz Manoel; FAVRETO, Rogério et al. *Comentários à nova lei do mandado de segurança.* São Paulo: RT, 2009.

GONÇALVES, Carlos Roberto. *Responsabilidade civil.* 8. ed. São Paulo: Saraiva, 2003.

GONÇALVES, Pedro Antônio Pimenta da Costa. *Entidades privadas com poderes públicos*: o exercício de poderes públicos de autoridade por entidades privadas com funções administrativas. Coimbra: Almedina, 2008.

GONZÁLEZ PÉREZ, Jesús. *El principio general de la buena fe en el derecho administrativo.* 4. ed. Madrid: Civitas, 2004.

GONZÁLEZ PÉREZ, Jesús. *Responsabilidad patrimonial de las administraciones públicas.* 4. ed. Madrid: Civitas, 2006.

GORDILLO, Agustín. *Tratado de derecho administrativo.* 7. ed. Belo Horizonte: Del Rey, 2003. t. I.

GORDILLO, Agustín. *Tratado de derecho administrativo.* Belo Horizonte: Del Rey, 2003. t. 2.

GORDILLO, Agustín. *Tratado de derecho administrativo.* Belo Horizonte: Del Rey, 2003. t. 3.

GRAU, Eros Roberto. *A ordem econômica na Constituição de 1988.* 14. ed. São Paulo: Malheiros, 2010.

GRAU, Eros Roberto. *A ordem econômica na Constituição de 1988.* 4. ed. São Paulo: Malheiros, 1998.

GRAU, Eros Roberto. *Ensaio e discurso sobre a interpretação/aplicação do direito.* 3. ed. São Paulo: Malheiros, 2005.

GRAU, Eros Roberto. *Licitação e contrato administrativo.* São Paulo: Malheiros, 1995.

GRAU, Eros Roberto. *O direito posto e o direito pressuposto.* 4. ed. São Paulo: Malheiros, 2002.

GRAU, Eros Roberto; FORGIONI, Paula A. CADE *v.* BACEN: conflitos de competência entre autarquias e a função da Advocacia-Geral da União. *Revista de Direito Público da Economia*, ano 2, n. 8, out.-dez. 2004.

GRECO FILHO, Vicente. *O novo mandado de segurança.* São Paulo: Saraiva, 2010.

GROTTI, Dinorá Adelaide Mussetti. *O serviço público e a Constituição brasileira de 1988.* São Paulo: Malheiros, 2003.

GUEDES, Demian. A presunção de veracidade e o Estado Democrático de Direito: uma reavaliação que se impõe. *Direito administrativo e seus novos paradigmas*. Belo Horizonte: Fórum, 2008.

GUEDES, Filipe Machado. *A atuação do Estado na economia como acionista minoritário*: possibilidades e limites. São Paulo: Almedina, 2015.

GUERRA, Sidney; GUERRA, Sérgio. *Curso de direito ambiental*. Belo Horizonte: Fórum, 2009.

GUIMARÃES, Fernando Vernalha. *Concessão de serviço público*. 2. ed. São Paulo: Saraiva, 2014.

HARSANYI, David. *O Estado babá*. Rio de Janeiro: Litteris, 2011.

HAURIOU, Maurice. *Précis de droit administratif et de droit public*. Paris: Dalloz, 2002.

HESSE, Konrad. *A força normativa da Constituição*. Tradução de Gilmar Ferreira Mendes. Porto Alegre: Fabris, 1991.

HESSE, Konrad. *Elementos de direito constitucional da República Federal da Alemanha*. Porto Alegre: Fabris, 1998.

HOLMES, Stephen; SUNSTEIN, Cass R. *The cost of rights*: why liberty depends on taxes. New York: W. W. Norton & Company, 1999.

IBRAHIM, Fábio Zambitte. *Curso de direito previdenciário*. 17. ed. Niterói: Impetus, 2012.

JACOBS, Scott H. Current trends in the process and methods of regulatory impact assessment: mainstreaming RIA into policy process. *Regulatory impact assessment*: towards better regulation? Massachusetts: Edward Elgar Publishing, 2007.

JÈZE, Gastón. *Les principes généraux du droit administratif*. Paris: Dalloz, 2005. t. II.

JORDANA DE POZAS, Luis. Ensayo de una teoría del fomento en el derecho administrativo. *Revista de Estudios Políticos*, n. 48, nov.-dez. 1949.

JORDÃO, Eduardo. *Estudos Antirromânticos sobre controle da administração pública*. São Paulo: JusPodivm, 2022.

JUSTEN, Monica Spezia. *A noção de serviço público no direito europeu*. São Paulo: Dialética, 2003.

JUSTEN FILHO, Marçal. *Comentários à Lei de Licitações e Contratações Administrativas*. São Paulo: Thomson Reuters Brasil, 2021.

JUSTEN FILHO, Marçal. *Comentários à Lei de Licitações e Contratos Administrativos*. 18. ed. São Paulo: Thomson Reuters Brasil, 2019.

JUSTEN FILHO, Marçal. *Comentários à Lei de Licitações e Contratos Administrativos*. 9. ed. São Paulo: Dialética, 2002.

JUSTEN FILHO, Marçal. Considerações acerca da modificação subjetiva dos contratos administrativos. *FCGP*, Belo Horizonte, ano 4, n. 41, p. 5435, maio 2005.

JUSTEN FILHO, Marçal. *Curso de direito administrativo*. São Paulo: Saraiva, 2006.

JUSTEN FILHO, Marçal. Empresas estatais e a superação da dicotomia "prestação de serviço público/exploração de atividade econômica". *Estudos de direito público em homenagem a Celso Antônio Bandeira de Mello*. São Paulo: Malheiros, 2006.

JUSTEN FILHO, Marçal. Novos sujeitos na Administração Pública: os consórcios criados pela Lei n. 11.107. *Direito administrativo*: estudos em homenagem a Diogo de Figueiredo Moreira Neto. Rio de Janeiro: Lumen Juris, 2006.

JUSTEN FILHO, Marçal. O direito administrativo de espetáculo. In: ARAGÃO, Alexandre Santos de; MARQUES NETO, Floriano de Azevedo (Coord.). *Direito administrativo e seus novos paradigmas*. 2. ed. Belo Horizonte: Fórum, 2017.

JUSTEN FILHO, Marçal. *O estatuto da microempresa e as licitações públicas*. São Paulo: Dialética, 2007.

JUSTEN FILHO, Marçal. *Pregão*: comentários à legislação do pregão comum e eletrônico. 5. ed. São Paulo: Dialética, 2009.

JUSTEN FILHO, Marçal. *Teoria geral das concessões de serviço público*. São Paulo: Dialética, 2003.

KINGSBURY, Benedict; KRISCH, Nico; STEWART, Richard B. The emergence of Global Administrative Law. *Law and Contemporary Problems*, North Carolina: Duke University School of Law, v. 68, n. 3 e 4, 2005.

KIRKPATRICK, Colin; PARKER, David. Regulatory impact assessment: an overview. *Regulatory impact assessment*: towards better regulation?. Massachusetts: Edward Elgar Publishing, 2007.

KRELL, Andréas J. *Discricionariedade administrativa e proteção ambiental*: o controle dos conceitos jurídicos indeterminados e a competência dos órgãos ambientais: um estudo comparativo. Porto Alegre: Livraria do Advogado, 2004.

KRELL, Andréas J. *Leis de normas gerais, regulamentação do Poder Executivo e cooperação intergovernamental em tempos de Reforma Federativa*. Belo Horizonte: Fórum, 2008.

LASHERAS, Miguel Angel. *La regulación económica de los servicios públicos*. Barcelona: Ariel, 1999.

LAZZARINI, Álvaro. *Temas de direito administrativo*. 2. ed. São Paulo: RT, 2003.

LENZA, Pedro. *Direito constitucional esquematizado*. 13. ed. São Paulo: Saraiva, 2009.

LIMA, Ruy Cirne. *Princípios de Direito Administrativo brasileiro*. 3. ed. Porto Alegre: Sulina, 1954.

LOCKE, John. Segundo Tratado sobre o governo civil. *Dois tratados sobre o governo*. São Paulo: Martins Fontes, 1998.

LONG, Marceau et al. *Les grands arrêts de la jurisprudence administrative*. 16. ed. Paris: Dalloz, 2007.

LUCINDA, Cláudio R. Regulação tarifária: princípios introdutórios. *Direito econômico*: direito econômico regulatório. São Paulo: Saraiva, 2010.

LUHMANN, Niklas. *Introdução à teoria dos sistemas*. 2. ed. Rio de Janeiro: Vozes, 2010.

MACHADO, Paulo Afonso Leme. *Ação civil pública e tombamento*. São Paulo: RT, 1986.

MACHADO, Paulo Afonso Leme. *Direito ambiental brasileiro*. 14. ed. São Paulo: Malheiros, 2006.

MACHO, Ricardo García. Sanciones administrativas y relaciones de especial sujeción. *Revista Española de Derecho Administrativo* – REDA, n. 72, out.-dez. 1991.

MADISON, James. *Os artigos federalistas*: 1787-1788. Rio de Janeiro: Nova Fronteira, 1993.

MAIRAL, Hector A. *La doctrina de los propios actos y La Administración Pública*. Buenos Aires: Depalma, 1988.

MANCUSO, Rodolfo Camargo. *Ação popular*. 4. ed. São Paulo: RT, 2001.

MARQUES, Claudia Lima. *Contratos no Código de Defesa do Consumidor*. 4. ed. São Paulo: RT, 2002.

MARQUES NETO, Floriano de Azevedo. *Agências reguladoras independentes*: fundamentos e seu regime jurídico. Belo Horizonte: Fórum, 2009.

MARQUES NETO, Floriano de Azevedo. As Parcerias Público-Privadas no saneamento ambiental. In: SUNDFELD, Carlos Ari. *Parcerias Público-Privadas*. São Paulo: Malheiros, 2005.

MARQUES NETO, Floriano de Azevedo. *Bens públicos*: função social e exploração econômica: o regime jurídico das utilidades públicas. Belo Horizonte: Fórum, 2009.

MARQUES NETO, Floriano de Azevedo. Breves considerações sobre o equilíbrio econômico-financeiro nas concessões. *Revista de Informação Legislativa*, n. 159, p. 196, jul.-set. 2003.

MARQUES NETO, Floriano de Azevedo. *Concessões*. Belo Horizonte: Fórum, 2015.

MARQUES NETO, Floriano de Azevedo. Direito das telecomunicações e ANATEL. *Direito administrativo econômico*. São Paulo: Malheiros, 2006.

MARQUES NETO, Floriano de Azevedo. Limitação no número de consorciados admitidos em licitações. *BLC*, v. 5, p. 320, 2004.

MARQUES NETO, Floriano de Azevedo. O fomento como instrumento de intervenção estatal na ordem econômica. *RDPE*, Belo Horizonte, n. 32, out.-dez. 2010.

MARQUES NETO, Floriano de Azevedo. Os consórcios públicos. *REDE*, Salvador, Instituto de Direito Público da Bahia, n. 3, jul.-ago.-set. 2005.

MARQUES NETO, Floriano de Azevedo. Regulação estatal e autorregulação na economia contemporânea. *RDPE*, ano 9, n. 33, jan.-mar. 2011.

MARQUES NETO, Floriano de Azevedo; CYMBALISTA, Tatiana Matiello. Os acordos substitutivos do procedimento sancionatório e da sanção. *RBDP*, Belo Horizonte, ano 8, n. 31, out.-dez. 2010.

MARQUES NETO, Floriano de Azevedo; QUEIROZ, João Eduardo Lopes. Planejamento. *Direito administrativo econômico*. São Paulo: Atlas, 2011.

MARTINS JÚNIOR, Wallace Paiva. *Probidade administrativa*. 4. ed. São Paulo: Saraiva, 2009.

MARTY, Frédéric; TROSA, Sylvie; VOISIN, Arnaud. *Les partenariats public-privé*. Paris: La Découverte, 2006.

MAURER, Hartmut. *Direito administrativo geral*. São Paulo: Manole, 2006.

MAXIMILIANO, Carlos. *Hermenêutica e aplicação do direito*. 18. ed. Rio de Janeiro: Forense, 1999.

MAZZA, Alexandre. *Manual de Direito Administrativo*. 3. ed. São Paulo: Saraiva, 2013.

MAZZEI, Rodrigo. Mandado de injunção. In: DIDIER JR, Fredie (Org.). *Ações constitucionais*. 5. ed. Salvador: Juspodivm, 2011.

MAZZILI, Hugo Nigro. *A defesa dos interesses difusos em juízo*. 22. ed. São Paulo: Saraiva, 2009.

MAZZOLA, Marcelo; OLIVEIRA, Rafael Carvalho Rezende. Sanções premiais e o acordo de não persecução civil. *Consultor Jurídico*. Disponível em: <https://www.conjur.com.br/2022-mai-30/mazzolae-oliveira-sancoes-premiais-anpc>. Acesso em: 30 maio 2022.

MEDAUAR, Odete. *A processualidade no direito administrativo*. 2. ed. São Paulo: RT, 2008.

MEDAUAR, Odete. *Direito administrativo moderno*. 12. ed. São Paulo: RT, 2008.

MEDAUAR, Odete. *O direito administrativo em evolução*. 2. ed. São Paulo: RT, 2003.

MEDAUAR, Odete. Regulação e autorregulação. *RDA*, v. 228, abr.-jun. 2001.

MEDAUAR, Odete; OLIVEIRA, Gustavo Justino de. *Consórcios públicos*: comentários à Lei 11.107/05. São Paulo: RT, 2006.

MEIRELLES, Hely Lopes. *Direito administrativo brasileiro*. 22. ed. São Paulo: Malheiros, 1997.

MEIRELLES, Hely Lopes; WALD, Arnoldo; MENDES, Gilmar Ferreira. *Mandado de segurança e ações constitucionais*. 33. ed. São Paulo, Malheiros, 2010.

MELLO, Celso Antônio Bandeira de. *Curso de direito administrativo*. 21. ed. São Paulo: Malheiros, 2006.

MELLO, Celso Antônio Bandeira de. Desapropriação de bens públicos. Parecer. *Revista de Direito Público*, v. 29, 1974.

MELLO, Celso Antônio Bandeira de. *Discricionariedade e controle jurisdicional*. 2. ed. São Paulo: Malheiros, 2003.

MELO, Marco Aurélio Bezerra de. *Direito civil*: responsabilidade civil. 3. ed. Rio de Janeiro: Forense, 2019.

MELLO, Oswaldo Aranha Bandeira de. *Princípios gerais de direito administrativo*. 3. ed. São Paulo: Malheiros, 2007. v. I.

MELLO, Oswaldo Aranha Bandeira de. *Princípios gerais de direito administrativo*. Rio de Janeiro: Forense, 1979. v. II.

MELLO, Rafael Munhoz de. *Princípios constitucionais de direito administrativo sancionador*: as sanções administrativas à luz da Constituição Federal de 1988. São Paulo: Malheiros, 2007.

MENDES, Gilmar Ferreira. *Curso de direito constitucional*. 4. ed. São Paulo: Saraiva, 2009.

MENDES, Gilmar Ferreira; COELHO, Inocêncio Mártires; BRANCO, Paulo Gustavo Gonet. *Curso de direito constitucional*. 2. ed. São Paulo: Saraiva, 2009.

MENDONÇA, José Vicente Santos de. Análise de impacto regulatório: o novo capítulo das agências reguladoras. *Revista Justiça e Cidadania*, Rio de Janeiro, 15, set. 2010.

MENDONÇA, José Vicente Santos de. A responsabilidade pessoal do parecerista público em quatro *standards*. *RBDP*, v. 27, p. 177-199, 2009.

MENDONÇA, José Vicente Santos de. Estatais com poder de polícia: por que não? *RDA*, Rio de Janeiro, n. 252, set.-dez. 2009.

MENDONÇA, José Vicente Santos de. Uma teoria do fomento público: critérios em prol de um fomento público democrático, eficiente e não paternalista. *Revista de Direito da Procuradoria--Geral do Estado*, Rio de Janeiro, n. 65, 2010.

MERKL, Adolfo. *Teoria general del derecho administrativo*. Granada: Comares, 2004.

MITCHELL, William C.; SIMMONS, Randy T. *Beyond politics*: markets, welfare and the failure of bureaucracy. Oxford: Westview Press, 1994.

MODESTO, Paulo. As fundações estatais de direito privado e o debate sobre a nova estrutura orgânica da Administração Pública. *Revista Eletrônica sobre a Reforma do Estado*, Salvador, IBDP, n. 14, jun.-jul.-ago. 2008.

MODESTO, Paulo. O direito administrativo do Terceiro Setor: a aplicação do direito público às entidades privadas sem fins lucrativos. *Terceiro Setor e parcerias na área de saúde*. Belo Horizonte: Fórum, 2011.

MODESTO, Paulo. Responsabilidade do Estado pela demora na prestação jurisdicional. *Revista de Direito Administrativo*, n. 227, jan.-mar. 2002.

MONCADA, Luís S. Cabral de. *Direito econômico*. 6. ed. Coimbra: Coimbra Editora, 2012.

MONTESQUIEU, Charles de Secondat, Baron de. *O espírito das leis*. 3. ed. São Paulo: Martins Fontes, 2005.

MORAES, Alexandre de. A inconstitucionalidade parcial do *caput* do art. 21 da Lei de Mandado de Segurança (Lei n. 12.016/09). *RDA*, n. 252, set.-dez. 2009.

MORAES, Alexandre de. *Direito constitucional*. 24. ed. São Paulo: Atlas, 2009.

MORAES, Germana de Oliveira. *Controle jurisdicional da Administração Pública*. 2. ed. São Paulo: Dialética, 2004.

MORAES, Guilherme Peña de. *Curso de Direito Constitucional*. 7. ed. São Paulo: Atlas, 2015.

MOREIRA, Egon Bockmann. Agências reguladoras independentes, déficit democrático e a "elaboração processual de normas". *Revista de Direito Público da Economia*, Belo Horizonte, v. 2, p. 221-255, 2003.

MOREIRA, Egon Bockmann. *Direito das concessões de serviço público*. São Paulo: Malheiros, 2010.

MOREIRA, Egon Bockmann. Notas sobre os sistemas de controle dos atos e contratos administrativos. *Fórum Administrativo*, Belo Horizonte, ano 5, n. 5, p. 6085-6086, set. 2005.

MOREIRA, Egon Bockmann. Processo administrativo e eficiência. *As leis de processo administrativo*: Lei Federal 9.784/99 e Lei Paulista 10.177/98. São Paulo: Malheiros, 2006.

MOREIRA, Egon Bockmann. *Processo administrativo*: princípios constitucionais e a Lei n.º 9.784/99. 3. ed. São Paulo: Malheiros, 2007.

MOREIRA, Egon Bockmann; GUIMARÃES, Fernando Vernalha. *Licitação pública*: A Lei Geral de Licitação – LGL e o Regime Diferenciado de Contratação – RDC. São Paulo: Malheiros, 2012.

MOREIRA, Vital. *Administração autônoma e associações públicas*. Coimbra: Coimbra Editora, 2003.

MOREIRA, Vital. *Autorregulação profissional e Administração Pública*. Coimbra: Almedina, 1997.

MOREIRA, Vital. Serviço público e concorrência. *Os caminhos da privatização da Administração Pública*. Coimbra: Coimbra Editora, 2001.

MOREIRA NETO, Diogo de Figueiredo. Algumas notas sobre órgãos constitucionalmente autônomos – um estudo de caso sobre os Tribunais de Contas no Brasil. *Revista de Direito Administrativo*, n. 223, jan.-mar. 2001.

MOREIRA NETO, Diogo de Figueiredo. A ordem econômica na Constituição de 1988. *Revista de Direito da Procuradoria-Geral do Estado do Rio de Janeiro*, v. 42, 1990.

MOREIRA NETO, Diogo de Figueiredo. A responsabilidade do advogado de Estado. *Revista de Direito da Procuradoria-Geral*, Rio de Janeiro, n. 63, 2008.

MOREIRA NETO, Diogo de Figueiredo. Competência concorrente limitada: o problema da conceituação das normas gerais. *Revista de Informação Legislativa*, Brasília: Senado Federal, n. 100, out.-dez. 1988.

MOREIRA NETO, Diogo de Figueiredo. Coordenação gerencial na Administração Pública. *RDA*, n. 214, out.-dez. 1998.

MOREIRA NETO, Diogo de Figueiredo. *Curso de direito administrativo*. 15. ed. Rio de Janeiro: Forense, 2009.

MOREIRA NETO, Diogo de Figueiredo. *Direito da participação política* (legislativa, administrativa e judicial). Rio de Janeiro: Renovar, 1992.

MOREIRA NETO, Diogo de Figueiredo. *Direito regulatório*. Rio de Janeiro: Renovar, 2003.

MOREIRA NETO, Diogo de Figueiredo. *Legitimidade e discricionariedade*: novas reflexões sobre os limites e controle da discricionariedade. 4. ed. Rio de Janeiro: Forense, 2001.

MOREIRA NETO, Diogo de Figueiredo. *Mutações do direito administrativo*. 3. ed. Rio de Janeiro: Renovar, 2007.

MOREIRA NETO, Diogo de Figueiredo. Natureza jurídica dos Serviços Sociais Autônomos. *RDA*, v. 207, p. 93, jan.-mar. 1997.

MOREIRA NETO, Diogo de Figueiredo. Novo enfoque jurídico nos contratos administrativos. *Mutações do direito administrativo*. 3. ed. Rio de Janeiro: Renovar, 2007.

MOREIRA NETO, Diogo de Figueiredo. O futuro das cláusulas exorbitantes nos contratos administrativos. In: ARAGÃO, Alexandre Santos de; MARQUES NETO, Floriano de Azevedo (Coord.). *Direito administrativo e seus novos paradigmas*. Belo Horizonte: Fórum, 2008.

MOREIRA NETO, Diogo de Figueiredo. *Quatro paradigmas do direito administrativo pós-moderno*. Belo Horizonte: Fórum, 2008.

MOREIRA NETO, Diogo de Figueiredo. *Regime jurídico único dos servidores públicos na Constituição de 1988*. 2. ed. Rio de Janeiro: Lumen Juris, 1991.

MOTA, Maurício Jorge. *Responsabilidade civil do Estado legislador*. Rio de Janeiro: Lumen Juris, 1999.

MOTTA, Carlos Pinto Coelho. *Divulgação institucional e contratação de serviços de publicidade*. Belo Horizonte: Fórum, 2010.

MOTTA, Carlos Pinto Coelho. *Eficácia nas licitações e contratos*. 12. ed. Belo Horizonte: Del Rey, 2011.

MUKAI, Toshio. *Administração Pública na Constituição de 1988*. São Paulo: Saraiva, 1989.

MUKAI, Toshio. *O direito administrativo e os regimes jurídicos das empresas estatais*. Belo Horizonte: Fórum, 2004.

MUKAI, Toshio. Responsabilidade civil objetiva por dano ambiental com base no risco criado e responsabilidade administrativa por dano ambiental. *Direito ambiental e urbanístico*. Belo Horizonte: Fórum, 2010.

MÜLLER, Friedrich. *Métodos de trabalho do direito constitucional*. 3. ed. Rio de Janeiro: Renovar, 2005.

NEIVA, José Antonio Lisbôa. *Improbidade administrativa*: legislação comentada artigo por artigo. 2. ed. Rio de Janeiro: Impetus, 2011.

NESTER, Alexandre Wagner. *Regulação e concorrência*: compartilhamento de infraestruturas e redes. São Paulo: Dialética, 2006.

NEVES, Daniel Amorim Assumpção. *Ações constitucionais*. São Paulo: Método, 2011.

NEVES, Daniel Amorim Assumpção. *Manual de processo civil.* 4. ed. São Paulo: Método, 2016.

NEVES, Daniel Amorim Assumpção. *Manual de processo coletivo.* São Paulo: Método, 2013.

NEVES, Daniel Amorim Assumpção; OLIVEIRA, Rafael Carvalho Rezende. *Improbidade administrativa.* 9. Ed. Rio de Janeiro: Forense, 2022.

NEVES, Daniel Amorim Assumpção; OLIVEIRA, Rafael Carvalho Rezende. *Comentários à reforma da Lei de Improbidade Administrativa.* Rio de Janeiro: Forense, 2022.

NEVES, Daniel Amorim Assumpção; OLIVEIRA, Rafael Carvalho Rezende. *Manual de improbidade administrativa.* 4. ed. São Paulo: Método, 2016.

NIEBUHR, Joel de Menezes; NIEBUHR, Pedro de Menezes. *Licitações e contratos das estatais.* Belo Horizonte: Fórum, 2018.

NIEBUHR, Joel de Menezes. *Dispensa e inexigibilidade de licitação pública.* Belo Horizonte: Fórum, 2011.

NIEBUHR, Joel de Menezes. *Licitação pública e contrato administrativo.* 2. ed. Belo Horizonte: Fórum, 2011.

NINO, Carlos Santiago. *La constitución de la democracia deliberativa.* Barcelona: Gedisa, 1997.

NOHARA, Irene Patrícia. *Direito Administrativo.* 5. ed. São Paulo: Atlas, 2015.

NUSDEO, Ana Maria de Oliveira. Agências reguladoras e concorrência. *Direito administrativo econômico.* São Paulo: Malheiros, 2006.

NUSDEO, Fábio. *Curso de economia*: introdução ao direito econômico. 5. ed. São Paulo: RT, 2008.

NUSDEO, Fábio. Desenvolvimento econômico – um retrospecto e algumas perspectivas. In: SALOMÃO FILHO, Calixto (Coord.). *Regulação e desenvolvimento.* São Paulo: Malheiros, 2002.

OLIVEIRA, Cláudio Brandão de. *Manual de direito administrativo.* 4. ed. Rio de Janeiro: Forense, 2009.

OLIVEIRA, Eugênio Pacelli de. *Curso de processo penal.* 8. ed. Rio de Janeiro: Lumen Juris, 2007.

OLIVEIRA, Farlei Martins Riccio de. O Processo administrativo brasileiro e italiano sob uma perspectiva comparada: recepção de modelos e tendências contemporâneas. In: OLIVEIRA, Rafael Carvalho Rezende; MARÇAL, Thaís (Org.). *Temas relevantes de processo administrativo: 20 anos da Lei 9.784/1999.* 2. ed. Salvador: JusPodivm, 2021.

OLIVEIRA, Gesner; RODAS, João Grandino. *Direito e economia da concorrência.* Rio de Janeiro: Renovar, 2004.

OLIVEIRA, Gustavo Justino de. *Contrato de gestão.* São Paulo: RT, 2008.

OLIVEIRA, Rafael Carvalho Rezende. *Licitações e contratos administrativos.* 12. ed. Rio de Janeiro: Método, 2023.

OLIVEIRA, Rafael Carvalho Rezende. *Licitações e contratos administrativos: teoria e prática.* 9. ed. São Paulo: Método, 2020.

OLIVEIRA, Rafael Carvalho Rezende. *Licitações e contratos administrativos.* 7. ed. São Paulo: Método, 2018.

OLIVEIRA, Rafael Carvalho Rezende. *Licitações e contratos administrativos.* 2. ed. São Paulo: Método, 2013.

OLIVEIRA, Rafael Carvalho Rezende. *Nova Lei de Licitações e Contratos Administrativos*. 3. ed. Rio de Janeiro: Forense, 2023.

OLIVEIRA, Rafael Carvalho Rezende. A fiscalização dos contratos administrativos na nova Lei de Licitações: dos carimbos à inteligência artificial. *Revista LEX de Direito Administrativo*, v. 9, p. 7-34, set.-dez. 2023.

OLIVEIRA, Rafael Carvalho Rezende. Agentes de contratação na nova Lei de Licitações. *Solução em Licitações e Contratos*, v. 64, p. 37-46, jul. 2023.

OLIVEIRA, Rafael Carvalho Rezende. Sistema de Registro de Preços e (in)viabilidade da carona interfederativa nas atas municipais na nova Lei de Licitações. *Solução em Licitações e Contratos*, v. 63, p. 43-54, jun. 2023.

OLIVEIRA, Rafael Carvalho Rezende. Requisição administrativa: dos livros à realidade da administração pública. Disponível em: <https://www.conjur.com.br/2022-jul-05/rafael-oliveira-requisicao-administrativa-livros-realidade>. Acesso em: 5 jul. 2022.

OLIVEIRA, Rafael Carvalho Rezende. Análise de impacto regulatório e pragmatismo jurídico: levando as consequências regulatórias a sério. *Revista Quaestio Iuris*, v. 14, p. 463-480, 2021.

OLIVEIRA, Rafael Carvalho Rezende. Extinção dos contratos de Parcerias Público-Privadas (PPPS). In: CARVALHO, André Castro; FIGUEIROA, Caio César (Org.). *Tratado de parcerias público-privadas*. Rio de Janeiro: CEEJ, 2019. v. 9.

OLIVEIRA, Rafael Carvalho Rezende. O papel da advocacia pública no dever de coerência na Administração Pública. *Revista Estudos Institucionais*, v. 5, n. 2, p. 382-400, maio-ago. 2019.

OLIVEIRA, Rafael Carvalho Rezende. *Precedentes no Direito Administrativo*. Rio de Janeiro: Forense, 2018.

OLIVEIRA, Rafael Carvalho Rezende. A consensualidade no Direito Público Sancionador e os acordos nas ações de improbidade administrativa. *Revista Forense*, 427, p. 197-218, jan./jun. 2018.

OLIVEIRA, Rafael Carvalho Rezende. Concorrência, tomada de preços e convite: os novos valores do Decreto 9.412/2018 e seus reflexos sistêmicos. *SLC – Solução em Licitações e Contratos*, v. 6, p. 25-32, 2018.

OLIVEIRA, Rafael Carvalho Rezende. Dever de coerência na Administração Pública: precedentes administrativos, praxe administrativa, costumes, teoria dos atos próprios e analogia. In: WALD, Arnoldo; JUSTEN FILHO, Marçal; PEREIRA, Cesar Augusto Guimarães. *O Direito Administrativo na atualidade*: estudos em homenagem ao centenário de Hely Lopes Meirelles. São Paulo: Malheiros, 2017.

OLIVEIRA, Rafael Carvalho Rezende. A prescrição nas ações de improbidade administrativa: questões atuais. *Revista do Superior Tribunal de Justiça*, Brasília, v. 28, n. 241, p. 647-668, jan./mar. 2016.

OLIVEIRA, Rafael Carvalho Rezende. O novo capítulo da responsabilidade civil dos notários e registradores públicos: a Lei 13.286/2016 e a necessidade do fim da novela. *Revista Colunistas de Direito do Estado*, 197, 2016.

OLIVEIRA, Rafael Carvalho Rezende. *Novo perfil da regulação estatal*: administração pública de resultados e análise de impacto regulatório. São Paulo: Método, 2015.

OLIVEIRA, Rafael Carvalho Rezende. *Administração Pública, concessões e terceiro setor*. 3. ed. São Paulo: Método, 2015.

OLIVEIRA, Rafael Carvalho Rezende. *Princípios do direito administrativo*. 2. ed. São Paulo: Método, 2013.

OLIVEIRA, Rafael Carvalho Rezende. Ativismo judicial, pragmatismo e capacidades institucionais: as novas tendências do controle judicial dos atos administrativos. *Revista Brasileira de Direito Público*, v. 39, p. 1-40, 2012.

OLIVEIRA, Rafael Carvalho Rezende. A releitura do direito administrativo à luz do pragmatismo jurídico. *RDA*, v. 256, jan.-abr. 2011.

OLIVEIRA, Rafael Carvalho Rezende. Governança e análise de impacto regulatório. *Revista de Direito Público da Economia – RDPE*, Belo Horizonte: Fórum, ano 9, n. 36, out.-dez. 2011.

OLIVEIRA, Rafael Carvalho Rezende. *A constitucionalização do direito administrativo*: o princípio da juridicidade, a releitura da legalidade administrativa e a legitimidade das agências reguladoras. 2. ed. Rio de Janeiro: Lumen Juris, 2010.

OLIVEIRA, Rafael Carvalho Rezende; CARMO, Thiago Gomes do. Administração pública experimental: licitação e contratação de soluções inovadoras. *Boletim de Licitações e Contratos*, Curitiba, v. 19, n. 217, p. 412-421, maio 2023.

OLIVEIRA, Rafael Carvalho Rezende; CARMO, Thiago Gomes do. O *Self-Cleaning* e a sua aplicação sob a perspectiva da Lei nº 14.133/2021. *Solução em Licitações e Contratos – SLC*, v. 51, p. 39-52, 2022.

OLIVEIRA, Rafael Carvalho Rezende; CARMO, Thiago Gomes do. Acordos substitutivos de sanção e seus desafios. *Revista de Direito Público da Economia*, Belo Horizonte, v. 19, n. 76, out./dez. 2021.

OLIVEIRA, Rafael Carvalho Rezende; HALPERN, Erick. A repactuação nos contratos administrativos: regime jurídico atual e Análise Econômica do Direito. *Revista Brasileira de Direito Público – RBDP*, Belo Horizonte, ano 18, n. 69, p. 33-55, abr./jun. 2020.

OLIVEIRA, Rafael Carvalho Rezende; HALPERN, Erick. O mito do "quanto mais controle, melhor" na Administração Pública. *Revista Brasileira de Direito Público*, v. 71, p. 91-116, 2020.

OLIVEIRA, Rafael Carvalho Rezende; ACOCELLA, Jéssica. A exigência de programas de *compliance* e integridade nas contratações públicas: os Estados-membros na vanguarda. In: *Governança corporativa e compliance*. 2 ed. Salvador: JusPodivm, 2020.

OLIVEIRA, Rafael Carvalho Rezende; FREITAS, Rafael Véras de. A prorrogação dos contratos de concessão de aeroportos. *Interesse Público*, v. 17, n. 93, p. 145-162, 2015.

OLIVEIRA, Regis Fernandes de. *Delegação e avocação administrativas*. 2. ed. São Paulo: RT, 2005.

OLIVEIRA, Regis Fernandes. *Infrações e sanções administrativas*. 2. ed. São Paulo: Revista dos Tribunais, 2005.

ORLANDO, Vittorio Emmanuele. Il sistema Del diritto amministrativo. In: *Primo Trattato completo di diritto amministrativo italiano*. Milão: Società Editrice Libreria, 1900.

ORTIZ, Gaspar Ariño. *Principios de derecho público económico*. 3. ed. Granada: Comares, 2004.

OSÓRIO, Fabio Medina. Existe uma supremacia do interesse público sobre o privado no direito administrativo brasileiro? *RDA*, n. 220.

OSÓRIO, Fábio Medina. *Direito Administrativo sancionador*. 5. ed. São Paulo: RT, 2015.

OSÓRIO, Fabio Medina. Corrupción y mala gestión de la res publica: el problema de la improbidad administrativa. *Revista de Administración Pública*, n. 149, maio/ago., 1999.

OTERO, Paulo. Coordenadas jurídicas da privatização da Administração Pública. *Os caminhos da privatização da Administração Pública*. IV Colóquio Luso-Espanhol de Direito Administrativo, Boletim da Faculdade de Direito, Studia Iurudica, 60, Colloquia 7, Coimbra Editora, 2001.

OTERO, Paulo. *Legalidade e Administração Pública*: o sentido da vinculação administrativa à juridicidade. Coimbra: Almedina, 2003.

PADILHA, Rodrigo. *Direito constitucional sistematizado*. 2. ed. Rio de Janeiro: Forense, 2012.

PAZZAGLINI FILHO, Marino. *Lei de Improbidade Administrativa comentada:* aspectos constitucionais, administrativos, civis, criminais, processuais e de responsabilidade fiscal. 5. ed. São Paulo: Atlas, 2011.

PEREIRA, Jane Reis Gonçalves. *Interpretação constitucional e direitos fundamentais*. Rio de Janeiro: Renovar, 2006.

PEREIRA, Luiz Carlos Bresser. Gestão do setor público: estratégia e estrutura para um novo Estado. *Reforma do Estado e Administração Pública gerencial*. 7. ed. Rio de Janeiro: FGV, 2008.

PEREIRA, Luiz Carlos Bresser; GRAU, Nuria Cunill. Entre o Estado e o mercado: o público não estatal. *O público não estatal na reforma do Estado*. Rio de Janeiro: FGV, 1999.

PEREIRA JUNIOR, Jessé Torres. *Comentários à lei das licitações e contratações da administração pública*. 8. ed. Rio de Janeiro: Renovar, 2009.

PEREIRA JUNIOR, Jessé Torres. *Comentários à lei das licitações e contratações da administração pública*. 7. ed. Rio de Janeiro: Renovar, 2007.

PEREIRA JUNIOR, Jessé Torres. Manutenção da frota e fornecimento de combustíveis por rede credenciada, gerida por empresa contratada: prenúncio da "quarteirização" na gestão pública? *FCGP*, Belo Horizonte, ano 9, n. 102, jun. 2010.

PERLINGIERI, Pietro. *Perfis do direito civil*: introdução ao direito civil constitucional. 3. ed. Rio de Janeiro: Renovar, 2002.

PIÇARRA, Nuno. A reserva de administração. *O direito, primeira parte*, I, jan.-mar. 1990.

PIMENTEL, Maria Helena Pessoa. A Administração Pública como consumidora nas relações de consumo. *Boletim de Direito Administrativo*, São Paulo: NDJ, abr. 2001.

PINHEIRO, Armando Castelar; SADDI, Jairo. *Direito, economia e mercados*. Rio de Janeiro: Elsevier, 2005.

PINTO, Marcos Barbosa. A função econômica das PPPs. *REDAE*, Salvador: Instituto de Direito Público da Bahia, n. 2, maio-jul. 2005.

PINTO JUNIOR, Mario Engler. *Empresa estatal*: função econômica e dilemas societários. São Paulo: Atlas, 2010.

POGREBINSCHI, Thamy. *Pragmatismo*: teoria social e política. Rio de Janeiro: Relume Dumará, 2005.

POMPEU, Cid Tomanik. O exercício do poder de polícia pelas empresas públicas. *Revista Forense*, Rio de Janeiro, v. 256, 1977.

PONTES DE MIRANDA, Francisco Cavalcanti. *Comentários à Constituição de 1967*. 2. ed. São Paulo: RT, 1971. t. V.

POSNER, Richard A. *Economic analysis of Law*. 7. ed. New York: Aspen Publishers, 2007.

POSNER, Richard A. Teorias da regulação econômica. In: MATTOS, Paulo (Coord.). *Regulação econômica e democracia*: o debate norte-americano. São Paulo: Editora 34, 2004.

PRADO, Lucas Navarro. Condições prévias para a licitação de uma PPP. *Estudos sobre a Lei das Parcerias Público-Privadas*. Belo Horizonte: Fórum, 2011.

PUCCINELLI JÚNIOR, André. *A omissão legislativa inconstitucional e a responsabilidade do Estado legislador*. São Paulo: Saraiva, 2007.

PUIGPELAT, Oriol Mir. *Globalización, Estado y Derecho*. Las transformaciones recientes del Derecho Administrativo. Madrid: Civitas, 2004.

QUADROS, Fausto de. *A nova dimensão do Direito Administrativo*: o Direito Administrativo português na perspectiva comunitária. Coimbra: Almedina, 1999.

QUARESMA, Regina. *O mandado de injunção e a ação de inconstitucionalidade por omissão*: teoria e prática. Rio de Janeiro: Forense, 1995.

RAMOS, Dora Maria de Oliveira. Os regulamentos jurídicos e os regulamentos de organização: breve estudo de sua aplicação no direito brasileiro. In: DI PIETRO, Maria Sylvia Zanella (Org.). *Direito regulatório*. Belo Horizonte: Fórum, 2003.

RAWLS, John. *A theory of justice*. Cambridge: Harvard University Press, 1999.

RAWLS, John. *Justiça como equidade*: uma reformulação. São Paulo: Martins Fontes, 2003.

REALE, Miguel: Controle ministerial de preços. *RDP*, n. 89, v. 22, n. 89, jan.-mar. 1989.

REDONDO, Bruno Garcia et al. *Mandado de segurança*: comentários à Lei n. 12.016/09. São Paulo: Método, 2009.

RIGOLIN, Ivan Barbosa. *Contrato administrativo*. Belo Horizonte: Fórum, 2007.

RIVERO, Jean. *Curso de Direito Administrativo comparado*. São Paulo: Revista dos Tribunais, 1995.

RIVERO, Jean. *Droit administratif.* 8. ed. Paris: Dalloz, 1977.

ROCHA, Sílvio Luís Ferreira da. *Função social da propriedade pública*. São Paulo: Malheiros, 2005.

RODRIGUES, Marcelo Abelha. Ação civil pública. In: DIDIER JR., Fredie (Org.). *Ações constitucionais*. 5. ed. Salvador: JusPodivm, 2011.

ROIG, Antoni. *La deslegalización*: orígenes y límites constitucionales, en Francia, Italia y España. Madrid: Dykinson, 2003.

ROSE-ACKERMAN, Susan. *Rethinking the progressive agenda*: the reform of Regulatory State. New York: The Free Press, 1992.

ROUSSEAU, Jean-Jacques. *O contrato social*. 3. ed. São Paulo: Martins Fontes, 1996.

SADDY, André. *Silêncio administrativo no direito brasileiro*. Rio de Janeiro: Forense, 2013.

SALGADO Lucia Helena; BORGES, Eduardo Bizzo de Pinho. *Análise de impacto regulatório*: uma abordagem exploratória. Brasília: IPEA, 2010.

SALLES, José Carlos de Moraes. *A desapropriação à luz da doutrina e da jurisprudência*. 5. ed. São Paulo: RT, 2006.

SALOMÃO FILHO, Calixto. *Regulação da atividade econômica* (princípios e fundamentos jurídicos). 2. ed. São Paulo: Malheiros, 2008.

SANTAMARÍA PASTOR, Juan Alfonso. *Principios de derecho administrativo general*. Madrid: Iustel, 2004. v. I.

SANTAMARÍA PASTOR, Juan Alfonso. *Principios de derecho administrativo general*. Madrid: Iustel, 2004. v. II.

SANTANA, Jair Eduardo; GUIMARÃES, Edgar. *Licitações e o novo estatuto da pequena e microempresa*: reflexos práticos da LC n.º 123/06. 2. ed. Belo Horizonte: Fórum, 2009.

SANTOS, Rodrigo Valgas dos. *Direito Administrativo do medo*: risco e fuga da responsabilização dos agentes públicos. 2. ed. São Paulo: Thomson Reuters Brasil, 2022.

SARMENTO, Daniel (Org.). *Interesses públicos* versus *interesses privados*: desconstruindo o princípio de supremacia do interesse público. Rio de Janeiro: Lumen Juris, 2005.

SCHIER, Adriana da Costa Ricardo. *A participação popular na Administração Pública*: o direito de reclamação. Rio de Janeiro: Renovar, 2002.

SCHIER, Paulo Ricardo. *Filtragem constitucional*: construindo uma nova dogmática jurídica. Porto Alegre: Fabris, 1999.

SCHMIDT, Gustavo da Rocha. *Curso de direito tributário brasileiro*. 2. ed. São Paulo: Quartier Latin, 2010. v. 3.

SCHMIDT, Gustavo da Rocha; FERREIRA, Daniel Brantes; OLIVEIRA, Rafael Carvalho Rezende. *Comentários à Lei de Arbitragem*. Barueri: Método, 2021.

SCHMITT, Carl. *La defesa de la Constitución*: estudio acerca de las diversas especies y posibilidad de salvaguardia de la constitución. Barcelona: Labor, 1931.

SCHREIBER, Anderson. A proibição de comportamento contraditório. 3. ed. Rio de Janeiro: Renovar, 2012.

SCHREIBER, Anderson. *Novos paradigmas da responsabilidade civil*: da erosão dos filtros da reparação à diluição dos danos. 2. ed. São Paulo: Atlas, 2009.

SCHWARTZ, Bernard. *Administrative Law*. 3. ed. New York: Aspen Law & Business, 1991.

SCHWIND, Rafael Wallbach. *O Estado acionista*: empresas estatais e empresas privadas com participação estatal. São Paulo: Almedina, 2017.

SCHWIND, Rafael Wallbach. *Licitações internacionais*: participação de estrangeiros e licitações realizadas com financiamento externo. Belo Horizonte: Fórum, 2013.

SEABRA FAGUNDES, Miguel. *Da desapropriação no direito brasileiro*. 2. ed. Rio de Janeiro: Freitas Bastos, 1949.

SEABRA FAGUNDES, Miguel. *O controle dos atos administrativos pelo Poder Judiciário*. 7. ed. Rio de Janeiro: Forense, 2006.

SEN, Amartya. *Desenvolvimento como liberdade*. São Paulo: Companhia das Letras, 2000.

SILVA, Almiro do Couto e. Correção de prova de concurso público e controle jurisdicional. *Revista Trimestral de Direito Público*, São Paulo, n. 42, abr.-jun. 2003.

SILVA, Almiro do Couto e. O princípio da segurança jurídica (proteção à confiança) no direito público brasileiro e o direito da Administração Pública de anular seus atos administrativos: o prazo decadencial do art. 54 da Lei do processo administrativo da União (Lei n.º 9.784/1999). *RDA*, n. 237, jul.-set. 2004.

SILVA, Almiro do Couto e. Responsabilidade pré-negocial e culpa *in contrahendo* no direito administrativo brasileiro. *RDA*, Rio de Janeiro, n. 217, p. 163 e ss., 1999.

SILVA, Cecília de Almeida. *Diálogos institucionais e ativismo*. Curitiba: Juruá, 2010.

SILVA, José Afonso da. Mandado de injunção. In: TEIXEIRA, Sálvio de Figueiredo (Coord.). *Mandados de segurança e de injunção*. São Paulo: Saraiva, 1990.

SILVA, Juary C. *Responsabilidade do Estado por atos jurisdicionais e legislativos*. São Paulo: Saraiva, 1985.

SILVA, Rodrigo Crelier Zambão da. A captura das estatais pelo regime jurídico de direito público: algumas reflexões. In: ARAGÃO, Alexandre Santos de (Coord.). *Empresas públicas e sociedades de economia mista*. Belo Horizonte: Fórum, 2015.

SILVA, Suzana Tavares da. *Direito Administrativo europeu*. Coimbra: Imprensa da Universidade de Coimbra, 2010.

SILVA, Vasco Manuel Pascoal Dias Pereira da. *Em busca do acto administrativo perdido*. Coimbra: Almedina, 2003.

SILVA, Virgílio Afonso da. *A constitucionalização do direito*: os direitos fundamentais nas relações privadas. São Paulo: Malheiros, 2005.

SOARES, Fabiana de Menezes. *Direito administrativo de participação*. Belo Horizonte: Del Rey, 1997.

SOBRANE, Sérgio Turra. *Improbidade administrativa*: aspectos materiais, dimensão difusa e coisa julgada. São Paulo: Atlas, 2010.

SODRÉ, Eurico. *A desapropriação*. 3. ed. São Paulo: Saraiva, 1955.

SORRENTINO, Federico. *Le fonti del diritto italiano*. Padova: Cedam, 2009.

SORRENTINO, Giancarlo. *Diritti e partecipazione nell'amministrazione di resultato*. Napoli: Editoriale Scientifica, 2003.

SOUTO, Marcos Juruena Villela. Igualdade e competitividade em face de participação de cooperativas nas licitações. *Direito administrativo em debate*. 2.ª série. Rio de Janeiro: Lumen Juris, 2007.

SOUTO, Marcos Juruena Villela. As fundações públicas e o novo Código Civil. *Direito administrativo em debate*. Rio de Janeiro: Lumen Juris, 2004.

SOUTO, Marcos Juruena Villela. Atividades comunicadas e regulação de lista de prestadores de serviços de saúde. *Fórum Administrativo*: direito público, Belo Horizonte, v. 7, n. 76, jun. 2007.

SOUTO, Marcos Juruena Villela. *Desestatização*: privatização, concessões, terceirizações e regulação. 4. ed. Rio de Janeiro: Lumen Juris, 2001.

SOUTO, Marcos Juruena Villela. *Direito administrativo contratual*. Rio de Janeiro: Lumen Juris, 2004.

SOUTO, Marcos Juruena Villela. *Direito administrativo da economia*. 3. ed. Rio de Janeiro: Lumen Juris, 2003.

SOUTO, Marcos Juruena Villela. *Direito administrativo das parcerias*. Rio de Janeiro: Lumen Juris, 2005.

SOUTO, Marcos Juruena Villela. *Direito Administrativo em debate*. Rio de Janeiro: Lumen Juris, 2004.

SOUTO, Marcos Juruena Villela. *Direito administrativo em debate*. 2.ª série. Rio de Janeiro: Lumen Juris, 2007.

SOUTO, Marcos Juruena Villela. *Direito administrativo empresarial*. Rio de Janeiro: Lumen Juris, 2006.

SOUTO, Marcos Juruena Villela. *Direito administrativo regulatório*. 2. ed. Rio de Janeiro: Lumen Juris, 2005.

SOUTO, Marcos Juruena Villela. *Direito das concessões*. 5. ed. Rio de Janeiro: Lumen Juris, 2004.

SOUTO, Marcos Juruena Villela. Extensão do poder normativo das agências reguladoras. In: ARAGÃO, Alexandre Santos de (Coord.). *O poder normativo das agências reguladoras*. Rio de Janeiro: Forense, 2006.

SOUTO, Marcos Juruena Villela. Parcerias público-privadas. *Revista de Direito da Associação dos Procuradores do Novo Estado do Rio de Janeiro*, Rio de Janeiro: Lumen Juris, v. XVII, 2006.

SOUZA, Leandro Marins de. *Tributação do Terceiro Setor no Brasil*. São Paulo: Dialética, 2004.

SOUZA NETO, Cláudio Pereira de. *Teoria constitucional e democracia deliberativa*. Rio de Janeiro: Renovar, 2006.

SOUZA NETO, Cláudio Pereira de; MENDONÇA, José Vicente Santos de. Fundamentalização e fundamentalismo na interpretação do princípio constitucional da livre-iniciativa. *A constitucionalização do direito*. Rio de Janeiro: Lumen Juris, 2007.

SPASIANO, Mario R. *Funzione amministrativa e legalità di resultado*. Torino: Giappichelli, 2003.

STIGLER, George J. A teoria da regulação. In: MATTOS, Paulo (Coord.). *Regulação econômica e democracia:* o debate norte-americano. São Paulo: Editora 34, 2004.

STOCO, Rui. *Tratado de responsabilidade civil*. 6. ed. São Paulo: RT, 2004.

SUNDFELD, Carlos Ari. *Direito administrativo ordenador*. São Paulo: Malheiros, 2003.

SUNDFELD, Carlos Ari. *Direito administrativo para céticos*. 2. ed. São Paulo: Malheiros, 2017.

SUNDFELD, Carlos Ari. Estudo jurídico sobre o preço de compartilhamento de infraestrutura de energia elétrica. *Revista Diálogo Jurídico*, Salvador, CAJ – Centro de Atualização Jurídica, v. I, n. 7, out. 2001.

SUNDFELD, Carlos Ari. Guia Jurídico das Parcerias Público-Privadas. *Parcerias Público-Privadas*. São Paulo: Malheiros, 2005.

SUNDFELD, Carlos Ari. *Licitação e contrato administrativo*. São Paulo: Malheiros, 1994.

SUNDFELD, Carlos Ari. Não é livre a demissão sem justa causa de servidor celetista. *BDA*, v. 7, jul. 1995.

SUNDFELD, Carlos Ari. O CADE e a competição nos serviços públicos. *Revista Trimestral de Direito Público*, São Paulo: Malheiros, v. 33, 2001.

SUNDFELD, Carlos Ari; CÂMARA, Jacintho Arruda. Acordos substitutivos nas sanções regulatórias. *RDPE*, Belo Horizonte, ano 9, n. 34, abr.-jun. 2011.

SUNDFELD, Carlos Ari; CÂMARA, Jacintho Arruda. A regulação e as listas telefônicas. *Revista Eletrônica de Direito Administrativo Econômico (REDAE)*, Salvador: IBDP, n. 19, ago.-set.-out. 2009.

SUNDFELD, Carlos Ari; CÂMARA, Jacintho Arruda. Conselhos de fiscalização profissional: entidades públicas não estatais. *RDE*, n. 4, out.-dez. 2006.

SUNDFELD, Carlos Ari; SOUZA, Rodrigo Pagani de. As empresas estatais, o concurso público e os cargos em comissão. *Revista de Direito Administrativo*, v. 243, set.-nov. 2006.

SUNDFELD, Carlos Ari; SOUZA, Rodrigo Pagani de. Licitação nas estatais: levando a natureza empresarial a sério. *RDA*, n. 245, maio 2007.

SUNSTEIN, Cass R. Cognition and Cost-Benefit Analysis. In: ADLER, Matthew D.; POSNER, Eric A. *Cost-Benefit Analysis*: legal, economic and philosophical perspectives. Chicago: The University of Chicago Press, 2001.

TÁCITO, Caio. Arbitragem nos litígios administrativos. *RDA*, n. 210, p. 111-115, out.-dez. 1997.

TÁCITO, Caio. Direito administrativo participativo. *RDA*, v. 209, 1997.

TÁCITO, Caio. Lei e regulamento. *Temas de direito público* (estudos e pareceres). Rio de Janeiro: Renovar, 1997. v. 1.

TÁCITO, Caio. O retorno do pêndulo: serviço público e empresa privada. O exemplo brasileiro. *RDA*, n. 202, p. 1-10, out.-dez. 1995.

TÁCITO, Caio. Participação da iniciativa privada no transporte de gás natural – Monopólio. *Temas de direito público*. Rio de Janeiro: Renovar, 1997. v. 2.

TÁCITO, Caio. Poder de polícia e polícia do poder. *Temas de direito público* (estudos e pareceres). Rio de Janeiro: Renovar, 1997. v. 1.

TÁCITO, Caio. Presença norte-americana no direito administrativo brasileiro. *Temas de direito público* (estudos e pareceres). Rio de Janeiro: Renovar, 1997. v. 1.

TAVARES, André Ramos. A intervenção do Estado no domínio econômico. *Direito administrativo econômico*. São Paulo: Atlas, 2011.

TAVARES, André Ramos. *Curso de direito constitucional*. 5. ed. São Paulo: Saraiva, 2007.

TCU. *Licitações & contratos*: orientações e jurisprudência do TCU. 4. ed. Brasília, 2010.

TEPEDINO, Gustavo. A evolução da responsabilidade civil no direito brasileiro e suas controvérsias na atividade estatal. *Temas de direito civil*. 3. ed. Rio de Janeiro: Renovar, 2004.

TEPEDINO, Gustavo. Notas sobre o nexo de causalidade. *Temas de direito civil*. Rio de Janeiro: Renovar, 2006. t. II.

TEUBNER, Gunther. Substantive and reflexive elements in modern law. *Law & Society Review*, v. 17, n. 2, 1983.

THALER, Richard H.; SUNSTEIN, Cass. *Nudge*: Improving Decisions about Health, Wealth, and Happiness. New York: Penguin, 2009.

TORGAL, Lino. Prorrogação do prazo de concessões de obras e de serviços públicos. *Revista de Contratos Públicos*, Coimbra, n. 1, p. 219-263, jan.-abr. 2011.

TORRES, Ronny Charles Lopes de. *Leis de licitações públicas comentadas*. 12. ed. São Paulo: Juspodivm, 2021.

TORRES, Silvia Faber. *O princípio da subsidiariedade no direito público contemporâneo*. Rio de Janeiro: Renovar, 2001.

TULLOCK, Gordon; SELDON, Arthur; BRADY, Gordon L. *Government Failure*: a primer in public choice. Washington: Cato Institute, 2002.

TVERSKY, Amos; KAHNEMAN, Daniel. Julgamento sob incerteza: heurísticas e vieses. In: KAHNEMAN, Daniel. *Rápido e devagar*: duas formas de pensar. Rio de Janeiro: Objetiva, 2012.

VALE, Luís Manoel Borges do; OLIVEIRA, Rafael Carvalho Rezende. *LGPD na Administração Pública*. Rio de Janeiro: Método, 2025.

VALE, Luís Manoel Borges do; OLIVEIRA, Rafael Carvalho Rezende. Os impactos da reforma da Lei de Improbidade Administrativa na advocacia pública. *Revista Brasileira de Direito Público – RBDP*, n. 76, p. 9-29, jan.-mar. 2022.

VALE, Luís Manoel Borges do; OLIVEIRA, Rafael Carvalho Rezende. A inconstitucionalidade do art. 10 da Nova Lei de Licitações: a invasão de competência dos estados e municípios. *Solução em Licitações e Contratos – SLC* n. 41, ago. 2021, p. 31-40.

VALE, Luís Manoel Borges do; PEREIRA, João Sergio dos Santos Soares. *Teoria geral do processo tecnológico*. São Paulo: Thomson Reuters Brasil, 2023.

VERGOTTINI, Giuseppe de. A "delegificação" e a sua incidência no sistema das fontes do direito. *Direito constitucional*: estudos em homenagem a Manoel Gonçalves Ferreira Filho. São Paulo: Dialética, 1999.

VERMEULE, Adrian. *Judging under uncertainty:* an institutional theory of legal interpretation. Cambridge: Harvard University Press, 2006.

VIEGAS, Cláudia. MACEDO, Bernardo. Falhas de mercado: causas, efeitos e controles. *Direito econômico*: direito econômico regulatório. São Paulo: Saraiva, 2010.

VIEIRA, Oscar Vilhena. *Supremocracia*. Filosofia e teoria constitucional contemporânea. Rio de Janeiro: Lumen Juris, 2009.

VILLAS BÔAS FILHO, Orlando. *Teoria dos sistemas e o direito brasileiro*. São Paulo: Saraiva, 2009.

WALD, Arnoldo. A arbitragem contratual e os *dispute boards*. *Revista de Arbitragem e Mediação*, v. 2, n. 6, 9-24, jul./set. 2005.

WEATHERILL, Stephen. The challenge of better regulation. *Better Regulation*. Oxford: Hart Publishing, 2007.

WEIL, Prosper. *Direito administrativo*. Coimbra: Almedina, 1977.

WILLEMAN, Flávio de Araújo. A responsabilidade civil das pessoas de direito público e o Código Civil de 2002 (Lei nacional n.º 10.406/2002). *Fórum Administrativo*, Belo Horizonte, ano 5, n. 56, out. 2005.

WILLEMAN, Flávio de Araújo; MARTINS, Fernando Barbalho. *Direito administrativo*. Rio de Janeiro: Lumen Juris, 2009.

WILLEMAN, Marianna Montebello. O controle de licitações e contratos administrativos pelos tribunais de contas. In: SOUTO, Marcos Juruena Villela (Org.). *Direito administrativo*: estudos em homenagem a Francisco Mauro Dias. Rio de Janeiro: Lumen Juris, 2009.

ZAGREBELSKY, Gustavo. *El derecho dúctil*. Ley, derechos, justicia, Madrid: Trotta, 2003.

ZANCANER, Weida. *Da convalidação e da invalidação dos atos administrativos*. 3. ed. São Paulo: Malheiros, 2008.

ZOCKUN, Carolina Zancaner. Da responsabilidade do Estado na omissão da fiscalização ambiental. *Responsabilidade civil do Estado*. São Paulo: Malheiros, 2006.

ZOCKUN, Maurício. *Responsabilidade patrimonial do Estado*. São Paulo: Malheiros, 2010.

ZYMLER, Benjamin. *Direito administrativo e controle*. 2. ed. Belo Horizonte: Fórum, 2010.

ZYMLER, Benjamin; DIOS, Laureano Canabarro. *Regime Diferenciado de Contratação – RDC*. Belo Horizonte: Fórum, 2013.